商务智能

数据分析的管理视角

（原书第5版）

[美] 拉姆什·沙尔达（Ramesh Sharda）
[美] 杜尔森·德伦（Dursun Delen） 著
[美] 埃弗瑞姆·特班（Efraim Turban）

文家焱 译

Business Intelligence, Analytics, Data Science, and AI
A Managerial Perspective
Fifth Edition

机械工业出版社
CHINA MACHINE PRESS

Authorized translation from the English language edition, entitled *Business Intelligence, Analytics, Data Science, and AI: A Managerial Perspective, Fifth Edition*, ISBN: 9780137931286, by Ramesh Sharda, Dursun Delen, Efraim Turban, published by Pearson Education, Inc., Copyright © 2024, 2018, 2014 by Pearson Education, Inc.

All rights reserved. No part of this book may be reproduced or transmitted in any form or by any means, electronic or mechanical, including photocopying, recording or by any information storage retrieval system, without permission from Pearson Education, Inc.

Chinese simplified language edition published by China Machine Press, Copyright © 2025.

Authorized for sale and distribution in the Chinese Mainland only (excluding Hong Kong SAR, Macao SAR and Taiwan).

本书中文简体字版由 Pearson Education（培生教育出版集团）授权机械工业出版社在中国大陆地区（不包括香港、澳门特别行政区及台湾地区）独家出版发行。未经出版者书面许可，不得以任何方式抄袭、复制或节录本书中的任何部分。

本书封底贴有 Pearson Education（培生教育出版集团）激光防伪标签，无标签者不得销售。

北京市版权局著作权合同登记　图字：01-2023-4432 号。

图书在版编目（CIP）数据

商务智能：数据分析的管理视角：原书第 5 版 /（美）拉姆什·沙尔达（Ramesh Sharda），（美）杜尔森·德伦（Dursun Delen），（美）埃弗瑞姆·特班（Efraim Turban）著；文家焱译. -- 北京：机械工业出版社，2025. 5. --（数据科学与大数据技术丛书）.
ISBN 978-7-111-78505-7

I. F713.36

中国国家版本馆 CIP 数据核字第 20252UZ131 号

机械工业出版社（北京市百万庄大街 22 号　邮政编码 100037）
策划编辑：曲　熠　　　　　　　　责任编辑：曲　熠　陈佳媛
责任校对：李　霞　张雨霏　景　飞　责任印制：任维东
河北鹏盛贤印刷有限公司印刷
2025 年 8 月第 1 版第 1 次印刷
185mm × 260mm · 41 印张 · 944 千字
标准书号：ISBN 978-7-111-78505-7
定价：169.00 元

电话服务　　　　　　　　　网络服务
客服电话：010-88361066　　机　工　官　网：www.cmpbook.com
　　　　　010-88379833　　机　工　官　博：weibo.com/cmp1952
　　　　　010-68326294　　金　　书　　网：www.golden-book.com
封底无防伪标均为盗版　机工教育服务网：www.cmpedu.com

译者序

商务智能、分析、数据科学和人工智能（AI）已成为当今世界的主要技术驱动因素，在企业和组织中扮演着至关重要的角色。商务分析利用大数据技术、深度学习、数据库管理和可视化等多种数据科学技术帮助企业和各类组织分析数据，在深度挖掘分析的基础上为管理决策者提供决策辅助，提高其科学决策水平。如今甚至个人也开始使用商务分析工具从数据中提取有价值的知识，帮助自己在购物、健康/医疗保健、旅行和娱乐等日常活动中做出决策。

在大数据时代，对于企业管理者、政府工作人员、市场分析师、数据科学家甚至普通个人而言，但凡想要提升自身的竞争力和创新能力，都需要不断学习、了解和更新商务分析、数据科学和 AI 等方面的知识和技能，从而提升自身的智能化决策水平。在这方面，本书是一本不可多得的好书。本书的出版恰逢其时，内容涵盖商务智能、分析、数据科学和 AI 领域新的理论以及应用方面的发展和变化，帮助数据分析人员及时掌握商务分析领域的新技术和新工具，及时了解和发现商务智能发展带来的分析及应用上的变化。

本书内容全面、重点突出，重点讨论了 AI、数据科学和分析领域的重要主题，较上一版而言，新增的内容包括深度学习、可解释 AI 和认知计算，以及各种软件工具和语言等，元宇宙、ChatGPT 等热门话题在本书中也都有所涉猎。在叙述理论知识的同时，本书还列举了大量商务分析实例，内容涵盖运动学分析、电影票房预测、产品销售、客户购买模式预测、谎言挖掘、信用欺诈监测、NCAA 碗赛结果预测、使用数据分析为游戏玩家打分、交通拥堵检测、赛程优化、医生调度、配送路线优化等，各类实例应有尽有，非常丰富。此外，本书还提供了丰富的习题、练习和各类资料链接，参考文献也非常丰富。在学习商务分析理论的过程中，若读者能够同时结合书中丰富的商务分析实例、习题和补充资料展开实际训练，定能收获事半功倍的学习效果。

为了让读者能够更好地领略原书的魅力和价值，在翻译过程中，我尽量保留原书的特色，对书中的术语和难词难句进行了反复推敲和斟酌。例如，为了准确地翻译出本书提供的运动学分析方面的实例，我甚至专门花时间学习了橄榄球、棒球等比赛的一些规则和战术知识。考虑到有些知识是译者在自己的研究领域中不曾遇到的，所以疏漏和争议之处在所难免，恳请广大读者及时批评指正，提出宝贵意见。

译者
2025 年 1 月

前　言
PREFACE

商务分析、数据科学和人工智能已成为当今世界的技术驱动因素。所有大公司和组织都在组建新的组织部门，其工作以分析为重点，目的是帮助公司提高运营效率和效益。决策者使用更多的计算机化工具来支持其工作，消费者也在直接或间接地使用分析工具来对其购物、健康/医疗保健、旅行和娱乐等日常活动做出决策。

决策支持系统、商务智能与商务分析（Business Intelligence, and Business Analytics，BI&BA）领域发展迅速，更加注重创新应用，不断从商业数据流中提取知识和洞察力，这些数据流直到最近才被捕获，更不用说进行有效分析了。在医疗保健、体育、旅游、娱乐、供应链管理、公用事业等各行各业，每天都有新的应用出现。

"分析"（analytics）一词已经演变成其他术语，如数据科学，以及 AI、深度学习和物联网等更新的词。ChatGPT 公开发布后，其账户注册量在短短两个月内跃升至 1 亿多，很明显，AI 技术正在成为主流。

最近，AI 再次成为一个热门词汇，有望对企业和个人生活产生重大影响。我们所著的另一本书《商业分析：基于数据科学及人工智能技术的决策支持系统》（以下简称 DSS11）介绍了许多当前的主题。本书上一版从管理的角度涵盖了各个核心领域。基于对这些主题的融合以及从管理视角理解这些主题的需要，我们整合并更新了这两本书的内容编写了本书，精简了覆盖面，使重点更加突出，内容涵盖 AI、数据科学和分析领域的大部分重要主题。因此，本书的主题是分析、数据科学和用于企业决策支持的 AI。从管理角度出发，本书介绍了商务分析的连续性，从描述性分析（例如数据的本质、统计建模、数据可视化和商务智能）开始，到预测性分析（例如数据挖掘、文本/网络挖掘、社交媒体挖掘），再到规范性分析（例如优化和模拟等）。

此外，本书还介绍了 AI、深度学习、机器人、聊天机器人、物联网（IoT），以及网络/互联网相关的赋能因素。我们特别强调，这些技术是现代商务分析系统的新兴组成部分。AI 技术通过实现自主决策以及对决策过程中的步骤加以支持，从而对决策产生重大影响。AI 和商务分析通过创造一种协同效应得以相互支持，这种协同效应有助于决策制定。最后，我们对未来趋势、隐私和管理方面的注意事项进行了总结。

本书旨在向读者介绍通常被称为商务分析或数据科学的技术。这些术语可以互换使用。本书介绍了用于设计和开发这些系统的方法、方法论和技术的基本原理。此外，我们还介绍了 AI 的本质，因为它既与分析有关，也与决策支持的独立学科有关。本书还介绍了这些技术的基本原理以及这些系统的构建和使用方式。

我们采用EEE［即曝光（Exposure）、体验（Experience）和探索（Exploration）］方法介绍上述主题。本书主要对各种分析技术及其应用进行曝光。其理念是：启发读者从其他组织如何利用分析来做出决策或获得竞争优势来学习知识。我们认为，对分析正在做什么，以及如何实现分析进行曝光，这是学习分析知识的关键所在。在介绍这些技术时，我们还介绍了可用于开发此类应用程序的特定软件工具。本书不限于某一种软件工具，因此读者可以使用任何可用的软件工具来体验这些技术。此外，本书每一章都给出了具体的建议，但读者也可以将本书与许多不同的软件工具一起使用。本书第9章介绍了几种软件工具，但读者也可以通过多种不同的方式来体验这些技术。最后，我们希望这种曝光和体验能够激励读者在自己的领域探索这些技术的潜力。为了促进探索，我们会在合适的情况下提供活动和Web站点链接，其中包含团队合作训练。一些章节包括Teradata大学学术网站上提供的资料链接。

- 如何使用本书？可以在为期一学期的分析/AI概论课程中使用本书，本书包含该课程内容的大部分或全部主题/章节。这种内容安排能提供对许多专题的介绍性概述，教师可以介绍所选主题的任何动手工具和练习，以深入涵盖特定领域。例如，一般的入门课程除了提供其他主题的管理视角的概述外，还可以只介绍数据管理和可视化工具。
- 使用本书连续教授两门课程。例如，其中一门课程侧重于介绍整个商务分析的总体内容，可以选择第1章、第3～9章的部分章节的内容。作为第一门课程的后续课程，第二门课程可侧重于人工智能和新兴技术，将其作为现代分析技术的推动因素。第二门课程可涵盖第1、2、7章和第8～11章的部分内容，并介绍这些章节中提到的一些技术的软件工具。
- 如前所述，可以使用本书帮助管理层了解应用程序和技术，本书选定的章节中也包括足够的技术细节，使教师能够专注于一些技术方法和实践练习。

本书特色

本书的大部分具体改进集中在以下四个方面：
- 内容重新组织
- 增加新章节
- 内容更新
- 重点更突出

改变虽多，但本书仍然保留了使其成为市场领头羊的全面性和用户友好性，我们也提供了更准确、更新的资料。

如上所述，本次修订整合并更新了DSS11和本书上一版的内容。我们对书中的内容进行了重大重组，以反映对商务分析的关注。因此，本书围绕三大类型的商务分析进行编排：描述性分析、预测性分析和规范性分析。新版做了许多及时的内容增补，删除了一些过时的内容。（我们保留了一些内容，因为这有助于了解特定主题的发展过程。）本书的主要具体更改如下：

- 新的内容和结构。本书围绕描述性分析、预测性分析和规范性分析三大类型的商务分析进行组织，这是由 INFORMS 所倡导的分类。除了更新先前章节的内容外，本书还包括几个新章节。一些材料在 DSS11 中出现过，但所有内容都已更新，并重新纳入本书。本书包括 11 章内容：
  - 第 1、2 章对商务分析/数据科学/AI 领域的所有主题进行概述，包括新的章节，专门介绍 AI 主题。
  - 第 3、4 章介绍作为商务分析和描述性分析基础的数据。
  - 第 5～7 章介绍预测性分析，包括有关深度学习的新章节。
  - 第 8 章介绍规范性分析，包括优化、模拟和启发式方法。
  - 第 9～11 章包括一章新内容（第 9 章），介绍用于商务分析的软件工具和编程语言的前景。此外，第 10 章也是全新内容，它介绍了 AI 和数据科学的当前及未来趋势。本书以对商务分析中的道德、隐私和管理的思考作为结尾。
- 新章节。本书增加了以下章节（如前所述，这些章节中的一些材料已从我们的 DSS11 中更新）：
  - 第 2 章介绍 AI 的各种主题，并涵盖与分析/数据科学相关的主题，包括对话式 AI、聊天机器人（如 ChatGPT）、机器人顾问，这些内容通常不包括在传统的入门课程中。该章还介绍 AI 的基本原理，概述 AI 的优点，将其与人类的智能进行比较，并介绍该领域的相关内容，以会计、金融、人力资源管理、市场营销与客户关系管理以及生产经营管理等方面的应用示例说明了 AI 对商业的好处（新内容占 95%）。
  - 第 7 章介绍机器学习技术的产生、深度学习以及越来越流行的 AI 主题——认知计算。该章内容几乎属于全新内容（新内容占 90%）。
  - 第 9 章介绍分析/数据科学工具的前景，包括对 R/Python、KNIME、JMP 和其他工具的介绍。虽然不可能介绍所有可用的工具，但该章给出了一些指导性意见，可以帮助我们探索一些选择方案（新内容占 100%）。
  - 第 10 章包括对上一版第 8 章中一些内容的更新，涉及对地理空间分析、物联网的介绍，以及对基于云的分析内容的重大更新。此外，该章还包括分析和数据科学中基于 AI 的趋势分析，以及物联网、5G、机器人过程自动化、聊天机器人、元宇宙等内容（新内容占 60%）。
- 修订章节。书中的其他章节也都在上一版的基础上进行了修订和更新，以下是其他章节内容的变化汇总：
  - 第 1 章内容已大幅扩展。开篇小插曲现在包括国际体育中的运动分析应用，以及运动分析中的其他决策问题。该章介绍由 INFORMS 提出的三种分析类型：描述性分析、预测性分析和规范性分析。如前所述，这种分类用于指导本书整体内容的重新组织。其次，除了更新医疗保健和零售业的先前应用（新内容约占 40%）外，该章还包括农业等行业分析的几个新例子。
  - 第 3 章更新了早期的内容，但仍保留对大数据的介绍（使用了改编自 DSS11 一书的材料）。该章包括一个关于"数据有益"的小节。经过重组，该章涵盖了基本的统计方法，删除了数据可视化的相关内容，减少了应用案例（商务分析实操）的数量，并添加了新案例（新内容约占 10%）。

- 第 4 章包括几个新案例（新内容约占 15%）。
- 第 5 章增加了一些新的内容组织 / 流程，以及一些新图表（新内容约占 5%）。
- 第 6 章增加了一些关于情感分析和主题建模的新资料（新内容约占 20%）。
- 第 8 章包括一个新的开篇小插曲和一些新的应用案例。新应用案例的出现使得模拟覆盖范围得以简化。增加了一节有关遗传算法的新内容，最后还包括一些额外的优化和模拟建模练习（新内容约占 30%）。
- 第 11 章更新了上一版中第 9 章的早期内容，以涵盖与负责任的 AI 相关的新问题、有关 AI 影响的其他示例等。该章还对 DSS11 一书中的材料进行了改编，内容涵盖隐私保护、知识产权、道德、技术问题（如集成和安全等），以及行政管理等。该章还讨论了这些技术对组织和人员的影响，并专门分析了技术对工作和就业的影响。该章还特别关注商务分析和 AI（机器人）可能产生的意外影响。该章内容还包括一位业内专业人士的反思性叙述，他曾为公司做过许多分析项目，读者从中可以吸取从一个组织的分析之旅中获得的许多经验和教训（新内容约占 50%）。

ACKNOWLEDGEMENTS

致　　谢

　　自本书第 1 版出版以来，有许多人提出了建议和批评。其中数十名学生参加了关于各种章节、软件和问题的课堂测试，并协助收集资料。我们无法列出参与该项目的每个人的名字，但我们感谢他们，有些人做出了重大贡献，他们应得到特别认可。

　　首先，我们感谢那些对第 1 版至第 4 版进行正式评审的每个人所付出的努力（所属单位为截至评审日前）：

　　Ann Aksut，中部皮德蒙特社区学院
　　Bay Arinze，德雷塞尔大学
　　Andy Borchers，利普斯科姆大学
　　Ranjit Bose，新墨西哥大学
　　Marty Crossland，中美拿撒勒大学
　　Kurt Engemann，爱纳大学
　　Badie Farah，东密歇根大学
　　Gary Farrar，哥伦比亚学院
　　Jerry Fjermestad，新泽西理工学院
　　Christie M. Fuller，路易斯安那理工大学
　　Martin Grossman，布里奇沃特州立学院
　　Jahangir Karimi，科罗拉多大学丹佛分校
　　Huei Lee，东密歇根大学
　　Natalie Nazarenko，纽约州立大学弗雷多尼亚分校
　　Joo Eng Lee-Partridge，康涅狄格州立大学
　　Gregory Rose，华盛顿州立大学温哥华分校
　　Khawaja Saeed，威奇托州立大学
　　Kala Chand Seal，洛约拉马利蒙特大学
　　Joshua S. White，纽约州立大学理工学院
　　Roger Wilson，费尔蒙特州立大学
　　Vincent Yu，密苏里科技大学
　　Fan Zhao，佛罗里达海湾海岸大学

　　我们也感谢那些对本书和 DSS11 进行正式评审的人所付出的努力。

其次，我们要感谢为本书正文或辅助材料提供资料的人。Teradata 的 Susan Baskin 和 Yenny Yang 为本书确定新的 Teradata 内容和安排相关许可提供了特别帮助。Dave Schrader 博士为这本书撰写了开篇小插曲，对商务分析进行了很好的介绍。最初的片段包括奥本大学的 Ashish Gupta 博士和田纳西大学－查塔努加分校的 Gary Wilkerson 编写的资料。更新后的内容包括在俄克拉何马州立大学、奥本大学、路易斯安那州立大学和普渡大学等多所大学从事运动分析项目的学生准备的资料。除了 Dave Schrader 博士，我们还想感谢俄克拉何马州立大学的 Miriam McGough 博士和 Teradata London 的 Fawad Qureshi 先生的监督。我们感谢 INFORMS 允许突出显示界面中的内容。

本书得到了以下同事和朋友的帮助：萨班哲大学的 Enes Eryarsoy（第 9 章中关于用 R 分析的内容）；阿拉巴马大学伯明翰分校的 Nurettin Oner（第 9 章中关于 Orange 和 JMP 的内容）；Rosaria Silipo、Stefan Helfrich、Aline Bessa（第 9 章中关于 KNIME 的内容）；威斯康星大学白水分校的 Behrooz Davazdahemami（第 9 章中关于 Python 的内容和第 7 章中关于深度学习的内容）；Manohar Lahoti，Land O'Lakes（第 1 章中的新应用故事和第 11 章中对分析之旅的反思），Aisera Vishal Agrawal（协助撰写 Aisera 应用故事），Auburn 的 Pankush Kalgotra（网络数据科学的新应用故事），Milind Kopikare 和 Great Learning 的团队（提供来自印度的物联网应用故事），普华永道的 Anand Rao 博士（提供负责任的 AI 的图形），Rudra Ankaiyen（协助编写参考文献），以及 Asif Syed（对 AI 中的道德问题进行了更新）。

我们还要感谢以下人士协助开发了本书的早期版本和 DSS11 配套书：Pankush Kalgotra、Behrooz Davazdahemami、Bhavana Baheti、Varnika Gottipati、Chakradhar Pathi、Prasoon Mathur、Rupesh Agarwal、Shubham Singh、Nan Liang、Jacob Pearson、Kinsey Clemmer 和 Evan Murlette（编著第 5 版时他们均在俄克拉何马州立大学）。我们还要感谢 Jongswas Chongwatpol（泰国国立发展管理学院，NIDA），他提供了泰国信贷风险案例研究材料。感谢他们对编著出版本书所提供的帮助。Brian LeClaire 博士是从 Humana 公司退休的首席信息官，他的团队开发了多个现实生活中的医疗保健案例。vCreaTek 的 Abhishek Rathi 贡献了他对零售业分析的远见卓识。衷心感谢 Rick Wilson 博士使用 Excel 教授和实践线性编程技能方面的绝佳练习。感谢 Matt Turck 同意让我们改编他的物联网生态系统材料。Ramesh 要感谢他的女儿 Ruchy Sharda Sen 提供的编校协助。此外，以下已毕业的博士生和我们的同事以多种直接和间接的方式为本书提供了内容、建议和支持：

Asil Oztekin，马萨诸塞大学洛厄尔分校

Enes Eryarsoy，萨班哲大学

Hamed Majidi Zolbanin，戴顿大学

Behrooz Davazdahemami，威斯康星大学白水分校

Saeed Piri，俄勒冈大学

Amir Hassan Zadeh，莱特州立大学

Supavich（Fone）Pengnate，北达科他州立大学

Christie Fuller，博伊西州立大学

Daniel Asamoah，莱特州立大学

Selim Zaim，伊斯坦布尔大学

Nihat Kasap，萨班哲大学

Haluk Demirkan，华盛顿大学塔科马校区

对于本书之前的版本，我们感谢 Dave King（JDA 软件集团公司）的贡献。之前版本的其他主要贡献者包括：J. Aronson（佐治亚大学），他是我们的合著者，为数据仓库章节做出了贡献；Jerry Wagner（内布拉斯加大学奥马哈分校）提供了 PlannersLab 软件；Leila A.Halawi（白求恩库克曼学院）为数据仓库章节提供了资料；已故的 Mike Goul（亚利桑那州立大学）对第 1 章内容做出了贡献；以及已故的梁定澎（中国台湾"中山大学"），他在之前的版本中贡献了关于神经网络的材料。Judy Lang 与我们所有人合作，帮助编辑本书，并在第 1 版的整个项目中指导我们。

几家供应商与我们合作，为本书之前的版本提供了案例研究和/或演示软件：Acxiom（阿肯色州，小石城），California Scientific Software（加利福尼亚州，内华达），Catalyst Development 的 Cary Harwin（加利福尼亚州，尤卡谷），IBM（加利福尼亚州，圣卡洛斯），DS 集团公司（康涅狄格州，格林威治），KDnuggets.com 的 Gregory Piatetsky-Shapiro，NeuroDimension 公司（佛罗里达州，盖恩斯维尔）的 Gary Lynn，Palisade 软件公司（纽约州，纽菲尔德），Promised Land Technologies（康涅狄格州，纽黑文），Salford Systems（加利福尼亚州，拉霍亚），Sense Networks（纽约州，纽约），StatSoft 股份有限公司（俄克拉何马州，塔尔萨）的 Gary Miner，Ward Systems Group 公司（马里兰州，弗雷德里克），Idea Fisher Systems 公司（加利福尼亚州，欧文市），以及 Wordtech Systems(加利福尼亚州，奥林达)。

特别感谢 Teradata 大学，尤其是 Susan Baskin 和 Yenny Yang。感谢创办 Teradata 大学网络（TUN）的 Hugh Watson。感谢已故的 Michael Goul、Barb Wixom 和 Mary Gros，他们鼓励我们将本书与 TUN 联系起来，并为本书提供了有用的材料。

最后，Pearson 团队值得称赞：Jenifer Niles，他曾与我们合作过新版；以及出版团队，特别是 Guneet Gulati 和由 Gowthaman Sadhanandham 领导的 Integra 团队，他们帮助我们将手稿出版成书。

我们感谢以上所有个人和公司，没有他们的帮助，我们不可能完成本书的创作。

作者简介

Ramesh Sharda(威斯康星大学麦迪逊分校工商管理硕士、博士),俄克拉何马州立大学(OSU)斯皮尔斯商学院负责研究和研究生课程的副院长,沃森/康菲石油公司讲席教授,管理科学与信息系统专业校董教授。他参与创立并指导了俄克拉何马州立大学面向高管的商学博士课程。他发表的研究论文多达200余篇,主要刊物包括《运筹学》《管理科学》《信息系统研究》《决策支持系统》和《管理信息系统杂志》等。他参与创立了信息系统协会(AIS)关于决策支持系统和知识管理的专业兴趣小组(SIGDSA)。Sharda博士担任多个编辑委员会委员,包括《决策科学杂志》《决策支持系统》和《ACM数据库》。他撰写和编辑了多本教科书和专著,并担任Springer多套丛书的联合主编。2013年至2020年,他担任Teradata大学网络执行总监。他目前的研究兴趣是决策支持系统、商务分析和管理信息超载技术。Ramesh是INFORMS和AIS会士,2015年入选俄克拉何马州高等教育名人堂。2023年春季,他被授予富布赖特-阿尔托大学杰出讲席教授。

Dursun Delen(俄克拉何马州立大学博士),俄克拉何马州立大学斯皮尔斯商学院商务管理讲席教授(斯皮尔斯捐赠),商务分析讲席教授(帕特森基金会捐赠),卫生系统创新中心研究主任,管理科学与信息系统专业校董教授。在开始学术生涯之前,他曾在得克萨斯科利奇站的一家私营研究和咨询公司Knowledge Based Systems担任了5年研究科学家。在此期间,他领导了许多决策支持项目和其他由几个联邦机构资助的与信息系统相关的研究项目,包括美国国防部(DoD)、美国国家航空航天局(NASA)、美国国家标准与技术研究所(NIST)、弹道导弹防御组织(BMDO)和能源部(DoE)。Delen博士发表了200多篇同行评审文章,其中一些文章发表在《决策科学杂志》《决策支持系统》《ACM通讯》《计算机与运筹学》《工业计算机》《生产运营管理杂志》《医学人工智能》《国际医学信息学杂志》《专家系统与应用》以及《IEEE无线通信》上。他最近撰写/合著了12本书籍,内容涉及商务分析、数据挖掘、文本挖掘、商务智能和决策支持系统等领域。他经常应邀参加国内和国际会议,就数据/文本挖掘、商务分析、决策支持系统、商务智能和知识管理等主题发表演讲。他曾担任第四届网络计算和高级信息管理国际会议(2008年9月2日至2008年9月4日,韩国首尔)的大会共同主席,并定期在各种信息系统和分析会议上担任主席、分论坛主席或迷你论坛主席。他目前担任《商业分析期刊》和《商业中的人工智能期刊》的主编，以及其他十几种学术期刊的高级编辑、副主编或编委会成员。他的研究和教学方向是数据和文本挖掘、商务分析、决策支持系统、数据科学、知识管理、商务智能和企业建模。

Efraim Turban（加州大学伯克利分校工商管理硕士、博士），夏威夷大学太平洋信息系统管理研究所访问学者。在此之前，他曾在多所大学任职，包括香港城市大学、理海大学、佛罗里达国际大学、加利福尼亚州立大学长滩分校、东伊利诺伊大学和南加州大学。Turban 博士在《管理科学》《管理信息系统季刊》和《决策支持系统》等主流期刊上发表了 100 多篇论文。他还著有 20 本书，包括 *Electronic Commerce: A Managerial Perspective* 和 *Information Technology for Management*。他还是全球各大公司的顾问。Turban 博士目前感兴趣的领域是基于网络的决策支持系统、社交商务和协同决策。

目 录

译者序
前言
致谢
作者简介

第 1 章 商务智能、分析、数据科学与 AI 概述 ················· 1
1.1 开篇小插曲：运动分析——学习和理解分析应用领域令人兴奋的前沿 ··············· 2
1.2 不断变化的商业环境和不断发展的决策支持和分析需求 ·············· 15
　　决策过程 ······························ 16
　　数据分析和决策支持技术 ········· 16
1.3 决策过程与计算机化决策支持框架 ··································· 18
　　Simon 过程：情报、设计与选择 ·································· 18
　　情报活动阶段：问题（或机会）识别 ······························ 19
　　设计阶段 ······························ 21
　　选择阶段 ······························ 21
　　实施阶段 ······························ 21
1.4 计算机决策支持向分析/数据科学的发展历程 ··················· 22
1.5 商务智能框架 ··························· 25
　　BI 的定义 ······························ 25
　　BI 发展简史 ··························· 25
　　BI 的体系结构 ······················· 26
　　BI 的起源和驱动因素 ············· 26
　　商务智能多媒体练习 ·············· 27
　　事务处理与分析处理 ·············· 27
　　适当规划并与企业战略保持一致 ·································· 28
　　可实现的实时、按需 BI ········· 29
　　开发或获取 BI 系统 ··············· 29
　　合理性和成本效益分析 ·········· 29
　　安全及隐私保护 ····················· 30
　　系统与应用集成 ····················· 30
1.6 分析概述 ·································· 30
　　描述性分析 ···························· 31
　　预测性分析 ···························· 32
　　规范性分析 ···························· 37
　　分析/数据科学/机器学习/AI ······ 38
1.7 部分领域分析实例 ·················· 39
　　医疗保健业分析应用——Humana ······························ 39
　　零售价值链分析 ····················· 41
　　博彩行业分析应用 ················· 43
1.8 本书安排 ·································· 46
1.9 可用资源和 Teradata 大学学术链接 ·································· 47
　　可用资源和链接 ····················· 47
　　供应商、产品和试用软件 ······ 47
　　期刊 ······································· 47
　　Teradata 大学学术链接 ·········· 47

第 2 章 人工智能：概念、驱动因素、主要技术及其商业应用 ⋯⋯ 50

- 2.1 开篇小插曲：Grant Thornton 雇用 Aisera 聊天机器人减轻 IT 服务台负担 ⋯⋯ 51
- 2.2 人工智能简介 ⋯⋯ 52
  - 人工智能的定义 ⋯⋯ 52
  - AI 机器的主要特征 ⋯⋯ 53
  - AI 的主要要素 ⋯⋯ 53
  - AI 应用 ⋯⋯ 54
  - AI 的主要目标 ⋯⋯ 54
  - AI 的驱动因素 ⋯⋯ 54
  - AI 的优势 ⋯⋯ 55
  - AI 机器的一些局限 ⋯⋯ 56
  - AI 决策的三种风格 ⋯⋯ 57
- 2.3 人机智能 ⋯⋯ 58
  - 什么是智能 ⋯⋯ 58
  - AI 有多智能 ⋯⋯ 59
  - 测试 AI ⋯⋯ 59
- 2.4 主要的 AI 技术及其衍生产品 ⋯⋯ 60
- 2.5 AI 对决策的支持 ⋯⋯ 65
- 2.6 AI 在各种业务功能中的应用 ⋯⋯ 68
  - AI 在会计中的应用 ⋯⋯ 68
  - AI 在金融服务中的应用 ⋯⋯ 69
  - AI 在人力资源管理中的应用 ⋯⋯ 71
  - AI 在市场营销、广告和 CRM 领域中的应用 ⋯⋯ 72
  - AI 在生产经营管理中的应用 ⋯⋯ 72
- 2.7 机器人简介 ⋯⋯ 74
- 2.8 机器人应用简介 ⋯⋯ 78
  - 自动驾驶汽车：跑起来的机器人 ⋯⋯ 85
- 2.9 对话式 AI——聊天机器人 ⋯⋯ 87
  - 什么是聊天机器人 ⋯⋯ 87
  - 聊天机器人的发展 ⋯⋯ 88
  - 聊天机器人的组成部分及其使用过程 ⋯⋯ 88
  - 使用聊天机器人的驱动因素和好处 ⋯⋯ 89
  - 全球代表性聊天机器人 ⋯⋯ 90
- 2.10 企业聊天机器人 ⋯⋯ 90
  - 企业对聊天机器人的兴趣 ⋯⋯ 91
  - 企业聊天机器人：营销和客户体验 ⋯⋯ 91
  - 可口可乐 ⋯⋯ 91
  - 企业聊天机器人：金融服务 ⋯⋯ 92
  - 企业聊天机器人：服务行业 ⋯⋯ 93
  - 聊天机器人平台 ⋯⋯ 93
  - 企业聊天机器人知识 ⋯⋯ 94
  - 虚拟个人助理 ⋯⋯ 94
  - 如果你是 Facebook 首席执行官马克·扎克伯格 ⋯⋯ 94
  - 亚马逊的 Alexa 和 Echo ⋯⋯ 94
  - 苹果公司的 Siri ⋯⋯ 95
  - Google Assistant ⋯⋯ 95
  - 其他个人助理 ⋯⋯ 96
  - 聊天机器人作为专业顾问 ⋯⋯ 96
  - Robo 金融顾问 ⋯⋯ 96
  - 金融机器人顾问的发展 ⋯⋯ 96

第 3 章 描述性分析：数据的本质、大数据与统计建模 ⋯⋯ 104

- 3.1 开篇小插曲：SiriusXM 通过数据驱动式营销吸引新一代无线电消费者 ⋯⋯ 105
- 3.2 用于分析的数据的性质 ⋯⋯ 108
- 3.3 数据的简单分类 ⋯⋯ 111
- 3.4 数据预处理的艺术与科学 ⋯⋯ 113
- 3.5 大数据的定义 ⋯⋯ 121
  - 定义大数据的 "V" ⋯⋯ 122
- 3.6 大数据分析基础 ⋯⋯ 125
  - 大数据分析解决的业务问题 ⋯⋯ 127
- 3.7 大数据技术 ⋯⋯ 128
  - Hadoop ⋯⋯ 128
  - Hadoop 如何工作 ⋯⋯ 128
  - MapReduce ⋯⋯ 129
  - 为什么使用 MapReduce ⋯⋯ 130
  - Hadoop 技术组件 ⋯⋯ 130
  - Hadoop 的利与弊 ⋯⋯ 131

Spark 与 Hadoop ………………… 133	数据仓库的历史视角 …………… 170
NoSQL …………………………… 135	数据仓库的特征 ………………… 174
数据有益 ………………………… 135	数据集市 ………………………… 174
3.8 大数据与流分析 ………………… 136	操作数据存储 …………………… 175
流分析应用 ……………………… 138	企业数据仓库 …………………… 175
电子商务 ………………………… 138	元数据 …………………………… 175
电信 ……………………………… 138	4.3 数据仓库过程 …………………… 176
执法与网络安全 ………………… 138	4.4 数据仓库架构 …………………… 177
电力工业 ………………………… 138	可选数据仓库架构 ……………… 179
金融服务 ………………………… 139	哪种架构最好 …………………… 181
健康科学 ………………………… 139	4.5 数据管理和数据仓库开发 ……… 183
政府 ……………………………… 139	数据仓库开发方法 ……………… 184
3.9 商务分析统计建模 ……………… 140	其他数据仓库开发注意事项 …… 186
用于描述性分析的描述性统计 … 140	数据仓库中数据的表示 ………… 187
集中趋势度量 …………………… 141	数据仓库中的数据分析 ………… 188
算术平均值 ……………………… 141	OLAP 和 OLTP ………………… 188
中位数 …………………………… 142	OLAP 操作 ……………………… 188
众数 ……………………………… 142	数据集成与提取、转换和加载
离散程度度量 …………………… 142	过程 …………………………… 189
范围 ……………………………… 142	数据集成 ………………………… 190
方差 ……………………………… 143	提取、转换和加载 ……………… 193
标准差 …………………………… 143	4.6 数据仓库管理、安全问题和未来
平均绝对偏差 …………………… 143	趋势 …………………………… 195
四分位数和四分位数间距 ……… 143	数据仓库的未来 ………………… 196
箱线图 …………………………… 144	4.7 业务报表 ………………………… 201
分布形状 ………………………… 145	4.8 数据可视化 ……………………… 203
3.10 推断性统计回归建模 …………… 150	数据可视化简史 ………………… 203
如何开发线性回归模型 ………… 151	4.9 不同类型的图表 ………………… 205
如何知道模型是否足够好 ……… 152	基本图表 ………………………… 205
线性回归中最重要的假设是	专用图表 ………………………… 206
什么 …………………………… 153	应该使用哪种图表 ……………… 207
逻辑回归 ………………………… 154	4.10 可视化分析的兴起 …………… 208
时间序列预测 …………………… 159	可视化分析 ……………………… 210
	高性能可视化分析环境 ………… 212
第 4 章 描述性分析：商务智能、	4.11 信息仪表盘 …………………… 214
数据仓库和可视化 ……… 166	仪表盘设计 ……………………… 216
4.1 开篇小插曲：通过数据仓库和	仪表盘中要查找的内容 ………… 217
商务分析锁定税务欺诈 ………… 166	仪表盘设计最佳实践 …………… 217
4.2 商务智能与数据仓库 …………… 169	以行业标准为基准制定关键
什么是数据仓库 ………………… 170	性能指标 ……………………… 217

　　　　使用情境元数据包装仪表盘
　　　　　指标 …………………………… 217
　　　　由可用性专家对仪表盘设计
　　　　　进行验证 ……………………… 218
　　　　对传输到仪表盘的报警或异常
　　　　　进行优先级排序 ……………… 218
　　　　以业务用户的评论丰富
　　　　　仪表盘 ………………………… 218
　　　　从三个不同层级呈现信息 ……… 218
　　　　使用仪表盘设计原则选择正确的
　　　　　可视化结构 …………………… 218
　　　　提供指导性分析 ………………… 218

第 5 章　预测性分析：数据挖掘过程、方法和算法 …… 226

5.1　开篇小插曲：警察部门利用预测
　　　分析来预测和打击犯罪 ………… 226
5.2　数据挖掘概念与应用 …………… 230
　　　定义、特征和优势 ……………… 231
　　　数据挖掘原理 …………………… 232
　　　数据挖掘与统计学 ……………… 235
5.3　数据挖掘应用 …………………… 236
5.4　数据挖掘过程 …………………… 238
　　　步骤 1：业务理解 ……………… 238
　　　步骤 2：数据理解 ……………… 239
　　　步骤 3：数据准备 ……………… 239
　　　步骤 4：建模 …………………… 239
　　　步骤 5：测试和评估 …………… 242
　　　步骤 6：部署 …………………… 242
　　　其他数据挖掘标准化过程和
　　　　方法 …………………………… 243
5.5　数据挖掘方法 …………………… 245
　　　分类 ……………………………… 245
　　　估计分类模型的准确度 ………… 246
　　　数据挖掘聚类分析 ……………… 252
　　　关联规则挖掘 …………………… 254
5.6　数据挖掘软件工具 ……………… 257
5.7　数据挖掘的隐私问题、谬误和
　　　隐患 ……………………………… 262
　　　数据挖掘的误区 ………………… 264

第 6 章　预测性分析：文本、Web以及社交媒体分析 …… 273

6.1　开篇小插曲：*Jeopardy!* 上的
　　　人机大战：Watson 的故事 …… 273
6.2　文本分析与文本挖掘概述 ……… 276
6.3　自然语言处理 …………………… 279
6.4　文本挖掘应用 …………………… 284
　　　市场营销应用 …………………… 284
　　　安全应用 ………………………… 284
　　　生物医学应用 …………………… 287
　　　学术应用 ………………………… 287
6.5　文本挖掘过程 …………………… 288
　　　任务 1：建立语料库 …………… 290
　　　任务 2：创建词项 – 文档矩阵 … 290
　　　任务 3：提取知识 ……………… 291
6.6　情感分析与主题建模 …………… 296
　　　情感分析 ………………………… 296
　　　情感分析应用 …………………… 300
　　　情感分析过程 …………………… 302
　　　极性识别方法 …………………… 303
　　　使用词典 ………………………… 304
　　　使用训练文档集 ………………… 305
　　　识别句子和短语的语义倾向 …… 306
　　　识别文档的语义倾向 …………… 306
　　　主题建模 ………………………… 306
　　　隐含狄利克雷分配 ……………… 307
6.7　Web 挖掘概述 …………………… 308
　　　Web 内容挖掘和 Web 结构
　　　　挖掘 …………………………… 311
6.8　搜索引擎 ………………………… 312
　　　搜索引擎剖析 …………………… 313
　　　搜索引擎优化 …………………… 315
　　　搜索引擎优化方法 ……………… 317
6.9　Web 使用挖掘 …………………… 318
　　　Web 分析技术 …………………… 318
　　　Web 分析指标 …………………… 319
　　　网站可用性 ……………………… 319
　　　流量来源 ………………………… 320
　　　访客特征 ………………………… 321

转化统计 ………………………… 321	Keras：一个应用程序编程
6.10 社交分析 ………………………… 323	接口 …………………………… 387
社交网络分析 ……………………… 323	7.10 认知计算 ………………………… 390
社交网络分析指标 ………………… 324	认知计算如何工作 ………………… 390
联系 ………………………………… 324	认知计算与 AI 有何不同 ………… 392
分布 ………………………………… 324	认知搜索 …………………………… 393
分割 ………………………………… 325	认知计算实例：IBM Watson …… 395
社交媒体分析 ……………………… 325	**第 8 章 规范性分析：优化和**
人们如何使用社交媒体 …………… 326	**模拟** ……………………………… 408
度量社交媒体的影响 ……………… 328	8.1 开篇小插曲：平衡配送路线、
社交媒体分析的最佳实践 ………… 329	生产计划和库存 …………………… 409
第 7 章 深度学习与认知计算 ……… 337	8.2 基于模型的决策 ………………… 410
7.1 开篇小插曲：利用深度学习和	规范性分析模型示例 ……………… 412
人工神经网络处理欺诈 …………… 338	问题识别与环境分析 ……………… 413
7.2 深度学习简介 …………………… 341	模型类别 …………………………… 415
7.3 浅层神经网络概述 ……………… 344	8.3 用于决策支持的数学模型的
7.4 开发神经网络系统的过程 ……… 351	结构 ………………………………… 416
人工神经网络中的学习过程 ……… 352	决策支持数学模型的组成部分 …… 416
用于神经网络训练的反向传播	数学模型的结构 …………………… 417
算法 ……………………………… 353	8.4 确定性、不确定性与风险分析 … 418
7.5 照亮人工神经网络的黑箱 ……… 355	确定性决策 ………………………… 418
7.6 深度神经网络 …………………… 362	不确定性决策 ……………………… 418
前馈多层感知机深度网络 ………… 362	风险下的决策（风险分析）……… 419
随机权重在深度 MLP 中的	8.5 使用电子表格进行决策建模 …… 419
影响 ……………………………… 363	8.6 数学规划优化 …………………… 423
更多的隐藏层与更多的神经元 …… 364	线性规划模型 ……………………… 425
7.7 卷积神经网络 …………………… 367	线性规划中的建模：一个例子 …… 426
卷积函数 …………………………… 368	实现 ………………………………… 431
池化 ………………………………… 370	8.7 多目标、敏感性分析、假设
使用卷积网络进行图像处理 ……… 371	分析和目标搜索 …………………… 432
使用卷积网络处理文本 …………… 374	多目标 ……………………………… 433
7.8 递归网络和长短期记忆网络 …… 377	敏感性分析 ………………………… 433
LSTM 网络的应用 ………………… 379	假设分析 …………………………… 434
ChatGPT …………………………… 381	目标搜索 …………………………… 435
7.9 实施深度学习的计算机架构 …… 385	8.8 基于决策表和决策树的决策
Torch ……………………………… 386	分析 ………………………………… 436
Caffe ……………………………… 386	决策表 ……………………………… 436
TensorFlow ……………………… 387	决策树 ……………………………… 438
Theano …………………………… 387	8.9 模拟概论 ………………………… 438

模拟的主要特征 …… 440
模拟的优点 …… 440
模拟的缺点 …… 441
模拟方法 …… 441
模拟类型 …… 442
蒙特卡罗模拟 …… 443
离散事件模拟 …… 443
常规模拟的不足 …… 444
视觉交互模拟 …… 444
视觉交互式模拟与决策支持
　系统 …… 444
模拟软件 …… 445
8.10 遗传算法及其开发应用 …… 445
遗传算法术语 …… 447
遗传算法的工作原理 …… 448
遗传算法的应用 …… 450

第9章　商务分析工具的前景 …… 460
9.1 开篇小插曲：希捷如何应用
　　KNIME应对数字化转型 …… 460
9.2 分析工具的重要性 …… 463
分析工具的多维分类 …… 464
分析工具的流行程度 …… 466
9.3 免费开源的分析程序语言 …… 470
R语言 …… 470
如何开始使用R …… 470
R分析及应用教程——预测
　员工流失 …… 472
数据可视化 …… 474
机器学习用于预测建模 …… 476
可解释性AI …… 478
Rattle …… 480
Python语言 …… 481
如何开始使用Python …… 481
Python分析及应用教程——预测
　电影票房成绩 …… 482
9.4 免费和开源分析可视化工具 …… 488
KNIME …… 488
KNIME应用教程：预测客户
　流失 …… 495

Orange …… 499
Orange应用教程：已出版文献的
　文本挖掘 …… 499
Weka …… 505
RapidMiner …… 506
RapidMiner应用教程：使用Titanic
　数据集预测乘客的生存情况 …… 506
9.5 商务分析工具 …… 510
Alteryx …… 510
IBM …… 511
SAS …… 511
JMP …… 513
JMP Pro应用教程：已出版文献的
　文本挖掘 …… 513
JMP Pro与Orange的比较 …… 518
Teradata …… 519
分析引擎和功能 …… 519
TIBCO …… 523
其他分析工具 …… 523

第10章　分析与数据科学中的
　　　　　AI趋势 …… 528
10.1 开篇小插曲：Discover Foods
　　 探索利用物联网和机器学习来
　　 确保食品质量 …… 528
10.2 基于云的分析 …… 531
数据即服务 …… 533
桌面即服务 …… 533
软件即服务 …… 534
平台即服务 …… 534
基础设施即服务 …… 534
云计算基本技术 …… 534
云部署模型 …… 537
App开发和部署中的主要云
　平台提供商 …… 538
分析即服务 …… 539
代表性分析即服务产品 …… 539
使用云基础设施的图解分析
　应用 …… 541
10.3 定位分析 …… 542

　　　　地理空间分析 …………………… 543
　　　　利用地理空间分析的多媒体
　　　　　分析练习 ………………………… 546
　　　　实时智能定位 …………………… 547
　　　　面向消费者的分析应用 ………… 548
10.4　图像分析/另类数据 …………… 549
10.5　物联网基础 …………………… 552
　　　　定义和特征 ……………………… 552
　　　　物联网生态系统 ………………… 553
　　　　物联网系统结构 ………………… 554
　　　　物联网的主要优势和驱动
　　　　　因素 ……………………………… 556
　　　　物联网的工作原理 ……………… 557
　　　　物联网与决策支持 ……………… 558
　　　　传感器及其在物联网中的
　　　　　作用 ……………………………… 558
　　　　传感器技术简介 ………………… 558
　　　　传感器如何与物联网协同
　　　　　工作 ……………………………… 558
　　　　传感器应用与射频识别
　　　　　传感器 …………………………… 559
　　　　RFID和智能传感器在物联网
　　　　　中的应用 ………………………… 560
10.6　物联网应用 …………………… 561
　　　　智能家居和家电 ………………… 562
　　　　智能家居的典型组件 …………… 562
　　　　智能家电 ………………………… 563
　　　　智能家居是机器人的天下 ……… 564
　　　　智能家居应用存在的障碍 ……… 564
　　　　智慧城市和智能工厂中的智能
　　　　　组件 ……………………………… 564
　　　　改善智慧城市的交通 …………… 565
　　　　自动驾驶汽车 …………………… 565
　　　　自动驾驶汽车的实施问题 ……… 566
　　　　物联网的未来 …………………… 566
10.7　5G技术及其对AI的影响 …… 567
10.8　其他新兴AI主题：机器人过程
　　　　自动化 …………………………… 569
10.9　生物信息学与健康网络科学 …… 570
10.10　其他最新进展 ………………… 574

　　　　Web 3.0 …………………………… 574
　　　　元宇宙与数字孪生 ……………… 575
　　　　GPT-3/ChatGPT ………………… 576
　　　　LaMDA …………………………… 576
　　　　Blenderbot ……………………… 577

第11章　商务分析中的道德、
　　　　　隐私和管理思考 ………… 583

11.1　开篇小插曲：从组织的分析历程
　　　　中汲取的经验教训 ……………… 583
11.2　实现智能系统：概述 ………… 586
　　　　智能系统的实施过程 …………… 587
11.3　智能系统的成功部署 ………… 588
　　　　最高管理层和实施 ……………… 588
　　　　系统开发实施问题 ……………… 589
　　　　连接和集成 ……………………… 589
　　　　安全保护 ………………………… 589
　　　　在业务中利用智能系统 ………… 590
　　　　智能系统应用 …………………… 590
11.4　物联网实施及管理思考 ……… 590
　　　　实施存在的主要问题 …………… 591
　　　　将工业物联网转化为竞争优势的
　　　　　战略 ……………………………… 592
11.5　合法性、隐私和道德问题 …… 593
　　　　法律问题 ………………………… 594
　　　　AI潜在法律问题示例 …………… 594
　　　　隐私问题 ………………………… 595
　　　　谁拥有我们的私有数据 ………… 597
　　　　道德问题 ………………………… 598
　　　　智能系统的道德问题 …………… 598
　　　　智能系统伦理的其他主题 ……… 599
11.6　道德/责任/可信赖AI ………… 600
　　　　O'Neil关于潜在分析风险的
　　　　　主张 ……………………………… 604
11.7　智能系统对组织的影响 ……… 605
　　　　新的组织单位及其管理 ………… 605
　　　　转变业务，增强竞争优势 ……… 605
　　　　通过使用分析重新设计组织 …… 607
　　　　智能系统对管理者活动、绩效和
　　　　　工作满意度的影响 ……………… 608

　　　　对决策的影响 ················ 609
　　　　产业结构调整 ················ 609
11.8　智能系统对就业和工作的
　　　　影响 ······················ 610
　　　　概述 ······················ 610
　　　　智能系统会抢走我的工作吗 ······ 611
　　　　AI 使许多工作岌岌可危 ········ 611
　　　　哪些职业最危险？哪些职业是
　　　　　　安全的？ ················ 613
　　　　更多失业观察 ················ 613
　　　　智能系统实际上可能会增加
　　　　　　就业机会 ················ 614

　　　　就业和工作性质将发生变化 ······ 614
　　　　结束语：我们要乐观一点！ ······ 615
11.9　AI 的潜在危险 ················ 616
　　　　AI 反乌托邦的立场 ············ 616
　　　　AI 乌托邦的立场 ·············· 616
11.10　公民科学与公民数据
　　　　科学家 ····················· 617
　　　　公民科学 ··················· 617
　　　　公民数据科学家 ·············· 618
　　　　结束语 ····················· 619

术语表 ························· 625

CHAPTER 1

第 1 章

商务智能、分析、数据科学与 AI 概述

学习目标

- 了解为管理决策提供计算机化支持的必要性
- 认识到这种计算机化支持向当前分析/数据科学和人工智能状态的演变
- 理解商务智能（BI）方法和概念
- 了解不同类型的分析方法，并了解其在不同领域中的应用

商业环境（气候）不断发生变化，而且变得越来越复杂。私人和公共组织都面临着压力，需要对不断变化的条件做出快速反应，并在运作方式上做出创新。此类活动要求组织足够灵活，可以频繁、快速地做出战略、战术和运营决策，其中一些决策还非常复杂。做出这样的决策可能需要大量的相关数据、信息和知识。在所需决策的框架内处理这些信息必须快速完成，而且经常是实时的，通常还需要大量的计算机化支持。随着技术不断发展，许多决策都是自动化的，这在许多方面对知识型工作和知识型工作者都产生了重大影响。

本书讨论如何使用商务分析和人工智能为管理决策提供计算机化支持，内容侧重于决策支持的理论和概念基础，以及可用的商业工具和技术。本书介绍了这些技术的基本原理以及构建和使用这些系统的方法。我们采用 EEE 方法介绍这些主题：曝光（Exposure）、体验（Experience）和探索（Exploration）。本书主要对各种分析技术及其应用进行了曝光。学生将因此受到启发，从其他组织如何利用分析来做出决策或获得竞争优势中学习。我们相信，曝光商务分析在做什么，以及如何实现商务分析，是学习商务分析的关键内容。在介绍这些技术时，我们还举例说明了可用于开发此类应用程序的特定软件工具。本书不限于使用某一种软件工具，因此学生可以使用多种可用软件工具体验这些技术。我们希望这种曝光和体验能够激励读者在自己的领域探索这些技术的潜力。为了促进这种探索，我们提供了实践练习和其他网站的链接，其中包括适当的团队合作训练。

1.1 开篇小插曲：运动分析——学习和理解分析应用领域令人兴奋的前沿

读者将在本书中学到将分析应用于商业问题这一关键技能。许多技术已应用于改善体育运动多方面的决策能力，这是一个非常热门的领域，称为运动分析（sports analytics）。运动分析是一门收集运动员和球队数据的艺术和科学，旨在创造洞察力，改善体育决策。例如决定招募哪些队员、支付多少报酬、与谁比赛、如何训练、如何保持队员健康，以及何时转会或退役。对于球队来说，这涉及商业决策，如门票定价、对手研究、每个竞争对手的优劣势分析，以及许多比赛日的决策等。

Michael Lewis 于 2003 年出版的《魔球》（Moneyball）一书和 Brad Pitt 于 2011 年主演的同名电影普及了运动分析。该片再现了奥克兰 A 队的总经理 Billy Beane 的故事，并展现他如何利用数据和分析将失利的球队变成赢家。他专门聘请了一位分析师，通过数据分析来筛选能够上垒的球员，而不是满足于采用传统衡量标准（如击球得分或盗垒）筛选球员。这些见解使他们能够以合理的起薪来挑选被其他球队忽视的有潜力的球员。这种做法取得了成功：他们在 2002 年和 2003 年进入了季后赛。（女子橄榄球队也开始使用运动分析学，详见 https://theathletic.com/2547245/2021/04/28/the-rise-of-analytics-in-womens-football/。）

作为一个产业，全球体育运动价值上千亿美元。Statista.com 的一份报告（https://www.statista.com/statistics/1087391/global-sports-market-size/）显示 2018 年全球体育运动产业的规模接近 4 710 亿美元。虽然估值千差万别，但根据莱斯大学的数据，保守估计该行业目前的规模约为 5 000 亿美元。这一估值包括各种职业体育运动联盟以及大学体育运动。根据一些报道，美国大学体育运动代表了一个价值 180 亿美元的产业。可以说，体育运动是美国和世界上许多国家活动的主要经济驱动力。

运动学分析正在成为分析领域的一个专业。这是一个重要的领域，因为体育运动是一门大生意。2014 年约有 1.25 亿美元用于体育运动分析。Grand View Research 最近发布的一份报告（https://www.grandviewresearch.com/industry-analysis/sports-analytics-market）估计，2020 年体育运动分析行业已经增长到 8.85 亿美元，预计将以每年超过 27% 的惊人增长率增长。因此，运动分析不仅是学习分析的一种有趣方式，而且也是许多分析项目毕业生的潜在职业选择。

体育运动的各个领域都在使用分析方法。图 1.1 展示了分析在体育运动中的应用。图中最上面一行显示通常的业务办公室/行政管理分析的潜力，比如在大学的多个体育运动项目中分配预算资金，或者确定用于设施、教练员以及球员的工资和福利等。接下来的两层分析可以分为前台（front office）分析和后台（back office）分析（通常称为业务分析和运营分析）。前台业务分析包括分析球迷行为，从季票续订和常规门票销售定价的预测模型，到球迷关于球队、运动员、

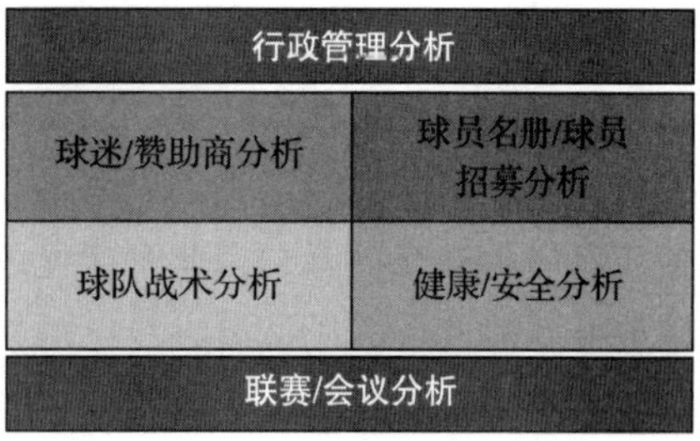

行政管理分析	
球迷/赞助商分析	球员名册/球员招募分析
球队战术分析	健康/安全分析
联赛/会议分析	

图 1.1　运动分析的六个领域

教练和球队老板的推文。这与传统的客户关系管理（Customer Relationship Management，CRM）非常相似。对于个人球员，分析的重点是招募模型和球探分析。财务分析也是一个关键领域，名册上的工资上限（专业人员）或奖学金限额（大学）都是分析公式的一部分。

后台分析包括通过分析改善球队的运营以及球员的健康和安全状况。球队分析包括战略和战术、竞争评估以及在各种（室外）运动场或（室内）球场情况下的最佳阵容选择。健康/安全分析侧重于医疗、球员力量和健身分析，以及避免过度训练和受伤的发展和预测模型。例如，脑震荡研究就是一个热门领域。

最后，图中最底层显示在联赛/会议层面应用分析的潜力，以优化球队的比赛时间表和地点，包括联赛种子选手。

以下具有代表性的例子用于说明各种体育组织如何使用数据和分析来改善体育运营，就像用分析改善传统行业决策一样。几乎所有这些都是基于学生和研究人员开展的实际项目。在某些情况下，为了保护利益攸关方的隐私而采用了化名。

例1：业务办公室——球迷分析

Katie Ward 是一支职业棒球队的商务分析师，专注于收益分析。她对季票购买者和单票购买者的门票销售情况进行分析，其职责范围内的问题包括：季票持有者为什么续订（或不续订）门票？是什么因素促使有人最后一刻购买单座票？如何给门票定价？

Katie 使用的一些分析技术包括对球迷行为进行简单的数据统计，如总出席人数，以对关于球迷再次购买球票可能性的调查问卷做出回答。然而，球迷的言行可能会有所不同。Katie 根据座位位置（"等级"）对球迷进行了一项调查，询问他们续订季票的可能性。但当她比较球迷言行时，从中发现了很大的差异（如图1.2所示）。她发现，在调查中表示"可能不会"续约的这一级席位上，69%的球迷实际上确实续约了。这是一个有用的认识，可以因此调整做法，例如，与处于深色单元格中态度"模棱两可"的球迷相比，图中左上部分处于浅灰色单元格中的球迷更有可能续订球票，因此只需要更少的营销手段和经费便可实现球票续约。

座位等级	极有可能会	很可能会	也许会	可能不会	肯定不会
1	92	88	75	69	45
2	88	81	70	65	38
3	80	76	68	55	36
4	77	72	65	45	25
5	75	70	60	35	25

图1.2 球票季票续订调查得分

当然，影响球迷购票行为的因素有很多，尤其是价格，这促使我们要做更复杂的统计和数据分析。对于这两个领域，尤其是单场比赛的门票，Katie 正在努力推行球票动态定价，即将定价业务从按座位位置级别的简单静态定价转变为按单个座位每日上下浮动定价。对于许多球队来说，这是一个丰富的研究领域，在提高球票收入方面具有巨大的上行潜力。例如，她的定价考虑了球队的记录、比赛对手、比赛日期和时间、每支球队的明星运动员、每个球迷续订季票或购买单票的历史、座位位置、座位数量等因素，以及比赛时的交通拥堵情况、天气等实时信息，如图1.3所示。

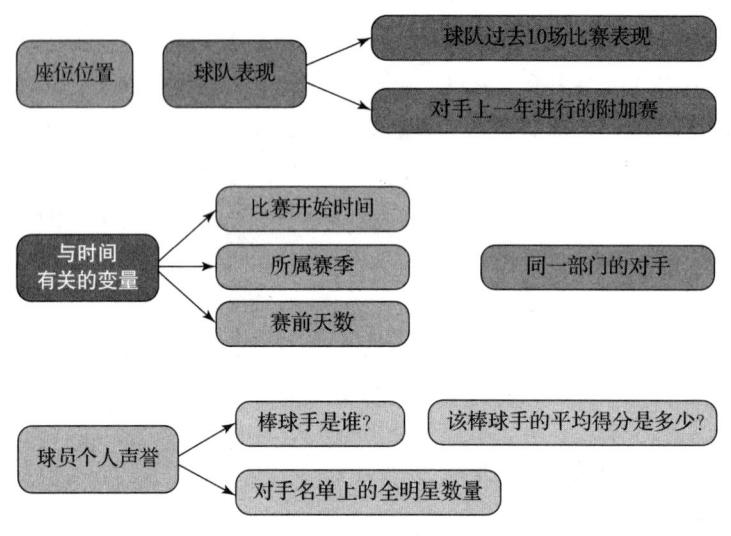

```
座位位置    球队表现 ──→ 球队过去10场比赛表现
                    └─→ 对手上一年进行的附加赛

与时间       ──→ 比赛开始时间
有关的变量   ──→ 所属赛季         同一部门的对手
             └─→ 赛前天数

球员个人声誉 ──→ 棒球手是谁？    该棒球手的平均得分是多少？
             └─→ 对手名单上的全明星数量
```

图1.3 实施动态定价之前要做的工作——美国职业棒球大联盟

资料来源：改编自 Kemper, C. 和 Breuer, C.（2016）。体育运动赛事的动态定价效率如何？为拜仁慕尼黑队设计一个动态定价模型，*International Journal of Sports Finance*，11，4-25。

以上这些因素中，哪些因素很重要？要花多少钱？基于大量的统计数据，Katie建立了回归模型来找出促成这些历史行为的关键因素，并创建预测模型来确定如何使用营销资源以提高收入。她为季票持有者建立客户流失模型，以找出续订、不续订或观望的客户群体，从而推动采取更精细的市场营销活动。

此外，Katie还对推特等球迷评论进行情感评分，从而将球迷按不同的忠诚度群体进行划分。其他关于单场比赛到场球迷的研究则有助于营销部门了解吉祥物或T恤等赠品的影响，或建议在哪里购买电视广告。

除了收入之外，Katie的团队还有许多其他分析领域，包括商品销售、电视和无线电广播收入、一般经理对薪资谈判的投入、草案分析特别是薪资上限、包括广告渠道的促销效果、品牌知名度和合作伙伴分析等。她忙得根本停不下来。

例2：大学橄榄球队的教练——比赛战术

Bob Breedlove是一支大学橄榄球队的教练。对他来说，他所做的一切都是为了赢得比赛。他的工作重点包括招募到最好的高中球员，对这些球员进行训练，使他们适应他设计的进攻和防守系统，并在比赛中尽最大努力赢得比赛。他的职责范围内的问题包括：我们应该招募谁？哪些训练有助于培养队员所需的技能？对我们的运动员要施加多大的压力？对手的实力如何？我们如何判断他们的打法？

幸运的是，他的团队聘请了一位新的团队运营专家Dar Beranek，专门帮助教练做出战术决策。她正在与一个实习生团队合作，他们正在创建对手分析策略。他们使用教练的比赛解说影片构建了一个级联决策树模型（如图1.4所示），以预测下一个动作是跑动还是传球。这显示出他们可能想要利用的一些趋势。例如（按照右侧顺序），当他们看到一个看起来像传球的人员阵型，并且其第三次或第四次带球触地进攻有5码以上要推进时，这段时间内对手传球的概率为95.45%——可预测性非常强！

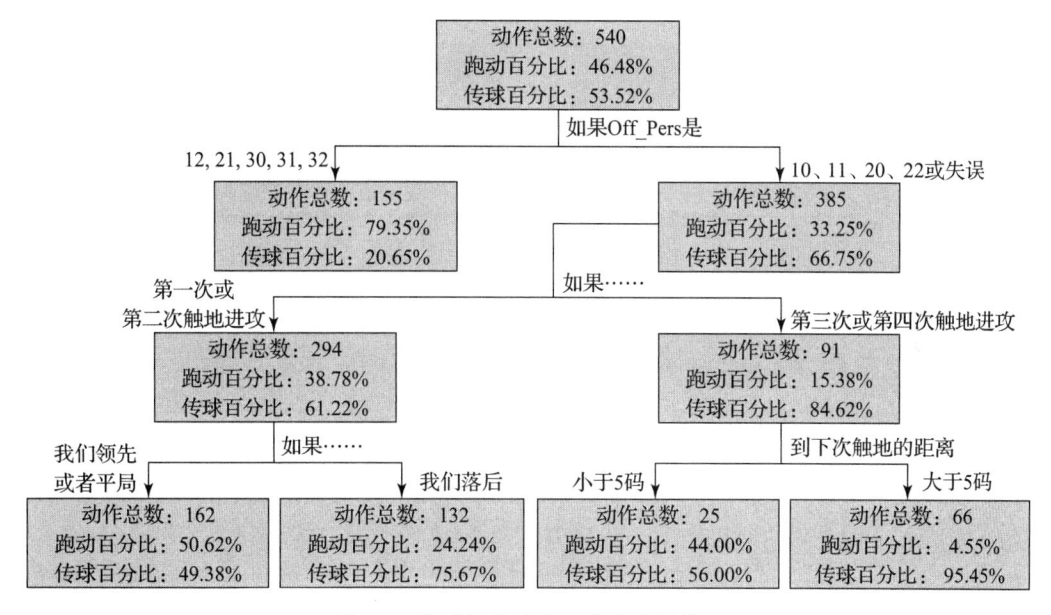

```
                        动作总数：540
                        跑动百分比：46.48%
                        传球百分比：53.52%
                              │
                        如果 Off_Pers 是
              ┌───────────────┴───────────────┐
        12, 21, 30, 31, 32↓              10、11、20、22或失误↓
        动作总数：155                      动作总数：385
        跑动百分比：79.35%                 跑动百分比：33.25%
        传球百分比：20.65%                 传球百分比：66.75%
                                              │
                                            如果……
     第一次或                            ┌─────┴─────┐
     第二次触地进攻↓                                  第三次或第四次触地进攻↓
     动作总数：294                                   动作总数：91
     跑动百分比：38.78%                              跑动百分比：15.38%
     传球百分比：61.22%                              传球百分比：84.62%
          │                                              │
       如果……                                     到下次触地的距离
   ┌──────┴──────┐                          ┌──────────┴──────────┐
 我们领先        我们落后                    小于5码                大于5码
 或者平局↓         ↓                          ↓                      ↓
 动作总数：162    动作总数：132              动作总数：25           动作总数：66
 跑动百分比：50.62% 跑动百分比：24.24%        跑动百分比：44.00%     跑动百分比：4.55%
 传球百分比：49.38% 传球百分比：75.67%        传球百分比：56.00%     传球百分比：95.45%
```

图 1.4 跑动与传球的级联决策树模型

对于防守协调员，他们绘制了每个对手传球进攻的热点图（如图1.5所示），以说明他们向左或向右投球的倾向，以及防守覆盖区。最后，他们开展了一些爆炸性打法（这种打法定义为传球超过16码或跑动超过12码）的时间序列分析（如图1.6所示）。对于每一场比赛，他们都会将自己的防守队形和对方的进攻队形进行比较，这有助于Breedlove教练在比赛中对队形的变化做出更快的反应。Dar正在推动的新工作包括建立更好的高中运动员招募模式。例如，该球队每年向三名广受欢迎的学生提供奖学金。对Dar来说，挑选最好的球员不仅靠简单的衡量标准，比如运动员跑得有多快、跳得有多高或手臂有多长，还要有新标准，比如他们转头接球的速度有多快，他们对多种刺激表现出的反应时间有多长，以及他们跑传球路线的准确性有多高，等等。她阐述这些概念的一些想法出现在Teradata大学学术网站上，其中可以找到Precision Football的BSI案例。图1.6显示了一种特殊类型的图表，称为桑基图（Sankey chart 或 Sankey diagram）。这种图表可以用来描述从一个阶段到另一个阶段的流程。每个阶段的节点可以连接到下一阶段的节点。从一个阶段连接到下一个阶段的箭头的厚度通常表示路径在数据中被记录的时间比例。因此，图1.6显示（右侧）防守方放弃了82次爆炸性打法。回到左侧，教练可以看到防守阵型GULA放弃了32次爆炸性打法。回溯到第一列，GULA在32次进攻中有10次未能对抗编码为"11"的进攻人员阵型。根据这些信息，可以获取更好的练习计划和比赛中的队形对决决策。

进攻

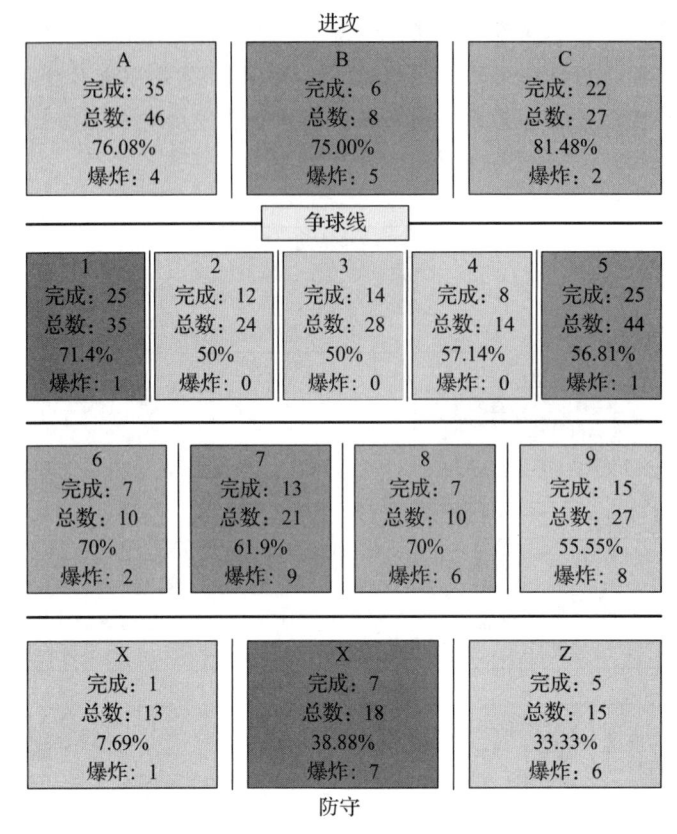

A	B	C
完成：35	完成：6	完成：22
总数：46	总数：8	总数：27
76.08%	75.00%	81.48%
爆炸：4	爆炸：5	爆炸：2

争球线

1	2	3	4	5
完成：25	完成：12	完成：14	完成：8	完成：25
总数：35	总数：24	总数：28	总数：14	总数：44
71.4%	50%	50%	57.14%	56.81%
爆炸：1	爆炸：0	爆炸：0	爆炸：0	爆炸：1

6	7	8	9
完成：7	完成：13	完成：7	完成：15
总数：10	总数：21	总数：10	总数：27
70%	61.9%	70%	55.55%
爆炸：2	爆炸：9	爆炸：6	爆炸：8

X	X	Z
完成：1	完成：7	完成：5
总数：13	总数：18	总数：15
7.69%	38.88%	33.33%
爆炸：1	爆炸：7	爆炸：6

防守

图 1.5　传球热点图区域分析

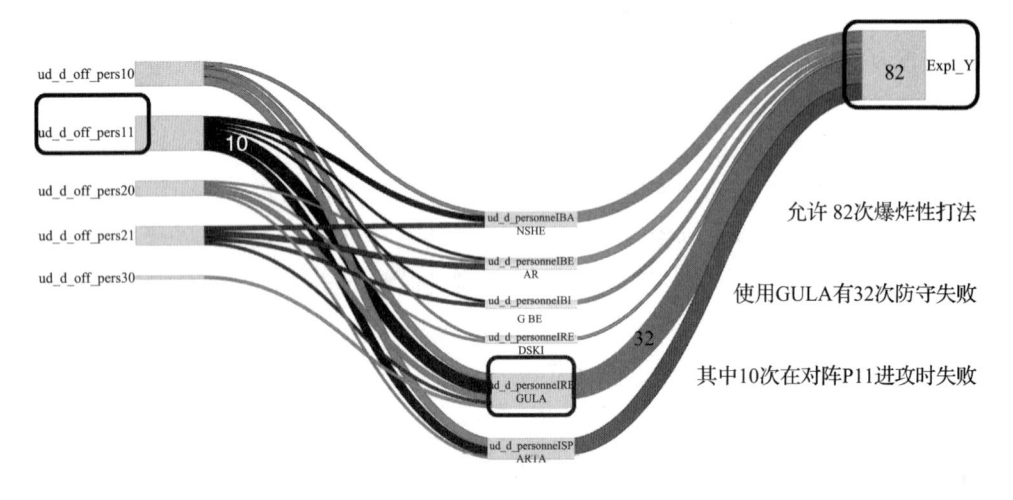

图 1.6　爆炸性打法的桑基图

允许 82 次爆炸性打法

使用 GULA 有 32 次防守失败

其中 10 次在对阵 P11 进攻时失败

例3：高中教练——打败头号对手

教练 Joe 专注于他即将面对的每一个对手，尤其是他的头号对手，他的头号对手经常赢得州锦标赛，并击败联盟中的所有球队。他的进攻和防守协调人需要通过了解他们的战术倾向以获得竞争优势。他与两位球队战术专家 Spencer 和 Archis 建立了联系，他们利用六年来与这位对手比赛的详细数据，让教练们得以深入了解对手。

Archis 首先创建了一些关于对手历史上选择的阵型和打法的统计数据（如图 1.7 所示），这些数据显示 Joe 的防守是有问题的。

常用进攻阵型

阵型	平均码数	使用百分比
THUNDER	6.62	21%
4 WIDE	12.44	18%
LIGHTNING	9.71	12%
WISHBONE	4.00	8%
SINGLE WING	9.17	5%
OPEN LEFT	5.08	3%
ACE	8.90	3%
TROJAN RIGHT	7.33	3%
TRIPS RIGHT	–0.13	2%
TWINS SPLIT	0.29	2%

常用进攻打法

打法	平均码数	使用百分比
24 ISO	6.09	6.45%
25 ISO	9.06	5.28%
93	18.75	4.69%
JET 18	4.77	3.81%
FB Dive	3.54	3.81%
14 SINGLE OMAHA	3.23	3.81%
JET 19	5.50	3.52%
15 SINGLE OMAHA	7.73	3.23%
JET 93	11.25	2.35%
50 ALL SEAM	10.00	2.05%
91	7.43	2.05%
62 FLORIDA	9.57	2.05%
JET 26 QB POWER READ	19.14	2.05%

图 1.7　有关放弃爆炸性码数的阵型和打法的对手统计

通过分析详细的逐场比赛数据，他们确定了进攻和防守倾向，并将其转换为静态比赛表。图 1.8 显示了当对手有球时防守协调人可以使用的一张表格，下一步应该采取什么战术取决于场地位置、进攻次数及距离。

	DANGER ZONE			
DOWN & DISTANCE	Pass%	Run%	Pass Avg Yards	Run Avg Yards
1st and Short	0%	0%	0.00	0.00
1st and Mid	0%	0%	0.00	0.00
1st and Long	5%	95%	0.00	3.78
2nd and Short	0	100%	0.00	23.33
2nd and Mid	0	100%	0.00	1.00
2nd and Long	25%	67%	7.00	2.38
3rd and Short	0%	0%	0.00	0.00
3rd and Mid	0	100%	0.00	5.00
3rd and Long	57%	43%	30.75	32.67

	OWN_MID			
DOWN & DISTANCE	Pass%	Run%	Pass Avg Yards	Run Avg Yards
1st and Short	0%	0%	0.00	0.00
1st and Mid	0%	100%	0.00	11.00
1st and Long	16%	84%	26.00	4.77
2nd and Short	33%	67%	0.00	6.50
2nd and Mid	22%	78%	11.00	6.43
2nd and Long	39%	61%	13.00	9.18
3rd and Short	0%	100%	0.00	2.75
3rd and Mid	0%	100%	0.00	1.00
3rd and Long	67%	33%	4.00	-5.00

	MID			
DOWN & DISTANCE	Pass%	Run%	Pass Avg Yards	Run Avg Yards
1st and Short	0%	0%	0.00	0.00
1st and Mid	0%	0%	0.00	0.00
1st and Long	40%	58%	14.19	11.87
2nd and Short	0%	100%	0.00	7.00
2nd and Mid	13%	88%	0.00	3.57
2nd and Long	38%	54%	2.80	6.43
3rd and Short	0%	100%	0.00	5.00
3rd and Mid	33%	67%	10.00	8.00
3rd and Long	75%	25%	14.33	6.00

	OPP_MID			
DOWN & DISTANCE	Pass%	Run%	Pass Avg Yards	Run Avg Yards
1st and Short	0%	0%	0.00	0.00
1st and Mid	0%	100%	0.00	8.50
1st and Long	33%	65%	4.54	9.27
2nd and Short	33%	67%	16.50	2.25
2nd and Mid	0%	100%	0.00	10.50
2nd and Long	45%	55%	14.00	6.73
3rd and Short	33%	67%	7.00	3.00
3rd and Mid	0%	100%	0.00	4.00
3rd and Long	83%	17%	13.00	-4.00

	RED_ZONE			
DOWN & DISTANCE	Pass%	Run%	Pass Avg Yards	Run Avg Yards
1st and Short	0%	100%	0.00	2.83
1st and Mid	20%	80%	0.00	2.00
1st and Long	33%	57%	3.57	5.17
2nd and Short	0%	100%	0.00	2.83
2nd and Mid	25%	75%	6.00	2.33
2nd and Long	38%	63%	6.67	-1.40
3rd and Short	20%	80%	15.00	5.50
3rd and Mid	100%	0%	5.00	0.00
3rd and Long	60%	40%	8.33	5.50

图 1.8　教练比赛表，按场地位置、进攻次数及距离显示对手的进攻倾向

Spencer 决定为记者席上的防守协调员开发一款新的实时 App。他们有 5 到 8 秒的时间来沟通使用什么样的防守战术。在这个 App 中，可以检查并推进情境上下文（在右侧），前一动作产生的新码线、进攻和距离会立即显示下一个战术是跑动或传球的时间百分比（如图 1.9 所示），本图中显示的下一个战术很可能是跑动。

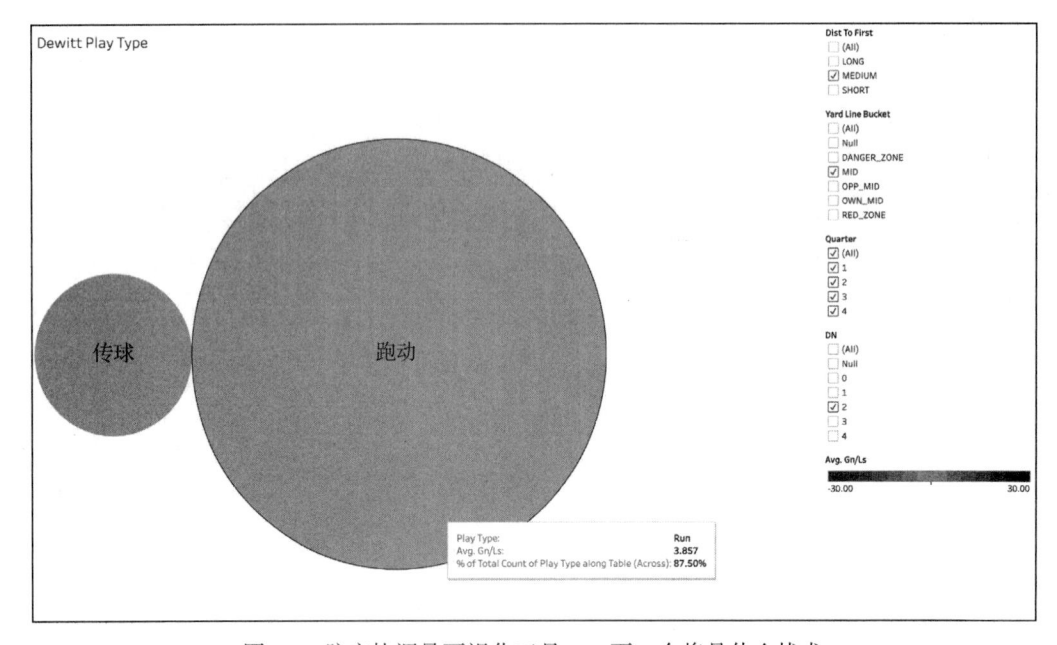

图 1.9　防守协调员可视化工具——下一个将是什么战术

再单击一次"跑动"圆圈，防守协调人就可以获取详细细节，看看可能是什么样的跑动，以及哪种跑动会产生最多码数（JET 18 表示放弃最多码数）。然后，防守协调人可以将正确的防守战术通知给边线教练，以挫败对手的战术（见图 1.10）。

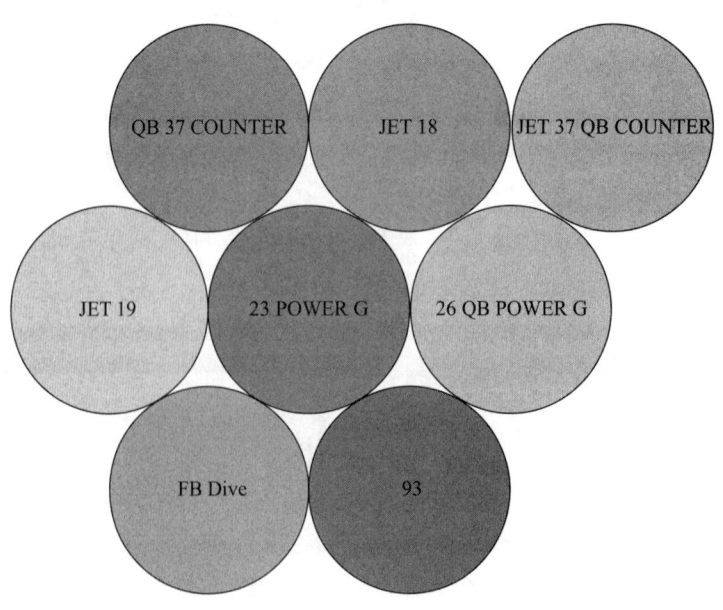

图 1.10　互动工具细节图：哪一种跑动战术可能到来，有多少码

最后，Joe 的分析专家决定使用四个预测比赛模型（两队的进攻和防守以及结果预测）来构建蒙特卡罗模拟器，并在各种战术变化下多次"玩"一场完整的比赛，以查看得分结果。我们在第 8 章中将介绍蒙特卡罗模拟。

特别是，对于比赛中的每个战术，进攻方都会根据他们在过去比赛中的跑动次数百分比，从进攻模型中随机选择一个战术执行，并根据对手的防守模型对数据进行统计，基于防守中平均跑动的码数，加上（或减少）一定数量的码数。模拟器对每支球队在一场比赛中要执行的大约 80 个战术动作进行迭代，像在真实比赛中一样交替进行控球。它将时间、开球、踢脱手球、球权转换、码线、进攻分段和距离作为基本变量，在 5 000 次模拟中得到每一次的得分分布，并用于创建"基线"模型。图 1.11 显示，面对他们的头号对手，Joe 教练的球队平均将以 30-10 分输掉比赛。

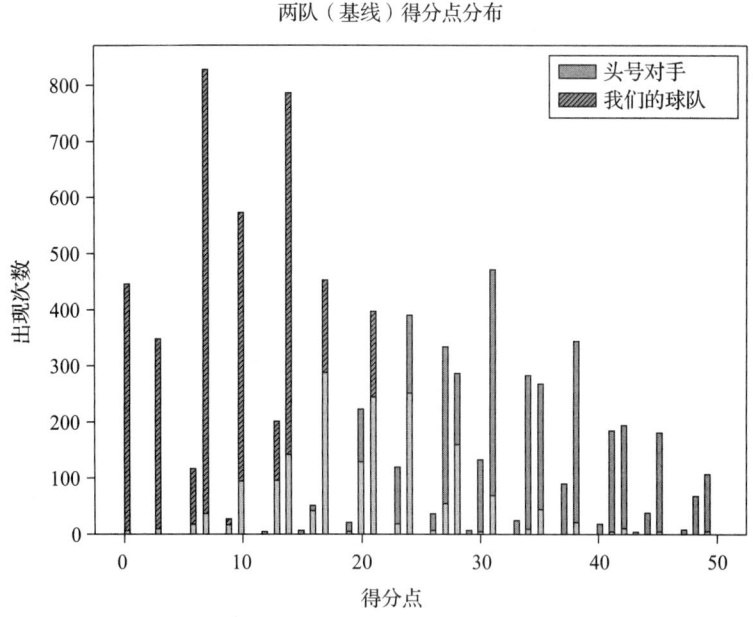

图 1.11　蒙特卡罗模拟器基线分数分布——5 000 次模拟比赛

接下来，分析师研究了在战术上增加一些可以减少 spread 阵的变量，比如增加或减少 Joe 方防守阵型的突袭，以出其不意地进攻。进攻的不同战术包括在第四次进攻时出乎意料地射门，或者踢越位球，或者通过增加每场比赛的时间来消耗时间，让球远离头号对手（手里没球，所以不能在我们身上得分）。通过调整 Joe 所在球队的进攻或防守模式，可以单独或组合看待每一个战术，因此分析师可以建议改变最佳战术，以增加 Joe 方球队获胜的可能性。在改变四次战术的情况下，该模型仍然不幸地预测了一场失利，但比分差距缩小到了 24-10，如图 1.12 所示。我们将在他们今年秋天的比赛中看到做这样的分析有多大帮助！

两队（最佳组合）得分点分布

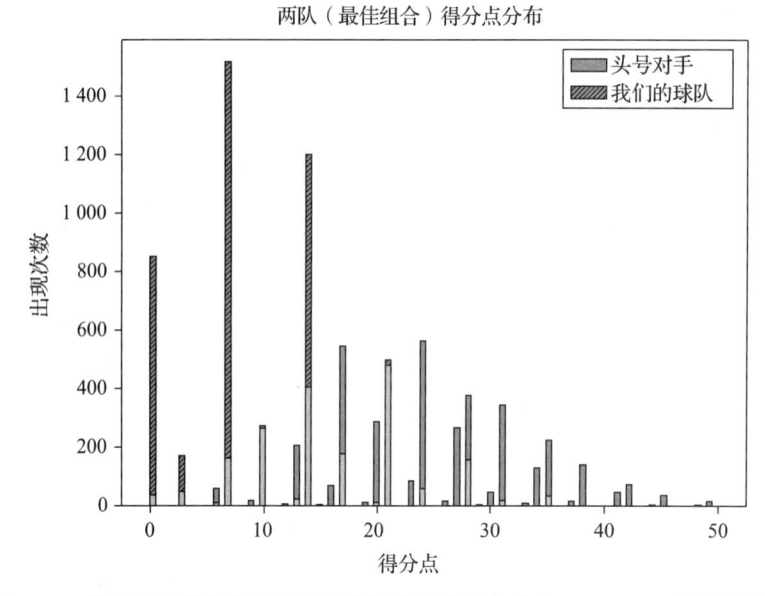

图 1.12　蒙特卡罗模拟器产生的最佳四次战术得分分布——5 000 次模拟比赛

例 4：板球教练——阵容和比赛决策

Krishna Kulkarni 是 Bombay Desis 队的新板球教练，该队一直在板球超级联赛中苦苦挣扎。球迷的上座率不断下降，他面临着改变阵容的压力。他聘请了几位数据分析专家，帮助他更好地了解投球手（投手）在与其他球队的击球手（尤其是他的劲敌 Delhi Drivers 队和 Bangalore Bees 队）的比赛中有哪些弱点和长处。他知道板球在使用复杂的数据分析方面落后于棒球。特别是，板球仍然只是使用得分记录表，而其他运动项目则有详细的赛事数据可供分析。

数据分析师提出了一种方法，由评论员收集关于每一次投球和击球的公开博客数据，然后利用这些数据对投球手和击球手的比赛对决进行更深入的了解。该方法的第一部分使用文本分析，试图从自由格式的博客文本中提取有趣的额外数据字段。

与棒球不同，在板球场上，球有各种距离可以反弹到击球手，这一距离称为长度。图 1.13 说明了投球手如何将球投到击球手的桩门柱。其范围可以从"短距离"到"直投球"（full toss）。还有各种各样的投球类型（如快速球和慢速球、曲线球、sinker 球）。可以从文本信息中提取的另外两个维度涉及球的瞄准位置和击球手的挥板方式，这为分析提供了四个新的变量。所有这些信息都是从每次比赛的博客评论中提取的。除了注明比赛信息（日期、球队、地点等），以及投球手和击球手的姓名、比赛得分等，还获取关于每一场比赛事件的额外数据字段。由于数据是从评论博客的文本挖掘分析中提取的，因此它可能是不完整的。然而，它仍然比分析师在采用此方法之前的情况要好。

对这些文本信息进行提取，以添加如下变量：

- 发球长度：Short Length、Good Length、Full Length、Yorker、Full Toss。
- 发球类型：Googly、Arm Ball、Cutter、LegBreak、OffBreak、TopSpinner、Carrom Ball、Bouncer。

- 球的位置：在桩门柱、远离桩门柱。
- 击球手反应：Steps Out、Defense、On Toes。

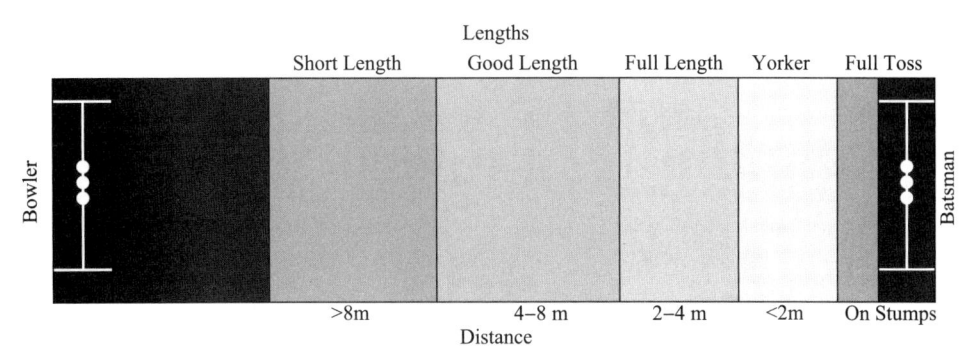

图 1.13　板球比赛中投球长度

有了上述数据集，分析师第一次分析的重点是识别击球手对抗不同类型的投球（投球长度）时存在的弱点。图 1.14 显示了这一分析结果。注意，图中每一行中的数字加起来不等于 100%，因为无法收集到每次比赛的全部投球数据。教练利用这些信息，可以帮助击球手通过更好的训练来提高技能，以克服特定投球长度时存在的弱点，或者帮助投球手找出击球手在对付某些投球长度时存在的弱点，以便在比赛中加以利用。

Del O.. Batter	Yorker	Full Toss	Short Length	Good Length	Full Length	Good Length(s)
Ambati Rayudu		16.67%		16.67%	16.67%	50.00%
Hardik	15.91%	9.09%	4.55%	13.64%	18.18%	38.64%
Ishan Kishan	5.71%	8.57%	17.14%	5.71%	20.00%	42.86%
Jos Buttler			25.00%	12.50%	37.50%	25.00%
Lynn			50.00%			50.00%
Nitish Rana			16.67%	25.00%	8.33%	50.00%
Pollard	2.33%	11.63%	11.63%	11.63%	25.58%	37.21%
Quinton de Kock		5.41%	10.81%	27.03%	13.51%	43.24%
Rohit Sharma		8.82%	8.82%	22.06%	13.24%	47.06%
Yadav		4.00%	4.00%	20.00%	28.00%	44.00%

% of Total Count of Del Outcome broken down by Delivery Length vs.Del Outcome and Batter Color shows COUNT([Del Outcome])/TOTAL(COUNT([Del Outcome])).The marks are labeled by% of Total Count of Del Outcome.The data is filtered on count of Del Outcome,Batter Team Name and Batter Full Name. The count of Del Outcome filter ranges from 1 to 105. The Batter Team Name filter keeps Mumbai Indians.The Batter Full Name filter keeps 10 of 268 members. The view is filtered on Del Outcorne, which keeps W.

图 1.14　不同球员在不同投球长度比赛中的表现

投球手也使用许多不同风格的投球方式来投球，例如 Bouncer、Googly、LegBreak、OffBreak 等。如果读者感兴趣，可以通过在线搜索了解这些方式，参见 https://cricketmastery.com/types-of-bowling-in-cricket/。分析师制定了一个类似的图表，显示哪个击球手更有可能对付不了特定类型的投球。

数据分析团队还对球员在各种条件下的表现进行了详细分析。图 1.15 显示对一位在板球界非常知名的球员 Rohit Sharma 的行为分析。该图表显示球员为该队效力时的总得分、

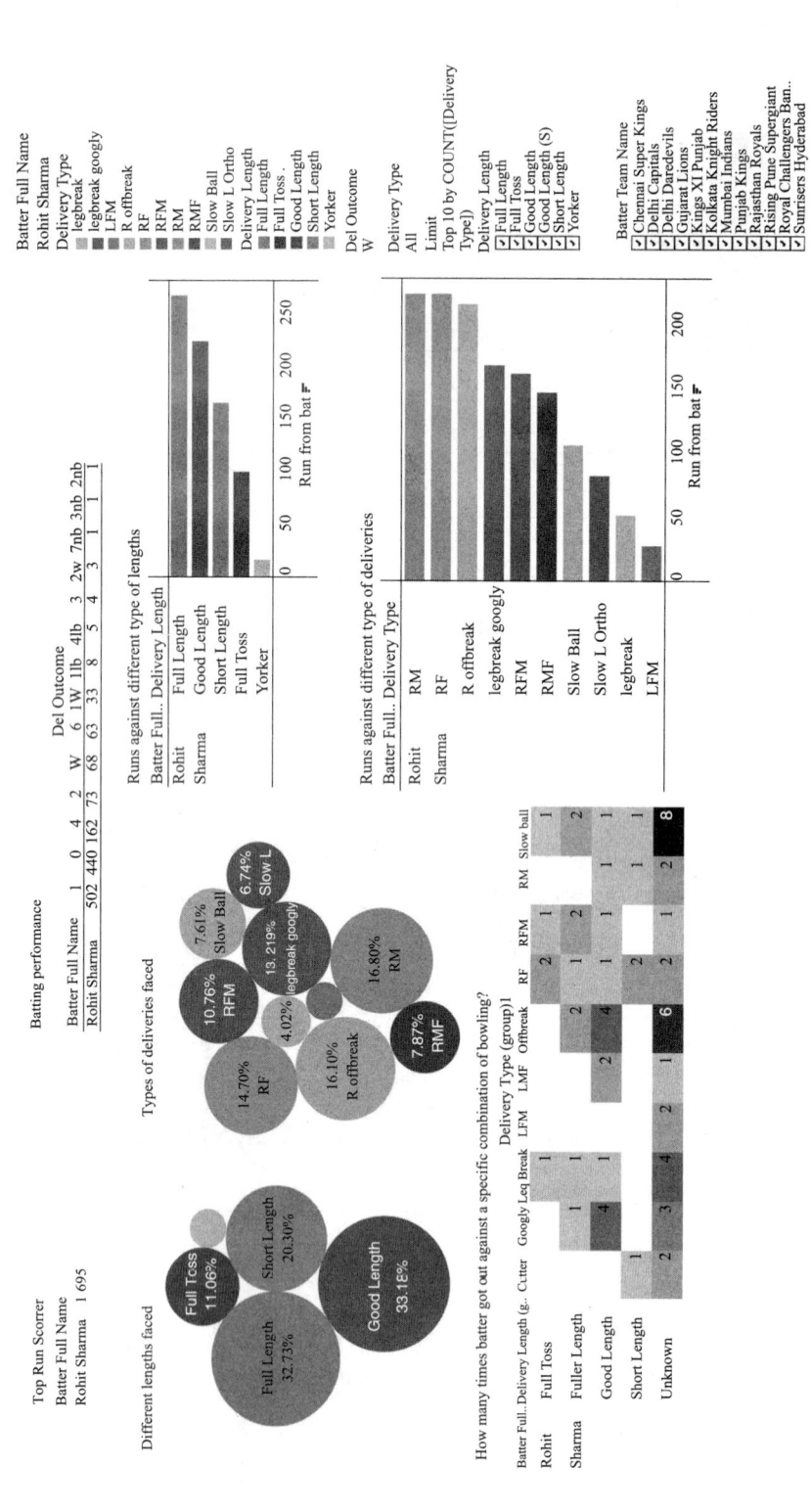

图 1.15 球员 Rohit Sharma 的行为分析

他在得分类型方面的表现或他在不同战术下出局时的表现。图中还有两张图表，显示了该球员面对的不同类型的传球长度和传球风格，针对这些不同类型的传球长度和传球风格，对他在不同传球长度/风格组合中的表现进行了横断面分析。例如，图中右下角的图表显示，Rohit 在面对右路球时表现相当好——右路快攻、快攻等。然而，他在面对 LegBreak 传球时得分很低。左下角的图表显示，好距离是他最不擅长的传球类型。在好距离中，他最不擅长的是以 Googly、OffBreak 或 Slowball 方式传球。

Bombay Desis 球探可以与分析师合作，为他们考虑的每一位候选球员撰写此类球探报告，以帮助教练招募球员，建立一支更全面的球队。此外，对对方击球手的分析可以帮助教练做计划，使用最有可能阻止击球手击球和跑动的投球手。然后，可以在每个击球手和投球手之间进行类似的分析，以确定特定比赛的最佳球员组合（击球手和投球手）。

板球在全世界是一个价值数十亿美元的产业。从这个例子中可以看出，教练和管理者可以使用数据分析来为他们的球队选定未来最好的球员，并酝酿他们的投球和击球策略，以对抗不同的球队。

例 5：专员——联赛赛事设计

在 NCAA（National Collegiate Athletic Association，美国全国大学体育协会），三级摔跤委员会（Division Ⅲ Wrestling）负责分配学校参加地区锦标赛，以获得全国锦标赛的参赛资格。这一分配工作每三年需手动操作一次。教练协会主席邀请分析师团队"做数学运算"，以实现流程自动化（同时避免政治因素），这变成了一个非常有趣的分析项目。

研究问题很简单：将 N 个（例如 103 个）比赛队分配到六个区域，要求：
- 每个地区的比赛队数量大致相同（大约 103/6=17）。
- 每个地区的平均"水平"（基于分配团队水平得分的总和）大致相当。
- 从每所学校到每个地区中心的距离要最小化，因为这些大学没有足够的旅行预算（大多数都会自驾前往）。

因为存在很多优化技术，我们先选择五所学校进行了一场友谊赛，以找出最佳算法。辛辛那提大学的一名教师曾是一名大学摔跤运动员，因此根据过去两年这些学校所有比赛的比赛结果中的 24 个因素设计了一个预测水平模型。在这些因素中，有许多因素是相关的，只有四个因素是预测性的，回测测试准确率为 70%。Bentley、Notre Dame、Purdue 和 Wright State 的其他四位教员尝试了 k-d 树、集合划分、遗传算法和两阶段聚类算法的变体，以期找出"最佳"方法。虽然问题很简单，但算法各有优点和缺点，详细信息参见（Carter 等人，2022）。这 106 支三级球队大多位于美国东北部，只有三支球队例外，从数据集中删除这三支球队的数据，因为它们是异常值，并且会使结果产生偏差。（一旦团队做出了最佳的区域分配，这三支球队可以在考虑飞行成本情况下，选择一个将费用降至最低的区域。）

分析师团队使用了许多不同的算法来构建理想的时间表，最后是遗传算法胜出。这种算法像计算 DNA 链一样计算区域分配。每条链由 103 个输入项的矢量表示，并且每个输入项取从 1 到 6 的值。该算法将成对的矢量配对，偶尔会施加突变，通过交换两个学校的分配方式一次做出一个变化。然后根据标准对每个产生的"后代"是好是坏进行评估。分析师对这三个标准进行了同等加权（每个地区有相同数量的团队，每个地区的水平大致相等，每个地区到地区中心的旅行距离最小）。杂交实验从10组不同的起始集开始，称为分区。

随着时间的推移，分区的"基因库"会得到改善，因为它们有利地从父母那里继承了有益的特征，或者幸运地从突变中获得了有益特征，并且通过自然选择从基因库中去除了较差的解决方案。这个过程并不总能达到全局最优。事实上，遗传算法通常应用于不知道是否有能用于实现全局最优的算法的情况。但是，随机突变通过引入一个不一定"接近"池中任何其他解决方案的解决方案，为退出局部最优创造了机会。

分析中每轮杂交使用10种候选方案，这一过程持续了10 000代。过程结束时，进化停止了对目标函数的实质性改变。（在最初的500代中出现了快速的改进，直到大约4 000代才有所减缓，之后趋于平稳。）当算法终止时，作者从基因库中选择了得分最好的分区，图1.16显示了一个示例输出结果。

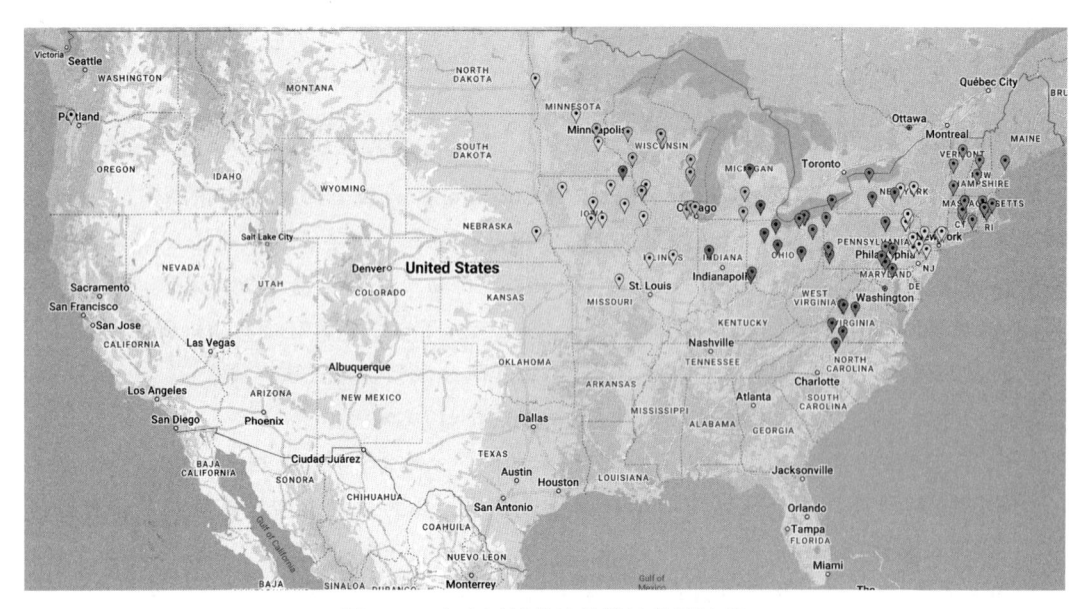

图1.16　六个区域的遗传算法分配结果

好消息是，该算法可以使用一些Excel插件，运行15分钟，然后就可以使用Tableau映射结果。专员对此印象深刻，赛事委员会现在也跃跃欲试！

▶ 本例相关问题：

1. 影响季票续订预测模型的三个因素是什么？
2. 橄榄球队可以利用哪三个因素来进行对手分析？
3. 你还可以想到哪些针对板球运动员的分析来帮助教练做出更好的决策？
4. 对于你最喜欢的运动，你还能设想到其他分析方法吗？

我们能从这些例子中学到什么？

除了前台业务分析师、教练、培训师和性能专家之外，体育界还有许多其他人使用数据，从为美国职业高尔夫球协会锦标赛测量土壤和草皮条件的高尔夫场地管理员，到根据正确和错误判罚进行评分的棒球和篮球裁判。事实上，很难找到某个体育领域不会受到更多数据可用性的影响，尤其是来自传感器的数据。

读者将在本书中学习的商务分析技能可以应用于体育领域。如果想深入了解这一领域，可以参考 Teradata 大学学术网站的运动分析部分，https://learning-academics.teradata.com/，这是一个面向学生和教师的免费资源。在这个网站上，读者可以找到对要阅读内容的说明，用于分析的公开数据集汇编，还有体育运动分析中学生项目的例子，以及对使用数据和分析来完成工作的体育专业人士的采访。

来源及署名：体育运动分析实例由 Dave Schrader 博士提供，他在 Teradata 从事高级开发和营销 24 年直至退休。他一直是 Teradata 大学学术顾问委员会的成员，退休后，他在那里通过做项目帮助学生和教职员工了解更多关于体育运动分析的信息。

橄榄球比赛分析图形（图 1.4 至图 1.6）由俄克拉何马州立大学的研究生 Peter Liang 和 Jacob Pearson 于 2016 年春季绘制，这是学生项目的一部分。第二个橄榄球分析故事基于 2021 年春季的一个项目，奥本大学、路易斯安娜州立大学和普渡大学的学生参与了该项目。分析图（图 1.7 至图 1.12）由普渡大学数据科学专业本科生 Spencer Prentiss 和 Archis Dhar 绘制。特别感谢教练 Mike Durnin、Joe Brya 和 Scott Farley 为学生提供实时数据，并就哪些分析是有用的提供信息反馈，专家 Hayden Ellis 和 Emmett Clifford 每周参与指导。板球比赛分析图（图 1.13 至图 1.15）由俄克拉何马州立大学 MS-BAnDS 项目的学生 Rupom Bhattacharjee、Zach Miller、Raunak Sengupta 和 Sushma Reddy 绘制，该项目在 Miriam McGaugh 博士、Teradata-London 的 Fawad Qureshi 和 Dave Schrader 博士的监督下完成。NCAA 地区锦标赛项目是多所学校的合作项目。感谢杜布奎大学的 Jon McGovern 教练对该项目的建议，感谢 NCAA 的 JP Williams 以及几位教师对该项目的支持。感谢辛辛那提大学的 Andrew Harrison 教授，他建立了球队水平模型。本特利大学的 Nathan Carter 教授、圣母大学的 Scott Nestler 教授、普渡大学的 Matt Lanham 教授和莱特州立大学的 Amir Hassan Zadeh 教授都为解决锦标赛问题提供了独特的分析方法。图 1.16 由 Nathan Carter 教授提供。

1.2 不断变化的商业环境和不断发展的决策支持和分析需求

本章开头的小插曲说明了整个行业如何利用分析来编制正在发生的事情的报告，预测可能发生的事情，然后做出决定，以最大限度地利用当前的情况。这些步骤要求组织收集、分析大量存储的数据。从工资单和记账等传统功能开始，计算机化系统现在已经渗透到复杂的管理领域，从自动化工厂的设计和管理，到利用分析方法对拟议并购业务进行评估。几乎所有高管都知道信息技术对他们的业务至关重要，并广泛使用这些技术。

制定决策是各种组织最重要的活动之一，甚至可能是最重要的一项任务。决策好坏决定了组织的成败及其表现。受内外因的共同影响，做出决策变得越来越困难。做出正确决策的回报可能很高，做出不正确决策的损失可能更高。

遗憾的是，做决策并不简单。首先，有几种类型的决策，每种类型的决策都需要不同的决策方法。例如，麦肯锡公司管理顾问 De Smet 等人（2017）将组织决策分为以下四类：
- 大赌注、高风险决策。
- 跨领域决策，重复但风险高，需要团队合作（见第 11 章）。
- 偶尔出现的即席（ad hoc）决策。
- 给个人或小团体的委派决策。

因此，首先有必要了解决策的本质，有关详细信息，参见（De Smet 等人，2017）。

现代商业充满了不确定性和快速变化。为了处理这些问题，组织决策者需要处理不断增长和变化的数据。本书介绍可以辅助决策者工作的技术。

决策过程

多年以来，管理者认为决策纯粹是一门艺术——一种通过经验（即通过反复实验）和直觉在长时间内获得的天赋。管理通常被认为是一门艺术，在处理和成功解决相同类型的管理问题时，可以使用各种各样的个人风格。这些风格通常基于创造力、判断力、直觉和经验，而不是基于科学手段的系统定量方法。然而，最近的研究表明，拥有更专注于持久工作的高层管理人员的公司往往比那些拥有主要优势是人际沟通技能的领导者的公司表现更好。更重要的是要强调有条理、深思熟虑、分析性的决策，而不是浮夸和人际沟通技巧。

计算机应用已经从事务处理和监控活动转移到问题分析和解决方案应用，其中大部分活动都是基于云技术完成的，许多情况下是通过移动设备访问的。使用分析和 BI 工具，如数据仓库、数据挖掘、联机分析处理（OLAP）、仪表盘，以及使用基于云的系统进行决策支持，是当今现代管理的基石。管理者必须利用高速、联网的信息系统（有线或无线）来完成最重要的任务：做出决策。在许多情况下，此类决策通常是自动化的，从而消除了任何管理干预的必要性。

数据分析和决策支持技术

除了硬件、软件和网络容量的明显增长外，一些技术的发展显然在许多方面促进了决策支持和分析的增长，包括以下几个方面：

- **团队沟通与协作**。如今，许多决策都是由成员可能分布在不同地点的团体做出的。通过使用协作工具以及无处不在的智能手机，团队成员之间可以轻松地进行协作和交流。在正常情况下，将一群决策者，尤其是专家聚集在一个地方都可能代价高昂。信息系统可以改善团队的协作过程，团队成员能够在不同的地点（节省差旅成本）协同办公。合作在供应链中尤为重要，合作伙伴——从供应商到客户，都必须共享信息。更关键的是，这种供应链合作使制造商能够近乎实时地了解不断变化的需求模式，从而更快地对市场变化做出反应。
- **数据管理得以改进**。许多决策涉及复杂的计算。这些计算数据可以存储在组织内的任何地方，甚至可能存储在组织外的不同数据库中。数据可以包括文本、声音、图形和视频，甚至可以是不同的语言。很多时候，必须从遥远的地方快速传输数据。如今的系统可以快速、经济、安全、透明地搜索、存储和传输所需的数据。

- **管理大型数据仓库和大数据**。大型数据仓库，如沃尔玛运营的数据仓库，都包含了大量的数据。可以使用包括并行计算、Hadoop/Spark 和新的基于云的系统在内的特殊方法来对数据进行组织、搜索和挖掘。与数据存储和挖掘相关的成本正在迅速下降。大数据等技术已经实现了各种来源和多种不同形式的海量数据存储和处理，这使得人们可以对组织表现持各自不同的看法，这在过去是不可能的。
- **分析支持**。有更多的数据和分析技术可用，就可以评估更多的备选方案，改进预测，快速进行风险分析，并可以快速、低成本地收集专家（其中一些专家可能在偏远地区）的意见。专业知识甚至可以直接从分析系统中获得。有了这些工具，决策者可以进行复杂的模拟，检视许多可能的场景，并快速、经济地对各种影响进行评估。这也是本书多个章节的重点内容。
- **克服处理和存储信息的认知限制**。根据 Simon（1977）的理论，人类大脑处理和存储信息的能力有限。由于认知能力的限制，人们有时会发现很难以正确的方式回忆和使用信息。认知极限（cognitive limit）一词表明，当需要大量各种不同信息和知识时，个人解决问题的能力是有限的。计算机系统使人们能够通过快速访问和处理大量存储的信息来克服其认知极限。
- **知识管理**。组织通过各种利益相关方之间进行的非结构化和结构化沟通，收集了大量关于其自身运营、客户、内部程序、员工互动等方面的信息。知识管理系统（knowledge management system）已经成为管理者决策的正式和非正式支持，尽管它们可能不再被称为 KMS。文本分析等技术使从这些知识库中产生价值成为可能。
- **随时随地的支持**。使用移动技术，管理者可以随时随地访问、分析和解释信息，并与相关人员进行沟通。这也许是过去几年中发生的最大变化。信息处理和转化为决策的速度确实改变了消费者和企业的期望。自 20 世纪 60 年代末以来，尤其是自 20 世纪 90 年代中期以来，这些技术和其他能力一直在推动计算机化决策支持的使用。移动技术、社交媒体平台和分析工具的发展为管理者提供了不同层次的信息系统支持。这种为任何决策提供数据驱动支持的增长不仅延伸到管理者，也延伸到消费者。首先我们将学习被广泛称为 BI 的技术，并以此作为起点拓宽视野，引入各种类型的分析。
- **创新与人工智能**。由于前面讨论的决策过程的复杂性以及围绕该过程的环境，经常需要一种更具创新性的方法。AI 为创新提供了重要便利，决策过程中的几乎每一步都可以受到 AI 的影响。AI 还与分析相结合，在决策中产生协同作用。

1.2 节 习题

1. 哪些关键的系统趋势将信息系统支持的决策提升到了一个新的水平？
2. 列出信息系统的一些功能，这些功能可以促进管理决策。
3. 计算机如何帮助人类克服认知极限？

1.3 决策过程与计算机化决策支持框架

本节重点讨论一些经典的决策基础和决策过程。这两个概念将帮助我们在分析、数据科学和人工智能方面奠定基础。

决策是为了实现一个或多个目标而在两种或多种替代行动方案中进行选择的过程。根据 Simon（1977）的理论，管理决策是整个管理过程的代名词。考虑计划（planning）的重要管理功能。计划涉及一系列决策。应该做什么？什么时候做？在哪里做？为什么做？怎样做？由谁做？管理者需要设定目标或计划。因此，计划意味着决策。其他管理职能，如组织（organizing）和控制（controlling），也涉及决策。

Simon 过程：情报、设计与选择

建议遵循系统的决策过程。Simon（1977）认为，决策过程涉及三个主要阶段：情报（intelligence）、设计和选择。他后来增加了第四个阶段：实施。监控可以被视为第五个阶段，这是一种反馈方式。然而，我们将监控视为适用于实施阶段的情报阶段。Simon 的模型是理性决策中最简洁但最完整的表征。决策过程的概念图如图 1.17 所示，该过程也被描述为一种使用建模的决策支持方法。

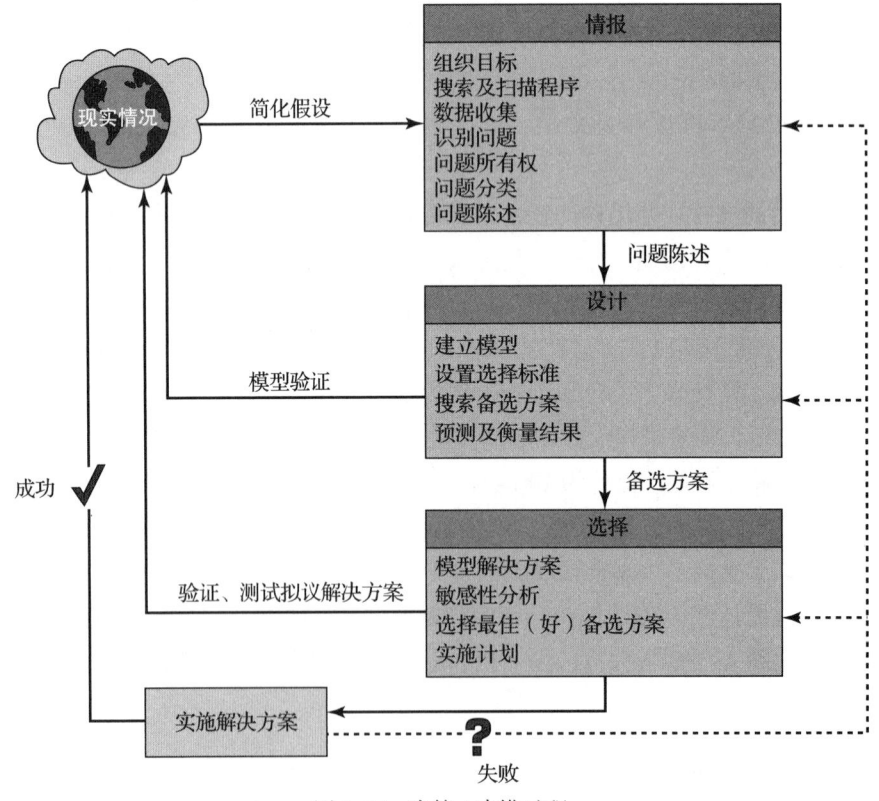

图 1.17 决策/建模过程

从情报到设计再到选择阶段，活动是连续的（如图 1.17 中的实线所示），但任何阶段都可能返回到前一阶段（反馈）。建模是这个过程的重要组成部分。从问题发现到通过决策解

决，遵循一条随意的路径，这种看似混乱的本质可以用这些反馈回路来解释。

决策过程从收集**情报阶段**开始。在这个阶段，决策者审视现实情况，识别并定义问题。问题所有权也已确立。在**设计阶段**，将构建一个表示系统的模型。这通过做出简化现实的假设，并写下所有变量之间的关系来实现。然后验证该模型，并根据选择原则确定标准，以评估所确认的备选行动方案。通常，模型开发过程会确认替代解决方案，反之亦然。

选择阶段包括模型拟议解决方案（不一定是它所代表的问题）的选择。对该解决方案进行测试以确定其可行性。当提出的解决方案看起来合理时，我们就为实施决策做好了准备。成功的实施会解决真正的问题，失败则会导致返回到流程的早期阶段。事实上，在后三个阶段中的任何一个阶段，我们都可以回到早期阶段。开篇小插曲中描述的决策情况遵循 Simon 的四阶段模型，几乎所有其他决策情况也是如此。

情报活动阶段：问题（或机会）识别

情报阶段从识别与所关注问题（例如，库存管理、工作选择、缺乏或不正确的网络等）相关的组织目标和目的开始，并判断是否实现了这些目标和目的。问题的出现是因为对现状的不满。不满是人们的愿望（或期望）和正在发生的事情之间存在差异造成的。在第一阶段，决策者试图确定问题是否存在，识别其症状，判断其程度，并明确定义。通常，所描述的问题（例如，过高的成本）可能只是问题（例如，库存水平不合适）的症状（即衡量标准）。由于现实世界中的问题通常由于许多因素相互关联而复杂化，因此有时很难区分症状和实际问题。在调查症状的原因时，肯定会发现新的机会和问题。

问题的存在可以通过检测和分析组织的生产力水平来确定。对生产力的衡量和模型的构建都是基于真实数据的。数据的收集和对未来数据的估计是分析中最困难的步骤之一。

数据活动中存在的问题

以下是在数据收集和估计过程中可能出现的一些问题，这些问题会对决策者造成困扰：

- 数据不可用。模型因此采用了不正确的估计值，并可能依赖于这些估计值。
- 获取数据的成本过高。
- 数据可能不够准确。
- 数据估计通常很主观。
- 数据可能不安全。
- 影响结果的重要数据可能是定性的（软性的）。
- 数据可能太多（即信息过载）。
- 后果（或结果）可能在过一段时间后才发生。因此，收入、花费和利润将在不同的时间点进行记录。为了克服这一困难，如果结果可以量化，则可使用现值法（present-value approach）。
- 之前已假定未来数据与历史数据相似。如果情况并非如此，则必须预测变化的性质并将其纳入分析。

初步调查完成后，可以确定问题是否真正存在，位于哪里，以及问题重要性如何。关键问题是信息系统是报告问题还是只报告问题的症状。例如，如果报告显示销售额下降，那么就存在问题，但毫无疑问，这种情况是潜在更大问题的症状。了解真正的问题至关重要。有时，这可能是感知、激励不匹配或组织流程的问题，而不是糟糕的决策模型问题。

为了说明为什么正确识别问题很重要，我们在分析实操1.1中提供了一个分类示例。

分析实操1.1　让电梯运行更快

这个故事在很多地方都有报道，几乎成为解释问题识别必要性的经典案例。Ackoff（1960）介绍了如何处理对高楼酒店电梯缓慢的投诉问题。在尝试了许多减少投诉的解决方案——错开电梯到达不同楼层、增加运营商等之后，管理层确定真正的问题不在于实际的等待时间，而在于感知的等待时间。因此，解决方案是在每层楼的电梯门上安装全身镜。镜子可以使人分心。通过降低客人感知等待时间，问题解决了。Baker和Cameron（1996）给出了其他几个分散注意力的例子，包括照明、展示等，这些都可以用来减少客户感知的等待时间。如果真正的问题被认定为是感知的等待时间问题，这就会对所提出的解决方案及其解决成本产生很大影响。例如，全身镜的成本可能比加一部电梯低得多！

资料来源：Baker, J., & Cameron M. (1996, September). The effects of the service environment on affect and consumer perception of waiting time: An integrative review and research propositions. Journal of the Academy of Marketing Science, 24, 338-349. Hesse, R., & Woolsey, G. (1975). Applied Management Science: A Quick and Dirty Approach. Chicago, IL: SRA Inc. Larson, R. C. (1987, November/December). Perspectives on queues: Social justice and the psychology of queuing. Operations Research, 35(6), 895-905。

问题分类：将一个问题概念化，试图将其放在一个可定义的类别中，这可能得到标准的解决方法。一种重要的问题分类方法是根据问题的明显结构化程度对问题进行分类，从完全结构化（即编程）到完全非结构化（即非编程）。

问题分解：许多复杂问题可以分为子问题。解决较简单的子问题可能对解决复杂的问题有帮助。此外，看似结构不佳的问题有时也会有高度结构化的子问题。正如当决策的某些阶段为结构化，而其他阶段为非结构化时，以及当决策问题的某些子问题为结构化而其他子问题为非结构化时，就会产生半结构化（semistructured）问题一样，问题本身也是半结构化的。随着决策支持系统的开发，决策者和开发人员对问题的了解越来越多，就能了解问题的结构化程度。

问题所有权：在情报活动阶段，建立问题所有权（problem ownership）是很重要的。只有当某人或某个团体承担起解决问题的责任，并且该组织有能力解决问题时，问题才会存在。解决问题的权力分配称为问题所有权。例如，经理可能会觉得存在问题，因为利率太高了。由于利率水平是由国家和国际层面决定的，大多数经理对此无能为力，因此高利率是政府的问题，而不是特定公司能够解决的问题。企业实际面临的问题是如何在高利率环境中运营。对于单个公司来说，利率水平应作为一个不可控的（环境）因素进行预测。

当问题所有权尚未确立时，原因在于要么有人没有做好自己的工作，要么手头的问题尚未被确定为属于某个人。那么，对某人来说，自愿认领或将它分配给某人是很重要的。

情报活动阶段以一个正式的问题陈述结束，这有助于我们制定解决问题的计划。

设计阶段

设计阶段包括寻找、开发和分析可能的行动方案，包括了解问题并测试解决方案的可行性。我们将构建、测试并验证决策问题的模型。我们首先定义一个模型。

计算机决策支持和许多 BI 工具（尤其是商务分析工具）的一个主要特征是包含至少一个模型。其基本思想是对现实模型而不是对真实系统进行分析。模型是对现实的简化表示或抽象，它通常是对现实世界的简化，因为现实太复杂了，无法准确描述，而且在解决特定问题时，很多现实复杂性实际上是无关紧要的。

建模（modeling）包括将问题概念化，并将其抽象为定量和/或定性形式。对于数学模型，要对变量进行识别，并建立它们的实际关系。只要有必要，就可通过假设进行简化。例如，两个变量之间的关系可以假设为线性的，即使在现实中可能存在一些非线性效应。由于要权衡成本效益，必须在模型简化程度和现实表现之间取得适当的平衡。更简单的模型可以降低开发成本，并且更容易操作，能更快地生成解决方案，但往往不能代表实际问题，并且可能产生不准确的结果。然而，更简单的模型需要的数据通常更少，或者所需的数据是聚合的，更容易获取。

选择阶段

选择属于决策的关键行为。选择阶段是做出实际决策并承诺遵循某一行动方针的阶段。设计和选择阶段之间的界限通常不明确，因为在这两个阶段都可以进行某些活动，而且决策者可以经常从选择活动阶段返回到设计活动阶段（例如，在对现有活动进行评估的同时生成新的备选方案）。选择阶段包括搜索、评估和提议模型的适当解决方案。模型的解决方案是所选备选方案中决策变量的一组特定值。可以对选择的可行性和盈利能力进行评估。

对每个备选方案都必须进行评估。如果一个备选方案有多个目标，则必须对所有目标进行审查并相互平衡。敏感性分析可用于确定任何给定备选方案的稳健性。在理想情况下，参数的微小变化只会引起所选择的备选方案的微小变化或没有变化。假设分析用于探索参数的主要变化。目标搜索（goal seeking）帮助管理者确定决策变量的值，以达到特定的目标。这些内容将在第 8 章中讨论。

实施阶段

大约 500 年前，马基雅维利（Machiavelli）在《王子》一书中敏锐地指出，"没有什么比开创一种新的秩序更难执行、更难成功、更危险的了！"实际上，实施一个问题的拟议解决方案就是建立一个事物的新秩序或引入变革。必须对变革进行管理，用户期望必须作为变更管理的一部分进行管理。

实施（implementation）的定义有些复杂，因为实施是一个漫长且复杂的过程，其边界模糊。简单地说，实施阶段包括将推荐的解决方案投入使用，但不一定要计算机系统实现。许多通用的实施问题，如对变革的抵制、最高管理层的支持程度和用户培训，在处理信息系统支持的决策时都很重要。事实上，许多以前与技术相关的浪潮（如业务流程再造和知识管理）都面临着喜忧参半的结果，主要就因为变革管理方面的挑战和问题。变革管理本身几乎是一门完整的学科，因此我们应认识到它的重要性，并鼓励读者对其重点关注。实施阶段还包括对项目管理做全面了解。项目管理的重要性远远超出了分析，因此在过去几年中，项目经理的认证项目大幅增长。现在一个非常流行的认证是项目管理专业人员（Project Management Professional，PMP）。更多详细信息可访问 pmi.org。

实施阶段还必须包括对数据进行收集和分析，以从以前的决策中学习，并对下一个决策进行改进。尽管数据分析通常是为了确定问题和/或解决方案，但在反馈过程中也应采用分析方法。任何公共政策决策都是如此。我们需要确保用于识别问题的数据是有效的。有时，人们只有在实施阶段结束之后才能发现这一点。

1.3 节　习题

1. 列出并简要说明 Simon 决策的四个决策阶段。
2. 问题和问题症状之间有什么区别？
3. 你能想到其他情况下，真正的问题与表面上明显的问题有何不同吗？
4. 哪个阶段可能涉及数据收集和模型构建？

1.4　计算机决策支持向分析/数据科学的发展历程

图 1.18 中的时间线显示了自 20 世纪 70 年代以来用来描述分析的术语。20 世纪 70 年代，信息系统支持决策的重点是提供结构化的定期报告，管理人员可以使用这些报告进行决策（也可以忽略）。企业开始创建例行报告，向决策者（管理层）报告前一时期（例如，日、周、月、季度）发生的情况。尽管了解过去发生的事情很有用，但管理层需要的不仅仅是这些内容。他们需要各种不同粒度的报告，以更好地理解和解决不断变化的业务需求和挑战，这些报告通常称为管理信息系统（Management Information System，MIS）。20 世纪 70 年代初，Scott-Morton 首次阐述了决策支持系统（Decision Support System，DSS）的主要概念。他将 DSS 定义为"交互式计算机系统，帮助决策者利用数据和模型来解决非结构化问题"（Gorry 和 Scott-Morton，1971）。以下是 Keen 和 Scott-Morton（1978）提供的另一个经典 DSS 定义：

决策支持系统将个人的智力资源与计算机能力结合，以提高决策质量，这是一个基于计算机的支持系统，是管理决策制定者处理半结构化问题时所用的计算机支持系统。

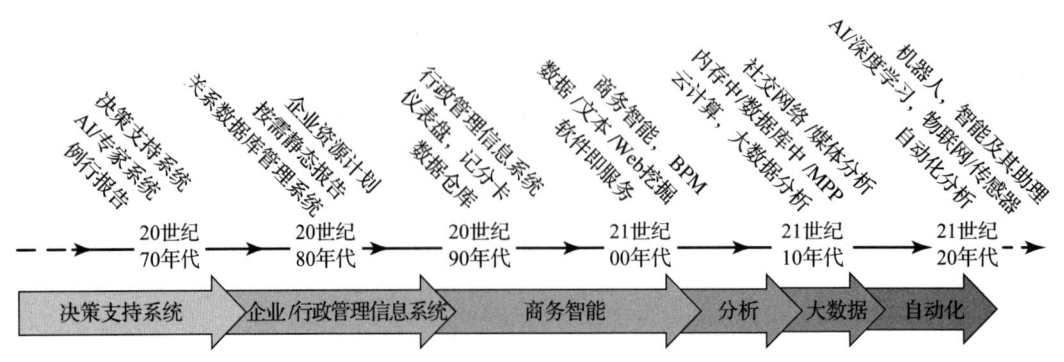

图 1.18　决策支持、商务智能、分析和 AI 的发展历程

注意，与管理信息系统和IT领域的其他几个术语一样，决策支持系统这一术语是一个不限定内容的表达式（即对不同的人意味着不同的东西）。因此，DSS并没有普遍接受的定义。

在分析的早期，通常使用手动过程（即访谈和调查）从领域专家那里获得数据，以建立数学或基于知识的模型来解决约束优化问题。这种想法是力图以有限的资源做到最好。这种决策支持模型通常被称为运筹学（Operation Research，OR）。过于复杂而无法优化解决的问题（使用线性或非线性数学规划技术）则采用启发式方法（如仿真模型）来解决。我们将在本章后面介绍这些规范性分析（prescriptive analytic），并在第8章中做更详细介绍。

在20世纪70年代末和80年代初，除了在许多行业和政府系统中使用的成熟的OR模型外，还出现了一系列令人兴奋的新模型，如基于规则的专家系统（Expert System，ES）。这些系统致力于以计算机可以处理的格式（通过一组if-then-else规则或启发式方法）捕获专家的知识，以将这些知识用于咨询，就像使用领域专家识别结构化问题并规定最可能的解决方案一样。ES允许在需要的地方和时间提供稀缺的专业知识，使用"智能"DSS。然而，其他技术很快取而代之。

20世纪80年代，组织获取商业相关数据的方式发生了重大变化。过去的做法是建立多个相互脱节的信息系统，以获取不同组织单位或职能（如会计、营销和销售、财务、生产）的交易数据。在20世纪80年代，这些系统被集成为企业级信息系统，我们现在通常称之为企业资源规划（Enterprise Resource Planning，ERP）系统。旧的（主要是顺序的和非标准化的）数据表示模式被关系数据库管理（Relational DataBase Management，RDBM）系统取代。这些系统可以改进数据的捕获和存储方式，以及组织数据字段之间的关系，同时显著减少信息的复制。当数据完整性和一致性问题凸显，严重阻碍了业务实践的有效性时，就出现了对RDBM和ERP系统的需求。有了ERP，来自企业每个角落的所有数据都会被收集并集成到一个一致的模式（schema）中，这样组织的每个部分都可以在需要的时候和地方访问单一版本的真实数据。业务报告（business reporting）已成为一种按要求、按需的业务工作。决策者可以决定何时需要或想要编写专门的报告来调查组织问题和机会。

在20世纪90年代，对更通用的报告的需求导致产生了行政管理信息系统（Executive Information System，EIS），这是专门为高层行政管理人员及其决策需求设计和开发的DSS。这些系统被设计为图形仪表盘和记分卡，因此它们具有视觉吸引力，同时专注于决策者跟踪指标中关键性能的最重要因素。为了使这种高度通用的报告成为可能，同时保持业务信息系统的事务完整性，有必要创建一个称为数据仓库（Data Warehouse，DW）的中间层，作为专门支持业务报告和决策的存储库。在很短的时间内，大多数大中型企业都采用了数据仓库作为企业范围决策的平台。仪表盘和记分卡可从DW获取数据，这样做不会阻碍商业交易系统（主要为ERP系统）的效率。

在21世纪初，DW驱动的DSS开始被称为BI系统（BI system）。随着DW中积累的纵向数据量的增加，硬件和软件的能力也在增加，以满足决策者快速变化和发展的需求。基于全球化的竞争市场，决策者需要以易于理解的形式获取最新信息，以解决商业问题并及时利用市场机会。因为DW中的数据是定期更新的，它并不会反映最新的信息。为了解决这一信息延迟问题，数据仓库供应商开发出了可以更频繁地更新数据的系统，这产生了**实时数据仓库**（real-time data warehousing）和更真实的**适时数据仓库**（right-time data warehousing）两个术语，与前者不同的是，适时数据仓库采用了基于数据项所需新鲜度的数据刷新策略（即并非所有数据项都需要实时刷新）。DW 非常大，功能丰富，因此有必要从中"挖掘"公司数据，以"发现"新的有用知识，从而改进业务流程和实践，因此有了数据挖掘（data mining）和文本挖掘（text mining）这两个术语。随着数据量和数据种类的增加，对更多存储和更多处理能力的需求出现了。尽管大公司有办法解决这个问题，但中小型公司需要更易于财务管理的商业模式。这种需求产生了面向服务的体系结构、软件，以及基础设施即服务（IaaS）的分析业务模型。因此，较小的公司可以根据需要获得分析能力，只为他们使用的东西付费，而不用在硬件和软件资源上做昂贵投资。

在 21 世纪 10 年代，我们看到数据获取和使用方式又一次发生范式转变。这很大程度上归因于互联网的广泛使用，以及新的数据生成介质的出现。在所有新的数据源（例如，射频识别标签 RFID、数字电表、点击流博客、智能家居、可穿戴式健康监测设备）中，可能最有趣和最具挑战性的是社交网络/社交媒体，这种非结构化数据包含丰富的信息内容。但从软件和硬件的角度来看，对此类数据源的分析对计算系统提出了重大挑战。"大数据"（big data）一词被创造出来，以强调这些新的数据流给我们带来的挑战。为了应对大数据的挑战，在硬件（如具有超大计算内存的大规模并行处理和高度并行的多处理器计算系统）和软件/算法（如带有 MapReduce 和 NoSQL 的 Hadoop）方面都已取得了很大进步。

过去几年，许多令人兴奋的领域都取得了巨大的发展。例如，流媒体分析和传感器技术使物联网成为可能。人工智能正在改变 BI，它通过深度学习实现了分析图像的新方法，而不仅仅是传统的对数据的可视化。深度学习和人工智能也有助于发展语音识别和语音合成，为与技术的交互带来新的接口。近一半的美国家庭已经拥有智能扬声器，如 Amazon Echo 音箱或 Google Home，并使用语音接口与数据和系统进行交互。视频接口的增长将最终实现与系统基于手势的交互。最近关于 ChatGPT 和其他 AI 进步的热议也增加了公众的兴趣。所有这些都是由于大规模的基于云的数据存储和惊人的快速处理能力而实现的。还有更多的事情要做。好戏还在后头！

很难预测未来十年会发生什么，以及与分析相关的新术语会是什么。从信息系统的新范式转变到（特别是）分析的新范式的时间一直在缩短，在可预见的未来，这一趋势将持续下去。尽管分析并不是什么新鲜事，但其受欢迎程度的激增却是非常新鲜的。基于大数据的激增、收集和存储这些数据的方法以及直观的软件工具，商业专业人士比以往任何时候都更容易获得对数据驱动的洞察力。因此，在全球竞争中，有巨大的机会通过使用数据和分析来做出更好的管理决策，以增加收入，同时通过生产更好的产品来降低成本，改善客户体验，杜绝欺诈，并通过定位和定制来提高客户参与度，所有这些都包含分析和数据的力量。现在，越来越多的公司正在让员工掌握商务分析的专业知识，以提高日常决策过程的有效性和效率。

下一节重点讨论 BI 的框架。尽管大多数人都认为 BI 已经发展成为分析和数据科学，但许多供应商和研究人员仍然使用这个术语。因此，1.5 节通过特别关注所谓的 BI 来向那段历史致敬。在下一节之后，我们将介绍分析，并将其作为对所有相关概念进行分类的标签。

▶ 1.4 节 习题

1. 列出三个以前的分析学术语。
2. MIS、DSS 和行政管理信息系统之间的主要区别是什么？
3. DSS 是否会演变成 BI，反之亦然？

1.5 商务智能框架

1.2 节至 1.4 节中介绍的决策支持概念已经由供应商以不同的名称逐步实施，他们创建了许多决策支持工具和方法。如 1.4 节所述，随着整个企业系统的发展，管理层能够访问用户友好的报告，便于迅速做出决定。这些系统通常被称为 EIS，开始提供额外的可视化、警示和性能测量功能。到 2006 年，术语"商务智能"（BI）下面已经出现一些主要的商业产品和服务。

BI 的定义

商务智能（Business Intelligence，BI）是一个总括术语，它综合了架构、工具、数据库、分析工具、应用程序和方法。与 DSS 一样，它是一种无内容的表达方式，因此对不同的人有不同的含义。BI 的部分困惑在于一些与之相关的缩写词和流行语［例如，企业绩效管理（Business Performance Management，BPM）］。BI 的主要目标是实现对数据的交互式访问（有时是实时的），实现数据操作，并使业务管理人员和分析师能够进行适当的分析。通过分析历史和当前的数据、情况和表现，决策者可以获得有价值的见解，使他们能够做出更明智、更好的决策。BI 过程是基于数据到信息，再到决策，最后到行动的转换。

BI 发展简史

BI 一词是由 Gartner 集团在 20 世纪 90 年代中期创造的。然而，正如前一节中的发展历程所指出的，这个概念要古老得多，它起源于 20 世纪 70 年代的 MIS 报告系统。在那个时期，报告系统是静态、二维的，缺乏分析能力。20 世纪 80 年代初，EIS 的概念出现了。这一概念扩大了对高层管理人员和高管的计算机化支持。其中引入的一些功能包括动态多维（即席或按需）报告、预测及预报、趋势分析、深入细节、状态访问和关键成功因素。直到 20 世纪 90 年代中期，这些功能才出现在数十种商业产品中。然后，同样的功能和一些新功能以 BI 的名义出现。今天，一个好的基于 BI 的企业信息系统包含了高管所需的所有信息。因此，最初的 EIS 概念转变为 BI。到 2005 年，BI 系统开始包括 AI 功能和强大的分析功能。图 1.19 说明了 BI 系统中可能包含的各种工具和技术，也显示了 BI 的发展历程。图 1.19 所示的工具提供了 BI 的功能。最复杂的 BI 产品包括这些功能中的大部分内容，其他特殊功能只是在有些 BI 产品中出现。

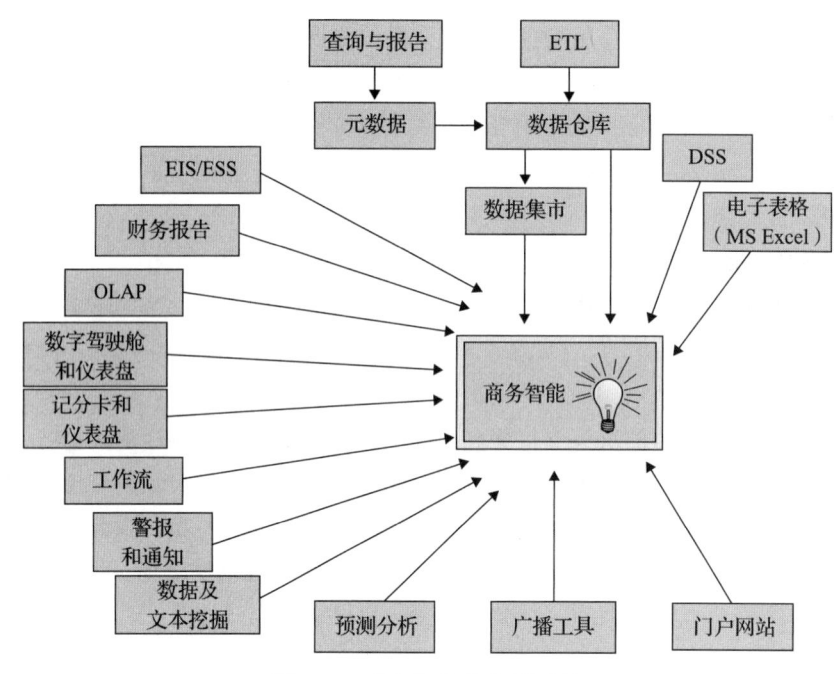

图 1.19　商务智能的发展历程

BI 的体系结构

BI 系统由四部分组成：DW 及其源数据；业务分析环境，一组用于操作、挖掘和分析数据仓库中数据的工具；BPM，用于监控和性能分析；以及用户界面（例如仪表盘）。这些组成部分之间的关系如图 1.20 所示。

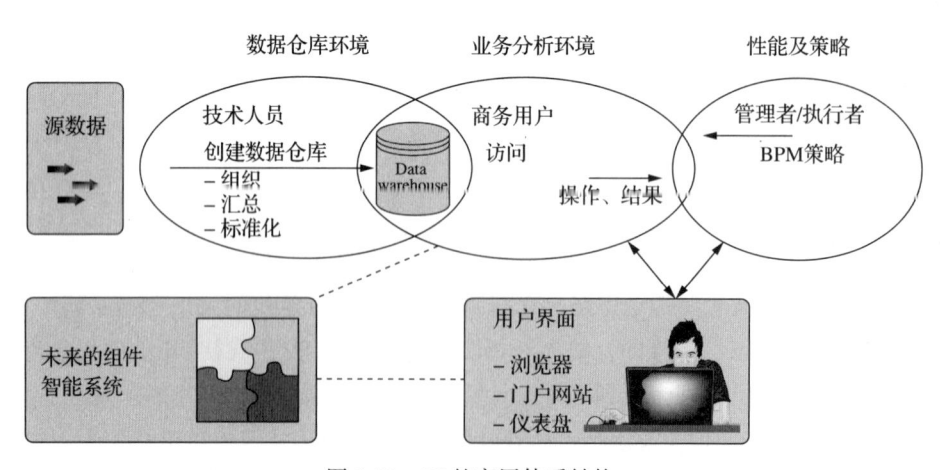

图 1.20　BI 的高层体系结构

BI 的起源和驱动因素

数据仓库和 BI 的现代方法从何而来？其根源是什么？这些根源如何影响当今组织管理这些举措的方式？今天对信息技术的投资在其盈亏底线（bottom-line）影响和潜力方面受到越来越严格的审查。DW 和使这些举措成为可能的 BI 应用也是如此。

组织被迫捕获、理解和利用其数据来支持决策，以改进业务运营。立法和法规（例如，2002年通过的《萨班斯-奥克斯利法案》）现在要求商业领袖记录他们的业务流程，并签署他们所依赖的信息的合法性，并向利益相关方报告。此外，商业周期时间现在被极度压缩。因此，更快、更知情、更好的决策是竞争的当务之急。管理者需要在正确的时间、正确的地点获取正确的信息。这是现代BI方法的准则。

组织必须精明地工作。认真关注BI计划的管理是开展业务的一个必要方面。因此，毫不奇怪，组织越来越多地支持BI，并将其作为分析的涅槃重生。

商务智能多媒体练习

Teradata学术大学（Teradata University for Academics，TUA）提供视频，以说明不同行业的分析概念。这些视频被称为"BSI视频（商业场景调查）"。这些视频不仅很有趣，而且还为课堂提供了一些可供探讨的问题。对于初学者，可以访问 https://learning-academics.teradata.com，用鼠标单击BSI videos标签。从本质上讲，读者必须扮演客户服务中心专业人员的角色。一架进港航班晚点，有些乘客可能会错过转机。一架离港航班的座位可以容纳四名乘客中的两名，哪两位乘客应该优先？读者将获得有关客户档案以及与航空公司关系的信息。随着读者对这些客户档案的了解越来越多，决策可能会因此发生变化。

观看视频，适时暂停，并回答应优先考虑哪些问题。然后继续播放视频以了解更多信息。看完视频后，读者可以在 www.slideshare.net/teradata/bsi-how-we-did-it-the-case-of-the-misconnecting-passengers 上看到与此视频相关的幻灯片。这个多媒体学习为读者提供了一个示例，说明通过企业DW的额外可用信息如何辅助决策。

尽管有些人将DSS等同于BI，但目前两者并不相同。值得注意的是，有些人认为DSS是BI的一部分，是BI的分析工具之一。也有人认为BI是DSS的一个特例，大多用于处理报告、通信和协作（一种面向数据的DSS）。另一种解释（Watson，2005）认为BI是DSS不断革新的结果，因此，DSS是BI的原始元素之一。此外，正如下一节所述，在很多领域，BI已经被纳入新术语"分析"或"数据科学"中。

事务处理与分析处理

为了说明BI的主要特征，首先我们明确BI并不等同于事务处理。我们都熟悉支持交易的信息系统，比如ATM取款、银行存款、杂货店的收银机等。这些交易处理系统不断参与操作数据库（operational database）的更新。例如，在ATM提款交易中，银行需要相应地减少客户的银行余额；银行存款会增加客户的账户余额；杂货店购物要反映在该店对当天总销售额的计算中，应该反映出商店对客户购买的商品库存的相应减少等。这些联机交易处理（OnLine Transaction Processing，OLTP）系统处理公司的日常业务。相比之下，DW通常是一个独特的系统，它存储数据用于日后分析。分析的目的是让管理层能够从数据中搜索有关业务的信息，并可用于提供战术或运营决策支持。例如，一线人员可以据此更快和/或更明智地做出决策。我们将在第3章中介绍DW的更具技术性的定义，但可以说，DW旨在处理用于联机分析处理（OnLine Analytical Processing，OLAP）系统的信息数据。

企业资源规划系统中的大多数运营数据，以及供应链管理（Supply Chain Management，SCM）或 CRM 等互补同类系统中的大部分运营数据，都存储在 OLTP 系统中。OLTP 系统是一种计算机处理类型，可以让计算机立即响应应用户请求。每个请求都被视为一次交易，是一个离散事件的计算机化记录，例如收到库存或客户订单。换句话说，事务需要两个或多个数据库更新，这些更新必须以要么全更新，要么都不更新的方式完成。

使 OLTP 系统在事务处理方面高效的设计，使其在最终用户即席报告、查询和分析方面效率低下。在 20 世纪 80 年代，许多商业用户称其大型机为"黑洞"，因为它吞没了所有的信息。所有对报告的请求都必须由信息技术人员编制程序，而只有"预先封装好"的报告才能按计划生成，几乎不可能执行临时实时查询。尽管 20 世纪 90 年代基于客户端/服务器的 ERP 系统对报告更为友好，但它与常规、非技术性的最终用户在产生报告、交互式分析等方面所期望的可用性仍有很大差距。为了解决这些问题，DW 和 BI 应运而生。

DW 包含各种各样的数据，这些数据呈现了单个时间点的业务条件的连贯描述。其想法是创建一个始终在线的数据库基础设施，该基础设施包含 OLTP 系统的所有信息，包括历史数据，但以快速高效的方式进行重组和结构化，以用于查询、分析和决策支持。将 OLTP 与分析和决策支持分离，可以实现之前描述的 BI 的优点。

适当规划并与企业战略保持一致

首先，投资 BI 的根本原因必须与公司的企业战略保持一致。BI 不能仅仅是信息系统部门的一项技术工作。它必须通过改进业务流程和将决策过程转变为更多的数据驱动，以改变公司开展业务的方式。许多参与成功 BI 计划的 BI 顾问和从业者建议，制定规划框架是必要的先决条件。一个由 Gartner 公司（2004）开发的框架将规划及其执行分解为业务、组织、功能和基础设施组件。在业务和组织层面，必须确定战略和运营目标，同时考虑实现这些目标的可用组织技能。围绕 BI 计划的组织文化问题，培养对这些计划的热情，以及在组织内共享 BI 最佳实践等问题，必须由高层管理层考虑，通过制定计划，为组织变革做好准备。该过程的第一步是评估 IS 组织、潜在用户类别的技能，并评估企业文化是否适合这种改变。根据这一评估，如果有理由且有必要继续推进，公司可以制订详细的行动计划。BI 实施成功的另一个关键问题是几个 BI 项目（大多数企业使用几个 BI 项目）之间的集成，以及与组织及其业务合作伙伴中的其他 IT 系统的集成。

如果公司的战略与 DW 和 BI 倡议的原因正确一致，如果公司的 IS 组织能够在这样的项目中发挥作用，必要的用户群体已经就位并且动机合理，那么明智的做法是启动 BI 并在公司内建立 BI 能力中心（BI competency center）。该中心可以提供以下部分或全部功能（Gartner，2004）：

- BI 能力中心可以展示 BI 如何与战略和战略执行明确地联系在一起。
- BI 能力中心可以促进潜在商业用户群体和 IS 组织之间的互动。
- BI 能力中心可以作为不同业务线之间最佳 BI 实践的存储库和传播者。
- BI 实践中的卓越标准可以在整个公司得到提倡和推行。

- IS 组织可以通过与用户群体的互动学到很多东西，例如所需的各种类型的分析工具知识。
- 业务用户群体和 IS 组织可以更好地理解为什么 DW 平台必须足够灵活，才能满足不断变化的业务需求。
- BI 能力中心可以帮助高级管理人员这样的重要利益相关者了解 BI 如何发挥重要作用。

BI 的另一个重要成功因素是它能够促进实时、按需的敏捷环境，这一内容将在下面介绍。

可实现的实时、按需 BI

出于缩小运营数据与战略目标之间差距的需求变得越来越迫切，即时、按需实现对分散信息的访问需求也在不断增长。因此，出现了一类称为实时 BI 应用程序的产品。RFID 和其他传感器等新数据生成技术的引入只会加速这一增长，不断对实时 BI 提出需求。传统的 BI 系统使用大量静态数据，这些数据已被提取、清理并加载到 DW 中，以生成报告和分析。然而，我们需要的不仅仅是报告，因为用户需要业务监控、性能分析，并需要了解事情发生的原因。这些可以帮助用户，他们需要（实时）了解数据的变化，以及有关事件和社交媒体应用程序中新趋势的相关报告、警报和通知的可用性。此外，可以对业务应用进行编程，以根据这些实时 BI 系统发现的内容采取行动。例如，当实时库存低于某个阈值时，或者当 CRM 应用程序自动触发客户服务代表和信贷管理职员检查在线订单超过 10 000 美元的客户时，SCM 应用程序可能会自动下更多"小件"（widget）订单。

有种实时 BI 的方法使用传统 BI 系统的 DW 模型。在这种情况下，来自创新 BI 平台提供商的产品提供了一种面向服务的、近实时的解决方案，与典型的夜间提取/传输/加载批量更新方式相比，它可以更快地填充 DW。第二种方法，通常称为业务活动管理（Business Activity Management，BAM），纯 BAM 和/或混合 BAM 中间件提供商（如 Savvion、Iteration Software、Vitria、webMethods、Quantive、Tibco 或 Vineyard Software）一般采用该方法。它完全绕过 DW，使用 **Web 服务**或其他监控手段来发现关键业务事件。这些软件监控器（或**智能代理**）可以放置在网络中单独的服务器上，也可以放置在事务应用程序数据库本身，它们可以使用基于事件和过程的方法来主动、智能地测量和监控操作流程。

开发或获取 BI 系统

如今，许多供应商提供多样化的工具，其中一些是完全预编程的（称为 shell），用户所做的就是插入自己的号码。这些工具可以购买或租赁。有关产品、演示、白皮书和更多最新产品信息的列表，请参阅 tdwi.org 上的产品目录。免费用户需要先注册。几乎所有的 BI 应用程序都是由供应商提供的 shell 构建的，这些供应商自己可以为客户创建自定义解决方案，或者与另外的外包供应商合作。公司面临的问题是在购买、租赁，或建造三者间做出选择。每个备选方案都有几个选项。做出决策的主要标准之一是合理性和成本效益分析。

合理性和成本效益分析

随着潜在 BI 应用程序数量的增加，需要对这些 BI 应用程序进行论证，以确定优先级。由于存在大量无形利益，这项任务并不容易。需要确认其直接利益和无形利益。当然，其他组织和案例研究中类似应用的知识非常有用。例如，数据仓库研究所（tdwi.org）提供了大量关于产品、创新应用和实现的信息，这些信息可用于对直接和间接效益做出评估。

安全及隐私保护

在任何计算机系统开发中，安全及隐私保护都是一个极其重要的问题，尤其是包含可能具有战略价值的数据的 BI。当然，雇员和客户的隐私也需要得到保护。

系统与应用集成

除了一些小型应用外，所有 BI 应用都必须与其他系统集成，如数据库、旧系统、企业系统（尤其是 ERP 和 CRM）、电子商务（卖方、买方）等。此外，BI 应用通常连接到 Internet，并多次连接到业务合作伙伴的信息系统。

此外，BI 工具有时也需要相互集成，从而产生协同效应。对集成的需求促使软件供应商不断为其产品添加功能。购买一体化软件包的客户只与一家供应商打交道，不必处理系统连接问题。但是，他们可能会失去创建由"同类最佳"组件组成的系统的优势。

▶ 1.5 节 习题

1. 给出 BI 的定义。
2. 列出并说明 BI 的主要组件。
3. 给出 OLTP 的定义。
4. 给出 OLAP 的定义。
5. 列出 Gartner 报告中涉及的一些实施主题。
6. 列出 BI 的其他一些成功因素。

1.6 分析概述

"分析"（analytics）一词在很大程度上取代了过去以各种标签表示的计算机决策支持技术的各个组成部分。事实上，许多从业者和学者现在使用分析一词来代替 BI。尽管许多作者和专家给出的定义略有不同，但人们可以将分析视为基于对历史数据产生的认识制定可操作决策或行动建议的过程。根据运筹学与管理科学研究协会（INFORMS）的说法，分析是结合了计算机技术、管理科学技术和统计学，以解决实际问题。当然，其他许多组织也提出了自己对"分析"一词的解释。例如，SAS Institute 公司提出了分析的八个层次，从计算机系统的标准化报告开始。这些报告本质上对组织将要发生的事情提供了预测。其他技术有助于我们创建更多的定制报告，这些报告可以在特定的基础上生成。报告的下一个扩展是引导用户使用 OLAP 类查询，它允许用户更深入地挖掘并确定关注的事项或机会的特定来源。目前可用的技术还可以在保证性能的前提下自动向决策者发出警报。在消费者层面，我们会看到天气或其他问题的此类警报。但是，当销售额在特定时间段内超过或低于特定水平时,或者当特定产品的库存不足时,也可以在特定设置中生成类似的警报。所有这些应用都是通过对组织收集的数据进行分析和查询而实现的。下一级的分析可能是需要进行统计分析,以更好地理解模式。然后可以进一步开发预测或模型,以预测客户对特定营销活动或正在进行的服务/产品的反应。当组织对正在发生的事情和可能发生的事情有很好的了解时,它也可以使用其他技术来在这种情况下做出最佳决策。

在提出三个层次的分析时,INFORMS 也对查看所有数据以了解正在发生的事情、将发生的事情以及如何充分利用这些数据的思想进行了概括。这三个分析层次被确定为描述性、预测性和规范性(informs.org/Community/Analytics)。图 1.21 显示了这三个分析级别的视图。这表明这三个层次在某种程度上是独立的,一种类型的分析应用会引出另一种类型。这也表明,这三种类型的分析实际上存在一些重叠。在任何一种情况下,不同类型的分析应用的互连性质都是显而易见的。接下来我们将介绍这三个层次的分析。

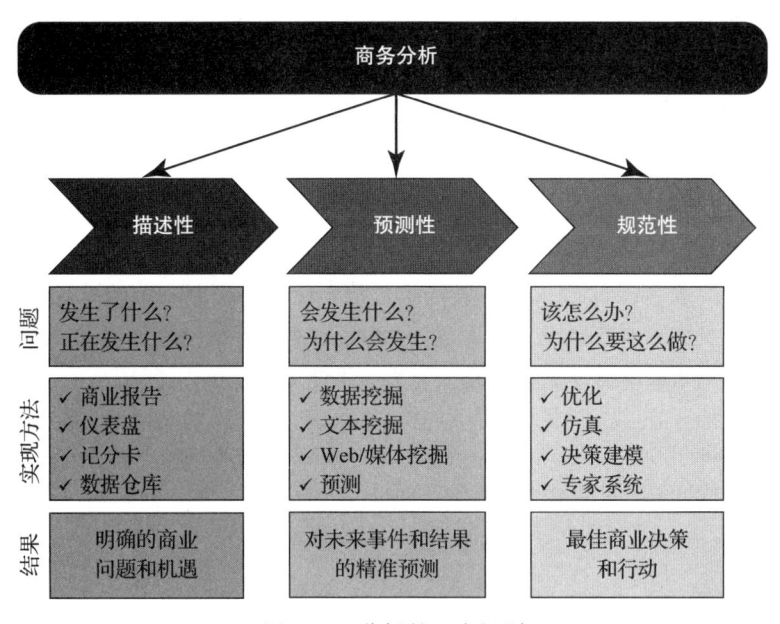

图 1.21 分析的三个级别

描述性分析

描述性(或报告性)分析是指了解组织中正在发生的事情,并了解发生此类事件的一些潜在趋势和原因。首先,这涉及数据源的整合和所有相关数据的可用性,以形成适当的报告和分析。通常,这种数据基础设施的开发是 DW 的一部分。在此数据基础架构中,我们可以使用各种报告工具和技术开发适当的报告、查询、警报和趋势。

可视化(visualization)是一项重要技术,已成为该领域的关键角色。使用市场上最新的可视化工具,我们现在可以获得对组织运营的深刻认识。第 3 章和第 4 章侧重于数据和描述性分析。分析实操 1.2 专门介绍了一个这样的经典应用。这些应用中讨论的可视化的颜色渲染可以在线获取。

分析实操 1.2　Silvaris 通过可视化分析和实时报表功能提升业务

Silvaris 公司成立于 2000 年，由林业专业人士组成，为木材和建筑材料行业提供技术支持。Silvaris 是美国第一个专门针对林业产品的电子商务平台，总部位于华盛顿州西雅图。它是工业木制品和剩余建筑材料方面领先的批发供应商。

Silvaris 销售产品，并为 3 500 多名客户提供国际物流服务。为了管理事务涉及的各种过程，他们创建了一个专有的在线交易平台，跟踪交易者、会计、信贷和物流之间事务的信息流。这允许 Silvaris 与其客户和合作伙伴共享实时信息。但由于物料价格变化迅速，Silvaris 需要实时获取数据，而不是将数据填写到单独的报表格式中。

Silvaris 开始使用 Tableau，因为它能够连接和可视化实时数据。由于 Tableau 创建的仪表盘易于理解和解释，Silvaris 开始使用 Tableau 制作报表。这有助于 Silvaris 从数据中快速提取信息，并确定影响业务的问题。Silvaris 在 Tableau 生成的报表的帮助下，成功地管理在线和线下订单。现在，Silvaris 跟踪客户的在线订单，并知道何时发送更新推送给哪些客户，让他们在线购买。此外，Silvaris 的分析师可以通过生成仪表盘来节省时间，而不是使用 Tableau 编写几百页的报告。

本例相关问题：

1. Silvaris 面临的挑战是什么？
2. Silvaris 如何使用 Tableau 的数据可视化解决问题？

我们能从该例中学到什么？

许多行业需要实时分析数据。实时分析使分析师能够识别影响业务的问题。可视化有时是开始分析实时数据流的最佳方式。Tableau 是一种这样的数据可视化工具，可以分析实时数据，而不需要将实时数据填入单独的报表格式。

资料来源：Tableau.com, " Silvaris Augments Proprietary Technology Platform with Tableau's Real-Time Reporting Capabilities," https://www.tableau.com/sites/default/files/case-studies/silvaris-business-dashboards_0.pdf Silvaris.com, "Overview," http://www.silvaris.com/About/。

预测性分析

预测性分析旨在确定未来可能发生的事情。该分析基于统计技术以及其他最近开发的技术，这些技术属于**数据挖掘**的一般类别。这些技术的目标是能够预测客户是否可能转向竞争对手（"客户流失"），客户下一步可能会购买什么商品，购买多少，客户会对什么促销活动做出反应，该客户是否存在信誉风险等。许多技术可用于开发预测分析应用程序，包括各种分类算法。例如，我们可以使用逻辑回归、决策树模型和神经网络等分类技术来预测电影的票房表现。我们还可以使用聚类算法将客户细分为不同的聚类，以便能够对他们开展针对性的促销。最后，我们可以使用关联挖掘技术，以估计不同购买行为之间的关系。也就是说，如果客户购买了一种产品，那么客户可能还会买什么？这样的分析可以帮助零售商推荐或推广相关产品。例如，在 Amazon.com 上搜索任何产品，零售商都会对客户可能感兴趣的其他类似产品提出建议。分析实操 1.3 中的分析介绍了某大型组织在综合各种来源的数据，对数据进行一些描述性分析，并对数据进行预测分析以做出最佳决策上面临的挑战。

分析实操 1.3　牛肉会有多重？了解动物的进食行为及其最终体重

Land O'Lakes 是一家由数百名奶农组成的合办企业，成立于 1921 年，是乳制品的主要生产商。Purina 动物营养公司（www.purinamills.com）是 Land O'Lakes 的子公司，是一家全国性组织，通过 4 700 多家当地合作社、独立经销商和其他大型零售商为生产者、动物主人及其家人提供服务。多年来，他们为 24 种动物开发了 235 多种营养方案。通过使用一批才华横溢的博士营养师和兽医，他们在全国各地进行了 24 000 多项研究，并注册了超过 125 项专利。到目前为止，他们的研究团队已经分析了超过 1 500 种营养组合，以推动产品开发和对新的饮食配方、创新牛奶替代品和营养计划的严格测试。

人们对更好地了解和预测动物的表现、饲料摄入和健康问题总是有需求，希望从收集的所有数据中发现隐藏的关系、模式和季节性。然而，这是非常困难的事情，因为他们没有适当的流程 / 管道 / 战略 / 团队来综合和分析数百项研究结果。他们有结构化和非结构化数据，即纸面上记录的饲料使用记录、磁带中旧的遗留数据（OCR）、电子表格、平面文件、pdf、word 文件摘要、饲料管理系统的转储数据、传感器总的原始数据、API 数据、最终汇总数据（聚合）和现场实验数据（观测）。有必要以统一的格式将所有研究数据（大数据）集中存储在一个地方，以便能够利用这些数据源做出更准确的预测，进而做出更好的产品决策。

我们可以将这些挑战分为两大类：数据工程挑战和数据科学挑战。数据工程挑战包括：

- **数据分散**——数据集分散在各处。需要做出巨大努力，将数据集放在一个中心位置。
- **数据缺失**——许多历史 / 遗留数据集缺少许多行和列。数据收集过程随着时间的推移而变化，导致数据字段等发生变化。
- **数据多样性**——不出所料，数据涉及动物的整个生命周期，从农场到叉子。这显然会产生涉及各个物种的各种各样的属性 / 数据集，包括繁殖、妊娠、产仔、体重、运动、产奶量、胴体、性能、健康观察、血液组织和排泄等相关数据。这里的主要挑战是合并所有上述数据集，并设置一些共同的目标和指标。
- **数据粒度**——一些数据集是原始的，而另一些数据集则是聚合和汇总的，因此很难将它们形成一种可以跟踪特定动物所有活动的形式。
- **数据混乱**——数据集还包括各种特殊字符、标识符和分隔符。在某些地方，所有列都被记录为一列。在其他地方，一切都被记录为文本数据。
- **缺乏数据治理**——没有适当的治理流程来验证数据记录。
- **数据不能实时访问**——由于数据集分散，因此很难实现流程自动化和数据管道，必须开发特定的程序才能在中央存储库中提取数据。
- **数据流中没有明确的边界**——数据流的事务层（OLTP）与分析层（OLAP）之间没有明确的界限。

为了应对上述数据挑战，数据科学团队开发了一项名为 Purina 动物营养数据分析（Purina Animal Nutrition Data Analytics，PANDA）的精准农业养殖解决方案。PANDA 托管在 Microsoft Azure 云上。首先，他们设计和构建了数据管道，以使用 Microsoft Azure 云服务为农场收集的所有数据建立一个中央存储库。早期的关键决策之一是确认要实现和监测的结果。该公司按物种使用了"北极星指标"。在商业和研究团队的帮助下，他们利用可用属性确定了关键指标（称为北极星指标）。这涉及对尽可能低的粒度/细节的理解。研究生物的生命周期不仅需要了解重大事件，还需要了解所有小细节。

图 1.22 总结了 PANDA 平台的技术架构，PANDA 平台采用分层方法设计，共有四层。

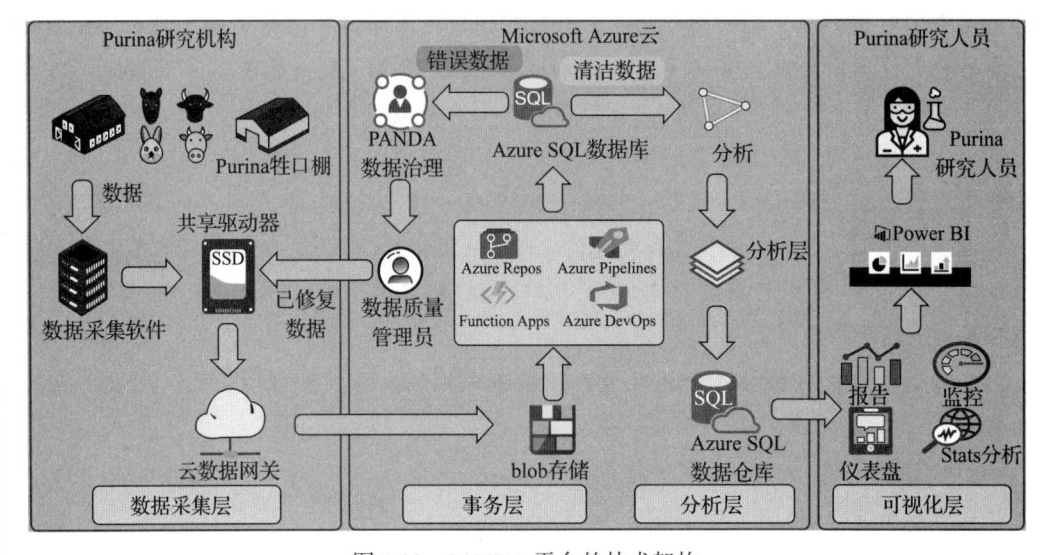

图 1.22 PANDA 平台的技术架构

数据采集层——所有原始数据、电子表格、平面文件、pdf、word 文件摘要、来自饲料管理系统的数据转储、来自传感器的原始数据、API 数据、最终汇总数据和现场实验数据都会转储到共享驱动器上，然后将其置于计划程序中，以便将文件从共享驱动器复制到 Azure 上的 blob 存储中。因此，他们已经将所有原始数据暂存在形成数据暂存层（staging layer）的 blob 存储上。

事务层——事务层是第二层。在该层中，所有非结构化和结构化数据都以数据库表对象的形式引入。在某些地方，复杂的逻辑需要将它们转换为正确的格式，而一些原始文件则可以很容易地转换为表对象。因此，事务层解决了数据"分散"的问题，并保证了数据一致性。

分析层——分析层是第三层。在这一层中应用了所有复杂的逻辑，并创建了多个不同的汇总数据集。本层生成业务决定的 KPI 所需的计算。统计模型和机器学习模型也应用于一些数据集。模型输出结果也存储在表中，以便在可视化层中进一步使用。

可视化层——可视化层是最后一层。该层为实时基于数据的决策开发了报告、摘要、仪表盘和统计分析摘要。

PANDA平台目前已上线，可以实时访问，对动物进行跟踪。该系统提供了业务和产品开发团队所需的摘要。

PANDA项目成功实施后，他们研究了许多数据科学用例，但我们重点关注其中一个用例——"**预测牛在前60天喂养后的最终重量**"。在Purina研究机构，肉牛被喂食多种实验性食物，以了解其生长性能是否有显著改善，饲料效率是否提高。几乎需要140～160天喂养，才能得出饮食是否对肉牛生长性能和饲料效率有统计上显著影响的结论。这个测试周期可以缩短吗？如果他们能够预测60天后牛的饲料效率和生长性能，那么牛肉研究和产品开发团队可以测试的饲料产品数量能达到目前测试数量的两到三倍。

畜牧业生产者的利润通常与牲畜的重量有关。更好地对牲畜体重进行预测，可以帮助他们更好地对肉类供应做出计划。因此，预测模型是解决畜牧业生产者最终业绩预测问题的一种有趣的方法。

每个数据科学项目都面临一些独特的挑战。以下是数据科学团队遇到的挑战：

- 动物科学与其他领域相比有很大不同。很少有数据科学人士同时又是动物科学领域的专家。因此，了解动物科学术语、KPI和指标是Purina数据智能团队面临的一大挑战。
- 即使在开发PANDA平台之后，也需要许多额外的数据预处理步骤，以便能够以适合各种模型的格式准备数据。然而，在大多数应用中，这并不罕见。
- 该团队还面临将模型的结果传达给用户的常见挑战——更先进的机器学习模型很难解释。

数据科学团队在这个项目上采取了以下方法。这是对后一章中要介绍的数据挖掘过程方法（CRSP-DM或SEMMA）的改编：

假设开发——该团队向研究和产品开发团队提出了许多问题，以形成针对该问题的多个假设。这一步还帮助他们完成大量数据预处理步骤，以创建有意义的数据集。

探索性数据分析——数据智能团队在这一步中花费了大量时间。他们绘制了多张图，并开展了多种统计测试，以探索各属性之间的关系。他们还向研究人员证实了他们从数据中获得的见解。

特征工程——前两个步骤的目标是更好地理解业务问题和数据。该过程的结果是了解了将用作机器学习步骤输入内容的重要特征。

高级分析方法和评估——从最简单的模型开始，并基于对简单模型的解释采用高级/复杂模型，因为简单模型具有高度的可解释性。通过这种方式，他们可以将这些点连接起来，并更好地向最终用户解释这一过程。

建议——利用前四个步骤的分析结果，数据智能团队向产品开发和研究人员汇报并传达了分析见解、隐含模式、发现、预测模型、树和准确性。

建模过程及结果

对数据进行评估应用了多种预测算法（其中许多方法将在本书后续章节介绍）：

- 岭回归
- 基于树的算法
- 随机森林
- 梯度提升决策树
- 支持向量机

多次交叉验证和模型评估证明,没有一个模型能明显胜出。一种常见的方法是对模型集合的预测进行组合,多个模型的所有不同预测权重的平均值可以作为预测的最终权重。用 2% 的平均绝对百分比误差(Mean Absolute Percentage Error,MAPE)来预测动物在喂食 60 天后的最终重量。这无疑是一种出色的预测性能。图 1.23 提供了上述过程的视图。

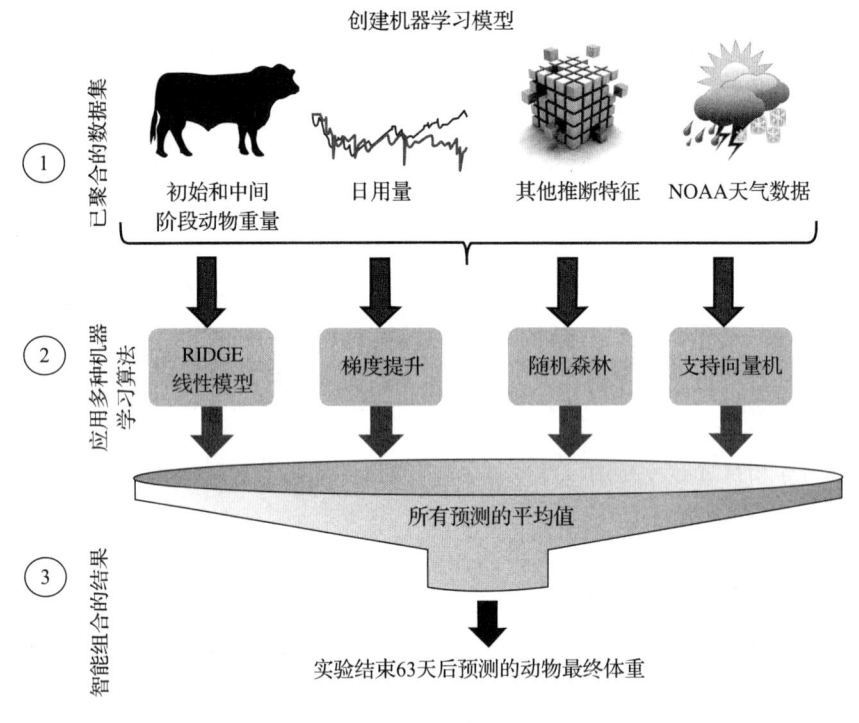

图 1.23 分析模型建模开发过程

这一项目对 Purina 产生了很大影响:
- 它率先实现了业务转型,从基于信息孤井(silo-based)的数据分析环境转变为基于 Microsoft Azure 云的集中式方法,通过围绕其构建的分析和机器学习解决方案来编译所有数据。
- 通过采用与数据无关的平台方法,该公司节省了超过 70 万美元的资本支出。
- 它简化了数据管道,并提供了正确的流程来管理每年收集的 30 亿个数据点。使用该平台,对维护和支持资源的需求显著减少。此外,PANDA 提供了主动支持,而不是被动支持。PANDA 中实现的过程自动化将附加功能的周转时间缩短为原来的 1/5,因为现在研究见解触手可及,研究人员和产品开发团队可以自助服务,使得总体效率提高了 10～15 倍。
- 新产品开发渠道更高效，因为养牛团队可以测试更多候选产品的性能，从而提高新产品开发过程的效率。
- 畜牧业生产者可以根据预测模型得出的肉牛的最终重量对供应做出更好的规划，以尽可能高的价格出售动物，从而获得最大利润。

本故事给我们带来如下启示：
- 大多数组织仍然面临与数据相关的问题。创建一个数据平台，以便能够共享所有内部数据和大部分外部数据，这是开始数据科学之旅的昂贵但关键的一步。
- 业务领域专家和数据科学团队之间的持续沟通对此类项目的成功都至关重要。该团队报告了在开始下一步工作之前与业务用户沟通中间结果的重要性。
- 探索性数据分析和特征工程步骤是模型开发的关键。
- 分析平台对新产品开发过程中的产品实验速度会产生明显影响。

资料来源：本故事资料由 Purina 动物营养子公司 Land O'Lakes 公司数据科学和数字产品经理 Manohar Mohanlal Lahoti 供稿。

规范性分析

分析的第三类被称为规范性分析。规范性分析的目标是了解正在发生的事情以及可能的预测，并做出决策以实现尽可能最佳的绩效。从历史上看，这类技术是在运筹学（OR）或管理科学的范畴内进行研究的，通常旨在优化系统的性能。其目标是为特定行动提供决策或建议。这些建议可以是针对某个问题的具体"是/否"决定、具体金额（例如，特定项目的价格或要收取的机票）或一整套生产计划。决策可以在报告中预先提交给决策者，也可以直接在自动决策规则系统中使用（例如，在航空公司定价系统中使用）。因此，此类分析也可以称为**决策分析**（decision analytics）或**规范分析**（normative analytics）。分析实操 1.4 中的分析提供了此类规范性分析应用程序示例。我们将在第 8 章中了解规范性分析的一些内容。

分析实操 1.4　特种钢筋公司使用分析来确定可供销售量日期

这个应用案例基于我们几年前参与的一个项目。一家不愿意透露名称（甚至不愿意透露具体行业）的公司面临着一个重大问题，即要确定使用哪种原材料库存来满足哪些客户的需求。这家公司为客户提供定制的定型钢筋。这些钢筋可以切割成特定的形状或尺寸，并且可能还有独特的材料和精加工要求。该公司从世界各地采购原材料并将其储存在仓库中。当潜在客户打电话给公司，要求对符合其特定材料要求（成分、金属产地、质量、形状、尺寸等）的特种钢筋进行报价时，销售人员通常只有一点点时间提交报价，包括产品交付日期、价格等。它必须确定其可供销售量（Available-To-Promise，ATP），实时确定其可以承诺交付客户在报价阶段要求的产品的日期。在这之前，销售人员必须通过分析可用原材料库存报告来做出这样的决定，但一些可用的原材料可能已经提交给另一个客户的订单。因此，查询到的库存可能不是真正的可用库存。另一方面，预计在不久的将来可能会有原材料交付，也可以用于满足该潜在客户的订单。最后，甚至可能有机会通过重新调整以前承诺的库存，以满足新订单的需求，同时推迟已经承诺的订单，来为新订单收取溢价。当然，这样的决策应该基于延迟上一个订单的成本效益分析。因此，该系统应该能够提取库存、已承诺订单、进料、产量限制等实时数据。

为了支持这些 ATP 决策，公司开发了一个实时 DSS，以找出可用库存的最佳分配方案，并支持额外的假设分析。DSS 使用一套混合整数规划模型，这些模型使用商业软件进行求解。该公司已将 DSS 纳入其企业资源计划系统，以无缝地促进其业务分析的使用。

问题讨论：

1. 为什么将库存从一个客户重新分配到另一个客户会成为要讨论的主要问题？
2. DSS 如何帮助公司做出决定？

资料来源：Pajouh Foad, M., Xing, D., Hariharan, S., Zhou, Y., Balasundaram, B., Liu, T., & Sharda, R. (2013). Available-to-promise in practice: An application of analytics in the specialty steel bar products industry. Interfaces, 43(6), 503-517。

分析 / 数据科学 / 机器学习 /AI

尽管分析的概念在行业和学术界越来越受到关注，但有另一个术语已经被引入并越来越流行，这一新的术语是数据科学（data science）。因此，数据科学的实践者就是数据科学家。LinkedIn 的 D. J. Patil 有时被公认为创造了"数据科学"一词。有人试图说明数据分析师和数据科学家之间的差异。其中一种观点认为，数据分析师只是某种专业人士的另一种称呼，他们以数据编译、净化、报告的形式做 BI，也许还做一些数据可视化。他们的技能包括 Excel、SQL 知识和报告。读者会将这些功能视为描述性分析或报告分析。相比之下，数据科学家负责预测分析、统计分析，采用更先进的分析工具和算法。他们可能对算法有更深入的了解，并可能以各种方法分析数据——数据挖掘、知识发现或机器学习。因此，在某些情况下，机器学习已经成为预测分析的替代术语。这些专业人员中的一些人可能还需要更深入的程序设计知识，能够用当前面向 Web 的语言（如 Java 或 Python）和统计语言（如 R 语言）编写数据净化 / 分析代码。许多分析专业人员还需要在统计建模、实验和分析方面积累重要的专业知识。同样，我们的读者应该认识到，这些都可以归入预测性分析和规范性分析的类别。然而，规范性分析还包括更重要的 OR 专业知识，包括优化、模拟、决策分析等。那些涵盖这些领域的人更有可能被称为数据科学家，而不是分析专业人士。

我们认为，分析师和数据科学家之间的区别更多的是技术知识和技能，而不是功能，更多的是跨学科的区别。计算机科学、统计学和应用数学课程似乎更偏好数据科学标签，将分析标签让给了更多面向商业的专业人士。最近的行业举措是重新使用一个已经存在了一段时间的术语——人工智能作为一个总括性术语。作为另一个例子，应用物理学专业人士建议使用网络科学（network science）来描述与人群相关的分析（社交网络、供应链网络等）。参见 http://barabasi.com/networksciencebook/，可以了解更多本主题发展历程的信息。

除了只需要进行描述性/报告分析的专业人士与从事所有三种类型分析的专业人员在技能方面存在明显差异外，这些标签之间的区别充其量也只是模糊不清。我们观察到，分析课程的毕业生往往负责更符合数据科学专业人士（如一些业界所定义）的任务，而不仅仅是报告分析。本书旨在介绍所有分析（包括数据科学和人工智能）的能力和功能，而不仅仅是报告分析。从现在起，我们将交替使用这些术语。

1.6 节 习题

1. 试给出分析的定义。
2. 什么是描述性分析？描述性分析中使用的各种工具是什么？
3. 描述性分析与传统报告有何不同？
4. 什么是预测性分析？组织如何使用预测性分析？
5. 什么是规范性分析？什么样的问题可以通过规范性分析来解决？
6. 如何从分析的角度定义建模。
7. 在应用规范性分析之前，是否应该遵循描述性分析和预测性分析的层次结构？
8. 分析如何辅助客观决策？

1.7 部分领域分析实例

读者在各个章节都会看到分析应用实例，这是本书采用的主要方法之一。本节重点介绍两个应用领域——医疗保健业和零售业，这两个领域的应用和成功报告最多。

医疗保健业分析应用——Humana

尽管医疗保健分析涵盖了各种应用，从预防到诊断，再到高效运营和预防欺诈，但我们专注于大型健康保险公司 Humana 开发的一些应用实例。根据该公司的网站介绍，"公司的战略整合了护理、会员体验、临床和消费者研究，以鼓励参与、行为改变、积极的临床外展服务和健康……"。实现这些战略目标包括对信息技术，特别是分析的重大投资。直到最近，Brian LeClaire 博士还是美国主要医疗保险提供商 Humana 的高级副总裁兼首席信息官。他拥有俄克拉何马州立大学 MIS 博士学位。他一直支持将分析作为 Humana 的竞争优势，包括共同赞助创建一个卓越分析中心。他用以下项目作为例子进行了介绍，这是 Humana 首席临床分析官 Vipin Gopal 领导的 Humana 分析计划。

例 1：预防老年人跌倒——一种分析方法

意外跌倒是 65 岁及以上成年人的主要健康风险，每年有三分之一的人会跌倒[1]。跌倒也是造成老年人致命和非致命伤害的主要因素，伤害性跌倒会使老年人残疾风险增加 50%[2]。老年人跌倒的治疗费用对美国医疗系统构成很大压力，仅在 2013 年，老年人跌倒造成的直接损失估计达到 340 亿美元。随着美国老年人口比例的上升，老年人跌倒及造成的相关费用预计还将进一步增加。根据美国疾病控制与预防中心（CDC）的说法，"跌倒是一个基本上可以预防的公共卫生问题"。

Humana是美国第二大医疗保险提供商，拥有约320万会员，其中大多数人年龄超过65岁。帮助他们的高级成员保持健康并帮助他们在家中安全生活是一个关键的商业目标，预防跌倒是其中一项重要内容。然而，目前还没有严格的方法来识别最有可能跌倒的目标群体，对这些人来说，预防跌倒对他们来说是有益的。与糖尿病和癌症等慢性疾病不同，跌倒并不是一种明显的疾病。此外，索赔数据中通常很少提及跌倒情况，因为医生通常倾向于只记录跌倒的后果（如骨折和脱位等）。尽管存在许多用于识别跌倒者的临床评估，但它们的影响范围有限，也缺乏足够的预测能力[3]。因此，需要一种具有前瞻性的准确方法来识别跌倒风险最大的群体，以便对其进行积极管理，预防跌倒。Humana分析团队在此背景下开发了跌倒预测模型（Predictive Model, PM）。这是第一份综合性PM报告，利用医护管理数据、药房报销单、临床数据、时间临床模式、消费者信息和其他数据来识别一段时间内跌倒风险较高的个体。

如今，跌倒预测模型成为Humana识别老年人的核心内容，他们可以从预防跌倒中受益。Humana消费者的初步概念验证（代表有最高跌倒风险的前2%）表明，消费者对物理治疗服务的利用率有所提高，这表明消费者正在采取积极措施降低跌倒风险。第二项举措利用跌倒预测模型识别接受远程监控项目的高危人群。使用PM，Humana能够识别20 000名跌倒风险较高的用户，他们从该计划中受益。已识别的用户会佩戴一个设备，该设备可以检测跌倒情况，并提醒全天候服务人员立即对其提供帮助。

这项工作于2015年获得印第安纳大学凯利商学院颁发的分析领导力奖（Analytics Leadership Award），以表彰其在商业环境中对分析的创新应用。

资料来源：1. http://www.cdc.gov/homeandrecreationalsafety/falls/adultfalls.html。
2. Gill, T. M., Murphy, T. E., Gahbauer, E. A., et al. (2013). Association of injurious falls with disability outcomes and nursing home admissions in community living older persons. American Journal of Epidemiology, 178(3), 418-425。
3. Gates, S., Smith, L. A., Fisher, J. D., et al. (2008). Systematic review of accuracy of screening instruments for predicting fall risk among independently living older adults. Journal of Rehabilitation Research and Development, 45(8), 1105-1116。
撰稿人：Harpreet Singh博士，Vipin Gopal博士，Philip Painter医学博士。

例2：识别健康保险公司最高风险会员的预测模型

80/20规则通常适用于医疗保健，也就是说，由于健康和慢性病的恶化，大约20%的消费者会耗费掉医疗保健资源的80%。像Humana这样的健康保险公司通常会让风险最高的参保者参加临床和疾病管理项目，以帮助管理会员的慢性病。

找出合适的成员对这项工作至关重要，近年来，PM已被开发出来，以识别未来风险较高的参与者。这些PM中的许多预测模型都是在严重依赖医疗索赔数据的情况下开发的，这些数据来自注册者使用的医疗服务。由于在提交和处理索赔数据方面存在滞后，在识别临床项目注册的高风险会员方面也存在相应的滞后。当新会员加入健康保险公司时，这个问题尤其重要，因为他们没有参保保险公司的索赔记录。在新会员注册后，基于索赔的PM可能平均需要9~12个月才能确定他们是否应转诊到临床项目。

在21世纪初，Humana以其Medicare Advantage产品吸引了大量新会员，这需要一种更好的临床管理方式。因此，开发一种不同的分析方法来快速准确地识别临床管理中的高风险新会员，以保持这一群体的健康并降低成本变得极其重要。

Humana 的临床分析团队开发了新成员预测模型（New Member Predictive Model，NMPM），该模型用于在 Humana 的新计划注册后不久快速识别有风险的个体，而不是等有足够的索赔数据后，再来编制临床档案以预测未来的健康风险。为了应对与新会员相关的独特挑战，NMPM 开发了一种新方法，该方法利用并集成了除医疗索赔数据之外更广泛的数据集，如自我报告的健康风险评估数据和由药房数据导出的早期指标，采用先进的数据挖掘技术进行模式发现，并根据 Humana 迄今为止的最新数据对每个 MA（Medicare Advantage）消费者进行每日评分。该模型部署了一个由分析、IT 和运营组成的跨职能团队，以确保无缝运营和业务集成。

自 2013 年 1 月实施 NMPM 以来，该模型一直在快速确定高危新会员，引导新会员参加 Humana 的临床项目。Humana 的多位高层领导肯定了通过该模式取得的积极成果。Humana 首席执行官 Bruce Broussard 在 2013 年第一季度向投资者发布的盈利报告中指出了"新会员 PM 和临床评估流程的改进"的重要性，为此 31 000 名新会员注册了临床项目，而去年同期这一数量仅为 4 000 名，注册量增长了 675%。除了临床项目注册量的增加外，结果研究表明，NMPM 确定的新注册消费者也更快地转诊到临床项目，超过 50% 的转诊是在新 MA 计划注册后的前三个月内确定的。被识别出的消费者参与率也更高，在项目中的停留时间更长。

撰稿人：Sandy Chiu 女士，Vipin Gopal 博士。

上述例子说明了组织如何研究和实现分析应用以实现其战略目标。在本书的各个章节中，读者将看到医疗保健应用的其他几个示例。

零售价值链分析

零售业可能是平常大家看到的分析应用最多的领域。这是一个体量很大但利润微薄的领域。顾客的口味和喜好经常变化。实体店和网店成功经营面临许多挑战。同时，哪怕一度占据市场主导地位也不能保证持续成功。因此，长期以来，花钱了解供应商、客户、员工和所有利益相关者，使零售价值链取得成功，并利用这些信息做出更好的决策，一直是分析行业的目标。亚马逊在分析方面斥巨资以增强其价值链。同样，沃尔玛、Target 和其他零售巨头在其供应链分析领域投资了数百万美元。大多数分析技术和服务提供商都在零售分析领域占有重要地位。为了实现曝光（exposure）目标，即使只介绍这些应用的一小部分内容也需要专门写一本书。因此，本节只是重点介绍一些可能的应用。其中大多数应用已经由许多零售商部署，并可通过许多技术提供商获得，因此在本节中，我们只是泛泛而谈，而不专门介绍特定情况。vCreaTek.com 首席执行官 Abhishek Rathi 对此做了总体介绍。vCreaTek 有限公司是一家精品分析软件和服务公司，在印度、美国、阿联酋和比利时都设有办事处。该公司开发多个领域的应用，但零售分析是其主要关注领域之一。

图 1.24 重点介绍了零售价值链的某些组成部分。该供应链从供应商开始，到客户结束，图中显示了许多中间战略和运营规划决策点，在这些决策点上，描述性分析、预测性分析或规范性分析可以为拟定更好的数据驱动决策提供帮助。表 1.1 还列出了分析应用的

一些重要领域，可以通过分析回答的关键问题示例，当然，还有部署此类分析所带来的潜在商业价值。下面将讨论其中一些示例。

零售价值链
零售价值链每个接触点的关键需求

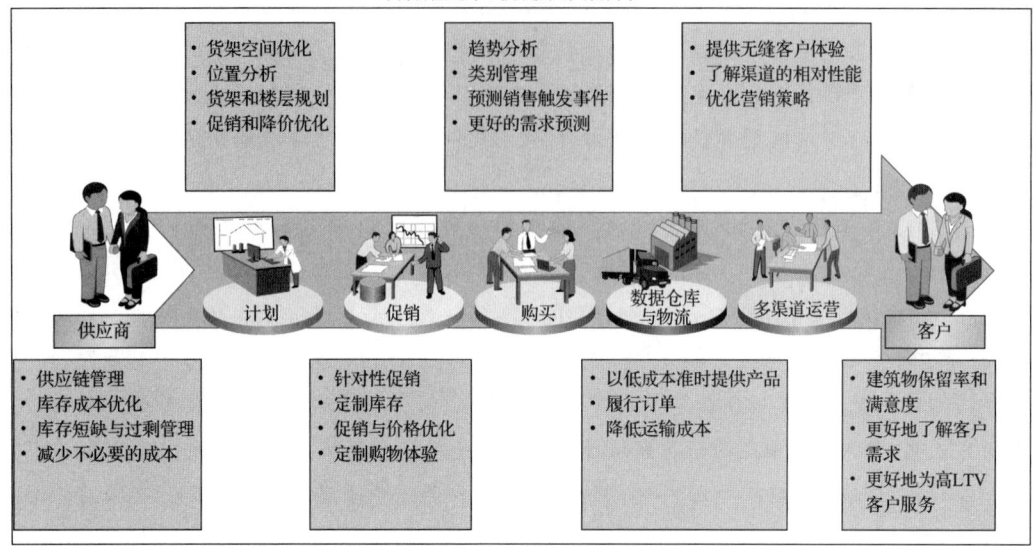

- 货架空间优化
- 位置分析
- 货架和楼层规划
- 促销和降价优化

- 趋势分析
- 类别管理
- 预测销售触发事件
- 更好的需求预测

- 提供无缝客户体验
- 了解渠道的相对性能
- 优化营销策略

供应商 → 计划 → 促销 → 购买 → 数据仓库与物流 → 多渠道运营 → 客户

- 供应链管理
- 库存成本优化
- 库存短缺与过剩管理
- 减少不必要的成本

- 针对性促销
- 定制库存
- 促销与价格优化
- 定制购物体验

- 以低成本准时提供产品
- 履行订单
- 降低运输成本

- 建筑物保留率和满意度
- 更好地了解客户需求
- 更好地为高LTV客户服务

图 1.24　零售价值链中的分析应用示例，由 vCreaTek.com 首席执行官 Abhishek Rathi 供稿

表 1.1　零售价值链中的分析应用示例

分析应用	商业问题	商业价值
库存优化	1.哪些产品需求量大？ 2.哪些产品销售缓慢或已滞销？	1.预测快消品的消费量，并在有足够库存的情况下订货，避免缺货 2.通过将滞销产品与高需求产品相结合，实现滞销产品的快速库存周转
价格弹性	1.该产品的净利润是多少？ 2.这个产品能打几折？	1.对每种产品的降价都可以进行优化，以减少利润损失 2.确定捆绑产品的优化价格来提高利润
购物篮分析	1.应该组合哪些产品来创建捆绑优惠？ 2.是否应该根据销售快速和销售缓慢的特点组合销售产品？ 3.应该从同一类别还是不同类别创建捆绑销售包？	亲和度分析可以识别产品之间隐藏的相关性，这有助于获得以下值： a) 根据对库存或利润的关注，制定产品捆绑销售的策略 b) 分别就不同类别或相同类别创建捆绑销售包来增加交叉销售或追加销售
消费者洞察	什么客户？在什么地方？购买什么产品？	通过细分客户，企业主可以创建个性化的报价，从而获得更好的客户体验，并留住客户
客户流失分析	1.谁不是回头客？ 2.我会损失多少生意？ 3.我怎样才能留住他们？ 4.什么样的客户是我的忠实客户？	1.企业可以识别出不起作用但表现出高流失率的客户和产品关系。因此可以更好地关注产品质量和客户流失的原因 2.基于客户终身价值（Life Time Value, LTV），企业可以进行有针对性的营销，从而留住客户
渠道分析	1.哪个渠道的获客成本更低？ 2.哪个渠道的客户保留率更高？ 3.哪个渠道更有利可图？	营销预算可以根据洞察力进行优化，以获得更好的投资回报
新商店分析	1.新商店应该开在哪个位置？ 2.应该保留什么？需要多少期初存货？	1.其他地点和渠道的最佳实践可以用于快速开店 2.与竞争对手的数据进行比较有助于创建差异化/USP因素，以吸引新客户

（续）

分析应用	商业问题	商业价值
店面布局	1. 应该如何做商店布局以获得更好的营收？ 2. 如何提高店内客户体验？	1. 了解产品关联，以确定店铺布局，更好地满足客户需求 2. 做好劳动力部署计划，以更好地与客户互动，从而获得令人满意的客户体验
视频分析	1. 在销售高峰期，进入商店的客户数量是多少？ 2. 如何在商店入口处识别高LTV客户，以便为该客户提供更好的个性化体验？	1. 店内促销和活动可以根据进店流量的人口统计进行规划 2. 有针对性的客户参与和即时折扣提升了客户体验，从而提高了客户留存率

在线零售网站通常在顾客登录后即知晓，因此他们可以提供定制的页面/产品来增强体验。对于一家零售店来说，在店门口了解顾客仍然是一个巨大的挑战。通过将视频分析与基于忠诚计划（loyalty program）发布的信息/员工卡（badge）相结合，商店能在门店入口处识别顾客，从而为交叉销售（cross-sell）或追加销售（up-sell）提供额外的机会。此外，当顾客在店内购物时，可以通过定制化的参与来提供个性化的购物体验。

商店零售商在橱窗展示、促销活动、定制图形、商店装饰、印刷广告和横幅上投入了大量资金，用于吸引顾客。他们还更新照明和商店布局，以吸引残疾顾客。为了辨别这些营销方法的有效性，分析团队可以通过观察闭路电视图像来做购物者分析，以了解店内行人流量的人口统计细节。使用先进的算法对图像进行分析，以得出顾客的年龄、性别和情绪等细节。

此外，通过结合顾客的店内活动数据与货架布局和货架图，商店经理可以更深入地了解商店内的热销及盈利区域。此外，商店经理还可以使用这些信息来对高峰时段这些区域的劳动力分配做出计划。

产品类别经理通常使用购物篮分析来促进变化缓慢的库存单位（Stock Keeping Unit，SKU）商品的销售。通过对可用数据的高级分析，可以在最低级别的SKU上实现产品亲和度，从而提高捆绑产品销售的投资回报率。此外，通过使用价格弹性技术，还可以推断捆绑产品销售报价的降价或最佳价格，从而减少利润率的损失。

因此，通过使用数据分析，零售商不仅可以获得当前运营信息，还可以对销售情况获得进一步的见解，以增加收入、降低运营成本，从而获得更高的利润。analytikus的一位博客用户提供了一个相当全面的列表（网址为 https://www.analytikus.com/post/2016/12/30/21-data-science-systems-used-by-amazon-to-operate-its-business），列出了亚马逊等大型零售商可以使用的当前及潜在零售分析应用程序。如前所述，这些机会的例子太多了，无法在此一一列出，但读者将在本书中看到许多此类应用程序的例子。

博彩行业分析应用

除了本章开篇小插曲中涵盖的体育行业分析示例之外，博彩行业可能是另一个常见的早期分析示例。Gary Loveman是哈佛商学院服务管理系的一名教师。他在客户忠诚度管理方面的成就使他最终成为Harrah's娱乐（后来更名为凯撒娱乐）的首席运营官。Harrah's是博彩行业第一家建立客户忠诚度计划的大公司，该计划名为 Total Rewards 计划。该计划收集了访客的数据，如他们的行程、消费记录等。关于博彩行业向高度数据驱动行业的转变，有人已经写过很多故事。例如，参阅 Loveman（2003）的这篇文章，以及许多关于他在博彩行业成功职业生涯的行业故事。这是一个很好的分析专业知识引导组织最高领导层决策的例子。

对这样的忠诚度计划进行总结，其关键是要认识到客户与公司之间的关系。例如，在最初阶段，客户对公司的收入贡献可能相当有限。但随着这种关系的发展，收入也会增加。在某个时刻，客户开始离开你的公司，此时需要重新提升客户忠诚度。通过汇编客户数据并进行分析，公司不仅可以尝试识别客户的价值、关系阶段等，还可以提供定制的报价，让客户与公司保持联系。这一切都要从让每一位客户都拥有一张识别该客户的身份卡 /id/App 开始。正如 Loveman 在其 HBR 论文（Loveman 2003）中所描述的那样，通过读卡器识别客户，机器呼叫主机，以确保该客户的名字得以识别，并给客户提供适当的奖励，如饮料等，让他们感到特别受重视，从而留下，而不是去其他地方。这种类型的奖励机制可以增加整体收入。

现在很多公司为博彩行业提供使用各种数据科学和人工智能方法收集和分析数据的解决方案。这些应用程序涵盖了在实际操作中使用分析的各种场合，例如：
- 可视化以确定位置如何影响性能
- 光学投注识别和桌上游戏分析
- 监控每一场比赛，并为每位玩家打分
- 识别成瘾行为
- 识别洗钱客户
- 欺诈检测

博彩分析企业智能平台（GA-EAIP）

在几乎所有的业务场景中，数据都是从多个地方收集起来的。在进行分析之前，开发一个组合数据模型至关重要。GA-EAIP 是为了利用基于"连通数据"这一目的，无缝集成来自多个来源的数据，以获得相关、上下文和可操作的见解，并通过简化、自然和易于访问的界面向企业的所有利益相关者提供这些见解。

从企业内部数据开始，每天都会发现新的动态数据点，需要考虑这些数据点才能做出最佳决策。一个好企业的底层数据模型应该无缝地模拟真实世界中数据的连接、访问和消费方式。图形数据模型（Graph Data Model）非常适合此目的，非常适合对大量数据做复杂的遍历，新的见解是通过遍历连接节点的边来发现的。

图形（graph）通过关系来表示数据，节点表示图形中的实体。关系（边/链接）将节点彼此连接。属性用于描述节点或关系。**知识图**（knowledge graph）是一个包含丰富语义的互连数据的洞察层（insight layer），因此我们可以对底层数据进行推理，并将其用于复杂的决策。GA-EAIP 是早期采用图形技术的平台，旨在构建一个健壮、可扩展的平台，以适应这种快速发展的环境。

如今，几乎所有的人机交互都是从搜索引擎（如 Google）开始的。任何人都可以键入任何问题并得到答案，GA-EAIP 的团队就被这种简单的信息访问理念所打动，并将"搜索"作为所有商业用户了解日常运营的主要界面。

GA-EAIP 的系统架构可以分解为两个重要的层：数据摄取层和信息访问层。该平台托管在云中，可以通过 Web 界面访问，也可以作为"PASS"集成到任何主机系统中。该平台还可用于本地（on-premise）部署。

数据摄取层接收来自源系统的数据。其数据模式和协议非常简单，可以与市场上不同的企业博彩系统提供商集成。系统定期或实时将数据推送到安全的共享位置。在接收数据之前，用于识别事实/维度及其类型的元数据将被捕获并存储在元图中。之后这些数据进一步传递到平台的自然语言处理（Natural Language Processing，NLP）引擎，用于训练模型词汇表（实体、情绪、上下文和意图等）。每个与 GA-EAIP 集成的新数据点都会对元图做更新。在元图中存储和链接维度及其值有助于给出可能的匹配，以对模糊问题的上下文做推断，允许用户缩小到确切的意图，从而使搜索更加直观。

GA-EAIP 充分利用原生图形和图形数据科学功能对数据进行深度挖掘。这些发现会被反馈回来，以进一步丰富知识图谱。AI/ML 计划监督算法运行在知识图的顶部，以改变推荐和预测。

在这一点上，知识图完全可以提供探索性查询、比较、见解，还可以提供高级建议。

用户请求的生命周期

在知识图不断发展的同时，还应该有一个动态机制，能够对新的用户问题进行解释和映射，以获取所需的信息。传统的关系模型无法扩展，因为模式和数据访问层（Data Access Layer，DAL）需要定期更新。为了克服这一点，GA-EAIP 使用了一种称为"Ask"的语言无关抽象，即领域专用语言（Domain Specific Language，DSL）对象，来解释非结构化文本并生成本地图形查询。这允许知识图和搜索接口保持松散耦合并不断发展。最后对数据库执行查询以获取所需的结果。

最后一步是将结果呈现给用户。可视化是呈现分析信息的事实标准。GA-EAIP 的内容包装层还利用元图来导出结果的最佳可视化效果。该平台为终端用户提供了许多工具，可以定制可视化效果并为用户创建特定的、首选的故事板。这些可视化的使用和自定义会反馈到内容包装层中，用于学习或训练，以及为未来特定环境推荐最有用和最相关的可视化。

▶ 1.7 节　习题

1. 为什么健康保险公司会在欺诈检测之外的分析上投资？为什么预测患者跌倒的可能性最符合他们的利益？
2. 你还可以设想其他类似于跌倒预测的应用吗？
3. 如何说服一位新的健康保险客户采用更健康的生活方式？
4. 除本节所述之外，找出其他在零售价值链中应用分析的至少三个机会。
5. 据你所知，哪些零售店采用了本节所述的一些分析应用程序？

1.8 本书安排

之前的内容旨在让读者了解了决策中对信息技术的需求、BI 的发展，以及现在对分析和数据科学的需求。在本章后几节，我们对各种类型的分析及其应用进行了简介。现在，我们已经准备好对这些主题进行深入探讨，并在一些技术主题中学到一些实际操作经验。图 1.25 展示了本书安排。

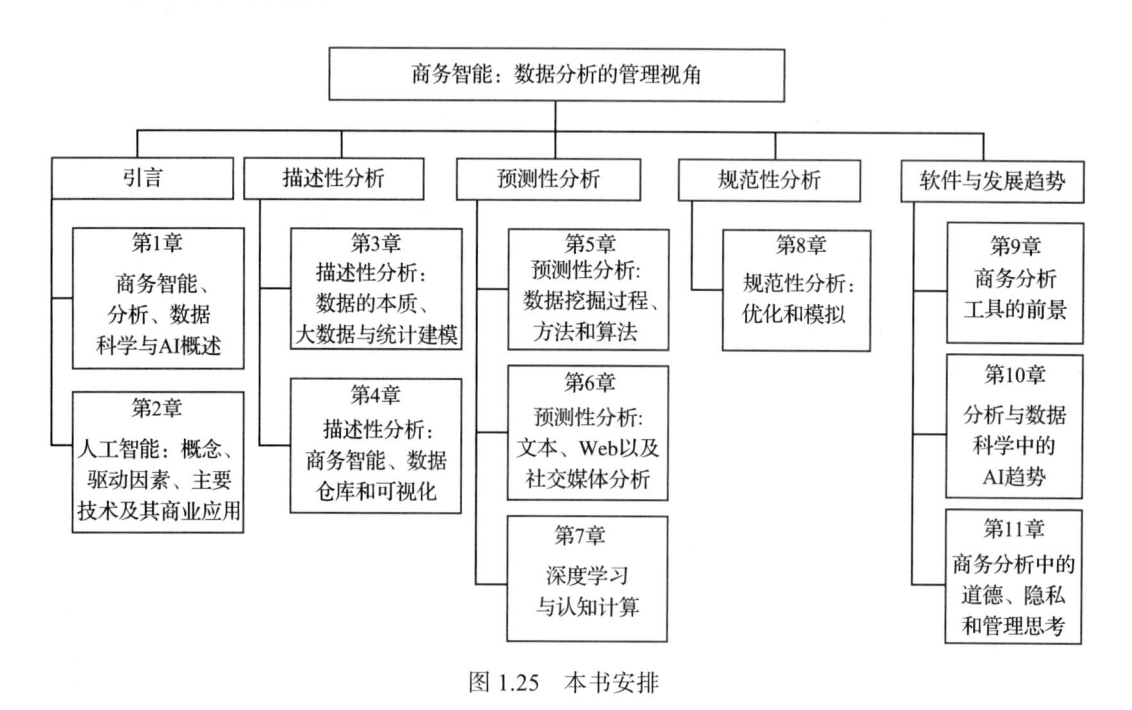

图 1.25　本书安排

本章对 DSS、BI 和分析（包括数据科学）做了简单介绍。我们还向读者介绍了不同领域的分析应用，让读者了解该行业的广度和深度。第 2 章同样介绍了一个目前正在增长和流行的领域——人工智能。第 3 章和第 4 章介绍描述性分析和数据问题。第 3 章也介绍了大数据及其相关技术。数据构成了所有分析应用程序的基础。因此，我们将介绍数据仓库问题、应用和技术，这部分内容还介绍了业务报告和可视化技术及应用。

下一部分将介绍预测性分析。第 5 章介绍了预测性分析应用，它包括许多常见的数据挖掘技术：分类、聚类、关联挖掘等。第 6 章介绍文本挖掘应用以及 Web 分析，包括社交媒体分析、情感分析和其他相关主题。第 7 章讨论深度学习、可解释 AI 和认知计算。第 8 章介绍规范性分析——优化和模拟。第 9 章介绍几个分析平台，以便读者了解如何在工作中使用数据科学的各种工具和技术。第 10 章讨论了新兴趋势，重点是物联网、基于位置的分析和包括卫星图像在内的另类数据。无线和 GPS 设备以及其他传感器的普及产生了大量新的数据库和独特应用。新一代的分析公司正在崛起，以分析这些新数据库，并更好、更深入地了解客户的行为和动向，这正在引领分析的自动化，并跨越了一个名为"物联网"的新领域。第 10 章还介绍了基于云的分析。最后，第 11 章总结整合本书中包含的所有材料，在讨论分析的安全 / 隐私维度后结束全书。

1.9 可用资源和 Teradata 大学学术链接

为了提升学习效果，本章和本书中大多数章节的学习都可以使用以下工具。

可用资源和链接

我们推荐使用以下主要资源和链接：

- The Data Warehousing Institute（tdwi.org）
- Data Science Central（datasciencecentral.com）
- Microsoft Enterprise Consortium（https://walton.uark.edu/enterprise/）

供应商、产品和试用软件

大多数供应商都提供其产品和应用程序的软件演示。有关产品、体系结构和软件的信息可以在供应商的网站上找到，这些信息在各个章节中都有说明。

期刊

我们推荐阅读以下期刊：

- *Decision Support Systems*（www.journals.elsevier.com/decision-support-systems）
- *CIO Insight*（cioinsight.com）

Teradata 大学学术链接

本书中的几个章节推荐或参考了 TUA（Teradata University for Academics）提供的免费资源。TUA 门户网站分为两个主要部分：一个面向学生，一个面向教师。本书的多个章节使用了 TUA 提供的软件和其他材料（例如案例）进行实践练习。要浏览此网站，请访问 https://learning-academics.teradata.com/。

本章重点

- 商务环境变得越来越复杂，变化越来越快，使得决策更加困难。
- 企业必须做出更快、更好的决策，才能快速应对和适应不断变化的环境。
- 留给做决策的期限不断缩短，而对决策全面性的要求不断增加，为此需要开发和使用计算机决策支持系统。
- DSS 使用数据、模型，有时也使用知识管理，以寻找半结构化和一些非结构化问题的解决方案。
- BI 方法利用称为数据仓库（DW）的中央存储库，实现高效的数据挖掘、OLAP、BPM 和数据可视化。
- BI 体系结构包括 DW、终端用户使用的业务分析工具和用户界面（如仪表盘）。
- 许多组织采用描述性分析，用交互式报告取代传统的平面报告，交互式报告提供对交易数据的见解、趋势和模式分析。
- 预测性分析帮助组织制定预测规则，通过对客户现有行为的历史数据的分析来预测业务成果。
- 规范性分析有助于建立基于 OR 和管理科学原理的预测和优化技术的模型，以帮助组织做出更好的决策。
- 大数据分析侧重于非结构化的大型数据集，大数据集也可能包括用于分析的类型各不相同的数据。

- 分析作为一个领域，也因其行业特定的应用名称而闻名，例如运动分析。人们所知的还有其他相关名称，如数据科学或网络科学。
- 医疗保健和零售连锁业是分析应用比较丰富的两个领域，未来还会有更多应用。
- 博彩行业是 BI 和分析技术的早期采用者之一。新技术正被广泛应用于博彩行业。

问题讨论

1. 调查过去半年的文献资料，分别找出 DSS、BI 和分析的一个应用，将其汇总在一页上，并附上资料来源，一并提交。
2. 试区分一下 BI 和 DSS。
3. 将预测性分析与规范性分析和描述性分析相比较，并给出具体示例。
4. 讨论 BI 实施中的主要问题。

练　习

分析和其他实践练习题由 Teradata 大学提供。

1. 访问 https://learning-academics.teradata.com/，如果之前没有注册，请使用自己的 .edu 地址注册该网站。登录并了解该网站的内容。你可能会收到与此网站相关的站点布置信息。在网站上准备一份清单，列出你认为对你有益的 20 项内容。
2. 访问 Teradata University for Analytics 网站，浏览运动分析页面，总结分析你所选择的体育项目中的至少两种应用。
3. 进入 Teradata University for Analytics 网站，搜索"Harrah's"。然后选择案例研究"Harrah's High Payoff from Customer Information"，回答有关此案例的以下问题：
   a. 数据挖掘会生成什么信息？
   b. 这些信息对管理层的决策有何帮助？（请具体说明。）
   c. 列出挖掘的数据类型。
   d. 这是 DSS 还是 BI 应用程序？为什么？
4. 转到 https://learning-academics.teradata.com/ 并找到题为"Data Warehousing Supports Corporate Strategy at First American Corporation"的论文（由 Watson、Wixom 和 Goodhue 撰写）。阅读论文，回答以下问题：
   a. 公司 DW/BI 项目的驱动因素是什么？
   b. 实现了哪些战略优势？
   c. 取得了哪些运营和战术优势？
   d. 实施的关键成功因素是什么？
5. 转到 http://analytics-magazine.org/issues/digital-editions，并找到 2013 年 1 月和 2 月版的标题为"Work Social."的版面。阅读文章"Big Data, Analytics and Elections"，并回答以下问题：
   a. 在文章"Coo"中分析了哪些类型的大数据？对大数据的一些来源做出评论。
   b. 解释术语"集成系统"(integrated system)。适用于集成系统的其他技术术语是什么？
   c. 项目中采用了哪些类型的数据分析技术？对数据分析产生的一些倡议发表评论。
   d. 模型回答了哪些不同的预测问题？

e. 列出根据预测结果做出的一些可操作的决策。

f. 找出文章中未列出的两个大数据分析应用。

6. 在互联网上搜索有关管理者的工作和分析所扮演角色的材料。你能找到哪些咨询公司、学术部门和项目的参考资料？代表了哪些主要领域？选择覆盖某个区域的五个站点，并报告你的发现。

7. 浏览 dssresources.com 的公共区域。准备一份主要可用资源列表。当你阅读本书时，你可能想参考一下这个网站。

8. 访问 microstrategy.com。查找五种 BI 风格的信息，为每种风格制定一个汇总表。

9. 访问 oracle.com，然后单击"Applications"下的 Hyperion 链接。判断公司的主要产品是什么，将这些与本章引用的支持技术联系起来。

10. 访问 Teradata 大学的分析网站。查找 BSI 视频。查看"Case of Retail Tweeters"的视频。用一页纸的篇幅记录问题摘要、建议的解决方案和报告的结果。你也可以在 slideshare.net 上找到相关的幻灯片。

参考文献

Abadie, A. (2005). Semiparametric difference-in-differences estimators. The Review of Economic Studies, 72(1), 1-19.

Ackoff, R. L. (1960). Systems, organizations and interdisciplinary research. General Systems Yearbook, 5 (Part 1).

Advameg. (2020). City-Data. Retrieved from https://www.citydata.com/.

Baker, J., & Cameron, M. (1996, September). The effects of the service environment on affect and consumer perception of waiting time: An integrative review and research propositions. Journal of the Academy of Marketing Science, 24, 338-349.

Carter, N., Harrison, A., Iyengar, A., Lanham, M., Nestler, S., Schrader, D., & Zadeh, A. (2022). Clustering algorithms to increase fairness in collegiate wrestling. Journal of Quantitative Analysis in Sports, 18(2), 113-125, https://doi. org/10.1515/jqas-2020-0101.

De Smet, A. et al. (2017, June). Untangling your organization's decision making. McKinsey Quarterly.

Gartner, Inc. (2004). Using business intelligence to gain a competitive edge. A special report.

Gorry, G. A., & Scott-Morton, M. S. (1971). A framework for management information systems. Sloan Management Review, 13(1), 55-70.

Hastings, C., Mosteller, F., Tukey, J. W., & Winsor, C. P. (1947). Low moments for small samples: A comparative study of order statistics. The Annals of Mathematical Statistics, 18(3), 413-426.

Keen, P. G. W., & Scott-Morton, M. S. (1978). Decision support systems: An organizational perspective. Reading, MA: Addison-Wesley.

Loveman, Gary. (2003). Diamonds in the data mine. Harvard Business Review, 81(5), 109-113. https://hbr. org/2003/05/diamonds-in-the-data-mine (accessed June 2022).

Simon, H. (1977). The New Science of Management Decision. Englewood Cliffs, NJ: Prentice Hall.

Watson, H. (2005). Sorting out what's new in decision support. Business Intelligence Journal.

CHAPTER 2
第 2 章

人工智能：概念、驱动因素、主要技术及其商业应用

学习目标

- 理解人工智能（AI）的概念
- 熟悉 AI 的驱动因素、功能和优势
- 人机智能简介
- 主要的 AI 技术及其衍生产品
- 分析 AI 支持决策的方式
- 了解 AI 在会计、银行和金融服务以及其他业务功能中的应用
- 了解机器人基础、发展历史及应用
- 描述聊天机器人、驱动程序和聊天机器人的功能及其使用
- 描述聊天机器人作为顾问的应用
- 讨论与聊天机器人的实现相关的主要问题

人工智能（Artificial Intelligence，AI）激发了几代人的好奇心，正在迅速发展成为一项重要的应用技术，在各个领域都有广泛应用。AI 将是人类有史以来创造的最重要的技术。AI 有很多种形式和定义。可以粗略地说，AI 的目的是让机器表现出尽可能接近人类表现出的智能，有望造福人类。计算技术的最新发展推动人工智能达到新的水平并取得新的成就。很多公司在 AI 上投入巨资。在本章中，我们将介绍 AI 的基本原理、主要技术、对决策的支持以及在主要业务功能领域的应用实例。尽管一些主题和参考资料可能显得过时，但我们保留了这些主题和参考资料，以提供更广泛的 AI 框架，而不仅仅是时髦的流行语。

2.1 开篇小插曲：Grant Thornton 雇用 Aisera 聊天机器人减轻 IT 服务台负担

问题描述

一家大型会计/咨询服务公司 Grant Thornton 正在探索如何有效地管理其 IT 服务台运营。他们很快就需要在远程工作条件下提供通用服务，并开始增加更多的外包代理，以解决不断膨胀的访问量，但他们很快意识到这不是一个可持续的选择。Grant Thornton 试图为用户提供有效的自助服务，使 IT 支持团队的日常任务得以自动化。随着访问量不断增加，Grant Thornton 转向 Aisera 寻求聊天机器人解决方案，利用其现有环境提供大规模即时 IT 支持。

解决方案

聊天机器人已经面世有一段时间了。大多数早期聊天机器人都使用基本的自然语言处理来理解输入的查询，并处理一些基本规则，从常见问题列表（Frequently Asked Question，FAQ）中给出一些固定的答案，通常带有指向该主题的更详细信息的链接。这很少能为提问人提供最终的解决方案，可能会让他们更专注于在哪里寻找答案。新一代聊天机器人采用对话式 AI 技术，从刚刚产生的问答（Q&A）中学习，并相应地调整它们未来的反应。Aisera 的聊天机器人就是这种类型的产品。他们的聊天机器人实现从一个视觉工作流开始，以连接特定环境中的任务和操作。该公司为组织关键功能领域（IT、HR 或客户服务应用程序）中最常见和重复的请求提供了 1 200 多个预先构建的操作工作流。这些可以用来相对快速地启动原型聊天机器人解决方案。聊天机器人的 AI 功能有助于为其他设置构建未来的操作工作流。该公司名为 Ticket AI 的解决方案实现了这一操作自动化，Ticket AI 允许 Agent 标记类似的票证和案例、知识文章、思想，以及下一个最佳操作。

Aisera 网站上介绍的一个例子显示，该公司的一名员工与聊天机器人交互，报告显示器坏了。聊天机器人建议更换显示器。当员工接受此建议时，聊天机器人就会订购一个显示器，并生成一个参考号，交互结束。所有这些都是以电子形式完成，不需要人工参与。

结论

Grant Thornton 的管理人员认为 Aisera 的好处显而易见，其问题自动解决率为 75%，解决问题时间缩短了 90%，决议速度和准确性使员工满意度总体提高了 85%。虽然世界动荡不安，但员工不用担心完成不了工作，也不必等待数小时甚至数天才能得到对他们所提请求的反馈。解决问题的平均时间减少，这意味着员工专注于日常工作的时间更少，Agent 也不用再承担烦琐的人工作业。

按照 Aisera 的说法，这种通过聊天机器人实现的自动化有如下作用：
- 跨渠道自动解决支持请求
- 自动将票据和案例分发给合适的 Agent
- 为票证和案例解析提出下一步最佳行动方案

- 知识解析和票证/案例解析注解自动化
- 使用 AI 驱动的建议进行代理辅导

资料来源（经 Aisera.com 网站许可改编）：https://aisera.com/customers/grant-thornton/(accessed July 2022). https://aisera.com/customers/grant-thornton/?wvideo=2mmgvci779. Conversations with Muddu Sudhakar, CEO/Founder, Aisera, Karthik S. J., and Vishal Agrawal, Aisera。

▶ 2.1 节 习题

1. 你是否与一个在线聊天机器人提供答案的网站进行过交互？你在利用此方法解决问题方面有什么经验？
2. 聊天机器人需要什么类型的学习才能理解客户的查询？像 ChatGPT 这样的系统会取代专注的聊天机器人吗？
3. 你还能找到聊天机器人应用程序的其他例子吗？

我们能从这个开篇小插曲中学到什么？

正如我们将在本章和本书中看到的那样，AI 是一个应用非常广泛的领域，在许多领域都有应用。聊天机器人（在本章稍后介绍）提供了一种相对常用的技术，至少让一些常见的问题自动化。大多数老式聊天机器人只做一些单词匹配来提供一些一般答案或链接，通常会将大多数访问发送给人工代理。新一代聊天机器人可以从过去与人的互动中学习，也可以集成后台流程，从而提供更强大的功能和投资回报率。关于 ChatGPT 的热议也引起了人们的兴趣。

2.2 人工智能简介

我们都希望看到计算机化决策更简单、更容易使用、更直观、威胁性更小。事实上，随着时间的推移，人们已经努力使决策过程中的一些任务简化和自动化。试想有一天，冰箱将能够检测并评估物品，以订购需要补充的商品。这样的日子在未来并不遥远，而这项任务将得到 AI 的支持。

CIO Insight 估计，到 2035 年，智能计算机技术将带来 5 万至 8.3 万亿美元的经济价值（参阅 cioinsight.com/blogs/how-ai-will-impact-the-global-economy.html）。智能技术包括物联网、先进机器人和自动驾驶汽车，所有这些技术都将在本章中有所介绍。有关 AI 的历史，可以参阅 Zarkadakis（2016）和 en.wikipedia.org/wiki/History_of_artificial_intelligence。

人工智能的定义

有很多种关于人工智能的定义（参见 Marr，2018）。但许多专家一致认为，AI 涉及两个基本思想：①研究人类思维过程（了解什么是智能），②在机器（如计算机、机器人等）中表示和复制这些思维过程。也就是说，希望这些机器具有与人类相似的思维过程。

AI 其中一个广为人知的定义是"机器模仿智能人类行为的能力"（引自《韦氏词典》）。AI 的理论背景是基于逻辑的，这也用于不少计算机科学创新。因此，人们认为 AI 是计算机科学的一个子领域，有关 AI 和逻辑之间的关系，可参阅 plato.stanford.edu/entries/logic-ai。

人们熟知的 AI 早期应用是 IBM 超级计算机［深蓝（Deep Blue）］上的国际象棋程序。该系统击败了著名的世界冠军，特级大师加里·卡斯帕罗夫（Garry Kasparov）。OpenAI 开发的 ChatGPT 系统增加了对 AI 的关注，该系统能够对许多类型查询生成文本 / 响应。

AI 是许多具有相似能力和特征的技术的总称。Spacey（2016）确定了 33 种类型的 AI，参阅 simplicable.com/new/types-of-artificial-intelligence。

AI 机器的主要特征

让计算机"更智能"的趋势越来越明显。例如，人们认为 Web 3.0 能够使计算机化系统更加智能化。一些应用已经基于多种 AI 技术。例如，自然语言机器翻译领域正在帮助说不同语言的人进行合作，并购买用他们不会说的语言做广告的在线产品。同样，机器翻译可以帮助只懂母语的人与说外语的人交谈，共同实时做出决定。

AI 的主要要素

如第 1 章所述，AI 的前景是巨大的，包括数百甚至更多的组件。我们在图 2.1 中说明了 AI 的基础及主要技术和应用。注意，我们在图中将这些技术分为两组：基础；技术和应用。其中主要技术将在本章后面进行定义，并在本书中进行说明。

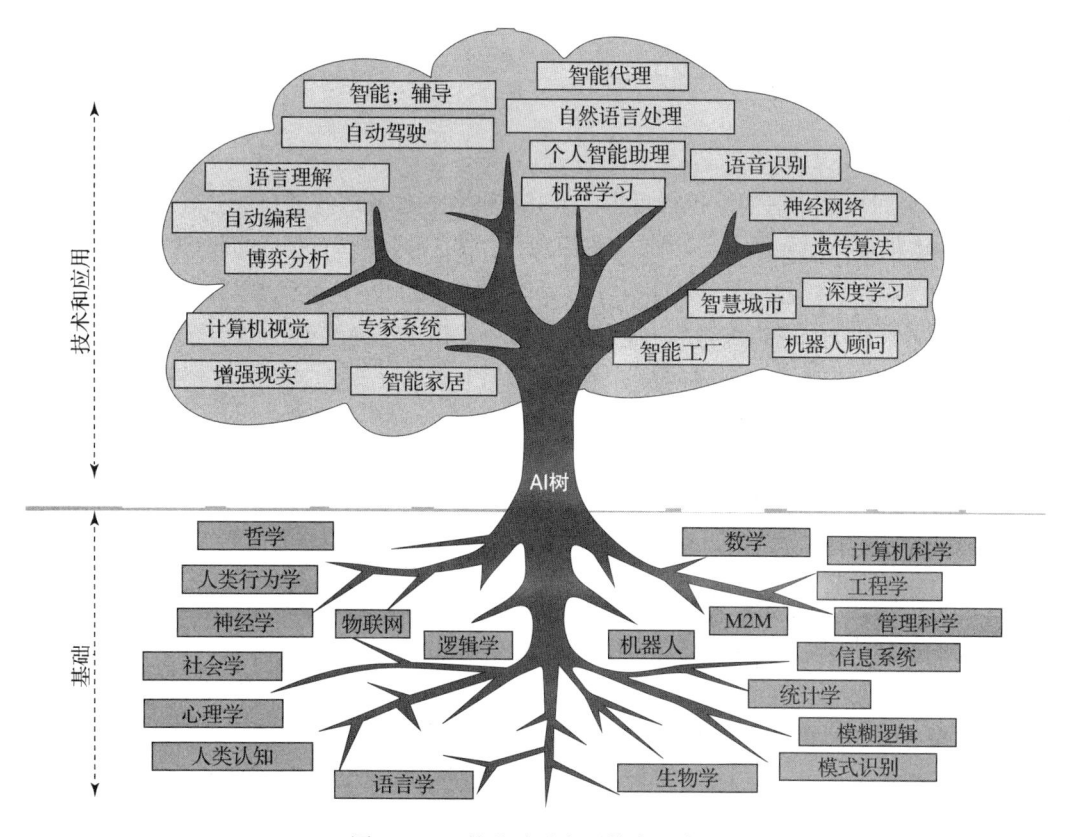

图 2.1　AI 的基础及主要技术和应用

AI 应用

AI 技术被用于创建大量应用场景。在 2.6 节中，我们介绍了主要业务功能领域的应用示例。

示例

智慧或智能应用包括那些可以帮助机器回答用户用自然语言提出的问题的应用。另一个领域是基于知识的系统，它可以提供建议，帮助人们做出决定，甚至可以自己做出决定。例如，此类系统可以批准或拒绝买家的在线购买请求（如果买家没有预先批准或没有开放的信用额度）。其他示例包括自动生成在线采购订单和安排履行在线订单。Google、Meta 和数百家公司正在实验一些项目，试图教机器如何学习，提供支持，甚至做出自主决策。

示例：Pitney Bowes 利用 AI 变得越来越聪明

Pitney Bowes 公司是一家总部位于美国的全球商业解决方案提供商，业务领域包括产品运输、智能定位、客户互动和客户信息管理等。该公司每年在互联和无国界的商业世界中为数十亿笔实物和数字交易提供服务。

如今，在 Pitney Bowes，运费是根据每个包裹的尺寸、重量和包装自动确定的。费用计算产生的数据被输入 AI 算法。处理的数据越多，计算就越准确（这是机器学习的特点）。该公司估计，他们的算法在计算精度上提高了 25%。这为 Pitney Bowes 提供了准确的定价基础，提高了客户满意度，并提高了竞争优势。

AI 的主要目标

AI 的总体目标是创造能够执行目前由人完成的各种任务的智能机器。理想情况下，AI 机器应该能够推理、抽象思考、计划、解决问题和学习。

其中一些具体目标包括：
- 感知并对影响特定业务流程和运营的环境变化做出正确应对。
- 在业务流程和决策中引入创造力。

AI 的驱动因素

AI 的使用由以下因素驱动：
- 人们对智能机器和人工大脑的兴趣。
- AI 应用低成本，而人工（做同样的工作）需要高成本。
- 大型科技公司希望获得 AI 市场的竞争优势和市场份额，并愿意在 AI 上投资数十亿美元。
- 管理层面临提高生产力和速度的压力。
- 有助于促进 AI 进步的高质量数据可用性。
- 总体而言，计算机的功能不断增强，成本不断降低。
- 新技术（特别是云计算）的发展。

AI 的优势

AI 有如下优势：
- AI 能够比人类更快地完成某些任务。
- AI 完成的工作一致性可能比人类的一致性要好得多，AI 机器不会出错。
- AI 系统允许对项目做持续改进。
- AI 可以通过其模式识别能力进行预测分析。
- AI 可以对业务过程中的延迟和堵塞加以管理。
- AI 机器不会停下来休息或睡觉。
- AI 机器可以自主工作，也可以作为人类的助手。
- AI 机器的功能正在不断增加。
- AI 机器可以学习并提高其性能。
- AI 机器可以在对人有害的环境中工作。
- AI 机器可以促进人类的创新（支持研发）。
- 情感障碍不会对 AI 工作造成干扰。
- AI 擅长欺诈检测和安全便利化。
- AI 可以改善工业生产。
- AI 可以优化知识工作。
- AI 提高速度并实现规模化。
- AI 有助于业务运营的整合。
- AI 应用可以降低风险。
- AI 可以让员工自由从事更复杂、更高效的工作。
- AI 可以改善客户服务。
- AI 可以解决以前未解决的难题（Kharpal，2017）。
- AI 可以增强协作，加快学习速度。

这些优势有助于企业提高竞争优势。

注意：并非所有的 AI 系统都能提供上述所有优势，有些特定系统可能只提供其中的部分优势。

AI 有助于降低成本、提高生产力，让利润大幅增长（Violino，2017）。除了让个别公司受益之外，AI 也能显著促进一个国家的经济增长，新加坡就是其中之一。

以下是 AI 在各应用领域的典型优势。

1. 国际掉期和衍生工具协会（International Swabs and Derivatives Association，ISDA）使用 AI 来消除合同程序中烦琐的活动。例如，通过使用集成 AI 的光学字符识别（Optical Character Recognition，OCR），ISDA 可将合同数字化，然后对合同进行定义、签订和归档。

2. 通过更高效、更公平的筛选候选人，更好地匹配候选人及其工作，帮助保护组织未来的人才渠道，AI 正开始彻底改革商业招聘活动。

3. AI 正在对管理做重新定义。根据 Kolbjørnsrud 等人（2016）的研究，AI 的使用产生了以下五种做法：
- AI 可以执行日常管理任务。
- 管理者可以专注于对工作做判断或评价。
- 智能机器被视为同事（即，管理者信任 AI 提出的建议）。此外，开展人机协作。
- 管理者专注于 AI 机器可以支持的创造性能力。
- 管理者正在培养社交技能，这是更好的协作、领导力和指导所必需的技能。

4. Accenture 公司开发了使用自然语言处理和图像识别的 AI 解决方案，帮助印度盲人改进他们体验周围世界的方式，帮助他们过上更好的生活。AI 使人们工作得更好、更快，从事更具挑战性的工作。

5. 福特汽车信用贷款使用机器学习来找出被忽视的借款人。此外，该公司还利用机器学习帮助承销商更好地了解贷款申请人。该计划有助于提高承销商和被忽视申请人的生产力。最好，该系统可以预测潜在借款人的信用度，从而最大限度地减少损失。

6. Alastair Cole 公司使用从 IBM Watson 的多个来源收集的数据来预测客户对该公司的期望，生成的数据用于支持更高效的业务决策。

7. 公司正在围绕 AI 建立业务，在这方面有许多初创企业或现有公司试图创建新业务的例子。

AI 机器的一些局限

以下是 AI 机器的主要局限：
- 缺乏人情味。
- 缺乏对非任务环境的关注。
- 可能导致人们过于依赖 AI 机器（例如，人们可能会停止独立思考）。
- AI 可以被人为编程以制造破坏。
- AI 可能会导致一些人失业（见第 11 章）。
- AI 可能开始自己思考，因而造成重大损害。

一些局限性会随着时间的推移逐步减少。然而，风险是存在的，因此，有必要妥善管理 AI 的发展，并尽量减少风险。

AI 能做什么？不能做什么？ 前述 AI 的局限性限制了商业 AI 的能力。例如，在 AI 上可能花费太多但又无法商业化使用。这一点很重要，有两个原因：①高管们需要知道 AI 在经济上能做什么，公司如何利用它来造福业务；②高管们必须知道 AI 不能在经济上做什么。

AI 已经在改变网络搜索、零售和银行服务、物流、在线商务、娱乐等。数以亿计的人通过智能手机或其他方式使用 AI。然而，根据 Ng（2016）的研究，这些领域的应用是基于如何将简单输入转换为简单输出作为响应。例如，在自动贷款审批中，输入的是申请人的档案，输出结果是批准或拒绝。

这些领域的应用程序通常是完全自动化的。自动化任务通常是重复的，只需经过短期培训就能完成操作。AI 机器可能依赖于难以获得（例如，属于他人）或不准确的数据。第二个障碍是对 AI 专家的需求，AI 专家很难找到且雇用成本高昂。有关 AI 的其他障碍，可以参见第 11 章。

AI 决策的三种风格

TG Daily（2017）的一位作者将 AI 系统的能力分为三个层次：辅助智能、自主 AI 和增强智能。

辅助智能

这等价于弱 AI，只应用于一些狭窄领域。它需要对输入和输出做出明确定义。例如一些监控系统和低级虚拟个人助理。这样的系统和助理可以用在我们的车辆中，用于向我们发出警报。类似的系统可以用于许多医疗保健应用（如监测、诊断等）。

自主 AI

这些系统属于强 AI 领域，但范围非常狭窄。最终，计算机将接管许多任务，使它们完全自动化。机器将充当专家，并拥有绝对的决策权。纯粹的机器人顾问就是这种机器。自动驾驶汽车和自我修复机器人也属于此类。

增强智能

大多数现有的 AI 应用都介于辅助智能和自主 AI 之间，称为增强智能（augmented intelligence），或智能增强（intelligence augmentation）。正如技术洞察 2.1 所述，其技术可以增强计算机任务，扩展人类的认知能力，从而获得高性能。

Padmanabhan（2018）和许多人认为，目前，增强 AI 是处理实际问题和将组织变得"更智能"的最佳选择。

与被形容为具有广泛认知能力的机器（例如无人驾驶汽车）的自主 AI 相比，增强智能只具有少量认知能力。

技术洞察 2.1　增强智能

将人和机器性能结合起来的想法并不新鲜。我们在本节讨论将人类能力与强大的机器智能相结合——不是像自主 AI 那样代替人，而是扩展人类的认知能力。其结果是人类有能力解决更复杂的问题，如第 1 章开头的小插曲所述。计算机提供数据来帮助人们解决无法解决的难题。Padmanabhan（2018）指出传统 AI 和增强 AI 之间存在以下不同：

- 增强型机器扩展了人类的思维能力，但不是取代人类的决策，这些机器提高了人类的创造力。
- 与仍在开发中的强大的通用 AI 机器相比，增强技术擅长在特定的领域解决复杂的人类和行业问题。
- 与一些 AI 和分析的"黑箱"模型相比，增强智能可以提供见解和建议，包括解释。
- 与识别问题或症状并提出预先确定的已知解决方案的辅助 AI 相比，增强智能可以通过结合现有信息和新发现的信息来提供新的解决方案。

2.2 节 习题

1. 给出 AI 的定义。
2. AI 的主要目的和目标是什么？
3. 列出 AI 的一些特征。
4. 列出一些 AI 的驱动因素。
5. 列出一些 AI 应用的优势。
6. 列出一些 AI 的局限性。
7. 列出 AI 的三种风格，并对增强智能进行说明。

2.3 人机智能

AI 的使用由于其功能的增强而迅速增长。要理解 AI，我们首先需要探索智能的含义。

什么是智能

智能（intelligence）可被视为一个总括性术语，通常通过智商（IQ）测试来衡量。然而，有人认为智能有多种类型。例如，哈佛大学的 Howard Gardner 博士提出了以下类型的智能（Brualdi 在 1996 年也解释了这一点）：

- 语言和言语智能
- 逻辑智能
- 空间智能
- 身体/运动智能
- 音乐智能
- 自省智能
- 社交智能
- 自然观察智能

因此，智能的概念并不简单！

智能的内容。智能包括推理、学习、逻辑、解决问题的能力、感知和语言能力。

显然，智能的概念并不简单。

智能的能力。为了理解什么是 AI，首先了解哪些能力被认为是属于人类智能标志的能力是有用的：

- 从经验中学习或理解。
- 理解模棱两可、不完整甚至矛盾的消息和信息。
- 快速、成功地应对新情况（即使用最正确的应对措施）。
- 以合理的方式理解和推断，解决问题，并有效地指导行为。
- 运用知识对环境和情况进行处理。
- 认知和判断不同因素在某种情况下的相对重要性。

AI 试图提供部分（希望是全部）上述能力，但总体而言，它仍无法与人类智能相媲美。

AI 有多智能

AI 机器在复杂游戏中表现得优于人类！人类顶级玩家被使用著名程序"Google DeepMind"的计算机击败（Hughes，2016）。ChatGPT 也因生成与人类用户创建的文本几乎相似的文本而登上新闻头条。尽管如此，许多 AI 应用仍表现得明显低于人类智能。

将人类智能与 AI 比较。人们曾多次尝试将人类智能与 AI 进行比较。但由于这涉及多个领域，所以很难做到，比较情况如表 2.1 所示。

表 2.1　AI 与人类智能

比较领域	AI	人类
执行	非常快	可能很慢
情绪	没有	正面情绪、负面情绪
计算速度	非常快	慢、可能遇到困难
想象力	只能遵循编程的内容	可以扩展现有知识
灵活性	固定	灵活性大、灵活
基础	二进制码	五官感觉
一致性	高	可变、可以很低
过程	依照模型	感知
形式	数字	信号
记忆	内置，或云服务	使用内容和系统存储
大脑	独立	与身体相连
创造力	缺乏	富有创造力
耐久性	永久，但不更新可能会过时	短，但可即时更新
复制、文件编制和传播	容易	困难
成本	通常较低，并不断下降	可能较高，并不断增加
稳定性	稳定	有时不稳定
推理过程	清晰、可见	有时难以追踪
感知	通过规则和数据实现	通过模式实现
预测缺失数据	通常不能	常常可以

测试 AI

图灵测试是衡量 AI 机器智能水平的一项著名的尝试。

图灵测试：机器智能的经典测试。Alan Turing 设计了一项名为"图灵测试"的测试方法，以测试计算机是否具备人类智能。根据这项测试，只有当评判者向不可见的人和不可见的计算机提出相同的问题，并且人类评判者不能判断对方是否为计算机测试，计算机才能被认为是智能的（如图 2.2 所示）。注意，这项测试仅限于问答模式。为了通过图灵测试，计算机需要能够理解人类语言，拥有人类智慧（例如，拥有知识库），能够使用存储的知识进行推理，并能够从经验中学习（机器学习）。

其他测试。多年来，关于如何测试机器智能，还有其他一些建议。例如，图灵测试的改进版本出现了几种变体。美国的主要大学（如伊利诺伊大学、麻省理工学院、斯坦福大学）都在研究 AI 的智商。

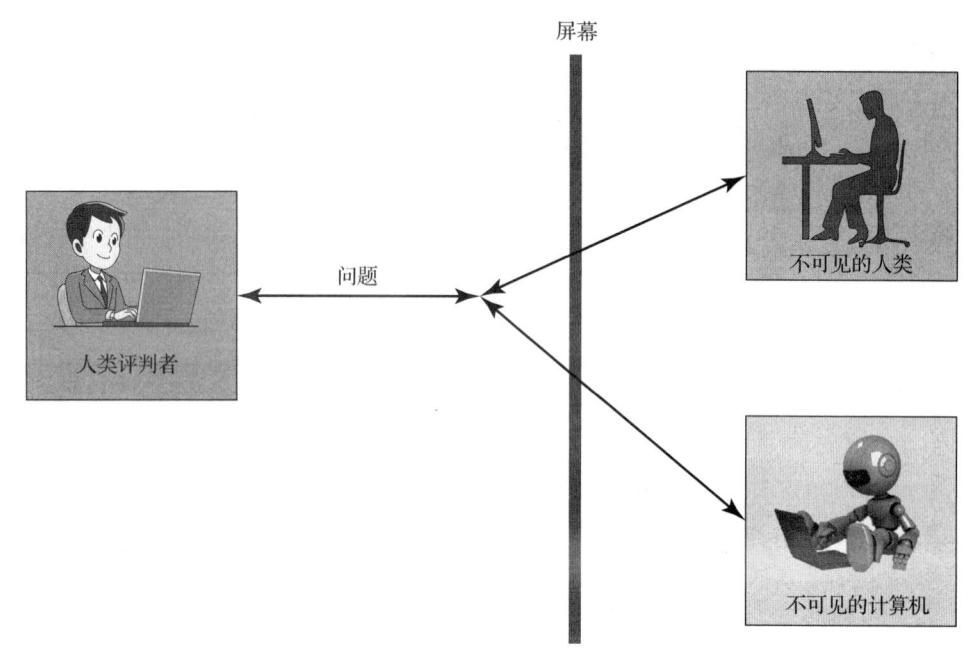

图 2.2 图灵测试示意图

总之，很难测量人类和机器的智力水平。测试结果取决于环境和所使用的指标。无论机器的智能程度如何判定，AI 都显示出大量的好处，正如前文所述。

值得注意的是，AI 的能力随着时间推移正不断增强。除了上面提到的图灵测试，还有许多其他报道称，在国际象棋、围棋等游戏中，计算机击败了人类玩家。关于 AI 与人类智能的讨论，请参阅 Carney（2018）。

2.3 节 习题

1. 什么是智能？
2. 人类智能的主要能力是什么？在哪些方面优于 AI 机器？
3. AI 有多智能？
4. 如何测试 AI 的智能？
5. 什么是图灵测试，其局限性是什么？
6. 如何测试真空吸尘器的智能水平？

2.4 主要的 AI 技术及其衍生产品

AI 领域非常广阔。我们可以随处发现 AI 技术及其应用，AI 被广泛用于从医学到体育等数百个学科。Press（2017）列出了与本书所涵盖内容相似的 10 项顶级 AI 技术。Press 还介绍了这些技术生命周期（生态系统阶段）的状态。在本节，我们将介绍一些与商业相关的主要 AI 技术及其衍生物，要介绍的技术如图 2.3 所示。

智能代理。智能代理（Intelligent Agent，IA）是一种自主的、相对较小的计算机软件程序，它通过自主运行特定任务来观察环境的变化，并采取对应行动。IA 指导代理人的活动，以实现与周围环境变化相关的特定目标。智能代理可能具有通过使用和扩展嵌入其中的知识进行学习的能力。智能代理是克服互联网信息过载最关键负担的有效工具，使计算机成为更可行的决策支持工具。学术界对在商业和电子商务中使用智能代理的兴趣始于20世纪90年代中期。然而，直到2014年IA的能力显著增强后，我们才开始在商业、经济、政府和服务等多个领域看到其强大应用。

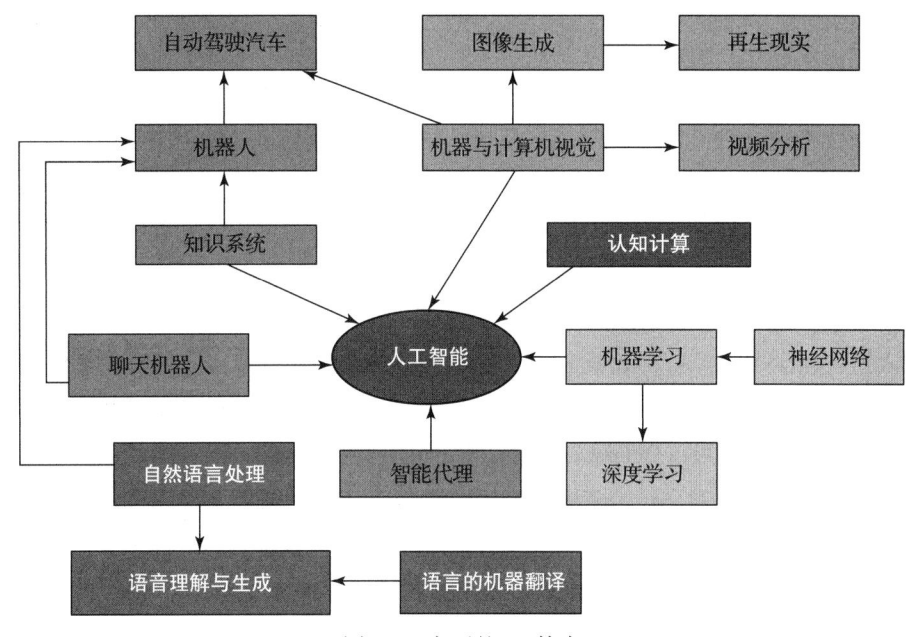

图 2.3　主要的 AI 技术

最初，智能代理主要用于支持日常活动，如搜索产品、获得推荐、产品定价、计划营销、改善计算机安全、管理拍卖、促进支付和改进库存管理等。然而，这些应用程序非常简单，使用的智能水平很低。使用智能代理的主要好处是提高速度、降低成本、减少错误，并改进客户服务。正如我们将在本章中看到的，今天的应用程序要复杂得多。

例 1：病毒检测程序

智能软件代理的其中一个简单例子是病毒检测程序。这种程序驻留在计算机中，扫描所有传入的数据，并自动删除发现的病毒，同时学习检测新的病毒类型和检测方法。

例 2

Allstate Business Insurance 正在使用智能代理来减少呼叫中心流量，并在与商业客户的费率报价过程中为保险代理人提供帮助。在这种情况下，费率报价可能相当复杂。使用该系统，即使代理人对相关问题不完全熟悉，也可以快速回答公司客户提出的问题。

智能代理还用于电子邮件服务器、新闻过滤和分发、预约处理以及信息收集自动化等。

机器学习。目前，AI 系统还不具备与人类相同的学习能力，仅具有简单（但正在改进）

的机器学习方法（模仿人类的学习方法）。机器学习科学家试图通过向机器展示大量的例子和相关数据来教计算机识别模式（identify pattern）和建立联系。机器学习还允许计算机系统监测和感知其环境活动，以便机器能够调整其行为以应对环境的变化。还可以将机器学习用于预测性能，根据不断变化的条件重新配置程序，等等。从技术上讲，机器学习是一门学科，涉及算法的设计和开发，使计算机能够根据来自传感器、数据库和其他来源的数据进行学习，通过学习然后进行预测、识别模式，以及对决策者提供支持。

机器学习过程还包括计算机程序在面对新情况时进行学习。这些程序收集数据并进行分析，然后对其进行自我"训练"以得出结论。例如，通过向机器学习程序展示情境示例，该程序就能发现在没有示例的情况下不易察觉的元素。一个著名的例子是用计算机检测信用卡欺诈。

根据 Taylor（2016）的研究，"计算能力的提高，加上其他改进，包括用于图像处理的更好的算法和深度神经网络，以及 SAP HANA 等超快速内存数据库，是机器学习成为当今企业软件开发最热门领域之一的原因。"由于大数据资源的可用性，特别是物联网提供的大数据资源，机器学习应用程序也在扩展（见第 10 章）。机器学习有多种方法，从神经网络到基于案例的推理，主要内容参见第 5～7 章。

深度学习。深度学习（Deep Learning，DL）是机器学习的一个子集或进一步细化。这项技术将在第 7 章中讨论，它试图模仿人脑的工作方式。深度学习使用人工神经技术，在处理常规机器学习和其他 AI 技术无法处理的复杂应用方面发挥着重要作用。通过深度学习实现的系统不仅能思考，还能不断学习，根据输入的新数据实现自我指导。DL 可以使用其强大的学习算法解决以前无法解决的问题。

例如，DL 是自动驾驶汽车的一项关键技术，它有助于对路标和道路障碍物做出理解。DL 还在智能手机、机器人、制药、智能家居和智慧城市中发挥着关键作用（见第 10 章）。DL 在机器视觉、场景识别、机器人以及语音处理领域的实时交互应用中的作用也非常明显。DL 的关键是不断学习，只要有新的数据，学习就会发生。

例

Cargill Corp 公司提供传统分析、基于 DL 的分析服务，帮助农民做更有利可图的工作。例如，农民可以以更低的成本养殖出更好的虾。DL 在股票市场分析和预测中得到了广泛的应用。

机器与计算机视觉。机器视觉的定义各不相同，因为不同的计算机视觉系统包括不同的硬件和软件以及其他组件。一般来说，其经典的定义是，机器视觉（machine vision）一词包括"用于为机器人引导、过程控制、自动车辆和检测等应用提供基于成像的自动检测和分析的技术和方法"。机器视觉是优化生产和机器人过程的重要工具。机器视觉的一个主要组成部分是工业相机，它用于捕捉、存储和归档视觉信息，然后将这些信息提供给用户或计算机程序进行分析，并最终用于自动决策或支持人类决策。机器视觉可能与计算机视觉（computer vision）混淆，因为有时两者被用作同义词，但一些用户和研究人员将它们视为不同的实体。机器视觉更多地被视为一个工程子领域,而计算机视觉属于计算机科学领域。

计算机视觉。根据维基百科的说法,计算机视觉是一个跨学科的领域,研究如何制造计算机,以从数字图像或视频中获得高水平的理解。从工程的角度来看,它寻求将人类视觉系统可以完成的任务自动化。计算机视觉获取数字图像,对其进行处理、分析和解释,并为决策产生有意义的信息。图像数据可以采用多种格式,如照片或视频,它们可以来自多维来源(如医疗扫描仪)。场景和项目识别是计算机视觉中的重要元素。计算机视觉领域在安全、安保、健康和娱乐领域发挥着至关重要的作用。计算机视觉被认为是 AI 的一种技术,它使机器人和自动驾驶汽车能够看到东西。计算机视觉和机器视觉都使许多人类任务(如检查)自动化。这些任务可以处理一个图像,或对一系列图像做出处理。这两种技术的主要优点是降低了执行任务的成本,尤其是那些重复性的、让人眼疲劳的任务。这两种技术还与图像处理相结合,有助于完成更复杂的应用,如视觉质量控制。另一种观点认为,从图像处理的角度来看,它们是相互关联的,应用领域相同。

机器视觉的其中一个应用领域是通过计算机视觉进行**场景识别**,场景识别能够识别并解释物体、风景和照片。

应用实例

许多国家都存在严重的非法伐木现象。为了遵守各国的法律,有必要现场检查木材,这需要专业知识。根据美国农业部的数据,迫切需要这种实地专业知识,培训和部署人员在实地(即在港口、过境点、称重站、机场和其他商业入境点)识别被加工木制品,但这样做成本高昂,后勤方面也存在困难。机器视觉木材识别项目开发了一个用于木材识别的原型机器视觉系统。同样,AI 计算机视觉与深度学习相结合,可用于识别非法偷猎动物的人(见 USC,2018)。

计算机视觉应用的另一个例子是多种安全应用中的人脸识别,例如中国警方使用智能眼镜(通过人脸识别)识别潜在嫌疑人的应用程序。2018 年,中国警方确认了一名参加流行音乐会的嫌疑人。人群有 6 万人,该嫌犯在入口处被认出,摄像机在那里给他拍照。

视频分析。将计算机视觉技术应用于视频,可以实现模式识别(例如,用于检测欺诈)和事件识别。这是计算机视觉的衍生应用。另一个例子是,通过让计算机观看电视节目,可以训练计算机对观众互动情况和广告的成功与否做出预测。

自然语言处理。自然语言处理是一种让用户能够用其母语与计算机通信的技术。通信方式可以是书面文本或语音。与使用由计算机术语、语法和命令组成的编程语言相比,这项技术适用于会话式界面。NLP 包括两个子领域:
- **自然语言理解**,研究使计算机能够理解用普通英语或其他人类语言提供的指令或查询的方法。
- **自然语言生成**,努力让计算机生成普通口语,让人们更容易理解计算机。有关 NLP

的详细信息和历史,请参阅 en.wikipedia.org/wiki/Natural_language_processing。NLP 与语音生成的数据以及文本和其他通信形式有关。

语音理解。语音理解是指计算机对口语的识别和理解。这项技术的应用越来越普及。例如,许多公司已经在其自动化呼叫中心采用了这项技术。要了解近十年前仍然可以访问的有趣应用程序,请参阅 cs.cmu.edu/~./listen。

语言的机器翻译。机器翻译利用计算机程序将单词和句子从一种语言翻译成另一种语言。例如,babelfish.com 上的 Babel Fish Translation 程序提供了超过 25 种不同的语言翻译组合。同样,Google 翻译(translate.google.com)或可用的 App 可以翻译数十种不同的语言。视觉和机器翻译的一个有趣组合是 Google Translate App 能够通过相机查看文本,并用另一种所需语言翻译出来。同样,该 App 还可以收听语音并将其转换为另一种语言。最后,用户可以用多种语言在 Facebook 上发布自己的状态。

智能系统的知识来源与获取。许多智能系统要工作,就必须具备知识。获取这些知识的过程被称为**知识获取**(knowledge acquisition)。这项活动可能很复杂,因为必须确定需要什么知识。要获取的知识必须适合所需的系统。此外,需要确定知识的来源,以确保获取知识的可行性。需要确定获取知识的具体方法,如果专家是知识的来源,则必须确保与他们合作。此外,必须研究从收集的知识中表达和推理知识的方法,并且必须对知识进行验证,确保知识的一致性。

了解到上述信息,可以看出知识的获取过程(见图 2.4)可能非常复杂,它包括提取和构建知识。获取知识的方法有很多种(如观察、访谈、情景构建和讨论等),因此可能需要受过专门培训的知识工程师来完成知识获取和系统构建。在许多情况下,具有不同技能的专家团队是为了获取知识而组建的。知识可以从数据中生成,然后靠专家进行验证。所获得的知识需要在一种名为**知识表示**(knowledge representation)的活动中加以组织。

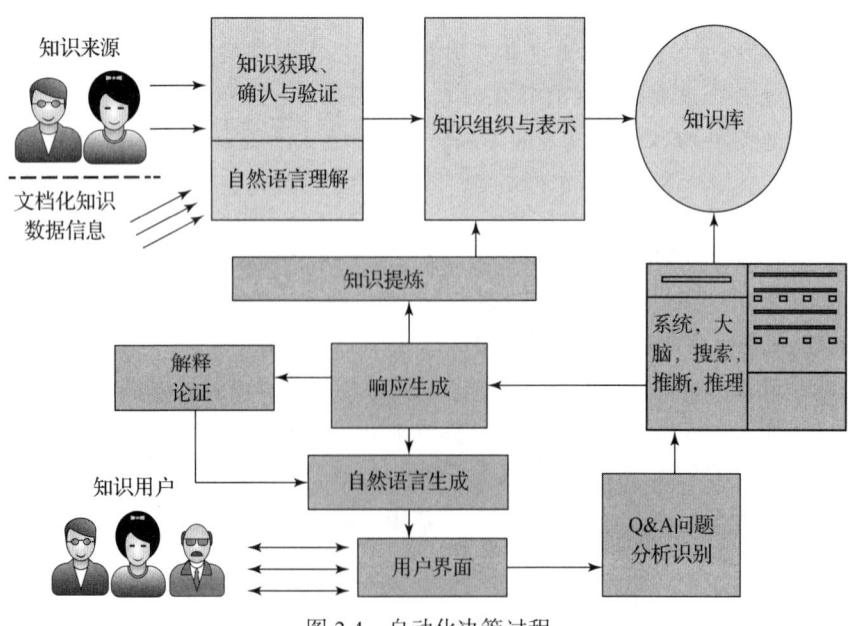

图 2.4 自动化决策过程

知识表示。获取的知识需要组织和存储。有几种方法可以完成这个任务，这取决于知识将用于什么，如何从这些知识中进行推理，用户会如何与知识互动等。知识表示的一种简单方法是以问答（Q&A）形式实现。

从知识中推理。也许智能系统中最重要的组成部分是其推理功能。此功能处理用户的请求并向用户提供答案（例如，解决方案、建议等）。不同类型的智能技术之间的主要区别在于它们使用的推理类型。

认知计算。认知计算是应用源于认知科学（对人脑的研究）和计算机科学理论中的知识，以模拟人类的思维过程（AI 目标），从而使计算机能够具备支持决策和解决问题的能力。要做到这一点，计算机必须能够使用自学习算法、模式识别、NLP、机器视觉和其他 AI 技术。IBM 是这一概念的主要支持者，它开发了支持人做出复杂决策的技术（如 Watson）。认知计算系统学会有目的地推理，并自然地与人互动。

增强现实。增强现实（Augmented Reality，AR）是指将数字信息与用户环境实时集成（主要是视觉和声音）。该技术为人们提供了与环境的真实互动体验。因此，信息可能会改变人们的工作、学习、娱乐、购物和联系方式。复杂的 AI 程序可能包括机器视觉、场景识别和手势识别。ARKit 是苹果公司在 iPhone 推出的 AR 平台。这些 AR 系统使用传感器捕获的数据（例如，视觉、声音、温度等）对真实世界的环境进行增强和补充。例如，如果用手机拍摄一栋房子的照片，则该房子的配置、所有权和纳税义务等方面的信息立即公开可用。

2.4 节 习题

1. 给出智能代理的定义，并列出它们的一些功能。
2. 制作一个智能代理的应用列表。
3. 什么是机器学习？如何在商业中使用它？
4. 给出深度学习的定义。
5. 给出机器人的定义，并解释其对制造和运输的重要性。
6. 什么是 NLP？NLP 的两种主要格式是什么？
7. 简述语言的机器翻译，为什么它在商业中很重要？
8. 什么是知识系统？
9. 什么是认知计算？
10. 什么是增强现实？

2.5 AI 对决策的支持

几乎自 AI 诞生以来，研究人员就认识到使用 AI 支持决策过程和完全自动化决策的机会。亚马逊时任首席执行官 Jeff Bezos 在 2017 年 5 月表示，AI 正处于黄金时代，它正在解决曾经属于科幻小说领域的问题（Kharpal，2017）。Bezos 还表示，亚马逊正在数百个应用程序中使用 AI，AI 确实提供了惊人的帮助。例如，20 多年来，亚马逊一直在使用 AI 进行产品推荐。正如 Bezos 所说，该公司还将 AI 用于产品定价，以解决很多难题。事实上，自诞生以来，AI 围绕问题解决和决策发展。AI 技术帮助人们做出更好的决策。事实是，AI 可以：

- 解决人们无法解决的复杂问题。（请注意，解决问题通常需要做出决策。）
- 更快地做出决策。例如，亚马逊在一瞬间做出了数百万次定价和推荐决策。
- 即使在大型数据源中，也能快速查找到相关信息。
- 快速进行复杂的计算。
- 实时进行复杂的比较和评估。

简言之，AI 可以比人类更快、更一致地推进某些类型的决策。如第 1 章所述，决策的性质是复杂的，尤其是非常规决策。我们在第 1 章中讨论了以下事实：存在许多类型的决策，也存在若干制定决策的管理层，我们还研究了决策的典型过程。决策需要智慧和专业知识，其中许多决策用于解决问题。AI 的目标是同时提供这两种功能。因此，很明显，使用 AI 来促进决策涉及许多机会、好处和变化。例如，AI 可以成功地支持某些类型的决策，并让其他类型的决策完全自动化。

在本节中，我们将讨论 AI 决策支持的一些一般性问题。本节还对支持决策和完全自动化决策做了区分。

在决策中使用 AI 的一些问题和因素。若干问题决定了使用 AI 的理由及其成功机会，包括：

- 决策的性质。例如，日常决策更有可能是完全自动化的，尤其是在简单的情况下。
- 支持方法，使用了什么技术？最初，自动化决策支持是基于规则的。实际上，专家系统是为了在定义明确的领域中为特定的决策情况提供解决方案而创建的。前面提到的另一种流行技术是"推荐器"（recommender），它出现在 20 世纪 90 年代的电子商务中。如今，机器学习和深度学习的使用越来越多，一种相关的技术是模式识别。如今，生物特征识别也受到关注。

例如，研究继续开发一种 AI 机器，该机器将在机场采访人们，问旅客一两个问题，然后确定他们的回答是否属实。类似的算法可以用于审查难民和其他类型的移民。

成本效益和风险分析。成本效益和风险分析对于做出大规模决策是必要的，但由于难以衡量成本、风险和效益，使用 AI 模型计算这些值可能并不简单。例如，正如我们前面提到的，研究人员使用了 100 个指标来衡量吸尘器的智能水平。

使用业务规则。许多 AI 系统基于商业或其他类型的规则。自动化决策的质量取决于这些规则的质量。先进的 AI 系统可以学习和改进商业规则。

AI 算法。作为自动化决策和决策支持基础的 AI 算法的数量激增。决策的质量取决于算法的输入，而算法的输入可能会受到商业环境变化的影响。

速度。决策自动化还取决于需要做出决策的速度。有些决策无法自动化，因为获取所有相关输入数据需要花费太多时间。另一方面，在某些情况下，手动决策可能又过于缓慢。

AI 对决策过程的支持。许多 AI 支持可以应用于决策过程的各个步骤。全自动决策在日常情况下很常见，下一节将对此进行讨论。在这里，我们遵循第 1 章中介绍的决策过程中的步骤。

问题识别。AI系统广泛用于问题识别，通常用于诊断设备故障和医疗问题、发现安全漏洞、估计财务健康状况等。这其中使用了多种技术。例如，AI算法使用传感器收集的数据。机器的性能水平与标准进行比较，趋势分析可以指出机会或问题。

生成或寻找替代解决方案。很多AI技术通过将问题特征与存储在数据库中的最佳实践或经验证的解决方案相匹配来提供替代解决方案。专家系统和聊天机器人都采用这种方法。它们可以生成推荐的解决方案，也可以提供几个选项供用户选择。基于案例的推理和神经计算等AI工具用于此目的。

选择解决方案。AI模型用于评估拟议的解决方案，例如，通过预测其未来影响（预测分析）、评估其成功机会或预测公司对竞争对手采取的行动的回应等。

实施解决方案。AI可用于支持复杂解决方案的实施。例如，AI可以用来证明提案的优越性，并评估对变革的抵制情况。

自动化决策。随着AI技术力量的增强，AI使越来越复杂的决策情况完全自动化的能力也在不断增强。

智能和自动化决策支持。早在1970年，就有自动决策的尝试。这些尝试通常使用基于规则的专家系统，为重复管理问题提供建议解决方案，自动做出的决策示例包括以下内容：

- 审批小额贷款
- 对求职者进行初步筛选
- 简单的补货
- 产品和服务的定价（何时以及如何更改）
- 产品推荐

自动化决策过程如图2.4所示。这个过程从知识获取和知识库的创建开始。用户将问题提交给系统大脑，系统大脑生成响应并提交给用户。此外，自动化决策还对解决方案进行了评估，以便改进知识库及其推理。复杂的情况会引起人们的注意。这一过程尤其适用于基于知识的系统。注意，图2.4中的知识获取过程也对自动化决策进行了说明。公司在外部运营（如销售）和内部运营（如资源分配、库存管理等）中都使用了自动化决策。自动化决策可以采取多种形式，如技术洞察2.2所示。

结论。毫无疑问，AI可以改变企业的决策过程。变革的性质因情况而异。但是，总的来说，我们预计AI将对做出更好、更快、更高效的决策产生重大影响。

2.5节 习题

1. 如何区分全自动决策和支持决策。
2. 列出AI对决策支持的好处。
3. 哪些因素会影响AI用于决策支持？
4. 将AI与经典决策过程中的步骤联系起来。
5. AI实现决策自动化的必要条件是什么？
6. 描述Schrage的四个模型。

技术洞察 2.2　利用 AI 进行决策的 Schrage 模型

麻省理工学院斯隆学院的 Schrage（2017）提出了以下四种 AI 自主商业决策模型：

1. **自主顾问**（autonomous advisor）。这是一个数据驱动的管理模型，使用 AI 算法对具体做法生成最佳策略和指示，并提出具体建议。然而，只有人类才能批准这些建议（例如，提议的解决方案）。

Schrage 举了一个例子，一家美国零售公司用一台 AI 机器取代了整个销售部门，命令员工服从它的指令。显然，随之而来的是阻力和怨恨。为了确保员工服从，该公司不得不安装监控器和审计软件。

2. **自主外包**（autonomous outsource）。在这里，传统的商业流程外包模式转变为商业流程算法。为了使这项活动自动化，有必要制定清晰的规则和指令。这是一个复杂的场景，因为这涉及资源分配。正确的可预测性和可靠性至关重要。

3. **人机协作**（people-machine collaboration）。假设算法可以在这个模型中产生最优决策，人需要与聪明但受约束的完全自动匹配的机器合作。为了确保这种协作，有必要对使用 AI 机器的人进行培训（见第 11 章的讨论）。Netflix、阿里巴巴和 Google 等科技巨头都在使用这种模式。

4. **整机自主**（complete machine autonomy）。在这个模型中，组织可以使整个决策过程完全自动化。管理层需要完全信任 AI 模型，这一过程可能需要数年时间。Schrage 介绍了一个对冲基金的例子，该基金根据机器的建议非常频繁地进行交易。该公司使用机器学习来训练交易算法。

实现上述四种模型需要合适的管理高层以及与数据科学家的合作。如何做到这一点？可以咨询 Schrage（2017），他已经写了几本相关的书籍。有趣的是，公司之间的一些竞争实际上会发生在数据驱动的自主算法和相关商业模式之间。

问题讨论：

1. 如何区分自主顾问和人机协作模型。
2. 在所有四种决策模型中，都存在一定程度的人机交互，试讨论一下。
3. 为什么使用模型 4 进行投资决策比使用营销策略等更容易？
4. 为什么数据科学家与自主 AI 机器的最高管理层合作很重要？

2.6　AI 在各种业务功能中的应用

纵览全书，我们介绍了许多 AI 在商业、服务和政府中应用的例子。在以下五个小节中，我们介绍传统商业领域的其他应用：会计，金融，人力资源管理，市场营销、广告和 CRM，以及生产经营管理。

AI 在会计中的应用

会计中的 AI 概述。AI 的主要用户是大型税务和会计公司，如分析实操 2.1 所述。

小型会计师事务所的会计应用。小型会计师事务所也能使用 AI。例如，芝加哥的

Crowe Horwath 正在使用 AI 解决医疗保健行业的复杂账单问题。这有助于其客户处理索赔和报销事宜。该公司现在可以解决以前难以解决的难题，许多其他应用程序都在 AI 的支持下使用，从分析房地产合同到风险分析。即使是较小的公司迟早也能利用 AI。

分析实操 2.1　安永、德勤和普华永道如何使用 AI

大型会计公司使用 AI 取代或支持税务准备、审计、战略咨询和会计服务等任务中的人力工作。他们主要使用 NLP、机器人过程自动化、文本挖掘和机器学习。然而，正如 Zhou（2017）所描述的，他们使用的策略各不相同：

- 安永试图在小规模业务上表现快速、积极的投资回报率（ROI）。该战略专注于商业价值。例如，安永使用 AI 来审查与租赁相关的法律文件（如为了满足新的政府法规）。
- 普华永道（PwC）倾向于在四周内完全投入运作的小型项目，其目标是向客户公司展示 AI 的价值。一旦向客户演示后，项目就会得到改进。普华永道每年策划运作 70 到 80 个这样的项目。
- 德勤会计师事务所（Deloitte Touche Tohmatsu Limited）为客户和内部使用建立指导基于 AI 的项目案例，目标是促进创新。其中一个成功领域是使用 NLP 审查可能包括数十万份法律文件的大型合同。该公司将这类项目审查时间从六个月缩短到不到一个月，并将进行审查的员工人数减少了 70% 以上。德勤与其竞争对手一样，正在使用 AI 来评估并购决策的潜在采购协同效应。这种评估任务非常耗时，因为需要检查大量的数据（有时达数百万条数据线）。使用 AI 后，德勤可以在一周内完成此类评估，而之前需要四到五个月。德勤表示，通过 AI，它正以前所未有的方式查看数据（Ovaska-Few，2017）。

所有大型会计公司都使用 AI 来生成报告，并执行许多其他常规的、大容量的任务。AI 产生了高质量的工作，随着时间的推移，其准确性越来越好。

问题讨论：

1. 使用 AI 的任务有哪些特点？
2. 为什么大型会计师事务所采用不同的 AI 使用策略？

资料来源：改编自 Chandi (2017), Zhou (2017) 和 Ovaska-Few (2017)。

会计工作。 AI 和分析将使会计师今天完成的许多日常任务自动化（见第 11 章的讨论），其中一些人可能会失业。另一方面，会计师需要管理基于 AI 的会计系统。最后，为了取得成功甚至生存，会计师需要推动 AI 创新。

AI 在金融服务中的应用

金融服务非常多样化，AI 在该领域的使用也是如此。组织 AI 使用的其中一种方法是通过主要的服务部门。在本节中，我们只讨论两个部分：银行和保险。

金融服务中的 AI 活动。 Singh（2017）观察到，在各种类型的金融服务中可能会发现以下活动：
- 极致个性化服务（例如，使用聊天机器人、个人助理和机器人投资顾问等），见 2.9 节
- 转变在线和实体店的客户行为
- 促进对数字身份的信任
- 彻底革新支付方式
- 共享经济活动（例如，个人对个人贷款）
- 在全球范围内提供全天候金融服务（连接全世界）

AI 在银行的应用。以下是银行机构使用 AI 的一些例子：

- 银行正在使用 AI 机器来加强对员工的监控，这对于像富国银行这样的金融服务和银行公司来说，是非常重要的防止非法金融服务的手段，详情参阅 information-management.com/articles/banks-using-algorithms to-step-up-employee-surveillance。
- 银行使用 AI 应用进行税收筹划。H&R Block 正在使用 IBM Watson 审查纳税申报单，该程序保证个人只会支付他们所欠的款项，通过互动对话，该机器试图降低人们的税收。
- 实时回答诸多查询。例如，Rainbird Co.（rainbird.ai/）是一家 AI 供应商，主要训练机器回答客户的询问。数以百万计的客户问题让银行员工忙个不停，机器人可以帮助工作人员快速找到适当的答案。这一点对员工离职率高的银行尤为重要。此外，由于政策和法规频繁变化，员工的知识也会逐渐退化。
- 在 Capital One 和其他几家银行，客户可以与亚马逊的 Alexa 通话，支付信用卡账单并查看账户。
- Danamon 银行利用机器学习进行欺诈检测和反洗钱活动，还改善了客户体验。
- 在汇丰银行，客户可以与虚拟银行助理 Olivia 交谈，查找有关其账户的信息，甚至了解账户安全性。Olivia 可以从经验中学习，从而变得更加有用。
- 桑坦德银行雇用了一名虚拟助理（名叫 Nina），可以完成转账、支付账单等很多工作。Nina 还可以通过基于 AI 的语音识别系统对其客户进行身份验证。苏格兰皇家银行的 Luvo 是一个客户服务和客户关系管理（CRM）机器人，可以回答客户的查询。
- 在埃森哲，Collette 是一名提供个性化建议的虚拟抵押贷款顾问。
- 一个名叫 Nao 的机器人可以分析进入某些银行分行的客户的面部表情和行为，并判断他们的国籍。然后，机器再选择一种匹配的语言（日语、中文或英语）与客户互动。

值得注意的是，人们似乎存在一种固有的偏见，即助理主要应由女性担任。然而，iPhone 的 Siri 或 Google 助手等搜索助手可以选择男性语音来回应查询。

保险服务。AI 的进步正在改善保险业的多个领域，主要是在签发保单和处理索赔方面。

Hauari（2017）表示，使用 AI 支持的主要目标是改善分析结果和增强客户体验。AI 能对收到的索赔进行分析，并根据其性质将其发送给合适的理算专员。所使用的技术是 NLP 和文本识别。AI 软件可以进行数据收集和分析，并对旧索赔实施数据挖掘。

保险代理以前要花大量时间向提交保险索赔的人询问常规问题。根据 Beauchamp（2016）的说法，AI 机器在执行这一过程中提高了速度、准确性和效率，AI 也可以促进承销过程。

同样，在 AI 的帮助下，索赔处理过程也得到了简化，既减少了处理时间（高达 90%），又提高了准确性。对于多地办公（包括全球布局）的情况，机器学习和其他 AI 程序功能可以在几秒钟内让所有人共享信息。

AI 在人力资源管理中的应用

Savar（2017）指出有以下原因促使使用 AI 改变人力资源管理，尤其是在招聘方面：①减少人为偏见，②提高评估求职者的效率、生产力和洞察力，③改善与现有员工的关系。

Wislow（2017）认为 AI 的使用是支持人力资源管理自动化的延续，并且改进一直在持续。Wislow 认为，这种自动化改变了人力资源管理雇用员工的工作和参与方式。这一变化也加强了团队合作。Wislow 将 AI 的影响分为以下几个方面：

招聘（英才招募）。在企业尤其是大型企业中，人力资源管理的其中一项烦琐任务就是招聘新员工。事实是，由于难以招到合适的员工，许多职位空缺，反之，许多合格的人又找不到合适的工作。

许多帮助招聘人员和求职者的公司（尤其是 LinkedIn）正在使用 AI 算法向招聘人员和求职者推荐匹配对象。Haines（2017）介绍了这一过程，指出这一过程的一个关键好处是消除了人类无意识的偏见和成见。

AI 助力培训。为了跟上技术的飞速发展，必须对员工进行培训和再培训。AI 方法可以用来辅助学习。例如，聊天机器人可以用作回答员工查询的知识来源。在线课程深受员工欢迎。例如，AI 可以用来测试学习进度，此外，AI 还可以用于个性化的个人在线教学和小组讲座设计。

AI 用于支持绩效分析（评估）。AI 工具使人力资源管理者能够通过将工作分解为许多小组成部分，并测量每个员工和团队在每个组成部分的表现来进行绩效分析。人力资源管理者可将绩效与提供给员工和团队的目标进行比较，还可以通过将 AI 与分析工具相结合，以对变化和进展进行跟踪。

AI 在员工留用和离职检测中的应用。为了防止员工离职，企业有必要分析和预测如何让员工心情愉快。通过识别影响模式，机器学习可以检测员工离开公司的原因。

AI 入职。一旦新员工被雇用，人力资源部门需要向他们介绍公司文化和运营流程。一些新员工需要特别关注。AI 帮助人力资源管理部门为新员工准备最适合他们的定制入职培训路径。结果显示，那些得到基于 AI 的培训计划支持的员工往往在公司中待得更长（Wislow，2017）。

使用聊天机器人对人力资源管理提供支持。聊天机器人被广泛用于人力资源管理中。其中一个主要原因是它们能够随时向员工提供最新信息。Dickson（2017）提到了以下聊天机器人：招聘助理 Mya，支持招聘小时工的 Job Bot，这个机器人程序也被用作 Craigslist 的插件。

AI 在市场营销、广告和 CRM 领域中的应用

与其他业务领域相比，AI 在营销和广告领域的应用可能更多。例如，基于 AI 的产品推荐已经被亚马逊和其他电子商务公司使用了 20 多年。由于应用程序数量庞大，我们在这里只提供几个示例。

客户体验和 CRM。如前所述，AI 技术的其中一个主要影响是改进客户体验。一个值得注意的例子是对话机器人的使用。机器人（例如 Alexa）可以提供有关产品和公司的信息，并可以提供建议和指导（例如，用于投资的机器人顾问，参见 2.9 节）。

AI 在 CRM 中的一个著名例子是 Salesforce 的 Einstein。

例：Salesforce 的 AI Einstein

Salesforce Einstein 是一系列 AI 技术（例如，用于图像识别的 Einstein Vision），用于增强客户互动，促进销售。例如，该系统向销售代表提供动态销售仪表盘。它还通过销售分析跟踪绩效并管理团队合作。此 AI 产品还可以提供预测和建议，支持 Salesforce Customer Successful 平台和其他 Salesforce 产品。

Einstein 的自动优先级销售线索使销售代表在处理销售线索以及利用机会上更有效率。销售代表还可以深入了解客户的情绪、竞争对手的参与情况以及其他信息。

AI 在营销中的其他用途。以下列出了营销中使用的各种各样的 AI 技术：

- AI 被用来模仿店内销售人员的专业知识。在许多实体店，那些不想等很长时间的顾客不容易得到及时帮助。因此，当由机器人提供引导时，购物会变得更容易。一家日本商店已经通过会说话的机器人提供了实体店的所有服务。
- AI 用于开发潜在客户。正如 Einstein 的案例所示，AI 可以通过分析客户的数据来生成销售线索。该程序可以生成预测，也可以通过智能分析生成见解。
- AI 可以通过个性化服务提高客户忠诚度。例如，一些 AI 技术可以识别老客户（如银行客户），IBM Watson 可以从人们的推文中了解客户。
- AI 可以改善销售渠道。Narayan（2018）介绍了一个公司如何使用 AI 和机器人来改善销售渠道。具体来说，机器人将不知名的访客转化为客户。机器人使用分三个阶段：一是在数据库中准备一份目标客户名单，二是向之前创建的名单上的潜在客户发送信息、如广告、视频等，三是向公司销售部门提供一份可成功将潜在客户转化为买家的潜在客户名单。

AI 在生产经营管理中的应用

AI 在制造业方面的应用。为了应对不断增长的劳动力成本、客户需求的变化、全球竞争的加剧和政府法规（见第 1 章），制造公司正在使用更高水平的自动化和数字化设备。根据 Bollard 等人（2017）的说法，公司需要更加敏捷，更快、更有效地做出反应。他们还需要提高效率，改善客户（组织和个人）的体验。公司面临着削减成本、提高质量和透明度的压力。为了实现这些目标，他们需要将过程自动化，利用 AI 和其他尖端技术。

公司长期以来一直以机器人的形式使用 AI。事实上，机器人技术从 1960 年左右就开始使用了（例如通用汽车公司的 Unimate）。然而，每个机器人通常都只做一项简单的任务。如今，许多公司使用智能机器人完成复杂任务，实现按订单生产产品和大规模定制。换句话说，许多脑力劳动和认知任务都已是自动化的，这些进步涉及 AI 和传感器的发展，允许实时支持甚至使生产决策自动化。

示例

当传感器检测到有缺陷的产品或故障时，数据交由 AI 算法处理，然后设备立即自动执行一个动作。例如，有缺陷的物品可以被移除或更换。AI 甚至可以在设备故障发生之前对其进行预测。这种实时操作为制造商节省了大量资金。（此过程可能涉及物联网，请参阅第 10 章。）

AI 在物流与运输行业的应用。AI 和智能机器人广泛应用于企业物流、内外部运输以及供应链管理。例如，亚马逊正在使用超过 50 000 个机器人在其配送中心搬运商品（其他电子商务公司也在这样做）。我们很快将在世界各地看到无人驾驶卡车和其他自动驾驶汽车。

例：DHL 供应链

DHL 是一家跨国快递公司（与联邦快递和 UPS 竞争）。它有一个供应链部门，与许多商业伙伴合作。AI 和物联网正在改变公司、合作伙伴甚至竞争对手的运营方式。DHL 正在开发创新的物流和运输商业模式，主要采用 AI、物联网和机器学习。这些模型也有助于 DHL 的客户获得竞争优势（这也是该公司无法在报告中提供详细信息的原因）。

有些物联网项目与机器学习有关，特别是在传感器、通信、设备管理、安全和分析领域。在这种情况下，机器学习有助于根据特定需求定制解决方案。

总体而言，DHL 专注于供应链领域（例如，识别库存并在供应链中控制库存）和仓库管理。机器学习和其他 AI 算法能够实现更准确的采购、生产计划和工作协调。使用射频识别（Radio Frequency Identification，RFID）和快速响应（Quick Response，QR）码对物品进行标记和跟踪，可实现供应链上的物品跟踪。最后，AI 也有助于预测分析、调度和资源规划。

▶ 2.6 节　习题

1. 在会计业务中使用 AI 的主要原因是什么？
2. 列出一些大型会计师事务所使用的应用程序。
3. 据说在 AI 的支持下，金融服务会更加个性化，试对这一现象加以解释。
4. AI 为银行的哪些后台活动提供了便利？
5. 简述招聘活动，并解释 AI 为每个招聘人员和求职者都提供哪些支持。
6. AI 给招聘人员带来的好处是什么？
7. 如何利用 AI 来改进 CRM？
8. 为什么要在制造业中使用 AI？

2.7 机器人简介

每个机器人科学家对机器人的定义都有自己的看法。但机器人的一个普遍概念是，在 AI 的配合下，可以自主完成任务的机器、物理设备或软件。机器人可以感知并影响环境。机器人在人们日常生活中的应用一直在增加。这种技术的演变和使用被称为第四次工业革命。在过去的十年里，机器人技术在制造业、健康和信息技术（IT）领域的应用引领了这些行业的快速发展。机器人正在发生转变，从只执行预设的重复任务（自动化）和无法对不可预见的情况做出反应（Ayres 和 Miller，1981），转变为在医疗保健、制造业、体育和金融服务领域执行专业任务——几乎涉及各行各业。这种适应新情况的能力推动了机器人自主性，这与前几代机器人截然不同。

尽管我们对机器人的想象可能是基于《星球大战》电影中的 R2D2 或 C3-PO，但我们在许多方面都体验过机器人的服务。工厂长期以来一直在使用机器人进行制造。在消费端，Roomba 是一种早期的机器人应用，它可以自己清洁地板。也许我们很快就会体验到的机器人最好的例子是自动驾驶汽车。Tech Republic 称自动驾驶汽车也许是我们将真正信任的第一个机器人。在接下来的几页篇幅中，我们将更深入地研究自动驾驶汽车。随着机器学习，特别是图像识别系统的发展，机器人在几乎每个行业的应用都在增加。机器人可以将香肠按比萨要求切成合适的大小，并自动确定比萨在烘焙前是否放置了合适数量和类型的香肠块。在机器人的帮助下外科手术也正在快速发展。2.8 节介绍了机器人的许多说明性应用，还将自动驾驶汽车作为另一类机器人专门进行了介绍。

传感器系统，如用于场景识别和信号处理的系统，当与其他 AI 技术相结合时，定义了一大类集成的、可能复杂的系统，通常称为机器人。机器人有几种定义，它们随着时间的推移而变化。一个经典的定义是："机器人是一种由计算机程序引导执行体力和/或脑力任务的机电设备"。美国机器人研究所正式将机器人定义为"一种可编程的多功能机械手，旨在通过可变的程序运动来移动材料、零件、工具或专用设备，以执行各种任务"。这一定义忽略了当今机器人所完成的许多脑力任务。

"智能"机器人有某种传感装置，比如相机，用来收集有关机器人周围环境及其操作的信息。收集到的数据由机器人的"大脑"进行解释，使其能够对环境的变化做出反应。

机器人可以完全自主（通过编程完全自主完成任务，甚至进行自我修复），也可以由人类远程控制。一些机器人外形与人类相似，但大多数工业机器人都不是这种类型。自主机器人配备了 AI 智能代理。更先进的智能机器人不仅是自主的，而且可以从环境中学习，构建自身的能力。如今，一些机器人可以通过观察人类的行为来学习复杂的任务，这将带来更好的人机协作。麻省理工学院的互动小组正在通过教授机器人做出复杂决策来实验这种能力。

例：沃尔玛使用机器人正确摆放货架

沃尔玛的效率取决于货品的摆放是否合适，采用人工方法来检查成本过高，并且可能不准确。截至 2017 年年底，机器人一直在支持公司的库存决策。

在沃尔玛，机器人使用摄像头/传感器扫描货架，以发现放错地方、丢失或定价错误的商品。收集信息并对问题进行解释都是由这些自动移动的机器人完成的，分析结果会传递给采取纠正措施的仓管。机器人比人更快、更频繁、更准确地完成任务。初步应用成果非常好，预计也将提高客户满意度。机器人也不会导致员工失业。

机器人在电子商务仓库中得以广泛使用（例如，亚马逊网站使用了数万个机器人）。机器人也用于产品定制，汽车等的商品的大规模生产也靠它，特别是最近火起来的自动驾驶汽车。这些机器人已经在投资、旅行、医疗保健和法律问题等方面提供建议。机器人可以充当前台接待员，甚至可以作为教师和培训师。分析实操2.2介绍了一个机器人在社交环境中应用的例子。

分析实操 2.2　机器人为患者和儿童提供情感支持

正如本章稍后所讨论的，机器人已经影响了工业制造和其他体力活动。现在，随着AI的研究和发展，机器人可以跨越社交世界。例如，今天的医院试图为患者及其家人提供社会和情感支持。这种支持在为儿童提供治疗时尤其敏感。医院里的儿童处于一个陌生的环境中，身上附着着医疗器械，在许多情况下，医生可能会建议限制他们的行动。这些限制会导致儿童及其家庭成员产生压力、焦虑和抑郁。医院尝试为儿童提供保育支持专家或宠物伴侣治疗，以减少其创伤。这些疗法为儿童及其父母未来的治疗做好了准备，并为他们的互动提供了暂时的情感支持。由于此类专家数量较少，对儿童保育专家的需求和供应之间存在缺口。此外，由于担心过敏、灰尘和咬伤，许多医院不可能提供宠物伴侣治疗，这可能会导致患者病情恶化。为了填补这些空白，医院正在探索使用社交机器人来解决儿童的抑郁和焦虑问题。一项研究（Jeong等人，2015）表明，与儿科医院中心的虚拟机交互相比，配备物理存在的机器人在情绪反应方面更有效。

研究人员早就知道（例如Goris等人，2010），人类60%以上的交流都不是言语交流，而是通过面部表情来表达的。因此，社交机器人必须能够像儿童专家一样提供情感交流。Huggable是提供这种支持的机器人，它很受欢迎。在AI的帮助下，Huggable能够理解面部表情、气质、手势和人类的聪明才智。它还使用触摸方式进行沟通，无论有无视力，都能与之交流。它就像是专家团队中新增的一名工作人员，为儿童提供一些一般的情感健康帮助（Jeong和Logan，2018）。

Huggable看起来像一只时刻想拥抱你的泰迪熊，毛茸茸的柔软身体给它一种幼稚的感觉，因此孩子们视其为朋友。凭借其机械臂，Huggable可以快速执行特定动作。Huggable机器人不携带高科技设备，而是由一个内部传感器中有扬声器、麦克风和摄像头的安卓设备，再加一个充当中枢神经系统的手机组成的。安卓设备实现了内部传感器和远程操作接口之间的通信。采用分段臂组件能够方便地更换传感器，从而提高其可重用性。这些触觉传感器与AI一起使其能够处理物理触摸并且形象地加以使用。

Huggable中包含的传感器通过IOIO板将物理触摸和压力数据传输到远程操作设备或外部设备。安卓设备负责接收来自外部传感器的数据，并将其传输到连接在机器人上的电机。这些电机使机器人能够运动。电容器设置在机器人的各个部分，即压力点。这些压力点能让机器人理解孩子的痛苦，因为孩子无法用语言表达，但可以通过触摸机器人来传达痛苦。安卓设备以有意义的方式解释物理触摸和压力传感器数据，并给出有效响应。安卓手机能够在保持设计简约的同时实现其他设备之间的通信。机器人和安卓设备的计算能力足够好，可以与孩子进行实时通信。图2.5显示了Huggable机器人的示意图。

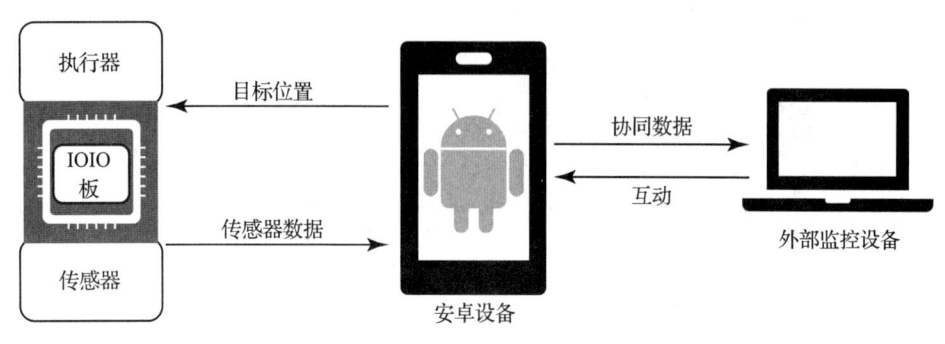

图 2.5 Huggable 机器人的示意图

在波士顿儿童医院接受治疗的儿童使用了Huggable。据报道，患有白血病的10岁的Aurora正在Dana-Farber/波士顿儿童癌症和血液病中心接受治疗。据Aurora的父母说，"医院里有很多治疗要做，但Huggable对孩子们来说很友好"。Beatrice是另一个患病小孩，由于患有慢性病，她经常去医院，但她想念她的朋友，无法做任何像她这个年龄段的孩子通常能做的事情。她很紧张，不喜欢治疗的过程，但在与Huggable互动的过程中，她表现出愿意吃药，就好像这是最自然的活动一样。她希望机器人能更快一点，这样下次她就可以和它一起玩躲猫猫游戏了。

在与Huggable的互动中，孩子们喜欢拥抱它，握住它的手，挠它，与它击掌，并将它视为需要支持的人。孩子们对它很有礼貌，并使用了诸如"不，谢谢"和"请等一下"之类的表达方式。在向Huggable道别时，一个孩子拥抱了它，另一个孩子希望能多玩一会儿。

这种情感支持机器人的另一个好处是预防感染。患者可能患有传染性疾病，但机器人每次使用后都会进行消毒，以防止感染传播。因此，Huggable不仅为儿童提供支持，而且可以成为减少传染病传播的有用工具。

问题讨论：

1. 你希望为患者提供情感支持的机器人具有什么特征？
2. 你能想到像Huggable这样的机器人可以发挥帮助作用的其他方面的应用吗？
3. 访问网站 https://www.universal-robots.com/case-stories/aurolab/，可以了解协作机器人，这样的机器人在其他环境中有什么用处？

我们可以从分析实操2.2中学到什么

正如我们所看到的，AI正在开启许多有趣而独特的应用。关于Huggable的故事向我们展示了用机器人解决工作中难题的想法——为儿童和成人患者提供情感支持。机器学习、语音合成、语音识别、自然语言处理、机器视觉、自动化、微机械等技术的结合能满足许多需求。应用程序可以完全以虚拟形式出现，例如赢得 *Jeopardy!* 的 IBM Watson！通过游戏实现工业自动化，生产自动驾驶汽车，甚至提供情感支持，如分析实操 2.2 所述。

资料来源：Broekens, J., Heerink, M., & Rosendal, H. (2009). Assistive social robots in elderly care: A review. Gerontechnology, 8, 94-103. doi: 10.4017/gt.2009.08.02.002.00; Fallon, S. (2015). Proceedings of the Tenth Annual ACM/IEEE International Conference on Human-Robot Interaction Extended Abstracts; Jeong, S, & Logan, D. (2018, April 21-26).

机器人发展史。维基百科收录了一段有趣的机器人历史。长期以来，人类一直着迷于让机器为我们服务的想法。机器人的第一个概念是在公元前 320 年提出的，当时希腊哲学家亚里士多德说："如果每一种工具在订购时甚至都是自愿的，都能完成适合它的工作，那么大师级的工人就不需要任何学徒了……" 1495 年，列奥纳多·达·芬奇给一个看起来像人的机器人起草了策略和图像。1700 年至 1900 年间，各种自动化装置被发明出来，包括沃康松（Jacques de Vaucanson）建造的一个出色的自动化结构，他制作了一只可以扇动翅膀、嘎嘎作响、看起来可以吃和消化食物的钟表鸭。

在整个工业革命中，蒸汽动力和电力的进步促进了机器人技术的发展。随着消费者需求的增加，工程师们努力设计新的方法，通过自动化生产提高产量，并创造出能够代替人类执行危险任务的机器。1893 年，加拿大教授乔治·摩尔提出了人形机器人的原型"蒸汽人"。它由钢制成，由蒸汽机提供动力。它可以以每小时近 9 英里（约 14.5 千米）的速度自主行走，甚至可以拉动相对较轻的负载。1898 年，尼古拉·特斯拉展出了一个潜艇原型。这些发明事件促成了机器人技术在制造业、太空、国防、航空航天、医学、教育和娱乐业领域的应用。

1913 年，亨利·福特开创了世界上第一条移动传送带装配线。在传送带的帮助下，一辆汽车可以在 93 分钟内组装好。1920 年晚些时候，卡雷尔·恰佩克（Karel Capek）在他的戏剧《罗素姆的万能机器人》中创造了"机器人"一词。再之后，日本制作了世界首个玩具机器人 Lilliput。

到 20 世纪 50 年代，发明者正在创造能够处理国防和工业制造业危险、竞争性任务的机器。由于机器人主要是为重型工业设计的，要求它们像人类一样拉动、提升、移动和推动。因此，许多机器人被设计成像人的手臂。例如，W. L. V. Pollard 在 1938 年为位置控制装置设计的喷漆装置。DeVilbiss 公司收购了这款机器人，后来该公司成为美国领先的机械臂供应商。

20 世纪 50 年代中期，第一个商用机械臂 Planetbot 被开发出来，通用汽车公司后来将其用于生产散热器的工厂，总共售出了八个 Planetbot。据该公司称，它可以执行近 25 个动作，并可以在几分钟内重置以执行另一组操作。然而，由于 Planetbot 内部液压油的异常行为，它没有达到预期的结果。

George Devol 和 Joe Engelberger 设计了 Unimate，用于让电视显像管的生产自动化，它重达近 4 000 磅（约 1 816 千克），由磁鼓上的预编程命令控制。后来，通用汽车公司将其用于生产热压铸金属部件的排序和堆叠。这种经过特殊升级的手臂成为装配线上著名的功能之一，共售出 8 500 台机器，其中一半用于汽车行业。再后来，Unimate 被升级用于点焊、压铸和机床堆叠。

20 世纪 60 年代，Ralph Mosher 和他的团队创造了两种远程操作的机械臂，Handyman 和 Man-mate。Handyman 是一种双臂电动液压机器人，而 Man-mate 的手臂设计基于人类的脊椎，在执行人工制品检查程序时，这些手臂为机器人提供了灵活性，其手指设计为可以通过一个命令抓取物体。

后来移动机器人出现了。第一个是 Shakey，于 1963 年开发。Shakey 可以自由移动，避开路上的障碍，其头上连接一个无线电天线。Shakey 的中央处理器的顶部有一个视觉传感器。Shakey 安装在两个轮子上，其两个传感器可以感应障碍物。使用基于逻辑的问题解决方式，它可以识别物体的形状，并绕过它们。

从俄罗斯发射人造卫星开始，美国紧追不止的太空竞赛推动了许多技术进步，也推动了机器人技术的发展。1976 年，在美国国家航空航天局对火星的探测中，建造了适应火星大气条件的维京号火星车。火星车的手臂张开，配备有从火星表面收集样本的管道。火星车执行任务期间出现了一些技术问题，但科学家们能够远程解决这些问题。

1986 年，第一款基于乐高的教育产品由本田公司推向市场。1994 年，卡内基梅隆大学制造的八条腿步行机器人 Dante II 从 Spur 火山采集到了火山气体样本。

总部位于中国香港的汉森机器人公司推出了 Grace 机器人（仍在开发中），该机器人正在推广，以支持医疗保健、患者健康和情感支持。

随着更多研究和资金投入，机器人技术呈指数级增长。机器人的应用和研究现在已扩展到日本、韩国、中国和欧洲国家。事实上，到目前为止，亚洲可能是机器人的更大用户。机器人在社会支持、国防、玩具和娱乐、医疗保健、食品和救援等领域有着广泛的应用。许多机器人现在正进入下一个发展阶段，从深海到行星际和太阳系外的研究。如前所述，自动驾驶汽车已经将机器人带到了大众面前。我们将在下一节中介绍几个机器人应用示例。

2.7 节 习题

1. 试给出机器人的定义。
2. 找出制造业历史上促进当前对机器人技术感兴趣的一些关键里程碑。
3. Shakey 的能力与当今的机器人相比性能如何？
4. 机器人是如何帮助人类执行太空任务的？

2.8 机器人应用简介

本节重点介绍一些机器人在各个行业中的应用示例。

长盈精密技术有限公司。作为中国的一家手机生产商，长盈精密技术有限公司转而使用机械臂生产手机零件。该公司以前雇用了 650 名员工来经营这家工厂。现在，机器人完成了大部分业务，该公司已将员工人数减少到 60 人，劳动力减少了 90%。未来，该公司打算将员工人数减少到 20 人左右。有了机器人，该公司不仅实现了 250% 的产量增长，而且将产品残次率从 25% 降至 5%。

资料来源：Forrest, C. (2015). "Chinese Factory Replaces 90% of Humans with Robots, Production Soars." TechRepublic. https://www.techrepublic.com/article/chinese-factory-replaces-90-of-humans-with-robots-production-soars/Javelosa, J., & Houser, K. (2017). "Production Soars for Chinese Factory Who Replaced 90% of Employees with Robots." Future Society. https://futurism.com/2-production-soars-for-chinese-factory-who-replaced-90-of-employees-with-robots/。

阿迪达斯。阿迪达斯是全球领先的运动服装制造商。考虑到趋势、创新和定制需求，阿迪达斯已经开始自动化工厂，如德国 Ansbach 和佐治亚州亚特兰大的 Speedfactory，如使用传统供应链从原材料到最终产品大约需要两个月的时间，但如果实现自动化生产，只需要几天或几周的时间。在那里机器人技术的实施与其他制造业不同，因为阿迪达斯制造的鞋子所用的原材料是软纺织材料。阿迪达斯正在与 Oechsler 公司合作，在其供应链中采用机器人技术。阿迪达斯使用增材制造（又叫 3D 打印技术）、机械臂和计算机编织等技术。在 Speedfactory，制造运动鞋零件的机器人会在零件上贴上可扫描的二维码。在质量检查过程中，如果产品的任何部分出现故障，可以追踪制造该产品的机器人并进行修复。阿迪达斯优化了这一流程，使得公司可以在市场上推出数千款定制鞋供用户选择，并了解产品表现，以相应地优化流程。在接下来的几年里，该公司计划每年推出约 100 万双定制款式。从长远来看，这一战略支持从制造大量库存产品转向按需生产产品。

资料来源："Adidas's High-Tech Factory Brings Production Back to Germany." (2017, January 14). The Economist. https://www.economist.com/business/2017/01/14/adidass-high-tech-factory-brings-production-back-to-germany。

宝马采用协作机器人。AI 和自动化在工业中的应用越来越多，推动了机器人技术不断发展。然而，人类的认知能力是不可替代的。在宝马的一家制造厂，使用协作机器人实现了机器人和人类的结合。通过这样做，该公司最大限度地提高了生产效率，工作环境更加现代化。

宝马位于南卡罗来纳州 Spartanburg 的工厂装备了 60 台协同机器人，这些机器人与员工并肩工作。例如，这些机器人为宝马汽车的车门内部提供隔音和防潮功能，这种密封装置保护固定在车门上的电子设备，使整个车辆免受湿气的影响。以前，工人需要通过使用手动滚筒来完成用点胶固定密封箔纸的劳动密集型工作。通过使用 cobot，机器人的手臂可以精确地完成这项任务。cobot 以低速运行，一旦传感器检测到任何障碍物，它们就会立即停止，以保障装配线工人的安全。

在宝马位于德国的 Dingolfing 工厂，一个轻型 cobot 安装在车桥变速器装配区的天花板上，用来拾取锥齿轮，这些齿轮重达 5.5 公斤，cobot 能与锥齿轮精确配合，避免损坏齿轮。

资料来源：Allinson, M. (2017, March 4). "BMW Shows Off Its Smart Factory Technologies at Its Plants Worldwide." BMW Press Release. Robotics and Automation. https://roboticsandautomationnews.com/2017/03/04/bmw-shows-off-its-smart-factory-technologies-at-its-plants-worldwide/11696/ "Innovative Human-Robot Cooperation in BMW Group Production." (2013, October 9). https://www w.press. bmwgroup.com/global/article/detail/T0209722EN/innovative-human-robot-cooperation-in-bmw-group-production?language=en。

Tega。Tega 是一种社交机器人，旨在通过讲故事和提供词汇帮助，为学龄前儿童提供广泛支持。与 Huggable 一样，Tega 是一个基于 Android 的机器人，类似于一个动画角色。它有一个外部摄像头和扬声器，可满电运行六个小时。Tega 使用 Android 功能来表现会说话的眼睛，实现计算和身体运动。孩子们的反应作为奖励信号输入到 Tega 中，并输入到强化学习算法中。Tega 使用社交控制器（social controller）、传感器处理和电机控制来移动身体、向左或向右倾斜，以及旋转。

Tega 的设计不仅是为了讲故事，而且是为了进行有关故事的对话。借助在平板电脑上安装的 App，Tega 以同龄人和队友的身份与孩子互动，而不是以教育者的身份。孩子们与平板电脑交流，Tega 通过观察孩子们的情绪状态来提供反馈和反应。Tega 还提供词汇帮助，了解孩子的身体和情绪反应，使其能够与孩子建立关系。测试表明，Tega 在孩子对教育的兴趣、自由思考和心理发展方面可以产生积极影响。

资料来源：Westlund, J. K., et al. (2016). "Tega: A Social Robot." Video Presentation. Proceedings of the Eleventh ACM/IEEE International Conference on Human Robot Interaction. Park, H. W., et al. (2017). "Growing Growth Mindset with a Social Robot Peer." Proceedings of the Twelfth ACM/IEEE International Conference on Human Robot Interaction; Personal Robots Group. (2016)。

旧金山汉堡店。翻煎汉堡被认为是一项低收入的单调任务，为许多人提供了低薪工作。随着时间的推移，这些工作可能会因为机器人的出现而消失。旧金山的一家汉堡店就是机器人在食品行业的一个应用。汉堡制作机不是传统的机器人，该机器人是一个完整的汉堡制作设备，可以从准备汉堡烹饪到制作完整的汉堡餐。它融合了机器人的力量，在米其林星级厨师食谱的帮助下烹制出的汉堡味道纯正，物美价廉。这家餐厅安装了两台 14 英尺长的机器，每小时可以制作大约 120 个汉堡。每台机器由 350 个传感器、20 台计算机，近 7 000 个零件组成。

面包、洋葱、西红柿、腌菜、调味料和酱汁都装在传送带上的透明管中。一旦通过移动设备下单，准备订单大约只需要五分钟。首先，空气压力将汉堡奶油蛋卷从传送带上的透明管中推出。机器人的不同组件依次工作——把面包卷切成两半，在面包上涂黄油，切碎蔬菜，再滴下酱汁，等等。此外，在肉饼上放上一个轻便的握把，以保持其完整，并按照食谱烘焙。通过使用热传感器和算法，可以确定肉饼的烹饪时间和温度，一旦烹饪完成，肉饼就由机械臂放在面包上。当机器出现订单故障或需要重新填充供应品时，工人会通过 Apple watch 收到通知。

资料来源："A Robot Cooks Burgers at Startup Restaurant Creator." (2018). TechCrunch. https://techcrunch.com/video/a-robot-cooks-burgers-at-startup-restaurant-creator/Zimberoff, L. (2018, June 21). "A Burger Joint Where Robots Make Your Food." https://www.wsj.com/articles/a-burger-joint-where-robots-make-your-food-1529599213。

Spyce。波士顿一家提供谷物菜肴和沙拉碗的快餐店展示了使用机器人制作价格合理的食物。Spyce 是一家经济实惠的餐厅，由麻省理工学院工程系毕业生创办。Michael Farid 创造了会做饭的机器人。这家餐厅很少雇用高薪员工，而是采用机器人完成大部分工作。

客户通过一个有触摸屏的售货亭下单。订单得到确认后，机器人系统就开始准备食物。配料放置在冷藏箱中，冷藏箱通过透明管道，并使用移动设备收集，将配料输送到所需的锅中。连接在机器人锅侧面的金属板加热食物。温度约为 450 华氏度，食物翻滚近两分钟后煮熟，这就像用洗衣机洗衣服一样。一旦饭菜做好，机器人锅就会倾斜并将食物倒入碗中。每次烹饪结束后,机器人锅都会用高压热水自动清洗,然后返回到原始位置,准备烹饪下一顿饭。客户名称也会添加到碗中。如果客人没有特殊要求,这份食物就由服务员端给客人。Spyce 还试图安装一个可以烹饪煎饼的机器人。

资料来源:Coxworth, B. (2018, May 29)."Restaurant Keeps Its Prices Down—With a Robotic Kitchen." New Atlas. https://newatlas.com/spyce-restaurant-robotic-kitchen/54818/Engel, J. (2018, May 3)."Spyce, MIT-Born Robotic Kitchen Startup, Launches Restaurant: Video." Xconomy. https://www.xconomy.com/boston/2018/05/03/spyce-mit-born-robotic-kitchen-startup-launches-restaurant-video/。

Mahindra & Mahindra 公司。随着人口增加,农业产业正在不断扩大以满足需求。为了以合理的成本不断增加食品供应并保证质量,印度跨国公司马恒达(Mahindra&Mahindra,M&M)正在寻求改进 tabletop 葡萄的收获工艺。该公司在弗吉尼亚理工大学建立了一个研发中心,它将与位于芬兰、印度和日本的其他马恒达中心合作。

这些葡萄可用于生产果汁、葡萄酒和 tabletop 葡萄。需保证的质量对于每一种产品都有很大不同。tabletop 葡萄的成熟度和外观不同于其他两种用途,因此,质量控制至关重要。决定哪些葡萄可以采摘属于一种劳动密集型工作,必须确保葡萄的成熟度、一致性和质量。要直观地做出判断需要经过专家培训,但这并不容易推广。M&M 正在探索使用机器人收割取代人工采摘。机器人可以使用传感器来实现这些目标,这些传感器可以在加快采摘过程的同时保证质量。

资料来源:Rosencrance, L. (2018, May 31)."Tabletop Grapes to Get Picked by Robots in India, with Help from Virginia Tech." Robotics Business Review. https://www.roboticsbusinessreview.com/agriculture/tabletop-grapes-picked-robots-india-virginia-tech/。

机器人在国防工业领域的应用。显而易见,军方长期以来一直在投资机器人应用。机器人可以在人员伤亡风险大的战场取代人类。机器人还可以到达由于极端条件导致人类可能无法到达的区域(如高温区域、深水区域等)。除了最近无人机在军事应用中的增长外,长期以来人们还开发了几种特定的机器人,下面重点介绍其中一些机器人应用。

MAARS。MAARS(Modular Advanced Armed Robotic System,模块化先进武装机器人系统)是美军在伊拉克战争期间使用的特种武器观察、侦察、探测系统(SWORDS)机器人的升级版,设计用于完成侦察、监视和目标捕获,具备全景视野。根据具体情况,MAARS 可以在其狭小的框架内部署大量火力。它可以携带各种弹药,如催泪瓦斯、非致命激光和榴弹发射器等。MAARS 是一种军用机器人,可以自主作战,从而减少士兵伤亡,同时保护自己。这个机器人有七种类型的传感器,可以在昼夜跟踪敌人的热量特征。它使用夜视仪来监视敌人在夜间的活动。MAARS 可以根据命令向对手开火。其他用途包括携带重物。它提供了一系列非致命武力的选择,例如攻击警告,还可以形成一个双边通信系统。该机器人还可以使用杀伤力较小的武器,如笑气、胡椒喷雾和烟雾,并启动集群来驱散人群。该机器人可以在大约一公里的范围内进行控制,可以加速、减速、爬楼梯,还可以通过轮子而不是轨道在无路面道路上行走。

船载自动消防机器人 SAFFiR。船上的火灾是船上生命的最大风险之一。船上火灾有一系列不同的关键问题。由于空间有限,人们面临烟雾、气体和有限逃生能力方面的挑战。尽管消防演习、船上警报、灭火器和其他措施等提供了应对海上火灾的方法,但现代技术已经到位，可以更好地应对这一威胁。美国海军研究实验室的一个海军团队开发了 SAFFiR（Shipboard Autonomous Firefighting Robot，船载自动消防机器人）。该机器人高 5 英尺 10 英寸，其设计并不是完全自主的。它有一个人形机器人结构，可以穿过狭窄的过道，到达船上其他角落，可以爬梯子。该机器人被设计用于处理船上通道中的障碍物。SAFFiR 可以使用为人类设计的消防装备，如防火衣、抑制器和传感器等。轻型和低摩擦线性驱动器提高了其效率和控制。它配备了很多传感器：普通摄像头、气体摄像头，以及用于夜视和检查黑烟的红外摄像头。SAFFiR 的机身设计不仅具有防火性能，还可以投掷灭火手榴弹。它可以在满电情况下工作大约半个小时，还可以在不平坦的表面上保持平衡。

Pepper。 Pepper 是一款由软银机器人（SoftBank Robotics）公司制造的半人形机器人，它可以理解人类的情绪。屏幕位于其胸部，它可以识别人类皱眉、语调、微笑以及动作，如人的头部和交叉手指的角度。通过这种方式，Pepper 可以判断一个人的情绪是好是坏。Pepper 可以自主行走，识别个体，甚至可以通过对话来提升他们的情绪。

Pepper 的高度为 120 厘米（约 4 英尺），它装有三个方向轮，便于向各处移动。它可以倾斜头部、移动手臂和手指，并配备两个高清摄像头来了解环境。由于其具有防撞功能，Pepper 可以减少意外碰撞，并可以识别人类和附近的障碍物。它还可以记住人脸，并接受智能手机和信用卡支付，Pepper 支持日语、英语和中文命令。

Pepper 可以部署在服务业和家庭中。它在与客户有效沟通方面有几个优势，但也因能力不足或安全问题而受到批评，其应用和缺点包括：

- 购物时与机器人互动正在改变 AI 在商业环境中的面貌。领先的咖啡制造商雀巢日本公司聘请 Pepper 销售雀巢咖啡机，以增强客户体验。Pepper 可以解释雀巢提供的产品范围，并使用面部识别和声音识别消费者反应。通过一系列问题和回答，机器人可以识别消费者的需求，并推荐合适的产品。
- 万怡酒店（Courtyard by Marriott）和文华东方酒店（Mandarin Oriental）等一些酒店正在使用 Pepper 来提高客户满意度和效率。酒店使用 Pepper 来提高客户参与度，引导客人参与正在进行的活动，并推广他们的奖励计划。另一个目标是收集客户数据，并根据客户偏好对与客户沟通进行微调。Pepper 被部署在离迪士尼乐园主题公园酒店入口仅几步远的地方，很快增加了与客户的互动。酒店使用 Pepper 在客人办理入住或退房时与他们交谈，或引导他们前往水疗中心、健身房和其他设施。它还可以向客人介绍园区活动和促销活动，并帮助工作人员免于做让客人参加忠诚度计划的烦琐任务，客户对此的反应基本上是积极的。
- Fabio 也是一个 Pepper 机器人，部署在英格兰和苏格兰的一家高档食品和葡萄酒店，担任零售助理。使用一周后，这家商店取消了这项服务，因为这让顾客感到困惑，他们更喜欢私人员工提供的服务，而不是 Fabio。Fabio 提供了关于商品货架位置等问题的一般答案。然而，由于背景噪音的影响，它不能完全理解客户的要求。Fabio 得到了另一个机会，把它放在一个特定区域，只用来吸引少数客户。客户还抱怨 Fabio 无法在超市里走动，无法将他们引导到特定的区域。令人惊讶的是，市场上的工作人员已经习惯了 Fabio，而不是将其视为竞争对手。

- Pepper 存在一些安全问题，Scandinavian 研究人员指出了这些问题。据他们说，未经验证的根级别访问机器人很容易。他们还发现机器人容易受到暴力攻击，Pepper 的函数可以通过 Python、Java 和 C++ 等语言使用各种应用程序编程接口（API）进行编程。这一功能可能会导致它无法访问所有传感器，从而变得不安全。攻击者可以通过建立与 Pepper 的连接，使用 Pepper 的麦克风、摄像头和其他功能监视人们及其通信。对于许多机器人和智能扬声器来说，这是一个持续存在的问题。

达芬奇手术系统机器人。在过去的十年里，机器人已应用在外科手术中。外科手术中最著名的机器人系统之一是达芬奇（Da Vinci）系统，该系统已经实施了数千次手术。根据外科医生的说法，Da Vinci 是最普遍的机器人，使用的单位比其他任何机器人都多。该机器人设计用于进行名义上的微创手术，既能执行简单手术，又能执行复杂和精细的手术。达芬奇的关键部件包括外科医生控制台、床旁机械臂系统、手术器械和成像系统。

外科医生控制台是外科医生操作机器的地方，它提供了患者身体内部的高清 3D 图像。控制台具有主控制装置，外科医生可以用机器人手指抓住它并对患者进行操作。这些动作是精准、实时的，外科医生完全可以控制，可以防止机器人手指自己移动。床旁机械臂系统是患者在手术过程中待的地方，它有三个或四个手臂，外科医生使用主控制器控制，每个手臂都有固定的枢轴点，手臂围绕这些枢轴点移动。第三个组成部分是手术器械，在进行手术时可以使用，它们总共有七个自由度，每个仪器都是为特定目的设计的。杠杆可以快速释放以便更换手术器械。最后一个组件是成像系统，它有一个高清晰度的 3D 内窥镜和图像处理设备，可以提供患者解剖结构的真实图像。图像监视器也有助于为外科医生在手术过程中提供广阔的视角。

使用达芬奇手术系统进行手术的患者比传统方法更快痊愈，因为机械臂的切割伤口非常小且精确。外科医生必须接受在线和实践培训，并且必须在经过认证使用达芬奇系统的外科医生面前进行过至少五次手术。这项技术确实增加了手术成本，但它在提高精度的同时减轻了患者痛苦，使其成为此类手术的未来。

资料来源："Da Vinci Robotic Prostatectomy—A Modern Surgery Choice!"（2018）. Robotic Oncology. https://www.roboticoncology.com/da-vinci-robotic-prostatectomy/ "The da Vinci® Surgical System."（2015, September）. Da Vinci Surgery. http://www.davincisurgery.com。

AGROBOT。草莓的甜味可以带来多种健康益处，因而成为世界上最受欢迎的水果之一。全球每年收获近 500 万吨草莓，在美国、土耳其和西班牙，这一数字还在呈上升趋势。AGROBOT 是一家从事农业机器人业务的公司，它开发了一种可以在任何地方收割草莓的机器人。机器人使用 24 个构建在移动平台上的机械手来识别优质草莓。

另外，草莓需要精心护理，因为与其他水果相比，草莓很娇嫩。苹果、香蕉和芒果等水果要采摘后放成熟，而草莓则要在完全成熟时才采摘。因此，采摘草莓一直是一个完全手工的过程。AGROBOT 在西班牙研发，这个机器人除了挑选草莓和包装草莓外，其他操作都是自动化的。为了防止草莓在采摘过程中被挤压，机器人用两片锋利的刀片切割草莓，并抓住草莓放入内衬有胶辊的篮子里。装满草莓后，篮子被放在传送带上，然后被送到包装站，工人可以直接对草莓进行挑选和包装。

AGROBOT由一人操作，最多可乘坐两人。机器手臂对刀片和吊篮之间的协调加以控制。该机器人有四个主要部件：感应传感器、超声波传感器、碰撞控制系统和摄像头系统。基于摄像头的传感器可以查看每一颗果实，并根据其形状和颜色分析其成熟度。草莓成熟后，机器人会精确地将其从树枝上切割下来。每个机械手臂都配有两个感应传感器，可在末端位置停止。碰撞控制系统必须能够对灰尘、温度变化、振动和冲击做出反应。所以，在机器人上还安装了一个超声波传感器，以防止机械手接触地面。每个轮子都配备了超声波传感器，以判断草莓和机器人当前位置之间的距离。这些传感器还有助于使机器人保持在轨道上，防止水果受损。从传感器接收到的信号被连续传输到自动转向系统，以调节车轮的位置。

资料来源："Berry Picking at Its Best with Sensor Technology." Pepperl+Fuchs. https://www.pepperl-fuchs.com/usa/en/27566.htm; Intorobotics. https://www.intorobotics.com/35-robots-in-agriculture/。

机器人的类别。机器人执行各种功能，根据这些情况，机器人可以分为以下几类：

预置机器人。预置机器人（preset robot）已预先完成编程。这些机器人被设计为按时间执行相同的任务，可以每周工作7天，每天工作24小时，不需任何休息。预置机器人不会改变它们的行为。因此，这些机器人的错误率低得令人难以置信，适合于从事繁重的工作。预置机器人经常用于制造业，如移动行业、车辆制造、材料处理和焊接等，以节省时间和成本。预置机器人可以在危险的环境中工作，它可以移动重物、执行装配任务、喷漆、检查零件和处理化学品。预置机器人根据其执行的操作进行关节连接。它可以在医学领域发挥重要作用，因为它执行的任务必须具有与人类相当的高效率。

协作机器人或Cobot。协作机器人或Cobot是一种可以与人类工作者合作，帮助他们实现目标的机器人。Cobot的使用在市场上呈上升趋势，协作机器人前景广阔。根据MarketsandMarkets的调查，2020年Cobot市场价值约为33亿美元。协作机器人具有多种功能，可以根据具体环境来使用协作机器人。协作机器人在制造业和医疗行业都有各种应用。

自主机器人。自主机器人（stand-alone robot）是指具有内置AI系统的机器人，可在没有太多人类干扰的情况下独立工作。这些机器人根据环境执行任务，并能适应环境的变化。通过使用AI，自主机器人可以学习改变自己的行为，并擅长执行任务。自主机器人在家庭、军事、教育和医疗保健领域都有应用。他们可以像人一样行走，避开障碍，并提供社会情感支持。其中一些机器人面向家庭，被用作独立的真空吸尘器，如iRobot Roomba。自主机器人也被用来在医院运送药物，跟踪尚未接收药物的患者，并将这些信息发送给该班次和其他班次的护士，而不会出现任何错误。

远程控制机器人。尽管机器人可以执行独立的任务，但它们没有人脑，因此，许多任务都需要人的监督。远程控制机器人可以通过Wi-Fi、互联网或卫星由人进行控制。人类指挥遥控机器人执行复杂或危险的任务，军方使用这些机器人引爆炸弹，或者在战场上充当能全天候作战的士兵。在太空计划研究领域，它们的使用范围很广泛。远程控制的Cobot也可用于实施微创手术。

辅助机器人。辅助机器人可增强人类现有能力，或取代人类已经失去或没有的能力。

这种类型的机器人可以直接连接到人体上。它连接到用户的身体，并直接或在操作员控制身体时与机器人的操作员进行通信。机器人可以由人体控制，在某些情况下，甚至可以通过思考特定的动作来控制。主要应用包括充当机器人假肢或为辅助外科医生精确操作。目前对应用这种机器人建造假肢正在进行大量研究。

自动驾驶汽车：跑起来的机器人

一个可能最终影响大多数人生活的机器人是自动驾驶汽车。与许多其他技术一样，自动驾驶汽车也处于热炒高峰期，但人们也认识到它们在技术、行为和监管方面存在挑战。尽管如此，技术和流程正在不断发展，促进自动驾驶汽车在未来成为现实，即使不是在全世界，至少在特定的环境中也是如此。自动驾驶汽车的早期版本是由1925年开发的无线电天线实现的。1989年，卡内基梅隆大学的研究人员使用神经网络控制了一辆自动驾驶汽车。从那时起，许多技术逐渐汇集在一起，加速了自动驾驶汽车的发展，其中包括：

- **移动电话**：在低功耗计算处理器和相机等其他处理器的帮助下，手机变得无处不在。许多为手机开发的技术，如位置感知和计算机视觉，正在汽车中得到应用。
- **无线互联网**：随着4G网络和Wi-Fi的兴起，网络连接变得更加可靠，随着5G网络部署的加速推进，可能使自动驾驶汽车能够处理实时通信。
- **汽车内置计算机中心**：当今汽车中有许多新技术，如后视镜和前后传感器，它们可以帮助车辆检测驾驶环境中的物体，并提醒驾驶员注意，甚至自动采取必要的措施。例如，自适应巡航控制根据前方车辆的速度自动调整行驶速度。
- **地图**：手机上的导航地图或汽车中的导航系统使驾驶员的导航工作变得简单，这些地图使自动驾驶汽车能够沿着特定的路径行驶。
- **深度学习**：随着深度学习的发展，识别物体的能力成为自动驾驶汽车的关键因素。例如，汽车应能够区分人和树等物体，或者判断物体是移动的还是静止的，对于正在行驶的车辆采取行动至关重要。

自动驾驶汽车的开发。自动驾驶汽车系统的核心是位于车顶的激光测距仪（或光探测和测距——激光雷达设备）。激光雷达生成汽车周围环境的3D图像，然后将其与高分辨率世界地图相结合，生成不同的数据模型，用于躲避障碍物和遵守交通规则。此外，车内还安装了许多其他摄像头。例如，后视镜附近的摄像头可以检测红绿灯并拍摄视频。在做出导航决策之前，车辆会过滤从传感器和摄像头收集的所有数据，构建起一张周围环境的地图，然后使用GPS在地图中精确定位，这个过程被称为映射（mapping）和定位（localization）。

自动驾驶汽车还配备有其他传感器，如前后保险杠上的四个雷达设备，这些设备可以让车辆看到很远的地方，这样汽车就可以提前做出决定，以应对快速行驶的交通状况。车轮编码器确定车辆的位置并保存其运动记录。神经网络、基于规则的决策和混合方法等算法用于确定车辆的速度、方向和位置，收集的数据用于引导车辆在道路上避开障碍物。

自动驾驶汽车必须依赖详细的道路地图。因此，在无人驾驶汽车上路之前，工程师会多次驾驶同一条路线，并收集周围环境的数据。无人驾驶汽车在运行时，工程师会将其所需的数据与历史数据进行比较。

Google 的 Waymo 部门是自动驾驶汽车的早期先驱之一。然而，特斯拉成为第一款提供近乎自动驾驶汽车的大众车型。可以肯定的是，特斯拉汽车首先是电动汽车，其次是自动驾驶汽车。到目前为止，更大的关注点一直是制造电动汽车。事实上，许多传统公司和新公司（如通用汽车、福特、Rivian、Lucid、奥迪、宝马等）正在将电动汽车推向市场。与此同时，这些公司中的许多公司也在自行或与其他供应商合作研发自动驾驶，以在不久的将来提供汽车自动驾驶。

自动驾驶汽车存在的问题。自动驾驶汽车与许多问题有关：

- **技术挑战**：自动驾驶汽车使用的技术存在一些挑战。要推出一款全自动驾驶汽车，还需要克服一些软件和机械障碍。例如，当人类驾驶员从自动驾驶汽车上接管控制权时，公司仍在试图计算出要转移的权限。
- **环境挑战**：技术和机械能力还无法解决影响自动驾驶汽车的环境因素。例如，人们仍然担心自动驾驶汽车在恶劣天气下的表现。同样，一些系统还没有在雪和冰雹等极端条件下进行测试，路上也会出现难对付的导航情况，比如动物跑到马路上。
- **监管挑战**：所有计划涉足自动驾驶汽车的公司都需要解决监管障碍问题。关于自动驾驶的监管，仍有许多问题还没有得到解答。与责任有关的问题包括：许可证将涉及什么内容？新手即使不是司机，也会被要求获得传统驾照吗？有残疾的年轻人或老年人呢？操作这些新车需要什么？各国政府需要迅速采取行动，赶上蓬勃发展的技术。考虑到公共安全可能受到威胁，汽车法规应该是现代世界最严格的法规之一。
- **公众信任问题**：大多数人还不相信自动驾驶汽车能保证他们的安全。信任和消费者接受度是关键因素。例如，如果出现自动驾驶汽车被迫在乘客和行人的生命之间做出选择的情况，该怎么办？尽管特斯拉在展示自动驾驶汽车的强大和潜力方面取得了长足的进步，但消费者对无人驾驶汽车仍存怀疑。任何技术都不可能是完美的，问题是有哪家公司能够说服客户将自己的生命托付给他们？

类似自动驾驶汽车的进展正在其他自动驾驶车辆中进一步探索。例如，有公司已经开始试用自动驾驶卡车。自动驾驶卡车如果全面部署，将对运输行业的就业产生巨大的破坏性影响。同样，自动驾驶拖拉机也在接受测试。最后，无人驾驶飞机也在研发中。这些发展将对未来的就业产生巨大影响，同时在这个过程中会创造其他新的就业机会。

尽管存在相关的技术和监管障碍，但自动驾驶汽车已成为这个世界的一部分。自动驾驶汽车还没有达到人类驾驶员的知识能力，但随着技术的进步，更可靠的自动驾驶汽车将成为现实。同许多技术一样，短期影响可能是模糊的，但长期影响尚待确定。

2.8 节　习题

1. 列出机器人在农业中的应用。
2. 像 Pepper 或 MEDi 这样的社会支持机器人在医疗保健中的作用是什么？

3. 基于本节内容,试设计一张表,按行列出机器人的能力,按列列出具体应用行业。你会观察到这些机器人有哪些相似之处和不同之处?
4. 列出机器人的一些关键类别。
5. 预置机器人和自主机器人有何异同,请分别举例说明。
6. 推动自动驾驶汽车发展的一些关键技术进步是什么?
7. 举例说明自动驾驶汽车存在的监管问题。
8. 通过在线研究,分析自动驾驶汽车部署的最新进展,列举其积极发展和消极发展的例子。

2.9 对话式 AI——聊天机器人

正如我们在本章最后两节中看到的,机器人有很多形状和类型。近年来流行的一种机器人类型是聊天机器人(chatbot)。本节要介绍的聊天机器人是一种用于与人聊天的对话机器人。(bot 是机器人英文单词 robot 的缩写。)根据聊天的目的,聊天方式可以采用书面或语音方式,机器人可以是检索信息的智能代理或提供建议的个人助理。无论哪种情况,聊天机器人通常都配备了 NLP,可以用自然人类语言而不是编程计算机语言进行对话。Google 在其 Google 助手(Google's Assistant)中推出了许多不同的声音。

人工智能技术的进步,特别是自然语言处理、机器学习、深度学习以及知识系统的进步,加上其他智能系统以及移动设备及其应用程序的质量和功能的提高,推动了聊天机器人的发展,以廉价快速地执行许多与通信、协作和信息检索有关的任务。聊天机器人在商业中的使用正在迅速增加,部分原因是它们适合移动系统和设备。

在过去两三年,世界各地的组织(私人和公共组织)和个人投入了数千个机器人。许多人将这些现象称为聊天机器人革命。例如,聊天机器人被广泛用于营销活动、客户、政府和金融服务、医疗保健,以及制造业。聊天机器人比面无表情的计算机更个人化,并擅长收集数据。聊天机器人可以是独立的,也可以是其他知识系统的一部分。显然,如果不提到 ChatGPT,任何关于聊天机器人的讨论都是不完整的。我们将在第 7 章中介绍 ChatGPT 的更多细节。

本节介绍一些用于通信和协作的聊天机器人、虚拟个人助理(如 Alexa 之类的本地产品)以及用作专业顾问的聊天机器人示例。

什么是聊天机器人

chatbot 是聊天机器人英文单词 chat robot 的缩写,其英文单词也可简写为 bot 或 robo,chatbot 是一种计算机化服务,可以在人类和类人计算机化机器人或图像人物之间轻松对话,有时可以通过互联网进行对话。对话可以是书面的,更多时候是通过语音和图像进行的。对话经常涉及简短的问题和答案,并用自然语言进行交流。更智能的聊天机器人配备了 NLP,因此计算机可以理解非结构化对话。互动也可以通过拍摄或上传图像来实现。一些公司尝试学习型聊天机器人,通过积累的经验获得更多知识。计算机与人交谈的能力是由知识系统和自然语言理解能力提供的。该服务通常在 Facebook Messenger 或微信等消息服务以及 Twitter 上提供。

聊天机器人的发展

聊天机器人起源于几十年前。它们是简单的"专家系统",让机器能够回答用户发布的问题。已知的第一台这样的机器是 Eliza（en.wikipedia.org/wiki/Eliza,2022 年 7 月访问）。Eliza 和类似的机器被开发为在问答模式下工作。该机器对每个问题进行评估,通常可以在一组常见问题解答中找到并生成与问题匹配的答案。显然,如果问题不在 FAQ 集合中,机器就会提供不相关的答案。此外,由于自然语言理解的能力有限,一些问题被机器人误解,所给出的答案有时充其量只是娱乐性的。因此,许多公司选择使用实时聊天,其中一些公司的劳动力成本低廉,已在全球范围内组织成呼叫中心。

聊天机器人的类型。聊天机器人的类型可以根据其功能进行分类,分为以下三类:

1. **常规聊天机器人**。这些机器人本质上就是会话智能代理。它们可以为其主人做简单的、通常是重复的任务,比如显示银行借记信息,帮助他们在网上购买商品,以及在网上买卖股票。

2. **聊天机器人**。这一类机器人功能更强。例如,那些可以激发与人对话的机器人,这是本节的介绍重点。

3. **智能聊天机器人**。这些机器人的知识基础能够随着经验的积累而不断完善。这些机器人可以学习诸如客户的偏好等知识（像 Alexa 和一些机器人顾问一样）。

老旧类型聊天机器人的一个主要局限是更新其知识库既缓慢又昂贵,这些机器人是为特定的窄域或特定的用户开发的。支撑技术的改进花了很多年的时间,现在 NLP 变得越来越好。知识库今天可以在一个处于中心位置的"云"中进行更新,知识由许多用户共享,因此降低了每个用户的成本。

现在聊天机器人存储的知识与用户提出的问题相匹配,机器人提供的答案有了显著的改进。自 2000 年以来,我们看到越来越多有能力进行问答对话的 AI 机器出现。2010 年左右,对话式 AI 机器被命名为聊天机器人,后来在亚马逊的 Alexa 的支持下被开发成虚拟个人助理。

聊天机器人的主要驱动因素。促进聊天机器人不断发展的主要因素如下:

- 开发人员正在创建强大的工具,以快速、廉价的方式构建实用的聊天机器人。
- 聊天机器人的质量不断提高,对话对用户越来越有用。
- 人们对聊天机器人的需求不断增长,因为它们能有效降低成本,并提供全天候服务,进一步改善客户服务和营销服务。
- 使用聊天机器人可以实现快速增长,而不需要雇用和培训许多客服。
- 使用聊天机器人,公司可以对消费者,尤其是年轻消费者喜欢的消息系统和相关 App 加以利用。

聊天机器人的组成部分及其使用过程

聊天机器人的主要组成部分如下:

- 人（客户）。

- 计算机、化身或机器人（AI 机器）。
- 知识库，可以嵌入机器中，也可以连接到"云"。
- 提供书面或语音模式对话框的人机界面。
- 使机器能够理解自然语言的 NLP。

先进的聊天机器人还可以理解人类的手势、提示和语音变化。

人机交互过程。 刚才列出的组成部分构成了人机对话的组成框架，图 2.6 显示了与聊天机器人的对话过程。

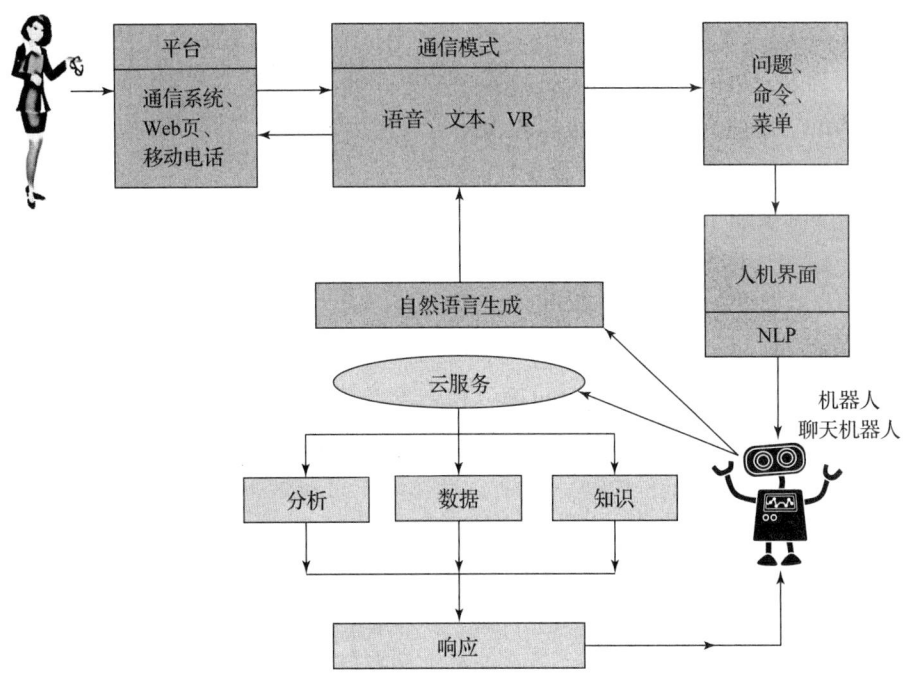

图 2.6　与聊天机器人的对话过程

使用聊天机器人的驱动因素和好处

聊天机器人的使用受到以下因素和好处的驱动：
- 需要削减成本。
- AI 能力不断增强，尤其是 NLP 和语音技术。
- 能够用不同语言进行交谈（通过机器翻译）。
- 获取知识的质量和能力不断提高。
- 供应商推销设备（例如，亚马逊的 Alexa 和 Alphabet 的 Google Assistant 等虚拟个人助理）。
- 用于提供卓越又经济的客户服务，并进行市场调查。
- 用于文本和图像识别。
- 方便购物。
- 支持决策。

随着时间的推移，聊天机器人和类似的 AI 机器已经得到了改进。聊天机器人对用户和组织都有利。例如，有些医院雇用机器人接待员将患者引导到他们的治疗地点。Zora 机器人公司开发了一款名为 Nao 的机器人，作为生病或老年人的聊天伴侣。例如，机器人可以作为痴呆症的一种治疗方式。香港一家公司开发的机器人 Grace 也提供类似的支持，同时可以远程进行有限的医疗诊断。

全球代表性聊天机器人

- **RoboCoke**。这是一款在匈牙利为可口可乐公司创建的派对和音乐推荐机器人。
- **Kip**。这是一款购物助手机器人，可以在 Slack（一个消息平台）上找到。用户只需要告诉 Kip 想买什么，Kip 就会找到用户想买的产品，甚至帮用户购买。
- **Walnut**。这款聊天机器人可以发现与用户相关的技能，并帮助用户学习这些技能。它通过分析大量的数据点来发现技能。
- **Taxi Bot 提供的拼车服务**。如果用户无法判断哪个应用（如 Uber、Lyft、Grab 或 Comfort DelGro）能提供最便宜的拼车服务，则可以询问这个机器人。此外，用户还可以获得当前的促销代码。
- **ShopiiBot**。当用户向这个机器人发送产品的图片时，它会在几秒钟内找到类似的图片。用户还可以告诉 ShopiiBot 想以什么价格寻找什么样的产品，它会找到最适合用户的产品。
- **Concerning desired trips**。它可以解答有关主要目的地的活动、餐厅和景点等问题。
- **BO.T**。这是玻利维亚的第一款聊天机器人，它（用西班牙语）与用户交谈，并回答用户就玻利维亚的文化、地理、社会等方面提出的问题。
- **Hazie**。这是一款数字助理，旨在缩小求职者与下一步职业发展之间的差距。求职者可以直接与 Hazie 交谈，就像他们与求职中介或朋友交谈一样。
- **Green Card**。此 Visa 机器人（Visabot）产品可帮助用户在美国正确提交绿卡申请。

2.9 节　习题

1. 给出聊天机器人的定义，并说明其用途。
2. 列出聊天机器人的主要组成部分。
3. 聊天机器人技术的主要发展因素是什么？
4. 聊天机器人是如何工作的？
5. 为什么聊天机器人被认为是 AI 机器？

2.10　企业聊天机器人

聊天机器人在企业内部和外部应用中都发挥着重要作用。一些人认为，聊天机器人可以从根本上改变商业运作方式。

企业对聊天机器人的兴趣

聊天机器人给企业带来的好处正在迅速增加，它让对话成本更低，更具一致性。聊天机器人可以更高效地与客户和业务合作伙伴互动，随时可用，客户可以从任何地方联系到它。企业显然在关注聊天机器人革命。

企业聊天机器人：营销和客户体验

聊天机器人在提供营销和客户服务（如 Mah，2016）、获得销售线索、说服客户购买产品和服务、向潜在买家提供重要信息、优化广告活动（例如名为 Baroj 的机器人，见 Radu，2016）等方面非常有用。客户希望在他们已经使用的 App 上做生意。因此，许多聊天机器人都出现在 Facebook Messenger、Snapchat、WhatsApp、Kik 和微信上。使用语音和文本，聊天机器人可以提供个性化以及卓越的客户体验。聊天机器人还可以让供应商改善与客户的个人关系。

除了营销领域，许多聊天机器人还涉及金融（如银行）和人力资源管理服务以及通信、协作和其他外部和内部企业业务流程的生产和运营管理等领域。一般来说，企业在消息平台上使用聊天机器人来开展营销活动，以提供极致的客户体验。

改善客户体验。企业聊天机器人通过提供能与企业全天候快速联系的对话平台，改善了客户体验。如果客户从该系统中受益，他们会更倾向于购买和推广特定品牌。聊天机器人还可以在改善客户体验方面为人类提供补充手段。

可口可乐

全球客户可以通过 Facebook Messenger 与可口可乐机器人聊天。这些聊天机器人让用户在越来越个性化的对话中感觉良好。聊天机器人对客户的数据进行收集，内容包括他们的兴趣、问题、当地方言等，然后可以针对每个用户定制广告。

为什么使用消息服务？到目前为止，我们注意到企业正在使用 Facebook Messenger、微信、Kik、Skype 和 WhatsApp 等消息服务。其原因是消息传递正在成为最普遍的数字行为。微信是第一个通过提供"商务聊天"功能将其服务商业化的公司。

Facebook 的聊天机器人。仿效微信，Facebook 在 Messenger 上也大规模推出了用户与企业聊天机器人的对话功能，这表明用户可以像给朋友发短信一样给企业发信息。该服务允许企业与用户进行文本交换。此外，聊天机器人还具有学习能力，能够准确分析人们的输入并正确做出响应。这些 Facebook 聊天机器人的主要优点之一是能够收集数据和创建用户档案。

分析实操 2.3　微信的超级聊天机器人

微信在中国和其他国家是一个非常庞大的综合信息服务商，2022 年拥有约 12 亿会员。早在 2013 年，它就率先使用了聊天机器人（参见 mp.weixin.qq.com），用户可以使用聊天机器人进行以下活动：

- 叫出租车。
- 叫外卖。
- 购买电影票和其他物品。
- 定制并订购一双 Nike 鞋。
- 向距离最近的星巴克发送订单。
- 跟踪日常健身进度。
- 选购巴宝莉最新产品系列。
- 预约医生。
- 支付水费。
- 主办商务电话会议。
- 向朋友发送语音信息、表情符号和快照。
- 发送语音消息与企业通信。
- 与客户沟通。
- 提供团队合作框架。
- 进行市场调查。
- 获取有关产品和服务的信息和建议。
- 在微信上启动一个创业项目（为此你可以在微信上创建自己的机器人）。

Griffiths（2016）介绍了有关中国在线时尚闪购公司 Meici 的信息。公司利用微信收集相关销售信息，每次新用户访问 Meici 的账户时，都会收到一条欢迎消息，告诉他们如何使用资源。由于微信实用性高，它还有英语和其他语言版本。Facebook 在 2015 年安装了类似的功能。

问题讨论：

1. 查找微信最近的一些活动。
2. 是什么让微信这个聊天机器人如此独特？
3. 试比较一下微信聊天机器人与 Facebook 聊天机器人。

企业聊天机器人：金融服务

企业聊天机器人活跃的第二个领域是金融服务行业。在此，我们将简要讨论它们在银行业中的应用。

实例

新加坡的 POSB 在 Facebook Messenger 上有一个 AI 聊天机器人，该机器人是在美国 Kasisto 公司的帮助下开发的。通过实际问答会话，IT 人员花了 11 000 个小时创建了该机器人，并对其知识库进行了测试和验证。聊天机器人可以学习如何提高其性能。作为 POSB 数字银行虚拟助手，该服务可通过 Messenger 访问。客户为此可以节省时间，而不用等待人工服务。将来该服务还将在其他消息传递平台上提供。

企业聊天机器人：服务行业

聊天机器人广泛应用于许多服务中，下面的内容介绍了几个应用实例。

医疗保健。在医疗保健领域，聊天机器人对全球数百万人（Larson，2016）实施帮助，应用示例包括：

- 机器人接待员指引患者到医院的相应科室。（机场、酒店、大学、政府办公室、私人和其他公共组织也提供类似服务。）
- 一些聊天机器人是老年人或病人的聊天伙伴（如 Zora Robotics、Grace by Hanson Robotics）。
- 聊天机器人用于远程医疗。患者与异地医生和医疗保健专业人员交谈。例如，百度就为此开发了 Melody 聊天机器人。
- 聊天机器人可以快速方便地将患者与他们需要的信息联系起来。

教育。一些国家使用聊天机器人老师教授从英语（在韩国）到数学（在俄罗斯）的课程。有一点可以肯定的是：聊天机器人对所有学生一视同仁，学生们也喜欢在线教育中的聊天机器人。机器翻译语言使学生能够采用在线课程以外的语言，而不是母语。最后，聊天机器人还可以作为私人教师使用。

政府。根据 Lacheca（2017）的说法，聊天机器人作为一种新的对话工具正在政府流行，供公众使用。最常见的用途是提供获取政府信息的途径，回答与政府有关的问题。

旅游与酒店业。聊天机器人在一些国家（如挪威）担任导游。他们不仅便宜（或免费），而且可能比一些人类向导懂得更多。聊天机器人在日本的几家酒店担任导游。在酒店，他们可以充当顾问，为客人提供信息和个性化建议（例如关于就餐的建议）。聊天机器人可以安排预订酒店房间、用餐和活动。在繁忙的酒店里，常常有人在等礼宾员，而聊天机器人在智能手机上随时可用。与其他计算机服务一样，聊天机器人速度快、价格便宜、易于访问，而且总能提供很不错的服务。它们为客人提供了出色的客户体验。

聊天机器人平台

企业内部聊天机器人。到目前为止，我们已经看到聊天机器人在企业外部工作，主要是在客户服务和营销方面。然而，有公司最近已经开始使用聊天机器人来自动化支持内部通信、协作和业务流程的任务。根据 Hunt（2017）的研究，"企业和内部聊天机器人正在彻底改变公司的业务方式"。企业中的聊天机器人可以完成许多任务并支持决策活动。聊天机器人可以削减成本，提高生产力，协助工作组，并促进与业务伙伴的关系。

特定行业的聊天机器人。正如我们所看到的，聊天机器人可以扮演专家（例如投资广告、客户服务等）或特定行业专家（例如银行、航空公司等）。垃圾产业的一种有趣机器人是 Alto（由 Bio Hi-Tech Global 生产），它使用户能够与工业设备进行智能通信，这有助于设备所有者做出决策，以提高性能水平、平稳维护程序并协调通信。

AISERA。本章开篇小插曲介绍了使用 AISERA 平台构建的新一代聊天机器人的应用。这种类型的技术能够更好地从人类和机器人以前的互动中学习，并根据需要调整动作和反应。更重要的是，聊天机器人还可以启动系统中的其他操作。这种类型的集成产生了一种新的应用类别，称为机器人过程自动化（Robotic Process Automation，RPA）。我们将在第10章中介绍更多有关 RPA 的信息。

企业聊天机器人知识

聊天机器人知识取决于他们的任务，大多数营销和客户服务机器人都需要专有知识，这些知识通常是在内部生成和维护的，这些知识与 ES 的知识相似。在许多情况下，企业聊天机器人的操作与 ES 非常相似，只是界面以自然语言样式出现，并且经常以语音形式出现。另一方面，企业内部使用的聊天机器人可能不是特定于具体公司的。公司可以购买这些知识并对其进行修改，以适应自身情况和特定需求。较新的聊天机器人使用机器学习从数据中提取知识。

虚拟个人助理

上一节介绍了可用于进行对话的企业聊天机器人。在市场营销与销售中，聊天机器人可以改善客户关系管理，为客户执行搜索任务，提供信息，并在组织中为客户和员工执行许多特定任务。一种新兴类型的聊天机器人被设计为个人和组织的虚拟个人助理（Virtual Personal Assistant，VPA），这种软件代理可以帮助人们改善工作，做出决策，使他们的生活更加便利。VPA 是与人交互的智能软件代理的基本扩展，是一种聊天机器人，其主要目标是帮助人们更好地执行某些任务。目前，数百万人将 Siri 与他们的苹果产品、Google 助手和亚马逊的 Alexa 一起使用。VPA 的知识库通常是通用的，并且集中在"云中"进行维护，使得它们对大量用户来说是经济的。用户可以随时从他们的 VPA 那里获得帮助和建议。在本节中，我们将介绍一些有趣的应用程序。第一组应用程序涉及虚拟个人助理，尤其是亚马逊的 Alexa、苹果的 Siri 和 Google Assistant。

如果你是 Facebook 首席执行官马克·扎克伯格

在 Siri 和 Alexa 开发期间，扎克伯格决定开发自己的个人助理，以帮助他管理家庭和工作。扎克伯格训练聊天机器人识别他的声音并理解与家用电器相关的基本命令。助理可以识别访客的面孔，并监控扎克伯格年幼女儿的行动。

类似的助理可以以极低的费用甚至免费提供，最知名的此类助手是亚马逊的 Alexa。

亚马逊的 Alexa 和 Echo

在几款虚拟个人助理中，被评为 2018 最佳虚拟个人助理的是亚马逊的 Alexa，它是由亚马逊开发的，目的是与苹果的 Siri 竞争。Alexa 与亚马逊的 Echo 等智能音箱配合使用。Google 的智能音箱——Google Home 也是一款类似的产品。这里的目的不是比较各种产品，而是说明这类智能数字助理的一般功能。

亚马逊的 Alexa 是一款基于云的虚拟个人语音助手或智能音箱，可以做很多事情，例如：
- 回答多方面的提问。

- 通过语音命令控制智能手机操作。
- 提供实时天气和交通信息。
- 将智能家居和其他设备作为家庭自动化 hub 进行控制。
- 列出待办事项。
- 在 Playbox 中播放音乐。
- 设置报警。
- 播放有声读物。
- 控制家庭自动化设备以及家用电器（如微波炉）。
- 分析购物清单。
- 控制汽车设备。
- 提供预先通知。
- 为用户购物。
- 拨打电话和发送短信。

Alexa 具有识别不同声音的能力，因此能做出个性化响应。此外，它还使用语音和触觉相结合的方式来传递新闻、呼叫 Uber、玩游戏。通过 Alexa 可以执行成千上万种类似的应用程序。

Alexa 的技能。除了列出的标准（本地）功能外，人们还可以通过智能手机使用 Alexa App（称为技能）将自定义功能下载到 Alexa，通过技能教会 Alexa 一些新东西。

Alexa 的技能（Apps）如：
- 呼叫 Uber 并查询打车费用。
- 订比萨。
- 点外卖。
- 获得理财建议。
- 控制家用视听设备。

这些技能由第三方供应商提供，它们是激活调用命令所必需的，这样的命令成千上万。例如，可以说："Alexa，下午 4:30 打电话给 Uber，派司机到我的办公室接我。"

苹果公司的 Siri

Siri（Speech Interpretation & Recognition Interface，语音解释和识别接口）是一种智能虚拟助理和知识导航器。它是苹果几个操作系统的一部分，可以通过将请求委托给"云"中的一组 Web 服务来回答问题、提出建议，或执行一些操作。该软件可以根据用户的个人语言进行调整，通过持续使用形成搜索偏好，并返回个性化结果。iPhone 和 iPad 用户可以免费使用 Siri。Siri 可以集成到苹果的 Siri Remote 中，使用 CarPlay，Siri 在一些品牌的汽车中可用，可以通过 iPhone 进行控制。

Google Assistant

随着 Google 助手 Google Assistant 功能的不断完善，虚拟个人助理的竞争也在加剧。

Google Assistant 是 Siri 的竞争对手，旨在适配安卓智能手机。

其他个人助理

还有一些公司也提供虚拟个人助理。例如，Microsoft Cortana 是众所周知的个人助理。2016 年 9 月，微软将 Cortana 和 Bing 合并，现在 Alexa 和 Cortana 可以一起使用了。

聊天机器人作为专业顾问

本节介绍的个人助理可以为用户提供大量信息和基本建议。一种特殊类别的虚拟个人助理可用于为特定领域提供个性化的专业建议。聊天机器人顾问主要用于管理投资和投资组合。

Robo 金融顾问

众所周知，在主要证券交易所，特别是金融机构，绝大多数股票交易的"买入"和"卖出"决定都是由计算机做出的。然而，计算机也可以以个性化的方式管理个人账户。

机器人顾问（Robo advisors）指通常通过移动平台提供自动化、低成本、个性化投资咨询服务的在线提供商。这些机器人顾问使用算法来分配、部署、再平衡和交易投资产品。一旦注册了机器人服务，个人就会输入他们的投资目标和偏好。然后，使用先进的 AI 算法，机器人将为个人提供另类个性化投资，供其从基金或交易所交易基金（ETF）中进行选择。通过与机器人顾问进行对话，AI 程序将完善投资组合。这一切都是以数字方式完成的，无需与真人交谈。

金融机器人顾问的发展

2010 年，Betterment 股份有限公司率先崛起，随后又有其他几家公司跟进。现在几乎每一家主要的金融服务公司都提供机器人顾问服务。毫无疑问，使用聊天机器人顾问属于财富管理领域中改变游戏规则的现象，尽管到目前为止，其表现与传统、人工和金融服务没有太大区别。

机器人顾问公司试图通过使用 ETF 来降低成本，ETF 的佣金明显低于共同基金，年费根据资产的最低金额而定。高级服务更昂贵些，因为需要提供咨询人类专家的机会（顾问 2.0）。

示例：智能助理购物机器人

购物机器人会问一些问题来了解客户的需求和偏好，然后为客户推荐最匹配的商品，让客户感觉他们正在接受个性化服务。这简化了客户的决策过程。机器人智能助理还通过问答回话就客户关心的问题提供建议。注意，这些机器人本质上是推荐系统，用户需要向其征求建议，而其他推荐系统（例如 Amazon.com）即使用户不征求建议，也会提供建议。

2.10节 习题

1. 简单介绍智能虚拟个人助理。
2. 说明亚马逊 Alexa 的功能。
3. 试比较亚马逊的 Alexa 与 Echo。
4. 简单介绍 Echo Dot 和 Tap。
5. 描述苹果的 Siri 和 Google 的助手。
6. 如何维护个人助理的知识?
7. 试说明虚拟个人助理和聊天机器人之间的关系。
8. 给出机器人顾问的定义。
9. 说明机器人顾问如何应用于投资领域。
10. 讨论投资机器人顾问的一些缺点。

本章重点

- AI 的目的是让机器能够像人类一样智能地执行任务。
- 使用 AI 的一个主要原因是使工作和决策更容易执行。与其他决策支持应用程序相比,AI 更强大(启用新的应用程序和商业模型)、更直观、威胁更小。
- 使用 AI 的一个主要动机是降低成本和提高生产力。
- AI 系统可以自主工作,节省时间和成本,并始终如一地执行任务,它们也可以在农村和偏远地区工作,那里的劳动者通常缺乏专业知识。
- AI 可用于改进所有决策步骤。
- 智能虚拟系统可以充当人类的助手。
- AI 系统是具有较低智能水平的计算机系统。
- AI 有多种定义和衍生定义,其重要性正在迅速增长。美国政府假设 AI 将是"美国经济的关键驱动力"(Gaudin, 2016)。
- AI 的主要技术包括智能代理、机器学习、机器人系统、NLP 和语音识别、计算机视觉和知识系统等。
- 专家系统、推荐系统、聊天机器人和机器人顾问都基于将知识转移到机器上。
- AI 的主要局限性是缺乏人类的触觉和感觉,人们担心它会夺走自己的工作,可能具有破坏性。
- AI 在许多认知任务上与人类不匹配,但它可以更低的成本更快地执行许多手动任务。
- 智能种类很多,因此很难衡量 AI 的能力。
- 总的来说,人类的智力优于机器。然而在复杂的游戏中,机器可以击败人类。
- 机器学习是目前最有用的 AI 技术,它试图从经验中学习,以改进操作。
- 深度学习使 AI 技术能够相互学习,在学习中产生协同效应。
- 智能代理擅长以比人类更快、更稳定的速度执行简单任务(例如,检测计算机中的病毒)。
- 机器学习的主要能力是机器从数据及其操作中学习的能力。
- 深度学习可以解决许多难题。
- 计算机视觉可以从图像(包括视频)中提供理解力。

- 机器人是一种机电计算机系统，可以执行体力和脑力任务，如果配备了传感设备，机器人会变得更智能。
- 工业自动化带来了第一波机器人，但现在机器人正在变得自动化，并被用于许多领域。
- 机器人可用于农业、医疗保健和客户服务等行业。
- 社交机器人已经出现，为儿童、患者和老年人提供护理和情感支持。
- 协作机器人发展迅速，已经形成了一个名为 Cobot 的类别。
- 自动驾驶汽车可能是大多数消费者接触到的第一类机器人。
- 自动驾驶汽车正在挑战 AI 创新和法律理论的极限。
- 计算机可以理解人类语言，并可以用人类语言生成文本或语音。
- 认知计算模拟人类解决问题和做出决策的思维过程。
- 使用 AI，在简单的手动和脑力任务中，计算机可以完全自动化。
- 一些类型的决策使用 AI 完全自动匹配，可以支持其他类型。
- AI 在所有职能业务部门广泛使用，降低了成本，提高了生产力、准确性和一致性。聊天机器人的使用有增加的趋势，它们都能很好地支持决策。
- AI 广泛用于会计、简单事务处理自动化、处理大数据、发现欺诈交易、提高安全性，以及协助审计和合规。
- AI 在金融服务中被广泛用于改善客户服务、提供投资广告、提高安全性和促进支付等任务，特别是在银行和保险领域被广泛应用。
- 人力资源管理部门正在使用 AI 推进招聘、强化培训、帮助入职和简化运营。
- AI 在营销、销售和广告中有相当广泛的应用。AI 用于支持产品推荐、帮助搜索产品和服务、促进网站设计、支持定价决策、在全球贸易中提供语言翻译、协助预测。在许多营销和客户服务活动中使用了聊天机器人。
- AI 在制造业的应用已有数十年，目前已应用于智能工厂的规划、供应链协调、物流运输和运营支持等。
- 聊天机器人可以为组织节省资金，提供与客户和业务合作伙伴的全天候链接，并且问答始终如一。
- 专家系统是第一个商业应用的 AI 产品。
- 我们区分了三种主要类型的聊天机器人：企业聊天机器人、虚拟个人助理和机器人顾问。
- 知识系统的一个相对较新的应用是虚拟个人助理，这类助手的主要例子如亚马逊的 Alexa、苹果的 Siri 和 Google Assistant。
- 虚拟个人助理的知识主要保存在"云"中，通常通过问答对话传播。
- 聊天机器人包含一个知识库和一个自然语言界面。
- 聊天机器人可以通过提供信息和客户服务来促进在线购物。
- 机器人顾问以比人力顾问低得多的成本提供个性化的在线投资建议，到目前为止，两者质量似乎不相上下。

问题讨论

1. 评估机器智能的困难在哪里？
2. 讨论产生 AI 力量的过程。

3. 讨论机器学习和深度学习之间的区别。
4. 机器视觉和计算机视觉之间的区别在哪里？
5. 吸尘器怎么能像六岁的孩子一样聪明？
6. 为什么 NLP 和机器视觉在工业中如此普遍？
7. 为什么聊天机器人越来越受欢迎？
8. 图灵测试有何优缺点？
9. 为什么增强现实与 AI 有关？
10. 讨论 AI 可以为决策者提供的支持。
11. 自动和自主决策各有何好处？
12. 为什么通用（强）AI 被认为是 "人类有史以来创造的最重要的技术"？
13. 为什么人工成本在增加，而 AI 的成本却在下降？
14. 如果有一天人造大脑包含的神经元数量与人脑一样多，它会像人脑一样聪明吗？（学生需要做额外的研究。）
15. 试区分单任务机器人和智能机器人。
16. 为什么自然语言处理和计算机视觉的应用很受欢迎并且有很多用途？
17. 有些人说聊天机器人在聊天方面不如人类，其他人则持相反观点，你怎么看。
18. 分析聊天机器人的经济效益。
19. IBM Watson 到 2018 年如何惠及 10 亿人，以及这将产生什么影响？
20. 聊天机器人的局限性在哪里？如何克服这些局限性？
21. 讨论 ES 在衰落之前流行了近 30 年的原因。
22. 从专家那里获取知识有哪些困难？
23. 将机器学习中的 ES 知识提炼系统与知识边缘改进进行比较。
24. 企业内部和外部使用聊天机器人有何差异？
25. 有人说，没有虚拟的个人助理，家就不可能是智能的，为什么？
26. 试比较 Facebook Messenger 虚拟助理项目 M 与竞争对手的项目。
27. 分析 Alexa 在星巴克点餐的技巧。
28. 机器人顾问相对于人类顾问的优势有哪些？缺点是什么？
29. 营销人员如何通过机器人接触更多的客户？
30. 机器人顾问是金融的未来吗？试从 Demmissie（2017）的观点开始辩论。

练　习

1. 访问 sitezeus.com，观看时长 2:07 分钟的视频，解释该技术如何作为决策助手发挥作用。
2. 访问 Investopedia，了解投资者的容忍度。然后找出如何使用 AI 来控制这种风险，并写一份报告。
3. 2017 年，麦肯锡公司制作了一个视频，内容由五部分组成，题为 "询问 AI 专家：关于 AI，你会给高管们什么建议？" 观看视频并总结对所讨论的主要问题的建议。
4. 观看麦肯锡公司关于当今 AI 驱动因素的视频，并分析主要的 AI 驱动因素，写一份报告。
5. 访问 AI 促进会的网站 aaai.org/home.html 并说明其内容，将其与 csail.mit.edu/ 进行比较。
6. 访问 crosschx.com，查找有关 Olive 的信息，解释它是如何工作的，它的局限性和优点是什么？它对哪些类型的决策进行了自动化，只支持哪些决策？

7. 访问 waze.com 和 moovitapp.com，了解其功能，总结它们可以为用户提供哪些帮助。
8. 查找旨在衡量 AI 研究的最新信息，写一份报告。
9. 访问 salesforce.com，了解 AI Einstein 的最新进展，为什么它如此受欢迎？
10. 查找有关 IBM Watson 咨询活动的最新信息。写一份报告。
11. 查找有关在 iPhone 中使用 AI 的信息，探索 Edge AI 的作用。写一份报告。
12. 了解 Nuance 股份有限公司（nuance.com）的 AI 相关产品和服务，了解其 Dragon 语音识别产品。
13. 访问 salesforce.com，了解 Gecko HRM 的能力。将其与 Salesforce Einstein 联系起来，并介绍两个应用程序的示例。
14. 访问麦肯锡公司，在其第 55 期《AI 能给你的企业带来的价值》（*The Value AI Can Bring to Your Business*）中寻找答案（mckinsey.com/featured-insights/artificial-intelligence/five-fifty-real-world-ai），然后搜索"Real-World AI"，找到银行部分，深入了解其内容。
15. 搜索 AI 对广告影响的材料。写一份报告。
16. 学习除本章讨论的应用程序之外的其他应用程序，其中 Pepper 用于商业和个人目的。
17. 开展在线研究，搜索至少一种新的机器人集成电路在农业中的应用。准备一份你的研究摘要：拟解决的问题、技术总结、取得的成果（如果有的话）和要吸取的教训。
18. 开展在线研究，搜索至少一种新的机器人集成电路在医疗保健中的应用。准备一份你的研究摘要：拟解决的问题、技术总结、取得的成果（如果有的话）和要吸取的教训。
19. 开展在线研究，搜索至少一种新的机器人在客户服务中的应用。准备一份简短的研究总结：拟解决的问题、技术总结、取得的成果（如果有的话）和要吸取的教训。
20. 开展在线研究，在你选择的行业中搜索至少一个新的机器人集成电路应用程序。准备一份简短的研究总结：拟解决的问题、技术总结、取得的成果（如果有的话）和要吸取的教训。
21. 开展研究，分析自动驾驶汽车的最新发展。
22. 开展研究，了解和总结自动驾驶汽车的新投资和合作伙伴关系。
23. 比较 Facebook 和微信的聊天机器人，哪个功能更多？
24. 访问 nuance.com 网站，查找有关 Dragon Medical Advisor 的信息，说明其好处。写一份报告。
25. 输入 chatbots.org/ 并加入你感兴趣的论坛，同时探索你感兴趣的研究问题。写一份报告。
26. 各大科技公司在虚拟个人助理方面存在激烈竞争，新的创新和能力每天都在出现。研究亚马逊、苹果、微软、Google 和三星的这些智能助理的状态。写一份报告。
27. 有些人认为聊天机器人会改变人们与互联网的互动方式和在线浏览方式。以此内容写一份报告。
28. 解释为什么亚马逊的 Echo 需要与 Alexa 合作？阅读 howtogeek.com/253719/do-i-need-an-amazon-echo-to-use-alexa/。写一份报告。
29. 了解 Simon 地产集团如何在 200 多家购物中心使用聊天机器人，分析聊天机器人对不同类型用户和公司的好处。
30. 阅读有关企业机器人的最新信息。写一份报告。
31. 输入 gravityinvestments.com/digital-advice-platform-demo。你会投资这个项目吗？分析并撰写报告。
32. 访问 visirule.co.uk，找到它为专家系统提供的所有产品。列出这些产品并写一份简短的报告。

33. 研究聊天机器人在帮助痴呆症患者方面的作用。
34. 在百度的 Melody 聊天机器人上查找信息，了解它如何与百度医生（Baidu Doctor）合作。
35. 在 quora.com 上提出一个与聊天机器人有关的问题。在报告中对收到的答案进行总结。
36. Nina 是 Nuance Communication 股份有限公司的智能聊天机器人，为 Alexa 物联网（IoT）、智能家居等服务。查找有关 Nina 功能和优势的信息并撰写报告。
37. 微软与新加坡政府合作开发电子服务聊天机器人。了解他们如何做到这一点。
38. 研究 Tommy Hilfiger 的 Facebook Messenger 机器人。了解如何在公司的营销活动中使用它。
39. 聊天机器人的两个综合构建工具包括 Botsify 和 Personality Forge（personalityforge.com）。试对这两个工具进行比较。写一份报告。
40. 现在是时候开发你自己的机器人了。请咨询你的导师，了解该使用哪种软件。开发几个机器人，并比较它们的能力。如果你有一些编程经验，可以使用 Microsoft 的 Azure。

参考文献

Allinson, M. (2017, March 4). "BMW Shows Off Its Smart Factory Technologies at Its Plants Worldwide." Robotics and Automation. https://roboticsandautomationnews. com/2017/03/04/bmw-shows-off-its-smart-factorytechnologies-at-its-plants-worldwide/11696/(accessed July 2022).

Ayres, R., & Miller, S. (1981, November). "The Impacts of Industrial Robots." Report CMU-RI-TR-81-7. Pittsburgh, PA: The Robotics Institute at Carnegie Mellon University.

Bollard, A., et al. (2017). "The next-generation operating model for the digital world." McKinsey & Company, March 2017.

Brualdi Timmins, Amy C. (1996) "Multiple Intelligences: Gardner's Theory," Practical Assessment, Research, and Evaluation: Vol. 5, Article 10. DOI: https://doi.org/10.7275/7251-ea02 https://scholarworks.umass.edu/pare/vol5/iss1/10 (accessed January 2023).

Beauchamp, P. (2016). "Artificial Intelligence and the Insurance Industry: What You Need to Know." The Huffington Post, October 27, 2016.

Coxworth, B. (2018, May 29). "Restaurant Keeps Its Prices Down - With a Robotic Kitchen." New Atlas. https://newatlas.com/spyce-restaurant-robotic-kitchen/54818/(accessed July 2022).

Carney, P. (2018). "Pat Carney: Artificial Intelligence versus Human Intelligence." Vancouver Sun, April 7, 2018.

Chandi, N. (2017). "How AI Is Reshaping the Accounting Industry." Forbes.com, July 20, 2017.

Demmissie, L. (2017). "Robo Advisors: The Future of Finance." Huffpost.com. https://www.huffpost.com/entry/robo-advisorsthe-future-of-finance_b_586fb1eee4b0eb9e49bfba9b (accessed February 2023).

Dickson, B. (2017). "How Artificial Intelligence Optimizes Recruitment." The Next Web, June 3, 2017.

Engel, J. (2018, May 3). "Spyce, MIT-Born Robotic Kitchen Startup, Launches Restaurant: Video." Xconomy. https://www.xconomy.com/boston/2018/05/03/spyce-mit-bornrobotic-kitchen-startup-launches-restaurant-video/(accessed July 2022).

Fallon, S. (2015). "A Blue Robotic Bear to Make Sick Kids Feel Less Blue." YouTube video at https://youtu.be/UaRCCA2rRR0 (accessed July 2022).

Forrest, C. (2015)."Chinese Factory Replaces 90% of Humans with Robots, Production Soars." TechRepublic. https://www.techrepublic.com/article/chinese-factoryreplaces-90-of-humans-with-robots-production-soars/(accessed July 2022).

Goris, K., et al. (2010, September). "Mechanical Design of the Huggable Robot Probo." Robotics & Multibody Mechanics Research Group. Brussels, Belgium: Vrije Universiteit Brussels.

Gaudin, S. (2016). "White House: A.I. Will Be Critical Driver of U.S. Economy." Computerworld, October 12, 2016.

Griffiths, T. (2016)."Using Chatbots to Improve CRM Data: A WeChat Case Study." Half a World, November 16, 2016.

Haines, D. (2017). "Is Artificial Intelligence Making It Easier and Quicker to Get a New Job?" Huffington Post UK, December 4, 2017.

Hauari, G. (2017). "Insurers Leverage AI to Unlock Legacy Claims Data." Information Management, July 3, 2017.

Hughes, T. (2016). "Google DeepMind's Program Beat Human at Go." USA Today, January 27, 2016.

Hunt, M. (2017)."Enterprise Chatbots and the Conversational Commerce Revolutionizing Business." Entrepreneur, July 3, 2017.

Jeong, S., et al. (2015). "A Social Robot to Mitigate Stress, Anxiety, and Pain in Hospital Pediatric Care." Proceedings of the Tenth Annual ACM/IEEE International Conference on Human-Robot Interaction Extended Abstracts.

Jeong, S., & Logan, D. (2018, April 21-26). "Huggable: The Impact of Embodiment on Promoting Socio-emotional Interactions for Young Pediatric Surgeons." MIT Media Lab, Cambridge, MA, CHI 2018, Montréal, QC, Canada.

Kharpal, A. (2017)."A.I. Is in a 'Golden Age' and Solving Problems That Were Once in the Realm of Sci-Fi, Jeff Bezos Says." CNBC News, May 8, 2017.

Kolbjørnsrud, V., Amico, R., & Thomas. (2016). "How Artificial Intelligence Will Redefine Management." Harvard Business Review, November 2, 2016.

Lacheca, D. (2017). "Conversational AI Creates New Dialogues for Government." eGovInnovation, October 24, 2017.

Larson, S. (2016). "Baidu Is Bringing AI Chatbots to Healthcare." CNNTech, October 11, 2016.

Mah, P. (2016). "The State of Chatbots in Marketing." CMOInnovation, November 4, 2016.

Marr, B. (2018). "The Key Definitions of Artificial Intelligence That Explain Its Importance." Forbes, February 14, 2018.

Narayan, K. (2018). "Leverage Artificial Intelligence to Build your Sales Pipeline." LinkedIn, February 14, 2018.

Ng, A. (2016). "What Artificial Intelligence Can and Can't Do Right Now." Harvard Business Review, November 9, 2016.

Ovaska-Few, S. (2017). "How Artificial Intelligence Is Changing Accounting." Journal of Accountancy, October 9, 2017.

Padmanabhan, G. (2018). "Industry-Specific Augmented Intelligence: A Catalysts for AI in the Enterprise." Forbes, January 4, 2018.

Press, G. (2017). "Top 10 Hot Artificial Intelligence (AI) Technologies." Forbes, January 23, 2017.

Radu, M. (2016)."How to Pay Less for Advertising? Use Baro—An Ad Robot for Campaigns Optimization." 150sec.com, August 18, 2016.

Savar, A. (2017). "3 Ways That A.I. Is Transforming HR and Recruiting." INC.com, June 26, 2017.

Schrage, M. "4 Models for Using AI to Make Decisions." Harvard Business Review, January 27, 2017.

Singh, H. "How Artificial Intelligence Will Transform Financial Services." Information Management, June 6, 2017.

Spacey, J. (2016). "33 Types of Artificial Intelligence," October 30, 2016, https://simplicable.com/IT/types-of-artificial-intelligence (accessed January 2023).

Staff. "Assisted, Augmented and Autonomous: The 3 Flavours of AI Decisions." Software and Technology, June 28, 2017. tgdaily. com/technology/assisted-augmented-and-autonomous-the-3-flavours-of-ai-decisions.

Taylor, P. "Welcome to the Machine - Learning." Forbes BrandVoice, June 3, 2016. forbes.com/sites/sap/2016/06/03/welcome-to-the-machine-learning/#3175d50940fe (accessed July 2022).

USC. "AI Computer Vision Breakthrough IDs Poachers in Less Than Half a Second." Press Release, February 8, 2018.

Violino, B. "Most Firms Expect Rapid Returns on Artificial Intelligence Investments." Information Management, November 1, 2017.

Wislow, E. "5 Ways to Use Artificial Intelligence (AI) in Human Resources." Big Data Made Simple, October 24, 2017. https://wislow1.rssing.com/chan-75761987/article2.html (accessed July 2022).

Westlund, J. K., Lee, J. M., Plummer, J., Faridia, L., Gray, F., Berlin, J., Quintus-Bosz, M., Harmann, H., Hess, R., Dyer, M., dos Santos, S. Adalgeirsson, K., Gordon, S., Spaulding, G., Martinez, S. Das, M., Archie, M. Jeong, M., & Breazeal, C. (2016). "Tega: A Social Robot." Video Presentation. Proceedings of the Eleventh ACM/IEEE International Conference on Human Robot Interaction.

Zimberoff, L. (2018, June 21). "A Burger Joint Where Robots Make Your Food." https://www.wsj.com/articles/a-burgerjoint-where-robots-make-your-food-1529599213 (accessed July 2022).

Zarkadakis, G. In Our Own Image: Savior or Destroyer? The History and Future of Artificial Intelligence. New York, NY: Pegasus Books, 2016.

Zhou, A. (2017). "EY, Deloitte and PwC Embrace Artificial Intelligence for Tax and Accounting." Forbes.com, November 14, 2017.

CHAPTER 3

第 3 章

描述性分析：数据的本质、大数据与统计建模

学习目标

- 理解与商务智能和分析有关的数据的性质
- 学习实用的数据分析方法
- 了解什么是大数据以及大数据如何改变分析世界
- 了解大数据分析的动机和业务驱动因素
- 熟悉各种大数据分析技术
- 了解 Hadoop、Spark、MapReduce 和 NoSQL 与大数据分析的关系
- 熟悉数据有益的概念
- 了解流分析的需求与功能
- 学习流分析的应用
- 了解统计建模及其与商务分析的关系
- 了解描述性统计和推断性统计

在大数据和商务分析时代，数据的重要性不言而喻。"数据就是石油""数据就是新培根""数字就是新货币"和"数据就是统治者"等新的说法进一步强调了数据的重要性。但我们谈论的是什么类型的数据？显然，"垃圾进垃圾出"（Garbage In Garbage Out，GIGO）这一概念/原则适用于今天的"大数据"现象，这比我们过去的任何数据定义都更适用。为了实现数据的承诺、价值主张及其转化为洞察力的能力，必须对数据进行精心创建/识别、收集、整合、清理和转换，并将其融入合适的上下文中，以便在需要做准确及时的决策时使用。

数据是本章的主题。因此，本章首先介绍数据的性质：数据是什么？数据可以有哪些不同的类型和形式？如何对其进行预处理，以为数据分析做好准备？本章的前几节致力于对数据进行深入且必要的理解和处理。之后基于数据的基本概念、性质以及数据预处理介绍大数据，内容包括大数据的定义、相关概念、工具和技术等。本章最后几节介绍用于准

备数据作为输入以产生描述性和推断性度量的统计方法。

3.1 开篇小插曲：SiriusXM 通过数据驱动式营销吸引新一代无线电消费者

天狼星卫星广播（SiriusXM Radio）是一家卫星广播巨头，是世界上最大的广播公司，年收入超 38 亿美元，拥有各种广受欢迎的音乐、体育、新闻、谈话和娱乐电台。该公司于 2001 年开始广播，拥有 5 万用户，2009 年用户数增至 1 880 万，如今用户数已经接近 2 900 万。

迄今为止，SiriusXM 的增长主要源于与汽车制造商的创造性合作。如今，近 70% 的新车都使用了 SiriusXM。然而，该公司的业务范围已远远超出美国的车载收音机，扩展到互联网、智能手机以及其他服务和分销渠道的全球业务，包括 SONOS、捷蓝航空（JetBlue）和 Dish。

商业挑战

尽管取得了这些显著的成功，但过去几年，客户类别、技术和竞争格局不断变化，给 SiriusXM 带来了一系列新的商业挑战和机遇，问题包括：

- 随着 SiriusXM 在新车市场渗透率的不断提高，消费者人口结构发生了变化，逐渐向年轻化倾斜，其可自由支配收入减少，SiriusXM 要考虑如何接触到这一新人群？
- 随着新车变成二手车并易手，SiriusXM 如何识别、吸引第二车主并将其转化为付费客户？
- 通过从美国汽车市场领先的远程信息服务提供商 Agero 手中收购互联网汽车业务，SiriusXM 获得了通过卫星和无线网络提供服务的能力，SiriusXM 如何成功利用这次收购来获取新的收入来源？

建议的解决方案：将愿景转向数据驱动式营销

SiriusXM 认识到，要应对这些挑战，公司需要转变成一个高性能、数据驱动式的营销组织。该公司开始通过确立三个基本原则来实现这一转变。

首先，让个性化互动而不是大规模营销成为主要方式。该公司很快就明白，要进行更个性化的营销，必须借鉴过去的历史和互动，并对消费者在整个订阅生命周期中的位置加以敏锐理解。

其次，为了获得这种理解，信息技术及其外部技术合作伙伴需要具备提供集成数据、高级分析、集成营销平台和多渠道交付系统的能力。

最后，如果整个公司没有达成统一共识，公司就无法实现其商业目标。最重要的是，SiriusXM 的技术和商业部门必须成为真正的合作伙伴，才能充分解决成为一个高性能营销组织所面临的挑战，这样整个公司才能基于数据驱动式见解，以截然不同的相关方式与消费者直接对话。

例如，这些数据驱动式见解将使公司能够对消费者、车主、司机、听众和账户持有人加以区分。这些见解将帮助 SiriusXM 了解每个家庭的其他车辆和服务，并创造新的参与机会。此外，通过构建对所有消费者的连贯可靠的全景视图，SiriusXM 可以确保所有活动和互动消息都是定制的、相关的，并且在所有渠道中保持一致。更重要的是，更具针对性和有效的营销通常更具成本效益。

实施：创建并遵循高性能营销的路径

在决定转型成为一家高性能营销公司时，SiriusXM 正在与一个第三方营销平台合作，该平台的能力不足以支持 SiriusXM 的雄心壮志。公司做出了一个重要的、前瞻性的决定，将其营销能力引入内部，然后仔细规划成功转型所需的措施。

- 通过改进高级数据管理和治理来提高数据清洁度。尽管可以理解该公司急于将想法付诸行动，但数据清洁是创建一个了解消费者行为的可靠窗口时必需的第一步。
- 将营销分析引入内部并扩充数据仓库，以实现规模化并全面支持整合营销分析。
- 开发新的细分和评分模型，以在数据库中运行，消除冗余和数据重复。
- 扩展数据仓库集成，包括营销数据和评分等内容，利用数据库内分析。
- 采用营销平台开展活动。
- 将所有这些功能结合在一起，在所有营销渠道（呼叫中心、移动设备、网络和 App）提供实时报价管理。

完成上述步骤意味着找到了合适的技术合作伙伴。SiriusXM 之所以选择 Teradata，是因为其优势与项目和公司非常匹配。Teradata 提供了以下功能：

- 使用数据仓库集成（Integrated Data Warehouse，IDW）、高级分析和强大的营销应用程序来整合数据源。
- 能解决数据延迟问题。
- 显著减少跨多个数据库和应用程序的数据移动。
- 可与所有营销领域的应用程序和模块无缝交互。
- 在数据库中能以非常高的级别扩展和执行活动和分析。
- 能与客户进行实时沟通。
- 可通过云或本地提供运营支持。

这一合作关系使 SiriusXM 能够顺利、迅速地沿着其路线图前进，该公司目前正处于一个为期五年的转型过程中。在建立了强大的数据治理流程后，SiriusXM 开始实施数据仓库集成，这使公司能够在整个组织中快速可靠地获得洞察力。

接下来，该公司采用了客户互动管理器，这是 Teradata 综合营销云的一部分，它可以在全方位的数字和传统沟通渠道中实现实时、基于对话的客户互动。此外，SiriusXM 将加入 Teradata 数字消息中心。

总的说来，这套功能将使 SiriusXM 能够处理多个频道之间的直接通信。这一发展将使实时报价、营销策略和基于既往行为的推荐成为可能。

除了精简执行和优化对外营销活动的方式外，SiriusXM 还通过实现营销资源管理来控制其内部营销运营，营销资源管理也是 Teradata 综合营销云的一部分。该解决方案将使 SiriusXM

能够简化工作流程，优化营销资源，并通过其营销预算的每一分钱来提高营销效率。

结果：从中获益

随着公司继续向高性能营销组织发展，SiriusXM 已经从其深思熟虑的战略中受益。对家庭层面消费者的洞察和对每个消费者的营销策略的全面了解使 SiriusXM 能够在家庭、消费者和设备层面创造更有针对性的产品。通过将数据和营销分析功能引入内部，SiriusXM 实现了以下目标：

- 营销活动结果几乎实时得到，不再需要等上四天，从而大大缩短了活动和支持活动的分析师的周期时间。
- 闭环可见性使分析师能够支持多阶段对话，并能边活动边修改，提高了活动的有效性。
- 通过实时建模和评分增强了营销智能，并快速优化营销活动方案和响应。

最后，SiriusXM 的经验进一步强化了"高性能营销会不断发展"的概念，该公司实施了相应流程和技术，使其有能力持续灵活地增长。

▶ 本节问题思考

1. SiriusXM 从事什么业务？它在什么类型的市场开展业务？
2. SiriusXM 的挑战是什么？试说明与技术和数据相关的挑战。
3. 建议的解决方案是什么？
4. SiriusXM 是如何实施拟议的解决方案的？SiriusXM 是否面临很多实施挑战？
5. 结果和好处是什么？SiriusXM 值得为此付出努力和投资吗？
6. 你能想到其他面临类似挑战的公司可以从类似的数据驱动营销解决方案中受益吗？

我们能从这个开篇小插曲中学到什么

SiriusXM 努力在快速变化的竞争行业中蓬勃发展，公司意识到需要一个新的、改进的营销结构（一种依赖于数据和分析的结构），以有效地向现有和潜在客户传达公司的价值主张。同其他很多行业的情况一样，在娱乐业，是成功还是仅仅生存取决于对变化趋势（消费者好恶）的智能感知，并制定正确的决策，在留住现有客户的同时赢得新客户。关键是创建和管理成功的营销活动，与目标客户群体产生共鸣，并形成一个封闭的反馈回路来调整和修改信息，以对结果进行优化。最后，这一切都与公司开展业务方式的准确性有关：积极主动地应对客户的不断变化，使用基于事实/数据驱动的整体营销策略及时创造和传播正确的产品和服务。数据来源的识别和创建，相关数据的访问、收集、集成、清洁、转换、存储和处理，在 SiriusXM 成功设计和实施营销分析战略方面发挥了关键作用，就像当今任何精通分析的成功公司一样，无论他们所处的行业是什么。

资料来源：Teradata customer success story. SiriusXM attracts and engages a new generation of radio consumers. http://assets.teradata.com/resourceCenter/downloads/CaseStudies/EB8597.pdf?processed=1. Quinn, C. (2016). " Innovation-Data-Driven Marketing at SiriusXM," Forbes Magazine, https://www.forbes.com/sites/teradata/2016/01/14/data-driven-marketing-at-siriusxm/?sh=1096319f5ce0。

3.2 用于分析的数据的性质

数据是 BI、数据科学和商务分析计划的主要组成部分。事实上，数据可以被视为这些主流决策技术产生信息、洞察力和知识所需的原材料。如果没有数据，这些技术都不可能存在和推广，尽管我们通常使用专家知识和经验建立分析模型，很少使用数据或根本没有数据。不管怎样，那些都是过去，现在数据至关重要。数据曾经被视为收集、存储和管理的一大挑战，如今却被广泛认为是组织最有价值的资产之一，有可能为组织创造宝贵的洞察力，帮助组织更好地了解客户、竞争对手和业务流程。

数据可以很小，也可以很大，可以是结构化的（能很好地组织起来供计算机处理），也可以是非结构化的（例如，为人类创建的文本，计算机并不容易理解/吸收）。数据可以连续以小批量的形式出现，也可以大批量同时输入。这些特征定义了当今数据的固有性质，我们通常称之为大数据。尽管数据的这些特征使得对其处理和消费更具挑战性，但它也因此更有价值，因为这些特征丰富了数据，超出了传统的限制，有助于发现新知识。传统手动收集数据的方式（通过调查或通过人工输入的商业交易数据）大多让位给使用互联网或基于传感器/RFID 的计算机化网络的现代数据收集机制。这些自动化数据收集系统不仅使我们能够收集更多的数据，而且还提高了数据的质量和完整性。图 3.1 展示了一个典型的分析连续体结构——从数据到分析再到可操作信息。

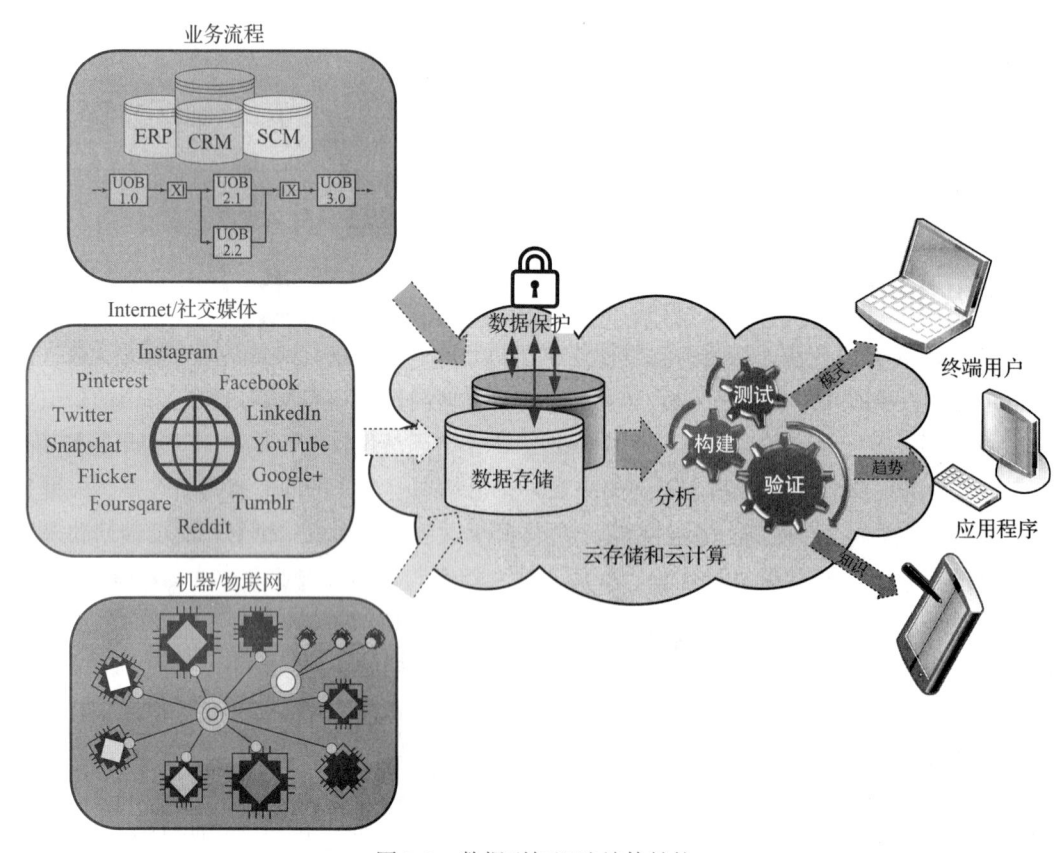

图 3.1 数据到知识连续体结构

尽管对数据的价值主张不可否认，但要兑现承诺，数据必须符合一些基本的可用性和质量指标。显然，并非所有数据都适用于所有任务，也就是说，数据必须与它要应用的任务匹配（具有特定的覆盖范围）。即使是针对特定任务，手头的相关数据也需要符合质量和数量要求。从本质上讲，数据必须为分析做好准备。那么，做好数据分析准备意味着什么呢？数据除了要与手头的问题和质量/数量要求相关外，还必须定义一个特定的数据结构，其中包含具有适当归一化值的关键字段/变量。此外，对于常见变量和题材（有时也称为高级数据管理），必须有一个全组织一致认同的定义，例如如何定义客户（客户的哪些特征可用于生成足够全面的分析表示），以及在业务流程中，与客户相关的信息应该在哪里捕获、验证、存储和更新。

有时，数据的表示可能取决于所采用的分析类型。预测算法通常需要一个含有目标变量的平面文件（flat file），因此，让数据分析为预测做好准备，就意味着必须将数据集转换为平面文件格式，以便随时输入到这些预测算法中。还必须将数据与特定预测算法或软件工具的需求相匹配，例如，神经网络算法要求所有输入变量都用数字表示（甚至名义变量也需要转换为伪二进制数字变量），而决策树算法不需要这种数字转换，可以轻松和原生地处理名义变量和数字变量的混合。

忽视数据相关任务（一些最关键的步骤）的分析项目往往会导致对正确的问题给出错误的答案，而这些无意中创造的、看似良好的答案可能会导致决策不准确、不及时。以下特征定义了分析研究的数据准备水平（指标）（Delen，2020；Kock、McQueen 和 Corner，1997）：

- **数据源可靠性**。数据源可靠性是指获得数据的存储介质的原创性和适当程度，对"我们对这个数据源有正确的信心和信念吗"给出了回答。如果可能的话，人们应该始终寻找数据的原始来源/创建者，以消除/减轻数据失实和发生数据变化的可能性，这些可能性是由于数据从来源移动到目的地的过程中，经过了一个或多个步骤并在途中停止时处理不当而造成的。数据的每一次移动都会造成无意中丢弃或重新格式化数据项的可能性，这会限制数据集的完整性，甚至可能限制其真正的准确性。
- **数据内容的准确性**。数据内容的准确性意味着数据是正确的，这与分析问题非常匹配，能够回答"我们有适合这份工作的数据吗"这样的问题。数据应该代表原始数据源的意图或定义。例如，数据库中记录的客户联系信息应与患者所说的信息相同。以下小节将更详细地介绍数据准确性。
- **数据可访问性**。数据可访问性意味着数据很容易获得，能够回答"我们能在需要的时候轻松获取数据吗"这样的问题。访问数据可能很棘手，尤其是如果数据存储在多个位置和多种存储介质中，并且在访问和获取数据时需要合并/转换。随着传统的关系数据库管理系统的地位开始动摇（或与数据湖和 Hadoop 基础设施等新一代数据存储介质共存），数据可访问性的重要性/关键性也在增加。
- **数据安全和数据隐私**。数据安全和数据隐私意味着只允许那些有权和需要访问数据的人访问，并防止其他人访问，这样数据才是安全的。信息安全的教育学位和证书计划越来越受欢迎，这证明了这一数据质量指标的重要性和紧迫性。任何维护个体患者健康记录的组织都必须配置适当的系统，不仅保护数据免受未经授权的访问

（这是《健康保险携带和责任法案》等联邦法律规定的），还可以准确识别每个患者，以允许授权用户正确及时地访问记录（Annas，2003）。

- **数据的丰富性**。数据的丰富性意味着所有所需的数据元素都包含在数据集中。从本质上讲，数据丰富性（或全面性）意味着可用变量描绘了基础主题的足够丰富的维度，可用于准确和有价值的分析研究。这也意味着信息内容是完整的（或接近完整的），以建立预测和/或规定的分析模型。
- **数据一致性**。数据一致性意味着要准确地收集和合并数据。一致的数据表示来自潜在不同来源但与同一主题有关的维度信息（感兴趣的变量）。如果数据整合/合并不正确，可能会使不同主题的一些变量处于同一记录中。例如，把两个不同的患者记录混合在一起。在合并人口统计和临床测试结果数据记录时，可能会发生这种情况。
- **数据的时效性/数据的及时性**。数据的时效性/数据的及时性意味着对于给定的分析模型，数据应该是最新的。这也意味着数据是在事件或观察时间或者接近事件或观察时间记录的，这样可以防止与时间延迟相关的数据误传（错误记忆和编码）。准确的分析依赖于准确及时的数据，因此可用于分析的数据的一个基本特征是创建和访问数据元素的及时性。
- **数据粒度要求**。数据粒度要求变量和数据值以最低（或尽可能低）的详细级别定义，以用于数据的预期用途。如果数据是聚合的，它可能并不包含分析算法学习如何区分不同记录/病例所需的详细程度。例如，在医疗环境中，实验室结果的数值应记录到适当的小数点后几位，以便对测试结果进行有意义的解释，并在分析算法中正确使用这些值。同样，在人口统计数据收集中，数据元素应在细粒度上进行定义，以确定不同亚群之间护理结果的差异。需要记住的一点是，聚合的数据无法分解（无法访问原始源），但可以很容易地从其细粒度表示中聚合。
- **数据有效性**。数据有效性是用于描述给定变量的实际数据值和预期数据值之间匹配/不匹配的术语。作为数据定义的一部分，必须定义每个数据元素的可接受值或值范围。例如，与性别相关的有效数据定义将包括三个值：男性、女性和其他（非二元性、跨性别和未知）。
- **数据相关性**。数据相关性意味着数据集中的变量都与正在进行的研究相关。相关性不是一个二分法的衡量标准（无论变量是否相关），相反，它具有从最不相关到最相关的一系列相关性。基于所使用的分析算法，可以选择只包括最相关的信息（即变量），或者如果算法能够对它们进行分类，则可以选择包括所有相关的信息，而不管它们的相关性水平如何。分析研究应该避免在模型构建中包含完全不相关的数据，因为这可能会污染算法的信息，导致产生不准确的结果。

尽管以上特征可能是最流行的衡量标准，但要想实现特定应用领域的真实数据质量和卓越的分析准备能力，需要对这些衡量标准维度给予不同程度的重视，并可能为此集合再添加更具体的衡量标准。下文将从分类学的角度深入研究数据的性质，以列出和定义与不同分析项目相关的不同数据类型。

3.2 节 习题

1. 如何描述数据在分析中的重要性？我们能想到不需要数据的分析吗？
2. 考虑到商业业务分析的新的广泛定义，分析连续体结构的主要输入和输出是什么？
3. 商务分析的数据从何而来？
4. 在你看来，为了更好地进行分析，与数据相关的前三大挑战是什么？
5. 对于可用于分析的数据，最常见的指标是什么？

3.3 数据的简单分类

数据是指通常作为实验、观察、交易或经验的结果而获得的事实的集合。数据可能由数字、字母、单词、图像、录音等组成，是一组变量（我们所研究的主题或事件的特征）的测量值。数据通常被视为最低级别的抽象，可从中获得信息，然后导出知识。

在最高抽象级别，可以将数据分为结构化和非结构化（或半结构化）数据。非结构化数据/半结构化数据由文本、图像、语音和 Web 内容的任意组合组成。结构化数据是数据挖掘算法使用的数据，可以分为分类型数据或数值型数据。分类型数据可以细分为名义数据或序数数据，而数值型数据可以细分为区间数据或比率数据。图 3.2 显示了数据的简单分类。

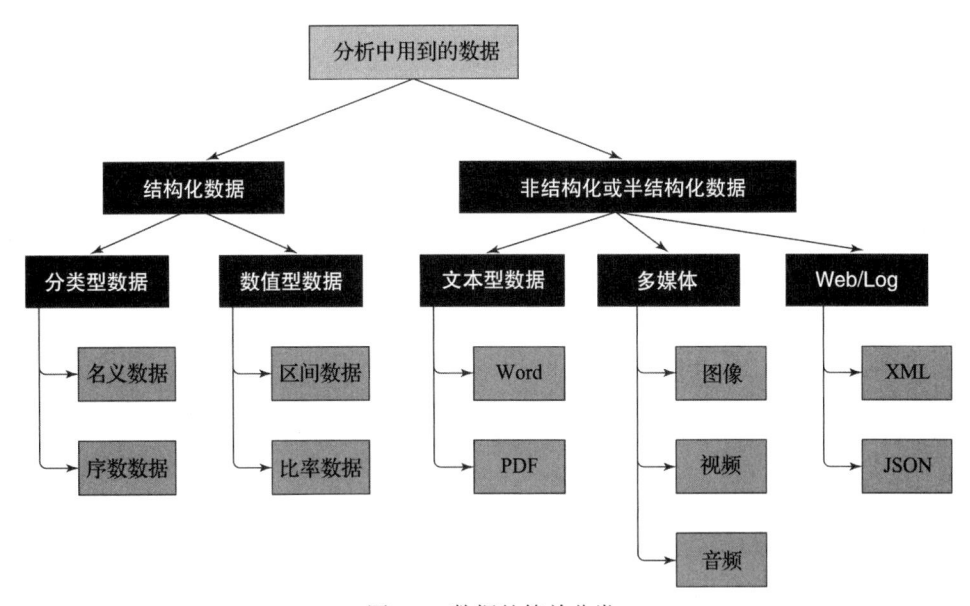

图 3.2 数据的简单分类

- **分类型数据**表示用于将变量划分为特定组的多个类的标签。分类型变量的例子包括种族、性别、年龄组和教育水平等。尽管后两个变量也可以通过使用年龄和取得的最高成绩的精确值以数字方式量化，但将这些变量分类为相对较少的有序类别通常更具信息性。分类型数据也可以称为离散型数据，表示它代表了有限数量的值，各值之间不连续，即使用于分类（或离散）变量的值是数字，这些数字也只是符号，并不表示有计算分数值的可能性。

- **名义数据**包含作为标签指定给对象的简单代码的测量值，这些代码不是测量值。例如，表示婚姻状况的变量通常可分为单身、已婚和离婚。名义数据可以用具有两个可能值（例如，是/否、真/假、好/坏等）的二项式值表示，也可以用具有三个或三个以上可能值（如，棕色/绿色/蓝色、白人/黑人/拉丁裔/亚洲人、单身/已婚/离婚/合法结合）的多项式值表示。
- **序数数据**包含作为标签分配给对象或事件的代码，这些代码还可表示排列顺序。例如，表示信用评分的变量通常可分为低、中等或高。在年龄组（即儿童、年轻人、中年人、老年人）和教育水平（即高中、大学、研究生）等变量中可以看到类似的有序关系。一些预测分析算法，如有序多元逻辑回归，考虑了这些额外的秩序信息，以建立更好的分类模型。
- **数值型数据**表示特定变量的数值，例如年龄、子女数量、家庭总收入（以美元计）、旅行距离（以英里计）和温度（以华氏度计）等。数值型变量的值可以是整数（只取整数）或实数（可取小数）。数值型数据也称为连续型数据，这意味着变量包含特定尺度上的连续度量，允许插入中间值。与离散型变量不同，离散型变量代表有限的、可计数的数据，连续变量表示可扩展的测量值，数据可能包含无限多个分数值。
- **区间数据**是可以在区间尺度上测量的变量。区间尺度测量的一个常见例子是摄氏度刻度上的温度。在这个特定的刻度中，测量单位是水在大气压下的熔化温度与沸腾温度之差的 1/100，也就是说，不存在绝对零值。
- **比率数据**是物理科学和工程中常见的测量变量。质量、长度、时间、平面角、能量和电荷是比率尺度的物理量测量的例子。标度类型的名称来源于这样一个事实，即测量是对连续量的量值与同类单位量值之间的比率的估计。非正式地说，比率量表的显著特征是拥有绝对零值。例如，开尔文温标的绝对零值为绝对零度，等于 −273.15 摄氏度。这个零点是绝对的，在这个温度下组成物质的粒子动能为零。

其他数据类型还包括文本、空间、图像、视频和音频/语音等，这些数据类型需要转换为某种形式的分类型表示或数值型表示，然后才能通过分析方法进行处理（数据挖掘算法；Delen，2020）。数据也可以分为静态或动态（即时序序列或时间序列）数据。

有些预测分析（即数据挖掘）方法和机器学习算法对它们可以处理的数据类型非常挑剔。如果为其提供不兼容的数据类型，可能会导致模型不正确，或者（更常见的情况是）终止模型开发过程。例如，一些数据挖掘方法需要将所有变量（输入和输出）表示为数值型变量（例如，神经网络、支持向量机、逻辑回归等）。可以使用某种类型的（1-of-N）伪变量（例如，具有三个唯一值的分类变量可以转换为以二进制值 1 或 0 表示的三个伪变量）将名义变量或序数变量转换为数值表示。因为这个过程可能会增加变量的数量，所以应该谨慎对待这种表示的效果，尤其是对于具有大量唯一值的分类变量。

类似地，一些预测分析方法，如 ID3（一种经典的决策树算法）和粗糙集（一种相对较新的规则归纳算法），需要将所有变量表示为分类型变量。这些方法的早期做法是要求用户在用算法处理数值变量之前，将其离散为类别表示。好消息是，在各种软件工具中，这些算法的大多数实现都接收数值型变量和名义变量，并在处理数据之前根据需要在内部进行必要的转换。

数据有许多不同的变量类型和表示模式。商务分析工具不断提高其帮助数据科学家完成数据转换和数据表示这一艰巨任务的能力，以便能够正确执行特定预测模型和算法所需的数据。

▶ 3.3 节　习题

1. 什么是数据？数据与信息和知识有何不同？
2. 数据的主要类别是什么？我们可以使用哪些类型的数据进行 BI 和分析？
3. 是否可以对所有分析模型使用相同的数据表示？为什么可以，或者为什么不行？
4. 什么是 1-of-N 数据表示？为什么将其用于分析，在哪里使用？

3.4　数据预处理的艺术与科学

原始状态的数据（即真实世界的数据）通常无法用于分析任务，这种数据通常肮脏、错位、过于复杂且不准确。为了将真实世界的原始数据转换为分析算法所需的精细形式，需要一个乏味且耗时的过程，即数据预处理（Kotsiantis、Kanellopoulos 和 Pintelas，2006）。许多分析专业人士证明，花在数据预处理（这可能是整个分析过程中最无聊的阶段）上的时间远远长于花在其他分析任务上的时间。图 3.3 显示了数据预处理的主要步骤。

在数据预处理的第一阶段，要从已识别的数据来源收集相关数据，选择必要的记录和变量（基于对数据的深入了解，过滤掉不必要的信息），并且对来自多个数据源的记录进行集成或合并（同样，深入理解数据，确保同义词和同音异义词也能被正确处理），这种集成或合并过程现在被称为数据融合（data blending）。

数据融合。 数据融合是 21 世纪数据科学最受欢迎的工作的重要组成部分，包括数据源融合、数据类型融合、数据库融合、时间融合和工具融合（Silipo 和 Rudnitckaia，2022）。为了处理各种数据融合请求，2016 年 11 月，Silippo 和她在 KNIME 的同

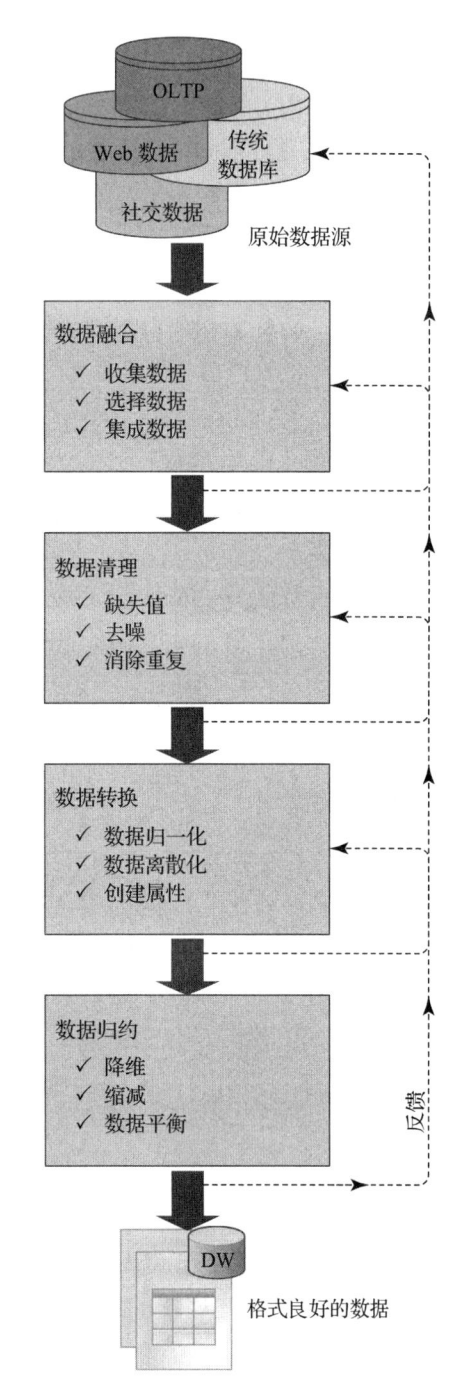

图 3.3　数据预处理的主要步骤

事们开设了一个有趣的系列博客，标题是"它们会融合吗？"。在该系列博客文章中，每一篇博客文章都致力于探讨数据融合挑战，并提供一个可能的解决方案。之后，这些博客文章被整理成一本同名书 *Will They Blend?*。目前，该电子书的第三版已经出版，可以在 https://www.knime. com/knimepress/will-they-blend 访问。当前版本的电子书包含 32 章，探讨了 50 多个数据源和外部工具的数据融合技术，从 SQL 和 NoSQL 数据库到云资源，从 SharePoint 和 SAP 到 Web 服务和社交媒体，从 R 和 Python 脚本到文本和图像，从 Word 到 Web 爬取……如果读者想知道自己的数据源是否在此书中，只需看看主题索引，很可能发现就在书里面。

在数据预处理的第二阶段，需要对数据进行清理（此步骤也称为数据清理）。原始/真实形式的数据资源通常是"脏"的（Delen，2020）。在这个步骤中，需要识别并处理数据集中的值。在某些情况下，缺失数值是数据集中的一种异常情况，在这种情况下，需要对其进行估算（用最可能的值填充）或忽略。在其他情况下，缺失的值是数据集的自然组成部分（例如，最高收入阶层的人往往没有填写家庭收入字段）。在数据清理中，分析师还应该识别数据中的噪声值（即异常值）并对其做平滑处理。此外，对于数据中的不一致（变量中的异常值），要使用领域知识或专家意见进行处理。

在数据预处理的第三阶段，需对数据进行转换，以便进行更好的处理。例如，在许多情况下，数据要在所有变量的某个最小值和最大值之间进行归一化，以减轻一个变量（具有较大数值，例如家庭收入）对具有较小数值的其他变量（例如受抚养人的数量或服务年数，这可能更重要）的不良影响。另一种转换是离散化或聚合。在某些情况下，要将数字变量转换为分类值（例如，低、中、高）；在其他情况下，使用概念层次数结构（例如，与使用具有 50 个不同值的单个状态相反，可以选择为显示位置的变量使用多个区域）将名义变量的唯一值范围缩小到较小的集合，以形成更易于计算机处理的数据集。尽管如此，在其他情况下，人们可能会选择在现有变量的基础上创建新的变量，以放大数据集的变量集合中发现的信息。例如，在器官移植数据集中，可以选择使用显示血型匹配的单个变量（1 表示匹配，0 表示不匹配），而不是供体和受体血型的单独多值。这种简化会增加信息内容，但同时降低了数据中关系的复杂性。

数据预处理的最后阶段是数据归约。尽管分析师喜欢拥有庞大的数据集，但过多的数据也可能是一个问题。简单来说，可以将预测分析项目中常用的数据可视化为一个平面文件，该文件由两个维度组成：变量（列数）和事例/记录（行数）。在某些情况下（例如图像处理和具有复杂微阵列数据的基因组项目），变量的数量可能相当大，分析师必须将数量减少到可管理的尺度。由于变量被视为从不同角度描述现象的不同维度，因此在预测分析和数据挖掘中，这一过程通常被称为**降维**（dimensional reduction）或**变量选择**（variable selection）。尽管没有一个最好的方法来完成这项任务，但人们可以使用以前发表的文献中的成果，咨询领域专家，进行适当的统计测试（例如主成分分析或独立成分分析），甚至使用这些技术的组合来成功地将数据中的维度减少到更易于管理和最相关的子集中。

关于另一个维度（即示例数量），一些数据集可能包括数百万甚至数十亿条记录。尽管计算能力呈指数级增长，但处理如此大量的记录可能并不实际或不可行。在这种情况下，可能需要对数据的子集进行采样。采样的基本假设是，数据的子集将包含完整数据集的所有相关模式。对同质数据集，这样的假设可能成立，但现实世界的数据很难是同质的。分析师在选择反映完整数据集本质的数据子集时应格外小心，不能只选到特定子组或子类别。数据通常根据某个变量进行排序，从数据集顶部或底部提取一部分数据可能会导致索引变量的特定值上的数据集存在偏差。因此，应始终尝试随机选择样本集中的记录。对于偏斜的数据，直接随机采样是不够的，可能需要分层采样（不同亚组数据按比例表示在样本数据集中）。通过对代表性较小的类进行过采样（oversampling）或对代表性较大的类进行欠采样（undersampling）来平衡高度偏斜的数据是一种很好的做法。研究表明，平衡数据集往往比不平衡数据集产生更好的预测模型（Thammasiri 等人，2014）。

表 3.1 总结了数据预处理的精髓，该表将数据预处理的主要阶段（及其问题描述）映射到具有代表性的任务和算法列表中。

表 3.1　数据预处理任务和潜在方法概述

数据整合	访问和收集数据	SQL 查询、软件代理、Web 服务
	选择和过滤数据	领域专业知识、SQL 查询、统计测试
	集成和统一数据	SQL 查询、领域专业知识、本体驱动的数据映射
数据清理	处理数据中缺少的值	用最合适的值（平均值、中值、最小值/最大值、模式等）填充缺失值（输入值）；用诸如"ML"之类的常量重新编码丢失的值；删除有缺失值的记录；什么也不做
	识别并减少数据中的噪声	使用简单的统计技术（如平均值和标准差）或聚类分析来识别数据中的异常值；一旦确定异常值，要么删除异常值，要么使用分箱（binning）、回归或简单平均值对其进行平滑处理
	查找并消除错误数据	识别数据中的错误值（异常值除外），如奇数值、不一致的类标签、奇数分布等；一旦识别错误值，请使用领域专业知识来更正错误值，或删除包含错误值的记录
数据转换	归一化数据	通过使用各种归一化或缩放技术，将每个数值变量的值范围缩小到标准范围（例如，值范围从 0 到 1，或从 -1 到 1）
	离散化或聚合数据	如果需要，使用基于范围或频率的分箱技术将数字变量转换为离散变量；对于分类型变量，通过应用适当的概念层次结构来减少值的数量
	构建新属性	使用各种数学函数（简单到加法和乘法，复杂到对数变换的混合组合等）从现有变量中推导出新的、信息量更大的变量
数据归约	减少属性数量	主成分分析、独立成分分析、卡方检验、相关性分析和决策树归纳
	减少记录数量	随机抽样、分层抽样、专家知识驱动的目的性抽样
	平衡偏差数据	对代表性较小的类进行过采样，对代表性较大的类进行欠采样

数据预处理的价值不可能被低估，这是一种很耗时的活动，在这种活动中，时间和精力的投资会得到回报，而回报递减的限制是可以察觉的。也就是说，用户在其中投入的资源越多，用户最终获得的收益就越多。分析实操 3.1 介绍了一项有趣的研究，该研究使用教育组织内现成的原始学术数据来开发预测模型，以更好地了解学生流失情况，提高大型高等教育机构新生的保留率。正如分析实操指出的那样，表 3.1 中描述的每一项数据预处理任务对成功执行基础分析项目都至关重要，尤其是与数据集平衡相关的任务。

分析实操 3.1　通过数据驱动式分析提高学生留存率

学生流失已经成为学术机构决策者面临的最具挑战性的问题之一。根据美国教育部教育统计中心（nces.ed.gov）的数据，尽管有各种计划和服务来帮助留住学生，但只有大约一半接受高等教育的学生真正获得了学士学位。招生管理和留住学生已成为美国和世界其他国家学院和大学管理者的首要任务。学生辍学率高通常会导致整体经济损失、毕业率偏低，在利益相关者看来学校声誉不佳。监督高等教育和分配资金的立法者和政策制定者，为孩子的教育买单以为孩子的未来预先做准备的父母，以及选择大学的学生，都在寻找机构质量和声誉的证据来指导他们的决策过程。

建议的解决方案

为了提高学生的留存率，应该努力了解学生流失背后的重要原因，还应该能够准确识别出那些有辍学风险的学生。到目前为止，绝大多数学生流失研究都致力于理解这一复杂但至关重要的社会现象。尽管这些定性、行为和基于调查的研究通过开发和测试各种理论提出了宝贵的见解，但并没有提供能准确预测（并可能改善）学生流失的工具。本案例研究中总结的项目提出了一种定量研究方法，可以使用学生数据库中的历史机构数据来开发能够预测和解释流失问题的针对特定机构的模型。所提出的分析方法如图 3.4 所示。

虽然这一概念对高等教育来说相对较新，但十多年来，营销管理领域的类似问题一直在以"流失分析"的名义使用预测数据分析技术进行研究，目的是在当前客户中找出"我们目前的客户中谁更有可能停止购买我们的产品或服务"并给出答案。这样就可以执行某种调解或干预程序来留住客户。留住现有客户至关重要，众所周知，正如相关研究一再表明的那样，获得新客户的成本与留住现有客户的成本相比，在精力、时间和花销上都存在数量级的差别。

数据至上

该研究项目的数据来自一所平均招生人数为 23 000 人的大学（位于美国中西部地区的一所综合性公立大学），学生中同一州的居民约占 80%，约 19% 的学生为非白人。入学人数在性别上没有显著差异。该机构一年级的平均学生保留率约为 80%，六年的平均毕业率约为 60%。

这项研究使用了五年的机构数据，涉及 16 000 余名一年级学生，这些数据来自各种各样的大学生数据库，数据包含与学生的学术、财务和人口学特征相关的变量。将多维学生数据合并并转换为单个平面文件（一个具有表示变量的列和表示学生记录的行的文件）后，对生成的文件进行评估和预处理，以识别和纠正异常和不可用的值。例如，该研究从数据集中删除了所有国际学生的记录，因为它们不包含一些最著名的预测因素的信息（如高中 GPA、SAT 成绩）。在数据转换阶段，有一些变量得以聚合（例如，Major 和 Concentration 变量聚合为二进制变量 MajorDeclared 和 ConcentrationSpecified），以便更好地对预测模型做出解释。此外，一些变量被用来推导新的变量[例如，Earned/Registered（盈余/注册）比率和 YearsAfterHighSchool（高中毕业年数）]。

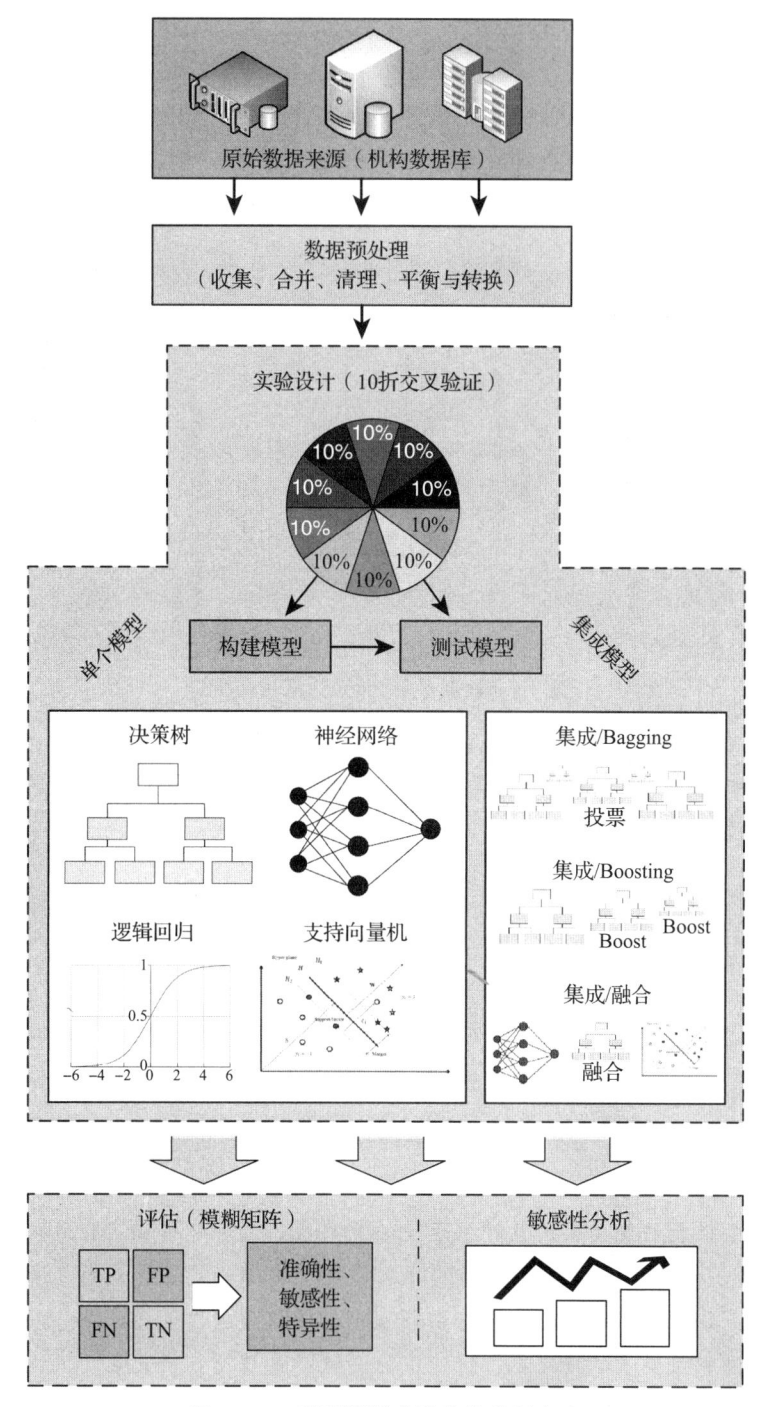

图 3.4 一种预测学生流失的分析方法

Earned/Registered＝EarnedHours/RegisteredHours

YearsAfterHighSchool＝FreshmenEnrollmentYear－HighSchoolGraduationYear

　　Earned/Registered 比率是为了更好地反映学生在第一年第一学期的韧性（resiliency）和决心。直观地说，人们预计这个变量的值会更大，对学生留下来或保持持久性产生积极影响。创建 YearsAfterHighSchool 是为了衡量高中毕业和大学入学之间所花时间的影响。直觉上，人们希望以这个变量来表示对损耗的预测。这些集合和导出的变量是基于对许多逻辑假设进行的实验来确定的。那些更有常识的和能带来更好预测准确性的变量保留在最终变量集中。由于反映了亚群体（即新生）的真实性质，因变量（即"第二次秋季注册"）包含的 yes 记录（约 80%）比 no 记录（约 20%）多得多，见图 3.5。

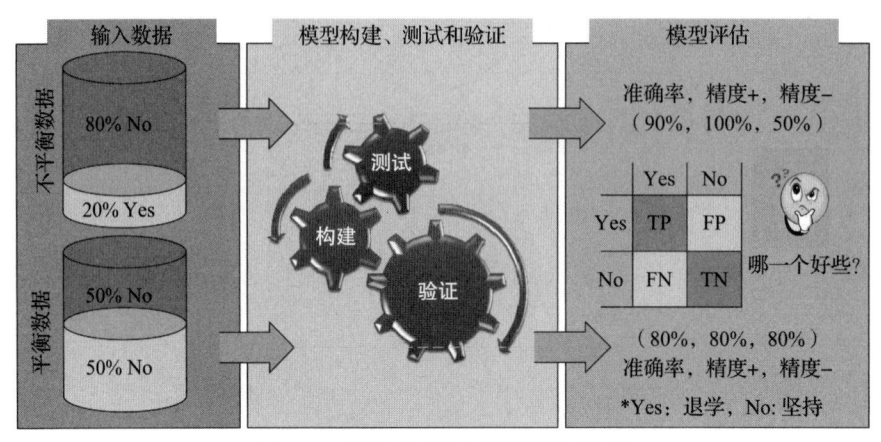

图 3.5　数据不平衡问题的图解说明

研究表明，数据不平衡会对模型性能产生负面影响。因此，该研究也做了实验，对用原始不平衡数据（对 yes 记录有偏差）和用平衡数据建立的同类型模型产生的结果进行了使用和比较。

建模与评估

该研究采用四种流行的分类方法（即人工神经网络、决策树、支持向量机和逻辑回归）以及三种模型集成技术（即 bagging、分解和信息融合）。然后，应用适用于保留样本的常规分类模型评估方法（例如，总体预测精确性、敏感性、特异性）对所有模型类型获得的结果进行了相互比较。

在机器学习算法中，敏感性分析是一种识别给定预测模型的输入和输出之间"因果"（cause-and-effect）关系的方法。敏感性分析背后的基本思想是，它根据模型中不包括预测变量时模型性能的变化来衡量预测变量的重要性。这种建模和实验实践也被称为留一验证法（leave-one-out assessment）。因此，特定预测变量的敏感性的度量是在没有预测变量的情况下训练模型的误差与包括该预测变量的模型的误差的比率。网络对某个变量越敏感，在没有该变量的情况下，性能下降的幅度就越大，因此重要性比率就越大。除了模型的预测能力外，该研究还进行了敏感性分析，以判断输入变量的相对重要性。

结果

在第一组实验中，本研究使用了原始的不平衡数据集。基于 10 折交叉验证评估结果，支持向量机产生了最好的准确率，总体准确率为 87.23%，决策树以 87.16% 的总体准确率获得亚军，其次是人工神经网络和逻辑回归，总体准确率分别为 86.45% 和 86.12%（见表 3.2）。

表 3.2 原始/非平衡数据集预测结果

	ANN (MLP) No	ANN (MLP) Yes	DT (C5) No	DT (C5) Yes	SVM No	SVM Yes	LR No	LR Yes
No	1 494	384	1 518	304	1 478	255	1 438	376
Yes	1 596	11 142	1 572	11 222	1 612	11 271	1 652	11 150
SUM	3 090	11 526	3 090	11 526	3 090	11 526	3 090	11 526
每类准确率	48.35%	96.67%	49.13%	97.36%	47.83%	97.79%	46.54%	96.74%
总体准确率	86.45%		87.16%		87.23%		86.12%	

仔细检查这些结果发现，"yes"类的预测准确率显著高于"no"类的预测准确率。事实上，所有四种模型类型都以90%以上的准确率预测了第二年可能返校的学生，但他们在预测第一年后可能辍学的学生方面做得很差，准确率低于50%。由于"no"类的预测是本研究的主要目的，因此对此类学生的预测准确率低于50%是不可接受的。这两类预测准确率的这种差异可以（也应该）归因于训练数据集（约80%的"yes"和约20%的"no"样本）的不平衡。

下一轮实验使用了平衡数据集，其中两个类别的学生样本数几乎相等。在实现这种方法的过程中，该研究从代表性较低的类别（即本文中的"no"类别）中提取所有样本，并从大多数类别（此处的"yes"类别）随机选择相同数量的样本，并重复该过程10次，以减少随机采样的偏差。每一次采样过程都产生了7 000多条记录的数据集，其中两个类标签（"yes"和"no"）同等重要。同样，使用10折交叉验证方法，该研究开发并测试了所有四种类型的预测模型，实验结果如表3.3所示。基于保留样本结果，支持向量机再次产生了最佳的总体预测准确率，为81.18%，其次是决策树、人工神经网络和逻辑回归，总体预测准确度分别为80.65%、79.85%和74.26%，预测模型在预测具有良好平衡数据的"no"类方面比在预测不平衡数据时做得更好。总的来说，这三种机器学习技术的表现明显好于它们的对照方法：逻辑回归。

表 3.3 平衡数据集预测结果

混合矩阵	ANN (MLP) No	ANN (MLP) Yes	DT (C5) No	DT (C5) Yes	SVM No	SVM Yes	LR No	LR Yes
No	2 309	464	2 311	417	2 313	386	2 125	626
Yes	781	2 626	779	2 673	777	2 704	965	2 464
SUM	3 090	3 090	3 090	3 090	3 090	3 090	3 090	3 090
每类准确率	74.72%	84.98%	74.79%	86.50%	74.85%	87.51%	68.77%	79.74%
总体准确率	79.85%		80.65%		81.18%		74.26%	

接下来，本研究进行了另一组实验来评估三个集成模型的预测能力。基于10折交叉验证方法，信息融合型集成模型产生了最好的结果，总体准确率为82.10%，其次是Bagging和Boosting型，总体准确率分别为81.80%和80.21%（见表3.4）。尽管预测结果略好于单个模型，但众所周知，与单个最佳预测模型相比，集成模型可以产生更稳健的预测系统。

表 3.4　三个集成模型的预测能力

	Boosting（提升树）		Bagging（随机森林）		信息融合（加权平均）	
	No	Yes	No	Yes	No	Yes
No	2 242	375	2 327	362	2 335	351
Yes	848	2 715	763	2 728	755	2 739
SUM	3 090	3 090	3 090	3 090	3 090	3 090
每类准确率	72.56%	87.86%	75.31%	88.28%	75.57%	88.64%
总体准确率	80.21%		81.80%		82.10%	

除了评估每种模型类型的预测准确性外，还使用开发的预测模型进行了敏感性分析，以确定自变量（即预测因子）的相对重要性。在实现总体敏感性分析结果时，四种单独的模型类型中的每一种都生成了自己的敏感性度量值，所有自变量排列在一张优先列表中。正如预期的那样，每种模型类型产生的自变量的敏感性排名略有不同。收集齐所有四组敏感性度数字后，对敏感性数字进行归一化和聚合，并绘制在水平条形图中（如图 3.6 所示）。

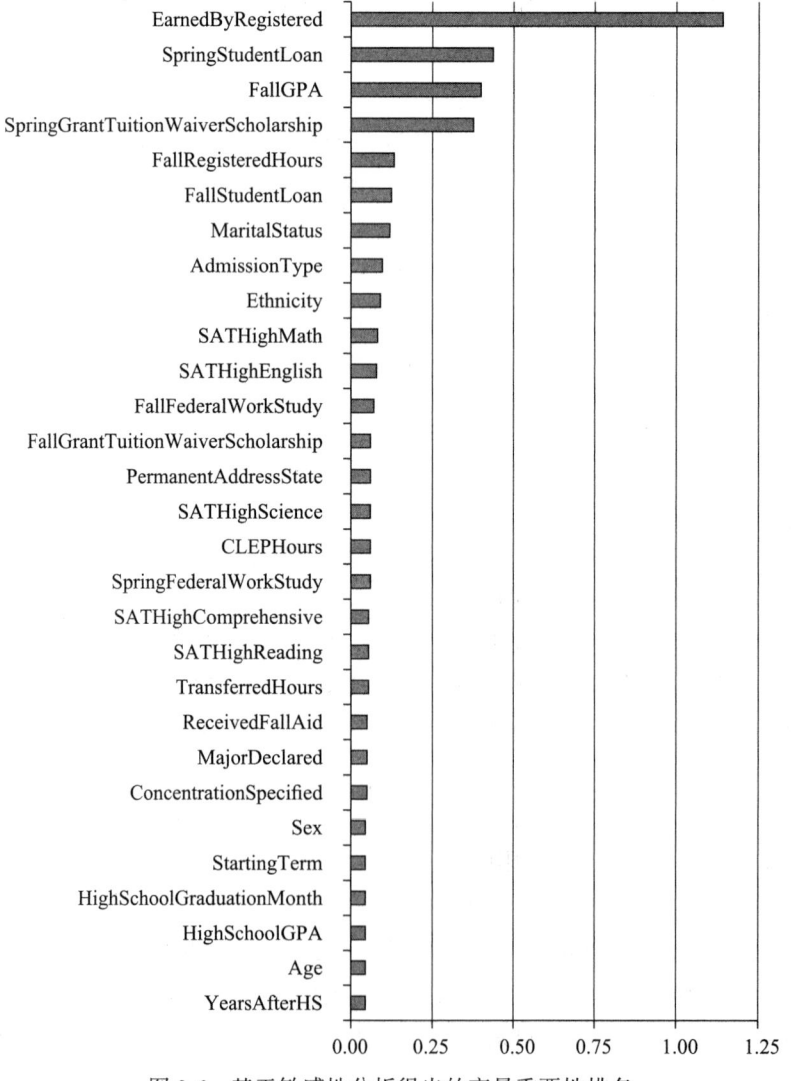

图 3.6　基于敏感性分析得出的变量重要性排名

结论

研究表明，在给定足够的数据和适当变量的情况下，数据挖掘方法能够预测出新生流失情况，准确率约为 80%。结果还表明，无论采用何种预测模型，平衡数据集（与不平衡/原始数据集相比）都能产生更好的预测模型，可用于识别可能在大二之前辍学的学生。在本研究中使用的四个个体预测模型中，支持向量机表现最好，其次是决策树、神经网络和逻辑回归。从可用性的角度来看，尽管支持向量机显示出更好的预测结果，但人们可能会选择使用决策树，因为与支持向量机和神经网络相比，决策树模型能对模型结构做出更透明的描绘。决策树明确显示了不同预测的推理过程，为某个具体的结果提供了理由，而支持向量机和人工神经网络是数学模型，它们不能对"它们是怎么做的"给出透彻说明。

资料来源：Delen, D., Topuz, K., & Eryarsoy, E. (2020). Development of a Bayesian Belief Network-based DSS for predicting and understanding freshmen student attrition. European Journal of Operational Research, 281(3), 575-587. Thammasiri, D., Delen, D., Meesad, P., & Kasap N. (2014). A critical assessment of imbal-anced class distribution problem: The case of predicting freshmen student attrition. Expert Systems with Applications, 41(2), 321-330. Delen, D. (2011). Predicting student attrition with data mining methods. Journal of College Student Retention, 13(1), 17-35. Delen, D. (2010). A comparative analysis of machine learning techniques for student retention management. Decision Support Systems, 49(4), 498-506。

▶ 3.4 节　习题

1. 为什么原始数据不容易被分析任务使用？
2. 数据预处理的主要步骤是什么？
3. 清理/净化数据意味着什么？这一阶段进行了哪些活动？
4. 为什么需要数据转换？常用的数据转换任务是什么？
5. 数据归约可以应用于行（采样）和/或列（变量选择），哪个更具挑战性？

3.5　大数据的定义

使用数据来了解客户和企业经营，以维持（并促进）业务增长和盈利能力提高，对当今企业来说是一项越来越具有挑战性的任务。随着可用的各种形式的数据越来越多，用传统方法及时处理数据已经不切实际。如今，通常被称为"大数据"的现象受到媒体的大量报道，并引起商业用户和 IT 专业人士越来越多的兴趣。其结果是，大数据正在成为被夸大和过度使用的营销流行词。

对于不同背景和兴趣的人来说，大数据所表示的意思也不同。传统上，大数据一词被用来描述 Google 等大型企业或美国国家航空航天局的研究科学项目分析的大量数据。对于大多数企业来说，这是一个相对的术语："大"取决于组织的规模，重点更多是在传统数据源内外寻找新的价值。如果突破数据分析的界限，可能会发现新的见解和机会，"大"取决于你从哪里开始以及如何继续。看看对大数据的流行描述：大数据超出了常用硬件环境的处理范围或软件工具在用户群体可承受的时间范围内获取、管理和处理它的能力。大数据已经成为一个流行的术语，用来描述结构化和非结构化信息的指数级增长、可用性和信息使用情况。关于大数据发展趋势，以及它如何成为创新、差异化和增长的基础，人们已发表了很多文章。由于在管理来自多个来源的大量数据方面存在技术挑战，有时要求速度很快，为此人们开发了更多的新技术来克服技术挑战。"大数据"一词的使用通常与此类技术有关。由于存储此类数据的主要用途是通过分析产生认识，因此有时"大数据"一词被扩展为"大数据分析"。但这个词的意思并不固定，因为它对不同的人来说有不同的含义。因为我们的目标是向读者介绍大型数据集及其在生成见解方面的潜力，所以我们将在本章中使用其原始术语。

大数据从何而来？一个简单的答案是"无处不在"。由于技术限制而被忽视的资源现在被视为金矿。大数据可以来自网络日志、射频识别、全球定位系统（GPS）、传感器网络、社交网络、基于互联网的文本文档、互联网搜索索引、详细通话记录、天文学、大气科学、生物学、基因组学、核物理、生物化学实验、医疗记录、科学研究、军事侦察、摄影档案、视频档案和大规模电子商务实践等。

大数据并不是什么新鲜事。新的是其定义和结构不断变化。自 20 世纪 90 年代初数据仓库出现以来，公司一直在存储和分析大量数据。TB 过去是大数据仓库的代名词，现在是 EB，随着企业寻求存储和分析更高级别的交易细节数据，以及 Web 和机器生成的数据，以更好地了解客户行为和业务驱动因素，数据量的增长率还在不断上升。

许多人（学者和行业分析师/领导者）认为"大数据"用词不当，其明面意思和所表示的意思并不完全相同。也就是说，大数据不仅仅是"大"。数据的绝对数量只是与大数据相关的众多特征之一，其特征还包括多样性、速度、准确性、可变性和价值主张等。

定义大数据的"V"

大数据通常由三个"V"来定义：容量（Volume）、多样性（Variety）和速度（Velocity）。除了这三个 V，我们还看到一些领先的大数据解决方案提供商添加了其他"V"，如真实性（Veracity，IBM 提供）、多变性（Variability，SAS 提供）和价值主张（Value Proposition）。

容量。容量显然是大数据最常见的特征。许多因素导致了数据量的指数级增长，例如多年来存储的基于交易的数据、社交媒体不断涌入的文本数据、不断增加的传感器数据收集量、自动生成的 RFID 和 GPS 数据等。过去，过多的数据量会造成技术和财务方面的存储问题。但是，随着技术的发展和存储成本不断降低，这些问题不再重要；相反，数据容量变大产生了其他问题，包括如何在大量数据中确定相关性，以及如何从相关数据中创造价值。

如前所述，"大"是一个相对术语。它随着时间的推移而变化，不同的组织对它的看法也不同。随着数据量的惊人增长，即使对下一个大数据等级如何命名也一直是一个挑战。过去被称为 P 字节（PB）的最高数据量已被 Z 字节（ZB）取代，Z 字节是万亿 GB 或十亿 TB。技术洞察 3.1 对大数据容量大小和命名做了全面介绍。

略做简要历史回顾，2009 年世界上有大约 0.8 ZB 的数据；2010 年，数据量突破了 1 ZB 大关；截至 2011 年年底，这一数字为 1.8 ZB。预计 2020 年将达到 44 ZB（Adshead，2014）。随着传感器和物联网的发展，这些预测数据可能都是错误的。尽管这些数字的规模惊人，但随之而来的挑战和机遇也是如此。

技术洞察 3.1　数据规模正变得越来越大

对数据大小的度量标准很难跟上新名称的步伐。我们都知道千字节（KB，即 1 000 字节）、兆字节（MB，即 1 000 000 字节）、吉字节（GB，即 1 000 000 000 字节）和太字节（TB，即 1 000 000 000 000 字节）。除此之外，大多数人对数据容量名称（见下表）比较陌生。

名称	符号	大小
Kilobyte	kB	10^3
Megabyte	MB	10^6
Gigabyte	GB	10^9
Terabyte	TB	10^{12}
Petabyte	PB	10^{15}
Exabyte	EB	10^{18}
Zettabyte	ZB	10^{21}
Yottabyte	YB	10^{24}
Brontobyte[*]	BB	10^{27}
Gegobyte[*]	GeB	10^{30}

注：[*] 还没有正式的 SI（国际单位制）名称/符号。

假设每天在互联网上创建 1 EB 的数据，相当于 2.5 亿张 DVD 光盘容量的信息。而且，当涉及某一年中通过网络传输的信息量时，使用更大量级的数据的想法并不遥远。当提到 Yottabyte 时，一些大数据科学家经常想知道美国国家安全局或联邦调查局有多少关于其他人的数据。就 DVD 光盘容量而言，1 Yottabyte 相当于 250 万亿张 DVD 光盘数据量。Brontobyte 不是官方的 SI 前缀，但显然已经被一些测量社区数据量的人认可，其大小是一个 1 后面跟 27 个零。这样一个量级的大小可以用来描述我们在未来十年将从互联网上获得的传感器数据量。

资料来源：Backblaze. (2022). What is a yottabyte? https://www.backblaze.com/blog/what-is-a-yottabyte/
Byte. (2022). Unit of information, https://en.wikipedia.org/wiki/Byte。

多样性。如今的数据格式繁多——从传统数据库到最终用户创建的分层数据存储和 OLAP 系统，到文本文档、电子邮件、XML、仪表收集和传感器捕获的数据，再到视频、音频和股票行情数据等。据估计，所有组织约 80% 至 85% 的数据都是非结构化或半结构化格式（这种格式对传统的数据库模式来说不适合），但不可否认其价值，因此，必须将其纳入分析中，以支持决策。

速度。根据 Gartner 的说法，速度表示数据生成和对数据进行处理（即捕获、存储和分析）以满足要求的快慢程度。RFID 标签、自动传感器、GPS 设备和智能电表正推动对近实时处理海量数据日益增长的需求。速度也许是大数据最被忽视的特征，对大多数组织来说，反应足够快以应对大数据速度是一个挑战。对于时间敏感的环境，数据的机会成本时钟在创建数据的那一刻就开始滴答作响。随着时间的推移，数据的价值主张会降低，最终变得毫无价值。无论主题是患者的健康、交通系统的健康还是投资组合的健康，访问数据并对环境做出更快的反应总是会产生更有利的结果。

在目前有目共睹的大数据风暴中，几乎每个人都专注于静态分析，使用优化的软件和硬件系统来挖掘大量变体数据源。尽管这一点至关重要且极具价值，但有另一类分析是由大数据的速度驱动的，称为"数据流分析"（data stream analytics）或"动态分析"（in-motion analytics），这类技术正快速发展。如果做得正确，数据流分析可能与静态分析一样有价值，在某些商业环境中甚至比静态分析更有价值。本章后续将更详细地讨论这个主题。

真实性。真实性是由 IBM 创造的一个术语，用于描述大数据的第四个"V"。表示数据是符合事实的：数据的正确性、质量、真实性或可信度。工具和技术通常用于通过将数据转化为高质量和值得信赖的见解来处理大数据的真实性。

多变性。除了不断增加的速度和数据的多样性之外，数据流可能与周期性峰值高度不一致。社交媒体上有什么大趋势吗？也许有一场引人注目的 IPO 即将到来。也许在巴哈马与海牛一起游泳突然成了度假必备活动。每日、季节性和事件触发的峰值数据负载可能变化非常大，因此数据管理起来很有挑战性，尤其是在涉及社交媒体的情况下。

价值主张。围绕大数据的兴奋点还在于它的价值主张。关于"大"数据的一个预先构想的概念是，它包含（或更有可能包含）比"小"数据更多的模式和有趣的异常现象。因此，通过分析大型且功能丰富的数据，组织可以获得更大的商业价值，这在其他情况下可能是不具备的。尽管用户可以使用简单的统计和机器学习方法或即席查询（ad hoc query）和报告工具来检测小数据集中的模式，但大数据意味着"大"分析。大分析意味着有更深入的洞察力和更好的决策，这是每个组织都需要的。

由于大数据的确切定义（或其后续术语）仍然是学术界和工业界不断讨论的问题，因此很可能还会有更多的特征（更多的"V"）出现。无论发生什么，大数据的重要性和价值主张都将持续存在。图 3.7 显示了一个概念架构，其中大数据（位于图左侧）通过使用高级分析组合转换为商业洞察力，并提供给各种不同的用户/角色，以帮助人们更快、更好地做出决策。

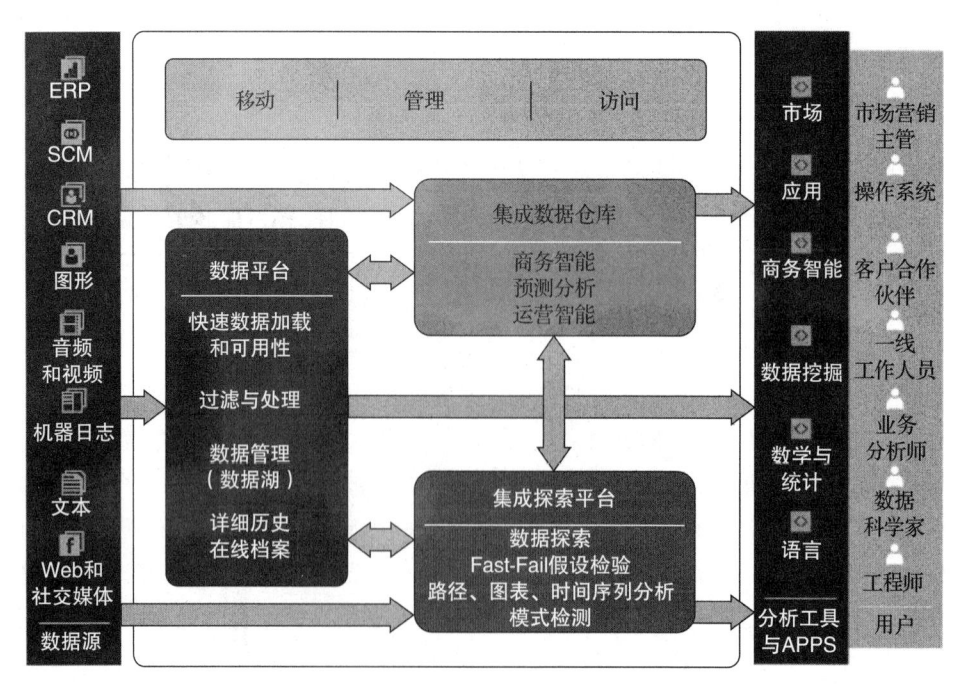

图 3.7 大数据解决方案的高级概念架构

资料来源：AsterData——一家 Teradata 公司。

3.5 节 习题

1. 为什么大数据很重要？发生了什么变化，使得大数据处于分析世界的中心？
2. 如何定义大数据？为什么很难定义？
3. 在你看来，在用来定义大数据的"V"中，哪一个最重要？为什么？
4. 你认为大数据的未来会是什么样子？它会把它的受欢迎程度留给其他人吗？如果是，会是什么？

3.6 大数据分析基础

大数据本身无论大小、类型或速度如何，都是毫无价值的，除非商业用户用它做一些事情，才能为其组织带来价值，为此"大"分析应运而生。尽管组织总是针对数据仓库运行报告和仪表盘，但大多数组织并没有开放这些存储库以进行深入的按需探索。部分原因是因为分析工具对普通用户来说太复杂了，而且存储库通常不包含高级用户所需的所有数据。但由于新的大数据分析范式，这种情况即将发生戏剧性的变化（对一些人来说，这种变化一直在发生）。

在价值主张方面，大数据也给组织带来了巨大挑战。传统的数据捕获、存储和分析手段无法有效、高效地处理大数据。因此，需要开发（或购买/租赁/外包）新技术来应对大数据的挑战。在进行这样的投资之前，各组织应该证明其手段是合理的。以下是一些可能有助于解释这种情况的问题。如果以下任何一种说法都是正确的，那么就需要认真考虑开始大数据之旅。

- 由于当前平台或环境的限制，你无法处理所需的数据量。
- 你希望将新数据源（例如，社交媒体、RFID、传感、Web、GPS、文本数据）纳入分析平台，但你做不到，因为在不牺牲新数据的保真度或丰富性的条件下，数据不符合数据存储模式定的行和列。
- 你需要（或希望）尽快整合数据，以便在分析中保持最新状态。
- 你希望使用按需模式（而不是关系数据库管理系统中使用的预定模式）数据存储范式，因为新数据的性质可能未知，或者可能没有足够的时间来判断并为它开发模式。
- 数据到达组织的速度如此之快，以至于你的传统分析平台无法处理。

与任何其他大型IT投资一样，大数据分析的成功取决于许多因素，图3.8显示了最关键的成功因素示意图。

以下是大数据分析最关键的成功因素：

图3.8 大数据分析最关键的成功因素

1. **业务需求明确（与公司愿景和战略保持一致）**。商业投资应该是为了商业利益，而不仅仅是为了技术进步。因此，大数据分析的主要驱动力应该是业务在任何层面的需求——战略、战术和运营。

2. **强力、坚定的支持（高管支持）**。众所周知，如果你没有强力、坚定的高管支持，工作就很难取得成功。如果范围局限于单个或几个分析应用程序，则支持可以是部门级别的。然而，如果目标是整个企业的组织转型（大数据计划通常是这样），则需要最高级别和整个组织的支持。

3. **业务和IT战略一致**。重要的是要确保分析工作始终支持业务战略，而不是相反。分析应在成功执行业务战略方面发挥正向作用。

4. **基于事实的决策文化**。在基于事实的决策文化中，公司依靠数字而不是直觉、想象或假设来驱动决策。还有一种实验文化，检验什么有效，什么无效。为了创造一种基于事实的决策文化，高级管理层需要：

- 认识到公司有些人无法或不愿调整；
- 扮演积极支持者；
- 强调必须停止使用过时的方法；
- 要求查看进入决策的分析方法；
- 将激励和补偿与期望的行为联系起来。

5. **强大的数据基础设施**。数据仓库为分析提供了数据基础设施。大数据时代，在新技术的支持下，这种基础设施正在发生变化，进一步得以增强。成功需要新老技术结合，建立一个协同工作的整体基础设施。

随着规模和复杂性的增加，对更高效的分析系统的需求也在增加。为了满足大数据的计算需求，已经开发了许多新的创新计算技术和平台，这些技术统称为高性能计算，包括以下内容：

- **内存分析**：通过允许在内存中处理分析计算和大数据，并将其分布在一组专用节点上，以高度准确的分析近乎实时地解决复杂问题。
- **数据库内分析**：通过在数据库内执行数据集成和分析功能，加快分析时间，实现更好的数据管理，不必重复移动或转换数据。
- **网格计算**：通过在共享、集中管理的IT资源池中处理作业，提高效率、降低成本，提高性能。
- **设备**：将硬件和软件集成在一个物理单元中，该单元不仅快速，而且可根据需要进行扩展。

计算需求只是大数据带给当今企业挑战的一小部分。以下是企业高管发现的一些对大数据分析的成功实施有重大影响的挑战。在考虑大数据项目和架构时，注意到这些挑战将使达到分析能力的过程面临更小的压力。

数据量：以可接受的速度捕获、存储和处理大量数据的能力，以便决策者在需要时可以获得最新信息。

数据集成：能够将结构或来源不相似的数据进行整合，并以合理的成本快速实现。

处理能力：在捕获数据时能快速处理数据的能力。传统的收集和处理数据的方式可能不起作用。在许多情况下，数据一被捕获就需要进行分析，以利用其最大的价值。（这称为流分析，将在本章后面介绍。）

数据治理：能够跟上大数据的安全、隐私、所有权和质量问题等要求。随着数据的数量、种类（格式和来源）和速度的变化，治理实践的能力也应该随之变化。

技能可用性：大数据正被新工具利用，并以不同的方式看待。具备这项工作技能的人（通常被称为数据科学家）比较缺乏。

解决方案成本：由于大数据在业务改进方面可能打开了一个新世界，因此正在进行大量的实验和发现，以确定数据和数据见解转化为价值的模式。因此，为了确保大数据项目的投资获得正回报，降低用于寻找价值的解决方案的成本至关重要。

尽管挑战真实存在，但大数据分析的价值主张也是如此。作为一名商务分析领导者，你所能做的任何事情都将帮助证明新数据源对业务的价值，这将使组织从实验和探索大数据转变为适应和接受大数据，并将其作为一种差异化手段。探索没有错，但最终的价值来自将取得的见解付诸行动。

大数据分析解决的业务问题

大数据总体上解决的首要业务问题是提高流程效率和降低成本，以及增强客户体验，但从行业角度来看，不同行业事项优先级可能不同。在制造业、政府、能源和公用事业、通信和媒体、运输和医疗保健行业，提高流程效率和降低成本可能是可以通过大数据分析解决的首要问题，增强客户体验可能是保险公司和零售商解决的首要问题，风险管理通常是银行和教育领域公司的首要问题。以下是可以使用大数据分析解决的部分问题：

- 提高流程效率、降低成本
- 品牌管理
- 收入最大化、交叉销售和追加销售
- 增强客户体验
- 客户识别、客户招募
- 改进客户服务
- 识别新产品和市场机会
- 风险管理
- 遵守法规
- 增强安全能力

3.6 节　习题

1. 什么是大数据分析？它与常规分析有何不同？
2. 大数据分析的关键成功因素是什么？
3. 考虑实施大数据分析时，应该注意哪些重大挑战？
4. 大数据分析解决了哪些常见的业务问题？

3.7 大数据技术

处理和分析大数据的技术有很多，但大多数技术都有一些共同的特点（Kelly，2012），都利用了现代硬件来实现扩展，并利用并行处理技术；采用非常规数据存储能力来处理非结构化和半结构化数据；将先进的分析和数据可视化技术应用于大数据分析，向最终用户报告分析结果。大多数人认为将改变商务分析和数据管理市场的三大大数据技术是 Hadoop、MapReduce 和 NoSQL。

Hadoop

Hadoop 是一种用于处理、存储和分析大量分布式非结构化数据的开源框架。最初由 Yahoo! 的 Doug Cutting 创建。Hadoop 的灵感来自 MapReduce，这是 Google 在 21 世纪初开发的一个用户定义函数，用于编制 Web 索引，其设计目的是并行处理分布在多个节点上的数量达 PB 和 EB 的数据。Hadoop 集群运行在廉价的商品硬件上，因此项目扩展非常省钱。Hadoop 现在是 Apache 软件基金会的一个项目，数百名贡献者不断改进核心技术。基本概念是：Hadoop 不是用一台机器处理一个巨大的数据块，而是将大数据分解为多个部分，这样每个部分都可以同时处理和分析。

Hadoop 如何工作

客户端访问来自日志文件、社交媒体订阅源和内部数据存储等数据来源的结构化、非结构化和半结构化数据。Hadoop 将数据分解成更小的"部分"，然后将其加载到由多个运行在商品硬件上的节点组成的文件系统中。Hadoop 中的默认文件存储是 Hadoop 分布式文件系统（Hadoop Distributed File System，HDFS）。HDFS 等文件系统擅长存储大量非结构化和半结构化数据，因为它们不需要将数据组织成关系行和列。每个"部分"都会被复制多次并加载到文件系统中，这样，如果某一个节点出现故障，另一个节点就会拥有故障节点所包含数据的副本。名称节点（Name Node）充当协调者，向客户端反馈信息，例如哪些节点可用，某些数据在集群中的位置，以及哪些节点出现故障等。

一旦将数据加载到集群中，就可以通过 MapReduce 框架进行分析了。客户端将一个"映射"作业（通常是用 Java 编写的查询）提交给集群中的一个名为"作业跟踪器"（Job Tracker）的节点。作业跟踪器引用名称节点来确定需要访问哪些数据才能完成作业，以及数据在集群中的位置。一旦确定，作业跟踪器就会将查询提交给相关节点。处理不是将所有数据带回一个中心位置进行处理，而是同时或并行地在每个节点进行处理。这是 Hadoop 的一个重要特性。

当每个节点完成对其给定作业的处理后，它将结果存储起来。客户端通过作业跟踪器启动一个"Reduce"作业，在该作业中，本地存储在各个节点上的映射阶段的结果被聚合，以确定原始查询的"答案"，然后加载到集群中的另一个节点上。客户端访问这些结果，然后可以将这些结果加载到多个分析环境之一中进行分析，MapReduce 作业现已完成。

一旦 MapReduce 阶段完成，处理后的数据就可以由数据科学家和其他具有高级数据分析技能的人进行进一步分析了。有多种工具可供使用，数据科学家可以任何一种来操纵和分析数据，并用于任何用途，包括搜索隐藏其中的见解和模式，或者用作构建面向用户的分析应用程序的基础。数据还可以建模，并从 Hadoop 集群转移到现有的关系数据库、数据仓库和其他传统 IT 系统中，用于进一步分析和支持事务处理。

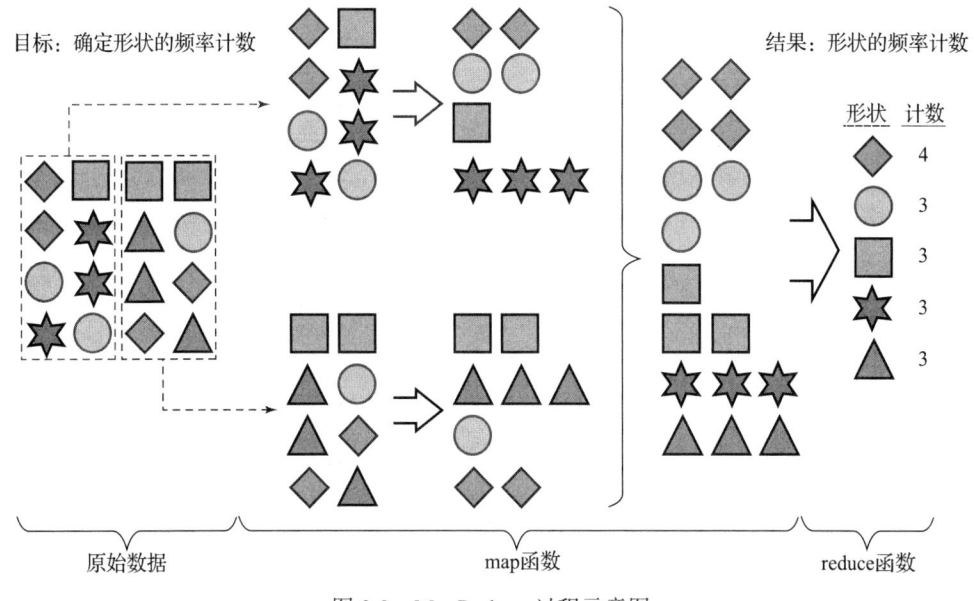

MapReduce

MapReduce 是 Google 推广的一种技术，它可以在大型机器集群中对非常大的多结构数据文件进行分布处理。高性能是通过将处理分解为小的工作单元来实现的，这些工作单元可以在集群中的数百个，甚至数千个节点上并行运行。MapReduce 的开创性论文对 MapReduce 的介绍如下：

MapReduce 是一个用于处理和生成大型数据集的编程模型及其相关实现。以这种功能风格编写的程序会自动并行化运行在大型机器集群上。这使得没有任何并行和分布式系统经验的程序员也能够轻松地利用大型分布式系统的资源（Maleki 等人，2019）。

这段话中需要注意的关键一点是，MapReduce 是一种编程模型，而不是一种编程语言，也就是说，它是为程序员而不是为业务用户设计的。说明 MapReduce 如何工作的最简单的方法是使用示例——参见图 3.9 中的彩色方块计数器。

图 3.9 MapReduce 过程示意图

图 3.9 中 MapReduce 过程的输入是一组彩色方块。目标是计算每种颜色的方块数。该示例中的程序员负责对 map 进行编码并减少程序，其余的操作由实现 MapReduce 编程模型的软件系统来处理。

MapReduce 系统首先读取输入文件并将其拆分为多个部分。在本例中，有两个拆分，但在现实场景中，拆分的数量通常会多得多。然后，在集群的节点上并行运行多个 map 程序来处理这些拆分。在这种情况下，每个 map 程序的作用是将每个拆分中的数据按颜色进行分组。然后，MapReduce 系统获取每个 map 程序的输出，并合并（shuffle/sort）结果以输入到 reduce 程序，该程序计算每种颜色的平方数之和。在本例中，只使用了 reduce 程序的一个副本，但在实践中可能会有更多副本。为了优化性能，程序员可以提供自己的 shuffle/sort 程序，还可以部署一个 combiner，该 combiner 合并本地 map 输出文件，以减少必须由 shuffle/sort 在集群中远程访问的输出文件数量。

为什么使用 MapReduce

MapReduce 帮助组织处理和分析大量多结构化数据。应用示例包括索引和搜索、图形分析、文本分析、机器学习、数据转换等。这些类型的应用通常很难使用关系型 DBMS 所使用的标准 SQL 来实现。

MapReduce 的程序化特点使其易于被熟练的编程人员理解。它还有一个优点，即开发人员不必关心并行计算的实现——这是由系统透明处理的。尽管 MapReduce 是为程序员设计的，但非程序员可以利用预先构建的 MapReduce 应用程序和函数库。商业和开源 MapReduce 库都提供了广泛的分析功能。例如，Apache Mahout 是一个开源的机器学习库，包含"用于聚类、分类和基于批处理的协同过滤的算法"，这些算法是使用 MapReduce 实现的。

Hadoop 技术组件

除了 MapReduce 外，Hadoop "堆栈"还由许多组件组成，其中包括以下组件：
- Hadoop 分布式文件系统（HDFS）：任何给定 Hadoop 集群中的默认存储层。
- Name Node：Hadoop 集群中的节点，提供集群中特定数据存储位置的客户端信息，并记录是否有某节点出现故障。
- Secondary Node：这是 Name Node 的备份，如果失败，它会定期复制和存储 Name Node 的数据。
- Job Tracker：Hadoop 集群中的节点，用于启动和协调 MapReduce 作业或数据处理。
- Worker 节点：在任何 Hadoop 集群中，Worker 节点都会存储数据，并从 Job Tracker 中获取处理数据的方向。

除了这些组件之外，Hadoop 生态系统还由不断扩展的大量互补子项目组成。像 Cassandra 和 HBase 这样的 NoSQL 数据存储也用于在 Hadoop 中存储 MapReduce 作业的结果。除了 Java，一些 MapReduce 作业和其他 Hadoop 函数都是用 Pig 编写的，Pig 是一种专门为 Hadoop 设计的开源语言。Hive 是一个开源数据仓库，最初由 Facebook 开发，允许在 Hadoop 中进行分析建模。以下是 Hadoop 最常用的子项目。

Hive。Hive 是一个基于 Hadoop 的类似数据仓库的框架，最初由 Facebook 开发。Hive 允许用户以一种名为 HiveQL 的类似 SQL 的语言编写查询，然后将查询转换为 MapReduce。这允许没有 MapReduce 经验的 SQL 程序员使用仓库，并更容易与商务智能（BI）和可视化工具（如 Microstrategy、Tableau、Revolutions Analytics 等）集成。

Pig。Pig 是由 Yahoo! 开发的一种基于 Hadoop 的查询语言。它相对容易学习，并且擅于处理非常深入、非常长的数据管道（SQL 的一个限制）。

HBase。HBase 是一个非关系型数据库，允许在 Hadoop 中进行低延迟、快速查找。它为 Hadoop 添加了事务功能，允许用户进行更新、插入和删除。eBay 和 Facebook 都大量使用 HBase。

Flume。Flume 是一个用数据填充 Hadoop 的框架。Agent 填充在整个 IT 基础设施中（例如，在 Web 服务器、应用程序服务器和移动设备中）以收集数据并将其集成到 Hadoop 中。

Oozie。Oozie 是一个工作流处理系统，允许用户定义一系列用多种语言（如 MapReduce、Pig 和 Hive）编写的作业，然后智能地将这些作业彼此链接。Oozie 允许用户指定诸如特定查询，只有在其数据所依赖的指定先前作业完成后才能启动。

Ambari。Ambari 是一套基于 Web 的工具，用于部署、管理和监控 Apache Hadoop 集群。其开发由 Hortonworks 的工程师领导，其 Hortonworks 数据平台中包括 Ambari。

Avro。Avro 是一个数据序列化系统，允许对 Hadoop 文件的模式进行编码，擅长解析数据和执行删除的过程调用。

Mahout。Mahout 是一个数据挖掘库，采用最流行的数据挖掘算法来执行聚类、回归测试和统计建模，并使用 MapReduce 模型实现。

Sqoop。Sqoop 是一个连接工具，用于将非 Hadoop 数据存储（如关系型数据库和数据仓库）中的数据移动到 Hadoop 中。Sqoop 允许用户在 Hadoop 中指定目标位置，并指示 Sqoop 将数据从 Oracle、Teradata 或其他关系数据库移动到目标位置。

HCatalog。HCatalog 是 Apache Hadoop 的集中式元数据管理和共享服务，允许 Hadoop 集群中所有数据的统一视图，并允许包括 Pig 和 Hive 在内的多种工具处理任何数据元素，而无须知道数据在集群中的物理存储位置。

Hadoop 的利与弊

Hadoop 的主要好处是，它允许企业以经济、高效的方式处理和分析迄今为止无法访问的大量非结构化和半结构化数据。由于 Hadoop 集群可以扩展到 PB 字节甚至 EB 字节的数据，企业不再需要依赖样本数据集，而是可以处理和分析所有相关数据。数据科学家可以将迭代方法应用于分析，不断完善和测试查询，以发现以前未知的见解。入门 Hadoop 也相对便宜，开发人员可以免费下载 Apache Hadoop 发行版，不到一天就可以开始试用 Hadoop。

Hadoop 及其众多组件的缺点是它们还不成熟，仍在开发中。与新出现的原始技术一样，实施和管理 Hadoop 集群以及对大量非结构化数据执行高级分析需要大量的专业知识、技能和培训。遗憾的是，目前缺乏 Hadoop 开发人员和数据科学家，这使得许多企业无法维护和利用复杂的 Hadoop 集群。此外，随着社区对 Hadoop 无数组件的改进和新组件的创建，Hadoop 与其他不成熟的开源技术/方法一样，存在误入歧途的风险。最后，Hadoop 是一个面向批处理的框架，这意味着它不支持实时数据处理和分析。为了提高效率，实现实时数据处理，Apache 基金会开发了另一种名为 Spark 的开源大数据技术，下一小节将对此进行解释。

好消息是，IT 界一些最聪明的人才正在为开源大数据技术开发项目做出贡献。因此，大数据技术正在迅速发展，变得越来越强大，且更易于实施和管理。一个由供应商组成的生态系统，包括最近成立的 Cloudera 和 Hortonworks 等初创企业，以及 IBM、Microsoft、

Teradata 和 Oracle 等知名 IT 巨头，都在努力提供商业化、企业级的大数据工具和服务，帮助传统企业实现部署和管理底层技术。其他几家领先的初创企业正在努力完善 NoSQL（不仅仅是 SQL）数据存储，这些数据存储能够与 Hadoop 和 Spark 一起提供近实时的见解。技术洞察 3.2 提供了一些事实，以澄清对 Hadoop 的一些误解。

技术洞察 3.2　关于 Hadoop 的一些事实

尽管 Hadoop 及其相关技术已经存在了五年多，但大多数人对 Hadoop 及其相关技术（如 MapReduce 和 Hive 等）仍有一些误解。下面列出的 10 个事实旨在阐明 Hadoop 相对于 BI 是什么？用来做什么？以及在哪些业务和技术情况下，基于 Hadoop 的 BI、数据仓库和分析可能有用（Russom，2013）。

事实 #1。Hadoop 由多个产品组成。我们谈论 Hadoop 时，就好像它是一个单一的软件，而实际上它是 Apache 软件基金会（ASF）监管的开源产品和技术家族。（一些 Hadoop 产品也可以通过供应商发行版获得，稍后会介绍更多信息。）

Apache Hadoop 库包括（按 BI 优先级顺序）HDFS、MapReduce、Hive、HBase、Pig、ZooKeeper、Flume、Sqoop、Oozie、Hue 等。可以通过各种方式将它们组合在一起，但 HDFS 和 MapReduce（可能与 HBase 和 Hive 一起）构成了 BI、数据仓库和分析应用程序的可用技术堆栈。

事实 #2。Hadoop 是开源的，也可以从供应商那里获得。Apache Hadoop 的开源软件库可从 ASF 的 apache.org 上获得。对于希望获得更适合企业的软件包的用户，一些供应商现在提供 Hadoop 发行版，其中包括额外的管理工具和技术支持。

事实 #3。Hadoop 是一个生态系统，而不是一个单一产品。除了 Apache 的产品外，扩展的 Hadoop 生态系统还包括越来越多的与 Hadoop 技术集成或扩展的供应商产品。读者在最喜欢的搜索引擎上花很少的时间就会发现这些产品信息。

事实 #4。HDFS 是一个文件系统，而不是数据库管理系统（DBMS）。Hadoop 主要是一个分布式文件系统，缺乏与 DBMS 相关的功能，如索引、数据随机访问和对 SQL 的支持等。这没关系，因为 HDFS 可以做 DBMS 不能做的事情。

事实 #5。Hive 类似于 SQL，但不是标准 SQL。我们许多人都被 SQL 束缚住了，因为我们很了解它，而且我们的工具也需要它。了解 SQL 的人可以很快学会手动编写代码单元，但这并不能解决与基于 SQL 的工具的兼容性问题。TDWI 认为，随着时间的推移，Hadoop 产品将支持标准 SQL，所以这个问题很快就会变得毫无意义。

事实 #6。Hadoop 和 MapReduce 是相关的，但并非相互需要。Google 的开发人员在 HDFS 存在之前就开发了 MapReduce。MapReduce 的一些变体可以使用各种存储技术，包括 HDFS、其他文件系统和一些 DBMS 等。

事实 #7。MapReduce 为分析提供控制，但不是分析本身。MapReduce 是一个通用执行引擎，可以处理网络通信、并行编程的复杂性，以及任何类型应用程序的容错问题，而不仅仅是分析。

事实 #8。Hadoop 算是数据多样性的，而不仅仅是数据量。理论上，HDFS 可以管理任何数据类型的存储和访问，只要可以将数据放入文件中并将该文件复制到 HDFS 中。尽管听起来过于简单，但这在很大程度上是可行的，这正是吸引许多用户使用 Apache HDFS 的原因。

事实 #9。Hadoop 是对 DW 的补充，很少起替代作用。大多数组织都为结构化关系数据设计了 DW，这使得从非结构化和半结构化数据中挖掘 BI 价值变得困难。Hadoop 将通过处理大多数 DW 无法处理的多结构数据类型来补充 DW。

事实 #10。Hadoop 支持多种类型的分析，不仅仅是 Web 分析。有很多关于互联网公司如何使用 Hadoop 来分析 Web 日志和其他 Web 数据的报道，但其他使用方式也有。例如，考虑来自传感设备的大数据，如制造业中的机器人、零售业中的 RFID 或公用事业中的网格监控。以往需要大数据样本的分析应用程序（如客户群细分、欺诈检测和风险分析）可以从 Hadoop 管理的额外大数据中受益。同样，Hadoop 的附加数据可以扩展全方位视野，以创建更完整、更细粒度的视图。

Spark 与 Hadoop

为了利用大数据现象的价值主张，过去的几十年提出了几种新的数据处理框架。在迄今为止提出的两个方案中，最常被引用和广泛使用的是 Hadoop 和 Spark。这两个开源框架都是由 Apache 软件基金会开发的（Hadoop 于 2004 年发布，Spark 于 2009 年发布），用于管理和处理现今的大数据集。

Hadoop（或更恰当地说是 Apache Hadoop），正如上面更详细介绍的那样众所周知，它是第一个成功开发和部署的、应对大数据的框架。它不仅可以处理非常大尺寸的数据，还能处理以前所未有的速度创建的各种数据类型。Hadoop 的主要优势包括：①利用商用硬件处理大数据；②通过复制防止因硬件故障导致数据和信息丢失；③从小型集群扩展到大型分析系统；④能够经济高效地从大数据中发现知识。

Spark（或者更恰当地说是 Apache Spark）也是一个开源的大数据处理系统，旨在应对大数据的挑战，并从数字世界的新形象中创造价值。与 Hadoop 类似，Spark 也将大型数据管理和分析任务分解为更小的部分，由基于常规存储和计算硬件设备的大量不同节点处理。关键的区别在于，Spark 在内存（随机存取存储器或 RAM）中缓存和分析数据（而不是 Hadoop 中的文件系统），从而比 Hadoop 更快地得到结果。许多人认为，Hadoop 几年后开发 Spark 的主要动机是对计算效率的迫切需求。Spark 最常被提及的一些好处包括：①大数据处理速度加快一个数量级以上；②支持高效 SQL 查询、流数据、机器学习和图形处理的统一引擎；③ API 得以改进，更容易使用，特别是在处理非结构化和半结构化数据方面。

这两个框架的生态系统不同。Hadoop 生态系统由四个主要模块［即 Hadoop 分布式文件系统（HDFS）、YARN（Yet Another Resource Negotiator）资源管理器、Hadoop MapReduce、Hadoop Common（Hadoop Core）］组成，Spark 生态系统由五个模块［即 Spark Core、Spark SQL、Spark Streaming 与 Structured Streaming、机器学习库（MLlib）、GraphX］组成。Hadoop 和 Spark 之间的一些关键比较点如下：

- **性能**：Spark 速度更快，因为它使用随机存取存储器（RAM），而不是向磁盘读取和写入中间数据。相反，Hadoop 需将数据存储在多个数据源上，并通过 MapReduce

进行批量处理。
- **成本**：Hadoop 运行成本较低，因为它依赖于任何磁盘存储类型进行数据处理。Spark 的运行成本更高，因为它依赖于内存中的计算来进行实时数据处理，这需要它使用大量的 RAM 来依次存储节点。
- **并行处理**：虽然两个平台都在分布式环境中并行处理数据，但 Hadoop 是批处理和线性数据处理的理想选择，而 Spark 则是实时处理和处理实时非结构化数据流的理想选择。
- **可扩展性**：当数据量快速增长时，Hadoop 会通过 Hadoop 分布式文件系统（HDFS）快速扩展以满足需求。反过来，Spark 依赖容错 HDFS 来处理大量数据。
- **安全性**：Spark 通过共享机密或事件日志来增强身份验证的安全性，而 Hadoop 则使用多种身份验证和访问控制方法。虽然总体来说 Hadoop 更安全，但 Spark 可以与 Hadoop 集成以达到更高的安全级别。
- **分析**：Spark 是这一类别框架中的优秀平台，因为它包括 MLlib，它可以执行内存中的迭代 ML 计算。它还包括执行回归、分类、持久化、管道构建、评估等的工具。

人们在比较 Hadoop 和 Spark 时存在误解，常常表现在以下几个方面：
- Spark 已取代 Hadoop。虽然部分属实，但并不完全正确，Hadoop 和 Spark 都有各自的用例（如下所述）。
- Hadoop 是一个数据库，Spark 是一个分析引擎。事实并非如此，因为 Hadoop 和 Spark 都可以用作数据管理和数据分析工具。
- Hadoop 更便宜。尽管 Hadoop 和 Spark 都是免费的开源框架，但这些工具的专业安装和使用绝非免费，需要在咨询、聘用数据科学家和采购适当的硬件基础设施方面进行大量投资。
- Spark 总是比 Hadoop 快一个数量级（高达 100 倍）以上。这不是真的。尽管对于小型数据处理任务，Spark 的执行速度可以比 Hadoop 快 100 倍，但对于大型数据处理任务来说，其效率会显著降低。

那么，我们如何决定何时使用 Hadoop，何时使用 Spark 呢？

可将 Hadoop 用于以下场合：
- 在数据大小超过可用内存的环境中处理大数据集
- 使用利用磁盘读写操作的任务进行批处理
- 用有限的预算构建数据分析基础设施
- 完成对时间不敏感的工作
- 历史和档案数据分析

可将 Spark 用于以下场合：
- 使用迭代算法处理并行运算链
- 通过内存中的计算实现快速结果
- 实时分析流数据分析
- 对模型数据进行图形并行处理
- 所有 ML 应用

NoSQL

一种相关的名为 NoSQL（Not Only SQL）的新型数据库已经出现，与 Hadoop 一样，它可以处理大量多结构数据。然而，Hadoop 擅长支持大规模、批处理式的历史数据分析，而 NoSQL 数据库在很大程度上（尽管也有一些重要的例外）旨在为最终用户和自动化的大数据应用程序提供存储在大量多结构数据中的离散数据。关系数据库技术非常缺乏这种能力，因为关系数据库技术根本无法在大数据范围内维持所需的应用程序性能级别。

在某些情况下，NoSQL 和 Hadoop 可以协同工作。例如，前面提到的 HBase 是一个流行的 NoSQL 数据库，它以 Google BigTable 为模型，通常部署在 HDFS 上，以在 Hadoop 中提供低延迟、快速查找服务。目前大多数 NoSQL 数据库的缺点是，它们以保证 ACID［原子性（atomicity）、一致性（consistency）、隔离性（isolation）、持久性（durability）］换取性能和可扩展性。许多国家还缺乏成熟的管理和监测工具。开源 NoSQL 社区和少数试图将各种 NoSQL 数据库商业化的供应商正在克服这两个缺点。目前可用的 NoSQL 数据库包括 HBase、Cassandra、MongoDB、Accumulo、Riak、CouchDB 和 DynamoDB 等。

数据有益

近年来，志愿者和众包社区倡议的数量大幅增加。尽管这些发起者中有相当一部分专注于算法（数学、统计和机器学习）、编程语言（如 Python 和 R）和软件工具（如 KNIME 和 Orange），但他们中的一部分人一直专注于解决对社会和环境有意义的问题，以发现新的模式和知识。后一类举措通常被称为数据有益（data for good）项目。这些项目背后的基本理念是通过使用大多数公开的数据源、商务分析及数据科学工具和技术，对影响环境、人口众多以及往往不幸的群体或少数群体的问题产生新的理解、认识和解决方案，从而做好数据工作。表 3.5 列出并简要说明了这些项目中一些成果最丰富的项目。

表 3.5 数据有益项目

倡议名称	发起者	说明	URL
TIBCO4Good	TIBCO	通过数据解决全球挑战的热情推动了该项倡议，目标是通过战略计划动员生态系统，对世界各地的人道主义努力产生更大的影响	https://www.tibco.com/tibco4good.
Data for Good	SAS	SAS 很自豪能成为"Data for Good"运动的一部分，该运动鼓励以有意义的方式利用数据来解决贫困、健康、人权、教育和环境等人道主义问题	https://www.sas.com/en_us/data-for-good.html
Science for Social Good	IBM	应用人工智能、云计算和深度科学来扩大社会影响，应用科学可以帮助人们解决世界上最棘手的问题，并激发商业创新	https://research.ibm.com/science-for-social-good/
Doing good with Data	Teradata	Teradata 致力于帮助全球各地的非营利组织使用数据来解决他们每天面临的问题	https://www.teradata.com/About-Us/Doing-Good-With-Data
DataKind	Tableau	一个旨在利用数据科学的力量为人类服务，并为重大社会问题提供解决方案的组织。DataKind 被认为是 Data for Good 运动的领导者	https://www.datakind.org/

（续）

倡议名称	发起者	说明	URL
Data for Good	A Canadian Foundation	一群行善者，他们希望利用自己的力量行善，而不是作恶，通过数据帮助我们的社区变得更好。这是一个全国性的非营利组织，在加拿大设有分会，帮助其他非营利和非政府组织利用其数据的力量，做出更明智、更好的决定，助其社区蓬勃发展	https://dataforgood.ca/
Data for Good	Facebook	目标是为合作伙伴提供保护隐私的数据，以加强社区管理并改善社会问题	https://dataforgood.facebook.com/
Data & Analytics for Good	Open Journal	*Data&Analytics for Good* 是一本开放获取、同行评审的数据期刊，专注于发表推动联合国一个或多个可持续发展目标的新颖研究	https://data-for-good.pubpub.org/
Data for Good	Appsilon	该倡议背后的团队在交互式数据可视化、机器学习和开发人工智能解决方案方面积累了大量专业知识，并将这些技术用于解决世界上最紧迫的挑战	https://appsilon.com/data-for-good/
Democratizing Data	Data.org	Data.org 是一个建立伙伴关系的平台，旨在建立具有社会影响的数据科学领域。我们与世界各地的组织合作，增加数据科学的使用，以改善数百万人的生活	https://data.org

有许多本地数据被"数据有益"倡议使用。如果你有兴趣提升你在商务分析和数据科学方面的知识和经验，那么参与一些基于社区的志愿活动将是一个好主意。这样，在学习分析的同时，你也可以对环境保护和改善人类健康产生影响。

▶ 3.7 节　习题

1. 新兴大数据技术的共同特点是什么？
2. 什么是 Hadoop？它是如何工作的？
3. Hadoop 的主要组件是什么？这些组件执行什么功能？
4. 什么是 MapReduce？它能做什么？它是怎么做到的？
5. 什么是 Spark，它与 Hadoop 相比如何？两者有什么相似之处和不同之处？
6. 什么是 NoSQL？它是如何融入大数据分析的？
7. 什么是 Data for Good？选取、研究并报告两个"Data for Good"倡议。在你的报告中，对这些倡议的起源、动机和结果做出评论。

3.8　大数据与流分析

如前所述，除了数量和多样性之外，定义大数据的一个关键特征是速度，即数据创建和流入到分析环境的速度。各组织都在寻找新的方法来处理流入的流数据，以便对问题和机遇做出快速、准确的反应，从而取悦客户并获得竞争优势。在数据快速连续流入的情况下，使用对先前累积数据（即静止数据）的传统分析方法往往要么因为使用了太多断章取义的数据而做出错误的决策，要么等做出正确的决策时为时已晚，对组织没有任何用处。因此，对于许多商业情形，在数据创建后和/或数据流入分析系统后立即对其进行分析是至关重要的。

绝大多数现代企业都在遵循这样一种假设，即对每一条数据的记录都是重要和关键的，因为它可能包含现在或不久的将来某个时候的宝贵信息。然而，只要数据源数量不断增加，

"存储所有内容"的方法就会变得越来越困难,在某些情况下甚至不可行。事实上,技术不断进步,但目前的总存储容量远远落后于世界上正在产生的数字信息。此外,在不断变化的商业环境中,在给定的短时间窗口内实时检测数据中有意义的变化以及复杂的模式变化,对于制定更适合新环境的行动至关重要。这些事实是我们称之为流分析模式的主要触发因素。流分析模式就是为了应对这些挑战而诞生的,即源源不断的数据流不可能永久存储以供后续必须采用及时和有效的方式进行分析,复杂的模式变化需要在它们发生时立即检测并采取行动。

流分析（Stream analytics）也称为运动中的数据分析（data-in-motion analytics）和实时数据分析（real-time data analytics）是一个常用于从连续流动/流式数据中提取可移动信息的分析过程的术语。流被定义为连续的数据元素序列（Zikopoulos等人,2013）。流中的数据元素通常被称为元组（tuple）。对比关系数据库的意思,元组类似于一行数据（记录、对象或实例）。然而,在半结构化或非结构化数据的背景下,元组是表示数据包的抽象,可以将其表征为给定对象的一组属性。如果元组本身的信息不足以进行分析或关联,或者需要元组之间的其他集体关系,则使用包括一组元组的数据窗口。数据窗口是一个有限数量/序列的元组,当新数据可用时,窗口会不断更新。窗口的大小是基于所分析的系统来确定的。流分析越来越受欢迎有两大原因,首先,分析时间价值已经不断减少；其次,我们有技术手段来捕捉和处理数据。

一些最具影响力的流分析的应用是在能源行业开发的,特别是针对智能电网（电力供应链）系统。新的智能电网不仅能够实时创建和处理多个数据流,以确定满足真实客户需求的最佳配电,还能够生成准确的短期预测,以判断意外需求和可再生能源发电峰值。图3.10显示了能源行业流分析的通用示例（典型的智能电网应用程序）。目标是通过使用来自智能电表、生产系统传感器和气象模型的流数据实时准确预测电力需求和生产。预测近期消费/生产趋势和实时检测异常的能力可用于优化供应决策（发多少电,使用什么发电能源,并优化调整产能）,并调整智能电表,以调节消费和有利的能源定价。

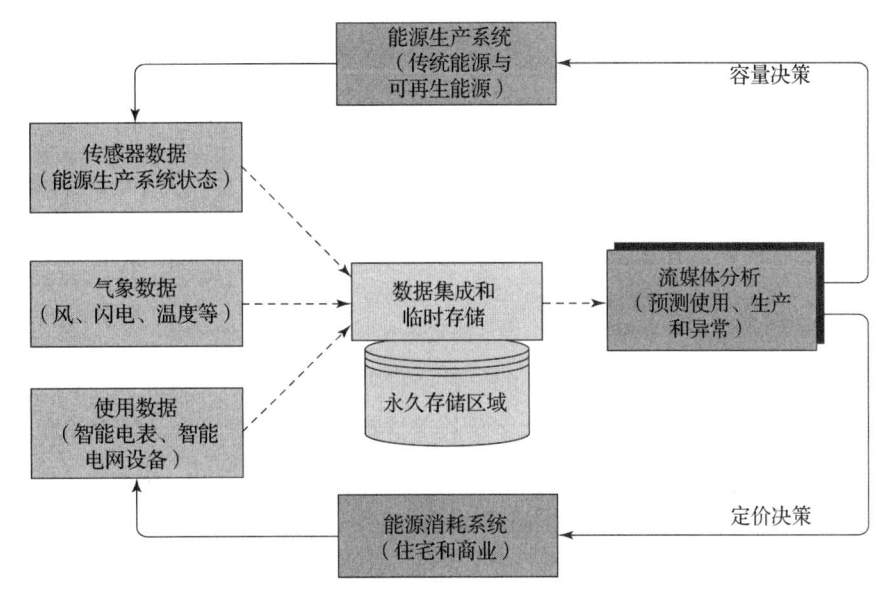

图3.10 流数据分析在能源行业的应用案例

流分析应用

因为流分析能够立即生成见解，帮助决策者在事态发展过程中及时掌握事态发展的最新动态，并允许组织在问题成为问题之前解决问题，因此流分析的使用趋势呈指数级增长。以下是从流分析中受益的一些应用领域。

电子商务

亚马逊和 eBay 等公司正试图最大限度地利用客户在其网站上收集的数据。用户每次的页面访问、浏览的每个产品、执行的每次搜索和点击都会被记录和分析，以最大限度地提高用户访问的价值。如果能快速完成流数据分析，对此类数据流的分析可以将浏览器变成买家，将买家变成购物狂。当我们访问某个电子商务网站时，即便是那些我们不是会员的网站，在网站上随意点击几下后，我们就会获得非常有趣的产品和捆绑价格优惠。在这幕后，高级分析正在处理来自我们和成千上万其他人点击的实时数据，以"了解"我们感兴趣的是什么（在某些情况下，甚至我们自己都不知道），并通过提供创造性的产品来充分利用这些信息。

电信

来自电信公司的电话呼叫详细记录（Call Detail Record，CDR）数据量令人震惊。尽管这些信息已经被用于计费目的很长一段时间了，但电信公司刚刚意识到，这些大数据中隐藏着丰富的知识。例如，通过识别网络中的呼叫者、影响者、领导者和追随者，并主动采取行动对这些信息加以分析，可以防止用户流失。众所周知，影响者和领导者的作用是改变网络中追随者对服务提供商的看法，无论是积极的还是消极的。利用社交网络分析技术，电信公司正在识别领导者、有影响力的人及其网络参与者，以更好地管理他们的客户群。除了流失分析，这些信息还可以用于招募新成员，并最大限度地提高现有成员的价值。

CDR 的连续数据流可以与社交媒体数据（情感分析）相结合，以评估营销活动的有效性。从这些数据流中获得的见解可用于快速应对在这些活动中观察到的不利影响（可能导致客户流失）或增强积极因素（可能会促进现有客户加大购买力度、吸引新客户）的影响。此外，可以使用 Internet 协议详细的记录为数据网络复制从 CDR 获得见解的过程。由于大多数电信公司都提供这两种服务类型，因此对所有报价和营销活动进行全面优化可能会带来非凡的市场收益。

执法与网络安全

大数据流为改进犯罪预防、执法和增强安全性提供了极好的机会。大数据流在用于网络安全应用方面具有无与伦比的潜力，如实时态势感知、多模式监控、网络安全检测、合法窃听、视频监控和人脸识别（Zikopoulos 等人，2013）。作为信息保障的一种应用，企业可以使用流分析，通过流和分析网络日志及其他互联网活动监控资源，来检测和防止网络入侵、网络攻击和恶意活动。

电力工业

由于智能电表的使用越来越多，电力公司收集的实时数据量呈指数级增长。电表读数从每月一次增加到每 15 分钟一次（或更频繁），为电力公司积累了大量宝贵的数据。这些部署在电网周围的智能电表和其他传感器正在将信息发送回控制中心，以进行实时分析。此类分析有助于公用事业公司根据最新的消费者使用和需求模式优化其供应链决策（例如，容量调整、配电网选择、实时买卖等）。此外，公用事业公司可以将天气和其他自然条件数据整合到分析中，以优化可替代能源（如风能、太阳能）的发电，并更好地预测不同地理区域的能源需求。类似的好处也适用于其他公用事业，如自来水和天然气领域。

金融服务

金融服务公司是对大数据流进行分析以提供更快更好的决策、竞争优势和监管的主要例子之一。大数据流分析能够以极低的延迟在各个市场和国家/地区分析快节奏、大量的交易数据，这为在瞬间做出可能转化为巨大财务收益的买卖决策提供了巨大的优势。除了最佳买卖决策外，流分析还可以帮助金融服务公司进行实时交易监控，以检测欺诈和其他非法活动。

健康科学

现代医疗设备（例如，心电图及测量血压、血氧、血糖和体温的设备）能够以非常快的速度产生宝贵的流式诊断/传感数据。利用这些数据并进行实时分析可以带来很多好处：我们通常称之为"生与死"——健康科学与任何其他领域都不同。流分析除了帮助医疗保健公司提高效率（从而提高竞争力和利润）外，还可改善患者状况，从而挽救患者生命。

世界各地的许多医院系统都在开发未来的护理基础设施和卫生系统。这些系统旨在充分利用该技术所提供的优势。利用能够以非常快的速度生成高分辨率数据的硬件设备，再加上能够协同分析多个数据流的高速计算机，可以快速检测异常，以增加保护患者安全的机会。这些系统旨在帮助人类决策者在获得大量信息后尽快做出更快、更好的决策。

政府

世界各国的政府都在想方设法提高效率（优化利用有限的资源）和效益（提供人们需要和想要的服务）。随着电子政务实践成为主流，再加上社交媒体的广泛使用，政府机构掌握了大量数据（包括结构化和非结构化数据）。是否能正确及时地使用这些大数据流，是政府积极高效还是低效（仍在使用传统方法应对事态发展）的显著区别。政府机构利用实时分析能力的另一种方式是通过监控来自雷达、传感器和其他智能检测设备的流式数据，应对暴风雪、飓风、龙卷风和野火等自然灾害。他们还可以使用类似的方法来监测水质、空气质量和消费模式，并在异常变成重大问题之前检测出异常。政府机构使用流分析的另一个领域是对拥堵城市的交通管理，通过使用来自交通流量摄像头的数据、商用车的 GPS 数据和嵌入道路的交通传感器，相关部门能够改变红绿灯序列和交通流车道，以缓解交通拥堵。

▶ 3.8 节　习题

1. 什么是流分析？它与常规分析有何不同？
2. 流分析的动机是什么？

3. 流分析最有成效的行业是什么？
4. 如何在电子商务中使用流分析？
5. 除了本节列出的内容外，你能想到可以使用流分析的其他行业和/或应用领域吗？
6. 与常规分析相比，你认为流分析在大数据分析时代会有更多（或更少）的用例吗？为什么？

3.9 商务分析统计建模

由于商务分析越来越受欢迎，传统的统计方法和底层技术也重获吸引力，成为支持基于证据的管理决策工具。它们不仅重新获得了关注和推崇，而且这一次，除了统计学家和分析专业人士之外，它们还吸引了商业用户。

统计学（统计方法及其基本技术）通常被认为是描述性分析的一部分，一些统计方法也可以视为预测性分析的一部分，如判别分析、多元回归、逻辑回归和 k 均值聚类，如图 3.11 所示。描述性分析有两个主要分支：统计学和联机分析处理（OnLine Analytics Processing, OLAP）。OLAP 是一个术语，用于使用多维数据集（即多维数据结构，用于提取数据值的子集以回答特定的业务问题）来分析、表征和汇总存储在组织数据库（通常存储在数据仓库或数据集市中）中的结构化数据。描述性分析的 OLAP 分支也称为商务智能。另一方面，统计学有助于使用描述性或推断性方法，一次描述一个变量或同时描述多变量的数据。

统计学是一种描述和解释数据的数学技术的集合，该学科已经存在很长时间。目前已经开发了许多方法和技术来满足最终用户的需求和所分析数据的独特特征。一般来说，在最高级别上，统计方法可以分为描述性统计或推断性统计。描述性统计和推断性统计之间的主要区别在于这些方法中使用的数据，描述性统计是对现有手头样本数据的描述和展示，而推断性统计是对总体特征进行推断和预测。在本节中，我们将简要介绍描述性统计（因为它奠定了描述性分析的基础，也是描述性分析的组成部分），在下一节中，作为推断性统计的一部分，我们将介绍回归（线性回归和逻辑回归）。

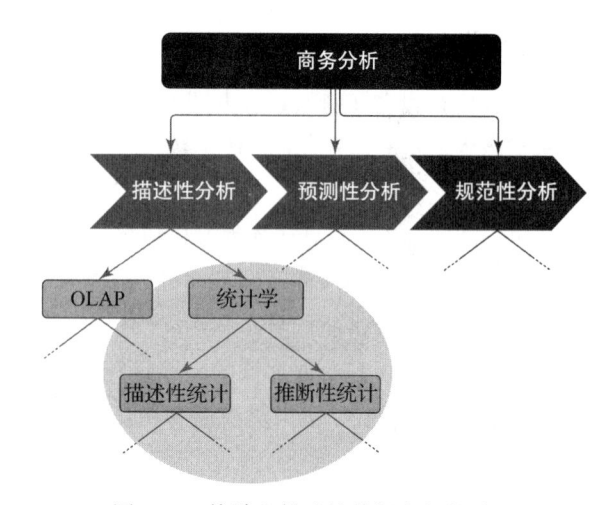

图 3.11 统计和描述性分析之间的关系

用于描述性分析的描述性统计

顾名思义，描述性统计对手头数据的基本特征进行描述，通常一次只描述一个变量。使用公式和数值聚合，描述性统计以一种通常有意义且易于理解的方式从研究中总结数据。尽管描述性统计在数据分析中非常有用，在统计方法中也非常流行，但它不能在被分析数据的样本之外得出结论（或推断）。也就是说，这只是一种描述手头现有数据的好方法，不能对我们可能想到的相关假设群体做出结论（推断或外推）。

在商务分析中，描述性统计数据起着至关重要的作用——它使我们能够使用汇总数据、数据表或图表/图形，以有意义的方式来理解和解释/呈现我们的数据。本质上，描述性统计可以帮助我们将数字和符号转换为有意义的表示，供任何人理解和使用。这种理解不仅有助于商业用户的决策过程，也有助于分析师和数据科学家为其他更复杂的分析任务表征和验证数据。描述性统计使分析师能够识别数据集中度、异常大或异常小的值（即异常值）以及数字变量的意外分布数据值。因此，描述性统计中的方法可以分为集中趋势度量或分散度度量。在下一节中，我们将使用简单的描述和数学方法来模拟/表示这些测量，在数学表示中，我们将使用（$x_1, x_2, \cdots, x_n$）来表示我们想表征的变量（测度）的个体值（观测值）。

集中趋势度量

集中趋势度量（也称为位置度量或集中度度量）是用来估计或描述给定变量的中心位置的数学方法。集中趋势度量是一个单一的数值，旨在通过简单地识别或估计数据中的中心位置来描述一组数据。平均值（通常称为算术平均值或简单平均值）是衡量集中趋势最常用的指标。除了均值，还可以使用中位数或众数（mode）描述给定变量的集中趋势。尽管平均值、中位数和众数都是衡量集中趋势的有效指标，但在不同的情况下，其中一种衡量集中趋势的方法可能比其他方法更合适。以下是对这些度量方法的简短介绍，包括如何用数学方法加以计算，以及在哪些情况下算是最合适的度量。

算术平均值

算术平均值（也叫简单平均值或平均值）是用所有值/观测值的总和除以数据集中的观测值数量。它是迄今为止最流行和最常用的衡量集中趋势的指标，它用于连续或离散的数字数据。对于给定的变量 x，如果存在 n 个值/观测值（$x_1, x_2, \cdots, x_n$），可以将数据样本（$\bar{x}$，发音为 x-bar）的算术平均值记为：

$$\bar{x} = \frac{x_1 + x_2 + \cdots + x_n}{n}$$

或

$$\bar{x} = \frac{\sum_{i=1}^{n} x_i}{n}$$

平均值有几个特征。例如，高于平均值的绝对偏差（平均值和观测值之间的差异）之和与低于平均值的偏差之和相同，从而平衡了其平均值两侧的值，一半的观测值高于平均值，另一半低于平均值（这是那些不了解基本统计数据的人的常见误解）。此外，平均值对于每个数据集都是唯一的，对于区间和比率类型的数字数据都是有意义和可计算的。其主要缺点之一是平均值可能会受到异常值的影响（观测值比其他数据点大得多或小得多）。异常值可以将均值拉向自己的方向，从而使集中趋势表示产生偏差。因此，如果存在异常值，或者数据不稳定地分散和偏斜，则应避免使用均值作为集中趋势度量，或者使用其他集中趋势度量来增加均值，如中位数和众数。

中位数

中位数（又叫中值）是对给定数据集中的中心值的度量，它是一组给定数据中居于中间位置的数，这些数据已按大小顺序排列/排序（升序或降序）。如果观测数量是奇数，那么识别中位数非常容易——必须根据观测值对其进行排序，然后在中间选择值。如果观测数量是偶数，那么确定两个中间值，然后取这两个值的简单平均值。中位数对于比率、区间和顺序数据类型是有意义的，是可计算的。一旦中位数确定，数据中一半的数据点在中位数之上，另一半在中位数之下。与平均值相反，中位数不受异常值或偏斜数据的影响。

众数

众数（mode）是最频繁出现的观测值（数据集中最频繁的值）。在直方图上，它表示条形图中的最高条形，因此可以认为众数是最受欢迎的选项/值。众数对于包含相对较少的唯一值的数据集最有用。也就是说，如果数据中有太多的唯一值（就像许多工程测量中的情况一样，这些测量用大量的小数点来捕捉高精度），每个值都有一个或一个非常小的数字来表示其频率，那么众数可能是无用的。尽管众数是一种有用的衡量标准（尤其是对于名义数据），但它并不能很好地表示集中性，因此不应将其用作给定数据集的集中趋势的唯一衡量标准。

哪种集中趋势度量最好？尽管对这个问题没有明确的答案，但这里有一些提示：当数据不容易出现异常值并且没有显著偏斜时，可以使用平均值；当数据具有异常值和/或本质上有序时，使用中值；当数据为名义数据时使用众数。也许最好的做法是将这三者结合使用，这样就可以从三个角度捕捉和表示数据集的集中趋势。主要是因为"平均"是每个人在日常活动中都非常熟悉和高度使用的概念，当其他统计信息与集中趋势一起考虑时，管理者（以及一些科学家和记者）经常不恰当地使用集中趋势度量（尤其是均值）。更好的做法是将描述性统计数据作为一个包（组合集中性和分散性指标），而不是采用像均值这样的单一指标。

离散程度度量

离散程度度量（又称为分散性度量）是用于估计或描述给定感兴趣变量的差异化程度的数学方法。它们是给定数据集的数值扩展（紧致性或缺乏紧致性）的表示。为了描述这种离散性，开发了一些统计测量方法，最显著的是范围、方差和标准差（以及四分位数和绝对偏差）。数据值的分散/扩展度量之所以重要，一个主要原因是它为我们提供了一个框架，在这个框架内我们可以判断集中趋势——告诉我们用平均值（或其他集中趋势度量）能多大程度地代表样本数据。如果数据集中的数据的离散度很大，则用平均值不能很好地表示其中的数据。这是因为较大的离散度度量表明个体值之间存在较大差异。此外，在研究中，如果看到每个数据样本中的变化微小，则通常视为一个积极的迹象，因为这可能表明所收集的数据具有同质性、相似性和稳健性。

范围

范围（range）也许是最简单的离散程度测定。它是给定数据集（即变量）中最大值

（maximum）和最小值（minimum）之间的差值。因此，我们通过简单地找出数据集中的最小值，然后找出数据集中最大值，并通过计算它们之间的差来计算范围的值（range=maximum-minimum）。

方差

方差（variance）是一种更全面、更复杂的离散度量。它是一种用于计算给定数据集中所有数据点与平均值的偏差的方法。方差越大，数据远离平均值分布得越多，在数据样本中可以观察到的自平均值分散开来的程度就越大。为了防止正负差值相互抵消，方差可以用距离平均值的平方来表示，数据样本的方差公式可以写成：

$$s^2 = \frac{\sum_{i=1}^{n}(x_i - \bar{x})^2}{n-1}$$

式中，n 是样本数，$\bar{x}$ 是样本的平均值，x_i 是数据集中的第 i 个数值。方差值越大表示离散度越大，值越小表示整个数据集中的数据越密集。因为方差是平方值，与平均值的较大偏差对方差值有很大贡献。同样，由于方差取平方，代表差值/方差的数字变得有些毫无意义。（正如美元差额有意义，美元差额的平方就很难理解了！）因此，在许多业务应用中，我们使用一种更有意义的离散度量，称为标准差（standard deviation），而不是方差。

标准差

标准差也是对一组数据中数值自平均值分散开来的程度的度量，它通过简单地取方差的平方根来计算，以下公式显示了给定数据点样本的标准差计算。

$$s = \sqrt{\frac{\sum_{i=1}^{n}(x_i - \bar{x})^2}{n-1}}$$

平均绝对偏差

除了方差和标准差，有时我们还使用平均绝对偏差（Mean Absolute Deviation，MAD）来测定数据集中的离散程度。这是计算与平均值的总体偏差的一种更简单的方法。具体来说，它是通过测量每个数据点与平均值之间的差值的绝对值并将其相加来计算的。它提供了一种分散程度的测量方法，不用具体说明数据点低于或高于平均值，平均绝对偏差的计算公式如下：

$$\text{MAD} = \frac{\sum_{i=1}^{n}|x_i - \bar{x}|}{n}$$

四分位数和四分位数间距

四分位数（quartiles）用于帮助我们识别数据子集内的数据分布。四分位数是数据集中给定数据点数量的四分之一。通过首先对数据进行排序，然后将排序后的数据拆分为四个不相交的较小数据集来确定四分位数。四分位数是一种有用的离散度量，因为与整个数据集中的等效度量相比，它们受数据集中异常值或偏度的影响要小得多。在处理偏斜和具有异常值的数据时，四分位数通常与中位数一起作为分别测量离散程度和集中趋势的最佳选择。四分位数的一种常见表达方式是四分位数间距（interquartile range），它表示第三个四分位数（Q3）和第一个四分位（Q1）之间的差距，告诉我们分布中中间一半数据的范围。四分位数驱动的描述性测量（集中性和分散性）最好用一种称为箱线图（box plot）的流行图形来解释。

箱线图

箱线图也称箱须图（box-and-whiskers plot），是关于给定数据集的几个描述性统计数据的图形说明。画法可以是水平的，也可以是垂直的，但常见的是垂直画法，尤其是在现代分析软件产品中。众所周知，它最早是由 John W. Tukey 于 1969 年发明。箱线图通常用于以易于理解的图形表示法来说明给定数据集（即样本数据的分布）的集中性和分散性。图 3.12 显示

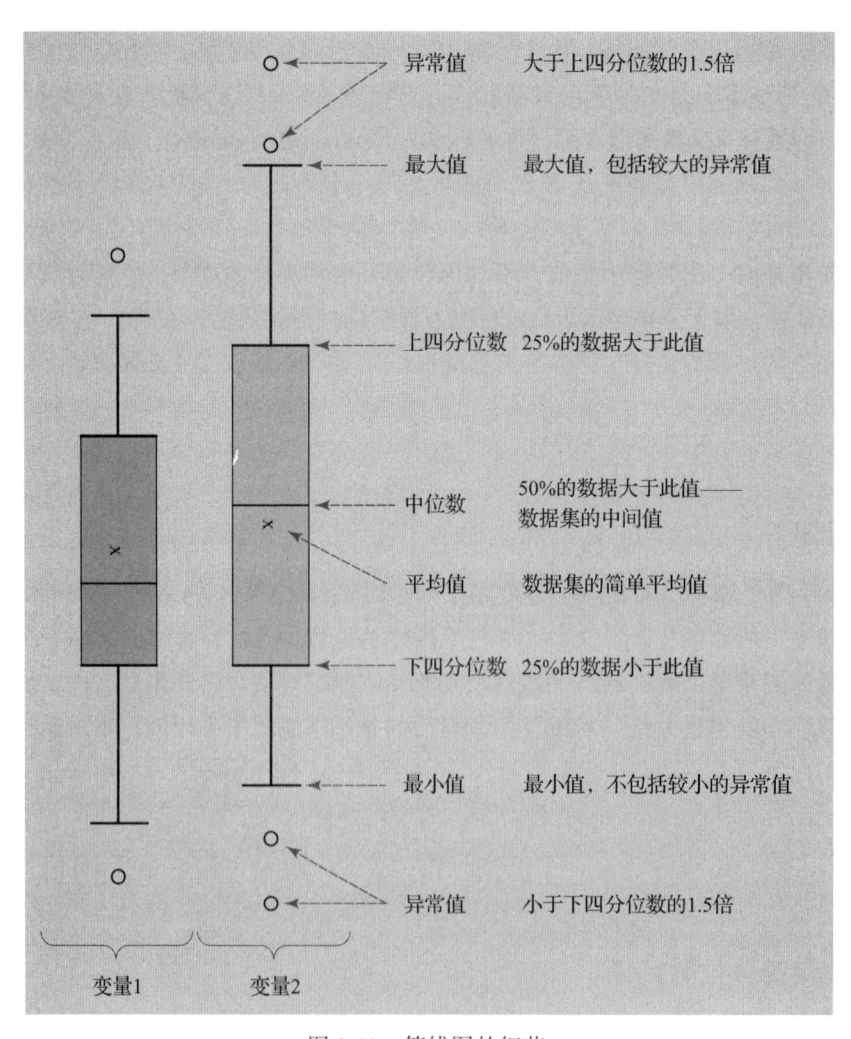

图 3.12　箱线图的细节

了两个并排的箱线图，共享相同的 y 轴。如图 3.12 所示，单个图表可以具有用于视觉比较目的的一个或多个箱线图。在这种情况下，y 轴将是常见的幅度测量（变量的数值），x 轴显示不同的类别/子集，如不同的时间维度（例如，2015 年与 2016 年年度医疗保险费用的描述性统计数据）或不同的类别（例如，营销费用与总销售额的描述性统计信息）。

尽管从历史上看，箱线图的使用还不够广泛和频繁（尤其是在统计之外的领域），但随着商务分析日益普及，它在商业世界技术含量较低的领域越来越出名。它的信息丰富和易于理解在很大程度上要归功于它最近的流行。

箱线图显示了数据的中心性（中位数，有时也显示了平均值）以及分散性（数据在中半部的密度——在第一个和第三个四分位数之间绘制为方框），最小和最大范围（显示为框中的延长线，看起来像胡须，计算为四分位框上端或下端的 1.5 倍），以及大于延长线的异常值。箱线图还显示数据是相对于平均值对称分布，还是以某种方式摇摆。中位数与平均值的相对位置以及箱体两侧胡须的长度很好地指示了数据的潜在偏斜度。

分布形状

尽管数据分布的形状不像中心性和分散性那样常见，但对于描述性统计来说，它也是一个有用的衡量标准。在深入研究分布的形状之前，我们首先需要定义分布本身。简单地说，分布是在少量类别标签或数字范围（即，bins）上计数和绘制的数据点的频率。在分布的图形说明中，y 轴显示频率（计数或百分比 %），x 轴以排序方式显示各个类或 bins。一种非常著名的分布称为正态分布，它在均值的两侧都是完全对称的，并且具有一些有根据的数学特性，这使它成为研究和实践中非常有用的统计工具。随着数据集的离散度增加，标准偏差也会增加，分布的形状看起来更宽，散布和分布形状之间的关系（在正态分布的情况下）如图 3.13 所示。

有两种常用的测量方法来计算分布的形状特征：偏度（skewness）和峰度（kurtosis）。直方图（histogram，即频率图）通常用于直观地说明偏度和峰度。

偏度是对数据分布不对称性（摇摆）的一种度量，它描绘了数据的单峰（即分布中只存在一个峰值）结构。因为正态分布是完全对称的单峰分布，所以它不具有偏度，也就是说，它的偏度测量值（即偏斜系数）等于零。偏斜测量值/值可以是正的，也可以是负的。如果分布向左摆动（即，峰值在左边，长尾在右边，平均值大于中值），则产生正偏斜度测量，如果分布向右摆动（即峰值在右边，长尾在左边，平均值小于中值），则产生负偏斜度测量。在图 3.13 中，(c) 表示正偏分布，而 (d) 表示负偏分布，在同一个图中，(a) 和 (b) 都表示完全对称，因此偏度为零。

$$\text{Skewness} = S = \frac{\sum_{i=1}^{n}(x_i - \bar{x})^3}{(n-1)s^3}$$

式中，s 是标准偏差，n 是样本数量。

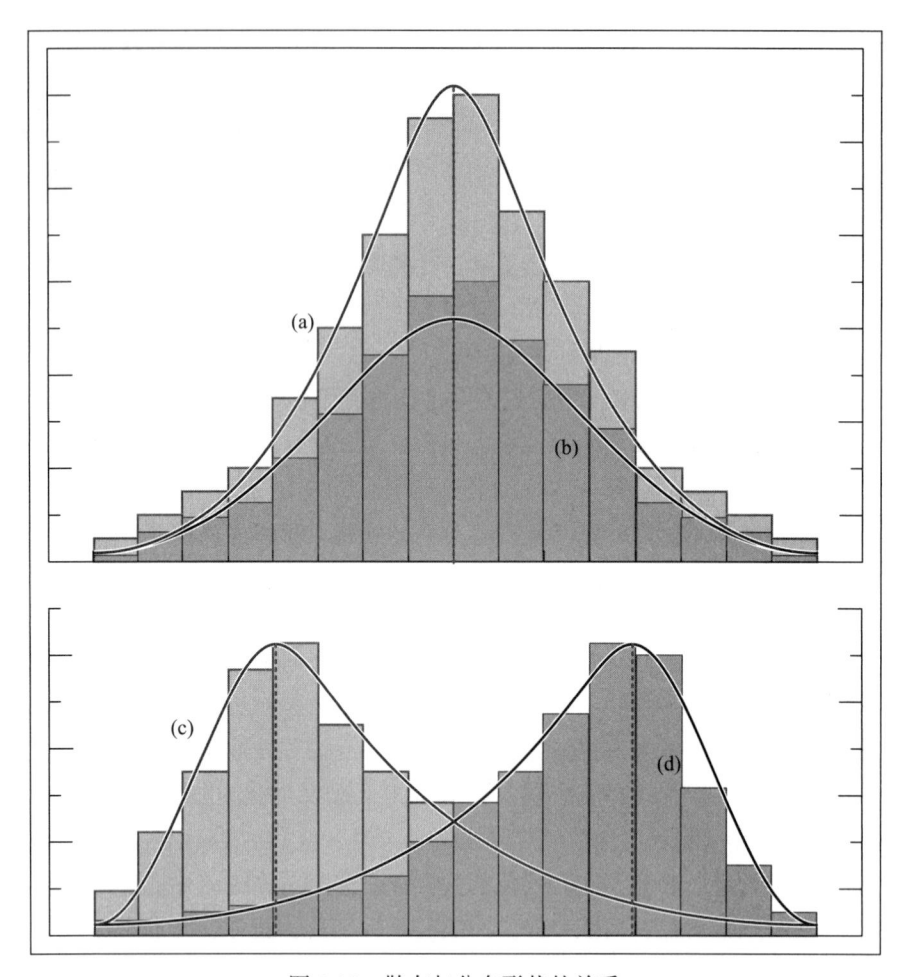

图 3.13　散布与分布形状的关系

峰度是用于表示单峰分布形状的另一个度量。与形状上的摇摆相反，峰度侧重于表现分布的峰值/高度性质。具体来说，峰度衡量的是一个分布比正态分布或多或少达到峰值的程度。正峰度表示相对峰值/高分布，而负峰度则表示相对平坦/短分布。作为参考点，正态分布的峰度为 3，峰度的公式可以写成

$$\text{Kurtosis} = K = \frac{\sum_{i=1}^{n}(x_i - \bar{x})^4}{ns^4} - 3$$

描述性统计（以及推断性统计）可以使用商业统计软件包（如 SAS、SPSS、Minitab、JMP、Statistica 等）或免费/开源工具（如 R、Python、KNIME 等）轻松计算。也许计算描述性统计和某些推断性统计最方便的方法是使用 Excel。技术洞察 3.3 详细介绍了如何使用 Microsoft Excel 计算描述性统计数据。

技术洞察 3.3　如何使用 Microsoft Excel 计算描述性统计数据

Excel 算得上是世界上最流行的数据分析工具，非常适用于描述性统计。尽管 Excel 的基本配置似乎没有为最终用户提供统计功能，但用户可以根据需要安装这些功能，只

需单击几下鼠标即可激活（打开）。图 3.14 显示如何在 Microsoft Excel 中激活这些统计功能（作为 Analysis ToolPak 的一部分）。

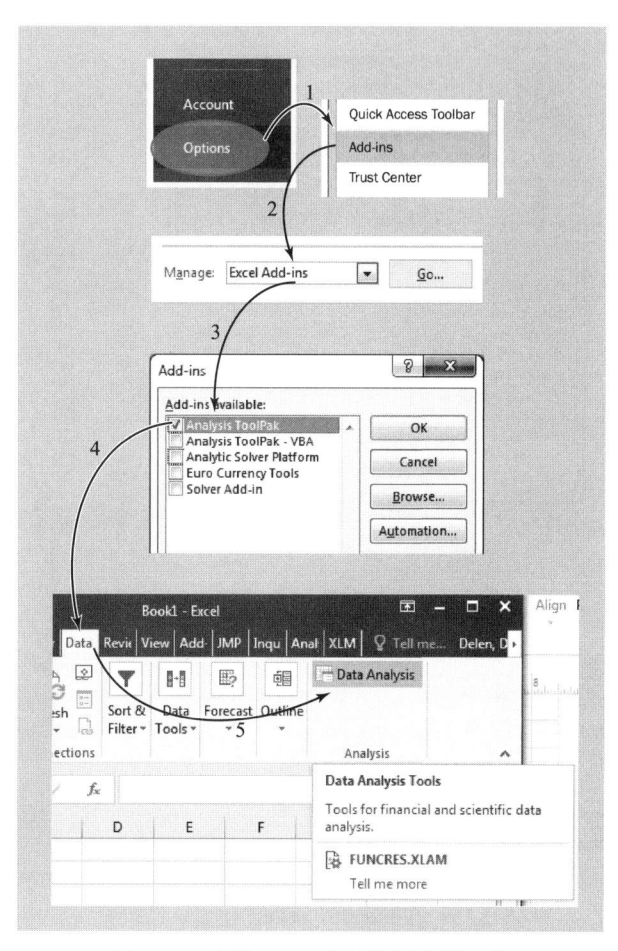

图 3.14　激活 Excel 中的数据分析功能

成功激活后，Analysis ToolPak 将以 Data Analysis 的名称出现在 Data 菜单选项中。当在 Excel 菜单栏的"数据"选项下的"分析"组中单击"数据分析"时，可以看到描述性统计作为数据分析工具列表中的选项之一（见图 3.15，步骤 1 和 2）；单击"确定"，将出现"描述性统计"对话框（见图 3.15 的中间部分）。在该对话框中，用户需要输入数据的范围，可以是一个或多个数字列，以及首选项复选框，然后单击"确定（见图 3.15，步骤 3 和 4）。如果所选内容包括多个数字列，则该工具将每一列视为单独的数据集，并分别为每一列提供描述性统计信息。

作为一个简单的示例，我们选择了两列（标记为 Expense 和 Demand），并执行 Descriptive Statistics 选项。图 3.15 的底部显示了 Excel 创建的输出结果。可以看出，Excel 生成了上一节中介绍的所有描述性统计数据，并在列表中添加了一些内容。在 Excel 中，创建箱线图也非常容易（只需单击几下鼠标）。图 3.16 显示在 Excel 中创建箱线图只需简单的三个步骤。

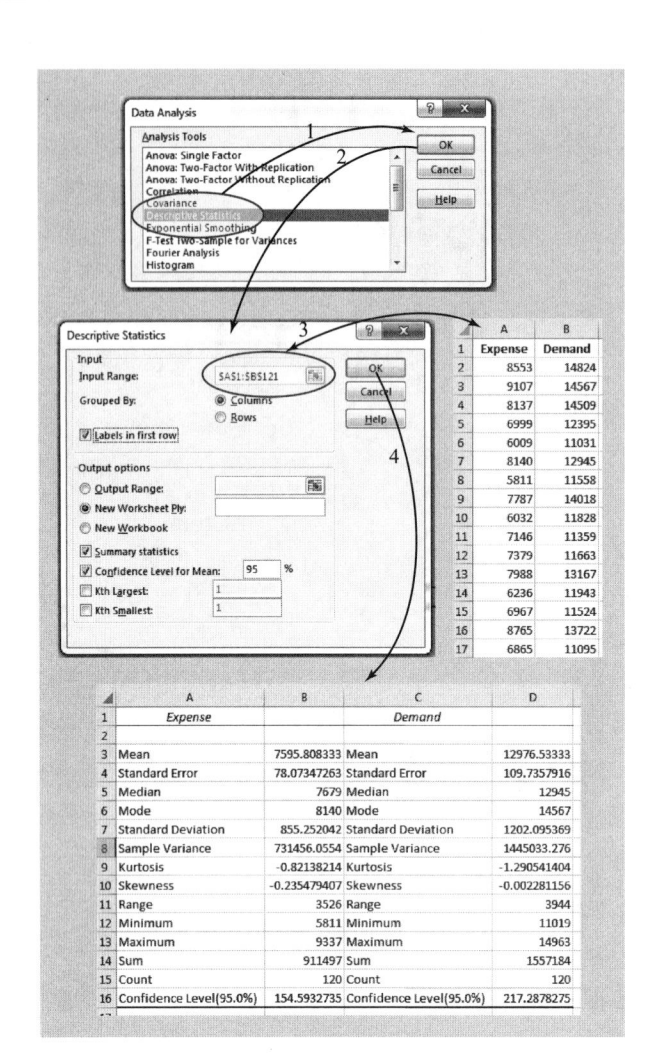

图 3.15　在 Excel 中获取描述性统计结果

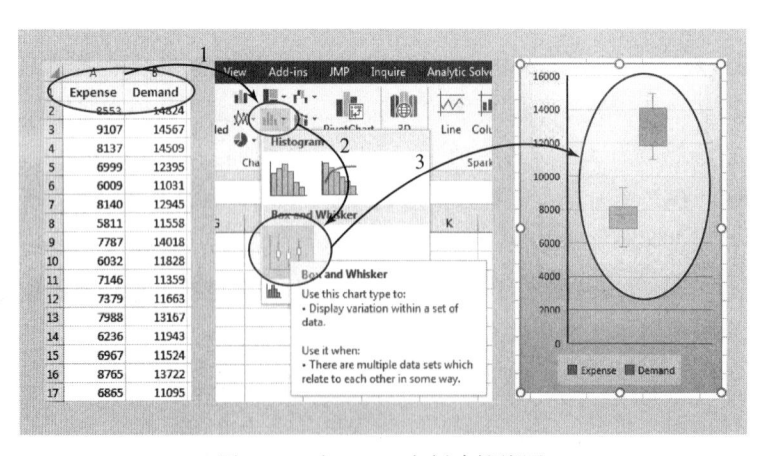

图 3.16　在 Excel 中创建箱线图

尽管这在 Excel 中是一个非常有用的工具，但我们应该注意与 Analysis ToolPak 生成的结果相关的一个重点区别，它与其他普通 Excel 函数具有不同的行为：尽管 Excel 函数会随着电子表格中底层数据的更改而动态更改，但 Analysis ToolPak 生成的结果不会改变。例如，如果更改其中一列或两列中的值，Analysis ToolPak 生成的描述性统计结果将保持不变。然而，对于普通的 Excel 函数，情况并非如此。如果要计算给定列的平均值（使用＝"AVERAGE（A1:A121）"），然后更改数据范围内的值，则平均值将自动更改。总之，Analysis ToolPak 生成的结果与基础数据之间不存在动态链接，如果数据发生更改，则需要使用对话框重新进行分析。

数据分析的成功应用涵盖了各种商业和组织环境，解决了一度被认为无法解决的问题。分析实操 3.2 较好地说明了这些成功案例，其中有一个小型市政当局采用数据分析方法，通过持续分析需求和消费模式，智能地检测和解决问题。

分析实操 3.2　Cary 镇使用分析方法来分析传感器的数据，评估需求并检测问题

水龙头漏水，洗碗机发生故障，花洒喷头破裂……对于屋主或企业来说，这些不仅仅是需要解决的头痛问题，而且解决起来可能代价高昂，不可预测，更不幸的是，事情还很难判断。通过将无线水表与数据分析驱动的、客户可访问的门户网站相结合，让北卡罗来纳州 Cary 镇发现和解决缺水问题变得更加容易。在这个过程中，该镇对水的使用有了全面的了解，这对规划未来的水厂扩建和促进有针对性的保护工作至关重要。

当 Cary 镇在 2010 年为 6 万名客户安装无线电表时，该镇就知道这项新技术不仅可以通过取消每月人工读数来省钱，还将提供更准确、更及时的用水量信息。Aquastar 无线系统每小时读取一次电表，每个客户每年产生 8 760 个数据点，而不是只有每年 12 个月读数数据点。如果这些数据可以很容易地被利用，那么它就具有巨大的潜力。

Cary 镇财务总监 Karen Mills 表示："每月的读数就像拥有价值一加仑水的数据，每小时的电表读数更像是奥运会规模的数据池。SAS 帮助我们对数据量加以管理。"事实上，该解决方案使该镇能够分析 5 亿个用水数据点，并让所有客户都能轻松使用这些数据点。

按家庭或商业客户每小时直观查看数据的能力已经带来了一些非常实用的应用：
- 该镇可以在几天内通知客户潜在的水泄漏。
- 如果用水量激增，客户可以设置警报，并在数小时内通知他们。
- 客户可以在线跟踪他们的用水情况，帮助他们更积极地节约用水。

通过在线门户网站，Cary 镇的一家企业发现周末员工不在时，用水量激增。这似乎很奇怪，这个不同寻常的读数帮助该公司了解到一台商用洗碗机出现了故障，周末还在持续运转。如果没有无线水表数据和客户可访问的门户网站，这个问题可能会被忽视，浪费仍将持续。

该镇对人均每日用水量有了更准确的了解，这对规划未来的水厂扩建至关重要。也许最有趣的好处是，该镇能够验证一种具有深远成本影响的预感：Cary 镇居民在用水方面非常节约。镇水资源经理 Leila Goodwin 解释道："我们计算发现，使用现代高效设备，

室内用水可能低至每人每天 35 加仑。Cary 镇居民的平均用水量为 45 加仑，但仍然非常低。"为什么这很重要？该镇正在努力提高用水效率——对使用低流量厕所或雨水桶提供折扣。现在，它可以采取更有针对性的方法，帮助特定的消费者了解和管理他们的室内和室外用水。

SAS 不仅在让居民了解他们的用水方面至关重要，而且在幕后将两个不同的数据库连接起来。Mills 说："我们有一个账单数据库和电表读数数据库。我们需要把它们结合起来。"

该镇估计，只要不需要人工读数，Aquastar 系统将比项目成本节省超过 1 000 万美元。但分析组件的应用可以带来更大的节约。该镇和市民个人已经通过及早发现漏水现象节省了资金。随着 Cary 镇继续规划其未来的基础设施需求，掌握准确的用水信息将有助于其在正确的时间投资于正确数量的基础设施。此外，如果该镇遭遇干旱等不利情况，了解用水情况将对其有所帮助。

Goodwin 说："我们在 2007 年经历了一场干旱。如果我们要再经历一次，我们有一个计划，使用 Aquastar 数据来了解我们每天到底用了多少水，并与客户沟通。我们可以显示'事发突然，由于我们的供应量很低，这是你目前可以用的水量'，希望我们永远不用它，但我们已经做好了准备。"

资料来源："Municipality puts wireless water meter-reading data to work (SAS Analytics)-The Town of Cary, North Carolina uses SAS Analytics to analyze data from wireless water meters, assess demand, detect problems and engage customers"（2022 年 5 月访问）。版权所有 ©2022 SAS Institute 公司，Cary, NC, USA，经许可转载，保留所有权利。

▶ 3.9 节　习题

1. 统计数据和商务分析之间的关系是什么？
2. 描述性统计和推断性统计之间的主要区别是什么？
3. 列出并简要定义描述性统计的集中趋势度量。
4. 列出并简要定义描述性统计的离散度量。
5. 什么是箱线图？它可以表示什么类型的统计信息？
6. 描述数据分布最常用的两个形状特征是什么？

3.10　推断性统计回归建模

回归（Regression），尤其是线性回归，可能是统计学中最广为人知和最常用的分析技术。历史上，回归的起源可以追溯到 20 世纪二三十年代，Francis Galton 爵士和随后的 Karl Pearson 对甜豌豆遗传特征的早期研究。从那时起，回归已经成为表征解释（输入）变量和响应（输出）变量之间关系的统计技术。

尽管很受欢迎，但回归本质上是一种相对简单的统计技术，可以模拟变量（响应或输出变量）对一个（或多个）解释（输入）变量的依赖性。一旦确定，变量之间的这种关系就可以正式表示为线性函数。与许多其他建模技术一样，回归旨在捕捉现实世界特征之间的函数关系，并用数学模型描述这种关系，然后可以用来发现和理解现实的复杂性——对关系进行探索和解释，或预测未来发生的事情。

回归可以用于两个目的之一：假设检验——调查不同变量之间的潜在关系，以及预测/预报——基于一个或多个解释变量估计响应变量的值。这两种用途并不相互排斥。回归的解释力也是其预测能力的基础。在假设检验（理论构建）中，回归分析可以揭示许多解释变量（通常用 x_i 表示）和响应变量（通常用 y 表示）之间关系的存在/强度和方向。在预测时，回归识别一个或多个解释变量和一个响应变量之间的加法数学关系（以方程的形式展现）。一旦确定，该方程就可以用于预测解释变量的给定值集的响应变量的值。

相关性（Correlation）与回归。因为回归分析源于相关性研究，而且这两种方法都试图描述两个（或多个）变量之间的关联，所以这两个术语经常被专业人士甚至科学家混淆。**相关性**不做一个变量是否依赖于另一个变量的先验假设，也不关心变量之间的关系。相反，它给出了变量之间关联程度的估计。另一方面，回归试图描述一个响应变量对一个（或多个）解释变量的依赖性，其中它隐含地假设从解释变量到响应变量存在单向因果效应，无论影响路径是直接的还是间接的。此外，尽管相关性关注的是两个变量之间的低水平关系，但回归关注的是所有解释变量和响应变量之间的关系。

简单回归与多元回归。如果回归方程是在一个响应变量和一个解释变量之间建立的，那么这种回归称为简单回归（simple regression）。例如，为预测/解释一个人的身高（解释变量）和体重（响应变量）之间的关系而建立的回归方程就是简单回归的一个很好的例子。多元回归（multiple regression）是简单回归的延伸，其中解释变量不止一个。例如，在前面的例子中，如果我们不仅包括一个人的身高，还包括其他个人特征（如 BMI、性别、种族等）来预测一个人的体重，那么我们将进行多元回归分析。在这两种情况下，响应变量和解释变量之间的关系本质上是线性的和可加的。如果关系不是线性的，那么我们可能希望使用许多其他非线性回归方法中的某一种来更好地捕捉输入和输出变量之间的关系。

如何开发线性回归模型

为了理解两个变量之间的关系，最简单、最直观的事情就是创建散点图，其中 y 轴表示响应变量的值，x 轴表示解释变量的值（如图 3.17 所示）。散点图（scatter plot）将显示响应变量的变化作为解释变量变化的函数。在图 3.17 所示的情况下，两者之间似乎存在正相关关系，随着解释变量值的增加，响应变量也会增加。

简单回归分析旨在找出两个变量之间关系的数学表示。事实上，简单回归试图找到一条直线的特征（即代数表示），该直线正好穿过绘制的点之间（代表观察/历史数据），以使点和线之间的距离最小化（理论回归线上的预测值）。尽管已经提出了几种方法/算法来识别回归线，但最常用的方法/算法被称为普通最小二乘法（Ordinary Least Squares，OLS）。OLS 方法旨在让残差平方和（观测值和回归点之间的垂直距离平方）最小化，并得出回归线估计值的数学表达式（称为 β 参数）。对于简单线性回归，响应变量（y）和解释变量（x）之间的上述关系可以表示为如下的简单方程：

$$y = \beta_0 + \beta_1 x$$

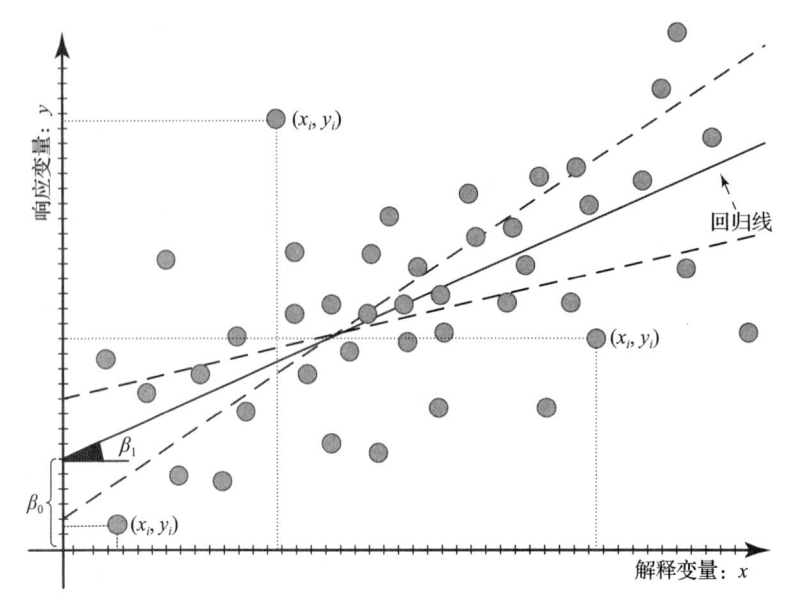

图 3.17 散点图和线性回归线

在这个方程中，β_0 称为截距，β_1 称为斜率。一旦 OLS 确定了这两个系数的值，就可以使用简单的方程来预测给定 x 值的 y 值。符号和 β_1 的值也揭示了两个变量之间关系的方向和强度。

如果模型是多元线性回归类型，则需要确定更多的系数，每个增加的解释变量都有一个系数，如以下公式所示，增加的解释变量将与新的 β_i 系数相乘，并相加在一起，以建立响应变量的线性加法表示。

$$y = \beta_0 + \beta_1 x_1 + \beta_2 x_2 + \beta_3 x_3 + \cdots + \beta_n x_n$$

如何知道模型是否足够好

由于种种原因，有时模型作为现实的代表并不理想。无论包含的解释变量的数量如何，总是有可能找不到一个好的模型，因此需要评估线性回归模型的拟合度（它代表响应变量的程度）。从最简单的意义上讲，拟合良好的回归模型会产生与观测数据值接近的预测值。对于数值评估，在评估回归模型的拟合度时经常使用三种统计度量。R^2（R 平方）、总体 F 检验（F-test）和均方根误差（Root Mean Square Error，RMSE），这三种统计度量都是基于平方误差的总和（数据距离平均值有多远，以及数据距离模型预测值有多远）。这两个值的不同组合提供了关于回归模型与平均模型的比较的不同信息。

在这三者中，R^2 具有最有用和最容易理解的含义，因为它具有直观性。R^2 的值范围从 0 到 1（对应于以百分比解释的可变性），0 表示所提出的模型的关系和预测能力不好，1 表示所提出模型是产生精确预测的完美拟合（事实并非如此）。良好的 R^2 值通常接近 1，接近程度取决于所建模的现象——尽管社会科学中线性回归模型的 R^2 值为 0.3 就可以被视作足够好，但在工程中 R^2 值为 0.7 也可能被认为不够好。回归模型的改进可以通过添加模式解释变量、从模型中提取一些变量或使用不同的数据转换技术来实现，这将使 R^2 值相对增加。图3.18显示了开发回归模型的过程流。从过程流可以看出，模型开发任务之后是模型评估任务，其中不仅评估模型的拟合度，而且由于线性模型必须遵守的限制性假设，还需要对模型的有效性进行细致入微的分析。

线性回归中最重要的假设是什么

尽管线性回归模型仍然是许多数据分析的选择（既用于解释，也用于预测建模），但线性回归模型受到几个高度限制性假设的影响。所建立的线性模型的有效性取决于其遵守这些假设的能力，以下是最常见的假设：

- **线性**（linearity）。这一假设表明，响应变量和解释变量之间的关系是线性的。也就是说，响应变量的期望值是每个解释变量的直线函数，同时保持所有其他解释变量不变。此外，直线的斜率不取决于其他变量的值。这也意味着，不同解释变量对响应变量预期值的影响本质上可以直接相加。
- （残差的）**独立性**（independence）。该假设表明响应变量的残差彼此不相关，这种残差独立性比实际的统计独立性弱，这是一个更强的条件，通常不需要线性回归分析。
- （残差的）**正态性**（normality）。这一假设表明，响应变量的残差服从正态分布，也就是说，它们应该是完全随机的，不应该代表任何非随机模式。

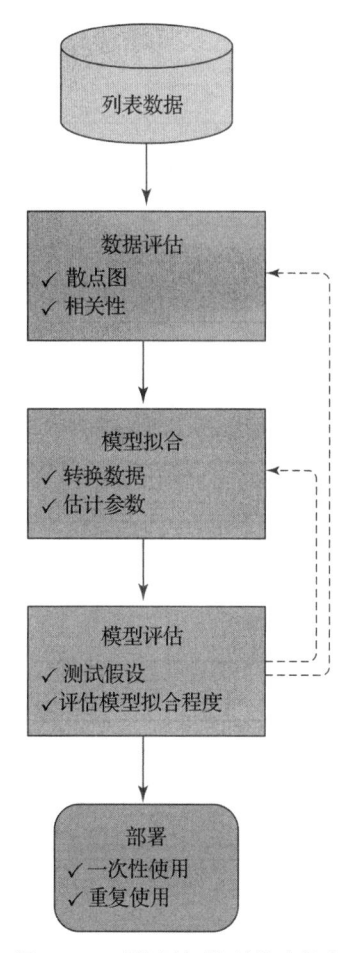

图3.18 开发回归模型的过程流

- （残差的）**常数方差**（constant variance）。这种假设，也被称为方差齐性（homoscedasticity），表明响应变量的残差具有相同的方差，而与解释变量的值无关。在实践中，如果响应变量在足够宽的范围/尺度上变化，则此假设无效。
- **多重共线性**（multicollinearity）。这一假设表明，解释变量是不相关的（即，不复制相同的变量，但提供模型所需信息的不同视角）。向模型呈现两个或多个完全相关的解释变量（例如，如果同一解释变量被错误地包含在模型中两次，其中一次对同一变量进行了轻微变换）将触发多重共线性。基于相关性的数据评估通常会发现这种错误。

现在已经开发了统计技术来识别违反上述假设的情况，并开发了缓解弱化这些假设的技术。对于建模人员来说，最重要的是要意识到这些假设的存在，并制定评估模型的方法，以确保模型符合它们所基于的这些假设。

逻辑回归

逻辑回归（logistic regression）是一种非常流行、统计上可靠、基于概率的分类算法，采用监督学习（supervised learning）方法。逻辑回归是在20世纪40年代发展起来的，是对线性回归和线性判别分析方法的补充。该方法被广泛应用于许多学科，包括医学和社会科学领域。逻辑回归与线性回归的相似之处在于，它同样旨在回归到一个数学函数，该函数使用过去观察的样本（训练数据）来解释响应变量和解释变量之间的关系。它与线性回归的不同之处在于：其输出（响应变量）是一个类，而不是一个数字变量。也就是说，线性回归用于估计连续的数值变量，而逻辑回归用于对分类变量进行分类。尽管最初形式的逻辑回归是为二进制输出变量（例如 1/0、是/否、通过/失败、接受/拒绝）开发的，但现在的修改版本能够预测多类输出变量（即多项式逻辑回归）。如果只有一个预测变量和一个被预测变量，则该方法称为简单逻辑回归（类似于将只有一个独立变量的线性回归模型称为简单线性回归）。

在预测分析中，逻辑回归模型用于开发一个或多个解释/预测变量（本质上可能既有连续变量又有分类变量）和类别/响应变量（可能是二项式/二进制或多项式/多类别）之间的概率模型。与普通线性回归不同，逻辑回归用于预测响应变量的分类（通常是二元）结果——将响应变量视为伯努利试验（Bernoulli trial）的结果。因此，逻辑回归采用响应变量比值的自然对数来创建连续准则（continuous criterion），作为响应变量的转换版本。因此，对数变换（logit transformation）在逻辑回归中被称为连接函数——即使逻辑回归中的响应变量是分类或二项式的，logit 也是进行线性回归的连续准则。图3.19显示了一个逻辑回归函数，其中比值用 x 轴表示（自变量的线性函数），而概率结果用 y 轴表示（即响应变量值在 0 和 1 之间变化）。

图3.19中的逻辑函数 $f(y)$ 是逻辑回归的核心，它只能取 0 到 1 之间的值。以下方程是该函数的简单数学表示：

$$f(y) = \frac{1}{1 + e^{-(\beta_0 + \beta_1 x)}}$$

逻辑回归系数（β_s）通常使用最大似然估计方法进行估计。与具有正

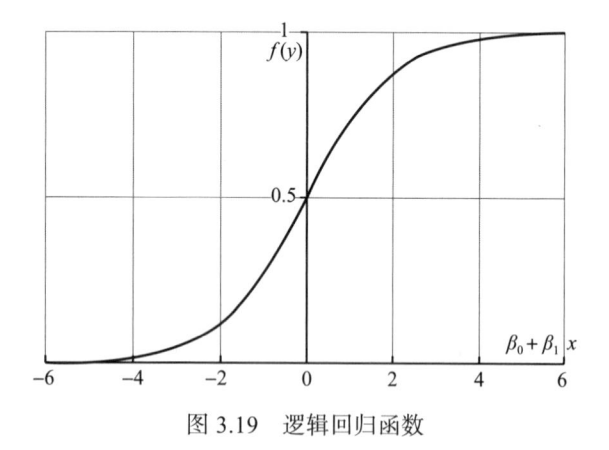

图 3.19 逻辑回归函数

态分布残差的线性回归不同，不可能找到使似然函数最大化的系数值的闭合形式表达式，因此必须使用迭代过程。这个过程从一个试探性的起始解决方案开始，然后稍微修改参数，看看解决方案是否可以改进，并重复这个迭代修改过程，直到无法再实现任何改进或改进非常小，这时这个过程就被认为已经完成或收敛了。

体育运动分析，即利用数据和统计/分析技术更好地管理运动队/组织，已经越来越受欢迎。数据驱动分析技术的使用不仅成为职业球队的主流，也成为大学和业余体育的主流。

分析实操 3.3 中的分析是一个很好的例子，该例说明如何使用现有和现成的公共数据源，利用分类和回归型预测模型来预测大学橄榄球碗赛的结果。

分析实操 3.3　预测 NCAA 碗赛结果

预测大学橄榄球赛（或任何体育比赛）的结果是一个有趣且具有挑战性的问题。因此，学术界和各行业寻求挑战的研究人员花费了大量精力来预测体育赛事的结果。不同的媒体（通常是公开的）存有大量关于体育赛事结构和结果的历史数据，这些数据以各种数字或象征性因素的形式存在，人们认为这些因素有助于分析比赛结果。

季末碗赛对大学的经济（带来数百万美元的额外收入）和声誉都非常重要，为了招收优秀的学生和受到高度评价的高中运动员（Freeman&Brewer, 2016）。被选中参加特定碗赛的球队会分享奖金，奖金的多少取决于特定的碗赛（有些碗赛更有声望，两队的奖金更高），因此获得碗赛邀请是每个赛区 I-A 大学橄榄球项目的主要目标。碗赛的决策者有权选择和邀请具备碗赛资格（一支在该赛季与 I-A 赛区取得六场胜利的球队）的成功球队（根据收视率和排名），他们将参加一场激动人心的竞赛，吸引两所学校的球迷，并通过各种媒体渠道让剩余的球迷收看广告。

资料来源：bestv/Shutterstock。

在一项不同寻常的数据挖掘研究中，Delen、Cogdell 和 Kasap（2012）使用了八年的碗赛数据以及三种流行的数据挖掘技术（决策树、神经网络和支持向量机）来预测比赛的分类结果（输、赢）和回归结果（两个对手得分之间的预测分差），以下是对他们研究内容的简要介绍。

研究方法

在这项研究中，Delen 和他的同事采用一种流行的数据挖掘方法，称为 CRISP-DM（Cross-Industry Standard Process for Data Mining，跨行业数据挖掘标准流程），这个过程分为六个步骤。第 5 章详细介绍了这种流行方法，这种方法为他们提供了一种系统和结构化的方式来进行基础数据挖掘研究，从而提高了获得准确可靠结果的可能性。为了客观评估不同模型类型的预测能力，他们使用了一种交叉验证方法，称为 k 折交叉验证（k-fold cross-validation）。有关 k 折交叉验证的详细内容，请参阅第 5 章。图 3.20 用图形说明了研究人员采用的方法。

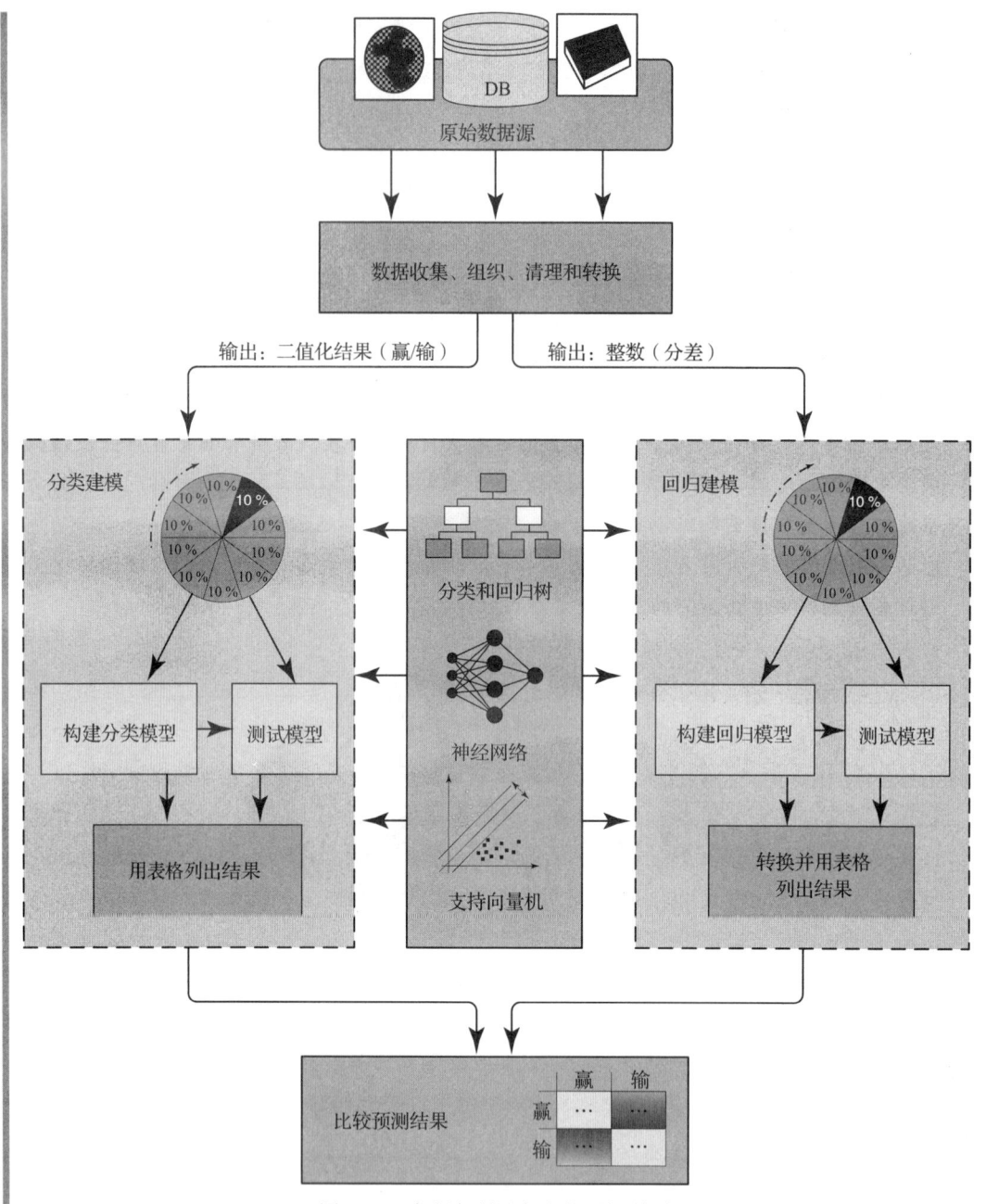

图 3.20 本研究所用方法的图解说明

数据采集与预处理

本研究的样本数据来自网络上的各种体育数据库，包括 jhowel.net、ESPN.com、Covers.com、ncaa.org 和 rauzulusstreet.com。数据集包括 244 场碗赛，代表了 2002 年至 2009 年间八个赛季的大学橄榄球碗赛。我们还增加了一个样本外数据集（2010 年至 2011 年碗赛），用于额外验证。他们运用了流行的数据挖掘经验法则之一，在模型中包含了尽可能多的相关信息。因此，经过深入的变量识别和收集过程后，他们最终得到了一个包括 36

个变量的数据集，其中前 6 个是识别变量（即碗赛的名称和年份、主客场球队名称及其运动会——见表 3.6 中的变量 1～6），然后是 28 个输入变量（其中包括描述球队进攻和防守、比赛结果、球队组成特征、运动会特征以及他们如何克服困难的季节性统计数据的变量——见表 3.6 中的变量 7～34），最后两个是输出变量（即 ScoreDiff——用整数表示的主队和客队之间的得分差，以及 WinLoss——主队在用名义标签表示的碗赛中的"输""赢"结果）。

在数据集的公式中，每一行（也称为元组、用例、样本、示例等）代表一场碗赛，每一列代表一个变量（即标识符/输入或输出类型）。为了表示两支对手球队与比赛相关的比较特征，在输入变量中，我们计算并使用了主队和客队的测量值之间的差异。所有这些变量值都是从主队的角度来计算的。例如，变量 PPG（球队每场比赛的平均得分）表示主队的 PPG 和客场球队的 PPG 之间的差异。输出变量表示主队在碗赛中是赢还是输。也就是说，如果 ScoreDiff 变量取正整数，则主队有望以这个差值赢得比赛，反之（如果 ScoreDiff 变量取负整数），则主球队可能会以这个差值输掉比赛。对变量 WinLoss，其值是一个二值结果，"赢"（win）或"输"（loss），表示主队的比赛结果。

表 3.6 研究中使用的变量说明

序号	变量类别	变量名	说明
1	ID	YEAR	碗赛年份
2	ID	BOWLGAME	碗赛名称
3	ID	HOMETEAM	主队（由碗赛组织者列出）
4	ID	AWAYTEAM	客队（由碗赛组织者列出）
5	ID	HOMECONFERENCE	主队联合会
6	ID	AWAYCONFERENCE	客队联合会
7	I1	DEFPTPGM	场均防守得分
8	I1	DEFRYDPGM	场均防守冲刺码数
9	I1	DEFYDPGM	场均防守码数
10	I1	PPG	给定球队每场比赛的平均得分
11	I1	PYDPGM	场均平均总传球码数
12	I1	RYDPGM	球队场均平均总冲刺码数
13	I1	YRDPGM	球队每场比赛的平均总冲刺码数
14	I2	HMWIN%	主场胜率
15	I2	LAST7	球队在近 7 场比赛中赢了多少场
16	I2	MARGOVIC	平均胜率
17	I2	NCTW	非联合球队胜率
18	I2	PREVAPP	球队去年是否参加过碗赛
19	I2	RDWIN%	客场胜率
20	I2	SEASTW	年度胜率
21	I2	TOP25	年对阵 AP 前 25 名球队的胜率
22	I3	TSOS	年日程强度
23	I3	FR%	大一新生队员当年参赛百分比
24	I3	SO%	大二队员当年参赛百分比
25	I3	JR%	大三队员当年参赛百分比

（续）

序号	变量类别	变量名	说明
26	I3	SR%	大四队员当年参赛百分比
27	I4	SEASOvUn%	球队在本赛季超过 O/U[①]次数所占百分比
28	I4	ATSCOV%	在之前碗赛中球队比赛结果与赔率高低不同百分比
29	I4	UNDER%	在之前碗赛中不足预期分差次数百分比
30	I4	OVER%	在之前碗赛中超过预期分差次数百分比
31	I4	SEASATS%	本季对阵差分的胜率
32	I5	CONCH	这支球队赢得了各自的联盟冠军赛吗
33	I5	CONFSOS	计划联盟强度
34	I5	CONFWIN%	联盟获胜率
35	O1	ScoreDiff[②]	分差（主队得分 – 客队得分）
36	O2	WinLoss[②]	主队是赢还是输

注：1. I1: 进攻/防守。
2. I2: 比赛结果。
3. I3: 球队配置。
4. I4: 迎难而上。
5. I5: 联盟统计数据。
6. ID: 标识符变量。
7. O1: 回归模型输出变量。
8. O2: 分类模型输出变量。

①超过/低于——球队是超过还是低于预期分差。
②输出变量——回归模型的 ScoreDiff 和二元分类模型的 WinLoss。

结果与讨论

本研究使用了三种流行的预测技术（人工神经网络、决策树和支持向量机）来建立模型（并相互比较）。选择这些预测技术是基于它们对分类和回归类型预测问题建模的能力，以及这些技术在最近发表的数据挖掘文献中的流行程度。关于这些流行的数据挖掘方法的更多细节可以在第 5 章中找到。

为了对所有模型的预测准确性进行比较，研究人员使用了分层 k 折交叉验证方法。在 k 折交叉验证的分层版本中，创建折叠的方式是让它们包含与原始数据集大致相同比例的预测标签（即类）。在这项研究中，k 值设置为 10（即，244 个样本的完整集合被划分为 10 个子集，每个子集具有大约 25 个样本），这是预测数据挖掘应用中的常见做法。本章早些时候展示了 10 折交叉验证的图形示意图。为了比较使用上述三种数据挖掘技术开发的预测模型，研究人员选择使用三种常见的性能标准：准确性、敏感性和特异性。本章前面也对这些度量的简单公式进行过简介。

这三种建模技术的预测结果如表 3.7 和表 3.8 所示。表 3.7 显示了分类方法的 10 折交叉验证结果，其中三种数据挖掘技术被公式化为具有二值性名义输出变量（即 WinLoss）。表 3.8 显示了基于回归的分类方法的 10 折交叉验证结果，其中三种数据挖掘技术被公式化为具有数字输出变量（即 ScoreDiff）。在基于回归的分类预测中，通过将正 WinLoss 数标记为"Win"，将负 WinLoss 数标记为"Loss"，从而将模型的数字输出转换为分类类型，然后将其画成混淆矩阵。使用混淆矩阵计算了每种模型类型的总体预测准确性、敏感性和特异性，并在这两个表中给出。结果表明，分类预测方法的性能优于基于回归的分类预测方法。在这三种数据挖掘技术中，分类和回归树在两种预测方法中都产生了更好的预测精度。总体而言，分类和回归树分类模型产生的 10 折交叉验证准确率为 86.48%，其次是支持向量机（10 折交叉验证准确率为 79.51%）和神经网络（10 折交叉验证准确率达 75.00%）。使用 t 检验，研究人员发现，这些准确率值在 0.05α 水平上存在显著差异，也就是说，决策树是该领域的一个明显优于神经网络和支持向量机的预测器，而支持向量机是一个明显高于神经网络的预测器。

研究结果表明，基于分类类型的模型比基于回归的分类模型能更好地预测比赛结果。由于这些结果是特定于本研究中使用的应用领域和数据的，因此不应超出此研究范围加以推广，但结果是令人兴奋的，因为与本研究中采用的其他两种机器学习技术相比，决策树不仅是最好的预测因素，而且在理解和部署方面也是最好的。

表 3.7 基于直接分类方法的预测结果

预测方法（直接分类[①]）		混淆矩阵		准确性（%）	敏感性（%）	特异性（%）
		Win	Loss			
ANN（MLP）	Win	92	42	75.00	68.66	82.73
	Loss	19	91			
SVM（RBF）	Win	105	29	79.51	78.36	80.91
	Loss	21	89			
DT（C&RT）	Win	113	21	86.48	84.33	89.09
	Loss	12	98			

[①]输出变量是一个二元分类变量（Win 或 Loss），差异为 sig（**$p<0.01$）。

表 3.8 基于回归分类方法的预测结果

预测方法（回归分类[①]）		混淆矩阵		准确性**（%）	敏感性（%）	特异性（%）
		Win	Loss			
ANN（MLP）	Win	94	40	72.54	70.15	75.45
	Loss	27	83			
SVM（RBF）	Win	100	34	74.59	74.63	74.55
	Loss	28	82			
DT（C&RT）	Win	106	28	77.87	76.36	79.10
	Loss	26	84			

[①]输出变量是一个数字/整数变量（分差），差异为 sig（**$p<0.01$）。

资料来源：Delen, D., Cogdell, D., & Kasap, N. (2012). A comparative analysis of data mining methods in predicting NCAA bowl outcomes. International Journal of Forecasting, 28, 543-552; Freeman, K. M., & Brewer, R. M. (2016). The politics of American college football. Journal of Applied Business and Economics, 18(2), 97-101。

时间序列预测

有时候，我们感兴趣的变量（即响应变量）可能没有明显可识别的解释变量，或者在高度复杂的关系中可能有太多解释变量。在这种情况下，如果数据能以要求的格式提供，就可以开发预测模型，即所谓的时间序列。时间序列是我们感兴趣的变量的数据点序列，以均匀时间间隔在连续的时间点上进行度量和记录。时间序列的例子包括某一个地理区域的月降雨量、股市指数中的每日收盘值、杂货店的每日销售额等。时间序列通常使用折线图进行可视化表示。图 3.21 显示了 2008 年至 2012 年季度销售量数据的时间序列样本。

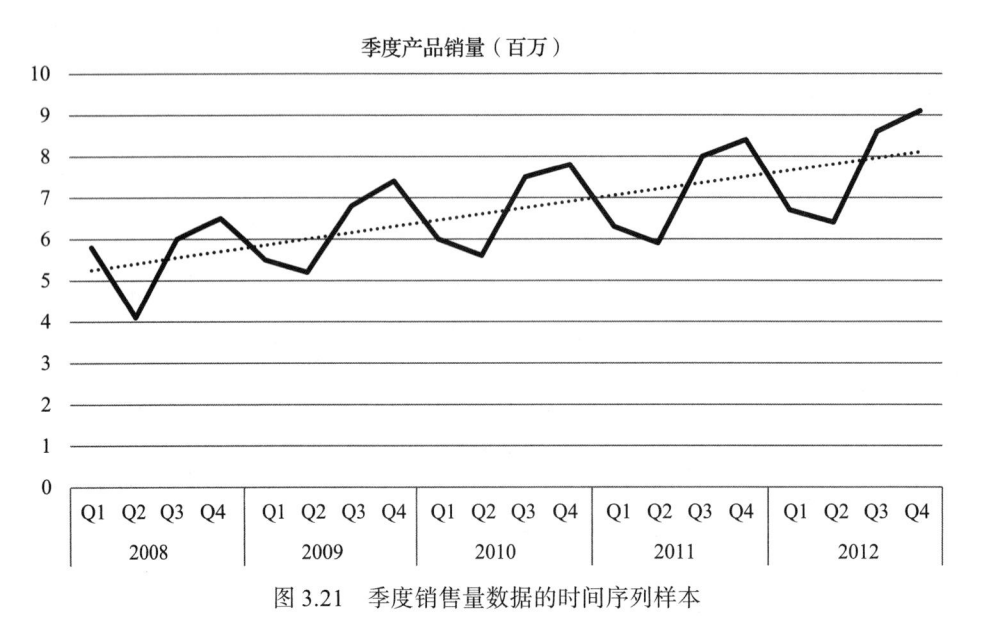

图 3.21　季度销售量数据的时间序列样本

时间序列预测使用数学建模并根据过去观察到的值来预测感兴趣变量的未来值。时间序列图/图表外观和感觉都非常类似于简单线性回归，因为与简单线性回归一样，时间序列中有两个变量：散点图中的响应变量和时间变量。除了外观相似之外，两者之间几乎没有任何其他共同点。尽管回归分析经常用于测试理论，以查看一个或多个解释变量的当前值是否能解释（并因此预测）响应变量，但时间序列模型专注于推断其时变行为，以估计未来值。

时间序列预测假设所有解释变量都被聚合并用在响应变量的时变行为中。因此，捕捉时变行为是预测响应变量未来值的方法。为此，对模式进行分析将其分解为随机变化、时间趋势和季节性周期多个组成部分。图 3.21 所示的时间序列示例说明了这些不同的模式。

用于开发时间序列预测的技术包括非常简单的预测（天真的预测表明今天的预测与昨天的实际预测相同）到非常复杂的 ARIMA 预测（一种将数据中的自回归和移动平均模式相结合的方法）。最流行的技术可能是平均方法，包括简单平均、移动平均、加权移动平均和指数平滑方法。其中许多技术也有高级版本，可以考虑季节性和趋势，以便做出更好、更准确的预测。一种方法的准确性通常通过平均绝对误差（Mean Absolute Error，MAE）、均方误差（Mean Squared Error，MSE）或平均绝对百分比误差（Mean Absolute Percent Error，MAPE）计算其误差（历史观测实际值和预测值之间的计算偏差）来评估。尽管这些方法都使用相同的核心误差度量，但这三种评估方法侧重于误差的不同方面，其中某些方法比其他方法产生的误差更大。

3.10 节　习题

1. 什么是回归，其统计目的是什么？

2. 回归和相关之间有什么共同点和区别？
3. 什么是OLS？OLS如何确定线性回归线？
4. 列出并说明在开发线性回归模型时要遵循的主要步骤。
5. 线性回归最常见的假设是什么？
6. 什么是逻辑回归？它与线性回归有何不同？
7. 什么是时间序列？时间序列数据的主要预测技术是什么？

本章重点

- 数据已成为当今组织最有价值的资产之一。
- 数据是任何商务智能、数据科学和业务分析计划的主要组成部分。
- 尽管数据的价值主张不可否认，但为了实现其承诺，数据必须遵循一些基本的可用性和质量指标。
- 数据（单数形式的资料）是指通常作为实验、观察、交易或经验的结果而获得的事实的集合。
- 在最高抽象级别，数据可以分为结构化数据和非结构化数据。
- 原始状态的数据通常无法用于分析任务。
- 数据预处理是商务分析中一项乏味、耗时但至关重要的任务。
- 对于不同背景和兴趣的人来说，大数据意味着不同的东西。
- 大数据超出了常用硬件环境的处理范围和/或软件工具在用户群体可承受的时间范围内获取、管理和处理它的能力。
- 大数据通常由三个"V"来定义：容量（volume）、多样性（variety）和速度（velocity）。
- MapReduce是一种在大型机器集群中对非常大的多结构数据文件进行分布处理的技术。
- Hadoop是一种用于处理、存储和分析大量分布式非结构化数据的开源框架。
- Hive是一个基于Hadoop的类似数据仓库的框架，最初由Facebook开发。
- Pig是由Yahoo！开发的一种基于Hadoop的查询语言！
- NoSQL表示不仅仅是SQL，还是一种存储和处理大量非结构化、半结构化和多结构化数据的新范式。
- Data for Good是一个流行的概念，其中数据和分析用于改善人类和环境。
- 数据科学家是一种新的角色或工作，通常与大数据或数据科学相关。
- 流分析是一个通常用于从连续流动/流式数据源中提取可操作信息的术语。
- 数据流挖掘作为流分析的一种使能技术，是从连续、快速的数据记录中提取新模式和知识结构的过程。
- 统计学是表征和解释数据的数学技术的集合。
- 统计方法可以分为描述性统计或推断性统计。
- 一般来说，统计学，尤其是描述性统计，是BI和业务分析的重要组成部分。
- 描述性统计方法可用于度量给定数据集的集中趋势、离散趋势或形状。
- 回归，尤其是线性回归，可能是统计学中最广为人知和最常用的分析技术。
- 线性回归和逻辑回归是统计学中的两种主要回归类型。
- 逻辑回归是一种基于概率的分类算法。
- 时间序列是变量数据点序列，以均匀的时间间隔在连续的时间点上进行度量和记录。

问题讨论

1. 如何描述数据在分析中的重要性？我们可以设想没有数据的分析吗？试解释说明一下。
2. 考虑到商务分析的新的广泛定义，分析连续体的主要输入和输出是什么？
3. 商务分析的数据来自哪里？传入数据的来源和性质是什么？
4. 对于可用于分析的数据，最常见的指标是什么？
5. 数据的主要类别有哪些？我们可以使用哪些类型的数据进行 BI 和分析？
6. 是否可以对所有分析模型使用相同的数据表示（即，不同的分析模型是否需要不同的数据表示模式）？为什么能，或者为什么不能？
7. 为什么原始数据不容易被分析任务使用？
8. 数据预处理的主要步骤是什么？列出并解释它们在分析中的重要性。
9. 清理数据是什么意思？这一阶段要进行哪些活动？
10. 数据归约可以应用于行（采样）和／或列（变量选择），哪个更具挑战性？试解释一下。
11. 什么是大数据？为什么大数据很重要？大数据从何而来？
12. 你认为大数据的未来会是什么样子？它会因为其他原因而失去人气吗？如果是，会是什么？
13. 什么是大数据分析？它与常规分析有何不同？
14. 大数据分析的关键成功因素是什么？
15. 在考虑实施大数据分析时，应该考虑哪些重大挑战？
16. 大数据分析解决了哪些常见的商业问题？
17. 在大数据时代，我们是否会见证数据仓库的终结？为什么？
18. 什么是"Data for Good"？选择、研究并报告其中两项"Data for Good"倡议。在你的报告中，一定要评论倡议的起源、动机和结果。
19. 什么是流分析？它与常规分析有何不同？
20. 流分析最富有成效的行业是什么？这些行业的共同点是什么？
21. 与常规分析相比，你认为流分析在大数据分析时代会有更多（或更少）的用例吗？为什么？
22. 统计和商务分析之间的关系是什么（考虑统计在业务分析分类法中的位置）？
23. 描述性统计和推断性统计之间的主要区别是什么？
24. 什么是箱线图？它表示什么类型的统计信息？
25. 描述数据分布最常用的两种形状特征是什么？
26. 列出并简要界定描述性统计的主要趋势衡量标准。
27. 回归和相关性之间有什么共同点和区别？
28. 列出并说明开发线性回归模型的主要步骤。
29. 线性回归最常见的假设是什么？针对这些假设，回归模型的关键是什么？
30. 线性回归和逻辑回归有什么共同点和区别？
31. 什么是时间序列？时间序列数据的主要预测技术是什么？

练 习

动手练习

1. 从本书的网站下载"Voting Behavior"数据及其简要数据说明。这是一个从美国各地的县手动汇编的数据集。数据已被部分处理，也就是说，已经创建了一些派生变量。你的任务是通过识别错误和异常并提出补救措施和解决方案，以对数据做彻底的预处理。最后，你应该有一个可用于分析的数据版本。预处理完成后，将这些数据提取到 Tableau（或其他数据可视化软件工具）中，从中提取有用的可视化信息。为此，请将相关问题和假设概念化（至少提出三个），并创建适当的可视化内容，以解决这些假设的"测试"问题。

2. 下载 Visualization_MFG_Sample 数据集（在本书的网站上以 Excel 文件的形式提供）。使用 Excel 或你所在机构提供的任何其他软件工具，回答以下问题：

   a. 总票房收入与数据集中给出的其他电影相关参数之间的关系是什么？

   b. 这种关系在不同年份有何变化？准备一份比较专业的书面报告，并通过你做的图形结果进一步说明。

3. 使用你最喜欢的 Web 浏览器在互联网上搜索，查找与 BI 和分析相关的数据性质、数据管理和/或数据治理方面的文章，并对文章内容进行批判性分析。使用学校的图书馆资源和 scholar.google.com，确保搜索结果包含学术论文，写一份研究报告。

4. 访问 UCI 数据存储库（archive.ics.uci.edu/ml/datasets.html），选取一个同时包含数值和标称值的大型数据集，使用 Microsoft Excel 或任何其他统计软件：

   a. 计算并解释每个变量的集中趋势度量。

   b. 计算并解释每个变量的离散趋势度量。

5. 访问 UCI 数据存储库（archive.ics.uci.edu/ml/datasets.html），选取两个数据集，其中一个用于估计/回归，另一个用于分类。使用 Microsoft Excel 或任何其他统计软件：

   a. 开发一个线性回归模型并对其做出解释。

   b. 开发一个逻辑回归模型并对其做出解释。

6. 访问 kdnuggest.com，熟悉该门户网站上可用的分析资源范围。然后，选取一篇文章、一份白皮书或一份采访脚本，其中涉及数据的性质、数据管理和/或与 BI 和业务分析相关的数据治理等内容，批判性地对这些文章内容加以分析。

7. 访问 teradata.com。找到至少三个关于大数据的客户案例研究，并写一份报告，讨论这些案例的共性和差异。

8. 访问 IBM.com。找到至少三个关于大数据的客户案例研究，并写一份报告，讨论这些案例的共性和差异。

9. 访问 SAS.com。找到至少三个关于大数据的客户案例研究，并写一份报告，讨论这些案例的共性和差异。

10. 访问 claudera.com。找到至少三个关于 Hadoop 实现的客户案例研究，并写一份报告，讨论这些案例的共性和差异。

11. 访问 mapr.com。找到至少三个关于 Hadoop 实现的客户案例研究，并写一份报告，讨论这些案例的共性和差异。

12. 访问 hortonworks.com。找到至少三个关于 Hadoop 实现的客户案例研究，并写一份报告，讨论这些案例的共性和差异。

13. 访问 marklogic.com。找到至少三个关于 Hadoop 实现的客户案例研究，并写一份报告，讨论这些案例的共性和差异。

14. 在 youtube.com 搜索有关大数据计算的视频。至少观看两个视频，总结你的发现。
15. 在 google.com/scholar 搜索关于流分析的文章。至少查找三篇相关文章，阅读并总结你的发现。
16. 在 google.com/scholar 搜索关于数据流挖掘的文章。至少查找三篇相关文章，阅读并总结你的发现。
17. 在 google.com/scholar 搜索关于大数据与数据仓库的文章。至少查找五篇文章。阅读并总结你的发现。

小组任务和角色扮演项目

分析从数据开始。识别、访问、获取和处理相关数据是分析研究中最重要的任务。作为一个团队，你的任务是找到一个足够大的真实世界数据（要么来自你自己的组织，这是最早的，要么来自网络，可以从简单的搜索开始，要么来自 KDnuggets.com 上发布的数据链接），这个数据集有数以万计的行和 20 多个变量，你需要浏览并记录一个彻底的数据预处理项目。在处理数据的过程中，使用描述性统计方法和度量来识别异常和差异，并做好数据分析准备。撰写一份全面的报告，在报告中列出并证明你的预处理步骤和决策。

参考文献

Adshead, A. (2014). Data set to grow 10-fold by 2020 as Internet of Things takes off. http://www.computerweekly.com/news/2240217788/Data-set-to-grow-10-fold-by-2020-asinternet-of-things-takes-off (accessed September 2016).

Annas, G. J. (2003). HIPAA regulations—A new era of medical-record privacy? New England Journal of Medicine 348(15), 1486-1490.

Dean, J., & Ghemawat, S. (2004). MapReduce: Simplified data processing on large clusters. research.google.com/archive/mapreduce.html (accessed August 2021).

Delen, D. (2010). A comparative analysis of machine learning techniques for student retention management. Decision Support Systems, 49(4), 498-506.

Delen, D. (2011). Predicting student attrition with data mining methods. Journal of College Student Retention, 13(1), 17-35.

Delen, D. (2020). Predictive Analytics: Data Mining, Machine Learning and Data Science for Practitioners, 2nd Edition. Pearson Business Analytics Series. Upper Saddle River, NJ.

Delen, D., Cogdell, D., & Kasap, N. (2012). A comparative analysis of data mining methods in predicting NCAA bowl outcomes. International Journal of Forecasting, 28, 543-552.

Delen, D., Topuz, K., & Eryarsoy, E. (2020). Development of a Bayesian Belief Network-based DSS for predicting and understanding freshmen student attrition. European Journal of Operational Research, 281(3), 575-587.

Freeman, K. M., & Brewer, R. M. (2016). The politics of American college football. Journal of Applied Business and Economics, 18(2), 97-101.

Hernández, M. A., & Stolfo, S. J. (1998, January). Real-world data is dirty: Data cleansing and the merge/purge problem. Data Mining and Knowledge Discovery, 2(1), 9-37.

Kelly, L. (2012). Big data: Hadoop, business analytics, and beyond. wikibon.org/wiki/v/Big_Data:_

Hadoop,_Business_Analytics_and_Beyond (accessed August 2021).

Kock, N. F., McQueen, R. J., & Corner, J. L. (1997). The nature of data, information and knowledge exchanges in business processes: Implications for process improvement and organizational learning. The Learning Organization, 4(2), 70-80.

Kotsiantis, S. B., Kanellopoulos, D., & Pintelas, P. E. (2006). Data preprocessing for supervised leaning. International Journal of Computer Science, 1(2), 111-117.

Maleki, N., Rahmani, A. M., & Conti, M. (2019). MapReduce: An infrastructure review and research insights. The Journal of Supercomputing, 75(10), 6934-7002.

Quinn, C. (2016). Data-driven marketing at SiriusXM. Teradata Articles & News. at http://bigdata.teradata.com/US/Articles-News/Data-Driven-Marketing-At-SiriusXM/(accessed August 2016); Teradata customer success story. SiriusXM attracts and engages a new generation of radio consumers. http://assets.teradata.com/resourceCenter/downloads/CaseStudies/EB8597.pdf?processed=1.

Russom, P. (2013). Busting 10 Myths about Hadoop: The Big Data Explosion. TDWI's Best of Business Intelligence, 10, 45-46.

Silipo, R. & Rudnitckaia, L. (2022). Will they Blend? (3rd Edition) at https://www.knime.com/knimepress/will-they-blend (accessed June 2022).

Thammasiri, D., Delen, D., Meesad, P., & Kasap N. (2014). A critical assessment of imbalanced class distribution problem: The case of predicting freshmen student attrition. Expert Systems with Applications, 41(2), 321-330.

Zikopoulos, P., DeRoos, D., Parasuraman, K., Deutsch, T., Corrigan, D., & Giles, J. (2013). Harness the Power of Big Data. New York: McGraw-Hill.

CHAPTER 4

第4章

描述性分析：商务智能、数据仓库和可视化

学习目标

- 理解数据仓库的基本定义和概念
- 理解数据仓库架构
- 描述开发和管理数据仓库时使用的流程
- 解释数据仓库操作
- 解释数据仓库在决策支持中的作用
- 解释数据集成以及数据提取、转换和加载（ETL）过程
- 理解数据仓库管理的重要性、安全问题和未来趋势
- 定义业务报表并了解其历史演变
- 理解数据/信息可视化的重要性
- 学习不同类型的可视化技术
- 欣赏可视化分析为商务分析带来的价值
- 了解仪表盘的功能和局限性

自20世纪80年代末以来，数据仓库的概念就一直存在。本章介绍一种称为数据仓库（data warehouse）的重要数据库，该数据库主要用于决策支持，并为提高分析能力提供信息基础。本章讨论了数据仓库的概念，以及作为描述性分析连续体的重要组成部分的商务智能和数据可视化。接下来介绍业务报表和可视化的内容。报表是一种为特定目的而制定的沟通工具，其目的是将数据转换为信息和知识，并以容易理解的格式传递这些信息。如今报表更加直观，通常配以颜色和图形图标，使报表整体看起来更像一个仪表盘，以增强信息内容。因此，本章的后半部分专门介绍信息可视化和讲故事的设计、实现和最佳实践。

4.1 开篇小插曲：通过数据仓库和商务分析锁定税务欺诈

政府必须努力防止税务欺诈对其收入造成重大影响。2013年，美国国税局（Internal Revenue Service，IRS）成功挫败了通过被盗身份企图骗取联邦政府242亿美元退税的企

图。然而同年，IRS 支付了 58 亿美元的索赔，该索赔后来被认定属于欺诈。事实证明，识别和预防税务欺诈是一项具有挑战性的任务。

当欺诈者使用被盗的社会保险号码、W-2 表格和其他个人信息提交虚假退税申请时，就会造成各州的损失。这类犯罪近年来以惊人的速度增加。马里兰州审计员 Peter Franchot 表示："几乎所有美国人都听说过身份盗窃，但很少有人意识到纳税申报单欺诈的爆炸性增加。这是一个令人担忧的问题，影响着每个州，这实际上是对纳税人资金的系统性盗窃。"

在马里兰州，负责处理虚假退税申报的人是可疑退货检测小组（Questionable Return Detection Team，QRDT）的成员。与许多其他州的同行一样，这些专家使用软件来识别可疑的退税申报。然后，他们调查这些申报，以查明哪些申报是欺诈性的。

挑战

过去，马里兰州逐一检查纳税申报单的指标，如果申报显示了某些具体的特征，例如，赚取的工资与扣留的工资达到一定比例，软件就会暂停该申报以进行进一步调查。QRDT 的成员随后研究了每一份被暂停的报税表。例如，将其工资和扣缴信息与雇主提交的 W-2 表格中的数字进行比较。这一过程属于劳动密集型，效率低下。在马里兰州每年收到的约 280 万份纳税申报单中，QRDT 暂停了约 11 万份申报，但大多数都是合法的申报。马里兰州主计长收入估算局局长 Andy Schaufele 表示："只有大约 10% 的申报被发现存在欺诈行为。"

这一过程使马里兰州每年减少 500 万至 1 000 万美元的欺诈退款。尽管取得成功，但考虑到这一过程中占用的资源以及给诚实纳税人带来的不便，这只能算是小小的成功。Schaufele 说："一想到我们要扣留 9 万至 10 万的退税申请，就很难接受。我们想更快地将这些税款退还给纳税人，因为许多人将这笔钱作为收入的一部分。"

解决方案

马里兰州需要一个更有效的程序。同时，马里兰州还需要新的策略，以便在欺诈者面前立于不败之地。Schaufele 说："所有州以及美国国税局都使用了与我们相同的指标。我认为犯罪分子不难猜出我们的防御措施是什么。"幸运的是，马里兰州最近获得了一种强大的打击税务欺诈的新武器。2010 年，马里兰州财政部主计长与俄亥俄州代顿市的 Teradata 合作，建立了一个旨在支持各种合规举措的数据仓库。

当官员们讨论启动哪些措施时，有一个想法获得了大家的认可。马里兰州副审计长 Sharonne Bonardi 表示："我们认为，我们应该优先打击退款欺诈行为。"因此，该州开始与 Teradata 和马里兰州 Potomac 的 ASR Analytics 合作，开发一个更好的流程来隔离欺诈性纳税申报。

Schaufele 说："第一步是分析我们的数据，增进我们对欺诈的了解。"在其他发现中，分析表明，当多次申报被暂停时——即使是出于完全不同的原因——它们通常具有共同的特征。该州建立了一个数据库，其中包括欺诈申报的特征和诚实申报的特征。Schaufele 说："我们与 ASR 合作，将这些信息整合在一起进行线性回归。我们不再关注一次性指标，而是开始将其中许多指标结合在一起。"结果是对典型的欺诈性申报进行了更细致的描述。

新系统不再逐一标记申报表，而是识别出于类似原因看起来可疑的申报表组。这一策略加快了调查速度。分析系统还根据每个返回的申报表欺诈可能性为其打分。然后生成一个优先级列表来指导 QRDT 的工作流程。Schaufele 说："我们首先处理的退税申报更有可能不是欺诈性的，这样我们就可以把它们从队列中剔除。"看起来更可疑的申报会被返回进行进一步审查。

结果

Bonardi 说："有了这些分析模型，我们能够减少误报，这样我们就不会让那些向州政府准确报告信息的纳税人有过重负担。"一旦调查人员将他们的纳税申报单从队列中删除，这些纳税人就可以获得退税。

得益于这项新技术，QRDT 预计只会暂停 4 万至 5 万份纳税申报单，而过去几年多达 11 万份。Schaufele 说："迄今为止，我们的准确率约为 65%。"这比历史上 10% 的成功率有了很大的提高。马里兰州主计长 Franchot 说："一旦发现可能存在欺诈的报税表，专家审查小组就可以仔细对其逐一审查，以去除合法的报税表。整个审查过程变得越来越完善，效率也越来越高。"

截至 3 月底，高级分析已帮助 QRDT 在当前申报季收回了约 1 000 万美元。Schaufele 说："在旧系统下，目前这个数字大约为 300 万美元。"新技术不仅有助于 QRDT 更快、更高效地工作，还有助于团队处理更繁重、更复杂的工作。随着税务犯罪分子加大力度，QRDT 不得不部署新的策略来对付他们。例如，2015 年，该团队收到了约 10 000 份身份被盗纳税人的通知。Schaufele 说："因此，我们有了一个新的工作流程，我们查看他们的社会保障号码，并尝试找出他们可能犯下的任何欺诈事件。这是这个团队在没有额外资源的情况下完成的一项新的工作。"

为了应对更复杂的税收模式，调查人员现在不仅检查当前的 W-2 表格，还将其与前几年的相同纳税人表格进行比较，寻找不一致之处。Schaufele 说："审查变得越来越复杂，需要更长的时间。如果我们没有缩小审查范围，我们在处理问题时就会遇到一些真正的麻烦。"

▶ 本节问题思考

1. 为什么对美国国税局和美国各州政府来说在管理州收入时使用数据仓库和商务智能工具很重要？
2. 马里兰州在税务欺诈方面面临哪些挑战？
3. 他们采用了什么解决方案？你同意他们的做法吗？为什么？
4. 他们取得了什么结果？对 BI 和数据仓库的投资是否有回报？
5. 认为联邦政府和州政府还面临哪些可以从 BI 和数据仓库中受益的问题和挑战？

我们能从这个开篇小插曲中学到什么

开篇小插曲展示了 BI、决策支持系统和数据仓库在政府收入管理中的价值。利用数据仓库，马里兰州能够利用其数据资产，就识别欺诈性纳税申报单做出更准确、更及时的决策。在统一的数据仓库中整合和处理各种各样的数据源，使马里兰州能够从历史事实中自动识别税务欺诈信号/规则/特征，而不是仅仅依靠传统的基于直觉的过滤规则的方式。通过使用数据仓库和 BI，马里兰州成功地大幅降低了误报（也因此减轻了纳税人的痛苦），并将预测准确率从 10% 提高到 65%（在准确识别欺诈性纳税申报单方面提高了六倍多）。这里更关键的是，将正确设计和实施的数据仓库与 BI 工具和技术相结合，可以显著提高预测准确性和及时性，为马里兰州等组织带来财务和非财务好处。

资料来源：Teradata case study (2022). Targeting Tax Fraud with Advanced Analytics, https://www.teradata.com/Resources/Case-Studies/Targeting-Tax-Fraud-with-Advanced-Analytics; Temple-West,P. (2013, November 7). Tax refund ID theft is growing "epidemic": U.S. IRS watchdog. Reuters. http://www.reuters.com/article/us-usa-tax-refund-idUSBRE9A61HB20131107.

4.2 商务智能与数据仓库

作为一个描述基于证据/事实的管理决策的术语，商务智能已经存在了 20 多年。随着商务分析作为一个新的流行词来描述几乎相同的管理现象，BI 作为一个术语的受欢迎程度已经下降。如今 BI 已经不再是一个包罗万象的术语，而是用于描述商务分析的早期阶段（即描述性分析）。

图 4.1 从概念角度说明了 BI 和商务分析之间的关系。BI 是商务分析连续体的描述性分析部分，其成熟度造就了高级分析——预测性和规范性分析的结合。

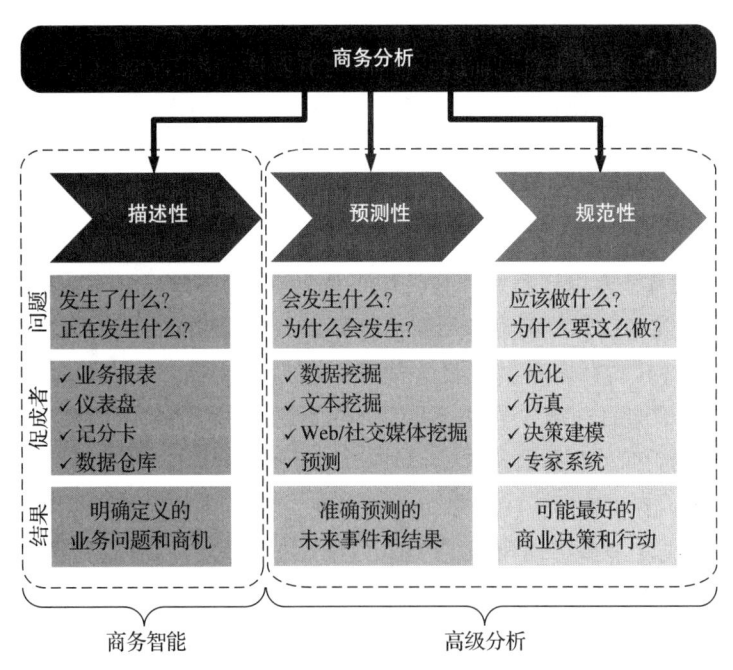

图 4.1 商务分析与 BI，以及 BI 与数据仓库之间的关系

描述性分析（即 BI）是商务分析分类中的入门级。这通常称为业务报表，因为这一级别的大多数分析活动都涉及创建报表，以对业务活动做总结，回答诸如"发生了什么""正

在发生什么"之类的问题。这些报告的范围包括在固定的时间表（例如，每天、每周、每季度等）；即席报告，其中决策者被赋予创建自己的特定报告的能力（使用直观的拖放图形用户界面），以解决特定或独特的决策情况；以及以易于理解的形式（例如，看起来像仪表盘的图形界面）以连续的方式向经理和高管提供关键业务绩效指标的动态视图（通常在业务绩效管理系统中捕获和呈现）。

一般来说，如图 4.1 所示，BI 系统依赖数据仓库作为信息源，用于创建洞察和支持管理决策。大量组织和外部数据被捕获、转换并存储在数据仓库中，以通过丰富的业务洞察来支持及时准确的决策。本章旨在介绍与数据仓库和业务绩效管理相关的概念、方法和工具。

什么是数据仓库

简单地说，**数据仓库**就是为支持决策而生成的数据池，它也是整个组织的管理者可能感兴趣的当前和历史数据的存储库。数据通常以可用于分析处理活动的形式进行结构化（即，联机分析处理、数据挖掘、查询、报告和其他决策支持应用程序）。数据仓库是一种面向主题的、集成的、时变的、非易失性的数据集合，用于支持管理层的决策过程。

数据仓库的历史视角

尽管数据仓库在信息技术（IT）中是一个相对较新的术语，但其根源可以追溯到计算机广泛使用之前。在 20 世纪初，人们使用数据（尽管主要是通过手动方法）来分析趋势，以帮助业务用户做出明智的决策，这是数据仓库最普遍的目的。

促进数据仓库技术发展的动机可以追溯到 20 世纪 70 年代，当时计算机世界由大型机主导。真正的业务数据处理应用，即在公司大型机上运行的应用程序使用早期生成的数据库（而不是当今大多数应用程序使用的面向表的关系数据库）存储数据，具有复杂的文件结构。尽管这些应用程序在执行日常事务数据处理功能方面做得很好，但因为这些操作产生的数据（如客户信息、客户订购的产品以及消费金额）被锁定在文件和数据库的深处。当需要汇总信息（如按地区和产品类型的销售趋势）时，必须向数据处理部门提出正式请求，数据处理部门会将其与数百个其他报告请求一起列入等待名单（Hammergren 和 Simon，2009）。尽管存在对信息和用于生成信息的数据的需求，但数据库技术并不能满足这一需求。图 4.2 显示了促进数据仓库发展的一些重大事件的时间表。

20 世纪末期，商业硬件和软件公司开始出现，为这一问题提供解决方案。1976 年至 1979 年间，一家成立于美国加州理工学院（Caltech）的名为 Teradata 的新公司受到与花旗银行高级科技部门的讨论结果的启发提出了数据仓库的想法。创始人致力于设计一个数据库管理系统，用于与多个微处理器进行并行处理，专门用于决策支持。Teradata 成立于 1979 年 7 月 13 日，其运营开始于加利福尼亚州 Brentwood 的一个车库里。选择 Teradata 这个名称是为了表现其管理 terabytes（万亿字节）数据的能力。

20 世纪 80 年代是个人计算机和小型计算机的年代。在意识到这一点之前，真正的计算机应用程序已经不仅仅只运行在大型机上，它们到处都是——你在一个组织里看到的每一个地方都有。这导致出现称为数据孤岛（islands of data）的麻烦问题。对这个问题的解决方案产生了一种新型软件，称为分布式数据库管理系统，它可以神奇地从整个组织的数据库中提取所需的数据，将所有数据带回同一个地方，然后对其进行合并、排序，并做任何其他必要的事情来回答用户的问题。尽管这个概念很好，早期的研究结果也很有希望，但结果简单明了：它们在现实世界中并不那么有效，数据孤岛问题仍然存在。

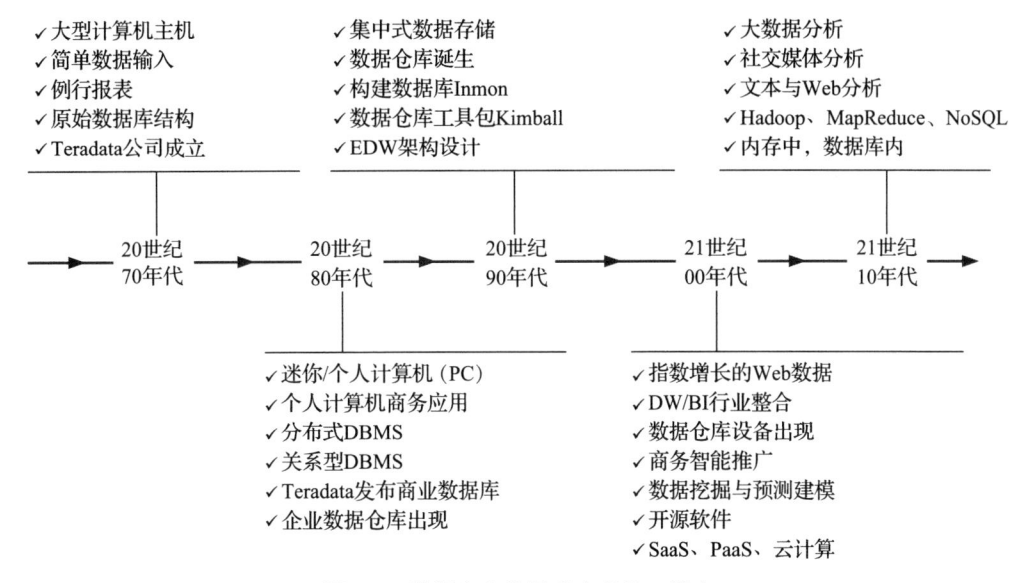

图 4.2　数据仓库发展重大事件一览表

与此同时，Teradata 开始推出商业产品来解决这个问题。富国银行于 1983 年获得了第一个 Teradata 测试系统，这是世界第一例用于决策支持的并行 RDBMS（关系数据库管理系统）。到 1984 年，Teradata 发布了其产品的生产版本，1986 年，美国《财富》杂志将 Teradata 评为"年度产品"。Teradata 至今仍然存在，它构建了第一个数据仓库应用——结合硬件和软件以满足许多人的数据仓库需求。其他公司也开始制定自己的战略。

20 世纪 80 年代还发生了其他几起事件，使得这十年成为数据仓库创新的时代。例如，Ralph Kimball 于 1986 年创立了 Red Brick Systems。通过探索如何提高数据访问能力，Red Brick 开始成为一家富有远见的软件公司。1988 年，IBM Ireland 的 Barry Devlin 和 Paul Murphy 引入了"企业数据仓库"一词，将其作为企业信息系统的关键组件。

20 世纪 90 年代，一种解决数据孤岛问题的新方法浮出水面。如果说 20 世纪 80 年代直接从文件和数据库中获取和访问数据的方法不起作用，那么 20 世纪 90 年代的方法则是重新倒回到 20 世纪 70 年代，将这些地方的数据复制到另一个位置——只是这次方法得当，数据仓库由此诞生。1993 年，Bill Inmon 撰写了开创性的著作 *Building the Data Warehouse*。许多人认为 Inmon 是数据仓库之父。之后还出现了其他出版物，包括 Ralph Kimball 于 1996 年出版的 *The Data Warehouse Toolkit* 一书，该书讨论了通用维度设计技术，从而改进以查询为中心的决策支持系统的数据架构。

进入 21 世纪，数据仓库的流行程度和数据量持续增长。供应商开始整合。2006 年，微软通过收购 ProClarity 进军数据仓库市场。2007 年，Oracle 收购了 Hyperion，SAP 收购了 Business Objects，IBM 则与 Cognos 合并。20 世纪 90 年代的数据仓库领导者已经被世界上一些最大的信息系统解决方案提供商吞并。在此期间出现了其他创新，包括来自 Netezza（被 IBM 收购）、Greenplum（被 EMC 收购）、DATAllegro（被 Microsoft 收购）等供应商的数据仓库设备，以及实现实时性能监控的性能管理设备。这些创新解决方案节省了成本，因为它们与传统的数据仓库解决方案兼容。

自 2010 年以来，大数据一直是热门话题。许多人认为，大数据将对我们所知的数据仓库产生影响。要么找到一种方法将两者合并（这似乎是最有可能的情况，至少在几年内），要么大数据（以及随之而来的技术）会让传统的数据仓库过时。大数据附带的技术包括 Hadoop、MapReduce、NoSQL 和 Hive 等。也许在不久的将来，我们会在数据世界中看到一个新的术语，它结合了传统数据仓库和大数据现象的需求和能力。

分析实操 4.1 旨在通过使用从所有渠道获得的各种数据，开展商务分析，以增强金融部门的客户体验。

分析实操 4.1　金融服务中的数据驱动型客户体验

简介

以新的数字银行来源提供的高级客户分析使金融服务公司能够深入了解客户群体和行为，并更准确地获取和定制产品和价值主张。分析方面的最新进展，如非线性机器学习算法，与新的更细粒度的数据相结合，正在显著提高模型效率，从而改善服务，增加收入，并降低服务成本。通过源自实时行为的触发器激活客户洞察力，以进一步促进这些业务成果。

挑战

优化客户体验可能具有挑战性。首先，大多数组织对跨多个部门的多个客户接触点的端到端客户行踪几乎一无所知。此外，企业无法感知和应对众多客户的痛点和机会。最后，组织很难及时、有意义地开展个性化客户互动，尤其是在关键时刻与客户的实时互动。

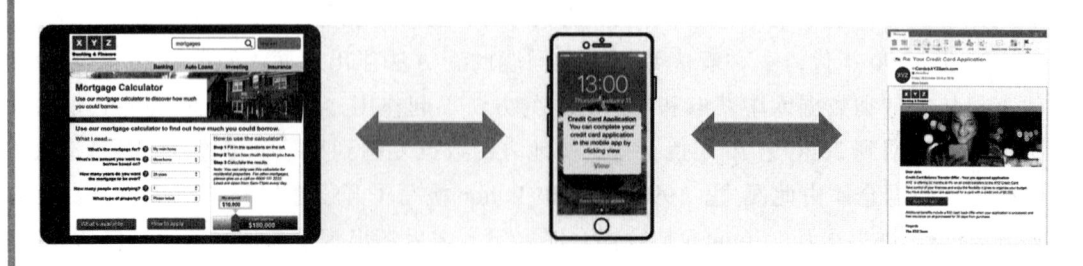

解决方案

Vantage 客户体验（Vantage CX）克服了这些挑战，使金融服务提供商能够执行可持续的客户体验计划，包括：

- 通过提供包括 100% 在线行为和交易的金融服务行业数据模型，实现以前难以实现的 360° 客户视图。实时捕获细粒度的个体层面的行为数据，增强对数字属性中每个客户互动的了解。在线行为数据与客户交易和来自分行运营、呼叫中心的行为相统一，交易涵盖存款、交易、转账、应用程序等。跨多个部门和系统的客户统一视图提供了全面客户体验的可见性。
- 通过强大、易用的机器学习分析以及其他高级分析，让营销人员和 CX 专业人员掌控数据，并将数据转化为客户洞察信息，这些分析可以更丰富、更快地洞察客户行为。Vantage 无须编码即可使用直观的高级分析，包括用于了解客户旅程的 Path、用于情感分析的 Text、超细分（hyper-segmentation）的集群，以及机器学习，使后续服务进一步优化。
- 通过跨渠道无缝地实时提供个性化的客户互动，将客户洞察转化为行动。Vantage CX 通过根据客户当前正在做的事情以及客户经验和行为的历史集成信息来确定要传递的最佳信息，从而实现实时动态个性化。机器学习优化了商业用户选择的目标，例如使收入最大化，使服务成本最小化。这些高度个性化的服务将大规模提供，以接触到数百万通过数十亿交易和互动获得信息的客户。实时个性化使得很容易通过公司的网站、短信、POS 和其他数字屏幕提供这些动态消息。

从所有数字渠道获取的高度详细和结构化的 Celebrus 数据被输入到 Vantage CX，以实现高效的客户路径分析和大规模的实时个性化。面向客户的渠道和页面以前未发现的问题可以快速识别和解决。毫秒级全渠道数据源与 Vantage CX 的历史集成数据和机器学习见解相结合，能够创建明确且高度准确的客户档案，并能够在当前和所有渠道中编排个性化的客户体验。

结果

通过与 Teradata 和 Celebrus 合作，该银行能够：

- 利用身份解析连接网络、移动应用程序和离线客户数据。
- 衍生出新的数字变量，如页面得分、重复访问、持续时间等。
- 使用 Path 分析发现多个接触点的优化机会。
- 触发超个性化通信以恢复已被废弃的应用程序。

此外，这些数据和由此产生的洞察力使他们不仅能够在增强的客户细分基础上开发专门为数字方式参与客户设计的新产品，而且还能够最大限度地提高获取率，降低这些新产品的服务成本。现在，在同等投资水平下，客户获取的总体效率是以前的 3~5 倍。在线和移动渠道的信用卡转换显著改善：这些成功从根本上改变了银行的数字银行部门，从以产品为中心转变为以客户为中心，加快了整个组织的转型速度。

资料来源：Teradata case study. Data-Driven Customer Experience in Financial Services. https://www.teradata.com/Resources/Case-Studies/Data-Driven-Customer-Experience-in-Financial-Services。

数据仓库的特征

了解数据仓库的一种常见方法是熟悉其基本特征（Inmon，2005）：

- **面向主题**。数据按详细主题组织，如销售、产品或客户，每个主题仅包含与决策支持相关的信息。以主题为导向，用户不仅可以确定他们的业务表现如何，还可以确定业务开展的原因。数据仓库与操作数据库的不同之处在于，大多数操作数据库都以产品为导向，并且常常为了事务处理需要更新数据库。面向主题为企业提供了更全面的视角。
- **集成**。集成与面向主题密切相关。数据仓库必须将来自不同来源的数据放入一致的格式中。为此，必须处理各种度量单位之间的命名冲突和差异，数据仓库应该是完全集成的。
- **时变性（时间序列）**。数据仓库需要维护历史数据。数据不一定表示当前状态（实时系统除外）。数据仓库检测趋势、偏差和长期关系，用于预测和比较，从而做出决策。每个数据仓库都有时间属性，时间是每个数据仓库都支持的一个重要维度。多个来源的分析数据包含多个时间点（例如，每日、每周、每月等）。
- **相对稳定**。数据输入数据仓库后，用户不能更改或更新数据。废弃的数据将被丢弃，对数据做更新将被记录为新数据。

上述这些特性大大提高了数据仓库的数据访问能力。此外，数据仓库还有以下特征：

- **基于 Web**。数据仓库通常被设计为为基于 Web 的应用程序提供高效的计算环境。
- **关系/多维**。数据仓库使用关系结构或多维结构。关于多维结构的调查可以在 Romero 和 Abelló（Romero 和 Abelló，2009）的论文中找到。
- **客户端/服务器**。数据仓库使用客户端/服务器架构为最终用户提供方便的访问。
- **实时**。较新的数据仓库提供实时或动态的数据访问和分析功能（Basu，2003；Bonde 和 Kuckuk，2004）。
- **包含元数据**。数据仓库包含关于如何组织数据以及如何有效使用数据的元数据（关于数据的数据）。

数据仓库是数据的存储库，而数据仓库本质上是一个过程（Watson，2002）。数据仓库是一门学科，它使应用程序提供决策支持能力，允许实时访问商业信息，产生商业洞察力。数据仓库有三种主要类型：数据集市（Data Mart，DM）、操作数据存储（Operational Data Store，ODS）和企业数据仓库（Enterprise Data Warehouse，EDW）。接下来除了讨论这三种类型的仓库外，我们还将讨论元数据。

数据集市

数据仓库将整个企业的数据库组合在一起，而数据集市（DM）通常较小，专注于特定的主题或部门。DM 是数据仓库的一个子集，通常由单个主题领域（例如，营销、操作）组成。DM 可以是依赖型的，也可以是独立的。依赖型数据集市是直接从数据仓库创建的子集。它具有使用一致的数据模型和提供高质量数据的优点。依赖型数据集市支持单个企业范围数据模型的概念，但必须首先构建数据仓库。依赖型数据集市确保最终用户查看的数据版本与所有其他数据仓库用户访问的数据版本相同。高成本限制了数据仓库在大公司中的使用，作为一种备选方案，许多公司使用一种成本较低、规模较小的数据仓库，称为独立数据集市。独立数据集市是为战略业务单元或某个部门设计的小型数据仓库，但其来源不是企业数据仓库。

操作数据存储

操作数据存储（ODS）提供了一种新型客户信息文件形式。这种类型的数据库通常用作数据仓库的临时暂存区。与数据仓库的静态内容不同，ODS 的内容在整个业务运营过程中都会更新。ODS 用于涉及关键任务应用的短期决策，而不是用于与 EDW 相关的中长期决策。ODS 类似于短期记忆，因为它只存储最近的信息。相比之下，数据仓库就像长期存储器，因为它存储长久信息。ODS 集成了来自多个来源系统的数据，并提供对不稳定的当前数据的近乎实时的综合视图。ODS 的交换、传输和加载（ETL）过程与数据仓库的过程相同。最后，当需要对操作型数据进行多维分析时，就会创建操作集市（Imhoff, 2001），操作集市的数据来源于 ODS。

企业数据仓库

企业数据仓库（Enterprise Data Warehouse, EDW）是一种大规模的数据仓库，用于对整个企业提供决策支持。EDW 的大规模特性为有效的 BI 和决策支持应用提供了将众多来源的数据集成到标准格式中的功能。EDW 用于为许多类型的决策支持系统提供数据，包括客户关系管理、供应链管理、业务绩效管理、业务活动监控、产品生命周期管理、收入管理，有时甚至包括知识管理系统。

元数据

元数据（metadata）是关于数据的数据（Sen, 2004; Zhao, 2005）。元数据描述了数据的结构和部分意义，从而有助于数据的有效使用。Mehra（2005）指出，很少有组织真正了解元数据，也很少有组织了解如何设计和实现元数据策略。元数据通常根据用途定义为技术元数据或业务元数据。模式是另一种查看元数据的方式。根据模式视图，我们可以区分语法元数据（即描述数据语法的数据）、结构元数据（即说明数据结构的数据）和语义元数据（即在特定领域中描述数据含义的数据）。

▶ 4.2 节　习题

1. 什么是数据仓库？
2. 数据仓库与事务数据库有何不同？
3. 什么是 ODS？
4. DM、ODS 和 EDW 有何区别？
5. 什么是元数据？试解释元数据的重要性。

4.3 数据仓库过程

不管是私人还是公共组织，都会以越来越快的速度收集数据、信息和知识，并将其存储在计算机系统中。维护和使用这些数据和信息变得极其复杂，特别在可扩展性问题凸显时。此外，由于网络访问（尤其是互联网）的可靠性和可用性的改善，需要访问信息的用户数量不断增加。无论数据库是否集成在数据仓库中，要处理多个数据库都已成为一项极其困难的任务，这需要大量的专业知识，但带来的效益将远远超过其花费的成本。作为一个示例，图 4.3 显示了 Teradata 为一家汽车制造商构建的 EDW 的商业效益。

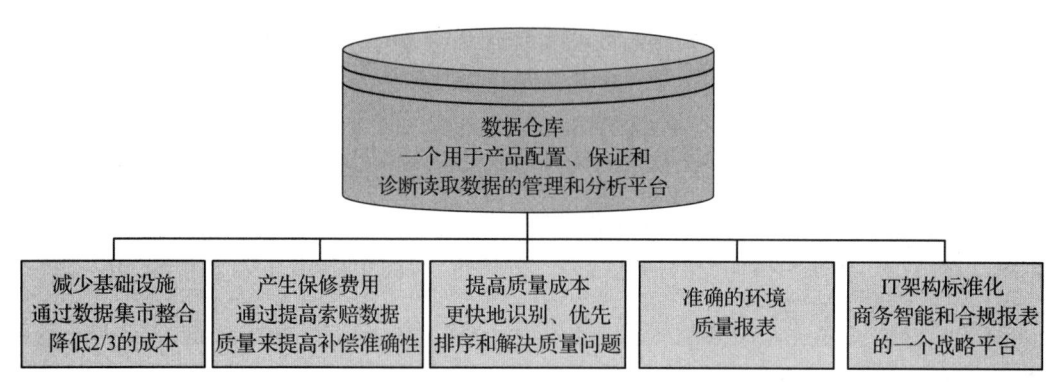

图 4.3 数据驱动型决策——数据仓库的商业效益

资料来源：Teradata 公司。

许多组织都需要创建数据仓库，用于存储大规模时序数据以支持决策。数据从各种外部和内部资源导入，并以符合组织需求的方式进行清理和组织。这些数据存储到数据仓库中后，可以为特定区域或部门加载 DM。或者，可以根据需要首先创建 DM，然后将其集成到 EDW 中。然而，通常情况下，DM 还没有被开发出来，而是简单地将数据加载到 PC 上，或者保持原始状态，以便使用 BI 工具进行直接操作。

图 4.4 中显示了一个典型的数据仓库结构示意图，以下是数据仓库流程的主要组成部分：

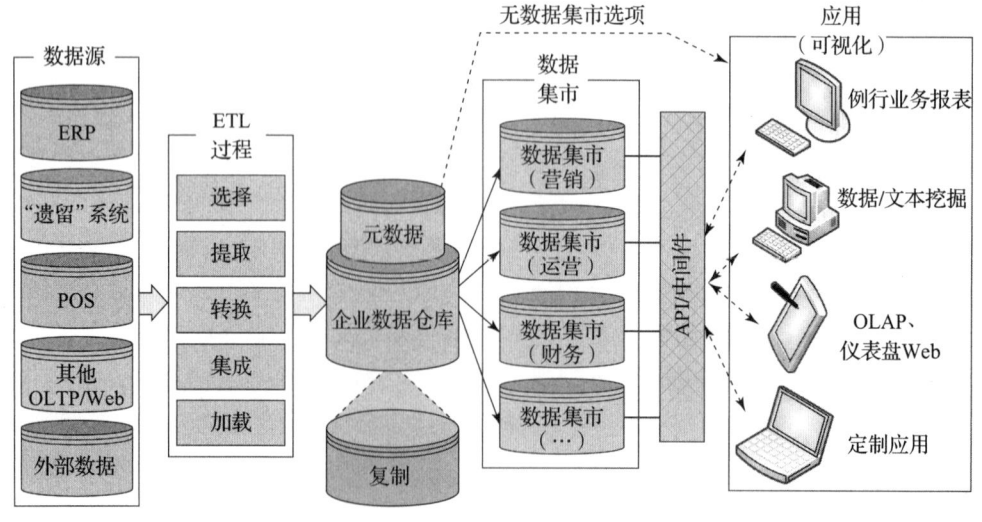

图 4.4 数据仓库结构示意图

- **数据源**。数据来源于多个独立运营的遗留系统，也可能来自外部数据提供商（如美国人口普查），还可以来自 OLTP 或 ERP 系统，此外，Web 日志形式的 Web 数据也可以输入到数据仓库。
- **数据提取和转换**。使用自定义编写或商业 ETL 软件提取数据并进行适当的转换。
- **数据加载**。将数据加载到一个暂存区，在那里进行转换和清理，然后将数据准备加载到数据仓库或 DM 中。
- **综合数据库**。从本质上讲，综合数据库指的就是 EDW，通过提供来自许多不同来源的相关汇总和详细数据，以支持所有决策分析。
- **元数据**。元数据需要定期维护，以供 IT 人员和用户评估。元数据包括关于数据的软件程序和组织数据摘要的规则，这些程序易于索引和搜索，尤其是使用 Web 工具。
- **中间件工具**。中间件工具可以访问数据仓库。分析人员等高级用户可以编写自己的 SQL 查询。其他人可以使用托管查询环境（如业务对象）来访问数据。业务用户可以使用许多前端应用程序与存储在数据存储库中的数据进行交互，包括数据挖掘、OLAP、报告工具和数据可视化工具。

▶ 4.3 节　习题

1. 简介数据仓库过程。
2. 简介数据仓库的主要组成部分。
3. 识别并讨论中间件工具的作用。

4.4　数据仓库架构

有多种基本的信息系统架构可以用于数据仓库。一般来说，这些架构通常称为客户端/服务器架构或 n 层架构，其中最常见的是三层和两层架构（见图 4.5 和图 4.6），但有时只有一层。众所周知，多层架构能够满足大规模、高性能信息系统（如数据仓库）的需求。就 IT 系统 n 层架构的传统使用而言，可以将数据仓库架构分为三层：

1. 数据仓库本身，包含数据和相关软件。
2. 数据采集（后端）软件，用于从遗留系统和外部来源提取数据，然后对数据进行合并和汇总，并将其加载到数据仓库中。
3. 客户端（前端）软件，允许用户访问和分析仓库中的数据，例如 DSS/BI/ 商务分析（BA）引擎。

在三层体系结构中，操作系统在一层（即服务器）中包含数据和数据采集软件，数据仓库是另一层，第三层包括 DSS/BI/BA 引擎（即应用程序服务器）和客户端（如图 4.5 所示）。来自仓库的数据经过两次处理，然后存放在一个附加的多维数据库中，以便于进行多维分析和演示，或者在 DM 中复制。三层架构的优点是对数据仓库的功能加以分离，消除了资源限制，使创建 DM 变得容易。

图 4.5　三层数据仓库架构

在两层架构中，DSS 引擎在物理上运行于与数据仓库相同的硬件平台上（如图 4.6 所示）。因此，它比三层架构更经济。对于使用数据密集型应用程序进行决策支持的大型数据仓库，两层架构可能会出现性能问题。

通常人们秉持一种绝对主义的方法，坚持认为某一种解决方案比另一种更好，

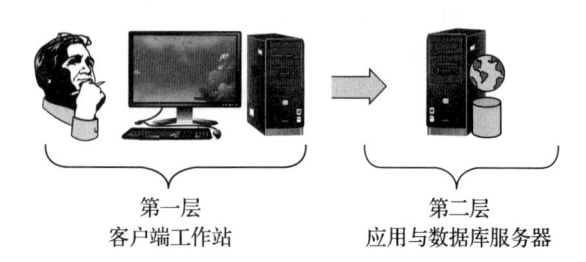

图 4.6　两层数据仓库架构

而没考虑组织的环境和独特的需求。许多顾问和软件供应商专注于架构的某一部分，因而无法正确地帮助组织选择合适的架构，使得架构的选择变得更复杂。但这些方面正在受到质疑和分析。

数据仓库和互联网是为管理企业数据提供重要解决方案的两项关键技术。这两种技术的集成产生了基于 Web 的数据仓库。架构如图 4.7 所示，图中展示了基于 Web 的数据仓库架构，一种三层架构，包括 PC 客户端、Web 服务器和应用程序服务器。在客户端，用户通过其熟悉的图形用户界面（GUI）连接互联网和 Web 浏览器（最好支持 Java）。Internet/Intranet/Extranet 是客户端之间的通信媒介。在服务器端，Web 服务器用于管理客户端和服务器之间的信息流入和流出。它由数据仓库和应用服务器共同支持。基于 Web 的数据仓库在数据易于访问、平台独立性和低成本方面具有比较显著的优势。

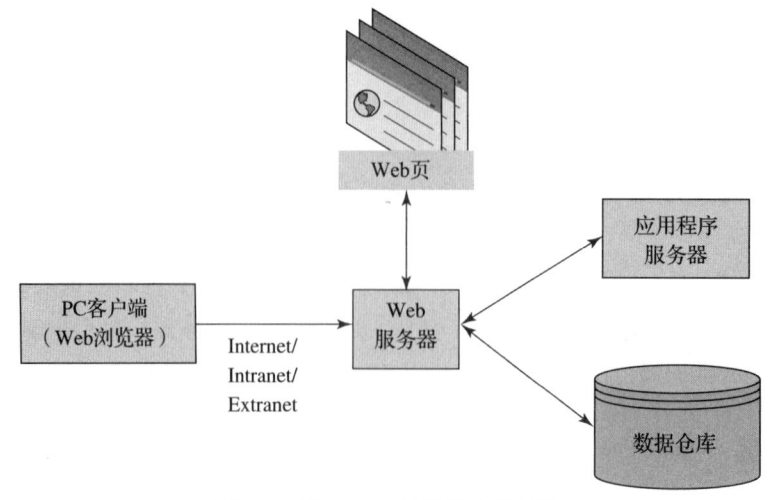

图 4.7　基于 Web 的数据仓库架构

用于数据仓库的 Web 架构在结构上与其他数据仓库架构相似，需要将 Web 数据仓库与事务服务器或作为单独的服务器进行设计选择。页面加载速度是设计基于 Web 的应用程序时需要重点考虑的一个因素。因此，必须仔细规划服务器容量。

在决定使用哪种架构时，有以下几方面的问题必须考虑：

- **应该使用哪种数据库管理系统（DBMS）？** 大多数数据仓库都是使用 RDBMS 构建的。Oracle、SQL Server 和 DB2 是常用的数据库管理系统。这些产品中都支持基于客户端/服务器和 Web 的架构。
- **是否要使用并行处理和/或分区？** 并行处理使得多个中央处理单元（CPU）能够同时处理数据仓库查询请求，并提供可扩展性。数据仓库设计人员需要决定是否对数据库表进行分区（即拆分为更小的表）以提高访问效率，以及分区标准是什么。这是一个重要的考虑因素，因为典型的数据仓库中通常存储大量数据。Furtado（2009）最近对并行和分布式数据仓库进行了研究，Teradata 已经成功地采用了该方法，并因其采用这种新颖的实施方法而经常受到赞扬。
- **是否会使用数据迁移工具加载数据仓库？** 将数据从现有系统移动到数据仓库是一项乏味、费力的任务。根据数据资产的多样性和位置，迁移工作可能相对简单，也可能长达数月。应使用对现有数据资产进行彻底评估的结果来确定是否使用迁移工具，如果确定使用迁移工具，同时还应考虑这些商业工具的具体功能。
- **将使用哪些工具来开展数据检索和分析？** 通常需要使用专门的工具定期定位、访问、分析、提取、转换必要的数据，并将其加载到数据仓库中。必须决定迁移工具是自行开发，还是从第三方提供商处购买，或者直接使用数据仓库系统提供的迁移工具。过于复杂的实时迁移需要专门的第三方 ETL 工具。

可选数据仓库架构

从最高层看，数据仓库架构设计可以分为企业级数据仓库（EDW）设计和数据集市（DM）设计（Golfarelli 和 Rizzi，2009）。图 4.8 中展示了一些基本架构设计类型的备选方案，这些类型既不是纯 EDW 也不是纯 DM，而是介于传统架构之间或之外。值得注意的新型架构包括 Hub-and-Spoke（中心枢纽）架构和联邦架构。Ariyachandra 和 Watson（2005，2006a 和 2006b）提出了图 4.8 所示的五种架构。在此之前，Sen 和 Sinha（2005）总结了 15 种不同的数据仓库开发方法。这些方法的来源分为三大类：核心技术供应商、基础设施供应商和信息建模公司。

- **独立数据集市架构**。这可以说是最简单、成本最低的数据仓库架构备选方案。数据集市的开发是为了使数据集市相互独立地运作，以满足各个组织单位的需求。由于数据集市各自独立，对它们可能有不一致的数据定义和不同的维度及衡量标准，因此难以跨多个数据集市来进行数据分析（虽然不是不可能，但很难得到真实的分析结果）。
- **数据集市总线架构**。这种架构是独立数据集市的一种可行备选方案，在独立数据集市中，各个集市通过某种中间件相互链接。由于数据在各个集市之间链接，因此在整个企业中（至少在元数据级别）保持数据一致性的机会更大。尽管这种架构允许跨数据集市进行复杂的数据查询，但这些类型的分析的性能可能并不令人满意。

a）独立数据集市架构

b）数据集市总线架构与多维数据集市链接

c）Hub-and-Spoke架构（企业信息工厂）

d）集中式数据仓库架构

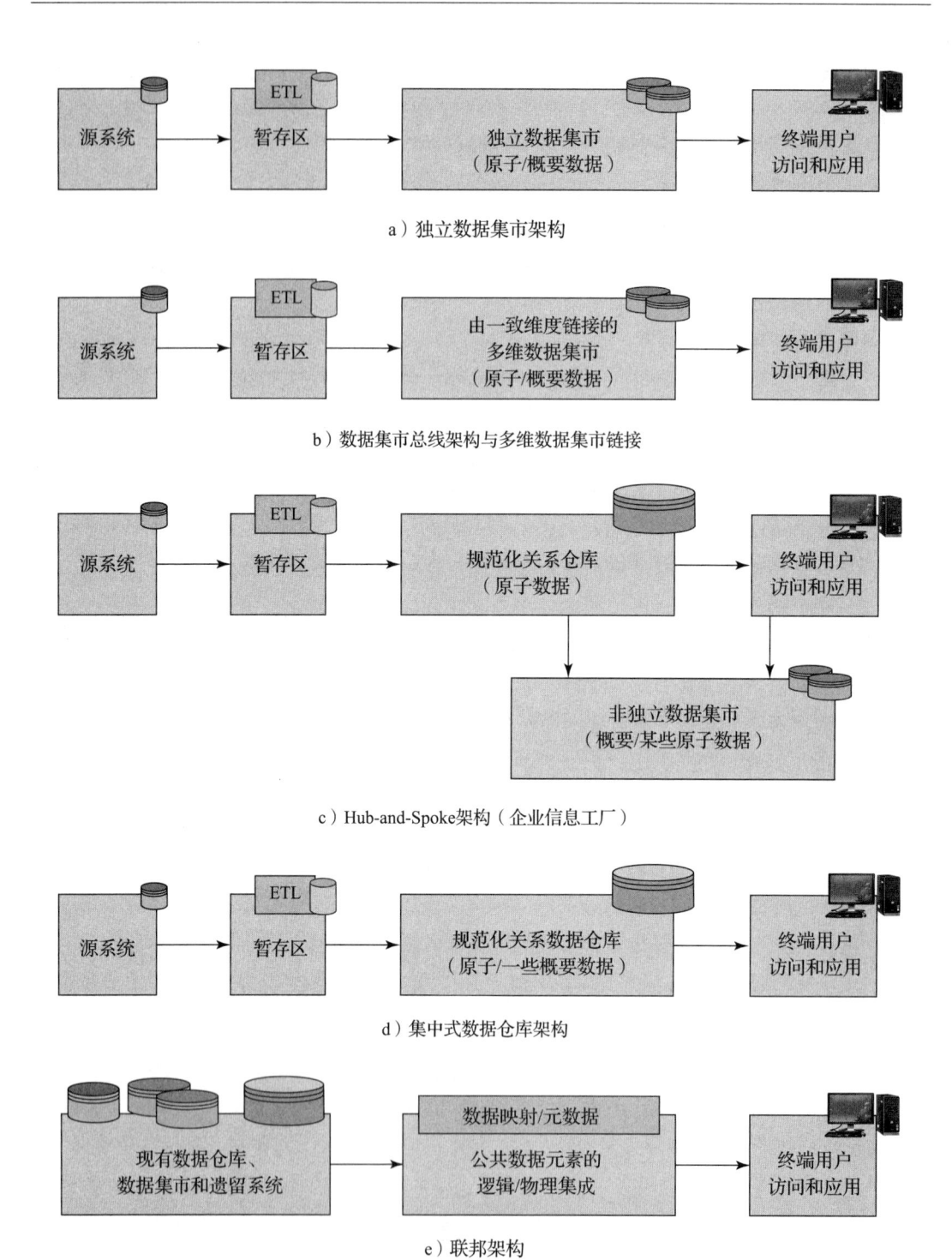

e）联邦架构

图4.8 可选数据仓库架构

资料来源：Adapted from Ariyachandra, T., & Watson, H. (2006b) Which data warehouse architecture is most successful? Business Intelligence Journal, 11(1), 4-6。

- **Hub-and-Spoke 架构**。这也许是当今最著名的数据仓库架构。其关注的重点是构建一个可扩展和可维护的基础设施（通常以迭代的方式，逐个主题领域进行开发），其中包括一个集中的数据仓库和几个非独立数据集市（每个数据集市服务于一个组织单元）。该架构易于定制用户界面和报告，缺点是缺乏整体的企业视图，可能会导致数据冗余和数据延迟。
- **集中式数据仓库架构**。集中式数据仓库架构类似于 Hub-and-Spoke 架构，只是没有非独立的 DM，相反，它用一个巨大的 EDW 服务所有组织单位的需求。这种集中式方法为用户提供了对数据仓库中所有数据的访问，而不是将它们限制在数据集市中。此外，它还减少了技术团队必须传输或更改的数据量，从而简化了数据管理。如果设计和实施得当，该架构将为组织内的任何人、任何时间、任何地点提供及时、全面的企业视图。
- **联邦架构**。联邦架构是对开发完美系统的妥协。它使用各种可能的手段来整合来自多个来源的分析资源，以满足不断变化的需求或业务条件。本质上讲，联邦方法需要集成不同的系统。在联邦架构中，现有的决策支持架构可以保留在原位，并根据需要从这些源访问数据。联邦方法需要中间件供应商提供分布式查询和连接功能。这些基于可扩展标记语言（XML）的工具为用户提供了分布式数据源的全局视图，包括数据仓库、DM、网站、文档和操作系统。当用户从该视图中选择查询对象并按下提交按钮时，该工具会自动查询分布式源，连接结果，并将其呈现给用户。由于性能和数据质量问题，大多数专家一致认为，联邦方法对数据仓库是很好的补充，而不是替代（见 Eckerson，2005）。

以下是可能影响数据仓库架构选择的十大因素：

1. 组织单位之间的信息依赖性。
2. 上级管理层的信息需求。
3. 对数据仓库需求的紧迫性。
4. 终端用户任务的性质。
5. 资源约束。
6. 数据仓库实施前的战略考虑。
7. 与现有系统的兼容性。
8. 内部 IT 员工的理解能力。
9. 技术问题。
10. 社会 / 政治因素。

上述因素与文献中描述的信息系统项目、DSS 和 BI 项目的许多成功因素相似。除了提供可供使用的技术外，技术问题也很重要，但通常不如行为问题重要，例如满足高层管理层的信息需求和用户参与开发过程（社会 / 政治因素）。每个数据仓库架构都有特定的应用场景，针对这些应用场景它是最有效的（或最无效的），从而为组织提供最大效益。然而，总的来说，数据集市在实践中似乎是最差的，更多这方面的信息参见 Ariyachandra 和 Watson（2006a）。

哪种架构最好

自从数据仓库成为现代企业的重要组成部分以来，哪种数据仓库架构最好？这一直是人们经常讨论的话题。数据仓库领域的两位大师 Bill Inmon 和 Ralph Kimball 的观点是争论的核心。Inmon 认为 Hub-and-Spoke 架构（例如，企业信息工厂）最好，而 Kimball 则认为具有一致维度的 DM 总线架构最好。其他体系结构也可能是最优的，但这两种数据仓库架构是根本不同的方法，每种方法都有其强有力的支持者。为了阐明这个有争议的问题，Ariyachandra 和 Watson（2006b）进行了一项实证研究。为了收集数据，他们进行了网络调查，被调查对象是参与数据仓库实现的个人，具体调查内容包括关于受访者、受访者的公司、公司的数据仓库以及数据仓库架构成功与否等信息。

共有 454 名答复者提供了有用的信息。受调查的公司从小型（收入低于 1000 万美元）到大型（超过 100 亿美元）不等。大多数公司位于美国（60%），代表了各种行业，其中金融服务业（15%）的反馈最多。调查结果表明，企业主要采用的数据仓库架构首先是 Hub-and-Spoke 架构（39%），其次是总线架构（26%）、集中式架构（17%）、独立 DM（12%）和联邦架构（4%）。托管数据仓库最常见的平台是 Oracle（41%），其次是 Microsoft（19%）和 IBM（18%）。每种数据架构平均总收入从独立 DM 的 37 亿美元到联邦架构的 60 亿美元不等。

Ariyachandra 和 Watson 使用四种衡量标准来评估架构是否成功：①信息质量，②系统质量，③个人影响，④组织影响。每种标准满分为 7 分，分数越高表示该架构越成功。表 4.1 显示了每种架构的平均评估分数。

表 4.1 数据仓库各种架构成功与否的平均评估分数

	独立 DM	总线架构	Hub-and-Spoke 架构	集中式架构（无非独立数据集市）	联邦架构
信息质量	4.42	5.16	5.35	5.23	4.73
系统质量	4.59	5.60	5.56	5.41	4.69
个人影响	5.08	5.80	5.62	5.64	5.15
组织影响	4.66	5.34	5.24	5.30	4.77

研究结果表明，独立 DM 在所有测量中得分最低。这一发现证实了人们的传统看法，即独立数据集市是一个糟糕的架构解决方案。在所有衡量标准中排名第二的是联邦体系结构。公司有时会因并购而拥有不同的决策支持平台，他们可能会选择联合方法，至少在短期内是这样。研究结果表明，联邦架构并不是一个最佳的长期解决方案。然而，有趣的是总线、Hub-and-Spoke 和集中式架构的平均值相似，差异非常小，至少基于对这些成功度量的简单比较，无法声称某个特定架构优于其他架构。

Ariyachandra 和 Watson 还收集了关于仓库领领域（从一个子单元到整个公司不等）和大小（即存储的数据量）的数据。他们发现，大多数企业级实施方案及大型数据仓库通常都采用 Hub-and-Spoke 架构。他们还研究了实现不同架构所需的成本和时间。总体而言，Hub-and-Spoke 架构实现成本最高、耗时最长。

▶ 4.4 节 习题

1. 两层体系结构和三层体系结构之间的主要相同点和不同点是什么？
2. Web 是如何影响数据仓库设计的？

3. 列出本节中讨论的可选数据仓库架构。
4. 在决定开发数据仓库时应考虑哪些问题？列出最重要的 10 个因素。
5. 哪种数据仓库架构最好？为什么？

4.5 数据管理和数据仓库开发

对任何组织来说，数据仓库项目都是一项重大任务，它比简单的大型机选择和项目实施更复杂，因为它涉及并影响许多部门和许多输入和输出接口，并且它可以成为 CRM 业务战略的一部分。数据仓库可带来很多效益，包括直接效益和间接效益。直接效益包括：

- 终端用户可以通过多种方式进行扩展分析。
- 可能实现企业集成数据的综合视图（单一可信数据源）。
- 可以提供更好、更及时的信息。数据仓库允许将信息处理从昂贵的操作系统转移到低成本的服务器上，因此，可以更快地处理更多终端用户的信息请求。
- 可以提高系统性能。由于一些运营系统报表需求已经转移到 DSS，所以数据仓库释放了一些业务处理工作。
- 简化了数据访问。

终端用户使用上述直接效益也会获得间接效益。总的来说，这些效益丰富了企业的业务知识，展现了企业的竞争优势，提高了客户服务和满意度，促进了决策，并有助于改革业务流程。因此，它们对竞争优势的贡献最大（Parzinger 和 Frolick，2001）。有关组织如何获得超常回报的详细讨论，可参阅 Watson、Goodhue 和 Wixom 于 2002 年发表的论文。考虑到数据仓库可以提供的潜在好处，以及此类项目所需的大量时间和资金投资，组织构建其数据仓库项目，这对最大限度地提高其成功概率至关重要。此外，组织显然必须将成本考虑在内。Kelly（2001）介绍了一种 ROI 方法，该方法考虑了管理人员（即通过改进传统决策支持功能节省的资金）、采集人员（即通过自动收集和传播信息节省的资金，以及用户（即通过使用数据仓库做出的决策节省或获得的资金）等类别的好处。成本包括硬件、软件、网络带宽、内部开发、内部支持、培训和外部咨询等方面。净现值（net present value）可在数据仓库的预期寿命内计算。由于收益中管理人员占 20%、采集人员占 30%，用户占 50%，Kelly 指出用户应该参与开发过程，这被视为一个成功因素，对组织变革的系统至关重要。

对一个成功数据仓库项目来说，业务目标的明确定义、管理层终端用户对项目的支持、合理的时间框架和预算都是必不可少的。数据仓库战略是成功引入数据仓库项目的蓝图。这个战略明确组织想去哪里，为什么要去那里，以及到达那里后会做什么。它需要考虑组织的愿景、结构和文化。Matney（2003）提出帮助企业开发灵活高效的支持战略的步骤。一旦建立数据仓库的计划和支持，组织就需要对数据仓库供应商进行仔细检查。有关供应商的信息，可参见表 4.2，还可参见数据仓库研究所（twdi.org）和 Information Builders（informationbuilders.com）所提供的信息。许多供应商提供其数据软件外壳和 BI 产品的软件演示。

表 4.2 数据仓库供应商

供应商	产品
Business Objects (businessobjects.com)	一套综合 BI 和数据可视化软件（现属于 SAP）
Computer Associates (cai.com)	一套综合数据仓库（DW）工具和产品
DataMirror (datamirror.com)	数据仓库运营、管理和性能产品
Data Advantage Group (dataadvantagegroup.com)	元数据软件
Dell (dell.com)	DW 服务器
Embarcadero Technologies (embarcadero.com)	DW 运营、管理和性能产品
Greenplum (greenplum.com)	数据仓库和数据设备解决方案提供商（现属于 EMC）
Harte-Hanks (harte-hanks.com)	客户关系管理（CRM）产品和服务
HP (hp.com)	DW 服务器
Hummingbird Ltd. (hummingbird.com)	DW 引擎和探索仓库
Hyperion Solutions (hyperion.com)	一套综合的 DW 工具、产品和应用
IBM InfoSphere (www-0 I.ibm.com/software/data/infosphere)	数据集成、数据仓库、主数据管理、大数据产品
Informatica (informatica.com)	DW 运营、管理和性能产品
Microsoft (microsoft.com)	DW 工具和产品
Netezza	DW 软件和硬件（DW 设备）提供商（现属于 IBM）
Oracle (including PeopleSoft and Siebel; oracle.com)	DW、ERP、CRM 工具、产品和应用
SAS Institute (sas.com)	DW 工具、产品和应用
Siemens (siemens.com)	DW 服务器
Sybase (sybase.com)	一套综合数据仓库工具和应用
Teradata (teradata.com)	DW 工具、DW 设备、DW 咨询和应用

数据仓库开发方法

许多组织都需要创建决策其支持的数据仓库。常用的数据仓库开发方法有两种，两者相互竞争。第一种方法是 Bill Inmon 提出的方法，Bill Inmon 常被称为"数据仓库之父"。Inmon 主张采用自上而下的开发方法，该方法使传统的关系数据库工具适应企业范围数据仓库的开发需求，也称为 EDW 方法。第二种方法是 Ralph Kimball 提出的方法，他主张采用一种自下而上的方法，利用维度建模，也称为 DM 方法。了解这两个模型的相似之处和不同之处有助于我们理解基本的数据仓库概念，表 4.3 对这两种方法进行了比较。下面我们将详细介绍这些方法。

表 4.3 DM 方法和 EDW 方法比较

工作量	DM 方法	EDW 方法
范围	一个主题领域	几个主题领域
开发时间	月	年
开发成本	$10 000 到 $100 000+	$1 000 000+
开发难度	低至中等	高
数据共享的前提条件	公共（业务领域内）	公共（跨企业）
来源	只包括一些运营系统和外部系统	许多运营和外部系统
规模	MB 到几 GB	GB 到 PB
时间范围	近期和历史数据	历史数据

（续）

工作量	DM 方法	EDW 方法
数据转换	低至中等	高
更新频率	每小时、每天、每周	每周、每月
技术		
硬件	工作站和部门级服务器	企业服务器和大型计算机
操作系统	Windows 和 Linux	UNIX、Z/OS、OS/390
数据库	工作站或标准数据库服务器	企业数据服务器
用法		
并发用户数	10	100 到 1 000
用户类型	业务领域分析师和管理员	企业分析师和高管
业务亮点	优化业务领域的活动	跨职能优化和决策

资料来源：Adapted from Van den Hoven, J. (2003). Data marts: Plan big, build small. In IS Management Handbook, 8th ed., Boca Raton, FL.: CRC Press. Ariyachandra, T., & Watson, H. (2006b). Which data warehouse architecture is most successful? Business Intelligence Journal, 11(1), 4-6.

Inmon 模型：EDW 方法。Inmon 的方法强调自上而下开发数据仓库，采用已有的数据库开发方法和工具，如实体关系图（ERD）和调整后的螺旋式开发方法。EDW 方法并不排除创建 DM。EDW 是这种方法的理想选择，因为它提供了对企业的一致和全面的视角。Murtaza（1998）提出了开发 EDW 的框架。

Kimball 模型：数据集市方法。Kimball 的 DM 策略是采用一种"大计划，小建设"的方法。DM 是一个面向主题或面向部门的数据仓库，是数据仓库的缩小版，专注于特定部门的请求，如营销或销售。此模型应用维度数据建模，该建模从数据表开始。Kimball 主张采用一种自下而上的开发方法，对数据仓库开发而言，这意味着一次构建一个 DM。

哪种模型最好？ 在进行数据仓库开发时不存在一种通用的适合所有情形的方法。随着用户需求、企业业务需求以及企业数据源成熟度等方面的变化，企业的数据仓库策略可以从简单的 DM 发展为复杂的数据仓库。对于许多企业来说，DM 通常是获得构建和管理数据仓库经验的便捷开始，同时为业务用户带来更好访问其数据的好处。此外，DM 通常表示数据仓库的商业价值。最终，设计一个整合旧 DM 和数据仓库的 EDW 是理想的解决方案。

然而，单个 DM 的开发通常可以在开发 EDW 的过程中提供许多好处，尤其是当组织无法或不愿投资大型项目时。DM 也证明了在提供利益方面的可行性和成功性，从而带来对 EDW 的投资。表 4.4 总结了两个模型之间的本质区别。

表 4.4　Inmon 和 Kimball 模型之间的本质区别

特征	Inmon	Kimball
方法和架构	自上而下	自下而上
总体方法		
架构	企业级（原子）数据仓库"提供"部门数据库	数据集市建立单个业务过程，通过数据总线和一致的维度实现企业的一致性
方法复杂度	相当复杂	很简单
与已有开发方法比较	源于螺旋方法	四步过程，偏离 RDBMS 方法
物理设计讨论	相当彻底	相当轻

(续)

特征	Inmon	Kimball
数据建模		
数据导向	主题或数据驱动	面向过程
工具	传统（实体关系图、数据流图）	维度建模：偏离关系建模
终端用户可访问性	低	高
思想体系		
主要用户	IT专业人士	终端用户
在组织中的位置	企业信息工厂必不可少的一部分	操作系统的转换器和承载器
目标	基于成熟的数据库方法和技术，提供可靠的技术解决方案	提供一个解决方案，使终端用户可以方便地直接查询数据，并且仍然可以获得合理的响应时间

资料来源：Adapted from Breslin, M. (2004, Winter). Data warehousing battle of the giants: Comparing the basics of Kimball and Inmon models. Business Intelligence Journal, 9(1), 6-20. Ariyachandra, T., & Watson, H. (2006b). Which data warehouse architecture is most successful? Business Intelligence Journal, 11(1).

其他数据仓库开发注意事项

有些组织希望将其数据仓库工作完全外包，他们根本不想购买软件和硬件，也不想管理自己的信息系统。一种备选方案是使用托管数据仓库。在这种情况下，另一家公司（理想情况下）是一家拥有丰富经验和专业知识的公司——负责开发和维护数据仓库。然而，这种方法存在安全和隐私方面的问题。有关详细信息，请参阅技术洞察4.1。

技术洞察 4.1　托管数据仓库

托管数据仓库的功能与现场数据仓库几乎相同，甚至更多，但它不会消耗客户端的计算机资源。托管数据仓库能提供BI的优点，同时省去计算机升级、网络升级、软件许可证、内部开发以及内部支持和维护的成本。

托管数据仓库具有以下好处：

- 所需基础设施投资最低
- 能释放内部系统的容量
- 能释放现金流
- 功能强大的解决方案的成本可控制在可负担范围内
- 实现强大的解决方案，以实现增长
- 提供更高质量的设备和软件
- 提供更快的连接
- 实现数据的远程访问
- 使公司能够专注于核心业务
- 满足大数据量的存储需求

尽管托管数据仓库具有以上好处，但并不一定适合每个组织。收入超过5亿美元的大公司如果不能充分利用其内部基础设施和IT员工，可能会造成损失。此外，如果一个公司认为引入外包应用会导致他们失去对数据的控制，那么公司就不太可能使用BI服务提供商。最后，反对实现托管数据仓库的最重要、最常见的观点是，出于安全和隐私的原因，将敏感应用外包可能是不明智的。

资料来源：Thornton, M., & Lampa, M. (2002). Hosted data warehouse. Journal of Data Warehousing, 7(2), 27-34; Thornton, M. (2002, March 18). What about security? The most common, but unwarranted, objection to hosted data warehouses. DM Review, 12(3), 30-43。

数据仓库中数据的表示

一个典型的数据仓库结构如图 4.4 所示。数据仓库架构存在许多可能的变体（如图 4.8 所示）。无论是什么架构，数据仓库中数据表示的设计始终基于维度建模（dimensional modeling）的概念。维度建模是一个基于检索的系统，支持大容量查询访问。数据仓库中数据的表示和存储应该设计成不仅适应而且能促进复杂多维查询的处理。通常，星形模式和雪花模式是在数据仓库中实现维度建模的方法。

星形模式（有时也称为星形关联模式）是最常用、最简单的维度建模方式。星形模式包含一个中心事实表（fact table），该表由几个维度表（dimension table）包围并连接到这几个维度表（Adamson，2009）。事实表包含大量行数据，这些行数据对应于观察到的事实和外部链接（即外键）。事实表包含执行决策分析和查询报告所需的描述性属性，外键用于链接到维度表。决策分析属性包括绩效指标、运营指标、汇总指标（如销售量、客户保留率、利润率、生产成本、报废率）以及分析组织绩效所需的所有其他指标。换句话说，事实表主要解决数据仓库用什么来支持决策分析的问题。

维度表围绕在中心事实表周围（通过外键链接）。维度表包含有关中心事实表行数据的分类和聚合信息。维度表包含用于描述事实表中数据的属性，它们涉及如何分析和总结数据。维度表与中心事实数据表中的行具有一对多关系。在查询中，维度用于对事实表中的数值进行分割，以满足特定信息需求的要求。星形模式旨在为只读数据库结构提供快速的查询响应时间，使其简单且易于维护。一个简单的星形模式如图 4.9a 所示。星形模式被视为是雪花模式的一个特例。

雪花模式是多维数据库中表的逻辑排列，使得实体关系图在形状上类似于雪花。雪花模式与星形模式密切相关，由中心事实表（通常只有一个）表示，这些事实表连接到多个维度表。然而，在雪花模式中，维度被规范化为多张相关的表，而星形模式的维度被非规范化（denormalize），每个维度由单张表表示，图 4.9b 显示了一个简单的雪花模式。

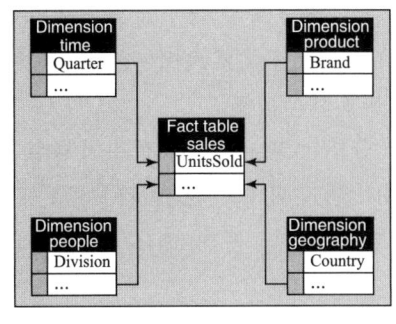

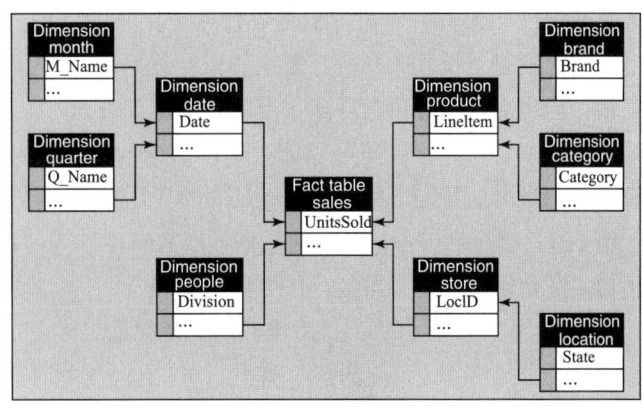

a）星形模式　　　　　　　　　　b）雪花模式

图 4.9　星形模式和雪花模式

数据仓库中的数据分析

一旦将数据正确存储在数据仓库中,就可以以各种方式使用数据来支持组织决策。OLAP 可以说是数据仓库中最常用的数据分析技术,由于数据量呈指数级增长,以及数据驱动分析业务价值逐渐得到认可,OLAP 越来越受欢迎。简单地说,OLAP 是一种通过对组织数据存储库(即数据仓库,DM)执行多维分析查询来快速回答特定问题的方法。

OLAP 和 OLTP

联机事务处理(OLTP)是一个用于描述事务处理系统的术语,主要负责捕获和存储与日常业务功能(如 ERP、CRM、SCM、POS 等)相关的数据。OLTP 系统可满足关键业务需求,实现日常业务事务自动运行,并产生实时报表和常规分析。但这些系统并不是为处理大量数据项的特殊分析和复杂查询而设计的。OLAP 旨在通过更有效和高效地提供组织数据的即席分析来满足这一需求。OLAP 和 OLTP 在很大程度上相互依赖:OLAP 使用 OLTP 捕获的数据,OLTP 将由 OLAP 支持的决策管理的业务流程自动化。表 4.5 对比了 OLTP 与 OLAP。

表 4.5 对比 OLTP 与 OLAP

准则	OLTP	OLAP
目的	日常业务功能	支持决策,提供业务和管理查询答案
数据源	事务数据库(主要注重效率和一致性的标准化数据存储库)	数据仓库或数据集市(主要注重准确性和完整性的非标准化数据存储库)
报表	常规、定期、特定内容的报表	即席、多维度、内容广泛的报表和查询
资源需求	普通关系数据库	多处理器、大容量、专业数据库
执行速度	快速(记录业务事务和例行报表)	缓慢(资源密集、复杂、大规模查询)

OLAP 操作

OLAP 中的主要操作结构基于一种称为立方体(cube)的概念。OLAP 中的立方体是一种(实际的或虚拟的)多维数据结构,可以快速分析数据。它也可以定义为从多个角度有效地处理和分析数据的能力。将数据排列成多维数据集的目的是克服关系数据库的局限性:关系数据库不太适合对大量数据进行近乎实时的分析。相反,它们更适合于对表示一系列事务的记录进行操作(添加、删除和更新数据)。尽管存在许多用于关系数据库的报表编写工具,但当需要执行包含许多数据库表的多维查询时,这些工具会很慢。

使用 OLAP,分析师可以通过更改数据的方向和定义分析计算,在数据库和屏幕中导航,提取数据的特定子集(及其随时间的变化)。这些由用户通过切片(通过旋转)和下钻/上钻(通过聚合和分解)发起的数据导航有时被称为"切片和切块"。常用的 OLAP 操作包括切片和切块、下钻/上钻、上卷和旋转。

- 切片(slice)。切片是多维数组(通常是二维表示)的子集,对应于不在子集中的一个(或多个)维度的单个值集。对三维立方体上的简单切片操作如图 4.10 所示。
- 切块(dice)。切块操作是在数据立方体的两个以上维度上进行切片操作。

- **下钻/上钻**（drill down/drill up）。下钻或上钻是一种特定的 OLAP 技术，用户可以通过该技术在从最概括（向上）到最详细（向下）的数据级别之间进行导航。
- **上卷**（roll-up）。上卷操作计算一个或多个维度的所有数据关系。为此，需要定义一个计算关系或公式。
- **旋转**（pivot）。旋转用于更改报表或临时查询页面显示的维度方向。

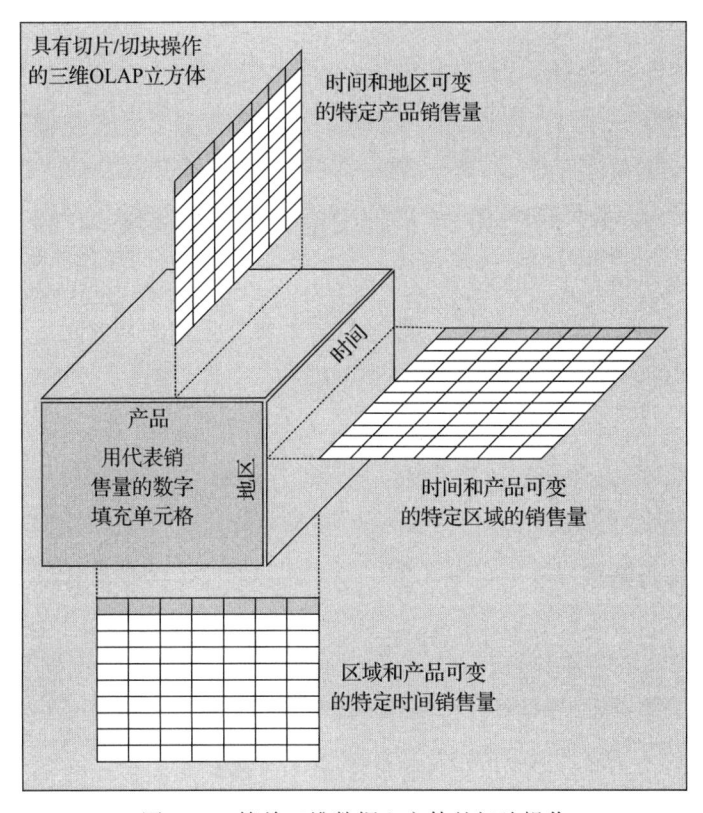

图 4.10　简单三维数据立方体的切片操作

数据集成与提取、转换和加载过程

全球竞争压力、对投资回报率（ROI）的需求、管理和投资者调研以及政府法规迫使企业高管重新思考如何整合和管理其业务。决策者通常需要访问必须集成的多个数据源。在数据仓库、DM 和 BI 软件出现之前，访问数据源是一项重要而艰难的过程。即使使用现代的基于 Web 的数据管理工具，识别要访问的数据并将其提供给决策者也是一项需要数据库专家的重要任务。随着数据仓库规模不断增长，数据集成问题也在不断增加。

商务分析需要继续发展。合并、收购、法规要求以及引入新渠道可能会促使 BI 需求的变化。除了历史数据、已清理数据、整合数据和时间点数据外，业务用户还对访问实时、非结构化和/或远程数据提出了更多要求。所有内容都必须与现有数据仓库内容集成。此外，通过 PDA 以及通过语音识别和合成的访问变得越来越普遍，这使数据集成问题更加复杂（Edwards，2003）。许多数据集成项目涉及企业级系统。Orovic（2003）列出了一份清单，指出在试图完成此类项目时哪些工作有效，哪些工作无效。集成来自各种数据库和其他不同来源的数据很难做到正确。然而，如果不及时完成数据集成，可能会给企业级系统（如 CRM、ERP 和供应链项目等）带来灾难（Nash，2002）。

数据集成

一旦数据集成实现，数据在 ETL、分析工具和数据仓库环境均可被访问。数据集成包括三个主要过程数据访问（即从任何数据源访问和提取数据的能力）、数据联合（即不同数据存储的业务集成），以及变更捕获（基于对企业数据源所做更改的识别、捕获和传送）。分析实操 4.2 的分析显示了一个大型非营利组织是如何通过使用现代数据仓库设备改造和使其 BI 基础设施现代化来取得非凡成就的。

分析实操 4.2　AARP 转型其 BI 基础设施，三年内实现 347% 的投资回报率

美国退休人员协会（AARP）前身为美国退休人员联合会（American Association of Retired Persons），是一个总部位于美国的非营利组织，由加利福尼亚州的退休教育家 Ethel Percy Andrus 博士和 Colonial Penn Group 保险公司创始人 Leonard Davis 于 1958 年成立。正如它们的网站（aarp.org）所介绍的，AARP 是一个非营利、无党派的社会福利组织，拥有近 3 800 万会员，旨在帮助人们将目标和梦想变成现实，增强社区团结，并为对家庭最重要的问题发声，如医疗保健、就业和收入保障，以及预防金融舞弊等。

对 BI 日益增长的需求

2002 年，AARP 首次发起了一项 BI 倡议，拟将其信息进行集成（AARP 在所有 50 个州和哥伦比亚特区都设有办事处），以为其员工提供最新、相关、准确和灵活的数据分析，目的在于：

- 将服务和产品与会员基础和期望相匹配。
- 保障会员利益、提高保留率，并增强对会员的吸引力。
- 通过管理与第三方服务提供商的关系来保护 AARP 的品牌形象。

这一做法给 AARP 带来了成功，随之而来的是更大的数据量和对新分析的需求增加。到 2009 年，BI 团队面临着新的挑战，其数据仓库——基于 Oracle 的 SQL 关系数据库已经无法满足需求。该团队当年遭遇了 30 多次系统故障，这是不可接受的，而且代价高昂。

还有一个关键问题是系统性能。随着数据量不断增长，每天要到下午 3 点才能完成对仓库的加载，这影响了员工等待报告的时间。AARP 商业情报业务总监 Bruni 表示："我们的分析师会做一份报表，然后去喝咖啡或吃午饭，如果幸运的话，他们可能会在下午 5 点前得到回复。这是无法忍受的！系统忙于写入每日产生的新数据，以至于无法顾及用户执行的读取操作。"

如果没有 IT 干预，分析师也无法创建临时查询。当 IT 收到一个新类型报表请求时，BI 团队必须优化查询，并将报表样本发送回请求者进行审查。这个过程从开始到结束可能需要数周到数月的时间。最后，由于数据仓库中有超过 36 TB 的数据，工作人员发现无法每晚都备份系统，只能备份几张关键表，因此很难制定有效的灾难恢复计划。

Bruni 认为，如果问题不加以解决，这些问题可能会影响 AARP 的工作。Bruni 说："分析提供了关键指标，这些指标对于评估我们的会员资格和社交目标的实现情况至关重要。分析对于持续改进和决策以满足会员需求同样至关重要。"

创建敏捷 BI 环境

当 Bruni 的团队希望实现 BI 环境的现代化时，他们对两种方式进行了评估：升级现有 BI 环境，或转移到单个数据仓库设备。Bruni 说："我们发现这两种选择的成本都差不多，但只有数据仓库设备在我们需要的性能方面为我们提供了范式转变。在我们考察的不同合作伙伴中，IBM Netezza 数据仓库设备提供了最安全的选择，因为它不需要像其他数据仓库那样对数据模型进行微调。我们还可以在购买之前尝试该解决方案，看看它是否真的能实现我们需要的一切。大多数供应商都不允许'先试后买'。"

在构建新环境时，该组织采用了通常由软件开发人员使用的 Scrum 开发模型，以提供一个缩短开发周期并加快 BI 请求面市时间的架构。Bruni 说："在数据仓库中使用 Scrum 是闻所未闻的。但它提供的基本前提是一个敏捷、迭代的过程，使我们能够快速将用户的分析需求转化为有意义数据的运营报表。"

在收购新平台后的九个月内，该团队已将 Oracle 数据库中的所有脚本和过程转换为 IBM Netezza 数据仓库应用程序。核心客户和会员数据（位于在 IBM System z 服务器上运行的 IBM DB2 z/OS 数据库中）、其他较小数据库中的财务和人力资源数据，以及第三方数据源中的活动分析和细分数据，现在每晚都能加载到 IBM Netezza 数据仓库设备中，并且可以通过组织的 BI 工具访问，再也不会中断。

以极快的速度运行复杂查询

就性能而言（这是 BI 团队最迫切关注的问题），每天的数据加载现在在上午 8:00 之前就完成，性能提高了 1 400%，以前需要几分钟才能运行的报表现在几秒钟内就完成了，速度提高了 1 700%。该解决方案将数据大小从 36 TB 压缩到 1.5 TB，使员工能够在 30 分钟内轻松备份数据仓库。

同样重要的是，使用该系统，AARP 近 220 名人力资源、财务、营销和活动人员可以进行 Bruni 所说的"思路分析"（train-of-thought analysis），即创建临时报表来测试有关会员需求。Bruni 说："使用 IBM Netezza 数据仓库设备就像驾驶法拉利。我们为内部客户打开了一个全新的可能领域，他们实际上能够即时创建报表，并在几秒钟内返回结果。在运营的最初几个月，我们看到创建的报表数量激增，几乎是我们之前支持的报表数量的三倍。伴随他们现在进行的深入研究，我们看到会员续约、吸纳和参与度稳步增长。"

实现快速 ROI

这个新的平台还使 AARP 能够将 BI 小组的 IT 支持人员重新部署到其他区域。以前，该团队需要一名全职数据库管理员（DBA）以及其存储区域网络（SAN）和中端服务团队的兼职支持。Bruni 说："太神奇了，我们不再需要 IT 支持。IBM Netezza 数据仓库设备在发货时已经进行了优化。给它供电，连好网络让它工作，你的任务就完成了。它不需要其他任何东西。"

这些改进使 AARP 在第一年实现了 9% 的投资回报，预计到第二年将实现 274% 的投资回报，到第三年将实现 347% 的投资回报。Bruni 说："我们初步分析预测，第一年的投资回报率已经是正的，这对于基础设施升级来说是非常不寻常的，因为所有成本都是在第一年产生的。由于我们提前三个月完成了设备更换，我们在实施后的实际 ROI 甚至更高。"

扩大 BI 的影响力

通过对基础设施进行现代化改造，Bruni 的团队提升了 BI 在组织中的价值和认知。Bruni 说："转到 IBM Netezza 后，有消息说我们做得很好，选择我们的团队来做内部服务非常明智。我们获得了新的重要任务，例如'消除饥饿和创造美好'运动，这是基于我们拥有如此强大的基础设施，并且我们改变了原来的业务方法。从开发的角度来看，我们可以以更灵活的方式进行开发。从项目管理的角度来说，它将我们的发布周期从几个月（这通常是使用传统数据仓库基础架构所需的最少的时间）缩短到几周。"

▶ 问题思考

1. AARP 面临哪些挑战？
2. AARP 可选解决方案有哪些？
3. AARP 短期内取得了什么成果，未来的计划是什么？

资料来源：IBM customer success story. (2021). " AARP transforms its business intelligence infrastructure—Achieving a 347% ROI in three years from BI modernization effort ", http://www-03.ibm.com/software/businesscasestudies/us/en/corp?synkey=A735189Y23828M82 and https://www. merkle.com/thought-leader ship/case-studies/aar pr-launches-digital-transfor mation-dr ive-personalization。

数据仓库的主要用途是集成来自多个系统的数据，各种集成技术实现了数据和元数据集成：

- 企业应用集成（Enterprise Application Integration，EAI）
- 面向服务架构（Service-Oriented Architecture，SOA）
- 企业信息集成（Enterprise Information Integration，EII）
- 提取、转换和加载（Extraction，Transformation，and Load，ETL）

EAI 提供了一种将数据从源系统推送到数据仓库的工具，它具备集成应用功能，并专注于不同系统之间的功能（而不是数据）共享，从而保证了灵活性和重用。传统上，EAI 解决方案侧重于在应用程序编程接口级别实现应用程序重用。EAI 通过使用定义良好并有文档记录的粗粒度 SOA 服务（业务过程或功能的集合）来实现的。使用 Web 服务是实现 SOA 的一种专门方式。EAI 可用于促进数据采集直接进入近实时数据仓库，或将决策信息传递至 OLTP 系统。EAI 实现有许多不同的方法和工具。

EII 是一个不断发展的工具空间，它允许对各种来源（如关系数据库、Web 服务和多维数据库）的数据进行实时集成。它是一种从源系统中提取数据以满足信息请求的机制。EII 工具使用预定义的元数据来填充视图，使集成数据对最终用户来说看起来是关系型的。XML 可能是 EII 最重要的一部分，XML 允许在创建时或使用中对数据进行标记。这些标签可以扩展和修改，以适应几乎任何领域的知识（Kay，2005）。

物理数据集成已经成为创建具有数据仓库和 DM 的集成视图的主要机制。随着 EII 工具的出现（Kay，2005），新的虚拟数据集成模式成为可能。Manglik 和 Mehra（2005）讨论了新的数据集成模式的好处和限制，这些模式是传统物理方法的扩展，为企业提供全面的视图。

下面讨论将数据加载到数据仓库中的方法：ETL。

提取、转换和加载

数据仓库过程的技术核心是提取、转换和加载。ETL 技术已经存在了一段时间，在数据仓库的过程和使用中发挥了重要作用。ETL 过程是任何以数据为中心的项目中的一个集成组件。IT 经理经常面临挑战，因为在以数据为中心的项目中，ETL 过程通常占用 70% 的时间。

ETL 过程包括提取（从一个或多个数据库中读取数据）、转换（将提取的数据从其以前的形式转换为所需的形式，以便将其放入数据仓库或简单地放入另一个数据库）和加载（将数据放入数据仓库）。转换是通过使用规则或查找表，或将数据与其他数据组合来进行的。这三个数据库功能集成到一个工具（ETL）中，从一个或多个数据库中提取数据，并将它们放入另一个合并数据库或数据仓库中。

ETL 工具还可以在源和目标之间传输数据，记录数据元素（如元数据）在源和目标之间移动时的变化，根据需要与其他应用程序交换元数据，并管理所有运行时流程和操作（如调度、错误管理、审核日志、统计信息等）。ETL 对于数据集成和数据仓库都非常重要。ETL 过程的目的是向数据仓库加载集成和清理后的数据。ETL 过程中使用的数据可以来自大型机应用程序、ERP 应用程序、CRM 工具、平面文件、Excel 电子表格，甚至消息队列。图 4.11 为 ETL 过程示意图。

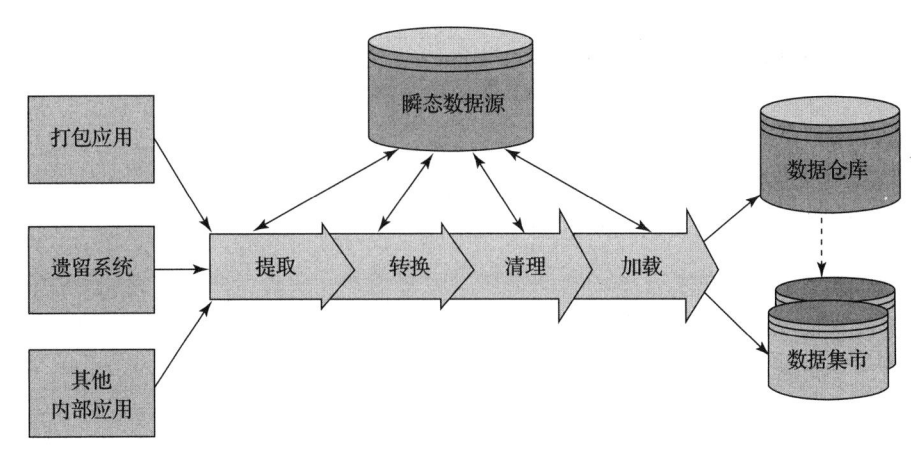

图 4.11　ETL 过程

将数据迁移到数据仓库的过程,需要从所有相关数据来源提取数据。数据源可能包括从 OLTP 数据库、电子表格、个人数据库(例如 Microsoft Access)或外部文件中提取的文件。通常将所有输入文件都写入一组临时表中,这些临时表是为了方便加载过程而设计的。数据仓库包含许多业务规则,这些规则定义了数据的使用方式、摘要规则、编码属性的标准化以及计算规则。在将数据加载到数据仓库之前,需要更正与源文件有关的数据质量问题。设计良好的数据仓库的优点之一是,这些规则可以存储在元数据存储库中,并集中应用于数据仓库。这与 OLTP 方法不同,后者通常具有分散在整个系统中的数据和业务规则。将数据加载到数据仓库的过程既可以通过提供 GUI(以帮助开发和维护业务规则)的数据转换工具来执行,也可以通过更传统的方法来执行,例如使用 PL/SQL、C++、Java 或 .NET Framework 等编程语言来开发加载数据仓库的程序或实用程序。这个决定对组织来说并不容易。当组织决定是购买数据转换工具,还是自行构建转换过程时,会受到如下几个问题的影响:

- 数据转换工具非常昂贵。
- 学习数据转换工具可能要花很长的时间。
- 在学会使用数据转换工具之前,很难衡量 IT 部门的表现。

从长远看,转换工具方法应该简化组织对数据仓库的维护工作。转换工具使检测和清理(即,删除数据中的任何异常)数据更有效,OLAP 和数据挖掘工具依赖于数据转换的效果。

作为使用 ETL 的成功范例,摩托罗拉公司使用 ETL 为其数据仓库提供数据。摩托罗拉从 30 个不同的采购系统收集信息,并将数据发送到其全球供应链管理数据仓库,用于分析公司的总支出(Songini, 2004)。

Solomon(2005)将 ETL 技术分为四大类:复杂的、使能的、简单的和初级的。人们普遍认为,随着数据仓库项目的发展,复杂类别的工具将使 ETL 过程得到更好的记录和更准确的管理。

尽管程序员可以开发 ETL 软件,但使用现有的 ETL 工具更简单,以下是选择 ETL 工具的一些重要标准(Brown, 2004):

- 多种数量数据源架构下的数据读/写能力。
- 自动捕获和传输元数据。
- 符合开放标准。
- 为开发人员和功能用户提供简单易用的界面。

执行大量 ETL 可能标志着数据管理不善,或缺乏一致的数据管理策略。冗余和不一致数据的程度与数据预处理中执行的 ETL 任务数量之间存在直接相关性。当作为企业资产的数据得以正确管理时,ETL 工作将显著减少,也将消除冗余数据。这将大大节省数据维护成本,提高数据质量,同时提高了新项目开发的效率。不合理的 ETL 过程设计将大大增加维护、更改和更新数据的成本。因此,正确选择开发和维护 ETL 过程所使用的技术和工具至关重要。

市面上有许多可用的 ETL 工具。数据库和数据仓库供应商目前提供 ETL 功能,这些功能是对独立 ETL 工具的增强，也与独立 ETL 工具竞争。SAS 意识到数据质量的重要性，提供了业界首个完全集成的解决方案，该解决方案将 ETL 和数据质量相结合，将数据转化为具有战略价值的资产。其他集成 ETL 软件提供商包括 Microsoft、Oracle、IBM、Informatica 和 Salesforce 等。

▶ 4.5 节 习题

1. 列举数据仓库的优点。
2. 列出选择数据仓库供应商的几个标准，并说明其重要性。
3. 什么是 OLAP，它与 OLTP 有何不同？
4. 什么是立方体？下钻、上卷、切片和切块是什么意思？
5. 简介数据集成。
6. 描述 ETL 过程的三个阶段。
7. 为什么 ETL 过程对数据仓库工作如此重要？

4.6 数据仓库管理、安全问题和未来趋势

数据仓库为有效创建和使用数据仓库的企业提供了独特的竞争优势。由于其庞大的规模和内在性质，数据仓库需要强大的监控，才能保持令人满意的效率和生产力。需要超过传统数据库管理员（DBA）具备的技能和熟练程度已不足以成功管理数据仓库。数据仓库管理员（DWA）应该熟悉高性能软件、硬件和网络技术，还应该具备扎实的业务洞察力。由于数据仓库为 BI 系统和 DSS 提供信息，帮助管理者进行决策活动，因此 DWA 应熟悉决策过程，以合理地设计和维护数据仓库结构。对于 DWA 来说，保持数据仓库的现有需求和功能稳定，同时提供快速改进的灵活性尤为重要。最后，DWA 必须具备出色的沟通技巧。有关 DBA 和 DWA 之间的主要区别，请参见 Benander、Benander、Fadlala 和 James 的文章（2000）。

信息安全和隐私是数据仓库专业人员关注的主要问题。美国政府已经通过了法规（如《格雷姆-里奇-比利雷法》《健康保险携带和责任法案》），在客户信息管理方面提出了强制性要求。因此，公司必须制定有效且灵活的安全程序，以符合众多隐私法规。根据 Elson 和 LeClerc（2005）的说法，数据仓库的安全应该集中在四个主要方面：

- 制定有效的公司和安全政策及规程。有效的安全政策应从高层开始，由执行管理层制定，并传达给组织内的所有人。
- 通过实施逻辑安全规程和技术来限制访问，包括用户身份验证、访问控制和加密技术。
- 限制对数据中心环境的物理访问。
- 建立一个有效的内部控制审查程序，强调安全和隐私。

在短期内，数据仓库的发展取决于一些明显的因素（例如，数据量、对延迟的容忍度、数据类型的多样性和复杂性）和不太明显的因素（例如，未满足终端用户对仪表盘、平衡记分卡、主数据管理、信息质量的要求）。考虑到这些因素，Moseley（2009）和 Agosta

(2006)认为,数据仓库的发展趋势将专注于简单性、价值和性能。

数据仓库的未来

在过去的几十年里,数据仓库一直是 IT 领域里一个充满活力的领域,BI/BA 和大数据领域的证据表明该领域的重要性日益增加。以下是一些最近流行的概念和技术,它们将在定义数据仓库的未来方面发挥重要作用。

来源(从多样和分散的来源获取数据的机制):

- **Web、社交媒体和大数据**。最近,出于个人和商业目的使用网络的热潮,加上对社交媒体的巨大兴趣,为分析师挖掘非常丰富的数据源创造了机会。由于数据的数量、速度和多样性,人们创造了一个新术语"大数据"来命名这一现象。利用大数据需要开发新的、明显改进的 BI/BA 技术,由此导致数据仓库领域的变革。

- **开源软件**。在仓储、BI 和数据集成领域,开源软件工具的使用正在以前所未有的水平增加。开源软件在数据仓库中使用的兴起有充分的理由(Russom, 2009):①经济衰退激发了人们使用低成本开源软件的兴趣,②开源工具正达到一个新的成熟水平,③开源软件增强了传统企业软件,而不是取代之。

- **SaaS(Software as a Service,软件即服务),"扩展的 ASP 模型"**。SaaS 是一种部署信息系统应用程序的创造性方式,应用服务提供商将其应用程序许可提供给客户,实现按需服务(通常通过互联网)。SaaS 软件供应商可以在其自身服务器上托管应用程序,或者将应用程序上传到消费者网站。从本质上讲,SaaS 是 ASP 模型的新改进版本。对于数据仓库客户来说,找到满足特定需求和要求的基于 SaaS 的软件应用程序和资源可能是一项挑战。随着这些软件产品变得更加敏捷,SaaS 作为数据仓库平台的吸引力和实际使用也会增加。

- **云计算**。云计算可能是近年来最新、最具创新性的平台选择。其中汇集和虚拟化了大量硬件和软件资源,因此它们可以根据需要自由分配给应用程序和软件平台。这使信息系统应用能够随着工作负载的增加而动态扩展。尽管云计算和类似的虚拟化技术在当今的操作应用中已经相当成熟,但它们现在才刚刚开始被用作首选的数据仓库平台。当数据仓库的数据量变化不可预测,致使容量规划变得困难时,云计算中的动态分配尤其有用。

- **数据湖**。大数据的出现伴随出现了一个新的数据平台:数据湖(data lake),这是一个大型存储位置,可以以其原始格式保存大量数据(大部分是非结构化数据),以供未来/潜在的分析使用。传统意义上,数据仓库存储结构化数据,而数据湖存储所有类型数据。虽然它们都是数据存储机制,但数据仓库是关于结构化或表格数据的,数据湖是关于所有类型的数据的。尽管已经有很多说明和论文阐述了两者之间的关系(其中一些表明数据湖是数据仓库的未来名称),但就目前而言,数据湖并不能取代数据仓库,相反,它们是相辅相成的。Inmon 等人(2021)为开发成功的数据湖仓库(data lake houses)提出了一些宝贵的见解。技术洞察 4.2 深入解释了数据湖及其在数据仓库和大数据分析领域的作用。

技术洞察 4.2 数据湖

随着大数据现象的出现，一个新的术语"数据湖"应运而生。许多人认为，数据湖只是旧数据仓库的转世。数据湖的基本假设表明，在大数据时代，旧的数据存储方式是不合适的，因此需要一种新的数据存储/管理方式，这为数据湖的发展铺平了道路。尽管大多数人认为数据湖是最好的选择，并准备投入其中，但有些人则退缩了，并变得更加谨慎（也许对其可行性持怀疑态度），称其为沼泽（swamp）。那么，数据湖到底是什么呢？简单地说，数据湖是一个大型存储位置，可以以其原始格式存储大量数据（结构化、非结构化或半结构化），以备未来使用。数据仓库将结构化数据存储在相关的表、文件或文件夹中，而数据湖则使用松散定义（即非结构化）的架构来存储各种数据。数据湖和数据仓库之间的主要共同点是它们都是数据存储机制，主要区别在于一个是关于结构化/表格数据，另一个是各种类型的数据（即大数据）。

数据科学家重新定义了数据湖，最常用的定义来自 Pentaho 的创始人兼首席技术官 James Dixon，人们认为是他提出了数据湖这个术语，以下是他对数据湖的描述（Dixon，2010）：

> 如果把数据集市想象成一个卖瓶装水的商店——水经过清洁、包装和结构化以便于消费，那么数据湖就是一个更自然的大水体。数据湖的内容从源头流入，以填充湖泊，湖泊的各种用户都可以来检查、潜水或取样。

也许刻画数据湖的最好方法是将其与多维表中的数据仓库进行比较。表 4.6 是将数据湖与数据仓库进行比较的最常用维度的汇总表（包括简要说明）（Dull，2021；Campbell，2015）。

表 4.6 数据仓库和数据湖的简单比较

维度	数据仓库	数据湖
数据的性质	结构化，处理好的数据	任何原始格式数据
处理	写入时模式	读取时模式
检索速度	非常快	慢
存储成本	对于大数据量来说成本高昂	专为低成本存储而设计
敏捷性	不够敏捷，固定配置	高度敏捷，灵活配置
新颖性	旧／成熟	很新／不够成熟
安全性	安全性很高	安全性还不高
用户	专业人员	数据科学家

数据的性质。数据仓库只存储已建模/聚合/结构化的数据，而数据湖以数据的原始格式存储，包括各种结构化、半结构化和非结构化数据。

处理。在将数据加载到数据仓库之前，我们首先需要给它一些形状和结构，即需要将其建模为星形或雪花模式，这被称为写入时模式（schema-on-write）。使用数据湖，我们只需按原样加载原始数据，然后在准备使用数据时，再给它一个形状或结构，这称为读取时模式（schema-on-read）。这是两种截然不同的处理方法。

检索速度。二十多年来，业界已经开发了许多算法来提高从大型、功能丰富的数据仓库检索数据的速度。这些技术包括触发器、柱状数据表示、数据库内处理。到目前为止，数据的检索（可以是任何形式或方式，包括非结构化文本）都是一项耗时的活动。

存储成本。Hadoop 等大数据技术的其中一个主要特点是，与数据仓库相比，存储数据的成本相对较低。这有两个关键原因：首先，Hadoop 是开源软件，因此其许可和社区支持是免费的；其次，Hadoop 被设计为安装在低成本的商品硬件上。

敏捷性。按照定义，数据仓库是一个高度结构化的存储库。从技术上讲，改变结构并不困难，但考虑到与之相关的所有业务过程，这可能非常耗时。另一方面，数据湖缺乏数据仓库的结构，开发人员和数据科学家因此能够轻松地配置和重新配置他们的模型、查询和应用程序。

新颖性。数据仓库的底层技术已经存在很长时间了，其大多数创新都是在过去的二三十年里完成的。因此，数据仓库几乎没有什么新鲜感（不包括在数据仓库中利用和使用大数据的技术）。另一方面，数据湖是新的，正在经历一个创新阶段，成为主流的数据存储技术。

安全性。由于数据仓库技术已经存在了几十年，因此在数据仓库中保护数据的能力比在数据湖中保护数据要成熟得多。然而，应该注意的是，目前大数据行业在安全方面做出了重大努力。这不是数据湖的安全性是否能满足分析专业人员和其他最终用户的需求，而是何时能满足的问题。

用户。长期以来，分析界的座右铭一直是"为每个人提供商务智能和分析！"我们建立了数据仓库，并邀请"每个人"来，但他们来了吗？平均而言，来的人只占 20%～25%。数据湖也是如此吗？我们会建造数据湖并邀请所有人来吗？也许在未来会。就目前而言，数据湖还不成熟，最适合数据科学家使用。

总之，数据湖和数据仓库是不同的。数据湖不是数据仓库 2.0（正如一些人所建议的那样），也不是数据仓库的替代品。两者都是企业需要的，因此针对不同的数据介质和不同的任务/目的进行了优化，也就是说，数据湖和数据仓库会在分析世界中共存（至少共存一段时间，直到数据湖足够成熟，完成当今数据仓库所擅长的操作）。我们的目标是设计并正确使用数据湖和数据仓库，使其各有所用，最佳选择是组合使用数据仓库和数据湖。

资料来源：Inmon, B. (2021). Five Steps to a Successful Data Lakehouse, retrieved at databricks.com/wp-content/uploads/2021/10/The-Data-Lakehouse.pdf; Campbell, C. (2015). Top five differences between data lakes and data warehouses. www.blue-granite.com/blog/bid/402596/Top-Five-Differences-between-Data-Lakes-and-Data-Warehouses; Dull, T. (2021). Data lake vs data warehouse: Key differences. KDnuggets.com. http://www.kdnuggets.com/2015/09/data-lake-vs-data-warehouse-key-differences.html。

基础设施（架构——硬件和软件——增强）：
- **列式（columnar）**。列式是一种在数据库中存储和访问数据的新方法，面向列的数据库管理系统，也称为列式数据库（columnar database）。它是一种将数据表存储为数据列而不是数据行的系统（这是大多数 RDBMS 的做法）。也就是说，这些列式数据库按列而不是按行存储数据（单个列的所有值都连续存储在磁盘内存中）。这样的结构为 RDBMS 提供了更精细的控制。它只能访问查询所需的列，而不是被迫访问行的所有列。对于只需要对表中一小部分列进行查询的情况，它的每种形式都要好得多，但当需要查询大多数列时，因为需要将所有列连接在一起以形成结果集开销很大，所以此时它的性能会差得多。面向行和面向列的数据布局之间的比较通常涉及给定工作负载的硬盘访问效率（这恰好是计算机中最耗时的操作之一）。根据手头任务的不同，两种存储方式各有千秋。列式存储在下列情况下效率更高：

①需要跨多行计算聚集，但仅针对所有列数据中相对较小的子集计算时，面向列的组织效率更高，因为读取较小的数据子集可能比读取所有数据更快。

②一次为所有行提供列的新值，因为该列数据可以被高效地写入并且替换旧的列数据，无须影响行的其他列的数据。

行存储在下列情况下效率更高：

①一行的许多列需要同时更新，并且行的大小相对较小时，对整行的组织效率更高，因为可以通过单个磁盘查找检索整行。

②如果同时提供所有列数据，则写入新行，因为可以用单个磁盘寻道一次写入整行。

此外，由于存储在列中的数据是统一类型的，因此它更适合压缩。也就是说，与行式数据相比，列式数据更容易实现存储空间优化。这种数据的最佳压缩减少了存储空间，可以更经济地使用内存或固态存储。

- **实时数据仓库**。实时数据仓库（Real-time Data Warehousing，RDW）意味着现有数据仓库更新数据的刷新周期更频繁。这些 RDW 系统可以实现近乎实时的数据更新，其中数据延迟通常在几分钟到几小时之间。随着延迟变小，数据更新的成本似乎呈指数级增长。未来需要在许多技术领域（从自动数据采集到智能软件代理）取得进步，以使 RDW 以合理的价格投入实际应用。

- **数据仓库设备（一体化的数据仓库解决方案）**。数据仓库设备由一组集成的服务器、存储、操作系统、数据库管理系统和专门为数据仓库预安装和预优化的软件组成。在实际使用中，数据仓库设备为中端仓库到大数据仓库市场提供了解决方案，为 TB 到 PB 范围的数据量提供了低成本的性能方案。为了提高性能，大多数数据仓库设备供应商都使用大规模并行处理体系结构。尽管现在大多数数据库和数据仓库供应商都提供设备，但许多人认为 Teradata 是第一个提供商业数据仓库设备产品的公司。目前的新趋势是供应商将其硬件和数据库软件绑定，整合为数据仓库平台。从效益的角度来看，数据仓库应用程序的总体拥有成本较低，其中包括初始购买成本、持续维护成本以及随着数据增长而提升容量的成本。监控和调整数据仓库的资源成本占总拥有成本的很大一部分，通常高达 80%。DW 设备减少了日常操作、设置和集成的管理开支。由于数据仓库设备提供一体化的供应商解决方案，因此它们往往能够更好地优化设备中的硬件和软件。这种一体化集成避免了多供应商解决方案中出现的一些兼容性问题，最大限度地提高了对 DBMS、存储和操作系统集成及测试的成功率。数据仓库设备还为解决问题提供了一个单一的信息节点，为软件和硬件升级提供了一种更加简单的方法。

- **数据管理技术和实践**。下一代数据仓库平台的一些最迫切的需求包括技术和实践，通常我们不认为这是平台的一部分。特别地，许多用户需要更新处理数据的数据管理工具，以便通过数据仓库使用。主数据管理（Master Data Management，MDM）的未来将有强劲的增长。这个相对较新但极其重要的概念越来越受欢迎，原因有很多：①与操作系统的更紧密集成需要 MDM，②大多数数据仓库仍然缺乏 MDM 和数据质量功能，③监管和财务报表必须完全清晰准确。

- **数据库处理技术（将算法纳入数据）**。数据库内处理，也称为数据库内分析（in-database analytics）是指将数据分析的算法范围集成到数据仓库中。这样，数据和处理数据的分析就处于同一个环境中，两者在一起可以提高计算密集型分析过程的效率。如今，许多大型数据库驱动的决策支持系统（如用于信用卡欺诈检测和投资银行风险管理的系统）都使用了这项技术，因为在时间至关重要的决策环境中，它比传统方法在性能上有显著改进。与传统的分析方法相比，数据库内处理是一项复杂的工作。在传统的分析方式中，数据从数据库中移出（通常以由行和列组成的平面文件格式），进入单独的分析环境（如 SAS Enterprise Modeler、Statistica Data Miner 或 IBM SPSS Modeler）进行处理。数据库内处理对于高吞吐量、实时的应用程序环境更有意义，包括欺诈检测、信用评分、风险管理、交易处理、定价和利润率分析、基于使用行为的市场细分、定向广告和推荐引擎，以及由客户服务组织用来确定下一个最佳行动的那些动作。许多主要的数据仓库供应商都将数据库内处理作为一项功能来执行和推广，其中包括 Teradata（将 SAS 分析功能集成到数据仓库设备中）、IBM Netezza、EMC Greenplum 和 Sybase 等。

- **内存存储技术（将数据移入内存中以加快处理速度）**。传统的数据库系统，如 RDBMS，通常使用物理硬盘驱动器来长时间存储数据。当应用程序请求与数据相关的进程时，数据库管理系统将数据（或部分数据）加载到主存储器中，对其进行处理，并对应用程序做出响应。尽管数据（或部分数据）被临时缓存在数据库管理系统的主存储器中，但主要数据还是存储在磁性硬盘中。与之相反，内存数据库系统将数据永久保存在内存中。当应用程序请求与数据相关的进程时，数据库管理系统直接访问主存储器中已经存在的数据，对其进行处理，并对请求的应用程序做出响应。这种对主存储器中数据的直接访问使数据的处理速度比传统方法快几个数量级。因此，内存存储技术的主要优点（可能是它的唯一好处）是其惊人的访问数据速度。其缺点包括购买大量主内存成本高昂（尽管它越来越便宜，但拥有足够大的主内存来容纳公司的所有数据仍然需要花费很高的成本），以及需要复杂的数据恢复机制（由于主内存的易失性，其中的数据可能会被意外擦除）。

- **新的数据库管理系统**。数据仓库平台由几个基本组件组成，其中最关键的是数据库管理系统（DBMS）。这是很自然的，因为 DBMS 是平台的组成部分，必须在其中完成大部分工作才能实现数据模型并优化其查询性能。因此，下一代创新有望发生在 DBMS。

- **高级分析**。当用户舍弃基于 OLAP 的基本方法而转入高级分析时，可以选择不同的分析方法。一些用户选择基于数据挖掘、预测分析、统计、人工智能等高级分析方法。不过，大多数用户似乎选择了基于 SQL 的方法。无论是否基于 SQL，高级分析似乎都是下一代数据仓库的希望。

在这个不断发展的大数据时代，数据仓库的未来似乎充满了希望，但同时也存在许多不确定性和重大挑战。无论以后名称会变成什么，无论是数据仓库、数据湖、数据湖仓库、数据库，还是这些流行术语的某些创造性组合，对数据进行收集和分析对做出及时准确决策的重要性都不会消失。事实上，随着商业世界变得更加全球化、更加复杂，对分析和数据仓库工具的需求将变得更加突出。快速改进的 IT 工具和技术似乎正朝着正确的方向发展，以满足未来决策支持系统的需求。

4.6 节 习题

1. 企业可以采取哪些步骤来确保其数据仓库中客户数据的安全性和机密性？
2. DWA 应具备哪些技能？为什么？
3. 最近的哪些技术可能会影响数据仓库的未来？为什么？

4.7 业务报表

决策者需要信息来做出准确及时的决策。信息本质上是数据的语境化。除了上一节解释的统计方法外，还可以使用在线分析处理（OLTP）系统获得信息（描述性分析），参见图 3.11 中的描述性分析的简单分类。信息通常以书面报告（数字或纸质）的形式提供给决策者，尽管也可以采用口头方式提供。简单来说，报表是任何准备好的沟通工具，目的是以可理解的形式将信息传达给需要它的人，无论何时何地。报表通常是一份包含以叙述、图形和 / 或表格形式组织的信息（通常由数据驱动）的文件，定期（重复）或根据需要（特别）编制，内容涉及具体时间段、活动、事件或主题。业务报表可以实现许多不同的（往往是相关的）功能，以下是其中一些主要功能：

- 确保所有部门正常运作
- 提供信息
- 提供分析结果
- 说服他人采取行动
- 创建组织记忆（作为知识管理系统的一部分）

业务报表（也称为 OLAP 或 BI）是面向改进、基于证据、优化管理决策的重要组成部分。这些**业务报表**（business report）的基础是来自组织内部和外部的各种数据源（在线事务处理系统），报表的创建涉及与数据仓库协调的 ETL 过程，然后使用一个或多个报告工具（有关这些概念的详细介绍，请参阅第 3 章）。

由于信息技术的快速发展，加上对提高商业竞争力的需求，企业越来越多地使用计算能力来制作统一的报表，将企业的不同视角组合在一起。通常，这种报表过程涉及查询结构化数据源，其中大多数是使用不同的逻辑数据模型和数据字典创建的，以生成易于阅读、易于理解的报表。这些类型的业务报表允许管理者和同事知情和参与，审查选项和备选方案，并做出明智的决定。图 4.12 表示数据采集→信息生成→决策→业务过程管理的连续循环。也许这个周期性过程中最关键的任务是报表（即信息生成）——将来自不同来源的数据转换为可操作的信息。

清晰、简洁、完整和正确是任何报表成功的关键。报表性质和这些成功因素的重要性水平会根据报表的编制对象而发生重大变化。大多数有效报表研究都致力于内部报表，为组织内的利益相关方和决策者提供信息。企业和政府之间也有外部报表（例如，出于税务目的或定期向证券交易委员会备案）。尽管有各种各样的业务报表，但用于管理目的的报表通常可以分为三大类（Hill，2016）。

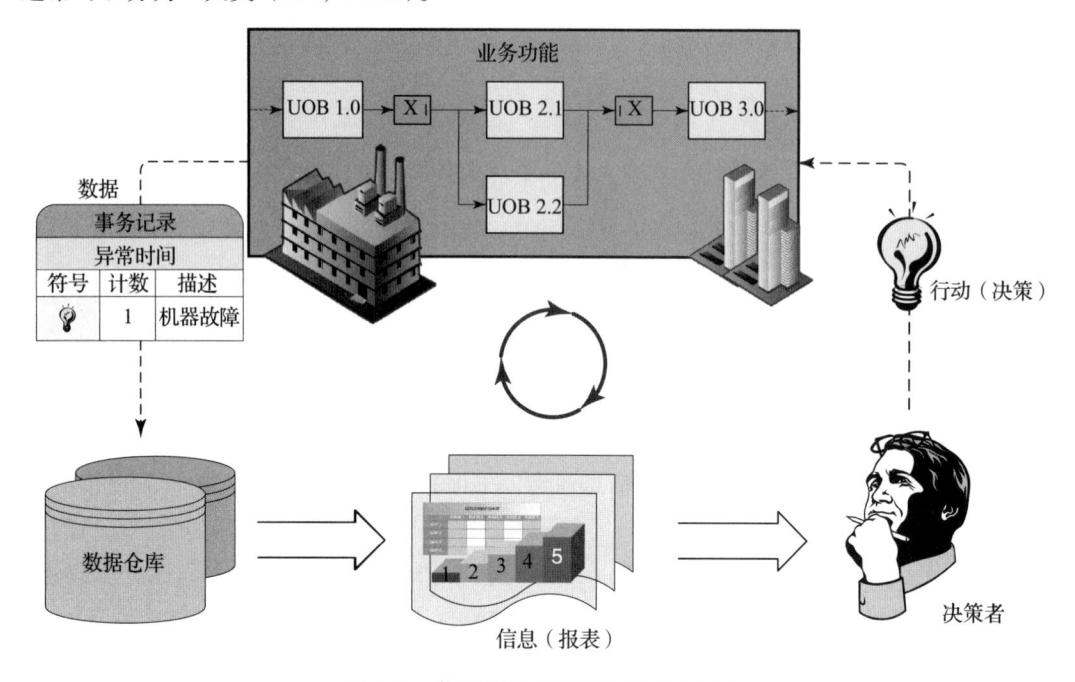

图 4.12　信息报表在管理决策中的角色

指标管理报表。在许多组织中，业务绩效是通过以结果为导向的指标来衡量的。对于外部团队，这些是服务级协议。对于内部管理而言，它们是**关键绩效指标**（KPI）。通常一段时间内要跟踪企业范围内的一致目标。它们可以作为其他管理策略（如六西格玛或全面质量管理）的一部分。

仪表盘类报表。近年来，业务报表中的一个热门想法是在一个页面上呈现一系列不同的性能指标，就像汽车中的仪表盘一样。通常，仪表盘供应商会提供一组带静态元素和固定结构的预定义报表，也允许自定义仪表盘小部件、视图，并为各种指标设定目标。通常用带颜色（红色、橙色、绿色）的交通灯绩效，以吸引管理层对特定区域的注意。

平衡记分卡类报表。这是 Kaplan 和 Norton 开发的一种方法，试图在组织中展现一个成功的综合视图。除了财务绩效外，平衡记分卡类型的报表还包括客户、业务过程以及学习和成长视角。

▶ 4.7 节　习题

1. 什么是报表？报表的用途是什么？
2. 什么是业务报表？一份优秀的业务报表有什么主要特点？
3. 描述管理的循环过程，并说明业务报表的作用。
4. 列出并描述三大类业务报表。
5. 业务报表系统的主要组成部分是什么？

4.8 数据可视化

数据可视化（data visualization，或者更恰当地说是信息可视化）定义为"使用可视化表示来探索、理解和交流数据"（Few，2007）。虽然常用的名称是数据可视化，但通常它的意思是信息可视化。因为信息是数据（原始事实）的聚合、总结和语境化，所以可视化中描绘的是信息而不是数据。然而，由于数据可视化和信息可视化这两个术语是可互换和同义的，因此在本章中，我们将按惯例使用这一术语。

数据可视化与信息图形学、信息可视化、科学可视化和统计图形等领域密切相关。直到最近，两个 BI 应用中可用的主要数据可视化形式都包括图表和图形，以及用于创建记分卡和仪表盘的其他类型的可视化元素。

为了更好地了解数据可视化领域当前和未来的趋势，从一些历史背景对其开始了解是有帮助的。

数据可视化简史

尽管数据可视化的前身可以追溯到公元二世纪，但其大多数发展都发生在过去的两个半世纪，特别是近 30 年（Few，2007）。尽管可视化直到最近才被广泛认可为一门学科，但现在最流行的可视化形式可以追溯到几个世纪前。早在 17 世纪，地理探索、数学和历史普及就推动了早期地图、图表和时间线的创造，但人们普遍认为 William Playfair 是现代图表的发明者，他在 Commercial and Political Atlas of 1786 中创建了第一个广泛分布的折线图和条形图，通常还认为他出版于 1801 年的 Statistical Breviary 中首次描绘了时间序列折线图，如图 4.13 所示。

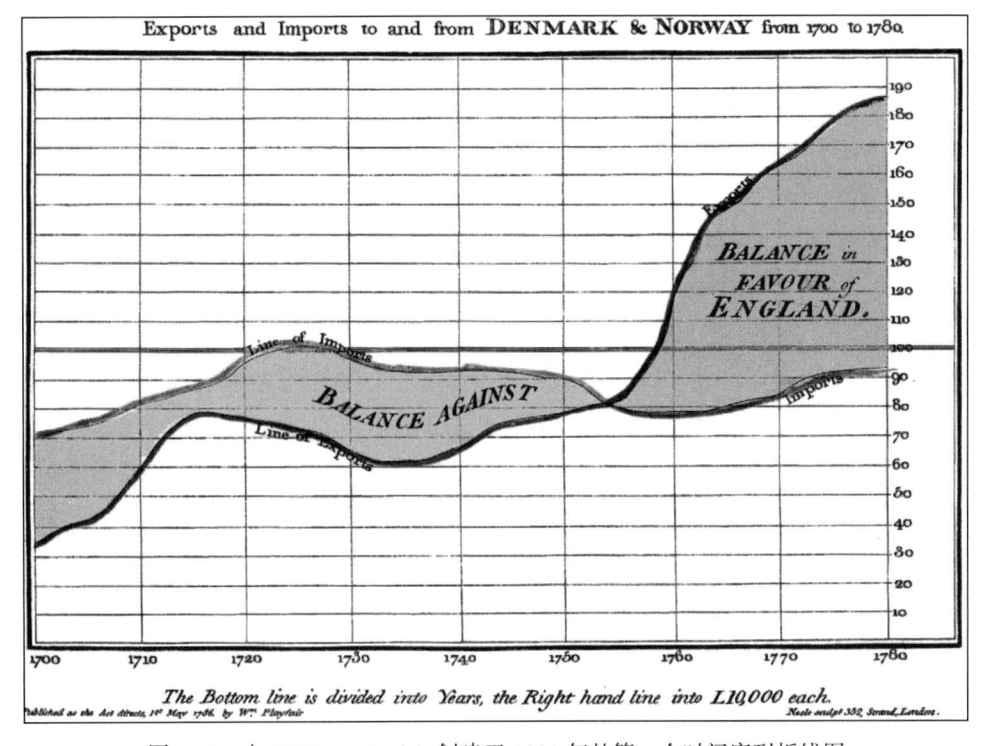

图 4.13　由 William Playfair 创建于 1801 年的第一个时间序列折线图

这一时期最著名的信息图形创新者可能是 Charles Joseph Minard，他生动地描绘了拿破仑军队在 1812 年俄罗斯战役中遭受的失败，如图 4.14 所示。图中从波兰－俄罗斯边境开始，粗条纹显示了每个位置的军队规模。拿破仑在严寒的冬天从莫斯科撤退的道路由下方黑色细带状图形描绘，这与温度和时间比例有关。著名可视化专家、作家和评论家 Edward Tufte 表示，这很可能是有史以来绘制的最好的统计图形。在这张图中，Minard 设法以艺术和信息的方式同时表示了几个数据维度（军队规模、行动方向、地理位置、外界温度等）。在 19 世纪还创造了更多优秀的可视化图形，其中大多数都记录在 Tufte 的网站（edwardtufte.com）和他的可视化书籍上。

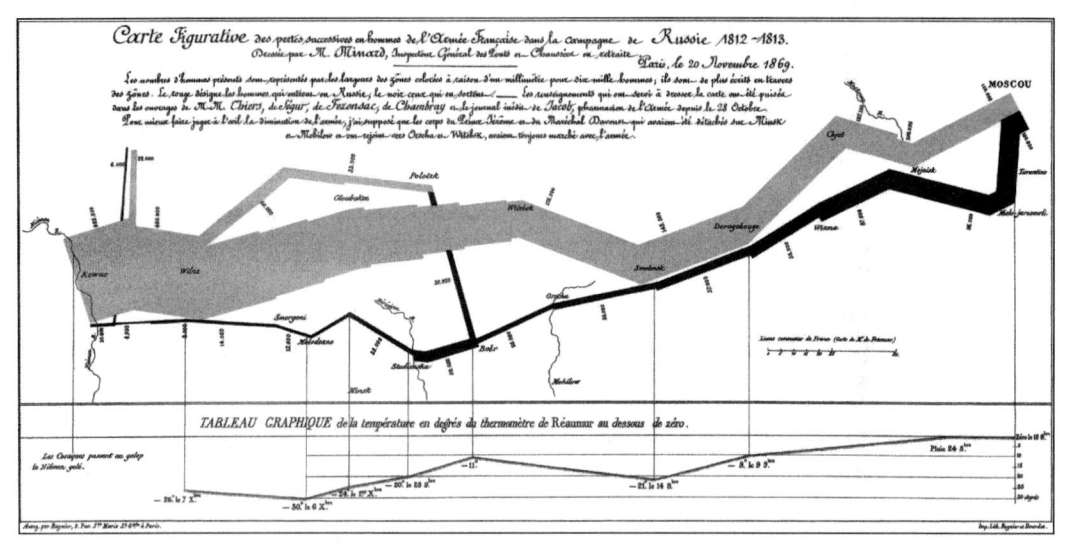

图 4.14　拿破仑军队在 1812 年俄罗斯战役中损失惨重

20 世纪兴起了一种更正式、更实证的可视化观点，人们倾向于关注颜色、价值尺度和标签等方面。在 20 世纪中期，制图学家和理论家 Jacques Bertin 出版了 *Semiologie Graphique* 一书，有人视其为现代信息可视化的理论基础。尽管他的大多数模式要么因最近的研究而过时，要么完全不适用于数字媒体，但许多模式仍然非常相关。

在 21 世纪，互联网作为一种新的可视化媒介出现，并带来了许多新的技巧和功能。数据和可视化在全球范围内的数字化发布不仅使它们更容易被更广泛的受众访问（逐渐提高了可视化素养），而且还推动了新形式的设计，这些新形式融合了屏幕媒体特有的互动、动画和图形渲染技术，以及实时数据反馈，以创建用于通信和消费数据的沉浸式环境。

公司和个人似乎突然间对数据也产生了兴趣。这种兴趣反过来又引发了对帮助他们理解数据的可视化工具的需求。用于构建系统的廉价硬件传感器和自己动手就能搭建的框架正在降低收集和处理数据的成本。无数其他应用程序、软件工具和低级代码库如雨后春笋般涌现，帮助人们收集、组织、操作、可视化和理解任何来源的数据。互联网也为可视化提供了一个极好的分发渠道。由设计师、程序员、制图师、探客和数据专家组成的多元化社区聚集在一起，传播各种新的想法和工具，用于处理可视化和非可视化形式的数据。

Google 地图凭一己之力实现了接口约定（点击平移、双击放大）和在线显示交互式地理技术（文件名可预测的 256 像素正方形地图切片）的普及，以至于大多数人在看到在线地图时都知道该怎么办。Flash 作为一个跨浏览器平台，可以设计和开发丰富、美观的互联网应用程序，其中包括交互式数据可视化和地图。现在，新的浏览器原生技术，如 canvas 和 SVG（有时统称为 HTML5）正在出现，挑战 Flash 的霸主地位，并将动态可视化界面的覆盖范围扩展到移动设备。

数据/信息可视化的未来发展很难预测。我们只能从已经发明的产品中推断出：更多的三维可视化，在虚拟现实环境中使用多维数据的更身临其境的体验，以及信息的全息可视化。

▶ 4.8 节　习题

1. 数据可视化是什么？我们为什么需要它？
2. 数据可视化的历史根源是什么？
3. 仔细分析 Charles Joseph Minard 对拿破仑行军的形象描述，识别并讨论这张古代图表中捕捉到的所有信息维度。
4. Edward Tufte 是谁？你认为我们为什么应该知道他的作品？
5. 你认为数据可视化的"下一件大事"会是什么？

4.9　不同类型的图表

业务分析系统的终端用户通常不知道将哪种类型的图表或图形应用于哪些特定场合。有些图表更适合回答某些类型的问题。有些图表看起来比其他图表更好。有些很简单，有些则相当复杂和拥挤。以下是对大多数业务分析工具中常见的图表和/或图表类型的简短介绍，并说明这些图表更擅长回答/分析哪些类型的问题，这些资料汇编自几篇已发表的文章和其他文献（Abela，2008；Hardin 等人，2012）。

基本图表

以下是信息可视化中常用的基本图表。

折线图。折线图可能是时间序列数据中最常用的图形可视化效果。折线图显示了两个变量之间的关系，最常用于跟踪随时间的变化或趋势（其中一个变量设置为 x 轴上的时间）。折线图按顺序连接各个数据点，以帮助推断一段时间内的变化趋势。折线图通常用于显示某些度量值随时间的变化情况，例如 5 年内特定股价的变化或一个月内每日客户服务电话数量的变化等。

条形图。条形图是用于数据表示的最基本的图形之一。当名义数据或数字数据可以很好地划分为不同的类别时，用条形图来表示比较有效，这样可以快速看到数据中的比较结果和趋势。条形图通常用于比较多个类别的数据，如部门或产品类别的广告支出百分比。条形图可以是垂直方向的，也可以是水平方向的。它们也可以堆叠在一起，以在单个图表中显示多个维度。

饼图。饼图在视觉上很有吸引力，顾名思义，饼图看起来就像一张饼。因为饼图在视觉上很有吸引力，所以经常被错误使用。饼图只能用于说明特定度量的相对比例。例如，饼图可以用来显示广告预算在不同产品线上的相对比例，也可以显示大学生在大二时所申报专业的相对比例。如果要显示的类别数量比较多（比如说超过四个），那么应该认真考虑使用条形图而不是饼图。

散点图。散点图通常用于研究两个或三个变量之间的关系（在二维或二维视图中）。因为散点图属于可视化探索工具，如果有三个以上的变量，将它们转换为多于三个以上维度是不容易实现的。散点图是分析趋势、浓度和异常值是否存在的有效方法。例如，在双变量（双轴）图中，散点图可以用于说明心脏病患者的年龄和体重之间的相互关系，也可以说明客户服务代表的数量和公开的客户服务索赔数量之间的关系。趋势线通常被叠加在二维散点图上，以说明关系的性质。

气泡图。气泡图通常是散点图的加强版。虽然气泡图并不是一种新的可视化类型，相反，应该视其为一种在散点图（甚至地理地图）中展示丰富数据的技术。通过改变其中圆圈的大小和/或颜色，可以添加额外的数据维度，从而提供更丰富的数据含义。例如，气泡图可以用于按专业和一天中的时间显示大学级别的课堂出勤率的对比视图，也可以用于按产品类型和地理区域显示利润率。

专用图表

我们在本节中回顾的图表要么是作为特殊情况从基本图表中派生出来的，要么是相对较新的，特定于某些问题类型和/或应用领域。

直方图。就图形来看，直方图看起来就像条形图。直方图和一般条形图之间的区别在于所描绘信息的不同。直方图用于显示一个或多个变量的频率分布。在直方图中，x轴通常用于显示类别或范围，y轴用于显示度量结果/值/频率。直方图显示数据的分布形状。这样，就可以直观地检查数据是正态分布还是指数分布。例如，可以使用直方图来说明一个班级的考试成绩，其中可以显示成绩的分布以及个人成绩的比较分析，或者可以使用直方图显示客户群的年龄分布。

甘特图。甘特图属于水平条形图的一种特殊情况，用于表现项目时间线、项目任务/活动持续时间以及任务/活动之间的重叠。甘特图通过显示任务/活动的开始和结束日期/时间以及重叠关系，为项目的管理和控制提供帮助。例如，甘特图通常用于显示项目时间线、任务重叠、相对任务完成情况（在显示实际任务工期的条形图中显示完成百分比的部分条形图）、分配给每个任务的资源、里程碑和可交付成果等。

PERT 图。PERT 图（也称为网络图）主要用于模拟大型复杂项目的计划和调度。它们显示了项目活动/任务之间的优先级关系。PERT 图由节点（表示为圆形或矩形）和边（表示为有向箭头）组成。基于所选的 PERT 图表约定，节点或边可以用于表示项目活动/任务（节点活动与箭头活动表示模式）。

地理图。当数据集包括位置数据（例如，物理地址、邮政编码、州名称或缩写、国家名称、纬度/经度或某种类型的自定义地理编码）时，在地图上查看数据会更好、信息性更强。地图通常与其他图表一起使用，而不是单独使用。例如，可以使用地图以地理位置按产品类型（如饼图所示）显示客户服务请求的分布。通常可以在地理地图中描绘各种信息（例如，年龄分布、收入分布、教育、经济增长或人口变化等），以帮助用户决定在哪里开设新餐厅或新服务站。这些类型的系统通常称为地理信息系统（Geographic Information System，GIS）。

子弹图。子弹图通常用于显示实现目标的进度。子弹图本质上是条形图的变体，通常用来代替仪表盘中的计量仪、计量表和温度计，以便在更小的空间内更直观地传达含义。子弹图将主要衡量标准（例如，今年迄今为止的收入）与一个或多个其他衡量标准（如，年度收入目标）进行比较，并将其显示在定义的绩效指标（例如，销售配额）的背景下。子弹图可以直观地说明主要衡量指标相对于总体目标的表现情况（例如，销售代表离实现其年度配额还有多远）。

热力图。热力图具有很好的可视化效果，可以用颜色来对两个类别的连续值进行比较，其目的是帮助用户快速根据被分析的度量结果的数值找出类别的交集中的最强处和最弱处。例如，可以使用热力图来显示目标市场的细分分析，其中衡量标准（颜色梯度变为购买量）和维度将是年龄和收入分布。

高亮表。高亮表旨在使热力图更进一步。除了使用颜色显示数据的相交方式外，高亮表还会在顶部添加数字，以显示更多详细信息。也就是说，高亮表是二维表格，单元格与数值和颜色梯度相关。例如，可以按产品类型和销售量显示销售代表的业绩。

树状图。树状图将分层（树结构）数据显示为一组嵌套的直角。树的每个分支都有一个矩形，然后用表示子分支的较小矩形平铺。叶节点的矩形有与数据特定维度成比例的区域。叶节点通常是彩色的，以显示数据的单独维度。当颜色和大小维度以某种方式与树结构相关时，人们通常可以很容易地看到以其他方式难以发现的模式，例如某个颜色是否特别相关。树状图的第二个优点是，通过构造可以有效地利用空间。因此，在屏幕上树状图可以同时显示数千个项目。

应该使用哪种图表

我们在上一节中介绍的图表哪种最好？答案很简单：不存在某个最好的图表或图形，因为如果有，我们就不需要这么多图表和图形类型。它们的数据表示"技能"各有千秋。因此，正确的问题应该是，"哪种图表或图形最适合给定的任务？"上一节中给出的图表功能可以在选择和使用正确的图表/图形来完成特定的任务时提供帮助，但要排出个顺序来仍然不容易，因为同一可视化任务可以使用几种不同的图表/图形类型来实现。一条经验法则是从备选方案中选择并使用最简单的那个图表，使目标受众易于理解和消化。

尽管没有一种被广泛认可的、包罗万象的图表选择算法或图表分类法，但图4.15以类似分类结构显示了图表类型的相当全面、高度逻辑化的组织（原始版本发表于Abela 2008）。分类结构是围绕"你想在图表或图形中显示什么？"这一问题组织的。也就是说，图表或图形的使用目的是什么。在这个层面上，分类法将目的分为四种不同的类型——关系、比较、分布和组合，并根据所涉及的变量数量和可视化的时间依赖性将分支进一步划分为子类别。

尽管这些图表涵盖了信息可视化中常用的大部分类型，但它们并不能涵盖所有内容。人们现在可以找到许多其他专门用于某个特定目的的图表。此外，当前的趋势是将这些图表组合并制作动画，以更好地显示当今复杂多变的数据源。例如，Gapminder网站（gapminder.org）上提供的交互式动画气泡图提供了一种从多维角度探索世界健康、财富和人口数据的有趣方式。

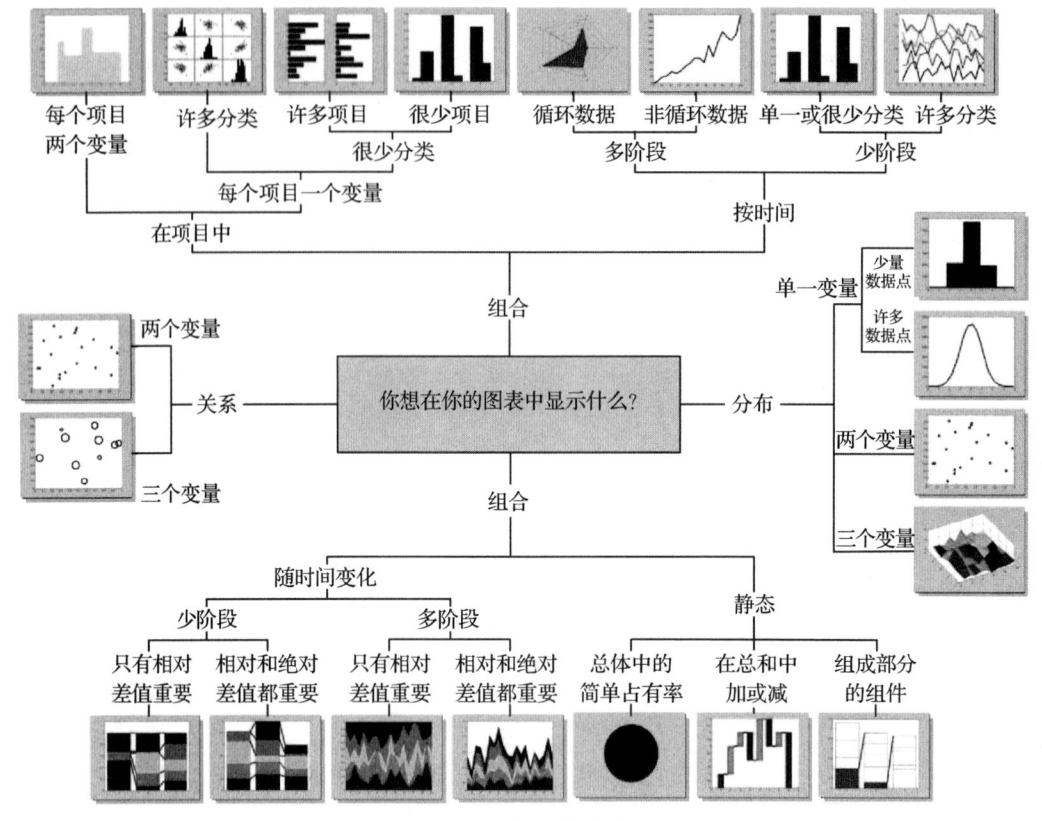

图 4.15 图表的分类

资料来源：Abela, A. (2008). Advanced Presentations by Design: Creating Communication that Drives Action. New York: Wiley。

4.9 节　习题

1. 为什么存在很多不同类型的图表？
2. 折线图、条形图和饼图之间的主要区别是什么？什么情况下选择使用这些图？
3. 为什么要使用地理地图？还有哪些类型的图表可以与地理地图结合使用？
4. 找出并解释本节未介绍到的两种图表的作用。

4.10　可视化分析的兴起

正如 Seth Grimes（2009a，2009b）指出，数据可视化技术和工具"越来越受欢迎"，这些技术和工具使业务分析和 BI 系统的用户能够更好地"沟通关系，添加历史关联，揭示隐藏的相关性，并讲述有说服力的故事，澄清并呼吁采取行动。"Gartner 于 2016 年 2 月发布的最新商务智能和分析平台魔力象限（Magic Quadrant）进一步强调了数据可视化在 BI 和分析中的重要性。如图 4.16 所示，领导者和有远见者象限中的所有解决方案提供商要么是最近成立的信息可视化公司（如 Tableau Software、QlikTech），要么是成熟的大型分析公司（如 Microsoft、SAS、IBM、SAP、MicroStrategy、Alteryx），它们越来越专注于信息可视化和可视化分析。有关 Gartner 魔力象限的更多详细信息，请参阅技术洞察 4.3。

技术洞察 4.3　商务智能和分析平台的 Gartner 魔力象限

Gartner 公司是魔力象限的创建者和发布者，是美国领先的公开交易信息技术研究和咨询公司，2021 年其年收入超过 47 亿美元。Gartner 成立于 1979 年，拥有 16 600 名员工，很大一部分是研究分析师和顾问，在 100 多个国家拥有众多客户。

魔力象限是 Gartner 设计和实现的一种研究方法，用于监测和评估公司在特定技术市场中的进展和地位。通过应用图形处理和一套统一的评估标准，魔力象限能帮助用户了解技术提供商在市场中的定位。

Gartner 将魔力象限的名称从"商务智能平台"更改为"商务智能和分析平台"，以强调分析能力对组织正在构建的信息系统日益重要。Gartner 将 BI 和分析平台市场定义为一个软件平台，提供跨三个类别（集成、信息传递和分析）的 15 种功能。这些功能使组织能够建立精确的分类和测量系统，以支持决策，并提升企业绩效。

图 4.16 展示了商务智能和分析平台的最新魔力象限。魔力象限将供应商分为四组（利基企业、挑战者、有远见者和领导者），分为两个维度：愿景的完整性（x 轴）和执行力（y 轴）。正如象限清楚地显示的那样，大多数知名的数据可视化、可视化分析、BI/BA 提供商都被定位在"领导者"类别中，而许多鲜为人知、相对较新的新兴提供商则被定位在了"利基企业"类别中。

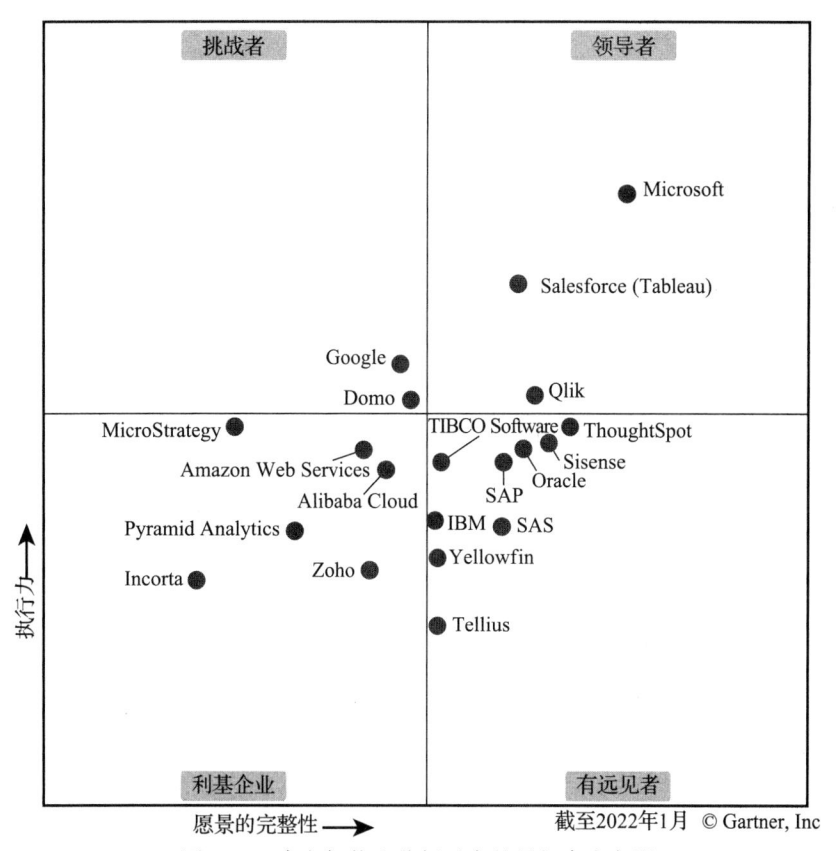

图 4.16　商务智能和分析平台的最新魔力象限

资料来源：gartner.com。

BI和分析平台市场多年来从IT主导的企业报告向业务主导的自助服务分析的转变似乎已经过了临界点。大多数新的购买都是现代化的、以业务用户为中心的可视化分析平台，迫使新的市场具有前瞻性，显著地对供应商格局进行了重新排序。BI和分析平台市场的大部分活动都来自那些试图使其可视化能力成熟，并从描述性分析梯队转向预测性和规范性分析梯队的组织。市场上的供应商绝大多数都专注于满足这种用户需求。如果2022年有一个单一的市场主题，那就是数据发现/可视化成为主流架构。虽然数据发现/可视化供应商，如微软（凭借PowerBI）、Salesforce（凭借Tableau）和Qlik正在巩固其在领导者象限的地位，但其他供应商（包括新兴和大型、成熟的工具/解决方案提供商）正试图从有远见者象限转移到领导者象限。

市场上大多数领导者和有远见者都强调数据发现/可视化，他们现在正在推广具有商业用户友好数据集成的工具，再加上嵌入式存储和计算层以及不受限制的钻取，继续加速BI和分析的去中心化和用户授权趋势，并极大地提高了组织执行诊断分析的能力。

资料来源：Gartner Magic Quadrant, released in February 2022, gartner.com。

在BI和分析中，可视化的关键挑战在于具有多个维度和度量的大型复杂数据集的直观表示。在大多数情况下，这些应用中使用的典型图表、图形和其他可视化元素通常涉及二维，有时是三维，以及相当小的数据集子集。相反，这些系统中的数据位于数据仓库中，这些仓库至少涉及一系列维度（例如，产品、位置、组织结构、时间）、一系列度量和数百万个数据单元。为了应对这些挑战，许多研究人员开发了各种新的可视化技术。

可视化分析

可视化分析（visual analytics）是最近创造的一个术语，常用于宽泛地表示信息可视化。可视化分析是可视化和预测分析的结合。信息可视化旨在回答"发生了什么？"和"正在发生什么？"，并与BI（常规报表、记分卡和仪表盘）密切相关，而可视化分析旨在回答"为什么会发生？"和"更可能发生什么？"，通常与商务分析（预测、细分、相关性分析）密切相关。许多信息可视化供应商都增加了自称为可视化分析解决方案提供商的功能。其中一个顶尖长期分析解决方案提供商之一SAS Institute正从另一个方向着手。他们正在将其分析能力嵌入到一个高性能的数据可视化环境中，他们称之为可视化分析。

技术洞察4.4为更好地制作业务报表提供了一种不同的、非正统的观点。

技术洞察4.4　用数据和可视化讲述精彩故事

每个有数据要分析的人都有故事要讲，无论是诊断制造缺陷的原因，还是以一种能抓住听众想象力的方式灌输一个新想法，或者向同事通报一个特定客户服务改进计划。当它讲述一个重大战略选择背后的故事，以便你和你的高级管理团队能够做出可靠决定时，提供一个基于事实的故事可能特别具有挑战性。不管在哪种情况下，这都是一项艰巨的工作。你想把故事变得有趣和令人难忘，你知道你需要言简意赅以为忙碌的主管和同事节约时间。然而，你必须实事求是，注重细节，以数据为驱动，尤其是在当今以指标为中心的情况下。

只呈现数据和事实是很吸引人的，但当同事和高级管理人员淹没于缺乏上下文的数据和事实时，你就输了。我们都有过使用大型幻灯片组的演示经历，最后发现观众被数据淹没了，不知道该思考什么，或者他们听不太懂，只领会了一小部分关键点。

作为开始，让你的执行团队参与进来，把你的任务当作一个故事来处理，更有力地解释你的策略和结果。你需要你的故事中的"什么"（事实和数据），但你也需要"谁？""如何？""为什么？"和经常被遗漏的"那又怎样？"。正是这些故事元素将使你的数据对你的观众具有相关性和实实在在的意义。创造一个好的故事可以帮助你和高级管理层把精力集中在重要的事情上。

为什么讲故事？

故事可以使数据和事实变得栩栩如生，可以帮助你从一系列不同的事实中加以理解和整理。故事让人们更容易记住关键点，并可以生动地描绘未来的样子。故事也创造了互动性，人们把自己放在故事中，能与具体情境相关联。

文化长期以来一直使用讲故事（storytelling）来传递知识和内容。在某些文化中，讲故事对其身份至关重要。在世界各地的众多例子中，有一个例子来自新西兰，那里的毛利人在脸上文上moku。moku是一种面部文身，里面有关于毛利人家族部落的故事。一个男人的脸上可能有一个文身设计，显示锤头的特征，以突出他的血统的独特品质。他选择的设计象征着他"真我"和祖籍的一部分。

同样，当我们试图理解一个故事时，讲故事的人会引导我们去寻找价值。如果高级管理层希望讨论他们将如何应对竞争性的变化，那么一个好的故事可以在嘈杂的环境中变得有意义和有序。例如，你可能有两项研究事实和数据，一项研究包括广告研究的结果，另一项研究来自产品满意度研究。为你在这两项研究中分析的内容编写一个故事可以帮助人们看到整体视图。为了让你的经销商专注某种新产品，可以用一个故事来展望未来。最重要的是，演讲是互动的——通常演讲者使用受众可以融入其中的文字和图片，这样，他们会变得更加投入，可以更好地理解信息。

那么什么是好故事？

大多数人都能轻而易举地说出他们最喜欢的电影或书。或者他们还记得一位同事最近分享的一个有趣故事。为什么人们记得这些故事？因为这些故事包含某些特征。首先，好故事必有好角色。在某些情况下，读者或观众会有一种与角色相关的替代体验。然后，角色必须面对一个困难但可信的挑战，角色必须克服一些障碍。最后，到故事结束时，结果或预后很清晰。问题可能还没解决，但故事有一个明确的终点。

将分析视为故事——使用故事结构

当编写一个数据丰富的故事时,首要目标是找到故事。角色是谁?戏剧效果或挑战是什么?需要克服哪些障碍?故事结束时,你希望观众做何反应?

一旦你了解了核心故事,就要构思其他故事元素,包括定义角色,理解挑战,识别障碍,并明确结果或决策问题。确保你清楚你希望人们做什么。这将塑造你的受众回忆你的故事的方式。随着故事元素就位,可以写出故事板,它代表了故事的结构和形式。虽然跳过这一步骤很省事,但最好先了解你要讲的故事,然后再聚焦到演示结构和形式。一旦故事板就位,其他元素就会就位。故事板将帮助你思考最好的类比或隐喻,清楚地设置挑战或机会,并最终看到所需的流程和转换。故事板还可以帮助你专注于需要高管回忆的关键可视化效果(图表和图形等)。

总之,不要害怕用数据来讲述精彩的故事。在当今以指标为中心的世界,实事求是、注重细节和数据驱动至关重要,但这并不一定意味着无聊和冗长。事实上,通过在数据中找到真实的故事并遵循最佳实践,你可以让人们关注你的信息,从而关注重要的东西。以下是一些最佳实践:

- 把分析想象成一个故事——使用故事结构。
- 要做到真实——你的故事会流传下去。
- 做到可视化——把自己想象成一名电影编辑。
- 让受众和你都放松。
- 邀请并指导讨论。

资料来源:Fink, E., & Moore, S. J. (2022). 5 Best Practices for Telling Great Data Stories—And Why It Will Make You a Better Analyst. White paper by Tableau Software, Inc., https://www.tableau.com/whitepapers/telling-data-stories; Knaflic, C. N. (2015). Storytelling with Data: A Data Visualization Guide for Business Professionals. John Wiley & Sons。

高性能可视化分析环境

由于对可视化分析的需求不断增加,再加上数据量的快速增长,投资高性能可视化系统的趋势呈指数级增长。统计软件巨头 SAS 研究所最近进军可视化分析领域,成为引领这股浪潮的公司之一。该公司的新产品 SAS Visual Analytics 是一种高性能计算内存解决方案,可以在很短的时间内(几乎是瞬间)分析大量数据。它使用户能够发现模式,识别进一步分析的机会,并通过 Web 报表或平板电脑和智能手机等移动平台传达可视化结果。图 4.17 显示了 SAS 可视化分析平台的高级架构。在架构的一端,有一个通用的数据构建器和管理员功能,可引入资源管理器、报表设计器和移动 BI 模块,共同提供端到端的可视化分析解决方案。

SAS 分析提出的一些关键优点如下:

- 为所有用户提供数据探索技术和可行的分析,以促进决策改进。SAS 可视化分析使各类用户都能够对所有可用数据进行快速、彻底的分析,通过采样来减少数据的做法既不需要也不提倡。

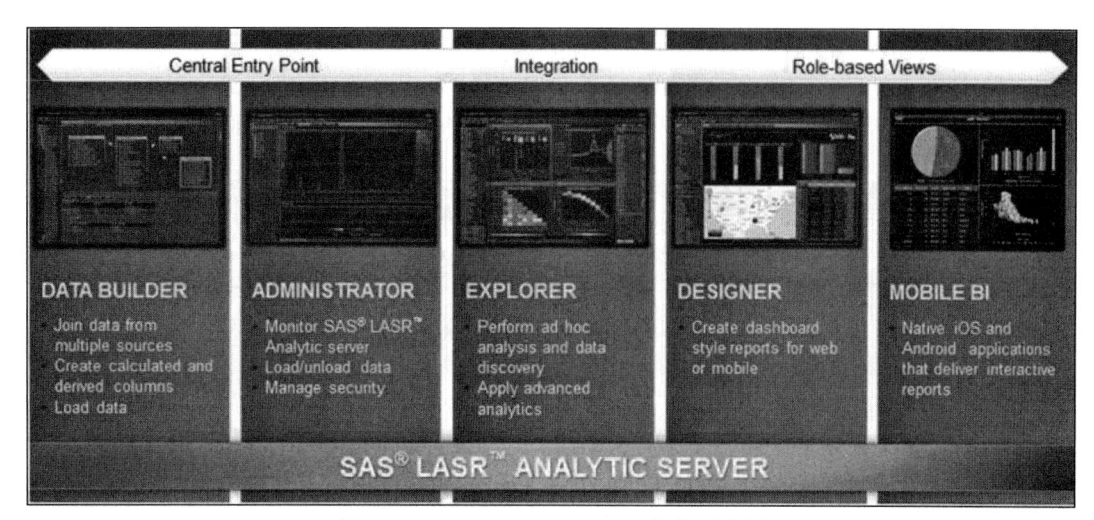

图 4.17 SAS Visual Analytics 架构示意图

资料来源：SAS.com。

- 易于使用的交互式 Web 界面拓宽了分析受众，使每个人都收获新的见解。用户可以查看更多选项，做出更精确的决策，并比以前更快地获得成功。
- 可以更快地对复杂的问题做出回答，增强用户的分析能力。SAS Visual Analytics 通过提供极快的结果来增强数据发现和探索过程，从而实现更好、更集中的分析。精通分析的用户可以从大量数据中识别出机会或关注的领域，以便快速进行进一步调查。
- 提高信息共享和协作。大量用户，包括那些分析能力有限的用户，可以通过 Web、Adobe PDF 文件和 iPad 移动设备快速查看报表和图表并与之交互，同时 IT 部门可以保持对底层数据和安全性的控制。SAS 视觉分析在正确的时间向正确的人提供正确的信息，提高了生产力且丰富了组织知识。
- 为用户提供了一种访问所需信息的新方式，从而解放了 IT 部门。将 IT 部门从用户不断提出的要求中解放出来，这些用户需要访问不同数量的数据、不同的数据视图、临时报表和一次性信息请求。SAS Visual Analytics 使 IT 部门能够轻松地为多个用户加载和准备数据。一旦数据加载并可用，用户就可以动态地浏览数据、创建报表和共享信息。
- 提供自主成长的空间。SAS Visual Analytics 提供了使用 EMC Greenplum 和 Teradata 的商品硬件或数据库设备的选项。它为了性能优化和可扩展性从头开始设计，以满足任何规模的组织的需求。

图 4.18 显示了 SAS Visual Analytics 截屏，其中描述了时间序列预测和预测的置信区间。

4.10 节　习题

1. 可视化分析最近出现的主要原因是什么？
2. 查看 Gartner 的商务智能和分析平台魔力象限，你看到了什么？讨论并证明你的观察结果。

3. 信息可视化和可视化分析之间的区别是什么？
4. 为什么讲故事应该成为报表和数据可视化的一部分？
5. 什么是高性能可视化分析环境？我们为什么需要它？

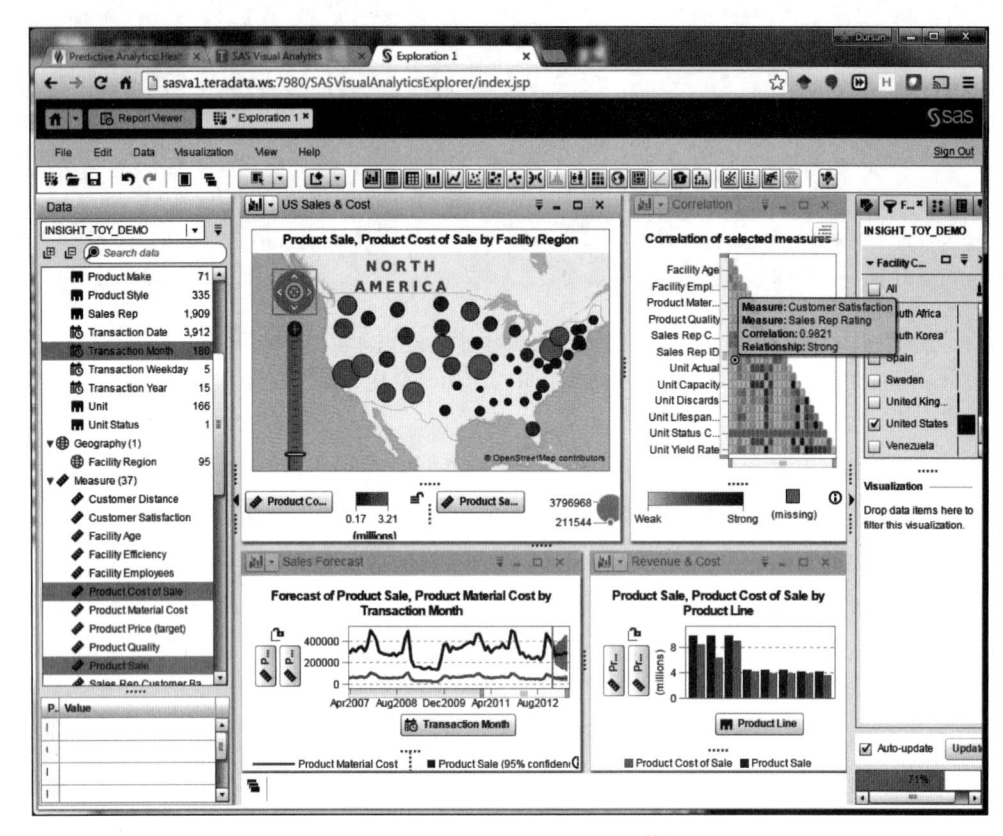

图 4.18　SAS Visual Analytics 截屏

资料来源：SAS.com。

4.11　信息仪表盘

　　信息仪表盘是大多数（如果不是全部的话）BI 或业务分析平台、业务性能管理系统和性能测量软件套件的常见组件。仪表盘（dashboard）提供了重要信息的可视化显示，这些信息被整合和排列在一个屏幕上，信息一目了然，用户很容易消化，也容易深入了解和进一步探索。

　　如今，业务报表和仪表盘中的数字化数据有很大一部分来自互联网，尤其是社交媒体。在分析实操 4.3 中，你可以发现成功实现数据混合、高效报表和更明智决策的总结信息。

分析实操 4.3　提高社交媒体活动报道的效率以更快地了解情况

动机

　　英格兰体育协会是一个独立的政府机构，负责发展基层体育，让更多的人活跃在英格兰各地。他们致力于让体育运动和体育活动成为每个人生活的核心。

英格兰体育协会开展跨平台媒体宣传活动，鼓励人们参与体育运动。然而，报表始终需要手动完成。英格兰体育协会希望提高报表完成效率，这不仅能更快地产生见解，还能减少不必要的体力劳动。

以前，完成报表需要登录每个社交媒体平台，从账户中收集统计数据，再对数据进行转换，使其具有可比性，然后在 Excel 中生成可视化图表，最后在 PowerPoint 中生成报表。这是一个劳动密集型过程，只能由一个人完成，报表生成严重滞后。报告的延迟意味着，虽然最终高级管理层可以看到总体成功的情况，但在可能需要对事件做出灵活反应时，无法及时获得用于业务决策的信息。虽然考虑过使用现有解决方案，但现有方案无法提供英格兰体育协会为其"This Girl Can"活动所需的有针对性的方法或定制可视化效果。

实施（用于自动化、定制和品牌化报表解决方案的混合技术）

Atos（一家国际 IT 服务公司，也是一家值得信赖的 KNIME 合作伙伴）在 KNIME Analytics Platform 中创建了工作流，以收集、转换、加入社交媒体平台的数据，并将其写入 Azure 的 SQL 数据库，然后在 Power BI 中进行可视化。KNIME 服务器用于安排数据收集，并通过 KNIME 门户网站提供了一个分析应用程序，允许其管理团队以用户友好的方式上传补充数据文件。

Atos 使用 KNIME 中内置的功能连接到 Twitter，使用 Python 节点连接、导航和检索 Facebook 和 Instagram 图形数据库中的数据，并从 Medium 中抓取数据。Python 节点被用来查询 Google 和 YouTube API。数据在 KNIME 中进行转换和合并，以提供前 24 小时内活动的可比快照，当时收集的数据范围从累积计数到六个星期。

工作流程计划于午夜后不久在 KNIME 服务器上运行，该服务器在英格兰体育局 Azure 平台上的虚拟机中运行。数据保存到 SQL 数据库中，以便 Power BI（使用 KNIME PowerBI 集成）进行可视化。

最初，Azure Cognitive Services 在 Power BI 中对推文进行情感分析，但该功能被重新集成到 KNIME 中。因此，一条推文只被传递给 Azure Cognitive Services 一次，得分存储在数据库中，以节省成本，提高效率。

Atos 为诸如用户影响力之类的功能评级创建了自定义指标，这些指标可以根据需要进行解释、理解和调整。然后，根据他们的内部风格指南和品牌，将其可视化为英格兰体育协会的规范，使其成为他们的工具。这强调了数据对他们以及他们的活动取得成功的重要性。

结果（数据处理自动化，并增加报表频率）

报表频率从每月增加到每天。最新数据是自动收集和处理的，并在每一天开始时通过 Power BI 报表提供，而不是依赖某个人来生成报表（这需要半天的时间）。Power BI 报表比 PowerPoint 报告更有用，因为它允许用户应用多个过滤器来查找他们需要的数据，不再依赖分析师来预测需求和生成洞察力。

为什么用 KNIME？

KNIME Analytics 平台可以轻松地将数据处理的核心功能与使用 R 和 Python 进行数据收集和清理的高度复杂和定制操作无缝融合。可视化工作流生成器使工作流创建者能够向媒体团队和其他不一定具备数据科学技术知识的数据专家角色之外的人解释流程，从而与手工处理数据的方式进行比较。这意味着解决方案不是一个"黑箱"，使用数据的人能清楚地知道各个部分是如何组合在一起的。

KNIME Server 使规划数据收集任务变得简单，并能提供工作流执行时有无错误的反馈。其他好处还包括能够在云中远程工作，英格兰体育协会能够轻松管理数据治理，从其他数据中为本项目设置沙盒（sandbox）。

资料来源：KNIME (2023). " Combining the Power of KNIME and PowerBI for Automated Sentiment Analysis" can be found at https://www.knime.com/solutions/success-story/automated-sentiment-analysis。

仪表盘设计

仪表盘并不是一个新概念，其根源至少可以追溯到 20 世纪 80 年代的行政信息系统。如今，仪表盘无处不在。例如，几年前 Forrester Research 估计，在 2 000 家大型公司中，超过 40% 的公司使用了这项技术（Ante&McGregor, 2006）。从那时起，人们相信这个数字已经大幅上升。事实上，如今看到一家大公司使用不包括某种性能仪表盘的 BI 系统是很不寻常的。Dashboard Spy 网站（dashboardspy.com/about）提供仪表盘普遍存在的进一步证据。该网站包含各种规模和行业的企业、非营利组织和政府机构使用的数千个 BI 仪表盘、记分卡和 BI 界面的介绍及屏幕截图。

Eckerson（2006）是一位著名的 BI 专家，他认为仪表盘最独特之处在于它包含三个信息层次：

- **监控**：以图形化、抽象数据监控关键性能指标。
- **分析**：以汇总的维度数据分析问题的根本原因。
- **管理**：详细的可操作数据，用于确定要采取哪些行动来重新解决问题。

由于有了这些层次，仪表盘将大量信息打包到单个屏幕中。按照 Few（2005）的说法，"仪表盘设计的根本挑战是在一个屏幕上以某种可快速消化的方式清晰、无干扰地显示所有需要的信息"。为了加快对这些数字的理解，需要将数字放在具体情境中。这可以通过将感兴趣的数字与其他基线或目标数字进行比较，通过指示数字的好坏，指示趋势的好坏，以及通过使用专门的显示窗口小部件或组件设置比较和评估情境来实现。BI 系统中通常进行的一些常见比较包括与过去值、预测值、目标值、基准值或平均值、同一度量的多个实例以及其他度量值（如收入与成本）的比较。

即使采用比较指标，也必须具体指出某个特定数字是好是坏，以及是否朝着正确的方向发展。如果没有这些类型的评估指定，确定特定数字或结果的状态可能会很耗时。通常，使用专门的可视化对象（例如，交通灯、表盘和仪表）或可视化属性（例如，颜色编码）来设置评估的具体情境。

仪表盘中要查找的内容

尽管性能仪表盘和其他信息可视化框架有所不同,但它们都有一些共同的设计特征。首先,它们都适用于更大的 BI 和 / 或性能测量系统。这意味着它们的底层架构是大型系统的 BI 或性能管理架构。其次,所有精心设计的仪表盘和其他信息可视化框架都具有以下特征(Novell,2009):

- 使用视觉组件(例如,图表、性能条、波形图、仪表、计量器、交通信号灯)来一目了然地突出显示需要处理的数据和异常情况。
- 对用户是透明,意味着对其使用只需要最少的培训,而且非常易于使用。
- 将各种系统的数据组合成一个单一、汇总、统一的业务视图。
- 能够深入到基础数据源或报表,提供有关基础比较和评估背景的更多细节。
- 通过及时的数据刷新提供一个动态的真实世界视图,使终端用户能够及时了解业务中的最新变化。
- 几乎不需要定制编码即可实现、部署和维护。

仪表盘设计最佳实践

对于不动产,我们一直强调"位置,位置,还是位置",这表明对不动产来说,最重要的属性就是它的位置。对于仪表盘来说,其最重要的属性就是"数据,数据,还是数据"。数据是一个经常被忽视的方面,但它是设计仪表盘时最重要的考虑因素之一。即使仪表盘的外观看起来专业、美观,包括根据公认的视觉设计标准创建的图表,询问数据也很重要:它可靠吗?它及时吗?数据有否缺失?数据在所有仪表盘上是否一致?以下是一些仪表盘设计的最佳实践(Radha,2008)。

以行业标准为基准制定关键性能指标

许多客户在某个时间点想知道他们所测量的指标是不是需要监控的正确指标。有时客户发现他们正在跟踪的指标不是正确的跟踪指标。根据行业基准进行差距评估,可以让仪表盘设计符合行业最佳实践。

使用情境元数据包装仪表盘指标

通常,当向业务用户展示报告或可视化仪表盘 / 记分卡时,问题仍然没有得到解答,例如:

- 数据从哪里获得?
- 在加载数据仓库时,被拒绝或遇到数据质量问题的数据百分比是多少?
- 仪表盘显示的是"新鲜"信息还是"陈旧"信息?
- 上次更新数据仓库是什么时候?
- 下一次什么时候更新数据仓库?
- 加载过程中是否拒绝会扭曲总体趋势的高价值事务?

由可用性专家对仪表盘设计进行验证

在大多数仪表盘环境中,仪表盘是由工具专家设计的,没有考虑可用性原则。尽管它是一个设计良好的数据仓库,运行也良好,但许多业务用户并不使用仪表盘,因为它被认为对用户不友好,导致基础设施利用率低,并存在变更管理问题。由可用性专家对仪表盘设计进行预先验证可以减轻这种风险。

对传输到仪表盘的报警或异常进行优先级排序

因为有大量的原始数据,所以有一种机制将重要的异常/行为主动推送给信息消费者是很重要的。可以对业务规则进行编码,以检测感兴趣的报警模式。它可以使用数据库存储过程编码到程序中,数据库存储过程可以遍历事实表并检测需要马上引起重视的模式。通过这种方式,信息可以找到业务用户,而不是业务用户调查事实表才能找出关键模式。

以业务用户的评论丰富仪表盘

当向多个业务用户显示相同的仪表盘信息时,可以提供一个小文本框,从终端用户的角度获取评论。评论通常可以标记到仪表盘上,以将信息放在具体情境中,从而将视角添加到所呈现的结构化 KPI 中。

从三个不同层级呈现信息

根据信息的粒度,信息可以分为三个层级:可视化仪表盘层级、静态报告层级和自助服务立方体层级。当用户浏览仪表盘时,可以显示一组简单的 KPI(8~12 个),以让人了解哪些进展顺利,哪些不顺利。

使用仪表盘设计原则选择正确的可视化结构

在仪表盘中显示信息时,有些信息最好用条形图显示,有些用时间序列折线图显示,而在显示相关性时,散点图更有用。有时仅仅使用简单的表格来表示也是有效的。一旦明确记录了仪表盘设计原则,所有在前端工作的开发人员在呈现报表和仪表盘时都可以遵循相同的原则。

提供指导性分析

在一个典型的组织中,业务用户可能处于不同的分析成熟度级别。仪表盘的功能可用于引导"普通"业务用户访问与精通分析的业务用户相同的导航路径。

4.11 节 习题

1. 什么是信息仪表盘?它们为什么如此受欢迎?
2. 仪表盘中常用的图形小部件是什么?为什么要用这些小部件?

3. 列出并介绍仪表盘上显示的三个信息层次。
4. 仪表盘和其他信息可视化的共同特征是什么?

本章重点

- 数据仓库是一种专门构建的数据存储库,数据在其中加以组织,以便终端用户可以轻松访问多个应用。
- DM 包含一个主题(如市场营销)的数据。DM 可以是数据仓库中数据子集的复制。DM 是一种成本较低的解决方案,可以被数据仓库取代或作为数据仓库的补充。DM 可以独立于数据仓库,也可以依赖于数据仓库。
- ODS 是一种客户信息文件数据库,通常用作数据仓库的暂存区。
- 数据集成包括三个主要过程:数据访问、数据联合和变更捕获。当这三个过程得到正确实施时,就可以对数据进行访问,并可访问一系列 ETL 和分析工具以及数据仓库环境。
- ETL 技术从多个来源提取数据,对数据进行清理,并将其加载到数据仓库中。ETL 是任何以数据为中心的项目中不可或缺的过程。
- 实时或主动数据仓库是对传统数据仓库的补充和扩展,通过实时加载数据并向用户提供数据,可以进行主动决策,从而进入业务和战术决策领域。
- 数据和信息的安全性和隐私性是数据仓库专业人员的关键问题。
- 报表是为了以可呈现的形式传达信息而准备的沟通工具。
- 业务报表是包含有关业务事项信息的书面文件。
- 任何成功的业务报表的关键都是清晰、简洁、完整和正确。
- 数据可视化是使用可视化表示来探索、理解和交流数据。
- 也许过去最著名的信息图形是由 Charles J. Minard 绘制的图形,他生动地描绘了拿破仑军队在 1812 年俄罗斯战役中遭受的损失。
- 基本图表类型包括折线图、条形图和饼图。
- 特殊情况下,通常从基本图表派生出专用图表。
- 数据可视化技术和工具使业务分析和 BI 系统的用户成为更好的信息消费者。
- 可视化分析是可视化和预测分析的结合。
- 对可视化分析的需求不断增加,再加上数据量的快速增长,导致投资高性能可视化系统的趋势呈指数级增长。
- 仪表盘提供了重要信息的可视化显示,这些信息被整合和排列在一个屏幕上,因此信息对用户一目了然,易于用户深入了解和进一步探索。

问题讨论

1. 试比较数据集成和 ETL,讨论它们是如何关联的?
2. 什么是数据仓库,使用数据仓库的好处是什么?为什么 Web 可访问性对于数据仓库很重要?
3. 数据集市可以代替或补充数据仓库,试比较并讨论这两种选择。
4. 论述数据仓库对终端用户的主要驱动因素和好处。
5. 列出数据库管理员和数据仓库管理员角色之间的相同点和不同点。

6. 简述数据集成如何提高数据质量。
7. 比较 Kimball 和 Inmon 在数据仓库开发方面的方法，说明每种方法何时最有效。
8. 讨论构建数据仓库所涉及的安全问题。
9. 研究当前通过离岸外包实现的数据仓库开发，撰写一份分析报告。在课堂上从收益和成本以及社会因素的角度来讨论这个问题。
10. 什么是业务报表？为什么需要业务报表？
11. 业务报表的最佳实践是什么？我们如何才能使我们的报表脱颖而出？
12. 简述管理的循环过程，并对业务报表中的角色进行讨论。
13. 列出并说明业务报表的三个主要分类。
14. 为什么信息可视化会成为 BI 和业务分析的核心？信息可视化和可视化分析之间有何区别？
15. 图表的主要类型是什么？为什么会有这么多类型的图表？
16. 如何选择适合分析某项任务的图表？解释并对你的选择理由做出说明。
17. 信息可视化和可视化分析之间的区别是什么？
18. 为什么讲故事会成为报表和数据可视化的一部分？
19. 什么是信息仪表盘？仪表盘展示了什么？
20. 设计高度信息化仪表盘的最佳实践是什么？
21. 信息/性能仪表盘会一直存在吗？还是即将过时？在数据/信息可视化方面，你认为 BI 和业务分析的下一个大浪潮是什么？

练 习

1. 了解可口可乐日本公司开发在 DSS 资源网站（http://dssresources.com/cases/coca-colajapan）上可用的数据仓库开发情况，阅读此案例，回答 9 个问题，并做进一步分析和讨论。
2. 说明在开发数据仓库时，何时应该实现两层或三层架构。
3. 在本书网站（teradatauniversitynetwork.com）上阅读大陆航空公司（Continental Airlines）的完整案例（一个非常受欢迎的数据仓库成功案例），并回答案例问题。
4. 从本书网站下载具有开创性意义的案例研究"Harrah's High Payoff from Customer Information"，阅读并回答该案例结尾的问题。将 Harrah 的结果与其他服务型企业如何使用其客户数据进行更好的决策联系起来。
5. 了解大数据时代数据仓库的未来。以此主题进行 Web 搜索。除了你能找到的杂志文章和博客文章外，一定要在 scholar.google.com 上搜索关于这个主题的学术论文，在报告中至少用到三篇学术论文和三篇非学术文章总结和比较你的理解和发现。
6. 下载数据/信息可视化工具，如 Tableau、PowerBI、QlikView 或 Spotfire。如果你的学校没有与这些公司签订教育协议，那么试用版就足够了。使用你自己的数据或使用该工具附带的数据集（这些工具通常有一个或多个用于演示的数据集），对数据进行研究，提出几个业务问题，并使用数据可视化来分析、可视化，并提出这些问题的可能解决方案。
7. 查找至少三篇关于讲故事的文章（一篇期刊文章和两篇白皮书），尤其是在分析（即数据驱动的讲故事）的背景下。阅读并批判性地分析这些文章，并撰写报告，以反映你对 BI 和业务分析中讲故事的重要性的理解和意见。

8. 访问 Data.gov——一个由美国政府赞助的数据门户网站，该网站拥有大量关于医疗保健、教育、气候和公共安全等多种主题的数据集。选择一个你最感兴趣的话题，浏览网站上提供的特定主题的信息和解释。探索下载数据的可能性，并使用你喜欢的数据可视化工具来创建对自己有意义的信息和可视化内容。

9. 访问 SAS Viya for Learners 网站（https://www.sas.com/en_us/software/viya-for-learners.html）。为自己创建一个 SAS 专业文件。点击"Access for Students"链接进入基于云的分析平台。使用此教育平台中的现有数据集（其中一个数据集名为 INSIGHT-TOY_DEMO），使用"Explore and Visualize"功能创建可视化分析报告。完成后，将你的报告从平台内导出/打印为 pdf 文件（例如 YourFirstLastName_HW1.pdf），并提交给你的老师进行讲评。

10. 转到 Stephen Few 的博客"The Perceptual Edge"（perceptualedge.com）。转到"Examples"部分。在这一部分中，他提供了对各种仪表盘示例的评论意见，阅读其中几个例子。现在访问 dundas.com，选择网站的"图库"（Gallery）部分，之后，单击"数字仪表盘"（Digital Dashboard）选项。你将看到各种不同的仪表盘演示。运行其中几个演示。①演示中显示了哪些类型的信息和指标？你因此能采取什么样的行动？②使用 Few 评论中的一些基本概念，描述演示中一些设计点的好坏。

小组任务和角色扮演项目

1. 过去六年，Kathryn Avery 一直是一家全国性零售连锁店（Big chain）的数据库管理员（DBA）。最近她被任命主持开发 Big Chain 第一个数据仓库项目。该项目得到高级管理层和首席信息官的大力支持。开发数据仓库的目的是改善报表系统，特别是在销售和市场营销方面，从长远来看，还能改进 Big Chain 的客户关系管理（CRM）。Kathryn 曾参加数据仓库研究所的一个会议，并阅读过相关文章，但她仍然对开发方法感到困惑。她知道 EDW（Inmon）和层次架构的 DM（Kimball）都具有同样强大的功能。

   起初，她认为这两种方法完全不同，但随着对它们进行了更仔细的研究后，她并不那么确定。Kathryn 有许多问题需要解答：
   - 这两种方法之间的真正区别是什么？
   - 在选择特定方法时，哪些因素很重要？
   - 在选定某种方法时，下一步应该做什么？

   帮助 Kathryn 解答上述问题。（本题基于文献：Duncan, K., Reeves, L., & Griffin, J. (2003, Fall). BI experts' perspective. Business Intelli-gence Journal, 8(4), 14-19.）

2. Jeet Kumar 是一家大型地区银行的数据仓库管理员。5 年前他被任命负责实施一个数据仓库项目，以支持该银行的 CRM 业务战略。利用数据仓库，该银行在整合客户信息、了解客户盈利能力、吸引客户、加强客户关系和留住客户方面取得了成功。

   多年来，该银行的数据仓库通过更频繁地刷新数据仓库，变得更接近实时。现在，该银行希望实现客户自助服务和呼叫中心应用系统，这些应用系统需要比目前仓库中更实时的数据。

   Jeet 希望在提供更加实时的数据方面得到支持。一种备选方案是完全致力于实现实时数据仓库项目（RDW），他的 ETL 供应商准备协助他进行此项改进。尽管如此，Jeet 已经了解了 EAI 和 EII 技术，并想知道如何将这些技术融入他的计划中。

   Jeet Kumar 有以下问题需要解决：

- 什么是 EAI 和 EII 技术？
- EAI 和 EII 与 ETL 有什么关系？
- EAI 和 EII 与 RDW 有什么关系？
- EAI 和 EII 是 RDW 所必需的技术吗？还是其补充或替代？

   帮助 Jeet 回答上述问题。（本题基于文献：Brobst, S., Levy, E., & Muzilla, C.(2005, Spring). Enterprise application integration and enterprise information integration. Business Intelligence Journal, 10(2), 27-33.）

3. 采访你所在大学的管理员或组织的高管，以了解数据仓库如何帮助他们工作。写一份建议书，说明你的发现，在报告中包括成本估算和项目收益。
4. 搜索并找出数据仓库潜在风险和挑战列表。根据它们发生的可能性和可能的负面影响对它们进行排序。
5. 访问著名的信息仪表盘提供商网站（dundas.com、idashboards.com 和 enterprisedashboard.com）。这些网站提供了许多管理仪表盘示例。作为一个团队，选择一个特定的行业（例如，医疗保健、银行、航空公司等）。找到该行业的一些示例仪表盘。说明仪表盘上的指标类型。哪些显示方式是用于提供信息的？利用你对仪表盘设计的了解，为这些信息提供一个仪表盘的纸质原型。
6. 请访问 Arkansas 大学的数据源。选取一个大型数据集，然后下载大量记录（这可能需要编写一条 SQL 语句来创建要包含在数据集中的变量）。提出至少 10 个可以通过信息可视化解决的问题。使用你喜欢的数据可视化工具（例如 PowerBI、Tableau 等）对数据进行分析，并准备一份包括屏幕截图和其他可视化效果的详细报告。

Internet 练习

1. 在互联网上搜索有关数据仓库的信息。查找一些对数据仓库有兴趣的新闻组。浏览你的图书馆、电子图书馆和 Google 中的数字数据库，了解有关该主题的最新文章。从 tdwi.org、technologyevaluation.com 和主要供应商（teradata.com、sas.com、oracle.com 和 ncr.com）开始搜索，还可以在 cio.com、dmreview.com、dssresources.com 和 db2mag.com 搜索。
2. 调研一些 ETL 工具和供应商。从 fairisaac.com 和 egain.com 开始，也可以咨询 dmreview.com（现在改名为 informationbuilders.com）。
3. 联系一些数据仓库供应商，获取其产品信息。特别关注那些可提供多种用途的工具的供应商，如 IBM Cognos、Software A&G、SAS Institute、Teradata 和 Oracle。其中一些供应商提供免费的在线演示。下载一两个演示并试运行一下，写一份报告陈述你的发现。
4. 访问 teradata.com，了解大数据和云计算时代数据仓库的发展和成功，写一份报告陈述你的发现。
5. 访问 teradata.com，了解有关数据仓库的白皮书和基于 Web 的课程。阅读白皮书并学习这些课程。将全班同学分成若干组，以便全班对该网站所有资料都能了解和学习。写一份报告陈述你的发现。
6. 查找最近成功应用数据仓库的案例。访问数据仓库供应商的网站，搜索其案例或成功案例，选择其中两个写一个简短的总结，并向全班同学做报告。

参考文献

Abela, A. (2008). Advanced presentations by design: Creating communication that drives action. New York: Wiley.

Adamson, C. (2009). The star schema handbook: The complete reference to dimensional data warehouse design. Hoboken, NJ: Wiley.

Agosta, L. (2006). The data strategy adviser: The year ahead—Data warehousing trends 2006. DM Review, 16(1).

Ante, S. E., & McGregor, J. (2006). Giving the boss the big picture: A dashboard pulls up everything the CEO needs to run the show. Business Week, 43-51.

Ariyachandra, T., & Watson, H. (2005). Key factors in selecting a data warehouse architecture. Business Intelligence Journal, 10(3).

Ariyachandra, T., & Watson, H. (2006a, January). Benchmarks for BI and data warehousing success. DM Review, 16(1).

Ariyachandra, T., & Watson, H. (2006b). Which data warehouse architecture is most successful? Business Intelligence Journal, 11(1).

Basu, R. (2003, November). Challenges of real-time data warehousing. DM Review. http://www.information-management. com/specialreports/20031111/7684-1.html (accessed September 2020).

Benander, A., Benander, B., Fadlalla, A., & James, G. (2000,Winter). Data warehouse administration and management. Information Systems Management, 17(1).

Bonde, A., & Kuckuk, M. (2004, April). Real world business intelligence: The implementation perspective. DM Review, 14(4).

Brown, M. (2004, May 9-12). 8 characteristics of a successful data warehouse. Proceedings of the 29th Annual SAS Users Group International Conference (SUGI 29). Montreal, Canada.

Campbell, C. (2015). Top five differences between data lakes and data warehouses. www. blue-granite.com/blog/bid/402596/Top-Five-Differences-between-Data-Lakes-and-Data-Warehouses (accessed December 2022).

Dixon, J. (2010). James Dixon's Blog on "Pentaho, Hadoop, and Data Lakes." https://jamesdixon.wordpress.com/2010/10/14/pentaho-hadoop-and-data-lakes/(accessed January 2023).

Dull, T. (2021). Data lake vs data warehouse: Key differences. KDnuggets.com. http://www.kdnuggets.com/2015/09/datalake-vs-data-warehouse-key-differences.html (accessed June 2022).

Eckerson, W. (2005, April 1). Data warehouse builders advocate for different architectures. Application Development Trends. https://adtmag.com/articles/2005/04/01/data-warehouse-builders-advocate-for-different-architectures.aspx (accessed September 2021).

Eckerson, W. (2006). Performance dashboards. New York: Wiley.

Edwards, M. (2003, Fall). 2003 Best Practices Awards winners: Innovators in business intelligence and data warehousing. Business Intelligence Journal, 8(4).

Elson, R., & LeClerc, R. (2005). Security and privacy concerns in the data warehouse environment. Business Intelligence Journal, 10(3).

Few, S. (2005, Winter). Dashboard design: Beyond meters, gauges, and traffic lights. Business Intelligence Journal, 10(1).

Few, S. (2007). Data visualization: Past, present, and future. perceptualedge.com/articles/Whitepapers/

Data_Visualization. pdf (accessed July 2016).

Furtado, P. (2009). A survey of parallel and distributed data warehouses. International Journal of Data Warehousing and Mining, 5(2), 57-78.

Golfarelli, M., & Rizzi, S. (2009). Data warehouse design: Modern principles and methodologies. San Francisco: McGraw-Hill Osborne Media.

Grimes, S. (2009a, May 2). Seeing connections: Visualizations makes sense of data. Intelligent Enterprise. i.cmpnet. com/intelligententerprise/next-era-business-intelligence/Intelligent_Enterprise_Next_Era_BI_Visualization.pdf (accessed January 2010).

Hammergren, T. C., & Simon, A. R. (2009). An intelligent look at business intelligence. Data warehousing for dummies.

Hardin, M., Hom, D., Perez, R., & Williams, L. (2012). Which chart or graph is right for you? Tableau Software: Tell Impactful Stories with DataOE. Tableau Software. http://www. tableau.com/sites/default/files/media/which_chart_v6_final_0.pdf (accessed August 2016).

Hill, G. (2016). A Guide to enterprise reporting. ghill.customer. netspace.net.au/reporting/definition.html (accessed July 2016).

Imhoff, C. (2001, May). Power up your enterprise portal.E-Business Advise.

Inmon, B. Levins, M. and Srivastava, R. (2021). Five Steps to a Successful Data Lakehouse, retrieved from https://databricks. com/wp-content/uploads/2021/10/The-Data-Lakehouse.pdf (accessed June 2022).

Inmon, W. H. (2005). Building the data warehouse, 4th ed. New York: Wiley.

Kay, R. (2005, September 19). EII. Computerworld, 39(38).

Kelly, C. (2001, June 14). Calculating data warehousing ROI. SearchSQLServer.com.

Manglik, A., & Mehra, V. (2005, Winter). Extending enterprise BI capabilities: New patterns for data integration. Business Intelligence Journal, 10(1).

Matney, D. (2003, Spring). End-user support strategy. Business Intelligence Journal, 8(3).

Mehra, V. (2005, Summer). Building a metadata-driven enterprise: A holistic approach. Business Intelligence Journal, 10(3).

Moseley, M. (2009). Eliminating data warehouse pressures with master data services and SOA. Business Intelligence Journal, 14(2), 33-43.

Murtaza, A. (1998, Fall). A framework for developing enterprise data warehouses. Information Systems Management, 15(4).

Nash, K. S. (2002). Chemical reaction. Baseline, (8), 27-36.

Novell. (2009, April). Executive dashboards elements of success. Novell white paper. www.novell.com/docrep/documents/3rkw3etfc3/Executive%20Dashboards_Elements_of_Success_White_Paper_en.pdf (accessed June 2016).

Orovic, V. (2003). To do & not to do. eAI Journal, 37-43.

Parzinger, M. J., & Frolick, M. N. (2001, July). Creating competitive advantage through data warehousing. Information Strategy, 17(4).

Radha, R. (2008). Eight best practices in dashboard design. Information Management. www.information-management. com/news/columns/-10001129-1.html (accessed July 2016).

Romero, O., & Abelló, A. (2009). A survey of multidimensional modeling methodologies. International Journal of Data Warehousing and Mining, 5(2), 1-24.

Russom, P. (2009). Next generation data warehouse platforms. TDWI best practices report. tdwi.org/research/reportseries/reports.aspx?pid=842 (accessed January 2016).

Sen, A. (2004, April). Metadata management: Past, present and future. Decision Support Systems, 37(1).

Sen, A., & Sinha, P. (2005). A comparison of data warehousing methodologies. Communications of the ACM, 48(3).

Solomon, M. (2005, Winter). Ensuring a successful data warehouse initiative. Information Systems Management Journal, 22(1), 26-36.

Songini, M. L. (2004, February 2). ETL quickstudy. Computerworld, 38(5).

Watson, H. J. (2002). Recent developments in data warehousing. Communications of the ACM, 8(1).

Watson, H. J., Goodhue, D. L., & Wixom, B. H. (2002). The benefits of data warehousing: Why some organizations realize exceptional payoffs. Information & Management, 39.

Zhao, X. (2005, October 7). Meta data management maturity model. DM Direct Newsletter.

CHAPTER 5

第 5 章

预测性分析：数据挖掘过程、方法和算法

学习目标

- 将数据挖掘定义为商务分析的一种辅助技术
- 理解数据挖掘的目标和优势
- 熟悉数据挖掘的广泛应用
- 学习标准化的数据挖掘过程
- 学习各种数据挖掘方法和算法
- 认识现有数据挖掘软件工具
- 了解数据挖掘的隐私问题、隐患和谬误

一般来说，数据挖掘是从企业收集、组织和存储的数据中开发智能（即可操作的信息或知识）的一种方式。企业使用各种数据挖掘技术来更好地了解其客户及其运营，并解决复杂的组织问题。在本章中，我们将数据挖掘作为商务分析和预测分析的一种使能实现技术来研究，学习开展数据挖掘项目的标准流程，了解并掌握使用主要数据挖掘技术的专业知识，提高对现有软件工具的认识，探索与数据挖掘相关的隐私问题、隐患和谬误。

5.1 开篇小插曲：警察部门利用预测分析来预测和打击犯罪

大数据、预测分析和数据挖掘已成为许多执法机构必不可少的手段。美国一些大城市的警察部门，如洛杉矶、纽约和芝加哥的警察部门，一直在使用预测性警务（predictive policing）分析作为一种预测犯罪活动的方式。本质上讲，预测性警务分析利用计算机和数据挖掘来对各种历史数据集（包括先前的犯罪数据）加以分析，以预测犯罪可能发生的位置，从而可以预先部署警力来预防或减轻犯罪活动，或识别和处理更有可能犯罪或成为犯罪受害者的个人。

预测性警务分析是当今智能警务的常用术语，利用数据科学分析大量信息，以预测和帮助预防未来潜在的犯罪活动。基于位置的预测性警务分析是最广泛使用的方法，使用先前存

在的犯罪数据来识别犯罪风险高的地点和时间。另一方面，基于人的预测性警务分析试图通过分析过去的逮捕或受害模式等风险因素来识别可能犯罪或成为犯罪受害者的个人或群体。

迈阿密戴德县（Miami-Dade County）及其警察局是成功使用预测分析的警察部门之一，警察不仅要保护佛罗里达州最大的县的安全（该县有 250 万公民，是全美第七大县），同时也要为来自世界各地的数百万旅游者提供一个安全怡人的环境，保证游客享受该县的自然美景、舒适的气候和迷人的海滩。游客在该县每年的花费超过 200 亿美元，佛罗里达州近三分之一的销售税来自该县，旅游业对该地区经济的重要性不言而喻。因此，尽管该县很少有警察在其工作报告中陈述其经济发展的原因，但几乎所有人都知道安全的街道与该地区旅游业繁荣之间的重要联系。

对于目前负责抢劫调查科的 Arnold Palmer 中尉（他也是该部门抢劫干预细节组的前任主管）来说，这样的联系至关重要。这支专业侦探队伍主要负责对该县的抢劫热点地区和最严重的惯犯进行严密的治安管理。他和他的团队在一栋外观现代的混凝土建筑二楼拥有现代化办公室，该建筑背靠迈阿密西部边缘的一条棕榈树林立的街道。在他加入该部门的 10 年里，总共同 23 人共事过。Palmer 见证了很多变化。变化不仅仅是在警务实践方面，就像他的团队过去在地图上用彩色图钉标记街头犯罪热点的方式一样。

减少警力

Palmer 和团队还见证了人口增长、人口结构变化和经济变化对他们所巡逻街道的影响。与其他优秀警察队伍类似，他们不断调整自己的方法和做法，以应对范围和复杂性不断增加的警务挑战。但与该县政府的几乎所有部门一样，日益加剧的预算压力使该部门陷入需求上升和资源萎缩的困境。

Palmer 将侦查视为前线战士，以应对日益高涨的街头犯罪浪潮和日益紧张的可用资源，他说："我们的基本挑战是如何在由于资源紧张而减少了巡警的情况下减少街头犯罪。"多年来，该团队一直乐于尝试新工具，其中最著名的是一个名为"分析驱动执法"的项目，该项目将犯罪历史数据作为确定侦查团队位置的基础。Palmer 说："从那时起，依靠使用分析和我们自己的集体经验，我们预测抢劫可能发生的地点的能力有了很大的提高。"

对悬案的新思考

对 Palmer 和他的侦查团队来说，更大的挑战是困难案件的结案，这些案件缺乏有助于破案的事实或证据，如线索、视频等。Palmer 解释说："这并不奇怪，因为我们用来获取线索的标准做法包括与线人、社区或与巡逻警察交谈等，这种方法还可以，但它在很大程度上取决于我们的办案经验。"

Palmer 面对的困难是，由于其团队中许多富有经验的侦探退休，侦查失误呈上升趋势。诚然，他认为年轻人的加入是件好事，因为他们更擅长使用新型信息（如电子邮件、社交媒体和交通摄像头等），这让他的团队能够及时获取信息。但正如 Palmer 所述，当进入该部门的众多新侦探转而寻求更有经验的警察的指导时，问题就出现了。他说："没有人能给他们指导。我们知道在这一点上需要一个不同的方式来填补未来的经验空白。"

他为解决此问题所付出的努力引发了人们的思考。如果小队中的新侦探可以像对待资深侦探一样，向计算机数据库提出同样的问题，会出现什么结果？这种猜测在 Palmer 心中埋下了一颗不会消失的种子。

宏图伟业始于细节

抢劫案件侦查部门内部的情况表明，宏图伟业始于细节。但更重要的是，这表明，为了让这些想法修得正果，"正确"的条件应该具备"正确"时间。在领导层面，这意味着组织中有一个关键人物，他知道如何培养自上而下的支持，以及关键的自下而上的团队支持，同时能够和部门的信息技术人员的看法一致，这个人就是 Palmer。在组织层面，抢劫案件侦查部门是引导建模的一个特别好的起点，因为犯罪者中经常有惯犯。最终，该部门发挥引导建模更大的变革潜力，这在很大程度上取决于团队以小规模交付结果的能力。

早期的测试和演示被证明是令人鼓舞的，在将解决案例的细节输入到模型中时，模型产生了准确的结果。自此该团队的工作开始受到关注。抢劫案件处理部门的主管和队长表态支持该项目，并告诉 Palmer："如果你能做到这一点，就坚持下去！"Palmer 认为比鼓励更重要的是，他们愿意在该部门高层中推荐该项目。Palmer 说："如果上层领导不认可，我就无法将此付诸实施。领导的支持至关重要。"

成功带来信誉

在被任命为 IT 和抢劫案件处理部门之间的官方联络人后，Palmer 着手通过建立一系列成功案例来加强线索建模工具的案例，该工具现在被正式命名为 Blue PALMS，即预测分析线索建模软件（Predictive Analytics Lead Modeling Software，PALMS）。他的支持者不仅有该部门的高层，还有侦探，他们的支持对该软件作为破案工具成功采用至关重要。在他试图引入 Blue PALMS 的过程中，不出所料，资深侦探的抵触更强，他们认为没有理由放弃长期以来的做法。Palmer 知道，命令或强迫使用并不能赢得他们的认可，他需要通过成功案例才能建立信誉。

Palmer 在他最优秀、最有经验的侦探身上找到了这个机会。在一次抢劫案调查的早期，侦探向 Palmer 表示，他对疑犯有强烈的预感，实则想测试一下 Blue PALMS 系统。在侦探的要求下，部门分析师将包括作案手法等犯罪的关键细节输入系统。系统的统计模型将这些细节与历史数据数据库进行了比较，以寻找犯罪特征中的重要相关性和相似性。这个过程产生的报告包括一份 20 名嫌疑人的名单，并按照匹配度大小或可能性高低排序。当分析师把报告交给侦探时，他的"直觉"告诉他嫌疑人应该是前五名中的某个人。嫌犯在被捕后不久即供认不讳，自此 Palmer 得到了一个态度发生大转变的坚定支持者。

尽管这是一个有用的应用，但 Palmer 意识到，真正的考验不是确认预感的嫌疑人，而是破解处于死胡同的案件。其中一起劫车案就属于这种情况，用 Palmer 的话来说，该案"没有目击者，没有视频，也缺乏犯罪现场，案件侦查无从开始。"当负责这起陷入僵局的案件的高级侦探在三个月后离开时，被指派接手的初级侦探请求生成一份 Blue PALMS 报告。在看到嫌疑人名单上前几名的照片后，受害人对嫌疑人进行了积极指认，从而成功结案。那个嫌疑犯在报告名单上排在第一位。

这只是事实

Blue PALMS 持续成功是 Palmer 成功说服侦探的一个主要因素。但是，如果说他的信息中有一部分更能引起侦探们的共鸣，那就是 Blue PALMS 的设计目的并不是改变警务实践的原有基础，而是给他们第二种破案方案，从而增强他们的破案能力。Palmer 说："警务工作是人际关系的核心，与目击者、受害者和社区交谈，这一点不会改变。我们的目标是从我们已经掌握的信息中为调查人员提供事实洞察，这些信息可能会产生影响，所以即使我们有 5% 的机会成功，我们也会让更多罪犯远离街头。"

随着越来越多的悬案告破，Palmer 也在不断强化 Blue PALMS。但是，在展示系统的可信度时，他认为那些负责结案的侦探（而不是 Blue PALMS）最值得关注，因为 Blue PALMS 已经很好用了。应局长的要求，Palmer 开始利用其联络人角色，向迈阿密戴德警察局的其他地区伸出援手。

为智慧城市提供更安全的街道

作为贯穿迈阿密戴德智慧城市愿景的一条主线，在谈到对旅游业的影响时，Palmer 将 Blue PALMS 视为保护该县最大资产的一个重要工具。他说："街头犯罪率上升对旅游业构成的威胁是该部门成立之初的一大原因。事实上，我们能够利用分析和情报来帮助我们结案，让更多的罪犯远离街头，这对我们的公民和旅游业来说是个好消息。"

开篇小插曲　问题讨论

1. 为什么洛杉矶警察局、纽约警察局、芝加哥警察局和迈阿密戴德警察局等执法机构和部门采用先进的分析和数据挖掘工具？
2. 执法机构和部门面临的最大挑战是什么？你能想到其他挑战可以从数据挖掘中受益吗？
3. 迈阿密戴德警察局等执法机构和部门用于预测建模和数据挖掘项目的数据来源是什么？
4. 执法机构和部门使用什么类型的分析来打击犯罪？
5. 在这种情况下，"宏图伟业始于细节"是什么意思？试对其做出解释。

我们能从这个开篇小插曲中学到什么？

在资源有限的情况下，执法机构和部门在履行保护人民安全的使命时面临着巨大的压力。他们履行职责的环境正变得越来越具有挑战性，因此他们必须不断采取行动，也许还要做到防患于未然，以防止灾难发生。了解犯罪和罪犯不断变化的本质是一项艰巨的挑战。在这些挑战中，对这些机构有利的是数据和分析技术的可用性，以更好地分析过去的事件并对未来的事件做出预测。数据变得比过去更加可用。将先进的分析和数据挖掘工具（即知识发现技术）应用于这些庞大而丰富的数据源，为执法机构和部门提供了更好地准备和履行职责所需的洞察力。因此，执法机构正成为分析新技术的主要用户之一。数据挖掘是更好地理解和管理这些具有高度准确性和及时性的关键任务的主要候选方案。开篇小插曲阐述的研究清楚地说明了分析和数据挖掘的作用，可以将它们用于创建犯罪和罪犯世界的整体视图，从而更好、更快地做出反应和管理。在本章中，我们将看到各种各样的数据挖掘应用被用于解决各行各业和组织环境中的复杂问题，其中数据用于发现可操作的洞察力，以改善任务准备状态，提高运营效率和竞争优势。

资料来源：Building a smarter, safer county with intelligent, analytics-driven operations management, IBM Customer Case Studies, https://www.ibm.com/case-studies/miami-dade-county; Predictive Policing: The Future of Law Enforcement? by US Department of Justice, https://www.ojp.gov/pdffiles1/nij/230414.pdf; Predictive Policing Explained, Brennen Center for Justice, https://www.brennancenter.org/our-work/research-reports/predictive-policing-explained。

5.2 数据挖掘概念与应用

数据挖掘已成为绝大多数组织的常用做法。1999年1月，Arno Penzias博士（诺贝尔奖获得者、贝尔实验室前首席科学家）在接受 *Computerworld* 杂志采访时指出，从组织数据库中进行数据挖掘是近期企业的关键应用。在回答 *Computerworld* 中一个古老问题"什么将成为企业的杀手级应用？"时，Penzias博士回答道："数据挖掘。"然后他补充道："数据挖掘将变得更加重要，企业不会丢弃任何与客户相关的东西，因为它将非常有价值。如果你不这样做，那就关门停业吧。"同样，Thomas Davenport（2006）在《哈佛商业评论》上的一篇文章中指出，公司最新的战略武器是分析决策，并举例说明亚马逊（Amazon.com）、Capital One、万豪国际（Marriott International），以及其他企业，都使用分析来更好地了解客户、优化供应链，为客户提供最佳服务，最大限度地提高投资回报。这种成功在很大程度上取决于一家公司对其客户、供应商、业务流程和扩展供应链的透彻了解。

"了解客户"的很大一部分是分析公司收集的海量数据。最近，存储和处理数据的成本急剧下降，因此，以电子形式存储的数据量呈现爆炸性增长。随着大型数据库的创建，分析存储在其中的数据已经成为可能。数据挖掘一词最初用于描述发现以前未知的数据模式的过程。此后，一些软件供应商将这一定义扩展到了这些限制之外，将大多数形式的数据分析都包括在内，以随着数据挖掘标签的普及而增加其销售额。在本章中，我们采用数据挖掘的原始定义。

尽管数据挖掘这个术语相对较新，其背后的思想却并非如此。数据挖掘中使用的许多技术都源于20世纪80年代初以来进行的传统统计分析和人工智能工作。那么，为什么它突然引起了业界的注意呢？主要原因如下：

- 在日益饱和的市场中，由于客户需求与愿望不断变化，全球范围内的竞争更加激烈。
- 对隐藏在大型数据源中未开发价值的普遍重视。
- 数据库记录的整合和集成，实现了客户、供应商、交易等的单一视图。
- 以数据仓库的形式将数据库和其他数据存储库整合到一个位置。
- 数据处理和存储技术呈指数级增长。
- 数据存储和处理的硬件和软件成本显著降低。

- 商业行为向非物质化（将信息资源转化为非物质形式）发展。

互联网产生的数据在数量和复杂性方面都在迅速增加。世界各地正在生成和积累大量的基因组数据。天文学和核物理学等学科定期产生大量数据。医学和制药研究人员不断生成和存储数据，然后可用于数据挖掘应用程序，以确定准确诊断和治疗疾病的更有效的方法，并发现新的和改进的药物。

在商业方面，数据挖掘最常见的用途可能是在金融、零售和医疗保健部门。数据挖掘可用于检测和减少欺诈活动，特别是：保险索赔和信用卡使用（Chan等人，1999）；识别客户购买模式（Hoffman，1999）；吸纳最有利可图的客户（Hoffman，1998）；从历史数据中识别交易规则；使用市场购物篮分析来提高盈利能力。数据挖掘已经被广泛用于更好地定位客户，并且随着电子商务的广泛发展，随着时间的推移，这些需求会变得越来越迫切。

定义、特征和优势

简单地说，数据挖掘这个术语用于描述从大量数据中发现或"挖掘"知识的过程。通过类比，人们很容易意识到数据挖掘一词用词不当；也就是说，从岩石或泥土中开采黄金被称为"黄金"开采，而不是"岩石"或"泥土"开采。因此，数据挖掘也许应该称为"知识挖掘"或"知识发现"。尽管这个词与其含义不匹配，但大家还是选择了数据挖掘这个术语。与数据挖掘相关的许多其他名称还包括知识提取、模式分析、数据考古、信息收集、模式搜索和数据捕获等。

从技术上讲，数据挖掘是使用统计学、数学和人工智能技术从大量数据中提取和识别有用信息和知识（或模式）的过程。这些模式可以是业务规则、关联、相关性、趋势或预测模型的形式（Nemati和Barko，2001）。大多数文献将数据挖掘定义为"在结构化数据库中存储的数据中识别有效、新颖、潜在有用且最终可以理解模式的非平凡过程"，其中数据以分类变量、序数变量和连续变量的结构化记录的形式组织（Fayyad等人，1996，pp.40-41）。该定义中关键术语的含义如下：

- 过程（process）表明数据挖掘包括许多迭代步骤。
- 非平凡（nontrivial）意味着需要一些实验搜索或推理，也就是说，它不像预先定义的计算那样简单。
- 有效（valid）的含义是，所发现的模式在具有一定程度确定性的新数据上同样适用。
- 新颖（novel）意味着对于所分析的系统，其上下文模式不为用户所知。
- 潜在有用（potentially useful）意味着所发现的模式应该能为用户或任务带来一些好处。
- 最终可以理解（ultimately understandable）意味着该模式应该具有商业意义，即便不是马上肯定，至少在经过一些后期处理后，用户会说："嗯！这很有意义，为什么我没有想到呢？"

数据挖掘不是一个新学科，是一个应用许多学科的新定义。数据挖掘紧密定位于许多学科的交叉点上，包括统计学、人工智能、机器学习、管理科学、信息系统和数据库（如

图 5.1 所示)。利用这些学科的进步，数据挖掘努力在从大型数据库中提取有用的信息和知识方面取得进展，这是一个在很短的时间内就引起广泛关注的新兴领域。

以下是数据挖掘的主要特征和目标：

- 数据通常深埋在非常大的数据库中，这些数据库有时包含好几年的数据。在许多情况下，数据会被清理并合并到数据仓库中。数据可以以各种格式呈现（有关数据的简要分类，请参阅第 3 章）。
- 数据挖掘环境通常是客户/服务器架构或基于 Web 的 IS 架构。
- 使用复杂的新工具，包括先进的可视化工具，有助于消除隐藏在公司文件或档案公共记录中的信息矿石。找到它需要对数据进行处理和同步，以获得正确的结果。前沿的数据挖掘人员也在研究软数据（即存储在 Lotus Notes 数据库、互联网上的文本文件或企业内部网等地方的非结构化文本）的有用性。

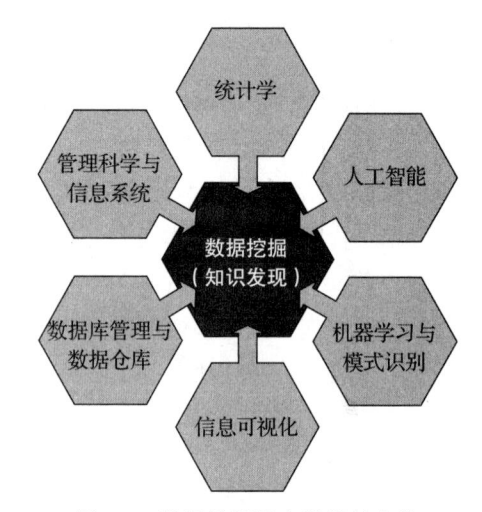

图 5.1 数据挖掘是多学科的交集

- 挖掘人员通常是终端用户，通过数据挖掘和其他强大的查询工具，他们可以提出特别的问题并快速获得答案，其本身不需要编程技能。
- 从数据挖掘中真正获益的过程常常伴随着某些意想不到的结果产生，并要求终端用户在整个过程中创造性地思考，包括对发现的现象做出解释。
- 数据挖掘工具很容易与电子表格和其他软件开发工具相结合。因此，对挖掘出的数据可以快速、轻松地进行分析和部署。
- 由于数据量和搜索工作量都很大，有时需要使用并行处理方式进行数据挖掘。

有效利用数据挖掘工具和技术的公司可以获得并保持战略竞争优势。数据挖掘为组织提供了必不可少的决策增强环境，通过将数据转化为战略武器，以利用新的机会。有关数据挖掘的战略效益的详细讨论，参见 Nemati 和 Barko 的论文（2001）。

数据挖掘原理

数据挖掘利用从组织内外获得的现有和相关数据构建模型，以发现数据集中属性之间的模式。模型是数学表示（简单的线性关系/仿射和/或复杂和高度非线性的关系），用于识别数据集中描述的事物（例如，客户、事件）的属性之间的模式。其中一些模式是解释性的（解释属性之间的相互关系和密切关系），而另一些模式是预测性的（预测某些属性的未来值）。一般来说，数据挖掘旨在识别以下四种主要类型的模式：

- **关联**（association）。目的是发现共同出现的事物组合，如在市场购物篮分析中，发现顾客在购买尿布时顺带购买啤酒。
- **预测**（prediction）。根据过去发生的事情，预测某些事件未来发生的可能，例如预测超级碗的获胜者或预测某一天的绝对温度。

- **聚类**（cluster）。根据已知特征确定事物的自然分组，例如根据客户的人口统计和过去的购买行为将其分配到不同的细分市场。
- **序列关系**（sequential relationship）。发现时序事件，例如预测已经拥有支票账户的现有银行客户可能将在一年内开立储蓄账户，然后再开立投资账户。

几个世纪以来，上述模式一直依靠人工方法从数据中获取，如今数据量的不断增加，需要更加自动化的方法。随着数据集的规模和复杂性不断增长，使用复杂方法和算法的间接、自动数据处理工具越来越多地增加了直接手动数据分析功能。通常将这种处理大型数据集的自动化和半自动化方法称为数据挖掘。

一般来说，数据挖掘任务可以分为三大类：预测、关联和聚类。根据从历史数据中提取模式的方式，数据挖掘方法的学习算法可以分为有监督学习算法或无监督学习算法。使用有监督学习算法，训练数据既包括描述性属性（即自变量或决策变量），也包括类属性（即输出变量或结果变量）。相反，对无监督学习算法，训练数据只包括描述性属性。图 5.2 显示了数据挖掘任务的简单分类，以及每种数据挖掘任务中的学习方法和流行算法。

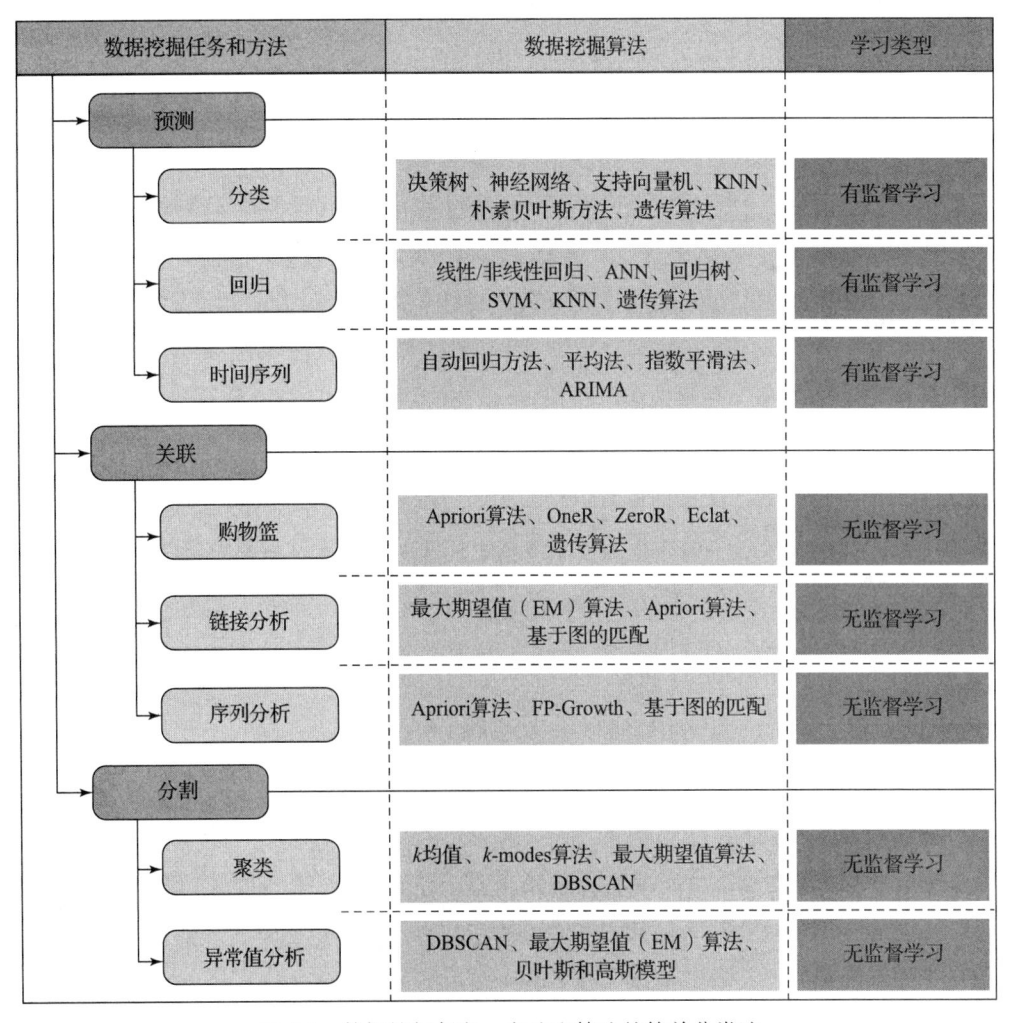

数据挖掘任务和方法		数据挖掘算法	学习类型
预测			
	分类	决策树、神经网络、支持向量机、KNN、朴素贝叶斯方法、遗传算法	有监督学习
	回归	线性/非线性回归、ANN、回归树、SVM、KNN、遗传算法	有监督学习
	时间序列	自动回归方法、平均法、指数平滑法、ARIMA	有监督学习
关联			
	购物篮	Apriori算法、OneR、ZeroR、Eclat、遗传算法	无监督学习
	链接分析	最大期望值（EM）算法、Apriori算法、基于图的匹配	无监督学习
	序列分析	Apriori算法、FP-Growth、基于图的匹配	无监督学习
分割			
	聚类	k均值、k-modes算法、最大期望值算法、DBSCAN	无监督学习
	异常值分析	DBSCAN、最大期望值（EM）算法、贝叶斯和高斯模型	无监督学习

图 5.2 数据挖掘任务、方法和算法的简单分类法

预测。预测（prediction）通常指预测未来的行为。预测与简单的猜测不同，因为在进行预测任务时要考虑经验、观点和其他相关信息。通常与预测联系在一起的术语是预报（forecast）。尽管许多人认为这两个术语是同义词，但两者之间有着微妙但重要的区别。预测在很大程度上是基于经验和观点的，而预报是基于数据和模型的。也就是说，为了提高可靠性，应该将猜测、预测和预报这些术语区分开。在数据挖掘术语中，预测和预报是同义词，通常用预测一词表示预测这一行为。根据预测的性质的不同，预测可以更具体地命名为分类（预测事物类别，如明日的天气，所预测的事物属于一个类别标签，表示"雨天"或"晴天"）或回归预测分析（预测的东西，如明日气温，所预测的是一个实数，如"65 ℉"）。

分类。分类（classification），或有监督的归纳，可能是所有数据挖掘任务中最常见的模式。分类的目的是分析存储在数据库中的历史数据，并自动生成一个可以预测未来行为的模型。该诱导模型是对训练数据集记录的概括，这有助于区分预定义的类。人们希望该模型可以用于预测其他未分类记录的类别，更重要的是可以准确预测未来发生的事件。

常见的分类工具包括神经网络和决策树（来自机器学习）、逻辑回归和判别分析（来自传统统计学），以及新兴工具，如粗糙集、支持向量机和遗传算法等。基于统计的分类技术（如逻辑回归和判别分析）也受到了批评——它们对数据做出了不切实际的假设，如独立性和正态分布假设——这限制了它们在分类型数据挖掘项目中的使用。

神经网络算法涉及数学结构（有点类似于人脑中的生物神经网络）的发展，这些结构能够从以结构良好的数据集形式呈现的过去经验中学习。如果涉及的变量数量相当多，并且它们之间的关系复杂且不精确时，神经网络算法往往更有效。神经网络算法既有优点，也有缺点。例如，一般很难为神经网络的预测提供良好的理论基础。此外，神经网络往往需要大量训练。遗憾的是，随着数据量的增加，训练所需的时间往往会急剧增加，而且通常神经网络无法在非常大的数据库上进行训练。这和其他一些因素限制了神经网络在数据丰富领域的适用性。

决策树算法根据输入变量的值将数据分类为有限数量的类。决策树本质上是 if-then 语句层次结构，因此其运算速度比神经网络快得多，最适合用于**分类数据**和**区间数据**。因此，将连续变量纳入决策树算法需要先进行离散化操作，即将具有连续值的数值变量转换为范围和类别数据。

规则归纳（rule induction）也是一类分类工具。与决策树不同，通过规则归纳，if-then 语句是直接从训练数据中归纳出来的，并且它们本质上不需要分层。其他更新的技术，如 SVM、粗糙集和遗传算法，正在逐渐加入分类算法中。

聚类。聚类将事物的集合（例如，在结构化数据集中的对象和事件）划分为多个部分（或自然分组），其成员具有相似的特征。与分类不同，在聚类中，类标签是未知的。算法遍历数据集并根据事物的特征识别事物的共同点得以建立聚类。由于聚类是使用启发式算法来确定的，并且不同的算法可能会针对同一数据集产生不同的聚类集，因此在聚类技术的结果投入实际使用之前，有必要请专家对聚类做必要的解释或修改。在确定了合理的聚类之后，可以将其用于对新数据进行分类和解释。

毫不奇怪，聚类算法包括优化。聚类的目标是创建成员分组，使得每个组内的成员具有最大相似性，而跨组的成员具有最小相似性。最常用的聚类技术包括 k-means 算法（来自统计学）和自组织映射算法（来自机器学习），后者是 Kohonen 于 1982 年开发的一种独特的神经网络架构。

企业常常应用聚类分析，以有效地利用其数据挖掘系统进行市场细分。聚类分析是一种识别事物类别的方法，同一聚类中的事物彼此之间的共同点比其他聚类中的事物更多。聚类可以用于对客户做细分，以在合适的时间，以合适的价格将正确的产品卖给指定的客户群。聚类分析还用于识别事件或对象的自然分组，以便可以识别和描述这些分组的一组共同特征。

关联。关联（association）或数据挖掘中的关联规则学习，是一种流行且成熟的技术，用于发现大型数据库中变量之间有趣的关系。得益于条码扫描仪等自动化数据收集技术，在超市销售终端系统记录的大规模交易数据中，使用关联规则来发现产品之间的规律已成为零售业的一项常见知识发现任务。在零售业的背景下，关联规则挖掘通常称为购物篮分析（market-basket analysis）。

关联规则挖掘中两种常用派生方法是**链接分析**和**序列挖掘**。通过链接分析，可以自动消除许多感兴趣对象之间的链接，例如网页之间的链接和学术出版物作者群体之间的参考关系。序列挖掘根据关系的出现顺序来检查关系，以识别随时间变化的关联。关联规则挖掘中使用的算法包括流行的 Apriori 算法（识别频繁项集）和 FP-Growth、OneR、ZeroR 和 Eclat 等。

可视化和时间序列预测。可视化和时间系列预测是与数据挖掘相关的两种技术。可以将可视化技术与其他数据挖掘技术结合使用，以便更清楚地了解隐藏的关系。近年来，随着可视化技术的重要性不断提高，出现了一个新术语，即可视化分析（visual analytics）。它的理念是将分析和可视化技术相结合，以更轻松、更快捷地发现知识。可视化分析将在第 4 章详细介绍。在时间序列预测中，数据由同一变量的值组成，这些值是以规则的间隔按照时间先后捕获和存储的。然后在这些数据基础上开发预测模型，以推测这个同一变量的未来值。

数据挖掘与统计学

数据挖掘和统计之间有很多共同点，两者都试图寻找数据中的关系。大多数人将统计学称为"数据挖掘的基础"。两者之间的主要区别在于，统计学由一个明确定义的命题和假设出发，而数据挖掘从一个定义松散的发现语句开始。统计学通过收集样本数据（即主要数据）来检验假设，而数据挖掘和分析则使用所有现有数据（即通常是观测的次要数据）来发现新的模式和关系。另一个差异来自两者使用的数据量大小。数据挖掘寻找尽可能"大"的数据集，而统计学则寻找规模合适的数据（如果数据大于统计分析所需的数据，则使用数据样本）。"大数据"的含义在统计学和数据挖掘之间有很大不同。几百到一千个数据点对统计学家来说足够大，但几百万个甚至几十亿个数据点才被认为是数据挖掘研究的大数据点。

5.2 节 习题

1. 给出数据挖掘的定义。为什么数据挖掘有很多不同的名称和定义?
2. 近年来是什么因素促进了数据挖掘的普及?
3. 数据挖掘是一门新学科吗?请给出解释。
4. 常见的数据挖掘方法和算法是什么?
5. 各种主要数据挖掘任务之间的主要区别是什么?

5.3 数据挖掘应用

数据挖掘已经成为解决许多复杂业务问题并抓住机遇的流行工具。事实证明,数据挖掘在许多领域的应用都是非常成功和有益的,以下具有代表性的例子说明其中的一些应用领域。许多商业数据挖掘应用程序的目标是解决紧迫的问题或探索新兴的商业机会,以创造可持续的竞争优势。

- **客户关系管理**。客户关系管理(Customer Relationship Management,CRM)是对传统营销的扩展。CRM 的目标是通过深入了解客户的需求和愿望,与客户建立一对一的关系。随着时间的推移,企业通过各种互动(例如,产品咨询、销售、服务请求、保修电话、产品评论、社交媒体连接)与客户建立关系,它们为此积累了大量数据。当将人口统计和社会经济属性相结合时,这些信息丰富的数据可以用于:①识别最优可能购买或响应新产品或新服务的客户(即客户分析);②了解客户流失的根本原因,以提高客户留存率(即流失分析);③发现产品和服务之间的时变关联,以最大限度地提高销售额和客户价值;④确定最有利可图的客户及其需求偏好,以加强客户关系并最大限度地扩大销售额。

- **银行业务**。数据挖掘可以帮助银行做到:①精准预测最有可能的违约者,促进贷款申请流程的自动化;②检测欺诈性信用卡和网上银行交易;③识别最大化客户价值的方法,向客户出售他们最有可能购买的产品和服务;④准确预测银行实体(如 ATM 机、银行分行)的现金流,以优化现金回报。

- **零售和物流**。在零售业中,数据挖掘可用于:①预测特定零售地点的准确销售额,以确定正确的库存水平;②识别不同产品之间的销售关系(通过购物篮分析),以改进商店布局并对促销活动做优化;③预测不同产品类型的消费水平(基于季节和环境条件),以优化物流,从而最大限度地提高销售额;④通过分析传感器和射频识别(RFID)数据,发现产品在供应链中的流通模式(尤其是对于保质期有限的产品,因为这类产品容易过期、易腐和污染)。

- **制造和生产**。数据挖掘在制造业可以:①利用传感器数据预测机械故障(实现所谓的基于状态的维护);②识别生产系统中的异常和共性,以优化制造能力;③发现新的模式,以识别和提高产品质量。

- **股票证券交易**。股票经纪人和交易员使用数据挖掘完成以下工作:①预测某些债券价格何时以及在多大程度上会发生变化;②预测股票波动的范围和方向;③评估特定问题和事件对整体市场走势的影响;④识别和防止证券交易中的欺诈活动。

- **保险**。保险业使用数据挖掘技术完成以下工作:①预测财产和医疗保险成本的索赔金额，以便更好地进行商业规划；②基于对索赔和客户数据的分析来优化保险费率计划；③预测哪些客户更有可能购买具有特殊功能的新保单；④识别和防止不合理的索赔支付和欺诈活动。

- **计算机硬件和软件**。数据挖掘可用于：①及时预测磁盘驱动器故障；②识别、过滤垃圾 Web 内容和电子邮件；③检测、防止计算机网络安全漏洞；④识别潜在不安全的软件产品。
- **政府和国防**。在军事领域，数据挖掘也有许多应用。它可以用于：①预测军事人员和装备的调动成本；②预测对手的行动，从而做更成功的军事部署；③预测资源消耗，以便更好地进行规划和编制预算；④识别从军事行动中获得的独特经验、战略和教训，以便在整个组织中更好地共享知识。
- **旅游业（航空公司、酒店/度假村、租车公司）**。数据挖掘在旅游业中有多种用途。它已成功地用于：①预测不同服务（飞机上座位类型、酒店/度假村的房间类型、租车公司的汽车类型）的销售，以优化服务价格，使收入最大化，实现收益管理；②预测不同地点的需求，以便更好地分配有限的组织资源；③确定高价值客户，并为他们提供个性化服务，保持其回头率；④识别员工流失原因，采取有针对性的行动留住有价值的员工。
- **医疗保健**。数据挖掘有许多医疗保健应用。它可以用于：①识别没有医疗保险的人以及造成这种情况的原因；②识别不同疗法之间的新的成本效益关系，以制定更有效的策略；③预测不同服务地点的需求水平和时间，以优化组织资源的分配；④了解客户和员工流失的根本原因。
- **医学领域**。数据挖掘在医学领域中的应用应该被视为对传统医学研究（主要是临床和生物学）的宝贵补充。数据挖掘分析可以：①识别新模式，提高癌症患者的生存率；②预测器官移植的成功率，以制定更好的器官供体匹配政策；③识别人类染色体（称为基因组学）中不同基因的功能；④发现症状和疾病（以及疾病和成功的治疗）之间的关系，帮助医疗专业人员及时做出明智和正确的决定。
- **娱乐业**。在娱乐业，数据挖掘成功用于：①分析观众数据，以决定在黄金时段播放什么节目，并确定最佳广告时段，以最大限度地提高回报；②电影开拍之前预测票房，以做出投资决策并优化回报（Delen 等人，2007）；③预测不同地点和不同时间的需求，以更好地安排娱乐活动并优化资源分配；④制定最佳定价政策，实现收入最大化。
- **国土安全和执法**。数据挖掘有国土安全和执法应用包括：①识别恐怖分子行为模式；②发现犯罪模式（如地点、时间、犯罪行为和其他相关属性），以帮助警方及时破获刑事案件；③通过分析特殊用途的传感器数据，预测和消除对国家关键基础设施的潜在生物和化学攻击；④识别并阻止对关键信息基础设施的恶意攻击（通常称为信息战）。
- **体育**。数据挖掘被用于提高 NBA 球队的表现。美国职业棒球大联盟的球队也热衷于预测分析和数据挖掘，以最佳地利用他们有限的资源来在赛季取得胜利（参考第 1 章中《魔球》的文章）。事实上，如今大多数职业体育团队都雇用了数据处理人员，并使用数据挖掘来增加获胜的机会。数据挖掘应用并不局限于职业体育。在 2012 年的一篇文章中，Delen、Cogdell 和 Kasap（2012）开发了数据挖掘模型，根据两支对手球队之前的比赛统计数据，使用一系列变量来预测 NCAA 碗赛的结果（有关该案例研究的更多内容参见第 3 章）。Wright（2012）使用各种预测因素来检验 NCAA 男子篮球冠军（又称 March Madness）。

▶ 5.3 节 习题

1. 数据挖掘的主要应用领域有哪些？
2. 说出数据挖掘的至少五个具体应用，并列出这些应用的五个常见特征。
3. 你认为数据挖掘最突出的应用领域是什么？为什么？
4. 你能想到本节没有讨论的数据挖掘的其他应用领域吗？请给出解释。

5.4 数据挖掘过程

要系统地执行数据挖掘项目，通常需要遵循一个通用过程。基于最佳实践，数据挖掘研究人员和从业者提出了几个过程（工作流或简单的分步方法），以最大限度地提高数据挖掘项目的成功率。其中一些过程已经实现标准化，本节将描述一些最流行的过程。

跨行业数据挖掘标准过程（Cross-Industry Standard Process for Data Mining，CRISP-DM）是最受欢迎的数据挖掘过程，该过程由一个欧洲公司联盟在 20 世纪 90 年代中期提出，作为数据挖掘的非专利标准方法（CRISP-DM，2013 和 Delen，2014）。图 5.3 显示了 CRISP-DM 示意图，该过程是一个由六个步骤组成的序列，从深入理解业务和数据挖掘项目（即应用程序域）需求开始，到部署满足特定业务需求的解决方案结束。尽管这些步骤本质上是连续的，但通常会有大量的回溯。由于数据挖掘是由经验和实验驱动的，这取决于问题情况和分析师的知识和经验，因此整个过程可能需要迭代多次（即在各个步骤之间存在多次反复），而且耗时。因为后面的步骤是建立在前面步骤的结果之上的，所以应该格外注意前面步骤的完成质量，以免从一开始就让整个数据挖掘项目误入歧途。

步骤 1：业务理解

任何数据挖掘研究的关键要素都是理解研究目的。要回答这样一个问题，首先要彻底理解对新知识的管理需要，并明确说明要进行研究的商业目标。具体的目标如"我们最近流失到竞争对手的客户有什么共同特征？"或"我们的客户的典型特征是什么，每个客户为我们提供了多少价值？"然后制定一个寻找这些知识的项目计划，指定负责收集数据、分析数据和报告分析结果的人员。

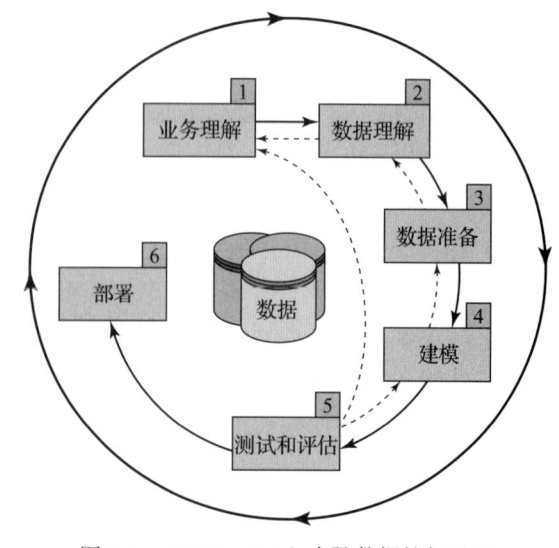

图 5.3 CRISP-DM 六步骤数据挖掘过程

在这个早期阶段，还应该建立支持这项研究的预算，至少有个粗略的数目。

步骤 2：数据理解

数据挖掘研究专门针对解决定义明确的业务任务，不同的业务任务需要不同的数据集。根据对业务的理解，数据挖掘过程的主要活动是从许多可用数据库中识别相关数据。在数据识别和选择阶段必须考虑一些关键点。首先，分析师应该清晰、简洁地描述数据挖掘任务，以便能够识别出最相关的数据。例如，零售数据挖掘项目可能试图根据人口统计、信用卡交易数据和社会经济属性来识别购买季节性服装的购物者的消费行为。此外分析员应该深入了解数据源（例如，相关数据存储在哪里？以何种形式存储？数据过程是自动与手动？谁负责收集数据？数据更新的频率是多少？）和变量（例如，最相关的变量是什么？是否有同义或一词多义变量？变量是否相互独立？变量是否代表一个完整的信息来源，有没有重叠或冲突的信息？）。

为了更好地理解数据，分析师经常使用各种统计和图形技术，例如每个变量的简单统计摘要（例如，对于单个变量，可以计算其平均值、最小值/最大值、中值和标准差，对于类别变量，可以计算其众数和频率）、相关性分析、散点图、柱状图和箱线图。仔细识别和选择数据源和最相关的变量可以使数据挖掘算法更容易地快速发现有用的知识模式。

用于数据选择的数据源可能多种多样。传统上，商业应用程序的数据源包括人口统计数据（如收入、教育、家庭数量和年龄）、社会图形数据（如爱好、俱乐部会员和娱乐）、交易数据（如销售记录、信用卡支出、签发的支票）等。如今，数据源还使用外部（开放或商业）数据存储库、社交媒体，以及机器生成的数据。

数据可分为定量和定性两类。定量数据是使用数值或数字数据来度量，可以是离散的（如整数）也可以是连续的（如实数）。定性数据也称为分类数据，包括名义数据（nominal data）和序数数据（ordinal data）。名义数据包含有限个无序值（例如，性别数据可能有"男""女"两个可能值）。序数数据具有有限的有序值。例如，客户信用评级被认为是有序数据，因为评级可以是优秀、一般和不良。

定量数据可以很容易地用某种概率分布来表示。概率分布描述数据的分布情况和形状。例如，正态分布数据是对称的，通常是一种钟形曲线。定性数据可以用数字编码，然后通过频率分布来描述。一旦根据数据挖掘业务目标选择了相关数据，就应该进行数据预处理。

步骤 3：数据准备

数据准备（通常称为数据预处理）的目的是获取在前一步骤中识别的数据，并准备通过数据挖掘方法进行分析。与 CRISP-DM 中的其他步骤相比，数据预处理消耗的时间和精力最多。大多数人认为，这一步骤大约占数据挖掘项目总时间的 80%。在这一步骤上花费如此巨大精力的原因是，真实世界的数据通常不完整（缺乏属性值，缺乏某些感兴趣的属性，或只包含聚合数据等）、嘈杂（存在错误或异常值）和不一致（代码或名称存在差异）。

步骤 4：建模

此步骤的任务是选择各种建模技术并将其应用于已经准备好的数据集，以满足特定的业务需求。建模步骤还包括对所构建的各种模型进行评估和比较分析。由于数据挖掘任务没有一个公认的最佳方法或算法，因此应该使用各种可行的模型类型以及清晰定义的实验和评估策略来确定特定目的的"最佳"方法。即使对于单个方法或算法，也需要用许多参数进行校准，以获得最佳结果。一些方法可能对数据的格式化方式有特定的要求，因此需要返回到数据准备步骤。分析实操5.1中的分析提出了一项研究，其中开发并比较了许多模型。

分析实操5.1　数据挖掘助力癌症研究

根据美国癌症协会（American Cancer Society）的调查，美国一半的男性和三分之一的女性在一生中都会患上癌症。癌症是美国和世界上第二常见的死亡原因，仅次于心血管疾病。

癌症是一组通常以异常细胞不受控制的生长和扩散为特征的疾病。如果癌症的生长和扩散得不到控制，可能会导致死亡。尽管确切原因尚不清楚，但人们认为癌症是由外部因素（如烟草、感染性有机物、化学物质和辐射）和内部因素（如遗传突变、激素、免疫条件和新陈代谢引起的突变）引起的。这些致病因素可能共同或依次作用，引发或促进人体致癌。癌症的治疗方法包括手术、放疗、化疗、激素治疗、生物治疗和靶向治疗，生存率统计数据因不同癌症类型和诊断阶段相差很大。

所有癌症病人的五年相对存活率正在提高，癌症发病率下降了20%，每天拯救了400多条生命！生存率的提高反映了某些癌症早期诊断的进步和治疗的改善，预防和治疗癌症还需要进一步改进。

尽管癌症研究传统上是临床和生物学性质的，但近年来数据驱动的分析研究已成为一种常用补充手段。在数据和分析驱动的研究已经成功应用的医学领域，已确定了新的研究方向，以进一步推进临床和生物学研究。通过使用各种类型的数据，包括分子、临床、基于文献和临床实验数据，以及适当的数据挖掘工具和技术，研究人员已经能够找出新的模式，为实现无癌症社会奠定了基础。

在其中一项研究中，Delen（2009）使用三种热门的数据挖掘技术（决策树、人工神经网络和支持向量机）结合逻辑回归来开发前列腺癌生存能力预测模型。使用的数据集包含约120 000条记录和77个变量。在模型构建、评估和比较中使用了k折交叉验证方法。结果表明，预测准确度最高的是支持向量机模型（测试集准确率为92.85%），其次是人工神经网络和决策树。此外，使用基于敏感性分析的评估方法，该研究还揭示了与前列腺癌预后因素相关的新模式。

在另一项相关研究中，Delen、Walker和Kadam（2005）使用两种数据挖掘算法（人工神经网络和决策树）和逻辑回归方法，并使用大型数据集（超过200 000例）开发癌症生存率预测模型。使用10折交叉验证方法来测量预测模型的无偏估计，对模型性能进行比较，结果表明，最好的预测模型是决策树（C5算法），测试样本上的准确率为93.6%（这是文献中报道的最好的预测准确率），其次是人工神经网络，准确率为91.2%，逻辑回归的准确率为89.2%。对预测模型的进一步分析表明，预后因素相当重要，可作为进一步临床和生物学研究的基础。

Zolbanin、Delen和Zadeh（2015）研究了合并症对癌症生存能力的影响。尽管先前的研究表明，诊断和治疗建议可能会根据合并症的严重程度加以调整，但在大多数情况下，慢性病仍须单独加以研究。为了说明治疗过程中并发慢性病的重要性，他们的研究使用监测、流行病学和最终结果（Surveillance, Epidemiology, and End Results, SEER）计划的癌症数据创建了两个合并症数据集：一个用于乳腺癌和女性生殖器癌，另一个用于前列腺癌和输尿管癌。然后，将几种流行的机器学习技术用于分析生成的数据集，以建立预测模型（如图 5.4 所示）。对结果进行比较表明，掌握更多关于患者合并症状况的信息可以提高模型的预测能力，进而帮助从业者做出更好的诊断和治疗决策。因此，该研究表明，正确识别、记录和使用患者的合并症状态可以潜在地降低治疗成本，缓解与医疗保健相关的经济压力。

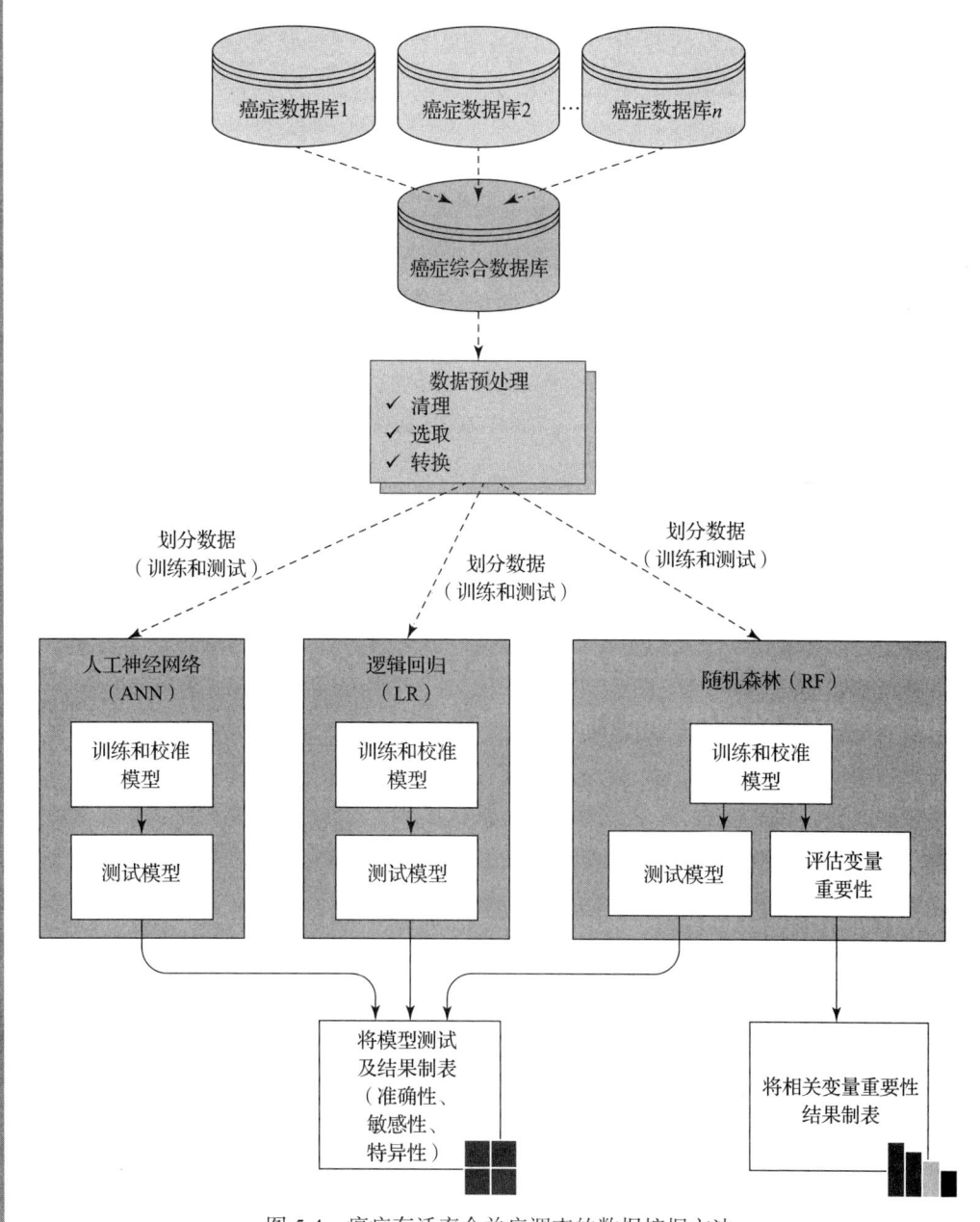

图 5.4　癌症存活率合并症调查的数据挖掘方法

上述例子（以及医学文献中的许多其他例子）表明，先进的数据挖掘技术可以用于开发具有高度预测和解释能力的模型。尽管数据挖掘方法能够提取隐藏在大型复杂医学数据库中的模式和关系，但如果没有医学专家的合作和反馈，其结果用处不大。通过数据挖掘方法发现的模式应由在问题领域具有多年经验的医学专业人员进行评估，以判断它们是否符合逻辑、是否可行，是否足够新颖，能够提供新的研究方向。总之，这并不意味着数据挖掘能取代医学专业人员和研究人员，数据挖掘是对他们为提供数据驱动的新研究方向所做的宝贵努力做出补充，最终拯救更多的人类生命。

资料来源：Zolbanin, H. M., Delen, D., & Zadeh, A. H. (2015). Predicting overall survivability in comorbidity of cancers: A data mining approach. Decision Support Systems, 74, 150-161. Delen, D. (2009). Analysis of cancer data: A data mining approach. Expert Systems, 26(1), 100-112. Thongkam, J., Xu, G., Zhang, Y., & Huang, F. (2009). Toward breast cancer survivability prediction models through improving training space. Expert Systems with Applications, 36(10), 12200-12209. Delen, D., Walker, G., & Kadam, A. (2005). Predicting breast cancer survivability: A comparison of three data mining methods. Artificial Intelligence in Medicine, 34(2), 113-127。

步骤5：测试和评估

步骤5对开发的模型进行准确性和通用性评估。此步骤评估所选模型（或多个模型）满足业务目标的程度，如果满足，则评估满足业务目标达到何种程度，是否需要开发和评估更多模型。另一种选择是在时间和预算限制允许的情况下，在真实世界的场景中测试开发的模型。尽管所开发的模型的结果预计与最初的业务目标有关，但通常会有一些其他发现，虽然不一定与最初的业务目标有关，但也可能揭示一些额外信息，或者对未来的研究方向有所启发。

测试和评估步骤是一项关键且具有挑战性的任务。除非能够确认数据挖掘发现的知识模式能够带来商业价值，否则数据挖掘就不会增加任何价值。从发现的知识模式中确定商业价值在某种程度上类似于玩谜题。提取的知识模式就像拼图，需要按照具体业务组合起来。这种识别操作成功与否取决于数据分析师、业务分析师和决策者（如业务经理）之间的互动。由于数据分析师可能不完全了解数据挖掘目标及其对业务和业务分析师的意义，决策者可能缺乏解释复杂数学解决方案结果的技术知识，因此他们之间的互动是必要的。为了正确解释知识模式，通常需要使用各种图表和可视化技术（例如，数据透视表、结果的交叉表、饼图、直方图、箱线图、散点图等）。

步骤6：部署

模型的开发和评估并不是数据挖掘项目的终点。即使模型的目的是对数据进行简单的探索，从这种探索中获得的知识优势也需要以终端用户能够理解和受益的方式进行组织和呈现。根据需求的不同，部署阶段的任务可以简单到只生成报告，也可以复杂到在整个企业中实现可重复的数据挖掘过程。在许多情况下，执行部署步骤的是客户，而不是数据分析师。然而，即使分析师不会执行部署工作，客户也必须提前了解需要执行哪些操作才能真正使用创建的模型。

部署步骤还可以包括针对所部署模型的维护活动。有关业务的一切都在不断变化，反映业务活动的数据也在不断变化。随着时间的推移，建立在旧数据上的模型（以及嵌入其中的模式）可能会变得过时、不相关，甚至引起误导。因此，如果数据挖掘结果要成为日常业务及其环境的一部分，则对模型的监控和维护非常重要。精心准备维护策略有助于避免长期错误地使用数据挖掘结果。为了监控数据挖掘结果的部署，项目需要对监控过程进行详细规划，这对于复杂的数据挖掘模型来说可能是一项不轻松的任务。

其他数据挖掘标准化过程和方法

为了实现成功应用，必须将数据挖掘研究视为遵循标准化方法的过程，而不是一套自动化的软件工具和技术。除了 CRISP-DM，还有另一种由 SAS 研究所开发的著名方法，称为 SEMMA（2009），SEMMA 由采样（sample）、探索（explore）、修改（modify）、建模（model）和评估（assess）的首字母组成。

从具有统计代表性的数据样本开始，SEMMA 可以很容易地应用探索性统计和可视化技术，选择并转换最重要的预测变量，对变量进行建模以预测结果，并确认模型的准确性。SEMMA 过程的示意图如图 5.5 所示。

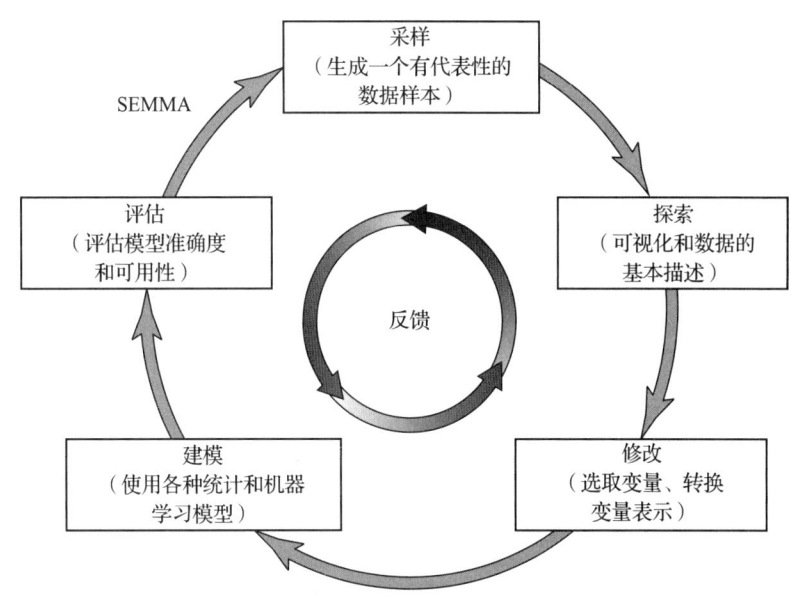

图 5.5 SEMMA 数据挖掘过程

通过评估 SEMMA 过程中每个阶段的结果，模型开发人员可以确定如何对先前结果提出的新问题进行建模，从而返回到探索阶段对数据进行进一步细化；也就是说，与 CRISP-DM 一样，SEMMA 也是由高度迭代的实验周期驱动的。CRISP-DM 和 SEMMA 之间的主要区别在于，CRISP-DM 对数据挖掘项目采取了更全面的方法，包括对业务和相关数据的理解，而 SEMMA 隐含地假设数据挖掘项目目的及其数据源已经被识别和理解。

有些从业者通常使用**数据库中的知识发现**（Knowledge Discovery in Databases，KDD）作为数据挖掘的同义词。Fayyad 等人在 1996 年将数据库中的知识发现定义为使用数据挖掘方法在数据中找到有用信息和模式的过程，而不是数据挖掘，后者涉及使用算法来识别通过 KDD 过程得出的数据中的模式（见图 5.6）。KDD 是一个包含数据挖掘的综合过程。

KDD过程的输入由组织数据组成。企业数据仓库能够有效地实现KDD，因为该数据仓库为要挖掘的数据提供了单一的来源。Dunham（2003）将KDD过程概括为以下步骤：数据选择、数据预处理、数据转换、数据挖掘和解释/评估。KDD过程经常受到分析专业人士的批评，因为它将数据挖掘描述为整个过程中的其中一个步骤，而不是整个过程本身。

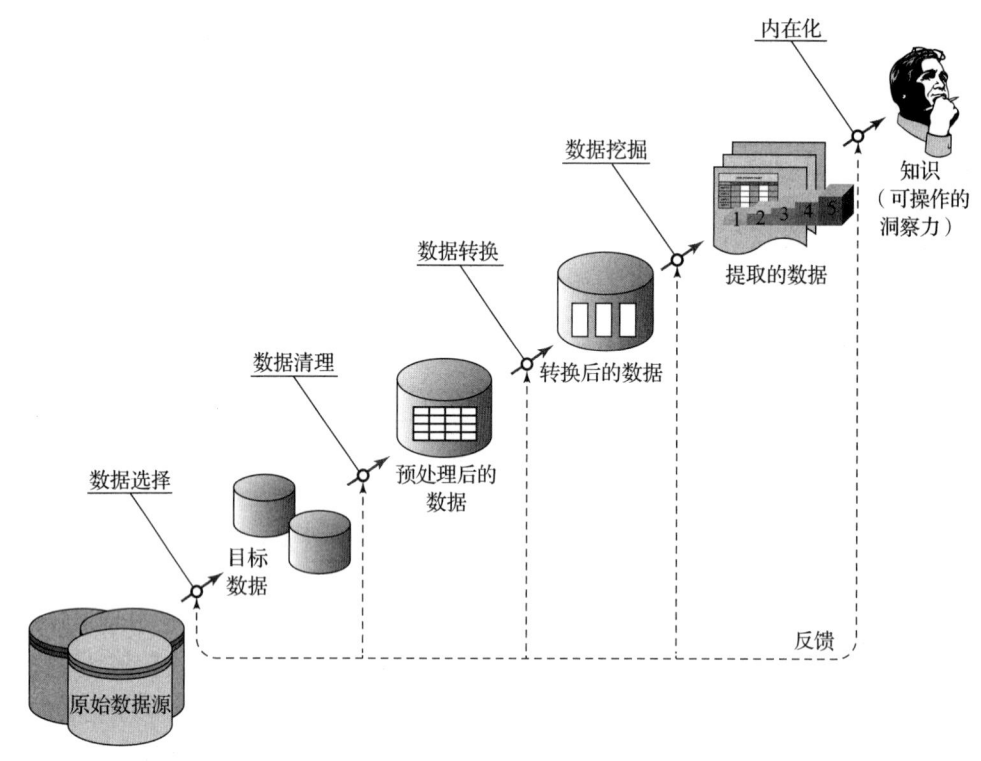

图 5.6　KDD（数据库中的知识发现）过程

图 5.7 显示了"你在数据挖掘中使用的主要方法是什么？"问题的民意调查结果（由 KDnuggets.com 网站于 2007 年 8 月进行的民意调查）。

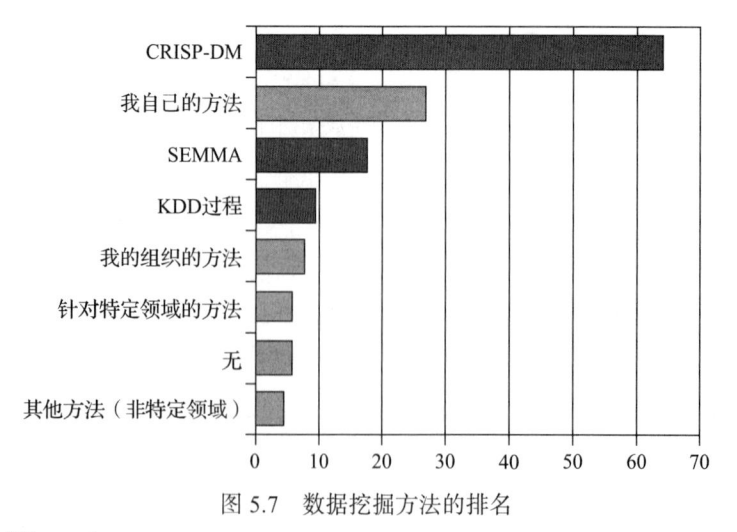

图 5.7　数据挖掘方法的排名

资料来源：KDnuggets.com。

5.4 节 习题

1. 数据挖掘过程主要有哪些?
2. 为什么数据挖掘项目的早期阶段(例如,业务数据的理解阶段)耗时最长?
3. 列出并简要定义 CRISP-DM 过程中的各个阶段。
4. 数据预处理的主要步骤是什么?简要描述每个步骤,并列举相关示例。
5. CRISP-DM 与 SEMMA 有何不同?

5.5 数据挖掘方法

有多种方法可用于执行数据挖掘研究,包括分类、回归、聚类和关联。大多数数据挖掘软件工具对这些方法中的每一种都采用多种技术(或算法)。本节介绍了最流行的数据挖掘方法,并对其代表性技术进行说明。

分类

分类或许是现实世界问题中最常用的数据挖掘方法。作为机器学习技术家族中的一个流行成员,分类从历史数据(预先标记的项目、对象或事件特征的一组信息——特征、变量、特性等)中学习模式,以将新实例(带有未知标签)归入所属的组或类中。例如,可以使用分类来预测某一天的天气是"晴天""雨天"还是"多云"。常见的分类任务包括信贷审批(即优秀或不良信贷风险)、门店位置(例如优秀、中等、不良)、目标营销(可能成为客户、不可能成为客户)、欺诈检测(是、否)和电信服务(例如,是否可能转向另一家电信公司)。如果预测的是一个类别标签(例如,"晴天""雨天"或"多云"),则预测问题称为分类,如果所预测的是一个数值(例如温度,如 68 ℉),则该预测问题被称作回归。

尽管聚类(另一种流行的数据挖掘方法)也可以用于判断事物所属的组(或类成员身份),但两者之间存在显著差异。分类通过有监督学习过程来学习事物特征(即自变量)与其隶属度(即输出变量)之间的函数,其中两种类型的变量(输入和输出)都提供给算法。在聚类中,对象的隶属度是通过无监督学习过程来学习的,在这个过程中,只有输入变量提供给算法。与分类不同,聚类没有监督(或控制)机制来强制学习过程。相反,聚类算法使用一个或多个启发式(例如,多维距离测量)来发现对象的自然分组。

分类类型预测最常见的两步方法包括模型开发/训练和模型测试/部署。在模型开发阶段,将使用一组包含实际类标签的输入数据。对模型进行训练后,将该模型与保留样本进行测试,以进行准确性评估,并最终部署用于实际使用,以用于预测新数据实例(类别标签未知)的类别。在评估模型时考虑了几个因素,包括:

- **预测准确度**。该模型正确预测新数据或以前未确定数据类标签的能力。预测准确度是分类模型中最常用的评估因素。在计算这个度量值时,将测试数据集的实际类标签与模型预测的类标签相比较。准确度可以计算为准确率,准确率是由模型正确分类的测试数据集样本占总样本的百分比(本章稍后将介绍更多有关准确度的信息)。
- **速度**。生成和使用模型所涉及的计算开销,一般速度越快越好。

- **鲁棒性**。在给定数据有噪声、有缺失和错误值的情况下,模型做出合理准确预测的能力。
- **可扩展性**。在给定大量数据的情况下有效构建预测模型的能力。
- **可解释性**。模型提供的理解和洞察力水平(例如,模型对某些预测得出什么结论)。

估计分类模型的准确度

在分类问题中,估计准确度主要依靠混淆矩阵(confusion matrix),也称为分类矩阵(classification matrix)或列联表(contingency table)。图 5.8 显示了两类分类问题的混淆矩阵示例。沿着对角线从左上到右下表示正确的预测(即分类),而对角线之外表示错误的预测。

使用混淆矩阵中列出的信息,表 5.1 给出了度量二进制分类模型准确度指标的公式。在列出的指标中,前三项,即准确率、真正类率和真负性率是最常用的指标。

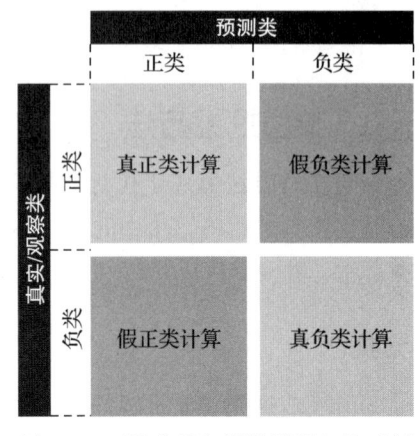

	预测类	
	正类	负类
真实/观察类 正类	真正类计算	假负类计算
真实/观察类 负类	假正类计算	真负类计算

图 5.8 两类分类问题的混淆矩阵示例

表 5.1 分类模型常用准确度指标

指标	说明
准确率 =(TP+TN)/(TP+TN+FP+FN)	正确分类实例(正类与负类)除以实例总数得到的比值
真正类率 =TP/(TP+FN)	(也称敏感性)正确分类正类除以正类总数得到的比值(即命中率或召回率)
真负类率 =TN/(TN+FP)	(也称特异性)正确分类负类除以负类总数得到的比值
精确率 =TP/(TP+FP)	正确分类正类除以正确分类正类与未正确分类正类之和得到的比值
召回率 =TP/(TP+FN)	正确分类正类除以正确分类正类与未正确分类负类之和得到的比值

分类问题不属于二分类问题时,混淆矩阵会变大(一个由类别标签唯一决定大小的平方矩阵),准确度指标仅限于每个类别的准确率(例如,类 A 的真实分类准确度)和总体分类准确度(例如,所有类别的总体分类准确度),如以下公式所示:

$$所有类的总体分类准确度 = \frac{所有类的正确预测数}{所有类总的样本数}$$

对监督学习算法得到的分类模型(或分类器)的准确度进行估计是很重要的。原因有两点:首先,它可以用来估计其未来的预测准确度,这可能意味着预测系统分类器输出应该具有的置信水平;其次,它可以用于从给定的集合中选择分类器(在许多训练的分类模型中识别"最佳"的分类模型)。以下是用于分类类型数据挖掘模型的最流行的估计方法。

简单拆分。简单拆分(或保留集或测试集估计)将数据划分为两个互斥子集,称为训练集和测试集(或保留集)。通常将三分之二的数据指定为训练集,其余三分之一指定为测试集。建模人员使用训练集构建分类模型,然后在测试集上测试所构建的分类器。当使用人工神经网络作为分类器时,会出现该规则异常。在这种情况下,数据被拆分为三个相互独立的子集：训练集、验证集和测试集。验证集在模型构建过程中使用，以防止过拟合。图 5.9 显示了简单随机数据拆分示意图。

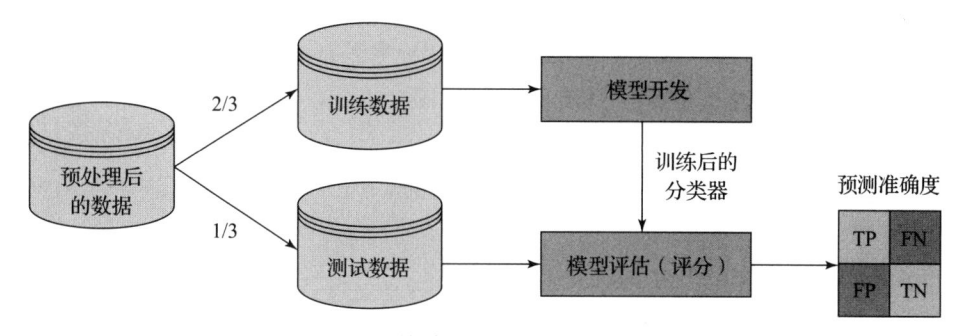

图 5.9 简单随机数据拆分示意图

该方法的不足是其假设两个子集中的数据是同类的（即具有完全相同的性质）。因为这是一个简单的随机拆分，在大多数现实的数据集中，数据在分类变量上是不平衡的，所以这样的假设可能不成立。为了改善这种情况，建议采用分层抽样，将样本分层作为输出变量。尽管这是对简单拆分的改进，但它仍然存在简单随机拆分产生的偏差。

k 折交叉验证。为了在比较两种或多种方法的预测准确度时，最大限度地减少与训练和保留数据样本的随机抽样相关的偏差，可以使用一种称为 k 折交叉验证的方法。k 折交叉验证也称为旋转估计（rotation estimate），是将完整的数据集随机划分为大小大致相等的 k 个互斥子集，通常使用分层采样技术为每个折叠子集生成无偏样本。然后对分类模型进行 k 次训练和测试。每次把其中一个数据集作为测试样本集，其他数据集用于训练。模型总体准确度的交叉验证估计为 k 个子集准确度的平均值，如下公式所示：

$$\text{CVA} = \frac{1}{k}\sum_{i=1}^{k} A_i$$

式中，CVA 是交叉验证准确度，k 是采用的折数，A 是每折的准确度度量（例如，命中率、敏感性和特异性）。图 5.10 显示了 k 折交叉验证示意图，其中 k 值设为 10。

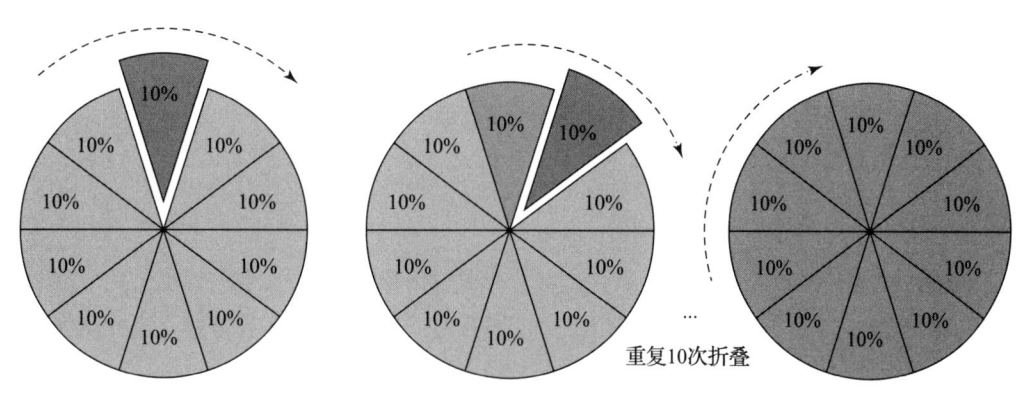

图 5.10 k 折交叉验证示意图

其他分类评估方法。其他常见分类评估方法还有以下几种：
- **留一法**。留一法（leave-one-out）类似于 k 折交叉验证，其中 k 值取 1。也就是说，每个数据点都用于对开发的数据点数量的模型进行一次测试。这是一种耗时的方法，但有时对于小数据集来说，这种方法可行。
- **bootstrapping**。bootstrapping 对原始数据中固定数量的实例进行采样作为训练样本，将数据集的其余部分用于测试。此过程根据需要重复多次。
- **jackknifing**。此方法与留一法类似，但在 jackknifing 中计算准确度时，估计过程的每次迭代都排除一个样本。
- **ROC 曲线下面积**。ROC 曲线下面积（area under the ROC curve）是一种图形评估技术，其中真正类率绘制在 y 轴上，假正类率绘制于 x 轴上。ROC 曲线下的面积决定了分类器的预测能力：1 表示分类完美，而 0.5 表示分类准确度与随机概率一样。实际的准确度值范围介于这两个极端值之间。例如，在图 5.11 中，A 的总体分类性能比 B 好，而 C 和随机分类的准确度（值为 0.5）一样。

分类技术。有许多技术（或算法）用于分类建模，包括以下技术：

- **决策树分析**。决策树分析（一种机器学习技术）毫无疑问是数据挖掘领域中最流行的分类技术。下文将对此技术进行详细介绍。

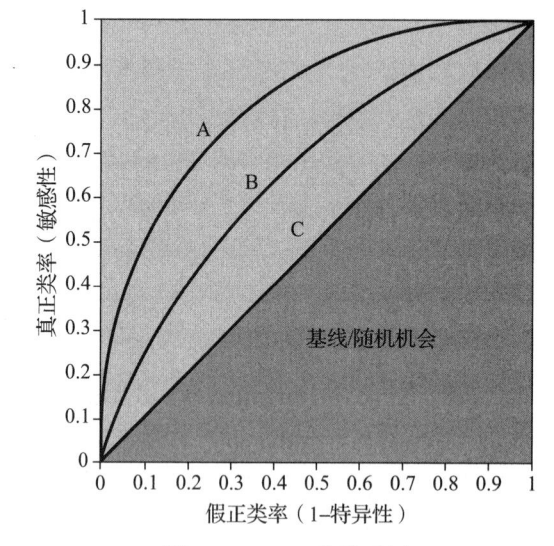

图 5.11 ROC 曲线示例

- **统计分析**。在机器学习技术出现以前，统计技术一直是主要的分类算法。统计分类技术包括逻辑回归和判别分析，这两种方法都假设输入和输出变量之间的关系本质上是线性的，数据是正态分布的，变量之间不相关且相互独立。这些假设在实际中不一定成立，人们转而更加关注机器学习技术。
- **神经网络**。这是可用于分类问题的最流行的机器学习技术之一。
- **基于案例的推理**。这种方法使用历史案例来识别新案例的共性，从而将新案例划分到最可能的类别中。
- **贝叶斯分类器**。这种方法使用概率论来建立基于过去事件的分类模型，这些模型能够将新的实例划分到最可能的类别中。
- **遗传算法**。该算法模拟自然演化过程，建立定向搜索机制，对数据样本进行分类。
- **粗糙集**。在建立分类问题的模型（规则集）中，该方法考虑了预定义类别的部分包含关系。

完整介绍对上述所有的分类技术超出了本书的范围；因此，下文只介绍几个最受欢迎的分类技术。

用于预测分析的组合模型。创建组合（ensemble）本质上是将两个或多个信息源（即预测模型）创建和提供的信息（预报或预测）加以组合的过程。虽然所采用的组合方法的复杂性仍存在争议，但人们普遍认为，组合模型为商业决策提供了更稳健和可靠的信息（Seni和 Elder，2010）。也就是说，组合预测可以（通常也会）提高信息结果的准确度和稳健性，同时减少与单个模型相关的不确定性和偏差。

众所周知，在数据挖掘和预测建模领域并没有一个公认的、可以用于解决任何问题的"最佳模型"。最佳模型取决于所分析的场景和所使用的数据集，并且只能通过广泛的试错实验来获得（并且只有在时间和资源允许时才会发生）。正如没有某个单一的最佳模型一样，也没有不同模型类型的单一最佳实现——例如，决策树、神经网络和支持向量机具有不同的架构和参数集，需要对其进行"优化"以获得最佳结果。数据科学家正在开发新的方法来提高当今预测模型的准确度和效率。一种行之有效的方法是将预测模型的输出组合成一个单一的综合得分，即组合模型。近年来，组合模型一直是许多数据挖掘和预测建模比赛的获胜者（有关预测分析比赛和获胜者信息，请参阅 kaggle.org）。

组合模型（ensemble model）可以分为同构（homogeneous）模型或异构（heterogamous）模型（Abbott 2014，p.307）。顾名思义，同构组合模型结合了两个或多个相同类型模型（如决策树）的结果。事实上，绝大多数同构组合模型都是使用决策树结构的组合开发的。决策树组合模型的两个常见类型是 bagging 树和 boosting 树。bagging 决策树组合中的一个公认且非常成功的例子被称为随机森林，与建造一棵大树不同，随机森林开发了一个由许多小树组成的森林。boosting 树组合的一个成功示例叫作 AdaBoosting（Adaptive Boosting 的简称），该算法基于错误分类来改变学习过程，在每次迭代中分配给每个数据样本不同的权重（即重要性或贡献），以便对所有类别标签提高分类器/预测器的准确度。

顾名思义，异构组合模型将两种或多种不同类型的模型（如决策树、人工神经网络、逻辑回归和支持向量机等）加以结合。组合建模的一个关键成功因素是使用彼此根本不同的模型，即从不同的角度看待数据的模型。由于它结合了不同模型类型的不同模型的结果，异构模型集合也称为信息融合模型（Delen 和 Sharda，2010）。在组合多个模型的结果的过程中，可以使用简单的投票（每个模型平均贡献一票）或加权的投票组合（每个模型根据其预测准确度做出贡献——更准确的模型具有更高的权重值）。无论组合方法如何，组合模型都已被证明是数据挖掘和预测建模项目的宝贵补充。尽管组合建模提高了准确性和稳健性，但从消极的方面来看，它也增加了模型的复杂性，因此缺乏可解释性（即透明度）。图 5.12以图形方式说明了异构模型组合过程。

决策树。在介绍决策树的细节之前，我们需要讨论一些简单的术语。首先，决策树包括许多可能对不同模式的分类产生影响的输入变量，这些输入变量通常被称为属性（attribute）。例如，如果我们要建立一个模型，仅根据收入和信用评级这两个特征对贷款风险进行分类，这两个特性就是属性，由此得到的输出就是类别标签（class label，例如，低、中等或高风险）。其次，树由分支和节点组成。分支（branch）表示使用其中一个属性对模式进行分类（基于测试）的测试结果。决策树末端的叶节点（leaf node）表示模式的最终类别选择（从根节点到叶节点的分支链，可以用复杂的 if-then 语句表示）。

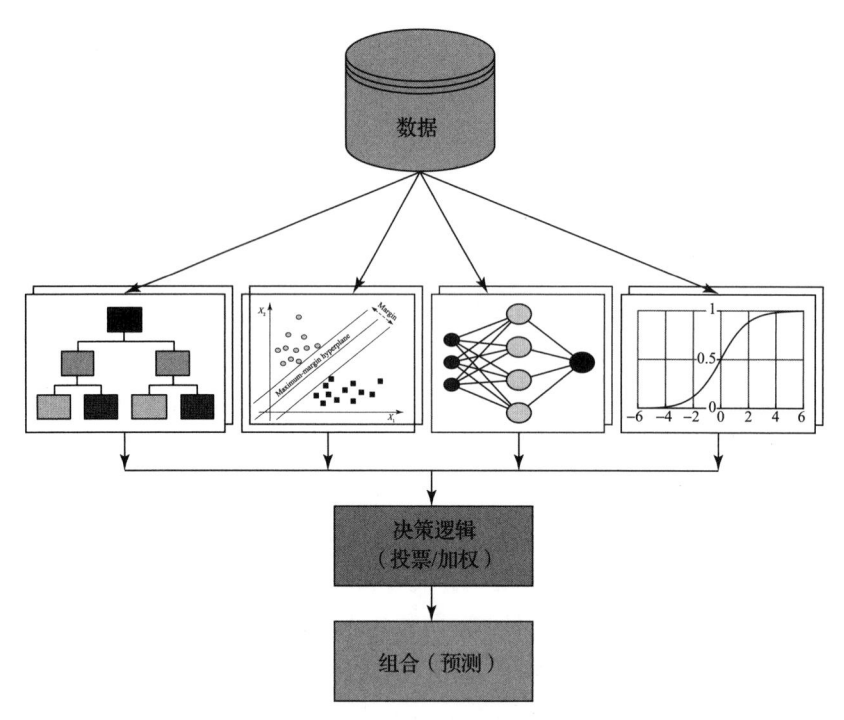

图 5.12　异构模型组合过程

决策树背后的基本思想是，它递归地对训练集进行划分，直到每个划分的全部或绝大部分样本都属于同一个类别为止。树的每个非叶节点都包含一个分割点（split point），这是对一个或多个属性的测试，并决定如何进一步划分数据。通常，决策树算法根据训练数据构建初始树，使每个叶节点都只包含一个数据，然后对树进行修剪，以提高其泛化能力，从而提高测试数据的预测精度。

在决策树生长阶段，通过递归地划分数据来构建树，直到每个划分要么是纯的（即只包含同一类的成员），要么相对较小。基本的想法是提出那些能提供更多信息的问题，类似于我们玩"二十问"游戏时的做法。

用于对数据进行划分的分割取决于分割中使用的属性类型。对于连续属性 A，分割的形式为值 $(A) < x$，其中 x 是 A 的某个"最佳"分割值。例如，基于收入的分割可以是"收入 <50 000"。对于分类属性 A，分割的形式为 (A) 属于 x，其中 x 是 A 的子集。又如，分割可以基于性别："男性与女性"。

用于构建决策树的一般算法如下：

1. 创建一个根节点，并将所有训练数据分配给该根节点。
2. 选择最佳拆分属性。
3. 针对分割的每个值向根节点添加一个分支，沿着特定拆分的行将数据拆分为互斥（不重叠）子集，然后移动到分支。
4. 对每个叶节点重复步骤 2 和步骤 3，直到达到停止条件（例如，节点对应的样本集仅属于某个单一的类别）。

如今已经有许多不同的创建决策树的算法被提出。这些算法的主要区别在于它们确定分割属性（及其分割值）的方式、分割属性的顺序（对同一属性是进行一次分割还是多次分割）、每个节点的分割次数（二分还是三分）、递归停止条件以及树的修剪（先剪枝还是后剪枝）。其中一些最著名的算法包括来自机器学习的 ID3（其次是 C4.5 和 C5，作为 ID3 的改进版本），来自统计学的分类和回归树（CART），以及来自模式识别的卡方自交互检测（CHAID）。

构建决策树时，每个节点的目标都是确定属性和该属性的分割点，该分割点能对训练记录做出最佳分割，以使该节点的类表示单一。为了评估分割的优劣，提出了一些分割指标。其中最常见的两个是基尼指数（Gini index）和信息增益（information gain）。基尼指数用于 CART 和 SPRINT（可扩展的并行决策树归纳）算法。ID3（及其更新版本 C4.5 和 C5）中使用了信息增益的版本。

基尼指数在经济学中被用于衡量人口的多样性。同样的概念可以用于确定特定类的纯度，这是沿着特定属性或变量进行分支的决策结果。最佳分支点需要增加分支集合的纯度，我们简单地看一下基尼指数的简单计算。

如果数据集 S 包含 n 个类别的样本，则基尼指数定义为：

$$\text{gini}(S) = 1 - \sum_{j=1}^{n} p_j^2$$

其中 p_j 是类别 j 在 S 中的相对频率。如果数据集 S 被分割为大小分别为 N_1 和 N_2 的两个子集 S_1 和 S_2，则分割数据的基尼指数包含来自 n 个类别的样本数据，并且基尼指数被定义为：

$$\text{gini}_{\text{split}}(S) = \frac{N_1}{N} \text{gini}(S_1) + \frac{N_2}{N} \text{gini}(S_2)$$

选择提供最小 $\text{gini}_{\text{split}}(S)$ 的属性/拆分组合来拆分节点，应该为每个属性列举所有可能的分割点。

信息增益是 ID3 中使用的分割方法，ID3 可能是最广为人知的决策树算法，它由 Ross Quinlan 于 1986 年开发。随后他将该算法发展为 C4.5 和 C5 算法。ID3（及其变体）背后的基本思想是使用一个称为**熵**（entropy）的概念来代替基尼指数。熵用于度量某一数据集不确定性或随机性的程度。如果一个子集中的所有数据都只属于一个类，那么该数据集中就没有不确定性或随机性，因此熵为零。这种方法的目标在于建立子树，使得到的每个最终子集的熵为零（或接近零）。我们看一看信息增益的计算。

假设有两个类 P（正）和 N（负）。设数据集 S 包含 p 个 P 类数据和 n 个 N 类数据，判断 S 中的任一数据是否属于 P 或 N 所需的信息量定义为：

$$I(p, n) = -\frac{p}{p+n} \log_2 \frac{p}{p+n} - \frac{n}{p+n} \log_2 \frac{n}{p+n}$$

假设根据属性 A，集合 S 将被划分为集合 $\{S_1, S_2, \cdots, S_v\}$。如果 S_i 包含 P 类的 p_i 个数据和 N 类的 n_i 个数据，则熵或对所有子树中的对象 S_i 进行分类所需的预期信息为

$$E(A) = \sum_{i=1}^{n} \frac{p_i + n_i}{p+n} I(p_i, n_i)$$

那么，通过对属性 A 进行分支可以获得的信息为

$$\text{Gain}(A) = I(p,n) - E(A)$$

对每个属性重复上述计算，并选择具有最高信息增益的属性作为分割属性。这些分割指数背后的基本思想彼此相似，但具体的算法细节各不相同。在 Quinlan（1986）中可以找到 ID3 算法及其分割机制的详细定义。

数据挖掘聚类分析

聚类分析是一种重要的数据挖掘方法，用于将项目、事件或概念分类为称为聚类（cluster）的常见分组。该方法常用于生物学、医学、遗传学、社交网络分析、人类学、考古学、天文学、特征识别等，甚至应用于开发管理信息系统。随着数据挖掘越来越受欢迎，相关技术已经应用于商业，尤其是市场营销方面。在现代 CRM 系统中，聚类分析已被广泛用于欺诈检测（信用卡和电子商务欺诈）和客户市场细分。随着聚类分析的优势得到认可和使用，越来越多的商业应用程序被开发出来。

聚类分析是一种用于解决分类问题的探索性数据分析工具。目的是将案例（例如，人、事物、事件等）分类为组或群，相同群中的成员之间的关联度更强，而不同群成员之间的关联度则更弱。每个群都描述其成员所属的类。一个简单的一维聚类分析例子是在大学课程中把班级成绩划分为几个分数范围。这类似于美国财政部在 20 世纪 80 年代建立新纳税等级时面临的聚类分析问题。J. K. Rowling 的《哈利·波特》一书中也有一个虚构的聚类例子。分院帽（Sorting Hat）决定了霍格沃茨学校一年级学生的分配地点（如宿舍）。另一个例子是决定如何让客人在婚礼上就座。就数据挖掘而言，聚类分析的重要性在于，它可以揭示数据中以前不明显但一旦发现就合理有用的关联和结构。

聚类分析可用于：

- 识别分类方案（例如，客户类型）。
- 描述人口的统计模型。
- 给出新病例的分类规则，便于识别、定位和诊断。
- 提供类别定义、大小，替换原本宽泛的概念。
- 发现典型案例，用于标记和表示类别。
- 为其他数据挖掘方法降低问题空间的大小和复杂性。
- 识别特定领域（例如偶发事件检测）中的异常值。

确定最佳聚类数量。聚类算法通常需要指定要查找的聚类数量。如果这个数量不是从先前的知识中得知的，那么应该以某种方式加以选择。遗憾的是，没有一种最佳的方法来计算这个数量应该是什么。因此，目前已经提出了几种不同的启发式方法，最常用的方法包括：

- 将变量的百分比看作聚类数量的函数。也就是说，当增加聚类数量并不会改善数据模型时，就选择该值作为聚类数量。具体来说，如果对由聚类解释的变量百分比绘图，则存在一个点使边际增益下降（在图中将出现一个角），即为所选择的聚类数量。

- 将簇的数量设置为 $(n/2)^{1/2}$，其中 n 是数据点的数量。
- 使用 Akaike 信息量准则（Akaike Information Criterion，AIC），这是一种基于熵的拟合优度度量，用于确定聚类数量。
- 使用贝叶斯信息标准，这是一种基于最大似然估计的模型选择标准，可用于确定聚类数量。

分析方法。聚类分析可以基于以下一种或多种通用方法：
- 统计方法（包括层次和非层次方法），例如 k 均值或 k-modes 算法等。
- 神经网络（具有名为自组织映射的架构）。
- 模糊逻辑（例如模糊 c 均值算法）。
- 遗传算法。

上述每种方法通常都与一种或多种通用聚类方法组合使用：
- **分裂法**。初始状态下，所有项目都从同一簇开始，然后不断分裂。
- **聚集法**。初始状态下，所有项目都从一个独立的簇开始，然后不断合并。

大多数聚类分析方法都使用**距离测度**（distance measure）来计算样本之间的接近度。常用的距离测量包括欧几里得距离（用尺子测量两点之间的普通距离）和曼哈顿距离（也称为两点之间的直线距离或出租车距离）。通常这些方法都是基于测量的真实距离，但这并不是必须的。信息系统就是一个典型的例子，利用加权平均值可用于统计这些距离。例如，在信息系统开发项目中，系统的各个模块可能通过其输入、输出、过程和所使用的特定数据之间的相似性来关联。然后将这些因素按项目配对，聚合为单个距离度量。

k 均值聚类算法。k 均值算法（其中 k 代表预先确定的聚类数量）是应用最多的聚类算法。该算法源于传统的统计分析。顾名思义，该算法将每个数据点（客户、事件、对象等）分配给离中心（也称为质心）最近的簇，中心被计算为簇中所有点的平均值。也就是说，中心的坐标是簇中所有点上每个维度的算术平均值。图 5.13 是 k 均值聚类算法的示意图，该算法的运算步骤如下所示。

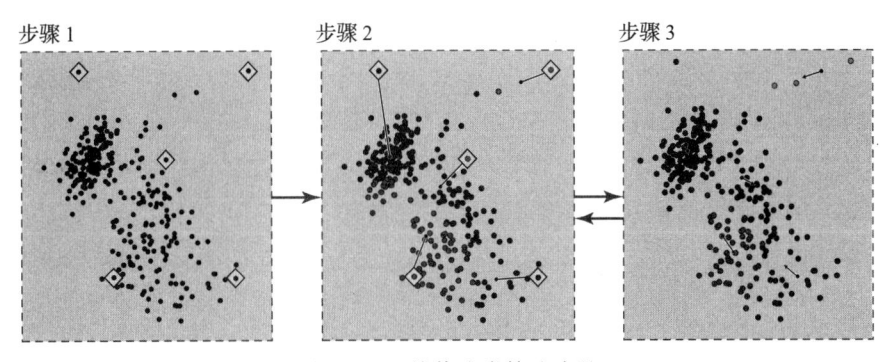

步骤 1　　　　　　　　步骤 2　　　　　　　　步骤 3

图 5.13　k 均值聚类算法步骤

初始步骤：选择聚类数量（即 k 值）。
步骤 1：随机生成 k 个随机点作为初始的聚类中心。
步骤 2：将每个点分配到离中心最近的簇中。

步骤 3：重新计算新的聚类中心。

重复步骤：重复步骤 2 和步骤 3，直到满足某个收敛标准（通常是分配到簇中的点变得稳定）。

关联规则挖掘

关联规则挖掘（也称为亲和性分析或购物篮分析）是一种流行的数据挖掘方法，通常作为案例，向技术背景较弱的受众解释什么是数据挖掘，以及数据挖掘可以做什么。大多数人可能都听说过销售啤酒和尿布的著名案例。据报道，一家大型连锁超市对顾客的购买习惯进行了分析，发现购买啤酒和购买尿布之间统计学上存在显著相关性。据推测，造成这种情况的原因是，父亲们（可能是年轻男性）在超市停下来给孩子买尿布（尤其是在星期四），因为他们没有时间再像往常一样去体育酒吧喝啤酒了，所以他们也会顺带在超市买啤酒。由于这一发现，这家连锁超市将尿布放在啤酒旁边，结果两者的销售额都有所增加。

本质上，关联规则挖掘旨在发现大型数据库中变量（项目）之间有趣的关系（亲和力）。由于它成功地应用于零售业问题，所以通常称其为购物篮分析。购物篮分析的主要思想是发现通常一起购买（一起出现在同一个购物篮中，要么是杂货店的实体购物篮，要么是电子商务网站的虚拟购物篮）的不同产品（或服务）之间的强关联关系。例如，65% 购买综合汽车保险的人也会购买健康保险；80% 在网上购买书籍的人也在网上购买音乐；患有高血压和超重的人中，有 60% 的人胆固醇过高；70% 购买笔记本电脑和病毒防护软件的客户也会购买扩展服务计划。

购物篮分析的输入是简单的销售点交易数据，将一起购买的许多产品或服务（就像一张购物小票的内容）数据整理成一张交易实例表格。分析结果提供的宝贵信息，可以用来更好地了解客户的购买行为，以最大限度地从商业交易中获得利润。商家可以利用这些知识：①将商品放在一起，方便顾客一起购买，在购买其他商品时避免遗忘购买某件商品（增加销售量）；②将商品打包成一个包装进行促销（如果其他商品都在销售，则不要只将其中一个商品出售）；③将关联商品彼此分开放置，顾客必须在过道里寻找，这样做可能会使顾客看到并顺便购买其他物品。

购物篮分析的应用包括交叉营销、交叉销售、商店设计、目录设计、电子商务网站设计、在线广告优化、产品定价和销售或促销配置等。从本质上讲，购物篮分析有助于企业从顾客购买模式中推断顾客的需求和偏好。在商业领域之外，关联规则成功用于发现症状和疾病、诊断和治疗（可用于医疗决策支持系统）、基因及其功能（可用于基因组项目）等之间的关系。以下是关联规则挖掘一些常见应用领域：

- **销售交易**：将经常一起购买的零售产品组合在一起，可以用来改善销售场所的产品布局（将顾客经常购买的商品就近摆放）和产品的促销定价（客户经常一起购买的商品不需要同时打折）。
- **信用卡交易**：使用信用卡购买的物品提供了客户可能购买的其他产品信息以及信用卡号盗用信息。
- **银行服务**：客户使用的服务序列模式（支票账户和储蓄账户）可用于识别他们可能

感兴趣的其他服务（投资账户）。
- **保险服务产品**：将客户购买的保险产品捆绑在一起（如捆绑销售汽车保险和家庭保险）可以用来推荐额外的保险产品（如人寿保险），或者发现不寻常的保险索赔组合，这可能存在欺诈。
- **电信服务**：通常购买的一组选项（例如，呼叫等待、来电显示、三方通话）有助于更好地实现产品捆绑，实现收入最大化。这同样适用于提供电话、电视和互联网服务的多渠道电信提供商。
- **医疗记录**：某些情况组合可能表明各种并发症的风险增加，或者发现某些医疗设施的某些治疗程序可能与某些类型的感染有关。

关于关联规则挖掘可以发现的模式或关系，值得关心的问题是"所有的关联规则是否都有趣且有用？"对于这样一个问题，关联规则挖掘使用三个常见的指标：支持度（support）、置信度（confidence）和提升度（lift）来衡量。在定义这些术语之前，让我们先来了解一下关联规则的技术：

$$X \Rightarrow Y[\text{supp}(\%), \text{conf}(\%)]$$

$$\{笔记本电脑, 防病毒软件\} \Rightarrow \{扩展服务计划\}[30\%, 70\%]$$

这里，X（产品或服务，称为左手边、LHS 或先行词）与 Y（产品或服务，也称为右手边、RHS 或后续词）相关联。S 是对这个特定规则的支持，C 是对这个规则的置信度。以下是 supp、conf 和 lift 的简单公式。

$$\text{support} = \text{supp}(X \Rightarrow Y) = \frac{包含X和Y的事务数}{总的事务数}$$

$$\text{confidence} = \text{conf}(X \Rightarrow Y) = \frac{\text{supp}(X \Rightarrow Y)}{\text{supp}(X)}$$

$$\text{lift}(X \Rightarrow Y) = \frac{\text{conf}(X \Rightarrow Y)}{\text{expected conf}(X \Rightarrow Y)} = \frac{\frac{S(X \Rightarrow Y)}{S(X)}}{\frac{S(X)*S(Y)}{S(X)}} = \frac{S(X \Rightarrow Y)}{S(X)*S(Y)}$$

产品集合的支持度（S）是衡量这些产品或服务（即 LHS+RHS = 笔记本电脑、防病毒软件和扩展服务计划）在同一交易中出现的频率，即数据集中包含特定规则中提到的所有产品或服务的事务比例。在这个例子中，假设商店数据库中 30% 的交易都有三种产品出现在一张销售单中。规则的置信度是指 RHS 上的产品或服务（后续）与 LHS 上的商品或业务（先行）结合的频率，即包括 LHS 同时也包括 RHS 的交易比例。换句话说，它是在规则的 LHS 已经存在的事务中找到规则的 RHS 的条件概率。关联规则的提升度是该规则的置信度与该规则的期望置信度的比率。规则的期望置信度定义为 LHS 的支持度和 RHS 的支持度除以 LHS 的支持度的乘积。

有几种算法可用于发现关联规则。一些著名的算法包括 Apriori、Eclat 和 FP-Growth 算法。这些算法只完成了一半的工作，即识别数据库中的频繁项集。一旦识别出频繁项集，就需要将其转换为具有先行部分和后续部分的规则。从频繁项集中确定规则是一个简单的匹配过程，但对于大型事务数据库，该过程可能非常耗时。尽管规则的每个部分可能有很多项，但实际上结果部分通常只包含一个项。

Apriori 算法。Apriori 算法是发现关联规则最常用的算法。给定一组项目集（例如，零售交易集，每个交易集列出购买的单个项目），该算法试图找到与至少最小数量的项目集相似的子集（即，满足最小支持度）。Apriori 使用自下而上的方法，频繁子集一次增加一个项目［一种称为候选生成（candidate generation）的方法，即频繁子集的大小从一个项目子集增加到两个项目子集，然后增加到三个项目子集，以此类推］，并根据数据测试每个级别的候选组以获得最小支持度。当找不到进一步增加的项目时，该算法终止。

作为一个例子，考虑以下内容。杂货店通过 SKU（Stock Keeping Unit，库存单位）跟踪销售交易，从而知道哪些商品通常是一起购买的。交易数据库以及识别频繁项目集的后续步骤如图 5.14 所示。交易数据库中的每个 SKU 对应一个产品，例如"1 = 黄油""2 = 面包""3 = 水"等。Apriori 算法中的第一步是统计每个项目（单项项目集）的频率（即支持度）。对于这个过于简化的示例，我们将最小支持度设置为 3（或 50%，这意味着如果项目集至少在数据库中 6 个事务中的 3 个事务中出现，则它被视为频繁项目集）。因为所有的单项项目集在支持度列至少等于 3，所以这些项目集都被认为是频繁项目集。然而，如果某一个项目集中的任何一个都为非频繁项目集，那么该项目集也不会作为两项项目集的成员。通过这种方式，Apriori 对所有可能的项目集的树进行了修建。如图 5.14 所示，使用单项项目集，生成所有可能的两项项目集并使用事务数据库来计算它们的支持度。由于两项项目集 {1，3} 的支持度值小于 3，因此不应将其包含在用于生成下一级项目集（三项项目集）的频繁项目集中。该算法看似简单，但仅适用于小数据集。在更大的数据集中，特别是那些有大量低数量项目和少量大数量项目的数据集中，搜索和计算的计算工作量很大。

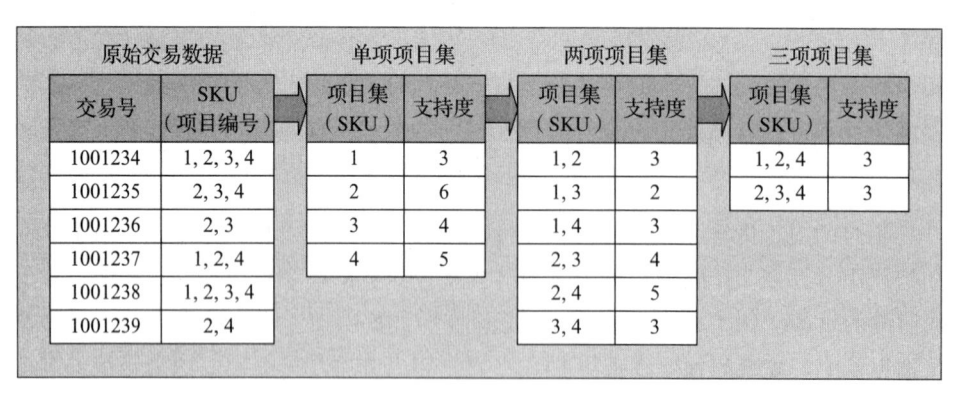

原始交易数据		单项项目集		两项项目集		三项项目集	
交易号	SKU（项目编号）	项目集（SKU）	支持度	项目集（SKU）	支持度	项目集（SKU）	支持度
1001234	1, 2, 3, 4	1	3	1, 2	3	1, 2, 4	3
1001235	2, 3, 4	2	6	1, 3	2	2, 3, 4	3
1001236	2, 3	3	4	1, 4	3		
1001237	1, 2, 4	4	5	2, 3	4		
1001238	1, 2, 3, 4			2, 4	5		
1001239	2, 4			3, 4	3		

图 5.14 Apriori 算法中的频繁项目集识别

▶ 5.5 节　习题

1. 列出至少三种主要的数据挖掘方法。
2. 举例说明分类是一种合适的数据挖掘技术，并举例说明回归也是一种合适的数据挖掘技术。
3. 列出并简要定义至少两种分类技术。

4. 比较和选择最佳分类技术的一些标准是什么？
5. 简要介绍决策树中常用的算法。
6. 给出基尼指数的定义，并说明基尼指数用于测量什么？
7. 什么是数据挖掘中的集成模型？集成模型的优点和缺点是什么？
8. 举例说明在何种情况下，适合使用聚类分析进行数据挖掘。
9. 聚类分析和分类之间的主要区别是什么？
10. 有哪些聚类分析方法？
11. 举例在何种情况下适合使用关联数据挖掘技术。

5.6 数据挖掘软件工具

许多软件供应商都提供功能强大的数据挖掘工具，这些供应商包括 IBM（IBM SPSS Modeler，前身为 SPSS PASW Modeler 和 Clementine）、SAS（Enterprise Miner）、Dell（Statistica，前身为 StatSoft Statistica Data Miner）、SAP（Infinite Insight，前身为 KXEN Infinite Insight）、Salford Systems（CART、MARS、TreeNet、RandomForest）、Angoss（KnowledgeSTUDIO、KnowledgeSEEKER）和 Megaputer（PolyAnalyst）。显然，大多数流行的数据挖掘工具都是由成熟的统计软件公司（SAS、SPSS 和 StatSoft）开发的，这在很大程度上是因为统计是数据挖掘的基础，这些公司有办法经济高效地将其开发成全面的数据挖掘系统。大多数商务智能工具供应商（例如，IBM Cognos、Oracle Hyperion、SAP Business Objects、Tableau、Tibco、Qlik、MicroStrategy、Teradata 和 Microsoft 等）的软件产品中也集成了一定程度的数据挖掘功能。这些 BI 工具仍然主要专注于多维建模和数据可视化，不被视为数据挖掘工具供应商的直接竞争对手。如分析实操 5.2 所述，IBM SPSS Modeler 被用作开发好莱坞电影票房收入预测模型的主要数据挖掘工具。

除了这些商业工具外，网上还有一些开源或免费的数据挖掘软件工具。传统上，Weka 可能是（尤其在教育领域）最受欢迎的免费开源数据挖掘工具，它由新西兰怀卡托大学的多名研究人员开发（该工具可以从 cs.waikato.ac.nz/ml/weka 下载）。Weka 包括大量用于不同数据挖掘任务的算法，并具有直观的用户界面。最近出现了许多免费的、开源且功能强大的数据挖掘工具，领先的有 KNIME（knime.com）和 RapidMiner（rapidminer.com），这些软件工具结合了图形增强用户界面、大量算法以及各种数据可视化功能，使它们与其他免费工具不同。这两个免费软件工具也是平台无关的（即，可以在 Windows 和 Mac 操作系统上本地运行）。随着最新产品的变化，RapidMiner 在制作完整的商业产品的同时，免费创建了一个缩小版的分析工具（即社区版）。因此，RapidMiner 曾经被列为免费/开源工具类别，但如今却经常被列为商业工具类别。商业工具（如 SAS Enterprise Miner、IBM SPSS Modeler 和 Statistica）与免费工具［如 Weka、RapidMiner（社区版）和 KNIME］之间的主要区别在于计算效率。同样的数据挖掘任务涉及相当大且功能丰富的数据集，使用免费软件工具可能需要更长的时间才能完成，对于某些算法，免费软件工具甚至可能无法完成（即，由于计算机内存的低效使用而崩溃）。表 5.2 列出了一些主要数据挖掘产品及其网址。

表 5.2 主要数据挖掘产品及其网址

产品名称	网址（URL）
IBM SPSS Modeler	www-Ol.ibm.com/software/analytics/spss/products/modeler/
IBMWatson Analytics	ibm.com/analytics/watson-analytics/
SAS Enterprise Miner	sas.com/en_id/software/analytics/enterprise-miner.html
Dell Statistica	statsoft.com/products/statistica/product-index
PolyAnalyst	megaputer.com/site/polyanalyst.php
CART, RandomForest	salford-systems.com
Insightful Miner	solutionmetrics.com.au/products/iminer/default.html
XLMiner	solver.com/xlminer-data-mining
SAP Infinitelnsight (KXEN)	help.sap.com/ii
GhostMiner	fqs.pl/ghostminer
SQL Server Data Mining	msdn.microsoft.com/en-us/library/bb510516.aspx
Knowledge Miner	knowledgeminer.com
TeradataWarehouse Miner	teradata.com/products-and-services/teradata-warehouse-miner/
Oracle Data Mining (ODM)	oracle.com/technetwork/database/options/odm/
FICO Decision Management	fico.com/en/analytics/decision-management-suite/
Orange Data MiningTool	orange.biolab.si/
Zementis Predictive Analytics	zementis.com

分析实操 5.2　数据挖掘走向好莱坞：预测电影的票房成绩

分析实操 5.2 介绍了一项研究，其中使用了许多软件工具和数据挖掘技术来构建数据挖掘模型，以预测好莱坞电影的票房收入，当然目前这只是一种想法。

预测某部电影的票房收入（即财务成功）是一个有趣且具有挑战性的问题。按照某些领域专家的说法，由于难以预测产品需求，电影业是一片"凭直觉和瞎猜的领域"，这使得好莱坞的电影业颇具风险。Jack Valenti（美国电影协会长期主席兼首席执行官）曾提到："没有人能告诉你一部电影在市场上的表现……直到电影在黑暗的剧院上映，屏幕和观众之间擦出火花。"娱乐行业的贸易期刊和杂志充斥着支持这种说法的例子、评论和经验。

同许多其他试图揭示这一具有挑战性的现实问题的研究人员一样，Ramesh Sharda 和 Dursun Delen 一直在探索使用数据挖掘来预测电影在进入拍摄之前（即影片还只是一个概念性的想法时）的票房财务表现。在他们广泛宣传的预测模型中，他们将预测（或回归）问题转化为分类问题；也就是说，他们没有预测票房收入，而是根据票房收入将一部电影分为九类，从"失败"到"大片"，从而将问题转换成多项分类问题。表 5.3 说明了他们根据票房收入所定义的 9 个类别。

表 5.3 基于电影票房的分类

类编号	1	2	3	4	5	6	7	8	9
范围（单位为百万美元）	>1（失败）	>1 <610	>10 <20	>20 <640	>40 <665	>65 <6 100	>100 <6 150	>150 <6 200	>200（大片）

数据

数据从各种电影相关的数据库（例如 ShowBiz、IMDb、IMSDb、AllMovie、BoxofficeMojo）收集，然后整合为一个数据集。最新开发的模型数据集包含 1998 年至 2006 年间发行的 2 632 部电影。表 5.4 介绍了自变量及其规格的简要说明。关于包含这些自变量的更多描述性细节和理由，读者可参考 Sharda 和 Delen（2006）。

表 5.4 自变量总结

自变量	取值数量	可能取值
MPAA 分级	5	G、PG、PG-I3、R、NR
竞争	3	高、中、低
明星价值	3	高、中、低
电影类型	10	科幻片、历史史诗剧、现代片、政治片、惊悚片、恐怖片、喜剧、卡通片、动作片、纪录片
特效	3	高、中、低
续集	2	有、无
屏幕数	1	1～3 876 之间的整数

方法

Sharda 和 Delen 使用各种数据挖掘方法（神经网络、决策树、SVM 和这三种方法的组合）来开发预测模型。他们将 1998 年至 2005 年的数据用作训练数据来建立预测模型，将 2006 年的数据作为测试数据来评估和比较模型的预测准确度。图 5.15 显示了 IBM SPSS Modeler（以前的 Clementine 数据挖掘工具）的屏幕截图，描述了用于预测票房系统的过程流，该图的左上角显示了模型开发过程，右下角显示了模型评估（即测试或评分）过程（有关 IBM SPSS Modeler 工具及其使用的更多详细信息，请访问本书的网站）。

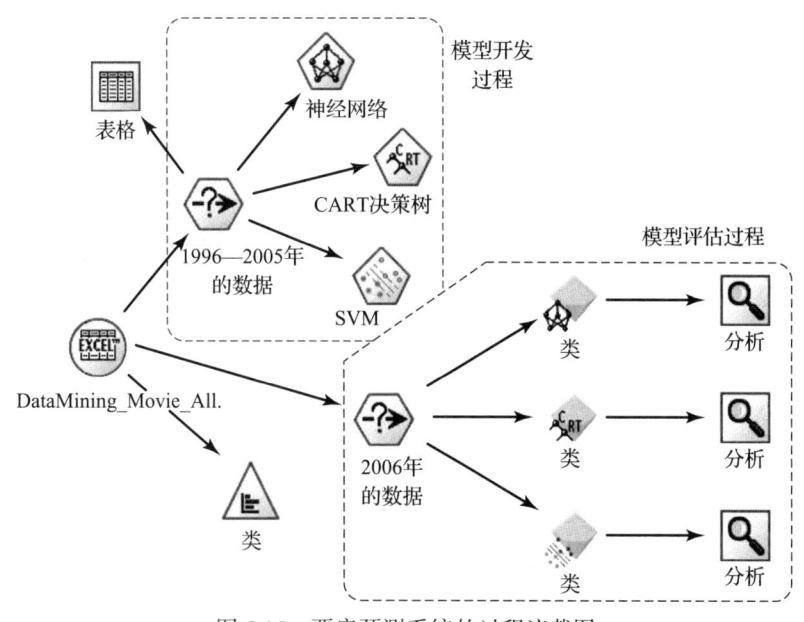

图 5.15 票房预测系统的过程流截图

结果

表5.5提供了所有三种数据挖掘方法的预测结果以及三种方法不同组合的预测结果。第一个性能指标是正确分类的百分比，称为Bingo。表中还显示了1类偏差（1-away）分类正确率（即偏差在一个类别内）。结果表明，支持向量机（SVM）在各个预测模型中表现最好，其次是人工神经网络，三种方法中表现最差的是CART决策树算法。总体而言，组合模型比单独的预测模型表现更好，其中融合算法（fusion）表现最好。对决策者来说，可能更重要的是，与单个模型相比，从组合模型中获得的标准差显著较低，这在结果表中尤为突出。

表5.5 独立模型和组合模型预测结果

	预测模型					
	独立模型			组合模型		
性能度量	SVM	ANN	CART	随机森林	提升树	融合（平均）
总数（Bingo）	192	182	140	189	187	194
总数（1类偏差）	104	120	126	121	104	120
准确度（Bingo百分比）	55.49%	52.60%	40.46%	54.62%	54.05%	56.07%
准确度（1类偏差百分比）	85.55%	87.28%	76.88%	89.60%	84.10%	90.75%
标准差	0.93	0.87	1.05	0.76	0.84	0.63

结论

研究人员声称，这些预测结果比该问题领域已发表的文献中的任何预测结果都要好。除了它们对票房收入的预测结果的准确度惊人外，这些模型还可以用于进一步分析（并可能优化）决策变量，以最大限度地提高财务回报。具体来说，可以使用已经训练好的预测模型来更改用于建模的参数，以更好地了解不同参数对最终结果的影响。这一过程通常称为敏感性分析。在此过程中，娱乐公司的决策者可以以相当高的准确度发现某个演员（或某一上映日期，或添加更多技术效果等）可以给电影的财务成功带来多大的价值，从而使得其背后的系统成为宝贵的决策辅助工具。

资料来源：Sharda, R., & Delen, D. (2006). Predicting box-office success of motion pictures with neural networks. Expert Systems with Applications, 30, 243-254; Delen, D., Sharda, R., & Kumar, P. (2007). Movie fore-cast Guru: A Web-based DSS for Hollywood managers. Decision Support Systems, 43 (4), 1151-1170。

微软的SQL Server是一套越来越受数据挖掘研究欢迎的商务智能和分析工具（从SQL Server 2012版本开始，它包括越来越多的分析功能，如BI和预测建模模块），其中数据和模型存储在同一关系数据库环境中，这让模型管理变得更容易。微软企业联盟（Microsoft Enterprise Consortium）在全世界范围内为教学和科研提供微软SQL Server软件套件访问服务。该联盟的成立是为了让世界各地的大学能够获得企业技术，而不必在自己的校园里维护必要的硬件和软件。该联盟提供了各种商务智能开发工具（如数据挖掘、多维数据集构建、业务报表等），以及大量来自山姆会员店、Dillard's和Tyson食品公司的大型现实数据集。微软企业联盟是免费的，只能用于学术目的。阿肯色大学的Sam M.Walton商学院负责托管企业系统，并允许联盟成员及其学生使用简单的远程桌面连接访问这些资源。有关加入联盟的详细信息，以及指导手册和示例等，可以在walton.uark.edu/enterprise/上获取。

2016 年 5 月，KDnuggets.com 就以下问题进行了第 13 次年度软件民意调查："在过去 12 个月里，你在分析、数据挖掘、数据科学和机器学习项目中使用了什么软件？"该调查得到了分析和数据科学社区和供应商的热情参与，2 895 人参加了投票，他们从创纪录的 102 种不同工具中进行了选择，以下是该民意调查中的一些有趣发现：

- R 工具仍然领先，拥有 49% 的份额（高于 2015 年的 46.9%），但 Python 的使用增长更快，拥有 45.8% 的份额（之前低于 30.3%），几乎赶上了 R。KDnuggets.com 随后进行的民意调查显示，Python 已经在分析工具受欢迎程度排行榜上名列第一。
- RapidMiner 仍然是最受欢迎的数据挖掘/数据科学通用平台，拥有约 33% 的份额。最受欢迎的著名工具包括 Dato、Dataiku、MLlib、H2O、Amazon Machine Learning、scikit-learn 和 IBM Watson。
- 工具选择的增加反映在更广泛的使用上，平均使用的工具数量为 6.0 个（2015 年 5 月为 4.8 个）。
- 按地区划分的用户参与度为：美国/加拿大（40%）、欧洲（39%）、亚洲（9.4%）、拉丁美洲（5.8%）、非洲/中东（2.9%）和澳大利亚/新西兰（2.2%）。
- 2016 年，86% 的用户使用商业软件，75% 的用户使用免费软件。大约 25% 的用户只使用商业软件，13% 的用户只使用开源/免费软件。61% 的用户同时使用免费和商业软件，这与 2015 年的 64% 相似。
- Hadoop/大数据工具的使用率从 2015 年的 29% 和 2014 年的 17% 增长到 39%，主要受 Apache Spark、MLlib（Spark 机器学习库）和 H2O 的大幅增长推动，我们将其纳入了大数据工具。
- KDnuggets.com 民意调查连续两年都包含对深度学习工具的使用调查。2016 年，18% 的用户在使用深度学习工具，比 2015 年的 9% 翻了一番，其中 Google 的 TensorFlow 跃居第一，取代了 2015 年的头名，即 Theano/Pylearn2 生态系统。
- 在编程语言类别中，Python、Java、UNIX 工具和 Scala 越来越受欢迎，而 C/C++、Perl、Julia、F#、Clojure 和 Lisp 的受欢迎程度有所下降。

为了降低因为多次投票而造成的偏差，在这项民意调查中，KDnuggets.com 使用了电子邮件验证，目的是让结果对于分析世界的现实更具代表性。前 40 个软件工具的结果（根据收到的总票数）如图 5.16 所示。水平条形图还使用颜色编码模式区分了免费/开源工具、商业工具和大数据/Hadoop 工具。最近的趋势大多与这些结果一致，只是 Python 已经超过 R，成为行业和学术界最受欢迎的分析工具。

5.6 节 习题

1. 目前最流行的商业数据挖掘工具有哪些？
2. 为什么最流行的工具都是由统计公司开发的？
3. 最流行的免费数据挖掘工具有哪些？为什么它们越来越受欢迎（尤其是 R）？
4. 商业和免费数据挖掘软件工具之间的主要区别是什么？
5. 你对数据挖掘工具的五大选择标准是什么？试给出解释。

图 5.16 主流数据挖掘软件工具

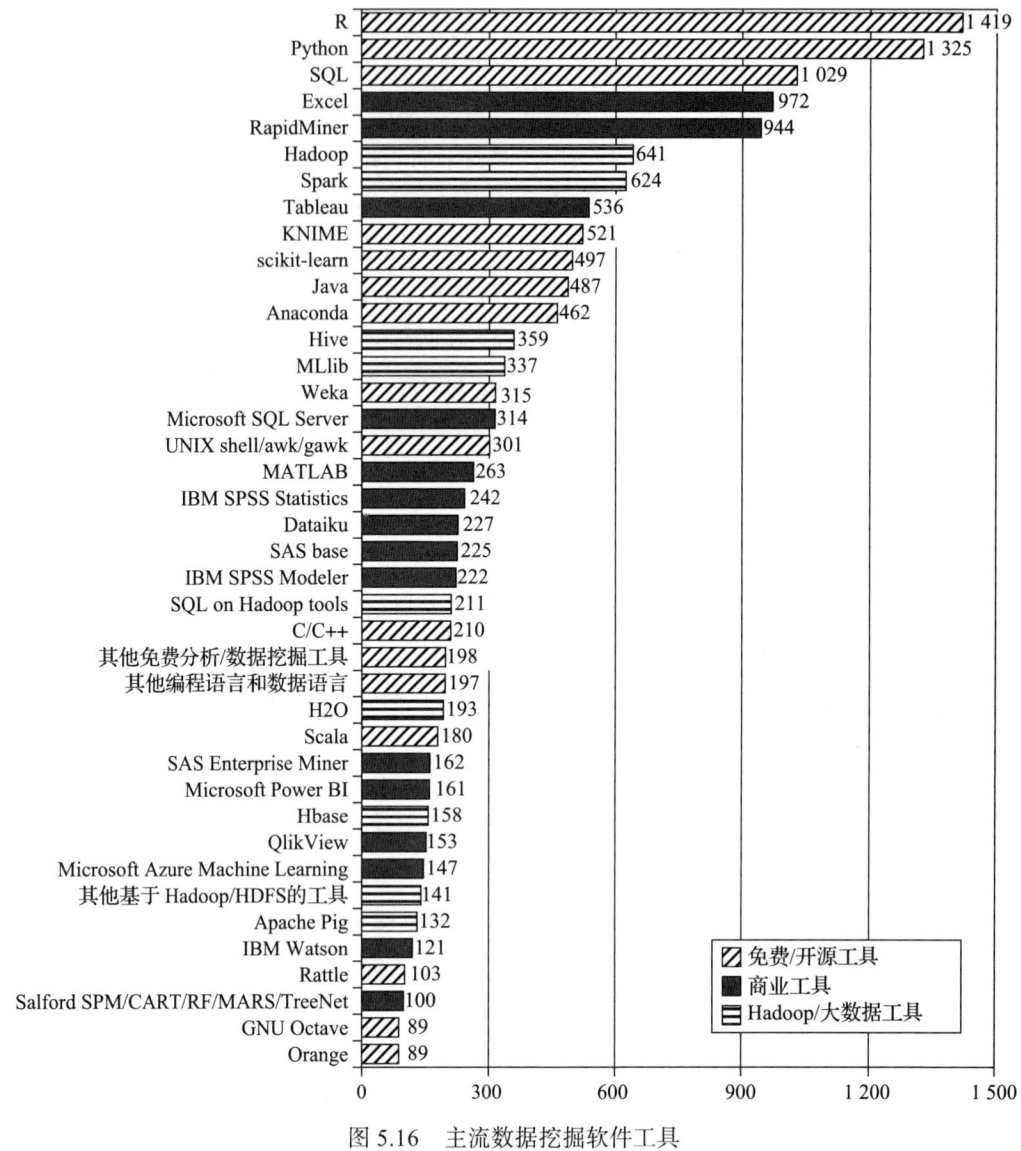

资料来源：KDnuggets.com。

5.7 数据挖掘的隐私问题、谬误和隐患

在数据挖掘过程中收集、存储和分析的数据通常包含真实人物的信息。这些信息可以包括身份数据（姓名、地址、社会保障号码、驾驶执照号码、员工号码等）、人口统计学数据（如年龄、性别、种族、婚姻状况、子女数量等）、财务数据（如工资、家庭总收入、支票或储蓄账户余额、房屋所有权、抵押贷款或贷款账户细节、信用卡限额和余额、投资账户细节等）、购买历史（何时何地购买了什么），以及其他个人数据（如周年纪念、是否怀孕、患病、家庭损失、破产申请等）。这些数据中的大部分内容可以通过一些第三方数据提供商访问。这里的主要问题是数据所属人员的隐私。为了维护隐私，保护个人权利，数据挖掘专业人员有道德（通常是法律）上的义务。其中一种做法是在应用数据挖掘应用程序之

前取消对客户记录的识别,这样就无法将记录定位到个人。许多公开可用的数据来源(例如 CDC 数据、SEER 数据、UNOS 数据)已经取消标识。在访问这些数据源之前,通常要求使用者在任何情况下都不会试图通过这些数字反推出个人信息。

在最近的一些案例中,有些公司在未征得客户明确同意的情况下与他人共享其客户数据。例如,正如大多数人可能还记得的那样,2003 年,捷蓝(JetBlue)航空向美国政府承包商 Torch Concepts 提供了超过 100 万份客户的乘机记录。Torch 随后用家庭规模和社会保障号码等额外信息扩充了乘客数据,这些额外信息是从一家名为 Acxiom 的数据代理公司购买的。公司旨在将合并的个人数据库用于一个数据挖掘项目,以开发潜在的恐怖分子档案。所有这些数据都是在未经乘客同意的情况下进行的。然而,当这些活动的消息传出后,针对捷蓝航空、Torch 和 Acxiom 提起了数十起隐私诉讼,数位美国参议员呼吁对这一事件进行调查(Wald,2004)。社交网络公司也传出了类似但影响较小的相关隐私新闻,据称这些公司将客户特定数据出售给其他公司,以进行个性化目标营销。

2012 年,另一个关于隐私问题的奇特故事登上了头条。在此事件中,相关企业没有使用任何私人数据。从法律上讲,企业没有违反任何法律,该故事是关于 Target 的,具体细节参考分析实操 5.3。

分析实操 5.3 预测客户购买模式——Target 公司的故事

2012 年年初,一起有关 Target 公司预测性分析的丑闻被曝光。在这个故事中,一个十几岁的女孩收到了 Target 公司向她发送的广告传单和优惠券,推荐她购买一位准妈妈才会从 Target 这样的商店购买的东西。故事是这样的:一个愤怒的人走进明尼阿波利斯郊外的 Target 公司,要求与一位经理交谈。他说:"我女儿收到了邮件!她还在上高中,你给她寄婴儿衣服和婴儿床的优惠券?你是想鼓励她怀孕吗?"经理根本不知道这个人在说什么。他看邮箱后,才明白这则推销孕妇装、托儿所家具和微笑婴儿的照片的广告被发送给了这位父亲的女儿。经理立即向这位父亲道歉,几天后又打电话道歉。不过,在电话里,这位父亲有些不好意思。他说:"我和我女儿谈过,事实证明,看来家里有些事情我完全不知道,我女儿 8 月份即将生孩子,我应该向你道歉。"

事实证明,Target 在她父亲之前就发现了一个十几岁的女孩怀孕了!以下是他们的做法。Target 为每位客户分配一个客人 ID 号码(与他们的信用卡、姓名或电子邮件地址绑定),该号码将成为一个占位符,用于保存他们购买的所有商品的历史记录。Target 还通过其他渠道收集和购买人口统计信息来对数据进行扩充。利用这些信息,Target 查看了过去注册 Target 婴儿登记处的所有女性的历史购买数据。他们从各个方面对数据进行了分析,很快就发现了一些有用的模式。例如,乳液和特殊维生素是购买模式有趣的产品之一。很多人都会购买乳液,但他们注意到,在婴儿登记处的女性在孕中期开始时会购买大量无气味乳液。另一位分析师指出,在前 20 周的某个时候,孕妇会大量摄入钙、镁和锌等补充剂。许多购物者会购买肥皂和棉球,但当有人突然开始购买大量无味肥皂和超大袋的棉球,以及洗手液和毛巾时,这表明他们离预产期越来越近了。最终,Target

能够识别出大约 25 种产品,当将这些产品组合分析时,他们可以为每个购物者分配一个"怀孕预测"分数。更重要的是,他们还可以在一个小窗口内估计女性的预产期,这样 Target 就可以根据女性怀孕的特定阶段向其发送优惠券。

如果从法律角度来看这种做法,你会发现 Target 没有使用任何侵犯客户隐私的信息;相反,他们使用了几乎所有其他零售连锁店都在收集和存储(也许还有分析)的关于客户的交易数据。在这种情况下,令人不安的可能是有针对性的概念:怀孕。有些事件或概念应该被禁止或极其谨慎地对待,例如绝症、离婚和破产等。

资料来源:Hill, K. (2012, February 16). How Target figured out a teen girl was pregnant before her father did. Forbes; Nolan, R. (2012, February 21). Behind the cover story: How much does Target know? NYTimes.com。

数据挖掘的误区

数据挖掘是一种强大的分析工具,使企业高管能够通过分析过去的情况预测未来,从而更好地管理他们的业务运营(做出准确及时的决策)。数据挖掘帮助营销人员找到解开客户行为奥秘的模式。数据挖掘的结果可以用于通过识别欺诈和发现商业机会来增加收入和降低成本,从而提供一系列全新的竞争优势工具。作为一个不断发展和成熟的领域,数据挖掘通常与许多谬误联系在一起,并与现实相对应,包括表 5.6 列出的那些谬误(Delen,2021;Zaima,2003)。

表 5.6 数据挖掘谬误

谬误	真相
数据挖掘提供即时、水晶球般的预测	数据挖掘是一个多步骤过程,需要深思熟虑、积极主动的设计和使用
数据挖掘对于主流商务应用来说还不可行	它们目前的技术水平几乎可以用于任何商务类型和/或规模
数据挖掘需要一个单独、专用的数据库	由于数据库技术的进步,不需要专门的数据库
只有拥有高级学位的人才可以进行数据挖掘	更新的基于 Web 的工具使各种教育层次的管理者都可以进行数据挖掘
数据挖掘只适用于拥有大量客户数据的大公司	只要数据准确地反映了企业或其客户,任何公司都可以使用数据挖掘

理解上述谬误后,有远见者通过数据挖掘已经获得了巨大的竞争优势。

尽管价值主张及其必要性对任何人来说都是显而易见的,但那些执行数据挖掘项目的人(从新手到经验丰富的数据科学家)有时会犯错误,导致项目的结果不太理想。在实践中经常会出现以下 16 种数据挖掘错误(也称隐患、陷阱或挫折)(Delen 2021, Nesbit 等人,2009 Shultz, 2004; Skalak, 2001),数据科学家应该意识到这些错误,并尽最大努力避免这些错误:

- 选择了错误的问题进行数据挖掘。并不是每个业务问题都可以通过数据挖掘来解决。当没有代表性数据(大数据和特征丰富的数据)时,就不可能有可操作的数据挖掘项目。

- 忽略赞助商对数据挖掘是什么，以及它真正能做什么和不能做什么的看法。期望管理是成功的数据挖掘项目的关键。
- 有始无终。尽管数据挖掘是一个发现知识的过程，但要想成功，应该有一个目标或目的（一个所谓的业务问题）。俗话说："如果你不知道自己要去哪里，你就永远无法到达。"
- 围绕数据无法支持的基础项目。数据挖掘就是关于数据的；也就是说，在数据挖掘项目中，最大的限制是数据的丰富性。了解数据的局限性有助于制定可行的项目，以交付结果并满足预期。
- 数据准备时间不足。这需要付出比一般人所理解的更多的努力。众所周知，项目总时间的三分之一用于数据采集、理解和准备任务。要想成功，在数据得到正确处理（整合、清理和转换）前，应该避免继续建模。
- 只看汇总结果，不看个别记录。当数据处于细粒度表示时，数据挖掘处于最佳状态。尽量避免不必要地聚集和过度简化数据，这样才对数据挖掘算法有帮助——算法并不真正需要你的帮助，它们完全有能力自己解决问题。
- 对数据挖掘过程和结果的跟踪过于草率。因为这是一个涉及多次迭代和实验的发现过程，所以很可能无法跟踪研究结果。成功的项目需要对所有数据挖掘任务进行系统有序的规划、执行和跟踪/记录。
- 使用来自未来的数据来预测未来。由于缺乏对数据的描述和理解，分析师通常会在进行预测时包含未知的变量。这样一来，他们的预测模型产生了令人难以置信的准确结果［其实是徒劳无功的，称为愚人金（fool's gold）］。如果预测结果太好，以至于难以相信，那么结果通常是不太可信的。在这种情况下，首先需要查找是否存在对未来变量的错误使用。
- 忽略可疑的发现，并迅速前进。意外的发现往往是数据挖掘项目中真正新颖之处的指示器。对这些奇怪的事情进行适当的调查可以得到令人惊讶的发现。
- 从一个备受瞩目的复杂项目开始，让你成为超级明星。如果从头到尾都没有仔细考虑数据挖掘项目，它们往往会失败。成功往往伴随着项目从较小/较简单到较大/较复杂的系统有序进展。项目目标应该是展示增量和持续的附加值，而不是承担一个消耗资源却没有产生任何有价值结果的大型项目。
- 重复且盲目地运行数据挖掘算法。尽管今天的数据挖掘工具能够使用数据并设置算法参数以产生结果，但人们应该知道如何转换数据并设置适当的参数值以获得尽可能好的结果。每种算法都有自己独特的数据处理方式，知道这一点对于充分利用每种模型类型是必要的。
- 忽略领域专家。了解问题领域和相关数据需要数据挖掘和领域专家之间高度协作。共同工作有助于数据挖掘专家超越句法表示，并获得数据的语义性质（即变量的真实含义）。
- 对数据的一切都信以为真。尽管有必要与领域专家交谈以更好地了解数据和业务问题，但数据科学家不应想当然地认为任何事情都是理所当然的。通过批判性分析进行验证是深入理解和处理数据的关键。
- 假想数据保管人将全面参与合作。许多数据挖掘项目之所以失败，是因为数据挖掘专家不了解组织政策。数据挖掘项目中最大的一个障碍可能是拥有和控制数据的人。理解和管理政策是识别、访问和正确理解数据，确保数据挖掘项目成功的关键。
- 与赞助商度量结果的方式不同。应该与将要使用它们的终端用户（经理/决策者）就结果是否可用进行沟通。因此，以吸引最终用户的方式和格式生成结果，才能极大地增加真正理解和正确使用数据挖掘结果的可能性。
- 如果建造它，结果就会来：不要担心如何服务。通常，数据挖掘专家认为，一旦他们建立了满足并有望超过最终用户（即客户）需求和期望的模型，他们的任务就完成了。事实上，如果没有适当的部署，数据挖掘结果的价值传递就会受限。因此，部署是数据挖掘过程中必需的最后一步，在数据挖掘过程中应将模型集成到组织决策支持基础设施中，以实现更好、更快的决策。

5.7 节 习题

1. 数据挖掘中的隐私问题是什么？
2. 你认为隐私和数据挖掘之间的讨论将如何进行下去？为什么？
3. 关于数据挖掘，最常见的谬误是什么？
4. 这些关于数据挖掘的谬误是什么原因造成的？
5. 最常见的数据挖掘错误/隐患是什么？如何消除或最大限度减少这些错误？

本章重点

- 数据挖掘是从结构化数据库中发现新知识的过程。
- 数据挖掘可以使用简单的平面文件作为数据源，也可以对数据仓库中的数据执行数据挖掘。
- 数据挖掘有许多名称和定义。
- 数据挖掘是许多学科的交叉，包括统计学、人工智能和数学建模。
- 企业使用数据挖掘可以更好地了解其客户并优化运营。
- 数据挖掘应用于诸多领域，包括医疗保健、金融、营销和国土安全等。
- 数据挖掘任务主要分为三大类：预测（分类或回归）、聚类和关联。
- 与其他信息系统举措类似，数据挖掘项目要取得成功，必须遵循系统的项目管理流程。
- 已经有若干数据挖掘过程被提出，如 CRISP-DM、SEMMA、KDD 等。
- CRISP-DM 为开展数据挖掘项目提供了一种系统有序的方式。
- 数据挖掘项目中的早期步骤（即理解业务领域和相关数据）消耗了整个项目的大部分时间（通常超过总时间的 80%）。
- 数据预处理对于任何成功的数据挖掘研究都至关重要。好的数据带来好的信息，好的信息会带来好的决策。
- 数据预处理包括四个主要步骤：数据整合、数据清理、数据转换和数据归约。

- 分类方法从以前包含输入和由此产生的类标签的样本中学习，正确训练后，它们就能够对未来的案例进行分类。
- 聚类将模式记录划分为自然分组和集群。分组内的成员共享相似的特征。
- 通常使用多种不同的算法进行分类，商业实现算法包括 ID3、C4.5、C5、CART、CHAID 和 SPRINT 等。
- 决策树按不同属性划分数据，以便每个叶节点包含同一类别的模式。
- 基尼指数和信息增益（熵）是确定决策树中分支选择的两种常用方法。
- 基尼指数衡量样本的纯度。如果样本中的所有内容都属于一个类，则其基尼指数值为 0。
- 有多种评估技术可以测量分类模型的预测准确度，包括简单拆分、k 折交叉验证、bootstrapping 和 ROC 曲线下面积。
- 当数据记录没有预定义的类标识符时（即，不知道特定记录属于哪一类），使用聚类算法。
- 聚类算法计算实例之间的相似度，以便将相似的实例放入同一簇中。
- 聚类分析中最常用的相似性度量是距离度量。
- 最常用的聚类算法是 k 均值和自组织映射。
- 关联规则挖掘用于发现两个或多个组合在一起的项目（或事件、概念）。
- 关联规则挖掘通常也称为购物篮分析。
- 最常用的关联算法是 Apriori 算法，通过自下而上的方法识别频繁项目集。
- 关联规则根据其支持度和置信度进行评估。
- 现在有许多商业和免费的数据挖掘工具可用。
- 最流行的商业数据挖掘工具是 SPSS PASW 和 SAS Enterprise Miner。
- 最受欢迎的免费数据挖掘工具是 Weka 和 RapidMiner。

问题讨论

1. 定义数据挖掘。为什么数据挖掘有很多名称和定义？
2. 数据挖掘最近流行的主要原因是什么？
3. 组织在决定购买数据挖掘软件之前应该考虑什么。
4. 数据挖掘与其他分析工具和技术有何区别？
5. 简述主要的数据挖掘方法，这些方法之间的根本区别是什么？
6. 数据挖掘的主要应用领域是什么？讨论这些领域的共性，使它们成为数据挖掘研究的前景。
7. 为什么需要一个标准化的数据挖掘过程？最常用的数据挖掘过程是什么？
8. 试对两种最常用的数据挖掘过程之间的差异做出说明。
9. 数据挖掘过程仅仅是一组连续的活动吗？请给出解释。
10. 为什么需要数据预处理？数据预处理的主要任务和相关技术是什么？
11. 试讨论分类模型评估背后的推理。
12. 分类和聚类之间的主要区别是什么？请用具体的例子进行解释。
13. 除了本章讨论的案例，还有哪些领域可以使用关联？
14. 数据挖掘的隐私问题是什么？这些隐私问题属实吗？
15. 关于数据挖掘，最常见的谬误和错误有哪些？

练习

Teradata 大学网络（TUN）和其他动手练习

1. 进行网络搜索，查找有关数据挖掘的案例研究和白皮书。根据你的发现，简要介绍数据挖掘和预测建模领域的最新发展。

2. 进行网络搜索，查找与数据挖掘相关的基于网络的研讨会（即网络研讨会）。至少观看两次网络研讨会，并撰写一份简短的报告，回答以下问题：

   a. 数据挖掘有哪些有趣的应用？

   b. 组织可以从数据挖掘计划中获得哪些类型的收益和成本？

3. 在本练习中，你的目标是建立一个模型来识别输入或预测变量（基于过往的客户模式），以将风险客户与其他客户区分开来，然后使用这些输入来预测新的风险客户。此案例在本领域是很典型的。

   本练习中使用的示例数据位于 CreditRisk.xlsx 文件中的在线文件 W5.1 中。该数据集有 425 个案例和 15 个变量，包含因各种原因从银行借款的以往和现在的客户。该数据集包含与客户相关的信息，如财务状况、贷款原因、就业、人口统计信息以及信用状况的结果或因变量，根据机构过去的经验将每种情况分为好或坏。

   将其中 400 个案例作为训练案例，并留出另外 25 个案例进行测试。基于 400 个案例建立决策树模型，以了解问题的特征。在剩余的 25 个案例中测试其性能。给出模型的学习和测试性能报告。准备一份报告，对决策树模型、训练参数，以及测试集的最终性能进行识别。你可以使用任何具有决策树归纳模块的数据挖掘软件（最简单的方法是使用免费/开源工具，如 R、Python 或 KNIME 等）。

4. 在本练习中，你将（在较小规模上）复制分析实操 5.2 中的票房预测模型。从在线文件 W5.2，MovieTrain.xlsx 下载训练数据集，该文件为 Microsoft Excel 格式。使用分析实操 5.2 中给出的数据描述来了解域和试图解决的问题。选取你的自变量，开发至少三个分类模型（例如，决策树、逻辑回归、神经网络）。使用 10 折交叉验证和百分比分割技术对准确度结果进行比较，使用混淆矩阵对结果进行评论。在测试集上测试你开发的模型（请参阅联机文件 W5.3，MovieTest.xlsx）。分析不同模型的结果，并提出最佳分类模型，使用你的结果支持该模型。

5. 本练习旨在帮助你认识关联规则挖掘。Excel 数据集 baskets1ntrans.xlsx 有大约 2 800 个超市运输产品数据的观察/记录。每个记录都包含客户的 ID 和他们购买的产品信息。使用此数据集来了解产品之间的关系（即哪些产品是一起购买的）。寻找其中有趣的关系，并添加你可能找到的任何微妙关联模式的屏幕截图。请回答以下问题。

   - 你认为哪些关联规则最重要？
   - 根据你发现的一些关联规则，至少提出三项可能对公司有益的商业建议。这些对销售的建议可能包括关于货架组织、追加销售或交叉销售产品的想法。（创新的想法将获得加分。）
   - 以下规则的支持度、置信度和提升度分别是多少？

     葡萄酒、罐装蔬菜→冷冻餐

6. 在这个作业中，你将使用免费/开源的数据挖掘工具 KNIME（knime.com）为小规模客户流失分析数据集构建预测模型。你需要分析给定的数据集（关于 1 000 名客户的客户保留/流失行为），开发并比较至少三种预测（即分类）模型。例如，你可以在比较中包括决策树、神经网络、SVM、k 近邻或逻辑回归模型。以下是本任务的具体内容：

   - 从（knime.com）安装并使用 KNIME 软件工具。

- 你也可以使用 Excel 对数据进行预处理。
● 从本书的网站下载 CustomerChurnData.csv 数据文件。
  - 数据以 CSV（用逗号分隔值）格式给出。这种格式是许多软件工具（包括 KNIME 和 Excel）可以轻松打开和处理的最常见的平面文件格式。
● 撰写一份组织良好的专业文档，在其中展示你的研究结果。
  - 文档应包括一个封面（上书有关你和作业的简要信息）。
  - 确保以专业的方式将数字（图表、表格、屏幕截图）很好地集成到文字描述中，报告应包括六个主要部分（类似 CRISP-DM 阶段）。
  - 包括封面在内，总共不要超过 15 页（使用 12 点 Times New Roman 字体，1.5 行间距）。

小组任务和角色扮演项目

1. 分析新的数据捕获设备（如 RFID）如何帮助企业准确识别和细分其客户，以进行定向营销等活动。这些应用大多都涉及数据挖掘。浏览文献和网络，提出五种可能的新数据挖掘应用，这些应用可以使用 RFID 技术创建的数据。如果一个国家的法律要求将此类设备嵌入每个人的身体中以建立国家身份识别系统，将会出现什么问题？

2. 采访学院的管理员或组织高管，了解数据挖掘、数据仓库、OLAP 和可视化工具如何帮助他们完成工作。撰写一份建议书，陈述你的发现，报告中要包括成本估算和效益分析。

3. 网站 ics.uci.edu/~mlearn/MLRepository.html 上提供了一个非常好的数据库，可用于测试许多数据挖掘算法的性能。其中一些数据集旨在测试当前机器学习算法的极限，并将其性能与新的学习方法进行比较。然而，一些较小的数据集对于探索任意数据挖掘软件（如 RapidMiner 或 KNIME）的功能都很有用。从该存储库下载至少一个数据集（例如，Credit Screening Databases、Housing Database），酌情使用决策树或聚类方法。根据你的结果撰写一份报告。

4. 美国政府或其子公司在互联网上提供大型且功能丰富的数据集。例如，参见大量政府数据集（data.gov）、疾病控制和预防中心数据集（www.cdc.gov/DataStatistics）、监测、Cancer.org 的流行病学和最终结果数据集（http://seer.cancer.gov/data），以及交通部门的事故报告系统数据集（www.nhtsa.gov/FARS）。这些数据集没有经过数据挖掘的预处理，因而是体验完整数据挖掘过程的绝佳资源。KDnuggets.com 上列出了另一个分析数据集的丰富来源（kdnuggets.com/datasets/index.html）。

5. 考虑以下数据集，其中包括 3 个属性和 MBA 课程录取结果分类：

GMAT	GPA	GMAT 分数（百分制）	录取决定
650	2.75	35	No
580	3.50	70	No
600	3.50	75	Yes
450	2.95	80	No
700	3.25	90	Yes
590	3.50	80	Yes
400	3.85	45	No
640	3.50	75	Yes
540	3.00	60	?
690	2.85	80	?
490	4.00	65	?

- 使用给定的数据，制定自己的人工专家决策规则。
- 使用基尼指数建立决策树，可以使用手动计算或电子表格来执行基本计算。
- 使用自动化决策树软件为上述同样的数据构建决策树。

Internet 练习

1. 访问 cs.ualberta.ca/~aixplore 上的 AI 探索博物馆。单击决策树链接，阅读有关篮球比赛统计的内容。对数据进行检查，然后构建决策树。给出你对该决策树准确度的印象报告。同时，研究不同算法的效果。
2. 从 fico.com 和 egain.com 开始调查一些数据挖掘工具和供应商，查阅 dmreview.com，找出本章中未提及的一些数据挖掘产品和服务提供商。
3. 查找最近成功的数据挖掘应用案例。访问一些数据挖掘供应商网站，查阅其成功案例。撰写一份报告，在报告中对五个新的案例研究加以总结。
4. 访问供应商网站（尤其是 SAS、SPSS、Cognos、Teradata、KNIME 和 Fair Isaac 的网站），了解 BI（OLAP 和数据挖掘）工具的相关成功案例。这些成功案例有什么共同点，不同点又在哪里？
5. 访问 knime.com。下载至少三份应用白皮书。其中哪些应用可能使用了本章中讨论到的数据 / 文本 /Web 挖掘技术？
6. 访问 tibco.com。下载至少三份应用白皮书。其中哪些应用可能使用了本章中讨论的数据 / 文本 /Web 挖掘技术？
7. 访问 sas.com。下载至少三份应用白皮书。其中哪些应用可能使用了本章中讨论的数据 / 文本 /Web 挖掘技术？
8. 访问 spss.com（一家 IBM 公司）。下载至少三份应用白皮书。其中哪些应用可能使用了本章中讨论的数据 / 文本 /Web 挖掘技术？
9. 访问 teradata.com。下载至少三份应用白皮书。其中哪些应用可能使用了本章中讨论的数据 / 文本 /Web 挖掘技术？
10. 访问 fico.com。下载至少三份应用白皮书。其中哪些应用可能使用了本章中讨论的数据 / 文本 /Web 挖掘技术？
11. 访问 salfordsystems.com。下载至少三份应用白皮书。其中哪些应用可能使用了本章中讨论的数据 / 文本 /Web 挖掘技术？
12. 访问 rulequest.com。下载至少三份应用白皮书。其中哪些应用可能使用了本章中讨论的数据 / 文本 /Web 挖掘技术？
13. 访问 kdnuggets.com。浏览有关应用程序和软件的部分内容。查找至少三个用于数据挖掘和文本挖掘的其他软件包。

参考文献

Abbott, D. (2014). Applied predictive analytics: Principles and techniques for the professional data analyst. John Wiley & Sons.

Chan, P. K., Phan, W., Prodromidis, A., & Stolfo, S. (1999). Distributed data mining in credit card fraud detection. IEEE Intelligent Systems, 14(6), 67-74.

CRISP-DM. (2013). Cross-Industry Standard Process for Data Mining (CRISP-DM). http://crisp-dm. orgwww.the-modeling-agency. com/crisp-dm.pdf (accessed February 2, 2013).

Davenport, T. H. (2006, January). Competing on analytics. Harvard Business Review, 99-107.

Delen, D. (2009). Analysis of cancer data: A data mining approach. Expert Systems, 26(1), 100-112.

Delen, D. (2014). Real-world data mining: Applied business analytics and decision making. Upper Saddle River, NJ: Pearson.

Delen, D. (2021). Predictive Analytics: Data Mining, Machine Learning and Data Science for Practitioners., 2nd Edition. Upper Saddle River, NJ: Pearson.

Delen, D., Cogdell, D., & Kasap, N. (2012). A comparative analysis of data mining methods in predicting NCAA Bowl outcomes. International Journal of Forecasting, 28, 543-552.

Delen, D., & Sharda, R. (2010). Predicting the financial success of Hollywood movies using an information fusion approach. Industrial Engineering Journal, 21(1), 30-37.

Delen, D., Sharda, R., & Kumar, P. (2007). Movie forecast Guru: A Web-based DSS for Hollywood managers. Decision Support Systems, 43(4), 1151-1170.

Delen, D., Walker, G., & Kadam, A. (2005). Predicting breast cancer survivability: A comparison of three data mining methods. Artificial Intelligence in Medicine, 34(2), 113-127.

Dunham, M. (2003). Data mining: Introductory and advanced topics. Upper Saddle River, NJ: Prentice Hall.

Fayyad, U., Piatetsky-Shapiro, G., & Smyth, P. (1996). From knowledge discovery in databases. AI Magazine, 17(3), 37-54.

Hoffman, T. (1998, December 7). Banks turn to IT to reclaim most profitable customers. Computerworld.

Hoffman, T. (1999, April 19). Insurers mine for age-appropriate offering. Computerworld.

Kohonen, T. (1982). Self-organized formation of topologically correct feature maps. Biological Cybernetics, 43(1), 59-69.

Nemati, H. R., & Barko, C. D. (2001). Issues in organizational data mining: A survey of current practices. Journal of Data Warehousing, 6(1), 25-36.

Nisbet, R., Miner, G., & Elder IV, J. (2009). "Top 10 Data Mining Mistakes" in the Handbook of statistical analysis and data mining applications. pp. 733-754. Academic Press.

Quinlan, J. R. (1986). Induction of decision trees. Machine Learning, 1, 81-106.

SEMMA. (2009). SAS's data mining process: Sample, explore, modify, model, assess. sas.com/offices/europe/uk/technologies/analytics/datamining/miner/semma.html (accessed August 2009).

Seni, G., & Elder, J. F. (2010). Ensemble methods in data mining: Improving accuracy through combining predictions. Synthesis Lectures on Data Mining and Knowledge Discovery, 2(1), 1-126.

Sharda, R., & Delen, D. (2006). Predicting box-office success of motion pictures with neural networks. Expert Systems with Applications, 30, 243-254.

Shultz, R. (2004, December 7). Live from NCDM: Tales of database buffoonery. directmag.com/news/ncdm-12-07-04/index.html (accessed April 2009).

Skalak, D. (2001). Data mining blunders exposed! DB2 Magazine, 6(2), 10-13.

Thongkam, J., Xu, G., Zhang, Y., & Huang, F. (2009). Toward breast cancer survivability prediction models through improving training space. Expert Systems with Applications, 36(10), 12200-12209.

Wald, M. L. (2004, February 21). U.S. calls release of JetBlue data improper. The New York Times.

Wright, C. (2012). Statistical predictors of March Madness: An examination of the NCAA Men's Basketball Championship. http://economics-files.pomona.edu/GarySmith/Econ190/Wright%20March%20Madness%20Final%20Paper.pdf (accessed February 2, 2013).

Zaima, A. (2003). The five myths of data mining. What Works: Best practices in business intelligence and data warehousing, Vol. 15. Chatsworth, CA: The Data Warehousing Institute, pp. 42-43.

Zolbanin, H. M., Delen, D., & Zadeh, A. H. (2015). Predicting overall survivability in comorbidity of cancers: A data mining approach. Decision Support Systems, 74, 150-161.

CHAPTER 6

第6章

预测性分析：文本、Web 以及社交媒体分析

学习目标

- 描述文本分析并理解文本挖掘的需求
- 区分文本分析、文本挖掘和数据挖掘
- 理解文本挖掘的不同应用领域
- 了解文本挖掘项目的史诗过程
- 了解向文本数据中引入结构的不同方法
- 描述情感分析
- 熟悉情感分析的热门应用
- 学习情感分析的常用方法
- 了解主题建模基础及其分析技术
- 熟悉社交媒体分析

本章全面介绍文本分析（也称为文本挖掘或文本处理）和 Web 分析/挖掘及其主要应用领域，如搜索引擎、情感分析和社交网络/媒体分析。近几年，通过互联网生成的非结构化数据（通过网页上的用户生成内容、社交网络链接、文本和图像/视频、物联网平台、传感器网络、RFID 系统、监控网络等）正以指数级速度增长，并且没有迹象表明这一增长速度会放缓。这种不断变化的数据性质迫使组织将文本和 Web 分析作为商务智能/分析基础设施的重要组成部分。

6.1 开篇小插曲：*Jeopardy!* 上的人机大战：Watson 的故事

在人类应该最擅长的领域，机器能击败人类吗？很明显，答案是肯定的，这台机器的名字叫 Watson。Watson 是一个非凡的计算机系统，具备先进的硬件和软件，旨在回答用人类自然语言提出的问题。它是由 IBM 研究团队于 2010 年开发的，是 DeepQA 项目的一部分，并以 IBM 首任总裁 Thomas J. Watson 的名字命名。

背景

大约三年前，IBM Research 正在寻求一项重大的研究挑战，以与计算机国际象棋冠军"深蓝"的科学和大众兴趣相抗衡，这也与 IBM 的商业利益明显相关。其目标是通过探索计算机技术影响科学、商业和社会的新途径来推进计算机科学。为此，IBM Research 承担了一项挑战，即构建一个能够在美国电视智力竞赛节目 Jeopardy! 中挑战人类的具有人类冠军级别的计算机系统！其挑战的范围包括在节目中派出一名实时自动参赛者，能够倾听、理解和回答问题，不仅仅完成简单的实验室练习。

与最好的选手对决

2011 年，作为一项能力测试，Watson 参加了智力竞赛节目 Jeopardy!，这是该节目有史以来第一场人机对决。在一期有两场比赛的积分赛中（2 月 14 日至 16 日在 Jeopardy! 分三集播出），Watson 击败了 Jeopardy! 有史以来最大的赢家 Brad Rutter，以及最长冠军连胜纪录（75 天）保持者 Ken Jennings。在这几集中，Watson 的表现一直优于人类对手，但在对少数类别做出反应时遇到了困难，尤其是那些线索很短、只包含几个单词的类别。Watson 访问了 2 亿页的结构化和非结构化内容，消耗了 4 TB 的磁盘存储。比赛期间，Watson 没有连接到互联网。

应对 Jeopardy! 的挑战需要推进和整合各种问答（QA）技术（文本挖掘和自然语言处理），包括解析、分类问题、问题分解、自动来源获取和评估、实体和关系检测、逻辑形式生成以及知识表示和推理。要在 Jeopardy! 中获胜，需要准确计算答案的置信度。问题和内容都是模棱两可且含有噪声的，没有完美的单一算法。因此，每个计算组件都必须在其输出中产生置信度，并且必须将各个计算组件的置信度组合起来，以计算最终答案的总体置信度。最后的置信度用于确定计算机系统是否应该冒险选择回答。在 Jeopardy! 中，最终的置信度用来决定计算机是回答还是忽略该问题。置信度必须在问题读出至答题时间截止之前完成计算，大约需要 1～6 秒，平均计算时间约为 3 秒。

Watson 是如何做到的？

Watson 背后的系统称为 DeepQA，是一个大规模并行的、以文本挖掘为重点的、基于概率的计算架构。为了应对 Jeopardy! 挑战赛，Watson 使用了 100 多种不同的技术来分析自然语言、识别来源、发现和生成假设、发现和评分证据以及对假设进行合并和排序。比使用某种特定技术更重要的是如何将这些技术在 DeepQA 中整合起来，使原本互相重叠的技术能够发挥各自的优势，以提高系统准确度、可信度和速度。

DeepQA 是一个采用伴随方法的体系结构，这并不仅仅针对 Jeopardy! 挑战。DeepQA 的首要原则是大规模并行计算、多专家、普适的置信度估计，以及最新和最优秀的文本分析技术的集成。

- **大规模并行计算**：在考虑多种解释和假设的情况下，开发大规模并行计算。
- **多专家**：促进对多种松散耦合概率问题和内容分析的集成、应用和上下文评估。

- **普适的置信度评估**：没有任何组件负责直接产生答案，所有组件都会产生特征及其相关的置信度，对不同的问题和内容解释进行评估。底层的置信度处理机制将学会如何对这些置信度评分进行累加。
- **整合浅层和深层知识**：权衡严格语义和浅层语义的使用，充分利用许多松散形成的知识本体。

图 6.1 展示了 DeepQA 的高层架构。Ferrucci 等人（2010）介绍了有关各种体系结构组件及其具体作用和能力的更多技术细节。

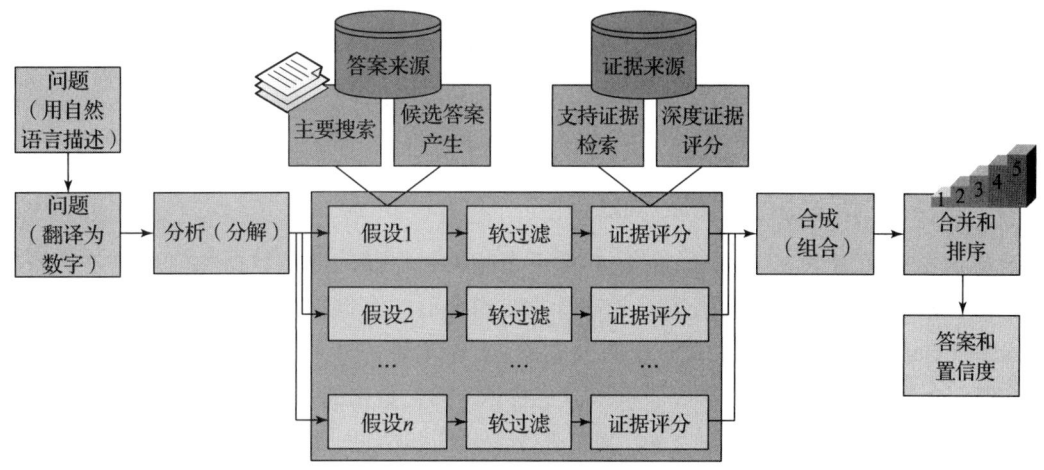

图 6.1 DeepQA 的高层架构

结论

Jeopardy! 的挑战帮助 IBM 解决了 DeepQA 架构设计和 Watson 实现的需求。经过大约 20 名研究人员组成的核心团队三年的深入研究和开发，Watson 在 *Jeopardy!* 中的准确度、置信度和速度都达到了人类专家的水平。

IBM 声称已经开发了许多计算和语言算法来解决 QA 中不同类型的问题和需求。尽管这些算法的内部结构尚不清楚，但它们都必须充分利用文本分析和文本挖掘。在过去的十年里，IBM 一直致力于 Watson 的各种实现，以解决医疗保健和医学领域的问题。

▶ 开篇小插曲问题：

1. 什么是 Watson？它有什么特别之处？
2. Watson 的建造使用了哪些技术（包括硬件和软件）？
3. DeepQA 架构的哪些创新特征使得 Watson 脱颖而出？
4. 为什么 IBM 要花那么多时间和金钱来建造 Watson？其投资回报（ROI）在哪里？

我们能从开篇小插曲学到什么？

可以肯定地说，在过去 50 多年里，计算机技术在硬件和软件方面的发展速度比任何其他技术都要快。过去无法解决的问题现在已经完全在信息技术的处理范围内了。其中一项技术可能是文本分析/文本挖掘。我们创建了数据库来构建数据结构，便于计算机对其进行处理。另一方面，一直以来文本都依靠人类亲自处理。有些事情最初本来不是为机器设计的？需要人类的创造力和智慧的，这些事情机器能做吗？显然可以！Watson 是一个很好的例子，它见证了我们在解决不可能的问题上所取得的成就。现在，计算机已经足够智能，可以在我们认为人类最擅长的方面与人类较量。理解自然语言提出的问题，领会并对其进行处理，搜索答案，并在几秒钟内做出回答，这些事情在 Watson 真正做到之前是无法想象的。在本章中，你将学习 Watson 使用的分析工具和技术，以及其他智能机器，它们解决了曾经认为无法解决的问题，创造了奇迹。

资料来源：Ferrucci, D., Brown, E., Chu-Carroll, J., Fan, J., Gondek, D., Kalyanpur, A. A., ... Welty, C. (2010). Building Watson: An overview of the DeepQA Project. AI Magazine, 31 (3); The DeepQA Research Team (2021). researcher. watson.ibm.com/researcher/view_group_subpage.php?id=2159; Feldman, S., Hanover, J., Burghard, C., & Schubmehl, D. (2012). Recommend with confidence—Unlocking the power of unstructured data. IBM Watson (2022). www.ibm.com/watson/advantages/recommend?mhsrc=ibmsearch_a&mhq=Unlocking%20 Unstructured%20Data。

6.2 文本分析与文本挖掘概述

我们生活在信息时代，这个时代的特点是收集、存储的电子数据和信息的数量都在快速增长。绝大多数业务数据实际上是以非结构化形式存储在文本文档中。根据 Merrill Lynch 和 Gartner 的一项研究，85% 的公司数据是以某种非结构化形式捕获和存储的（McKnight，2005）。同一项研究还指出，这些非结构化数据的规模每 18 个月就会翻一番。在当今商业世界中，知识就是力量，知识来源于数据和信息，因此有效、高效地利用文本数据源的企业将拥有必要的知识，从而能够做出更好的决策，比落后的企业更具竞争优势。这就是文本分析和文本挖掘在现今商业中的价值。

尽管文本分析和文本挖掘的首要目标是通过应用自然语言处理和分析将非结构化文本数据转化为可操作的信息，但至少对该领域的一些专家来说，它们的定义还是有区别的。按照这些专家的说法，文本分析是一个更广泛的概念，包括信息检索（例如，根据某组关键术语搜索和识别相关文档）、信息提取、数据挖掘和 Web 挖掘。文本挖掘主要侧重于从文本数据源中发现新的有用知识。图 6.2 说明了文本分析和文本挖掘之间的关系以及与其他相关应用领域的关系（Miner 等人，2012）。

图 6.2 的底部列出了一些主要学科（这些学科是基础），这些学科在这些日益流行的应用领域的开发中发挥关键作用。基于文本分析和文本挖掘的定义，可以简单地将两者之间的差异表述为：

$$\text{文本分析} = \text{信息检索} + \text{信息提取} + \text{数据挖掘} + \text{Web 挖掘}$$

更简洁的形式为：

$$\text{文本分析} = \text{信息检索} + \text{文本挖掘}$$

与文本挖掘相比，文本分析（text analytic）是一个相对较新的术语。随着最近对商务分析的重视，正如许多其他相关技术应用领域（例如，消费者分析、完整分析、可视化分析、社交分析）的情况一样，文本领域也要紧跟商务分析的潮流。尽管文本分析一词在商业应用环境中更常用，但文本挖掘在学术研究界也经常使用。尽管有时它们的定义可能有所不同，但文本分析和文本挖掘通常是同义词，我们对此表示赞同。

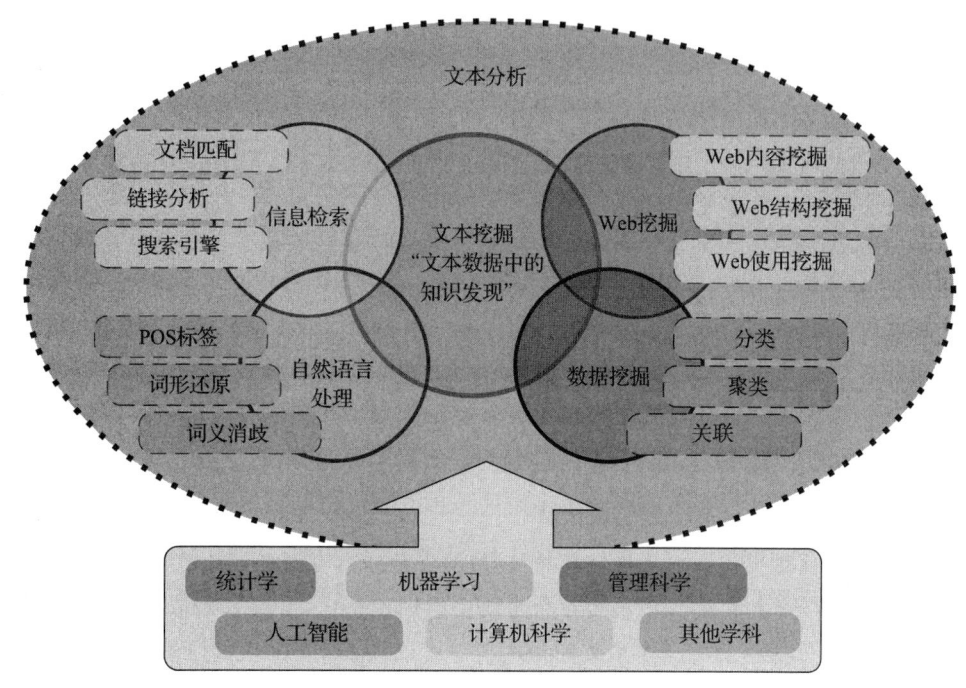

图 6.2 文本分析、相关应用领域和支持学科

文本挖掘(text mining)也称为文本数据挖掘(text data mining)或文本数据库中的知识发现(knowledge discovery in textual databases),是从大量非结构化数据源中提取模式(有用信息和知识)的半自动化过程。记住,数据挖掘是从结构化数据库中存储的数据中识别有效、新颖、可能有用且最终可理解的模式的过程,这些数据以分类、序数或连续变量的形式存储在结构化数据库中。文本挖掘与数据挖掘的相同之处在于,两者具有相同的目的和相同的使用过程,文本挖掘的输入是大量非结构化(或弱结构化)数据文件,如 Word 文档、PDF 文件、文本摘录和 XML 文件。从本质上讲,可以将文本挖掘视为一个过程(包括两个主要步骤),首先将文本数据源转化为结构化的数据,然后使用数据挖掘技术和工具从基于文本的结构化数据中提取相关信息和知识。

在不断产生大量文本数据的领域,如法律(法庭命令)、学术研究(研究文章)、财务(季度报告)、医学(出院病历)、生物学(分子间相互作用)、技术(专利文件)和营销(客户评论)等领域,文本挖掘带来的好处显而易见。例如,自由文本形式的客户交互,包括投诉(或赞扬)和保修申请表,可以用于客观地识别产品和服务不太完美的特征,从而改善产品开发和服务配置。同样,市场推广计划和焦点小组也会产生大量数据。通过不限制产品或服务反馈形式,客户可以用自己的话来表达他们对公司产品和服务的看法。非结构化文本的自动化处理对电子通信和电子邮件领域也产生了很大影响。文本挖掘不仅可以用于对垃圾邮件进行分类和过滤,还可以根据重要性级别对电子邮件的优先级自动排序,并生成自动回复(Weng 和 Liu,2004)。以下是文本挖掘最受欢迎的应用领域:

- **信息提取**。通过模式匹配在文本中查找预定义的对象和序列,可以识别文本中的关键短语和关系。

- **主题跟踪**。基于用户配置文件和用户查看的文档，文本挖掘可以预测用户感兴趣的其他文档。
- **总结**。对文档进行总结，以节省读者的时间。
- **分类**。识别文档的主题，然后根据这些主题将文档放入预先定义的分类中。
- **聚类**。对没有预定义类别的相似文档进行分组。
- **概念链接**。通过识别相关文档的共享概念来连接这些文档，以此帮助用户找到使用传统搜索方法可能找不到的信息。
- **问答**。通过知识驱动的模式匹配，找到给定问题的最佳答案。

有关文本挖掘中使用的一些术语和概念的解释，请参阅技术洞察6.1。

技术洞察6.1　文本挖掘术语

下面列出一些常用的文本挖掘术语。

- **非结构化数据**（对比结构化数据）。结构化数据具有预先定义的格式，通常由简单的数值（分类变量、序数变量和连续变量）记录组成，并存储在数据库中。相反，非结构化数据没有预先定义的格式，而是以文本文档的形式存储。从某种意义上说，结构化数据是由计算机处理的，而非结构化数据需要由人处理和理解。
- **语料库**。在语言学中，语料库（corpus）是一组庞大而结构化的文本（现在通常以电子方式存储和处理），用于进行知识发现。
- **词项**。词项（term）是单个单词或多单词短语，通过NLP方法直接从特定领域的语料库中提取。
- **概念**。概念是通过人工、统计、基于规则或混合分类方法从文档集合中生成的特征。与词项相比，概念是更高层次的抽象。
- **词干提取**。词干提取（stemming）是删除词缀得到词干（或词基或词根）的过程。例如stemmer、stemming、stemmed都是基于词根stem的。
- **停用词**。停止词（stop word，或noise word）是在处理自然语言数据（即文本）之前或之后过滤掉的词。尽管没有公认的停用词列表，但大多数NLP工具使用的停用词列表都包括冠词（a、an、the、of等）、助动词（is、are、was、were等）和一些上下文相关的、没有区分价值的词。
- **同义词和多义词**。同义词（synonyms）是语法上不同的单词（即拼写不同），具有相同或至少相似的含义（如movie、film和motion picture）。相反，多义词（polysemes），也称同音异义词（homonyms），是语法上相同的单词（即拼写完全相同），但具有不同的含义（例如，英文单词bow可以表示"鞠躬""船首""弓"或"蝴蝶结"）。
- **词条化**。词条（token）是句子中的分类文本块。对应于词条的文本块根据其执行的功能进行分类。这作为对文本块的意义表示被称为**词条化**（tokenizing）。词条只需要是结构化文本中的有用部分，任何形式都可以。
- **词项词典**。特定领域的词项集合，可用于限定从语料库中提取的词项。

- **词频**。在特定文档中某一个词出现的次数。
- **词性标注**。根据词的定义及其上下文，给文本中的每个词都指派一个合适的词性（名词、动词、形容词、副词等）的过程。
- **形态学**。形态学（morphology）是语言学的一个分支，也是 NLP 的一部分，研究单词的内部结构（一种语言内或多种语言间的单词形成模式）。
- **词项 – 文档矩阵**（发生矩阵）。一种常用的基于频率的词频 – 文档关系表示模式，词项在行中列出，文档按行列出，词项和文档的频率以整数值的形式列在单元格中。
- **奇异值分解**（潜在语义索引）。一种降维方法，用于通过使用类似于主成分分析的矩阵操作方法生成频率的中间表示，通过降维将词项 – 文档矩阵转换为可操作的大小。

6.2 节 习题

1. 什么是文本分析？文本分析与文本挖掘有何不同？
2. 什么是文本挖掘？文本挖掘与数据挖掘有何不同？
3. 为什么文本挖掘作为一种分析工具越来越受欢迎？
4. 文本挖掘的最受欢迎的应用领域有哪些？

6.3 自然语言处理

早期的一些文本挖掘应用程序在将结构引入基于文本的文档集合时，使用了一种称为词袋（bag-of-words）的简化表示，将文档集合分类为两个或多个预定义的类，或将它们聚类形成自然分组。在词袋模型中，句子、段落或完整的文档等文本表示为单词的集合，不考虑其中语法或单词出现的顺序。一些简单的文档分类工具仍然在使用词袋（bag-of-words）模型。例如，在垃圾邮件过滤中，可以将电子邮件建模为无序的单词集合（一个词袋），并将其与两个不同的预定义词袋进行比较。一个词袋里包含垃圾邮件中的单词，另一个词袋里包含合法邮件中的单词。尽管其中一些单词可能同时出现在两个词袋中，但"垃圾邮件"词袋中更可能包含与垃圾邮件相关的单词，如股票（stock）和购买（buy），这些词出现的频率远高于合法词袋，后者会包含更多与用户朋友或工作场所相关的单词。特定电子邮件的词袋与包含描述符的两个词袋之间的匹配程度决定了该电子邮件是属于垃圾邮件还是属于合法邮件。

我们（人类）自然不会使用没有某种秩序或结构的词语。我们在句子中使用单词，这些单词既有语义结构，也有语法结构。因此，自动化技术（如文本挖掘）需要寻找超越词袋模型解释的方法，并将越来越多的语义结构融入处理中。当前文本挖掘的趋势是包含许多可以使用 NLP 获得的高级特征。

已有证据表明，对文本挖掘任务（例如，分类、聚类、关联等），词袋方法可能无法生成足够好的信息内容。循证医学就是其中一个很好的例子。循证医学的一个关键组成部分是将现有的最佳研究结果纳入临床决策过程，包括评估从印刷媒体收集的信息的有效性和相关性。美国马里兰大学的几位研究人员使用词袋方法开发了证据评估模型（Lin 和 Demner-Fushman，2005）。他们采用流行的机器学习方法，使用从 MEDLINE（Medical Literature Analysis and Retrieval System Online，在线医学文献分析和检索系统）收集的 50 多万篇研究文章。在模型中，他们将每个抽象都用词袋表示，其中每个词项的词干都表示一个特征。虽然使用了流行的分类方法和经过验证的实验设计方法，但它们的预测结果并不比简单的猜测好多少，这可能表明词袋并没有足够好地表示该领域的研究文章。因此，需要诸如 NLP 之类的更先进的技术。

自然语言处理是文本挖掘的重要组成部分，是人工智能和计算语言学的一个分支。自然语言处理研究"理解"人类自然语言的问题，目的是将人类语言描述（如文本文档）转换成计算机程序更容易处理的、更加具体化（以数字和符号数据的形式）的表示。NLP 的目标是超越语法驱动的文本处理（通常称为"单词计数"），考虑语法和语义约束以及上下文，真正理解和处理自然语言。

"理解"一词的定义和范围是 NLP 中主要讨论的话题之一。考虑到人类的自然语言是模糊的，真正理解需要有关话题的广泛知识（超越单词、句子和段落），计算机是否能够以与人类相同的方式和准确度理解自然语言？可能不会！NLP 从简单的单词计数时代走过了很长的路，但要真正理解人类语言，它还有更长的路要走。下面列出了 NLP 实施过程中常见的一些挑战：

- **词性标注**。将文本中的词项标记为与特定词性（如名词、动词、形容词或副词）相对应是很困难的，因为词性不仅取决于词项的定义，还取决于词项所在的上下文。
- **文本分割**。一些书面语言，如汉语、日语和泰语，没有单个单词边界。在这些情况下，文本解析任务需要识别文字边界，这个任务通常很困难。类似挑战出现在对口语进行语音分割的任务中，因为语音代表了连续的字母，不同的词之间就会互相融合。
- **词义消歧**。许多单词有不止一种含义。选择最有意义的含义只能通过考虑单词使用的上下文来实现。
- **句法歧义**。自然语言的语法是模棱两可的，经常需要考虑多种可能的句子结构。选择最合适的结构通常需要融合语义及其上下文信息。
- **输入不完整或不规则**。外国或地区口音、语音障碍以及文本中的排版或语法错误都会使语言的处理变得更加困难。
- **语言行为**。一句话通常可以反映说话人的一种行为。单独的句子结构可能不包含足够的信息来定义这个动作。例如，"Can you pass the class？"是请求一个简单的是/否回答，而"Can you pass the salt？"则是请求执行一个物理动作。

拥有能够自动阅读文本并从文本中获取知识的算法是人工智能界长期以来的梦想。斯坦福大学 NLP 实验室的研究人员通过将学习算法应用于解析后的文本，开发出了可以自动识别文本中的概念以及这些概念之间关系的方法。通过在大量文本上使用一个独特的过程，他们的算法自动获取了几十万条有关世界知识的词项，并使用这些词项为 WordNet 生成显著增强的知识库。WordNet 是一个手工编码的数据库，包含英语单词、词汇定义、同义词集，以及同义词集之间的各种语义关系。WordNet 是 NLP 应用的主要资源，但事实证明，人工构建和维护该数据库成本高昂。通过自动化地将知识引入 WordNet，有可能以很小的成本使 WordNet 成为 NLP 更大、更全面的资源。客户关系管理（CRM）是从 NLP 和 WordNet 获益的领域之一。一般来说，CRM 的目标是通过更好地理解和有效地响应客户的实际和感知需求来实现客户价值的最大化。CRM 的一个重要领域是情感分析，NLP 在其中产生了重大影响。情感分析使用巨大的文本数据源（网络帖子形式的客户反馈）来检测对特定产品和服务的有利和不利的意见。有关情感分析和 WordNet 的详细介绍参见 6.6 节。

一般的分析以及特定的文本分析和文本挖掘可以用于理解客户情绪，以提供及时和创新的产品及服务。分析实操 6.1 介绍了一个示例，其中客户生成的文本内容（从互联网和社交媒体获得）被用作客户心声，以提高客户忠诚度和盈利能力。

分析实操 6.1　通过理解客户情感实现创新

对在线评论和社交媒体进行分析，可以深入了解消费者想要什么，他们如何与产品互动，以及他们在哪里遇到可用性问题。对这方面的分析结果可以带来新的功能设计和开发，甚至生产新产品。了解客户情绪，了解消费者对产品或品牌的真实看法是传统的痛点。客户旅程分析（Customer Journey Analytics，CJA）提供了对这些领域的深入了解，但这些解决方案并非都旨在集成非结构化数据（如呼叫中心笔记或社交媒体反馈）的重要来源。

在当今世界，非结构化笔记几乎是每个行业核心通信的一部分。例如：
- 医疗专业人员记录患者的观察结果。
- 汽车技术人员写下安全信息。
- 零售商跟踪社交媒体上的消费者评论。
- 呼叫中心监控客户反馈并做好记录。

将笔记（通常以自由格式文本形式提供）与其他数据结合起来进行分析一直很困难。这是因为每个行业在其数据中都有独特的术语、俚语、简写和缩写。分析数据意义和业务见解首先需要将文本转换为结构化形式。这种手动过程成本高昂、耗时且容易出错，尤其是在数据量不断增加的情况下。公司在不编码文本的情况下利用笔记的其中一种方法是使用文本聚类。这种技术可以快速识别常用单词或短语，以便快速分析。

将单词分组以孤立问题

通过对单词或短语进行聚类，公司可以识别数据中的趋势或流行主题，可以对各种文本执行分析，包括：
- 员工电子邮件
- 客户投诉信息
- 呼叫中心笔记
- 商业表单
- 社交媒体帖子

Teradata 公司 Think Big Analytics 最近对于汽车制造商开展了 Teradata 快速分析咨询业务（Rapid Analytic Consulting Engagement，RACE）。数据科学家和商业顾问喜欢利用 RACE，因为它可以在六周或更短的时间内获得高价值的结果。数据科学家使用词频逆文档频率（Term Frequency-Inverse Document Frequency，TF-IDF）和余弦相似性（Cosine Similarity）来分析与汽车安全问题相关的文本信息。TF-IDF 确定单个单词与文档中其他单词相比的重要性。利用余弦相似性将文档合并在一起，并将其与另一个文档进行相似性比较。这有助于识别常见短语。TF-IDF 和余弦相似性是一种强大的组合，可以识别大量客户笔记中常见的重要短语或主题。

TF-IDF 和余弦相似性都是自然语言处理功能的重要部分，对短语进行聚类，然后识别潜在的情感。聚类有助于将重要的分析领域孤立出来。NLP 提供了对这些讨论性质的理解（例如，积极的、消极的、中立的）。对于这家汽车制造商，分析人员对从呼叫中心和安全注意事项中分离出的独特的主题进行了分析。该公司可以看到具体的问题和客户关心的问题。例如，聚类分析显示客户关心制动问题、动力转向泄漏和其他安全问题。聚类结果也可能指特定工厂的安全问题。然后，制造商可以确定问题的根源并采取纠正措施。

文本和笔记可以带来新的和改进的产品

利用文本和情感分析中发现的见解和客户情感可以激发创新。汽车制造商等公司可以利用智能来改善客户服务，并提供更好的客户体验。通过了解客户对当前产品的好恶，公司可以改进设计，例如为汽车添加新功能以增强驾驶体验等。

形成单词聚类还可以帮助公司发现安全问题。如果一家汽车制造商看到许多客户对他们的汽车冒黑烟表达不满，公司就可以即时做出回应。同样，制造商可以解决客户关心的安全问题。通过将评论分组成一大类，公司有能力关注遇到类似问题的特定客户。例如，这允许一家公司为那些经历过黑烟的人提供回扣或特别促销。

了解客户情感可以更好地为汽车制造商的政策提供信息。例如，客户有不同的寿命值。一位只抱怨过一次但终身价值非常高的客户可能比一个终身价值较低但反映了很多问题的客户更迫切地需要进行投诉处理。有人可能花了 5 000 美元从一个二手车停车场购买了这辆车。另一位可能有从制造商那里购买新车的历史，并在展厅花了 3 万美元买了这辆车。

使用 Teradata 分析平台，公司可以开展一个活动，根据客户的价值对其进行细分，让回头客获得 500 美元的折扣，低价值客户在下一次服务时也可以获得折扣。公司还可以按地点对客户进行细分。由于加利福尼亚州的严格法律，制造商可能希望立即对住在该州抱怨汽车冒黑烟的客户采取行动，而对内布拉斯加州投诉同样问题的客户，公司可以在其下一次预订保养时一并处理。

每个行业都可以从文本和情感分析中受益

所有行业都可以使用文本聚类和分析进行创新，解决行业质量或安全问题，或改善客户服务。医生办公室和医院可以分析医疗记录，以发现特定患者群体的医疗问题。拥有呼叫中心的公司可以通过监控客户电话来发现常见的投诉。财务顾问可以审查电子邮件以确保合规,公用事业公司可以识别公用事业电网的安全问题。

文本聚类还可以帮助零售商快速了解他们的客户在社交媒体上对哪些产品线感到兴奋,比如一系列新的奢侈品。零售商可以深入到某个聚类中查看具体问题,其结果表明顾客对刚刚发布的某一款新男士古龙香水赞不绝口。

了解客户情绪、患者问题或产品安全因素,公司能够据此做出更明智的决策,促进其产品的创建或改进,以及制定新的政策或程序,或开发满足客户不断变化的需求的解决方案。

资料来源:Teradata Case Study. Deliver Innovation by Understanding Customer Sentiments, https://assets.teradata.com/resourceCenter/downloads/CaseStudies/EB9859.pdf。

NLP已经通过计算机程序成功地应用于各种领域和任务,以自动处理以前只能由人类处理的自然语言。下面列出其中一些最流行的任务:

- **问答**。自动回答由自然语言提出的问题的任务。也就是说,当给出一个人类语言问题时,NLP生成一个人类语言的回答。为了找到问题的答案,计算机程序可以使用预先构建的数据库或自然语言文档集合(文本语料库,如万维网)。
- **自动摘要**。由计算机程序生成一个文本文档的简短版本,其中包含原始文档中最重要的内容。
- **自然语言生成**。系统将计算机数据库中的信息转换为可读的人类语言。
- **自然语言理解**。系统将人类语言的样本转换为更正式的表示,计算机程序更容易操作。
- **机器翻译**。将一种人类语言翻译成另一种人类语言。
- **外语阅读**。一种计算机程序,可帮助非母语读者以正确的发音和口音阅读世界上任意一种外语。
- **外语写作**。一种帮助非母语用户用外语写作的计算机程序。
- **语音识别**。将口语转换为机器可读输入。给定一个人说话的声音片段,系统会生成一个听写文本。
- **文本转语音**。也称为语音合成(speech synthesis),利用计算机程序自动将正常语言文本转换为人类语音。
- **文本校对**。计算机程序读取文本,以检测并纠正其中的错误。
- **光学字符识别**。将手写文本、打字文本或打印文本(通常由扫描仪获取)的图像自动转换成机器可编辑的文本文档。

文本挖掘的成功和流行在很大程度上取决于NLP在生成和理解人类语言方面的进步。NLP能够从非结构化文本中提取特征,进而可以使用各种数据挖掘技术从中提取知识(新颖、有用的模式和关系)。简单地说,文本挖掘就是NLP和数据挖掘的结合。

6.3节 习题

1. 什么是NLP?
2. NLP与文本挖掘有何关联?

3. NLP 的好处和面临的挑战是什么？
4. NLP 最常见的处理任务是什么？

6.4 文本挖掘应用

随着组织收集的非结构化数据量的增加，文本挖掘工具的价值主张和流行程度也在增加。许多组织现在都意识到使用文本挖掘工具从基于文档的数据存储库中提取知识的重要性。以下是部分典型文本挖掘应用。

市场营销应用

文本挖掘可以通过分析呼叫中心生成的非结构化数据来增加交叉销售（cross-selling）和追加销售（up-selling）。呼叫中心记录生成的文本以及与客户的语音对话转录信息可以通过文本挖掘算法进行分析，以提取有关客户对公司产品和服务的看法的新颖、可操作的信息。此外，博客、独立网站上的产品用户评论和讨论板帖子都是反映客户情感的金矿。分析这些丰富的信息集合，可以有效提高客户的满意度和整体终身价值（Coussement 和 Van den Poel，2008）。

文本挖掘对 CRM 来说非常重要。公司可以使用文本挖掘来分析丰富的非结构化文本数据集，并结合从组织数据库中提取的相关结构化数据，以预测客户感知及其随后的购买行为。Coussement 和 Van den Poel（2009）成功应用文本挖掘，显著提高了模型预测客户流失的能力，从而准确地找出那些最有可能离开公司的客户，以制定留客策略。

Ghani 等人（2006）使用文本挖掘开发了一个系统，该系统能够推断产品的外观和显性产品属性，以增强零售商分析其产品数据库的能力。将产品视为一组属性 - 价值对，而不是原子实体，可能会提高许多业务应用的有效性，包括需求预测、产品组合优化、产品推荐、零售商和制造商之间的产品分类比较，以及产品供应商选择。系统允许企业用属性和属性值来表示产品，不需要太多的手动工作。该系统通过将监督和半监督学习技术应用于零售商网站上的产品描述来学习这些属性。

安全应用

安全领域最大、最突出的文本挖掘应用之一可能是高度机密的 ECHELON 监控系统。正如传言所说，ECHELON 能够识别电话、传真、电子邮件和其他类型数据的内容，并拦截通过卫星、公共交换电话网络和微波链路发送的信息。

2007 年，欧洲刑警组织（EUROPOL）开发了一个集成系统，能够访问、存储和分析大量结构化和非结构化数据源，以跟踪跨国的有组织犯罪。该系统称为情报支持总体分析系统（Overall Analysis System for Intelligence Support，OASIS），旨在集成当今市场上最先进的数据和文本挖掘技术。该系统帮助欧洲刑警组织在支持其国际执法目标方面取得了重大进展（欧洲刑警组织，2007）。

美国联邦调查局（FBI）和中央情报局（CIA）在国土安全部的指导下，正在联合开发一个超级计算机数据和文本挖掘系统。该系统预计将创建一个巨大的数据仓库以及各种数据和文本挖掘模块,以满足联邦、州和地方执法机构的知识发现需求。在此之前,FBI 和 CIA 都有自己的独立数据库,但很少或根本没有互联。

文本挖掘的另一个与安全相关的应用欺诈检测。Fuller、Biros 和 Delen(2008)将文本挖掘应用于大量真实犯罪(或疑犯)的陈述,开发了预测模型来对欺诈性陈述和真实陈述加以区分。使用从文本陈述中提取的丰富线索集,模型对保留样本的预测准确度为 70%,考虑到线索仅从文本陈述(无言语或视觉线索)中提取,该方法被认为取得了显著的成功。此外,与测谎仪等其他欺诈检测技术相比,这种方法是非侵入性的,不仅广泛适用于文本数据,而且(可能)适用于录音笔录。分析实操 6.2 中的分析对基于文本挖掘的欺诈检测做了更详细的介绍。

分析实操 6.2 谎言挖掘

受基于 Web 的信息技术进步和不断加速的全球化的影响,以计算机为媒介的通信不断渗透到人们的日常生活中,这也成为欺诈发生的温床。基于文本的聊天、即时消息、短信和在线社区生成的文本的数量正在迅猛增加,甚至电子邮件的使用量也在持续增长。随着基于文本的通信大规模的增长,人们基于计算机通信对他人实施欺诈的可能性也在增加,这种欺诈可能会产生灾难性的后果。

遗憾的是,人类在欺诈检测方面的表现不尽人意。这种现象在基于文本的通信中更加严重。大部分欺诈检测研究(也称为可信度评估)都涉及面对面的会议和采访。然而,随着基于文本的通信的发展,基于文本的欺诈检测技术必不可少。

成功检测欺诈(谎言)的技术具有广泛的应用。执法部门可以使用决策支持工具和技术来调查犯罪,在机场进行安全检查,并监控可疑恐怖分子的通信。人力资源专业人员可以使用欺诈检测工具对申请人进行筛选。这些工具和技术也有可能扫描电子邮件,以揭露公司高管的欺诈或其他不法行为。尽管有些人认为他们可以很容易地识别出那些不诚实的人,但一项欺诈研究表明,人们在真实性判断方面的准确率平均只有 54%(Bond 和 DePaulo,2006)。当人们试图通过文本检测欺诈时,准确率可能会更糟。

综合应用文本挖掘和数据挖掘技术,Fuller 等人(2008)分析了军事基地犯罪人员完成的疑犯陈述。在这些陈述中,嫌疑人和证人必须用自己的话写下他们对事件的回忆。军事执法人员在档案数据中搜索他们可以最终认定为真实或欺诈的陈述。这些决定以确凿的证据和案件解析为基础。这些陈述一旦被贴上真实或欺诈的标签,执法人员就会删除识别信息,并将这些陈述交给研究小组。研究小组共收到 371 份可供分析的陈述报告。Fuller 等人(2008)使用的基于文本的欺诈检测方法是基于一个称为消息特征挖掘(message feature mining)的过程,该过程依赖数据元素和文本挖掘技术,图 6.3 简单描述了该过程(Fuller 等人,2011)。

首先,研究人员准备用于处理的数据。原始的手写陈述必须转录成平面文件以供进一步处理。其次对特征(即线索)进行识别。研究人员识别了 31 个代表语言类别或类型的特征,这些特征相对独立于文本内容,并且可以通过自动化手段加以轻松分析。例如,可以在不分析周围文本的情况下识别第一人称代词,如 I 或 me。表 6.1 列出了本研究中使用的示例特征列表。

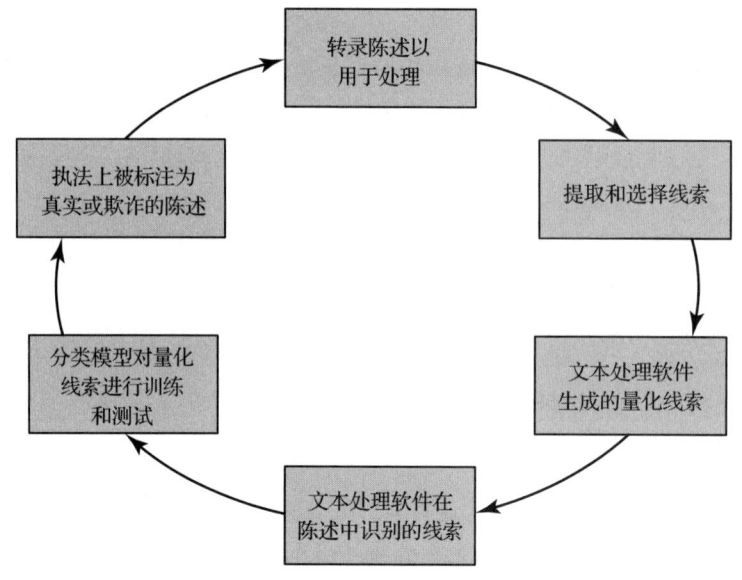

图 6.3 基于文本的欺诈检测过程

表 6.1 欺诈检测中使用的语言特征类别和例子

编号	结构（类别）	示例线索
1	数量	动词计数、名词短语计数等
2	复杂性	子句平均数、平均句子长度等
3	不确定性	修饰词、情态动词等
4	非即时性	被动语态、对象化等
5	可表达性	情感
6	多样性	词汇多样性、冗余等
7	非正式性	印刷错误率
8	特异性	时空信息、感知信息等
9	影响	积极影响、负面影响等

这些特征是从文本语句中提取的，并输入到一个平面文件中进行进一步处理。研究人员使用几种特征选择方法和 10 折交叉验证方法，对三种流行的数据挖掘方法的预测精度进行了比较。比较结果表明，神经网络模型表现最好，对测试数据样本的预测准确率为 73.46%；决策树表现其次，准确率为 71.60%；逻辑回归表现最差，其预测准确率为 65.28%。

结果表明，基于文本的自动欺诈检测有可能帮助那些尝试在文本中检测谎言的人，并可以成功应用于真实世界的数据。虽然仅限于文本提示，但这些检测技术的准确性超过了大多数其他欺诈检测技术。

资料来源：Fuller, C. M., Biros, D. P., & Delen, D. (2011). An investigation of data and text mining methods for real world deception detection. Expert Systems with Applications, 38(7), 8392-8398; Fuller, C. M., Biros, D., & Delen, D. (2008). Exploration of feature selection and advanced classification models for high-stakes deception detection. Proceedings of the 41st Annual Hawaii International Conference on System Sciences (HICSS), Big Island, HI: IEEE Press, 80-99. Bond C. F., & DePaulo, B. M. (2006). Accuracy of deception judgments. Personality and Social Psychology Reports, 10(3), 214-234。

生物医学应用

文本挖掘在医学领域和生物医学领域都具有巨大的潜力，原因有以下几个方面。首先，这些领域已出版的文献和出版渠道（尤其是随着开源期刊的出现）正在以指数级的速度增加。其次，与大多数其他领域相比，医学文献更加规范有序，成为更"可挖掘"的信息来源。最后，这种文献中使用的术语是相对固定的，具有相当标准的本体（ontology）。下面介绍几项典型研究，其中文本挖掘技术已成功用于从生物医学文献中提取新模式。

DNA 微阵列分析、基因表达序列分析（SAGE）和质谱蛋白质组学等实验技术正在生成大量与基因和蛋白质相关的数据。与其他实验方法一样，有必要在先前已知的关于所研究生物实体的信息的背景下分析大量数据。文献是实验验证和解释的一个特别有价值的信息来源。因此，开发自动文本挖掘工具来帮助研究人员解释这些信息是当前生物信息学研究的主要挑战之一。

了解蛋白质在细胞内的位置有助于研究其在生物过程中的作用，并判断它作为药物靶点的潜力。医学文献中介绍了许多位置预测系统，一些文献专注于讨论特定有机体，而另一些文献则试图对大范围内的有机体进行分析。Shatkay 等人（2007）提出了一个综合系统，该系统使用几种类型的基于序列和文本的特征来预测蛋白质的位置。该系统的主要新颖之处在于选择文本来源和特征，并将其与基于序列的特征相结合。他们在以前使用的数据集和专门为测试其预测能力而设计的新数据集上对新系统进行了测试。结果表明，他们的系统始终优于之前报道的结果。

Chun 等人（2006）描述了一种从 MEDLINE 访问的文献中提取疾病 - 基因关系的系统。他们从 6 个公共数据库中构建了一个疾病和基因名称词典，并通过该词典匹配提取出候选关系。由于词典匹配会产生大量的误报，他们为此开发了一种基于机器学习的命名实体识别（Named Entity Recognition，NER）方法，以对疾病/基因名称的错误识别进行过滤。他们发现，关系提取的成功与否在很大程度上取决于 NER 过滤的性能，同时过滤使得关系提取的精度提高了 26.7%，但代价是召回率略有下降。

图 6.4 简要描述了生物医学文献中多层次文本分析过程，该过程用于揭示基因 - 蛋白质关系（或蛋白质 - 蛋白质相互作用）(Nakov 等，2005)。示例使用了来自生物医学文本分析的一条简单语句，可以发现底部三行使用词性标注（part-of-speech tagging）和浅层分析对文本进行了词条化。然后，经过词条化的词项与领域本体的层次表示进行匹配（和解释），以导出基因 - 蛋白质关系。这种方法（或其某些变体方法）在生物医学文献中的应用为解码人类基因组计划中的复杂性提供了巨大潜力。

学术应用

文本挖掘问题对于拥有大型信息数据库的出版商来说非常重要，这些信息需要索引才能方便检索。在科学领域尤其如此，在这些学科中，高度专业的信息通常包含在书面文本中。目前已经启动了一些举措，如 *Nature* 杂志倡议的开放文本挖掘接口和美国国立卫生研究院提出的通用期刊发布文档类型定义，该定义将为机器提供语义提示，以回答文本中包含的特定问题，而不必解除出版商对公众访问的限制。

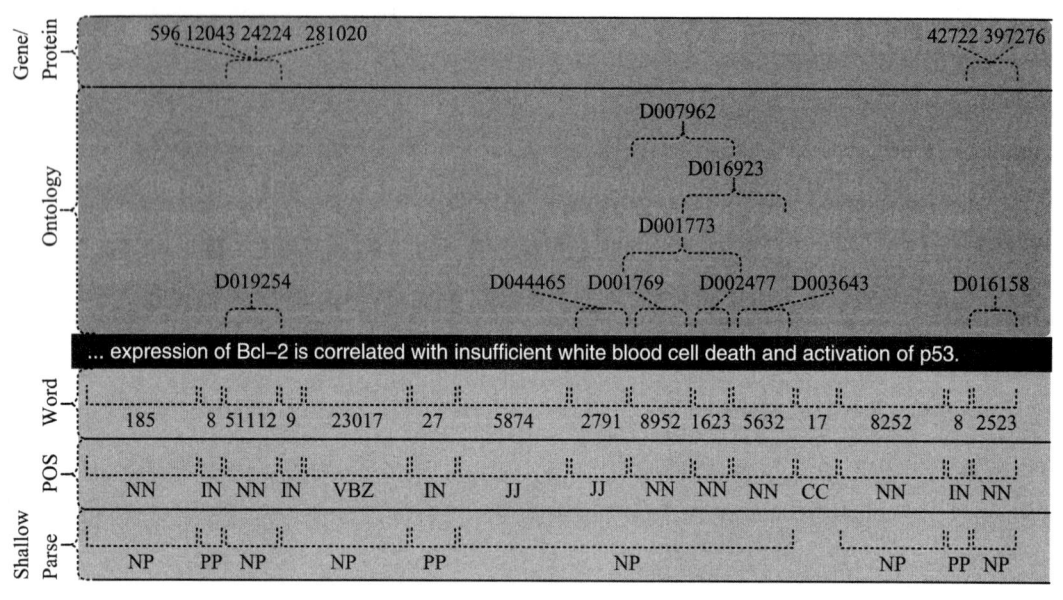

图 6.4 多层次文本分析识别基因和蛋白质的相互作用

资料来源：Nakov, P., Schwartz, A., Wolf, B., & Hearst, M. A. (2005). Supporting annotation layers for natural language processing. Proceedings of the Association for Computational Linguistics (ACL), Interactive Poster and Demonstration Sessions, Ann Arbor, MI. Association for Computational Linguistics, 65-68。

学术机构也发起了文本挖掘倡议。例如，曼彻斯特大学和利物浦大学合作的国家文本挖掘中心为学术界提供定制的工具、研究设施和文本挖掘建议。最初的研究专注于生物和生物医学领域的文本挖掘，后来研究扩展到社会科学领域。在美国，加州大学伯克利分校信息学院正在开发一个名为 BioText 的项目，用于帮助生物科学研究人员进行文本挖掘和分析。

▶ 6.4 节 习题

1. 列出并简要讨论文本挖掘在市场营销中的一些应用。
2. 安全和反恐领域如何应用文本挖掘？
3. 文本挖掘在生物医学中有哪些有前景的应用？

6.5 文本挖掘过程

要取得成功，文本挖掘研究应该遵循基于最佳实践的合理方法。这需要一个类似于跨行业数据挖掘标准流程（CRISP-DM）的标准化过程模型，CRISP-DM 是数据挖掘项目的行业标准（见第 5 章）。尽管 CRISP-DM 大部分也适用于文本挖掘项目，但特定的文本挖掘过程模型将包括更详尽的数据预处理活动。图 6.5 描绘了典型文本挖掘过程的高级上下文图（Delen 和 Crossland, 2008）。这个上下文图展示了过程的范围，强调了它与更大环境的接口。本质上，该上下文图划清了特定过程的边界，以明确识别文本挖掘过程中包含（和排除）的内容。

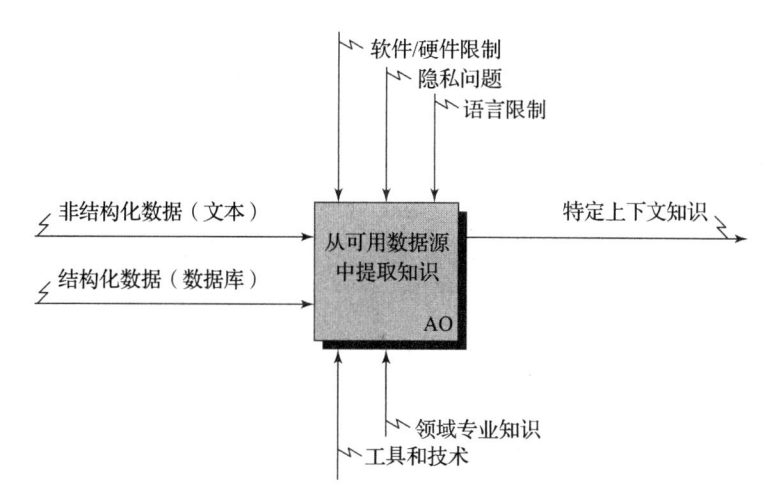

图 6.5 文本挖掘过程的高级上下文图

正如上下文图所示，基于文本的知识发现过程的输入（与图中框左边缘的向内连接）是收集、存储并提供给该过程的非结构化和结构化数据。该过程的输出（从框的右边缘向外扩展）是可用于决策的特定上下文的知识。过程的控制条件，也称为约束（与框顶部边缘的向内连接），包括软件/硬件限制、隐私问题以及与处理以自然语言形式呈现的文本相关的困难。该过程的机制（框中底部边缘的向内连接）包括适当的技术、软件工具和领域专业知识。文本挖掘（在知识发现的背景下）的主要目的是处理非结构化（文本）数据（以及结构化数据，如果这些数据与要解决和可用的问题相关），以提取有意义和可操作的模式，从而更好地支持决策。

在更高的层次上，文本挖掘过程可以分解为三个独立的任务，每个任务都有特定的输入并生成明确的输出（如图 6.6 所示）。

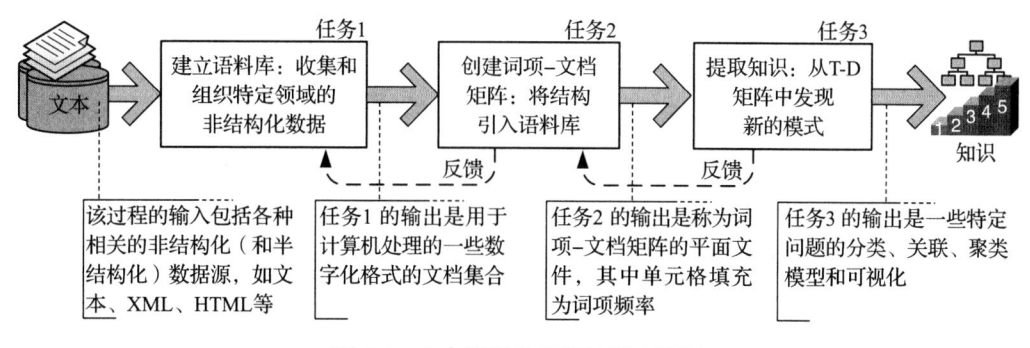

图 6.6 文本挖掘的三步过程（任务）

如果由于某种原因，任务的输出不是预期的，则有必要向后重定向到前一个任务执行。

任务 1：建立语料库

第一个任务活动的主要目标是收集与所研究的上下文（感兴趣的领域）相关的所有文档。此文本集合可能包括文本文档、XML 文件、电子邮件、网页和简短笔记等。除了容易获得的文本数据外，语音记录也可以使用语音识别算法进行转录，并成为文本集合的一部分。

完成数据收集后，文本文档就会以某种方式对其进行转换和组织，使得它们都能以相同的表示形式（例如 ASCII 文本文件）方便计算机处理。文档的组织可以是简单的存储在文件夹中的数字化文本摘录的集合，也可以是特定领域中网页集合的链接列表。许多商业上可用的文本挖掘软件工具可以接受这些作为输入，并将它们转换为平面文件进行处理。平面文件也可以在文本挖掘软件之外准备好，然后作为文本挖掘应用的输入。

任务 2：创建词项 – 文档矩阵

在这项任务中，组织良好的数字化文档（语料库）用于创建词项 – 文档矩阵（Term-Document Matrix，TDM）。在 TDM 中，行表示文档，列表示词项。词项和文档之间的关系由索引（即，关系度量可以简单到用词项在相应文档中的出现次数来表示）来表征，图 6.7 是 TDM 的一个典型示例。

文档\词项	投资风险	项目管理	软件工程	开发	SAP	……
文档1	1			1		
文档2		1				
文档3			3	1		
文档4		1				
文档5			2	1		
文档6	1		1			
……						

图 6.7　一个简单的词项 – 文档矩阵

任务 2 的目标是将组织文档的列表（语料库）转换为 TDM，用最合适的索引填充 TDM 的单元格。该任务假设本质上文档可以用该文档中使用的词项列表和频率来表示。然而，在描述文档时，所有词项都很重要吗？答案显然是"不"。有些词项（如冠词、助动词和语料库中几乎所有文档中使用的词项）不具有区分能力，因此，应该被排除在索引过程之外。这个词项列表通常称为停用词项（stop term）或停用词（stop word），停用词项通常是特定于研究领域的，应该由领域专家确定。另一方面，可以选择一组预先确定的词项，利用这些词项对文档进行索引（该词项列表通常称为包含词项或词典）。此外，还可以提供同义词（待处理的成对词项）和特定短语（例如"Eiffel Tower"），以使索引条目更加准确。

准确创建索引还需要进行的另一种过滤是词干提取（stemming）。词干提取指的是将单词还原为词干，比如动词的不同语法形式或词干被识别和索引为同一个单词。例如，词干提取使得 modeling 和 modeled 都将被识别为词干 model。

第一代 TDM 包括语料库中识别的所有唯一词项（作为列），不包括停用词项列表中的词项；所有文档（作为行）；每个文档的每个词项的出现次数（作为其单元格值）。如果像通常的情况一样，语料库包括大量的文档，那么 TDM 很有可能会有大量的词项。处理如此大的矩阵可能很耗时，更重要的是，可能会导致提取出不准确的模式。在这种情况下，必须考虑两点：①索引的最佳表示是什么？②如何将该矩阵的维数降低到可处理的大小？

索引表示。一旦对输入文档建立索引并计算出初始词频（按文档），就可以采用许多额外的转换方法来汇总和聚合提取的信息。原始词项频率通常反映出一个单词在每个文档中的突出程度或重要性。具体来说，文档中出现频率较高的单词是该文档内容的更好的描述符。然而，仅仅根据词项出现的频率就假设其作为文档描述的重要性成比例是不合理的。例如，如果一个词在文档 A 中出现一次，在文档 B 中出现三次，那么就认为这个词作为文档 B 的描述符的重要性是文档 A 的三倍，这样的结论并不一定合理。为了获得更一致的 TDM 以供进一步分析，需要对这些原始索引进行标准化。与显示实际频率计数相反，词项和文档之间的数字表示可以使用多种替代方法进行标准化处理，如对数频率、二进制频率和逆文档频率等。

矩阵降维。由于 TDM 通常非常大且相当稀疏（大多数单元格填充的都是零），所以另一个重要问题是，"我们如何将此矩阵的维数降低到可处理的大小？"有几个可用的方法用于矩阵降维：

- 由领域专家仔细查看词项列表，排除那些对研究背景没有多大意义的词项（这是一个手动、劳动密集型过程）。
- 消除在极少数文档中出现次数很少的词项。
- 使用奇异值分解（Singular Value Decomposition，SVD）对矩阵进行变换。

SVD 与主成分分析密切相关，它将输入矩阵的总体维度（输入文档的数量乘以提取的词项的数量）降低到一个较低的维度，其中每个连续的维度代表最大程度的可变性（单词和文档之间）（Manning 和 Schutze，1999）。理想情况下，分析人员可以确定 2～3 个最显著的维度，这些维度解释了单词和文档之间的大部分变化（差异），从而识别出该分析中构成文档和单词关系的潜在语义空间。一旦识别出来这些维度，文件中所包含（讨论或描述）的基本"含义"就会被提取出来。

任务 3：提取知识

使用结构良好的 TDM，并可能通过其他结构化数据元素进行扩展，可以提取特定问题背景下的新模式。知识提取方法主要有分类、聚类、关联和趋势分析等。以下是对这些方法的简短介绍。

分类。在分析复杂数据源时，最常见的知识发现话题就是对某些对象进行分类（classification）。分类的任务是将给定的数据实例按定义的类别（或类）进行区分。随着分类应用于文本挖掘领域，分类任务称为文本分类（text categorization），对于给定的一组类别（主题、话题或概念）和一组文本文档，分类的目标是使用训练数据集开发的模型为每个文档找到正确的主题（话题或概念），该训练数据集包括文档和实际文档类别。如今，自动文本分类已应用于各种环境中，包括文本的自动或半自动（交互式）索引、垃圾邮件过滤、层次目录下的网页分类、元数据自动生成、类型检测等。

知识工程和机器学习是文本分类的两种主要方法（Feldman 和 Sanger，2007）。使用知识工程方法，专家的分类知识以声明的方式或程序分类规则的形式编码到系统中。使用机器学习方法，一般归纳过程通过从一组重新分类的样本中学习来构建分类器。随着文档数量以指数级的速度增长，并且知识专家越来越稀缺，文本分类开始向机器学习方法转变。

聚类。聚类（clustering）是无监督过程，通过该过程将对象分类到称为簇（cluster）的"自然"组中。与分类相比，分类使用预先分好类的训练示例集合来开发基于类的描述性特征的模型，已实现对新的未标记示例进行分类，聚类是在没有任何先验知识的情况下将未标记的对象集合（如文档、客户评论、网页）分组到有意义的簇中。

聚类的应用很广泛，从文档检索到优化 Web 内容搜索。事实上，聚类的一个最突出的应用是对超大文本集（如网页）分析和导航。基本假设相对于不相关的文档，相关文件往往彼此更加相似。如果这一假设成立，基于文档内容相似性的文档聚类可以提高搜索效率（Feldman 和 Sanger，2007）：

- **提高搜索召回率**。因为聚类是基于整体相似性而不是单个词项的出现，所以当查询与文档匹配时，就会返回整个聚类，因此聚类可以提高基于查询的搜索召回率。
- **提高了搜索精度**。聚类还可以提高搜索精度。随着集合中文档数量不断增加，浏览匹配的文档列表变得困难。聚类有助于将文档分组为多个更小的相关文档组，按相关性排序，并只返回最相关分组中的文档。

两种最流行的聚类方法是分散/集中聚类和特定查询聚类：

- **分散/集中聚类**。当无法制定特定的搜索查询时，文档浏览方法使用聚类来提高人类浏览文档的效率。从某种意义上说，该方法为集合动态生成一个目录，并根据用户的选择对其进行调整和修改。
- **特定查询聚类**。该方法采用分层聚类方法，与提出的查询最相关的文档出现在小而紧密的簇中，该簇嵌套在包含不太相似文档的较大簇中，从而在文档之间创建一系列相关层级。这种方法在处理具有真实大小的文档集合时表现良好。

关联。关联（association）的正式定义和详细描述已经在第 4 章中介绍。数据挖掘中的关联或关联规则学习是一种流行且得到充分研究的技术，用于发现大型数据库中变量之间有趣的关系。生成关联规则（或解决市场购物篮问题）的主要目的是识别一起使用的频繁项集。

在文本挖掘中，关联特指概念（术语）或概念集合之间的直接关系。将两个频繁概念集 A 和 C 联系起来的概念集关联规则 $A+C$ 可以通过支持度和置信度这两个基本度量来量化。在这种情况下，置信度是指包括 A 中所有概念的文档的同一子集内，也包括 C 中所有概念的文档百分比。支持度是指包括 A 和 C 中所有概念的文档的百分比（或数量）。例如，在某个文档集合中，"软件实施失败"这一概念可能最常与"企业资源规划"和"客户关系管理"联系在一起，具有显著的支持度（4%）和置信度（55%），这意味着 4% 的文档在同一文档中同时表示了这三个概念，在包括"软件实施失败"在内的文档中，55%的文档还包括"企业资源规划"和"客户关系管理"。

Mahgoub 等人使用关联规则的文本挖掘来分析已发表的文献（发布在网络上的新闻和学术文章），以绘制禽流感的爆发和进展图（Mahgoub 等人，2008）。其思想是自动识别地理区域之间的关联，跨物种传播和应对措施之间的关联关系。

趋势分析。文本挖掘中的趋势分析方法基于这样一种概念，即各种类型的概念分布是文档集合的函数；也就是说，对于同一组概念，不同的集合会生成不同的概念分布。因此，可以挑选两个除文档来源外完全相同的文档子集，比较它们的概念分布。在这类分析中，一个值得注意的方向是取两个来源相同（例如来自同一学术期刊集），但时间不同的文档集合。Delen 和 Crossland（2008）将趋势分析应用于大量学术论文（发表在评级最高的三种学术期刊上），以识别信息系统领域核心概念的演变。

如本节所述，有许多方法可用于文本挖掘。分析实操 6.3 介绍了一个使用一系列不同技术分析大量文献集的案例。

分析实操 6.3　使用文本挖掘研究文献综述

对相关文献进行搜索和综述时，研究人员面临的任务越来越复杂和庞大。在扩展相关知识体系的过程中，努力收集、组织、分析和吸收文献中的现有信息，特别是从自己的学科中获得的信息，一直都非常重要。随着相关领域（甚至在传统上被认为是不相关的研究领域）中大量的潜在重要研究成果的发表，如果需要彻底完成这项任务，研究人员的任务将变得更加艰巨。

在新的研究潮流（例如分析信息系统和技术的研究潮流）中，研究人员的任务往往过于耗时和复杂。试图找出其他人报道的相关工作充其量只能算很困难，如果需要对已发表的文献进行传统的、主要是手动的综述，几乎是不可能的。即使有一群研究生或热心同事的帮忙，试图覆盖所有可能的相关文献资料也是很困难的。

许多学术会议每年都举办一次。除了扩展会议当前重点的知识体系外，组织者通常希望提供额外的主题会议和研讨会。通常这些额外的活动旨在向与会者介绍相关研究领域的主流研究方向，并试图依据研究兴趣和新的研究热点确定一个"重大研究项目"。识别此类主题会议和研讨会中合理的候选话题通常是主观的，而不是从现有和新兴的研究中客观得出的。

在本文引用的研究中，Delen 和 Crossland（2008）提出了一种方法，通过应用文本挖掘对大量已发表的文献进行半自动分析，从而帮助并大力改善研究人员的工作。作者使用标准数字图书馆和在线出版物搜索引擎，下载并收集了管理信息系统领域三大期刊的所有可用文章：MIS Quarterly（MISQ）、Information Systems Research（ISR）和 Journal of Management Information Systems（JMIS）。为了保持所有三种期刊的统一的时间间隔（为潜在的纵向比较研究），将其数字出版物可用性的最新开始日期的期刊用作本研究的开始时间（JMIS 文章自 1994 年以来一直提供电子版论文）。对于每一篇文章，他们提取标题、摘要、作者列表、关键词、卷号、期号和发表年份。然后，他们将所有文章数据加载到一个简单的数据库文件中。合并数据集中还包括一个字段，该字段指定了每篇文章的期刊类型，便于进行判别分析（discriminatory analysis）。论文集省略了编者注、译者注和摘要部分。图 6.8 显示了以表格形式呈现的数据。

TABLE 6.2 Tabular Representation of the Fields Included in the Combined Data Set

A1 f_x ID

	A	B	C	D
1	ID	YEAR	JOURNAL	ABSTRACT
2	PID001	2005	MISQ	The need for continual value innovation is driving supply chains to evolve from
3	PID002	1999	ISR	Although much contemporary thought considers advanced information technc
4	PID003	2001	JMIS	When producers of goods (or services) are confronted by a situation in which
5	PID004	1995	ISR	Preservation of organizational memory becomes increasingly important to org
6	PID005	1994	ISR	The research reported here is an adaptation of a model developed to measure
7	PID006	1995	MISQ	This study evaluates the extent to which the added value to customers from a
8	PID007	2003	MISQ	This paper reports the results(-) of a field-study of six medical project teams t
9	PID008	1999	JMIS	Researchers and managers are beginning to realize that the full advantages c
10	PID009	2000	JMIS	The Internet commerce technologies have significantly reduced sellers' costs
11	PID010	1997	ISR	Adaptive Structuration Theory (AST) is rapidly becoming an influential theoret
12	PID011	1995	JMIS	Research shows that group support systems (GSS) have dramatically increa
13	PID012	2000	MISQ	Increasingly, business leaders are demanding that IT play the role of a busine
14	PID013	2001	ISR	Alignment between business strategy and IS strategy is widely believed to im
15	PID014	1999	JMIS	A framework is outlined that includes the planning of and setting goals for IT,
16	PID015	1999	JMIS	The continuously growing importance of information technology (IT) requires c
17	PID016	1994	MISQ	Identifying the best way to organize the IS functions within an interprise has b
18	PID017	1996	ISR	Reasons for the mixed reactions to todays electronic off-exchange trading sy
19	PID018	1996	JMIS	The performance impacts of information technology investments in organizati
20	PID019	1997	JMIS	Anonymity is a fundamental concept in group support systems (GSS) resear
21	PID020	2002	ISR	Although electronic commerce (EC) has created new opportunities for busine
22	PID021	2005	JMIS	Understanding the successful adoption of information technology is largely ba
23	PID022	2005	MISQ	Enterprise resource planning (ERP) systems and other complex information s
24	PID023	1994	JMIS	Model management systems support modelers in various phases of the mode
25	PID024	1995	ISR	While computer training is widely recognized as an essential contributor to th

图 6.8 综合数据集中字段的表格形式

在分析阶段，他们选择只使用文章的摘要作为信息提取的来源，不考虑出版物中列出的关键词，主要有两个原因：①在正常情况下，摘要中已经包括了列出的关键词，因此，将列出的关键词包括在分析中意味着信息重复，可能会夸大其权重；②列出的关键词可能是作者希望他们的文章与之相关联的术语（而不是文章中真正包含的内容），因此可能会在内容分析中引入无法量化的偏差。

第一项探索性研究是从纵向角度看待三个期刊（即研究主题随时间的演变）。为了进行一项纵向研究，他们将每种期刊这 12 年的时间（从 1994 年到 2005 年）分为 4 个 3 年期。该研究使用 12 个互斥数据集进行了 12 次文本挖掘实验。对于每一个数据集，他们都使用文本挖掘从这些摘要所代表的文章集合中提取最具描述性的术语，然后将结果制成表格，并检查这三种期刊上发表的术语的时变变化。

在第二次探索性研究中，他们使用完整的数据集（包括所有 3 种期刊和所有 4 个时期）进行了聚类分析。聚类可以说是最常用的文本挖掘技术。这项研究将聚类用于识别文章的自然分组（通过将它们放入单独的簇中），然后列出表征这些簇的最具描述性的词项。他们使用 SVD 来降低词项 – 文档矩阵的维度，然后使用期望最大化算法来生成簇。他们进行了几次实验来确定最佳簇数（9 个簇）。在构建了 9 个簇后，他们从两个角度分析了这些簇的内容：①期刊类型的表示（见图 6.9a）和②各时间段的表示（图 6.9b）。分析思路是探索 3 种期刊之间的潜在差异和共性，以及对这些簇的潜在变化；即，为了回答诸如“是否存在代表单个期刊的特定研究主题的聚类？”和“这些聚类是否具有时变特征？”之类的问题，他们使用表格和图形表示的方法发现并讨论了其中几个有趣的模式（更多相关信息，请参阅 Delen 和 Crossland，2008）。

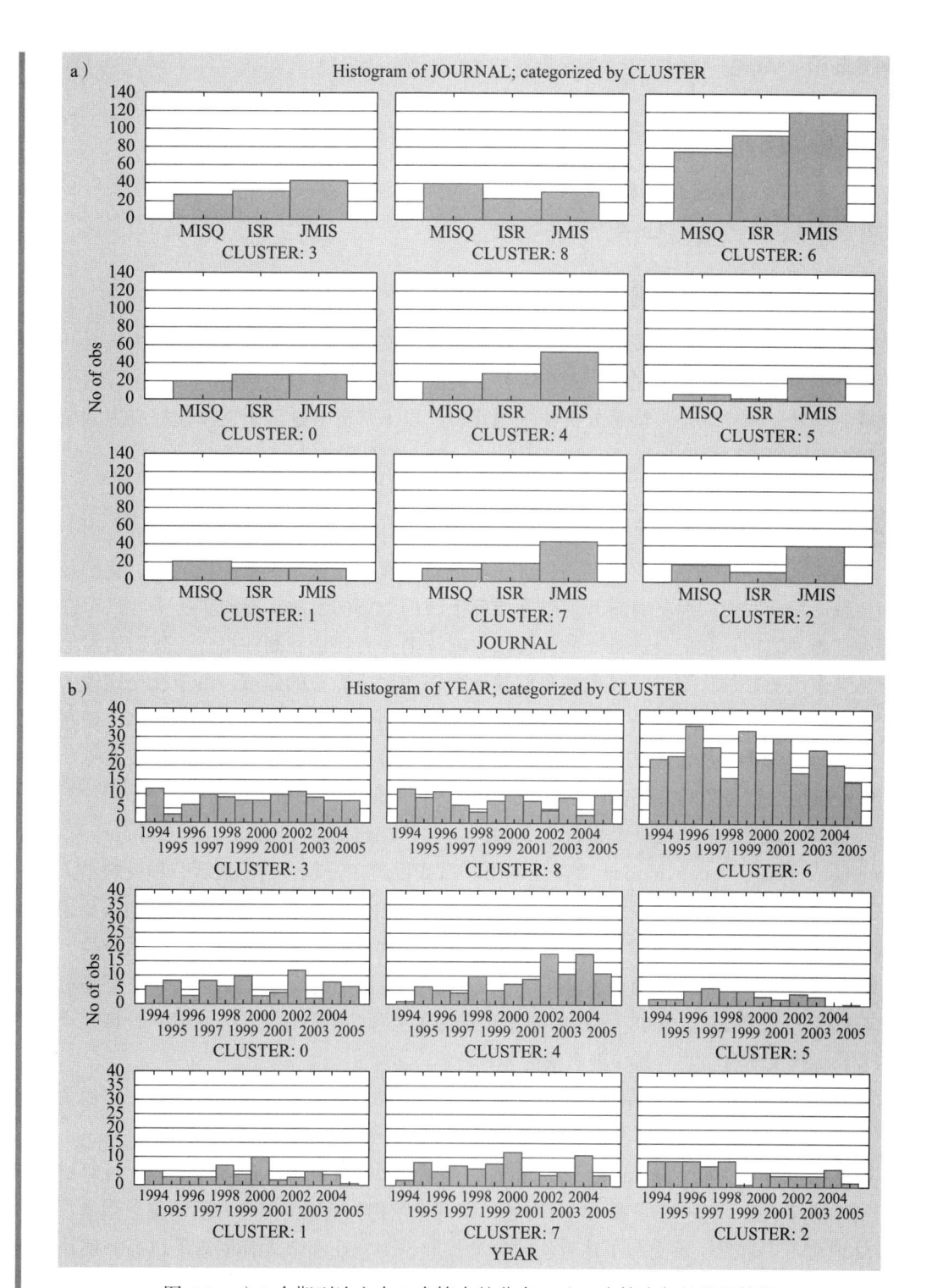

图 6.9　a）3 个期刊论文在 9 个簇中的分布；b）9 个簇多年的发展情况

资料来源：Delen, D., & Crossland, M. (2008). Seeding the survey and analysis of research literature with text mining. Expert Systems with Applications, 34(3), 1707-1720。

6.5 节 习题

1. 文本挖掘过程中的主要步骤是什么？
2. 对词频进行标准化的原因是什么？对词频实施标准化的常用方法是什么？
3. 什么是 SVD？如何在文本挖掘中使用它？
4. 从语料库中提取知识的主要方法是什么？

6.6 情感分析与主题建模

文本分析有许多应用领域。只要有足够数量的文本内容，通常就会有不少机会开展文本分析，因此已经有大量完成、发布或公开的文本挖掘应用和案例研究。其中有两个应用领域似乎处于领先地位：情感分析和主题建模。以下部分对这两个文本挖掘应用领域的概念和技术细节进行简单介绍。

情感分析

人是社会性的动物，善于利用各种手段进行交流。在做出投资决策之前，我们经常咨询金融论坛；我们问朋友对新开的餐厅或新上映的电影的看法；在购买房子、汽车或电器等大宗商品之前，我们会进行互联网搜索，阅读消费者评论和测评报告。我们依靠他人的意见来做出更好的决定，尤其是在我们缺乏太多知识或经验的领域。由于社交媒体、在线评论网站和个人博客等评价丰富的互联网资源的可用性和受欢迎程度越来越高，现在比以往任何时候都更容易了解其他人的意见。尽管并不是每个人都在互联网上发表意见，但由于社交渠道的数量和功能都在快速增长，因此评论意见同样呈指数级增长。

情感（sentiment）是一个很难定义的词。它经常与信仰（belief）、看法（view）、意见（opinion）和信念（conviction）等其他术语联系或混淆在一起。情感表示一种反映个人感受的固定看法（Mejova，2009）。情感有一些独特的特性，从而将其与文本中其他需要识别的概念分开。我们通常希望按主题对文本进行分类，这可能需要处理所有的主题分类。另一方面，情绪分类通常涉及两类（积极与消极）、极性范围（例如电影的星级），甚至是意见强度范围（Pang 和 Lee，2008）。这些分类涉及许多主题、用户和文档。尽管只处理几个分类似乎比标准文本分析更容易，但事实远非如此。

作为一个研究领域，情感分析与计算语言学、自然语言处理和文本挖掘密切相关。情感分析有很多名字。它通常被称为意见挖掘（opinion mining）、主观分析（subjectivity analysis）和评价提取（appraisal extraction），与情感计算（affective computing，计算机情感识别和情感表达）有一些联系。情感分析（即意见挖掘）领域的兴趣和活动突然激增，该领域处理文本中意见、感受和主观看法的自动提取，为企业和个人都创造了机会。那些接受并利用情感分析的人将从中受益匪浅。个人或公司在互联网上发表的每一条意见都拥有相应的情感，并可以被其他人检索和挖掘（通常是通过计算机程序自动实现）。

通过使用各种自动化工具挖掘多数人的意见，情感分析试图就"人们对某个话题的看法是什么？"做出回答。情感分析汇集了商业、计算机科学、计算语言学、数据挖掘、文本挖掘、心理学甚至社会学的研究人员和从业者，旨在将传统的基于事实的文本分析扩展到新的领域，实现面向意见（opinion-oriented）的信息系统。在商业环境中，尤其是在营销和CRM中，情感分析使用大量文本数据源（Web帖子、Twitter、博客等形式的客户反馈），力图实现对特定产品或服务的有利和不利意见的检测。

出现在文本中的情感有两种：显性情感，即主观句子直接表达出某种意见（如"今天真美好"）；隐性情感，即文本中隐含某种观点（如"这个把手太容易断了"）。早期情感分析大都集中于第一种情感分析，因为这更容易分析。目前的趋势是采用分析方法综合分析显性和隐性情感。情感极性（sentiment polarity）是情感分析主要关注的文本的一个特征，通常被分为积极和消极两类，但极性也可以被视为一个范围。包含若干固执己见的陈述的文件总体上具有混合的极性，这与根本没有极性（客观的）完全不同。对文本数据及时收集和分析，这些数据可能有各种来源，从客户呼叫中心的记录到社交媒体帖子，是当今积极主动、以客户为中心的公司能力的重要组成部分。这些文本数据的实时分析结果通常会在一个易于理解的仪表盘中展现出来。分析实操6.4提供了一个客户成功案例，其中使用了一系列分析解决方案来增强观众在温布尔登网球公开赛上的体验。

分析实操 6.4　创造独特数字体验，捕捉温网精彩瞬间

"温布尔登网球公开赛"是网球史上历史最悠久的四大满贯赛事之一，也是世界上最受关注的体育赛事之一。它由全英草地网球俱乐部（the All England Lawn Tennis Club, AELTC）组织，自1877年以来该俱乐部一直都是一个全球性的体育和文化机构。

温布尔登网球公开赛的组织者AELTC有一个简单的目标：每年，无论以何种方法，无论按照什么标准，他们都想举办世界上最好的网球公开赛。

这种承诺背后的动机不仅仅是骄傲，也有其商业基础。温布尔登的品牌建立在其卓越的地位之上：吸引了球迷和合作伙伴。世界上最好的媒体组织和最伟大的公司，包括IBM在内，都希望与温布尔登网球公开赛联系在一起，正是因为它声誉卓著。

因此，保持公开赛的声望是AELTC的首要任务之一，但该组织只有两种方式可以直接控制世界其他地区对公开赛的看法。

首先，也是最重要的一点，是为有幸参观和观看网球比赛的球员、记者和观众提供卓越的体验。AELTC在这方面有着丰富的经验。自1877年以来，它在田园诗般的环境中举办了为期两周令人难忘、令人兴奋的比赛：在英国的乡村花园里举办网球比赛。

第二是公开赛的在线业务，通过wimbledon.com网站、移动应用程序和社交媒体渠道提供。这些数字平台不断发展，是AELTC和IBM合作26年共同作用的结果。

AELTC商业和媒体总监Mick Desmond解释说："当你在电视上观看温布尔登网球公开赛时，你是通过广播公司的镜头看到的。我们尽一切努力帮助我们的媒体合作伙伴呈现最好的节目，但归根结底，他们呈现的是其眼中的公开赛"。

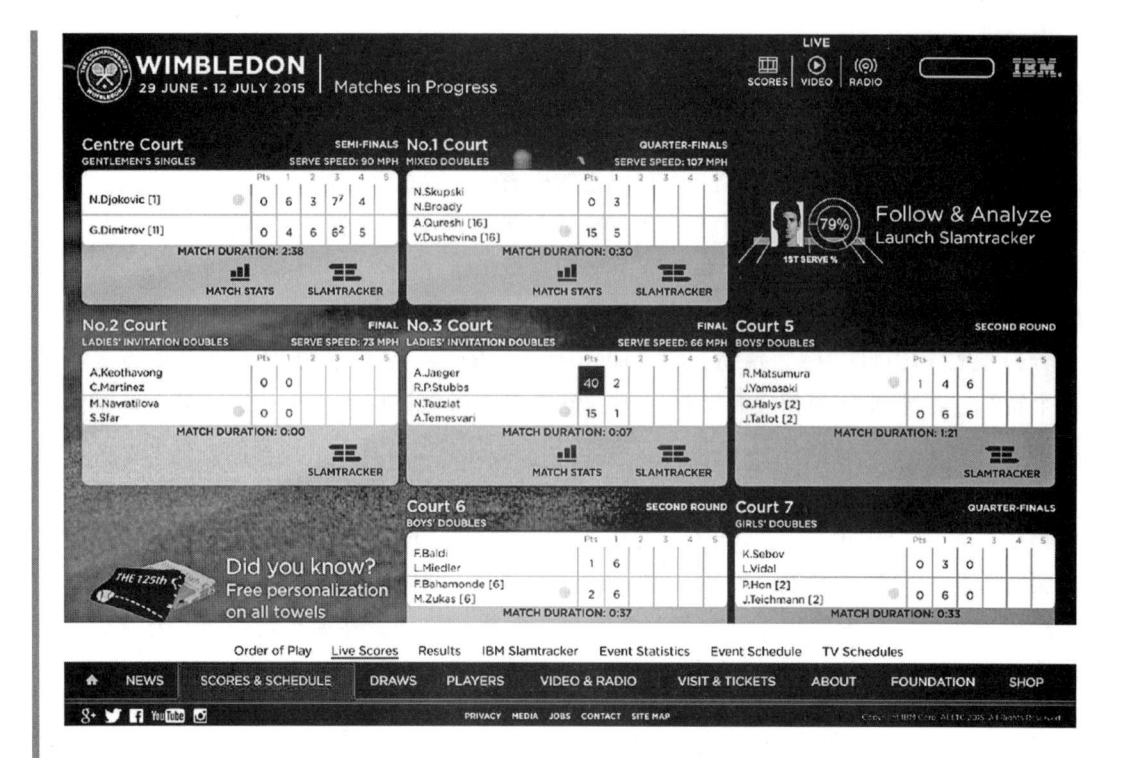

"数字与众不同,它是我们的平台,我们可以在这里直接与球迷交谈,因此我们必须给他们尽可能好的体验。任何体育赛事或媒体频道都无权要求观众关注,因此,如果想加强品牌优势,我们需要人们将数字体验视为在线观看公开赛的首要场所。"

为此,AELTC 设定了一个目标,即在 2015 年公开赛的两周内吸引 7 000 万人次的访问,配备超过 2 000 万台独特的设备,吸引 800 万社交媒体粉丝。这取决于 IBM 和 AELTC 的共同努力。

提供独特的数字体验

IBM 和 AELTC 开始对数字平台进行完全重新设计,利用他们对公开赛观众的深入了解,打造量身定制的体验,以吸引和留住来自全球的网球迷。

AELTC 数字和内容主管 Alexandra Willis 表示:"我们认识到,虽然移动设备越来越重要,但 80% 的访客都在使用台式机访问我们的网站。2015 年,我们面临的挑战是如何更新我们的数字属性,以适应移动优先的世界,同时仍然提供尽可能好的桌面体验。我们希望我们的新网站最大限度地利用大屏幕尺寸,为桌面用户提供最丰富的高清视觉和视频内容体验,同时还可以无缝地适应屏幕较小的平板电脑或移动设备。"

"其次,我们非常重视将内容放在具体环境中,将文章与相关照片、视频、统计数据和信息片段集成在一起,并简化导航,以便用户无缝地切换到他们最感兴趣的内容。"

在移动端,该团队认识到,使用更加普及的高带宽连接意味着移动网站将比以往任何时候都更受欢迎,并确保它能够方便地访问所有富媒体内容。与此同时,公开赛的移动应用在实时比分和赛事通知方面得到了增强,甚至可以在前往球场的途中通过车站时问候乘客。

该团队还为最重要的网球迷（球员们）建立了一套特殊的网站。使用 IBM Bluemix 技术构建了一个安全的 Web 应用程序，为球员提供了球场预订、交通和球场时间的个性化视图，并帮助他们通过访问每场比赛的统计数据来审视自己的表现。

将数据转化为洞察力——将洞察力转化为叙事

为了让其数字平台提供最引人注目的内容，该团队利用其独特的优势：可以访问公开赛期间每场比赛的实时逐帧数据。在温布尔登网球公开赛的两周时间里，48 名场边专家收集了大约 340 万个数据点，这些数据点跟踪击球类型、策略以及每次击球的结果。

通过对这些数据进行实时收集和分析，为电视评论员和记者以及数字平台自己的编辑团队提供了统计数据。

Alexandra Willis 说："今年，IBM 带给我们前所未有的优势——使用数据流技术为我们的编辑团队洞察重大里程碑和突发新闻。"

"该系统自动监控来自所有 19 个球场的数据流，每当发生重大事件时，比如 Sam Groth 打出了公开赛历史上第二快的发球，系统就会立即通知我们。我们在几秒之内就可以将这一消息带给我们的数字观众，并在社交媒体上分享，这为我们的网站带来更多流量。"

"其中的关键是比任何人都快地捕捉重要时刻，并揭示数据中令人信服的内容的能力。如果你想体验公开赛的现场氛围，但又不能身临其境，那么最好的事情就是在 wimbledon.com 上关注比赛。"

利用自然语言的力量

今年实验的另一项新功能是使用 IBM 的 NLP 技术来挖掘 AELTC 庞大的网球历史库，以获取有趣的上下文信息。该团队训练 IBM Watson Engagement Advisor 来处理这一丰富的非结构化数据集，并用于回答记者提问。

同一个 NLP 前端还连接到一个全面的结构化比赛统计数据库，该数据库可以追溯到 1877 年的第一届公开赛，为基本问题和更复杂的查询提供了一站式服务。

Mick Desmond 说："Watson 的实验显示出了巨大的潜力。明年，作为我们年度创新规划过程的一部分，我们将研究如何更广泛地使用 Watson，最终目的是让球迷更多地接触到这一极其丰富的网球知识来源。"

整个数字环境由 IBM 在其混合云中托管。IBM 使用复杂的建模技术，根据日程安排、每个玩家的受欢迎程度、一天中的使用时间段和许多其他因素来预测需求高峰，使其能够为每一个数字内容动态分配适当的云资源，并确保全球数百万访客获得无缝体验。

除了多年来一直支持公开赛的强大私有云平台外，IBM 还使用单独的 SoftLayer 云来托管温布尔登社交指挥中心（Wimbledon Social Command Centre），并在需求高峰期提供额外的增量容量来补充主要的云环境。

云环境的弹性至关重要，因为在中心球场的第一场比赛之前，人们的兴趣会越来越高,相应数字平台的处理能力需要在几天内高效地扩展到 100 倍以上。

确保温布尔登网球赛的安全

网络安全是当今所有组织关注的一个关键问题。尤其是对于大型体育赛事来说,品牌声誉就是一切。在全世界都在关注的同时,尤其要避免成为网络犯罪的目标。出于这些原因,安全性在 IBM 和 AELTC 的合作关系中发挥着至关重要的作用。

2015 年前五个月,IBM 安全系统检测到,与 2014 年同期相比,wimbledon.com 基础设施上的安全事件增加了 94%。

随着安全威胁不断涌现,尤其是分布式拒绝服务(DDoS)攻击变得越来越普遍,IBM 将重点放在为 AELTC 的整个数字平台提供业界领先的安全等级上。

包括 IBM QRadar SIEM 和 IBM Preventia Intrusion Prevention 在内的全套 IBM 安全产品使 2015 年的网球公开赛能够平稳安全地运行,数字平台能够始终提供高质量的用户体验。

俘获人心

在 IBM 云、分析、移动、社交和安全技术的支持下,新的数字平台在 2015 年取得了立竿见影的成功。平台访问总量和独特访客的目标均超出预期。通过 2 110 万台独特设备实现了 7 100 万次访问和 5.42 亿次页面浏览,表明该平台在吸引观众方面取得了成功,并在整个公开赛期间保持了这些观众的参与度。

Alexandra Willis 说:"总的来说,我们的访问量比 2014 年增加了 13%,设备的访问量增加了 23%,而 wimbledon.com 在移动设备上的使用增长幅度更令人印象深刻,我们看到移动设备上的访问增长了 125%,总访问量增长了 98%,总页面浏览量增长了 79%。"

Mick Desmond 总结道:"结果表明,在 2015 年,我们赢得了球迷们的心。人们可能会在一年中的 50 周内访问他们最感兴趣的报纸和体育网站,但在这两周内,他们都来访问我们的网站。"

"这证明了我们能提供很好的质量体验,利用我们的独特优势,使球迷们更接近比赛。实时捕捉和交流相关内容的能力帮助我们的球迷比以往任何时候都更生动地体验网球公开赛。"

资料来源:IBM Case Study. Wimbledon. (1) Protecting the oldest brand in tennis with the latest in cognitive security. www.ibm.com/case-studies/wimbledon-2017; (2) Digital experience for the global audience. www.ibm.com/services/ibmix/case-studies/wimbledon.html。

情感分析应用

传统的情感分析方法基于调查或以焦点小组为中心、成本高昂且耗时(因此是由小样本参与者驱动的),与之相比,基于文本分析的新型情感分析方法打破了这些限制。当前的解决方案通过处理事实信息和主观信息的 NLP 和数据挖掘技术,自动实现大规模数据收集、过滤、分类和聚类。情感分析可能是文本分析中最受欢迎的应用，它可以利用推文、脸书帖子、在线社区、讨论板、网络日志、产品评论、呼叫中心日志和录音、产品评级网站、聊天室、比价网站、搜索引擎日志和新闻组等数据源。情感分析的以下应用旨在说明这项技术的威力和覆盖范围。

客户之声。客户之声（Voice Of the Customer，VOC）是分析 CRM 和客户体验管理系统的组成部分。作为 VOC 的支持工具，情感分析可以（连续或定期）访问公司的产品和服务评论，以更好地理解和管理客户的投诉和表扬。例如，电影广告/市场营销公司可能会（基于预告片）检测到对即将在影院上映的电影的负面情绪，然后（在所有媒体上）迅速改变预告片的组成和广告策略，以减轻负面影响。同样，软件公司可能会及早发现其新发布产品中的错误，即时发布补丁和快速修复程序，从而缓解错误带来的影响。

通常，VOC 的重点是个人客户、他们与服务和支持相关的需求、期望和问题。VOC 从所有客户接触点获取数据，内容包括电子邮件、调查、呼叫中心记录/录音和社交媒体帖子等，并将客户之声与企业运营系统中捕获的交易（查询、购买、退货）和个人客户档案相匹配。VOC 主要由时间分析驱动，是客户体验管理举措的关键要素，其目标是与客户建立亲密关系。

市场之声。市场之声（Voice Of the Market，VOM）用于理解市场总体意见和趋势。VOM 了解利益相关者（客户、潜在客户、有影响力的人，等等）如何评价你（和你的竞争对手）的产品和服务。出色的 VOM 分析有助于公司获得竞争情报，帮助其产品开发和定位。

员工之声。传统的员工之声（Voice Of the Employee，VOE）仅限于员工满意度调查。一般来说，文本分析（尤其是情感分析）是评估 VOE 的巨大支持技术。使用丰富的、体现员工意见的文本数据是倾听员工声音的有效方法。众所周知，快乐的员工能够增强客户体验，提高客户满意度。

品牌管理。品牌管理（brand management）专注于倾听社交媒体，任何人（过去/现在/未来的客户、行业专家、其他权威人士）都可以在社交媒体上发表可能损害或提升企业声誉的意见。一些新兴公司为其他公司提供基于分析的品牌管理服务。品牌管理是以产品和公司（而非客户）为中心的。它试图通过情感分析技术来塑造客户感知，而不是管理客户体验。

金融市场。预测某只（或一组）股票的未来价值一直是一个有趣但似乎无法解决的问题。是什么让一只股票（或一组股票）的价格上下波动可不是一门精确的科学。许多人认为，股市主要是由情绪驱动的，因此它一点也不理性（尤其是对于短期股票走势）。因此，在金融市场中使用情感分析已经非常流行。使用社交媒体、新闻、博客和讨论小组自动分析市场情绪似乎是计算市场走势的正确方法。如果做得正确，情感分析可以根据市场的各种声音识别短期股票走势，并因此对流动性和交易产生影响。

政治。众所周知，意见在政治中非常重要。由于政治讨论充斥着引用、讽刺以及对个人、组织和思想的复杂引用，政治是情感分析最困难，也是最有可能取得成果的领域之一。通过分析选举论坛中的情绪，人们可以预测谁更有可能胜选或失败。情感分析可以帮助了解选民的想法，并澄清候选人在某些问题上的立场。情感分析可以帮助政治组织、竞选团队和新闻分析师更好地了解哪些问题和立场对选民最重要。美国两党都已成功地将这项技术应用于美国总统竞选活动。

政府智能。政府智能是情报机构使用的另一种应用。例如，有人建议，可以监测敌意或负面通信的增加根源。情感分析可以自动分析人们对未决政策或政府法规的意见。此外，对负面情绪激增的监控可能对国土安全部等机构有用。

其他有趣的领域。客户的情感可以用于更好地设计电子商务网站（产品建议、追加销售/交叉销售广告）、更好地放置广告（例如，在用户浏览的页面上放置考虑用户情感的产品和服务的动态广告），以及管理面向意见或评论的搜索引擎（即意见聚合网站，一个类似 Epinions 的网站，用于汇总用户评论）。情感分析可以通过对收到的电子邮件进行分类和排序来过滤电子邮件（例如，它可以检测到强烈负面或愤怒的电子邮件，并将其转发到适当的文件夹），还可以进行引用分析，在引用分析中，情感分析可以确定作者引用的作品是作为支持证据还是作为反面例子。

情感分析过程

由于问题的复杂性（隐含概念、文本中的表达、文本要表达的上下文等），情感分析没有一个现成的、普遍接受的标准化流程。由于情感分析可以使用两种学习方法中的一种（即监督或无监督）进行，因此每种方法可能需要遵循不同的过程。监督学习依赖于手动标记的数据集（文本样本被人类标记为正或负，并且目标样本被排除在外）和机器学习算法，无监督学习则利用语言词典作为查找表来识别文本数据中每个词项的情感。监督情感分析相当简单，与普通的分类类型预测建模过程非常相似。无监督情感分析非常独特，更令人感兴趣，因为不存在手动标记数据的耗时且乏味的过程。根据迄今为止在情感分析领域发表的论文（包括研究方法及各种应用），多步骤逻辑过程似乎是无监督、基于词典的情感分析多步过程（如图6.10所示）。这些逻辑步骤是迭代的（即发现过程包含反馈、更正和迭代操作），本质上是实验性的，一旦完成并组合在一起，就能够自动对文本集合中的意见产生预期的洞察。

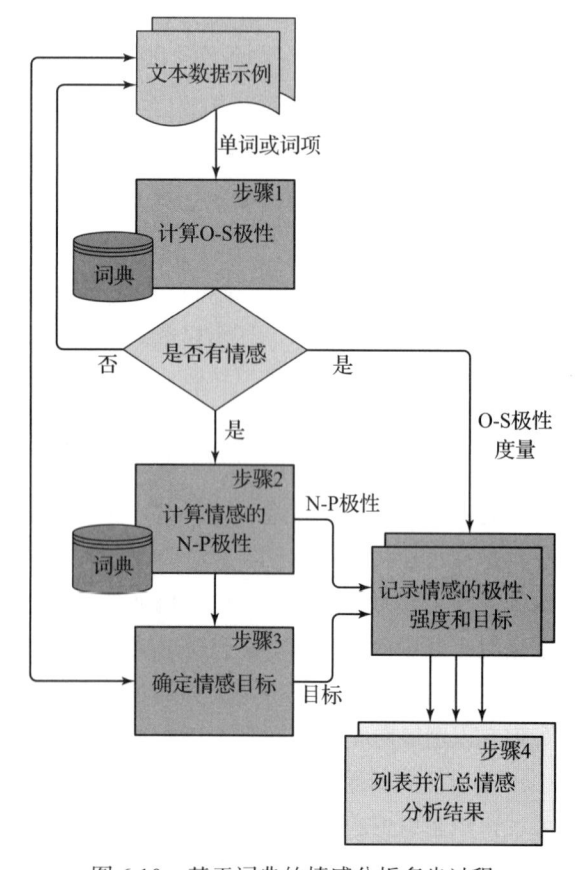

图6.10 基于词典的情感分析多步过程

第 1 步：情感检测。在检索和准备文本文档之后，情感分析的第一个主要任务是客观性检测。这个步骤的目标是区分事实和观点，这可以被视为对文本的客观或主观分类。这也可以描述为 O-S 极性（客观性－主观性极性，Objectivity-Subjectivity Polarity，简称 O-S 极性，可以用 0 到 1 的数值表示）的计算。如果客观性值接近 1，则表示没有意见可挖掘（即，这就是事实），该过程返回并获取下一个要分析的文本数据。通常，观点检测是基于对文本中形容词的检查。例如，通过观察"这是多么精彩的作品"中的形容词可以相对容易地确定其情感极性。

第 2 步：N-P 极性分类。第二个主要任务是极性分类。给定一段评论性的文本，此步骤的目标是将意见归类为两种对立的情绪极性之一，或在这两种极性之间的连续体上定位其位置（Pang 和 Lee，2008）。当把极性视为二元特征时，极性分类就变成了一项二元分类任务，将有意见的文档标记为表达总体积极或总体消极的意见（例如，大拇指向上或向下）。除了识别 N-P 极性之外，还应该识别情感的强度（与仅仅积极情感相反，情感强度可以表达为温和、适度、强烈或非常强烈的积极）。这项研究大多是在产品或电影评论上进行的，其中"正面"和"负面"的定义非常明确。其他任务，例如将新闻分类为"好"或"坏"，也会带来一些困难。例如，一篇文章可能包含负面新闻，而没有明确使用任何主观词语或词项。此外，当文档同时表达出积极情绪和消极情绪时，积极和消极情感类别通常混杂在一起。情感识别任务就变成识别文档的主要（或主导）情感。对于长文本来说，分类任务可能需要在几个层级上完成：词项、短语、句子，也许还有文档层面。对于这些任务，通常使用一个层级的输出作为下一个更高层级的输入。下一节将介绍几种用于识别极性和极性强度的方法。

第 3 步：目标识别。这一步的目标是准确识别表达情感的目标（例如，一个人、一个产品、一个事件等）。这项任务的难度很大程度上取决于分析的领域。通常很容易准确地确定产品或电影评论的目标，因为评论与目标直接相关，但在其他领域可能相当具有挑战性。例如，冗长的通用文本（如网页、新闻文章和博客）并不总是存在某个预先定义的主题，并且经常提到许多对象，其中任何对象都可能被推断成目标。有时在情感句子中有不止一个目标，例如在比较性文本中就是这样。主观比较句或按偏好顺序排列对象——例如，"这台笔记本电脑比我的台式机好"，针对这些句子可以使用比较形容词和副词（更多、更少、更好、更长），最高级形容词（最多、最少、最好）和其他词（如相同、不同、胜过、更喜欢）来识别。一旦检索到句子，就可以按照文本中描述的最能代表其优点的顺序放置对象。

第 4 步：收集和聚合。一旦识别和计算了文档中所有文本数据点的情感，在这一步中，这些情感将被聚合并转化为整个文档的单一情感度量。这种聚合可能简单到总结所有文本的极性和强度，也可能复杂到使用 NLP 的语义聚合技术来得出最终的情感。

极性识别方法

如前一节所述，极性识别可以在单词、词项、句子或文档级别进行。极性识别的最细粒度级别是单词级别。一旦在单词级别上进行了极性识别，则可以将其聚合到下一个更高级别，然后再聚合下一个级别，直到达到情感分析所要求的聚合级别为止。在单词/词项

级别,有两种可能的主要技术用于识别极性,每种技术都有其优缺点:
- 使用词典作为参考库(由个人为特定任务手动或自动开发,或由机构为通用目的开发)。
- 使用一组训练文档作为特定领域内词项极性的知识来源(即,从表达观点的文本文档建立预测模型)。

使用词典

词典本质上是特定语言的单词、同义词及其含义的目录。除了许多其他语言的词典外,还有一些通用的英语词典。通常,通用词典可用于创建各种专用词典,以用于情感分析项目。最受欢迎的通用词典可能是普林斯顿大学创建的 WordNet,它已经被许多研究人员和从业者扩展并用于情感分析。正如 WordNet 网站(wordnet.princeton.edu)所介绍的那样,该词典是一个大型的英语词汇数据库,包括名词、动词、形容词和副词,并根据不同的概念分成不同认知的同义词集合,每个同义词表达一个不同的概念。每个同义词集由概念-语义关系和词汇关系相互链接。

Esuli 和 Sebastiani(2006)对 WordNet 进行了一项有趣扩展,他们为词典中的每个词项添加了极性(积极-消极,P-N)和客观性(主观-客观,S-O)标签。为了给每个词项贴标签,他们使用一组三元分类器(将每一个对象连接到三个标签之一的度量方法)对该词项所属的同义词集(一组同义词)进行分类,每个分类器都能够决定一个同义词集是积极、消极,以及是否客观。得出的分数范围从 0.0 到 1.0,对词项的情感属性进行了等级评估。图 6.11 对此进行了总结,图中三角形的边代表三种分类之一(积极、消极,主观还是客观)。每个词项可以作为一个点位于这个空间中,表示它属于每个分类的程度。

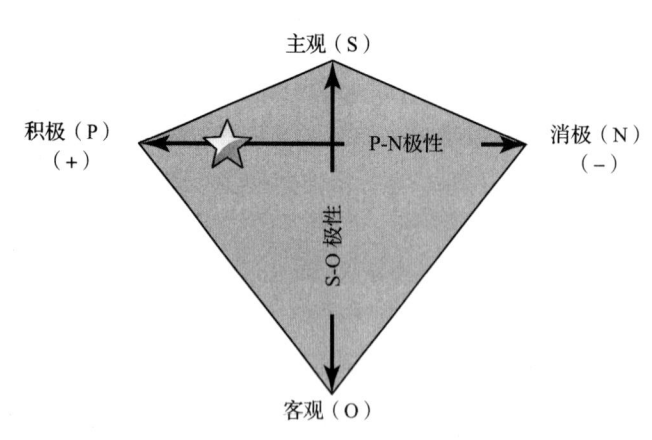

图 6.11 P-N 极性和 S-O 极性关系示意图

类似的扩展方法还用来创建 SentiWordNet,这是一个专门为意见挖掘(情感分析)目的开发的公共词典。SentiWordNet 为 WordNet 的每个系统分配三种情绪得分:积极性、消极性和客观性。有关 SentiWordNet 的更多信息,参阅 sentiwordnet.isti.cnr.it。

WordNet 的另一个扩展是由 Strapparava 和 Valitutti(2004)开发的 WordNet-Affect。他们使用情感标签来标记 WordNet 同义词集,这些情感标签代表不同的情感类别,如情感、认知状态、态度和感觉等。WordNet 也直接用于情感分析。例如，Kim 和 Hovy（2004）以及 Liu、Hu 和 Cheng（2005）通过从已知极性的"种子"词项（例如，爱、喜欢、美好等）小列表开始，然后使用词项的反义词和同义词进行极性分类，生成积极词项和消极词项的词典。

使用训练文档集

可以使用统计分析和机器学习工具来执行情感分类，这些工具利用大量可用的已标记文档资源（人类注释者或使用星级评价系统）。亚马逊、C-NET、eBay、烂番茄和互联网电影数据库等产品评论网站都被广泛用作注释数据的来源。这些星级评价（或烂番茄指数）系统为评论的整体极性提供了明确的标签，经常被视为算法评估的黄金标准。这类分析研究属于基于监督学习的情感分析，而基于词典的情感分析（如上所述）属于无监督学习/分类类型分析。

通过 Text REtrieval Conference、NII Test Collection for IR Systems 和 Cross Language Evaluation Forum 等评估工作，生成了许多可用的手动标记文本数据。这些工作产生的数据集通常是文本挖掘社区的标准，情感分析标准也包括在内。个别研究人员和研究小组也生成了许多有趣的数据集。技术洞察 6.2 列出了一些最受欢迎的文本数据集。一旦得到已经标记的文本数据集，就可以使用各种预测建模和其他机器学习算法来训练情感分类器。用于此任务的一些最流行的算法包括人工神经网络、支持向量机、k 近邻法、朴素贝叶斯、决策树和基于期望最大化的聚类算法等。

技术洞察 6.2　使用预测性文本挖掘和情感分析的大规模文本数据集

国会辩论记录（Congressional Floor-Debate Transcripts）：由 Thomas、Pang 和 Lee（2006）出版，其中包含已标记的政治演讲，以表明演讲者是支持还是反对所讨论的立法。

Economining：纽约大学 Stern 学院出版，内容由 Amazon.com 上的商家反馈帖子组成。

Cornell Movie-Review Data Sets：由 Pang 和 Lee 发布（2008），内容包含 1 000 个积极的和 1 000 个消极的自动获取的文档级别标签，以及 5 331 个积极和 5 331 个消极句子/片段。

Stanford—Large Movie Review Data Set：包含 25 000 条用于训练集的极性影评和 25 000 条用于测试的极性电影评论。还有其他未标记的数据可供使用。数据集也提供原始文本和已处理的词袋形式的文本。（参见 http://ai.stanford.edu/~amaas/data/mession。）

MPQA 语料库：语料库和意见识别系统语料库，其中包含 535 篇各种新闻来源的手动注释新闻文章，其中包含观点和个人状态（信仰、情感、意见等）标签。

Multiple-Aspect Restaurant Reviews：由 Snyder 和 Barzilay 发布（2007），内容包含 4 488 条评论，对食物、氛围、服务、价值和整体体验 5 个方面进行了得分为 1～5 的评分。

识别句子和短语的语义倾向

一旦确定了单个单词的语义方向，通常可以将其扩展到单词出现处的短语或句子。实现这种聚合的最简单的方法是对短语或句子中单词的极性进行某种类型的平均。尽管这很少被应用，但这种聚合可能像使用一种或多种机器学习技术来创建单词（及其极性值）与短语或句子之间的预测关系一样复杂。

识别文档的语义倾向

虽然该领域的绝大多数工作都是在确定单词和短语/句子的语义方向方面完成的，但其中一些任务（如摘要和信息检索）可能需要对整个文档进行语义标记（Ramage 等人，2009）。类似于将情感极性从单词级别聚合到短语或句子级别的情况，聚合到文档级别也可以通过某种类型的平均来实现。对于非常大的文档来说，文档的情感取向可能没有意义；因此，该方法经常用于在互联网上发布中小型文档。

主题建模

主题建模（topic modeling），也称为主题检测（topic detection），是一种概率机器学习算法，旨在发现和解释含有专题信息的大型文档档案。主题建模算法是一种统计方法，通过分析原始文本中的单词，发现贯穿其中的主题，这些主题是如何相互关联的，以及这些主题随着时间的推移发生怎样的变化。所有主题建模方法背后的共同假设是：①每个文档都是由多个主题的混合组成的；②每个主题都由单词/词项的集合组成，主题是文档和单词之间的"隐藏"或"潜在"结构。主题建模的目标是发现这些潜在变量（即主题），这些变量塑造了文档集合中的含义/语义。

人们曾多次尝试在一系列文件中准确识别固有主题。也许最早也是最基本的主题检测尝试就是聚类，使用某种传统的聚类技术（层次或 k-均值聚类算法），根据文档的词频（以逐文档矩阵的形式）对文档进行分组。这种方法提供了数学手段，可以根据某些单词/词项在文档中出现的频率对文档进行分组（将它们放入预先确定数量的聚类），然后，根据最常用的词频用任意的主题名称来标记这些聚类。

下一个流行的主题建模方法称为潜在语义分析（Latent Semantic Analysis，LSA），或潜在语义索引（Latent Semantic Indexing，LSI）。LSA 和 LSI 属于同义词，机器学习/文本挖掘社区将它们统称为 LSA，信息检索社区则将它们统称为 LSI。LSA 背后的核心思想是采用给定语料库的数字表示（即词频 – 文档矩阵），并将其分散/因子化为其组成矩阵。具体来说，在进行 LSA 的过程中，第一步是生成文档 – 词频矩阵。给定 m 个文档和词汇表中的 n 个单词，我们构造了一个 $m \times n$ 矩阵 A，其中每行表示一个文档，每列表示一个单词。对最简单的 LSA，每个条目可以是第 j 个单词在第 i 个文档中出现的次数的原始数量。然而实践中原始数量并不特别有效，因为这夸大了数量的重要性，没有考虑到文档中独特单词的重要性。相反，现在的常见做法是使用 tf-idf（词项频率 × 逆文档频率）来更好地表示索引。下面给出了 tf-idf 的简单公式：

$$[\text{tf-idf}]_{i,j} = [\text{tf}]_{i,j} \times \log \frac{N}{[\text{df}]_j}$$

其中 $[\text{tf-idf}]_{i,j}$ 为文档 i 和词项 j 的得分，$[\text{tf}]_{i,j}$ 为词项 j 在文档 i 中出现的频数，N 为文档集合的文档总数，$[\text{df}]_j$ 为含有词项 j 的文档数。

一旦我们有了包含 tf-idf 生成的索引的词项-文档矩阵（A），我们就可以开始考虑对潜在主题进行识别。词项-文档矩阵（A）通常是一个在其维度上非常稀疏、有噪声和冗余的矩阵。因此，为了找到发现词项和文档之间关系的潜在主题，我们需要对矩阵 A 进行某种类型的降维。LSA 中通常使用奇异值分解（Singular Value Decomposition，SVD）来实现降维。SVD 是一种线性代数技术，用于将矩阵（A）分解为三个独立矩阵的乘积：词项-概念矩阵（U）、奇异值矩阵（S）和概念-文档矩阵（V），即 $A=U*S*V$，其中矩阵 S 是矩阵 A 的奇异值的对角矩阵。作为最后一步，通过取两个向量之间的角度的余弦，将文档分组为潜在主题，其中接近 1 的结果值表示非常相似的文档，而接近 0 的值表示非常不相似的文档。早期主题建模方法的缺点之一是，这些方法假设主题和文档之间存在显式关系（例如，某文档只属于一个主题）。然而，在现实中，一个文档可以属于多个不同程度的主题，每个单词/词项都可以不同程度属于每个主题。这一缺点通过隐含狄利克雷分配（Latent Dirichlet Allocation，LDA）得到了解决。

隐含狄利克雷分配

隐含狄利克雷分配是这十年中最流行、（也许也是）最有效的主题检测技术。虽然人们尝试了多种方法来更好地检测/识别文本数据中的潜在主题，其中一些人尝试利用深度学习（如 RNN/LSTM 类型的神经网络架构），而另一些人尝试使用词嵌入（Word Embedding）或 Word2Vec 类型方法，但目前绝大多数主题建模仍然使用 LDA。LDA 使用文档到主题和主题到词项的关联/分配的 Dirichlet 先验/分布。Dirichlet 分布是 LDA 的核心函数，是一组由正实数的向量 α 参数化的连续多变量概率分布。事实上，它是 beta 分布向多变量的推广，因此，它也被称为多变量 beta 分布。

LDA 是一种生成概率模型，采用无监督学习过程，给定一组训练数据，LDA 旨在通过从相同分布中生成样本来识别潜在分布。在最高层次上，LDA 描绘了一个三级分层概率分配模型，将每个文档建模为底层主题集的加权混合，而每个主题又被建模为下层词项集的加权混合。图 6.12 说明了 LDA 的这种层次结构。

LDA 的算法细节详见 Blei 等人的文章（2003），他们对 LDA 算法做出了开创性的工作。为了进一步解释 LDA 的内部结构及其优越的适用性，这项开创性工作的主要作者、加州大学伯克利分校教授 David M.Blei 在他的 CACM 评论文章中用几个例子进行了证实（Blei，2012）。在其中一个例子中，他将 100 个主题的 LDA 模型与 *Science* 杂志中的 17 000 篇文章进行了拟合，这个有趣的主题建模练习的结果以及直观的图表都可以在（Blei，2012）中找到。

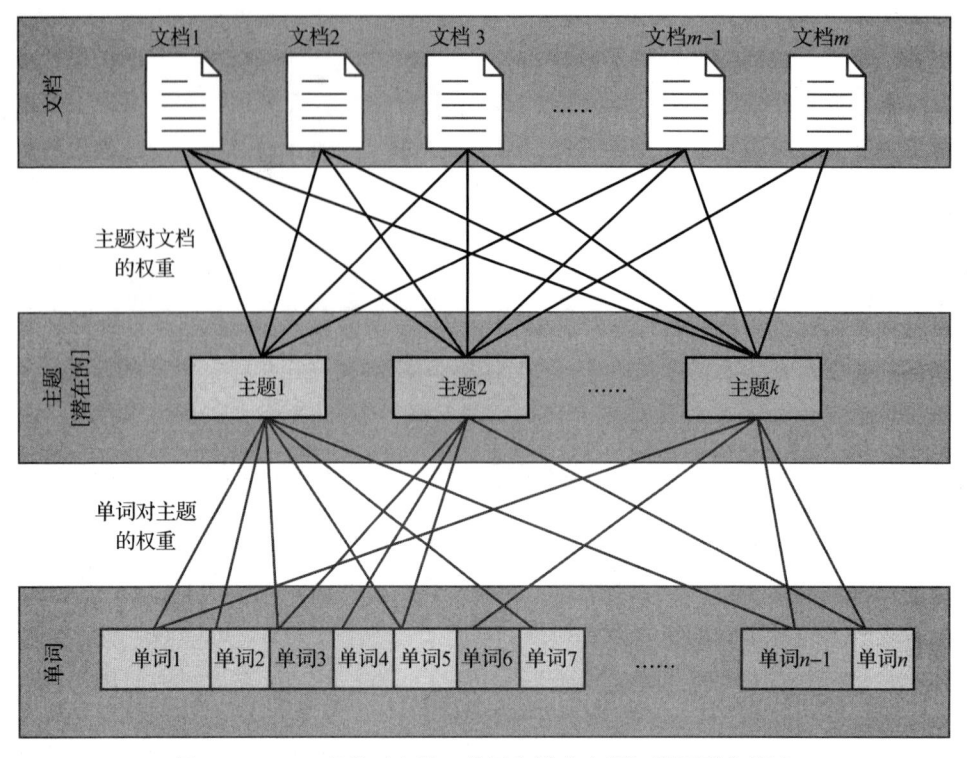

图 6.12 LDA 组件（文档、单词和潜在主题）的图形化描述

6.6 节 习题

1. 什么是情感分析？它与文本挖掘有何关联？
2. 情感分析最流行的应用领域是什么？原因是什么？
3. 开展情感分析项目的主要步骤是什么？
4. 情感极性识别的两种常见方法是什么？试给出解释。
5. 什么是主题建模，哪里可以用到主题建模？
6. LDA 与以前的主题建模方法有何不同？其主要优势是什么？
7. 试举一个例子，说明在哪里使用主题建模来发现新的见解？

6.7 Web 挖掘概述

互联网已经永远改变了商业运营格局。由于世界日趋高度互联和扁平化，竞争领域进一步扩大，今天的公司正面临越来越大的机遇（他们能够接触到以前从未想到过的客户和市场）和更大的挑战（全球化以及不断变化的竞争市场）。那些有远见和能力应对这种动荡环境的企业将从中受益匪浅，而其他抗拒适应此环境的企业则很难生存。参与互联网业务不再是一种选择，而是业务必需。客户期望公司通过互联网提供他们的产品和服务。他们不仅购买产品和服务，还对公司做评价，并通过互联网与他人分享他们的交易和使用体验。

互联网及其赋能技术的发展使数据创建、数据收集和数据/信息/意见交流变得更加容易。服务、制造、运输、交付和客户咨询上出现延误不再是个人事件，也不再认为是无法避免的灾难。现在借助社交媒体工具和互联网技术，每个人都能知道所有的事。成功的公司是那些掌握这些互联网技术并将其用于改善业务流程的公司，这样他们就可以更好地与客户沟通，了解客户的需求和愿望，并为他们提供彻底而快速的服务。在这个互联网和社交媒体时代，以客户为中心并让客户满意对企业来说从未像现在这样重要。

万维网（简称 Web）是一个巨大的数据和信息库，几乎涵盖了人们所能想到的一切：无论是企业还是个人，你能想到的 Web 上都有。Web 可能是世界上最大的数据和文本存储库，Web 上的信息量正在快速增长。在网上可以找到很多有趣的信息：主页与哪些页面链接，有多少人链接到特定的网页，以及特定网站是如何组织的。此外，每个网站访客、每个搜索引擎上的搜索、每个链接上的点击以及电子商务网站上的每个交易都会生成附加的数据。尽管以 HTML 或 XML 编码的网页形式的非结构化文本数据是网络的主要内容，但网络基础设施也包含超链接信息（与其他网页的连接）和使用信息（访客与网站互动的日志），所有这些都为知识发现提供了丰富的数据。对这些信息的分析可以帮助我们更好地利用 Web，也可以帮助我们增强关系，为我们自己 Web 网站的访客创造价值。

由于 Web 规模十分庞大、复杂，对 Web 进行数据挖掘无论如何都不是一件容易的事。Web 也对快速有效知识发现提出了巨大挑战（Han 和 Kamber，2006）：

- **Web 对于有效的数据挖掘来说过于巨大**。Web 如此之大，增长如此之快，以至于很难量化其规模。由于 Web 的巨大规模，建立一个数据仓库来复制、存储和集成 Web 上的所有数据是不可行的，这使得数据收集和集成成为一个挑战。
- **Web 过于复杂**。Web 网页的复杂性远远大于传统文本文档集合中的页面。Web 网页缺乏统一的结构。与书籍、文章或其他传统的基于文本的文档相比，它们包含了更多的创作风格和可变内容。
- **Web 过于动态**。Web 是一个高度动态的信息源。Web 的发展不仅迅速，而且其内容也在不断更新。博客、新闻报道、股市结果、天气报告、体育比分、价格、公司广告和许多其他类型的信息都会定期在网络上更新。
- **Web 并非特定于某个领域**。Web 服务于众多社区，连接着数十亿个工作站。Web 用户的背景、兴趣和使用目的千差万别。大多数用户可能并不了解信息网络的结构，并且可能意识不到执行特定搜索要付出高昂成本。
- **Web 无所不有**。Web 上只有一小部分信息对某人（或某些任务）真正相关或有用。据说 99% 的 Web 信息对 99% 的网络用户来说是无用的。尽管这并不明显，但确实，特定的人通常只对 Web 中的一小部分信息感兴趣，而 Web 的其余部分包含的是用户不感兴趣的信息，可能会淹没用户需要的结果。在 Web 相关研究中，找到用户和正在执行的任务真正相关的网络部分是一个要解决的主要问题。

上述挑战激发了许多研究工作，旨在提高发现和使用 Web 数据资产的有效性和效率。许多基于索引的 Web 搜索引擎不断地搜索 Web，并按某些关键字对 Web 页进行索引。使用这些搜索引擎，有经验的用户可以通过提供一组严格约束的关键字或短语来对文档定位。然而，简单的基于关键字的搜索引擎有一些不足。首先，任何主题都可能包含数百甚至数千文档。这可能导致搜索引擎返回大量文档条目，但其中许多条目与主题无关。其次，许多与主题高度相关的文档可能并不包含能够对其定义的确切关键字。正如我们将在本章后面指出的，与基于关键字的 Web 搜索相比，Web 挖掘是一种重要的（更具挑战性的）方法，可以用来实质性增强 Web 搜索引擎的能力，因为 Web 挖掘可以识别授权 Web 页面，对 Web 文档进行分类，并解决基于关键字的 Web 搜索引擎中出现的歧义和细微差异。

Web 挖掘（Web mining）是从 Web 数据中发现内在关系（即有趣和有用的信息）的过程，这些信息以文本、链接或使用记录的形式表示。网络挖掘一词最早由 Etzioni（1996）提出。如今，许多会议、期刊和书籍都关注 Web 挖掘，这是一个不断发展的技术和商业实践领域。Web 挖掘本质上与使用 Web 上生成的数据进行数据挖掘相同，其目标是将海量的业务交易、客户交互和网站使用数据存储库转化为可操作的信息（即知识），以帮助企业做出更好的决策。由于"分析"一词越来越受欢迎，如今许多人开始将 Web 挖掘称为 Web 分析。然而，这两个术语的意思并不完全相同。Web 分析主要关注 Web 使用数据，而 Web 挖掘的对象是互联网生成的所有数据，包括事务、社交和用户使用数据。Web 分析旨在描述网站运行情况（采用预定义的、指标驱动的描述性分析方法），而 Web 挖掘旨在发现以前未知的模式和关系（采用新颖的预测或规范性分析方法）。从大的角度看，Web 分析可以视为 Web 挖掘的一部分。图 6.13 给出了 Web 挖掘的简单分类，它分为三个主要领域：Web 内容挖掘、Web 结构挖掘和 Web 使用挖掘。图中还列举了这三个主要领域中要使用的数据源。尽管这三个领域是分开显示的，但在下文中你会发现，这些工具常常需要协同使用，才能解决业务问题与挑战。

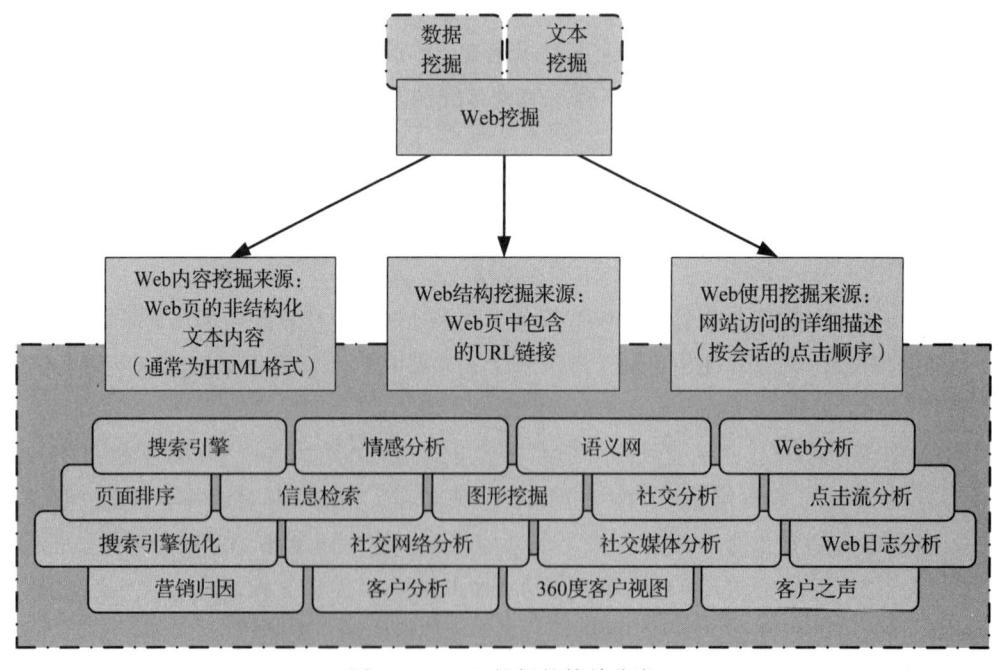

图 6.13　Web 挖掘的简单分类

如图 6.13 所示，Web 挖掘在很大程度上依赖于数据挖掘和文本挖掘及其相关工具和技术。该图还表明，这三个通用领域可以进一步扩展到几个非常知名的应用领域。部分应用在前几章已经进行了介绍，本章将详细介绍其他一些应用。

Web 内容挖掘和 Web 结构挖掘

Web 内容挖掘（Web content mining）是指从 Web 网页中提取有用的信息。文档以某种机器可读格式提取出来，从而可以使用自动化技术从这些 Web 页面中提取信息。网络爬虫（Web crawler，也称为网络蜘蛛）用于自动读取网站的内容。所收集的信息可能包括类似于文本挖掘中使用的文档特征，但也可能包括其他概念，如文档层次结构。这种收集和挖掘 Web 内容的自动化（或半自动化）过程可以用于竞争情报（收集有关竞争对手的产品、服务和客户的情报）。它还可以用于信息 / 新闻 / 意见的收集和汇总、情感分析和用于预测建模的自动数据收集和结构化。为了举例说明如何使用 Web 内容挖掘作为自动数据收集工具，请考虑下面的例子。10 多年来，本书的三位作者中有两位（Sharda 和 Delen 博士）一直致力于开发模型，在好莱坞电影上映前预测其票房。他们用于训练模型的数据来自几个网站，每个网站都有不同的页面层次结构。从这些网站收集过去几年数千部电影的大量数据不仅耗费大量时间，而且非常容易出错。因此，他们使用 Web 内容挖掘和爬虫作为一种使能技术，以自动收集、核实、验证（如果某个数据项在多个网站上可用，则可以对照这些数据进行验证，并捕获和记录异常值），并将这些值存储在关系数据库中。这样，他们可以确保数据的质量，同时在收集过程中节省宝贵的时间（几天或几周）。

除了文本外，Web 页面还包含将一个页面指向另一个页面的超链接。超链接包含大量隐藏的人工标注，这些标注有助于自动推断网页的中心性或权威性。当网页包含指向另一个 Web 页的链接时，可以视为 Web 开发人员对另一个页面的认可。Web 上不同开发人员对给定页面的集体认可可能表明该 Web 页面的重要性，自然引导人们发现权威 Web 页（Miller，2005）。因此，大量的 Web 链接信息是关于 Web 内容的相关性、质量和结构的丰富信息集合，是 Web 挖掘的丰富来源。

Web 内容挖掘还可以用于增强搜索引擎产生的结果。事实上，搜索可能是 Web 内容挖掘和 Web 结构挖掘最流行的应用。在 Web 上搜索以获取特定主题的信息（以关键字或句子的集合形式呈现）通常会返回一些相关的、高质量的 Web 页和大量不可用的 Web 页。使用基于关键词和权威页面（或其某些度量）的相关性索引可以提高相关页面的搜索结果和排名。权威页面的概念源于早期的信息检索工作，该工作使用期刊文章中的引用率来评估研究论文的影响（Miller，2005）。尽管这是这个想法的起源，但研究文章中的引用和网页上的超链接之间存在显著差异。首先，并不是每个超链接都代表认可（有些链接是为了导航而创建的，有些是为了付费广告）。虽然存在这种情况，但如果大多数超链接都受到认可，那么集体的意见仍然会占上风。其次，为了商业和竞争利益，一个权威机构很少会让其 Web 页指向同一领域的竞争对手。再次，权威性的页面很少有明确的描述特性。例如，雅虎的主页可能不包含对自己明显的描述，以显示它本质上是一个 Web 搜索引擎。

Web 超链接的结构导致了另一个重要的网页类别，称为枢纽（hub）。hub 指提供指向权威页面的一个或多个网页。hub 页面可能并不突出，只有少数链接指向它们；然而，hub 提供了一系列重要网站的链接，这些网站涉及某一特定的主题。枢纽可以是个人主页上的推荐链接列表、课程网页上的推荐参考网站，或某一主题的专业资源列表。hub 页面的作用是在一个狭窄的领域内含蓄地授予其权威。从本质上讲，好的 hub 和权威页面之间存在着紧密的共生关系。一个好的 hub 之所以好，是因为它指向了许多高质量的权威网页，而一个权威网页之所以是高质量的，则是因为它被许多好 hub 指向。hub 和权威网页之间的这种关系使自动从 Web 中检索高质量内容成为可能。

用于计算 hub 和权威性的最流行的公开和参考算法是超链接诱导主题搜索算法（Hyperlink-Induced Topic Search，HITS）。该算法最初由 Kleinberg 博士（1999）开发，后来被许多研究人员进一步改进。HITS 是一种链接分析算法，它使用网页中包含的超链接信息对网页进行评级。在 Web 搜索的上下文中，HITS 算法为特定查询收集一个基本文档集。然后递归地计算每个文档的 hub 和 authority 值。为了收集基本文档集，将从搜索引擎中提取与查询匹配的根集。对于检索到的每个文档，将指向原始文档的文档集作为原始文档的邻居添加到根集中。文档识别和链接分析的递归过程一直持续到 hub 和权威值收敛。然后使用这些对检索到的文档集进行索引和优先级排序。

Web 结构挖掘是从嵌入在 Web 文档中的链接中提取有用信息的过程。Web 结构挖掘用于识别权威页面和 hub，这些是当代网页排名（page-rank）算法的基础，目前流行的搜索引擎（如 Google 和 Yahoo！）的核心都是 page-rank 算法。正如指向 Web 网页的链接可以指示网站的受欢迎程度（或权威性）一样，Web 网页（或整个 Web 网站）内的链接也可以指示特定主题的涵盖深度。分析链接对于了解大量 Web 网页之间的相互关系非常重要，从而更好地理解特定的 Web 社区、部落或圈子。

6.7 节 习题

1. Web 对知识发现提出的一些主要挑战是什么？
2. 什么是 Web 挖掘？它与常规数据挖掘或文本挖掘有什么区别？
3. Web 挖掘的三个主要领域是什么？
4. 什么是 Web 内容挖掘？如何利用 Web 内容挖掘获得竞争优势？
5. 什么是 Web 结构挖掘？Web 结构挖掘与 Web 内容挖掘有何不同？

6.8 搜索引擎

在这个时代，谁也无法否认互联网搜索引擎（search engine）的重要性。随着万维网的规模和复杂性不断增加，人们找到想要的东西变得越来越复杂，越来越费劲。人们使用搜索引擎的原因多种多样。在决定购买产品或服务之前，我们使用搜索引擎来了解产品或服务（包括其销售产品的卖家或服务，不同地点/卖家的价格，人们正在讨论的常见问题，以前买家的满意度，还有什么其他产品或服务可能更好，等等），并搜索可以去的地方，要见面的人，要做的事情，搜索引擎已经成为大多数基于互联网的事务和其他活动的核心。最受欢迎的搜索引擎公司 Google 的巨大成功和流行度很好地证明了这一说法。对许多人来说，有些神秘的是搜索引擎实际上是怎样工作的。简单地说，搜索引擎是一种软件程序，它根据用户提供的关键词（单个单词、多个单词或一个完整的句子）搜索与要查询的主题相关的文档（互联网网站或文件）。搜索引擎是互联网的主力，每天用数百种不同的语言响应数十亿的查询。

从技术上讲，"搜索引擎"是信息检索系统的常用术语。尽管网络搜索引擎是最受欢迎的，但搜索引擎通常用于网络以外的环境，如桌面搜索引擎和文档搜索引擎。正如读者将在本节中看到的，我们在本章早期的文本分析和文本挖掘中介绍的许多概念和技术也适用于此。搜索引擎的总体目标是返回一个或多个与用户查询最匹配的文档或页面（如果应用了多个文档或页面，则通常会提供排序列表）。评估搜索引擎的两个常用指标是有效性（或质量，即找到正确的文档或页面）和效率（或速度，即快速做出响应）。这两个指标彼此矛盾，此消彼长。通常，基于用户的期望，搜索引擎会以牺牲其中一个指标为代价来重点关注另外一个指标。更好的搜索引擎是那些同时在这两方面都表现出色的搜索引擎。因为搜索引擎不仅是搜索，而且实际上是要查找和返回文档/页面，所以可能更合适的名称是发现引擎（finding engine）。

搜索引擎剖析

我们现在来对一个搜索引擎做剖析，了解其基本结构。在最高层次上，搜索引擎系统由两个主要周期组成：开发周期和响应周期（见图 6.14 中典型的互联网搜索引擎结构）。其中一个周期连接万维网，另一个周期连接用户。可以将开发周期视为生产过程（制造并存储文档/页面），将响应周期视为零售过程（为客户/用户提供他们想要的东西）。下一节将更详细地解释这两个循环。

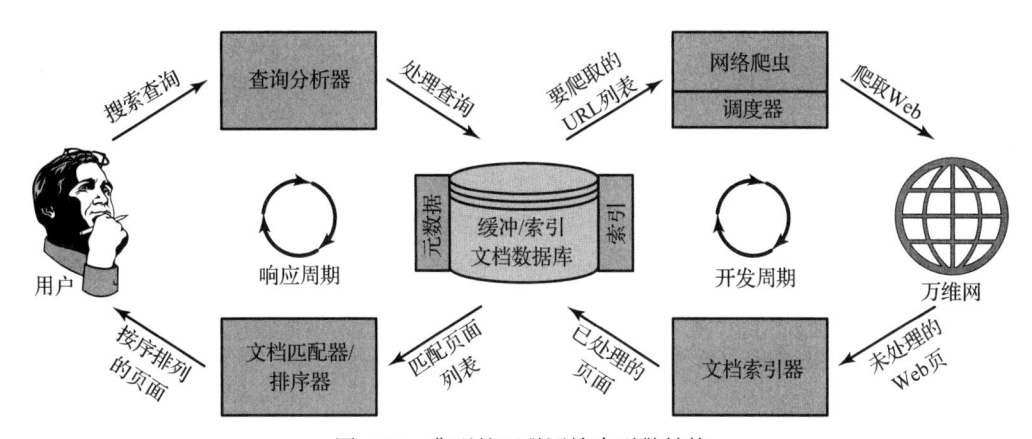

图 6.14 典型的互联网搜索引擎结构

开发周期

开发周期的两个主要组件是网络爬虫和文档索引器。这个周期的目的是创建一个大型文档/页面数据库，根据其内容和信息价值进行组织和索引。开发这样一个文档/页面存储库的原因非常明显：由于其 Web 巨大的规模和复杂性，搜索 Web 以找到可以响应用户查询的页面是不现实的（或在合理的时间范围内是可行的）；因此，搜索引擎将 Web "缓存"到数据库中，并使用缓存版本的 Web 进行搜索和查找。这个数据库一旦创建，就可以让搜索引擎快速准确地响应用户查询。

网络爬虫。网络爬虫（也称为蜘蛛或网络蜘蛛）是一种系统地浏览（抓取）万维网信息以查找和获取网页的软件。网络爬虫通常会复制它们访问的所有页面，以便稍后由搜索引擎的其他功能模块进行处理。

网络爬虫从要访问的 URL 列表开始，这些 URL 存储在调度器中，通常称为种子。这些 URL 可能来自网站管理员提交的内容，或者更常来自以前爬取的文档 / 页面的内部超链接。当网络爬虫访问这些 URL 时，它会识别页面中的所有超链接，并将这些超链接添加到要访问的 URL 列表（即调度器）中。根据特定搜索引擎制定的一组策略，迭代访问调度器中的 URL。由于存在大量的网页，网络爬虫在给定的时间内只能下载有限数量的网页。因此，它可能需要对下载任务进行优先级排序。

文档索引器。当网络爬虫找到并提取文档后，会将这些文档存储在一个临时暂存区中，供文档索引器抓取和处理。文档索引器负责处理文档（网页或文档文件）并将其放入文档数据库。为了将文档 / 页面转换为所需的、易于搜索的格式，文档索引器执行以下任务。

步骤 1　预处理文档。由于网络爬虫获取的文档格式可能不同，为了便于进一步处理，在这一步中，这些文档都被转换为某种类型的标准表示。例如，不同的内容类型（文本、超链接、图像等）可以彼此分离、格式化（如果需要），并存储在某个地方以供进一步处理。

步骤 2　解析文档。这一步本质上是将文本挖掘（即计算语言学，NLP）工具和技术应用于文档 / 页面。在这个步骤中，首先将标准化文档解析为组件，以识别有索引价值的单词 / 词项。然后使用一组规则，对单词 / 词项进行索引。具体来说，这一步使用词条化规则，将单词 / 词项 / 实体从这些文档的句子中提出来。使用正确的词典，可以纠正这些单词 / 词项中的拼写错误和其他异常现象。并非所有词项都需要进行判别，可以从有索引价值的单词 / 词项列表中删除无须判别的单词 / 词项（例如停用词）。因为同一个单词 / 词项可以有很多不同的形式，所以应使用词干提取将单词 / 词项简化为其词根形式。同样，使用词典和其他特定语言的资源（例如 WordNet），识别同义词和一词多义，并在进入索引阶段之前处理单词 / 词项集。

步骤 3　创建词项 – 文档矩阵。这一步将识别单词 / 词项和文档 / 页面之间的关系。权重可以简单到用 1 表示单词 / 词项出现在文档 / 页面中，用 0 表示不出现在文档 / 页面中。通常会用到更复杂的权重模式。例如，与二元权重形式相反，可以选择将出现频率（在文档中发现相同单词 / 词项的次数）指定为权重。正如之前所介绍的，文本挖掘的研究和实践清楚地表明，最佳权重可能是词项频率除以逆文档频率。该算法测量文档中每个单词 / 词项的出现频率，然后将该频率与文档集合中的出现频率进行比较。众所周知，并不是所有的高频词 / 词项都是很好的文档判别器，在某一领域中好的文档判别器可能在另一个领域中算不上好。一旦确定了权重模式，就会对权重进行计算，并创建逐文档的词项索引文件。

响应周期

响应周期的两个主要组件是查询分析器和文档匹配器 / 排序器。

查询分析器。查询分析器负责接收用户的搜索请求（通过搜索引擎的 Web 服务器接口），并将其转换为标准化的数据结构，以便可以轻松地根据文档数据库中的条目进行查询 / 匹配。查询分析器的工作方式与文档索引器的工作方式非常相似（正如我们前面解释的那样）。查询分析器通过执行一系列任务将搜索字符串解析为单个单词 / 词项，这些任务包括词条化、删除停用词、词干提取和单词/词项消歧（识别拼写错误、同义词和一词多义）。查询分析器和文档索引器之间的密切相似性并非巧合。事实上，这是非常合乎逻辑的，因为两者都是处理文档数据库：一种是使用特定索引结构放入文档/页面，另一种是将查询字符串转换为相同的结构，以便快速定位最相关的文档/页面。

文档匹配器/排序器。这一组件将结构化查询数据与文档数据库进行匹配，以查找最相关的文档/页面，并按相关性/重要性顺序对其进行排序。当将不同的搜索引擎相互比较时，这一步的效率可能是最重要的组成部分。每个搜索引擎都有自己的（通常是专有的）算法，用于执行这一重要步骤。

早期的搜索引擎使用简单的关键字匹配文档数据库，并返回排序后的文档/页面列表，确定列表中排名的决定因素是一个函数，该函数使用查询和文档之间匹配的单词/词项数量以及些单词/词项的权重。搜索结果的质量和有用性都不很理想。在1997年，Google的创建者提出了一种名为 PageRank 的新算法。顾名思义，PageRank 是一种基于相关性和价值/重要性对文档/页面进行排序的算法。尽管 PageRank 是一种对文档/页面进行排名的创新方式，但它是对从数据库中检索相关文档并根据单词/词项的权重对其进行排名的过程的扩充。Google 将所有这些综合起来，为给定的搜索请求提供最相关的文档/页面列表。创建文档/页面的有序列表后，以较直观的形式返回给用户。此时，用户可以选择单击列表中的任何文档，但该文档可能不是位于顶部的文档。如果他们单击了一个不在列表顶部的文档/页面链接，那么我们是否可以假设搜索引擎并没有很好地对文档排序？也许是的。像 Google 这样的领先搜索引擎通过捕捉、记录和分析交付后用户的行为和体验来监控搜索结果的性能。这些分析通常会产生越来越多的规则，以进一步完善文档/页面的排名，从而使列表最前面的链接更加符合终端用户的偏好。

搜索引擎优化

搜索引擎优化（Search Engine Optimization，SEO）通过一些活动，影响电子商务网站或网站在搜索引擎的自然（无偿或有机）搜索结果中的可见性。一般来说，搜索结果页面上的排名越高，网站在搜索结果列表中出现的频率越高，它从搜索引擎用户那里得到的访问就越多。作为一种互联网营销策略，SEO 考虑搜索引擎的工作原理、人们搜索的内容、输入到搜索引擎中的实际搜索词项或关键词，以及目标受众偏好的搜索引擎。优化一个网站可能涉及编辑其内容、HTML 和相关编码，以增加其与特定关键字的相关性，并消除搜索引擎索引活动的障碍。推广网站以增加反向链接或入站链接的数量，是另一种 SEO 策略。

在早期，为了被搜索引擎索引，网站管理员所需要做的就是将页面的地址或 URL 提交给各种引擎，然后引擎会发送一个"爬虫"来抓取页面，从中提取该页面链接到其他页面的链接，并将页面中的信息返回给服务器进行索引。如前所述，这个过程涉及搜索引擎爬虫下载页面并将其存储在搜索引擎自己的服务器上，在这个服务器中，第二个程序（即索引器）提取有关页面的各种信息，例如页面包含的单词和这些单词的位置，某个单词的权重，以及页面包含的所有链接，然后将其放置到调度器中以供后续抓取。如今，搜索引擎不再依赖网站管理员提交 URL（尽管他们仍然可以这样做）；相反，它们主动地、持续地抓取 Web，并查找、获取和索引所有相关的 Web 内容。

对企业来说，Google、Bing 和 Yahoo! 等搜索引擎的索引还需要改进。在使用最广泛的搜索引擎上排名（请参阅技术洞察 6.3，了解使用最广泛的搜索引擎），且排名高于竞争对手才有价值。有多种方法可以提高网页在搜索结果中的排名。在同一网站的页面之间进行交叉链接，以提供更多指向最重要页面的链接，这可能会提高其可见性。为了与各种搜索查询相关联，可以编写包含频繁搜索关键词的内容，从而增加流量。更新内容以保持搜索引擎频繁抓取，可以为网站增加额外的权重。在网页的元数据中添加相关关键词，包括标题标签和元描述，可以提高网站搜索列表的相关性，从而增加流量。网页的 URL 规范化有助于通过多个 URL 和使用规范化的链接元素访问，重定向有助于确保不同版本的 URL 都能用来计算网页的链接流行度。

技术洞察 6.3　最流行的排名前 15 的搜索引擎

以下是 2016 年最受欢迎的 15 个搜索引擎（来源于 eBizMBA 排名）。

排名	名称	每月独立访客估计值
1	Google	1 600 000 000
2	Bing	400 000 000
3	Yahoo! Search	300 000 000
4	Ask	245 000 000
5	AOL Search	125 000 000
6	Wow	100 000 000
7	WebCrawler	65 000 000
8	MyWebSearch	60 000 000
9	Infospace	24 000 000
10	Info	13 500 000
11	DuckDuckGo	11 000 000
12	Contenko	10 500 000
13	Dogpile	7 500 000
14	Alhea	4 000 000
15	ixQuick	1 000 000

ReliableSoft 对前十大搜索引擎的最新排名（截至 2022 年 6 月）（https://www.reliablesoft.net/top-10-search-engines-in-the-world/）显示，在 2016 年至 2022 年间，Google 仍然高居榜首，一些新的搜索引擎开始挤进榜单，有些搜索引擎则失去了其原先热门搜索引擎榜单中的排位。

1. Google
2. Microsoft Bing
3. Yahoo
4. Baidu（only in China）
5. Yandex
6. DuckDuckGo
7. Ask.com
8. Ecosia
9. Aol.com
10. Internet Archive

尽管并没有一个公认的搜索引擎排名榜单，但前几名搜索引擎排名似乎得到了所有组织或技术专家的公认。

搜索引擎优化方法

一般来说，SEO 技术可以分为两大类：搜索引擎将其作为优秀网站设计来推荐的技术；搜索引擎不支持的技术。搜索引擎试图将后者的影响降至最低，也就是垃圾索引（spamdexing），也称为搜索作弊（search spam）、搜索引擎作弊（search engine spam），或搜索引擎投毒（search engine poisoning）。行业评论员将这些方法以及使用这些方法的从业者分为白帽 SEO 或黑帽 SEO（Goodman，2005）。白帽 SEO 往往会产生持续很长时间的结果，而使用黑帽 SEO 的网站一旦被搜索引擎发现他们在做什么，其网站最终可能会被暂时或永久禁止。

如果 SEO 技术符合搜索引擎的准则并且不涉及欺骗，那么就认为这项技术是白帽 SEO。因为搜索引擎准则并不是作为一系列规则或戒律编写的，所以这是一个需要注意的重要区别。白帽 SEO 不仅仅遵循准则，而要确保搜索引擎索引和随后排名的内容与用户看到的内容一致。白帽 SEO 建议通常被总结为创建内容给用户而不是搜索引擎，然后使这些内容能够易于被网络爬虫获取，而不是试图欺骗算法达到预期目的。白帽 SEO 在许多方面类似于提升可访问性的 Web 开发，尽管两者并不完全相同。

黑帽 SEO 试图以未经搜索引擎批准或涉及欺骗的方式提高排名。有一种黑帽技术使用隐藏的文本，可以是颜色与背景相似的文本，也可以是不可见的 div 标记中的文本，或者是位于屏幕外的文本。另一种方法根据页面是由人类访客还是搜索引擎请求的，返回不同的页面，这种技术称为隐藏页（cloaking）。搜索引擎可能会通过降低排名或从数据库中完全删除列表来惩罚这些使用黑帽 SEO 发现的网站。这种惩罚可以通过搜索引擎的算法自动应用，也可以通过手动网站审查实施。其中一个例子是 2006 年 2 月 Google 移除了宝马德国公司和理光德国公司网站，原因是这些网站使用了未经批准的做法（Cutts，2006）。后来，这两家公司都很快道歉并改正了他们的做法，然后又重新恢复到 Google 的名单中。

对于一些企业来说，SEO 可能会产生可观的投资回报。然而应该记住的是，搜索引擎不是通过付费来获取流量的，搜索引擎的算法会不断变化，谁也不能保证持续的引荐。由于缺乏确定性和稳定性，如果搜索引擎决定改变算法并停止发送访客，那么严重依赖搜索引擎流量的企业可能会遭受重大损失。根据 Google 首席执行官 Eric Schmidt 的说法，2010 年，Google 对算法进行了 500 多次更改，几乎每天 1.5 次。由于难以跟上不断变化的搜索引擎规则，依赖搜索流量的公司会采取以下一种或多种做法：①聘请一家专门从事 SEO 的公司（现在似乎有很多这样的公司），以不断提高网站对搜索引擎不断变化的做法的吸引力；②向搜索引擎提供商付费；③考虑将自己从对搜索引擎流量的依赖中解放出来。

对电子商务网站来说，最重要的是最大限度地提高客户交易的可能性。拥有大量访客但没有销售量不是电子商务网站建立的目的。

6.8 节 习题

1. 什么是搜索引擎？为什么搜索引擎对当今的企业很重要？
2. 什么是网络爬虫？它是用来做什么的？它是如何工作的？
3. 什么是"搜索引擎优化"？谁能从中受益？
4. 什么做法可以帮助网页在搜索引擎结果中排名更高？

6.9 Web 使用挖掘

Web 使用挖掘（Web usage mining，也称为 Web 分析）是从网页浏览和交易数据中提取有用的信息。分析 Web 服务器收集的信息可以帮助我们更好地了解用户行为。对这些数据的分析通常被称为点击流分析（clickstream analysis）。通过使用数据和文本挖掘技术，一家公司可能能够从点击流中发现有趣的模式。例如，公司可能会了解到，在搜索"毛伊岛酒店"的游客中，60% 的人更早地搜索过"前往毛伊岛的机票"。这些信息可能有助于确定在哪里投放在线广告。点击流分析也能帮助了解访客何时访问网站。例如，如果一家公司知道其网站上 70% 的软件下载发生在晚上 7 点到 11 点之间，它就可以在这段时间内提供客户支持和网络带宽。图 6.15 显示了从点击流数据中提取知识的过程，以及生成的知识边缘如何用于改进过程、改进网站，最重要的是，增加客户价值。

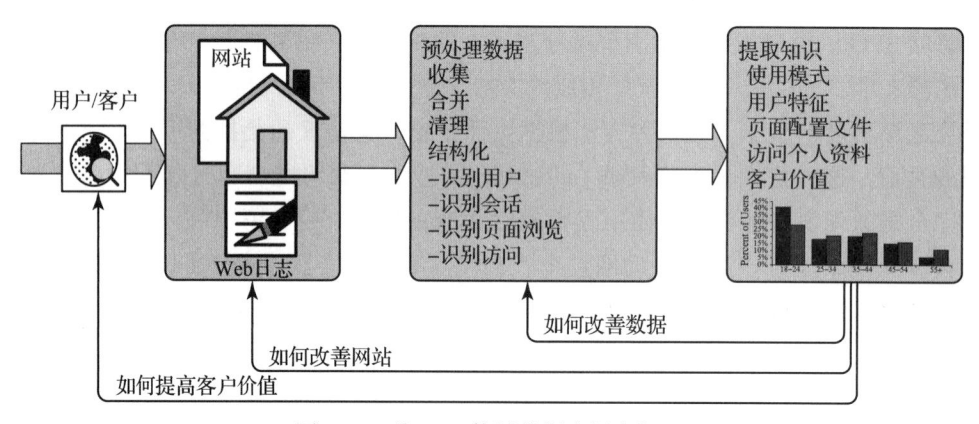

图 6.15 从 Web 使用数据中提取知识

Web 分析技术

市场上有许多用于 Web 分析的工具和技术。由于这些工具和技术能够测量、收集和分析互联网数据，以更好地了解和优化网络使用，因此网络分析工具越来越受欢迎。网络分析有望彻底改变商业在网络上的运作方式。网络分析不仅仅是衡量网络流量的工具，还可以用作电子商务和市场研究的工具，以评估和提高电子商务网站的有效性。网络分析应用程序还可以帮助公司衡量传统印刷广告或广播广告活动的效果，可以帮助估计新的广告活动投放后网站流量的变化。Web 分析提供了有关网站访客数量和页面浏览量的信息，这有助于衡量流量和流行趋势，可用于市场调查研究。

Web 分析主要有两类：站外（off-site）和站内（on-site）分析。站外 Web 分析是指在网站外发生的对网站及其产品进行的网络测量和分析,包括衡量网站的潜在受众(前景或机会)、广告份额(知名度或口碑)以及互联网上的讨论(评论或意见)。

站内分析更主流。从历史上看,Web分析指的是对站内访客的度量。然而近年来,这一点变得模糊了,主要是因为供应商提供的工具已经可同时用于站外和站内两种类型的分析。一旦访客登录你的网站,站内Web分析就会度量访客在网站上的行为,包括其行为的动因和转换。例如,不同的登录页面与在线购买之间的关联程度。站内Web分析衡量网站在商业环境中的性能。然后将网站上收集的数据与关键绩效指标进行比较,以提高网站或营销活动的受众反应。尽管Google Analytics是最广泛使用的现场Web分析服务,但Yahoo、Microsoft等公司提供的更新、更好的工具也在不断涌现,为用户提供额外的信息。

对于站内Web分析,有两种技术方法可以用于收集数据。第一种也是更传统的方法是服务器日志文件分析,Web服务器记录浏览器发出的文件请求。第二种方法是页面标记(page tagging),它使用嵌入在网站页面代码中的JavaScript,在Web浏览器呈现页面时(或鼠标点击时)向第三方分析专用服务器发出图像请求。这两种方法都能收集可以进行处理以生成Web流量报告的数据。除此之外,还可以添加其他数据源来增强网站行为数据。这些其他来源可能包括电子邮件、直接邮件营销数据,销售和潜在客户历史记录,以及社交媒体数据等。

Web分析指标

通过使用各种数据源,Web分析程序可以访问大量有价值的营销数据,这些数据可以用于更好地洞察业务发展,并记录投资回报率(ROI)。从网络分析中获得的洞察力和智慧可用于有效管理组织及其各种产品或服务的营销工作。网络分析程序提供几乎实时的数据,这些数据可以记录营销活动的成功,或使企业能够及时调整当前的营销策略。

尽管网络分析提供了广泛的指标,但通常有4类可操作指标,可以直接影响业务目标(The Westover Group,2013),包括:
- 网站可用性:访客是如何使用我的网站的?
- 流量来源:访客来自哪里?
- 访客特征:访客长什么样?
- 转化统计:这一切对业务意味着什么?

网站可用性

以你的网站为例,我们看看你的网站对其访客的服务水平如何。在这里,你可以了解它的"用户友好性",或者是否提供了正确的内容。
- **页面浏览量**。作为最基本的衡量标准,这个指标通常被表示为"每个访客的平均页面浏览量"。如果人们来你的网站浏览的页面不多,那么你的网站可能在设计或结构上有问题。页面浏览量低的另一个解释是,吸引访客到网站的营销信息与实际可用的内容脱节。
- **网站停留时间**。与页面浏览量类似,网站停留时间的长短是衡量访客与网站交互的基本指标。一般来说,一个人在你的网站上花费的时间越长越好。这可能意味着他们会仔细查看网站内容,利用网站提供的互动组件做出明智的决定,如购买、回应或采取网站提供的下一步操作。相反，网站停留时间也需要与浏览的页面数量进行比较，以确保访客没有花时间定位本应更容易访问的内容。
- **下载**。下载内容包括 PDF、视频和网站向访客提供的其他资源。需要考虑这些项目的可访问性以及推广效果。例如，如果你的网络统计数据显示，观看演示视频的人中有 60% 也进行了购买，那么你就需要制定策略来增加该视频的收视率。
- **点击图**。大多数分析程序都可以显示网页上每个条目的点击率。这包括可点击的照片、副本中的文本链接、下载，当然还有页面上的任何导航。访客是否点击了页面上最重要的条目？
- **点击路径**。尽管对点击路径的评估更为复杂，但它可以快速揭示在特定过程中的哪一个环节可能会失去访客。一个精心设计的网站使用图形和信息架构的组合，鼓励访客在网站中遵循"预先设定"的路径。这些路径不是刻板的，而是直观步骤，与在网站中构建的各种过程一致。某一个过程可能用于对你的产品或服务了解最少的访客"普及知识"。另一个过程可能是"激励"回头客升级或二次购买。第三个过程可能是有关网上营销商品的过程。网站中的过程数量将与目标受众、产品和服务一样多。每条点击路径都可以通过 Web 分析来衡量，以确定其有效性。

流量来源

Web 分析程序是一个令人难以置信的工具，可以识别网络流量来源。搜索引擎、推荐网站和收藏页面访问（即直接访问）等基本类别都是在营销人员很少参与的情况下编制的。然而，只要付出一点努力，你也可以识别由各种离线或在线广告活动产生的网络流量。

- **推荐网站**。包含将访客直接发送到你的网站的链接的其他网站被视为推荐网站。分析程序将识别你的流量来自哪个推荐网站，更深入的分析将帮助你确定哪些推荐网站产生的流量最大、转化率最高、新访客最多，等等。
- **搜索引擎**。搜索引擎类别中的数据分为付费搜索和自然搜索。你可以查看产生网站流量的热门关键词，看看它们是否代表你的产品和服务。根据具体业务，你可能希望有数百（或数千）个关键字来吸引潜在客户。由于搜索查询使用短语的方式不同，即使是最简单的产品搜索也可能使用一些不同的关键词。
- **直接搜索**。直接搜索有两个来源。用户在其收藏夹中存储了你的网页链接，单击该链接将被记录为直接搜索。另一个来源是，当有人直接在浏览器中键入你的 URL，这种情况发生在当有人从名片、宣传册、平面广告、商业电台等信息检索到你的 URL 时。这就是为什么使用编码 URL 是一个好策略。
- **线下活动**。如果使用基于 Web 的活动以外的广告选项，如果包含将性能数据发送到网站的机制，则 Web 分析程序就可以捕获性能数据。在广告中包含的专用 URL（例如，"www.mycompany.com/offer50"）将这些访客转送到特定的登录页。那么你现在就可以知道通过浏览你的网站来回应那则广告的数据。
- **在线活动**。如果你发起横幅广告活动、搜索引擎广告活动，甚至电子邮件活动，则可以通过简单地使用类似于线下活动策略的专用 URL 来分析各个活动的有效性。

访客特征

对访客分类是另一个将 Web 分析作为强大营销工具的方法，结合不同分析报告的数据，你会发现许多不同的访客资料。

- **关键词**。在分析报告中，可以看到访客在搜索引擎中使用了哪些关键词来定位网站。如果通过相似性对这些关键词进行聚合，你会发现使用你的网站的不同访客群体。例如，从访客使用特定的搜索短语就可以看出他们对你的产品或其优点的了解程度。如果他们使用的词语反映了你对自己的产品或服务的描述，那么他们可能已经从有效的广告、小册子等中了解到了你的产品。如果访客使用的检索词更宽泛，那么这些访客可能正在寻求解决问题的方法，碰巧发现了你的网站。如果第二组搜索者占比很高，那么你需要确保你的网站有强大的"说服"能力，让访客相信他们已经找到了答案，然后将他们纳入你的销售渠道。
- **内容分组**。根据内容的分组方式，可以分析网站中与特定产品、服务、活动和其他营销策略相对应的部分。如果你举办了很多展销会，并在为网站中的特定产品引入了流量，那么 Web 分析就会突出显示这部分活动。
- **地理位置**。通过分析，你可以查看流量的地理位置，包括国家、州和城市位置。如果你想要进行区域营销活动或想衡量你的产品在某个地区的知名度，这可能特别有用。
- **时间**。网络流量通常在工作日的开始、午餐期间和工作日结束时达到峰值。夜间的网络流量也并不罕见。你可以分析这些数据，判断访客何时浏览和购买，并对客户服务时间做出决策。
- **登录页资料**。如果你正确地组织各种广告活动，你可以将每个目标群体推到不同的登录页，便于 Web 分析对该登录页数据进行捕捉和度量。通过将这些数字与活动媒体的人口统计数据相结合，你可以发现访客中每种人口群体的百分比。

转化统计

每个组织都将根据其特定的营销目标来定义"转化"。一些网络分析程序使用"目标"一词作为衡量某些网站的基准，不管目标是页面确定的访客数量、完成的注册表单还是在线购买。

- **新访客**。如果你在努力提高知名度，你会想研究新访客数据的趋势。分析将所有访客识别为新访客或回头客。
- **回头客**。如果涉及客户忠诚度项目或提供的产品购买周期很长，那么你的回头客数据将帮助你衡量这一领域的进展。
- **线索**。访客提交表单并生成感谢页面后，你就创建了潜在访客。Web 分析将允许你计算完成率（或放弃率），方法是将已完成的表单数量除以访问你页面的网络访客数量。如果完成率低，表示需要对该页面特别关注。
- **销售/转化**。根据网站的意图，你可以通过在线购买、完成注册、在线提交或任何数量的其他网络活动来定义"销售"。监测这些数字将提醒你上游发生的任何变化。
- **放弃/退出率**。与那些在你的网站上逗留的访客一样重要的是那些刚开始一个过程就退出，或到你的网站浏览一两页后就离开的访客。在第一种情况下，你需要分析访客在哪里终止了访问，是否存在很多访客在同一地点退出。然后，探讨这种情况的解决方案。在后一种情况下，网站或特定页面的高退出率通常表明存在访客预期问题。访客根据广告中包含的某些消息、预先发送的消息等点击你的网站，并期望该消息具有一定的连续性。你需要确保广告的内容在网站中得到强化和实现。

以上每一项都包含了指标，可以根据特定的组织需求进行选择。你可以创建一个每周更新的仪表盘，其中包括特定的数字或百分比，显示在哪些方面取得了成功，或者强调需要解决的营销挑战。持续评估这些指标并与其他可用的营销数据结合使用，就可以引导你创建高度量化的营销计划。图 6.16 显示了使用免费提供的 Google Analytics 工具创建的 Web 分析仪表盘示例。

图 6.16　Web 分析仪表盘示例

6.9 节　习题

1. 通过网页访问生成的三种数据是什么？
2. 什么是点击流分析？其用途是什么？
3. Web 挖掘的主要应用是什么？
4. 常用的 Web 分析指标有哪些？它们有哪些重要性？

6.10 社交分析

根据不同的人的世界观和研究领域的不同，社交分析可能意味着不同的含义。例如，字典中对社交分析的定义是指丹麦历史学家和哲学家 Lars-Henrik Schmidt 在 20 世纪 80 年代发展起来的哲学观点。这种观点的理论对象是"socius"（同伴，陪伴），一种"共同性"，既不是一种普适的解释，也不是所有人共享的集体主义（Schmidt，1996）。因此，社交分析与传统的哲学和社会学不同。社交分析可被视为一种试图阐明哲学和社会学之间相互关系的视角。

这里对社交分析的定义有些不同，与关注"社会"部分（正如其哲学定义的那样）不同，我们更感兴趣的是该术语的"分析"部分。Gartner（一家非常知名的全球 IT 咨询公司）将社交分析定义为"监控、分析、衡量并解释数字互动以及人、主题、想法和内容的关系"（gartner.com/it-glossary/social-analytics/）。社交分析包括挖掘社交媒体中创建的文本内容（例如，情感分析、NLP）和分析社会建立的网络（例如，影响者识别、特征描述、预测），目的是深入了解现有和潜在客户的当前和未来行为，以及对公司产品和服务的好恶。基于这一定义和当前实践，社交分析可以分为两个不同但不一定相互排斥的分支：社交网络分析（Social Network Analysis，SNA）和社交媒体分析（Social Media Analytics，SMA）。

社交网络分析

社交网络（social network）是由个人（或团体、组织）组成的社会结构，通过某种联系或关系相互联系。社交网络视角为分析社会实体的结构和动态提供了一种整体方法。对这些结构的研究使用了社交网络分析方法，用于识别局部和全局模式，发现有影响力的实体，并检查网络动态。社交网络及其分析本质上是一个跨学科的领域，综合了社会心理学、社会学、统计学和图论。社交网络分析数学理论的发展和规范可以追溯到 20 世纪 50 年代，社交网络基础理论和方法的发展可以追溯到 20 世纪 80 年代（Scott 和 Davis，2003）。SNA 现在是商务分析、消费者智能和当代社会学的主要范式之一，也应用于许多其他社会科学和形式科学。

社交网络是社会科学中用于研究个人、团体、组织甚至整个社会（社会单位）之间关系的理论结构。社交网络用于描述由这种互动所产生的社会结构。任何一个特定社会单位所连接的纽带代表了该单位各种社会联系的融合。一般来说，社交网络是自组织的、新兴的和复杂的，因此，组成其系统的元素（个人和群体）的局部互动会产生全局一致的模式。

以下是一些与商业活动相关的典型社交网络类型。

通信网络。通信研究通常被认为是社会科学和人文科学的一部分，主要涉及社会学、心理学、人类学、信息科学、生物学、政治学和经济学等领域。许多通信概念描述了信息从一个来源到另一个来源的传输过程，因此可以表示为社交网络。电信公司正在利用这一丰富的信息来源来优化其业务实践并改善客户关系。

社区网络。传统上，社区代表某个特定的地理位置，对社区关系的研究需要分析哪些人在一起进行了交谈、联系、交易和参加社交活动。然而，如今通过社交网络工具和电信设备发展出了扩展的"在线"社区。这些工具和设备不断生成大量数据，公司可以使用这些数据来发现宝贵的、可操作的信息。

犯罪网络。在犯罪学和城市社会学中，犯罪分子之间的社交网络受到了广泛关注。例如，将帮派谋杀和其他非法活动作为帮派之间的交互进行研究，可以更好地了解和预防此类犯罪活动。现在，我们生活在一个高度互联的世界，安全机构正在使用最先进的互联网工具和策略，监视和追捕许多犯罪网络的形成及其活动。尽管互联网改变了犯罪网络和执法机构的格局，但传统的社会和哲学理论在很大程度上仍然适用。

创新网络。在网络环境中传播思想和创新的商业研究侧重于思想在社交网络成员中的传播和使用。这个想法是为了理解为什么某些网络更具创新性，以及为什么某些社区更早地采纳了创新和创意。（即研究社交网络结构对创新和创新行为传播的影响。）

社交网络分析指标

SNA 是对社交网络的系统研究。SNA 从网络理论的角度看待社会关系，包括节点（代表网络中的个人或组织）和连接（代表个人或组织之间的关系，如友谊、亲属关系、组织地位等）。这些网络通常使用社交网络图来表示，其中节点表示为点，关系表示为线。

多年来，已经开发了各种度量指标，从不同的角度分析社交网络结构，这些度量指标通常分为三类：联系（connection）、分布（distribution）和分割（segmentation）。

联系

同质性 社交网络中的参与者（actor）在多大程度上与相似或不同的人建立联系，相似度可以通过性别、种族、年龄、职业、教育水平、职业状态、价值观或任何其他显著特征来定义。

多重性 社交网络链接中所包含的内容种类的数量。例如，两个既是朋友又在一起工作的人其多重性值为 2，多重性一直与关系强度联系在一起。

相互关系/相互性 两个参与者互相回应彼此友谊或其他互动的程度。

网络闭合 三元关系的完备性度量。一个人的网络闭合假设（即他们的朋友也是朋友）称为传递性（transitivity）。传递性是个体或情境特征需要认知闭合的结果。

邻近关系 参与者与地理位置相近的其他人有更多联系的倾向。

分布

桥 如果某个体的弱连接填补了结构洞，为两个个体或集群之间提供了唯一的联系，那么该个体就是桥。桥还包括当由于信息失真或传递失败的高风险而无法使用较长路线时的最短路线。

中心性 一组旨在量化网络中特定节点（或组）的重要性或影响（在各种意义上）的指标。衡量中心性的常见方法包括介数中心性、接近中心性、特征向量中心性、alpha 中心性和度中心性。

密度 网络中直接连接的数量相对于可能总数的比例。

距离 连接两个特定参与者所需的最小连接数。

结构洞 社交网络的两个部分之间缺少连接。发现并利用结构洞可以给企业家带来竞争优势。这个概念是由社会学家 Ronald Burt 提出的,有时也被称为社会资本的另一个替代概念。

连接强度 由时间、情感强度、亲密度和相互性(相互关系)的线性组合定义。强连接与同质性、邻近关系和传递性有关,而弱连接与桥有关。

分割

小群体和社交圈 如果每个人都与其他人直接联系在一起,那么该团体就被认定为小群体(clique);或者如果放宽直接连接的条件,那么团体也可被认定为社交圈,更准确地说这样的团体属于结构聚合块。

聚类系数 聚类系数表示一个图形中节点密集程度的系数。聚类系数越高,表明节点聚集性越强。

内聚性 参与者之间直接连接的程度。结构内聚是指隔离群组节点需要移除的最小成员数量。

社交媒体分析

社交媒体是指人们在虚拟社区和网络中创建、共享和交换信息、想法和意见的社交互动技术。它是一组基于互联网的软件应用程序,建立在 Web 2.0 的意识形态和技术基础上,允许创建和交换用户生成的内容(Kaplan 和 Haenlein,2010)。依赖移动和其他基于网络的技术,社交媒体创建高度互动的平台,供个人和社区共享、共同创建、讨论和修改用户生成的内容。这为组织、社区和个人之间的沟通带来了实质性的变化。

自 20 世纪 90 年代初出现以来,基于网络的社交媒体技术在质量和数量上都有了显著的提高。这些技术有许多不同的形式,包括在线杂志、互联网论坛、Web 日志、博客、微博、Wiki、社交网络、播客、图片、视频以及产品/服务评估/评级。Kaplan 和 Haenlein (2010) 在媒体研究(社会临场感、媒体丰富性)和社交过程(自我展示、自我表达)领域应用了一套理论,创建了一个包含六种不同类型社交媒体的分类方案:协作项目(如维基百科)、博客和微博(如 Twitter)、内容社区(如 YouTube)、社交网站(如 Facebook)、虚拟游戏世界(如 *World of Warcraft*)和虚拟社交世界(如 Second Life)。

基于 Web 的社交媒体不同于报纸、电视和电影等传统/工业媒体,因为它们相对便宜,而且可以让任何人(甚至是个人)发布或访问/消费信息。工业媒体通常需要大量资源来发布信息,因为在大多数情况下,文章(或书籍)在发布之前都要经过多次修订。以下是一些最流行的特征,可帮助区分社交媒体和工业媒体(Morgan、Jones 和 Hodges,2010):

质量 在由出版商做中介的传统出版业中,内容的质量波动范围通常比社交媒体小。社交媒体网站内容面临的主要挑战是,内容质量差别很大,既有高质量的内容,又有劣质内容。

受众 传统媒体和社交媒体技术都有一定的受众范围,能够覆盖全球范围内的受众。

然而，传统媒体通常使用集中的组织、生产和传播框架，而社交媒体本质上更分散，层次更少，并可以由多人进行生产和利用。

频率　与传统媒体相比，在社交媒体平台上更新和转发内容更容易、更快、更便宜，因此使用频率更高，内容更新鲜。

可访问性　传统媒体的生产手段通常是政府和/或企业（私人所有），成本高昂，而社交媒体工具通常向公众提供，成本很低甚至零成本。

可用性　传统媒体的制作通常需要专业技能和培训。相反，大多数社交媒体制作只需要对现有技能进行适度的重新阐释。理论上讲，任何有访问权限的人都可以掌握社交媒体的生产方法。

即时性　与社交媒体（回应即时）相比，传统媒体对话的时间间隔可能会更长（几周、几个月甚至几年）。

可更新性　传统媒体一旦创建，就很难更改（杂志文章一旦印刷和发行后，就不能对同一篇文章进行更改），而社交媒体几乎可以通过评论或编辑瞬间更改。

人们如何使用社交媒体

社交网站上的人数在增长，人们对社交媒体渠道的参与程度也在增长。Brogan 和 Bastone（2011）提出了根据用户使用社交媒体的积极程度对用户进行分层的研究结果，并跟踪了这些用户群体随时间的演变过程。他们列出了六种不同级别的参与度（如图 6.17 所示）。

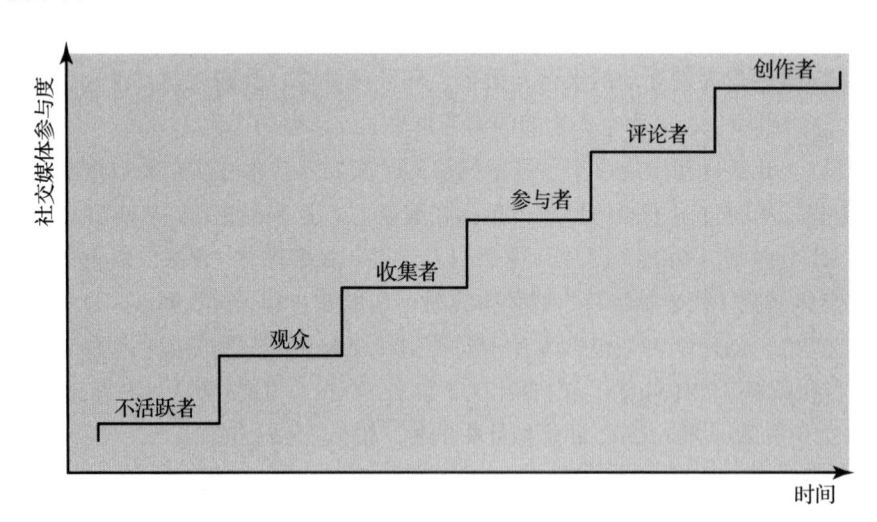

图 6.17　社交媒体用户参与度的演变

根据研究结果，在线用户社区的参与度一直在稳步上升。最显著的变化是不活跃者。约有 44% 的在线人员属于这一类。两年后，超过一半的不活跃者以某种形式进入了社交媒体。Bastone 说："现在大约 82% 的在线成年用户进入到上层参与者级别。社交媒体已经真正达到了大规模采用的状态。"

社交媒体分析（social media analytics）是指使用系统化、科学化的方式来对基于网络的社交媒体渠道、工具和技术创建的大量内容进行分析，以提高组织的竞争力。社交媒体分析正在迅速成为世界各地组织的一股新力量，使他们能够前所未有地接触和了解消费者。在许多公司中，它正在成为综合营销和沟通战略的工具。分析实操 6.5 总结了如何使用 KNIME 分析解决方案来自动报告社交媒体活动结果。

分析实操 6.5　提高社交媒体活动的效率

动机

英格兰体育协会是一个独立的政府机构，负责发展壮大基层体育，让更多的人活跃在英格兰各地。他们致力于让运动、体育和体育活动成为每个人生活的核心。

英格兰体育协会开展跨平台媒体宣传活动，鼓励人们参与各种体育运动和体育活动。然而，生成报告始终需要手动完成。英格兰体育协会希望提高报告生成效率，不仅能更快地产生见解，还能减少不必要的体力劳动。

以前，完成这个过程需要登录每个社交媒体平台，从账户中收集统计数据，对数据进行转换以便于比较，然后在 Excel 中对数据进行可视化，最后在 PowerPoint 中生成报告。这是一个劳动密集型的过程，只能由一个人完成，造成了报告的严重滞后。报告的延迟意味着，虽然高级管理层可以看到总体成功的情况，但在可能需要对事件做出灵活反应时，无法获得用于业务决策的信息。现成的解决方案都无法提供"This Girl Can"活动所需的有针对性的方法或定制视觉效果。

实施——用于自动化、定制和品牌化报告解决方案的混合技术

Atos（一家国际 IT 服务公司，也是值得信赖的 KNIME 合作伙伴）在 KNIME Analytics Platform 中创建了工作流，以收集、转换、加入社交媒体平台的数据，并将其写入 Azure 上的 SQL 数据库，然后在 Power BI 中进行数据可视化。KNIME 服务器用于安排数据收集，并通过 KNIME 门户网站提供了一个分析应用程序，允许其管理团队以用户友好的方式上传补充数据文件。

Atos 使用 KNIME 中内置的功能连接到 Twitter，使用 Python 节点连接、导航和检索 Facebook 和 Instagram 图形数据库中的数据，并从 Medium 中抓取数据。Python 节点也被用来查询 Google 和 YouTube API。在 KNIME 中对数据进行转换和合并，以提供前 24 小时内活动的可比快照，当时收集的数据范围从累积计数到六周时间窗口。

工作流程计划在午夜后在 KNIME 服务器上运行，该服务器在英格兰体育局 Azure 平台上的虚拟机中运行。数据保存到 SQL 数据库中，利用 Power BI（使用 KNIME PowerBI 集成）可以在该数据库中进行可视化操作。

最初，Azure Cognitive Services 在 Power BI 中对推文进行情感分析，但该功能被放回 KNIME 中。因此，一条推文只需被传递给 Azure Cognitive Services 一次，评分存储在数据库中，以节省成本并提升效率。

Atos 为诸如用户影响力之类的功能评级创建了自定义指标，这些指标可以根据需要

进行解释、理解和调整。然后，根据他们的内部风格指南和品牌，将其可视化为英格兰体育的规范，使其成为他们的工具。这突出表明数据对他们和其活动的成功非常重要。

结果——实现自动数据处理并增加了报告频率

报告频率从每月增加到每天。最新数据是自动收集和处理的，可以在一天开始时通过 Power BI 报告提供，不再依赖某个人来生成报告（这需要半天的时间）。Power BI 报告比 PowerPoint 报告更有用，因为它允许用户应用多个过滤器来查找他们需要的数据，而不是依赖分析师来预测需求并生成见解。

为什么选择 KNIME？

KNIME Analytics 平台可以轻松地将数据处理的核心功能与使用 R 和 Python 的高度复杂和定制的数据收集和清理操作无缝融合。可视化工作流生成器使工作流创建人员能够向媒体团队和其他不一定具备数据科学技术知识的数据专家角色之外的人解释工作流程，从而将数据与手动流程中的处理方式进行比较。这意味着解决方案不再是一个"黑箱"，那些使用数据的人可以了解该解决方案的细节。

KNIME Server 使数据收集任务变得简单，并提供了执行工作流时是否有错的反馈。其他好处包括能够在云中远程工作，英格兰体育协会也能够轻松管理数据治理。

资料来源：KNIME (2022). "Combining the Power of KNIME and PowerBI for Automated Sentiment Analysis" can be found at https://www.knime.com/solutions/success-story/automated-sentiment-analysis。

从博客、Facebook 和 Twitter 到 LinkedIn 和 YouTube，社交媒体渠道的指数级增长和挖掘这些丰富数据源的分析工具为组织提供了每天与全球数百万客户对话的机会。因此，在参与 Harvard Business Review Analytic Services 调查的 2 100 家公司中，近三分之二的公司表示，他们目前正在使用社交媒体渠道，或者正在制定社交媒体计划（Harvard Business Review，2010）。但许多公司仍然表示，社交媒体是一种实验，因为他们试图了解如何更好地利用不同的渠道，评估其有效性，并将社交媒体融入他们的战略中。

度量社交媒体的影响

对于组织来说，无论大小，社交媒体网站上所有用户生成的内容都隐藏着宝贵的见解。但是如何从几十个评论网站、成千上万的博客、数百万的 Facebook 帖子和数十亿条 Twitter 中挖掘出来呢？如果挖掘到这些数据，又该如何度量这些工作产生的影响？这些问题可以通过扩展的社交媒体分析技术来解决。一旦你决定了社交媒体的目标（你想实现什么），就有很多工具可以帮助你实现。这些分析工具通常分为三大类：

- **描述性分析**：使用简单的统计数据来识别活动特征和趋势，例如你有多少粉丝，Facebook 上有多少评论，以及哪些渠道最常使用。
- **社交网络分析**：跟踪朋友、粉丝和追随者之间的连接，以确定有影响力的关系和最大的影响力来源。

- **高级分析**：包括预测分析和文本分析，用于检查在线对话中的内容，以确定随意监控不会揭示的主题、情感和连接。

社交媒体分析的复杂工具和解决方案以某种渐进的方式使用上述三类分析（即描述性、预测性和规范性）。

社交媒体分析的最佳实践

作为一种新兴工具，企业却以一种比较随意的方式实践社交媒体分析。因为没有完善的方法，每个人都试图通过试错来创造一套自己的方法。以下是 Paine 和 Chaves（2012）提出的一些经过实践检验的最佳社交媒体分析实践。

将度量视为指导系统，而非评级系统。度量通常作为惩罚或奖励的依据，但这样做是不对的。他们应该弄清楚什么是最有效的工具和实践，什么因为不起作用而需要中断，什么是由于效果很好而需要加大力度做的。好的分析系统应该告诉你需要关注的地方。也许所有对 Facebook 的强调都无关紧要，因为你的受众不在那里。也许他们都在 Twitter 上，反之亦然。根据 Paine 和 Chaves 的说法，渠道偏好不一定是直观的。

追踪难以捉摸的情感。客户希望从在线对话中听到和学到东西，并采取行动。关键是通过度量他们的情感，准确提取和标记他们的意图。正如前文所述，文本分析工具可以根据人们使用的词语对在线内容进行分类，揭示相关概念，并揭示对话中的情感为"积极""消极"或"中性"。理想情况下，你希望将情感归因于对特定的产品、服务和业务单元的看法。你越能准确地理解人们表达的语气和情感，信息就越可操作，因为这样能消除对混合极性的担忧。一个混合极性的短语，比如"酒店位置很好，但卫生间有臭味"，不应该被标记为"中立的"，因为这里的积极因素和消极因素已经相互抵消。为了便于操作，这些类型的短语应分别处理；"卫生间有臭味"是可以改善的。人们可以对这些情感进行分类，观察一段时间以来的趋势变化，了解人们表达积极或消极评价的显著差异。此外，你可以将对你的品牌的看法与你的竞争对手进行比较。

持续提高文本分析的准确性。特定行业的文本分析软件包应该对该行业的业务词汇有所了解。这些系统内部会嵌入语言规则，但它还会随着时间的推移而不断学习和优化。正如你在获得更多数据、更好的参数或新技术后，会不断调整模型，以获得更好的结果。对于情感分析中的自然语言处理，你也同样会这样做。这需要建立单词的规则、分类法、类别和词义，观察结果，然后回头再做一遍。

检查波动效应。在一个知名网站上获得巨大成功仅仅是一个开始。某个事件在大受欢迎后热度逐渐消退，与时间大受欢迎后依然被社区网站用户不断转发，并被具有影响力的博主炒作是有区别的。社交分析应该告诉你哪些社交媒体活动会"病毒式"传播，哪些社交媒体活动很快就会偃旗息鼓，以及原因是什么。

考虑品牌以外的问题。人们犯的最大错误之一就是只关心自己的品牌。为了成功地分析社交媒体并在社交媒体上采取行动，你不仅需要了解人们对你的品牌的评价，还需要了解围绕你的产品或服务的更广泛的讨论。客户通常不关心公司的信息或品牌，他们关心的是其自身。因此，你应该注意他们在说什么，他们在哪里说，以及他们的兴趣在哪里。

识别最强大的影响者。组织很难确定谁在塑造公众舆论方面最有影响力。事实证明，你最重要的影响者不一定是那些专门为你的品牌代言的人，而是那些影响了整个有关你的话题讨论范围的人。你需要了解他们是在说好话，表达支持，还是只是发表意见或批评。他们谈话的性质是什么？相对于该领域的竞争对手，你的品牌该如何定位？

密切注意分析工具的准确度。直到最近，基于计算机的自动化工具在筛选在线内容时还不如人类准确。即使是目前，准确性也因媒体而异。对于产品评论网站、酒店评论网站和Twitter，计算机自动工具的准确率可以达到80%~90%，因为这些网站的内容更为封闭。当你开始查看博客和论坛时，由于这里的讨论范围更加广泛，计算机自动工具只能达到60%~70%的准确率（Paine 和 Chaves，2012）。这些数字将随着时间的推移而增加，因为分析工具会随着新规则和算法改进不断升级，以反映领域经验、新产品、不断变化的市场条件和新兴的言语模式。

将社交媒体智能纳入规划中。一旦有了全局视角和详细见解，你就可以开始将这些信息纳入你的规划周期。但这说来容易做起来难。一项快速的受众调查显示，目前很少有人将在线对话中的知识纳入他们的规划周期中（Paine 和 Chaves，2012）。其中一种实现方法是找到社交媒体指标与其他商业活动或市场事件之间的时间关联。社交媒体通常要么被有组织地调用，要么被你的组织所做的事情所调用。因此，如果你在某个时间点看到活动激增，你会探究其背后的原因。

▶ 6.10 节 习题

1. 什么是社交分析？为什么社交分析是一个重要的商业话题？
2. 什么是社交网络？SNA 的需求是什么？
3. 什么是社交媒体？它与 Web 2.0 有何关系？
4. 什么是社交媒体分析？它越来越受欢迎的原因是什么？
5. 如何衡量社交媒体分析的影响？

本章重点

- 文本挖掘是从非结构化（主要是基于文本的）数据源中发现知识。鉴于大量信息都是以文本形式存在的，文本挖掘是商务智能领域发展最快的分支之一。
- 文本挖掘应用程序几乎遍布商业和政府的各个领域，包括营销、金融、医疗保健和国土安全等。
- 文本挖掘使用自然语言处理将结构引入文本集合中，然后使用数据挖掘算法，如分类、聚类、关联和序列发现，从中提取知识。
- 情感可以定义为反映个人情绪的观点。
- 情感分析用于区分积极情感和消极情感。
- 作为一个研究领域，情感分析与计算语言学、自然语言处理和文本挖掘密切相关。
- 情感分析通过使用各种自动匹配的工具挖掘多人的意见，试图回答"人们对某个话题有什么感觉"。
- 客户之声（VOC）是分析 CRM 和客户体验管理系统的组成部分，通常由情感分析提供支持。

- 市场之声（VOM）是在市场层面了解总体意见和趋势。
- 情感分析中的极性识别可以通过使用词典作为参考库或使用培训文档集来实现。
- WordNet 是普林斯顿大学创建的一个流行的通用词典。
- SentiWordNet 是 WordNet 的扩展，用于情感识别。
- 语音分析是一个不断发展的科学领域，它允许用户从现场和录音对话中分析和提取信息。
- Web 挖掘可以定义为从 Web 中发现和分析有关 Web 的有趣和有用的信息，通常使用基于 Web 的工具来完成。
- Web 挖掘可以看作由三个领域组成：Web 内容挖掘、Web 结构挖掘和 Web 使用挖掘。
- Web 内容挖掘是指从网页中自动提取有用信息，用于增强搜索引擎产生的搜索结果。
- Web 结构挖掘是指从网页包含的链接中生成有趣的信息。
- Web 结构挖掘还可以用于识别特定社区的成员，甚至是识别社区中的成员角色。
- Web 使用挖掘是指通过分析 Web 服务器日志、用户配置文件和交易信息来开发有用的信息。
- 文本和 Web 挖掘正在成为下一代商务智能工具的重要组成部分，使组织能够在竞争中取得成功。
- 搜索引擎是一种软件程序，它根据用户提供的关键词（单个单词、多个单词或一个完整的句子）搜索与查询主题有关的文档（互联网网站或文件）。
- 搜索引擎优化（SEO）是一些有计划的活动，它影响电子商务网站或 Web 站点在搜索引擎的自然搜索结果（无需付费）中的可见性。
- 客户之声（VOC）是一个术语，通常用于描述捕捉客户期望、偏好和厌恶的分析过程。
- 社交分析是对人、话题、创意和内容的数字互动和关系的监测、分析、度量和解读。
- 社交网络是由个人/团体组成的社会结构，其中的个体通过某种类型的关系相互联系。
- 社交媒体分析是指采用系统化的、科学的方法，对基于 Web 的社交媒体、工具和技术生成的大量内容进行分析，以增强组织的竞争力。

问题讨论

1. 试解释数据挖掘、文本挖掘和情感分析之间的关系。
2. 用自己的话定义文本挖掘，并讨论文本挖掘的最流行应用。
3. 在文本数据中引入结构意味着什么？讨论将结构引入基于文本的数据的其他方法。
4. 自然语言处理（NLP）在文本挖掘中的作用是什么？讨论 NLP 在文本挖掘背景下的功能和局限性。
5. 列出并讨论文本挖掘的三个突出应用领域。你选择的三个应用领域的共同主题是什么？
6. 什么是情感分析？它与文本挖掘有何关系？
7. 情感分析需要应对哪些常见挑战？
8. 情感分析最受欢迎的应用领域是什么？为什么？
9. 开展情感分析项目的主要步骤是什么？
10. 极性识别的两种常见方法是什么？试解释。
11. 什么是主题建模？它在业务分析中可以应用在哪里？
12. 主题建模中常用的技术有哪些？为什么 LDA 是最流行的主题建模技术？
13. 讨论文本挖掘和 Web 挖掘的区别和共性。
14. 用自己的话定义 Web 挖掘，并讨论它的重要性。

15. Web挖掘的三个主要领域是什么？讨论这三个领域之间的差异和共性。
16. 什么是搜索引擎？为什么搜索引擎对企业来说很重要？
17. 什么是搜索引擎优化（SEO）？谁能从中获益？怎样获益？
18. 什么是Web分析？Web分析中使用的度量标准有哪些？
19. 定义社交分析、社交网络和社交网络分析。它们之间有什么关系？
20. 什么是社交媒体分析？如何实施社交媒体分析？谁来实施社交媒体分析？社交媒体分析的结果是什么？

练 习

动手练习

1. 进行网络搜索，以确定有关文本挖掘的案例研究。根据你的调查结果，撰写一份报告，介绍该领域的最新进展。
2. 在网络上搜索白皮书、基于Web的研讨会（即网络研讨会）和其他与文本挖掘相关的学习材料。总结你的发现，写成一份简短的报告。
3. 在本书的补充材料中，找到名为"eBay Analytics"的案例研究。仔细阅读该案例，在互联网上搜索更多信息，增强你对该案例的理解，并回答案例问题。
4. 在本书的补充材料中，找到名为"How Do We Fix an App Like That?"的与情感分析相关的案例研究，阅读该案例，并按照说明下载数据和工具进行练习。
5. 搜索Web以查找有关Web挖掘的案例。简述该领域的最新发展，写一份简短的报告来总结你的发现。
6. 浏览Web和图书馆的数字数据库，识别将文本/Web挖掘与现代商务智能系统联系起来的论文。

小组任务与角色扮演项目

1. 研究如何使用基于Web的技术自动捕获文本数据。捕获这些数据后，你能从这些非结构化数据源中提取哪些潜在模式？
2. 采访学院的主管或企业的高管，探究文本挖掘和Web挖掘如何帮助他们完成工作。写一篇文章介绍你的发现，并在报告中包括初步的成本效益分析。
3. 访问图书馆的在线资源。了解如何下载特定主题的文献集（期刊文章）属性。使用类似分析实操6.3中解释的方法下载和处理数据。
4. 找到一个现成的情感文本数据集（有关流行数据集的列表，请参阅技术洞察6.2）并将其下载到你的计算机中。如果你有一个能够进行文本挖掘的分析工具，那就使用该工具。如果没有，请下载KNIME分析平台（http://knime.com）并安装使用。请为KNIME分析平台安装文本处理扩展程序（Text Processing extension），有关KNIME及其扩展程序安装的更多详细信息，请参阅第9章。使用文本挖掘工具处理下载的数据（即，将数据转换为结构化形式）。建立模型并评估几种分类模型（例如，支持向量机、决策树、神经网络、逻辑回归等）的情感检测准确度。写一份详细的报告，解释你的发现和经验。
5. 访问 https://ai.stanford.edu/~amaas/data/sentiment/ 并下载电影评论数据集。这些数据已经被手动标记为积极情感和消极情感。完整的数据集包含50 000条评论。将其中一半数据用于训练，另一半数据用于测试。使用你选择的文本挖掘工具（无论你可以访问哪个），用五种不同的机器学习方法开发二元分类模型。按照 CRISP-DM 的六个步骤编写一份书面报告,解释你的发现和经验。

6. 研究如何使用最新技术自动捕获基于 Web 的数据。捕获数据后,你可以从这些内容丰富、大多是非结构化的数据源中提取哪些潜在模式?

Internet 练习

1. 查找最近的文本挖掘和 Web 挖掘应用程序的成功案例。试着联系文本和 Web 挖掘软件供应商及咨询公司,寻找案例或成功案例。编写一份报告,总结五个新的案例研究。

2. 访问 statsoft.com。选择 Downloads,然后下载至少三份关于应用的白皮书。其中哪些应用可能使用了本章中讨论的数据/文本/Web 挖掘技术?

3. 访问 sas.com。下载至少三份关于应用的白皮书。其中哪些应用可能使用了本章中讨论的数据/文本/Web 挖掘技术?

4. 访问 ibm.com。下载至少三份关于应用的白皮书。其中哪些应用可能使用了本章中讨论的数据/文本/Web 挖掘技术?

5. 访问 teradata.com。下载至少三份关于应用的白皮书。其中哪些应用可能使用了本章中讨论的数据/文本/Web 挖掘技术?

6. 访问 clarabridge.com。下载至少三份关于应用的白皮书。其中哪些应用以创造性的方式使用了本章中讨论的数据/文本/Web 挖掘技术?

7. 访问 knime.com/hub,搜索其他数据科学家开发和共享的文本挖掘相关工作流。找出一个你喜欢的,下载并在 KNIME 分析平台中打开。首先研究文本挖掘过程是如何创建的。然后,提供自己的想法,说明在文本挖掘工作流程中至少可以使用五个独立步骤的其他替代文本挖掘函数(使用词项频率而不是二元值来表示索引,使用词形还原而不是词干提取,等等)。

8. 访问 kdnuggets.com。浏览有关应用程序和软件的部分。查找至少三个用于数据挖掘和文本挖掘的附加软件包的名称。

9. 调查一些 Web 挖掘工具和供应商,找出本章中未提及的一些 Web 挖掘产品和服务提供商。

10. 访问 attensity.com。下载至少三份关于网络分析应用的白皮书。其中哪些应用以创造性的方式使用了本章中讨论的数据/文本/Web 挖掘技术的组合?

参考文献

Blei, D. M., Ng, A. Y., & Jordan, M. I. (2003). Latent Dirichlet allocation. Journal of machine Learning research, 3(Jan), 993-1022.

Blei, D. M. (2012). Probabilistic topic models. Communications of the ACM, 55(4), 77-84.

Bond C. F., & DePaulo, B. M. (2006). Accuracy of deception judgments. Personality and Social Psychology Reports, 10(3), 214-234.

Brogan, C., & Bastone, J. (2011). Acting on customer intelligence from social media: The new edge for building customer loyalty and your brand. SAS white paper.

Chun, H. W., Tsuruoka, Y., Kim, J. D., Shiba, R., Nagata, N., & Hishiki, T. (2006). Extraction of gene-disease relations from MEDLINE using domain dictionaries and machine learning. Proceedings of the 11th Pacific Symposium on Biocomputing, 4-15.

Coussement, K., & Van Den Poel, D. (2008). Improving customer complaint management by automatic email classification using linguistic style features as predictors. Decision Support Systems, 44(4), 870-882.

Coussement, K., & Van Den Poel, D. (2009). Improving customer attrition prediction by integrating emotions from client/company interaction emails and evaluating multiple classifiers. Expert Systems with Applications, 36(3), 6127-6134.

Cutts, M. (2006, February 4). Ramping Up on International Webspam. mattcutts.com/blog. mattcutts.com/blog/ramping-up-on-international-webspam (accessed March 2013).

Delen, D., & Crossland, M. (2008). Seeding the survey and analysis of research literature with text mining. Expert Systems with Applications, 34(3), 1707-1720.

Esuli, A., & Sebastiani, F. (2006, May). SentiWordNet: A publicly available lexical resource for opinion mining. In Proceedings of LREC, 6, 417-422.

Etzioni, O. (1996). The World Wide Web: Quagmire or gold mine? Communications of the ACM, 39(11), 65-68.

EUROPOL. (2007). EUROPOL Work Program 2005. statewatch. org/news/2006/apr/europol-work-programme-2005.pdf (accessed October 2008).

Feldman, R., & Sanger, J. (2007). The text mining handbook: Advanced approaches in analyzing unstructured data. Boston: ABS Ventures.

Fuller, C. M., Biros, D. P., & Delen, D. (2011). An investigation of data and text mining methods for real world deception detection. Expert Systems with Applications, 38(7), 8392-8398.

Fuller, C. M., Biros, D., & Delen, D. (2008). Exploration of feature selection and advanced classification models for high-stakes deception detection. Proceedings of the 41st Annual Hawaii International Conference on System Sciences (HICSS), Big Island, HI: IEEE Press, 80-99.

Ghani, R., Probst, K., Liu, Y., Krema, M., & Fano, A. (2006). Text mining for product attribute extraction. SIGKDD Explorations, 8(1), 41-48.

Goodman, A. (2005). Search engine showdown: Black hats versus white hats at SES. SearchEngineWatch. searchenginewatch.com/article/2066090/Search-Engine-Showdown-Black-Hats-vs.-White-Hats-at-SES (accessed February 2013).

Ferrucci, D., Brown, E., Chu-Carroll, J., Fan, J., Gondek, D., Kalyanpur, A. A., ... Welty, C. (2010). Building Watson: An overview of the DeepQA Project. AI Magazine, 31(3); The DeepQA Research Team (2021). researcher.watson. ibm.com/researcher/view_group_subpage.php?id=2159 (accessed January 2022); Feldman, S., Hanover, J., Burghard, C., & Schubmehl, D. (2012). Recommend with confidence-Unlocking the power of unstructured data. IBM Watson (2022). www.ibm.com/watson/advantages/recommend?mhsrc=ibmsearch_a&mhq=Unlocking%20 Unstructured%20Data (accessed June 2022).

Han, J., & Kamber, M. (2006). Data mining: Concepts and techniques, 2nd ed. San Francisco: Morgan Kaufmann.

Harvard Business Review. (2010). The new conversation: Taking social media from talk to action. A SAS-Sponsored Research Report by Harvard Business Review Analytic Services. sas.com/resources/whitepaper/wp_23348.pdf (accessed March 2013).

Kaplan, A. M., & Haenlein, M. (2010). Users of the world, unite! The challenges and opportunities of social media. Business Horizons, 53(1), 59-68.

Kim, S. M., & Hovy, E. (2004, August). Determining the sentiment of opinions. In Proceedings of the 20th International Conference on Computational Linguistics (p. 1367). Association for Computational Linguistics.

Kleinberg, J. (1999). Authoritative sources in a hyperlinked environment. Journal of the ACM, 46(5), 604-632.

Lin, J., & Demner-Fushman, D. (2005). "Bag of words" is not enough for strength of evidence classification. AMIA Annual Symposium Proceedings, 1031-1032. pubmedcentral. nih.gov/articlerender.fcgi?artid=1560897.

Liu, B., Hu, M., & Cheng, J. (2005, May). Opinion observer: Analyzing and comparing opinions on the Web. In Proceedings of the 14th International Conference on World Wide Web (pp. 342-351). ACM.

Mahgoub, H., Rösner, D., Ismail, N., & Torkey, F. (2008). A text mining technique using association rules extraction. International Journal of Computational Intelligence, 4(1), 21-28.

Manning, C. D., & Schutze, H. (1999). Foundations of statistical natural language processing. Cambridge, MA: MIT Press.

McKnight, W. (2005, January 1). Text data mining in business intelligence. Information Management Magazine. information-management.com/issues/20050101/1016487-1. html (accessed May 22, 2009).

Mejova, Y. (2009). Sentiment analysis: An overview. Comprehensive exam paper. http://www.cs.uiowa.edu/~ymejova/publications/CompsYelenaMejova.pdf (accessed February 2013).

Miller, T. W. (2005). Data and text mining: A business applications approach. Upper Saddle River, NJ: Prentice Hall.

Miner, G., Elder IV, J., Fast, A., Hill, T., Nisbet, R., & Delen, D. (2012). Practical text mining and statistical analysis for non-structured text data applications. Academic Press (Elsevier Publishing, Amsterdam, Netherlands.

Morgan, N., Jones, G., & Hodges, A. (2010). The complete guide to social media from the social media guys. thesocialmediaguys.co.uk/wp-content/uploads/downloads/2011/03/CompleteGuidetoSocialMedia.pdf (accessed February 2013).

Nakov, P., Schwartz, A., Wolf, B., & Hearst, M. A. (2005). Supporting annotation layers for natural language processing. Proceedings of the ACL, Interactive Poster and Demonstration Sessions, Ann Arbor, MI. Association for Computational Linguistics, 65-68.

Paine, K. D., & Chaves, M. (2012). Social media metrics. SAS white paper. sas.com/resources/whitepaper/wp_19861. pdf (accessed February 2013).

Pang, B., & Lee, L. (2008). Opinion mining and sentiment analysis. Hanover, MA: Now Publishers, available at http://books.google.com.

Ramage, D., Hall, D., Nallapati, R., & Manning, C. D. (2009, August). Labeled LDA: A supervised topic model for credit attribution in multi-labeled corpora. In Proceedings of the 2009 Conference on Empirical Methods in Natural Language Processing: Volume 1 (pp. 248-256). Association for

Computational Linguistics.

Schmidt, L.-H. (1996). Commonness across cultures. In A. N. Balslev (Ed.), Cross-cultural conversation: Initiation (pp. 119-132). New York: Oxford University Press.

Scott, W. R., &. Davis, G. F. (2003). Networks in and around organizations. In Organizations and Organizing. Upper Saddle River: NJ: Pearson Prentice Hall.

Shatkay, H., Höglund, A., Brady, S., Blum, T., Dönnes, P., & Kohlbacher, O. (2007). SherLoc: High-accuracy prediction of protein subcellular localization by integrating text and protein sequence data. Bioinformatics, 23(11), 1410-1415.

Snyder, B., & Barzilay, R. (2007, April). Multiple aspect ranking using the good grief algorithm. In HLT-NAACL (pp. 300-307).

Strapparava, C., & Valitutti, A. (2004, May). WordNet affect: An affective extension of WordNet. In LREC (Vol. 4, pp. 1083-1086).

The Westover Group. (2013). 20 key Web analytics metrics and how to use them. http://www.thewestovergroup.com (accessed February 2013).

Thomas, M., Pang, B., & Lee, L. (2006, July). Get out the vote: Determining support or opposition from Congressional floor-debate transcripts. In Proceedings of the 2006 Conference on Empirical Methods in Natural Language Processing (pp. 327-335). Association for Computational Linguistics.

Weng, S. S., & Liu, C. K. (2004). Using text classification and multiple concepts to answer e-mails. Expert Systems with Applications, 26(4), 529-543.

CHAPTER 7

第 7 章

深度学习与认知计算

学习目标

- 了解什么是深度学习，以及深度学习如何改变计算领域
- 了解深度学习在众多 AI 学习方法中的位置
- 理解传统"浅层"人工神经网络的工作原理
- 熟悉人工神经网络的发展和学习过程
- 了解向人工神经网络黑箱提供信息的方法
- 了解深度神经网络的基本概念和方法
- 熟悉不同类型的深度学习方法
- 了解卷积神经网络的工作原理
- 了解递归神经网络和长短时记忆网络的工作原理
- 熟悉实现深度学习的计算机架构
- 了解认知计算的基本细节
- 了解 IBM Watson 的工作原理及其应用类型

　　AI 正在重新进入计算世界和我们的生活，这一次比以前更强大，也更有希望。其重新出现和人们对其更高的期望很大程度上可以归因于深度学习（deep learning）和认知计算（cognitive computing）。这两个最新的流行语定义了当今 AI 和机器学习的前沿。深度学习从传统的人工神经网络（Artificial Neural Networks，ANN）进化而来，它正在改变机器学习的基础。得益于庞大的数据集合和不断改进的计算资源，深度学习对计算机如何使用数据中自提取的特征（而非由数据科学家为学习算法提供特征向量）来发现复杂模式产生了深远影响。认知计算由 IBM Watson 首次推广，并在游戏节目 *Jeopardy!* 中成功击败了最优秀的人类玩家，这使得认知计算用于处理某类新问题成为可能，而人们之前认为这类问题（其特征是模糊性和不确定性）只有通过人类的独创性和创造性才能解决。本章介绍这两个前沿 AI 技术趋势的概念、方法和应用。

7.1 开篇小插曲：利用深度学习和人工神经网络处理欺诈

商业问题

Danske 银行是一家北欧全能银行，在当地根基深厚，并与世界其他地区建立了联系。Danske 银行成立于 1871 年 10 月，它一直帮助北欧国家的人民和企业实现他们的梦想，其总部位于丹麦，核心市场分布于丹麦、芬兰、挪威和瑞典等地。

减少欺诈是银行的优先任务。美国注册舞弊审查师协会（Association of Certified Fraud Examiners，ACFE）的数据显示，企业每年因欺诈损失超过 3.5 万亿美元。这个问题在整个金融行业都很普遍，而且每月都变得越来越普遍和复杂。随着客户通过更广泛的渠道和设备完成更多网上银行业务，欺诈行为也有更多的机会发生。更糟糕的是，欺诈者变得越来越有创造力，技术越来越娴熟，他们也学习使用机器学习等先进技术，其实施银行欺诈的新手段正在迅速发展。

依靠使用人工编写的规则引擎等识别欺诈的旧方法只能捕获一小部分欺诈案件，而且会产生大量误报。虽然漏报会让银行付出代价，但追逐大量误报不仅会浪费时间和金钱，还会降低客户的信任和满意度。为了提高预测概率，以更高比例甄别实际欺诈案件，同时减少误报，银行需要新的分析方法，包括使用 AI。

Danske 银行和其他跨国银行一样，其客户互动已经发生了翻天覆地的变化。过去，大多数客户要去银行的分行交易。如今几乎所有与客户的互动都是通过手机、平板电脑、ATM 或呼叫中心以数字方式进行的。这为欺诈行为的发生提供了更多的施展空间。该银行需要对其欺诈检测防御措施进行现代化改造。一直以来，银行因其 40% 的低欺诈检测率而疲于奔命，每天处理多达 1 200 例误报，该行正在调查的所有案件中，99.5% 与欺诈无关。对大量的假报警需要投入大量的人力、时间和金钱来调查，结果证明是死胡同。Danske 银行与 Teradata 公司 Think Big Analytics 合作，决定应用包括 AI 在内的创新分析技术，以更好地识别欺诈实例，同时减少误报。

解决方案：利用深度学习增强欺诈检测

Danske 银行将深度学习与图形处理单元（Graphics Processing Unit，GPU）应用程序集成在一起，这些应用程序针对深度学习进行了优化。新的软件系统有助于分析团队识别可能的欺诈案例，同时智能地避免虚假陈述。运营决策从人工转移到 AI 系统。当然在某些情况下，人为干预仍然是必要的。例如，该模型可以识别异常情况，例如对世界各地产生的借记卡消费，分析师需要判断这是欺诈行为，还是银行客户只是在网上购物，向中国卖家付款，然后第二天从伦敦的零售商那里领取商品。

Danske 银行的分析方法采用了"冠军/挑战者"方法。通过这种方法，深度学习系统对模型进行实时比较，确定哪种模型最有效。每个挑战者都会实时处理数据，边走边学习哪些特征更有可能指示欺诈。如果过程下降到某个阈值以下，则需向模型提供更多数据，例如客户的地理位置或最近的 ATM 交易。当挑战者的表现优于其他挑战者时，该挑战者就会转变为冠军，为其他模型提供成功检测欺诈的路线图。

结果

Danske 银行利用 AI 和深度学习实现了现代企业分析解决方案，并获得了巨大的红利。该银行能够做到：

- 误报率降低 60%，预计最高降低 80%。
- 真正类率提高 50%。
- 将资源集中用于实际欺诈案件。

图 7.1 显示了高级分析（包括深度学习）如何提高真正类率和假正类率。圆点表示旧的规则引擎，它只发现了大约 40% 的欺诈行为。深度学习在机器学习的基础有了显著改进，使 Danske 银行能够以更低的误报率更好地检测欺诈行为。

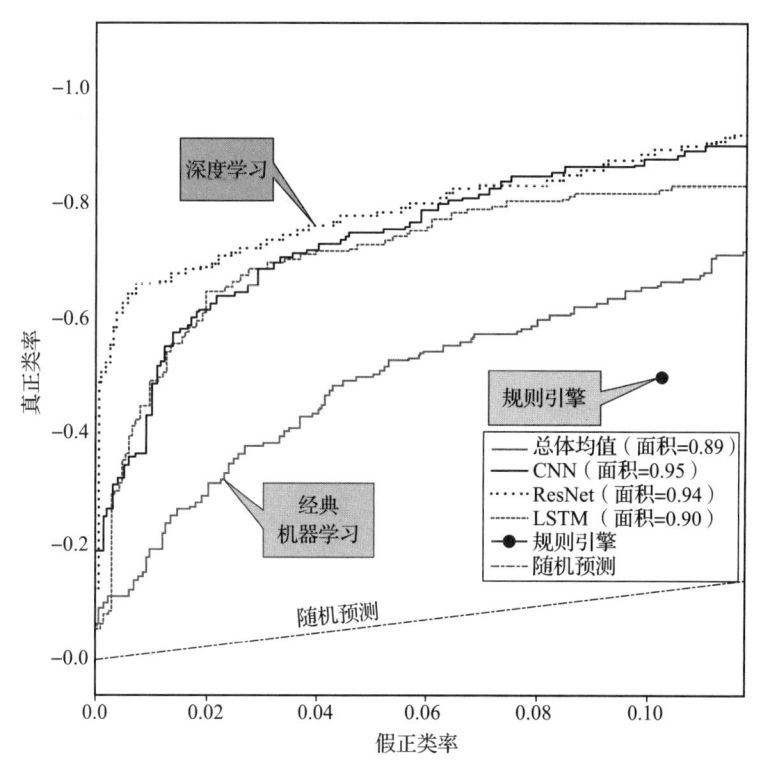

图 7.1　深度学习可以提高真正类率和假正类率

企业分析正在迅速发展，进入到 AI 支持的新学习系统。与此同时，硬件和处理器变得越来越强大和专业，算法也越来越容易访问，包括开源算法。这为银行提供了识别和减少欺诈所需的强大解决方案。Danske 银行知道，构建和部署一个满足其特定需求并利用其数据源的企业级分析解决方案，比传统现成工具提供的价值更大。有了 AI 和深度学习，Danske 银行现在有能力更好地发现欺诈行为，而不会被大量忍无可忍的误报所拖累。该解决方案还允许该银行的工程师、数据科学家、业务部门以及国际刑警组织、当地警察和其他机构的调查人员相互合作，以发现欺诈行为，包括打击老练的诈骗团伙。随着其功能的增强，企业分析解决方案现在正被用于银行的其他业务领域，贡献其他价值。

由于这些技术仍在发展，公司很难单独实现深度学习和 AI 解决方案。他们可以与一家已经证明有能力实施技术支持的解决方案的公司合作，并因此受益，这些解决方案可以带来高价值的成果。如本案例所示，Teradata 公司 Think Big Analytics 具备配置专用硬件和软件框架以实现新的运营流程的专业知识。该项目需要集成开源解决方案，部署生产模型，然后应用深度学习分析来对模型进行扩展和改进。项目创建了一个框架来管理和跟踪生产系统中的模型，并确保这些模型是可信的。这些模型使底层系统能够实时做出自主决策，符合银行的程序、安全和高可用性准则。该解决方案提供了新的细节层次，如时间序列和事件序列，以更好地协助银行开展欺诈调查。整个解决方案实施得很快——从启动到上线只需 5 个月。图 7.2 显示了基于 AI 和深度学习的企业级分析解决方案的通用架构。

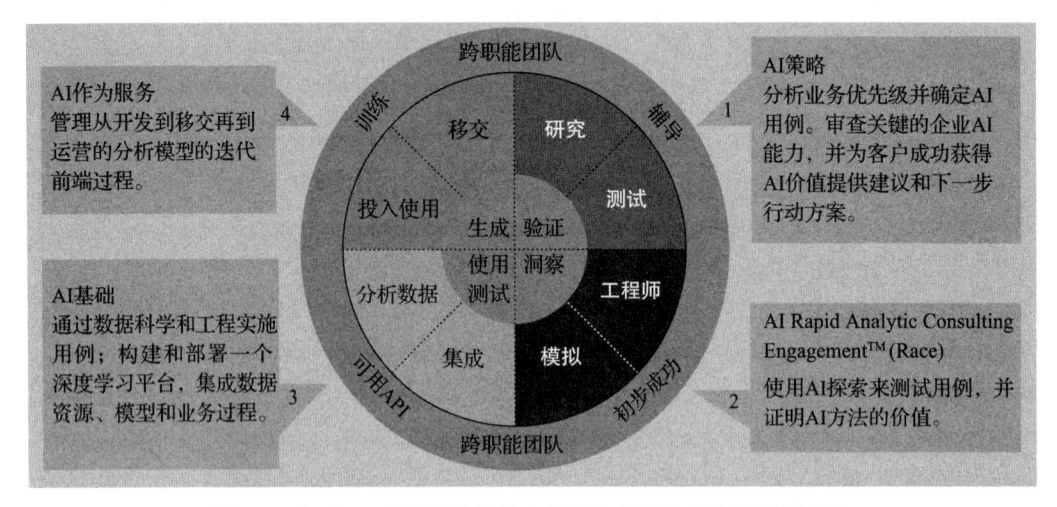

图 7.2　基于 AI 和深度学习的企业级分析解决方案的通用架构

总的来说，Danske 银行开展了一个多步骤项目，将机器学习产品化，同时开发深度学习模型，以对这些技术进行测试。集成模型有助于发现日益严重的欺诈问题。读者如想观看视频综述，可以访问 https://www.teradata.com/Resources/Customer-Videos/Danske-Bank-Innovating-in-Artificial-Intelligence-and-Deep-Learning（2022 年 7 月访问），或访问博客（https://www.teradata.com/Blogs/Danske-Bank-Innovating-in-Artificial-Intelligence（2022 年 7 月访问）。

▶ 开篇小插曲问题

1. 什么是银行欺诈？
2. 目前银行面临的欺诈类型有哪些？
3. 欺诈对银行及其客户有什么影响？
4. 试对识别和减轻欺诈的新旧方法做出比较。
5. 为什么你认为深度学习方法预测准确性更高？
6. 在预测欺诈活动的背景下，讨论如何平衡假正类和假负类（类型 1 错误和类型 2 错误）。

我们能从开篇小插曲学到什么？

正如读者将在本章中看到的，AI 和具体的机器学习方法正在迅速发展和进步。组织内外的大型数字化数据源，包括结构化和非结构化数据源的使用，以及先进计算系统（软件和硬件组合）的使用，为处理几年前被认为无法解决的问题铺平了道路。深度学习和认知计算（作为 AI 系统前沿的分支）利用快速扩展的大数据资源，能帮助企业做出准确及时的决策。正如本章开篇小插曲所示，新一代 AI 系统比旧的 AI 系统能够更好地解决问题。在欺诈检测领域，传统方法用处不大，假正类率高于预期，会引起不必要的调查，进而招致客户的不满。正如欺诈检测等难题一样，深度学习等新的 AI 技术能够以高精度和高可用性解决这些难题。

资料来源：Teradata Case Study. "Danske Bank Fights Fraud with Deep Learning and AI." https://www.teradata.com/Resources/Case-Studies/Danske-Bank-Fight-Fraud-With-Deep-Learning-and-AI.

7.2 深度学习简介

大约十年前，与电子设备对话（用人类语言进行智能对话）是不可想象的，这只有在科幻电影中才能看到。然而今天，由于 AI 方法和技术的进步，几乎每个人都体验到了这种不可思议的场景。你可能已经多次要求 Siri 或 Google 助手（Google Assistant）从你的手机地址簿中拨出某个号码，或者在开车时查找某个地址并为你导航。下午无聊的时候，你可能会要求 Google 主页或 Amazon 的 Alexa 在设备或电视上播放一些你喜欢的音乐。当你在 Facebook 上上传与朋友的合影，并观察到其标签建议时，你可能有时会感到惊讶，因为照片中的名字标签通常与朋友的脸完全匹配。翻译外文手稿不再需要花上几个小时查字典，这就像在手机版 Google 翻译 App 中拍摄一张手稿照片那样简单，用时极短。这些只是一小部分不断增长的深度学习应用，这些应用有望让我们的生活更轻松。

作为 AI 和机器学习家族中最新，可能也是目前最受欢迎的成员，深度学习（Deep learning）的目标与之前的其他机器学习方法相似：模仿人类的思维过程——使用数学算法从数据中学习，学习方式与人类几乎相同。那么，深度学习的真正不同（和高级）之处是什么呢？这是深度学习与传统机器学习最常见的特征区别。传统机器学习算法（如决策树、支持向量机、逻辑回归和神经网络）的性能在很大程度上依赖于数据表示，即，只有我们（分析专业人员或数据科学家）以适当的格式为这些传统的机器学习算法提供相关和足够的信息（也称为特征），它们才能"学习"到模式，从而以可接受的准确度执行预测（分类或估计）、聚类或关联任务。换言之，这些算法需要人类手动识别和导出与现有问题的目标在理论上和／或逻辑上相关的特征，并以适当的格式将这些特征输入到算法中。例如，为了使用决策树来预测客户是否会回归（或流失），营销经理需要向算法提供信息，诸如客户的社会经济特征，包括其收入、职业、教育水平等信息（以及与公司的人口统计和历史互动／交易信息）。但算法本身无法定义此类社会经济特征并提取此类特征，例如，从客户完成的调查表，或从社交媒体调查表中提取。

虽然这种结构化的、以人为中介的机器学习方法在相当抽象和正式的任务中效果良好，但让这种方法在一些非正式但看似简单的任务（如人脸识别或语音识别）中发挥作用是很困难的，因为这类任务需要大量知识（Goodfellow 等人，2016）。例如，仅仅通过手动为某个人所说的句子提供一些语法或语义特征来训练机器学习算法，以求准确识别句子的真正含义，这样的任务并不简单。完成这样的任务需要对世界有"深刻"了解，而这些知识并不容易形式化并加以明确表述。事实上，深度学习为经典的机器学习方法增加了自动获取完成此类非正式任务所需知识的能力，从而提取出一些有助于提高系统性能的高级特征。

为了深入理解深度学习，首先应该了解它在 AI 方法整个家族中的位置。一个简单的层次关系图，或者一个类似分类学的示意图，实际上可以帮助我们全面了解。为此，Goodfellow 和他的同事（2016）将深度学习归类为表示学习（representation learning）方法家族的一部分。表示学习技术涉及一种类型的机器学习（也是 AI 的一部分），其中重点是通过系统学习和发现特征，以及发现从这些特征到输出/目标的映射。图 7.3 使用维恩图说明了深度学习在基于 AI 的学习方法整个家族中的位置。

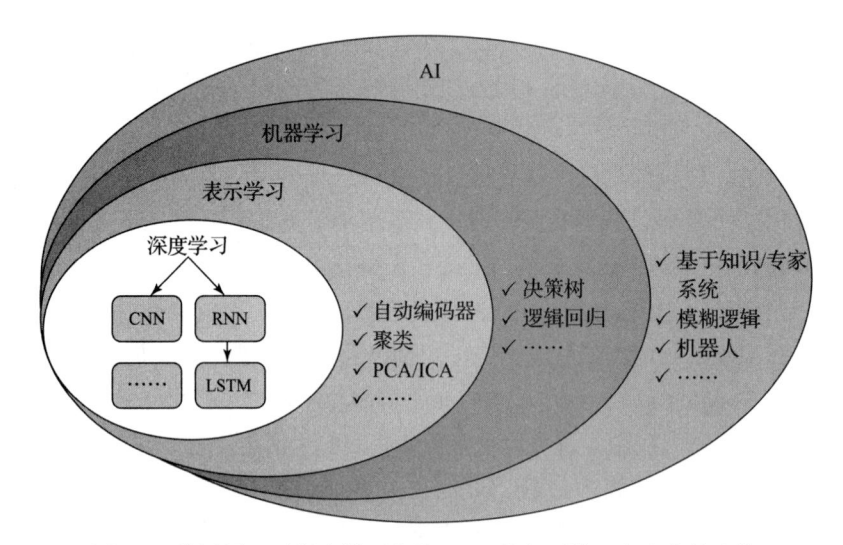

图 7.3　维恩图显示深度学习在基于 AI 的主要学习方法中的地位

图 7.4 强调了构建典型深度学习模型时需要执行的步骤或任务与使用经典机器学习算法构建模型时执行的步骤或任务之间的差异。如前两个工作流所示，基于知识的系统和经典机器学习方法需要数据科学家手动创建特征（即表示），以实现所需的输出。最底部的工作流程表明，深度学习使计算机能够从简单的概念中获得一些复杂的特征，这些概念靠人类手动发现是非常耗费精力的（对于某些问题来说甚至不可能完成），然后将这些高级特征映射到所需的输出。

从方法论的角度来看，尽管深度学习通常被视为是机器学习的一个新领域，但其最初的思想可以追溯到 20 世纪 80 年代末，就在人工神经网络出现几十年后，LeCun 及其同事（1989）发表了一篇关于应用反向传播网络识别手写邮政编码的论文。事实上，正如今天所实践的那样，深度学习似乎只不过是神经网络的一种扩展，人们认为深度学习能够以更高的复杂度处理更复杂的任务，其方法是使用多层连接的神经元和更大的数据集来自动表征变量并解决问题，但这以牺牲大量计算量为代价。由于深度学习需要非常高的计算要求和非常大的数据集，所以最初的想法不得不等待 20 多年，直到出现一些先进的计算和技术基础设施才能实现。尽管在过去十年中，随着相关技术的进步，神经网络的规模急剧增加，但据估计，要想拥有与人脑差不多数量和复杂程度的人工深度神经网络，还需要几十年的时间。

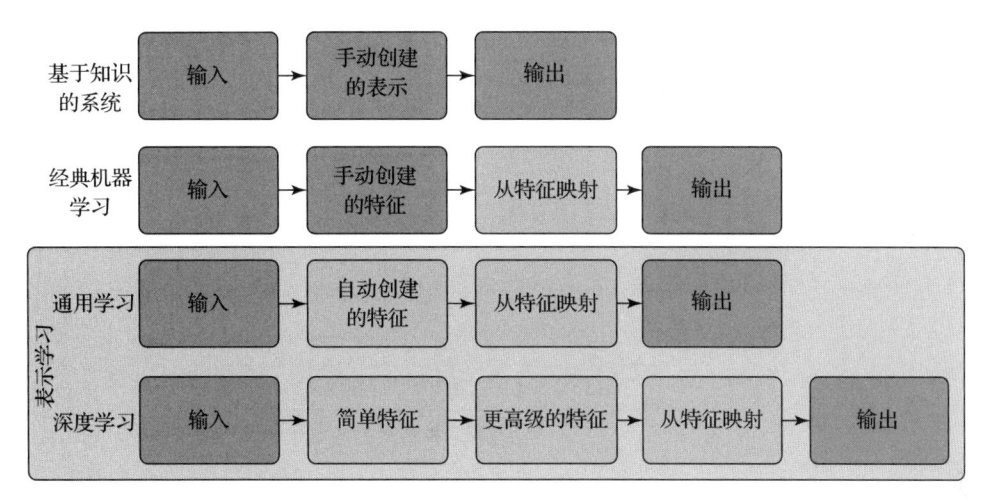

图 7.4　经典机器学习算法和表示学习/深度学习之间的关键差异（阴影框表示能够直接从数据中学习的组件）

如前所述，除了计算机基础设施外，大型且特征丰富的数字化数据集的可用性是近年来深度学习应用成功开发的另一个关键原因。从深度学习算法中获得良好性能曾经是一项非常困难的任务，需要大量技能和经验/理解来设计特定任务的网络，因此，没有多少人能够开发用于实践或研究目的的深度学习。然而，大型训练数据集极大地弥补了详尽知识的缺乏，并降低了实现深度神经网络所需的技能水平。尽管近年来可用数据集的大小呈指数级增长，但存在一个巨大的挑战，尤其是对深度网络的监督学习来说，就是对这些巨大数据集中的样本进行标记。目前正在对此开展大量研究，重点是如何利用大量未标记的数据进行半监督或无监督学习，或者如何开发在合理时间内批量标记样本的方法。

本章下一节对深度学习的起源神经网络进行了简单介绍。在概述了这些浅层神经网络后，本章还介绍不同类型的深度学习架构及其工作方式，这些深度学习架构的一些常见应用，以及在实践中用于实现深度学习的一些流行的计算机框架。如上所述，由于深度学习的基础与人工神经网络的基础相同，在下一节中，我们将简要介绍神经网络架构（即多层感知机型神经网络，第 5 章的神经网络部分省略了这部分内容，目的是放在本章对其进行介绍），重点介绍其数学原理，然后解释了各种类型的深度学习架构/方法是如何从这些基础上推导出来的。

7.2 节　习题

1. 什么是深度学习？深度学习能做什么？
2. 与传统的机器学习相比，深度学习最主要的区别是什么？
3. 列出并简要解释 AI 中的不同学习方法。
4. 什么是表示学习，它与深度学习有何关系？

7.3 浅层神经网络概述

人工神经网络本质上是对人脑及其复杂的神经元生物网络的简化抽象。人脑由数十亿彼此相连的神经元组成，这些神经元有助于我们思考、学习和理解周围的世界。从理论上讲，学习只不过是建立和适应新的或现有的中间神经元连接。然而，在人工神经网络中，神经元就是处理单元（Processing Element，PE），对输入变量或其他神经元输出的数值执行预定义的数学运算，以输出运算结果。图 7.5 显示了仅有单输入和单输出的神经元（更准确地说，是人工神经网络中的处理单元）示意图。

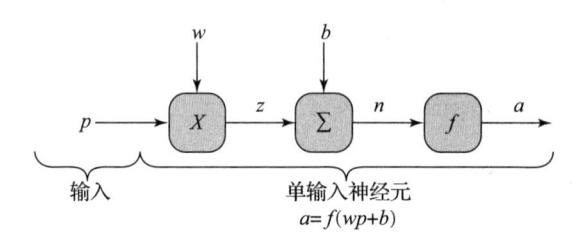

图 7.5 常规单输入人工神经元表示

在该图中，p 表示数据输入。数据输入具有可调权重 w 和偏置项 b 的神经元。乘法权重函数将权重应用于输入，Σ 表示的净输入函数（net input function）将偏置项添加到加权输入 z。净输入函数（n，称为净输入）的输出经过另一个称为传递（也称为激活）函数（transfer）的函数（用 f 表示），用于转换和产生实际输出 a。换句话说，

$$a = f(wp + b)$$

数值示例如：如果 $w=2$，$p=3$，$b=-1$，则 $a=f(2*3-1)=f(5)$

在神经网络设计中，通常会用到各种类型的传递函数。表 7.1 显示了一些最常见的传递函数及其相应操作。请注意，在实践中，为网络选择合适的传递函数需要具备广播的神经网络知识，包括数据特征，以及创建网络的特定目的。

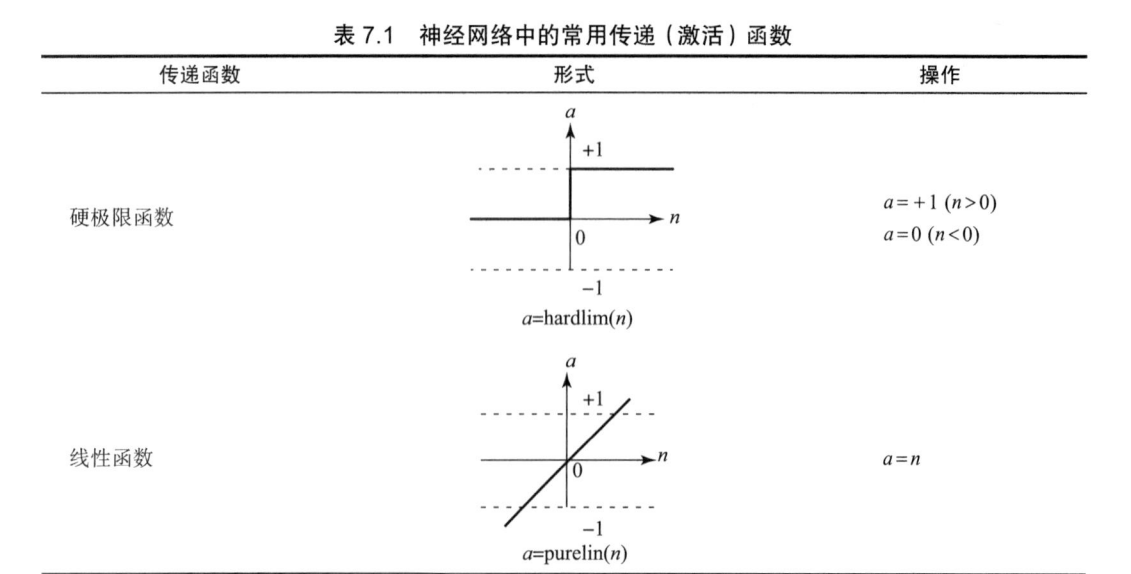

表 7.1 神经网络中的常用传递（激活）函数

传递函数	形式	操作
硬极限函数	$a=\text{hardlim}(n)$	$a=+1\ (n>0)$ $a=0\ (n<0)$
线性函数	$a=\text{purelin}(n)$	$a=n$

传递函数	形式	操作
Log-Sigmoid	$a=\text{logsig}(n)$	$a = \dfrac{1}{1+e^{-n}}$
正线性函数（又称线性整流函数或 ReLU 函数）	$a=\text{poslin}(n)$	$a=n\ (n>0)$ $a=0\ (n<0)$

作为一个例子，如果在前面的例子中有一个硬极限传递函数，那么实际输出 a 将是 $a=\text{hardlim}(5)=1$。为网络中的每组神经元选择合适的传递函数有一些指导原则。这些指导原则对于位于网络输出层的神经元来说尤其稳健。例如，如果模型的输出性质是二元的，则建议在输出层使用 Sigmoid 传递函数，以便产生 0 和 1 之间的输出，这表示给定 x 时 $y=1$ 的条件概率，也可以表示成 $P(y=1|x)$。许多神经网络教科书在神经网络的不同层提供了这些指导方针，并进行了详细阐述，有一些一致性，也有很多分歧，这表明最佳实践应该（而且通常确实）来自经验。

一个神经元通常有不止一个输入。那样，每个输入 p_i 可以显示为输入向量 $\boldsymbol{p}$ 的一个元素。每个单独的输入值都有其可调整权重 w_i。图 7.6 显示了具有 R 个单独输入的多输入神经元。

对于该神经元，净输入 n 可以表示为：

$$n = w_{1,1}p_1 + w_{1,2}p_2 + w_{1,3}p_3 + \cdots + w_{1,R}p_R + b$$

考虑输入向量 $\boldsymbol{p}$ 为 $R\times 1$ 向量，权重向量 $\boldsymbol{W}$ 为 $1\times R$ 向量，则 n 可以矩阵形式写为：

$$n = \boldsymbol{W_p} + b$$

其中 $\boldsymbol{W_p}$ 是标量（即 1×1 向量）。

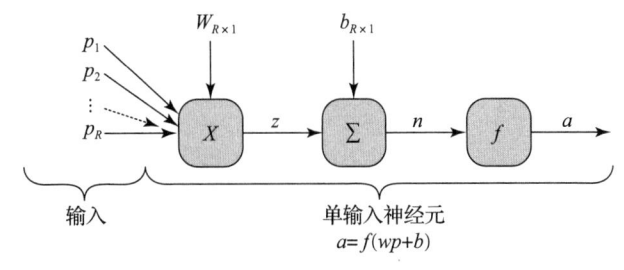

图 7.6 具有 R 个单独输入的多输入神经元

此外，每个神经网络通常由多个彼此连接的神经元组成，并构成连续的层，每层的输出作为下一层的输入。图 7.7 显示了一个典型的神经网络，输入层（即第一层）有四个神经元，隐藏层（即中间层）有四个神经元，输出层（即最后一层）有一个神经元。每个神经元都有自己的权重、加权函数、偏差和传递函数，并处理自己的输入。

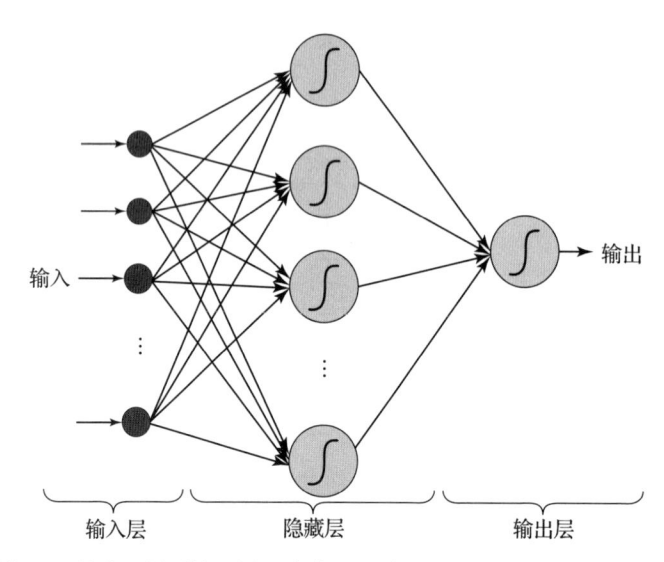

图 7.7　具有三层（输入层、隐藏层和输出层）的典型神经网络架构

虽然给定网络中的输入、权重函数和传递函数是固定的，但权重和偏差的值是可调整的。在神经网络中调整权重和偏差的过程通常称为训练（training）。事实上，在实践中，神经网络不能有效地用于预测问题，除非它通过大量具备已知实际输出的样本进行了很好的训练。训练过程的目标是调整网络权重和偏差，以使每组输入（即每个样本）的网络输出充分接近其相应的目标值。

分析实操 7.1 介绍了一个案例：计算机游戏公司使用高级分析来更好地了解客户并与客户互动。

分析实操 7.1　游戏公司使用数据分析为玩家打分

电子游戏玩家属于特殊类型。当然！他们花了很多时间玩游戏，但他们也因此在建立社交网络。与体育运动员一样，电子游戏玩家在竞争中茁壮成长。他们在网上与其他玩家对抗。那些获得第一名，甚至第二名或第三名的人才有炫耀的权利。与投入大量时间训练的运动员一样，电子游戏玩家也为自己的游戏时间感到自豪。此外，随着游戏复杂性的增加，游戏玩家们以发展出独特的技能为荣，让他们的同伴成为最好的玩家。

电子游戏公司可以利用这种环境，了解其客户的宝贵信息，尤其是他们的行为和潜在动机。这些客户数据使公司能够改善游戏体验，以更好地吸引玩家。

传统上，游戏行业通过提供引人注目的图形和迷人的可视化效果来吸引其客户，即电子游戏玩家。随着技术的进步，高清显示的图形变得更加生动。公司继续以高度创造性的方式使用技术来开发游戏，以吸引客户并引起他们的兴趣，客户因此花费了更多的游戏时间，也更具归属感。游戏公司目前还没做到的是充分利用技术来理解推动品牌持续参与的背景因素。

了解玩家

在当今的游戏世界里，仅仅创造一款令人兴奋的产品远远不够。在这个时代，玩家中意酷炫的游戏图形和震撼的音效，游戏在视觉和听觉上必须能够强烈吸引玩家。此外，还必须进行适当的游戏营销，以和针对性的玩家群体接触；还需有机会以商业商品（例如玩具店角色）或电影版权的形式将游戏角色货币化。游戏的成功需要程序员、设计师、场景设计师、音乐家和营销人员共同努力并共享信息，这也是玩家和游戏数据发挥作用的地方。

例如，游戏玩家网络的规模（即一起玩游戏或与之对抗的玩家的数量和类型）通常与花费在游戏上的时间和金钱有关。游戏玩家的关系越多，他们与更多人玩更多游戏的可能性就越高，因为他们喜欢这种体验，网络效应扩大了参与度。

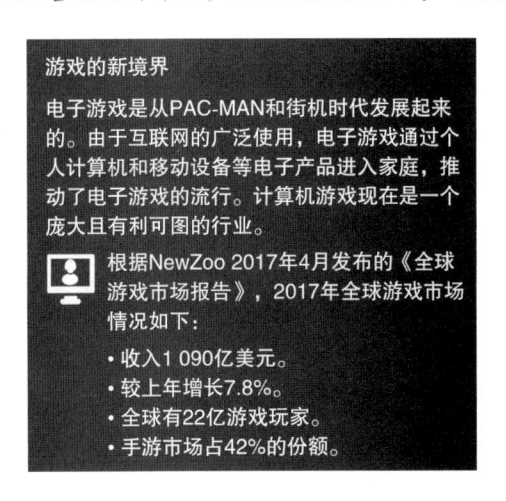

> **游戏的新境界**
>
> 电子游戏是从PAC-MAN和街机时代发展起来的。由于互联网的广泛使用，电子游戏通过个人计算机和移动设备等电子产品进入家庭，推动了电子游戏的流行。计算机游戏现在是一个庞大且有利可图的行业。
>
> 根据NewZoo 2017年4月发布的《全球游戏市场报告》，2017年全球游戏市场情况如下：
> - 收入1 090亿美元。
> - 较上年增长7.8%。
> - 全球有22亿游戏玩家。
> - 手游市场占42%的份额。

这些数据也有助于公司更好地了解每个玩家喜欢玩的游戏类型。这些信息使公司能够推荐其他类型的游戏，这些游戏可能会对玩家的参与度和满意度产生积极影响。公司还可以在营销活动中使用这些数据来瞄准新玩家，或吸引现有玩家将其会员资格升级到更高级别。

通过玩家行为赚钱

协同过滤（collaborative Filtering，cFilter）是一种高级分析功能，通过收集众多协同用户的偏好或品味信息，对用户的兴趣进行自动预测（过滤）。cFilter函数假设，如果用户A在某个问题上与用户B有相同的意见，那么与随机用户相比，用户A更有可能在更多不同的问题上与用户B持有相同的意见。这表明，基于许多其他玩家的数据，对不同玩家来说，预测结果是不同的。

在线零售商经常使用过滤系统来进行产品推荐。该分析可以根据其他进行类似购买的购物者也购买、喜欢或评价很高的产品来判断客户喜欢的产品。医疗保健、金融、制造业和电信等其他行业也有许多例子。

cFilter 分析功能为在线电子游戏公司提供了几个好处：

- **营销人员可以开展更有效的活动**。游戏玩家之间的连接自然形成玩家群。营销人员可以找出常见的玩家特征，并利用这些知识进行营销活动。相反，他们也可以发现不属于某个玩家群的玩家，并揭示因为玩家的哪些特征使其不属于此群。
- **公司可以提高玩家留存率**。在游戏玩家社区中拥有强大的会员资格可以减少流失的机会。游戏玩家加入某组积极参与者的动机越大，他们参与比赛的欲望就越大。这增加了客户的"粘性"，并可能获得更多的游戏订阅量。
- **数据洞察力有助于提高客户满意度**。玩家群表示客户对某些类型的游戏的渴望，这些游戏对应于不同的玩家兴趣和行为。公司可以为每类玩家创造独特的游戏体验。吸引更多的人玩游戏，玩更长的时间，从而提高玩家的满意度。

一旦公司了解到客户为什么想玩游戏，并知晓了他们与其他玩家的关系，公司就可以为这些玩家创造适当的激励措施，让这些玩家成为回头客，从而保证了持续的客户群和稳定的收入流。

提高忠诚度和收入

不管是哪种类型的游戏，每款电子游戏都有其拥趸，他们互相寻觅，彼此征战。征服的刺激吸引大家狂热参与。随着时间的推移，形成了不同的游戏玩家网络，网络中的每名参与者都构建了社交关系，这往往会导致更频繁、更激烈的游戏互动。

游戏行业正在利用数据分析和可视化来更好地识别客户行为并揭示玩家动机。仅仅关注客户群体已经不够了。公司现在正在研究超越传统人口统计学（如年龄或地理位置）的细分市场，以了解客户的偏好，如最喜欢的游戏、偏好的游戏难度或游戏类型。

通过获得对玩家策略和行为的分析见解，公司可以创造与这些行为相适应的独特游戏体验。通过让玩家参与他们想要的游戏和功能，电子游戏公司获得了忠实的追随者，增加了利润，并通过营销企业开发了新的收入来源。

有关视频资料，可以观看短视频（https://www.teradata.com/Resources/Customer-Videos/Art-of-Analytics-The-Sword），从中可以了解公司如何利用分析来解读玩家关系，从而推动用户行为并开发更好的游戏。

资料来源：Teradata Case Study. https://www.teradata.com/Resources/Case-Studies/Gaming-Companies-Use-Data-Analytics。

技术洞察 7.1 简要介绍了典型的人工神经网络的常见组件（或单元）及其功能关系。

技术洞察 7.1　人工神经网络的组成

神经网络由以不同方式组织的处理单元组成，以形成其网络结构。神经网络中的基本处理单元是神经元。多个神经元加以组织得以建立神经网络。神经元可以通过多种不同的方式进行组织，这些不同的网络模式称为拓扑结构或网络架构。本书作者的另一本教科书对一些最常见的神经网络架构（Sharda 等人，2021，pp. 259-261）进行了详细解释。其中一种最流行的方法称为前馈多层感知机，允许所有神经元将一层的输出连接到下一层的输入，但不允许任何反馈连接（Haykin，2009）。

处理单元

人工神经网络的处理单元是一种人工神经元。每个神经元接收输入并对其进行处理，然后提供单个输出，如图 7.5 所示。输入可以是原始输入数据或其他处理单元的输出。输出可以是最终结果（例如，1 表示是，0 表示否），也可以输入到其他神经元。

网络结构

每个神经网络都由一组神经元组成，这些神经元按层分组，通常称为网络结构。典型的神经网络结构如图 7.8 所示。注意图中的输入层、中间层（也称为隐藏层）和输出层。隐藏层是一层神经元，它从前一层获取输入，并将这些输入转换为输出以进行进一步处理。尽管通常只使用一个隐藏层，但在输入层和输出层之间可以设置多个隐藏层。在只有一个隐藏层的情况下，隐藏层通常简单地将输入转换为非线性组合，并将转换后的输入传递到输出层。隐藏层最常见的解释是作为一种特征提取机制。也就是说，隐藏层将问题中的原始输入转换为这些输入的更高级组合。

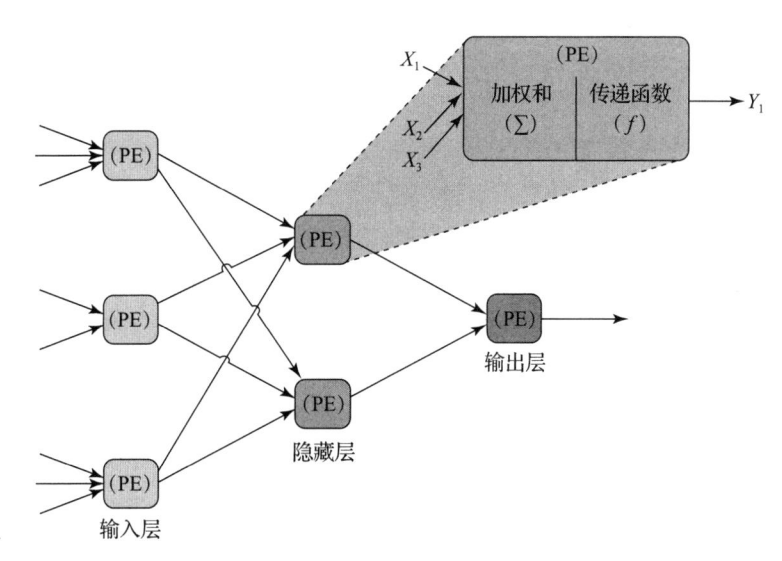

图 7.8　典型的神经网络结构（含一个隐藏层）

注：PE：处理单元（生物神经元的人工表示）；X_i：对 PE 的输入；Y_1：PE 产生的输出；$\sum$：求和函数；f：激活 / 传递函数

在人工神经网络中，当对信息进行处理时，其中许多处理单元将同时执行计算，这种并行处理方式类似于人脑的工作方式，与传统计算的串行处理方式不同。

输入

每个输入对应于一个属性。例如，如果问题是决定是否批准贷款，属性可能包括申请人的收入水平、年龄和住房所有权状况。属性的数值或非数值的数字表示作为网络的输入。可以使用几种类型的数据作为输入，如文本、图片和语音。还可能需要预处理过程，以将数据从符号/非数字数据转换为有意义的输入或转换为数字/比例数据。

输出

网络的输出包含问题的解决方案。例如，对贷款申请，输出结果可以是"是"或"否"。ANN 为输出分配数值，然后可能需要使用阈值（threshold value）将其转换为分类输出，结果为 1 表示"是"，结果为 0 表示"否"。

连接权重

连接权重（connection weight）是人工神经网络的关键元素，表示输入数据的相对强度（或数学值），或将数据从一层传输到另一层的许多连接。换句话说，权重表示输入到处理单元的每个输入的相对重要性，并最终表示对输出的相对重要性。权重至关重要，因为权重用于存储学习到的信息模式。ANN 是通过反复调整权重来学习的。

求和函数

求和函数计算进入每个处理单元的所有输入元素的加权和。求和函数将每个输入值乘以其权重，并将这些值相加以获得加权和。图 7.9a 显示了一个处理单元中 n 个输入（用 X 表示）的公式，图 7.9b 则显示了几个处理单元的求和函数公式。

$Y = X_1 W_1 + X_2 W_2$

PE：处理单元（或神经元）

$Y_1 = X_1 W_{11} + X_2 W_{21}$
$Y_2 = X_1 W_{12} + X_2 W_{22}$
$Y_3 = X_2 W_{23}$

a) 单个神经元　　　　　　　　　　　　b) 多个神经元

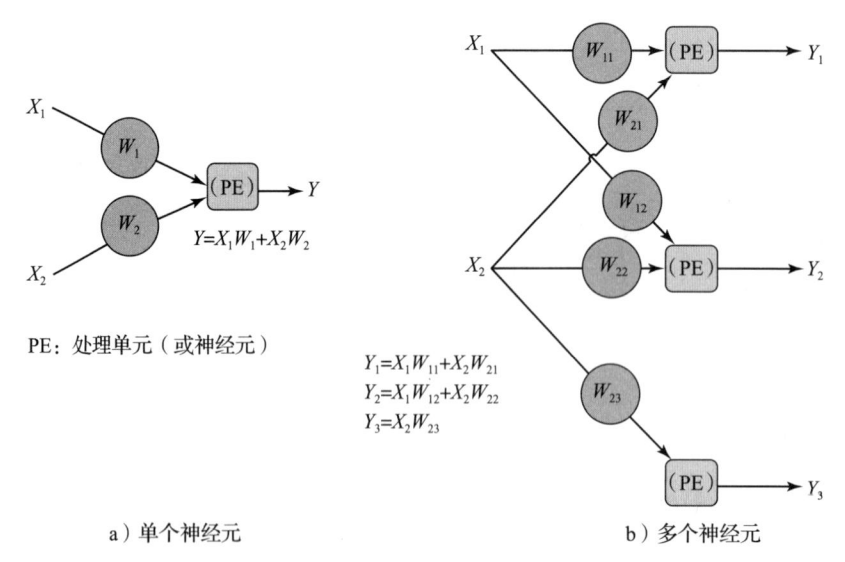

图 7.9　a) 单个神经元/PE 的求和函数；b) 多个神经元/PE 的求和函数

传递函数

求和函数计算神经元的内部刺激或激活水平。根据层的不同，神经元可以产生输出，也可以不产生输出。内部隐藏层和输出之间的关系可以是线性，也可以是非线性的。该关系由几种类型的转换（传递）函数之一表示（常用激活函数见表 7.1）。对特定激活函数的选择会影响网络的运行。图 7.10 显示了一个简单的 S 型激活函数示例的计算。

传递函数修改输出级别以适应合理的值范围（通常在 0 和 1 之间）。在输出达到下一个级别之前执行此传递函数。如果没有传递函数，输出的值就会变得非常大，尤其是当有好几层神经元时。有时使用阈值来代替转换函数。阈值是神经元输出触发下一级神经元的临界值。如果输出值小于阈值，则不会将其传递给下一级的神经元。例如，小于等于 0.5 的所有值都转换为 0，大于 0.5 的所有值都转换为 1。数值转换可以发生在每个处理元素的输出处，也可以仅在最终输出节点处执行。求和函数和传递函数的简单计算见图 7.10。

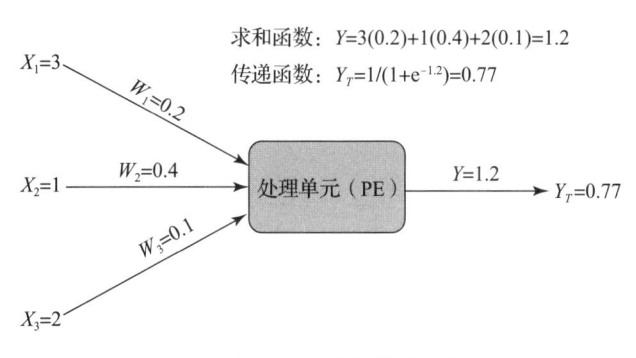

求和函数：$Y=3(0.2)+1(0.4)+2(0.1)=1.2$
传递函数：$Y_T=1/(1+e^{-1.2})=0.77$

图 7.10 人工神经网络激活函数示例

7.3 节　习题

1. 单个人工神经元（即 PE）是如何工作的？
2. 列出并简要介绍最常用的 ANN 激活函数。
3. 什么是 MLP，MLP 是如何工作的？
4. 权重在人工神经网络中有何作用？
5. 简述 MLP 型神经网络架构中的求和与激活函数。

7.4　开发神经网络系统的过程

尽管人工神经网络（ANN）的发展过程类似于传统的基于计算机的信息系统的结构化设计方法，但其某些阶段却是独特的，至少某些方面比较独特。在介绍系统神经网络开发过程时，我们假设系统开发的初始步骤，如确定信息需求、进行可行性分析和获得项目最高管理层的支持已经成功完成，这些步骤对于任何信息系统都是通用的。

如图 7.11 所示，ANN 应用的开发过程包括 9 个步骤。步骤 1 用于收集训练和测试网络的数据。需要重点考虑的因素是，特定问题是否适于用神经网络解决，是否存在并可以获取足够的数据。步骤 2 用于识别训练数据，并制定测试网络性能的计划。

步骤 3 和步骤 4 用于选择网络架构和学习方法。特定开发工具的可用性或开发人员的能力决定了要构建的神经网络的类型。此外，某些问题类型在某些配置下可以表现出较高的成功率，例如，用于破产预测的多层前馈神经网络［Altman（1968），Wilson 和 Sharda（1994），以及 Olson、Delen 和 Meng（2012）］。需要重点考虑神经元的确切数量和神经网络的层数。一些软件包使用遗传算法来选择网络设计。

有几个参数用于将网络调整到期望的学习性能水平。步骤 5 中的过程的一部分用于初始化网络权重和参数，然后在接收到训练性能反馈时对参数进行修改。通常初始值对于确定训练的效率和时间长度很重要。有些方法通过在训练过程中更改参数以提高性能。

步骤 6 将应用数据转换为神经网络所需的类型和格式。这步可能需要编写软件来对数据进行预处理，也可以直接在 ANN 包中执行这些操作。必须对数据存储、操作技术和过程进行设计，以便在有需要时可以方便、有效地对神经网络进行重新训练。应用数据的表示和排序经常影响结果的效率，并且可能影响结果的准确性。

在步骤 7 和步骤 8 中，通过向网络呈现输入和期望或已知的输出数据来对网络进行迭代训练和测试。网络计算输出并调整权重，直到计算出的输出处于输入样本的已知输出的可接受误差内。期望的输出及其与输入数据的关系是从历史数据（即，在步骤 1 中收集的数据的一部分）导出的。

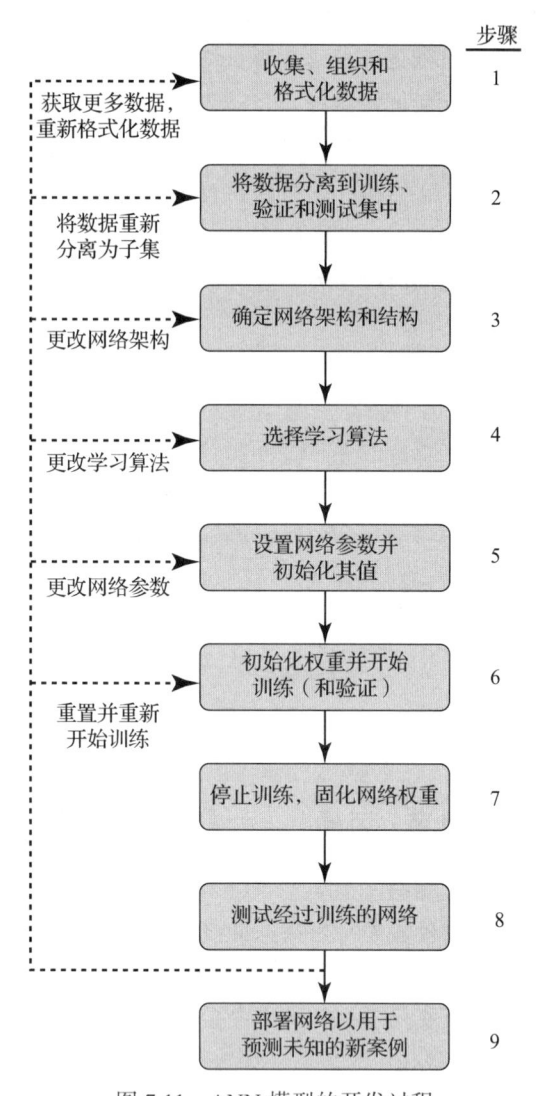

图 7.11 ANN 模型的开发过程

到步骤 9，可以获得一组稳定的权重。然后，网络可以在给定输入（例如，训练集中的输入）的情况下再现期望的输出。该网络已准备好作为一个独立系统或另一个软件系统的一部分使用，在该系统中，将向其提供新的输入数据，其输出将作为系统建议的决策。

人工神经网络中的学习过程

监督学习（supervised learning）是一种归纳式学习过程，也就是说，连接权重是从已有案例中归纳出的。通常的学习过程包括三项任务（见图 7.12）：

1. 计算临时输出。
2. 将输出与目标值进行比较。
3. 调整权重并重复前两步过程。

与其他监督机器学习技术一样，神经网络训练通常通过定义性能函数（F）并通过改变模型参数来优化（最小化）该函数来完成，性能函数也称为成本函数（cost function）或损失函数（loss function）。通常，性能函数只不过是网络所有输入的误差度量（即实际输入和目标之间的差）。有几种类型的误差度量方法（例如，误差平方和、均方误差、交叉熵，甚至自定义度量方法），所有这些方法都是为了衡量网络输出和实际输出之间的差异而设计的。

训练过程从使用一些随机权重和偏差计算给定输入集的输出开始。一旦有了网络输出，就可以计算性能函数。对于给定的一组输入，实际输出（Y 或 Y_T）和期望输出（Z）之间的差是一个称为 delta 的误差（在微积分中，希腊符号 delta，Δ 的意思是"差值"）。

训练的目标是使 delta 最小化（即，如果可能，delta 最好达到 0），这是通过调整网络的权重来实现的。训练的关键是在正确的方向上改变权重，从而逐步减少 delta 值（即误差）。不同的神经网络根据所使用的学习算法以不同的方式计算 delta。有数百种学习算法可用于各种情况和 ANN 配置。

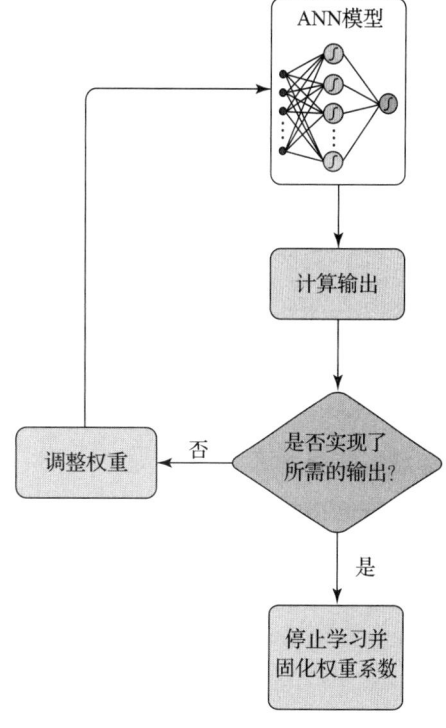

图 7.12 ANN 的监督学习过程

用于神经网络训练的反向传播算法

神经网络中性能的优化（即误差或 delta 的最小化）通常由一种称为随机梯度下降（Stochastic Gradient Descent，SGD）的算法来完成，该算法是一种基于梯度迭代的优化器，用于查找性能函数中的最小值（即最低点）。SGD 算法背后的思想是，性能函数相对于每个当前权重或偏置的导数指示该权重或偏置元素的每个变化单位的误差度量的变化量。这些导数称为网络梯度（network gradient）。神经网络中的网络梯度的计算需要应用称为**反向传播**（backpropagation）的算法，这是最流行的神经网络学习算法，该算法应用微积分的链式规则来计算通过组合其导数已知的其他函数而形成的函数的导数。有关该算法数学细节的更多内容，可以阅读 Rumelhart、Hinton 和 Williams（1986）的论文。

反向传播是**反向误差传播**（back-error propagation）的缩写，是神经计算中使用最广泛的监督学习算法（Principe，Euliano 和 Lefebvre，2000）。通过使用前面提到的 SGD 算法，反向传播算法的实现相对简单。具有反向传播学习的神经网络包括一个或多个隐藏层。这种类型的网络被视为是前馈的，因为在同一层或前一层中的处理单元的输出和节点的输入之间没有互连。在监督学习期间，将外部提供的正确模式与神经网络的输出进行比较，并使用反馈来对权重进行调整,直到网络尽可能正确地对所有训练模式进行分类(提前设置容差)。

从输出层开始,网络生成的实际输出和期望输出之间的误差用于校正或调整神经元之间连接的权重(如图 7.13 所示)。对任何输出神经元 j,误差 (delta)$=(Z_j-Y_j)/(df/dx)$,其中 Z 和 Y 分别为期望输出和实际输出。使用 sigmoid 函数 $f=[1+\exp(-x)]^{-1}$,其中 x 与神经元的加权输入之和成正比,这是在实践中计算神经元输出的有效方法。使用此函数,sigmoid 函数 $df/dx=f(1-f)$ 和误差的导数是期望输出和实际输出的简单函数。因子 $f(1-f)$ 是逻辑函数,用于保持误差校正的良好范围。然后,第 j 个神经元的每个输入的权重与该计算误差成比例地改变。可以导出一个更复杂的表达式,以类似的方式从输出神经元通过隐藏层反向推导,以计算校正对内部神经元的相关权重。这种复杂的方法是求解非线性优化问题的迭代方法,其意义与多元线性回归的特征非常相似。

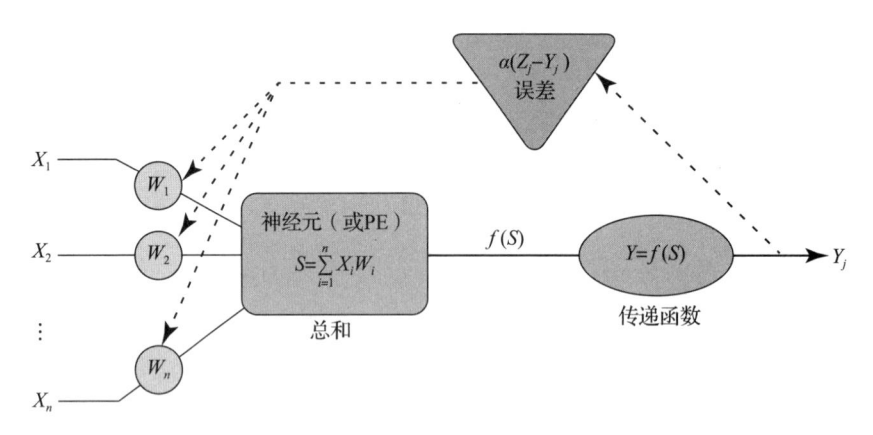

图 7.13 单个神经元误差的反向传播

在反向传播算法中,学习算法包括以下过程:
1. 使用随机值初始化权重,并设置其他参数。
2. 读入输入向量和期望输出。
3. 计算实际输出,逐层向前计算。
4. 计算误差。
5. 从输出层通过隐藏层反向传播来修改权重。

对整个输入向量集合重复该过程,直到期望输出和实际输出保持在某个预计误差内。给定一次迭代的计算要求,训练一个大型网络可能需要很长时间。因此,作为一种变形,可以向前训练一组案例,并向后反馈聚合误差以加快学习。有时,根据初始随机权重和网络参数,网络无法收敛到令人满意的性能水平。在这种情况下,必须生成新的随机权重,并且在做下一次尝试之前,可能还要修改网络参数,甚至网络结构。目前的研究旨在开发算法并使用并行计算机来改进这一过程。例如,可以使用遗传算法(GA)来指导选择网络参数,以使期望输出的性能最大化。事实上,大多数商业人工神经网络软件工具现在都在使用遗传算法来帮助用户以半自动的方式"优化"网络参数。

对任何类型的机器学习模型的训练,必须关注**过拟合**(overfitting)问题。如果训练的模型与训练数据集高度拟合,但相对于外部数据集表现不佳,就会发生这种情况。过拟合会导致模型的可推广性出现严重问题。一大组称为正则化(regularization)的策略旨在通过对模型参数或性能函数进行修改或定义约束来防止模型过拟合。

对小规模的经典 ANN 模型,避免过拟合的常用正则化策略是在每次迭代后评估单独验证数据集以及训练数据集的性能函数。每当验证数据的性能停止改进时,训练过程就会停止。图 7.14 显示了典型的训练迭代次数误差测量的示意图。如图所示,一开始,随着迭代次数运行越来越多,训练和验证数据中的误差都会减少,但从某个点(虚线所示)开始,误差在验证数据集中开始增加,而在训练数据集中仍然会减少。这意味着,超过某个迭代次数,模型就会出现过度适应训练所用的数据集的情况,并且在输入一些外部数据时不一定能很好地执行。这一点实际上代表了训练某种神经网络的推荐迭代次数。

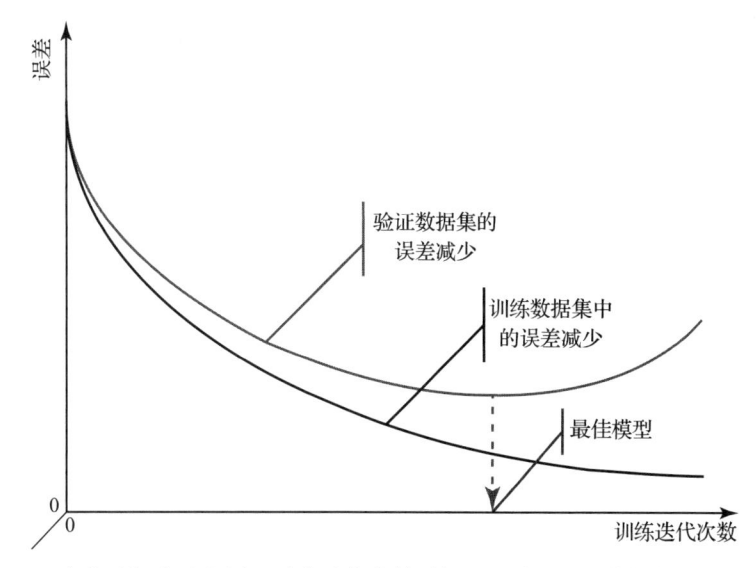

图 7.14 ANN 中的过拟合示意图。随着迭代次数增加,训练和验证数据集中的误差逐渐变化

7.4 节 习题

1. 列出开发神经网络项目的九个步骤。
2. 开发神经网络的设计参数有哪些?
3. 绘制并简要解释人工神经网络中学习的三步过程。
4. 反向传播学习算法是如何实现的?
5. 什么是 ANN 学习中的过拟合现象?它是如何发生的,如何减轻这种现象?
6. 简介目前可用的各种类型的神经网络软件。

7.5 照亮人工神经网络的黑箱

机器学习方法,特别是人工神经网络,已经作为有效工具用于解决各类应用领域中高度复杂的现实问题,在各种应用领域中。尽管已经证明这些工具在许多问题场景中(与传统工具相比)都是更优越的预测器或聚类分析器,但在某些应用中,还需要了解"模型是如何做到的"。以 ANN 为首的大多数机器学习技术都是典型的黑箱（black box），这些技术能够解决复杂问题，但对其为什么具有这样的能力缺乏解释。这种缺乏透明度的情况通常被称为黑箱综合征。

能够解释模型的内部原理非常重要，对模型原理做出解释能保证对网络已经实施适当的训练，并且一旦部署在业务分析环境中，就可按照期望的方式运行。对模型深入研究的需要可能归因于相对较小的训练集（由于数据采集成本高昂），或者在系统出错的情况下需承担非常高的责任。其中一个这种应用的例子是在车辆中展开安全气囊。在本例中，数据采集的成本（车辆碰撞）和责任问题（对人类生命的危险）都相当大。对模型做出解释非常重要的另一个代表性例子是贷款申请处理问题。如果申请人被拒绝贷款，他们有权知道原因。预测系统应能解释其预测的正当性。

技术洞察 7.2 简述了预测模型的可解释性/透明度［如今也称为可解释性 AI（eXplainable AI，XAI）、可解释性机器学习（eXplainable Machine Learning，XML）］技术及其优缺点。

技术洞察 7.2　机器学习模型的可解释性和透明度

在预测分析和机器学习中，模型复杂度和模型性能之间存在取舍，机器学习模型（如深度神经网络、随机森林和梯度提升机）越复杂，预测就越准确。模型变得越简单（朝着更简约的方向发展），观察到的预测性能就变得越来越低，但与此同时，模型更具可解释性，透明度也越高。Ribiero 等人的题为"我为什么应该相信你"（2016）的开创性研究论文恰当地指出了机器学习模型的问题及其臭名昭著的黑箱性质。随着人们对机器学习方法的兴趣日益浓厚，特别是自模型集成和深度学习出现以来，模型可解释性已成为一个快速发展的研究领域。如今，这一趋势被贴切地称为可解释性 AI 和人类可解释机器学习。

正如本书所述，预测分析方法及其底层机器学习算法非常善于捕捉输入和输出变量之间的复杂关系（产生非常准确的预测模型），但在解释这些算法是如何做到的（即模型透明度/模型可解释性）这方面却差得多。为了缓解这种不足（黑箱综合征），机器学习界提出了很多方法，其中大多数方法的特征是敏感性分析（sensitivity analysis）。其中一些方法提供全局性解释（根据所有数据样本的平均得分得出解释），还有一些提供局部性解释（提供单样本水平的解释）。在预测建模的背景下，敏感性分析通常是指为发现输入变量和输出变量之间的因果关系而设计和执行的排他性实验过程。有些变量重要性（variable importance）方法是针对特定模型/算法的（即适用于决策树、神经网络或随机森林），而有些则与模型/算法无关（即适用于任何预测模型）。以下是机器学习和预测建模中最常用的变量重要性方法：

1. 开发和观察一个经过良好训练的决策树模型，查看输入变量是否具有相对可辨别性——变量越接近用于分割的树根，它对预测模型的重要性/相对贡献就越大。

2. 开发并观察一个丰富的大型随机森林模型，并对可拆分变量统计进行评估。如果给定变量的选择与候选变量数之比（即，变量被选为 0 级拆分的次数除以其被随机选为拆分候选变量之一的次数）较大，则其重要性/相对贡献也较大。这个过程可以扩展到树的前三层，以生成拆分统计的权重平均值，并且可以用作随机森林模型的变量重要性的度量。

3. 基于输入值扰动的敏感性分析，一次一个地逐渐系统地改变/扰动输入变量，并观察输出的相对变化，输出变化越大，扰动变量的重要性就越大。这种方法经常用于训练的前馈神经网络模型，其中所有输入变量都是数字的和标准化/归一化的。

4. 基于留一法的敏感性分析。该方法可以应用于任何类型的预测分析方法（即模型无关预测）。由于其普适性和易实现性，这种敏感性分析方法默认用于几种商业和免费/开源分析工具。

5. 敏感性分析基于开发代理模型，使用 SHAP 方法的 LIME 法评估单个记录/样本的变量重要性。虽然以前的方法属于全局解释器，但 LIME 和 SHAP 被称为是局部解释器，因为 LIME 和 SHAP 在样本级别解释变量的重要性（而不是所有样本的平均值）。后文将对 LIME 和 SHAP 进行解释。

留一法敏感性分析

基于留一法的敏感性分析依赖于从输入变量集中一次一个地系统地移除输入变量、开发和测试模型的实验过程，并观察该变量缺失对机器学习模型预测性能的影响（参考图 7.15 的敏感性分析过程示意图）。具体来说，在留一法敏感性分析的过程中，首先，用所有输入变量对模型进行训练和测试（通常使用 k 折交叉验证），并将最佳预测精度记录为基线。然后，使用移除一个输入变量外的其余所有输入变量来训练和测试具有完全相同设置的同一模型，并记录最佳预测精度，并且该过程与变量数量一样多次重复，每次排除不同的输入变量。然后，针对每个变量的移除情况，测量从基线开始的退化情况，并使用这些测量结果来创建变量重要性的表格和图形说明。

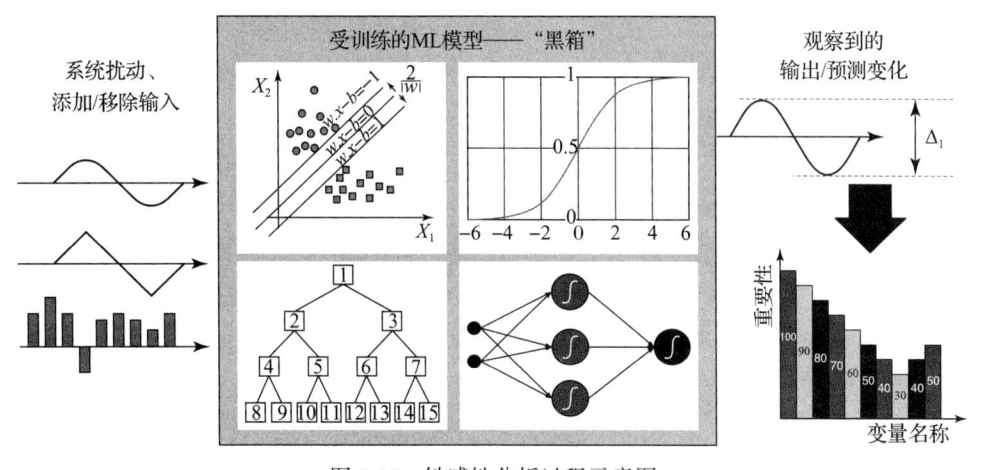

图 7.15 敏感性分析过程示意图

这种敏感性分析方法可以用于任何预测分析和机器学习方法，以前它经常用于支持向量机、决策树、逻辑回归以及人工神经网络。Saltelli（2008）在其敏感性分析书中，用以下方程表示这种测量过程：

$$S_i = \frac{V_i}{V(F_t)} = \frac{V(E(F_t \mid X_i))}{V(F_t)}$$

在这个等式中，分母 $V(F_t)$ 表示输出变量的方差。在分子 $V(E(F_t|X_i))$ 中，E 是期望运算符，用于调用参数 X_i 上的积分；也就是说，包括除了 X_i 之外的所有输入变量，V 为方差运算符在 X_i 上的进一步积分。第 i 个变量的变量贡献（即重要性）表示为 S_i，作为归一化敏感性测量进行计算。在后续研究中，Saltelli 等人（2019）证明，该方程是模型敏感性的最可能度量，能够按照任何交互组合的重要性顺序对输入变量（即预测因子）进行排序，包括输入变量之间的非正交关系。

使用这种敏感性分析方法可能会对同一数据集的不同模型类型产生略微不同的重要性度量。在这种情况下，我们可以选择并使用最具预测性的模型类型来实现变量重要性度量，忽略其他模型类型生成的变量重要性度量，也可以使用所有模型类型产生的所有重要性度量的某种类型组合。为了正确组合所有预测模型类型的敏感性分析结果，我们可以使用基于信息融合的方法——加权平均，其中权重是根据单个模型类型的预测能力确定的。特别地，通过以基于从 m 个预测模型类型组合（即融合）的信息而获得的输入变量 n 的敏感性度量的方式修改上述等式。下面的等式表示所需的求和函数。

$$S_{n(\text{fused})} = \sum_{i=1}^{m} \omega_i S_{in} = \omega_1 S_{1n} + \omega_2 S_{2n} + \cdots + \omega_m S_{mn}$$

在这个方程中，ω_i 表示每个预测模型的归一化贡献/权重，其中模型的贡献/权重水平是作为其相对预测能力的函数计算的，预测能力（即精度）越大，ω 的值就越大。

LIME 和 SHAP 的局部可解释性

在线性回归模型中，beta 系数用于对所有数据点的预测做出解释（即，如果变量值增加一个单位，则每个数据点的预测值按 beta 增加）。这通常被称为全局可解释性。在因果建模中，这称为平均因果分析。然而，这并不能对个体差异做出具体解释——拒绝一个申请人的贷款申请产生的变量值影响可能与另一个人不同。这通常称为局部可解释性，是对独立变量联合分布的单个数据点或局部子集的解释。LIME 和 SHAP 是最近流行的两种方法，旨在通过建立黑箱的代理模型来提供局部可解释性。稍微调整输入（就像我们在敏感性分析中所做的那样），并通过代理模型表示来测试预测中的变化（参见图 7.16）。由于这些代理模型仍然将机器学习模型视为黑箱，因此这些方法属于模型无关（model agnostic）方法。

局部可解释模型无关解释（Local Interpretable Model-Agnostic Explanations，LIME）是一种相对较新的变量评估方法，旨在通过基于预测的具体情况（预测案例/样本）局部开发/学习替代模型，以人类可解释的方式解释任何预测模型（即分类器）的预测。LIME 背后的主要思想是通过开发一个代理（类似但更简单且可解释）模型来模拟复杂机器学习模型的输入和输出之间的关系，以解释单个记录（即特定客户）的预测结果。为此，代理模型利用了与实际预测记录本身非常相似的合成生成记录样本。使 LIME 成为一种流行技术的原因包括它与模型无关（适用于任何类型的预测模型），具有生成可解释结果的能力，在局部（单个记录）级别提供解释，具有可加性（数据点的所有变量的重要值之和等于最终预测值），并且是计算上非常高效的算法。关于 LIME 及其算法细节的更多信息，请参阅 Ribeiro 等人（2016）的论文。

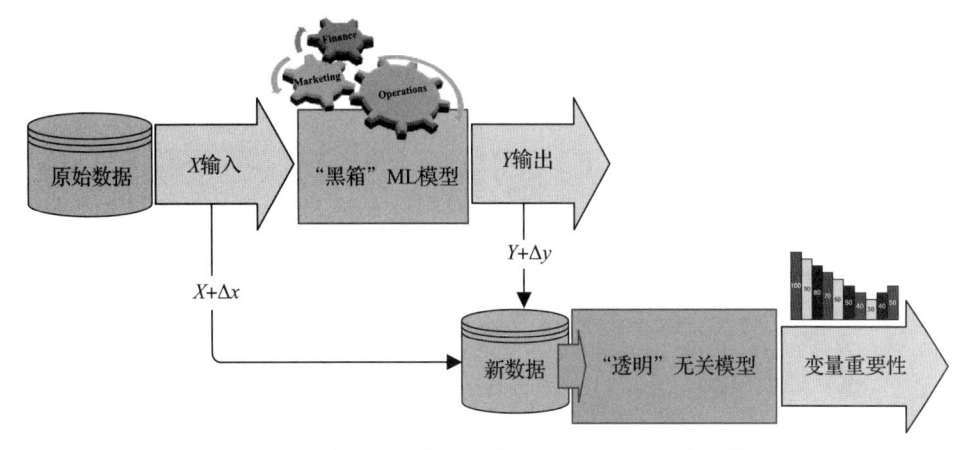

图 7.16　从全局黑箱模型到变量重要性的局部代理模型

Shapley 加性解释（Shapley Additive Explanations，SHAP）是最近提出的另一种模型解释技术。人们普遍认为该技术是最好的局部模型解释技术，因为它在几个方面都优于 LIME。尽管 SHAP 采用了与 LIME 相似的概念，但它基于 Shapley 值的博弈论概念提供了理论保障 SHAP 能够在局部层面捕捉和表示复杂的关系，而不仅仅是线性关系，并产生更准确、稳健和可靠的解释结果。SHAP 也可以有效地用于变量选择，我们可以选择变量重要性较高的变量子集，删除其他变量（如果我们想减少变量的数量的话）；由于其一致性，变量重要性的顺序不变，因此可以忽略不太重要的变量。有关 SHAP 的更多详细信息，请参阅 Lundberg 和 Lee（2017）的论文。

哪种技术最好？对于这个问题，没有适用于所有问题和情况的神奇答案或解决方案。如果你对模型无关的全局可解释性感兴趣，也许可以使用留一法敏感性分析。如果需要特定模型的解释，那么可以利用特定模型类型的适当敏感性分析。如果需要局部解释，则使用 SHAP 或 LIME 都行，在这两种方法中，SHAP 被认为是一种更好的方法，但它在计算上比 LIME 代价更高。对于一个庞大且复杂的问题空间，如果只是需要在单个记录级别上进行快速解释，那么 LIME 可能是一种较好的选择。

在 ANN 中，对于模型的可解释性和 / 或变量重要性识别，值扰动型敏感性分析是一种广泛应用的技术。因为 ANN 中的输入变量都是用数字表示的，并且变量的数值扰动可行且相对容易，所以它是一种流行的操作技术。在这种情况下，基于值扰动的敏感性分析是一种用于提取所训练的神经网络模型的输入和输出之间的因果关系的方法。在执行敏感性分析的过程中，所训练的神经网络的学习能力被禁用，因此其网络权重不会变化或受影响。这种类型的敏感性分析背后的基本程序是，在允许的值范围内系统地改变或干扰网络的输入,并记录每个输入变量的相应输出变化(Principe 等人,2000)。图 7.17 的上部显示了该过程的示意图。第一个输入在其平均值加上和减去用户定义数量的标准偏差之间变化(或者对于分类变量,使用其所有可能的值),而所有其他输入变量固定于其各自的平均值(或模式)。网络输出是为高于和低于平均值的用户定义步数计算的。对每个输入重复此过程。结果生成报告,以对相对于每个输入改变产生的输出变化做出总结。报告通常包含一个柱状图(以及表示在 x 轴上的数值),报告每个输入变量的相对敏感性值。分析实操 7.2 中的分析介绍了对 ANN 模型进行敏感性分析的代表性示例。

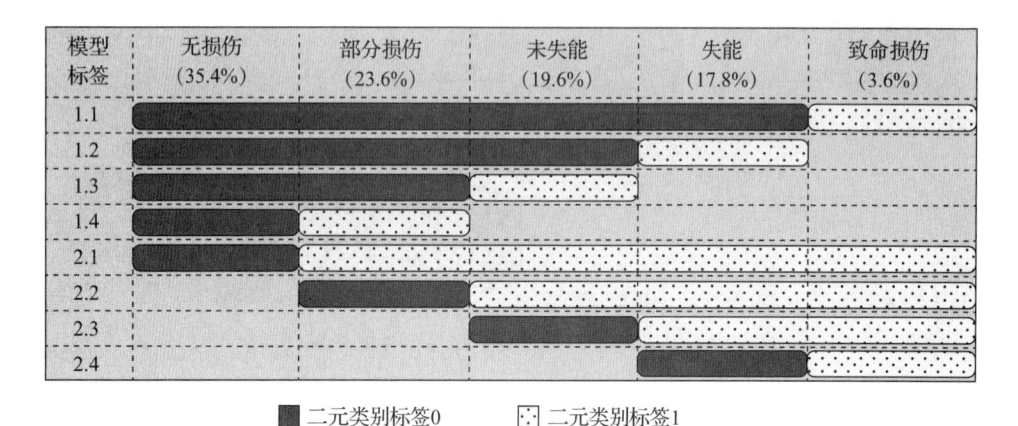

模型标签	无损伤 (35.4%)	部分损伤 (23.6%)	未失能 (19.6%)	失能 (17.8%)	致命损伤 (3.6%)
1.1					
1.2					
1.3					
1.4					
2.1					
2.2					
2.3					
2.4					

■ 二元类别标签0   ▫ 二元类别标签1

图 7.17 八种二元人工神经网络模型配置示意图

资料来源:Topuz, K., & Delen, D. (2021). A probabilistic Bayesian inference model to investigate injury severity in automobile crashes. Decision Support Systems, 150, 113557; Delen, D., R. Sharda, & M. Bessonov. (2006). Identifying significant predictors of injury severity in traffic accidents using a series of artificial neural networks. Accident Analysis and Prevention, 38(3)。

分析实操7.2 敏感性分析揭示交通事故中的伤害严重程度因素

根据美国国家公路交通安全管理局(NHTSA)的数据,美国每年发生 600 多万起交通事故,超 4 万人因此丧生。交通安全研究人员对事故原因和与之相关的损失严重程度特别感兴趣。这样的研究不仅旨在减少事故数量,还希望降低受伤的严重程度。实现第二个目标的一种方法是找出影响受伤严重程度的最主要因素。了解驾驶员和乘客在车辆事故中更容易受重伤(或死亡)的情况,有助于提高整体驾驶安全状况。在事故发生时,可能提高乘客受伤严重程度的风险因素包括人员的人口统计学及其行为特征(例如,年龄、性别、是否使用安全带、驾驶时是否吸毒或饮酒)、环境因素,以及事故发生时的道路状况(例如,路面状况、天气或光线状况、撞击方向、车辆碰撞方向、翻车情况等),以及车辆本身的技术特征(例如,车龄、车身类型等)(Topuz 和 Delen,2021)。

在一项探索性数据挖掘研究中,Delen 等人(2006)使用了大量数据样本,共 30 358 份警方报告的事故记录,这些记录是从国家公路交通安全管理局的综合评估系统中获得的,用来确定交通事故中增加受伤严重程度的哪些可能因素会越来越重要。本研究中检查的事故包括多车相撞、单辆撞到固定物体,以及单辆车发生的非碰撞(侧翻事故的区域代表性样本。

与之前在该领域进行的其他研究不同，Delen 及其同事（2006）决定朝着不同的研究方向进行，这些研究主要使用回归型广义线性模型，其中受伤严重程度和碰撞相关因素之间的函数关系被假设为线性（在大多数现实世界情况下，这是对现实的过度简化）。由于已知神经网络在捕捉预测变量（碰撞因素）和目标变量（受伤严重程度）之间的高度非线性复杂关系方面具有优势，他们决定使用一些神经网络模型来估计碰撞因素对驾驶员受伤严重程度的重要性。

Delen 等人（2006）采用了两个步骤。在第一步，他们开发了一系列预测模型（每种受伤严重程度对应一个模型），以捕捉碰撞相关因素与特定受伤严重程度之间的深入关系。在第二步，他们对训练的神经网络模型进行了敏感性分析，以确定碰撞相关因素的重要性优先级，这些因素与不同的受伤严重程度有关。在该研究的形式化描述中，有五类预测问题被分解为多个二元分类模型，以获得所需的信息粒度，从而确定碰撞相关因素与不同受伤严重程度之间的"真实"因果关系。如图 7.18 所示，Delen 等人开发了八种不同的神经网络模型，并将其用于敏感性分析，以确定导致受伤严重程度增加的主要决定因素。

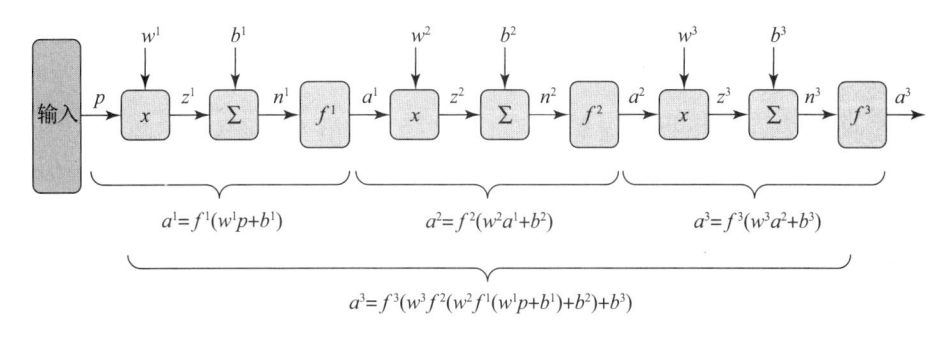

$$a^1 = f^1(w^1 p + b^1)$$
$$a^2 = f^2(w^2 a^1 + b^2)$$
$$a^3 = f^3(w^3 a^2 + b^3)$$

$$a^3 = f^3(w^3 f^2(w^2 f^1(w^1 p + b^1) + b^2) + b^3)$$

图 7.18　典型 MLP 网络中前三层的矢量表示

结果表明，针对不同受伤严重程度建立的模型之间存在相当大的差异。这意味着预测模型中最具影响力的因素在很大程度上取决于受伤的严重程度。例如，研究表明安全带的使用这一变量（特征）是预测较高受伤严重程度（如失能型受伤或死亡）的最重要的决定因素，但它是较低受伤严重程度最不重要的预测因素之一（如非失能型受伤和轻伤）。另一个有趣的发现与性别相关：驾驶员的性别是较低受伤严重程度的重要预测因素之一，但它不属于较高受伤严重程度的重要因素，这表明更严重的受伤并不取决于驾驶员的性别。该研究的另一个有趣且直观的发现表明，随着受伤严重程度的增加，年龄变成一个越来越重要的因素，这意味着老年人比年轻人更有可能在严重车祸中遭受严重伤害（甚至死亡）。

7.5 节　习题

1. 什么是所谓的黑箱综合征？

2. 为什么能对人工神经网络的模型结构做出解释非常重要？
3. 敏感性分析在人工神经网络中是如何工作的？
4. 请在互联网上搜索其他解释 ANN 的方法，并报告搜索结果。

7.6 深度神经网络

直到深度学习出现之前，大多数神经网络架构应用都只涉及几个隐藏层，每层的神经元数量也有限。即使在相对复杂的神经网络商业应用中，网络中的神经元数量也不过数千。事实上，当时计算机的处理能力是其中一个限制因素，中央处理器（CPU）很难在合理的时间内处理有多个层的神经网络。近年来，图形处理单元（GPU）以及相关编程语言（例如，NVIDIA 的 CUDA）的发展使人们能够将其用于数据分析目的，这推动了神经网络的更高级应用。GPU 技术使我们有能力成功地完全运行超过一百万个神经元的神经网络。这些更大的网络能够更深入地研究数据特征，并提取出更复杂的模式，而这些模式在其他情况下是无法检测到的。

虽然深度网络可以处理大量的输入特征（变量），但也需要相对较大的数据集才能得到令人满意的训练结果。使用小数据集来训练深度网络通常会导致模型对训练数据的过拟合，将训练结果应用于外部数据时，会导致结果较差甚至不可靠。得益于基于互联网和物联网的数据捕获工具和技术，现在在许多应用领域都可以使用更大的数据集进行更深层次的神经网络训练。

常规 ANN 模型的输入数据通常是 $R \times 1$ 的数组，其中 R 是输入特征的数量。然而，在深度网络中，我们能够使用张量（tensor，即 N 维阵列）作为输入。例如，在图像识别网络中，每个输入（即图像）可以由代表图像像素中使用的颜色代码的矩阵来表示。对于视频处理，每个视频可以由多个矩阵（即 3D 张量）来表示，每个矩阵表示视频中包括的图像。换句话说，张量可以包括分析数据集时所需的多个维度（如时间、位置等）。

除了这些一般性差异外，不同类型的深度网络会对标准神经网络架构做出各种修改，使其具备处理特定数据类型的独特能力，以达到更高级目的。在下一节中，我们将讨论其中一些特殊的神经网络类型及其特征。

前馈多层感知机深度网络

前馈多层感知机（MLP）深度网络，也称深度前馈网络（deep feedforward networks），是最常见的深度网络类型。这类网络是简单的大规模神经网络，可以包含许多层神经元，并以张量作为其输入。网络元素的类型和特征（即权重函数、传递函数）与标准的 ANN 模型几乎相同。这些模型被称为前馈（feedforward），因为通过它们的信息流总是前向传播，模型输出和模型本身不允许有反馈。允许反馈连接的神经网络称为递归神经网络（Recurrent Neural Networks，RNN）。一般的 RNN 架构，以及其名为长短期记忆（LSTM）网络的特定变体，将在本章的后面部分进行讨论。

通常，在 MLP 型网络架构中，层的顺序必须保持在输入层和输出层之间。这意味着输入向量必须依次通过所有层，并且不能跳过其中的任何层。此外，除了第一层之外，它不能直接连接到任何层,每一层的输出是下一层的输入。图 7.18 展示了典型 MLP 网络前三层的矢量表示。如图 7.18 所示,每层只有一个向量,该向量要么是原始输入向量(第一层为 p),要么是网络架构中前一个隐藏层的输出向量(第 i 层为 a^{i-1})。然而,MLP 网络架构的一些特殊变体是为特定目的而设计的,其中一些变体可能会违反这些原则。

随机权重在深度 MLP 中的影响

在深度 MLP 的许多实际应用中,性能(损失)函数的优化是一个具有挑战性的问题。问题是在大多数情况下,在浅层神经网络中应用具有随机初始化权重和偏差的常见基于梯度的训练算法,这对于找到最优参数集非常有效,但可能会导致陷入局部最优解,无法获得参数的全局最优值。随着网络深度的增加,使用基于梯度的算法进行随机初始化达到全局最优的概率进一步降低。在这种情况下,通常使用一些无监督的深度学习方法[如深度信念网络(Deep Belief Networks,DBN)]对网络参数进行预训练是用的(Hinton、Osindero 和 Teh,2006)。DBN 是一大类称为生成模型(generative model)的深度神经网络。2006 年引入的 DBN 被认为是当前深度学习复兴的开始(Goodfellow 等人,2016),因为在此之前,人们认为深度模型太难优化。事实上,DBN 目前的主要应用是通过对其参数进行预训练来对分类模型进行改进。

使用这些无监督学习方法,我们可以从第一层开始一次一个地训练 MLP 层,使用每个层的输出作为下一层的输入,并使用无监督学习算法对该层进行初始化。最后将得到整个网络中参数的一组初始化值。这些预先训练的参数(而不是随机初始化的参数)可以用作 MLP 的监督学习中的初始值。这种预训练程序已被证明对深度分类应用程序有显著改进。图 7.19 说明了在使用(圆圈)和不使用(三角形)参数预训练的情况下训练深度 MLP 网络所产生的分类误差(Bengio,2009)。在这个例子中,圆圈线表示测试分类模型(在 1 000 个 heldout 示例上)观察到的错误率,该分类模型使用纯粹的监督训练方法,使用 1 000 万

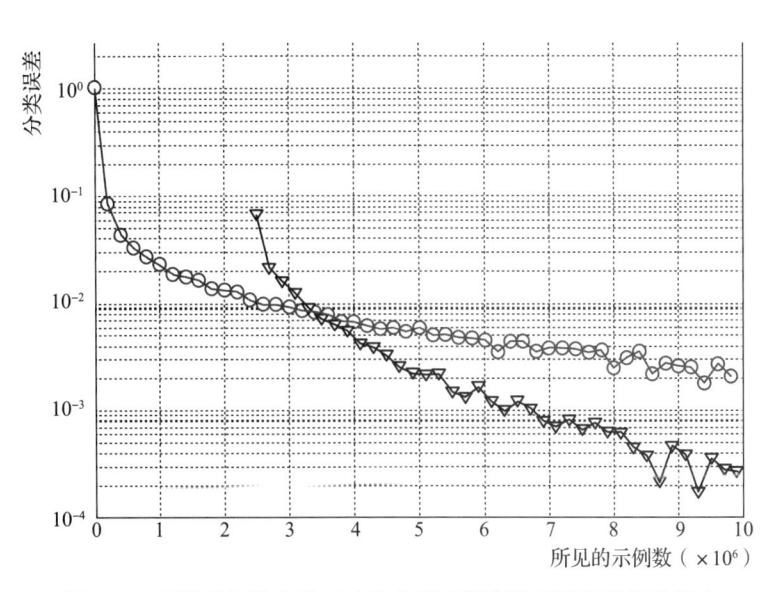

图 7.19 预训练网络参数对改进分类型深度神经网络结果的影响

个示例，三角形线表示当最初使用 250 万个示例用于网络参数的无监督训练（使用 DBN），然后使用其他 750 万个示例以及初始化的参数来训练监督分类模型时，对同一测试数据集观察到的错误率。该图清楚地显示了在由深度置信网络预训练的模型中，分类错误率得以显著提高。

更多的隐藏层与更多的神经元

关于深度 MLP 模型的一个重要问题是"只用几层，但每层都有很多神经元来重构这样的网络（并产生更好的结果）有没有意义？"换句话说，问题是，当我们只在几个层中包括相同数量的神经元时（即，宽网络而不是深度网络），为什么还需要有很多层的深度 MLP 网络。根据万能近似定理 [universal approximation theorem（Cybenko，1989；Hornik，1991）]，足够大的单层 MLP 网络能够近似任何函数。尽管理论上有根据，但这样一个由许多神经元组成的层可能太大了，可能无法正确地学习其潜在模式。更深的网络可以减少每层所需的神经元数量，从而降低泛化误差。尽管理论上这仍然是一个悬而未决的研究问题，但实际上在网络中使用更多的层似乎比在少数几层中使用大量神经元更有效，而且在理论上也更高效。

与典型的人工神经网络一样，多层感知机网络也可以用于各种预测、分类和聚类目的。特别是当涉及大量输入变量时，或者在输入必须是 N 维阵列的情况下，需要采用深层多层网络设计。

分析实操 7.3 中的分析为使用高级分析以更好地管理拥挤城市的交通流提供了一个极好的案例。

分析实操 7.3　佐治亚州交通局可变限速分析帮助解决交通拥堵问题

背景

当佐治亚州交通部（Georgia Department of Transportation，GDOT）希望对大数据和高级分析的使用进行优化，以更深入地了解该州的交通运输状况，该部门与 Teradata 合作，对 GDOT 的可变限速（Variable Speed Limit，VSL）试点项目进行了概念验证评估。

VSL 概念已经被世界许多地方采用，但在美国仍然相对较新，正如 GDOT 所解释的：

VSL 是根据道路、交通和天气条件而变化的速度限制。电子限速标志在拥堵或恶劣天气到来之前减缓交通，使交通畅通，减少车辆走走停停的情况，并减少交通事故。这种低成本、前沿的技术可以实时提醒驾驶员由于道路状况而发生的速度变化。更稳定的速度有助于防止因突然停车而发生追尾和变道碰撞，从而提高驾驶安全。

量化 VSL 的客户服务、安全和效益对 GDOT 极其重要。这符合了解智能交通系统以及其他交通系统和基础设施投资效果的更广泛需求。

亚特兰大 I-285 公路的 VSL 试点项目

GDOT 在环绕亚特兰大的 I-285 公路的北半部或上端路段实施了 VSL 试点项目。这条 36 英里长的高速公路配备了 88 个电子限速标志,将限速从 65 英里/小时按 10 英里/小时增量调整到最低 35 英里/小时,其目标有两方面:

1. 分析 VSL 实施前后高速公路上的速度变化。
2. 测量 VSL 对驾驶条件的影响。

为了获得交通的初始概况,Teradata 数据科学解决方案确定了"持续减速"的位置和持续时间。如果高速公路速度高于"参考速度",则视交通为自由通行。高速公路上的任何一点的速度如果低于参考速度则视为减速。当减速持续多分钟时,可以定义持续减速。

通过创建减速的分析定义,可以将大量且高度可变的速度数据转换为减速模式,以支持做更深入的调查。对数据的早期分析表明,同一条高速公路的顺时针和逆时针方向可能显示出明显不同的减速频率和持续时间。为了更好地理解减速如何对公路交通造成影响,采用新的定义并放大特定情况是有用的。图 7.20 显示了亚特兰大 I-285 公路上某个下午具体但典型的交通状况,在一段高速公路上,在 MM46 的西端至东端的英里标记 MM10 之间,交通从西向东顺时针移动。

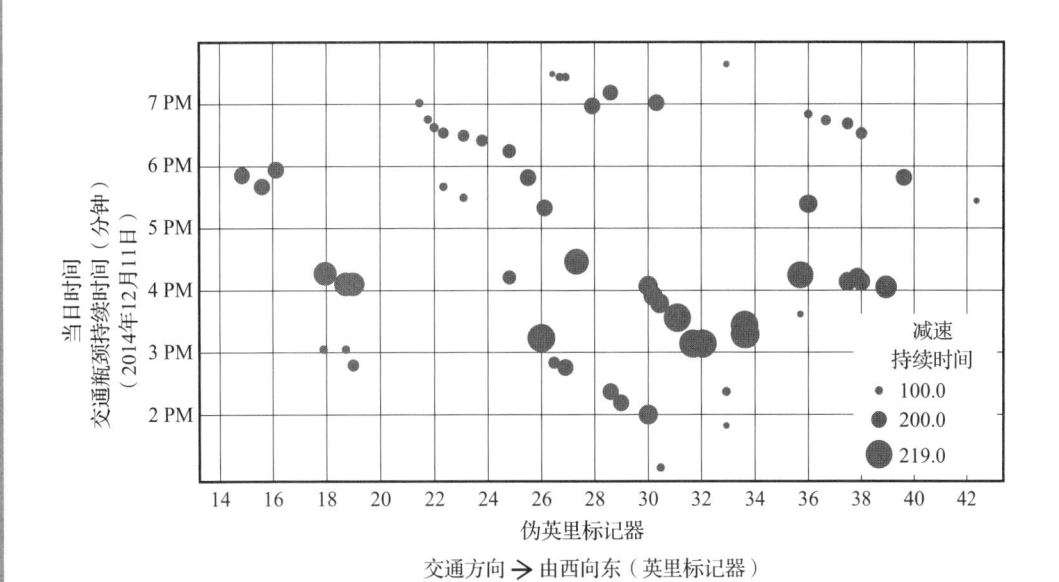

图 7.20 下午交通顺时针行驶

第一次明显减速发生在下午 3 点,接近 MM32 位置。圆圈的大小表示持续时间(以分钟为单位)。MM32 的减速持续了将近四个小时。随着减速的"持续",后续交通速度下降。MM32 上形成的减速成为交通瓶颈,导致后面的交通也减速。图 7.21 左上角的备用交通"彗星轨迹"说明了 MM32 和更远的西部以此减速,每次减速都在下午晚些时候开始,持续时间不久。

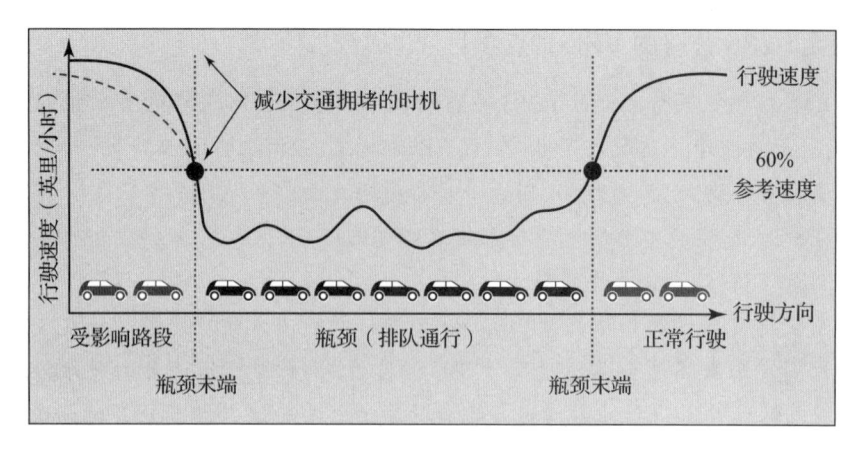

图 7.21 高速公路交通瓶颈示意图

测量公路速度变化

高速公路上减速的模式以及它们不同的时间和地点让我们质疑它们对司机的影响。如果 VSL 可以帮助驾驶员更好地预测减速，那么能够量化影响将是 GDOT 感兴趣的。GDOT 特别关注驾驶员第一次遇到减速时会发生什么。"虽然我们不知道减速的原因，但我们知道司机们已经进行了速度调整。如果减速是由事故引起的，那么减速可能会非常突然；或者，如果减速只是由交通量的增长引起的，则减速可能会更为缓慢。"

识别交通瓶颈

瓶颈始于高速公路上特定位置的减速事件。高速公路上会出现类似"窄点"的情况。然后，在一段时间内，交通在最初的窄点之后减速。瓶颈是指一段高速公路的交通量低于正常速度的 60%，并且以该速度保持数英里。图 7.21 显示了高速公路交通瓶颈示意图。

虽然瓶颈是由形成队列头的窄点或减速引起的，但最有趣的是队列的末尾。堵车路段后面的区域是交通从自由通行过渡到缓慢拥堵的地方。在最坏的情况下，堵车路段末尾可能会经历车速快速转换。以高速行驶的驾驶员可能需要紧急制动，此时很容易发生事故，这也是 VSL 能够提供真正价值的地方。

对高速公路拥堵问题的全新认识

描述高速公路交通状况"基本情况"的新大数据源变得可用，这为开发和分析高速公路性能指标提供了丰富的新机会。仅使用一个高速公路速度的详细数据源，我们就使用 Teradata 高级数据科学功能生成了两个新的独特指标。

首先，通过定义和测量持续减速情况，我们帮助交通工程师了解高速公路上低速位置的频率和持续时间。衡量路况持续放缓与短暂放缓的区别十分困难，需要数据科学的支持。这个指标可以用于提供比较减速次数、持续时间和位置，比高速公路速度的简单平均值、方差和异常值更具信息性和说服力。

第二个指标是测量瓶颈造成拥堵的能力。通过确定瓶颈发生的位置，然后将其非常关键的影响区域逐步缩小，我们可以测量这些区域内的速度和交通减速。数据科学和分析能力表明，当在瓶颈的关键区域活动使用 VSL 时，有助于降低交通拥堵。

在此背景下还可以探讨更多的问题。例如可以很自然地假设，VSL 在交通高峰时段可以提供最多的好处。然而，相反的情况可能是真的，这种状况倒是可以为 VSL 程序提供非常重要的好处。

尽管这个项目规模很小，只是一个概念验证，但美国和其他国家正在以"智慧城市"的名义，将交通以外的类似项目结合起来。目的是使用从传感器到多媒体、偶发事件报告到卫星图像的各种数据，以及包括深度学习和认知计算在内的高级分析，将城市的动态性质转变为更好地为所有利益相关者服务。

资料来源：Teradata Case Study. "Georgia DOT Variable Speed Limit Analytics Help Solve Traffic Congestion." https://preview.teradata.com/Resources/Case-Studies/Georgia-DOT-Variable-Speed-Limit-Analytics-Help-Solve-Traffic-Congestion. "Georgia DOT Variable Speed Limits." www.dot.ga.gov/DriveSmart/SafetyOperation/Pages/VSL.aspx。

在下一节中，我们将讨论一种非常流行的深度 MLP 架构的变体，称为卷积神经网络，这种神经网络专门针对计算机视觉应用（例如，图像识别、手写文本处理等）设计。

7.6 节 习题

1. 深度神经网络中的"深度"是什么意思？请将深度神经网络与浅层神经网络进行比较。
2. 什么是 GPU？它与深度神经网络有什么关系？
3. 前馈多层感知机类型的深度网络是如何工作的？
4. 试讨论随机权重对深度 MLP 发展的影响。
5. 更多的隐藏层和更多的神经元，哪种策略更好？

7.7 卷积神经网络

卷积神经网络（LeCun 等人，1989）是最流行的深度学习方法之一。CNN 本质上是深度 MLP 架构的变体，最初设计用于计算机视觉应用（例如，图像处理、视频处理、文本识别等），但也适用于非图像数据集处理。

卷积网络的主要特征是具有至少一个涉及卷积权重函数（convolution weight function）的层，而不是一般的矩阵乘法，图 7.22 显示了一个典型的卷积网络单元。

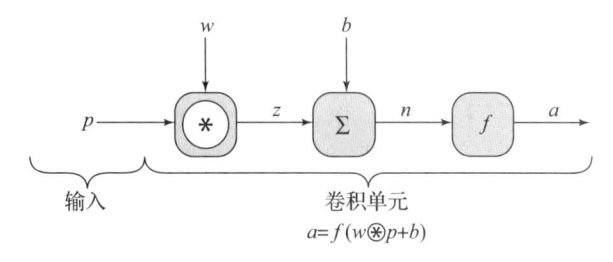

$a = f(w \circledast p + b)$

图 7.22 典型的卷积网络单元

卷积通常用符号 ⊛ 表示，是一种线性运算，本质上旨在从复杂的数据模式中提取简单的模式。例如，在处理包含多个对象和颜色的图像时，卷积函数可以提取简单的模式，比如在图片的不同部分存在水平或垂直线或边缘。我们将在下一节中更详细地讨论卷积函数。

CNN 中包含卷积函数的层称为卷积层。该层之后通常是池化（pooling），也称为子采样（subsampling）层。池化层负责将大的张量合并为一个较小的张量，降低模型参数的数量，同时保持其重要特征。以下各节讨论了不同类型的池化层。

卷积函数

在对 MLP 网络的描述中，权重函数通常是一个矩阵操作函数，它将权重向量乘以输入向量，以在每一层中产生输出向量。对于大多数深度学习应用中的情况，输入向量/张量都非常大，我们需要大量的权重参数，以便为每个神经元的每个单个输入分配单个权重参数。例如，在对大小为 150×150 像素的图像使用神经网络进行图像处理的任务中，每个输入矩阵将包含 22 500（即 150×150）个整数，每个整数都应该为其在整个网络中进入的每个神经元分配自己的权重参数。因此，即便只有一层，也需要定义和训练数千个权重参数。正如大家预感的那样，这将显著增加训练网络所需的时间和处理能力，因为在每次训练迭代中，所有这些权重参数都必须由 SGD 算法进行更新，解决这个问题需要用到卷积函数。

卷积函数可以被认为是解决上述问题的技巧。这种技巧称为参数共享（parameter sharing），除了计算效率之外，它还提供了额外的好处。具体地说，在卷积层中，不是每个输入都有一个权重，而是有一组被称为卷积核或滤波器的权重，各个输入共享该组权重，卷积核对输入矩阵进行滑动计算以产生输出。卷积核通常用大小为 $W_{r \times c}$ 的小矩阵来表示，对于给定的输入矩阵 V，卷积函数可以表示为：

$$Z_{i,j} = \sum_{k=1}^{r}\sum_{l=1}^{c} w_{k,l} v_{i+k-1, j+i-1}$$

例如，假设某一层的输入矩阵和卷积核分别为：

$$V = \begin{bmatrix} 1 & 0 & 1 & 0 & 1 & 1 \\ 1 & 1 & 0 & 1 & 1 & 1 \\ 1 & 1 & 0 & 0 & 0 & 1 \end{bmatrix} \quad W = \begin{bmatrix} 0 & 1 \\ 1 & 1 \end{bmatrix}$$

图 7.23 说明了如何计算卷积输出。如图所示，卷积核中的核元素与输入矩阵中的对应 $r \times c$ 子矩阵中的对应元素逐点相乘，再对乘积求和得出输出矩阵的每个元素值。因此，在上图所示的例子中，输出矩阵第一行第二列的元素实际上是 0×(0)+1×(1)+1×(1)+1×(0)=2。

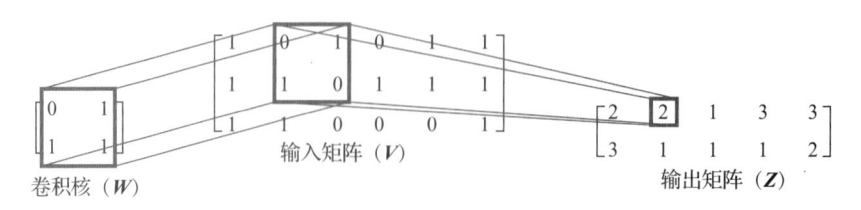

图 7.23　2×2 卷积核对 3×6 输入矩阵的卷积运算

可以看出，输出矩阵中每个元素的大小直接取决于匹配核（具有 2×2 矩阵）和输入矩阵如何参与该元素的计算。例如，输出矩阵第一行第四列的元素是输入矩阵的一部分对核进行卷积的结果，这与核完全相同。这表明，通过应用卷积运算，我们实际上是在将输入矩阵转换为输出，其中具有特定特征（由内核反映）的部分放置在方框中。

卷积函数的这种特性在实际的图像处理应用中特别有用。例如，如果输入矩阵表示图像的像素，则表示特定形状（例如，对角线）的特定核可以被卷积到该图像中，以提取涉及该特定形状的图像部分。例如，图 7.24 显示了将 3×3 水平线核应用于正方形的 15×15 图像的结果。显然，水平核产生一个输出，其中水平线（作为特征）在原始输入图像中的位置得以识别。

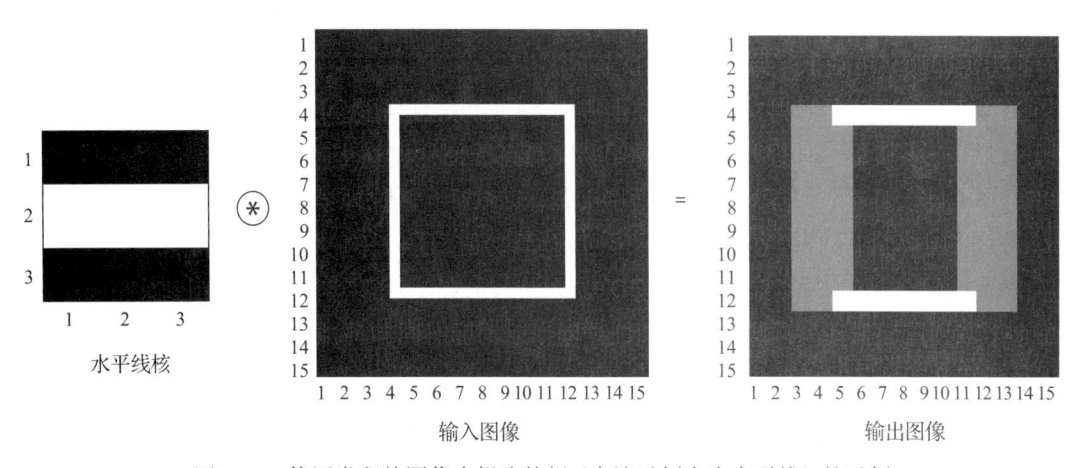

图 7.24　使用卷积从图像中提取特征（在该示例中为水平线）的示例

使用大小为 $r×c$ 的卷积核进行卷积运算将使输出矩阵的行数和列数分别减少 $r-1$ 和 $c-1$。例如，在上例中，使用 2×2 核进行卷积，输出矩阵行数和列数比输入矩阵都减少 1。为了防止出现这种矩阵大小的变化，我们可以在卷积之前用零填充（padding）输入矩阵的外部，也就是说，在输入矩阵中添加 $r-1$ 行和 $c-1$ 列的零值。另一方面，如果我们希望输出矩阵更小，可以将卷积核步长设为更大的值，让卷积核滑动更快。通常在执行卷积运算时，卷积核一次移动一步（即步长 =1）。将该步长增加到 2，输出矩阵的大小降低为输入矩阵的一半。

在深度网络中使用卷积的主要好处是参数共享，通过减少权重参数的数量有效地减少了训练网络所需的时间。网络中的卷积层将具有一种特性，即平移等变性（Goodfellow 等人，2016）。这只是意味着输入中的任何变化都将以同样的方式导致输出发生变化。例如，将输入图像中的对象在特定方向上移动 10 个像素，将导致其在输出图像中的表示在同一方向上也移动 10 个像素。除了图像处理应用之外，这一功能对于使用卷积网络分析时间序列数据尤其有用，在卷积网络中，卷积可以产生一种时间线，显示每个特征何时出现在输入中。

值得注意的是，在几乎所有卷积网络实际应用中，许多卷积运算都是并行使用的，以从数据中提取各种特征，因为单个特征很难完全描述用于分类或识别目的的输入。此外，如前所述，在大多数现实应用中，我们必须将输入表示为多维张量。例如，在彩色图像的处理中，与处理灰度图不同，不能使用表示灰度图像素（即，黑色或白色）颜色的 2D 张量（即，矩阵），必须使用 3D 张量，因为每个像素都应该使用红色、蓝色和绿色的强弱度来定义。

池化

大多数情况下，卷积层后面是池化（pooling）层，也叫子采样（subsampling）层。池化层的目的是合并输入矩阵中的元素，以产生较小的输出矩阵，同时保留重要特征。通常，池函数为一个 $r \times c$ 合并窗口（类似于卷积函数中的卷积核），该合并窗口在输入矩阵中移动，并在每次移动中计算合并窗口中所涉及元素的一些汇总统计信息，以便将其放入输出图像中。例如，称为平均池化的特定类型池化函数取合并窗口中涉及的输入矩阵元素的平均值，并将该平均值作为输出矩阵的元素放在相应位置。类似地，最大池函数将窗口中值的最大值作为输出元素。与卷积不同，对于池函数，对合并窗口的大小（即 r 和 c），应仔细选择步长，以便在合并中不会出现重叠。使用 $r \times c$ 合并窗口的池化操作将输入矩阵的行数和列数分别减少了 r 和 c。例如，使用 3×3 合并窗口，15×15 矩阵将合并为 5×5 矩阵。

除了减少参数数量外，池化在深度学习的图像处理应用中尤其有用，在深度学习中，关键任务是确定图像中是否存在某个特征（例如对特定动物），而图像中特征的确切空间位置并不重要。然而，如果特征的位置在特定上下文中很重要，那么应用池函数可能会产生误导。

可以将池化视为一种操作，该操作汇总了卷积层已经提取出特征的大量输入，并向我们展示了输入空间中每个小邻域中的重要部分（即特征）。例如，在图 7.24 所示的图像处理示例中，如果我们使用 3×3 合并窗口在卷积层之后放置一个最大池化层，则输出将如图 7.25 所示。如图所示，15×15 已经卷积的图像被合并为 5×5 图像，其中主要特征（即水平线）保持在其中。

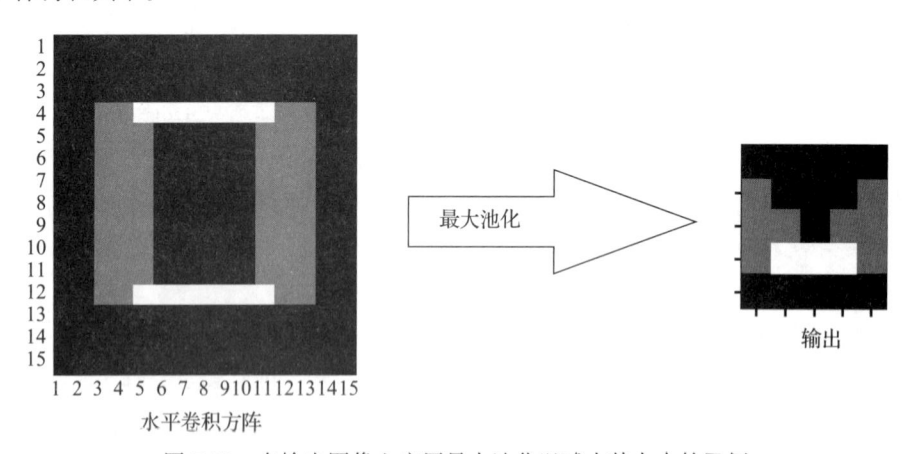

图 7.25　在输出图像上应用最大池化以减小其大小的示例

有时，池化仅用于修改来自前一层的矩阵的大小，并将其转换为网络中下一层所需的指定尺寸。

有各种类型的池化操作，例如最大池化、平均池化、矩形邻域 L^2 范数和加权平均池化。选择合适的池化操作以及在网络中包括池化层的决定很大程度上取决于网络要解决的问题的上下文和属性。现有文献中有一些指南可以帮助网络设计者做出此类决策（Boureau

等人，2011；Boureau、Ponce 和 LeCun，2010；Scherer、Müller 和 Behnke，2010）。

使用卷积网络进行图像处理

深度学习（尤其是 CNN）的实际应用很大程度上取决于大型注释数据集的可用性。理论上讲，CNN 可以应用于许多实际问题，如今有许多大型、功能丰富的数据库可用于此类应用。然而最大的挑战是，在监督学习应用中，在我们可以将其用于预测/识别其他未知情况之前，需要一个已经注释（即标记）的数据集来对模型进行训练。尽管使用 CNN 层提取数据集的特征是一项无监督学习任务，但如果没有标记的案例来通过监督学习的方式开发分类网络，提取的特征将没有多大用处。这就是为什么图像分类网络传统上涉及两类：视觉特征提取和图像分类。

ImageNet（http://www.image-net.org）是一个正在进行的研究项目，为研究人员提供了一个大型图像数据库，每个图像都链接到 WordNet（一个英语单词层次数据库）中的一组同义词（称为 synset）。每个 synset 表示 WordNet 中的一个特定概念。目前，WordNet 包括超过 10 万个同义词集，每个同义词集都应该由 ImageNet 中的平均 1 000 个图像来说明。ImageNet 是一个用于开发图像处理型深度网络的庞大数据库。它包含 22 000 个类别中的超 1 500 万张标记图像。由于其庞大的规模和适当的分类，ImageNet 是目前为止使用最广泛的基准数据集，用于评估深度学习研究人员设计的深度网络的效率和准确性。

最早使用 ImageNet 数据集设计用于图像分类的卷积网络之一是 AlexNet（Krizhevsky、Sutskever 和 Hinton，2012）。该网络由五个卷积层和三个全连接层（又称密集层，dense layer）组成，AlexNet 的示意图如图 7.26 所示。这种相对简单的架构的好处之一是，在卷积层中使用了校正线性单元（ReLu）传递函数，而不是传统的 S 形函数，从而使其训练速度和计算效率显著提高。设计者因此解决了由图像某些区域的 S 形函数的极小导数引起的梯度消失问题。该网络的另一个重要贡献是将丢弃层（dropout layer）的概念引入到细胞神经网络中，作为一种正则化技术来减少过拟合，这在提高深度网络效率方面发挥了巨大作用。丢弃层通常出现在全连接层之后，对神经元应用随机概率来关闭其中一些神经元，使网络更加稀疏。

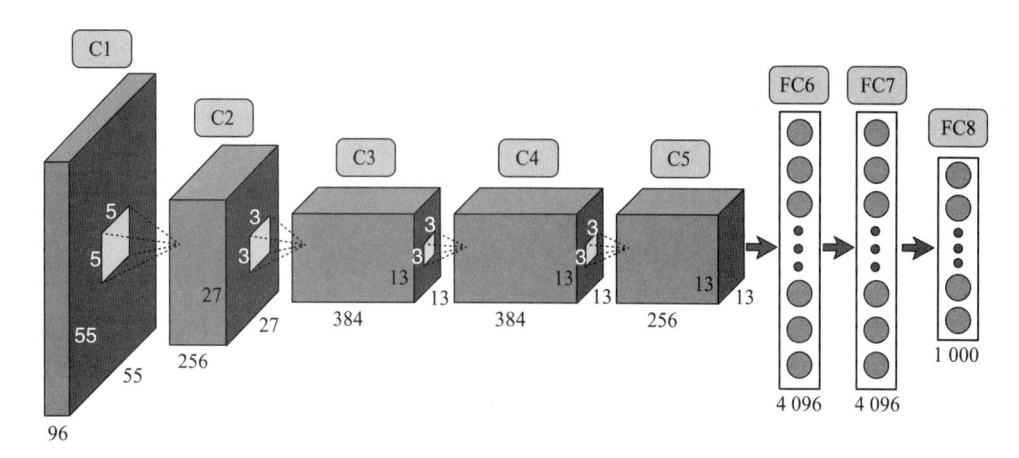

图 7.26　用于图像分类的卷积网络 AlexNet 的架构

近年来，除了大量数据科学家在展示深度学习能力外，微软、Google 和 Facebook 等多家行业领先的知名公司也参加了一年一度的 ImageNet 大规模视觉识别挑战赛（ImageNet Large Scale Visual Recognition Challenge，ILSVRC）。ILSVRC 分类任务的目标是设计和训练能够将 120 万个输入图像分类为 1 000 个图像类别之一的网络。例如，Google 研究人员设计的深度卷积网络架构 GoogLeNet（又名 Inception）是 2014 年 ILSVRC 的获胜架构，该架构具有 22 层网络，分类错误率仅为 6.66%，仅略差于人类分类错误水平（5.1%）（Russakovsky 等人，2015）。GoogLeNet 体系结构的主要贡献是引入了一个名为 Inception 的模块。Inception 的思路是，因为不知道在特定数据集上表现最好的卷积核的大小，所以最好包括多个卷积，并让网络决定使用哪一个。因此在每个卷积层中，来自前一层的数据通过多种类型的卷积，输出在进入下一层之前进行级联，如图 7.27 所示。这种架构允许模型通过较小的卷积考虑局部特征，通过较大的卷积考虑高度抽象特征。

Google 最近推出了一项新服务，名为 Google Lens，该服务使用深度学习人工神经网络算法（以及其他 AI 技术）来传递用户从附近物体拍摄的图像信息。该服务包括识别物体、产品、植物、动物和位置，并在互联网上提供有关这些识别物的信息。该服务的

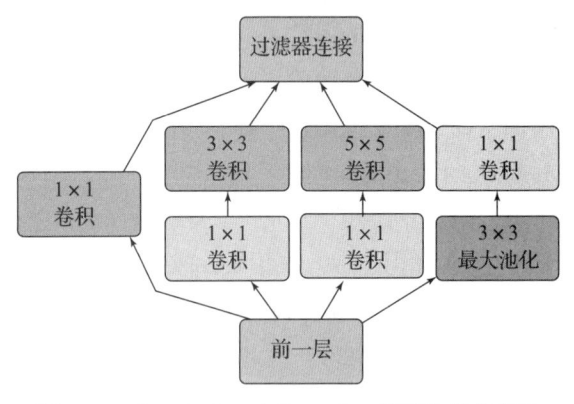

图 7.27　GoogLeNet 中 Inception 特征的概念表示

其他一些功能还包括从手机上的名片图像中保存联系人信息，识别植物类型和动物品种，从封面照片中识别书籍和电影，并提供这些识别物的信息（例如，商店、剧院、购物、预订等）。图 7.28 显示了在 Android 移动设备上使用 Google Lens 应用程序的两个示例。

图 7.28　使用 Google Lens 的两个例子，这是一种基于卷积深度网络的图像识别服务
资料来源：Google LLC。

尽管后来考虑效率和处理要求（即层数和参数较少）开发了更精确的网络（He、Zhang、Ren，和 Sun，2015），但 GoogLeNet 被认为是迄今为止最好的架构之一。除了 AlexNet 和 GoogLeNet，还开发了其他几种卷积网络架构，如残差网络（Residual Networks，ResNet）、VGGNet 和 Xception，这些卷积网络架构为图像处理做出了贡献，所有这些网络架构都依赖于 ImageNet 数据库。

2018 年 5 月，为了解决标记巨量图像数据的劳动密集型任务，Facebook 发布了一个弱监督训练（weakly supervised training）图像识别深度学习项目（Mahajan 等人，2018）。该项目将用户在 Instagram 上发布的图像上制作的 hashtags 标签作为标签，并在此基础上训练了一个深度学习图像识别模型。该模型使用 35 亿张 Instagram 图片进行训练，这些图片上有大约 17 000 个 hashtags 标签，使用 336 个并行工作的 GPU，整个训练过程花了几个星期才完成。该模型的初代版本（仅使用 10 亿张图像和 1 500 个 hashtags 标签进行训练）随后在 ImageNet 基准数据集上进行了测试，据报道，该模型在准确性方面优于最先进的模型 2% 以上。Facebook 的这一重大成就无疑将为基于深度学习的图像处理打开一扇通往新世界的大门，因为这种方法可以显著增加用于训练目的的可用图像数据集的大小。

使用深度学习和高级分析方法对图像进行分类已经发展到人脸识别领域，并已成为一种非常受欢迎的应用程序，应用于各种目的，分析实操 7.4 中的分析对此进行了讨论。

分析实操 7.4 从图像识别到人脸识别

人脸识别虽然看起来与图像识别相似，但是任务更加复杂。人脸识别的目标是识别单个人，而不是人类，并且该识别任务需要在非静态（活动的人）的 3D 环境中执行。几十年来，人脸识别一直是 AI 领域的一个活跃研究领域，直到最近才取得一定的成功。得益于新一代算法（即深度学习）加上大数据集和计算能力的提高，人脸识别技术开始对现实世界的应用产生重大影响。从安全到市场营销，人脸识别以及该技术的各种应用正在以惊人的速度增长。

一些人脸识别的主要例子（包括技术进步及其创造性使用）来自中国。在今天的中国，无论是从业务发展还是从应用发展的角度来看，人脸识别都是一个非常热门的话题。人脸识别已经成为一个富有成效的生态系统，在中国汇集了数百家初创企业。在个人或商业环境中，中国人正在广泛使用基于人脸自动识别的安全设备。

作为当今世界上规模最大的深度学习和人脸识别实际应用案例，中国政府启动了一个名为"Sharp Eyes"的项目，旨在建立一个基于人脸识别的全国监控系统。该项目计划将已经安装在公共场所的安全摄像头与建筑物上的私人摄像头集成，并利用 AI 和深度学习来分析这些摄像头的视频。利用数百万台摄像机和数十亿行代码，中国正在着力建设一个高度智能化管理的社会。利用该系统，一些城市的摄像头可以扫描火车站、公交车站以及机场，以识别并抓获通缉犯。公告牌大小的显示器可以显示乱穿马路者的脸，并显示老赖的名字和照片，住宅小区的入口则由面部识别扫描仪守卫。

这种监控系统的一个有趣的例子是"shame game"（Mozur，2018）。襄阳市长虹桥以南的一个十字路口路况复杂，汽车超速，行人乱穿马路。2017 年夏天，警方在该地安装了与面部识别技术相关的摄像头和一个户外大屏幕,展示违法者的照片及其姓名和身份证号码。

据估计,中国已经拥有2亿个监控摄像头,数量是美国的四倍。该系统主要用于追踪嫌疑人、发现可疑行为和预测犯罪。例如为了找到罪犯,可以将嫌疑人的图像上传到系统中,将其与全国数百万个主动安全摄像头的视频中识别出的数百万张人脸进行匹配,这样很快可以找到高度相似的个体。该系统还与一个庞大的数据库合并,该数据库包含每个公民的医疗记录、旅行预订信息、在线购物,甚至社交媒体活动信息,几乎可以实现对所有人的监控,跟踪他们在哪里,以及他们每时每刻都在做什么(Denyer,2018)。除了狭义的安全目的之外,政府希望Sharp Eyes最终为全国每个人赋予一个"社会信用评分",构筑每个人的社会信用。

现在一些西方国家也开始计划使用类似的技术,应用于安全和预防犯罪。例如,联邦调查局的下一代身份识别系统合法应用了面部识别和深度学习,可以将犯罪现场的图像与国家人脸照片数据库进行比较,以找出可能的嫌疑人。

资料来源:Mozur, P. (2018, June 8). " Inside China's Dystopian Dreams: A.I., Shame and Lots of Cameras. " The New York Times. https://www.nytimes.com/2018/07/08/business/china-surveillance-technology.html; Denyer, S. (2018, January). " Beijing Bets on Facial Recognition in a Big Drive for Total Surveillance. " The Washington Post. https://www.washingtonpost.com/news/world/wp/2018/01/07/feature/in-china-facial-recognition-is-sharp-end-of-a-drive-for-total-surveillance/?noredirect=on&utm_term=.e73091681b31。

使用卷积网络处理文本

图像处理是事实上促使卷积网络得以流行和发展的主要原因,除此之外,卷积网络在一些大规模文本挖掘任务中也很有用。特别是自2013年Google发布word2vec项目以来(Mikolov等人,2013a;Mikolov等人,2013b),深度学习在文本挖掘中的应用显著增加。

word2vec是一个两层神经网络,它以一个大型文本语料库作为输入,并将语料库中的每个单词转换为具有非常有趣特征的任何指定大小(通常在100到1 000之间)的数字向量。尽管word2vec本身不是一种深度学习算法,但其输出[单词向量也称为单词嵌入(word embedding)]已经作为输入广泛用于许多深度学习研究和商业项目。

最有趣的利用word2vec算法创建的单词向量特性之一是保持单词的相对关联。例如,向量运算

向量('King')- 向量('Man')+
　　向量('Woman')

和

向量('London')- 向量('England')+
　　向量('France')

将使向量分别非常接近向量("Queen")和向量("Paris")。图7.29显示了在二维矢量空间中单词嵌入的典型向量表示。

此外,以这样一种方式指定向量,

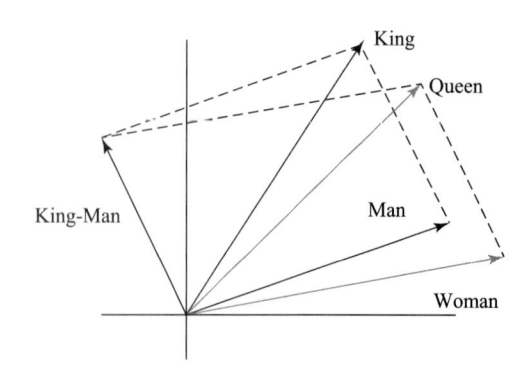

图7.29　二维矢量空间中单词嵌入的典型向量表示

即相似上下文的向量在 n 维向量空间中彼此非常接近。例如，在 Google 使用包括约 1 000 亿个单词的语料库（取自 Google News）预训练的 word2vec 模型中，根据余弦距离，与向量（"Weden"）最接近的向量识别了瑞典（Sweden）所在的斯堪的纳维亚（Scandinavian）地区附近的欧洲国家名称，如表 7.2 所示。

表 7.2　表示与单词"Sweden"最接近的单词向量的 word2vec 项目示例

单词	余弦距离
Norway	0.760 124
Denmark	0.715 460
Finland	0.620 022
Switzerland	0.588 132
Belgium	0.585 635
Netherlands	0.574 631
Iceland	0.562 368
Estonia	0.547 621
Slovenia	0.531 408

此外，由于 word2vec 在猜测单词含义时考虑了单词使用的上下文以及在每个上下文中使用该单词的频率，因此我们能够用其语义上下文来表示每个术语，而不仅仅是句法术语或符号术语本身。因此，word2vec 解决了过去在传统文本挖掘活动中存在问题的几个单词变体问题。换句话说，word2vec 能够处理并正确表示单词，包括拼写错误、缩写词和非正式对话。例如，单词 Frnce、Franse 和 Frans 都会得到与最初对应的单词 France 大致相同的单词嵌入。单词嵌入还能够确定其他有趣类型的关联，如实体的区分（例如，向量 ['human'] – 向量 ['animal'] ～ 向量 ["ethics"]）或地缘政治关联（例如，向量 ['Iraq'] – 向量 ['violence'] ～ 向量 ['Jordan']）。

近年来，通过提供这种有意义的文本数据表示，word2vec 推动了各种背景下（例如，医学、计算机科学、社交媒体、营销）基于深度学习的文本挖掘项目，并且各种类型的深度网络已应用于该算法创建的单词嵌入，以实现不同的目的。特别是大量研究开发了应用于单词嵌入的卷积网络，目的是从文本数据集中抽取关系。关系抽取（relation extraction）是自然语言处理的子任务之一，其重点是确定在文本中识别的两个或多个命名实体是否形成某种特定关系（例如，"A 导致 B"；"B 由 A 引起"）。例如，Zeng 等人（2014）开发了一个深度卷积网络（见图 7.30），用于对句子中指定实体之间的关系进行分类。为此，这些研究人员使用矩阵格式来表示每个句子。输入矩阵的每一列实际上是与句子中涉及的单词之一相关联的单词嵌入（即向量）。Zeng 等人使用卷积网络自动学习句子级特征，并将这些特征（即 CNN 的输出向量）与一些基本词汇特征（例如，句子中感兴趣的两个单词的顺序以及它们各自的左右标记）连接起来，如图 7.30 中右框所示。然后再将级联的特征向量馈送到具有 softmax 传递函数的分类层中，该传递函数在多个预定义类型中确定感兴趣的两个词之间的关系类型。softmax 传递函数是用于分类层的最常见的函数类型，尤其是当类的数量超过两个时。对于只有两个结果类别的分类问题，log-sigmoid 传递函数也非常流行。Zeng 等人提出的方法已被证明以 82.7% 的准确率对样本数据集句子中标记术语之间的关系实现了正确分类。

在一项类似的研究中，Nguyen 和 Grishman（2015）使用了一个四层卷积网络，该网络在每个卷积层中具有多个大小不同的卷积核，由句子中包含的单词的实值向量提供，以对每个句子中两个标记单词之间的关系类型进行分类。在输入矩阵中，每一行都是与句子中与行号相同序列的单词相关联的单词嵌入。此外，这些研究人员在输入矩阵中增加了两列，以表示每个单词（正类或负类）相对于每个标记词项的相对位置。然后，自动提取的特征通过具有 softmax 函数的分类层，用于要确定的关系类型。Nguyen 和 Grishman 使用 8 000 个注释示例（具有 19 个预定义的关系类）训练了该模型，并在 2 717 个验证数据集上测试了训练后的模型，分类准确率达到 61.32%（即，与依靠猜测相比，性能要好 11 倍以上）。

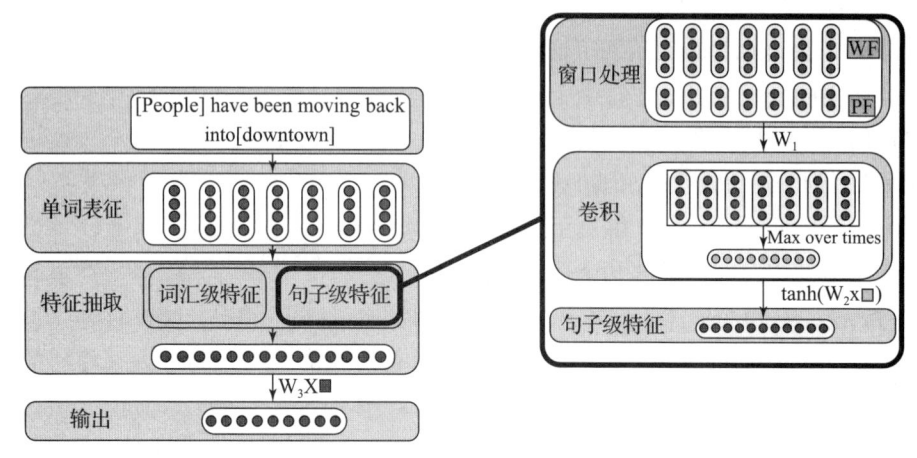

图 7.30　用于文本挖掘中关系抽取任务的 CNN 架构

这种使用卷积深度网络的文本挖掘方法可以扩展应用到各种实际环境。与图像处理一样，这里的最大挑战也是缺乏足够的大型注释数据集来进行深度网络的监督训练。为了应对这一挑战，有人提出了一种远程监督训练方法（Mintz 等人，2009）。它表明，通过将知识库（Knowledge Base，KB）事实与文本结合，可以生成大量的训练数据。事实上，这种方法基于一种假设，即如果知识库中的实体对（例如，"A"是"B"的一个组成部分）之间存在特定类型的关系，那么每个包含实体对的文本文档都会表示出这种关系。然而，由于这一假设不太现实，Riedel、Yao 和 McCallum（2010）后来通过将问题建模为多实例学习问题，以淡化这一假设。他们建议将标签分配给一组实例，而不是单个实例，这样可以减少远程监督方法的噪音，并创建更真实的标记训练数据集（Kumar，2017）。

7.7 节　习题

1. 什么是 CNN？
2. CNN 可以用于什么类型的应用？
3. CNN 中的卷积函数是什么？它是如何工作的？
4. CNN 中的池化是什么意思？它是如何工作的？
5. 什么是 ImageNet？它与深度学习有何关系？
6. AlexNet 的意义是什么？试绘制并描述其架构。
7. 什么是 GoogLeNet？它是如何工作的？
8. CNN 如何处理文本？什么是单词嵌入，单词嵌入是如何工作的？
9. 什么是 word2vec，它为传统的文本挖掘增加了什么应用？

7.8 递归网络和长短期记忆网络

人类的思维和理解在很大程度上依赖于语境。例如，我们理解到某个演讲者在说笑话时实际上使用了非常讽刺的语言（基于她以前的说话风格）。或者，在对周围语境中的其他单词不了解时，理解句子"秋天天气不错"中秋天这个词（表示季节或躺平休息）的真正含义也许只能靠猜测，而不一定是真正理解。背景知识通常要在观察过去发生的事件基础上形成。事实上，人类的思想是持久的，在分析一个事件的过程中，我们要使用到之前获得的每一条信息，而不是每次面对类似的事件或情况时抛弃过去获得的知识而从头开始思考。

虽然深度 MLP 和卷积网络专门用于处理静态值网格，如图像或单词嵌入矩阵，但有时输入值序列对网络完成给定任务的操作也很重要，因此应加以考虑。另一种流行的神经网络类型是递归神经网络（Recurrent Neural Network，RNN）（Rumelhart 等人，1986），该网络专门设计用于处理顺序输入。RNN 基本上对动态系统进行建模，其中（至少在其一个隐藏神经元中）系统在每个时间点 t 的状态（即隐藏神经元的输出）取决于当时系统的输入及其在前一时间点 $t-1$ 的状态。换句话说，RNN 是一种具有记忆的神经网络，它利用其记忆来确定未来的输出。例如，在设计一个下棋的神经网络时，在训练网络时考虑到之前的几步下棋动作是很重要的，因为玩家的错误动作可能会导致在接下来的 10～15 步操作中输掉比赛。此外，为了理解文章中某句话的真正含义，有时我们需要依赖前几句话或段落中描述的信息。也就是说，为了真正理解某句话的含义，我们需要随着时间的推移按顺序和整体构建的上下文。因此，为神经网络设计一个记忆单元至关重要，该单元考虑先前的动作（在国际象棋示例中）以及先前的句子和段落（在论文示例中）的影响，以确定最佳输出。这种记忆描绘并创造了学习和理解所需的背景。

在像 MLP 型 CNN 这样的静态网络中，我们试图找到一些函数（即网络权重和偏差），将输入映射到尽可能接近实际目标的一些输出。另一方面，在像 RNN 这样的动态网络中，输入和输出都是序列（模式）。因此，动态网络是一个动态系统，而不是一个函数，因为它的输出不仅取决于输入，还取决于以前的输出。大多数 RNN 使用以下通用方程来定义其隐藏单元的值（Goodfellow 等人，2016）。

$$a^{(t)} = f(a^{(t-1)}, p^{(t)}, \theta)$$

在这个方程中，$a^{(t)}$ 表示系统在时间 t 的状态，$p^{(t)}$ 和 θ 分别表示在时间 t 对单元的输入和参数。应用相同的通用方程来计算时间 $t-1$ 时的系统状态，我们得到：

$$a^{(t-1)} = f(a^{(t-2)}, p^{(t-1)}, \theta)$$

换句话说，

$$a^{(t)} = f(fa^{(t-2)}, p^{(t-1)}, \theta, p^{(t)}, \theta)$$

对于任何给定的序列长度，这个方程都可以多次推广。从图形上讲，网络中的循环单元可以在电路图中描述，如图 7.31

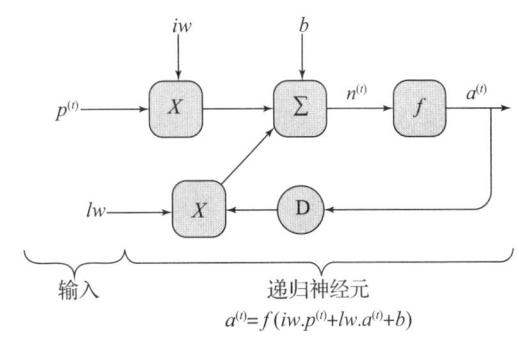

图 7.31 典型的递归单元

$a^{(t)} = f(iw.p^{(t)} + lw.a^{(t)} + b)$

所示。在该图中，D 表示抽头延迟线，或简单地表示网络的延迟元素，在每个时间点 t，该网络包含一个 $a^{(t)}$，即该单元的前一个输出值。有时，我们将以前的几个输出值存储在 D 中，而不是只存储一个值，以考虑所有这些值的影响。此外，iw 和 lw 分别表示施加到输入和延迟的权重向量。

从技术上讲，任何有反馈的网络实际上都可以称为深度网络，因为即使只有单层，反馈产生的回路也可以认为是一个有多层的静态 MLP 型网络（图 7.32 给出了该结构的示意图）。然而在实践中，每个递归神经网络都会涉及几十层，每层都有对自己的反馈，甚至对前几层的反馈，这使得递归神经网络变得更深、更复杂。

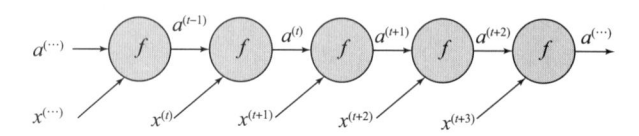

图 7.32　一个典型递归网络的展开视图

由于反馈，递归神经网络中梯度的计算将与用于静态 MLP 网络的一般反向传播算法有所不同。有两种计算 RNN 中梯度的替代方法，即实时递归学习（Real-Time Recurrent Learning，RTRL）和沿时反向传播（Backpropagation Through Time，BTT）方法，其解释超出了本章的范围。尽管如此，总的目的仍然是一样的：一旦计算了梯度，就应用相同的程序来优化网络参数的学习。

LSTM 网络（Hochreiter 和 Schmidhuber，1997）是递归神经网络的变体，如今被称为最有效的序列建模技术，它是许多实际应用的基础。在动态网络中，权重称为长期记忆（long-term memory），而反馈作用是短期记忆（short-term memory）。

本质上，只有短期记忆（即反馈，以前的事件）提供了一个具有上下文的网络。在典型的 RNN 中，随着时间的推移，新信息被反馈到网络中，不断替换掉短期存储器中的信息。这就是为什么当相关信息和所需位置之间的差距很小时，RNN 表现良好的原因。例如，要预测"The referee blew her whistle"（裁判吹响了他的哨子）这句话中的最后一个词（即 whistle），我们只需要知道几个单词（即 referee）就可以正确预测。由于在这种情况下，相关信息（即 referee）和需要它的地方（即预测 whistle）之间的差距很小，因此 RNN 网络可以容易地执行这种学习和预测任务。

然而，有时执行任务所需的相关信息差距很大。因此，很可能在创建所需上下文的时候，该信息已经被短期记忆中的其他信息所取代。例如，预测"我昨天去洗车了，洗车花了我 5 美元"（I went to a carwash yesterday. It cost \$5 to wash my car）中的最后半句话，相关信息（即 carwash）和需要洗车的地方之间的差距相对较大。有时，我们甚至可能需要参考前面的段落才能获得预测单词真正含义的相关信息。在这种情况下，RNN 通常表现不佳，因为它们无法将信息在短期记忆中保持足够长的时间。幸运的是，LSTM 网络没有这样的缺点。长期记忆网络是指我们试图在足够长的时间内记住过去发生的事情（即反馈，某一层的先前输出）的网络，以便在需要时利用它来完成任务。

从架构的角度来看，通过将四个附加层合并到典型的递归网络架构中，从而将记忆概念（即记住"过去发生的事情"）合并到 LSTM 网络中，这四个附加层包括三个门层，即输入门、遗忘（又称反馈）门和输出门，以及一个称为常量错误木马（Constant Error Carousel，CEC）的附加层，也称为状态单元，它对这些门进行集成并使之与其他层交互。每个门只是一个有两个输入的层，一个来自网络输入，另一个来自整个网络的最终输出。门涉及 log-sigmoid 传递函数。因此，门的输出将在 0 和 1 之间，并描述每个组件（输入、反馈或输出）应该通过网络的数量。此外，CEC 是循环网络架构中位于输入层和输出层之间的一层，它应用门输出以使短期记忆变长。

拥有长期短期记忆意味着我们希望在更长的时间内保存先前输出的效果。然而，我们通常不想不加区分地记住过去发生的一切。因此，门控制提供了对先前输出信息的选择性记忆。输入门允许 CEC 的选择性输入，遗忘门将从不想要的先前反馈中清除 CEC，输出门则允许来自 CEC 的选择性输出。图 7.33 显示了一个典型的 LSTM 网络架构。

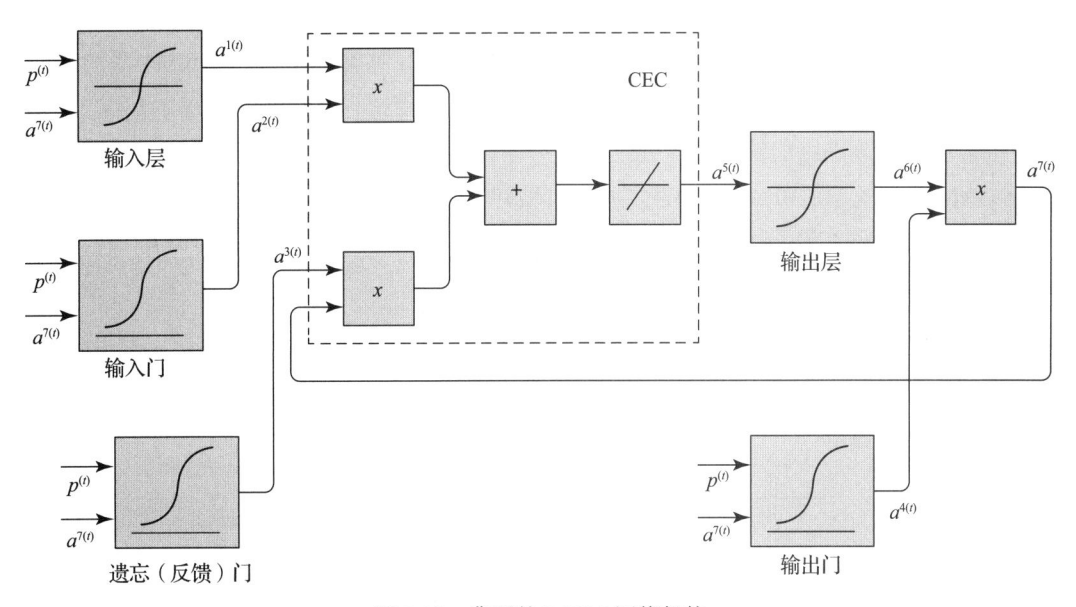

图 7.33 典型的 LSTM 网络架构

总之，LSTM 中的门负责控制通过网络的信息流，并根据输入序列动态改变集成的时间尺度。因此，LSTM 网络能够比常规 RNN 更容易地学习输入序列之间的长期依赖性问题。

LSTM 网络的应用

自 20 世纪 90 年代末出现以来（Hochreiter&Schmidhuber，1997），LSTM 网络已被广泛用于许多序列建模应用场合，包括图像捕获（即自动描述图像内容）（Vinyals、Toshev、Bengio 和 Erhan，2017，2015；Xu 等人，2015），手写识别和生成（Graves，2013；Graves 和 Schmidhuber，2009；Keysers 等人，2017）、解析（Liang 等人，2016；Vinyals、Kaiser 等人，2015）、语音识别（Graves 和 Jaitly，2014；Graves、Jaitly 和 Mohamed，2013；Graves、

Mohamed 和 Hinton，2013）和机器翻译（Bahdanau、Cho 和 Bengio，2014；Sutskever、Vinyals 和 Le，2014）。

目前，我们周围有多种基于语音识别的深度学习解决方案，如苹果的 Siri、Google Now、微软的 Cortana 和亚马逊的 Alexa，其中一些应用已经成为我们日常所需（例如查看天气、网络搜索、打电话给朋友、地图导航等）。记笔记不再是一项困难、令人沮丧的任务，因为我们可以轻松地录制演讲或讲座，将数字录音上传到几个基于云的语音到文本服务提供商的平台上，并可以很快下载文稿。例如，基于 Google 云的语音转文本服务支持 120 种语言及其变体，能够实时或使用录制的音频将语音转换为文本。Google 服务会自动处理掉音频中的噪音，并准确地为文稿加上标点符号。用户甚至可以用日常讲话中使用的名词术语来对文稿进行定制，Google 服务也能准确地加以识别。

机器翻译是指 AI 的一个子领域，它利用计算机程序将语音或文本从一种语言翻译成另一种语言。最全面的机器翻译系统之一是 Google 的神经机器翻译（Google's Neural Machine Translation，GNMT）平台。GNMT 基本上是由一群 Google 研究人员在 2016 年设计的具有八个编码器和八个解码器层的 LSTM 网络（Wu 等人，2016）。GNMT 专门用于一次翻译整句，而 Google 翻译平台的前一版本只能翻译短语。通过将单词划分为一组常见的子单词单元，该网络能够自然地处理稀有单词的翻译（这在以前的机器翻译中是一个挑战）。GNMT 目前支持 100 多种语言之间的自动句子翻译。图 7.34 显示了 GNMT 和人类翻译器如何将一个样本句子从法语翻译成英语。它还表明，与人工翻译相比，不同语言之间的 GNMT 翻译已经非常接近于人工翻译。

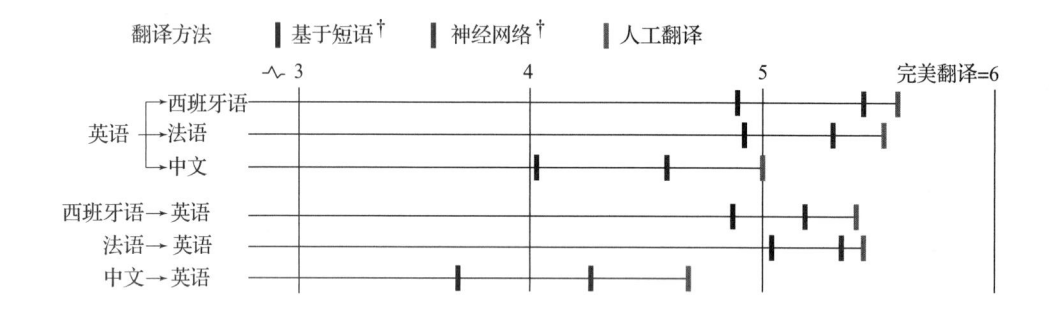

图 7.34 GNMT 翻译已经非常接近人工翻译

尽管机器翻译凭借 LSTM 已经发生了革命性的变化，但它仍面临一些挑战，与图像处理应用一样，对于可以训练网络的许多语言对，缺乏足够的训练数据（人工翻译数据）。因此，稀有语言之间的翻译通常是通过桥接语言（主要是英语）进行的，这可能会导致错误概率更高。

2014 年，微软推出了 Skype Translator 服务，这是一项免费的语音翻译服务，具备语音识别和机器翻译功能，能够用 10 种语言翻译实时对话。使用这项服务，说不同语言的人可以通过 Skype 语音或视频通话用自己的语言相互交谈，系统可以识别他们的声音，并通过翻译机器人几乎实时地翻译他们所说的每一句话。为了提供更准确的翻译，该系统后端所使用的深度网络使用对话语言（即使用翻译的网页、电影字幕和社交网站上人们对话中的随意短语等材料）进行训练，而不是使用文档中常用的正式语言。系统的语音识别模块的输出通过 TrueText 处理。TrueText 是一种微软用于规范文本的技术，能够识别对话中人们的口误和表达不流畅（例如，在演讲过程中停顿或重复某些词，或在演讲时添加"嗯"和"啊"等语气词），以提供更好的翻译质量。图 7.35 显示了微软 Skype Translator 运行涉及的四个步骤，每个步骤都依赖 LSTM 类型的深度神经网络。

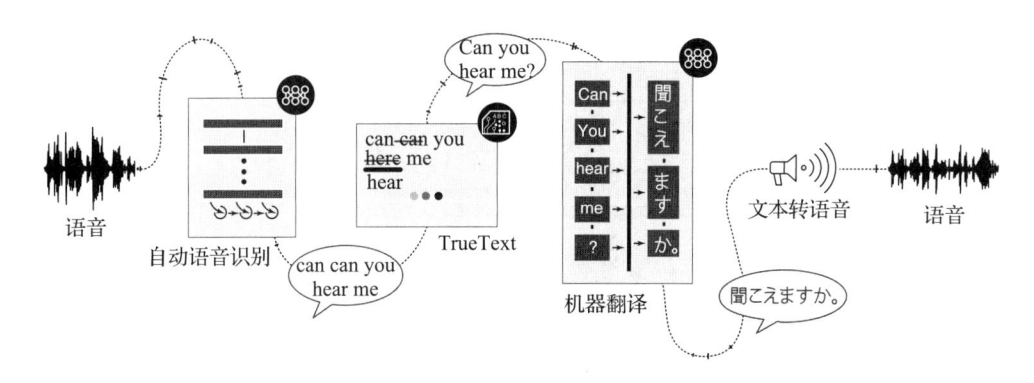

图 7.35　在微软 Skype Translator 中使用深度神经网络翻译语音的四个步骤

ChatGPT

什么是 ChatGPT？ ChatGPT 是如何工作的？

2022 年 11 月，OpenAI 发布了其 AI 语言模型，称为聊天生成预训练模型（Chat-based Generative Pretrained Transformer，ChatGPT），由于其语言处理能力令人印象深刻，该模型迅速获得了公众的关注和媒体的报道。其语言处理能力包括各种常见计算机语言的问答、语言翻译、语言生成、摘要，甚至编程等。

ChatGPT 的开发过程包括在来自书籍、网站、文章和各种其他人类语言来源的大量文本数据基础上对其进行训练。用于 ChatGPT（及其早期版本 GPT-1、GPT-2 和 GPT-3）初始训练的确切文本量没有公开披露，但据估计总量约有数千亿单词。

ChatGPT 属于一类大型语言模型（Large Language Model，LLM）的机器学习 NLP 模型。这些模型的运作方式是：①使用先进的深度学习算法在庞大的文本数据语料库上进行预训练；②将用户输入分解为多个部分，识别其关键概念和上下文，使用 NLP 技术分析这些部分并理解其含义，最终使用基于深度学习的文本生成算法生成响应（考虑输入的含义和上下文)。

从技术上讲，ChatGPT 是组合使用监督学习和强化学习进行创建和微调的，强化学习使其与其他 LLM 不同。与其他 LLM 一样，ChatGPT 的核心预训练方法是 Next Token Prediction 和 Masked Language Modeling。通过这些方法，该模型学习语言的统计结构，以推测单词序列中的下一个单词（你可能在智能手机键盘中的语言模型中看到过这一功能）或序列中缺失的单词，基于它对词汇表中每个可能单词的估计可能性。

然而，与其他 LLM 相比，ChatGPT 的独特性及其产生的反应更符合语言环境的是一种特殊的强化学习方法，称为基于人类反馈的强化学习（Reinforcement Learning from Human Feedback，RLHF）（Ouyang 等人，2022）。强化学习（Reinforcement Learning，RL）是三种基本机器学习模式之一，其最初的概念是基于奖励系统，在该系统中，主体通过重复试错来感知其环境，并通过分析其期望和不期望的行为所受到的奖励和惩罚来调整模型参数。RLHF 方法通过基于人类注释者的输入分三步开发特殊奖励策略，实现了对 RL 的扩展，（OpenAI，2023）（见图 7.36）。

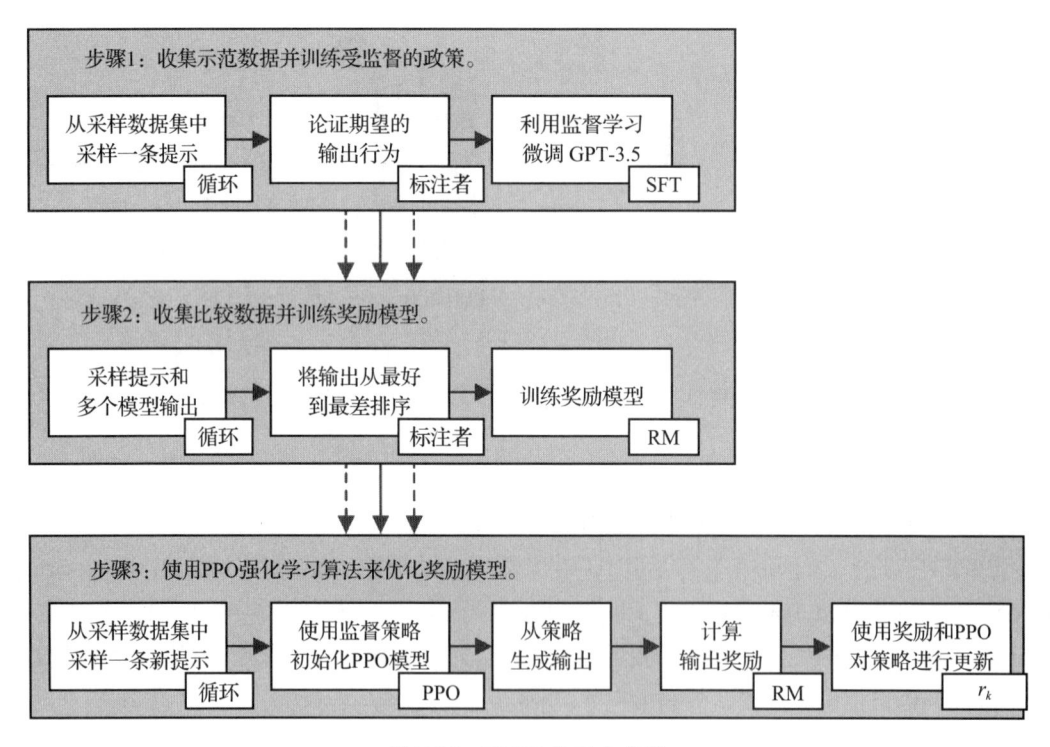

图 7.36　RLHF 的三个步骤

第一步称为监督微调（Supervised Fine-Tuning，SFT），人工标注者用于生成对从提示数据集采样的提示的书面响应。例如，提示可能是"What is a smartphone？"（什么是智能手机？）对此，人工标注者可能会做出类似"It is a pocket-size portable computer that can be used for making phone calls as well as for photography, navigation, and many other daily activities."（这是一款袖珍便携式电脑，可用于打电话、摄影、导航和许多其他日常活动。）

然后，这些响应用来通过学习基线监督策略来微调预训练的 LLM，该策略使其能够对从特定列表中选择的提示生成响应。一旦 SFT 模型得以训练，就可用于为有限提示列表中的每个提示生成多个响应。这些模型生成的响应是 RLHF 的第二步的原始成分。

第二步为学习奖励模型（Reward Model，RM）。在前一步骤中由微调 SFT 模型生成的大量响应由人工标注者投票，以确定每个响应的人类偏好得分。例如，假设对于上述提示（即智能手机），SFT 模型生成以下答案：

a）它是一种便携式设备，可以用来打电话、拍照和浏览网页。
b）智能手机是一种具有额外功能的手机，如 Wi-Fi 连接和拍照。
c）它是一款典型的带有触摸屏、图形用户界面和许多有用应用程序的手机。
d）这是一台小型计算机，有不同的尺寸和价格，有一个无线 SIM 卡插槽。

然后，人工标注者对上述结果综合考虑给出排名顺序，从而创建一个新的比较数据集，该数据集以排名为标签（例如，A>B>D>C），随后使用这个排序结果来训练奖励模型。本质上，这种奖励模型在 ChatGPT 中的作用是模仿人类的偏好，这样模型就可以在它可以生成的各种可能的答案中选择对提示最人性化的答案。

第三步是使用强化学习方法，通过对奖励模型优化来对基线 SFT 模型（在第一步中开发）微调。该过程使用一种称为近端策略优化（Proximal Policy Optimization，PPO）的特定算法来完成，该算法旨在在强化学习过程中训练代理。

在整个重复的 PPO 过程中，首先，基线 SFT 策略为提示生成一个输出，然后通过经过训练的奖励模型发送，并为此确定奖励（代表人类喜欢该输出的程度），反馈到 SFT 模型中，从而更新策略（图 7.36 中的步骤 3）。

ChatGPT 的应用

自 ChatGPT 出现以来，不同领域的从业者提出的担忧主要是，ChatGPT 是否会取代他们使他们失业。虽然在某种程度上，对某些职业来说，这种担忧是合理的，但考虑到正确使用这项技术可以帮助人们和企业更有效地解决问题，并带给自己创造竞争优势的机会，因而可以缓解这种担忧。在本节中，我们讨论由于 ChatGPT 的使用，哪些业务领域可能会发生一些潜在突破。

客户服务。在过去的几年里，企业广泛使用客户服务聊天机器人作为虚拟助理为客户服务，主要用于回答一些基本的常见问题，或帮客户联系相关的人类专家，以获得进一步的帮助。然而，这些聊天机器人的语言能力有限，很多时候这会使得客户更加困惑，引起客户不满，因为他们可能会将这些机器人视为自己与人类客服之间的障碍。鉴于 ChatGPT 技术在与人类互动方面的非凡潜力，它可以极大地改变这一领域的游戏规则。基于这项技术的定制聊天机器人可以解决更广泛的客户问题，减少人工客服的工作量，让人工客服只在需要的时候才参与进来，并减少企业主在客户服务方面的开支。

医疗保健。ChatGPT 可以为医疗保健行业提供福利。它可以作为虚拟助理纳入远程医疗平台，帮助患者预约医生、回答患者的一般性问题（如药物信息），帮助患者管理其医疗记录。此外，经过网络上数百万篇医学文章的训练，ChatGPT 可以作为医生的临床决策支持工具，为解决复杂病例提供咨询，或对可能的药物相互作用提出警告。此外，医疗保健提供者可以使用这项技术来改进流程，实现流程自动化，如患者分诊、维护和总结患者的医疗记录等。

营销。ChatGPT 在营销中的一个主要用例是内容创建，许多企业目前都已经开始使用。随着过去几十年社交媒体平台的发展，以及数字营销活动对此类渠道推广产品和服务的高度依赖，企业现在必须不断为客户提供信息和娱乐内容。其中包括关于其产品或服务的博客文章、社交媒体帖子，甚至播客等，所有这些都可以通过 ChatGPT 来推动。

计算机编程。虽然现在要求 ChatGPT 完成大规模编程项目（例如，开发移动应用程序）还为时过早，但它能够用 Python、JavaScript、Java 和 C++ 等特定语言编写从简单到中等复杂度的编程任务。这一功能对于那些可能需要小型辅助程序来自动化其日常操作的人来说尤其有用。此外，ChatGPT 在生成的每个程序中都提供了循序渐进的说明，这对学习编程人员掌握其编程技能非常有帮助。

ChatGPT 的局限性

ChatGPT 的大多数主要缺点与用于其模型初始训练的数据集有关。以下是 ChatGPT 最常提到的几个局限。

偏见。首先，训练数据充满了偏见，因为它包含了人们在公共论坛、社交媒体、个人博客和其他公共渠道中的对话和观点。训练数据数量巨大，对其审计非常困难。因此，遵循众所周知的"垃圾进，垃圾出"原则，生成的答案有时可能存在性别、种族、社会或历史偏见。例如，ChatGPT 的前身 GPT-3 在其回应中被证明存在偏见，存在性别刻板印象（例如，将女性描述为不如男性强大）（Lucy 和 Bamman，2021）。

错误答案。同样，由于用于训练 ChatGPT 的数据集未经审计，因此机器人可能会对某些提问生成逻辑或历史错误答案。记住，ChatGPT 是一个语言模型，而不是计算器。因此，虽然 ChatGPT 的回答在语法上是正确的，但它的早期版本甚至难以解决基本的数学问题，例如给出"如果一根香蕉重 0.5 磅，我有 7 磅香蕉和 9 个橙子，我共有多少个水果？"的问题，得到的答案是"你有 16 个水果，包含 7 个香蕉和 9 个橙子"，答案显然是不正确的，因为正确答案应该是 23。当对最新版本的 ChatGPT 提出更复杂的问题时，答案似乎更准确、更恰当（如图 7.37）。Azaria 报告称，有时 ChatGPT 给出的答案只是基于人类对数字偏好的随机数（Azaria，2022）。

此外，我们仍然必须小心，不要依赖 ChatGPT 生成的实际回复，因为 ChatGPT 对给定提问的答案是使用大量资料汇编而成，不清楚创建给定答案用了哪些来源、应用程度如何，以及其可信度是多少。

时效性差。当前版本的 ChatGPT 的另一个主要局限是，它是使用 2021 年 9 月的互联网快照进行预训练的。这意味着它可能无法与世界上最近更新相关的提问提供准确的输出（如果有的话）。然而，这似乎并不是一个长期的缺点，预计下一代聊天机器人不会因此而受到影响。

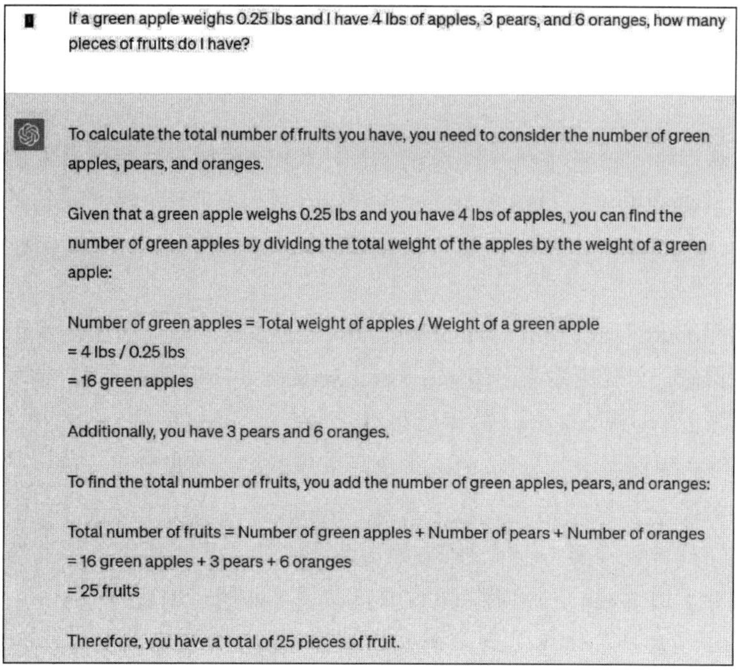

图 7.37　ChatGPT 对一道简单数学题的错误回答示例，正确答案是 23

7.8 节　习题

1. 什么是 RNN？它与 CNN 有何不同？
2. "上下文""序列"和"记忆"在 RNN 中的意义是什么？
3. 绘制并解释一个典型的递归神经网络单元的功能。
4. 什么是 LSTM 网络，它与 RNN 有何不同？
5. 列出并简要讨论三种不同类型的 LSTM 应用。
6. GNMT 和微软的 Skype Translator 是如何工作的？

7.9　实施深度学习的计算机架构

　　深度学习的进步在很大程度上归功于实现深度学习所需的软件和硬件基础设施的进步。在过去的几十年里，GPU 已经发生了革命性的变化，支持高分辨率视频以及高级视频游戏和虚拟现实应用。然而直到几年前，GPU 巨大的处理潜力才被有效地用于图形处理之外的其他领域。得益于 Theano（Bergstra 等人，2010）、Torch（Collobert、Kavukcuoglu 和 Farabet，2011）、Caffe（Jia 等人，2014）、PyLearn2（Goodfellow 等人，2013）、TensorFlow（Abadi 等人，2016）和 MXNet（Chen 等人，2015）等软件库的开发，这些软件库用于 GPU 编程，使 GPU 能像 CPU 一样实现通用处理，尤其是在大数据的深度学习和分析方面，GPU 已成为现代分析的关键推动因素。这些软件库的操作主要依赖于 NVIDIA 开发的名为统一计算设备架构（Compute Unified Device Architecture，CUDA）的并行计算平台和应用程序编程接口（API），该架构使软件开发人员能够使用 NVIDIA 制造的 GPU 进行通用处理。事实上，每个深度学习框架都由一种高级脚本语言（例如 Python、R、Lua）和一个通常用 C 语言（用于使用 CPU）或 CUDA（用于使用 GPU）编写的深度学习例程库组成。

接下来，我们将介绍研究人员和从业者用于深度学习的一些最受欢迎的软件库，包括 Torch、Caffe、TensorFlow、Theano 和 Keras 等，并讨论它们的一些特定特性。

Torch

Torch（Collobert 等人，2011）是一种开源的科学计算框架（可在 www.torch.ch 上获取），用于使用 GPU 实现机器学习算法。Torch 框架是一个基于 LuaJIT 的库，LuaJIT 是流行的 Lua 编程语言（www.lua.org）的编译版本。事实上，Torch 为 Lua 添加了许多有价值的功能，使其能够实现深度学习分析。Torch 支持 n 维数组（即张量），而表（即二维数组）通常是 Lua 使用的唯一数据结构化方法。此外，Torch 还包括用于操作（即索引、切片、转置）张量、线性代数、神经网络函数和优化的例程库。更重要的是，虽然 Lua 默认使用 CPU 来运行程序，但 Torch 允许使用 GPU 来运行用 Lua 语言编写的程序。

LuaJIT 简单、快速的脚本特性及其灵活性使 Torch 成为实用深度学习应用程序的一个非常受欢迎的框架，因此，今天其最新版本 Torch7 已被许多大公司（包括 Facebook、Google 和 IBM 等）广泛用于深度学习领域，尤其在其实验室以及商业应用程序中。

Caffe

Caffe 是另一种开源深度学习框架（参见 http://caffe.berkeleyvision.org），由加州大学伯克利分校博士生 Yangqing Jia 于 2013 年创建，随后伯克利 AI 研究所（BAIR）对其进行了进一步开发。Caffe 有多种可用作高级脚本语言的选项，包括命令行、Python 和 MATLAB 接口，其深度学习库是用 C++ 编程语言编写的。

在 Caffe 中，一切都是使用文本文件而不是代码完成的。也就是说，要实现某个网络，我们通常需要准备两个扩展名为 .prototxt 的文本文件，这些文件由 Caffe 引擎通过 JavaScript Object Notation（JSON）格式进行通信。第一个文本文件称为 architecture 文件，逐层定义网络的架构，其中每一层都由名称、类型（例如，数据、卷积、输出）、架构中前一层（底部）和下一层（顶部）的名称以及一些所需参数（例如，卷积层的内核大小和步长）来定义。第二个文本文件，称为 solver 文件，用于指定训练算法的属性，包括学习率、最大迭代次数和用于训练网络的处理单元（CPU 或 GPU）。

虽然 Caffe 支持多种类型的深度网络架构，如 CNN 和 LSTM，但由于其处理图像文件的速度惊人，它是一个高效的图像处理框架。据其开发者称，单个 NVIDIA K40 GPU 每天能够处理超过 6 000 万张图像（即每张图像处理时间只需 1 毫秒）。2017 年，Facebook 发布了一个名为 Caffe2 的 Caffe 改进版（www.caffe2.ai），旨在改进原始框架，以便有效地用于 CNN 以外的深度学习架构，并特别强调在保持可扩展性和性能的同时执行云和移动计算的可移植性。

TensorFlow

另一种流行的开源深度学习框架是 TensorFlow。它最初由 Google 大脑团队（Google Brain Group）于 2011 年用 Python 和 C++ 开发和编写，名为 DistBelief，2015 年进一步开发为 TensorFlow。TensorFlow 是目前唯一一个除了 CPU 和 GPU 之外，还支持 Tensor 处理器（Tensor Processing Unit，TPU）的深度学习框架，TPU 是 Google 于 2016 年开发的一种处理器，专门用于神经网络机器学习。事实上，TPU 是 Google 为 TensorFlow 框架专门设计的。

尽管 Google 尚未向市场提供 TPU，但据报道，它已在 Google search、街景、Google Photos 和 Google Translate 等多项商业服务中使用了 TPU，并有重大改进。Google 进行的一项详细研究表明，TPU 每瓦的性能是当代 CPU 和 GPU 的 30 到 80 倍（Sato、Young 和 Patterson，2017）。例如，据报道（Ung，2016），在 Google Photos 中，单个 TPU 每天可以处理超过 1 亿张图像（即 0.86 毫秒 / 每张）。预计不久，一旦 Google 将 TPU 商业化，其独特功能可能会使 TensorFlow 远远领先于其他替代框架。

TensorFlow 的另一个有趣功能是它的可视化模块 TensorBoard。实现深度神经网络是一项复杂而令人困惑的任务。TensorBoard 是一种 Web 应用程序，它包含一些可视化工具，用于可视化网络图和绘制定量网络指标，目的是帮助用户更好地了解训练过程中发生的事情，并调试可能的问题。

Theano

2007 年，蒙特利尔大学的深度学习小组开发了 Python 库 Theano 的初始版本（http://deeplearning.net/software/theano），在 CPU 或 GPU 平台上定义、优化和评估涉及多维数组（即张量）的数学表达式。Theano 是最早的深度学习框架作品之一，但后来成为 TensorFlow 开发人员的灵感来源。Theano 和 TensorFlow 都追求类似的过程，因为在这两个过程中，典型的网络实现包括两个部分：在第一部分中，通过定义网络变量和要对其进行的操作来构建计算图；第二部分运行该图（在 Theano 中通过将该图编译为函数，在 TensorFlow 中通过创建会话来运行）。事实上，在这些库中发生的事情是，用户通过提供一些即使是编程初学者也能理解的简单符号语法来定义网络的结构，并且库自动生成 C（用于在 CPU 上处理）或 CUDA（用于在 GPU 上处理）中的适当代码，以实现所定义的网络。因此，不具备任何 C 或 CUDA 编程知识，只具备 Python 基础知识的用户就能在 GPU 平台上高效地设计和实现深度学习网络。

Theano 还包括一些内置功能，用于可视化计算图以及绘制网络性能指标，尽管其可视化功能无法与 TensorBoard 相提并论。

Keras：一个应用程序编程接口

虽然所有介绍的深度学习框架都要求用户（通过阅读文档）熟悉自己的语法，才能成功地训练网络，但幸运的是，有一些更简单、更用户友好的方法可以做到这一点。Keras（https://keras.io/）是一个用 Python 编写的开源神经网络库，作为高级应用程序编程接口（API），能够在包括 Theano 和 TensorFlow 在内的各种深度学习框架上运行。本质上，Keras

只需通过一个非常简单的语法获得网络构建块的关键属性（即层的类型、传递函数和优化器），就可以在其中一个深度学习框架中自动生成语法，并在后端运行该框架。虽然 Keras 的效率足以在几分钟内构建和运行通用深度学习模型，但它没有提供 TensorFlow 或 Theano 能提供的几种高级操作。因此，在处理需要高级设置的特殊深度网络模型时，仍然需要直接使用那些框架，Keras（或 Lasagne 等其他 API）无法替代。

分析实操 7.5 介绍了一个很好的例子，它协同使用深度学习方法和免费开源工具为临床医生开发临床决策支持系统，以最大限度地减少并消除患者再次进入急诊室的情况。

分析实操 7.5　预测急诊科早期反弹的深度学习方法

动机

一般认为患者从急诊科出院是安全的，但随后又入院、死亡或在短时间内转移的一小部分患者代表了在初次就诊时可能遇到了错误的临床诊断或不良事件。因此，重点审查出院后 72 小时内返回急诊室的患者（又称反弹）是医院系统的常见质量保证过程。反弹是指患者（从急诊室）出院后 72 小时内又返回急诊室，不考虑新就诊人员是否住院或只需要门诊治疗的情况。反弹可能是由于各种原因造成的：一些患者返回是按计划回来的（例如，检查伤口），而其他反弹可能代表护理质量不合格，包括漏诊、处置不当（即出院与入院）或出院后随访不足。

方法

本研究使用了 2015 年 1 月至 2019 年 4 月期间从急诊医师综合护理（Emergency Physicians Integrated Care，EPIC）数据库对纽约市四家主要医院网络的急诊科就诊数据。我们排除了未成年（<18 岁）患者以及"飞行常客"（每年急诊就诊次数超过 4 次的患者）的就诊数据。由此产生的数据集包括 657 752 次就诊（其中 382 624 名为单次就诊患者），其中约 5.5%（38 630 次就诊）的患者在出院后 72 小时内返回。数据集中的每次就诊记录包括初始生命体征（血压、体温、心率、呼吸频率、外周血氧饱和度）、人口统计数据（年龄和性别）和 ED 诊断数据。

此外，每次就诊都包含一份 ED 医生文档说明，其中包括一份描述患者病史、疾病介绍、体检和医疗决策过程的自由文本叙述。在对文档数据进行常规的文本预处理操作（将大小写转换、词形还原、删除标点符号等）后，我们使用 Doc2Vec 方法将每个文档数据嵌入 300 维空间中的向量中。

最后，使用结构化和非结构化数据元素构建丰富的特征空间组合。图 7.38 说明了数据预处理阶段涉及的主要步骤。

结果

深度学习神经网络使用 80% 的数据进行训练，并利用剩余的 20% 数据进行测试，这部分数据不用于训练（使用随机分层抽样方法划分出来）。我们通过 KNIME 分析平台扩展使用 TensorFlow（带有 Keras 后端）来执行模型训练。采用最佳实践驱动的优化方法来确定初始学习率，避免过拟合，并系统地调整学习过程。

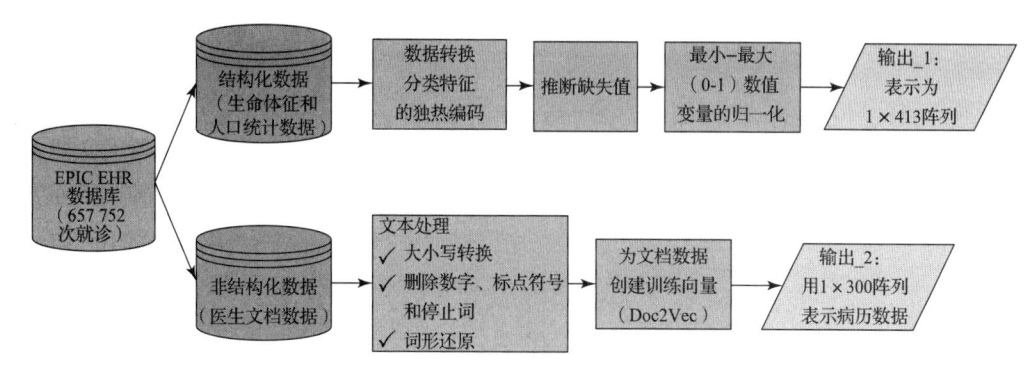

图 7.38　数据预处理过程示意图

最终的深度学习模型能够预测 74.8% 的反弹情况（AUROC=0.766）。结果表明，利用最先进的深度学习技术从非结构化 ED 医生叙述笔记中提取特征，并将其（以及结构化生命体征和人口统计数据）纳入预测任务，可以显著改善结果。表 7.3 显示了利用非结构化数据预测各项指标的可能结果。

表 7.3　预测模型性能

度量标准	仅限生命体征、病史和人口统计数据	包括医师说明	改进
准确度	0.668	0.748	0.080
敏感性/召回	0.615	0.756	0.141
特异性	0.671	0.747	0.076
AUROC	0.674	0.766	0.092

此外，本方法还对模型的结构特征进行了敏感性分析，结果表明，患者的年龄、医疗保险类型、慢性病（尤其是肾脏、心脏和呼吸系统）、心力衰竭和头颈部创伤等因素是增加患者意外返回急诊室机会的首要因素。图 7.39 显示了通过敏感性分析得到的前 15 个风险因素及其相对敏感性得分。

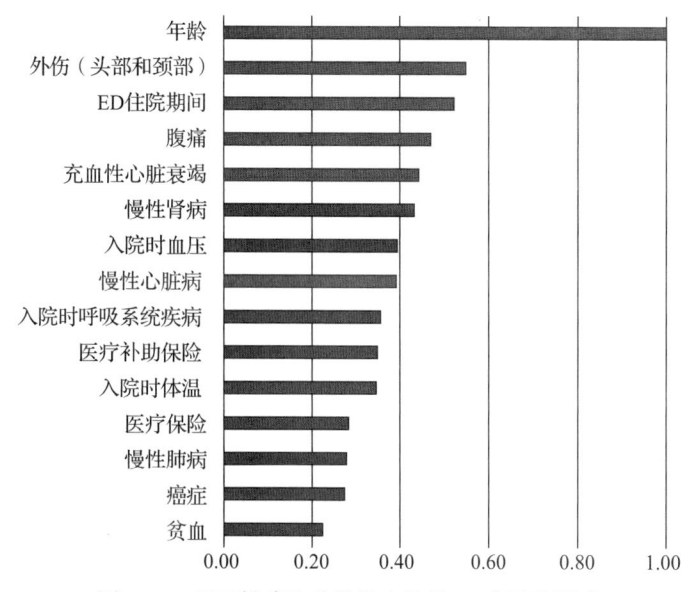

图 7.39　基于敏感性分析得出的前 15 个风险因素

本例所提出的框架可作为决策支持工具，帮助临床急救医生早期识别可能反弹的高危患者，并为他们提供及时和适当的护理。

资料来源：Davazdahemami, B., Peng, P., & Delen, D. (2022). A deep learning approach for predict-ing early bounce-backs to the emergency departments. Healthcare Analytics, 2, 100018; Peng, P., Davazdahemami, B., Delen, D., Shapiro, J., & Manini, A. F. (2019). 288 Predicting Potential Bouncebacks to the Emergency Department: A Machine Learning Approach. Annals of Emergency Medicine, 74(4), S114。

▶ 7.9 节 习题

1. 尽管深度学习实现的时间很短，但为什么还有几种不同的计算框架？
2. 定义 CPU、NVIDIA、CUDA 和深度学习，并讨论它们之间的关系。
3. 列出并简要定义不同深度学习框架的特点。
4. 什么是 Keras，它与其他框架有何不同？

7.10 认知计算

技术发展方式已经取得显著增长，这点大家有目共睹。曾经需要几十年才能完成的事情现在只需要几个月的时间，我们以前只在科幻电影中看到的事情正在逐渐变成现实。因此可以肯定地说，在未来的一二十年里，技术进步将以一种非常戏剧性的方式改变人们的生活、学习和工作方式。人类和技术之间的互动将变得直观、无缝，也许更透明。认知计算（cognitive computing）将在这一转变中发挥重要作用。一般来说，认知计算是指使用数学模型来模拟（或部分模拟）人类认知过程的计算系统，以找到复杂问题或可能无法获取精确答案情况的解决方案。虽然认知计算一词经常与 AI 和智能搜索引擎互换使用，但该术语本身与 IBM 的认知计算机系统 Watson 及其在电视节目 *Jeopardy!* 中的成功密切相关！有关 Watson 在 *Jeopardy!* 上的成功细节可以参考第 6 章的开篇小插曲。

根据认知计算联盟（Cognitive Computing Consortium, 2018）的看法，认知计算可以使一类新的问题变得可计算。它可以处理具有模糊性和不确定性的高度复杂的情况；换言之，它能对人们认为可以通过人类的独创性和创造性来解决的各种问题进行处理。在当今动态、信息丰富且不稳定的环境中，数据往往会频繁变化，而且经常发生冲突。随着用户学习更多知识并重新定义他们的目标，用户的目标也会不断演变。为了响应用户对问题理解的变化，认知计算系统不仅对信息来源加以集成，还对信息影响、背景和见解加以综合。为了实现如此高的性能，认知系统通常需要权衡相互矛盾的证据，并提出"最好"而不是"正确"的答案。图 7.40 展示认知计算的一般框架，其中数据和 AI 技术用于解决复杂的现实世界问题。

认知计算如何工作

正如人们从其名字中猜测的那样，认知计算的工作原理很像人类的思维过程、推理机制和认知系统。这些前沿计算系统可以从各种信息源中找到并综合数据，并考量数据中的既有背景和相互矛盾的证据，为给定的提问或问题提供尽可能好的答案。为了实现这一点，认知系统包括使用数据挖掘、模式识别、深度学习和 NLP 来模仿人脑工作方式的自学习技术。

使用计算机系统来解决人类通常要处理的问题类型，需要向机器学习算法提供大量结构化和非结构化数据。随着时间的推移，认知系统能够改进学习和识别模式的方式，以及处理数据的方式，从而能够预测新问题、对问题建模并提出可能的解决方案。

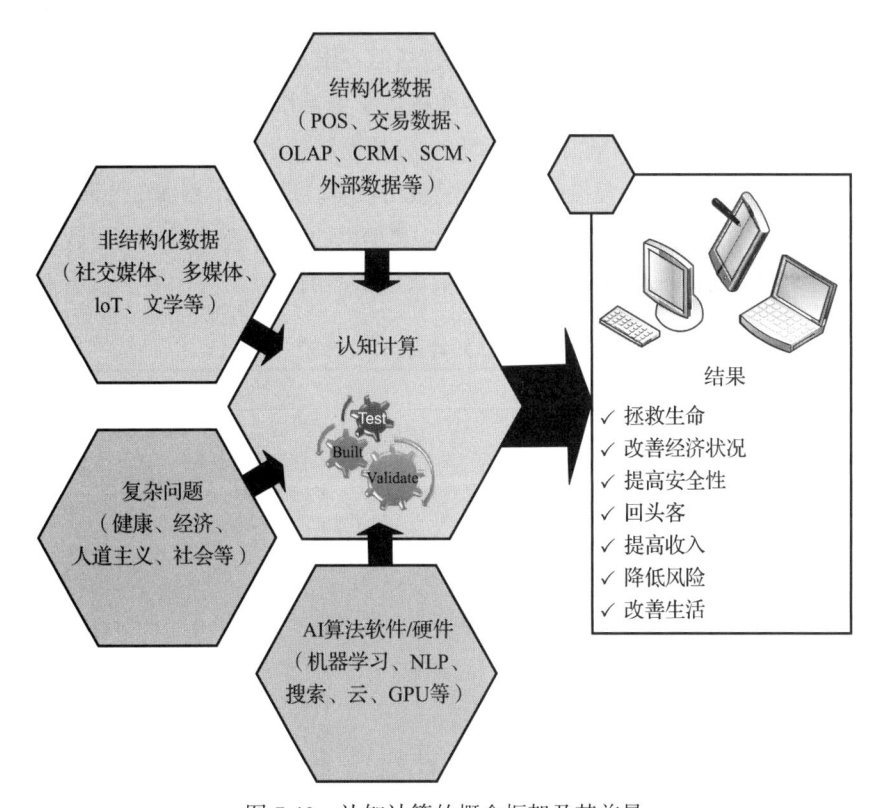

图 7.40 认知计算的概念框架及其前景

为了实现这些能力，认知计算系统必须具有认知计算联盟（2018）定义的以下关键属性。

- **适应性** 认知系统必须足够灵活，能够随着信息的变化和目标的发展而学习。系统必须能够实时消化动态数据，并随着数据和环境的变化进行调整。
- **交互性** 人机交互（HCI）是认知系统的关键组成部分。用户必须能够与认知机器交互，在需求发生变化时定义自己的需求。这些技术还必须能够与其他处理器、设备和云平台进行交互。
- **迭代和状态性** 认知计算技术还可以通过提问或在所陈述的问题模糊或不完整的情况下，通过引入附加数据来识别问题。系统通过维护以前发生类似情况的信息来做到这一点。

- **上下文** 理解上下文在思维过程中至关重要，因此认知系统必须理解、识别和挖掘上下文数据，如语法、时间、位置、领域、需求以及特定用户的个人资料、任务或目标。认知系统可以利用多种信息源，包括结构化和非结构化数据以及视觉、听觉或传感器数据。

认知计算与 AI 有何不同

认知计算通常与 AI 互换使用，AI 是一个概括性术语，代表依赖数据和科学方法/计算来做出（或帮助/支持做出）决策的技术。但这两个术语之间存在差异，这些差异很大程度上可以在它们的目的和应用中找到。AI 技术包括但不限于机器学习、神经计算、NLP，以及最近的深度学习。对于 AI 系统，尤其是在机器学习系统中，数据输入算法中进行处理（这是一个迭代且耗时的过程，通常称为训练），以便系统"学习"变量以及这些变量之间的相互关系，从而可以对给定的复杂问题或情况做出预测。基于 AI 和认知计算的应用程序包括智能助理，如亚马逊的 Alexa、Google Home 和苹果的 Siri。表 7.4 给出了认知计算和 AI 之间的简单比较（Reynolds 和 Feldman，2014；CCC，2018）。

表 7.4 认知计算与 AI 比较

特征	认知计算	AI
使用的技术	● 机器学习 ● 自然语言处理 ● 神经网络 ● 深度学习 ● 文本挖掘 ● 情感分析	● 机器学习 ● 自然语言处理 ● 神经网络 ● 深度学习
提供的功能	模拟人类思维过程，帮助人类找到复杂问题的解决方案	在各种数据源中查找隐藏模式，以识别问题并提供可能的解决方案
目标	增强人类能力	在某些情况下表现得像人一样，使一些复杂过程自动化
行业	客户服务、营销、医疗保健、娱乐、服务业	制造业、金融、医疗保健、银行、证券、零售、政府

从表 7.4 中可以看出，AI 和认知计算之间的差异相当小。这是意料之中的，因为认知计算通常作为 AI 的一个子组件加以描述，或是为特定目的而量身定制的 AI 技术应用。AI 和认知计算都使用了类似的技术，并应用于类似的行业细分和垂直领域。两者的主要区别在于目的不同：虽然认知计算旨在帮助人类解决复杂问题，但 AI 旨在使人类执行任务的过程自动化。极端情况下，AI 正在努力使用机器代替人类完成需要"智能"的任务，每次改变一点点。

近年来，认知计算通常被用来描述旨在模拟人类思维过程的 AI 系统。人类的认知包括对环境、背景和意图以及许多其他变量的实时分析，这些变量可以影响一个人解决问题的能力。计算机系统需要许多 AI 技术来构建模仿人类思维过程的认知模型，包括机器学习、深度学习、神经网络、NLP、文本挖掘和情感分析等。

一般来说，认知计算可用于帮助人类进行决策过程。认知计算应用的一些例子包括帮助医生治疗疾病。例如，IBM Watson for Oncology 已经在纪念斯隆－凯特琳癌症研究中心（Memorial Sloan Kettering Cancer Center）使用，为癌症患者提供肿瘤学家循证治疗选择。当医务人员输入问题时，Watson 会生成一份假设列表，提供治疗方案供医生参考。AI 依赖算法来解决问题或识别隐藏在数据中的模式，而认知计算系统的更崇高目标是创建模拟人脑推理过程的算法，帮助人类在数据和问题不断变化时解决一系列问题。

在处理复杂情况时，上下文很重要，而认知计算系统使上下文具有可计算性。认知计算识别并提取上下文特征，如时间、位置、任务、历史记录或配置文件，以呈现一组特定的信息，这些信息适合在特定时间和地点从事特定过程的个人或相关应用。根据认知计算联盟的说法，他们通过收集大量不同的信息来寻找模式，然后应用这些模式来响应用户在特定时刻的需求，从而提供了机器辅助的意外发现。从某种意义上说，认知计算系统旨在重新定义人与日益普遍的数字环境之间关系的本质。它们可以扮演用户的助手或教练这一角色，在许多需要马上解决问题的情况下，认知计算系统几乎可以自主行动。这些系统可以影响的过程和领域的边界仍然是弹性的和新兴的，其输出可能是规范性的、暗示性的、指导性的，或者只是娱乐性的。

在其存在的短时间内，认知计算已被证明在许多领域和复杂情况下都是有用的，并正在向更多领域发展。认知计算的典型应用包括：

- 开发智能和自适应搜索引擎
- 有效利用自然语言处理
- 语音识别
- 语言翻译
- 基于上下文的情感分析
- 人脸识别和面部情绪检测
- 风险评估与缓解
- 欺诈检测与缓解
- 行为评估和建议

认知分析（cognitive analytics）涉及认知计算的品牌技术平台，如 IBM Watson，专门用于处理和分析大型非结构化数据集。通常，文字处理文档、电子邮件、视频、图像、音频文件、演示文稿、网页、社交媒体和许多其他数据格式需要手动标记元数据，然后才能输入传统的分析引擎和大数据工具进行计算分析并生成见解。与传统大数据分析工具相比，利用认知分析的主要好处是，对于认知分析，这些数据集不需要预先标记。认知分析系统可以使用机器学习来适应不同的环境，只需很少的人工监督。这些系统可以配备聊天机器人或搜索助理，用于了解查询、解释数据见解，并用人类语言与人类互动。

认知搜索

认知搜索（cognitive search）是新一代搜索方法，它使用 AI（高级索引、NLP 和机器学习）来返回与用户更相关的结果。Forrester 将认知搜索和知识发现解决方案定义为"一种新的企业搜索解决方案，它利用自然语言处理和机器学习等 AI 技术来吸收、理解、组织和查询来自多个数据源的数字内容"（Gualtieri，2017）。认知搜索通过利用认知计算算法创建索引平台，从不可搜索的内容中创建可搜索的信息。

搜索信息是一项乏味的任务。尽管目前的搜索引擎在及时查找相关信息方面做得很好，但其来源仅限于互联网上公开的数据。认知搜索提出了适合企业使用的下一代搜索，它不同于传统的搜索，因为根据 Gualtieri（2017）的定义，认知搜索：

- **可以处理各种数据类型**。搜索不再只是包含在文档和网页中的非结构化文本。认知搜索方案还可以容纳数据库中包含的结构化数据，甚至非传统的企业数据，如图像、视频、音频和物联网设备的机器/传感器生成的日志等。
- **可以将搜索空间置于上下文中**。上下文在信息检索中很重要。上下文将传统的语法/符号驱动的搜索提升到了一个由语义和意义定义的新水平。
- **采用先进的 AI 技术**。认知搜索解决方案的显著特点是，它们使用 NLP 和机器学习来理解和组织数据，预测搜索查询的意图，提高结果的相关性，并随着时间的推移自动调整结果的相关性。
- **使开发人员能够构建特定于企业的搜索应用**。搜索不仅仅是企业门户网站上的一个文本框。企业构建的搜索应用将搜索嵌入到客户的全方位应用、制药研究工具和许多其他业务过程应用中。如果没有强大的后台搜索，亚马逊 Alexa、Google Now 和 Siri 等虚拟数字助理将毫无用处。希望为客户构建类似应用程序的企业也将从认知搜索解决方案受益。认知搜索解决方案提供软件开发工具包（SDK）、API、可视化设计工具，允许开发人员将搜索引擎的功能嵌入其他应用程序中。

图 7.41 显示了搜索方法从旧的关键词搜索到现代认知搜索在两个维度（易用性和价值主张）上的渐进演变过程。

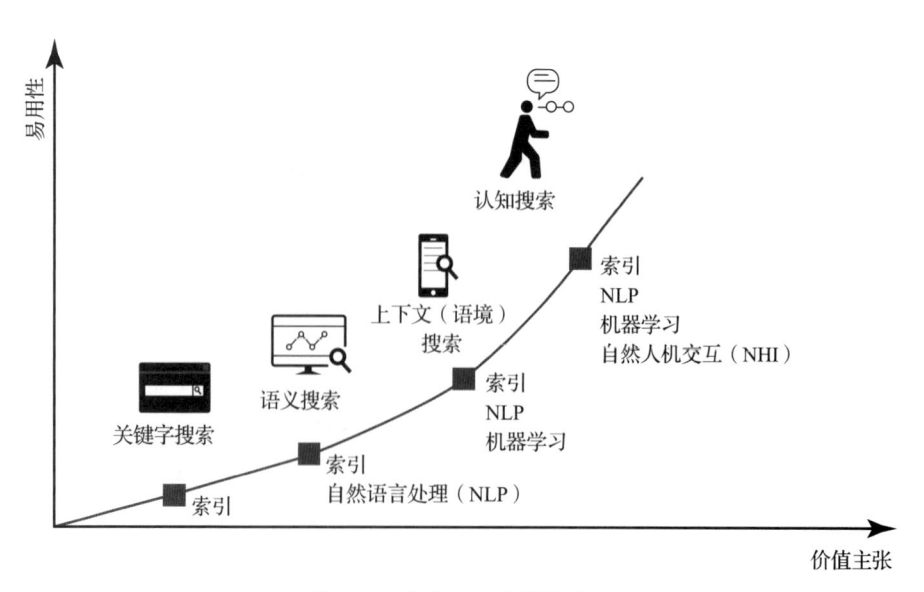

图 7.41 搜索方法的渐进演变

认知计算实例：IBM Watson

IBM Watson 也许是迄今为止最聪明的计算机系统。自 20 世纪 40 年代末计算机和 AI 出现以来，科学家们将这些"智能"机器的性能与人类的大脑进行了比较。之后在 20 世纪 90 年代中后期，IBM 的研究人员制造了一台智能机器，并使用国际象棋（通常被认为是聪明人的游戏）来测试其对抗人类最佳玩家的能力。1997 年 5 月 11 日，一台名为"深蓝"（Deep Blue）的 IBM 计算机经过六场比赛击败了世界象棋大师，六场比赛中，"深蓝"赢得两场胜利，世界象棋大师获得一场胜利，另外三场平局。这场比赛持续了好几天，得到了全世界媒体的广泛报道。这是人类与机器比赛的经典情节。除了国际象棋比赛之外，开发这种计算机智能的目的是使计算机能够处理帮助发现新药所需的各种复杂计算，并进行趋势识别和风险分析所需的各种财务建模，处理大型数据库搜索，以及执行高级科学领域所需的大规模计算。

几十年后，IBM 的研究人员提出了另一个可能更具挑战性的想法：一台不仅可以播放美国电视智力竞赛节目 *Jeopardy!*，还能击败最佳选手的机器！。与国际象棋相比，*Jeopardy!* 更具挑战性。国际象棋结构良好，规则非常简单，因此与计算机处理非常匹配，但 *Jeopardy!* 游戏既不简单，也非结构化，该游戏是一款旨在测试人类智力和创造力的游戏。因此，设计用于玩游戏的计算机需要的是一个能够像人类一样工作和思考的认知计算系统。能理解人类语言中固有的不精确性是成功的关键。

2010 年，IBM 的一个研究团队开发了 Watson，这是一种非凡的计算机系统，该计算机系统组合了先进的硬件和软件，旨在回答用人类自然语言提出的问题。该团队将 Watson 作为 DeepQA 项目的一部分，并以 IBM 首任总裁 Thomas J.Watson 的名字命名。创建 Watson 的团队正在寻找一个重大的研究挑战：一个可以与深蓝的科学和大众兴趣相媲美的挑战，并且与 IBM 的商业利益有着明显的相关性。目标是通过探索计算机技术影响科学、商业和整个社会的新方法来推进计算科学。因此，IBM 的研究接受了一项挑战，将 Watson 打造成一个可以在 *Jeopardy!* 上实时与人类冠军竞争的计算机系统！该团队希望在节目中创造一个能够倾听、理解和回应的实时自动选手，而不仅仅是实验室练习。

节目结束后，最大的问题是"那现在怎么办？"开发 Watson 完全是为了智力竞赛节目吗？绝对不是！在世界其他领域展示 Watson（及其背后的认知系统）的能力，成为下一代智能信息系统的灵感来源。对 IBM 来说，这是对尖端分析和计算科学的一次展示。信息很明确：如果一台智能机器能够在人类最擅长的方面击败人类精英中的精英，那么想想它能为你的组织问题做些什么。

使 Watson 成为十年来最受赞誉的创新技术正被用作分析和表征预测型问题的非结构化数据的几种工具的计算基础。这些实验工具包括 Tone Analyzer 和 Personality Insights。使用文本内容，这些工具已经显示出预测复杂社会事件和全球流行比赛结果的能力。

Watson 预测欧洲歌唱大赛冠军。Watson 音调分析器（Watson Tone Analyzer）是在 IBM Watson 基础上开发的一种工具，它使用计算语言学来识别书面文本中的音调。其更宽泛的目标是让业务管理人员使用 Tone Analyzer 来了解目标客户群体的帖子、对话和交流内容，并及时回应他们的需求。例如，可以使用此工具监控社交媒体和其他基于网络的内容，包括墙帖、推文、产品评论和讨论板，以及文章和博客帖子等较长的文档；还可以使用它对客户服务交互进行监控，并支持相关对话。尽管听起来任何其他基于文本的检测系统都可以建立在情感分析的基础上，但 Tone Analyzer 与这些系统的不同之处在于它是对文本内容进行分析和表征。Watson Tone Analyzer 使用 Big-5 版本，即五类性格特质（即开放性、亲和性、尽责性、外向性和情绪不稳定性），以及其他情感类别，对社会倾向和观点进行测量，以检测给定文本内容中的语气。例如，Slowey（2017b）使用 IBM 的 Watson Tone Analyzer 预测了 2017 年欧洲歌唱大赛的获胜者。Slowey 只使用了前几年比赛的歌词，发现了一种模式，表明大多数获胜者都有很高的亲和性和尽责性。比赛前的结果表明葡萄牙将赢得比赛，结果果然应验。读者也可以按以下步骤试一试：

- 访问 Watson Tone Analyzer（https://tone-analyzer-demo.ng.bluemix.net）。
- 在提供的文本输入字段中复制并粘贴你自己的文本。
- 单击"分析"（Analyzer）。
- 观察总结结果，看看特定音调最强的句子。

另一个建立在 IBM Watson 语言基础上的工具是 Watson Personality Insight，其工作原理似乎与 Watson Tone Analyzer 非常相似。在另一个有趣的应用案例中，Slowey（2017a）使用 Watson Personality Insight 预测了 2017 年奥斯卡最佳影片得主。Slowey 利用过去几年的电影剧本，为获奖者开发了概括性的特征文件，然后将该特征文件与新提名的电影进行比较，以判断可能的获奖者。尽管在这种情况下，Slowey 错误地预测了 *Hidden Figures* 将获胜，但她所采用的方法是独特和创新的，因此值得称赞。

Watson（或类似 Watson 的大型认知计算系统）最有价值的尝试之一是帮助医生和其他医疗专业人员诊断疾病，确定对某个患者有效的最佳治疗方案。尽管 Watson 是一个新手，但这项非常新颖和有价值的任务对计算机世界来说并不新鲜。早在 20 世纪 70 年代初，斯坦福大学的几位研究人员就开发了一个名为 MYCIN 的计算机系统，用于识别引起严重感染的细菌，如菌血症和脑膜炎，并推荐根据患者具体情况调整抗生素（Buchanan 和 Shortliffe，1984）剂量。这项为期六年的工作依赖于基于规则的专家系统，这是一种 AI 系统，核心诊断和治疗知识/规则来自大量专家（即在特定医学领域具有丰富经验的医生）。然后在新患者身上对此系统进行了测试，并将其性能与作为知识来源/专家的经验丰富的医生的判断进行了比较。研究结果表明 MYCIN 更具优势。这清楚地表明，设计和实施得当的基于 AI 的计算机系统可以达到甚至经常超过最好的医学专家的工作效率。40 多年后，Watson 现在正试图弥补 MYCIN 留下的错误，即使用智能计算机系统帮助医生获得更好、更快地诊断和治疗患者所需的上下文信息，从而更好、更快地治疗患者。

第一个使用 Watson 的行业是医疗保健，其次是安全、金融、零售、教育、公共服务和研究领域。以下部分内容简要介绍了 Watson 在这些行业可以做或正在做的工作。

医疗保健。 今天医疗保健面临的挑战非常严峻，而且涉及多方面的因素。随着美国人口老龄化，对医疗服务的需求增长速度快于资源供应，这可能部分归因于更好的生活条件和各种技术创新推动的先进医学发现。众所周知，当供需不平衡时，价格就会上涨，服务质量会因此受到影响。因此，我们需要像 Watson 这样的认知系统来帮助决策者在临床和管理环境中对资源的使用进行优化。

按照医疗专家的说法，医生用于诊断和治疗患者的知识中，只有 20% 是基于证据做出的。考虑到可用的医疗信息量每五年翻一番，而且这些数据大多是非结构化的，医生根本没有时间阅读每一本可以帮助他们跟上最新进展的期刊。鉴于对服务的需求不断增长和医疗决策的复杂性，医疗保健提供者如何解决这些问题？答案可能是使用 Watson 或类似的认知系统，这些系统能够通过分析大量数据来帮助医生诊断和治疗患者，为医生做出更快更好的决策提供证据，这些数据既有来自电子病历数据库的结构化数据，也有来自医生笔记和已发表文献的非结构化文本。首先，医生和患者可以用自然语言向系统描述症状和其他相关因素。然后由 Watson 识别关键信息，挖掘患者的数据，以找到有关其家族史、当前药物和其他现有疾病的相关事实。然后，Watson 可以将这些信息与测试的当前结果相结合，然后通过检查各种数据源（治疗指南、电子病历数据、医生和护士的诊治记录，以及同行评审的研究和临床研究结果）以形成和测试潜在诊断的假设。接下来，Watson 可以提出建议的诊断和治疗方案，并对每个建议的置信度进行评级。

Watson 也有潜力通过智能地综合发表在各种媒体上的零散研究结果来改变医疗保健。Watson 可以显著改变医学生的学习方式，可以帮助医疗保健经理积极主动地应对即将到来的需求模式，优化资源分配，并改进支付处理过程。早期使用类似 Watson 认知系统的领先医疗保健提供商包括 MD Anderson、Cleveland 诊所和斯隆－凯特琳癌症研究中心。

安全。随着互联网扩展到我们生活的方方面面——电子商业、电子商务、智能电网、智能家居，这使管理变得更容易，但也增加了恶意人员入侵我们生活的可能性。我们需要像 Watson 这样的智能系统，能够不断监测异常行为，并在发现异常行为时阻止恶意人员入侵我们的生活并施加伤害。这既可能用于公司甚至国家安全系统层面，也可能用于个人层面。这样一个智能系统可以了解我们是谁，担当数字保镖，可以推断与我们的生活相关的活动，并在异常情况发生时提醒我们。

金融。金融服务业面临着复杂的挑战。监管措施以及要求金融机构更具包容性的社会压力和政府压力都有所增加。该行业服务的客户比以往任何时候都更有能力、要求更高、更加老练。由于每天都会产生如此多的金融信息，很难正确利用适当的信息来采取行动。也许解决方案是通过更好地了解风险状况和运营环境来创建更智能的客户参与（client engagement）。各大金融机构已经在与 Watson 合作，为其业务流程注入智慧。Watson 正在应对金融服务业的数据密集型挑战，包括银行、金融规划和投资行业。

零售。零售业正在根据客户的需求迅速变化。凭借移动设备和社交网络，客户比以往任何时候都能更容易、更快地访问更多的信息，因此对产品和服务抱有很高的期望。虽然零售商正在使用分析来满足客户的这些期望，但他们面临的最大挑战是如何高效、有效地分析不断增长的实时见解，这样才可能给他们带来竞争优势。Watson 与分析大量非结构化数据相关的认知计算能力可以帮助零售商重塑定价、采购、分销和人员配置的决策流程。由于 Watson 能够用自然语言理解和回答问题,因此是一个有效且可扩展的解决方案,可以根据从社交互动、博客和客户评论中获得的数据来分析和回应社会情绪。

教育。现在的学生更加注重视觉/刺激,频繁与社交媒体和社交网络联系,并且注意力持续时间越来越短,学生的特点快速发生变化,教育和课堂的未来应该是什么样子?下一代教育系统应该通过定制的学习计划、个性化的教科书(具有集成多媒体的数字教科书——音频、视频、动画图表等)、动态调整的课程,或许还有智能的数字导师和全天候的个人顾问,来适应新一代的需求。Watson 似乎有能力完成这些功能。有了它的 NLP 功能,学生可以像与老师、顾问和朋友交谈一样与它交谈。这个智能助手可以回答学生的问题,满足他们的好奇心。

公共服务。对于地方、地区和国家政府来说,大数据的指数级增长带来了巨大的困境。今天的公民比以往任何时候都更了解情况、更加积极活跃,这意味着他们对公共部门为他们服务的价值抱有很高的期望。政府组织现在可以收集大量未经验证的非结构化数据,这些数据可以为其公民服务,但前提是这些数据能够得到快速而有效的分析。IBM Watson 的认知计算可能有助于理解这场数据洪流,加快政府的决策过程,帮助公职人员专注于创新和发现。

研究。每年有数千亿美元投入用于研发,其中大部分研发结果记录在专利和出版物中,这产生了大量非结构化数据。为了对现有的知识体系做出贡献,人们需要筛选这些数据来源,以找到特定领域研究的外部边界。如果用传统方法完成,这项工作即使不是不可能,也是非常困难的。Watson 可以充当研究助理,帮助收集和综合信息,让人们了解最新的研究成果。例如,纽约基因组中心(New York Genome Center)正在使用 IBM Watson 认知计算系统来分析被诊断患有高度侵袭性和恶性脑癌症的患者的基因组数据,以更快地为患有这种疾病的患者提供个性化治疗,挽救其生命(Royyuru,2014)。

▶ 7.10 节 习题

1. 什么是认知计算,它与其他计算范式有何不同?
2. 绘制图表并解释认知计算的概念框架,在概念框架中要包括投入、促成因素和预期结果。
3. 列出并简要定义认知计算的关键属性。
4. 认知计算与普通 AI 技术有何不同?
5. 认知分析的典型用例是什么?
6. 解释术语认知分析和认知搜索的含义。
7. IBM Watson 是什么,它对计算世界有何意义?
8. Watson 是如何工作的?
9. 列出并简要解释 IBM Watson 的五个用例。

本章重点

- 深度学习是 AI 的最新趋势之一，人们对此寄予厚望。
- 深度学习的目标与其他机器学习方法类似，即使用复杂的数学算法以同人类学习相似的方式从数据中学习。
- 深度学习为经典的机器学习方法增加了自动获取完成高度复杂和非结构化任务所需特征的能力。
- 深度学习属于 AI 学习方法家族中的表征学习。
- 深度学习最近的出现和流行在很大程度上可以归因于非常大的数据集和快速发展的计算基础设施。
- 人工神经网络模仿人类大脑的工作方式，其基本处理单元是神经元，多个神经元按层分组并连接在一起。
- 在神经网络中，知识存储在与神经元之间的连接相关的权重中。
- 反向传播是前馈神经网络最流行的学习范式。
- MLP 型神经网络由一个输入层、一个输出层和多个隐藏层组成，一个层中的节点连接到下一层的节点。
- 输入层的每个节点通常表示可能影响预测的单个属性。
- 神经网络中的一般学习过程包括三个步骤：①基于输入和随机权重计算临时输出，②计算具有预期目标的输出，③调整权重并重复上述过程。
- 开发基于神经网络的系统是一个循序渐进的过程，该过程包括数据准备和预处理、训练和测试，以及将训练后的模型转换为生产系统。
- 神经网络软件允许对许多模型进行简单的实验。尽管神经网络模块包含在所有主要的数据挖掘软件工具中，但也可以使用专门的神经网络包。
- 神经网络应用在几乎所有业务领域以及其他功能领域都有丰富的应用。
- 当用相对较小的数据集对神经网络进行大量迭代训练时，会出现过拟合。为了防止过拟合，训练过程由使用单独验证数据集的评估过程加以控制。
- 神经网络称为黑箱模型，敏感性分析通常用于了解黑箱，以评估输入特征的相对重要性。
- 深度神经网络打破了普遍接受的"制定复杂的预测问题不需要超过两个隐藏层"的概念。这种网络可将隐藏层增加到任意大的数字，以更好地表示数据集中的复杂性。
- MLP 深度网络，也称为深度前馈网络，是最常见的深度网络类型。
- 随机权重在深度 MLP 学习过程中的影响是一个重要问题，初始权重的非随机分配似乎显著改善了深度 MLP 的学习过程。
- 尽管这没有公认的理论基础，但经验表明，在深度 MLP 网络中，多个层比具有多个神经元的少数层表现更好，收敛更快。
- CNN 可以说是最受欢迎和最成功的深度学习方法。
- CNN 最初设计用于计算机视觉应用（例如，图像处理、视频处理、文本识别），但已被证明也适用于非图像或非文本数据集处理。
- 卷积网络的主要特征是至少有一层涉及卷积权重函数，而不是一般的矩阵乘法。
- 卷积函数是一种通过引入参数共享的概念来解决网络权重参数过多问题的方法。
- 在 CNN 中，卷积层之后通常是池化层（也称为子采样层）。池化层的目的是合并输入矩阵中的元素，以便在保持重要特征的同时产生较小的输出矩阵。

- ImageNet 是一个正在进行的研究项目，它为研究人员提供了一个大型图像数据库，每个图像都链接到 WordNet（一个英语单词层次数据库）中的一组同义词（称为 synset）。
- AlexNet 是首批使用 ImageNet 数据集设计用于图像分类的卷积网络之一，其成功迅速普及了 CNN 的使用，为 CNN 赢得了声誉。
- Google 研究人员设计的深度卷积网络架构 GoogLeNet（又名 Inception）是 2014 年 ILSVRC 的获奖架构。
- Google Lens 是一款使用深度学习人工神经网络算法来传递用户从附近物体拍摄的图像信息的应用程序。
- Google 的 word2vec 项目显著增加了 CNN 类型的深度学习在文本挖掘中的应用。
- RNN 是另一种深度学习架构，旨在处理顺序输入。
- RNN 具有记忆能力，可以在确定特定于上下文、与时间相关的结果时记住以前的信息。
- 作为 RNN 的一种变体，LSTM 网络如今被称为最有效的序列建模技术，是许多实际应用的基础。
- 两个新兴的 LSTM 应用是 Google Neural Machine Translator 和 Microsoft Skype Translator。
- 深度学习实施框架包括 Torch、Caffe、TensorFlow、Theano 和 Keras。
- 认知计算通过处理以模糊性和不确定性为特征的高度复杂的情况，使这一类新的问题变得可计算。换言之，人们之前认为这类问题（其特征是模糊性和不确定性）只有通过人类的独创性和创造性才能解决，但现在认知计算能够处理。
- 认知计算发现并综合来自各种信息来源的数据，并权衡数据中固有的背景和相互矛盾的证据，以便为给出的提问或问题提供尽可能好的答案。
- 认知计算的关键属性包括适应性、交互性、迭代性、状态性和上下文。
- 认知分析涉及认知计算品牌的技术平台，如 IBM Watson，专门处理和分析大型非结构化数据集。
- 认知搜索是新一代搜索方法，该方法使用 AI（高级索引、NLP 和机器学习）返回相比传统搜索方法与用户更相关的结果。
- IBM Watson 可能是迄今为止最聪明的计算机系统。它创造"认知计算"一词，并使认知计算得以流行。
- IBM Watson 在智力竞赛 *Jeopardy!* 中击败了最优秀的两位选手，展示了该系统完成专为人类智能设计的任务的能力。
- Watson 及其类似系统目前正在许多应用领域使用，包括医疗保健、金融、安全和零售等。

问题讨论

1. 什么是深度学习？与传统的机器学习方法相比，深度学习有哪些特有的能力？
2. 列出并简要解释 AI 中的不同学习范式/方法。
3. 什么是表征学习，它与机器学习和深度学习有何联系？
4. 列出并简要介绍最常用的 ANN 激活函数。
5. 什么是 MLP，它是如何工作的？解释 MLP 型神经网络中求和权重和激活权重的作用。
6. 列出并简要介绍实施神经网络项目的九个步骤。
7. 绘制并简要解释在 ANN 中学习的三步过程。

8. 反向传播学习算法是如何工作的？
9. 什么是 ANN 学习中的过拟合？它是如何发生的，如何预防？
10. 什么是所谓的黑箱综合征？为什么能够解释 ANN 的模型结构很重要？
11. 敏感性分析在 ANN 中是如何工作的？试在互联网上搜索其他方法来解释 ANN 方法。
12. 深度神经网络中的"深度"是什么意思？试将深度神经网络与浅层神经网络进行比较。
13. 什么是 GPU？它与深度神经网络有什么关系？
14. 前馈多层感知机类型的深度网络是如何工作的？
15. 讨论随机权重对开发深度 MLP 的影响。
16. 更多隐藏层或更多的神经元，哪种策略更好？
17. 什么是 CNN？
18. CNN 可以用于什么类型的应用？
19. CNN 中的卷积函数是什么，它是如何工作的？
20. CNN 中的池化是什么意思？池化是如何工作的？
21. 什么是 ImageNet，它与深度学习有何关系？
22. AlexNet 的意义是什么？试绘制并描述其架构。
23. 什么是 GoogleNet？它是如何工作的？
24. CNN 如何处理文本？什么是单词嵌入，它是如何工作的？
25. 什么是 word2vec，它为传统的文本挖掘增加了什么？
26. 什么是 RNN？它与 CNN 有何不同？
27. 上下文、序列和记忆在 RNN 中的意义是什么？
28. 绘制并解释典型的递归神经网络单元的功能。
29. 什么是 LSTM 网络，它与 RNN 有何不同？
30. 列出并简要介绍三种不同类型的 LSTM 应用。
31. Google 的神经机器翻译和微软 Skype Translator 是如何工作的？
32. 尽管持续期很短，但为什么深度学习实现有几种不同的计算框架？
33. 定义并讨论 CPU、NVIDIA、CUDA 和深度学习之间的关系。
34. 列出并简要定义不同深度学习框架的特点。
35. 什么是 Keras，它与其他框架有何不同？
36. 什么是认知计算，它与其他计算范式有何不同？
37. 绘制图表并解释认知计算的概念框架，框架中要包括输入、促成因素和预期结果。
38. 列出并简要定义认知计算的关键属性。
39. 认知计算与普通 AI 技术有何不同？
40. 认知计算 / 分析的典型用例是什么？
41. 什么是认知计算 / 分析？什么是认知搜索？
42. 什么是 IBM Watson，它对计算领域的意义何在？
43. IBM Watson 是如何工作的，其底层的促成因素及其功能是什么？
44. 列举并简要解释 IBM Watson 的五个潜在用例。

练　习

Teradata 大学网络（TUN）和其他动手练习

1. 访问 Teradata 大学网络网站（teradatauniversitynetwork.com）。搜索关于深度学习、认知计算和 IBM Watson 的教学资料（如文章、应用案例、白皮书、视频、练习等）。阅读找到的这些材料。如果需要，也可以在网上进行搜索，以扩充你的搜索结果，撰写报告介绍你的发现。

2. 深度学习在分析领域相对较新，其应用案例和成功案例才刚刚开始在网络上出现。对学校的数字图书馆资源进行全面搜索，找出至少五篇介绍了有趣的深度学习应用程序的期刊文章。撰写报告介绍你的发现。

3. 当今大多数深度学习应用程序都是使用基于 R 或 Python 的开源计算资源开发的。查找可用于构建深度学习模型和应用程序的资源（如 Torch、Caffe、TensorFlow、Theano、Keras 等架构）。比较和对比这些架构的能力和局限性。根据你的发现和对这些资源的理解，如果你要开发一个深度学习应用程序，你会选择使用哪一个？解释并证明你的选择。

4. 认知计算已经成为一个流行术语，用来定义和表征机器/计算机表现"智能"行为的能力程度。感谢 IBM Watson 及其在 *Jeopardy!* 上的成功应用。认知计算和认知分析现在是许多现实世界智能系统的一部分。在这个练习中，查找至少三个应用案例，在案例中将认知计算用于解决复杂的现实世界问题。在专业组织的报告中总结你的发现。

5. 从 knime.com 下载 KNIME 分析平台，这是最受欢迎的免费/开源软件工具之一。在其示例文件夹中查找深度学习示例（其中 Keras 用于构建一些示例性预测/分类模型）。仔细研究这些模型，了解它的作用以及具体实施情况。然后，使用不同但相似的数据集构建并测试你自己的深度学习预测模型。撰写书面报告论述你的发现和经验。

6. 搜索与"认知搜索"相关的文章。查找至少五篇书面材料（期刊文章、白皮书、博客文章、应用程序案例等）。阅读并总结你的发现，解释你对认知搜索的理解，以及它与常规搜索方法的区别。

7. 访问 Teradata.com。搜索并查找深度学习和/或认知计算的应用案例研究和白皮书。写一份报告总结你的发现，并评论这些技术的能力和局限性。

8. 访问 SAS.com。搜索并查找深度学习和/或认知计算的应用案例研究和白皮书。写一份报告总结你的发现，并评论这些技术的能力和局限性。

9. 访问 IBM.com。搜索并查找关于深度学习和/或认知计算的应用案例研究和白皮书。写一份报告总结你的发现，并评论这些技术的能力和局限性。

10. 访问 TIBCO.com 或其他高级分析公司网站。搜索并查找深度学习和/或认知计算的应用案例研究和白皮书。写一份报告总结你的发现，并评论这些技术的能力和局限性。

参考文献

Abad, M., P. Barham, J. Chen, Z. Chen, A. Davis, J. Dean, ... M. Isard. (2016). TensorFlow: a system for large-scale machine learning. OSDI, 16, pp. 265-283.

Altman, E. I. (1968). Financial ratios, discriminant analysis and the prediction of corporate bankruptcy. The Journal of Finance, 23(4), pp. 589-609.

Azaria, A. 2022. ChatGPT Usage and Limitations.

Bahdanau, D., K. Cho, & Y. Bengio. (2014). "Neural Machine Translation by Jointly Learning to Align and Translate." ArXiv Preprint ArXiv:1409.0473.

Bengio, Y. (2009). Learning deep architectures for AI. Foundations and Trends® in Machine Learning, 2(1), pp. 1-127.

Bergstra, J., O. Breuleux, F. Bastien, P. Lamblin, R. Pascanu, G. Desjardins, ... Y. Bengio. (2010). "Theano: A CPU and GPU Math Compiler in Python." Proceedings of the Ninth Python in Science Conference, Vol. 1.

Boureau, Y.-L., N. Le Roux, F. Bach, J. Ponce, & Y. LeCun (2011). "Ask the Locals: Multi-Way Local Pooling for Image Recognition." Proceedings of the International Computer Vision (ICCV'11) IEEE International Conference, pp. 2651-2658.

Boureau, Y.-L., J. Ponce, & Y. LeCun. (2010). "A Theoretical Analysis of Feature Pooling in Visual Recognition." Proceedings of International Conference on Machine Learning (ICML'10), pp. 111-118.

Buchanan, B. G., & E. H. Shortliffe. (1984). Rule Based Expert Systems: The MYCIN Experiments of the Stanford Heuristic Programming Project. Reading, MA: Addison-Wesley.

Cognitive Computing Consortium. (2018). https://cognitivecomputingconsortium.com/resources/cognitivecomputing-defined/#1467829079735-c0934399-599a (accessed July 2018).

Chen, T., M. Li, Y. Li, M. Lin, N. Wang, M. Wang, ... Z. Zhang. (2015). "Mxnet: A Flexible and Efficient Machine Learning Library for Heterogeneous Distributed Systems." ArXiv Preprint ArXiv:1512.01274.

Collobert, R., K. Kavukcuoglu, & C. Farabet. (2011). "Torch7: A Matlab-like Environment for Machine Learning." Big-Learn, NIPS workshop.

Cybenko, G. (1989). Approximation by superpositions of a Sigmoidal function. Mathematics of Control, Signals and Systems, 2(4), 303-314.

Delen, D., R. Sharda, & M. Bessonov, M. (2006). Identifying significant predictors of injury severity in traffic accidents using a series of artificial neural networks. Accident Analysis & Prevention, 38(3), 434-444.

Denyer, S. (2018, January). "Beijing Bets on Facial Recognition in a Big Drive for Total Surveillance." The Washington Post. https://www.washingtonpost. com/news/world/wp/2018/01/07/feature/in-china-facial-recognition-is-sharp-end-of-a-drive-for-total-surveillance/?noredirect=on&utm_term=. e73091681b31.

Goodfellow, I., Y. Bengio, & A. Courville. (2016). Deep Learning. Cambridge, MA: MIT Press.

Goodfellow, I. J., D. Warde-Farley, P. Lamblin, V. Dumoulin, M. Mirza, R. Pascanu, ... Y. Bengio. (2013). "Pylearn2: A Machine Learning Research Library." ArXiv Preprint ArXiv: 1308. 4214.

Graves, A. (2013). "Generating Sequences with Recurrent Neural Networks." ArXiv Preprint ArXiv: 1308 0850.

Graves, A., & N. Jaitly. (2014). "Towards End-to-End Speech Recognition with Recurrent Neural Networks." Proceedings on International Conference on Machine Learning, pp. 1764-1772.

Graves, A., N. Jaitly, & A. Mohamed. (2013). "Hybrid SpeechRecognition with Deep Bidirectional LSTM." IEEE Workshop on Automatic Speech Recognition and Understanding, pp. 273-278.

Graves, A., A. Mohamed, & G. Hinton. (2013). "Speech Recognition with Deep Recurrent Neural Networks." IEEE Acoustics, Speech and Signal Processing (ICASSP) International Conference, pp. 6645-6649.

Graves, A., & J. Schmidhuber. (2009). "Offline Handwriting Recognition with Multidimensional Recurrent Neural Networks." Advances in Neural Information Processing Systems. Cambridge, MA: MIT Press, pp. 545-552.

Gualtieri, M. (2017). "Cognitive Search Is the AI Version of Enterprise Search, Forrester." go.forrester.com/blogs/17-06-12-cognitive_search_is_the_ai_version_of_enterprise_search/(accessed July 2018).

Haykin, S. S. (2009). Neural Networks and Learning Machines,3rd ed. Upper Saddle River, NJ: Prentice Hall.

He, K., X. Zhang, S. Ren, & J. Sun. (2015). "Delving Deep into Rectifiers: Surpassing Human-Level Performance on Imagenet Classification." Proceedings of the IEEE International Conference on Computer Vision, pp. 1026-1034.

Hinton, G. E., S. Osindero, & Y.-W. Teh. (2006). A fast learning algorithm for deep belief nets. Neural Computation,18(7), 1527-1554.

Hochreiter, S, & J Schmidhuber (1997) Long short-term memory. Neural Computation, 5(8), 1735-1780.

Hornik, K. (1991). Approximation capabilities of multilayer feedforward networks. Neural Networks, 4(2), 251 257. IBM. (2011). "IBM Watson." www.ibm.com/watson/(accessed July 2017).

Jia, Y. (2013) "Caffe: An Open Source Convolutional Architecture for Fast Feature Embedding." http://Goo.Gl/Fo9Y08(accessed June 2018).

Jia, Y., E. Shelhamer, J. Donahue, S. Karayev, J. Long, R. Girshick, . . T. Darrell, T. (2014). "Caffe: Convolutional Architecture for Fast Feature Embedding." Proceedings of the ACM International Conference on Multimedia, pp.675-678.

Keysers, D., T. Deselaers, H. A. Rowley, L.-L. Wang, & V. Carbune. (2017). Multi-language online handwriting recognition. IEEE Transactions on Pattern Analysis and Machine Intelligence, 39(6), 1180-1194.

Krizhevsky, A., I. Sutskever, & G. Hinton. (2012). Imagenet classification with deep convolutional neural networks. Advances in Neural Information Processing Systems, 1097-1105S.

Kumar, S. (2017). "A survey of deep learning methods for relation extraction." http://arxiv.org/abs/1705.03645. (accessed June 2018).

LeCun, Y., B. Boser,J. S. Denker, D. Henderson, R. E. Howard, W. Hubbard, & L. D. Jackel. (1989). Backpropagation applied to handwritten ZIP code recognition. Neural Computation, 1(4), 541-551.

Liang, X., X. Shen, J. Feng, L. Lin, & S. Yan. (2016). "Semantic object parsing with graph LSTM." European Conference on Computer Vision. New York, NY: Springer, pp. 125-143.

Lucy, L., and Bamman, D. 2021. "Gender and Representation Bias in GPT-3 Generated Stories," in Proceedings of the Third Workshop on Narrative Understanding, pp. 48-55.

Lundberg, S. M., & Lee, S. I. (2017). A unified approach to interpreting model predictions. Advances in neural information processing systems, 30.

Mahajan, D., R. Girshick, V. Ramanathan, M. Paluri, & L. van der Maaten. (2018). Advancing state-of-the-art image recognition with deep learning on hashtags. https://Icode.facebook.com/posts/1700437286678763/advancing-state-of-the-art-image-recognition-withdeep-learning-onhashtags/ (accessed June 2022).

Mikolov, T., K. Chen, G. Corrado, & J. Dean. (2013). "Efficient Estimation of Word Representations in Vector Space." ArXiv Preprint ArXiv:13013781.

Mikolov, T., Chen, K., Corrado, G., & Dean, J. (2013a). Efficient estimation of word representations in vector space. ArXiv Preprint ArXiv:1301.3781.

Mikolov, T., I. Sutskever, K. Chen, G. S. Corrado, & J. Dean. (2013b). Distributed representations of words and phrases and their compositionality. Advances in Neural Information Processing Systems, 3111-3119.

Mintz, M., S. Bills, R. Snow, & D. Jurafsky. (2009) "Distant Supervision for Relation Extraction Without Labeled Data." Proceedings of the joint Conference of the Forty-Seventh Annual Meeting of the Association for Computational Linguistics and the Fourth International joint Conference on Natural Language Processing of the AFNLP, Vol. 2, pp. 1003-1011.

Mozur, P. (2018, June 8). "Inside China 's Dystopian Dreams: A.I., Shame and Lots of Cameras." The New York Times, issue June 8, <yr>2018.

Nguyen, T. H., & R. Grishman. (2015). "Relation Extraction: Perspective from Convolutional Neural Networks." Proceedings of the First Workshop on Vector Space Modeling for Natural Language Processing, pp. 39-48.

Olson, D. L., D. Delen, and Y. Meng. (2012) Comparative analysis of data mining models for bankruptcy prediction. Decision Support Systems, 52(2), pp. 464-473.

OpenAI (2023). OpenAIblog post on ChatGP. Accessed at https://openai.com/blog/chatgpt (accessed March 2023).

Principe, J. C., N. R. Euliano, and W. C. Lefebvre. (2000). Neural and Adaptive Systems: Fundamentals Through Simulations. New York: Wiley.

Ouyang, L., Wu, J., Jiang, X., Almeida, D., Wainwright, C. L., Mishkin, P., Zhang, C., Agarwal, S., Slama, K., and Ray, A. 2022. "Training Language Models to Follow Instructions with Human Feedback," ArXiv Preprint ArXiv:2203.02155.

Reynolds, H., & S. Feldman. (2014, July/August). "Cognitive Computing: Beyond the Hype." KM World, 23(7), p. 21.

Riedel, S., L. Yao, & A. McCallum. (2010). "Modeling Relations and Their Mentions Without Labeled Text." Joint European Conference on Machine Learning and Knowledge Discovery in Databases. New York, NY: Springer, pp. 148-163.

Ribeiro, M. T., Singh, S., & Guestrin, C. (2016, August). "Why should I trust you?" Explaining the predictions of any classifier. In: Proceedings of the 22nd ACM SIGKDD international conference on knowledge discovery and data mining, 1135-1144.

Royyuru, A (2014). "IBM 's Watson Takes on Brain Cancer: AnalyZing Genomes to Accelerate and Help

Clinidans Personalize Treatments." Thomas J. Watson Research Center, www.research.ibm.com/articles/genomics.shtml (accessed September 2014).

Rumelhart, D. E., G. E. Hinton, & R J. Williams. (1986). "Learning Representations by Back-Propagating Errors." Nature,323(6088), pp. 533.

Russakovsky, 0.,]. Deng, H. Su, J. Krause, S. Satheesh, S. Ma, ... M. Bernstein. (2015). Imagenet large scale visual recognition challenge. International Journal of Computer Vision, 115(3), 211-252.

Saltelli, A., Ratto, M., Andres, T., Campolongo, F., Cariboni, J., Gatelli, D., ... & Tarantola, S. (2008). Global Sensitivity Analysis: The Primer. John Wiley & Sons.

Saltelli, A., Aleksankina, K., Becker, W., Fennell, P., Ferretti, F., Holst, N., ... & Wu, Q. (2019). Why so many published sensitivity analyses are false: A systematic review of sensitivity analysis practices. Environmental Modelling & Software, 114, 29-39.

Sato, K., C. Young, & D. Patterson. (2017). "An In-Depth Look at Google 's First Tensor Processing Unit (TPU)." https://cloud.google.com/blog/big-data/2017/05/an-indepth-look-at-googles-first-tensor-processing-unit-tpu. (accessed June 2018).

Scherer, D., A. Muller, & S. Behnke. (2010). "Evaluation of Pooling Operations in Convolutional Architectures for Object Recognition." International Conference on Artificial Neural Networks. New York, NY: Springer, 92-101.

Sharda, R., Delen, D., & Turban, E. (2021). Analytics, Data Science, & Artificial Intelligence: Systems for Decision Support. New York: NY: Pearson Education Limited.

Slowey, L. (2017a, January 25). "Winning the Best Picture Oscar: IBM Watson and Winning Predictions." https://www.ibm.com/blogs/internet-of-things/best-picture-oscar-watson-predicts/(accessed August 2018).

Slowey, L. (2017b, May 10). Watson predicts the winners: Eurovision 2017. https://www.ibm.com/blogs/internet-of-things/eurovision-watson-tone-predictions/(accessed August 2018).

Sutskever, I., Vinyals, O, & Le, Q. V. (2014). "Sequence to Sequence Learning with Neural Networks. Advances in Neural Information Processing Systems, pp. 3104-3112.

Topuz, K., & Delen, D. (2021). A probabilistic Bayesian inference model to investigate injury severity in automobile crashes. Decision Support Systems, 150, 113557.

Ung, G. M. (2016, May). Google's tensor processing unit could advance Moore 's Law 7 Years into the future. PC World. https://www.pcworld.com/article/3072256/google-io/googles-tensor-processing-unit-said-to-advance-moores-law-seven-years-into-the-future.html (accessed July 2018).

Vinyals, O., Kaiscr, L., Koo, T. Petrov, S.,Sutskever, I., & Hinton, G. (2015) "Grammar As a Foreign Language." Advances in Neural Information Processing Systems, pp. 2773-2781.

Vinyals, O., Toshev, A., Bengio, S., & Erhan, D. (2015). "Show and Tell: A Neural Image Caption Generator." Proceedings of the IEEE Conference on Computer Vision and Pattern Recognition (CVPR), pp. 3156-3164.

Vinyals, O., Toshev, A., Bengio, S., & Erhan, D. (2017). "Show and Tell: Lessons Learned from the 2015 MSCOCO Image Captioning Challenge." Proceedings of the IEEE Transactions on Pattern Analysis and

Machine Intelligence, 39(4), 652-663.

Wilson, R. L., & R. Sharda. (1994). "Bankruptcy Prediction Using Neural Networks." Decision Support Systems, 11(5), 545-557.

Wu, Y., M. Schuster, Z. Chen, Q. V Le, M. NorouZi, W. Macherey, & K. Macherey. (2016). "Google 's Neural Machine Translation System: Bridging the Gap Between Human and Machine Translation." ArXiv Preprint ArXiv:16o9.08144.

Xu, K., Ba, J., Kiros, R., Cho, K., Courville, A., Salakhudinov, R., & Bengio, Y. (2015). "Show, Attend and Tell: Neural Image Caption Generation with Visual Attention." Proceedings of the Thirty-Second International Conference on Machine Learning, pp. 2048-2057.

Zeng, D., Liu, K., Lai, S., Zhou, G., &Zhao (2014). Relation classification via convolutional deep neural network.http://Idoi.org/http://aclweb.org/anthologyIC/C14/C14-1220.pdf. (accessed June 2018).

CHAPTER 8

第 **8** 章

规范性分析：优化和模拟

学习目标

- 结合报表和预测分析了解规范性分析技术的应用
- 了解分析决策建模的基本概念
- 了解所选决策问题的分析模型概念，包括线性规划和决策支持模拟模型
- 描述如何将电子表格用于分析建模和解决方案
- 解释优化的基本概念及其使用时机
- 描述线性规划模型的构建方法
- 解释敏感性分析、假设分析和目标搜索的含义
- 了解不同类型模拟的概念和应用
- 了解离散事件模拟的潜在应用
- 了解遗传算法的基本概念和应用

本章介绍分析在报告和预测之外的应用，包括可与预测模型结合使用的技术，以支持决策过程。我们重点讨论那些可以相对容易地使用电子表格工具或独立软件工具实现的技术。当然，关于管理科学模型还有很多额外的细节需要学习，但本章的目的仅仅是说明有哪些可能性以及如何在实际环境中实施。

值得注意的是：建模可能是一个困难的话题，它是一门艺术，更是一门科学。本章的目的不一定是让读者掌握建模和分析。相反，这些内容是为了让读者熟悉与规范性分析及其在决策中的使用有关的重要概念。重要的是，我们在这里讨论的建模只是与数据建模的概念粗略相关，读者不应该将两者混淆。我们将介绍决策建模的一些基本概念和定义，然后介绍直接在电子表格中建模的思路。我们讨论两种经过时间验证的成功模式和方法的结构和应用，即线性规划和模拟。如前所述，仅仅学习这两个主题，读者也许都需要分多门课程才能完成，这里的目标只是让读者了解这两个主题的概略知识。

8.1 开篇小插曲：平衡配送路线、生产计划和库存

问题

Praxair/Linde 是世界上最大的工业天然气和工程公司之一。一个多世纪以来，他们为制造商提供了各种各样的天然气和化学产品。他们的产品遍布世界各地，涵盖从医疗到半导体制造再到清洁燃料汽车等多个行业。公司的分销网络和产品库存平衡决策必须定期制定。

Linde 的子公司 White Martins 是巴西最大的工业天然气公司，也是管理各种低温气体（如氩气、氧气、硝基和二氧化碳）全球团队中的一员。公司所有的产品数据都保存在一个数据湖中，主要关注事务数据和库存管理两方面。

Marcos Guimaraes 是一名机械工程师，在工业天然气和石油领域工作了 40 多年。他负责 White Martins 在南美洲的批量配送业务。作为物流总监，他负责所有大宗产品配送业务，管理客户库存，并确保产品按时交付，不会出现任何中断。

Guimaraes 必须进行产品分配、卡车路线和服务成本计算。他要管理 650 辆汽车和 1 000 多名司机，他们每月向巴西各地的数千名客户配送 15 万吨产品。这需要生成包含不确定需求的大型复杂模型，该决策帮助他每月安排和协调 18 000 次送货行程。

他一直在使用产品分销的优化解决方案，但其管理分配缺乏任何路由功能。他的数据集非常庞大，以至于模型对他的工具来说过于复杂。他想建立一种新的模式，在一个地方管理订单、产品配送和分销，以实现良好的增长。

解决方案

Guimaraes 的目标是使 White Martins 的物流运营达到世界级的运营水平，使用最先进的工具为客户的供应链带来价值。尽管可以使用业界领先的数据可视化产品，但他需要一种不同的工具，以根据真实数据做出优化决策。他选择了 Analytic Solver，这是基于 Microsoft Excel 构建的扩展解算器，我们将在本章中介绍。Guimaraes 指出，"Analytic Solver 的优化功能为每名工厂的每名客户提供产品的路线和配送。该系统每天都会运行，并允许我们预测未来三个月的情况。该系统能帮助我们了解如何平衡附近工厂的库存。"

尽管大多数客户的产品需求可以保持在可预测的差异范围内，但有时，客户的产品需求很快会大幅增长。

利用建立在历史数据基础上的大型数据模型，"Analytic Solver 显示了我们的库存未来的状况。我们将需求和消费作为不确定变量来了解我们想要的最低和最高库存水平。Analytic Solver 将计算产品从一家工厂转移到另一家工厂的数量，以及是否需要转移。"

工业气体设备是通过机械操作实现的。运营工厂的成本并不是一成不变的，需要从维护、磨损和运行时间方面考虑现实情况。

Guimaraes 和他的团队使用该模型来了解这些成本和风险。"一旦我们有了一个模型，就会与企业高管共享，这样他们就可以了解运营工厂和交付产品的成本。这些都是机械系统，所以它们不可能 100% 地运行。我们使用 Analytic Solver 对工厂发生故障的情况进行

风险计算。"

Guimaraes 利用模型的多种功能,由于所使用的数据具有历史确定性,他的团队架构简单且稳定。Analytic Solver 管理可靠性、需求和其他人为因素的不确定变量。"需求对人来说本来就是具有不确定性的,可能会有 1% 左右的预测失败,我们需要做校准,以尽可能接近完美。"运营如此大规模的业务需要严格的运营和平衡库存的能力。Guimaraes 每天都依靠 Analytic Solver 来完成任务。

结果

该模型对于 White Martins 管理产品供应、了解生产性能和跟踪商家拿货至关重要。所有这些因素都在 Guimaraes 团队求解模型中发挥作用,以指导工厂运营经理的决策。"为了增加库存,我们需要知道是生成产品以满足需求,还是采购产品到工厂。"

▶ 8.1 节 习题

1. 在计划向客户及时、盈利地交付工业化学品时,可能面临哪些类型的目标和限制?
2. 其他哪些公司可能会采用类似的行业决策模型?

从这个小插曲中学到的教训

供应链运作建模是线性规划模型的早期应用之一。正如读者将在本章中看到的,此类模型可以帮助我们优化许多决策,我们的目标是在面临很多限制的情况下实现最大化(如利润)或最小化(如成本)。自第二次世界大战以来,在合理的时间内求解这些不同大小的模型一直是主要研究方向。如今技术已经发展到可以使用 Frontline Systems 提供的 Microsoft Excel 中的内置求解器轻松解决许多问题的地步。更大的问题可以通过使用其扩展 Analytic Solver 来解决。

资料来源:改编自 Daniel Fylstra, Frontline Systems., 经许可使用。

8.2 基于模型的决策

正如开篇小插曲所指出的,使用分析模型做出决策就是我们所说的规范性分析。在前几章中,我们已经了解了历史的价值和过程,并利用这些信息预测可能发生的事情。接下来,我们需要通过这项工作来确定下一步应该做什么。这有助于我们发现潜在的客户,为客户提供服务,并提供合适的报价,以最大限度地达成与客户交易的可能性,从而增加利润。相反,这也可能用于预测哪些客户可能会去别的地方,为此提供促销优惠以留住客户,从而增加销售。我们可能需要决定与哪些供应商签署合同,以确保我们的所有需求都得到满足,并将成本降至最低。我们可能会面临这样一种情况,要判断哪些潜在客户应该收到什么样的促销活动材料,这样我们的促销成本才不会太高,并在预算管理范围内同时最大限度地提高响应率。我们可能要确定对不同的付费搜索关键词应该给多少钱,才能最大限度地提高广告预算的投资回报。另一方面,我们可能需要研究客户到店的历史数据,并利用这些信息来预测未来的客户到店率,从而安排适当数量的店员,以最大限度地满足客户需求，优化人力成本。我们可以根据对产品需求和供应链成本的分析和预测来决定仓库的位置。我们可以根据在不同地点交付的产品数量、交付成本和可用车辆情况来设置每日的产品交付路线。人们可以找到数百个有价值的基于数据的决策示例。事实上，对于不断发展的分析行业来说，最大的机遇就是能够利用描述性和预测性见解来帮助决策者做出更好的决策。尽管在某些情况下，人们可以利用经验和直觉来做出决策，但有模型支持的决策更有可能帮助决策者做出更好的决策。此外，有模型支持的决策还能为决策者提供建议的理由。因此，规范性分析已经成为分析的下一个研究方向。它本质上涉及使用分析模型来帮助指导决策者规划，或者自动化决策过程，以便在模型基础上给出建议或决策。由于规范性分析的重点是提出建议或做出决策，因此有些人将这类分析称为决策分析。

INFORMS 出版物，如 *Interfaces*、*ORMS Today* 和 *Analytics* 杂志，都介绍了决策模型在实际环境中成功应用的故事。本章包括许多此类规范性分析应用示例。将模型应用于现实世界中可以节省数百万美元，或产生数百万美元的收入。Christiansen 等人（2009）介绍了使用 TurboRouter（一种用于船舶路由和调度的决策支持系统）在航运公司运营中应用此类模型。他们声称，在 3 周的时间里，一家公司使用这种模式来优化其运营船队，在如此短的时间内产生了 100 万～200 万美元的额外利润。分析实操 8.1 中提供了另一个模型应用程序示例，该示例介绍了一个体育运动行业应用示例。

分析实操 8.1　加拿大橄榄球联盟优化比赛日程

加拿大橄榄球联盟（Canadian Football League, CFL）类似于美国国家橄榄球联盟（National Football League, NFL）。该联盟面临的挑战是要在 5 个月内为 9 支球队完美地组织 81 场橄榄球比赛，同时要优先考虑到销售收入、电视收视率和球队休息日。其他要考虑的因素包括组织不同时区的比赛，以及在主要公共假日举行的主要对抗赛。对于任何一个联盟来说，丰富的赛程都是各种商业合作的推动力，比如与转播渠道的协调和组织地面门票销售。如果赛程日程没有优化，将直接影响促销活动，从而导致巨大的收入损失以及糟糕的频道收视率。CFL 过去常常手动制作比赛日程表，现在必须找出更精细的方法来改进日程表，并将所有限制因素考虑在内。他们曾试图与一位顾问合作，建立一个全面的日程表模型，但具体实施仍然遇到挑战。联盟决定使用 Microsoft Excel 中的解算器来解决这个问题。优化时间表时需要平衡的一些比赛优先级包括：

- 销售收入——为那些产生更多收入的俱乐部制定比赛和时间安排。
- 频道收视率——制定一个比赛时间表，能提高广播公司的频道收视率。
- 团队休息日——制定一个时间表，让两支对阵的球队有足够的休息日。

联盟决定改善比赛日程表，将球员休息日列为更高的优先级，其次是销售收入和广播公司的频道收视率。这主要是因为销售收入和频道收视率属于球队球员在场上表现的副产品，这与球队的休息日直接相关。

方法/解决方案

最初，通过内置的解算器（solver）功能，在 Excel 上组织日程表任务艰巨。

Frontline Systems 提供了一个高级版本的解算器，使模型大小从大约 200 个决策增加到 8 000 个决策。联盟甚至不得不增加更多限制条件，如跨时区的电视转播、连赛两场不能重叠，以及将主要竞争对手的比赛安排在劳动节等。这些添加的限制从来都不简单，直到 Frontline Systems 顾问站出来帮助 CFL 将这一非线性问题转化为线性问题。线性规划"引擎"使模型运行起来。事实证明，高级解算器软件对改进日程安排有很大帮助。

结果 / 好处

优化的日程表因为能提高门票销售，增加频道收视率，从而增加了收入。之所以能够实现这一点，是因为该工具能够非常轻松地支持供应商所增加的约束。优化后的日程表令联盟的大多数利益相关者感到高兴。这是一个重复的过程，但这些比赛日程表是 CFL 迄今为止最先进的赛季比赛日程表。

问题讨论：

1. 列出与手动方式相比，基于解算器得到的比赛日程表可以带来更多收入的三种方式。
2. CFL 还可以通过哪些方式利用 Solver 软件来扩展和增强其他业务的运营？
3. 在安排此类比赛时，还有哪些重要的因素要考虑？

我们可以从这种分析中学到什么？

通过使用 Excel 的 Solver 插件，CFL 在考虑利益相关者和行业限制的情况下，在安排比赛时做出了更好的决策，从而产生了收入和良好的收视率。因此，优化的日程表加上规范性分析产生了重要的价值。根据案例研究，建模师 Trevor Hardy 先生是 Excel 的专业用户，但并不是建模专家。然而，Excel 的易用性使他能够将规范性分析付诸实际应用。

资料来源：编译自 " Canadian Football League Uses Frontline Solvers to Optimize Scheduling in 2016." Solver, September 7, 2016, www.solver.com/news/canadi an-football-league-uses-frontline-solvers-optimize-scheduling-2016; Kostuk, Kent J., and Keith A. Willoughby. " A Decision Support System for Scheduling the Canadian Football League." Interfaces, vol. 42, no. 3, 2012, pp. 286-295; Dilkina, Bistra N., and William S. Havens. The U.S. National Football League Scheduling Problem. Intelligent Systems Lab, www.cs.cornell.edu/~bistra/papers/NFLsched1.pdf。

规范性分析模型示例

建模是规范性分析的关键要素。在分析实操 8.1 介绍的例子中，必须使用数学模型才能为现实问题推荐决策。例如，在预算范围内决定哪些客户（可能多达数百万）将收到什么报价，以最大限度地提高整体响应价值，这不是人工所能做到的。建立一个以预算为约束的基于概率的响应最大化模型将为我们提供要寻求的信息。根据我们要解决问题的不同，有很多类模型可供选择，并且通常有许多专门的技术来求解每一类模型。我们将在本章中学习两种不同的建模方法。大多数大学都开设了涉及这些主题的多门课程，如运筹学、管理科学、决策支持系统和模拟等，这些课程可以帮助学生在这些主题上积累更多的专业知识。由于规范性分析通常涉及数学模型的应用，有时数据科学一词更常与此类数学模型的使用联系在一起。在学习规范性分析中的数学建模支持之前，让我们先了解一些建模问题。

问题识别与环境分析

任何决策都不是凭空产生的。对目标领域的范围以及环境的作用和动力学加以分析是很重要的。决策者需要确定组织文化和企业决策过程（例如，谁做决策，集权程度等）。完全有可能是环境因素造成了目前的问题。这可以正式称为**环境扫描和分析**（environmental scanning and analysis），即对收集到的信息进行监控、扫描和解释。商务智能/商务分析（BI/BA）工具可以通过扫描问题来帮助人们识别问题。问题必须被所有人理解，参与其中的每个人的理解都应该是一致的，因为问题最终将以另一种形式由模型表示。否则，该模型对决策者没有帮助。

变量识别。模型变量（如决策、结果、不可控）的识别很关键，变量之间的关系也是如此。影响图是数学模型的图解模型，可以帮助识别过程。认知图是一种更通用的影响图形式，它可以帮助决策者更好地理解问题，尤其是变量及其相互作用。

预测（预测分析）。如前所述，规范性分析的一个重要前提是知道发生了什么以及可能会发生什么。这种形式的预测分析对于构建和操纵模型至关重要。因为当实施决策时，结果通常会在未来才出现。对过去进行假设（敏感性）分析是没有意义的，因为当时做出的决定对未来无法产生影响。在线商业和通信对预测产生了巨大的需求，并为进行预测提供了丰富的可用信息。这些活动发生迅速，收集此类购买的信息并进行分析，可以产生预测。部分分析内容包括简单预测需求。然而，预测模型可以使用产品生命周期需求以及市场和消费者的信息来分析整个情况，理想情况下可以增加产品和服务的销售。

分析实操 8.2 介绍了一个有效预测的例子及其在炼油厂采购决策中的应用。

分析实操 8.2　炼油厂建模

问题

Downstream Advisors（DA）公司是一家专业咨询公司，专门从事下游石油行业的技术、商业和财务服务，如炼油、营销、运输、石化和电力等。当公司有兴趣购买、销售或优化其石油和天然气炼油厂时，要求 DA 及其专家顾问评估和模拟各种炼油厂功能。DA 建立了一个名为 Smart Ref 的炼油厂模型，可以对其进行定制，以建立一家已经存在或正在考虑收购的炼油厂模型。他们分析的重点是各种过程之间的产品流速，确定哪种产品需要去哪里。例如，他们可以根据分馏和加工要求确定如何以及在哪里输送原油。

顾问 William Peltier 说："由于有 50 多个互锁的工艺单元，判断哪些产品需要从一个地方转移到另一个地方变得非常复杂。"

构建 Smart Ref 花了十年时间，并且已经在客户端工作中使用了好几年。DA 的顾问可以运行多个用例，并根据一系列概率对结果进行建模。这类建模练习正是投资者在考虑购买炼油厂和管道时所需要的。Smart Ref 帮助这些投资者在尽职调查过程中了解他们的投资。DA 还能够将现有炼油厂的业绩与其他炼油厂进行比较，以进行竞争分析，或了解税收情况。

建模与解决途径

DA 使用 Frontline Systems 开发的 Analytic Solver 来对炼油厂模型求解。Frontline Systems 的 Solver 内置于 Microsoft Excel 中。在本章中，我们将学习如何使用此解算器建模并解决一些优化问题。Analytic Solver 使得 DA 能够构建和自动化运行了几十年的数据模型，即使是汽油搅拌机等小型项目。Solver 允许 DA 顾问模拟炼油厂运营并向投资者提出建议。Peltier 顾问说：

"他们可能想根据利润的多少花更多或更少的钱，也可能根据投资地点的不同，有不同的审批流程。"

尽管免费的 Excel Solver 对 DA 顾问很有用，但使用 Analytic Solver 还有很多大问题需要解决。Peltier 指出："炼油行业常用的模型有两种，一种是非常具体并试图做我们所做的事情的线性规划模型，另一种是更详细的过程模型。线性模型很难改变，而且我们有很多非线性模型——有时我们不知道如何实现建模自动化。"

该过程模型在分子水平上运行，用于设计新设备。Smart Ref 使用 Analytic Solver 可以实现这种类型的高速工作。所有炼油厂建模过程都在每位顾问自己的计算机上运行。求解器可以在几秒钟内为他们的问题生成最佳解决方案。

变量最多的最大应用是分配决策。顾问 Davis 继续说："Solver 会计算出什么会去哪里。我们知道什么产品会满足哪些规格，比如黏度或沸点。"

Solver 协助 Downstream Advisors 开展业务

Downstream Advisors 凭借其创新的 Smart Ref 应用程序表现出显著的竞争优势。Peltier 说："在我们开发出该应用程序之前，世上还没有这样的东西。大约 20~25 年前，我们还在思考能否制作这样的应用程序，所以我们尝试了一种建造该模型的过程，并认真考虑过它的应用场合。而 Solver 正是使该产品得以实现的原因。它使 Smart Ref 能够对真实世界的物理过程进行稳健的模拟，并在很短时间内生成优化结果。"

问题讨论：

1. 讨论炼油厂如何通过建立一个模型来模拟其运营。试进行在线搜索，找到一些讨论这方面的论文。

2. 为什么潜在投资者会对研究这样一个模型的结果感兴趣？

从这个故事中学到的教训

炼油厂运营建模是线性规划模型的早期应用之一。正如读者将在本章中看到的，此类模型可以帮助我们优化许多决策，我们的目标是最大化（如利润）或最小化（如成本），同时要考虑许多约束。自第二次世界大战以来，在合理的时间内求解这些不同大小的模型一直是一个主要的研究领域。技术已经发展到可以使用 Frontline Systems 提供的 Microsoft Excel 中的内置解算器轻松解决许多问题的地步。更大的问题可以通过使用他们的 Analytic Solver 来解决。

资料来源：改编自 Daniel Fylstra, Frontline Systems. https://www.frontlinesystems.com/news/downstream-advisors-analytic-solver-case-study。

模型类别

表 8.1 将决策模型分为七组，并列出了每种类别的几种代表性技术。每种技术都可以应用于静态或动态模型，这些模型可以在确定性、不确定性或存在风险的环境下构建。为了加快模型构建，我们可以使用嵌入了建模语言和功能的特殊决策分析系统。其中包括电子表格、数据挖掘系统、在线分析处理（OLAP）系统和帮助分析师建立模型的建模语言。我们将在本章后面介绍其中一个系统。

表 8.1 模型类别

类别	过程与目标	代表性技术
有少量备选方案的问题优化	从少量备选方案中找出最佳解决方案	决策表、决策树、层次分析法
通过算法实现优化	一步一步改进过程，从而在大量备选方案中找到最佳解决方案	先行及其他数学规划模型、网络模型
通过分析公式优化	使用公式在每一步过程中找到该过程的最佳解决方案	一些库存模型
模拟	利用实验找到一个足够好的解决方案或在已验证的备选方案中找到最佳方案	集中类型的模拟
启发式	利用规则找到一个足够好的解决方案	启发式规划、专家系统
预测模型	预测给定场景的未来	预测模型、马尔可夫分析
其他模型	使用一个公式来解决一个假设情况	财务建模、排队

模型管理。与数据一样，必须对模型进行管理以维护其完整性，从而保持其适用性。这种管理通过与数据库管理系统（DBMS）类似的基于模型的管理系统来实现。

基于知识的建模。决策支持系统主要使用定量模型，而专家系统在其应用中使用定性的、基于知识的模型。一些知识对于构建可解（可用的）模型是必要的。许多预测分析技术，如分类和聚类，可以用于构建基于知识的模型。

当前的建模趋势。最新的一个建模趋势是开发模型库和解决方案技术库。其中一些代码可以直接在所有者的 Web 服务器上免费运行，其他代码可以下载并在本地计算机上运行。这些代码的可用性意味着决策者现在可以使用强大的优化和模拟包，而之前他们可能只从课堂问题的角度体验过这些工具。例如，威斯康星大学麦迪逊分校的威斯康星探索研究所在 https://neos-server.org/neos/index.html （2022 年 7 月访问）维护 NEOS Server for Optimization。你可以点击 informs.org 上的资源链接找到其他网站的链接，informs.org 是运筹与管理科学研究协会（Institute for Operations Research and the Management Sciences，INFORMS）的网站。INFORMS 还提供了丰富的建模和解决方案信息。

如今一个明显的趋势是开发和使用基于云的工具和软件来访问甚至运行软件，以执行建模、优化、模拟等操作。这在许多方面简化了模型在现实世界问题中的应用。然而，要有效地使用模型和解决方案技术，必须通过开发简单的模型和解决方法来真正获得经验。这方面经常被忽视。如果有了解如何应用模型的关键分析师，组织就能非常有效地应用模型。这在收入管理领域最为明显，该领域已从航空公司、酒店和汽车租赁行业转移到零售、保险、娱乐和许多其他领域。CRM 也使用模型，但它们通常对用户是透明的。对于管理模型，数据量和模型量都相当大，需要使用数据仓库来提供数据并使用并行计算硬件，才能在合理的时间范围内获得解决方案。

使分析模型对决策者完全透明是一种持续的趋势。例如，**多维分析（建模）**涉及多个维度的数据分析。在多维分析（建模）中，数据通常以电子表格格式显示，大多数决策者都熟悉这种格式。许多习惯于对数据立方体进行切片和切块的决策者现在正在使用 OLAP 系统访问数据仓库。尽管这些方法可能使建模变得容易，但它们也消除了许多重要和适用的模型类，并忽略了一些重要的、微妙的解决方案。建模涉及的远不止用趋势线进行数据分析和用统计方法建立关系。

还有一种趋势是建立一个模型的模型来辅助分析。**影响图**是模型的图形表示，即模型的模型。一些影响图软件包可以生成并求解结果模型。

8.2 节　习题

1. 列出从建模中吸取的三个教训。
2. 列出并描述建模中的主要问题。
3. 决策支持系统中使用的主要模型类型是什么？
4. 为什么模型在工业领域中的使用频率没有达到应有或可能的水平？
5. 目前的建模趋势是什么？

8.3　用于决策支持的数学模型的结构

接下来，我们将介绍分析数学模型的主题（例如，数学、金融和工程）。其中包括模型组件和结构。

决策支持数学模型的组成部分

所有定量模型通常包括四个基本组成部分（如图 8.1 所示）：结果变量、决策变量、不可控变量（或参数）和中间结果变量。数学关系将这些组成部分联系在一起。在非定量模型中，这些关系是象征性的或定性的。决策的结果是基

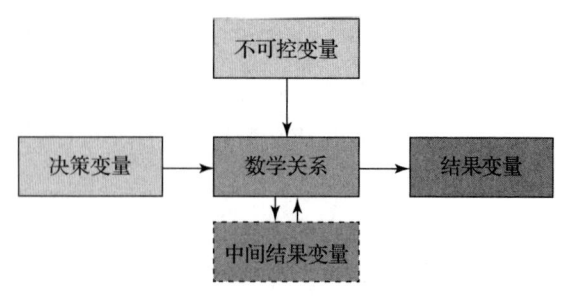

图 8.1　定量模型的基本组成部分

于所做的决策（即决策变量的值）、决策者无法控制的因素（在环境中）以及变量之间的关系来确定的。建模过程包括识别变量及其之间的关系。通过对模型求解确定这些变量和结果变量的值。

结果变量。结果变量反映了系统的有效性水平，也就是说，它们表示系统执行或实现其目标的程度。这些变量是输出。结果变量示例如表 8.2 所示。一般视结果变量为因变量。中间结果变量有时用于建模，以确定中间结果。在因变量描述的事件发生之前，必须先发生另一个事件。结果变量取决于决策变量和不可控变量的发生。

表 8.2 模型组件示例

领域	决策变量	结果变量	不可控变量和参数
财务投资	投资替代品和金额	利润总额、风险 投资回报率（ROI） 每股收益 流动性水平	通货膨胀率 优惠率 竞争
营销	广告预算 在哪里做广告	市场份额 客户满意度	客户收入 竞争对手的行为
制造	生产什么和生产多少 库存水平 补偿方案	总成本 质量水平 员工满意度	机器容量 技术 材料价格
会计	使用计算机 审计时间表	数据处理成本 错误率	计算机技术 税率 法律要求
运输	发货时间表 使用智能卡	运输总成本 付款浮动时间	送货距离 条例
服务	员工级别	客户满意度	服务需求

决策变量。决策变量描述了可供选择的行动方案。决策者对决策变量进行控制。例如，对于一个投资问题，投资债券的金额是一个决策变量。在调度问题中，决策变量是人、时间和调度表。表 8.2 列出了其他示例。

不可控变量或参数。在任何决策情况下，都有影响结果变量但不受决策者控制的因素。这些因素可以是确定的，在这种情况下这些因素被称为不可控变量或参数。这些因素也可以是变化的，此时它们被称为变量。这些因素包括主利率、城市建筑规范、税收法规和公用事业成本等。这些因素大多是不可控的，因为它们处于决策者工作的系统环境中，并由系统环境元素决定。其中一些变量可能是对决策者的限制，因此形成了所谓的问题约束。

中间结果变量。中间结果变量反映了数学模型中的中间结果。例如，在确定机器调度时，损坏是一个中间结果变量，总利润是结果变量（即损坏是总利润的一个决定因素）。另一个例子是员工工资。这构成了管理层的一个决策变量：它决定了员工满意度（即中间结果），而员工满意度又决定了生产力水平（即最终结果）。

数学模型的结构

定量模型的各个组成部分通过数学（代数）表达式，即方程或不等式联系在一起。

一个非常简单的财务模型是

$$P = R - C$$

其中 $P=$ 利润，$R=$ 收入，$C=$ 成本。这个方程描述了变量之间的关系。另一个众所周知的财务模型是简单的现值现金流模型，其中 $P=$ 现值，$F=$ 未来的单笔付款（美元），$i=$ 利率（百分比），$n=$ 年数。使用该模型，可以确定从今天起 5 年内以 10%（0.1）的利率支付的 100 000 美元的现值，如下所示：

$$P = 100\,000 / (1+0.1)^5 = 62\,092$$

在下面的内容中，我们将介绍更有趣、更复杂的数学模型。

8.3 节 习题

1. 什么是决策变量？
2. 列出并简要讨论定量模型的主要组件。
3. 解释中间结果变量的作用。

8.4 确定性、不确定性与风险分析

决策过程包括对备选方案进行评估和比较。在此过程中，有必要预测每一个备选方案的未来结果。决策情况通常根据决策者对预测结果的了解（或相信）进行分类。我们通常将这些知识分为三类（如图 8.2 所示），从完全了解到完全不了解：

- 确定性
- 不确定性
- 风险

图 8.2 决策区域

开发模型时，这些条件中的任何一种都可能发生，并且不同类型的模型对每种情况都适用。接下来，我们讨论这些术语的基本定义以及每个条件的一些重要建模问题。

确定性决策

在确定性决策中，假设决策者对确定性的知识是完全了解的，这样他们就可以确切地知道每一个行动过程的结果（就像在确定性环境中一样）。结果可能不是 100% 已知的，也没有必要真正评估所有结果，但这种假设往往简化了模型，使其易于处理。决策者被视为未来的完美预测者，因为人们认为每种选择都只有一个结果。例如，投资美国国债的另一种选择是，如果国债持有到期的话，则可以完全获得有关未来投资回报的信息。涉及确定性决策的情况最常见于结构性问题和短期规划（最长 1 年）。确定性模型相对容易开发和求解，并且可以产生最优解。许多金融模型假设都是基于假设的确定性，尽管市场并非 100% 确定。

不确定性决策

在不确定性的决策中，决策者会考虑每一个行动过程都可能产生多种结果的情况。与

风险情况相反，在这种情况下，决策者不知道或无法估计可能产生的结果发生的概率。由于信息不足，不确定性下的决策比确定性下的决策更困难。这种情况的建模包括评估决策者（或组织）对风险的态度。

管理者试图尽可能避免不确定性，甚至假设它不存在。他们试图不处理不确定性，而是想办法获得更多的信息，以便在确定性（因为它可以"几乎"确定）或在可计算（即假设）的风险条件下处理问题。如果无法获得更多信息，则必须在不确定的条件下处理该问题，这种不确定的情况不如其他类别明确。

风险下的决策（风险分析）

在风险下做出的决策（也称为概率或随机决策情况）是指决策者必须考虑每个备选方案的几个可能结果，每个结果都有给定的发生概率。假设给定结果发生的长期概率是已知的或可以估计的。在这些假设下，决策者可以评估与每个备选方案相关的风险程度（称为计算风险）。大多数重大商业决策都是在假设风险的情况下做出的。风险分析（即计算风险）是一种分析与不同备选方案相关的风险（基于假设的已知概率）的决策方法。风险分析可以通过计算每个备选方案的预期值并选择具有最佳预期值的备选方案来进行。

▶ 8.4 节 习题

1. 定义在假设的确定性、风险和不确定性下执行决策意味着什么。
2. 如何处理假设确定性下的决策问题？
3. 如何处理假设不确定性下的决策问题？
4. 如何处理假设风险下的决策问题？

8.5 使用电子表格进行决策建模

模型可以用各种编程语言和系统进行开发和实现。我们主要介绍电子表格及其插件、建模语言和透明数据分析工具。电子表格软件包凭借其强大的功能和灵活性，很快被公认为易于使用的实施软件，可用于开发商业、工程、数学和科学领域的各种应用软件。电子表格包括各种统计、预测和其他建模和数据库管理功能、函数和例程。随着电子表格软件包的升级，更多用于构建和解决特定模型类的插件也被开发出来。这些插件包中的许多程序是为 DSS 开发而开发的。这些与 DSS 相关的插件包括：Solver（Frontline Systems 公司开发，solver.com）（2022 年 7 月访问）和 What's Best！（Lindo 的版本，Lindo Systems 公司开发，lindo.com）（2022 年 7 月访问），用于执行线性和非线性优化；用于人工神经网络的 NeuralTools；用于遗传算法的 Evolver；以及进行模拟研究的 @RISK（Palisade 公司开发，palisade.com）（2022 年 7 月访问）。类似的插件可以免费或以非常低的价格购买。（可以通过网络搜索找到这些插件，新的插件还会定期投放到市场中。）

电子表格显然是最受欢迎的最终用户建模工具，因为它包含了许多强大的财务、统计、数学和其他功能。电子表格可以执行模型解决方案任务，如线性规划和回归分析。电子表格已发展成为分析、规划和建模的重要工具（见 Farasyn、Perkoz 和 Van de Velde，2008；

Hurley 和 Balez，2008；Ovchinnikov 和 Milner，2008）。分析实操 8.3 和 8.4 介绍了基于电子表格的模型在非营利环境中的有趣应用。

分析实操 8.3　宾夕法尼亚州收养交换中心使用电子表格模型更好地匹配儿童与家庭

宾夕法尼亚州收养交换中心（Pennsylvania Adoption Exchange，PAE）由宾夕法尼亚州于 1979 年成立，旨在帮助县和非营利机构为因年龄或特殊需求而未被收养的无父母儿童寻找家庭。PAE 保存了小孩和可能收养他们的家庭偏好的详细记录。该交换中心会在宾夕法尼亚州所有 67 个县为孩子们寻找家庭。

宾夕法尼亚州永久收养网络负责为孤儿寻找家庭。如果几次尝试后，网络未能帮孩子找到栖身家庭，他们就会得到 PAE 的帮助。PAE 使用自动评估工具将儿童与家庭进行匹配。该工具通过计算 78 对儿童属性值和家庭偏好的得分（0%～100%），来提供儿童匹配建议。几年来，PAE 一直在努力向负责儿童的社会工作者提供收养匹配建议。他们发现很难管理如此庞大的儿童数据库，该数据库是随着时间的推移从所有 67 个县收集的。基本的搜索算法得出的匹配推荐对社会工作者来说已变得无效。因此，未被收养的儿童数量大幅增加，为他们寻找栖身家庭的紧迫感也越来越强。

方法 / 解决方案

PAE 开始通过在线调查收集有关儿童和家庭的信息，其中包括一系列新问题。这些问题收集了有关儿童的爱好、儿童社会工作者对家庭的偏好以及家庭对儿童年龄范围的偏好的信息。PAE 和顾问创建了一个电子表格匹配工具，与以前使用的自动化工具相比，该工具包含了一些新功能。在该模型中，社会工作者可以指定为孩子选择家庭的属性的权重。例如，如果一个家庭在性别、年龄和种族方面的偏好范围很窄，那么这些因素可能会更受重视。此外，社会工作者可以优先选择家庭的居住县，因为社区关系对儿童来说至关重要。使用该工具，匹配委员会可以在每个属性上比较孩子和家庭，从而在家庭和孩子之间做出更准确的匹配决策。

结果 / 好处

自从 PAE 开始使用新的电子表格模型来匹配家庭和孩子，他们已经能够做出更好的匹配决策。因此，获得栖身家庭的儿童比例增加了。这个简短的案例是使用电子表格作为决策支持工具的众多例子之一。通过为家庭的愿望和孩子的属性创建一个简单的评分系统，可以生成更好的匹配系统，使双方都更加满意。

问题讨论：

1. PAE 在做出收养匹配决策时面临哪些挑战？
2. 新的电子表格工具的哪些功能有助于 PAE 解决家庭与孩子的匹配问题？

资料来源：Slaugh, V. W., Akan, M., Kesten, O., & Unver, M. U. (2016). The Pennsylvania Adoption Exchange improves its matching process. Interfaces, 46(2),133-154。

分析实操 8.4　Metro Meals on Wheels Treasure Valley 使用 Excel 查找最佳配送路线

美国车轮餐协会（Meals on Wheels Association of America，现为 Meals on Wheels America，即上门送餐服务）是一个非营利组织，为美国各地有需要的老年人家庭提供约 100 万份餐食。Metro Meals on Wheels Treasure Valley 是 Meals on Wheels America 在爱达荷州的一家当地分支机构。该机构有一支志愿者司机团队，他们每天驾驶个人车辆，沿着 21 条路线为 800 名客户送餐，覆盖面积达 2 745 平方千米。

Metro Meals on Wheels Treasure Valley 面临着许多问题。首先，他们希望尽量缩短配送时间，因为煮熟的食物对温度敏感，很容易变质。他们希望每名司机都能在 90 分钟内将煮熟的食物送出去。其次，日程安排过程非常耗时。两名员工花了大量时间设计配送路线。路线协调员根据某一天的用餐人数确定停靠站数量。确定停靠站数量后，协调员需要确定一系列停靠站点，使志愿者的配送时间最小化。然后将该路线安排表输入到一个在线工具中，以确定司机的逐路段配送说明。人工决定路线的整个过程非常耗时。Metro Meals on Wheels Treasure Valley 希望有一个路线工具可以帮助他们改进送餐系统，为单程和往返送餐路线生成路线解决方案。那些经常开车的人可以在第二天送回保温炉或冷藏箱，其他偶尔开车的人则需要将保温炉或冷藏箱当天送回厨房。

方法 / 解决方案

为了解决路线安排问题，该组织开发了一个基于电子表格的工具。该工具有一个界面，可以轻松输入收货人的信息，如姓名、用餐要求和送货地址。这些信息需要填写在路线中每个站点的电子表格中。接下来，Excel 的 Visual Basic for Applications 功能用于访问名为 MapQuest 的开发人员的网络地图应用程序编程接口（API）。这个 API 可以用来创建一个旅行矩阵，计算送餐所需的时间和距离。该工具每天为 5 000 个位置提供时间和距离信息，不需要任何成本。

程序启动时，MapQuest API 首先验证输入的用餐人地址。然后，该程序使用 API 检索行驶距离、估计行驶时间，以及在路线上所有站点之间的行驶指令。然后，该工具可以在可行的时间限制内找到最多 30 站的最佳路线。

结果 / 好处

由于使用了该工具，该组织每年的总驾驶距离减少了 10 000 英里，行车配送时间减少了 530 小时。Metro Meals on Wheels Treasure Valley 在 2015 年节省了 5 800 美元，平均每英里节省 0.58 美元（以中型轿车计算）。该工具还减少了送餐路线规划所花费的时间。此外，还提高了志愿者的满意度，也留住了更多的志愿者。

问题讨论：

1. 在采用基于电子表格的工具之前，Metro Meals on Wheels Treasure Valley 在送餐方面面临哪些挑战？

2. 解释基于电子表格的模型的设计。

3. 将基于 Excel 的模型用于 Metro Meals on Wheels Treasure Valley 有哪些无形好处？

资料来源：Manikas, A. S., Kroes, J. R., & Gattiker, T. F. (2016). Metro Meals on Wheels Treasure Valley employs a low-cost routing tool to improve deliveries. Interfaces, 46(2), 154-167.

其他重要的电子表格功能包括假设分析、目标搜索、数据管理和可编程性（宏）。使用电子表格，可以很容易地更改单元格的值并立即查看结果。目标搜索是通过指定目标单元格和期望值，并通过改变单元格值来实现。数据库管理可以用小数据集执行，也可以导入数据库的一部分进行分析（这本质上是 OLAP 处理多维数据集的方式；事实上，大多数 OLAP 系统在加载数据后都具有高级电子表格软件的外观）。模板、宏和其他工具可提高构建 DSS 的效率。

大多数电子表格包都提供无缝集成，因为它们可以读取和写入常见的文件结构，并且可以轻松地与数据库和其他工具进行接口。Microsoft Excel 是最受欢迎的电子表格软件包。在图 8.3 中，我们展示了一个简单的贷款计算模型，其中电子表格上的框说明了包含公式的单元格的内容。单元格 E7 中利率的变化立即反映在单元格 E13 中的每月付款中，可以马上显示和分析结果。如果我们需要特定的月供数据，可以使用目标搜索来确定适当的利率或贷款金额。

静态或动态模型可以构建在电子表格中。例如，图 8.3 所示的每月贷款计算电子表格是静态的。尽管这个问题会随着时间的推移影响借款人，但这个可复制模型表明了一个月的贷款效益。相比之下，动态模型代表了一段时间内的变化。图 8.4 所示的电子表格中的贷款计算表明了提前还款对本金的影响。通过使用内置的随机数生成器开发模拟模型，可以将风险分析纳入电子表格中。

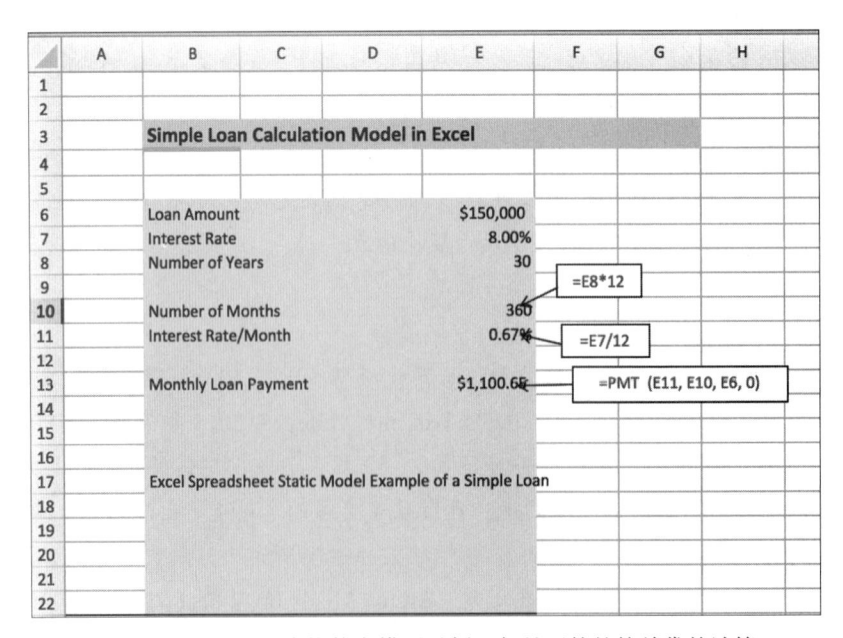

图 8.3 Excel 电子表格静态模型示例，每月还款的简单贷款计算

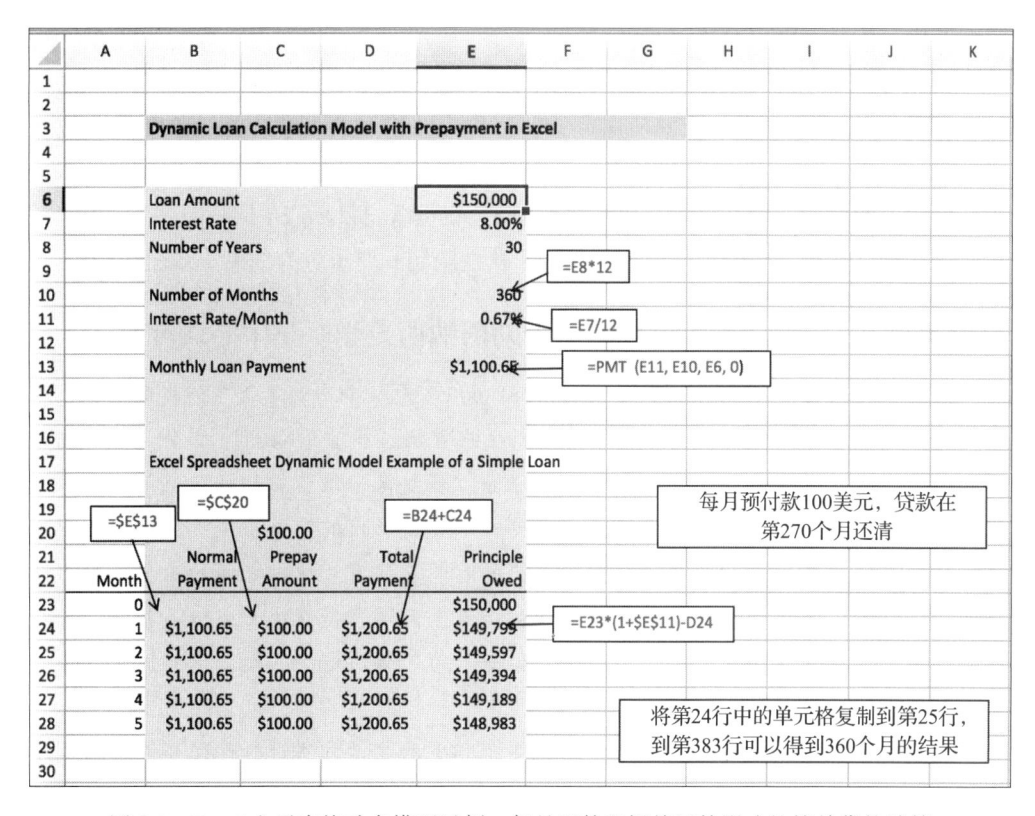

图 8.4　Excel 电子表格动态模型示例，每月还款和提前还款影响的简单贷款计算

模型的电子表格应用是定期报告的，我们将在下一节中学习如何使用基于电子表格的优化模型。

8.5 节　习题

1. 什么是电子表格？
2. 什么是电子表格插件？插件如何帮助创建和使用 DSS？
3. 为什么电子表格有利于 DSS 的开发？

8.6　数学规划优化

数学规划（mathematical programming）是一系列工具，旨在帮助解决管理问题。在这些问题中，决策者必须在竞争性活动中分配稀缺资源，以优化可衡量的目标。例如，各种产品（活动）之间的机器时间（资源）分配是一种典型的分配问题。线性规划（Linear Programming，LP）是数学规划的优化工具家族中最著名的技术。在 LP 中，变量之间的所有关系都是线性的，它广泛应用于 DSS 中。LP 模型在实践中有许多重要的应用。这些应用包括供应链管理、产品组合决策、路线选择等。模型的特殊形式可以用于特定的应用。例如，分析实操 8.5 介绍了用于为医生创建时间表的电子表格模型。

LP 分配问题通常表现出以下特征：

- 可供分配的经济资源数量有限。
- 资源用于生产产品或服务。
- 有两种或多种方式的资源使用方式，每种方式被称为解决方案（solution）或规划（program）。
- 使用资源的每一项活动（产品或服务）都会根据既定目标产生回报。
- 分配通常受到几个限制和要求的制约，这些限制和要求称为约束（constrain）

分析实操 8.5　混合整数规划模型帮助田纳西大学医学中心调度医生

区域新生儿协会（Regional Neonatal Associate）是一个由九名医生组成的团体，在田纳西州诺克斯维尔的田纳西大学医学中心新生儿重症监护室（NICU）工作。该组织还为诺克斯维尔地区的两家当地医院提供急救服务。多年来，该组织的一名成员都靠人工安排医生调度。然而，由于他临近退休，需要一个更自动化的系统来调度医生。医生们希望这个系统能平衡他们的工作量，因为之前的时间表没有对他们之间的工作量做出适当平衡。此外，还需要制定时间表，确保医生能够全天候覆盖新生儿重症监护室，并在可能的情况下，满足医生对轮班类型的个人偏好。为了解决这个问题，这些医生联系了田纳西大学管理科学学院。

调度医生轮班的问题的特点是受到医生工作量和生活方式选择的限制。解决调度问题的第一步是根据轮班类型（白天和晚上）对轮班进行分组。下一步是确定问题的约束条件。该模型需要9名医生覆盖9周的值班时间，其中两名医生在工作日工作，一名医生在夜间和周末工作。此外，还必须有一名医生为两家当地医院提供全天候服务。其他明显的约束因素也要考虑，例如，刚值完夜班的医生必须安排白天休息等。

方法 / 解决方案

该问题是通过创建一个二元、混合整数优化模型来解决的。第一个模型将工作量平均分配给九名医生，但这无法让医生分配到相同数量的白班和夜班，这就产生了一个分配公平性的问题。此外，医生们对分配的工作量也有不同意见。六名医生希望制定一个时间表，在9周的时间表中，每名医生都有相同数量的白班和夜班，而其他医生则希望制定一份基于个人轮班偏好的时间表。为了满足这两类医生的需求，另外设计了一个新模型，命名为混合偏好调度模型（Hybrid Preference Scheduling Model，HPSM）。为了满足这六名医生的平等要求，该模型首先计算了一周的工作量，并将其划分为九周。通过这种方式，六名医生的工作量得以平均分配。剩下的三名医生的工作量根据他们的偏好在9周的时间表中分配。医生对由此产生的时间表进行了审查，他们发现更乐于接受此时间表。

结果 / 好处

HPSM方法同时满足了医生的公平性和个人偏好要求。与以前的手动安排调度表相比，该模型生成的调度表为医生提供了更好的休息时间，请假需求也可以体现在调度表中。HPSM 模型可以解决对偏好要求的类似调度问题。

诸如混合整数规划模型之类的技术可以构建最优调度，并有助于实际操作。这些技术已经在大型组织中使用了很长一段时间。现在可以在电子表格和其他易于使用的软件中实现这种规范性分析模型。

问题讨论：
1. 区域新生儿协会面临的问题是什么？
2. HPSM 模型是如何满足医生的所有要求的？

资料来源：Bowers, M. R., Noon, C. E., Wu, W., & Bass, J. K. (2016). Neonatal physician scheduling at the University of Tennessee Medical Center. *Interfaces*, 46(2), 168-182。

LP 分配模型基于以下合理的经济假设：
- 可以比较不同分配的回报；也就是说，它们可以用一个通用的单位（例如美元、效用等）来衡量。
- 任何分配的回报都与其他分配无关。
- 总回报是不同活动产生的回报之和。
- 所有数据都是确定的。
- 资源将以最经济的方式使用。

分配问题通常有许多可能的解决方案。根据基本假设，解决方案的数量可以是无限的，也可以是有限的。通常，不同的解决方案会产生不同的回报。在可用的解决方案中，至少有一种是最好的，与之相关的目标实现程度最高（即总回报最大化）。这被称为**最优解**（optimal solution），可以通过使用特殊的算法得到。

线性规划模型

每个 LP 模型都由**决策变量**（其值未知并被搜索）、**目标函数**（将决策变量与目标联系起来、衡量目标实现程度并进行优化的线性数学函数）、**目标函数系数**（表示对决策变量一个单位的目标贡献的单位利润或成本系数）、**约束**（以限制资源或需求的线性不等式或等式的形式表示，约束通过线性关系将变量联系起来）、**能力**（描述约束和变量的上限和下限）和**输入/输出（技术）系数**（指示决策变量的资源利用率）组成。

技术洞察 8.1　线性规划

LP 可能是最著名的优化模型，用于处理竞争活动之间资源的最佳分配，分配问题由这里描述的模型表示。

LP 的主要问题是找到决策变量 X_1、X_2 等的值，使得结果变量 Z 的值最大化，并受制于一组线性约束，这些约束表示技术、市场条件和其他不可控变量。数学关系都是线性方程和不等式。从理论上讲，任何这类分配问题都有无限多个可能的解。LP 方法使用特殊的数学过程，应用独特的计算机搜索过程，可以在几秒钟内找到最佳解决方案。此外，该解决方案提供了自动敏感性分析。

我们看一个例子。制造专用计算机的 MBI 公司需要做出以下决策：波士顿工厂下个月应该生产多少台计算机？MBI 考虑生产两种类型的计算机：一种是 CC-7，需要 300 天工时和 10 000 美元的材料；另一种是 CC-8，需要 500 天工时和 15 000 美元的材料。每台 CC-7 可产生 8 000 美元的利润，而每台 CC-8 的利润则为 12 000 美元。该工厂的产能为每月 20 万个工作日，材料预算为每月 800 万美元。营销部门要求每月至少生产 100 台 CC-7 和 200 台 CC-8。问题是需要确定每月应该生产多少台 CC-7 和多少台 CC-8，才能实现公司利润最大化。注意，在现实环境中，可能需要几个月的时间才能在问题陈述中获得数据，在收集数据的同时，决策者无疑会发现有关如何构建待解决的模型的事实。基于 Web 的数据收集工具会有所帮助。

线性规划中的建模：一个例子

可以为刚才描述的 MBI 公司问题开发标准 LP 模型。正如技术洞察 8.1 中所讨论的，LP 模型有三个组成部分：决策变量、结果变量和不可控变量（约束）。

决策变量如下：

$$X_1 = \text{要生产的 CC-7 台数}$$
$$X_2 = \text{要生产的 CC-8 台数}$$

结果变量如下：

$$\text{总利润} = Z$$

目标是最大化总利润：

$$Z = 8\ 000X_1 + 12\ 000X_2$$

不可控变量（约束）如下：

$$\text{劳动力约束}：300X_1 + 500X_2 \leq 2\ 000\ (\text{以天为单位})$$
$$\text{材料预算约束}：10\ 000X_1 + 15\ 000X_2 \leq 8\ 000\ 000\ (\text{以美元计})$$
$$\text{CC-7 的营销要求}：X_1 \geq 100\ (\text{台})$$
$$\text{CC-8 的营销要求}：X_2 \geq 200\ (\text{台})$$

这些信息汇总在图 8.5 中。

决策变量	数学（逻辑）关系	结果变量
X_1 = CC-7 台数 X_2 = CC-8 台数	最大化 Z（利润） 约束条件	总利润 = Z $Z = 8\ 000X_1 + 12\ 000X_2$

约束（不可控变量）

$300X_1 + 500X_2 \leq 200\ 000$
$10\ 000X_1 + 15\ 000X_2 \leq 8\ 000\ 000$
$X_1 \geq 100$
$X_2 \geq 200$

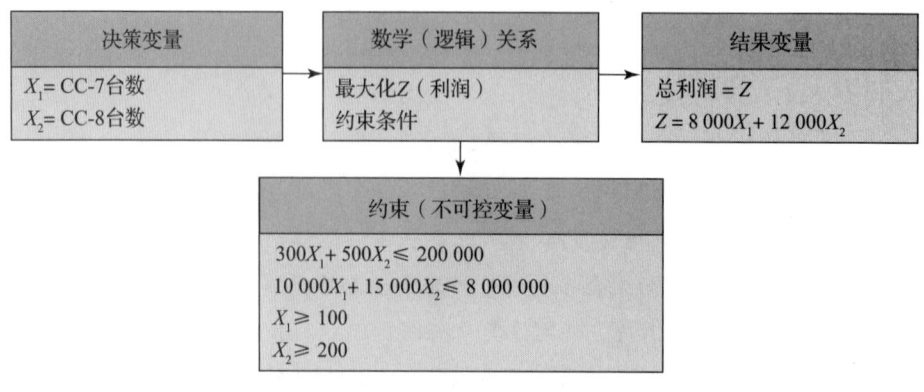

图 8.5 产品混合示例的数学模型

该模型还有第四个隐藏部分。每个 LP 模型都有一些内部中间变量，这些变量没有加以明确说明。对劳动力约束和材料预算约束不等式，当不等式左边严格小于右边时，劳动力和材料预算限制可能需要调整。这种调整在内部由松弛变量表示，表示可用的多余资源。对营销要求不等式，当不等式左边严格大于右边时，营销要求约束可能各有一些盈余。这种剩余在内部由盈余变量表示，表明这些约束的右侧存在调整空间。这些松弛和盈余变量属于中间变量。它们对决策者有很大的价值，因为 LP 求解方法使用这些中间变量来建立经济假设分析的敏感性参数。

产品组合模型有无限多个可能的解决方案。假设生产计划不限于整数（这是月度生产计划中的合理假设）我们想要一个最大化总利润的解决方案：最优解决方案。幸运的是，Excel 附带了 Solver 插件，利用它可以很容易地获得这个问题的最优（最佳）解决方案。尽管 Solver 插件在不同版本的 Excel 中所处的位置有所不同，但它仍然是免费的。在"Data"选项卡下和"Analysis"功能区中查找它。如果不存在，则可以转到 Excel 的"Options"菜单并选择"Add-ins"来启用它。

将这些数据直接输入 Excel 电子表格，激活 Solver，并确定目标（通过将目标单元格设置为最大值）、决策变量（通过设置"通过更改单元格"）和约束（通过确保前两行的"总消耗"小于或等于"限制"，并大于第三行和第四行的"限制"）。单元格 C7 和 D7 构成决策变量单元。运行 Solver 插件后，这些单元格会显示结果。目标单元格是单元格 E7，它也是结果变量，表示决策变量单元格及其单位利润系数的乘积（在单元格 C8 和 D8 中）。注意，所有数字都已除以 1 000，便于输入（决策变量除外）。第 9～12 行描述了问题的约束：劳动力约束、预算约束，以及 X_1 和 X_2 两种产品的最低产量。列 C 和 D 定义了这些约束的系数。列 E 包括将决策变量（单元格 C7 和 D7）与每行中它们各自的系数相乘的公式。列 F 定义了这些约束的右侧值。Excel 的矩阵乘法功能（如 SUMPRODUCT 函数）可轻松运行此类行和列乘法。

在 Excel 中输入模型计算后，就可以调用 Solver 插件了。单击"Solver"（位于"Data"选项卡下的"Analysis"组中）将打开一个对话框（窗口），用于指定定义目标函数单元格、决策或更改变量（单元格）和约束的单元格或范围。此外，在"Options"中，我们可选择求解方法（通常为 Simplex LP），然后解决问题。接下来，我们选择所有三个报告——Answer（答案）、Sensitivity（敏感性）和 Limits（限制），得到 $X_1=333.33$，$X_2=200$，Profit=\$5 066 667 的最优解，如图 8.6 所示。Solver 生成关于解决方案的三个有用报告。读者可以尝试一下。Solver 现在还能够使用其他解决方法来解决非线性规划问题和整数规划问题。

以下示例由俄克拉何马州立大学的 Rick Wilson 教授创建，以进一步说明电子表格建模对决策支持的作用。

图 8.7 中的表格描述了 2016 年大选中九个"摇摆州"的一些假设数据和属性。这九个州的属性包括选举人数量、两个地区描述符（注意，三个州既不属于北方也不属于南方），以及估计的"影响力函数"，该函数与该州每单位竞选资金投资增加的候选人支持率有关。

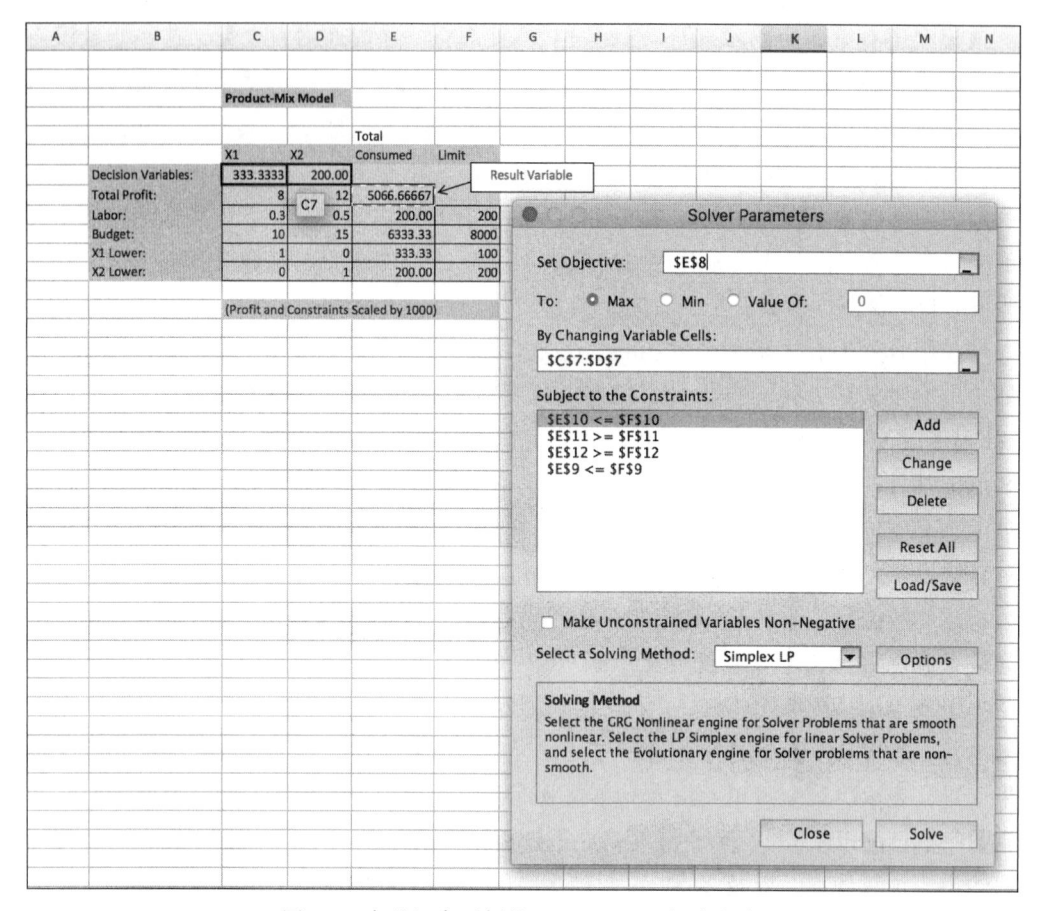

图 8.6 产品组合示例的 Excel Solver 解决方案

图 8.7 选举资源分配示例的数据

例如，影响力函数 F1 显示，对该州每投资一个财政单位，选民支持率就会增加 10 个单位，其中年轻男性支持率增加 3 个单位，老年男性增加 1 个单位，年轻和老年女性各增加 3 个单位。

共有 1 050 个财政单位在这九个州参与投资，每个州至少占投资总额的 5%，但任何一个州都不能超过总投资的 25%。所有 1 050 个财政单位也不一定要投资（模型必须正确处理这一问题）。

该活动还有其他一些限制。从财政投资的角度来看，西部各州（总投资）的竞选投资必须至少达到东部各州总投资的 60%。就受影响的人而言，将财政投资分配给州的决定将导致至少 9 200 人受影响。总体而言，受影响的女性总数必须大于或等于受影响的男性总数。此外，在所有受影响的人中，至少 46% 是"老年人"。

我们的任务是创建一个适当的整数规划模型，该模型确定各州财政单位的最佳整数（即总数）分配，使得在上述限制下，选举人票与投资单位的乘积总和最大化。（因此间接地，该模型趋向于选举票数更多的州。）注意，为了便于竞选工作人员使用，该模型中的所有分配决策都应为整数值。

模型要解决以下三方面的问题：

1. **我们控制什么？** 内华达州、科罗拉多州、艾奥瓦州、威斯康星州、俄亥俄州、弗吉尼亚州、北卡罗来纳州、佛罗里达州和新罕布什尔州这九个州的广告投资额，由 NV、CO、IA、WI、OH、VA、NC、FL 和 NH 这九个决策变量表示。

2. **我们想要实现什么？** 我们希望最大限度地提高选举票数。我们知道每个州的每张选举人票的价值，因此这相当于 EV* 九个州的投资总额，即 Max（6NV+9CO+6IA+10WI+18OH+13VA+15NC+29FL+4NH）。

3. **有哪些约束？** 以下是问题描述中给出的约束条件：

a. 可投资的财政单位不超过 1 050 个，即 NV+CO+IA+WI+OH+VA+NC+FL+NH<=1 050。

b. 对每个州的投资至少占投资总额的 5%，即，

$$NV >= 0.05（NV+CO+IA+WI+OH+VA+NC+FL+NH）$$
$$CO >= 0.05（NV+CO+IA+WI+OH+VA+NC+FL+NH）$$
$$IA >= 0.05（NV+CO+IA+WI+OH+VA+NC+FL+NH）$$
$$WI >= 0.05（NV+CO+IA+WI+OH+VA+NC+FL+NH）$$
$$OH >= 0.05（NV+CO+IA+WI+OH+VA+NC+FL+NH）$$
$$VA >= 0.05（NV+CO+IA+WI+OH+VA+NC+FL+NH）$$
$$NC >= 0.05（NV+CO+IA+WI+OH+VA+NC+FL+NH）$$
$$FL >= 0.05（NV+CO+IA+WI+OH+VA+NC+FL+NH）$$
$$NH >= 0.05（NV+CO+IA+WI+OH+VA+NC+FL+NH）$$

我们可以使用 Excel 以多种方式实现这九个约束。

c. 在每个州的投资不超过投资总额的 25%。

与 b 一样，我们再次需要九个单独约束，因为我们不知道 1 050 个投资单位中有多少

可以用于投资。我们必须用"一般"术语写出这些约束。

$$NV \leq 0.25 (NV+CO+IA+WI+OH+VA+NC+FL+NH)$$
$$CO \leq 0.25 (NV+CO+IA+WI+OH+VA+NC+FL+NH)$$
$$IA \leq 0.25 (NV+CO+IA+WI+OH+VA+NC+FL+NH)$$
$$WI \leq 0.25 (NV+CO+IA+WI+OH+VA+NC+FL+NH)$$
$$OH \leq 0.25 (NV+CO+IA+WI+OH+VA+NC+FL+NH)$$
$$VA \leq 0.25 (NV+CO+IA+WI+OH+VA+NC+FL+NH)$$
$$NC \leq 0.25 (NV+CO+IA+WI+OH+VA+NC+FL+NH)$$
$$FL \leq 0.25 (NV+CO+IA+WI+OH+VA+NC+FL+NH)$$
$$NH \leq 0.25 (NV+CO+IA+WI+OH+VA+NC+FL+NH)$$

d. 西部州的投资水平必须至少为东部州的60%。

West States = NV+CO+IA+WI

East States = OH+VA+NC+FL+NH

$$(NV+CO+IA+WI) \geq 0.60 (OH+VA+NC+FL+NH)$$

同样,我们可以使用 Excel 以多种方式实现此约束。

e. 影响至少9 200人,也就是说,

$$(10NV+7.5CO+8IA+10WI+7.5OH+7.5VA+10NC+8FL+8NH) \geq 9\,200$$

f. 影响女性的人数至少与男性一样多。这需要影响函数的转换。

F1 = 6 名女性受影响,F2 = 3.5 名女性

F3 = 3 名女性受影响

F1 = 4 名男性受影响,F2 = 4 名男性

F3 = 5 名男性受影响

所以,根据女性数量 ≥ 男性数量,我们得到:

$$(6NV+3.5CO+3IA+6WI+3.5OH+3.5VA+6NC+3FL+3NH) \geq$$
$$(4NV+4CO+5IA+4WI+4OH+4VA+4NC+5FL+5NH)$$

和以前一样,我们可以用几种不同的方式在 Excel 中实现这一点。

g. 所有受影响的人中,至少有46%是老年人。注意,这里的"老年人"是非常主观的。读者可以指定任何年龄来称某一个群体为"老年人"或"高龄老人"。

所有受影响的人都在约束 e 的左侧。因此,受影响的老年人为:

$$(4NV+3.5CO+4.5IA+4WI+3.5OH+3.5VA+4NC+4.5FL+4.5NH)$$

这将被设置为 ≥ 0.46* 约束 e 的左侧。

(10NV+7.5CO+8IA+10WI+7.5OH+7.5VA+10NC+8FL+8NH),其右侧为(0.46NV+3.45CO+3.68IA+4.6WI+3.45OH+3.45VA+4.6NC+3.68FL+3.68NH)。这是除了强制所有变量为整数之外的最后一个约束。

所有这些都以代数表示,这个整数规划模型将有9个决策变量和24个约束(一个约束用于整数要求)。

实现

一种方法是以严格的"标准版"或行列形式实现模型，其中所有约束都用左侧的决策变量和右侧的数字来表示。图 8.8 显示了这种模型的实现及其结果。

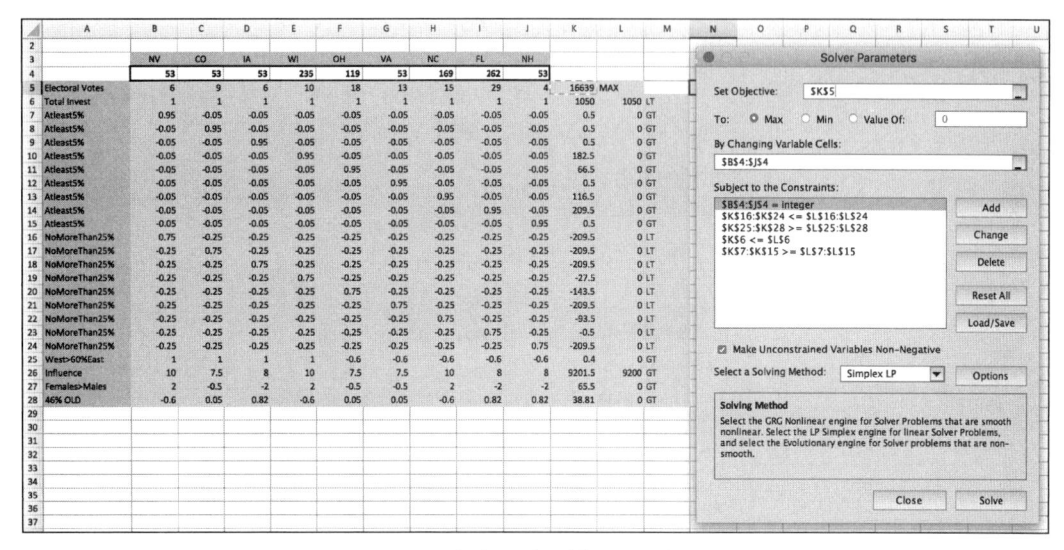

图 8.8　选举资源分配模型——标准版

也可以让电子表格以一种不那么严格的方式来计算模型的不同部分，独特地实现重复约束 b 和 c，得出更简洁（但不那么透明）的电子表格，如图 8.9 所示。

LP 模型（及其专业版和泛化版）也可以在许多其他用户友好的建模系统中直接指定。其中两个最著名的建模系统是 Lindo 和 Lingo。Lindo 是一个 LP 和整数规划系统。模型的指定方式与其代数定义方式基本相同。基于 Lindo 的成功，该公司开发了 Lingo，这是一种建模语言，包括强大的 Lindo 优化器和用于解决非线性问题的扩展模块。还有许多其他建模语言，如 AMPL、AIMMS、MPL、XPRESS 等。

最常见的优化模型可以通过各种数学规划方法求解，包括以下方法：

- 分配（最佳对象的匹配）
- 动态规划
- 目标规划
- 投资（最大化回报率）
- 线性和整数规划
- 用于规划和调度的网络模型
- 非线性规划
- 替代（资本预算）
- 简单的库存模型（如经济订单数量）
- 运输（最大限度地降低运输成本）

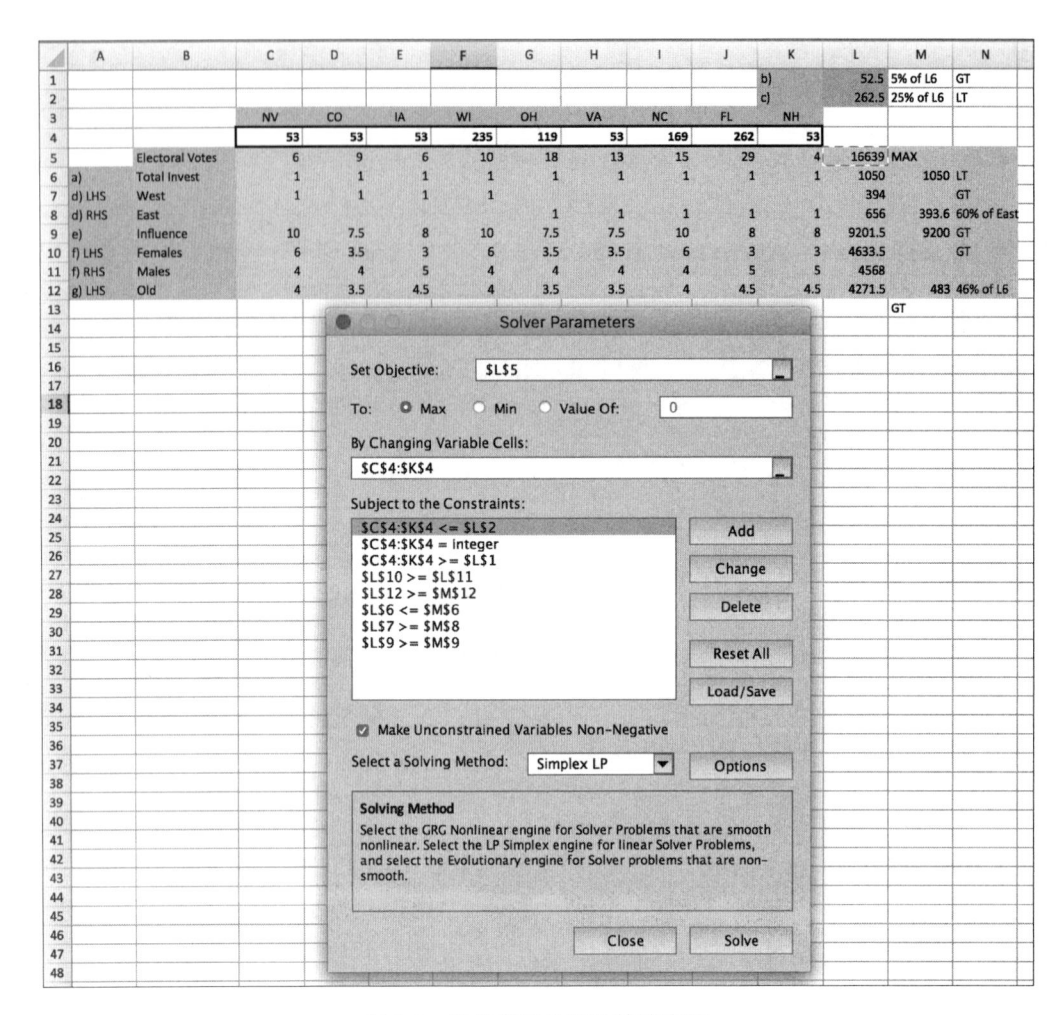

图 8.9 选举资源分配的简洁表述

8.6 节 习题

1. 列出并解释 LP 中涉及的假设。
2. 列出并解释 LP 的特点。
3. 对一个分配问题加以描述。
4. 给出一个产品组合问题的定义。
5. 给出混合问题的定义。
6. 列出几种常见的优化模型。

8.7 多目标、敏感性分析、假设分析和目标搜索

许多（如果不是大多数的话）决策情况都涉及要在相互竞争的目标和备选方案之间进行权衡。此外，在构建规范性分析模型时使用的假设和预测存在很大的不确定性。通过以下内容的学习，读者可以了解到这些问题能在规范性分析软件和技术中得到解决。这些技

术在规范性分析或运筹研究/管理科学课程中很常见。

多目标

对管理决策的分析旨在最大限度地评估每种选择在多大程度上帮助管理者实现目标。遗憾的是，管理问题的目标往往不是单一的，比如利润最大化。今天的管理系统要复杂得多，单个目标的管理系统是很少见的。相反，管理者希望同时实现多个目标，其中一些目标可能会相互冲突。不同的利益相关方也有不同的目标。因此，根据要确定的每个目标，通常有必要对每个备选方案加以分析（Koksalan 和 Zionts，2001）。

例如，假设有一家营利性公司。除了赚钱，该公司还希望发展壮大，开发产品并培养员工，为员工提供工作保障，并为社区服务。管理者既希望让股东满意，同时又要享受高薪、报销账单，员工则希望增加工资和福利。当要做出某个决策，比如，某个投资项目——这些目标中有一些目标是相辅相成的，而另一些目标可能是相互冲突的。Kearns（2004）介绍了层次分析法（Analytic Hierarchy Process，AHP）如何与整数规划相结合，解决评估信息技术投资的多个目标。

决策理论的许多定量模型都是基于单一的有效性度量方法，对决策者来说通常只是某种形式的效用。因此，在比较解决方案的效果之前，通常有必要将多目标问题转化为单一的有效性度量问题。这是处理 LP 模型中多个目标的常用方法。

分析多个目标时，可能遇到的困难包括：
- 组织目标可能不够明确。
- 决策者可能会随着时间的推移或针对不同的决策场景改变分配给特定目标的重要性。
- 目标和子目标在组织的不同层面和不同部门内有不同的看法。
- 目标随着组织及其环境的变化而变化。
- 备选方案之间的关系及其在确定目标方面的作用可能难以量化。
- 复杂的问题由决策者群体解决，决策者的目的可能各不相同。
- 参与者以不同的方式评估各种目标的重要性（优先级）。

在处理这些情况时，可以使用几种处理多个目标的方法，最常见方法包括：
- 效用理论。
- 目标规划。
- 使用线性规划表达目标的约束。
- 积分制。

敏感性分析

模型构建者对输入数据进行预测和假设，其中许多数据涉及对不确定未来的评估。当对模型求解时，求解结果取决于这些数据。敏感性分析试图评估输入数据或参数的变化对所提出的解决方案（即结果变量）的影响。

敏感性分析在规范性分析中极为重要，因为它具备灵活性，能够适应不断变化的条件和不同决策环境的要求，更好地了解模型及其要描述的决策情况，并允许管理者输入数据以增加对模型的置信度。敏感性分析测试以下关系：

- 外部（不可控）变量和参数的变化对结果变量的影响；
- 决策变量变化对结果变量的影响；
- 估计外部变量时不确定性的影响；
- 变量之间不同依赖关系的影响；
- 在不断变化的条件下决策的稳健性。

敏感性分析用于：

- 修改模型以消除过大的敏感性；
- 添加有关敏感变量或场景的详细信息；
- 获得对敏感外部变量的更好的估计；
- 改变现实世界中的系统以降低实际敏感性；
- 接受和使用敏感的（因此也是脆弱的）现实世界，从而对实际结果进行持续和密切的监测。

有两种类型的敏感性分析，即自动敏感性分析和试错敏感性分析。

自动敏感性分析。自动敏感性分析在线性规划等标准定量模型实现中进行。例如，它报告了某个输入变量或参数值（例如单位成本）可以在不对所提出的解决方案产生任何重大影响的情况下的范围变化。自动敏感性分析通常一次仅限于一个变化，并且仅限于某些变量。然而，该方法之所以强大，是因为它能够非常快速地建立范围和限制（并且几乎不需要或根本不需要额外的计算工作量）。Solver 和几乎所有其他软件包（如 Lindo）都提供敏感性分析功能。以前面介绍的 MBI 公司为例。敏感性分析可以用来确定：如果将 CC-8 的营销约束右侧减少一个单位，那么净利润将增加 1 333.33 美元。这对右侧减小到零都有效。可以通过这些方面进行重要的额外分析。

试错敏感性分析。任何变量或几个变量变化的影响都可以通过简单的试错方法来确定。可以更改一些输入数据并重新对问题求解。当这些变化重复几次时，可能会发现越来越好的解决方案。这种实验在使用适当的建模软件（如 Excel）时很容易进行，有两种易于执行的方法：假设分析和目标搜索。

假设分析

假设分析结构为：如果输入变量、假设或参数值发生变化，解决方案会发生什么？例如：

- 如果存货增加 10%，总库存成本会怎样？
- 如果广告预算增加 5%，市场份额会怎样？

通过适当的用户界面，管理人员很容易让计算机对这些类型的问题进行建模，并立即得到答案。此外，他们可以执行多种情况，从而根据需要更改百分比或问题中的任何其他数据。决策者能在没有计算机程序员的情况下直接完成这一切。

图 8.10 显示了现金流问题假设分析的电子表格示例。当用户更改包含初始销售额（从 100 到 120）和销售增长率（从每季度 3% 到 4%）的单元格时，程序会立即重新计算年度净利润单元格的值（从 127 美元到 182 美元）。初始的销售额为 100，每季度销售增长率为 3%，年度净利润为 127 美元。将初始的销售额更改为 120，将销售增长率更改为 4%，则年度净利润将增至 182 美元。假设分析在许多决策系统中很常见。用户可以利用它们得出某些系统问题的答案，并获得修改建议。

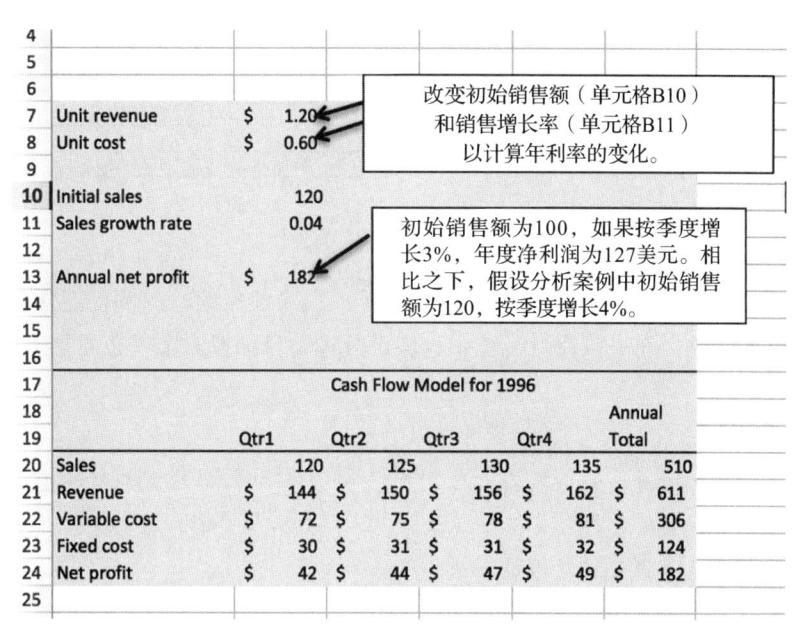

图 8.10　Excel 工作表中的假设分析示例

目标搜索

目标搜索计算实现所需输出水平（目标）所需的输入值。这代表了一种向后解决方法。目标搜索的例子如：

- 到 2018 年保持 15% 的年增长率需要多少年度研发预算？
- 需要多少护士才能将患者在急诊室的平均等待时间减少到 10 分钟以下？

图 8.11 中显示了一个目标搜索的示例。例如，在 Excel 中的财务规划模型中，内部收益率（Internal Rate of Return，IRR）是产生净现值（Net Present Value，NPV）为零的利率。给定 E 列中的年度回报，我们可以计算计划投资的 NPV。通过应用目标搜索，我们可以确定 NPV 为零的内部收益率。要实现的目标是 NPV 等于零，这决定了包括投资在内的现金流的内部回报率。通过更改利率单元格将 NPV 单元格设置为值 0，得出的答案是 38.770 59%。

利用目标搜索计算盈亏平衡点。有些建模软件包可以直接计算盈亏平衡点，这是目标搜索的一个重要应用。这涉及确定产生零利润的决策变量（例如产量）的值。

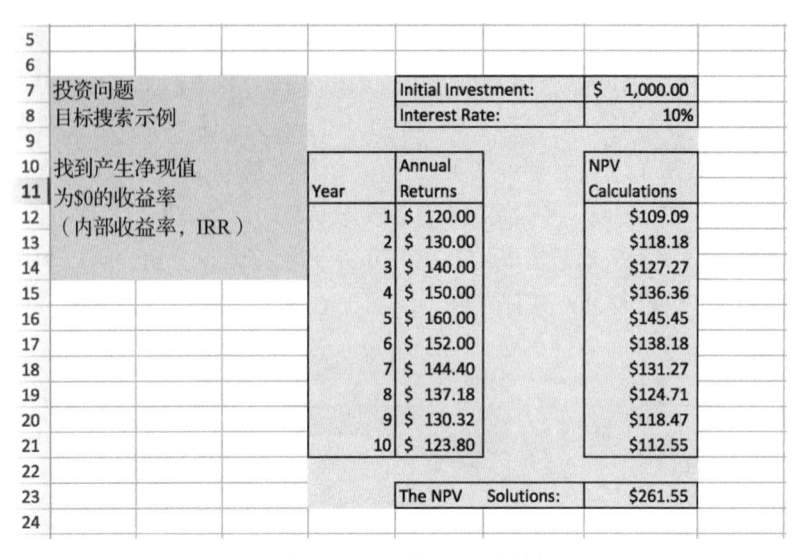

5					
6					
7	投资问题		Initial Investment:	$ 1,000.00	
8	目标搜索示例		Interest Rate:	10%	
9					
10	找到产生净现值		Annual	NPV	
11	为$0的收益率	Year	Returns	Calculations	
12	（内部收益率，IRR）	1	$ 120.00	$109.09	
13		2	$ 130.00	$118.18	
14		3	$ 140.00	$127.27	
15		4	$ 150.00	$136.36	
16		5	$ 160.00	$145.45	
17		6	$ 152.00	$138.18	
18		7	$ 144.40	$131.27	
19		8	$ 137.18	$124.71	
20		9	$ 130.32	$118.47	
21		10	$ 123.80	$112.55	
22					
23			The NPV Solutions:	$261.55	
24					

图 8.11 目标搜索的示例

在许多通用应用程序中很难进行敏感性分析，因为预先编写的例程通常只提供有限的机会来询问假设问题。在决策支持系统中，假设分析和目标搜索选项必须易于执行。

8.7 节 习题

1. 列出分析多个目标时可能会遇到的一些困难。
2. 列出进行敏感性分析的原因。
3. 解释为什么管理人员需要进行假设分析。
4. 解释为什么管理人员需要使用目标搜索。

8.8 基于决策表和决策树的决策分析

涉及有限且通常不太多备选方案的决策情况可以通过一种名为决策分析的方法进行建模（Arsham，2006a，b；Decision analysis Society，decision-analysis.society.informs.org）。使用这种方法，将备选方案列在表或图中，包括它们对目标的预测贡献和获得贡献的概率。通过对其进行评估以选择最佳备选方案。

单目标情况可以用决策表或决策树进行建模。多个目标（标准）可以用其他几种技术建模，本章稍后将对此进行介绍。

决策表

决策表以系统的、表格形式对信息和知识加以组织，使其便于分析。例如，假设一家投资公司正在考虑三种投资选择：债券、股票或存单。该公司唯一目标是：一年后投资收益率最大化。如果公司对其他目标（如安全性或流动性）也关注，则这种问题将被归类为多准则决策分析（multicriteria decision analysis）之一（Koksalan 和 Zionts，2001）。

收益取决于未来某个时候的经济状态（通常称为自然状态），可能是稳定增长、停滞或通货膨胀。专家估计年收益如下：
- 如果经济稳定增长，债券收益率为12%，股票收益率为15%，存单收益率为6.5%。
- 如果经济停滞，债券收益率为6%，股票收益率为3%，存单收益率为6.5%。
- 如果通货膨胀，债券的收益率为3%，股票将亏损2%，存单的收益率为6.5%。

问题是从上述方案中选择一个最佳的投资方案。假设这些方案都是互不相关的，投资50%的债券和50%的股票等组合属于新的备选方案。

投资决策问题可以视为二人博弈问题（Kelly，2002）。投资者做出某种选择（即采取行动），然后自然状态发生（即采取措施）。表8.3显示了数学模型的收益。该表包括决策变量（备选方案）、不可控变量（经济状态，例如环境）和结果变量（预计收益，例如结果）。本节中的所有模型都是以电子表格框架为结构。

表8.3 投资问题决策表模型

备选方案	自然状态（不可控变量）		
	稳定增长（%）	停滞（%）	通货膨胀（%）
债券	12.0	6.0	3.0
股票	15.0	3.0	−2.0
存单	6.5	6.5	6.5

如果这是一个确定的决策问题，我们就会知道经济会是什么样子，并且可以很容易地选择最佳投资。但事实并非如此，因此我们必须考虑不确定性和风险。对于不确定性，我们不知道每种自然状态发生的概率。对于风险，我们假设我们知道每种自然状态发生的概率。

处理不确定性。有几种方法可用于处理不确定性。例如，乐观方法假设每个备选方案都会出现最好的结果，然后从中选择最佳结果（即股票）。悲观方法假设每种选择都会出现最坏的结果，再从中选择最好的（即存单）。另一种方法只是假设所有自然状态发生概率相同（Clemen和Reilly，2000; Goodwin和Wright，2000; Kontoghiorghes、Rustem和Siokos，2002）。每一种处理不确定性的方法都有严重的问题。只要可能，分析员应该尝试收集足够的信息，以便在假设的确定性或风险下处理问题。

处理风险。解决风险分析问题的最常见方法是选择具有最大期望值的备选方案。假设专家估计稳定增长的可能性为50%，停滞的可能性为30%，通货膨胀的可能性为20%。然后用已知概率重写决策表（见表8.3）。通过将结果乘以各自的概率并相加来计算期望值。例如，投资债券的预期回报率为 $12 \times 0.5 + 6 \times 0.3 + 3 \times 0.2 = 8.4\%$。

这种方法有时可能有风险，因为每种可能结果的效用也许与价值不同。即使发生灾难性损失的可能性微乎其微，预期价值可能看起来是合理的，但投资者可能不愿意弥补损失。例如，假设一位财务顾问向你提供了一笔"几乎可以肯定"的1 000美元投资，可以在一天内使你的钱翻倍，然后这位顾问说："嗯，你有0.999 9的概率会使你的资金翻倍，但遗憾的是，你有0.000 1的概率会承担50万美元的自付损失。"该投资的预期价值如下：

$0.999\,9\,(\$2\,000 - \$1\,000) + .000\,1(-\$500\,000 - \$1\,000) = \$999.90 - \$50.10 = \$949.80$

如果不是亿万富翁，这种潜在的损失对投资者来说可能都是灾难性的。根据投资者的损失承担能力，投资具有不同的预期效用。请记住，投资者只做一次决定。

决策树

决策表的另一种表示形式是决策树（decision tree）。决策树以图形方式显示问题的关系，可以以紧凑的形式处理复杂的情况。然而，如果有许多备选方案或自然状态，使用决策树进行决策分析可能会很麻烦。TreeAge Pro 和 PrecisionTree 提供了强大、直观和复杂的决策树分析系统。这些供应商还提供了在实践中使用的决策树的优秀案例。请注意，决策树这一术语已用于描述两种不同类型的模型和算法。在当前上下文中，决策树指的是场景分析。另一方面，预测分析中的一些分类算法也称为决策树算法。请注意同一名称（决策树）的两种不同用途之间的区别。

表 8.4 显示了一个多目标的简化投资案例（其中备选方案用几个相互冲突的目标进行评估）。三个目标（标准）是收益率、安全性和流动性。这种情况是假定具有确定性，也就是说，每个备选方案只能预测到一个可能的后果；可以考虑更复杂的风险或不确定性情况。有些结果是定性的（例如低、高），而不是定量的。

表 8.4　多目标的简化投资案例

备选方案	收益率（%）	安全性（%）	流动性（%）
债券	8.4	高	高
股票	8.0	低	高
存单	6.5	非常高	高

参见 Clemen 和 Reilly（2000）、Goodwin 和 Wright（2000）以及决策分析学会（https://connect.informs.org/das/home），可以了解有关决策分析的更多信息。虽然这样做相当复杂，但可以将数学规划直接应用于风险下的决策情况。我们将在本书后面讨论其他几种处理风险的方法，其中包括模拟、确定性因素和模糊逻辑。

▶ 8.8 节　习题

1. 什么是决策表？
2. 什么是决策树？
3. 如何用决策树做出决策？
4. 有多个目标意味着什么？

8.9　模拟概论

在本节和下一节中，我们将介绍一类用于支持决策的技术。从广义上讲，这些方法属于模拟的范畴。模拟（simulation）是现实的表象。在决策系统中，模拟是一种用计算机对管理系统模型进行实验（例如假设分析）的技术。严格来说，模拟是一种描述性方法，而不是一种规范性方法。不存在自动搜索得到最优解决方案。相反，模拟模型描述或预测了给定系统在不同条件下的特性。当计算特征值时，可以选择几个备选方案中的最佳方案。模拟过程通常会多次重复实验，以获得对某些方案的整体效果的估计（和方差）。大多数情况都可以应用计算机模拟，但也有一些众所周知的手动模拟（例如，城市警察部门用嘉年华游戏轮来模拟巡逻车的调度安排）。

通常，真实的决策情况具有随机性。由于许多决策情况都需处理半结构化或非结构化的情况，因此现实是复杂的，这可能不容易通过优化或其他模型来表示，但通常可以通过模拟来处理。模拟是最常用的决策支持方法之一。分析实操 8.6 中的分析说明了在问题复杂性不允许建立传统优化模型的情况下模拟的价值。

分析实操 8.6　钢管厂使用基于模拟的生产调度系统

一家钢管厂为全国不同行业生产轧制钢管。他们根据客户的要求和规格制造所需的钢管。保持高质量并及时交付产品是这家钢管厂最重要的两个标准。该工厂将其制造系统视为一系列操作，从一个卷轴上展开钢板，然后将其卷到另一个卷轴，中间过程涉及成型、焊接、剪裁、检查等操作。最终产品将是一卷重约 20 吨的轧钢，然后将其运送给客户。

管理层面临的一个关键挑战是能够预测订单的合适交付日期，以及其对当前计划生产进度的影响。考虑到生产过程的复杂性，在 Excel 或其他软件中开发优化模型来建立生产计划并不容易（请参阅分析实操 8.1 中的分析）。问题是这些工具无法捕捉关键的计划问题，如员工日程表和资质、材料可用性、材料分配复杂性和操作的不确定性。

方法 / 解决方案

当传统的建模方法不能捕捉到问题的微妙之处或复杂性时，也许可以建立一个模拟模型。预测分析方法使用通用的 Simio 模拟模型，该模型考虑了所有操作复杂性、制造材料匹配算法和截止日期等因素。此外，Simio 提供的基于风险的计划和调度（risk-based planning and scheduling，RPS）服务，提供了一些为生产管理简单设计的用户界面和报表。这使客户能够在大约 10 分钟内分析清楚新订单对其生产计划和时间表的影响。

结果 / 好处

这样的模型使得生产进度清晰可见。基于风险的计划和调度系统应该能够警告主调度程序，特定订单有可能延迟交付。也可以更快地做出改变，以通过命令纠正问题。这家钢管厂成功与否与其产品质量和准时交货直接相关。通过利用 Simio 的预测 RPS 产品，该工厂的市场份额预计会有所提高。

问题讨论：

1. 说明使用 Simio 的模拟模型相对于传统方法的优势。
2. 预测分析方法在哪些方面帮助管理层实现了分析生产调度的目标？
3. 除了钢铁行业，这种建模方法还能在哪些行业帮助人们提高质量和服务？

我们可以从分析实操中学到什么？

通过使用 Simio 的模拟模型，钢管厂将所有问题都考虑在内，在评估运营时做出了更好的决策。因此，基于模拟的生产调度系统可以为钢管厂带来更高的回报和市场份额。模拟是规范性分析的一项重要技术。

资料来源：Molly. "Simulation-Based Production Scheduling System." www.simio.com, Simio LLC, 2014; "Risk-Based Planning and Scheduling (RPS) with Simio." www.simio.com, Simio LLC, www.simio.com/about-simio/why-simio/simio-RPS-risk-based-planning-and-scheduling.php。

模拟的主要特征

模拟通常要求在实际的范围内建立一个现实模型。与其他规范性分析模型相比，模拟模型可能很少需要对决策情况做出假设。此外，模拟是一种开展实验的技术。因此，它涉及测试模型中决策或不可控变量的特定值，并观察对输出变量的影响。

最后，通常只有当问题过于复杂而无法使用数值优化技术处理时才使用模拟。这种情况下的复杂性意味着问题不能被公式化以进行优化（例如，因为假设不成立），或者公式太大，变量之间的相互作用太多，又或者问题本质上就是随机的（即存在风险或不确定性）。

模拟的优点

在决策支持建模中使用模拟的原因如下：

- 理论相当简单。
- 可以节省大量时间，尽快让管理者对许多政策的长期（1～10年）影响有所感觉。
- 模拟是描述性的，而不是规范性的。这允许管理人员提出假设问题。管理人员可以使用试错的方法来解决问题，并且能以更低费用、更小的风险快速准确地解决问题。
- 管理人员可以通过实验来确定哪些决策变量和环境的哪些部分是重要的，并使用不同的备选方案。
- 准确的模拟模型需要对问题加以深入了解，从而迫使模型构建者不断与管理人员互动。这对于 DSS 开发是可取的，因为开发人员和管理人员都能更好地了解问题和潜在的可用决策。
- 模型是从管理人员的角度构建的。
- 模拟模型是为一个问题建立的，通常无法解决其他问题。因此，管理人员不需要做全面了解，模型中的每个组件都对应于真实系统的一部分。
- 模拟可以处理各种各样的问题类型，如库存和人员配置，以及更高级别的管理功能，如长期规划。
- 模拟通常可以包括问题的真实复杂性，没必要做简化。例如，模拟可以使用真实的概率分布，而不是近似的理论分布。
- 模拟自动生成许多重要的性能度量。
- 模拟通常是唯一能够轻松处理相对非结构化问题的 DSS 建模方法。

- 市面上已有一些相对易于使用的模拟软件包（如蒙特卡罗模拟）。这些软件包还包括附加的电子表格软件包（如 @RISK）、影响图软件、基于 Java 的（和其他 Web 开发）软件包，以及稍后将讨论的可视化交互式模拟系统。

模拟的缺点

模拟的主要缺点如下：
- 不能保证最优解，但通常可以找到相对较好的解。模拟模型构建可能是一个缓慢而昂贵的过程，尽管较新的建模系统比以往任何时候都更容易使用。
- 模拟研究的解决方案和推论通常不能转移应用到其他问题上，因为模型只针对特定问题。
- 对管理人员来说，模拟有时很容易解释，以至于分析方法经常被忽视。
- 由于形式化求解方法的复杂性，模拟软件有时需要特殊技能。

模拟方法

模拟包括建立真实系统的模型并对其进行重复实验。该方法包括以下步骤，如图 8.12 所示：

1. **定义问题**。对现实世界中的问题进行检查和分类，说明为什么模拟方法是合适的。系统的边界、环境和需要澄清的其他问题都在这里处理。

2. **构建模拟模型**。这一步骤包括确定变量及其关系，以及收集数据。通常使用流程图来描述过程，然后编写计算机程序。

3. **测试并验证模型**。模拟模型必须能正确地表示所研究的系统，可通过测试和验证来确保这一点。

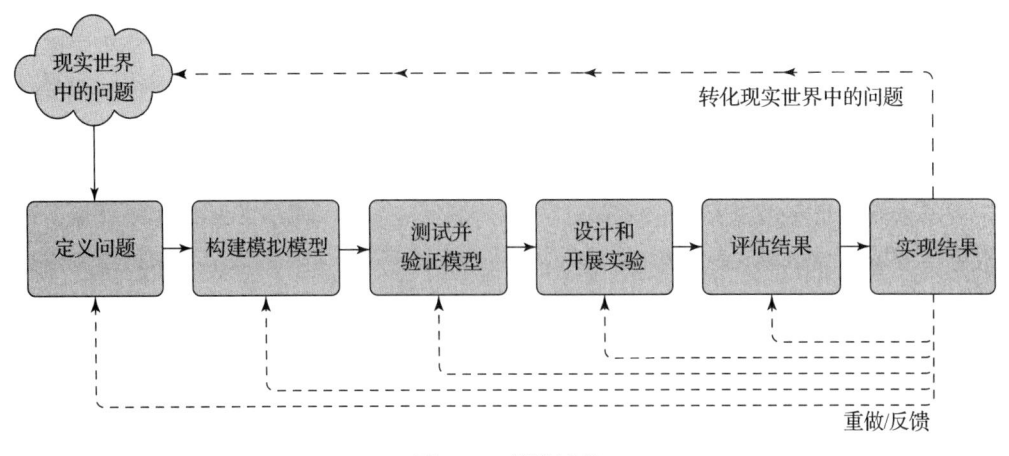

图 8.12　模拟过程

4. **设计实验**。当模型被证明是有效时，设计一个实验。确定运行模拟的时间是此步骤的一部分。有两个重要且相互冲突的目标：准确度和成本。要谨慎确定典型情况（例如随机变量的均值和中值情况）、最佳情况（例如低成本、高收入）和最坏情况（例如高成本、低收入)。这有助于确定决策变量的范围和工作环境,也有助于调试模拟模型。

5. **开展实验**。进行这项实验涉及从随机数生成到结果呈现等问题。

6. **评估结果**。必须对结果进行解释。除了标准统计工具外,还可以使用敏感性分析。

7. **实现结果**。模拟结果的实现涉及与任何其他实现相同的问题。然而,成功的可能性更大,因为管理人员通常会参与模拟过程。管理层参与程度越高,实现结果成功的可能性就越大。

Banks 和 Gibson(2009)提出了一些关于模拟实践的有用建议。例如,他们将以下七个问题列为模拟建模人员犯下的常见错误。该列表虽然不详尽,但为从事模拟项目的专业人员提供了基本指导。

- 更多地关注模型而不是问题
- 提供问题估计
- 不知道何时停止
- 报告客户想听的内容,而不是模型结果所说的内容
- 对统计数据缺乏了解
- 混淆因果
- 未能复制现实

模拟类型

正如我们所看到的,当实验性研究和真实系统实验成本高昂甚至不可能实现时,会使用模拟和建模。模拟模型使我们能够在进行任何投资之前调查各种有趣的场景。事实上,在模拟中,真实世界的操作被映射到模拟模型中。该模型是关系的组合,因此,所有方程共同呈现了真实世界的操作。因此,模拟模型的结果取决于作为输入提供给模型的参数集。

有各种模拟范式,如蒙特卡罗模拟、离散事件、基于代理或系统动力学。决定模拟技术类型的因素之一是问题的抽象级别。离散事件和基于代理的模型通常用于中级或低级抽象。他们通常在模拟模型中考虑单个元素,如人、零件和产品,而系统动力学更适合于聚合分析。

在下一节中,我们将介绍主要的模拟类型:概率模拟、时间依赖和时间无关模拟,以及可视化模拟,还有许多其他模拟技术,如系统动力学建模和基于代理的建模。如前所述,这里的目标只是让你了解这些技术的潜力,而不是让你成为使用这些技术的专家。

概率模拟。在概率模拟中,一个或多个独立变量(例如库存问题中的需求)是概率的。它们遵循某些概率分布,这些概率分布可以是离散分布,也可以是连续分布:

- 离散概率分布是指事件(或变量)数量有限的情况,这些事件(或变量)只能呈现有限数量的值。
- 连续概率分布是指遵循密度函数的可能事件数量不受限制,如正态分布。

这两种类型的分布如表 8.5 所示。

表 8.5 离散概率与连续概率分布

日需求量	离散概率	连续概率
5	0.10	日均需求与平均分布，均值为 7，标准差为 1.2
6	0.15	
7	0.30	
8	0.25	
9	0.20	

时间依赖和时间无关模拟。时间无关（time-independent）是指不必知道事件发生的确切时间。例如，我们可能知道某个产品的需求量是每天三个单位，但我们不在乎当天什么时候需要该产品。在某些情况下，时间可能根本不是模拟中的一个因素，例如稳态工厂控制设计。然而，在适用于电子商务的排队问题中，了解准确的到达时间（了解客户是否必须等待）很重要。这是一种时间依赖的情况。

蒙特卡罗模拟

在大多数商业决策问题中，我们通常采用以下两种类型的概率模拟之一。商业决策问题最常见的模拟方法是蒙特卡罗模拟（Monte Carlo simulation）。这种模拟方法通常从建立决策问题的模型开始，不考虑任何变量的不确定性。然后我们认识到某些参数或变量是不确定的，或者遵循假设或估计的概率分布。这一估计是基于对过去数据的分析。然后我们开始进行抽样实验。运行抽样实验包括生成不确定参数的随机值，然后计算受这些参数或变量影响的变量的值。这些抽样实验基本上相当于对同一模型求解数百或数千次。然后，我们可以通过检查这些因变量或性能变量的统计分布来分析它们的行为。该方法已用于物理系统和业务系统的模拟。Palisade.com（http://www.palisade.com/risk/monte_carlo_simulation.asp）上提供了一个关于蒙特卡罗模拟方法的优秀公共教程。Palisade 推出了一款名为 @RISK 的工具，这是一款流行的基于电子表格的蒙特卡罗模拟软件。Front line Systems 还推出了 Analytic Solver Simulation 工具。当然，也可以在 Excel 电子表格中构建和运行蒙特卡罗实验，而无需使用任何附加软件。但这些工具使在基于 Excel 的模型中运行此类实验更加方便，特别是在设置模拟模型的参数、运行模型和可视化结果方面。蒙特卡罗模拟模型已经在许多商业应用中使用。例如宝洁公司使用这些模型来确定对冲外汇风险；Lilly 使用该模型来确定最佳工厂产能；阿布扎比水电公司使用 @Risk 预测阿布扎比的用水需求，还有其他成千上万的实际案例研究。每一家模拟软件公司的网站上都有许多这样的成功案例。

离散事件模拟

离散事件模拟是指建立一个系统模型，研究不同实体之间的相互作用。最简单的例子是一个由服务器和客户组成的商店。通过对以不同速度到达商店的客户和以不同速度服务的服务器进行建模，我们可以估计系统的平均性能、等待时间、等待客户的数量等。这些系统被视为客户、队列和服务器的集合。离散事件模拟模型在工程、商业等领域有成千上万的应用记录。构建离散事件模拟模型的工具已经存在很长时间了，这些工具已经发展到利用图形功能来构建和理解此类模拟模型的结果。

常规模拟的不足

模拟是一种公认、有用的、描述性的、基于数学的方法，用于深入了解复杂的决策情况。然而，模拟通常不允许决策者看到复杂问题的解决方案如何在（压缩的）时间内演变，决策者也不能与模拟交互（这将有助于培训和教学）。模拟通常在一组实验结束时报告统计结果。因此，决策者不是模拟开发和实验的组成部分，他们的经验和判断不能直接使用。如果模拟结果与决策者的直觉或判断不匹配，则可能会出现结果的**置信度差距**（confidence gap）。

视觉交互模拟

视觉交互模拟（Visual Interactive Simulation，VIS），也称为视觉交互建模（Visual Interactive Modeling，VIM）和视觉交互问题解决（visual interactive problem solving），是一种模拟方法，可以让决策者看到模型在做什么，以及模型如何在决策时与决策交互。该技术在供应链和医疗保健等许多领域的运营分析中取得了巨大成功。用户可以在与模型交互时利用他们的知识来确定和尝试不同的决策策略。这样可以而且确实会加强对问题的认识，并了解备选方案的影响。决策者也有助于模型验证。使用 VIS 的决策者通常更支持并信任他们的结果。

VIS 使用动画计算机图形显示来呈现不同管理决策的影响。它与常规图形的不同之处在于，用户可以调整决策过程并查看干预结果。视觉模型是一种图形，用作决策或解决问题的组成部分，而不仅仅是一种通信设备。有些人对图形显示的反应比其他人好，这种类型的互动可以帮助管理者了解决策情况。

VIS 可以表示静态或动态系统。静态模型一次显示一个决策备选方案的结果的视觉图像。动态模型显示随着时间的推移而演变的系统，并且演变由动画表示。最新的视觉模拟技术结合了虚拟现实。在虚拟现实中，可以基于多种目的创建一个人工世界，从中模拟训练、娱乐、查看数据。例如，美国军方使用 VIS 系统，帮助地面部队快速熟悉地形或城市。飞行员可以使用 VIS 通过模拟攻击运行来熟悉目标。VIS 软件还可以包括 GIS 坐标。

视觉交互式模拟与决策支持系统

DSS 中的 VIM 已用于多项运营管理决策。该方法包括启动（就像启动水泵一样）工厂（或公司）的视觉交互模型及其当前状态。然后，该模型在计算机上快速运行，使管理人员能够观察工厂未来的运营情况。

排队管理就是使用 VIM 的一个很好的例子。这种 DSS 通常针对各种决策备选方案（例如，系统中的等待时间）计算几个性能度量。复杂的排队问题需要模拟。VIM 可以在模拟运行过程中显示等待队列的大小，还可以图形化地呈现关于输入变量变化的假设问题的答案。

VIM 方法也可以与人工智能结合使用。这两种技术的集成增加了一些功能，包括以图形方式构建系统到了解系统动态等。这些系统（尤其是为军事和电子游戏行业开发的系统）可以"自主思考"，在与用户的互动中，他们的行为具有相对较高的智能水平。

模拟软件

现已有数百模拟软件包可应用于各种决策情况。许多基于 Web 系统运行。ORMS Today 是 INFORMS 的一份出版物，定期发布模拟软件评论。最新的一期评论（截至 2022 年 7 月）参见 https://pubsonline.informs.org/magazine/orms-today/2021-simulation-software-survey。

正如开头所述，优化或模拟建模知识内容繁多，可能需要专门的专业书籍加以介绍，本章限于篇幅只能对此专题做简单介绍。要了解更多关于模拟的信息，读者可以查阅本节中提到的参考资料，并在 Excel 中试用一些基本功能。

▶ 8.9 节　习题

1. 列出模拟的特征。
2. 列出模拟的优点和缺点。
3. 列出并描述模拟方法中的步骤。
4. 列出并描述模拟的类型。
5. 定义可视化模拟，并将其与传统模拟进行比较。
6. 描述 VIS（即 VIM）能吸引决策者的特性。

8.10　遗传算法及其开发应用

本节将介绍另一种分析中常用的技术，本节内容可以作为一个专题，用一个或多个学期课程安排专门学习。

遗传算法（Genetic Algorithm，GA）属于全局搜索技术，用于寻找优化类型问题的近似解。这些优化问题太复杂，无法用传统优化方法（保证能产生特定问题的最佳解）解决。遗传算法已成功应用于一系列高度复杂的现实世界问题，包括车辆路径问题、破产预测和网络搜索等。

遗传算法是人工智能中机器学习方法家族的一部分。由于遗传算法不能保证得到真正的最优解，因此被认为是启发式方法。遗传算法是一组在概念上遵循生物进化步骤的计算程序。也就是说，从上一代解决方案发展出越来越好的解决方案，直到获得最优或接近最优的解决方案。

遗传算法也称为进化算法（evolutionary algorithm），具有自组织和适应性，就像生物有机体遵循进化的主要规则，即适者生存（survival of the fittest）一样。该方法通过使用当前一代作为"父母"的最佳解决方案来产生后代（即一组新的可行解决方案），以改进解决方案。后代的产生是通过模仿生物繁殖的过程来实现的。通过该过程，用突变和交叉算子来操纵基因，以构建更新和"更好"的染色体。注意，基因和决策变量之间做简单类比，染色体和潜在解决方案之间做简单类比，这构成了遗传算法的术语基础。

示例：向量游戏

为了说明遗传算法是如何工作的，我们介绍一下经典的向量游戏（Vector game）。这个游戏就像 MasterMind。当你的对手向你提供关于你的猜测有多好的线索（即适应度函数的结果）时，你可以使用从最近提出的解决方案中获得的知识优势及其质量来创建一个新的解决方案。

向量游戏简介。向量是与一个对手进行的，对手巧妙地写下一个由六位数字组成的字符串（在遗传算法中，这个字符串由一条染色体组成）。每个数字都是一个决策变量，可以取 0 或 1 的值。例如，假设你要计算的秘密号码是 001010。你必须尽可能快地猜出这个数字（用最少的实验次数）。

你向对手展示一系列数字（猜测），他告诉你猜测的数字中有多少（但不指明是哪个数字）是正确的（即你猜测的适应度函数或质量）。例如，猜测 110101 没有正确的数字（即得分 =0）。猜测 111101 只有一个正确的数字（第三个数字，因此得分 =1）。

默认策略：随机实验和错误。有 64 个可能的二进制数字的六位数字符串。如果你随机选择数字，平均需要 32 次猜测才能得到正确的答案。你能做得更快吗？是的，如果你能解释对手给你的反馈（衡量你猜测的好坏）。这就是遗传算法的工作原理。

改进策略：使用遗传算法。以下是使用遗传算法解决向量博弈的步骤：

1.将随机选择的 4 个字符串交给对手。（任意选择 4 个，通过实验，你可能会发现五个或六个字符串会更好。）假设你已经选择了如下 4 个字符串：

（A）110100；得分 =1（即猜对了一个数字）

（B）111101；得分 =1

（C）011011；得分 =4

（D）101100；得分 =3

2.因为没有一个字符串是完全正确的，继续执行操作。

3.删除（A）和（B），因为它们的分数较低。召唤（C）和（D）父母。

4.通过在第二位和第三位数字之间拆分（拆分的位置是随机选择的）每个数字来"配对"父母：

（C）01:1011

（D）10:1100

现在将（C）的前两位数字与（D）的后四位数字组合（这称为交叉）。结果为（E），即第一个后代：

（E）011100；得分 =3

类似地，将（D）的前两位数字与（C）的后四位数字组合。结果是（F），即第二个后代：

（F）101011；得分 =4

看起来后代的表现并没有比父母好多少。

5.现在复制原件（C）和（D）。

6. 对新父母进行"交配"和交叉，但使用不同的拆分，现在生成两个新的后代，(G) 和 (H)：

(C) 0110:11

(D) 1011:00

(G) 0110:00；得分 =4

(H) 1011:11；得分 =3

接下来，重复步骤2：从之前的所有解决方案中选择最佳的"夫妇"进行复制。有几个选项可供选择，例如 (G) 和 (C)。选择 (F) 和 (G)。现在复制和交叉，结果如下：

(F) 1:01011

(G) 0:11000

(I) 111000；得分 =3

(J) 001011；得分 =5

还可以生成更多的后代：

(F) 101:011

(G) 011:000

(K) 101000；得分 =4

(L) 011011；得分 =4

现在，以 (J) 和 (K) 作为父对象重复上述过程，并重复交叉：

(J) 00101:1

(K) 10100:0

(M) 001010；得分 =6

就是这样！经过13次猜测，就得出了答案。与随机猜测策略的预期平均值32相比，这个结果还不错。

遗传算法术语

遗传算法是一种迭代过程，将其候选解表示为名为染色体的基因串，并用适应度函数测量其生存能力。适应度函数是对要获得的目标（即最大值或最小值）的度量。就像在生物系统中一样，候选解决方案在每次算法迭代中相结合产生后代。后代本身可以成为候选答案。从父母和孩子这一代开始，一群适者生存下来，成为下一代的父母。后代是使用特定的遗传繁殖过程产生的，该过程涉及交叉和变异操作。与后代一起，一些最佳解决方案也被迁移到下一代（称为**精英**），以便在当前迭代之前保持最佳解决方案。以下是这些关键术语的简要定义：

- **复制**。通过复制（reproduction），遗传算法通过选择具有更高适应度的父本，或通过赋予这些父本更大的被选择参与复制过程的概率，产生新的潜在改进的解决方案。

- **交叉**。许多遗传算法使用一串二进制符号（每个符号对应一个决策变量）来表示染色体（潜在的解决方案），就像前面介绍的向量游戏一样。交叉（crossover）是指在字符串中选择一个随机位置（例如，在前两位数字之后），并将该点右侧或左侧的分段与另一个字符串的分段（使用相同的拆分模式生成）交换，以产生两个新的子代。

- **变异**。这个遗传算子在之前向量游戏的例子中没有出现。变异（mutation）是指染色体表现形式的任意（且最小）变化。变异经常被用来防止算法陷入局部最优。该程序随机选择一条染色体（给适应度值更好的染色体更高的概率），并随机识别染色体中的一个基因，反转其值（从 0 到 1 或从 1 到 0），从而为下一代生成一条新染色体。变异发生的概率通常很低（约为 0.1%）。
- **精英**。遗传算法的一个重要方面是要保留一些优秀个体，以便在后几代中进化。这样可以保证最终为算法的当前应用程序找到尽可能好的答案。在实际应用中，一些最佳解决方案会遗传到下一代。

遗传算法的工作原理

图 8.13 是一个典型的遗传算法过程的流程图。要解决的问题必须以符合遗传算法的方式来描述和表示。通常，这意味着使用 1 和 0 组成的字符串（或其他最近提出的复杂表示）来表示决策变量，这些变量的集合表示问题的潜在解决方案。接下来，决策变量以数学方式或象征性地合并为适应度函数（fitness function），也叫目标函数（objective function）。适应度函数可以是两种类型之一：最大化（越多越好，如利润）或最小化（越少越好，如成本）。除了适应度函数外，还应该声明决策变量上的所有约束，这些约束共同决定某个解决方案是否可行。记住，只有可行的解决方案才能成为解决方案集合的一部分。在迭代过程中最终确定一代解决方案之前，会过滤掉不可行的解决方案。一旦表示完成，就会生成一组初始解决方案（即初始种群）。所有不可行解都被消除，并计算了可行解的适应度函数。这些解决方案是基于它们的适应度值进行排序的；在随机选择过程中，具有更好适应度值的那些个体被赋予更高概率（与它们的相对适应度值成比例）。

一些最好的解决方案已迁移到下一代。通过随机过程，确定了几对父母参与后代的产生。使用随机选择的父母和遗传算子（即交叉和突变）产生后代。要生成的潜在解的数量由种群大小决定，种群大小是解进化之前的任意参数集。一旦构建了下一代，经过几次迭代的评估和新种群的生成获得解决方案。这个迭代过程一直持续到获得足够好的解决方案（不能保证最优）为止，再迭代几代也不再有改进，或者达到时间/迭代限制。

如前所述，在执行遗传算法之前必须设置一些参数，这些参数的值取决于所解决的问题，通常通过反复实验来确定：

- 要生成的初始解决方案的数量（即初始种群）
- 要产生的后代数量（即种群规模）
- 为生成下一代（即精英）需保留的父母数量
- 突变概率（通常是一个非常低的数字，如 0.1%）

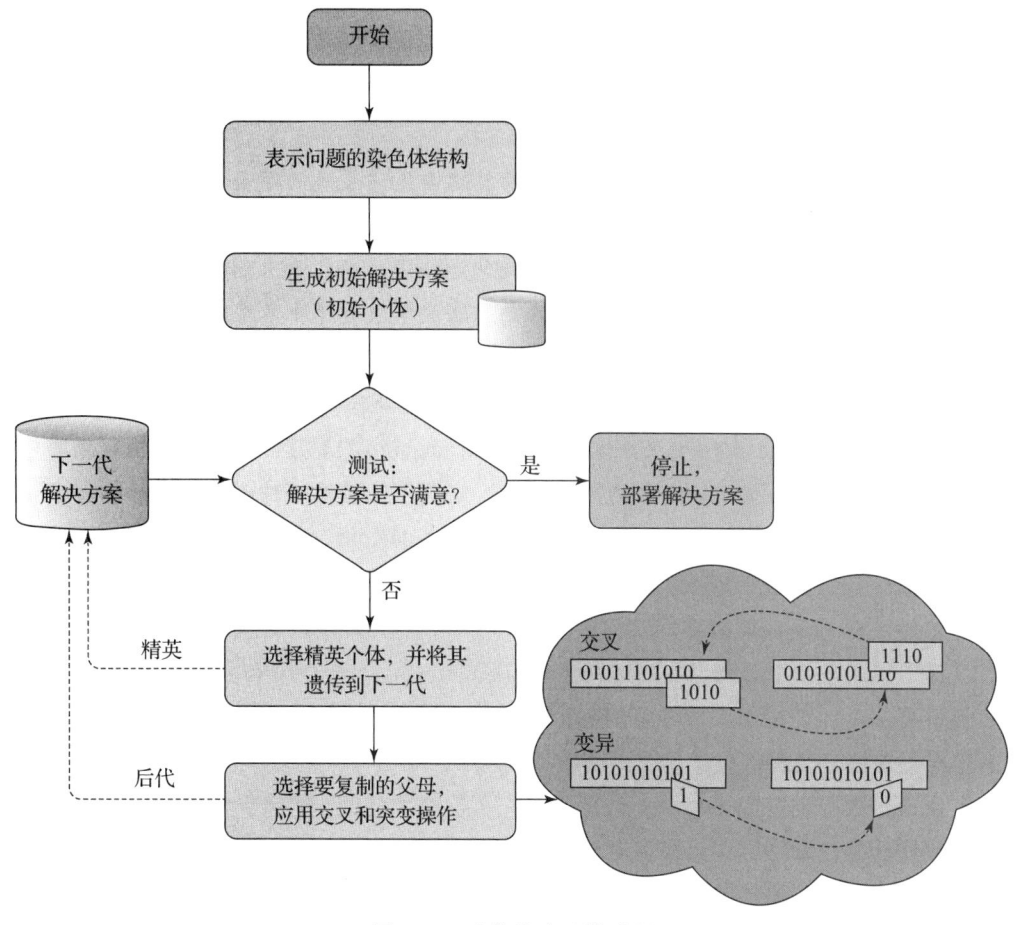

图 8.13 遗传算法运算过程

- 交叉概率（通常取同等权重）
- 停止标准（基于时间/迭代或基于改进）
- 最大迭代次数（如果停止标准基于时间/迭代）

有时，预先设置和固定这些参数，或者可以在算法运行时对其加以系统改变，以获得更好的性能。可以对算法进行许多其他调整。

示例：背包问题

背包问题是一个概念上非常简单的优化问题，可以直接使用分析方法求解。背包问题也是描述遗传算法的理想选择。假设你准备徒步旅行，要随身携带一些物品，每件物品都有一定的重量（以磅为单位），这些物品对你的徒步旅行所产生的好处或价值以金钱衡量（比如，以美元为单位），你最多可以从每件物品中拿走一种（不允许拿走部分物品，要么全拿走要么全留下）。你可以携带的背包重量也有限制（只有一个限制，但可以有几种衡量标准和容量）。背包问题有许多重要的应用，包括确定航天飞机任务中携带的物品。对于本例，假设有七个项目，编号为 1 到 7，其各自的价值和重量如下：

项目	1	2	3	4	5	6	7
价值	5	8	3	2	7	9	4
重量	7	8	4	10	4	6	4

背包最多可装 22 磅,具有 7=4=4=15 的总效益或适应度的字符串 1010100 可以表示选项为 1、3 和 5 的解决方案。

我们可以在 Excel 工作表中设置并解决此问题,将解决方案表示为 7 个 1 和 0 组成的字符串,将适应度函数表示总效益,总效益为字符串解决方案中各字符乘以各自权重的总和。该方法生成一组随机解(即初始父母),将目标函数(即总效益)用于适应度函数,并通过交叉和突变操作随机选择父母,以创建后代。选择是基于父母的适应度值进行统计的。较高的值相对于较低的值更有可能被选择。Palisade.com 提供了一个名为 Evolver 的软件包,这是一个易于使用的 Excel 遗传算法插件。该软件包使用一种创新的遗传算法来快速解决财务、调度、制造等领域的复杂优化问题。palisade.com 提供了许多在各个行业应用的案例研究。

遗传算法的应用

遗传算法是一种用于表示和解决复杂问题的机器学习。它们为各种应用提供了一套高效、独立于领域的搜索启发式方法,包括以下应用:

- 动态过程控制
- 规则优化的归纳
- 发现新的连接拓扑(例如,神经计算连接、神经网络设计)
- 行为和进化的生物模型模拟
- 工程结构的复杂设计
- 模式识别
- 调度
- 运输和路由
- 电路板设计
- 电信系统
- 基于图形的问题

遗传算法解释的信息使其能够拒绝较差的解决方案,并积累良好的解决方案,从而了解问题的本质,遗传算法也适用于并行处理。

遗传算法通常用于提高其他人工智能方法的性能,如 ES 或神经网络。在神经网络中,遗传算法可以动态调整以找到最佳网络权重。

▶ 8.10 节 习题

1. 给出遗传算法的定义。
2. 描述遗传算法中的进化过程,它与生物进化有什么相似之处?

3. 描述主要的遗传算法的算子。
4. 列出遗传算法的主要应用领域。
5. 进行在线搜索，查找三个最新的遗传算法应用程序，并进行讨论。

本章重点

- 模型在决策支持系统中发挥着重要作用，因为它们可用于描述真实的决策情况，有各种类型的模型。
- 模型可以是静态的（即情况的单个快照）或动态的（即多周期模型）。
- 分析是在假设的确定性（最可取）、风险或不确定性（最不可取）下进行的。
- 影响图以图形方式显示模型的相互关系，它们可以用于增强电子表格技术的使用。
- 电子表格具有许多功能，包括假设分析、目标搜索、规划、数据库管理、优化和模拟。
- 决策表和决策树可以建模和解决简单的决策问题。
- 数学规划是一种重要的优化方法。
- LP 是最常见的数学规划方法看，该方法试图在组织约束下找到有限资源的最优分配。
- LP 模型的主要部分是目标函数、决策变量和约束。
- 多准则决策问题很难解决，但并非不可能解决。
- 假设分析和目标搜索是敏感性分析的两种最常见的方法。
- 许多 DSS 开发工具包括内置的定量模型（例如财务、统计），或者可以轻松地与此类模型对接。
- 模拟是一种广泛使用的 DSS 方法，涉及对代表真实决策情况的模型进行实验。
- 模拟可以处理比优化更复杂的情况，但它不能保证得到最优解决方案。
- 有许多不同的模拟方法。一些对决策很重要的方法包括蒙特卡罗模拟和离散事件模拟。
- 遗传算法是一种模拟生物进化自然过程的搜索技术，算法用到三种基本操作：复制、交叉和突变。
- 复制是一个根据当前种群中不同个例表现创造下一代种群的过程。
- 交叉是一个允许在不同情况下交换个体以寻找更好解决方案的过程。
- 突变是一个改变个体中某个元素以寻找更好解决方案的过程。

问题讨论

1. 规范性分析与描述性分析和预测性分析有何关联？
2. 解释静态模型和动态模型之间的区别，两者之间如何演变？
3. 在假设的不确定性下，乐观的决策方法和悲观的决策方法有什么区别？
4. 解释为什么有时在不确定的情况下解决问题需要假设问题是在存在风险条件下解决的。
5. Excel 可能是最受 PC 欢迎的电子表格软件，为什么？如何将此软件工具更好地用于建模？
6. 决策树是如何工作的？如何使用决策树来解决复杂的问题？
7. LP 如何解决分配问题。
8. 使用电子表格软件包创建和求解 LP 模型有什么好处？缺点是什么？
9. 使用 LP 软件包创建和解决 LP 模型有什么优点和缺点？
10. 单目标决策分析和多目标（即标准）决策分析有什么区别？解释分析多个目标时可能出现的困难。
11. 解释如何在实践中产生多个目标。

12. 试对假设分析和目标搜索加以比较。
13. 描述模拟的一般过程。
14. 列出模拟相对于优化的一些主要优势，反之亦然。
15. 许多计算机游戏可以被视为视觉模拟。请解释原因。
16. 解释为什么 VIS 在执行计算机得出的建议方面特别有用。

练 习

动手练习

1. 创建如图 8.3 和图 8.4 所示的电子表格模型。

   a. 在图 8.3 所示的电子表格模型中，利率从 8% 变为 10% 会产生什么影响？

   b. 对于图 8.3 中的原始模型，每月还款减少 20% 需要设置什么利率？贷款金额发生哪些改变会产生同样的影响？

   c. 在图 8.4 所示的电子表格中，每月 200 美元预付款会产生什么影响？在 25 年而不是 30 年内还清贷款需要设置什么样的预付款？

2. 使用 Excel 的 Solver 或 LP Solver 的学生版（如 Lindo）解决本章中讨论的 MBI 产品组合问题。Lindo 可从 Lindo Systems 公司网站获得，网址为 lindo.com；其他软件也可以在网上搜索得到。检查解决方案（输出）报告中的答案和敏感性报告。你得到的结果和本章报告的结果一样吗？试试执行本章中讨论到的敏感性分析操作，即，将 CC-8 营销约束的右侧降低一个单位，从 200 降低到 199。当解决这个修改后的问题时，解决方案会发生什么变化？完全消除 CC-8 下限约束（这可以通过在 Solver 中将其删除或将下限设置为零来轻松完成）并解决问题。结果会发生什么变化？使用原始公式试着修改目标函数系数，看看会发生什么变化。

3. 通过网络搜索，分析美国国土安全部在"反恐战争"中如何使用模型及其解决方案。也可以分析其他政府或政府机构在执行任务时如何使用模型。

4. 以下问题由俄克拉何马州立大学的 Rick Wilson 博士提出。

   最近的旱灾对农民造成了沉重打击。奶牛在吃玉米糖！你想使用以下七种非传统喂养产品为你养的牛制定下周的喂养计划：巧克力谷物麦片、黄油糖条、牛奶棒、香草冰淇淋、Cap'n Crunch 麦片、糖果玉米（因为真正的玉米都没了）和 Chips Ahoy 饼干。下表显示了这些饲料产品的每磅成本以及每磅蛋白质含量、每磅可消化营养素总量（Total Digestible Nutrients，TDN）和每磅钙含量。

	巧克力谷物麦片	黄油糖条	牛奶棒	香草冰淇淋	Cap'n Crunch 麦片	糖果玉米	Chips Ahoy 饼干
每磅成本	2.15	7	4.25	6.35	5.25	4	6.75
是否属于巧克力产品	是	是	是	否	否	否	是
蛋白质	75	80	45	65	72	26	62
TDN	12	20	18	6	11	8	12
钙	3	4	4.5	12	2	1	5

估计非传统喂养产品的总量贡献了以下数量的营养素：至少 20 000 单位的蛋白质，至少

4 025 单位的 TDN，至少 1 000 但不超过 1 200 单位的钙。

还有其他一些要求：

- 整体喂养计划中的巧克力（以磅为单位）不能超过非巧克力重量。表中显示了某样产品是否被视为巧克力饲料产品（YES=巧克力，NO=非巧克力）。
- 任何一种饲料产品都不能占生成饲料混合物所需总重量的25%以上。
- 有两种谷物（巧克力谷物麦片和Cap'n Crunch），这两者混合的总量不得超过满足混合要求所需总混合物的40%（以磅为单位）。

现需确定七种产品的最佳配备数量，以制定每周饲料计划，并最大限度地降低成本。请注意，所有数量的产品都不能有分数值（仅限整数磅）。

5. 本练习由俄克拉何马州立大学的Rick Wilson博士贡献，用以显示Excel Solver的建模能力。

2022年橄榄球招募赛季的全国签约日已经结束。现在，你作为圣地亚哥州立大学（SDSU）Aztec rugby橄榄球队的招募协调员，是时候分析结果并为2023年做计划了。你开发了复杂的分析和数据收集流程，并将其应用于过去几个招聘季，以帮助你制订2023年的计划。你基本上已经将积极招募橄榄球运动员的地区划分为八个不同的地区，每个地区都有目标成本和"星级"（平均招募"星级"排名，从0到5，就像竞争对手在比赛中使用的排名一样）、收益率或录取率百分比（目标招募人员进入SDSU的百分比）和一个知名度指标，该指标代表SDSU在该地区招募时获得的宣传报道程度，按目标衡量（提高知名度将有助于加强未来的招聘工作）。

	成本/目标	平均星级	录取率	目标知名度
区域1	125	3	40	0
区域2	89	2.5	42	0
区域3	234	3.25	25	2
区域4	148	3.1	30	3
区域5	321	3.5	22	7
区域6	274	3.45	20	4
区域7	412	3.76	17	5
区域8	326	3.2	18	5.5

你的目标是创建一个线性数学模型，确定你应该在每个地区招募的目标人数，以便在最大限度地降低成本的同时，能在来年招募到至少25名新球员（预期人数）。（区域1占40%，即如果预期目标是10人，预计区域1招募0.4×10=4人。）

在确定每个区域中目标的最佳数量时，还必须满足以下条件：

- 来自任何一个地区的总目标（而不是预期招募人数）不得超过20%。
- 每个地区目标人数至少为4%（同样，不是预期的招募人数，而是目标人数）。
- 目标的平均星级至少等于3.3。
- 目标的平均知名度值至少等于3.5。

开始招募吧！

6. 俄克拉何马州立大学的Rick Wilson博士也参与设计了本练习。

作为Thirstiville的水资源经理，你正在为明年与三个不同实体签订向你所在城镇供水的合同制定细节。每个水源（A、B、C）所提供的水的质量各不相同。质量评估汇总为两个值P1和P2，表示如 THM、HAA 等污染物的组合。每个水源能提供的最大水量都是确定的（以数千加仑为单位），细节还有我们必须从他们那里购买的最小水量，以及每千加仑的成本。

在产品方面，你必须采购水，以便明年能提供三种不同的水产品（这一切都是基于整个"城市"层面上考虑的）。你必须向城市提供饮用水，然后向两个不同的批发客户提供水（这通常由市政当局完成）。下表显示了这三种产品的需求，以及从每个客户那里获得的"销售额"或收入（以千加仑为单位，与早期消耗的规模相同）。

对于三种水产品中的每一种，MIN 表示我们必须对每一种水提供的最小值，MAX 是我们可以提供的最大值（向我们的客户提供有针对性的产品范围是合理的），每个客户每种质量"类别"（污染物）的混合水的最大 P1 和 P2 加权平均值，以及销售价格。

	最小	最大	P1	P2	售价
饮用水	1 500	1 700	3.75	2.25	0.35
WSale1	250	325	无需求	2.75	0.4
WSale2	无限制	无限制	4	2	0.425

是的，第二个批发客户（WSale2）需要的水无限制。

显然，三种水源的水都需要混合才能满足 Thirstiville 客户的要求。还有一个要求：对于三种产品（饮用水和两个批发销售客户）中的每一种，水源 A 和水源 B 都必须单独至少占该水类型总产量的 20%，对水源 C 则没有这样的要求。

试创建一个合适的 LP 模型，确定如何满足客户明年的用水需求，同时最大限度地提高利润（销售额减去成本）。对你的结果进行总结，并说明我们应该承诺从三个来源购买多少水，不需要必须为整数。

7. 此问题是俄克拉何马州立大学的 Rick Wilson 博士在最近的一场暴风雪后提出的。

当电网基础设施受到威胁时，俄克拉何马州（简称 OK）有一个备用计划，由于数兆瓦（MW）的电力缺口，可能会导致停电。该州与其 5 个相邻州的 7 兆瓦发电厂签订了长期协议。协议规定了使用发电厂发电并送电到 OK 的每 MW 电每小时成本、发电厂每小时的 MW 电产量以及可用于 OK 的 MW 产量的最大发电小时数。下表提供了这些信息。表中还包括：对发电厂提供的服务质量进行独立确定的评估（这与 MW 电量有关），以及对危机发生时的费率稳定性进行评估（这将与使用的小时数有关，因为合同中有一条条款允许发电厂在某些紧急情况下调整成本）。

表中的另一个注释说明该发电厂是为俄克拉何马州电网的西部供电，还是为东部供电。

请制订一个计划（使用 IP 模型），确定为了俄克拉何马州的利益，从 7 个发电厂中至少发电 500 MW，每个发电厂应该运行多少小时，才能最大限度地降低成本。计划要求：

1）每个发电厂发电时长不能超过其最长工作时间。

2）除了 500 MW 这个最低要求（你可以超过这个要求），该计划还应该向西部地区提供至少 150 MW 的电力，向东部地区提供至少 200 MW 的电力。

3）稳定性度量的平均值必须小于或等于 3.85（以小时为度量标准）。

4）QoS 度量的平均值必须至少为 6.4（使用 MW 作为度量标准）。

5）每个州（而非电厂）必须至少占使用总小时数的 15%。

6）小时数保持为整数。

	CO1	CO2	NM	KS1	KS2	MO	AR
成本/小时	6.8	9.4	8.1	12.2	17.2	16	13.2
MW 率/小时	1	1.3	1.1	2.3	2.7	2.5	2.1
最大时长	72	36	90	24	48	60	45
区域	W	W	W	W	E	E	E
QoS（MW）	6	6.5	7	8	5	5.75	7.5
稳定率（小时）	2	7	4	6.75	4	3.5	5

注：CO 代表科罗拉多州，NM 代表新墨西哥州，KS 代表堪萨斯州，MO 代表密苏里州，AR 代表安卡萨斯州。

8. 此问题由俄克拉何马州立大学的 Rick Wilson 博士贡献。

   Fallin 石油公司（FOC）在俄克拉何马州的一个地区拥有 6 口油井，该地区一直受到地震性活动（特别是地震）频发的困扰。虽然关于油井作业是否会增强地震活动的科学证据有限，但 FOC 还是根据美国地质调查局确定的优化模型提供了这 6 口油井的模拟，该模型旨在同时考虑生产、成本和环境风险（特别是提高地震风险预测的可能性）等因素。该模型的使用是实验性的，因此，FOC 从俄克拉何马州获得了一笔可观的拨款来进行试用。

   这 6 口油井各有其名，每一口井都有其与研究相关的操作参数：
- 每小时运行流量（桶）
- 每小时的运行成本（单位）
- EQ——一种地震增强措施——数值越高，意味着持续运行此油井越有可能导致地震增强。
- MAX——该井在下一个运行期内可运行的最长小时数。
- 区域——油井所在的局部区域。
- 安全——油井作业的环境"安全"。（越高越好，取值为 1～100）。

   创建一个 LP 模型，确定每口油井的最佳运行小时数，以最大限度地降低成本，同时生产至少 1 100 桶石油。对油井生产计划的其他要求包括：
- 每口井的运行时间不得超过规定的预定义最大小时数。
- 单井产量不能超过油井总产量的 30%。
- 根据运行时间（小时），6 口井的平均 EQ 不能超过 6.44。（这是基于使用小时数乘以 EQ 测量值得出的加权平均值）。
- 根据运行时间（小时），所生产石油的平均"安全性"必须至少为 89（取值为 1～100）。
- 最后，单个地区不能占满足生产产出要求所需总小时数的 55% 以上。时间必须为整数。

油井（名称）	Abigail	Delana	Evelyn	Kelsey	Lucinda	Marissa
流量（桶/小时）	2.7	3.4	4.1	3.1	5	3.9
成本（每小时）	4.2	4.5	5.3	4.1	4.4	6
EQ（每小时）	7	6	8.5	4.25	8	5
MAX（小时）	100	80	75	120	95	120
区域	1	1	1	2	2	3
安全（每小时）	85	80	78	90	95	93

9. 此问题由俄克拉何马州立大学的 Rick Wilson 博士贡献。

  Bless You 公司（BYI）是一家非营利公司，它其中一个业务是向海外任务团体提供医疗包（这是一个如何在社交或非营利环境中使用分析的简单例子——尽管我们假设 WHO 会报销公司向世界各地发送这些医疗包的费用）。我们正在为其一种名为 MTP-A 的产品展示一个概念验证供应链模型，顾名思义，它表示一包可以治疗 1 000 名患者的药品和用品。

  BYI 在美国的塔尔萨、芝加哥、亚特兰大和达拉斯四个地点生产 MTP-A。公司将包裹发送到 4 个仓库（迈阿密、休斯敦、洛杉矶和巴尔的摩），并准备从那里发送到海外。本应用中感兴趣的三个海外地点是北非（NAFR）、西非（WAFR）和中美洲（CAMER）。这里的目标是找到供应三个海外地点的最佳方式，使 WHO 的报销减去我们的成本后最大化（收入减去运输成本）。

  模型参数（如表所示，概述如下）。

  最高成本矩阵——从生产工厂到仓库的每 MTP-A 单位。

  底部成本矩阵——从仓库到目的地的每 MTP-A 单位。

  最大 MTP-A——工厂可生产的 MTP-A 的最大数量。

  质量——工厂生产的 MTP-A 套件的平均质量。

  容量——仓库可以处理的最大 MTP-A 单位。

  要求——可以运送到目的地的 MTP-A 的最大数量。

  报销——从 WHO 收到的每个发送到该目的地的 MTP-A 单位的报销费用。

质量		迈阿密	休斯敦	洛杉矶	巴尔的摩	最大 MTP-A 值
4	Tulsa	22	17	23	20	1 200
3.5	Chicago	23	30	31	18	1 500
3.25	Atlanta	13	15	32	19	1 350
3.75	Dallas	21	10	22	28	1 175

容量	1 500	1 200	1 600	1 000
50%	750	600	800	500

	迈阿密	休斯敦	洛杉矶	巴尔的摩	要求	报销
北非	28	35	62	27	1 252	50
西非	26	38	55	30	2 000	52
中美洲	20	18	22	42	1 476	38

其他模型要求：

  除了供应、需求和仓储要求之外，对供应链解决方案还有其他一些限制。

  A）每个仓库必须至少使用其最大容量的 50%（如表所示）。显然，使用容量也不能超过仓库容量的 100%。

  B）每个目的地必须至少运送其 MTP-A 最大要求数量的 75%。

  C）发送到每个仓库的 MTP-A 的质量必须具有至少 3.55 的加权平均值。

  D）对供应链从生产工厂到仓库部分，从任何一个生产工厂到任何一个仓库的发送量不得超过 1 000 MTP-A。

E）对于供应链中从仓库到目的地的部分，从特定仓库到特定地点的 MTP-A 数量是有限制的，具体限制取决于仓库容量：迈阿密 =900，休斯敦 =700，洛杉矶 =900，巴尔的摩 =800。同样，这是特定仓库到特定地点的限制，而不是对整个仓库的限制。

模型中的数据强制要求为整数。

请创建一个核实的 LP 模型，以确定 MTP-A 从生产工厂到仓库再发送到目的地的最佳分配方式。目标是使净回报（报销减去运输成本）最大化。必须满足上述所有要求，仓库内不允许有存货。

用图片或其他可视化方法说明供应链中 MTP-A 的运输流程，对模型解决方案加以总结。不用太复杂，这只是一种向上级管理层汇报解决方案的方式。

** 本问题的灵感来自真实的 Blessings International 公司（blessing.org），祝福他们！ **

10. 此问题也由俄克拉何马州立大学的 Rick Wilson 博士贡献。

每年，都有很多人抱怨 NCAA 男子篮球委员会在 68 支球队的单淘汰赛中筛选和安排球队以决定谁是全国冠军的做法。有人不高兴是不可避免的。我们将使用我们的建模技能来生成一个可能与实际任务不同的替代日常安排表，完成其中一部分任务。你的任务有两个：①使用 OUR 参数（这是基本的日程安排常识 IMO）生成一个"解决"问题的模型；②对实际比赛分配方案和模型结果进行全面比较。

创建一个将团队分配到区域的 LP 模型，只使用排名前 24 的球队（#1 至 #6 为种子队）和所有 4 个地区。你的团队分配模型的目标是最大限度地减少从每个团队所在地到其签约地区的距离总和。距离数据由单独的电子表格提供。

球队安排到某个地区的限制如下。这些都符合常识和 NCAA 锦标赛委员会的"规则"，但比他们的"微观"方法更全面。

1）四个地区（旧金山西部、圣安东尼奥南部、费城东部、芝加哥中部）中的每一个地区都将分配一个 #1 种子队、一个 #2 种子队、一个 #3 种子队、一个 #4 种子队、一个 #5 种子队和一个 #6 种子队。

2）同一体育协会的球队不能分配到同一地区（除非同一体育协会有 4 个以上的球队，这里的特例是 SEC）。体育协会信息显示在数据文件上（表示一种球队属性）。此外，不要担心没有多个球队的体育协会（即忽略这种情况）。

对于 SEC——确保每个地区至少有 1 个 SEC 团队，但分配的 SEC 团队不超过 2 个。

3）"过于接近"（too close）规则，这是对真正的 NCAA 规则的松散改编。不允许 St. Mary 分配到西部地区。但可以允许（而不是强迫）Villanova 分配到东部地区。如果这让你有任何困扰，我可以进一步解释。

4）"市场价值"（Marquee value）Q，有 9 支球队有 "Q" 因素——他们要么是招牌球队，要么是因为球队的某些特色而吸引了球迷的兴趣的球队，Q 值按 1～10 倍取值。

关于 Q 因子，地区（REGION）必须满足两个不同的要求。

a. 每个地区必须至少有 2 个具有 Q 因子的球队。

b. 对于分配到具有 Q 因子的地区的团队，其平均值必须 ≥4.2。请注意，没有 Q 因子的 15 个球队没有考虑到这个约束。

任务 A：模型。请设计一个适当的线性规划模型，将 24 个球队分配到各个地区，最大限度地减少受上述项目影响的总距离。建议采用模块化方式高效建模。"高效"是什么意思？如果你草率处理约束,或者包含不必要或重复的约束,则可能会超过 Solver 的 100 个约束限制,因此,请仔细考虑如何建模。

任务 B:比较。将你的解决方案与 NCAA 的任务进行比较。请记住,两种模式都不一定"更好",每种方法都使用不同的标准。注意,不要忘记将模型解决方案与 NCAA 实际比赛分配方案进行彻底比较,这部分内容将占本练习得分的 20% 以上。

具体来说,针对你的解决方案和实际任务(显然,只有 24 个感兴趣的球队)分析以下内容:

- #1 种子队、#2 种子队、#3 种子队、#4 种子队、#5 种子队和 #6 种子队的总里程和单个里程。
- 同一体育协会的多个球队被分配的地区数量(不考虑 SEC)。(你的答案应为"0"。)
- 违反 SEC 分配(至少 1 个,但不超过 2 个)的地区数(你的答案应为"0")。
- 不满足加权 Q 要求的地区数量(你的解决方案的度量值应为"0")。
- 不满足品牌球队最低数量要求的地区数量(你的答案应为"0")。

以一种易于理解的格式简单总结团队作业也会很有帮助。注:数据文件以黄色显示实际 NCAA 分配方案。

11. 试试手动解决 8.10 节中的背包问题,然后使用 Evolver 解决,再尝试用其他代码(在 Web 上查找一个)解决。
12. 在线搜索,寻找遗传算法供应商,调查其产品的商业应用情况。什么类型的应用程序最普遍?

参考文献

Arsham, H. (2006a). "Modeling and Simulation Resources." home.ubalt.edu/ntsbarsh/Business-stat/RefSim.htm (accessed July 2022).

Arsham, H. (2006b). "Decision Science Resources." home. ubalt.edu/ntsbarsh/Business-stat/Refop.htm (accessed July 2022).

Banks, J., & Gibson, R. R. (2009). "Seven Sins of Simulation Practice." INFORMS Analytics, 24-27. www.analyticsmagazine.org/summer-2009/193-strategic-problems-modeling-the-market-space (accessed July 2022).

Christiansen, M., K. Fagerholt, G. Hasle, A. Minsaas, & B. Nygreen. (2009, April). "Maritime Transport Optimization: An Ocean of Opportunities." OR/MS Today, 36(2), 26-31.

Clemen, R. T., & Reilly, T. (2000). Making Hard Decisions with Decision Tools Suite. Belmont, MA: Duxbury Press.

Farasyn, I., K. Perkoz, & W. Van de Velde. (2008, July/August). "Spreadsheet Models for Inventory Target Setting at Procter & Gamble." Interfaces, 38(4), 241-250.

Goodwin, P., & Wright, G. (2000). Decision Analysis for Management Judgment, 2nd ed. New York: Wiley.

Hurley, W. J., & M. Balez. (2008, July/August). "A Spreadsheet Implementation of an Ammunition Requirements Planning Model for the Canadian Army." Interfaces, 38(4), 271-280. ingrammicrocommerce.com, "CUSTOMERS," https://www.ingrammicrocommerce.com/customers/ (accessed July 2022).

Kearns, G. S. (2004, January-March). "A Multi-Objective, Multicriteria Approach for Evaluating IT Investments: Results from Two Case Studies." Information Resources Management Journal, 17(1), 37-62.

Kelly, A. (2002). Decision Making Using Game Theory: An Introduction for Managers. Cambridge, UK: Cambridge University Press.

Koksalan, M., & S. Zionts. (Eds.). (2001). Multiple Criteria Decision Making in the New Millennium. Berlin: Springer-Verlag.

Kontoghiorghes, E. J., B. Rustem, & S. Siokos. (2002). Computational Methods in Decision Making, Economics, and Finance. Boston: Kluwer.

Ovchinnikov, A., & J. Milner. (2008, July/August). "Spreadsheet Model Helps to Assign Medical Residents at the University of Vermont's College of Medicine." Interfaces, 38(4), 311-323.

CHAPTER 9

第 9 章

商务分析工具的前景

学习目标

- 熟悉分析和数据科学工具与平台的前景
- 了解分析工具的简单分类
- 了解免费与付费分析工具的优缺点
- 了解如何针对具体分析项目客观地选择最佳工具
- 了解开源代码和闭源代码/专有分析工具之间的细微差别
- 了解基于云的分析平台相对于桌面工具的优势
- 熟悉免费的开源分析和数据科学工具
- 通过教程更好地理解各种分析工具
- 了解市场上最流行的专有分析工具

商务分析（又称数据科学，或数据分析等，其叫法可以根据个人喜好改变）已经成为商界和学术界的关键词很长一段时间了，其热度短期内没有减轻迹象。为了跟上这一快速发展的技术，大学正争先恐后地创建新的学位课程，而企业则创造性地推出新的部门和职位，以利用这一势头。基于对商务分析和数据科学的巨大兴趣，初创公司和成熟 IT 公司正在开发和维护无数的软件工具和计算平台，以满足各类分析团体的需求。本章介绍现有分析和数据科学工具及平台的概况。尽管我们的目标是对这些工具和平台加以全面介绍，但由于市场上存在大量的分析和数据科学工具和平台，可能无意中会遗漏掉其中一些工具。此外，由于访问必要工具和资源的方便性，通过在大多数情况下提供更详细的介绍和循序渐进的教程，本章讨论了对自由和开源软件工具的积极偏见。

9.1 开篇小插曲：希捷如何应用 KNIME 应对数字化转型

从描述性分析到预测性分析

希捷是全球磁盘驱动器、闪存以及其他数据存储设备和管理解决方案设计和制造领域的领头羊，公司已经认识到数字化转型势在必行。每天，在希捷众多全球性网站中都有人在与数据互动或要求从数据中获取结果。提升分析成熟度曲线——从描述性分析到预测性分析——是公司一项重要战略目标。为了实现这一点，公司需要一种可以在整个组织中轻松推广的工具，这样的工具对他人来说要很容易学习，并且可以与 Excel、JMP、Minitab、Tableau、MATLAB、Python 和 R 等现有工具和基础设施配合使用。

2017 年，希捷选择 KNIME 作为其数据需求的首选工具。该公司实施了一项量身定制的公民数据科学家（Citizen Data Scientist，CDS）培训计划，不仅培训员工使用 KNIME 分析平台，还培训员工使用其他免费的数据科学工具。该计划包括在线和现场培训以及召开研讨会，向用户教授并倡导 CDS 计划，其中一些与会者既是培训师，又是计划的拥护者。

为了帮助激发和鼓励希捷员工，在这些培训和研讨会上分享的主要信息包括：①推动数字化转型，以保持行业相关性；②提升员工技能，使其成为公民数据科学家，并使他们能够独立地充分利用数据。

在三天内创建演示

对于新产品或产品创意，总存在与数据相关的问题。一些想法已经研究了很多年，其延迟原因各不相同。很长一段时间以来，美国的研发工程师需要等待很长时间才能获得他们需要的数据。KNIME 分析平台用于演示使用多线程方案从亚洲提取数据的想法。公司花了大约两周的时间对所有内容进行了微调，但这一行动真正开始突显 CDS 计划的好处，更重要的是突显了使用 KNIME 分析平台的价值。人们已经苦恼了将近一年，但现在只花了几天时间就开发和演示了一个解决方案。这背后的神奇之处在于，KNIME 只需将节点拖放到工作流画布上，就可以实现多线程并行查询，不再需要复杂的编码技能才能实现。

使团队更加灵活和富有创造力

在另一种情况下，KNIME 使研究和产品开发团队能够更具创造性和生产力。该团队的目标是提供创造性的产品解决方案。没有例行程序，因为数据分析的方式总是需要改变和适应。此外，读取新的数据、新的结构、新的格式等总是需要采用一种新方式。

KNIME 分析平台是生成新想法原型并快速呈现这些想法和结果的完美解决方案。"我会像玩乐高积木一样在 KNIME 中完成原型设计，有很多不同的积木可供选择。"工程师 Debin Wang 说。KNIME 就像乐高一样，鼓励个人在建造东西时发挥创造力和想象力。最棒的是：当研发团队有新的需求或数据结构发生变化时，KNIME 工作流程可以快速轻松地适应。在研发中，并不是所有事情都能成功，尤其是第一次。KNIME 有助于显著缩短探索周期。以前工程师需要花几周的时间才能完成逐行编码，现在几天就能完成。与其他数据科学工具相比，KNIME 更灵活、更直观。

节省 100 多万美元

KNIME 由记录磁头工程组（Recording Head Engineering Group）进行从度量盘片到滑片的动态建模。记录磁头的制造非常复杂，其顺序分层工艺包括 1 500 余个步骤，这些步骤在陶瓷盘片上形成导电体和磁性材料的图案。一块盘片需要四个多月才能完成。即便如此，在进行测试之前，它仍然可能需要供应链下游的后续处理，这使得处理问题非常突出。这1 500余个步骤中，每一步在处理和测试之间的平均持续时间为6个月。这意味着在检测到故障之前，材料的潜在风险可以存在6个月。工程组使用KNIME创建了一个高级建模工作流，以准确预测预期结果。KNIME的用户友好特性也使希捷能够将该模型集成到现有的盘片控制系统中，将反馈周期从六个月缩短到四周，并为这一单一业务领域节省了超过100万美元。

另一个例子使用了类似的方法。在这个例子中，团队人员创建了KNIME工作流程，从而减少了价值30万美元的废料。该工作流程能够预测不同工艺领域未来工艺所需的材料，否则在现有的单变量工艺控制系统下，这些材料将被废弃。

在第三个例子中，该团队减少了确保两个盘片制造厂（明尼苏达州和北爱尔兰）完全同步的时间。现有系统每周需要大量的监测时间。KNIME工作流程的建立是为了应对团队正在处理的大量误报，将大量误报从审查过程中消除，每周因此节省了宝贵的时间。

超过150名用户独立处理数据

公民数据科学家计划非常有效。自2017年推出以来，已有100多名普通用户（学员、从业者和分析师）和近50名高级用户（KNIME/希捷技术专家）。员工可以更独立地处理数据，更快地获得更好的见解。他们还能够通过开发工作流程和解决方案来克服业务挑战或痛点，从而在时间和金钱方面节省大量业务成本。此外，对希捷员工来说，这种授权感是一种重要的激励因素。希捷的员工数据科学家Brendan Doherty表示："KNIME让那些以前可能没有考虑过机器学习技术的发现和应用的人能够涉足数据科学世界。"

2019年，希捷购买了KNIME服务器，公司预计普通用户和超级用户的数量将继续增加。展望未来，CDS计划可能会涉及AWS，这样学习者就可以访问AWS上的KNIME服务器应用程序，以便运行沙盒或开发工作。希捷的预测分析已经进入了下一个成熟度水平，并开始看到巨大的业务影响。

▶ 9.1节 习题

1. KNIME如何帮助希捷进行数字化转型？
2. 什么是公民数据科学家？为什么它很重要？
3. 在这个应用案例中，你认为KNIME分析平台最主要的优势是什么？请详细讨论。
4. 案例中提到了哪三个节约成本的途径？像KNIME这样的可视化工具在节省开支方面有什么贡献？
5. 列出并简要讨论可视化编程工具（如KNIME）在分析型组织（如希捷）中的三个不同优势。

我们能从这个开篇小插曲中学到什么

本章拟对分析和数据科学工具进行广泛介绍。正如你将在本文中看到的，尽管所有这些工具在分析功能方面有很大的重叠，但每个软件工具或平台都有其不同的特点、优势和局限性。不管任务是什么，无论是数字化转型、更好的客户参与度、定价和收入最大化，还是欺诈检测，目标都是使用其中一种或多种分析和数据科学工具，深入认识目标数据，以实现理想的结果。复杂的项目通常需要使用多个分析和数据科学工具和平台，才能在可行的时间窗口内成功、充分地产生急需的可操作结果。也就是说，组合应用分析工具将获得更快、更好的决策支持。本开篇小插曲总结了一家先进的科技公司如何使用免费和开源的分析工具以及基于云的商业 IT 平台来简化其数字化转型计划。

资料来源：KNIME Customer Success Stories. "How Seagate is using KNIME to Tackle the Digital Transformation",https://www.knime.com/solutions/success-story/how-seagate-is-using-knime-to-tackle-the-digital-transformation ,https://www.knime.com/about。

9.2 分析工具的重要性

由于近年来（在学术界和工业界）商务分析和数据科学的普及率大幅增长，用于实现这些技术的工具领域也在以前所未有的速度发展和扩张。正如本章其余部分将谈及的，现在已经有许多分析软件工具可用，从商业/付费工具到免费/开源工具，从图形工作流类型到基于语言的编程平台，应有尽有。其中一些工具是基于云的，一些工具单独安装到本地计算机即可，但也有一些工具是两者兼而有之——同时提供了本地工具和作为补充的基于云的平台，以提高计算效率并简化模型部署。其中一些工具可能更擅长数据预处理，或在模型构建上展现其灵活强大的能力，而另一些工具可能在易于学习、使用和部署方面更出色。工具产品不断增加也证明，没有哪一种工具在各方面都能做到最好。大多数商务分析和数据科学专业人士倾向于同时使用一系列工具和编程语言，为他们的数据分析项目生成尽可能好的结果。

数据科学家在工作中能否取得成功，很大程度上取决于他们所依赖的工具（或者更准确地说，是工具箱）。底层算法的数学和统计知识、最有效分析平台的使用经验、领域知识/智慧、团队/人员管理技能，这些因素对一个多产的数据科学家和一个成功的数据科学项目都是重要和必需的。然而，还有其他更为偶然和互补的因素也会影响数据科学项目的最终结果，并影响数据科学项目给利益相关者留下的印象。

显然，每个项目都有一个需要遵守的最后期限，一份必须满足的要求清单，以及一份必须在预算范围内执行的预算。大多数数据分析项目的设计都非常严格，因此没有给沙盒或扩展的试错型探索留下太多空间。数据科学家应在短时间内确定并实施解决方案，同时确保其符合所有要求和约束条件——即解决方案应满足并理想地超过利益相关者（通常是公司内的客户/经理）的需求和愿望。为此，数据科学家可能需要快速尝试不同的技术，以确定并采用项目的最佳路线图和重复机制。当然，每个项目都有预算限制，快速实施正确的解决方案往往要受到有限预算的限制。

有些项目相当复杂，需要传统的通用机器学习算法之外的专门算法。有时，数据科学家被迫在现场学习特定项目所需的新技术和新算法，并且在截止日期前尽量掌握。在这种情况下，数据科学家花在理论和数学上的时间越多，学习速度就越快。必须将敏捷性和创造性融合在一起，才能得到"完美"的解决方案。

最后我们要考虑一下分析序列部署阶段的问题。尽管我们构建的"完美"解决方案就是在这里投入使用的，从而在组织的预期上、在学术界和我们分析课程中展现不同；但在本书中，我们没有分配足够的时间和精力来详细介绍这一阶段的知识。覆盖范围的不足可能是由于每个系统都有自己的特定技术结构、部署程序、集成机制和安全策略。从原型到生产的过程必须精确、快速且安全。考虑到解决方案可能会由不同的不太专业的用户使用，数据科学家不能在将其投入生产时降低解决方案的各个部分的性能，也不能承受将其暴露在不太安全的执行环境中的风险。如果需要，可以而且应该为更大的用户群提供一套不同的解决方案，这些解决方案或多或少具有一定程度的交互和复杂程度，具有模式安全框架。

可以推断，除了数学/统计/AI、分析经验和领域知识的深度之外，许多其他偶然因素，如易于学习、原型实现速度、确保解决方案正确性的调试和测试、不同方法实验的灵活性、外部贡献者和专家帮助的可用性，最后还有自动化和安全能力等，都有助于数据科学项目的成功。所有这些偶然因素在很大程度上取决于数据科学家选择使用的工具和数据科学平台。

分析工具的多维分类

1. 免费与付费/商务分析工具。近年来，我们看到人们对开发免费的、有社区支持的、严重依赖众包的分析项目非常感兴趣。在 R 和 Python 的引领下，这一趋势也蔓延到了其他基于非编程的免费分析工具和平台（如 Weka、KNIME 和 Orange）。从历史上看，我们一直可以访问免费但规模变小、时间有限或能力受限的商务分析工具版本。我们在这里考虑的免费工具不是这种类型的。这种免费工具的完整版本是免费的，不受能力时间限制，并且对于所有目的（教育或商业）都是免费的。正如俗话所说，"天下没有免费的午餐！"如果人们认为每一个免费工具实际上都是免费的，这也可能适用这句话。其中一些工具可能过于复杂和技术化，鲜有或根本没有学习/教育/培训材料，学习使用这些工具需要付出大量时间和精力，这会扼杀工具的免费性质。

2. 开源与闭源软件。开源软件是指源代码向公众开放供访问、验证、修改、改进和扩展的计算机软件。在开源许可证的特定条件下，用户可以重用公开可用的内容，以修改、扩展和重新创建自己用于特定目的的软件产品。通常由开源代码创建的软件应开源（自愿或遵循开放使用许可证的要求）。另一方面，闭源代码软件（closed source software）也称为专有软件（proprietary software），不允许公众访问其源代码，因此公众无法以任何方式查看或修改源代码。闭源软件通常采用编译或二进制方式表示，不仅隐藏其逻辑特征，还隐藏用于创建它的编程代码，对用户呈现为一个完整的黑盒。此外，开源可能并不意味着所有东西都是对最低粒度级别开放的。也就是说，开源软件可能具有预编译的二进制组件，这些组件没有源代码可用性。

开放源代码和开放架构是有区别的。开放架构可能是开源的，也可能不是开源的，有意设计为允许与其他软件工具交互。这种交互可以从简单的输入/输出交换变成在嵌入式框架中完全消耗其他工具的建模能力。例如，KNIME 分析平台设计用于生成特殊格式的输出文件，这些文件可以很容易地被 Tableau 和 PowerBI 的云平台使用，它还复制/消耗 H2O 和 Weka 的所有机器学习功能。

最近，在分析和数据科学工具市场上，也许是因为 R 和 Python 的流行，开源与开放架构工具和平台似乎出现了积极的趋势。大多数专用工具都拥护数据科学中的开源势头，使其工具能够接受和友好地使用其他开源平台，尤其是 R 和 Python。

3. 本地与服务器/云。在合理的时间框架内将大量的各种数据源转换为信息和知识需要功能强大的计算资源。因此，在我们生活的大数据时代，现实世界的商务分析和数据科学项目必须在云端执行，包括某种类型的私有云/公共云/混合云/服务器平台，可以智能地汇集存储和处理能力，以创建快速准确的行动洞察力。通常，业务分析项目的设计阶段在本地工作站上进行，一旦在类似但较小或更简单的数据源上进行验证，它就会在基于云的分析平台上移动并完全执行。云平台还可以作为分析模型的部署与管理/版本控制场所。

分析工具可分为：①所有操作完全在本地的工具（如 Orange、Weka、JMP），②用于模型设计和开发的本地工具和用于部署的云（如 KNIME、RapidMiner、Tableau、PowerBI），③所有操作在云端执行的工具（例如 SAS Viya、AWS Analytics、Microsoft Azure、Google Colab）。根据组织的需要，这三种选择中的任何一种都可以被采用并成功使用。

4. 可视化与程序化。商务分析和数据科学工具正朝着两个方向发展：基于编程的工具（这让我们想起过去的好日子，在过去，分析是使用 C/C++ 等低级别代码或 SAS 等高级代码进行的）和基于工作流的可视化工具。在当前的分析工具环境中，R 和 Python 这两种最流行的分析工具是基于编程的，而许多流行的商业工具是可视化型、工作流工具（也称为管道、逻辑流），例如，KNIME、RapidMiner、Orange、SAS Enterprise Miner、IBM SPSS Modeler 等。

虽然 R 是一种高级统计分析和数据可视化语言，但 Python（尽管其被誉为分析和数据科学的头号工具）是一种通用编程语言，可用于任何软件开发任务。在执行数据科学任务时，可以使用这两种工具中的任何一种来读取数据、处理数据、创建可视化、构建和测试模型，使用在这些编程平台中创建和提供的现成的、几乎无限的功能。也就是说，当你编写 R 或 Python 代码时，你只是用少量的行以逻辑方式连接已经编写的代码/函数。这里重要的是要了解大量可选代码/函数及其语法细节，以便做出明智的决定。

可视化、工作流类型的工具也在这些小部件和节点下面使用相同或相似的功能和低级代码。主要区别在于，在编程语言中，你要确保已准确选择和实现（注意语法细节）要使用的函数，而在可视化工具中，你通过简单的拖放动作来使用相同的函数。在编程语言中，你需要更好地控制使用哪个函数以及使用它的细节，而在可视化工具中，你则可以省去语法细节，而是将时间和精力花在更好的建模和实验上。

表 9.1 对上述四个比较维度中的一些分析工具进行了比较。可以看出，某些列中的一些工具同时具有这两个特性。

表 9.1　一些分析工具在四个不同维度上的比较

	免费与付费	开源与闭源	本地与服务器	可视化与程序化
Python	F	O	L+S	P
R	F	O	L	P
KNIME	F	O	L+S	V
RapidMiner	F/P	O	L+S	V
Orange	F	O	L	V
Weka	F	O	L	V
Tableau	P	C	L+S	V
PowerBI	F/P	C	L+S	V
SAS Viya	P	C	S	V/P
SAS EM	P	C	L	V
JMP	P	C	L	V
IBM SPSS Modeler	P	C	L	V
IBM Watson	P	C	S	V
TIBCO Statistica	P	C	L+S	V
Teradata Vantage	P	C	S	V

分析工具的流行程度

哪些工具及其开发商在数据科学家中最受欢迎？这个问题没有公认的答案。答案取决于你提出的问题、你使用的标准以及你为每个标准分配的权重。以下只是人们可以找到并用来回答这些问题的其中三个知名公司。前两家是领先的 IT 研究和咨询公司，第三家是一个普及的基于网络的门户网站（即信息存储库），该网站可用于与数据挖掘、商务分析、数据科学和机器学习相关的一切应用。

Gartner。Gartner 公司是一家位于康涅狄格州斯坦福德的技术研究和咨询公司，通过私人咨询、高管计划和会议进行技术研究并分享这项研究。魔力四象限（Magic Quadrant）是 Gartner 发布的一系列市场研究报告，依靠专有的定性数据分析方法来展示市场趋势，如方向、成熟度和参与者。图 9.1 显示了 Gartner 的高级分析平台魔力四象限。可以看出，SAS、IBM 和 Dell（在商业和专用工具方面），以及 KNIME 和 RapidMiner（在免费和开源工具方面）被列为领导者。

Forrester。Forrester 是一家技术领域的研究和咨询公司，提供各种服务，包括市场研究、商业咨询和教育活动。与 Gartner 类似，作为传播市场研究结果的公司之一，Forrester 也提供报告，分析公司和软件工具在商务分析和数据科学领域的竞争地位。用于预测分析和机器学习解决方案的"Forrester Wave"报告摘要如图 9.2 所示。在该图中，x 轴显示了每家公司的战略实力，而 y 轴显示了其当前的产品实力。每个数据点周围圆圈的大小和阴影表示市场上每个供应商的实力。正如 Gartner 魔力四象限一样，Forrester Wave 将 SAS、IBM、KNIME 和 RapidMiner 等列为市场领导者。

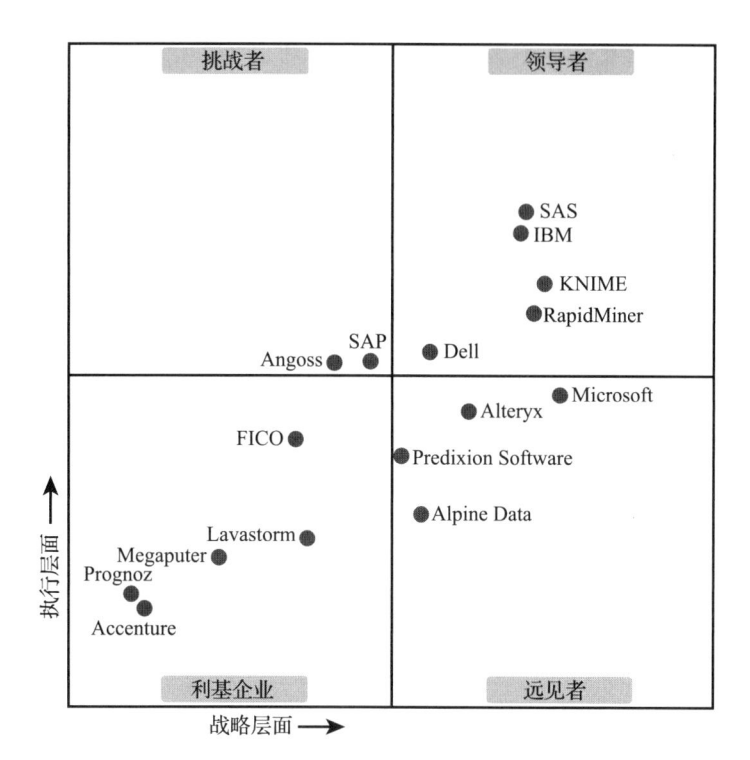

图 9.1　Gartner 魔力四象限先进分析平台

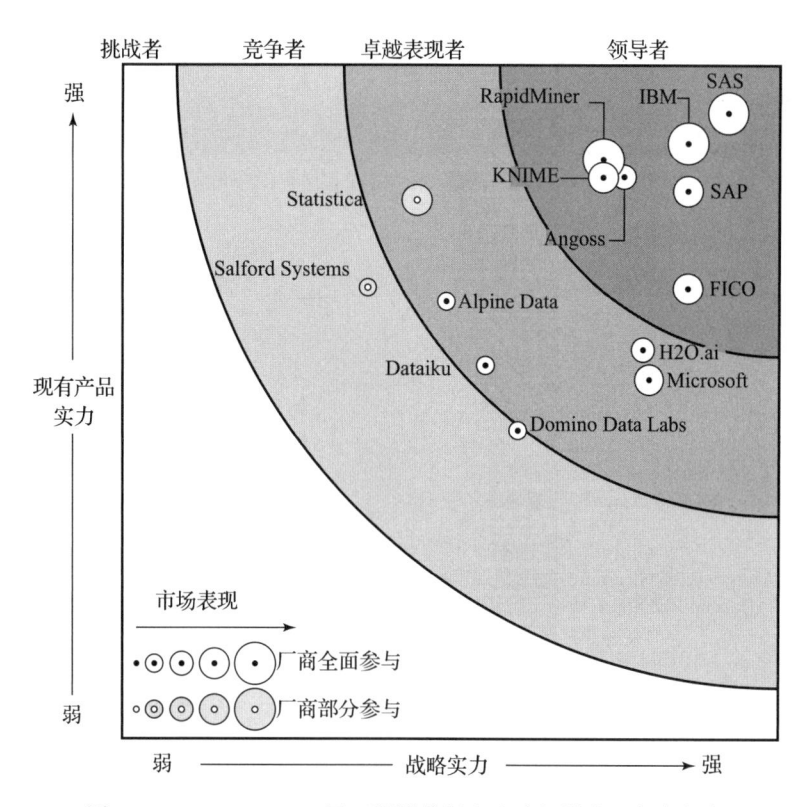

图 9.2　Forrester Wave 用于预测分析和生成机器学习解决方案

Gartner 和 Forrester 报告中没有将 Python 和 R 列为流行工具的原因是，这些报告只包括公司及其产品，不包括免费和开源社区类型的项目和软件工具。

KDnuggest.com。KDnuggest.com 是著名的分析和数据科学门户网站。该网站创建了一个有趣且有用的数据挖掘链接（用于数据集、文章、软件工具和培训课程）及定期时事通讯的存储库。如今，该网站将自己转变为分析和数据科学知识存储库，其中包含有趣的文章、行业专家的博客文章，以及通常有用的链接、民意调查和时事通讯。最受欢迎的分析工具列表（根据 KDnuggest.com 管理的一项民意调查）在第 4 章介绍过，这里也以水平条形图的形式呈现（如图 9.3 所示）。在该图中，分析工具分为免费/开源、商业/专有和大数据技术。本章将进一步介绍该列表中的大多数流行工具，并提供其中大多数工具的简短教程，以帮助读者对其进行评估。

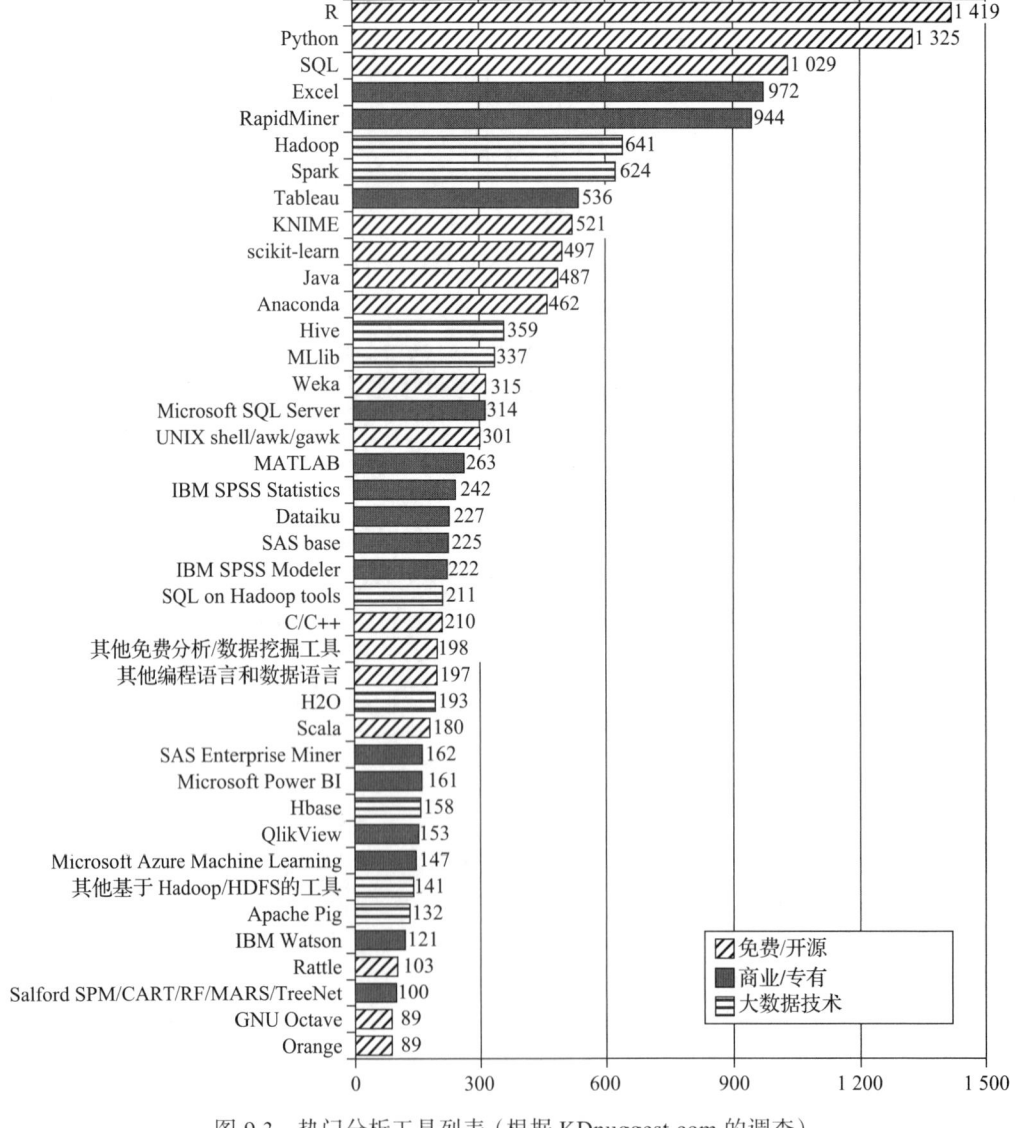

工具	数值
R	1 419
Python	1 325
SQL	1 029
Excel	972
RapidMiner	944
Hadoop	641
Spark	624
Tableau	536
KNIME	521
scikit-learn	497
Java	487
Anaconda	462
Hive	359
MLlib	337
Weka	315
Microsoft SQL Server	314
UNIX shell/awk/gawk	301
MATLAB	263
IBM SPSS Statistics	242
Dataiku	227
SAS base	225
IBM SPSS Modeler	222
SQL on Hadoop tools	211
C/C++	210
其他免费分析/数据挖掘工具	198
其他编程语言和数据语言	197
H2O	193
Scala	180
SAS Enterprise Miner	162
Microsoft Power BI	161
Hbase	158
QlikView	153
Microsoft Azure Machine Learning	147
其他基于 Hadoop/HDFS 的工具	141
Apache Pig	132
IBM Watson	121
Rattle	103
Salford SPM/CART/RF/MARS/TreeNet	100
GNU Octave	89
Orange	89

图 9.3 热门分析工具列表（根据 KDnuggest.com 的调查）

图 9.3 中提供的分析工具的排名绝非客观，也不是最佳结果，相反，这只是一个快照，是在某个特定的时间点，从作为志愿者的数据科学家的调查中获得的。如果我们现在使用我们自己的潜在参与者样本（即分析专业人士）来复制这项调查，很可能会得到稍微不同的结果。也就是说，这些工具的受欢迎程度会随着时间的推移而变化，并且会根据你调查的人群而变化。例如，如果我们现在重新调查，最流行的工具很可能变成 Python，而不是 R，尽管这两个工具仍然占据前两位。分析实操 9.1 提供了一个有趣的分析应用程序，用于识别恐怖分子行为模式。

分析实操 9.1　预测分析和数据挖掘有助于阻止恐怖分子筹集资金

2001 年 9 月 11 日发生在世界贸易中心的恐怖袭击事件突显了开源情报的重要性。《美国爱国者法案》的颁布和美国国土安全部的成立预示了信息技术和数据挖掘技术在侦查洗钱和其他形式的反恐怖融资方面的潜在应用。执法机构一直将重点放在通过银行和其他金融服务组织进行正常交易的洗钱活动上。

执法机构现在正关注国际贸易定价是否会成为恐怖活动融资的工具。洗钱者利用国际贸易悄悄地将资金转移出一个国家，避免引起政府的注意。这种转移是通过高估进口和低估出口来实现的。例如，国内进口商和国外出口商可能结成伙伴关系，对进口商品价值高估，从而从母国转移资金，实施与海关欺诈、所得税逃税和洗钱有关的犯罪。国外出口商可能是恐怖组织的成员。

数据挖掘技术侧重于分析美国商务部和商业相关实体的进出口交易数据。跟踪超过上四分位数进口价的进口价格和低于下四分位数出口价的出口价格。重点关注公司之间的异常转让价格，这可能导致应税收入和税收转移到美国之外。观察到的价格偏差可能与所得税避税/逃税、洗钱或恐怖活动融资有关。观察到的价格偏差也可能是由于美国贸易数据库中的错误导致的。

数据挖掘将产生对数据的有效评估，这反过来将有助于打击恐怖主义。将信息技术和数据挖掘技术应用于金融交易有助于获得更好的情报信息。

问题讨论：

1. 如何利用数据挖掘来打击恐怖主义？讨论在这个简短的应用程序案例中所涵盖的内容之外还可以做些什么。

2. 你认为数据挖掘虽然对打击恐怖组织至关重要，但也会危及个人隐私权吗？

资料来源：Zdanowic, J. S. (2004). "Detecting money laundering and terrorist financing via data mining." Communications of the ACM, 47(5), 53; Bolton, R. J. (2002). "Statistical fraud detection: A review." Statistical Science, 17(3), 235。

▶ 9.2 节　习题

1. 为什么为分析项目选择正确的工具非常重要？
2. 存在如此庞大多样的分析工具的原因是什么？

3. 我们可以用于比较分析工具的四个常见的维度是什么？
4. 你最喜欢哪种分析工具？为什么？

9.3 免费开源的分析程序语言

如图 9.3 所示，在分析和数据科学项目中开发和使用免费和开源工具的势头似乎很强劲。其中一些工具是基于编程的，而另一些则是面向可视化建模的。本节将介绍两种最流行的基于编程的分析工具，即 Python 和 R，我们将介绍如何开始使用这两种语言，并通过简单的分步教程解释其使用。

R 语言

R 语言是最流行的分析工具之一，该语言以其统计计算和极其精致的图形功能而闻名。R 的核心是一种解释型计算机语言，允许使用分支、循环，可以使用函数实现模块化编程。R 中的大多数用户可见函数都是用 R 语言编写的。但是，用户也可以使用以 C、C++ 或 FORTRAN 等传统语言编写的函数和过程。R 分布包含大量统计和机器学习过程的功能。

R 最初由新西兰奥克兰大学统计系的 Ross Ihaka 和 Robert Gentleman 编写。大多数人认为"R"这个名字源于这两个语言发明人名字的第一个字母。R 已经成为一个社区项目，许多人在这里贡献和使用 R 语言新的和改进的统计、分析和图形功能。

R 由一个名为 CRAN（综合性 R 档案网络）的全球服务器网络管理和分发。有关 R 的历史和当前结构的更多详细信息，可访问 R 项目网站 https://www.r-project.org/。

如何开始使用 R

有许多方法可以获取、安装和使用 R，以进行业务分析，R 最常见的问题如下，之后我们会给出 R 的使用建议。

1. R 项目。此为默认选项。使用此选项，你可以获得一个命令行接口（Command Line Interface，CLI）来编写和执行代码。它并没有像下面列出的一些其他选项那样提供很多细节，例如 IntelliSense（自动代码完成、即时参数信息等）、颜色编码（用不同颜色编写代码以便识别）、环境管理（用于库和开发选项）等。

2. RStudio。这也许是当今开发 R 程序最受欢迎的选择。RStudio 是一个用于 R 编程的集成开发环境（Integrated Development Environment，IDE），包括一个控制台、支持直接代码执行的语法高亮编辑器，以及用于打印、历史记录、调试和工作空间管理的工具。可以针对具体操作系统（Windows、macOS 或 Linux）下载并安装桌面版的 RStudio，网址为 https://www.rstudio.com/products/rstudio/download/。RStudio.com 还提供商用桌面版、服务器版和云版本的 R 开发平台。

3. RStudio Cloud。RStudio Cloud 是一种轻量级的、基于云的解决方案，允许任何人在线开发、共享、教学以及学习 R 编程。有了 RStudioCloud，用户可以直接从自己喜欢的网站 Web 浏览器中使用 RStudio IDE 分析数据。因为它是基于云的，所以可以轻松地与其他团队成员、课堂上的学生、研讨会的参与者或世界上任何地方的整个社区共享项目。

虽然这是一种商用产品，但也有一个免费版本的 RStudio Cloud 可以注册并使用（https://rstudio.cloud/）。

4. Anaconda。Anaconda 简化了 R 和 Python 编程工具的下载和安装。凭借其直观的图形用户界面（如 Anaconda Navigator），Anaconda 集中管理并简化了程序安装、包管理和部署。Anaconda 安装包括适用于 Windows、Linux 和 macOS 的最常用的数据科学应用程序和软件包。因为 Anaconda 预装了很多工具和软件包，其中大多数新手可能不需要，所以有些人更喜欢安装较小的精简版 Anaconda，名为 Miniconda，作为精简安装（之后再安装一些额外的包）和更完整的安装（可能有一些不需要的包）之间的权衡。为了方便起见，如果你想这样做，我们认为 Anaconda（https://www.anaconda.com/）比 Miniconda（https://conda.io/）更适合。图 9.4 显示了 Anaconda.Navigator 的用户界面，其中有多个编程工具安装选项。对于 RStudio，可以在导航栏中选择执行 RStudio 安装模块。

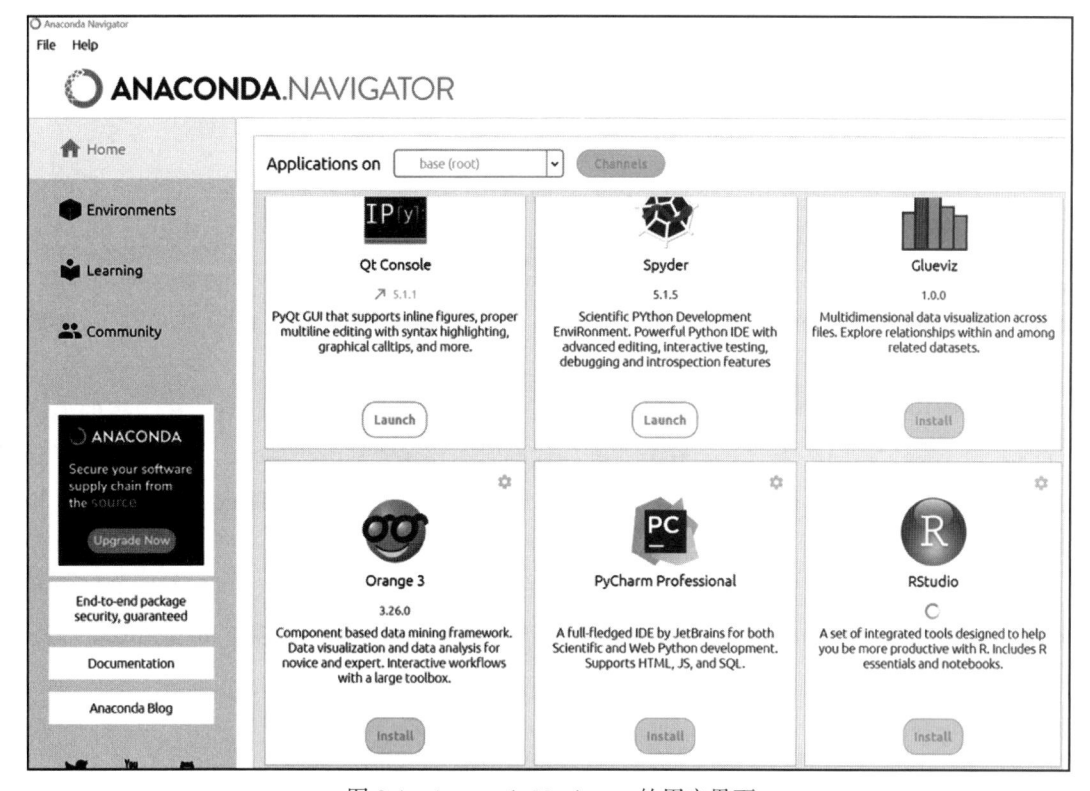

图 9.4　Anaconda.Navigator 的用户界面

5. Visual Studio Code。Visual Studio Code 已经成为 R、Python、C/C# 和其他几种编程语言最流行的 IDE 之一。这是一个免费的工具，可以运行在 Windows、macOS 或 Linux 上。Visual Studio Code 的 R 扩展支持语法高亮显示、代码完成、linting、格式化、与 R 终端交互、查看数据、绘图、工作区变量、帮助页、管理包以及使用 R Markdown 文档等扩展功能。

6. Jupyter Notebook。尽管 Jupyter Notebook 是众所周知的 Python 基于浏览器的编程环境，但通过安装和配置适当的语言内核，可以将其用于其他语言。Jupyter Notebook 环境的 R 内核称为 IRkernel，可以从 https://cran.r-project.org/web/packages/IRkernel/ 下载。

7. Google Colab。可以使用 Google Colab 基于云的开发平台进行 R 编程。因为 Colab 最初是为 Python 设计的，所以它的使用需要一些设置过程。Colaboratory，简称"Colab"，是 Google Research 提供的一款产品。Colab 允许任何人通过浏览器编写和执行任意 Python（或 R）代码，这特别适合机器学习、数据分析和教育（https://research.google.com/colaboratory/）应用。虽然 Jupyter 是基于 Colab 的开源项目，但 Colab 允许他人使用和共享 Jupyter Notebook，无需下载、安装或运行任何内容。Colab notebooks 存储在 Google Drive 中，也可以从 GitHub 加载。Colab notebooks 可以像使用 Google Docs 或表格一样共享。从技术上讲，在 Colab 中，通过使用 pry2 包来回切换，可以在同一台笔记本中运行 Python 和 R。

在没有任何本地或基于云的限制的情况下，常选择 RStudio（这是最近最受欢迎的选项）和 Visual Studio Code（这是分析教育工作者和专业人士中使用率增长最快的选项）作为 R 编程开发环境。

R 分析及应用教程——预测员工流失

这个简单应用示例旨在展示：① R 语言的描述性分析（即数据可视化）能力，②如何在 R 中开发和测试预测模型，③ R 中针对员工流失预测问题的可解释性 AI 功能。

本教程中使用的数据集由 IBM 捐赠给 Kaggle，参见 https://www.kaggle.com/datasets/pavansubhasht/ibm-hr-analytics-attrition-dataset。该数据集可用于解释导致员工流失的因素。

我们使用 RStudio 开始对这个有趣的问题进行 R 编程，RStudio 是用于 R 编程的最流行的集成开发环境（IDE）之一。在复制教程代码时，要保证其语法精确，因为 R 编程区分大小写（即，大写的 X 和小写的 x 不是相同的变量，randomForest 和 RandomForest 不是相同的库）。

首先需要安装所需的库。这里有一个方便的可重复使用的 R 代码，可用于安装所需的库（在本例中为"ggplot2""randomForest""caret""lime"）及其依赖项。

```
libs = c("ggplot2", "randomForest", "caret", "lime")
for (i in libs)
{
    if(!is.element(i, .packages(all.available = TRUE)))
    {
        install.packages(i, dependencies = T)
    }
    library(i,character.only = TRUE)
}
lapply(libs, require, character.only = TRUE)
```

已安装的库的简要定义为：ggplot2 是一个 R 库，被普遍认为是最先进的可视化库；randomForest 是随机森林（Random Forest）机器学习算法的库；caret 是 R 中用于机器学习的库；lime 是一个用于可解释性 AI 的库。

我们将工作区设置为当前目录，清除工作区，然后读取数据：

```
setwd(dirname(rstudioapi::getActiveDocumentContext()$path))
rm(list=ls())
HR = read.csv(file=".//data//IBM-HR-Employee-Attrition.csv",
header=T)
```

要直观地检查数据的前几行，我们可以使用 head（HR）来查看数据的前六行（这是 R 中的默认设置），也可以指定要查看的行数。以下代码将显示前 10 行。

```
head(HR, 10)
```

我们还可以使用以下函数以表格式查看整个数据集，并产生如图 9.5 所示的输出：

```
View(HR)
```

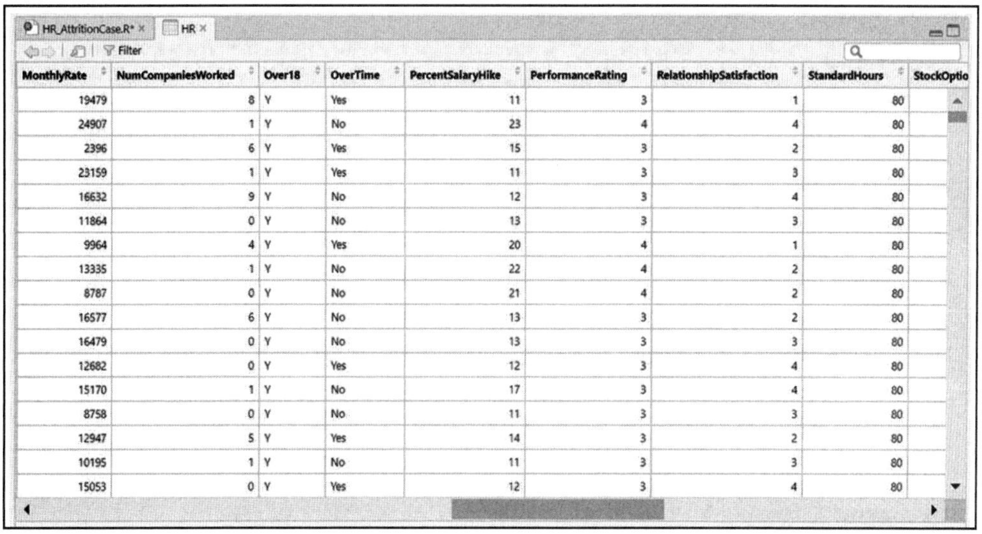

图 9.5 View（HR）函数的输出

当我们直观地检查数据表的前 10 行时，可以注意到一些列（即 "Over18" "EmployeeCount" 和 "StandardHours"）取值没有差异（对所有 10 行重复相同的值）。在从数据表中删除这些列之前，我们希望使用以下函数，用这些属性的简单图表来确认我们的观察结果：

```
plot(as.factor(HR$Over18))
plot(as.factor(HR$StandardHours))
plot(as.factor(HR$EmployeeCount))
```

现在我们的观察结果得到了证实，我们使用以下行删除这三个属性：

```
HR$Over18=NULL
HR$StandardHours = NULL
HR$EmployeeCount = NULL
```

现在检查属性及其数据类型：str 函数是 R 中的一个极好的函数，可以查看给定数据表中的属性，以及它们的数据类型和前几个值。图 9.6 显示了该函数的输出。

```
str(HR)
```

注意，有些属性存储为 "chr"，表示它们属于字符类型。由于这些属性实际上是分类变量，我们应该将这些 "chr" 类型的变量转换为 R 中的 "factor" 类型变量，这样就可以使用以下代码在数据分析中正确使用这些变量。完成变量转换后，我们就可以使用 str(HR) 函数来确认输出。

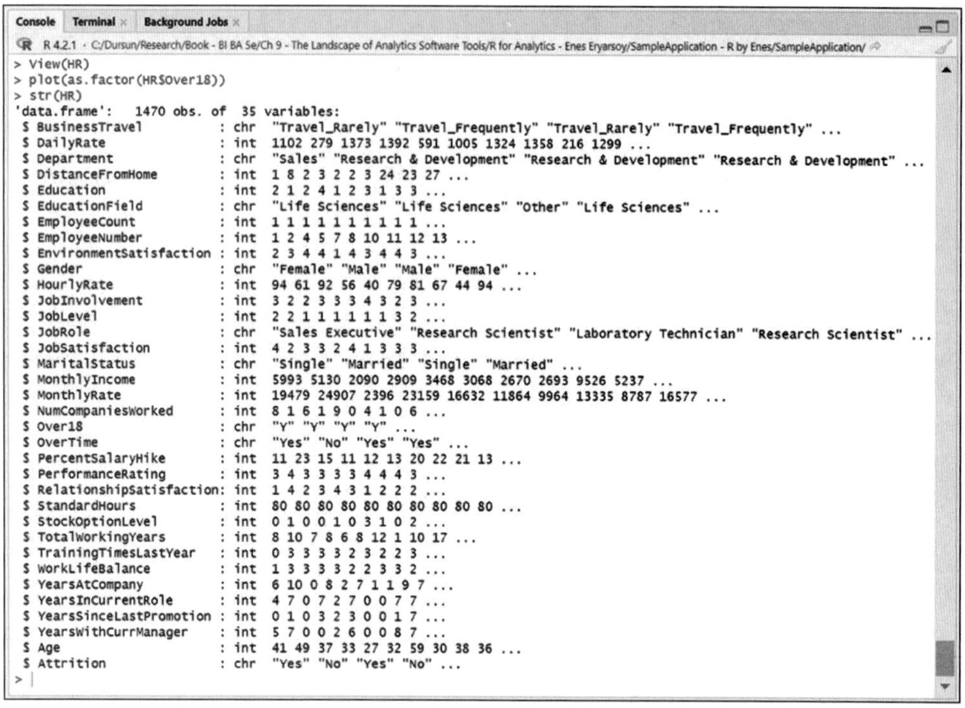

```
Console  Terminal  Background Jobs
R 4.2.1 · C:/Dursun/Research/Book - BI BA 5e/Ch 9 - The Landscape of Analytics Software Tools/R for Analytics/Enes Eryarsoy/SampleApplication - R by Enes/SampleApplication/
> View(HR)
> plot(as.factor(HR$Over18))
> str(HR)
'data.frame':  1470 obs. of  35 variables:
 $ BusinessTravel          : chr  "Travel_Rarely" "Travel_Frequently" "Travel_Rarely" "Travel_Frequently" ...
 $ DailyRate               : int  1102 279 1373 1392 591 1005 1324 1358 216 1299 ...
 $ Department              : chr  "Sales" "Research & Development" "Research & Development" "Research & Development" ...
 $ DistanceFromHome        : int  1 8 2 3 2 2 3 24 23 27 ...
 $ Education               : int  2 1 2 4 1 2 3 1 3 3 ...
 $ EducationField          : chr  "Life Sciences" "Life Sciences" "Other" "Life Sciences" ...
 $ EmployeeCount           : int  1 1 1 1 1 1 1 1 1 1 ...
 $ EmployeeNumber          : int  1 2 4 5 7 8 10 11 12 13 ...
 $ EnvironmentSatisfaction : int  2 3 4 4 1 4 3 4 4 3 ...
 $ Gender                  : chr  "Female" "Male" "Male" "Female" ...
 $ HourlyRate              : int  94 61 92 56 40 79 81 67 44 94 ...
 $ JobInvolvement          : int  3 2 2 3 3 3 4 3 2 3 ...
 $ JobLevel                : int  2 2 1 1 1 1 1 1 3 2 ...
 $ JobRole                 : chr  "Sales Executive" "Research Scientist" "Laboratory Technician" "Research Scientist" ...
 $ JobSatisfaction         : int  4 2 3 3 2 4 1 3 3 3 ...
 $ MaritalStatus           : chr  "Single" "Married" "Single" "Married" ...
 $ MonthlyIncome           : int  5993 5130 2090 2909 3468 3068 2670 2693 9526 5237 ...
 $ MonthlyRate             : int  19479 24907 2396 23159 16632 11864 9964 13335 8787 16577 ...
 $ NumCompaniesWorked      : int  8 1 6 1 9 0 4 1 0 6 ...
 $ Over18                  : chr  "Y" "Y" "Y" "Y" ...
 $ OverTime                : chr  "Yes" "No" "Yes" "Yes" ...
 $ PercentSalaryHike       : int  11 23 15 11 12 13 20 22 21 13 ...
 $ PerformanceRating       : int  3 4 3 3 3 4 4 4 3 ...
 $ RelationshipSatisfaction: int  1 4 2 3 4 3 1 2 2 2 ...
 $ StandardHours           : int  80 80 80 80 80 80 80 80 80 80 ...
 $ StockOptionLevel        : int  0 1 0 0 1 0 3 1 0 2 ...
 $ TotalWorkingYears       : int  8 10 7 8 6 8 12 1 10 17 ...
 $ TrainingTimesLastYear   : int  0 3 3 3 3 2 3 2 2 3 ...
 $ WorkLifeBalance         : int  1 3 3 3 2 2 3 3 2 ...
 $ YearsAtCompany          : int  6 10 0 8 2 7 1 1 9 7 ...
 $ YearsInCurrentRole      : int  4 7 0 7 2 7 0 0 7 7 ...
 $ YearsSinceLastPromotion : int  0 1 0 3 2 3 0 0 1 7 ...
 $ YearsWithCurrManager    : int  5 7 0 0 2 6 0 0 8 7 ...
 $ Age                     : int  41 49 37 33 27 32 59 30 38 36 ...
 $ Attrition               : chr  "Yes" "No" "Yes" "No" ...
>
```

图 9.6 所有属性及其数据类型和前几个值

```
HR[sapply(HR, is.character)] = lapply(HR[sapply(HR, is.character)],
 as.factor)
str(HR)
```

现在我们将看到，所有的属性似乎都是 R 可处理类型。在继续之前，我们也检查一下是否有任何缺失的值。最简单的方法是使用 R 中的"summary()"函数。该函数用于汇总每列，并指示每列缺少的值的数量（如果有的话）。

```
summary(HR)
```

在这种情况下，我们似乎没有在数据集中包含缺失值的属性。

数据可视化

是时候做一些可视化分析了，我们先看看年龄和收入之间的关系。

```
r=ggplot(data=HR, aes(x=Age, y=MonthlyIncome))
```

将几何图形添加到绘图中。

```
r + geom_point()
```

这似乎存在一点关系。让我们检查一下相关性。

```
cor(HR$Age, HR$MonthlyRate)
```

我们再用一些颜色来美化这个图形。

`r + geom_point(colour="Blue")`

我们可以根据性别给图表上色吗？答案是肯定的，利用以下函数。

`r + geom_point(aes(colour=Gender))`

可以加大图表尺寸，以获得更好的视觉效果：

`r + geom_point(aes(colour=Gender), size=2)`

根据某人担任当前职务的年份来设定气泡大小如何？

`r + geom_point(aes(size=YearsInCurrentRole,colour=Gender))`

到目前为止，我们创建的可视化如图 9.7 所示。

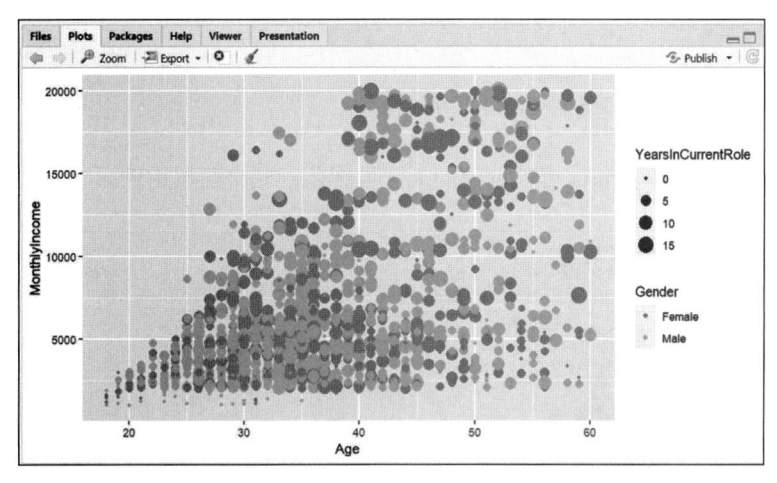

图 9.7 气泡图中年龄和月收入之间关系的可视化

现在，我们绘制一些直方图和密度图。对于直方图，我们先看看每个部门支付的工资总额。

```
s = ggplot(data=HR, aes(x=MonthlyIncome))
s + geom_histogram(binwidth=1000)
```

添加颜色：

`s + geom_histogram(binwidth=1000, colour="Red", fill="Orange")`

为每个部门添加不同的颜色：

```
s + geom_histogram(binwidth=1000, aes(fill=Department),
 colour="Black")
```

我们刚刚创建的直方图如图 9.8 所示。

员工流失和工资之间有联系吗？首先，我们用柱状图来回答这个问题：

```
plot = ggplot(data=HR, aes(x=MonthlyIncome))
plot + geom_histogram(binwidth=1000, aes(fill=Attrition),
 colour="Black")
```

现在我们尝试用密度图来对这种关系进行可视化。以下代码的输出如图 9.9 所示。

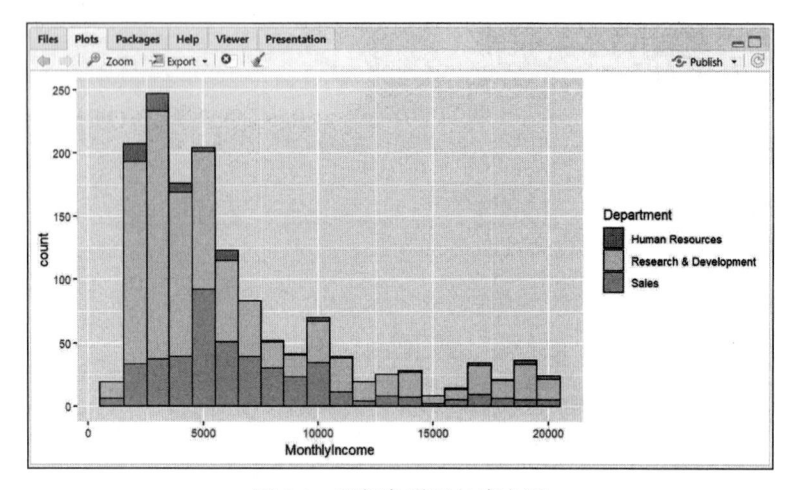

图 9.8 以颜色增强的直方图

```
s + geom_density()
s + geom_density(aes(fill=Attrition))
s + geom_density(aes(fill=Attrition), position="Stack")
```

以上只是使用 R 和 ggplot 可以创建的无限可视化的几个简单示例。

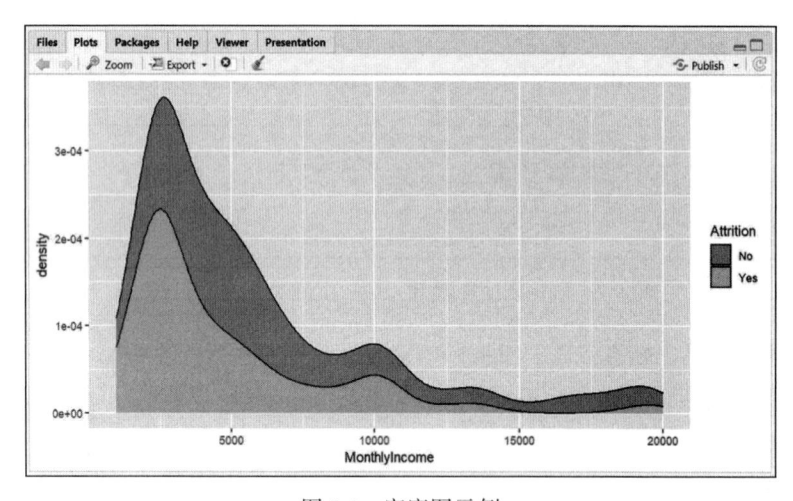

图 9.9 密度图示例

机器学习用于预测建模

在本节中，我们将编写 R 代码来预测目标变量（员工是否"流失"），我们看看"流失"属性中的值是如何分布的。

```
table(HR$Attrition)
```

使用此函数，我们得到 No=1 233 和 Yes=237。看起来这是一个不平衡的数据集；也就是说，与 Yes 值（流失员工）相比，我们有更多的记录具有 No 值（非流失员工）。好吧，我们继续练习。事实上，在开发准确和信息丰富的预测模型之前，我们会寻找处理数据不平衡性质的方法。

作为简单实验设计的一部分（使用简单的分割程序），我们留出四分之一的数据进行测试。

```
ncol(HR)
set.seed(1453) #using a set random number seed ensures
 repeatability of our results
sampledf = sample(nrow(HR), nrow(HR)*.75)
train = HR[sampledf,]
test = HR[-sampledf,]
dim(train)
dim(test)
```

接下来，我们用一组随机种子初始化 randomForest，以再现结果，并使用训练数据集建立模型。

```
set.seed(1453)
rf = randomForest(Attrition ~.,data=train)
```

字符“~.”表示所有属性 / 列（目标列除外）都应用作构建或训练模型的输入变量。现在我们训练了一个称为 rf 的模型，让我们使用“测试”数据集来预测此模型的准确性。

```
pred = predict(rf, newdata=test)
```

以下代码用于获得测试数据集结果的混淆矩阵，并计算准确性度量。结果如图 9.10 所示。

```
confusionMatrix(test$Attrition, pred)
confMatSplit = table(test$Attrition, pred)
accSplit = sum(diag(confMatSplit))/sum(confMatSplit)
```

我们使用交叉验证来开发一个随机森林模型，代码如下。rfModel 开发过程的结果如图 9.11 所示。

```
rfModel = train(Attrition ~., # Attrition is a function of
 all other variables
data = train, # Use the train data as the training data
method = "rf", # Use the 'random forest' algorithm
trControl = trainControl(method = "cv", # Use cross-validation
number = 10, # Use 10 folds for cross-validation
verboseIter = TRUE)) # show progress
rfModel
```

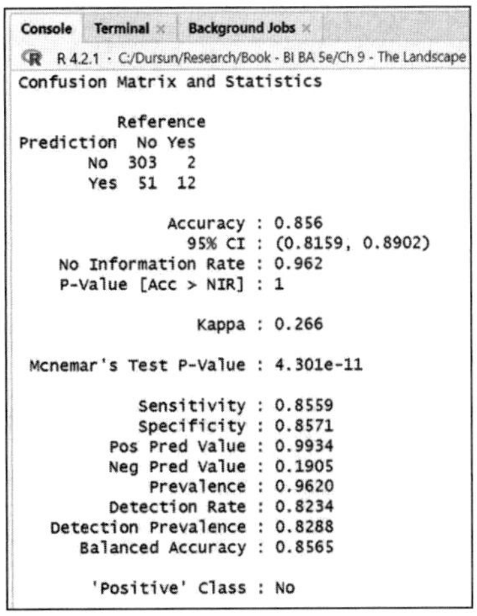

```
Console  Terminal ×  Background Jobs ×
R 4.2.1 · C:/Dursun/Research/Book - BI BA 5e/Ch 9 - The Landscape
Confusion Matrix and Statistics

          Reference
Prediction  No Yes
       No  303   2
       Yes  51  12

               Accuracy : 0.856
                 95% CI : (0.8159, 0.8902)
    No Information Rate : 0.962
    P-Value [Acc > NIR] : 1

                  Kappa : 0.266

 Mcnemar's Test P-Value : 4.301e-11

            Sensitivity : 0.8559
            Specificity : 0.8571
         Pos Pred Value : 0.9934
         Neg Pred Value : 0.1905
             Prevalence : 0.9620
         Detection Rate : 0.8234
   Detection Prevalence : 0.8288
      Balanced Accuracy : 0.8565

       'Positive' Class : No
```

图 9.10　所开发的 rfModel 在测试数据上的混淆矩阵和准确性度量

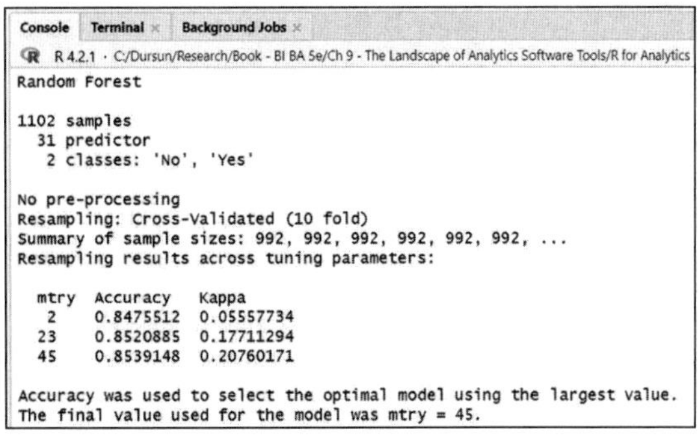

```
Console  Terminal ×  Background Jobs ×
R 4.2.1 · C:/Dursun/Research/Book - BI BA 5e/Ch 9 - The Landscape of Analytics Software Tools/R for Analytics
Random Forest

1102 samples
  31 predictor
   2 classes: 'No', 'Yes'

No pre-processing
Resampling: Cross-Validated (10 fold)
Summary of sample sizes: 992, 992, 992, 992, 992, 992, ...
Resampling results across tuning parameters:

  mtry  Accuracy   Kappa
   2    0.8475512  0.05557734
  23    0.8520885  0.17711294
  45    0.8539148  0.20760171

Accuracy was used to select the optimal model using the largest value.
The final value used for the model was mtry = 45.
```

图 9.11　有关 rfModel 开发过程的简要信息

接下来我们计算混淆矩阵，并验证交叉验证过程的准确性。以下代码的结果如图 9.12 所示。

```
confMatCV = table(test$Attrition, predictions)
confusionMatrix(test$Attrition, predictions)
accCV = sum(diag(confMatCV))/sum(confMatCV)
accCV
paste0("Accuracy using train/test split is:", round(accSplit,2))
paste0("Accuracy using CV is:", round(accCV,2))
```

结果表明，交叉验证似乎略优于 25/75 单一分割程序（0.861 4 对 0.856 0）。

可解释性 AI

为了找出哪些变量在员工流失问题预测中发挥了更明显的作用，我们对 rf 模型进行变量重要性分析。

```
varImps = varImp(rf)
varImps
rownames(varImps)[which(varImps == max(varImps))]
```

如图 9.13 所示，MonthlyIncome 似乎是最具影响力的因素，其次是 Age 和 DailyRate。

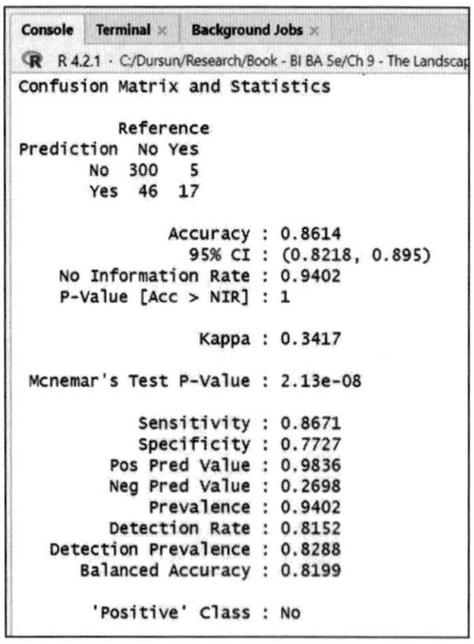

```
Console  Terminal  Background Jobs
R 4.2.1 · C:/Dursun/Research/Book - BI BA 5e/Ch 9 - The Landscap
Confusion Matrix and Statistics

          Reference
Prediction  No Yes
       No  300   5
       Yes  46  17

               Accuracy : 0.8614
                 95% CI : (0.8218, 0.895)
    No Information Rate : 0.9402
    P-Value [Acc > NIR] : 1

                  Kappa : 0.3417

 Mcnemar's Test P-Value : 2.13e-08

            Sensitivity : 0.8671
            Specificity : 0.7727
         Pos Pred Value : 0.9836
         Neg Pred Value : 0.2698
             Prevalence : 0.9402
         Detection Rate : 0.8152
   Detection Prevalence : 0.8288
      Balanced Accuracy : 0.8199

       'Positive' Class : No
```

图 9.12 交叉验证过程的混淆矩阵和准确性度量

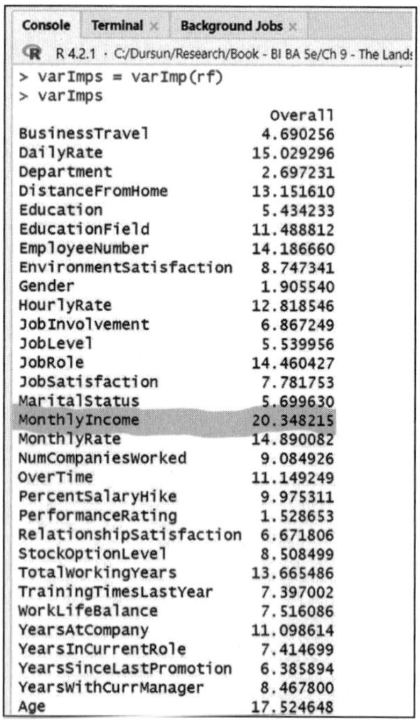

```
Console  Terminal  Background Jobs
R 4.2.1 · C:/Dursun/Research/Book - BI BA 5e/Ch 9 - The Lands
> varImps = varImp(rf)
> varImps
                            Overall
BusinessTravel             4.690256
DailyRate                 15.029296
Department                 2.697231
DistanceFromHome          13.151610
Education                  5.434233
EducationField            11.488812
EmployeeNumber            14.186660
EnvironmentSatisfaction    8.747341
Gender                     1.905540
HourlyRate                12.818546
JobInvolvement             6.867249
JobLevel                   5.539956
JobRole                   14.460427
JobSatisfaction            7.781753
MaritalStatus              5.699630
MonthlyIncome             20.348215
MonthlyRate               14.890082
NumCompaniesWorked         9.084926
OverTime                  11.149249
PercentSalaryHike          9.975311
PerformanceRating          1.528653
RelationshipSatisfaction   6.671806
StockOptionLevel           8.508499
TotalWorkingYears         13.665486
TrainingTimesLastYear      7.397002
WorkLifeBalance            7.516086
YearsAtCompany            11.098614
YearsInCurrentRole         7.414699
YearsSinceLastPromotion    6.385894
YearsWithCurrManager       8.467800
Age                       17.524648
```

图 9.13 变量重要性计算过程的输出

现在，让我们来看看这些变量是如何用于确定单个预测结果的。对某一名员工（在下面的代码中随机选择），我们将确定每个变量对预测结果的贡献（根据其大小和方向）。

```
set.seed(1453) # set the random number generation seed for
 replicability
selEmp = sample(1:nrow(HR),1) # randomly select an employee
selEmpData = HR[selEmp,]
selEmpData$Attrition #determine the employees churn value
 (Attrition = Yes)
```

为什么？下面我们加以解释。以下 LIME（Local Interpretable Model-agnostic Explanations，模型无关的局部解释）执行代码的图形结果如图 9.14 所示。

```
explainer = lime(HR, rfModel)
limeExp = explain(selEmpData, explainer, n_labels = 2,
 n_features = 10)
plot_features(limeExp)
```

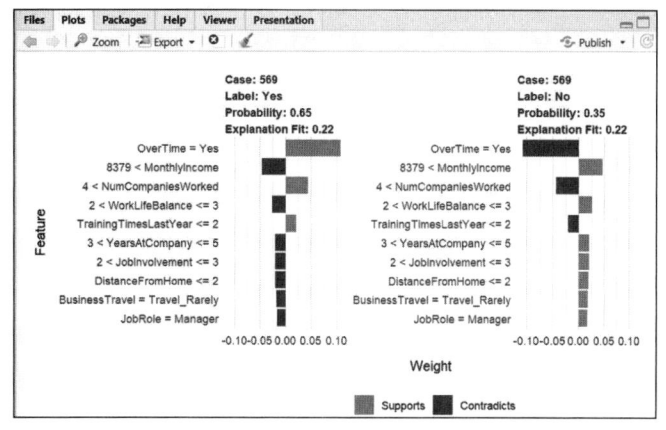

图 9.14　LIME 执行代码的图形输出

对于案例 569（流失人员），结果表明 OverTime 贡献最大（值越大，越有可能得到 Yes 值）。本教程使用的 RStudio 桌面工具的屏幕截图，如图 9.15 所示。

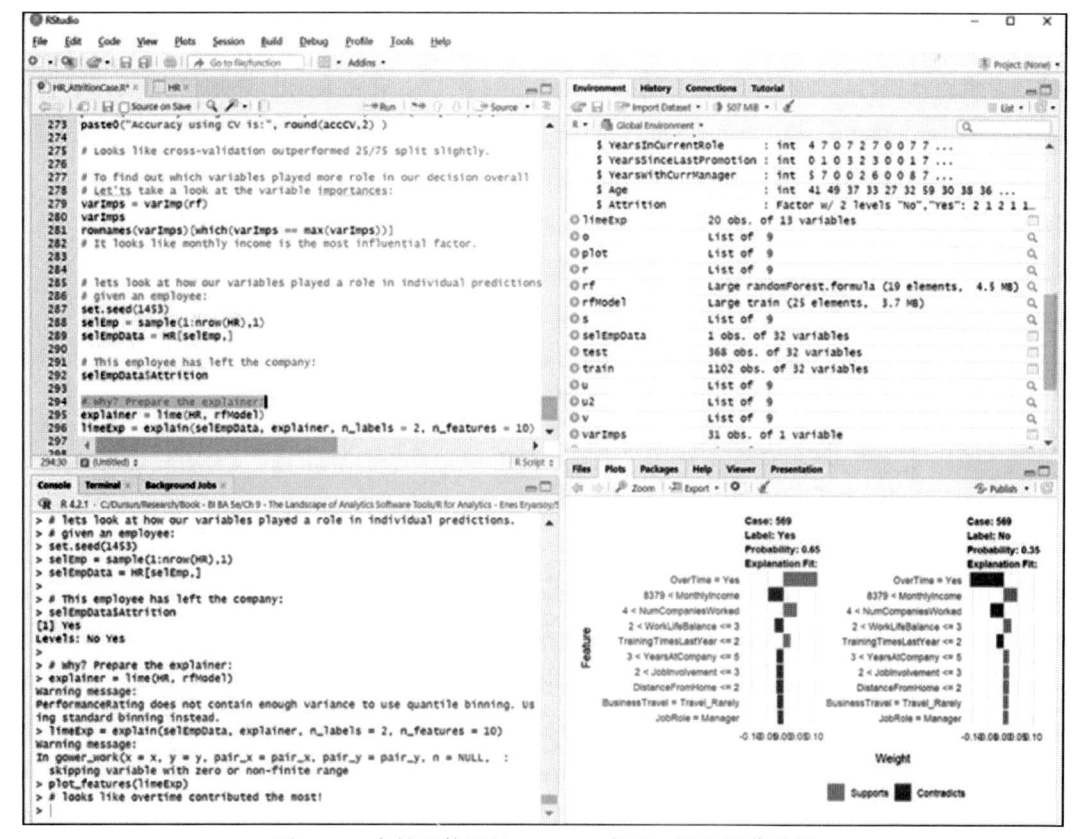

图 9.15　本教程使用的 RStudio 桌面工具的屏幕截图

Rattle

Rattle 是一个流行的使用 R 进行数据挖掘的 GUI。它提供数据的统计描述和可视化摘要，转换数据以便于建模，根据数据构建无监督和有监督的机器学习模型，以图形方式显示模型的性能，并为部署到生产中的新数据集打分。Rattle 其中一个令人兴奋的功能是通过图形用户界面的所有交互都可捕获为 R 脚本，并可以在 R 中复制和执行，而不依赖于 Rattle 界面。

Rattle 使用 RGtk2 作为 GUI 工具包。它可以从 Togaware 安装，如下所示。

- Linux 系统：

```
> install.packages("https://access.togaware.com/RGtk2_2.20.
  36.2.tar.gz", repos=NULL)
> install.packages("https://access.togaware.com/cairoDevice_
  2.28.tar.gz", repos=NULL)
```

- Windows 系统：

```
> install.packages("https://access.togaware.com/RGtk2_2.20.36.
  2.zip", repos=NULL)
> install.packages("https://access.togaware.com/cairoDevice_
  2.28.zip", repos=NULL)
```

- Mac 系统：

```
> install.packages("https://access.togaware.com/RGtk2_2.20.
  36.2.tgz", repos=NULL)
> install.packages("https://access.togaware.com/cairoDevice_
  2.28.tgz", repos=NULL)
```

安装后，执行以下两个 R 命令可以启动 Rattle 接口。有关 Rattle 的更多信息，请访问 https://r4stats.com/articles/software-reviews/rattle/（Rattle 图形用户界面屏幕截图如图 9.16 所示）。

```
> library(rattle)
> rattle()
```

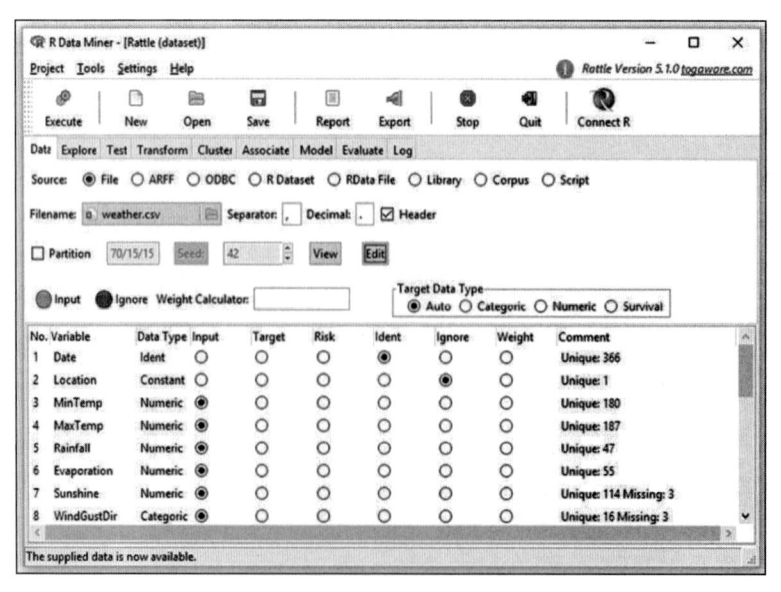

图 9.16　Rattle 图形用户界面屏幕截图

Python 语言

Python 是最流行的计算机编程语言之一，可用于多种计算任务，包括①建立网站和电子商务应用程序，②为各种商业应用开发专门的软件，③自动化计算任务，④自动化数据获取和存储，⑤进行数据分析（例如，商务智能、商务分析、数据科学、数据挖掘、机器学习、深度学习等）。可以看出，与 R 不同，Python 不仅用于分析，而且是一种通用编程语言，可用于创建各种不同的计算机应用程序。

从技术上讲，Python 是一种动态、解释性（字节码编译的）计算机编程语言。源代码中没有变量、参数、函数或方法的类型声明。这使得代码简洁、灵活、高效（即为开发人员节省时间）。一个了解 Python 代码如何工作的好方法是运行 Python 解释器并直接在其中键入代码。如果你有这样的问题，"如果我向列表中添加一个 int，会发生什么？"只需在 Python 解释器敲入此代码，看看发生什么，这是一种快速且高效的方法。（请参阅以下内容，了解实际情况！）

由于其多功能性和易用性，世界各地的许多开发人员都接受了 Python，不仅作为现有库和其他源的开发人员和消费者，而且也是 Python 存储库的贡献者。因此，Python 已经成为一种众包编程工具，适用于从学者到行业从业者的各类人员。大型互联网公司一直在大力投资开发 Python 资源，并将其免费提供给各类社区。

Python 由 Python 软件基金会（https://www.python.org/）免费分发，全球 Python 社区欢迎并鼓励任何人作为现有资源的消费者或新资源的创建者/贡献者参与进来。Python 社区以相互尊重、包容、鼓励和创造力为基础，他们组织研讨会和会议来帮助彼此遵守这些原则。

由于其受欢迎程度，很大程度上得益于其由知名学者和行业领袖创建的大量可重复使用的函数、算法和库，近年来，Python 已无可争议地成为商务分析和数据科学的头号工具（见图 9.3）。世界各地的数据科学家正在使用 Python，通过创造性地将数据和函数编织成可重复使用和可重复的解决方案架构，来解决以前被认为无法解决的问题。

如何开始使用 Python

有许多方法可以获取、安装和使用 Python 进行业务分析和数据科学。以下是其中一些最常见的问题，然后是我们提出的建议。

1. Python 软件基础。这是默认选项。使用此选项，你可以获得适用于 Windows、macOS、Linux 和其他几种不太流行的操作系统的 Python 可执行版本，以及最新版本或各种遗留版本的 Python 源代码（https://www.python.org/downloads/）。此安装源的安装附带一个名为集成开发和学习环境（IDLE）的默认开发环境。

2. PyCharm、Spyder、PyDev、Atom 等。这些是当今最流行的用于编写 Python 程序的 IDE。其中大多数是商业工具，但几乎所有工具都提供免费的、通常是受限的或缩小的社区版本。

3. Anaconda。Anaconda 简化了 Python 和 R 的下载和安装编程工具。Anaconda 的安装

还提供了其他用于数据可视化和分析的工具。凭借其直观的图形用户界面（例如 Anaconda Navigator），它集中并简化了程序安装、包管理和部署。Anaconda 安装包括适用于 Windows、Linux 和 macOS 的最常用的数据科学应用程序和包 / 库。如果你是 Python 编程的新手，我们建议你使用 Anaconda（https://www.anaconda.com/）安装，尽管它可能包括比你将要使用的内容更多的内容。从图 9.4 可以看出，Anaconda.Navigator 有多个编程工具安装选项，其中包括 PyCharm、Spyder 和用于 Python 编程的 Jupyter Notebook。

4. Visual Studio Code。Visual Studio Code 已经成为 Python 和其他一些编程语言（如 R、C/C#、Java、PHP、Julia）最流行的 IDE 之一。这是一个免费的工具，可以在 Windows、macOS 或 Linux 上运行。Visual Studio Code 的 Python 扩展支持扩展的语法高亮显示、代码完成、linting 和格式设置。

5. Jupyter Notebook。Jupyter Notebook 是著名的 Python 基于浏览器的编程环境。因为它在浏览器中运行，Jupyter Notebook 公认是对用户最友好的 Python 编程环境。它可以单独安装（通过 https://jupyter.org/ 安装），也可以通过 Anaconda 安装。

6. Google Colab。Colab 最初是为了让团队更容易地进行 Python 编程而设计的。Colaboratory 简称"Colab"，是 Google 研究公司提供的一款产品。Colab 允许任何人通过浏览器编写和执行任意 Python 代码，特别适合机器学习、数据分析和商务分析培训（https://research.google.com/colaboratory/）。虽然 Jupyter 是 Colab 的开源项目，但 Colab 允许他人使用和共享 Jupyter Notebook，无需下载、安装或运行任何内容。Colab notebook 存储在 Google Drive 中，也可以从 GitHub 加载。Colab notebook 可以像使用 Google Doc 或 Sheets 一样共享。从技术上讲，在 Colab 中，通过使用 pry2 包来回切换，可以在同一 notebook 中运行 Python 和 R。

在没有任何本地或基于云的限制的情况下，常选择 Jupyter Notebook（这是最近最受欢迎的选项）和 Visual Studio Code（这是分析教育工作者和专业人士中使用率增长最快的选项）作为 Python 的开发环境。

Python 分析及应用教程——预测电影票房成绩

这个简单的应用程序旨在演示如何读取 / 注入数据集、检查和准备用于预测分析的数据，以及开发和测试预测模型。

本教程将使用两个版本的 IMDB 票房数据集。数据中的每条记录都表示了一部电影的特征（片名、拍摄年份、预算等），以及表示电影票房是否超过 1 亿美元的二元属性。"IMDB-classification.csv"是一个平衡的数据集（50% 的电影售价低于或超过 1 亿美元），而"IMDB-imbalanced.csv"是同一数据的不平衡版本，其中只有 22% 的电影售价超过 1 亿美元。

该数据集的公开完整版本位于 https://www.kaggle.com/code/saurav9786/imdb-score-predition-for-movies/data。在本教程中，我们使用了电影的子集，并从"gross"列中导出 / 计算了二元目标属性。

将数据导入 Python。可以通过多种方式将逗号分隔值（CSV）数据文件导入 Python。最常用的两个库是 NumPy 和 Pandas。在本教程中，我们使用 NumPy 库进行数据接收、操作和预处理。也就是说，数据表将作为大小为 mxn 的 NumPy 数组导入，其中 m 是记录的数量，n 是特征的数量。此过程要求我们首先使用其公共别名（即 np）将 NumPy 包导入 Python 内核，如下所示：

```
>>> import numpy as np
```

为了导入 csv 文件，我们可以使用 numpy 库的 genfromtxt 函数。

```
>>> datac= np.genfromtxt('fname', delimiter=',', dtype= None,
 encoding=None, names=True)
```

fname 必须替换为完整的 csv 文件名（区分大小写）。在运行代码之前，要确保将 csv 文件放在 python 主目录中。使用此方法导入数据文件时，每列由其标题标识，每行由其索引号标识：

```
>>> datac['budget']      # all the values(rows) in column
 titled 'budget'
>>> datac[3]             # all the values(columns) in the
row indexed 3 (4th row)
>>> datac['budget'][0:5] # only the first 5 rows from the
 'budget' column
```

使用平衡数据集进行分类。在这里，我们将训练一个人工神经网络分类模型，根据电影的特点预测电影票房（低于或超过 1 亿美元）。为了进行演示，我们将仅使用电影的"预算"和"放映时间"作为票房销售额的预测因素（即"100M_sales"变量）。首先，我们导入"IMDB-classification.csv"数据集：

```
>>> data= np.genfromtxt('IMDB-classification.csv',delimiter=
 ',',dtype=None, encoding= None, names=True)
```

数据准备。导入数据集后，其每个列都被标识为一维 NumPy 数组。为了在模型构建中使用这些特征，我们需要重塑这些阵列并将其转换为二维阵列。为了简单起见，我们将重新整形的数组重命名为 x1 和 x2：

```
>>> x1= np.reshape(data["budget"],(-1,1))
>>> x2= np.reshape(data["duration"],(-1,1))
```

既然我们已经提取并重塑了预测变量数组，我们就可以将它们连接成一个数组（我们称之为 X），并从此开始使用它来指代所有预测特征的集合：

```
>>> X= np.concatenate((x1,x2), axis=1)
```

同样，为了简单起见，我们指定目标列并将其重命名为"y"。不需要重新调整阵列。

```
>>> y= data['100M_sales']
```

数据规范化。由于变量是在不同的标准上度量的，因此在使用它们训练神经网络模型之前，对其度量标准进行规范化是至关重要的。为此，我们使用最小－最大规范化方法。这种方法可以使用 Python 的 sklearn 库的预处理子模块中的 MinMaxScaler 函数来实现：

```
>>> from sklearn.preprocessing import MinMaxScaler
```

在导入所需的函数后，我们可以创建一个 scaler 对象，将预测变量（X）数组拟合到该对象以调整其参数，并使用它将原始 X 数组值转换为规范化值（在 0-1 范围内）。我们将变换后的数组称为 X_trans。

```
>>> scaler= MinMaxScaler()
>>> scaler.fit(X)
>>> X_trans= scaler.transform(X)
```

数据拆分。另一个重要的预处理步骤是将数据集划分为训练子集和测试子集,以确保用于训练的记录不会用于评估分类模型。这可以使用 sklearn 库的 model_selection 子模块中的 train_test_split 函数来实现:

```
>>> from sklearn.model_selection import train_test_split
```

导入所需函数后,我们可以将其应用于变换后的 X 数组和 y 数组,并根据我们为测试子集确定的分割比例,将每个数组随机分割为两个子集:

```
>>>X_train, X_test, y_train, y_test = train_test_split(X_trans,
 y, random_state=0, test_size=0.20)
```

训练神经网络分类器。现在我们已经将规范化的训练数据集和测试数据集分离,我们可以使用训练数组来构建和调整任何分类器算法。为了进行演示,我们在本教程中使用了人工神经网络算法,但其他类型的分类器使用过程几乎相同。sklearn 库的 neural_network 子模块可以用于在 Python 中实现这种方法。我们首先使用别名(即 ann)导入该子模块,以便之后参考:

```
>>> import sklearn.neural_network as ann
```

现在,从 ann 子模块中,我们调用 MLP 分类器函数来设置模型参数并创建 ann 分类器对象,我们称之为 ann_model0:

```
>>> ann_model0 = ann.MLPClassifier((4),activation= 'logistic',
 max_iter= 1500)
```

创建的分类器可以适合于要调整的网络权重的训练阵列:

```
>>> ann_model0.fit(X_train, y_train)
```

对模型进行了训练后,我们就可以将其应用于 X_test 数组(使用预测函数),以对测试实例进行二进制预测(0 或 1)。我们将预测值存储在一个名为 y_pred 的新数组中,稍后将其与实际类(即 y_test)进行比较,以评估模型性能:

```
>>> y_pred = ann_model0.predict(X_test)
```

模型评估。可以使用各种度量标准来评估分类模型的性能。在 Python 中,所有这些度量都包含在 sklearn 库的 metrics 子模块中。要对模型进行评估,首先需要导入这些函数,然后向它们提供包含实际类和预测类(即 y_test 和 y_pred)的数组:

```
>>> from sklearn.metrics import accuracy_score,
 precision_score, recall_score, f1_score
>>> accuracy_score(y_test, y_pred)
0.9
>>> precision_score(y_test, y_pred)
0.96
>>> recall_score(y_test, y_pred)
0.8275862
>>> f1_score(y_test, y_pred)
0.8888889
```

由于所涉及的随机性和用于训练的相对较小的数据集,因此可能会获得更差的性能指标。为了获得更好的结果，可以对代码进行修改，以包含更多的预测器功能（重塑它们的形状并将它们连接起来以形成 X 数组）。此外，还可以通过更改超参数（层数、神经元数量等）来尝试其他网络设置，并评估每种情况下的模型性能。

另一种评估分类器的方法是使用 ROC（Receiver Operating Characteristics）曲线。为此，我们首先需要获得每个实例属于每个类的预测概率（使用 predict_proba 函数）。这些概率将用于计算绘制 ROC 曲线所需的假正类率（fpr）和真正类率（tpr）。

```
>>> y_pred_proba = ann_model0.predict_proba(X_test)
```

这个阶段的输出将是一个 nx2 数组，其中 n 是测试数据集中实例的数量。每个实例将生成两个概率（加起来为 1），这两个概率分别指示每个实例属于类 0 和类 1 的概率。然而，为了计算 fpr 和 tpr 度量，我们只需要该数组的第二列（即 y_pred_proba[:,1]）。

```
>>> from sklearn.metrics import roc_curve
>>> fpr, tpr, cut_offs = roc_curve(y_test, y_pred_proba[:,1])
```

现在，我们已经将 fpr 和 tpr 值与不同的分类截止值相关联，我们可以简单地将两者绘制在一起（使用 matplotlib 库的 pyplot 子模块中的 plot 函数）。

```
>>> import matplotlib.pyplot as plt
>>> plt.plot(fpr,tpr)
>>> plt.show()
```

这些代码的输出如图 9.17 所示。

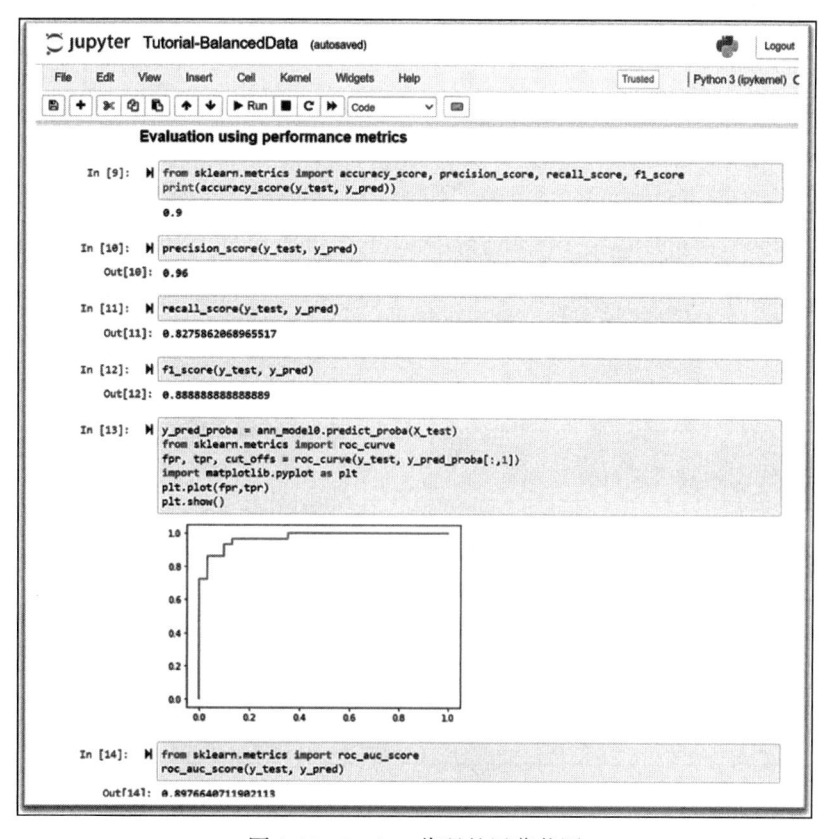

图 9.17　Python 代码的屏幕截图

或者，我们可以直接计算 ROC 曲线下的面积，而不必对其进行绘制。为此，我们需要 sklearn 库的 metrics 子模块中的 roc_auc_score 函数：

```
>>> from sklearn.metrics import roc_auc_score
>>> roc_auc_score(y_test, y_pred)
0.8976640711902113
```

注意，由于过程中的随机性，你的准确性结果可能与此处提供的结果有很大不同。若要对此进行测试，你可以重新运行整个程序，观察不同运行结果之间的差异。当数据集是异构的并且记录数量相对较少时，这些差异尤其显著。可以通过在每个涉及随机性的函数上设置随机数种子来消除差异。

使用不平衡数据集的分类。在本部分内容中，我们将使用 IMDB 数据集的不平衡版本来训练和测试相同的分类模型。对于不平衡的数据集，当我们使用常规分类算法时，总是存在训练偏向于预测多数类的模型的风险。对消除这种偏见已经提出多种方法。本教程中，我们将演示随机过采样和随机欠采样这两种常见方法。

首先，作为基准，可以尝试使用所提供的不平衡 IMDB 数据集复制上述所有步骤，并注意性能指标。对我们来说，基准模型带来了以下性能：

```
Accuracy: 0.8208955223880597
Precision: 0.8181818181818182
Recall: 0.2903225806451613
F1-score: 0.4285714285714286
Area under ROC: 0.635452552458503
```

结果清楚地表明，训练的模型倾向于预测更多的负面事件（即低召回率）。我们将通过在程序中增加几个步骤来改进该模型，以平衡数据的训练部分（测试部分必须保持完整，以反映模型在具有不同类别实际比例的数据集上的实际性能）。

为了使用重新采样的平衡数据集执行训练，我们使用 Python 中 imblearn 库的 over_sampling 子模块中的 RandomOverSampler 函数。欠采样也可以以类似的方式进行，但使用 imblearn 库的 under_sampling 子模块中的 RandomUnderSampler。从数据导入到数据拆分的所有步骤都与基准模型相同。然而，在将训练数据输入 MLP 分类器函数之前，我们要执行一些额外的步骤。首先，从库中导入所需的函数：

```
>>> from imblearn.over_sampling import RandomOverSampler
```

然后使用随机状态值创建一个 RandomOverSampler 对象（我们称之为 ros），并将训练数据数组拟合到该对象以进行调整：

```
>>> ros = RandomOverSampler(random_state=100)
>>> ros.fit(X_train, y_train)
```

最后，将调整后的 ros 对象应用于训练数组（使用 fit_sample 函数），对其进行重新采样，并创建平衡的训练数组（我们称之为 X_train_resampled 和 y_train_resampled）：

```
>>> X_train_resampled, y_train_resampled = ros.fit_sample
  (X_train, y_train)
```

现在，我们可以使用重新采样的训练数组和原始测试数组来进行模型训练和评估步骤。

```
>>> import sklearn.neural_network as ann
>>> ann_model2 = ann.MLPClassifier((4),activation=
```

```
       'logistic', max_iter= 800)
    >>> ann_model2.fit(X_train_resampled, y_train_resampled)
    >>> y_pred = ann_model2.predict(X_test)
    >>> accuracy_score(y_test, y_pred)
0.820895
    >>> precision_score(y_test, y_pred)
0.620689
    >>> recall_score(y_test, y_pred)
0.580645
    >>> f1_score(y_test, y_pred)
0.6
    >>> y_pred_proba = ann_model2.predict_proba(X_test)
    >>> from sklearn.metrics import roc_curve
    >>> fpr, tpr, cut_offs = roc_curve(y_test, y_pred_proba[:,1])
    >>> import matplotlib.pyplot as plt
    >>> plt.plot(fpr,tpr)
    >>> plt.show()
```

该代码的输出如图 9.18 所示。

```
    >>> from sklearn.metrics import roc_auc_score
    >>> roc_auc_score(y_test, y_pred)
0.736924
```

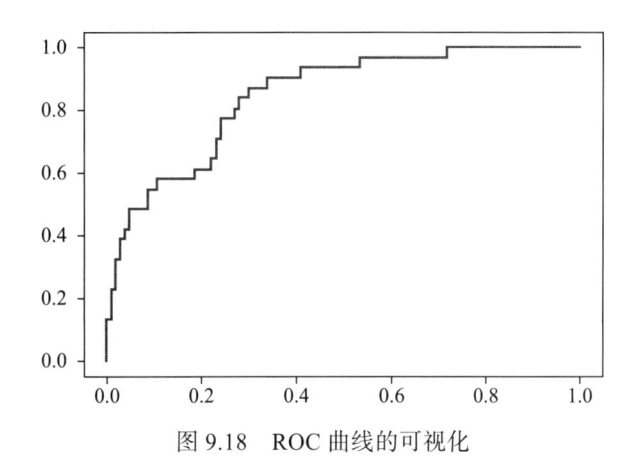

图 9.18 ROC 曲线的可视化

与基准模型相比，过采样策略明显提高了模型的性能。当然，即使是当前的性能看起来也可能不太理想，这很可能是由于仅使用了 2 个预测器特征。可以对代码进行修改，以包括越来越多你认为与预测销售相关的功能，并观察模型性能的变化。

同样，在保持所有数据预处理步骤不变的情况下，可以尝试通过 sklearn 库提供的其他分类算法，看看它们在预测目标变量时是否执行得更好。下面的官方文档可以帮助你通过该库实现其他流行的分类算法（例如，k 近邻、逻辑回归、决策树、随机森林等）。

此外，sklearn 中的 MLP 神经网络分类器还涉及多个设置，这些设置为优化模型提供了更大的灵活性（参阅 https://scikit-learn.org/stable/modules/regenerated/sklearn.neural_network.MLPClassifier.html）。

9.3 节 习题

1. 使用 Python 或 R 等编程语言进行分析有什么优势？

2. Python 和 R 在分析方面有什么共同点和区别？
3. R 中用于分析项目的最受欢迎的机器学习库是什么？
4. Python 中用于分析项目的最流行的机器学习库是什么？

9.4 免费和开源分析可视化工具

似乎有一种误解（片面观点），认为免费和开源工具都是基于编程的，商业和专有工具才是以视觉为导向的。尽管最流行的基于编程的分析工具（即 R 和 Python）确实是免费和开源的，但也有一些功能强大的可视化分析工具是免费和开源的。在本节中，我们将回顾并举例说明一些最常用的可视化（也称为可视化编程）分析工具。

KNIME

KNIME（Konstanz Information Miner）是一款免费的开源数据分析、可视化、报告和数据绑定/集成软件平台。KNIME 是由德国康斯坦茨大学的一个软件工程师团队于 2004 年年初开始开发的。由 Michael Berthold 领导的初始开发团队来自硅谷一家为制药行业提供软件的公司（Berthold 等人，2020）。最初的目标是创建一个模块化、高度可扩展和开放的数据处理平台，允许轻松集成不同的数据加载、处理、转换、分析和可视化探索模块，无需关注特定的应用领域。该平台旨在成为一个协作与研究平台，同时也是各种其他数据分析项目的集成平台。在其早期，即 21 世纪中后期，KNIME 主要被开发用于药物分析研究。从那时起，该平台已经发展成为一种通用工具，可用于所有类型的分析应用程序，包括用于客户数据分析、商务智能、文本挖掘和财务数据分析的 CRM。最近，人们尝试使用 KNIME 作为机器人过程自动化（Robotic Process Automation，RPA）工具。目前，KNIME 的总部设在苏黎世，在康斯坦茨、柏林（德国）和奥斯汀（美国）设有办事处。

我和本书的合著者之一 Dursun Delen 在 30 多年的分析经验中使用了许多分析工具和平台，商业和免费/开源的都有，用于教育和商业目的。尽管我仍然使用各种分析工具和数据科学平台（因为同使用单一工具相比，我更相信组合使用多种工具所产生的分析结果），但在过去几年里，我一直使用 KNIME 作为核心分析平台。利用 KNIME，我能够为复杂的问题创建和部署数据科学解决方案，为我的客户带来能创造价值的结果，在权威期刊上发表高影响力的出版物。KNIME 还能为我的专业书籍和教科书提供易于理解和操作的类型案例研究和教程。KNIME 有一个特别的功能对我非常有吸引力，就是它的开放性和可扩展架构，这一特性使我能够无缝地将流行的数据科学工具（如 Python、R、Spark、H2O 等）的功能融入工作流程。以下这些主要标准是 KNIME 可以作为分析平台使用的有力证明（Silipo，2020）。

项目限制——时间和金钱。如上所述，KNIME 分析平台是用于数据分析的免费开源软件之一。开源和免费的含义不言自明，这减少了软件许可难题及其对项目预算的影响。可视化编程（使用工作流类型的图形用户界面）的影响可能需要更多的解释。近年来，可视化编程变得相当流行，它旨在部分或完全取代编码操作。在可视化编程中，图形用户界面（GUI）将指导用户完成所有必要的步骤，以构建专用块（节点）的管道（工作流）。每个节点实现一个给定的任务，节点的每个工作流程从设计开始到结束都会获取用户的数据。工作流替代了脚本，每个节点则替代一行或多行脚本代码。

在 KNIME 分析平台中，节点是通过从节点存储库拖放（或双击）到 KNIME 工作台中心部分的工作流编辑器中来创建的。一个节点接一个节点按照逻辑顺序，快速构建、配置、执行、检查和记录管道，KNIME 分析平台图形用户界面的屏幕截图如图 9.19 所示。

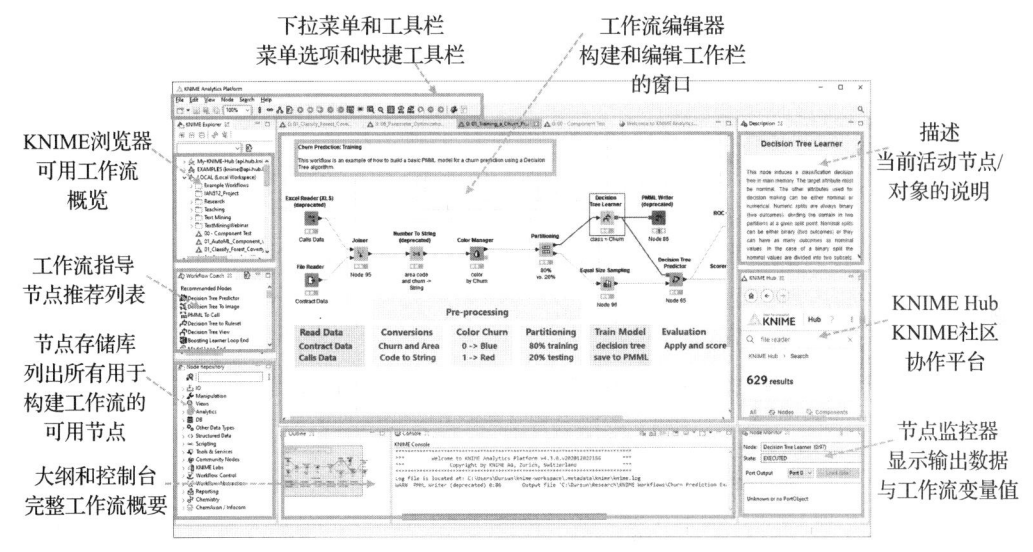

图 9.19　KNIME 分析平台图形用户界面的屏幕截图

可视化编程是 KNIME 分析平台的一个关键功能，用于快速原型设计，以及易于解释和理解项目的底层逻辑。这让对商务分析不太专业的用户很容易学习和使用该工具。在决定项目的最终方向之前，设计一些不同的实验原型快速且直接。项目实施的方便性使我们有时间深入思考当前解决方案的可能理论备选方案。作为一名讲师，这让我的工作更容易通过直观的图形工作流以逻辑/有序的方式解释将数据转换为可操作见解的完整过程。

学习曲线。可视化编程还使学习曲线比基于代码的编程工具更短。数据科学现在或多或少应用于所有学科，包括人文学科、语言学科、生命科学、经济学、社会科学、工程等领域。并不是所有的科学家（或管理者/决策者）都是专业的程序员，也不是所有人都有足够的业余时间成为专业的程序员。与基于代码的工具相比，基于 GUI 的可视化工具可以在更短的时间内被学习和应用，从而再次为更重要的调查、概念化和问题解决腾出宝贵的时间和资源。

此外，当你准备成为未来人文、语言、生命科学、经济学或其他学科的科学家时，基于 GUI 的工具可能会让你腾出更多时间来学习和研究潜在的概念和理论。其思想是缩短在编程的语法细节上花费的时间，以便将宝贵时间更多地花在模型构建和解决问题方面。我以前看到许多人在学会使用数据分析技术之前，不得不先花整整几个月学习编程语法。使用 KNIME 分析平台，只需几周时间，你就可以为数据转换以及各种机器学习算法的培训和测试组装功能强大的工作流。也就是说，对于独特复杂和新颖的项目，数据科学家可能需要将一些仅存在于 Python 和 R 等分析编程语言中的独特和高级功能纳入模型构建和解决问题的过程中。KNIME Analytics 平台建立在开放和可扩展的体系结构上，允许通过选择脚本和包装节点进行这些类型的扩展。

KNIME 社区。对初学者的另一个巨大帮助来自 KNIME Hub（https://hub.knime.com/）。通过 KNIME Hub，该平台的创建者扩展了 KNIME 社区内 KNIME 分析平台的现有资源集。KNIME Hub 是 KNIME 社区的公共存储库。在这里，你可以共享你的工作流，并下载其他 KNIME 用户创建的工作流。在 Hub 中通过简单搜索找到你感兴趣的工作流后，你只需将其从 Hub 页面拖放到 KNIME 分析平台工作流窗格中即可。一旦进入本地工作区，你就可以开始根据你的数据和需求进行调整。当然，为了公共利益，你也可以在 KNIME Hub 上分享你自己的工作。只需将要共享的工作流从本地工作区复制到 KNIME 工作台中的 KNIME Explorer 面板中的 My-KNIME-Hub/Public 文件夹中（见图 9.20）。

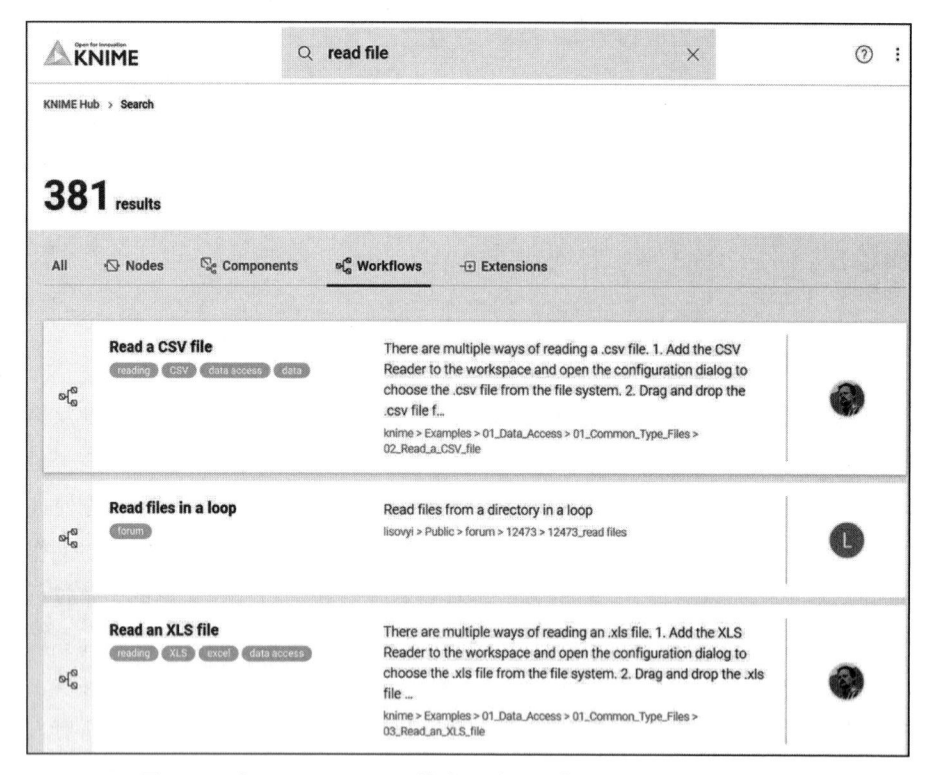

图 9.20　在 KNIME Hub 上搜索"读取文件"的工作流结果列表

KNIME 社区的参与并不局限于 KNIME Hub，它确实非常活跃，在 KNIME 论坛上有技巧和方法（https://forum.knime.com/）。在这里，你可以提问或搜索以前的答案。该社区非常活跃，很可能有人已经问过你的问题。最后，社区的贡献可以在 KNIME 博客上发布（https://www.knime.com/blog/），也可作为 KNIME 出版社的书籍出版（https://www.knime.com/knimepress）或以视频的方式发布于 YouTube 上的 KNIME TV 频道（https://www.youtube.com/user/knimetv）。

正确性和灵活性。简单是好的，但我也能保证它是正确的吗？实验替代方法和程序是否足够灵活？这确实是一个关键问题，因为对于当今可用的许多软件工具来说，与"简单"相伴的是对正确性的"控制"与作为替代选项的"灵活性"之间的权衡，通常表现为一个封闭的黑盒型解决方案，它要求"相信我，我知道我在做什么"。对于数据科学家来说，这些类型的神奇解决方案一直是受到怀疑的——他们希望完全控制半实验过程（semiexperimental process）及其潜在选项，以找到"最优"的解决方案。

自动机器学习（Automated Machine Learning，也称为 AutoML 或 AML）近年来变得非常流行。它承诺你无须动手即可获取你的数据并得出一些结果。尽管这个选择听起来很吸引人，但这和其承诺也带来了一些风险。首先，这就像一个黑箱，其决策过程不透明。当我向黑箱里输入我的数据时，我必须完全相信机器的数据分析过程是正确的，符合数据特征和分布，并对我希望解决的问题进行调整。这可能是一种信任练习，就像在这些心理支持会议上一样。就我个人而言，我更愿意确保分析中的所有步骤都是在我的控制下，根据应用程序的原始设计，按照最佳实践来实现的。尽管 AutoML 是数据科学中一个理想的最后阶段，但由于解决方案开发的艺术性和创造性，它尚在日臻完善中。对于真正的数据科学家来说，这只不过是试点的早期实验步骤。KNIME 分析平台提供了一个非常模块化和详细的工作流开发环境，其中包含大量的数据整理和机器学习算法，允许有足够的灵活性来系统地、轻松地优化建模参数。

广泛涵盖数据科学技术。对易用性的另一个必要补充是数据科学技术。如果没有包括各种常用和不太常用的数据整理技术、机器学习算法、各种数据类型和格式，以及缺乏与最常用的数据库软件和数据源、报告工具、其他脚本和语言的集成，则易用性将有限。一个强大的分析平台有望通过本地实现以及无缝外部连接跟上最新趋势和技术。由于没有任何工具可以做到这一切，因此在快速发展的商务分析和数据科学领域中，融入其他工具和技术并与之友好相处不仅是一种"很好的能力"，也是全面分析平台的要求。KNIME 分析平台集成了最全面的机器学习算法，从传统算法（如线性和逻辑回归、决策树、神经网络、支持向量机、朴素贝叶斯、k 近邻）到最近的组合算法（如随机森林、梯度增强树）和深度学习算法。KNIME 中还提供了大量节点，以实现各种整理技术。KNIME 分析平台还连接到大多数数据源，从数据库到云存储库，从大数据平台到单个平面文件（Delen 等人，2021）。

KNIME 分析平台与几个流行的报表平台无缝集成，包括 BIRT、Tableau、Qlik、PowerBI 和 Spotfire。在大多数情况下，事实证明，甚至没有必要使用外部报表软件工具来实现数据和分析结果的可视化。KNIME 中已有几个基于 JavaScript 的节点，位于节点库中的 Views/JavaScript 类别中。这些节点使用各种绘图和图表实现数据可视化：从简单的散点图到更复杂的旭日图，从简单的直方图到平行坐标图，等等。如果你在一个组件（KNIME 中的集成建模结构）中组合这些视觉效果，则生成的视觉效果将成为一个交互式、集成的、信息丰富的信息面板（如图 9.21 所示）。

企业中的数据科学。最后一步是将建模工作的输出部署到生产中，以便将这些模型产生的洞察力用于更好、更快地做出决策。对于企业来说，这一部署任务必须快速、简单 / 直观、无缝且安全。这是数据科学项目行动链中的最后一步，也许也是最关键的一步。将应用转移到现实世界的过程通常称为"运用到生产中"或"部署"。KNIME 分析平台与 KNIME 服务器无缝协作，使从设计和开发到生产和部署的过渡过程变得简单快捷（见图 9.22 和表 9.2）。

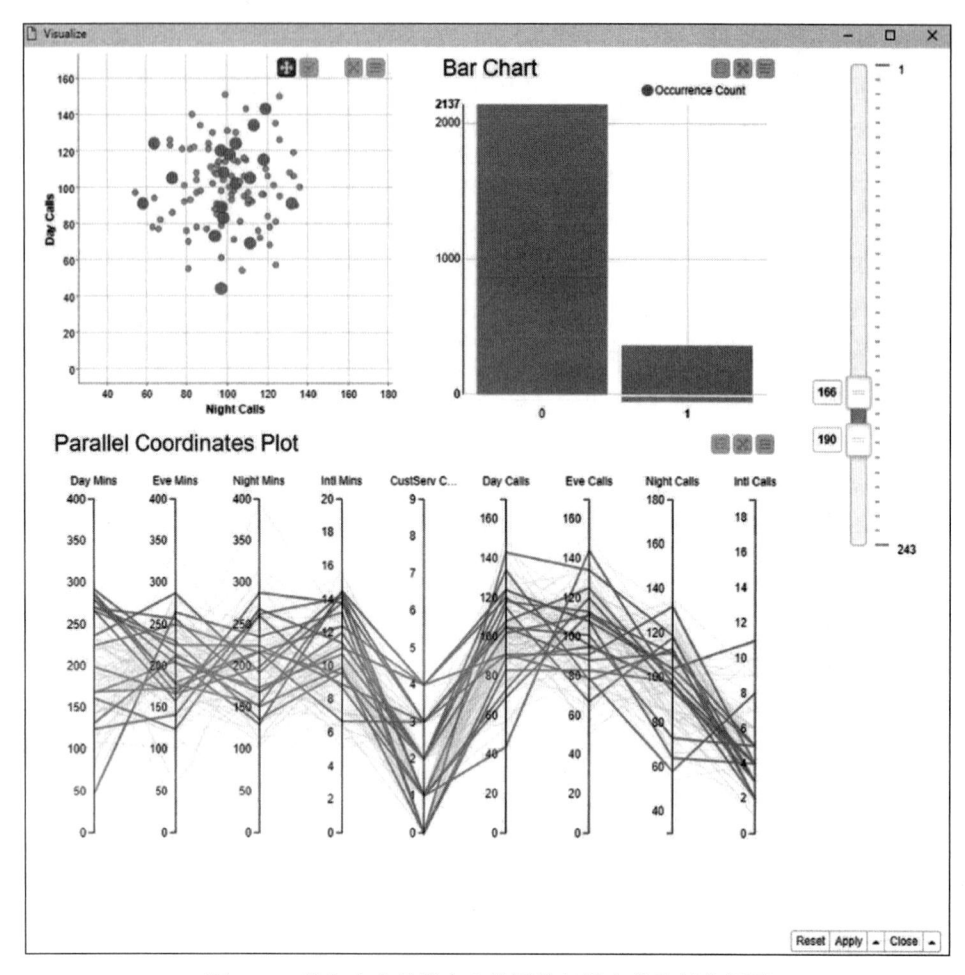

图 9.21　从包含少量图表和绘图的组件中获取复合视图

表 9.2 总结了一些最普遍的特征，这些特征使 KNIME 分析平台成为商务分析和数据科学学习、教学和实践的优秀分析工具（Delen，2021）。

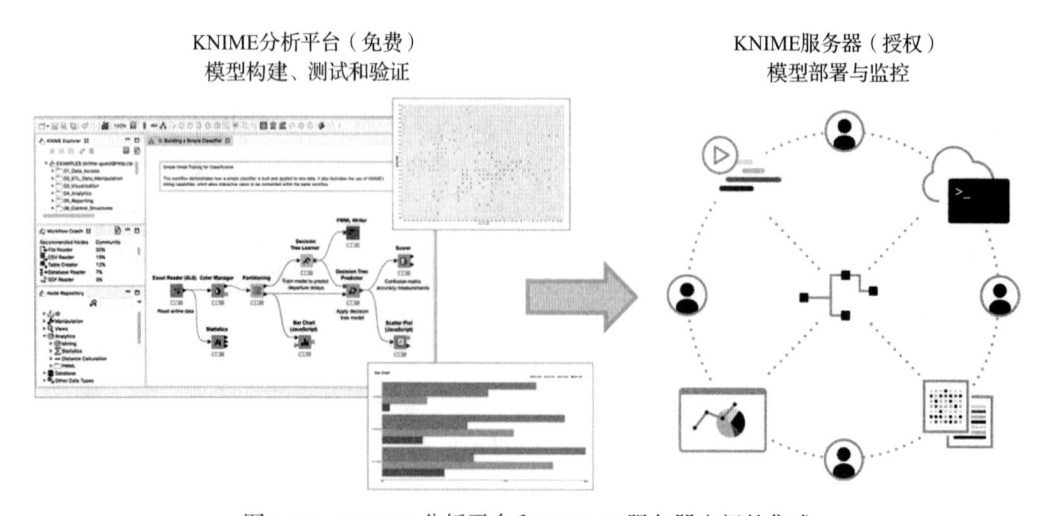

图 9.22　KNIME 分析平台和 KNIME 服务器之间的集成

表 9.2 选用 KNIME 的前十大原因

1	易于使用	图形用户界面和直观的工作流类型模型构建逻辑使分析平台的学习、教学和使用非常简单直观
2	开源	分析平台的来源向所有人开放，供大家探索和创新
3	成本	免费！一切都免费！平台不是缩小版、限时版、试用版或社区版，其全功能版对所有人（教育工作者、研究人员和从业者）都免费，包括用于学习、教学和咨询
4	社区支持	只需点击几下 KNIME 网站，就可以访问 KNIME 专家以及大型且高度活跃的用户社区，可以获得有关问题、建模提示和示例工作流的帮助
5	功能丰富	KNIME 拥有 2 000 多个本地节点和更多来自第三方（通过扩展）的节点，提供了可能是最丰富的数据科学功能集合
6	平台无关	可运行在三种流行的操作系统（Windows、macOS 和 Linux）上
7	连接性	连接到几乎所有的数据源（本地、基于 Web 或云），并可使用多种数据类型（结构化、半结构化、非结构化）
8	可扩展性	允许构建自己的节点，并使用他人构建的节点。此外，还可以通过 JavaScript、Python 和 R 集成节点来扩展功能和可扩展性
9	模块化	允许通过使用元节点和组件以不同的粒度级别创建可重复使用的建模组件
10	部署	可以快速且直接地部署到云（在 KNIME 服务器上，或在 AWS 或 Azure 中你自己的空间上）从而实现工作流的永久使用

分析实操 9.2 介绍了如何使用 KNIME 和 R 编程来更好地管理医疗用品库存，以识别和消除浪费。

分析实操 9.2　利用预测分析防止价值 130 万美元的医疗用品浪费

终结永无止境的废品循环

仅在美国，每年就有价值 50 亿美元的医疗用品被丢弃。医疗保健机构中的这种浪费行为增加了护理成本，并占用了垃圾填埋场的空间——这两者都会产生重大的社会和环境后果。这种浪费可归因于库存管理不善。如果没有准确的库存跟踪和分析，库存品就会堆积起来，闲置，直到过期。

该项目由 Z5 Inventory（一家为医疗机构提供全方位服务的供应链生命周期解决方案公司）运营，包括两个主要阶段。第一阶段：清理 30 家医疗机构的所有多余产品（最近未购买或超过定期自动补货水平的产品），并将其送往 Z5 运营的仓库。第二阶段：使用预测分析将这些产品重新分配给有需要的医疗机构。

项目的主要目标是帮助客户减少产品积压，为新产品争取货架空间，提高员工效率，降低库存供应成本，并将医疗保健供应链中的浪费尽可能减少到零。如果这一过程在美国所有的医疗机构中实施，每年可以节省数十亿美元。这最终将节省宝贵的纳税人钱财，降低垃圾填埋负担，并为面临风险的社区提供他们可能无法获得的物资。

使用 KNIME 和 R 预测需求

在与关键的利益相关方（Z5 和客户高管）确定项目目标后，数据科学家起草了项目的组成部分（即需求预测、重新分配、最佳周期选择器等），以及它们之间应该如何互动。

第一步对数据进行处理，以用于后续分析，包括检查并处理数据错误，如缺失值、无效条目和日期范围错误等。然后，使用集成 R 的 KNIME，数据科学家可以开始做需求预测（基于医疗机构的购买历史），并为每个机构创建产品列表。R 用于根据排名将多余的产品划分为不同的目的地机构。该排名是使用购买频率、平均购买数量、购买数量的标准差以及愿望清单上的预测数量来计算的。此外，由于目标是尽可能将产品重新分配给医疗保健机构，因此创建了一个"最佳周期选择器"，以确保特定产品在目的地机构中的使用最大化。

在整个过程中，数据科学家与关键利益相关方进行了核对，提出了中期结果，并对 KNIME 工作流程进行了必要的更改。根据客户反馈不断评估模型的稳健性。到目前为止，还没有关于过度运输的投诉，这表明该模式成功地解决了医疗机构库存过剩的问题。

节省 130 万美元

该项目是在美国最大的医疗保健网络之一的大西洋中部地区开展的，有 32 个医疗保健机构参与其中。价值 130 万美元的医疗和外科产品被转移，以防止在项目执行过程中过期和丢弃。这是一个了不起的成就。这表明，如果所有美国医疗保健提供者都采用类似的策略，那么几乎所有被作为废品处理的价值 50 亿美元的医疗产品都能实际投入使用。

理想情况下，通过利用这一过程，处理向医疗保健机构配送的中央仓库将变得非常高效。准确地说，仓库会是空的。目前的预测能做到在下个月内分发所有物品。理想情况下，医疗保健供应链中的浪费将减少到零。现实情况是，考虑到行业中不可控变量的数量，如临床医生偏好、供应商和制造商的变化，以及行业整合率的提高，这一理想情况是不可能达到的。然而，减少货架上的物品以及物品浪费是可以控制的。

使用 KNIME 的优势

KNIME 节点是可视化的和自文档化（self-documenting）的，这节省了大量的时间，并使非代码的结果更容易理解。有时，他们甚至可以在不知道如何编码的情况下复制结果。以前直接用 R 或 Python 进行编码时，要在文档上花费大量时间，才能确保脚本易于阅读，结果可重复。现在这部分时间则可以用来修改和改进项目流程。

因为数据科学家都有统计背景，每天都用 R 编码，所以他们仍然很高兴，因为 KNIME 让他们可以灵活地用 R 工作，同时仍然处于一个统一的平台中。因此，他们可以做到两全其美。KNIME 分析平台是一个强大的工具，具有许多强大的功能，如全面的 ETL 节点、易于使用的拖放界面，以及与许多其他流行的数据科学和数据挖掘工具的集成，该分析平台使分析和预处理任务变得更简单、更快。

资料来源：KNIME Customer Success Stories. "Leveraging Predictive Analytics Prevents $1.3 Million Worth of Medical Supply Waste" retrieved from https://www.knime.com/solutions/success-story/leveraging-predictive-analytics-prevents-millions-of-dollars-worth-of-medical-supply-waste. https://www.knime.com/about。

KNIME 应用教程：预测客户流失

该数据集包括 1 000 行 / 客户记录和 38 列属性，混杂有 Numeric 变量和 Nominal 变量。目标变量名为 Churn，其值分别为 Y（是）和 N（否）。数据集还有一个唯一的行标识符，名为 CutID。按照以下步骤创建客户流失的工作流程。

启动 KNIME 分析平台（KNIME Analytics Platform，KAP）后，你将看到欢迎界面，其中包含软件更新、培训课程和 KNIME 社区的最新消息。以下步骤将帮助你创建第一个完整的工作流。

步骤 1　创建工作流组和工作流。在将数据读入平台之前，最好创建一个工作流组（workflow group）来收集和组织数据集和工作流实验。要执行此操作，请从 File 菜单中选择 New，然后从选择窗口中选择 New KNIME Workflow Group（见图 9.23）。将你的工作流组命名为 Customer Churn Project（客户流失项目）。然后，使用相同的窗口，创建一个 New KNIME Workflow（新 KNIME 工作流），并将其命名为 Customer Churn Model（客户流失模型），结果如图 9.23 所示。

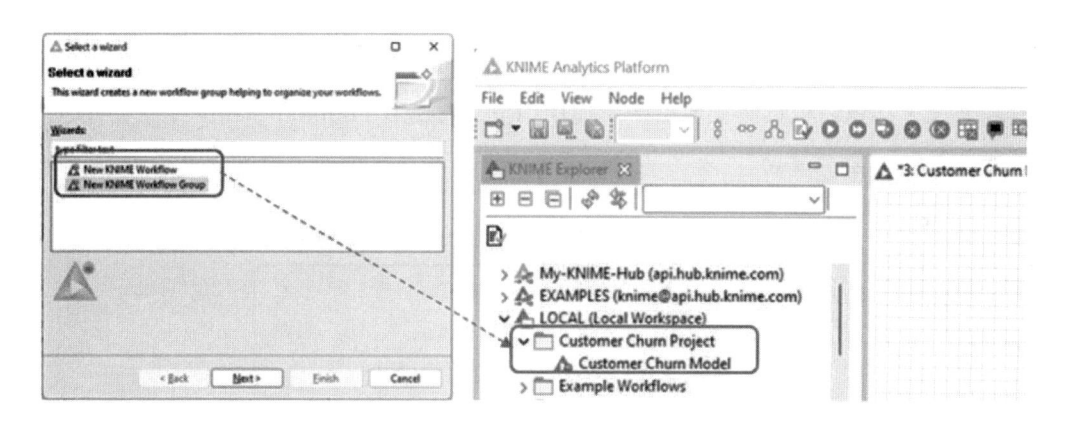

图 9.23　在 KNIME 中创建新的工作流组，然后创建工作流

步骤 2　读取数据。在 KAP 中，你可以通过三种不同的方式将数据获取到工作流中：①你可以从 Node Repository（节点存储库）中的 IO 文件夹中拖放适当的数据读取器节点（在本例中为 CSV Reader node），②将其从文件资源管理器中直接拖放到工作流中（在本例中，KAP 将感应数据类型并使用适当的读取器节点来获取数据），③将其拖放到工作流组中，使其位于工作流所在的同一位置，然后将其拖放至 workflow designer（工作流设计器）。最佳操作建议遵循③（见图 9.24）。在工作流中导入数据后，运行此工作流并检查 File Table（文件表）（通过执行节点上下文 / 右键单击菜单中的最后一个选项）。

步骤 3　检查变量。你可以使用 Statistics node（统计节点）或 Data Explorer node（数据浏览器节点）来执行此操作。连接并执行其中一个节点后（通过上下文菜单选项，执行并打开视图）。在 Data Explorer View（数据浏览器视图）中，你将看到变量分组到 Numeric 和 Nominal 两个主标签（tab）中。浏览这两个节点中的每个变量，注意异常和缺失值

（请注意，Numeric 选项卡中的 Tenure、Nominal 选项卡中的 Confer 和 Ebill 都有一些缺失值）。

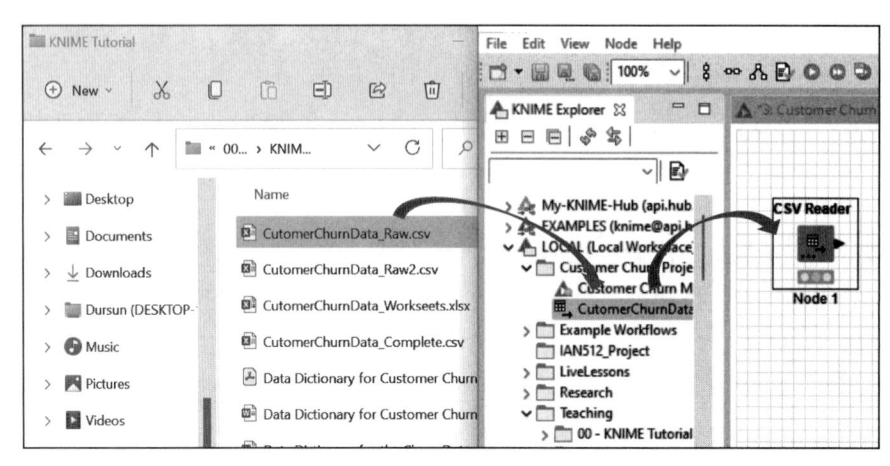

图 9.24　将数据输入到工作流组中，然后将其放入设计中

步骤 4　输入缺失值。使用 Missing node（缺失节点），我们将估算数据集中缺失的值。缺失值节点有一个默认插补程序，该程序将相同的规则应用于相同类型的所有变量。在这种情况下，我们将对所有数值变量使用中值，对所有 nominal/String 变量使用 Most Frequent Value（最频繁值），见图 9.25。也可以使用此节点描述上的列设置选项卡，使用不同的方法/规则选择和估算每个变量。

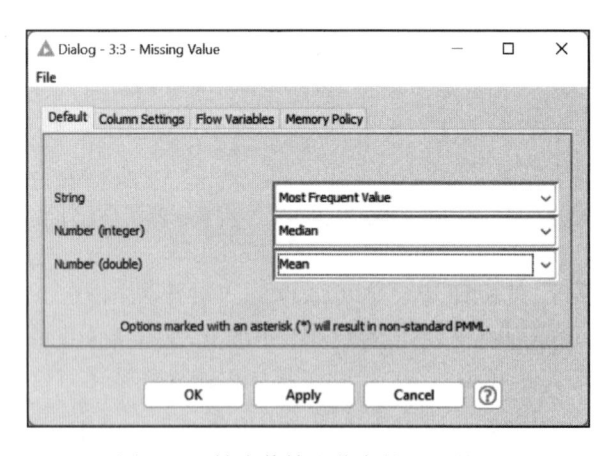

图 9.25　缺失值输入节点的配置界面

步骤 5　预处理数据。在这里，我们可以过滤对预期任务无用的列和行（使用 Column Filter nodes 和 Row Filter nodes）。我们可以将任何数据项转换为不同的数据类型/值/格式，还可以使用各种节点创建新列，如 Rule Engine、Math Formula、Numeric Binner 等。在这种情况下，我们将使用 Column Filter（列过滤器）来过滤出唯一的行标识符 CustID。在这里，我们还可以使用 Color Manager（颜色管理器）为目标变量值分配不同的颜色，以

实现更具吸引力的可视化效果。

步骤 6　拆分数据。在这里，我们将使用 Partitioning node（分割节点），使用 30/70 分层随机抽样程序将数据划分为训练和测试数据集（见图 9.26）。我们还使用静态随机数种子进行复制。

步骤 7　对模型进行训练和测试。这里我们将使用决策树。我们将把 70% 的数据（即训练数据）提供给 Decision Tree Learner（决策树学习器）节点，剩下的 30% 的数据提供给 Decision Tree Predictor（决策树预测器）节点。然后，我们将把学习器节点的模型输出连接到预测器节点的模型输入。在决策树配置窗口中，要确保正确选择目标类变量，为了视觉简洁，还可以选择二分类名义拆分（见图 9.27）。你还可以尝试用其他决策树创建超参数，以获得更好的性能。在 context（上下文）菜单中，单击 Execute 和 Open View 将显示图 9.28 中的决策树。彩色条形图是因为我们在步骤 5 的工作流程中添加了颜色管理器。在 Decision Tree Predictor 节点描述窗口中，我们选中"Append column with normalized class distributions"，并在"Suffix for probability columns"文本字段中输入"_DT"。我们需要这些概率列才能在步骤 8 中创建 ROC 曲线。

图 9.26　数据分割节点的配置　　图 9.27　决策树学习器节点的配置细节

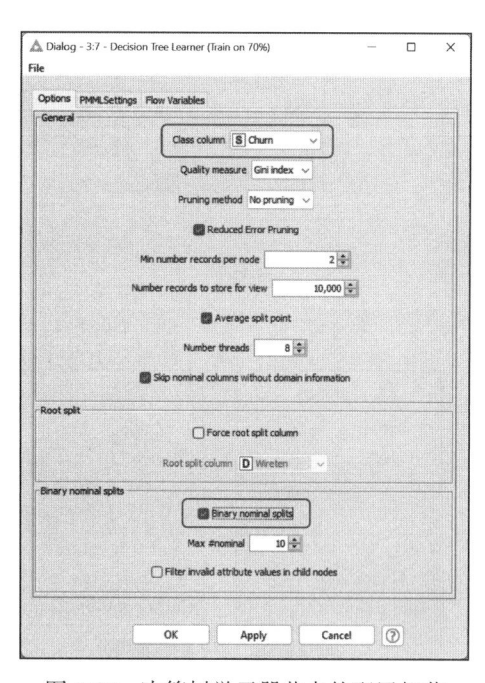

步骤 8　给模型打分。在这里，我们将对所开发的决策树模型在测试数据集上的预测性能进行评分。为此，我们将使用 Scorer 节点，在该节点中，我们将第一列设置为 Churn，第二列设置为 Prediction（Churn）。然后，在上下文菜单中，我们单击"Execute and Open Views"选项以创建如图 9.29 所示的输出。要创建 ROC 曲线，我们使用 ROC 曲线节点，并配置其值，如图 9.30a 所示，图 9.30b 显示了 ROC 曲线结果。

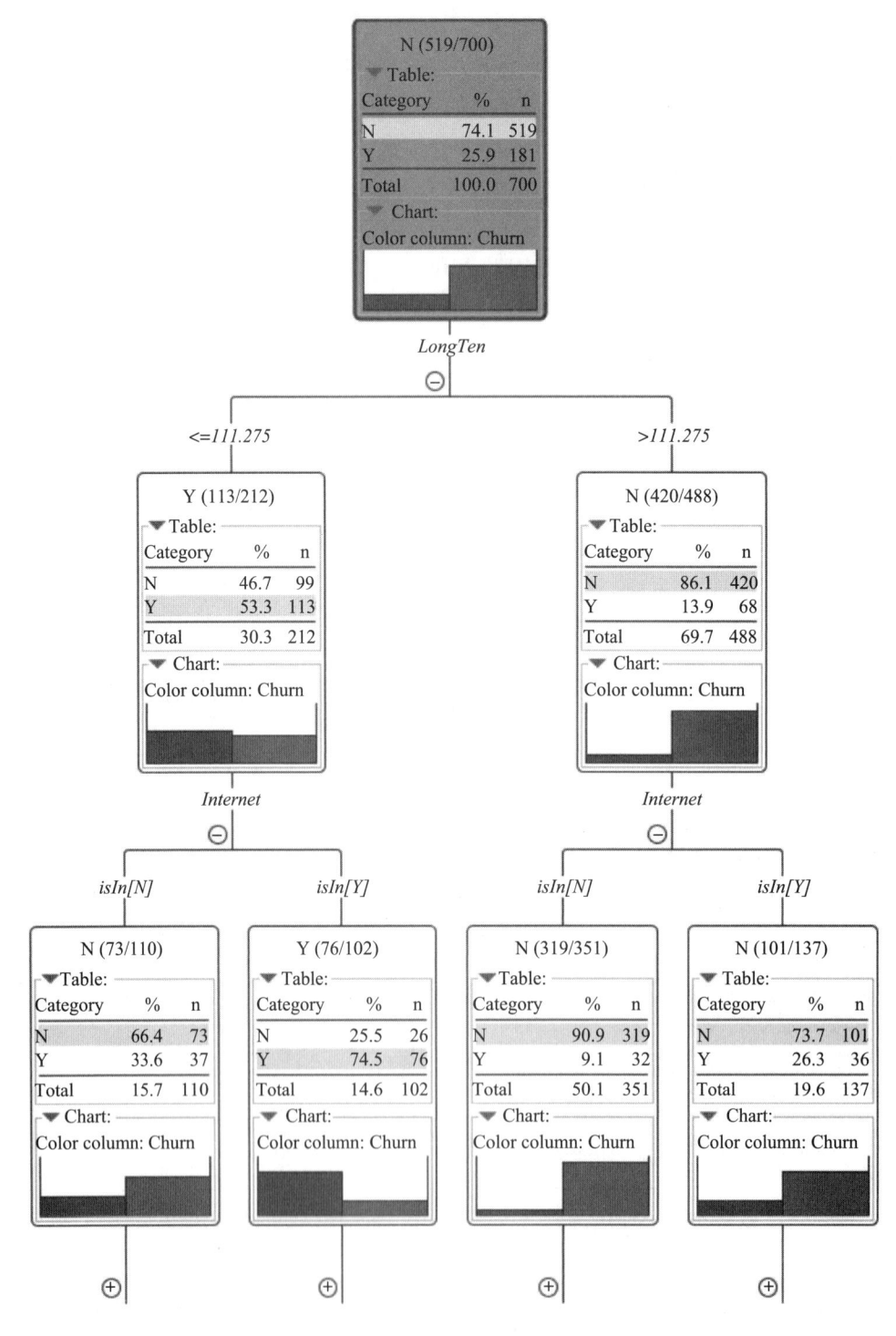

图 9.28 诱导决策树快照（决策树学习器的输出）

本教程的完整工作流程如图 9.31 所示，为了对此进行扩展，我们可以使用相同的训练和测试数据拆分，在相同的工作流程中轻松创建决策树和随机森林方法（或任何数量的机器学习方法）之间的比较分析（见图 9.31 中的附加部分）。

图 9.29　混淆矩阵节点的输出

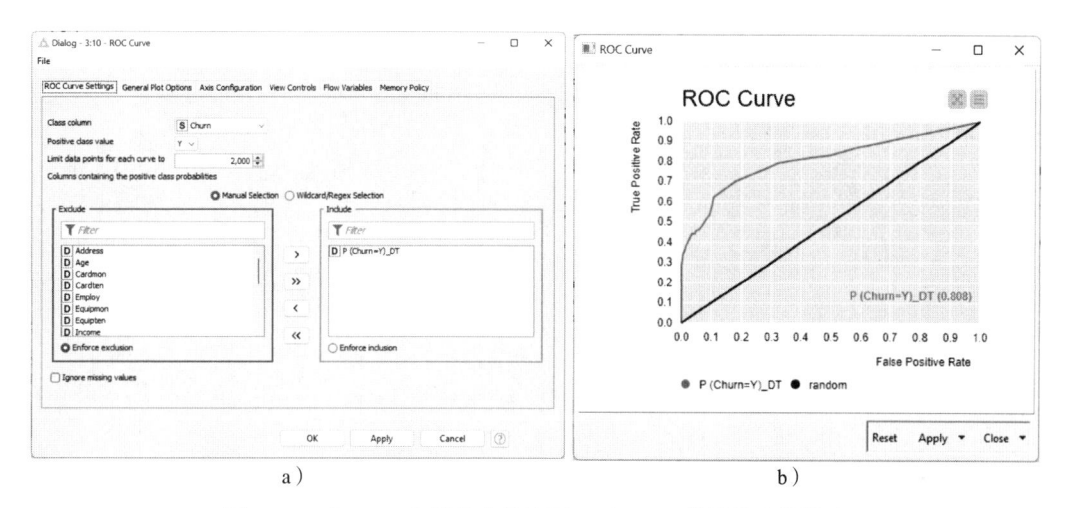

　　　　　　a)　　　　　　　　　　　　　　　　b)

图 9.30　a) ROC 曲线节点的配置；b) ROC 曲线节点的输出

Orange

　　Orange 是一款基于 Python 的免费开源软件，由卢布尔雅那大学的一群学者开发（https://orangedatamining.com）。Orange 拥有基于组件的数据挖掘软件体系结构，包括数据可视化、探索、预处理和建模技术。Orange 还提供文本分析模块，称为文本挖掘小工具，用于文本数据分析。为了说明 Orange 的功能，在本节中，我们介绍一个已发表在文献上的关于文本挖掘的教程。在 9.5 节中，我们将使用相同的数据使用商业工具 JMP 进行类似的文本挖掘，并对 Orange 和 JMP Pro 进行一些高级比较分析。

Orange 应用教程：已出版文献的文本挖掘

　　人们对文本分析和文本挖掘越来越感兴趣，也因此出现了许多这方面的软件工具。各种来源的文本内容不断增加，加上不同语言的社交媒体内容的指数级增长，促使大量文本挖掘软件工具不断出现。本教程将重点介绍 Orange。

　　为了简化文本挖掘过程，我们提出了一个通用的文本挖掘架构（见图 9.32），它可以与任何具有文本挖掘功能的分析软件一起执行。这一过程可概括为 4 个主要步骤：①文本数据的收集和清理，②预处理文本数据，③分析预处理数据，④报告结果。

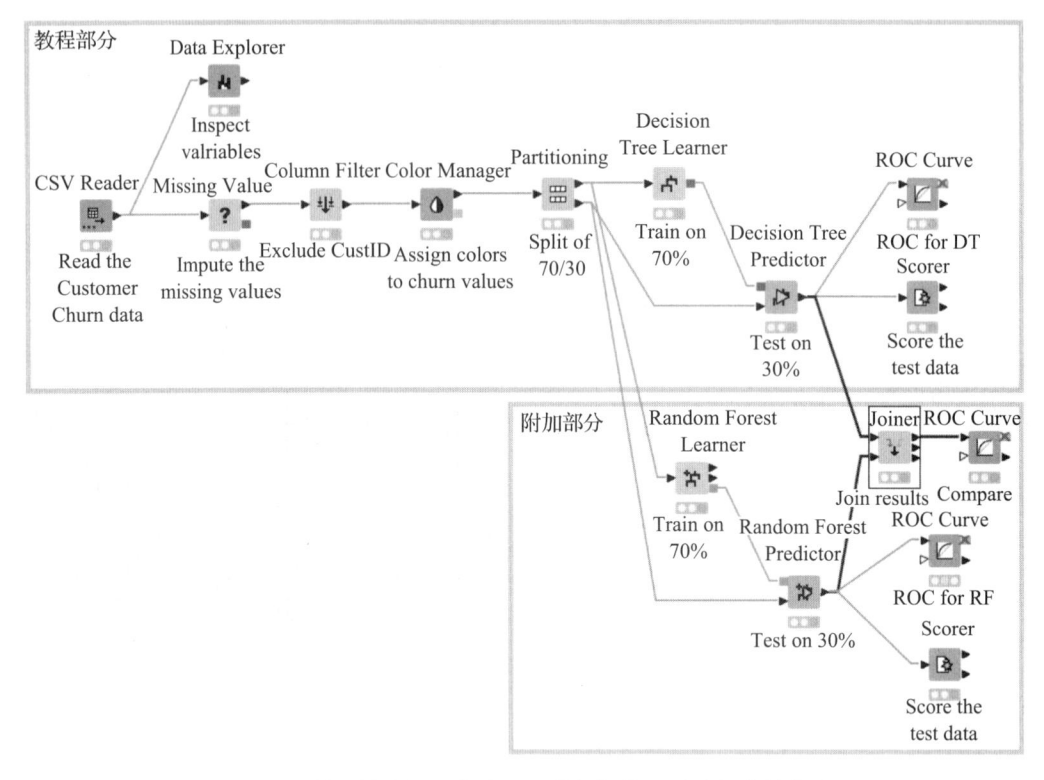

图 9.31 教程的完整工作流程，附加部分显示随机森林方法

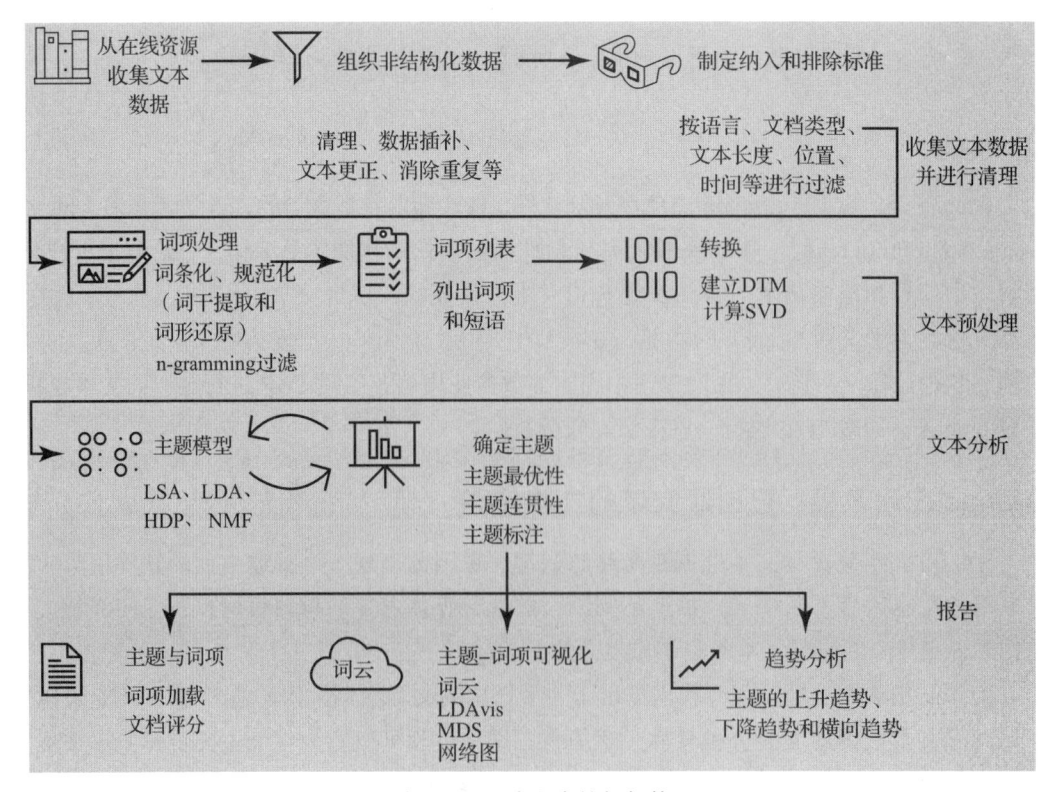

图 9.32 四步文本挖掘架构

在第一步中，要分析的文本数据是以常见的文件类型（.xls、.txt、.csv 等）从相关来源收集的。然后对文本内容中的明显异常进行识别并更正。最后，如果存在对应要解决的分析问题的纳入或排除标准，则通过过滤创建适当的数据子集。

在第二步中，通过逐个形成文本处理任务来获得基于文档的词项和短语列表，这些任务包括词条化、规范化、n-gram 生成、停用词过滤等。该结果数据随后被转换成文档词项矩阵。最后，使用奇异值分解方法对大型稀疏表（即 DTM）进行降维处理，以降低维数并获得更多可解释的结果。

在第三步中，使用结构化文本数据来发现新知识。具体来说，在这个阶段，现代主题建模方法、潜在语义分析（Latent Semantic Analysis，LSA）、潜在狄利克雷分配（Latent Dirichlet Allocation，LDA）、层次狄利克雷过程（Hierarchical Dirichlet Process，HDP）和负矩阵分解（Negative Matrix Factorization，NMF），以及一些经典模型，如潜在聚类分析（Latent Cluster Analysis，LCA）和判别分析，都用来寻找自然模式，并对主题进行计算。

在最后一个阶段，对发现的新知识进行解释、语境化，并以报告的形式直观呈现。报告内容可以包括文档主题表和视觉效果、主题术语表和视觉结果、动态词云或纵向或基于主题的趋势图等。

本教程中使用的文本数据来自数字在线出版物数据库，该数据库包括截至 2021 年年底发表在《系统信息杂志》上的所有文章。

Orange 具有可视化编程前端，用于探索性快速数据分析和交互式数据可视化。其用户界面的总体视图如图 9.33 所示。除了初始安装提供的默认功能（可以通过工具栏访问）外，许多由 Orange 开发人员社区创建和提供的插件也可以添加到环境中。屏幕左侧的 Widget Dock 包含要在分析中使用的小部件或函数组。数据操作功能可以在 Data 组下找到，数据转换和操作功能（例如，"过滤""选择列/行""转置"和"预处理"）可以在 Transform 组下找到。Visualize 组提供了许多图表小工具。Model、Evaluate 和 Unsupervised 组提供监督/无监督机器学习功能。最后，Orange 在文本挖掘（Text Mining）的附加组件下提供了一个单独的小部件组。Orange 中的模型是在工作流工作台上构建和运行的。成组的小部件通过拖放方法添加到工作流工作台中，然后相关联的小部件相互链接/连接。

为了安装和激活 Orange 的文本挖掘小部件组，用户需要选择"Options"选项卡下的"Add-ons"，并激活/选中"Text"选项。激活后，文本挖掘功能/小部件可用于文本输入、操作、预处理、挖掘和可视化。

步骤 1　收集和清理文本数据。在 Orange 中，文本数据可以通过多种方式获取。可以使用"Corpus""Import Documents"或"Create Corpus"窗口小部件来读取处理过的文本或原始文本。Orange 还允许用户自动从一些流行的数据库中提取文本。这些在线数据库包括《卫报》《纽约时报》、PubMed、Twitter 和维基百科。"Corpus"小部件可以读取以 Excel（.xlsx）、.csv 和 .tab 格式存储的文本数据。对文本数据建模的第一个操作是拖放"Corpus"

小部件至工作流窗口。然后，单击小部件并使用语料库小部件中的浏览选项卡来定位和读取文本文件。如果出现重复，用户可以在开始文本预处理之前使用"Duplicate Detection"（重复检测）小部件来检测和删除重复的文本。

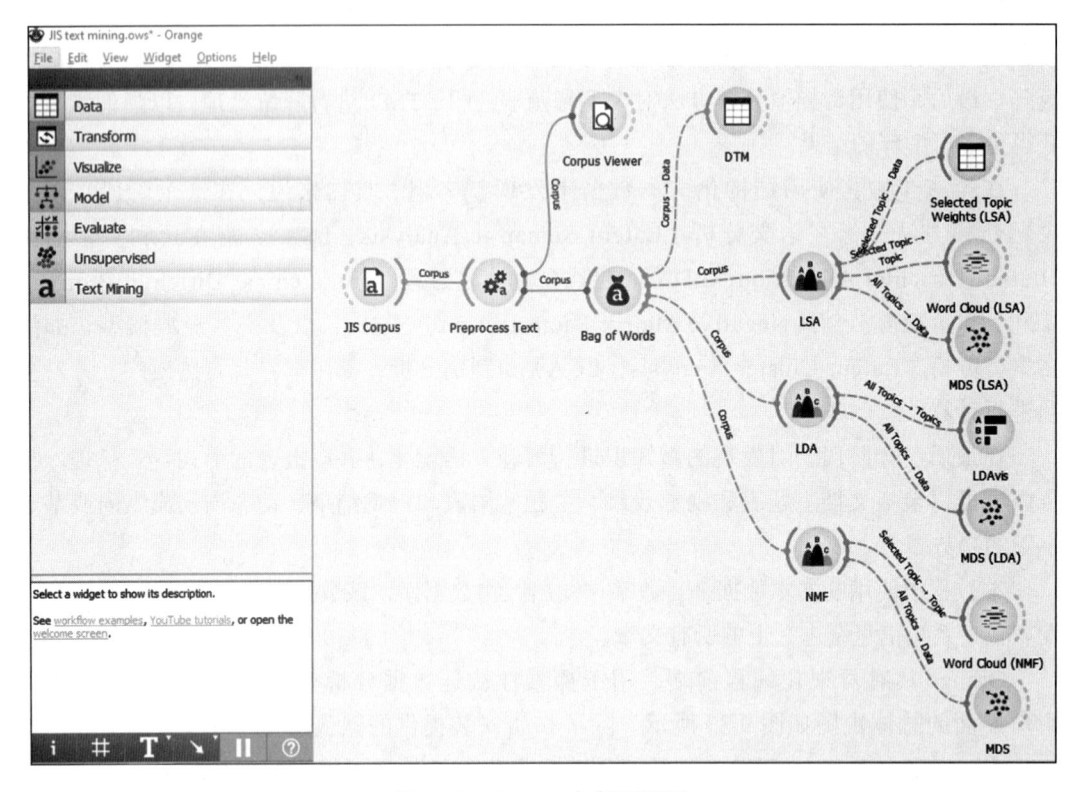

图 9.33　Orange 主版面视图

步骤 2　预处理文本数据。"Preprocess Text"（预处理文本）小部件用于 Orange 的文本预处理。这个小部件可以从 Text Mining 模块拖放到工作流窗口中，也可以通过单击"Corpus"小部件的右侧并从链接创建阶段出现的小部件菜单中选择添加（如图 9.34a 所示）。文本操作也可以在语料库查看器小部件中查看（如图 9.34b 所示）。

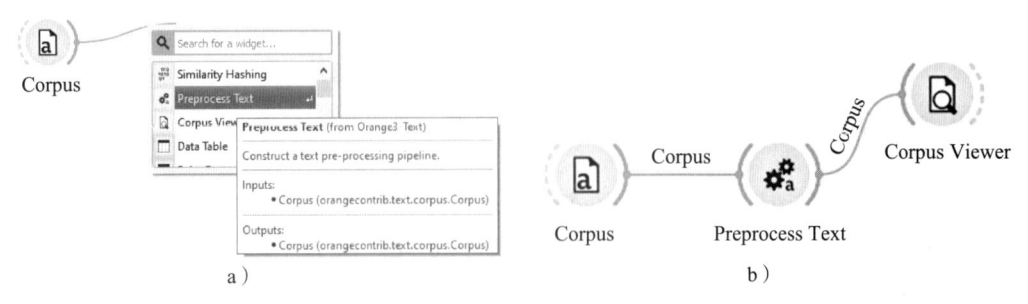

图 9.34　a）Orange 将语料库链接到预处理文本小部件；b）Orange 将语料库文件与预处理文本链接

预处理文本小部件具有执行预处理任务所需的功能（如图 9.35 所示）。在这个阶段，文本可以被划分为更小的单元（标记），标准化、规范化（通过词干提取和词形还原），并根据停止词、词典、Regex 和频率进行过滤。此外，用户可以创建 n-gram 和词性（part-of-speech，POS）标签标记。

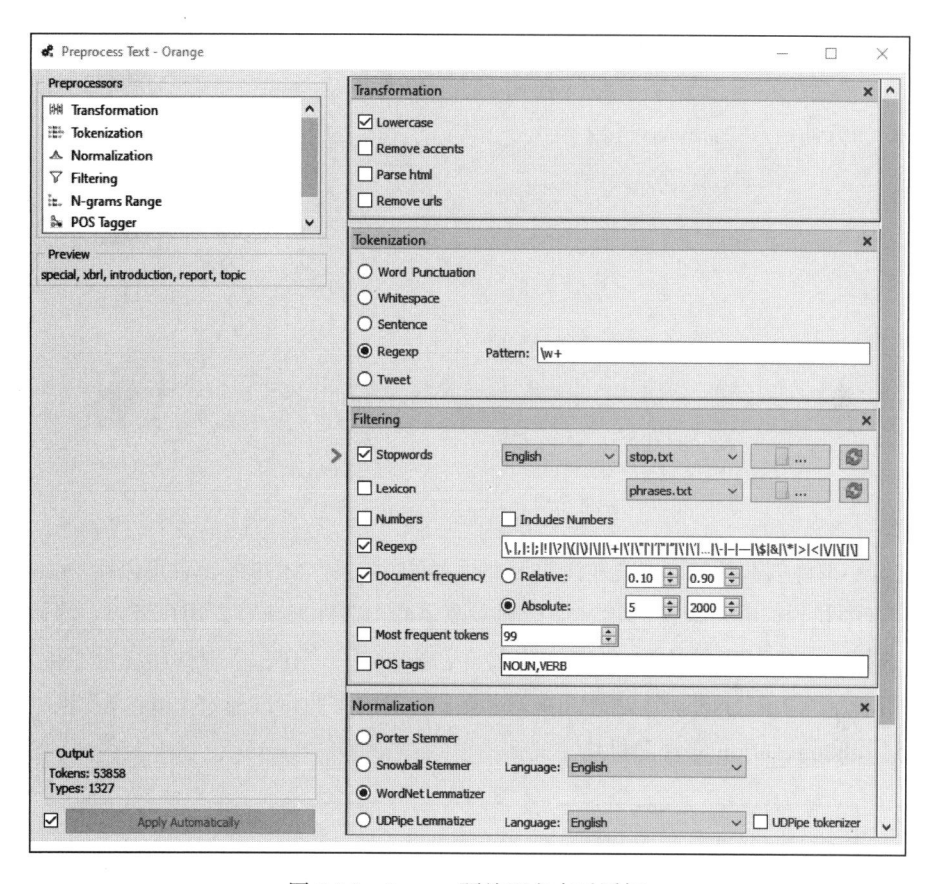

图 9.35　Orange 预处理文本对话框

预处理阶段结束之后，可以使用 Bag of Words 小部件获得 DTM。DTM 可以在各种可用选项下进行修改（例如，词项频率、文档频率、正则化）。最后，DTM 可以通过连接到 Bag of Words 小部件的数据表进行检查和确认。

步骤 3　执行文本分析。在获得 DTM 后，用户可以通过文本挖掘小部件进行主题建模和情感分析。Orange 提供了四种类型的主题建模方法：潜在语义索引/分析（LSI 或 LSA）、潜在狄利克雷分配（LDA）、层次狄利克雷过程（HDP）和负矩阵分解（NMF），见图 9.36，所有这些方法都可以同时运行。

步骤 4　报告结果。Orange 提供了许多报告文本挖掘结果的方法。首选的报告方法是主题词项表、词云小部件、多维缩放（MDS）图和 LDAvis 小部件。用户可以通过将数据表连接到主题建模小部件来创建主题词项表。连接类型应该是 "Selected Topic—Data" 配对，以获得主题词项数据表。经过这个过程后，所选的主题和这些词项的权重可以在数据表中看到。主题和词项也可以使用词云小部件轻松可视化。

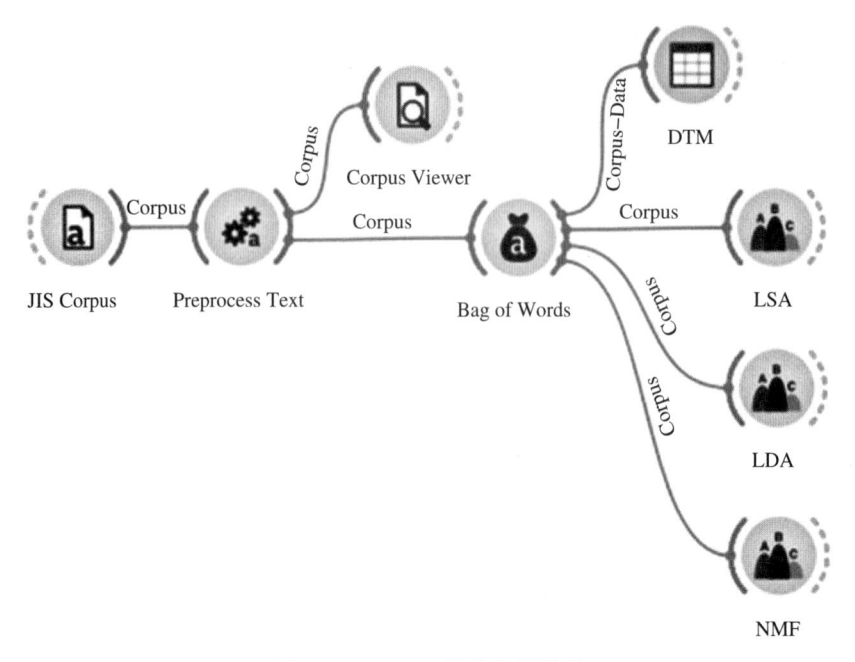

图 9.36　Orange 链接主题模型

MDS 小部件创造性地、直观地说明了主题之间的关系。MDS 小部件可以在 Unsupervised Widgets 组中找到，并可以通过将其连接到主题建模小部件来执行。用户可以在提供的选项中进行选择，以绘制所需的 MDS 可视化图（见图 9.37）。MDS 小部件还提供了优化选项：除了使用 PCA（Torgerson）算法外，主题（点）之间的重叠可以通过 Jitter 操作来处理，并可以通过 randomization 实现随机化。

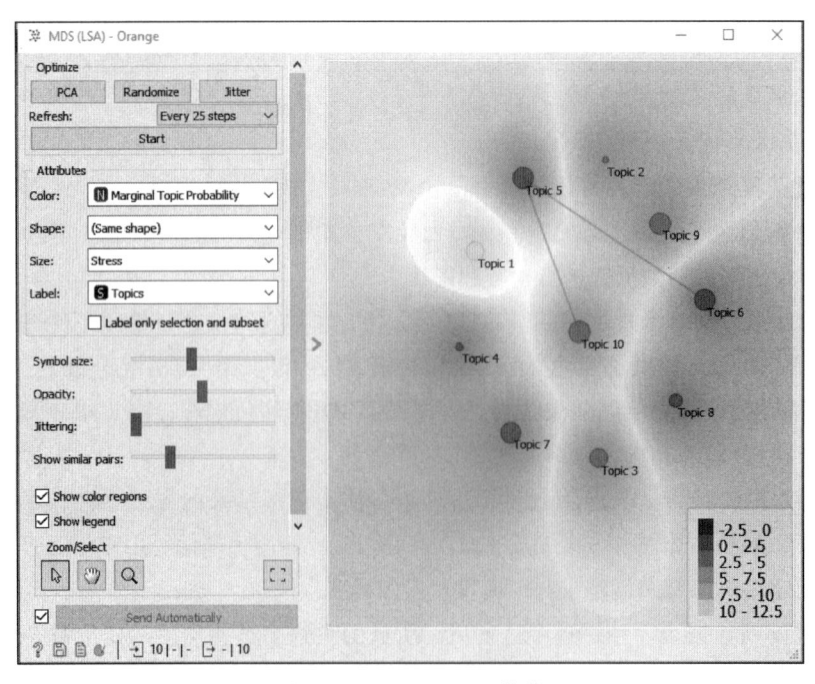

图 9.37　Orange MDS 优化

最后的报告小部件是 LDAVis，用于列出每个主题内的词项以及该主题的相关性得分。整体和相关主题中每个词的频率也可以通过水平堆叠条形图一起显示。

Weka

Weka（Waikato Environment for Knowledge Analysis，怀卡托智能分析环境）由新西兰怀卡托大学开发，是一款用于数据挖掘的免费开源软件。除了描述性统计和数据可视化，Weka 还支持大多数标准数据挖掘任务，如数据预处理、特征选择、关联、聚类、分类、回归等。它提供了丰富的机器学习算法集合（包括有监督和无监督）。

Weka 在各种过程编程语言中的最初开发工作可以追溯到 1993 年。1997 年，该工具的开发人员决定用 Java 重新对 Weka 进行设计和开发，包括实现建模算法。自开发成功以来，该软件已被全世界许多大学用于数据挖掘教学。

Weka 可以从 Weka Wiki 下载（https://waikato.github.io/weka-wiki/downloading_weka/），可以安装在运行 Windows、macOS 或 Linux 的机器上。安装后，用户可以使用以下三种方式开发数据挖掘模型（见图 9.38）：① Explorer（最容易使用的菜单和表单驱动的执行界面）；②知识流（KnowledgeFlow），属于工作流类型的模型开发，类似于其他可视化编程工具；③简单命令行（CLI）界面，通过命令行语法执行所有内容。

图 9.38　Weka 的数据挖掘应用程序（即 GUI 选择）菜单

除上述三种方式之外，还可以使用实验者（Experimenter）界面方式，用于设计受控实验，通过运行这些实验，然后分析收集的结果，以便进一步建立模型。最后但并非最不重要的一点是，Workbench 可以将所有其他应用程序（GUI 界面）组合成一个界面，如果你在两个或多个不同的界面之间切换（例如，在 Explorer 和 Experimenter 之间来回切换）以尝试许多假设场景，这一点尤其有用。

Weka 中最常用的应用类型（GUI 选项）可能是 Explorer。图 9.39 显示了具有不同窗格（子窗口）和选项的 Explorer 快照，而图 9.40 显示了决策树开发功能以及 Weka 的决策树查看器。

RapidMiner

RapidMiner，原名 YALE（另一种学习环境），是一个具有可视化工作流设计功能的综合数据科学平台，该平台由多特蒙德工业大学人工智能部门的一组研究人员于 2001 年开发。

RapidMiner 软件工具可从其官方网站（https://rapidminer.com/）下载，有一个功能有限的免费版本——最多使用 10 000 个数据行，只有一个处理器。RapidMiner 还提供一个教育计划，学生和教师可以从中免费获得完整的教育许可证。

RapidMiner Studio 的用户界面如图 9.41 所示。与大多数可视化编程工具的情况一样，该界面提供了一个工作流开发窗格，周围是较小的窗口，用于文件存储库、操作/功能库、参数编辑和功能级描述与帮助。

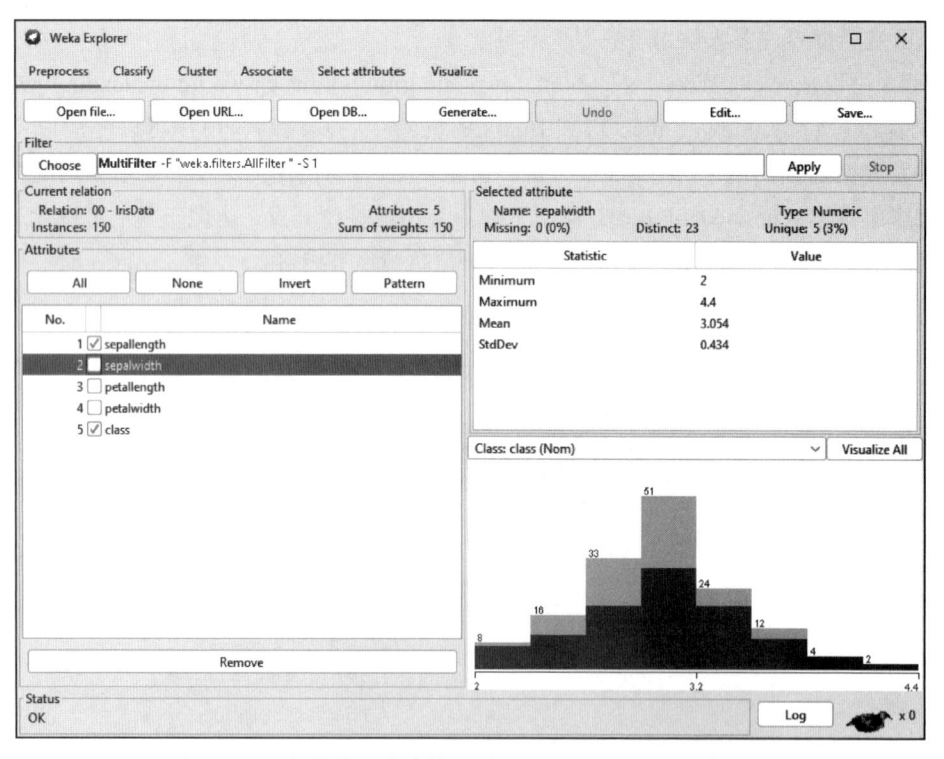

图 9.39　具有菜单驱动建模选项的 Weka Explorer 用户界面

RapidMiner 应用教程：使用 Titanic 数据集预测乘客的生存情况

在本教程中，我们将使用 RapidMiner 的内置数据集 Titanic 实施预测建模，目标是使用各种分类方法基于所提供的多变量特征对乘客的生存情况进行分类。

启动 RapidMiner Studio 时，首先出现欢迎界面，其中有很多选项可用于快速启动分析项目（如图 9.42 所示）。如果你是一个经验丰富的用户，你可能要从一个空白流程开始，并完全从一个空的工作流程空间开发解决方案。在本教程中，我们选择 Auto Model，这是一个向导类型的用户界面，可帮助用户轻松快速地开发分析应用/工作流。

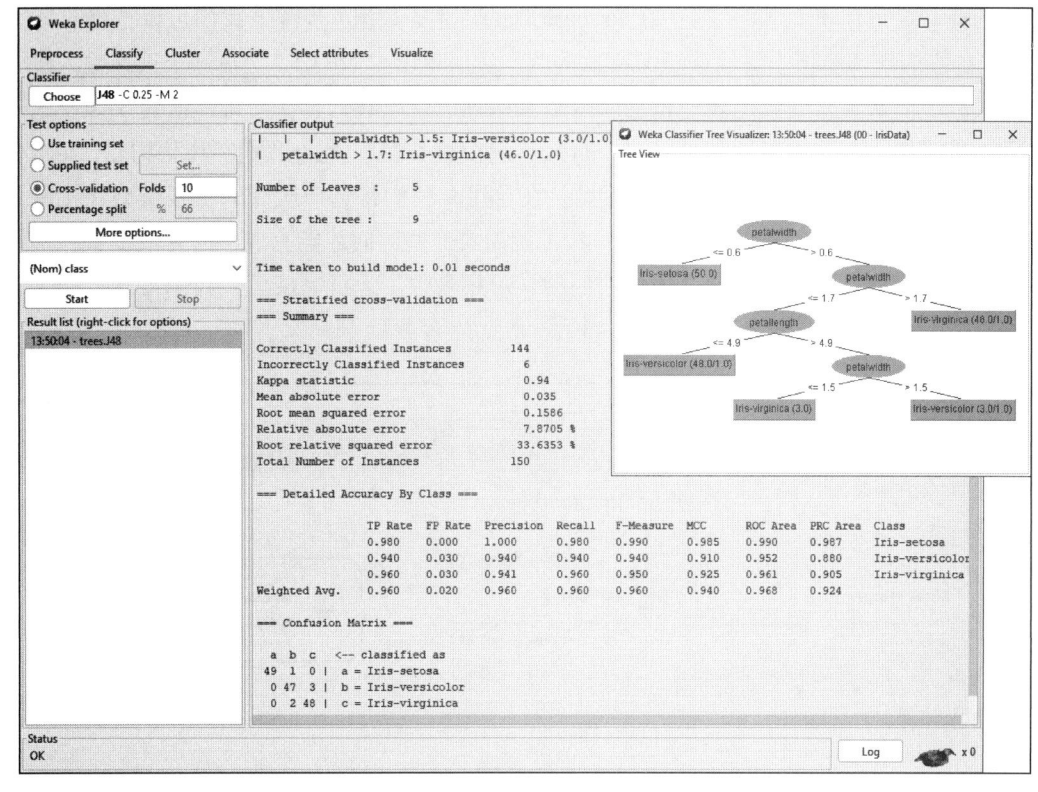

图 9.40 为 Iris 数据集开发决策树模型

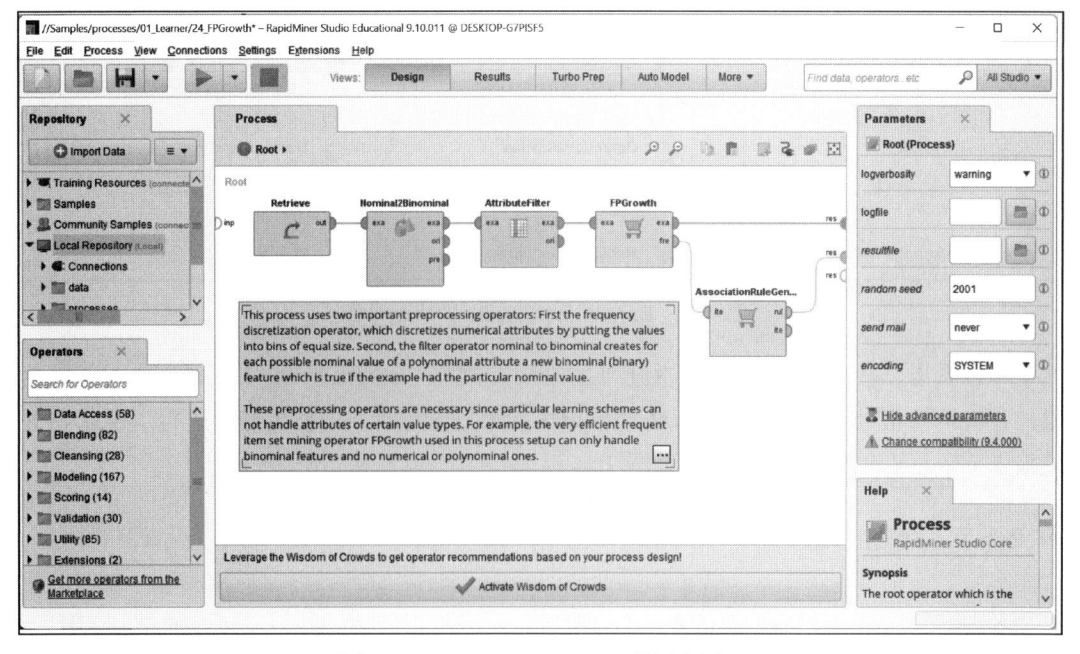

图 9.41 RapidMiner Studio 的用户界面

然后选择数据集（Samples → Data → Titanic），然后单击"NEXT"进入下一步。在"Select Task"步骤中，我们选择"Predict"（预测），然后单击"Survived"列作为目标变量的选择，之后单击"NEXT"。在 Prepare Data（准备数据）步骤，我们可以选择更改成本/效益值的默认选项。我们选择保留默认值，然后单击"NEXT"。在这个选择输入步骤中，我们可以从输入变量列表中包括或排除某些列。这里我们再次使用默认建议和模式进行下一步操作。这一步骤名为"Model Types"（模型类型），允许我们在模型构建/文本处理/比较过程中包括或排除一些预测模型。在这里，我们将选择所有的模型类型并接受其建议的默认参数，然后单击 RUN。这一步可能需要一些时间才能完成，因为该工具将**训练和测试**所有模型类型，同时尝试优化它们的学习超参数。运行完成后，我们可以在结果窗口中看到所有模型的比较分析（见图 9.43）。

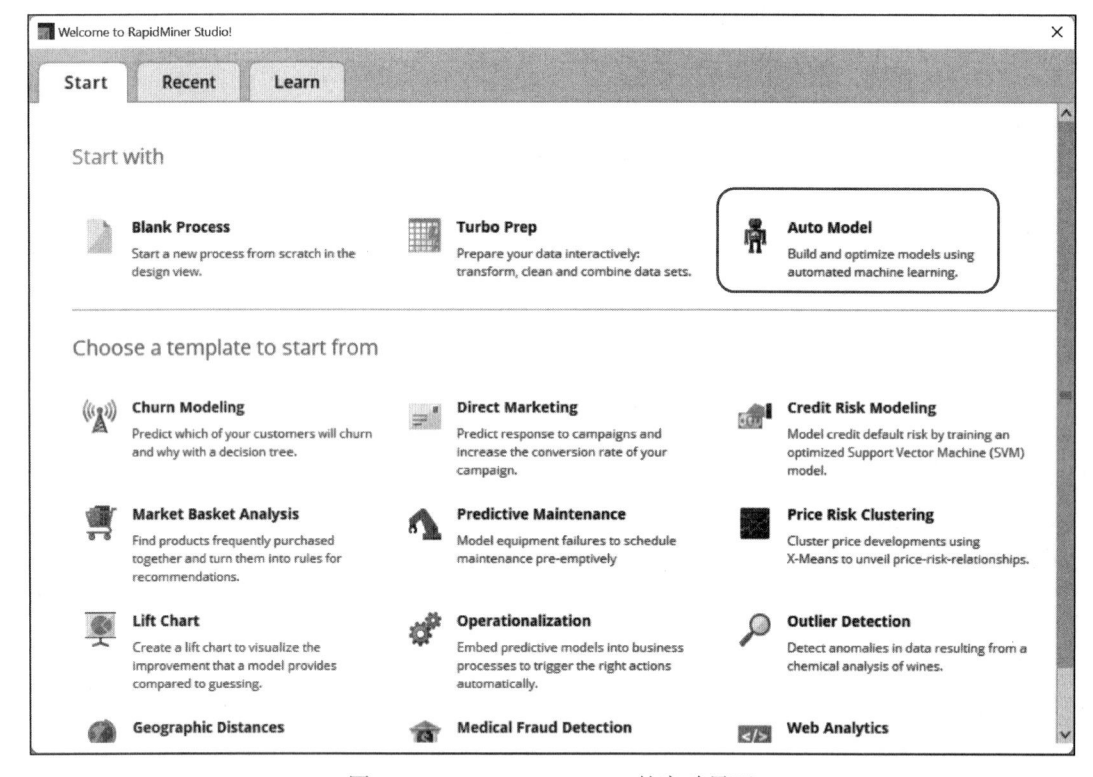

图 9.42　RapidMiner Studio 的启动界面

可以看出，有几种模型类型产生了非常准确的模型（分类误差 <3%），深度学习是最准确的，决策树是最快的。此时可以将结果导出到第三方工具，以便更好地进行可视化和生成报告（有关可用备选方案，请参见图 9.44）。

9.4 节　习题

1. 使用本节中介绍的可视化编程工具有什么优点？
2. 你最喜欢这些工具中的哪一个？为什么？
3. 你知道其他可视化、免费、开源的分析工具吗？如果不知道，你可以搜索它们，看看你能找到什么。由于工具领域是高度动态变化的，并且仍在扩展，因此你很有可能找到一些有趣的工具。

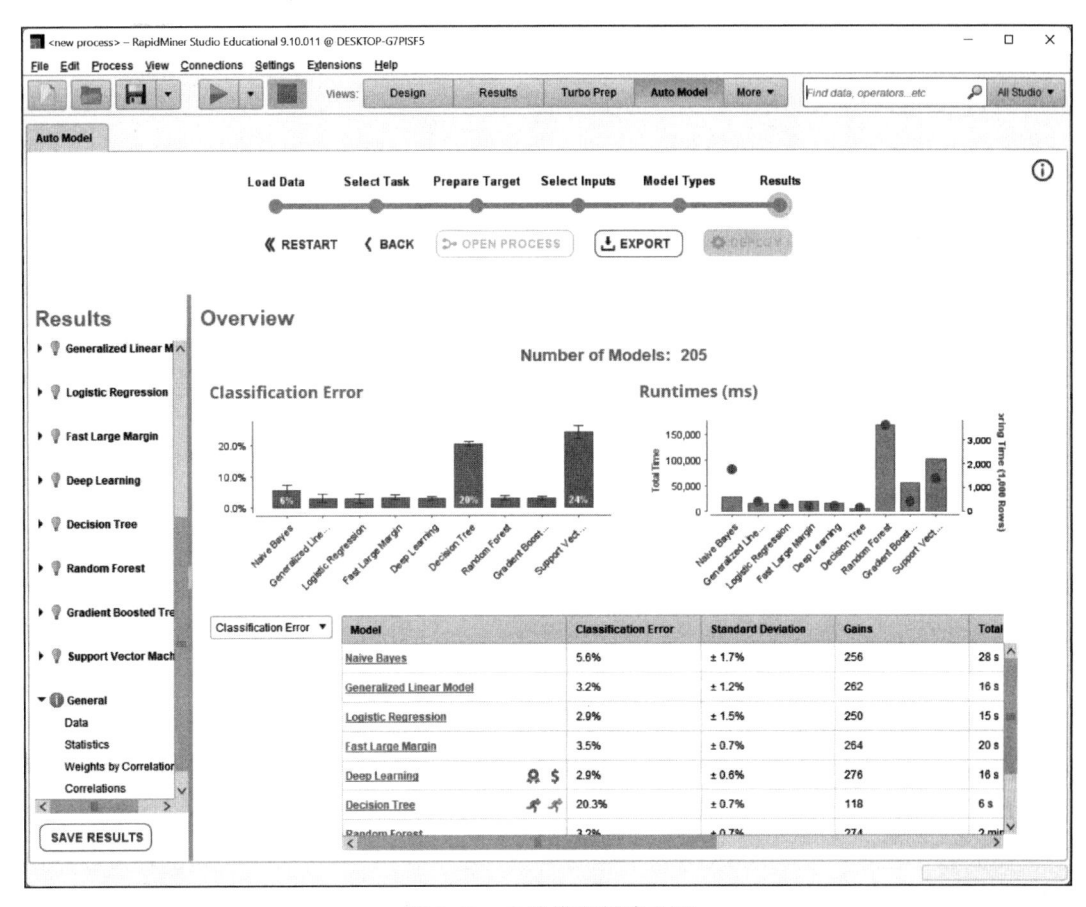

图 9.43　自动模型创建界面

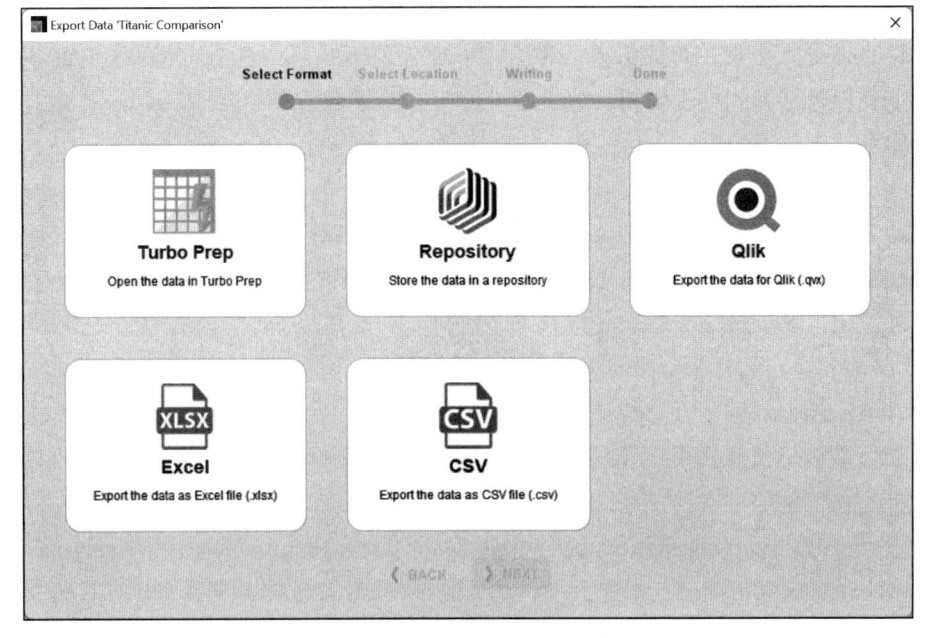

图 9.44　RapidMiner 导出选项界面

9.5 商务分析工具

分析及其机器学习功能在商业界的流行应用最早可以追溯到 20 世纪 80 年代，当时数据挖掘和知识发现工具与技术蓬勃发展。当时，Python 或 R 作为分析编程语言并没有被广泛使用（尽管 R 在 20 世纪 50 年代中期开始作为统计库开发语言，Python 在 20 世纪 90 年代初作为通用编程语言），KNIME 和 Orange 也没有在实践中作为免费和开源的可视化编程接口被广泛使用。Weka 虽是一种免费的开源工具，但主要用于数据挖掘培训和学术研究，没有应用到实际场景。大多数其他分析（数据挖掘）工具都是商业和专有的。在这类工具中，比较著名的包括 Clementine、PolyAnalyst、Statistica、IBM Intelligent Miner、SAS Enterprise Miner、KXEN 和 XLMiner 等。21 世纪之交兴起了免费和开源运动，并在 2010 年之后得到蓬勃发展。创造、分享和消费已经成为众包和社区建设的良方。如今，这种基于社区的众包趋势似乎是定义分析和数据科学未来的驱动力。即便是分析和数据科学市场上最大的商业参与者（如 Google、微软、雅虎等）也在接受这一发展，并成为这一共享结构的一部分。以下是一些最流行的商业（与免费相反）和专用（与开源相反）分析及数据科学工具的简要介绍。

Alteryx

Alteryx 是一家相对较新的分析软件公司，成立于 1997 年，最初名为 SRC，2006 年更名为 Alteryx。Alteryx 公司位于加利福尼亚州尔湾市，其开发中心位于科罗拉多州布鲁姆菲尔德市，公司于 2017 年上市。

Alteryx Designer 是 Alteryx 分析平台的主要开发工具，是一个易于使用的拖放式用户界面，可以快速轻松地创建工作流类型的业务问题分析解决方案。该软件旨在让所有数据消费者和决策者都能轻松访问分析和数据科学。与其他可视化编程工具（SAS Enterprise Miner、IBM SPSS Modeler、KNIME、Orange 等）一样，Alteryx 提供大量的本地功能，可以从各种来源导入数据；对数据进行评估、可视化和预处理；建立、测试和验证各种机器学习模型；以及部署和报告创新的分析解决方案。除了其固有功能外，Alteryx 还提供一个开放的体系结构，用于集成并利用其他分析工具和编程语言。

作为一种快速普及的分析工具，人们经常拿 Alteryx 与 Excel、Tableau 和 KNIME 等其他成熟的分析工具进行比较。与 Alteryx 相比，这些工具各有优缺点。Excel 是一种通用的电子表格建模和数据处理工具（不是真正的商务智能和数据分析工具），Tableau 主要是一种数据可视化工具。Excel 和 Tableau 都通过插件和功能集成/脚本提供一些高级分析功能，与 Alteryx 相比，它们并非全面的业务分析和数据科学工具。

也许 Alteryx 最适合与 KNIME 进行全面比较。两者都有各种数据摄取和操作功能、吸引人的工作流类型拖放式模型开发过程，支持其他工具和编程语言，以及无缝的基于云的部署功能。两者主要区别是：① Alteryx 是一种商业和专用工具，而 KNIME 是一个免费的开源平台；② AlteryxDesigner 仅在 Windows 平台上运行，而 KNIME Analytics 平台在 Windows、macOS 和 Linux 上都能运行；③ Alteryx 向教育机构提供了非常有限的工具版本（仅包括数据预处理和可视化功能，不包括机器学习、文本挖掘、计算机视觉等任何关键功能），而 KNIME 向教育机构和商业用户提供了其所有功能，没有任何限制；④ Alteryx 被设计为具有更少的构建块（便于非技术用户开发模型），因此学习曲线更短，而 KNIME 具有数千个节点用于任何低级别的数据操作和模型构建任务，适合学习曲线稍长的技术用户。

Alteryx 也有基于云的开发选项，由总部位于旧金山的私人软件公司 Trifecta 提供。该公司在班加罗尔、波士顿、柏林和伦敦均设有办事处。Alteryx 的云产品在基于云的基础设施中提供了所有分析功能，包括数据接收、模型构建和测试、部署和分析等。

IBM

作为分析领域最突出的参与者之一，IBM 提供了各种分析工具，有些在本地运行，有些是基于云的。IBM SPSS 是学术界最有名的办公软件之一。IBM SPSS 包括两个主要产品：一个是 IBM SPSS Statistics（一个统计分析、数据可视化和报表软件工具），另一个是 IBM SPSS Modeler（一个具有拖放 GUI 和大量机器学习功能的数据科学和预测分析平台）。IBM SPSS Modeler 最初由英国贝辛斯托克镇的 Integral Solutions 公司开发，并命名为 Clementine。SPSS 收购该产品后，将其更名为 SPSS Clementine，之后又更名为 PASW Modeler。继 2009 年 IBM 收购 SPSS 之后，该产品更名为 IBM SPSS Modeler，即现在的名称。

WATSON 分析是 IBM 基于云的分析产品。继在电视智力竞赛节目 *Jeopardy!* 中战胜两位最优秀的人类竞争对手，轰动性地进入分析世界之后！IBM Watson 已成为最受欢迎的基于云的分析平台之一。IBM Watson 不仅为各行各业的商业客户提供服务，还为高等教育机构免费提供教育许可证和课程以及教学课程（https://www.ibm.com/academic/home）。

SAS

与 IBM 一样，SAS 是分析和数据科学市场上最大且广受好评的公司之一，SAS 既是工具供应商，也是服务/解决方案/咨询提供商。SAS 提供了各种各样的分析工具，从基本统计（这是 SAS 几十年前就开展的业务，并将公司命名为 SAS——统计分析软件）到时间序列预测、数据挖掘，再到高级机器学习。虽然其中一些工具已被开发为本地/桌面软件产品（例如，SAS Base、SAS Enterprise Miner、JMP），但 SAS 最近的开发主要集中于 SAS Viya 名下的基于云的架构上。SAS 的旗舰分析工具名为 SAS Enterprise Miner，这是一款可视化、工作流类型、用户友好的分析软件，用于数据模型的开发、测试和部署。另一方面，SAS Viya 是 SAS 分析能力向基于服务器/云的转变。因为该平台托管在云端，SAS Viya 的用户可以通过浏览器访问最新、最高效的分析功能。SAS Viya 界面的快照显示了数据可视化仪表盘，如图 9.45 所示。

SAS Viya 相对于传统分析工具的优势包括：

- **执行速度**。在分析中，准确性很重要，但快速访问目标也至关重要。随着全球竞争的加剧，做出快速、明智决策的能力对于公司的成功和生存至关重要。SAS Viya 固有的基于云的内存处理功能确保能够近实时地生成洞察力，避免了对重要业务决策的延迟。

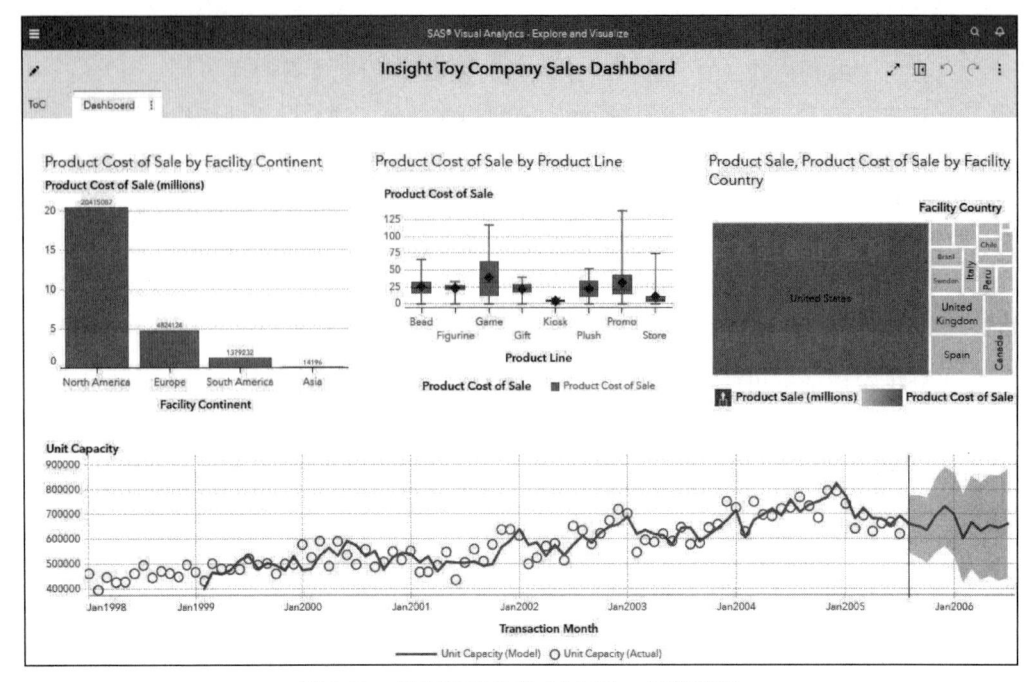

图 9.45 带有仪表盘的 SAS Viya 屏幕截图

- **可扩展性**。云托管分析平台最吸引人的优势之一是其灵活性。SAS Viya 可以随着用户业务需求的增减进行放大和缩小。无论这种变化是在几个月内还是在一天内发生，通过扩展用户平台和处理要求，用户都可以确保只需为其使用的内容付费。这可以为用户所在组织提供产生真正价值和效率的潜力。

- **集中管理**。SAS Viya 提供一个集中管理架构，用于对所有分析活动进行集中管理。SAS Viya 基于网络的环境确保分析团队拥有管理、探索、处理、交互和建模大型和可变数据源所需的所有工具。这样一个单一的架构可以为所有业务用户服务，无论他们在处理数据方面扮演什么角色。

- **对其他语言的开放性**。SAS Viya 支持数据科学家使用他们喜欢的编程语言进行工作，包括 SAS、R、Python、Lua 或 Java 等。这种开放性确保了分析管理人员从他们的数据分析师团队中获得最大价值，而不需要他们都接受 SAS 培训。

- **可访问互联网数据**。再一次，由于其固有的基于云的特性，SAS Viya 可以直接访问大数据的本地资源，不会有任何延迟或转换。例如，分析师可以直接实时访问社交媒体和物联网数据，以获得真正的见解，从而应对快速变化的市场条件和客户需求。

- **易于使用**。通过模式开发的拖放界面，在互联网浏览器中使用分析（无需在本地安装任何东西），可以轻松地将大数据转化为大见解。这样的系统可以通过数据和分析的民主化，使组织内的每个人都能更快、更好地做出决策。

SAS Viya 是一个平台，集成了许多用于现实世界和实时业务分析和数据科学的工具和功能。SAS Viya 提供从视觉分析到统计、机器学习到数据科学编程的各种服务。图 9.46 以表格形式显示了 SAS Viya 工具范围及其分析功能。下一节将介绍 JMP Pro 及其文本挖掘教程，JMP Pro 是 SAS Institute 开发的本地 / 桌面分析工具。

功能	SAS 可视化分析	SAS 可视化统计	SAS 可视化机器学习	SAS 可视化数据科学	SAS 数据科学编程	SAS 可视化数据科学决策	SAS 可视化预测	SAS 可视化文本分析	SAS 智能决策
数据访问，数据准备，数据质量与信息分类	√	√	√	√	√	√	√	√	√
先进流程步骤与信息治理	^	^							
可视化与报表	√	√	√	√		√	√	√	√
对话式 AI 与聊天机器人	√	√	√	√		√	√	√	√
统计		√	√	√	√	√			
矩阵编程									
机器学习与深度学习			√	√	√				
模型部署与管理	^	^	√	√					
预测	^	^	√	√	√		√		
文本分析	^	^	√	√	√	√		√	
优化	^	^	^	√	√				
计量经济学	^	^	^	√	√				
数字化决策	^	^	^	^	^	√			√
事件流分析	^	^	^	^	√				
先进工作负载管理	^	^	^	^	^	^	^	^	^

* 仅提供编程接口，无可视界面
^ 可选项

图 9.46　SAS Viya 工具范围及其分析功能

JMP

JMP Pro（JMP 的高级版本）是 SAS 研究所开发的一款商业软件工具（https://www.jmp.com/en_gb/software/predictive-analytics-software.html）。JMP Pro 是一款用户友好的桌面工具，同时支持 Windows 和 macOS 操作系统。除了丰富的统计和数据挖掘功能外，JMP Pro 还提供了一个名为 Text Explorer 的文本挖掘扩展工具，这是一个功能全面且强大的文本处理引擎。在本节中，我们将使用我们在 Orange 教程中使用的文本数据进行非常类似的文本挖掘过程，并对 Orange 和 JMP Pro 进行一些比较。

JMP Pro 应用教程：已出版文献的文本挖掘

正如我们对 Orange 所做的那样，为了简化文本挖掘过程，我们将遵循图 9.32 中所示的通用架构。以下是使用 JMP Pro 分析软件执行该架构的四个步骤，该软件使用从数字在线出版物数据库中获得的相同数据集，该数据库由截至 2021 年年底发表在《系统信息杂志》上的文章组成。

步骤 1　收集和清理文本数据。JMP Pro 允许上传许多不同类型的文件。可以使用工具栏上 File 菜单下的相关选项以需要的格式打开、保存或导出文件（见图 9.47）。JMP Pro 菜单上的"Edit""Tables""Rows"和"Cols"菜单项提供了一些数据操作选项。所有分析类型都列在"Analyze"选项卡下。"Graph"选项卡提供各种图形类型。用户还可以使用

"Graph"选项卡下的"graph builder"创建量身定制的图形。位于数据表左上角的表格面板允许用户创建脚本并对其进行编辑。表格面板下的列面板和行面板分别用于执行列和行操作（见图9.47）。

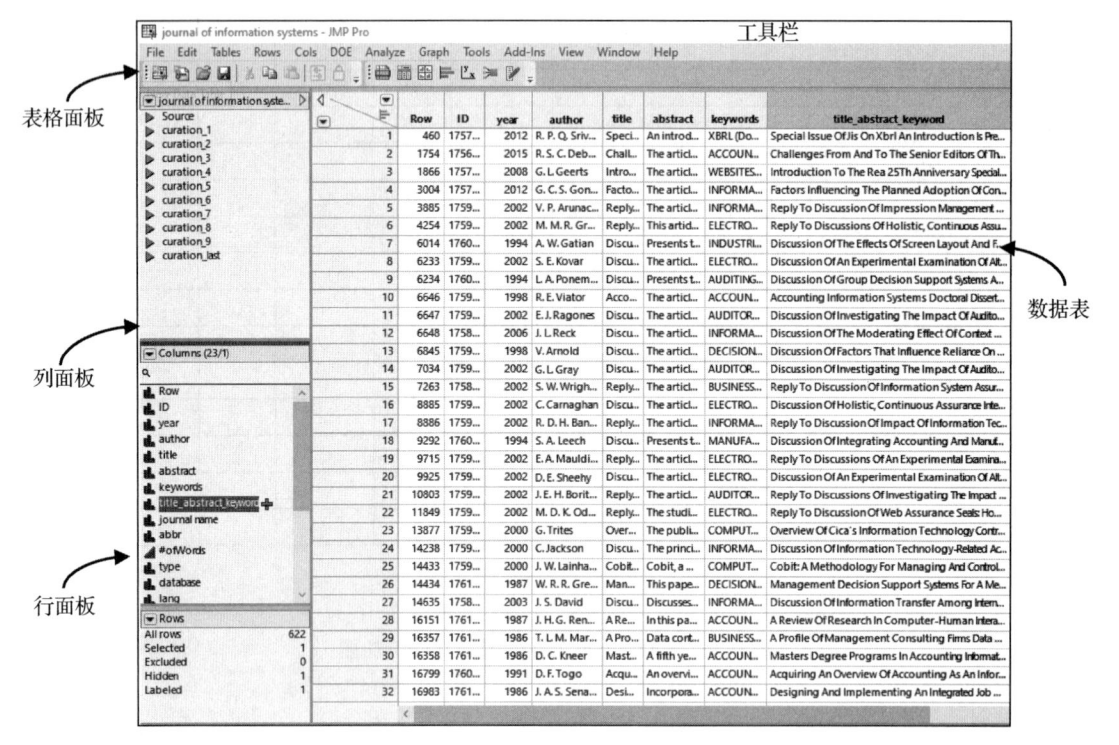

图 9.47　JMP Pro 主页视图

在 JMP Pro 中，可以对文本进行单独分析，也可以利用公式进行组合分析，例如将标题、摘要和关键字组合加以分析。用户通过所选列上的"Formula"（公式）选项创建公式。列菜单中的"Recode"项可以规范文本行。Recode 列出了几种文本操作规范，如分组、拆分、编辑、转换、修整或删除文本上的文本空间。文章之间的重复可以通过菜单中"行"（Row）选项下的"选择重复行"（Select Duplicate Rows）菜单项找到并删除。使用"行"选项下的"Data filter"（数据过滤器），根据包含和排除标准选择相关行，可以创建新的子集。

步骤 2　预处理文本数据。在 JMP Pro 中，文本挖掘分析被命名为"文本浏览器"（Text Explorer），可以在主菜单的"Analyze"菜单项下找到。单击并打开"Text Explorer"后，应从"Text Columns"框中选择相关的文本列。文本资源管理器提供对七种语言的分析：英语、德语、西班牙语、法语、意大利语、日语和中文（简体/繁体）。同时，一些过滤器可能会应用于此菜单中的短语、单词和字符。除了过滤器之外，通过"Stemming"选项，文本可以在没有任何词干的情况下（无词干）、通过组合相似词干或通过完全词干提取（提取所有词项）进行解析。此外，Tokenizing 菜单项中还提供 Regex 或 Basic Words 选项。虽然"Basic Words"只标记单词，但"Regex"在文本中提供了高级控制。用户可以使用不同类型的 Regex 命令，从 Regex 屏幕上的文本数据中删除不需要的字符（见图 9.48）。

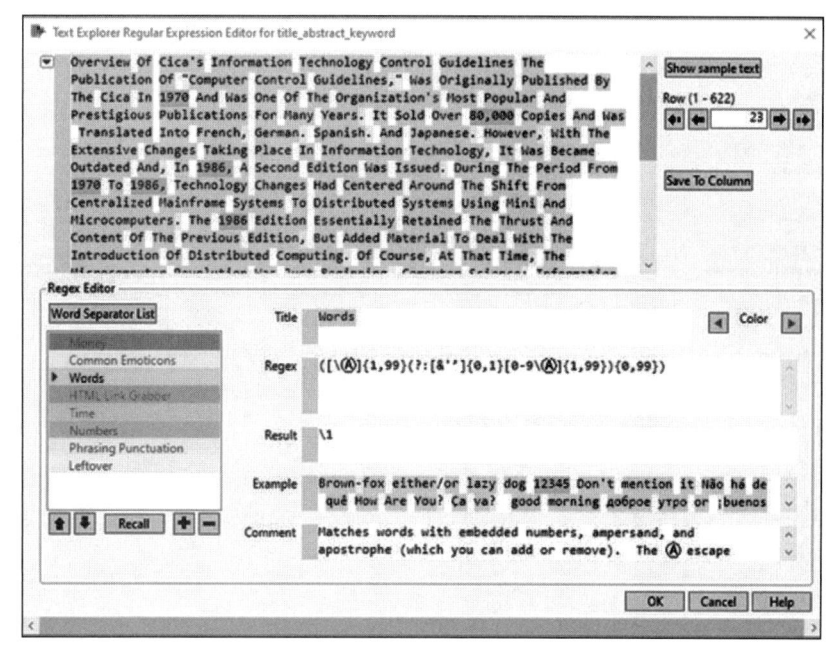

图 9.48　JMP Pro 文本浏览器的 Regex 菜单

Regex 处理之后，Text Explorer 将显示初始分析结果。除了报告一些基本统计数据外，还会列出词项和短语列表，方便用户手动查看。Text Explorer 允许手动检查短语和词项，以决定在分析中包括哪些短语和词项。因此，被认为有必要包含的短语可以被包括在内，而被认为属于多余的词项可以从模型中排除。使用"Show text"菜单项可以查看文本数据中的选定单词或短语。短语会根据用户的偏好添加到词项列表中，然后共同检查词项和短语。接下来是词干提取、重新编码和消除停用词，以统一和简化特征空间。

可以对在 Text Explorer 上执行的所有预处理操作进行检查，并且可以撤销或修改执行的操作。用户可以通过"Term Options"菜单项下的"Manage Stop Words""Manage Recodes""Manage Phrases"和"Manage Stem Exceptions"选项来管理预处理操作。

在准备好词条列表后，创建 DTM 矩阵，然后用 SVD 方法降低语料库的维数。DTM 可以通过文本浏览器选项卡下的"Save Document Term Matrix"（保存文档术语矩阵）获得。DTM 可以使用 Text Explorer 选项卡上的"Latent Semantic Analysis，SVD"选项使用特定标准和权重进行优化（见图 9.49a）。在此选项下，"Maximum Number of Terms"和"Minimum Term Frequency Criteria"这两项有助于减少异常词项。利用加权法可以处理因过度使用词语而产生的不平衡。尽管 TF IDF 通常用作加权方法，但 JMP Pro 也提供二进制、三进制、频率和对数频率方法。"Number of Singular Vectors"定义了要减少的维数。JMP Pro 默认使用 100 个维度。如果需要，可以在 DTM 中进行中心化和缩放（Centering and Scaling），以进行标准化（见图 9.49b）。

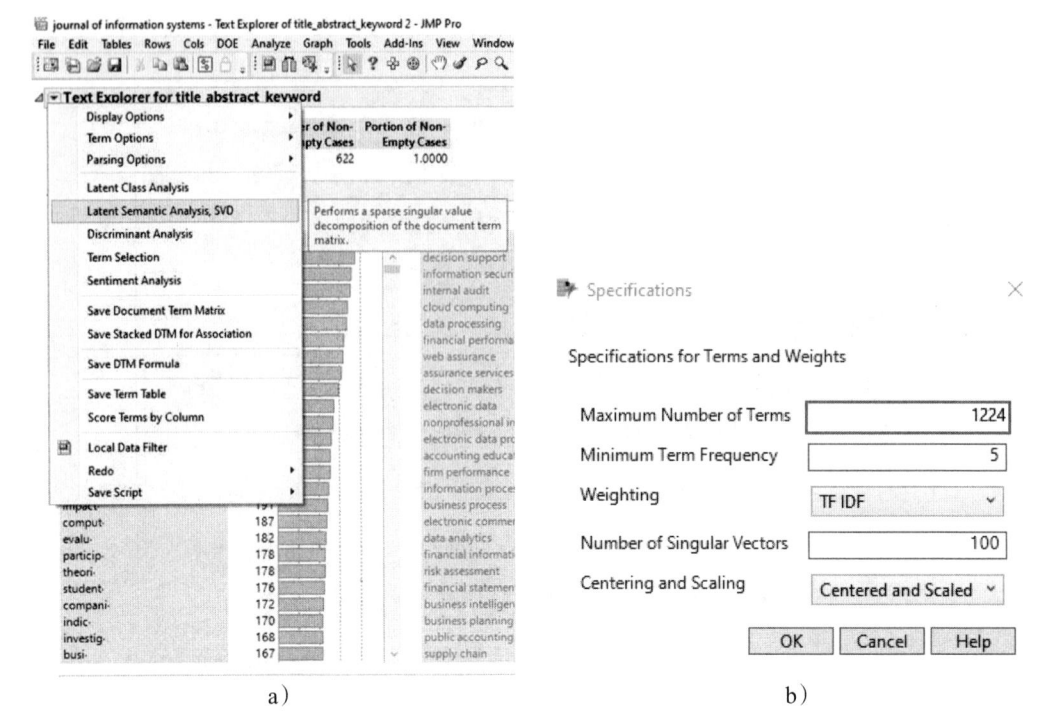

图 9.49　a) JMP Pro Text Explorer 创建 DTM 路径；b) JMP Pro Text Explorer 创建 DTM 规范

步骤 3　进行文本分析。在对 DTM 规范化和优化之后，可以执行文本分析。JMP Pro 提供五种不同的分析类型：潜在类别分析（LCA）、潜在语义分析（LSA）、判别分析（DA）、词项选择（TS）和情感分析（SA）。除此之外，还可以使用主题分析（TA），它是 LSA 的循环版本。

LCA 使用 DTM 创建具有聚类混合概率的词项聚类。LSA 通过在 DTM 上应用加权和 SVD 来进行类似的无监督聚类。判别分析作为一种有监督的方法，试图基于 DTM 来预测组中每个文档的成员身份。词项选择是另一种有监督的方法，它使用广义回归来确定哪些词项最能描述特定的输出变量。最后，TA 是最流行的 JMP Pro 工具，VARIMAX 方法是 LSA 分析的循环版本。本阶段的操作将提供 TA 结果。

由于 TA 是一种无监督的方法，用户必须确定要分析的主题数量。有几种方法可以确定主题的最佳数量。最容易解释的方法是绘制从 SVD 获得的特征值的屏幕图。可以使用"Make into Data Table"选项将奇异值表转换为数据表。然后可以使用 Graph Builder（图形生成器）绘制 Scree Plot。Scree Plot 是特征值和奇异值数量的折线图。最佳主题数可以在曲线明显变平的拐点处找到。在这种情况下，主题的最佳数量可以在 10～18 个之间（见图 9.50a 和图 9.50b）。

此时，JMP Pro 在主题词项表中报告了主题及其相关词项。此主题 – 词项表还提供了加载值。每个主题的加载量从大到小依次排列。这样，与每个主题最相关的单词将出现在最上面一行（见图 9.51）。

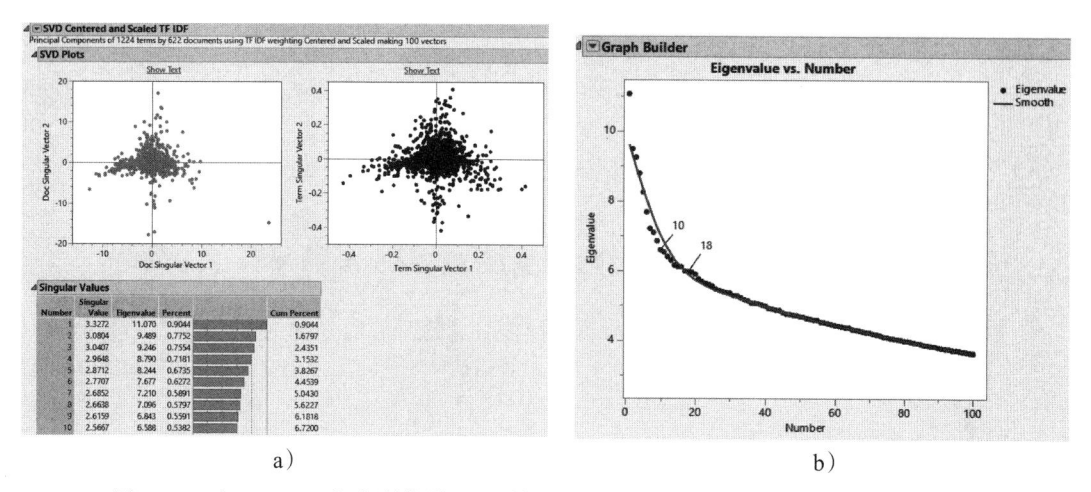

图 9.50　a）JMP Pro 文本浏览器 SVD 结果视图；b）Graph Builder 绘制的 Scree Plot

图 9.51　JMP Pro Text Explorer 主题

步骤 4　报告所得结果。 主题分析结果可以在 JMP Pro 中以多种方式报告。最常见的类型是主题 – 词项表、词云和趋势图。主题 – 词项表可以复制并粘贴到任何其他工具（如 Word 或 Excel）中以进行进一步格式化。通过从主题分析菜单"Display Options"中选择"Word Clouds by Topic"，可以在 JMP Pro 中快速绘制词云。词云中的词项的大小和粗体基于词项频率值排列。

趋势图可以帮助监控主题随时间的变化。可以使用数据表界面将最具代表性的主题快速分配给每个文档。在确定了具有代表性的主题之后，最后一个动作是绘制主题趋势。用户可以使用折线图绘制趋势。首先，通过在 Graph Builder 表单中选择"TopicID"和"year"列来绘制折线图。然后，可以使用彩色线显示主题趋势（如图 9.52 所示）。

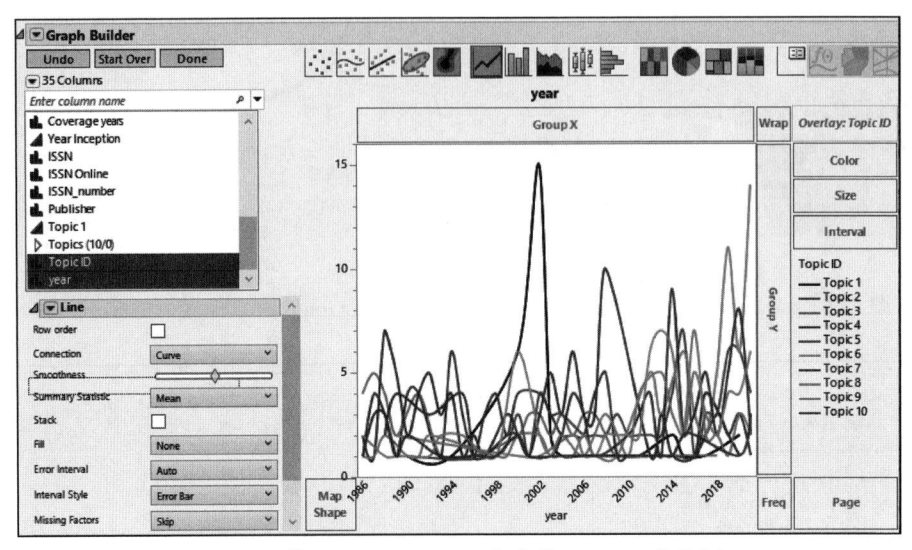

图 9.52　使用 Graph Builder 生成的 JMP Pro 趋势图

JMP Pro 与 Orange 的比较

这两种软件工具在执行文本挖掘方面都有优缺点。围绕文本挖掘框架中的四个步骤进行比较。

- 收集和清理文本数据。这两个应用程序都可以读取各种类型的文件。但 JMP Pro 可以读取更广泛的文件类型。阅读速度方面，可以说 JMP Pro 比 Orange 更快。JMP Pro 还为数据清理、插补、文本校正和重复检测提供了更多功能性工具。
- 预处理文本数据。这两种软件工具都提供了许多预处理功能。与 JMP Pro 相比，Orange 预处理工具组织得更好。尽管 Orange 提供了更多的预处理算法，但它似乎缺乏对词项进行编辑的能力。因此，在 Orange 中监控词项和短语比较困难。JMP Pro 最关键的功能在于容易监控和编辑文本中的词项和短语。此外，预处理操作也可以在 JMP Pro 中进行跟踪。
- 执行文本分析。对于文本分析，这两个软件工具都提供了各种类型的分析。然而，JMP Pro 在文本浏览器下只提供了一种主题建模算法（即 LSA），但 Orange 提供了四种主题建模选项（如 LSA、LDA、HDL 和 NMF）。尽管在这两种工具中，应用程序模型都可以快速轻松地设计和开发，但 JMP Pro 在分析速度方面表现更好。
- 报告所得结果。最后，这两个软件工具在报告方面都提供了许多选择。在 JMP Pro 中，图形的开发似乎更容易。这两种软件工具都提供了词云可视化，但 Orange 在数据可视化方面似乎更具吸引力。在这两种软件中，趋势分析都不能直接从文本挖掘结果中执行，因此，通常需要额外的设计和开发。

总之，这只是用户可以获得并用于进行文本挖掘项目的许多商业和免费/开源工具中的两个。这两种分析工具都能执行文本挖掘的所有主要阶段的任务。根据项目要求和可用数据的具体情况，可能一种工具比另一种更有优势。

Teradata

Teradata 是一家知名的软件公司，提供基于云的数据管理和业务分析软件、产品和服务。Teradata 以其数据仓库工具和解决方案而闻名，在分析和数据科学时代开始之前，他们已经对 IT 市场塑造和改造了几十年。该公司于 1979 年在加利福尼亚州 Brentwood 成立，由加州理工学院的研究人员和花旗银行的先进技术集团合作成立。期间被其他公司收购，包括 1991 年的 NCR，但在 2007 年又与 NCR 分家，成为一家独立的上市公司。

通过收购和内部重组，Teradata 迅速转型为一家大数据分析公司。在商务智能和分析时代，Teradata 一直非常支持大学项目。他们是 Teradata 大学网络联盟的主要赞助商和东道主，联盟中有几家分析公司（如 MicroStrategy、Tableau、SAS 和 KXEN）向教育机构提供软件工具和培训材料，教授 BI 和分析课程。这本书的两位合著者曾在该财团的顾问委员会任职很长时间，直到该财团解散。

2018 年 10 月，Teradata 开始将其云分析软件产品线命名为 Vantage。Teradata Vantage 是一个嵌入了分析引擎和功能的高级分析平台，它可以通过跨多个环境（内部部署、私有云、公有云市场）的不同分析人物（如数据科学家、公民数据科学家、商务分析师等）在任何类型的任何数据量上使用首选的数据科学语言（如 SQL、Python、R）和工具（如 Teradata Studio、Teradata AppCenter、R Studio、Jupyter Notebook）来实现。理解 Vantage 有五个重要的概念：分析引擎和功能、数据存储和访问、分析语言和工具、部署和使用。图 9.53 展示了 Teradata Vantage 的架构。

图 9.53　Teradata Vantage 的架构

分析引擎和功能

分析引擎是一个全面的架构，包括所有被很好地集成到容器（例如 Docker）中的软件组件，以提供高级分析功能，这些功能可以由一组定义良好的用户角色来实现。分析引擎的组件包括：

- 高级分析功能
- 数据存储的访问点，可用于接收多种数据类型
- 集成到可视化和分析工作流程工具中
- 内置管理和监控工具
- 具有既定阈值的高度可扩展和高性能环境

拥有一个分析引擎是有利的，因为这提供了一个可以与数据存储分离的容器计算环境。此外，分析引擎可以针对特定人物角色（例如数据科学家、业务分析师等）的访问和使用进行定制。

Vantage 的第一个版本中有三个分析引擎，分别是 NewSQL 引擎、机器学习引擎和图形引擎。

NewSQL 引擎包括嵌入式分析功能。Teradata 将继续为操作分析所需的高速分析处理添加更多功能，NewSQL 引擎中的新功能包括：

- nPath
- 会话化分析
- 归因分析
- 时间序列分析
- 4D 分析
- 评分功能（例如，朴素贝叶斯、GLM、决策森林）

机器学习引擎为路径、模式、统计和文本分析提供了 120 多个预构建的分析功能，以解决一系列业务问题，功能范围从理解情感到预测零件故障分析。

Graph 引擎提供了一组功能，用于发现网络中人员、产品和流程之间的关系。图形分析解决了如社交网络连接、影响者关系、欺诈检测和威胁识别等复杂问题。

Vantage 在数据附近嵌入了分析引擎，使得移动数据不再必需，允许用户在不采样的情况下对更大的数据集运行分析，并以更高的速度和频率执行模型。这是通过使用 Kubernetes 管理的容器实现的，这些容器使企业能够轻松管理和部署新的前沿分析引擎，如 Spark 和 TensorFlow，这两种引擎都将在不久的将来推出。容器的另一个好处是能够支持引擎扩展。

从用户的角度来看，Vantage 是一个统一的分析和数据架构。在这个统一的架构下，它包含一个跨引擎编排层，通过高速数据结构将正确的数据和分析请求输送到正确的分析引擎。例如，这使业务分析师或数据科学家能够在单个应用程序（如 Jupyter Notebook）中调用来自不同引擎的分析函数，而无需忍受从一个分析服务器或应用程序跳到另一个的麻烦。结果是一个紧密集成的分析实现，不受功能或数据竖井的限制。

- **数据存储和访问**。Teradata Vantage 自带嵌入式 Teradata MPP 数据库。此外，有高速数据结构（Teradata QueryGrid 和 Presto）将平台连接到外部数据源，这些数据源包括第三方企业数据仓库（如 Oracle）、开源数据平台（如 Hadoop）、NoSQL 数据库（如 Cassandra）等。数据支持范围从关系型、空间型和时间型到 XML、JSON、Avro 和时间序列格式。

- **分析语言和工具**。Teradata Vantage 的建立基于这样一个认识，即数据科学家和业务分析师等分析专业人员需要一套不同的语言和工具来处理大量数据，以提供分析见解。Vantage 包括 SQL、R 和 Python 等语言，在这些语言上可以通过 Teradata Studio、R Studio 和 Jupyter Notebooks 执行分析功能。
- **部署**。Vantage 平台对不同的部署提供相同的分析处理方式，包括 Teradata 云和公有云，以及 Teradata 硬件或商用硬件上的本地安装。它也可以作为一项服务提供。
- **使用**。Teradata Vantage 旨在供多个分析人物角色使用。SQL 的易用性使公民数据科学家和业务分析师能够实现集成到分析引擎中的预构建分析功能。能够调用 Teradata 支持的软件包，如 dplyr 和 teradataml，确保熟悉 R 和 Python 的数据科学家可以分别通过 R Studio 和 Jupyter Notebook 在平台上执行分析软件包。不精通执行程序的用户可以调用 Teradata AppCenter（Vantage 提供的应用程序构建框架）中内置的应用程序中的分析功能，从而获得酷炫的可视化效果，如 Sankey、Tree、Sigma 图或词云。
- **用例**。一家全球零售商的网站向潜在买家提供的搜索结果欠优。由于在线购买量占到总销售额的 25%，不准确的搜索结果对客户体验和利润产生了负面影响。该零售商采用了 Teradata Vantage 中提供的 Teradata 机器学习算法，用于对搜索词和短语进行积累、解析和分类。这些算法提供了识别与在线客户需求密切匹配的搜索结果所需的答案。结果是按购买量计算，公司在两个月的假期内从高价值客户那里获得了超过 130 万美元的增量收入。

分析实操 9.3 介绍了 Teradata Vantage 的另一个应用，该应用部署了其先进的网络分析功能，以分析大型电子医疗记录数据仓库的数据。

分析实操 9.3　从电子病历数据仓库分析疾病类型

俄克拉何马州立大学卫生系统创新中心获得了主要电子病历（Electronic Medical Record，EMR）提供商 Cerner Corporation 的大规模数据仓库，以帮助开发分析应用程序。数据仓库包含美国医院 5 000 多万名独特患者就诊的电子病历（2000～2005 年）。这是业界最大也是唯一的关系数据库，数据包括药房、实验室、临床事件、入院和账单数据的全面记录。该数据库还包括超过 24 亿个实验室结果，以及近 4 500 种药物的 2.95 亿个订单（按名称和品牌）。它是同类中最大的未识别、真实、符合 HIPAA 标准的数据汇编之一。

EMR 可用于开发多个分析应用程序。一种应用是基于患者同时发生的疾病的信息来理解疾病之间的关系。当患者出现多种疾病时，这种情况被称为合并症（comorbidity）。不同人群的合并症可能不同。在一项应用中（Kalgotra、Sharda 和 Croff，2017），作者研究了按性别划分的合并症方面的健康差异。

为了比较合并症，采用了网络分析方法。网络由一组定义的称为节点的项组成，这些项通过边相互链接。边表示节点之间已定义的关系。一个非常常见的网络例子是友谊网络，在这个网络中，如果两个人是朋友，他们就会相互连接。其他常见的网络如计算机网络、网页网络、道路网络和机场网络等。为了对合并症进行比较，分别以男性和女性开发了各自的诊断网络。使用每个患者一生病史中所患疾病的信息来创建共病网络（comorbidity network)。分析中用到了 1 200 万女性患者和 990 万男性患者信息。为了管理如此庞大的数据集，创新中心使用了 Teradata Aster 大数据平台。为了提取和准备网络数据，创新中心采用了 Aster 支持的 SQL、SQL-MR 和 SQL-GR 架构。网络可视化则采用了 Aster AppCenter 和 Gephi。

图 9.54 显示了女性共病和男性共病网络。在这些网络中，节点表示按 ICD-9-CM（国际疾病分类，第九版，临床修改）的不同疾病，以三位数级别汇总。根据 Salton 余弦指数（Salton Cosine Index）计算的相似性，将两种疾病联系起来。节点越大，表示该

ICD-9	说明
001-139：	传染病与寄生虫病
140-239：	肿瘤
240-279：	内分泌、营养与代谢疾病，以及免疫系统疾病
280-289：	血液与造血器官疾病
290-319：	精神障碍
320-359：	神经系统疾病
360-389：	感官系统疾病
390-459：	循环系统疾病
460-519：	呼吸系统疾病
520-579：	消化系统疾病
580-629：	泌尿生殖系统疾病
630-679：	妊娠、分娩和产褥期并发症
680-709：	皮肤和皮下组织疾病
710-739：	肌肉骨骼系统和结缔组织疾病
740-759：	先天性畸形
760-779：	源于围产期的某些疾病
800-999：	受伤和中毒

女性共病网络

男性共病网络

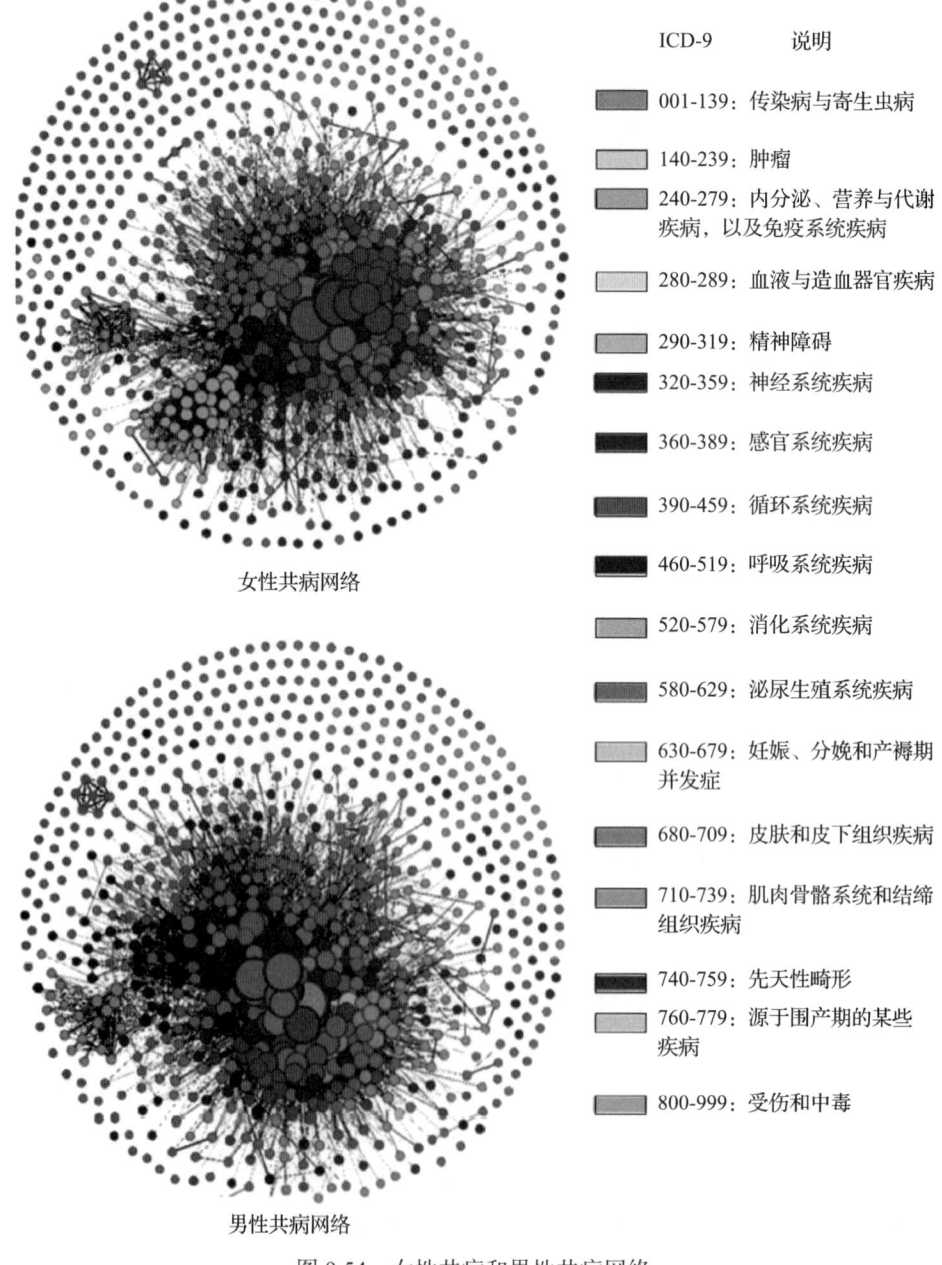

图 9.54 女性共病和男性共病网络

疾病的合并症程度越大。女性共病网络比男性共病网络更密集。女性共病网络中的节点和边的数量分别为899和14 810，而男性共病网络中的节点和边的数目分别为839和12 498。这些可视化显示了男性和女性患者的疾病模式之间的差异。具体来说，女性比男性存在更多的精神障碍类合并症。另一方面，脂质代谢与慢性心脏病之间的某些疾病相关性在男性中比女性更大。这种健康差异给生物学、行为学、临床和政策研究带来了问题。

传统的数据库系统要有效处理如此庞大的数据集会不堪重负。Teradata Aster使包含数百万条记录信息的数据分析变得相当快速和简单。网络分析通常被认为是分析大数据集的一种方法。它有助于理解一张图片中的数据。在这个应用中，共病网络解释了在同一地方发生的疾病之间的关系。

资料来源：Kalgotra, P., Sharda, R., & Croff, J. M. (2017). Examining health disparities by gender: A multi-morbidity network analysis of electronic medical record. International Journal of Medical Informatics, 108, 22-28。

TIBCO

TIBCO软件股份有限公司是一家商务智能软件公司，成立于1997年，位于加利福尼亚州Palo Alto。自20世纪90年代以来，公司早期提供的数据可视化工具Spotfire在商务智能市场上广为人知。商务智能向商务分析和数据科学的演变促使TIBCO业务不仅局限于数据可视化，而要变得更像是一家提供全方位服务的商务分析和数字科学工具及服务提供商。这种想法促使TIBCO收购了StatSoft开发和营销的综合预测分析工具Statistica，并将其集成到其TIBCO数据科学平台中。

其他分析工具

由于分析在实践和学术界非常受欢迎，分析已被广泛应用于定义数据驱动的决策分析。商业工具开发商使用这个流行的标签来增强其产品的营销吸引力。尽管市场上的大多数工具都声称涵盖了分析连续体的所有三个阶段（即描述性分析、预测性分析和规范性分析），但有些工具在数据采集和准备方面很强，有些工具在最新的自动化机器学习建模程序方面很出色，有些工具非常擅长无缝部署和集成。由于本章的篇幅限制，本节对这些在分析连续体的某些部分表现出色的分析工具进行了分类、列举和简要定义。

商务智能和数据可视化工具。分析市场中的一些工具最初是作为商务智能时代的数据可视化工具设计和提供的。尽管这些工具大多都具有一些预测和规范功能，但它们通常被称为商务智能和数据可视化软件平台。属于这一类别的工具以Tableau为首，可以说它是应用最广、市场份额最大的数据可视化工具。Tableau是由斯坦福大学博士生Chris Stolte在Pat Hanrahan教授的指导下创建的一家成功的初创公司，于2019年被Salesforce以157亿美元的价格收购。PowerBI是另一个非常流行的数据可视化工具，是微软与Tableau的直接竞争对手。这两种工具都提供了用于创建视觉效果和仪表盘的本地/桌面工具，以及用于部署和利用这些视觉效果的服务器。PowerBI免费提供桌面工具，而Tableau没有。Qlik（https://www.qlik.com/）和Spotfire（https://www.tibco.com/products/tibco-spotfire）是另外两个成熟的数据可视化工具，在某些行业和应用领域占有一席之地。MicroStrategy（https://

www.microstrategy.com/）是另一种已经存在很长时间的数据可视化和商务智能工具。另一项值得注意的工作是构建在 Microsoft Excel 中工作的数据可视化和描述性分析工具。除了微软的产品，如 Pivot Charts、Power Query 和 Power Pivot 等，许多第三方附加产品中幸存下来的只有 XLMiner，现在归入 FrontlineSolver 旗下（https://www.solver.com/xlminer）。

一些成功的数据可视化工具是在商务智能的蓬勃发展时代被大型软件和咨询公司收购的，例如，IBM 收购了 Cognos，SAP 收购了 Business Objects，Oracle 收购了 Hyperion。数据可视化领域其他值得关注的公司包括 Lumira（SAP 的另一个内部数据可视化工具）、Google Charts 和 Google Data Studio、Dundas、Zoho Analytics 和 Grafana（一个免费开源的数据可视化工具）。

软件即服务提供商。大数据需要充足的计算资源。事实证明，在本地创建一个具有大数据能力的计算环境充其量算是低效的，大多数情况下是不可行的。相反，许多公司正转向基于云的软件、软件即服务（Software-as-a-Service，SaaS）商业模式来执行现实世界的大数据分析。在这一领域，前十名的领跑者是亚马逊的 AWS，其次是微软的 Azure、Google 云、阿里云、IBM 云、Salesforce、Oracle 云、SAP、Snowflake 云和 VMware 云。

大数据处理商。大数据处理伴随着巨大的承诺和巨大的挑战。处理大数据具有挑战性，这不仅是因为数据的巨大规模/体量，还因为大数据本身具有的多样性和速度。尽管从事分析的人喜欢大数据，但由于其潜在的附加值，正确处理它需要截然不同的计算基础设施。认识到该市场的需求和潜在规模，有几家新公司作为大数据分析服务和工具/平台提供商出现，其中一些值得注意的公司包括 Databricks、Datameer、Dataiku、Datarobot 和 Domo。

▶ **9.5 节　习题**

1. 使用商业和专用分析工具的优势是什么？试试上网搜索，找出更多本节未讨论到的内容。
2. IBM 和 SAS 分析产品之间有哪些共同点和区别？
3. 为什么商业和专用分析工具的市场如此多样化？
4. 如果你有机会从本节所述的工具中选择和使用某款工具，你会选择哪一种？为什么？

本章重点

- 商务分析已经成为商界和学术界的关键词很长一段时间了。
- 为了跟上这一快速发展的技术，大学正争先恐后地创建新的学位课程，而企业则创造性地推出新的部门和职位。
- 初创公司和成熟 IT 公司正在开发和维护软件工具和计算平台，以满足各种分析团体的需求。
- 市场上存在各种各样的分析软件工具，从商业/付费到免费/开源，从图形工作流类型到基于语言的编程平台。
- 没有哪一种工具能在数据分析的各个方面都做到最好。
- 不断增加的工具产品也证明，没有哪一种工具在各方面都能做到最好。
- 与一个工具相比，更实用的是拥有一个包含多个工具的工具包。
- 数据科学家在工作中能否取得成功，很大程度上取决于他们所依赖的工具（或者更准确地说，取决于他们选用的工具箱)。
- 分析工具可分为免费和付费 / 商业两类。
- 分析工具可分为开源工具和闭源 / 专用工具。
- 分析工具可分为基于本地工具和基于服务器 / 云的工具。
- 分析工具可分为可视化工具和程序化工具。
- 基于编程的分析工具包括 R 和 Python。
- 可视化编程工具包括 KNIME、Orange、Alteryx、IBM SPSS Modeler 和 SAS Enterprise Miner。
- R 是最受欢迎的分析工具之一,尽管它通常以其统计计算和炫酷的图形而闻名。
- RStudio 是开发基于 R 的分析解决方案的最流行 IDE。
- Anaconda 是一个集成导航工具,用于下载和安装 R 和 Python IDE。
- Python 编码有几个 IDE,其中领先的是 Jupyter Notebook。
- Google Colab 是一个基于云的平台,旨在简化基于团队的 Python 编程。
- KNIME 是一个用于学习、教学和实践数据科学的免费开源分析平台。
- Orange 是一款免费的开源数据挖掘工具,具有炫酷的用户界面。
- Weka(怀卡托智能分析环境)由新西兰怀卡托大学开发,是一款用于数据挖掘的免费开源软件。
- RapidMiner 原名 YALE(另一种学习环境),是一个具有可视化工作流设计功能的综合数据科学平台。
- Alteryx Designer 是 Alteryx 分析平台的主要开发工具,是一个易于使用的拖放式用户界面,可以快速轻松地创建工作流类型的业务问题分析解决方案。
- IBM 是分析市场领域最突出的参与者之一,提供各种分析工具,有些是本地的(如 IBM SPSS Modeler、Cognos),有些是基于云的(如 Watson Analytics)。
- SAS 是分析和数据科学市场上最大且广受好评的公司之一,公司既是工具供应商,也是服务 / 解决方案 / 咨询提供商。
- SAS 提供各种本地(如 SAS Enterprise Miner、JMP)和基于云(SAS Viya)的分析工具,从基本统计到时间序列预测、从数据挖掘到高级机器学习。
- JMP Pro 是一款用户友好的本地 / 桌面分析工具,支持 Windows 和 macOS 操作系统。
- Teradata 是知名的软件公司之一,提供基于云的数据管理和业务分析软件、产品和服务。
- Teradata Vantage 是一款嵌入分析引擎和功能的高级分析平台,可以使用首选的数据科学语言(如 SQL、Python、R)和工具来实现。
- Statistica 是一个集成到 TIBCO 数据科学平台中的综合预测分析工具。
- 有几种分析工具属于商务智能和数据可视化工具类别,包括 Tableau、PowerBI、Qlik、Spotfire 和 MicroStrategy。
- 排名前十的基于云的分析平台提供商包括亚马逊的 AWS,其次是微软的 Azure、Google 云、阿里云、IBM 云、Salesforce、Oracle 云、SAP、Snowflake 云和 VMware 云。
- 新出现的知名大数据分析公司包括 Databricks、Datameer、Dataiku、Datarobot 和 Domo。

问题讨论

1. 为什么为分析项目选择正确的工具如此重要?

2. 存在大量多样的分析工具的原因是什么?
3. 可用于比较分析工具的四个常见维度是什么?
4. 你最喜欢哪种分析工具?为什么?
5. 使用 Python 或 R 等编程语言进行分析有什么优势?
6. Python 和 R 在分析方面有什么异同?
7. R 用于分析项目的最受欢迎的机器学习库是什么?
8. Python 用于分析项目的最流行的机器学习库是什么?
9. 使用本章中介绍的可视化编程工具有什么优点?
10. 你最喜欢哪种可视化编程软件工具?为什么?
11. 你知道其他可视化、免费、开源的分析工具吗?如果不知道,可以上网搜索一下,看看还能找到什么分析工具。由于分析工具领域是高度动态变化的,并且数量仍在不断增加,因此你很有可能找到一些有趣的工具。
12. 使用商业工具和专用工具的优势是什么。试试搜索一下,找出更多相关内容。
13. IBM 和 SAS 分析产品之间有哪些异同点?
14. 为什么商业和专用分析工具的市场如此多样化?
15. 如果你有机会从本节所述的工具中选择和使用某些工具,你会选择使用哪一种?为什么?

练 习

动手练习与 Internet 练习

1. 使用 Anaconda 安装下载并安装 R 编程语言和 RStudio IDE(https://www.anaconda.com/),也可选择其他安装方法。从 UCI(https://archive.ics.uci.edu/ml/index.php)中找到分类类型数据集。使用至少两种分类方法(如决策树和逻辑回归)开发模型,对结果进行比较,并撰写一份 5 页的报告,对你的发现和经验进行总结。

2. 使用 Anaconda 安装下载并安装 Python 编程语言和 Jupyter Notebook IDE(https://www.anaconda.com/),也可选择其他安装方法。从 UCI(https://archive.ics.uci.edu/ml/index.php)中找到分类类型数据集。使用至少两种分类方法(如决策树和逻辑回归)开发模型,对结果进行比较,并撰写一份 5 页的报告,对你的发现和经验进行总结。

3. 下载并安装 R 和 Python(https://www.anaconda.com/)。从 UCI(https://archive.ics.uci.edu/ml/index.php)中找到分类类型数据集。使用至少两种分类方法(如决策树和逻辑回归)开发模型,对结果进行比较,并撰写一份 5 页的报告,对你的发现和经验进行总结。

4. 下载并安装 KNIME 分析平台(https://www.knime.com/)。从 UCI(https://archive.ics.uci.edu/ml/index.php)中找到分类类型数据集。使用至少两种分类方法(如决策树和逻辑回归)开发模型,对结果进行比较,并撰写一份 5 页的报告,对你的发现和经验进行总结。

5. 下载并安装 Orange(https://orangedatamining.com/)。从 UCI(https://archive.ics.uci.edu/ml/index.php)中找到分类类型数据集。使用至少两种分类方法(如决策树和逻辑回归)开发模型,对结果进行比较,并撰写一份 5 页的报告,对你的发现和经验进行总结。

6. 下载并安装 Weka(https://www.cs.waikato.ac.nz/ml/weka/)。从 UCI(https://archive.ics.uci.edu/ml/index.php)中找到分类类型数据集。使用至少两种分类方法(如决策树和逻辑回归)开发模型,对

结果进行比较，并撰写一份 5 页的报告，对你的发现和经验进行总结。

7. 下载并安装 Python（https://www.anaconda.com/）和 KNIME 分析平台（https://www.knime.com/）。从 Kaggle（https://www.kaggle.com/datasets）中找到大型分类类型数据集。使用这两种分析工具开发两种不同类型的机器学习模型（如决策树和人工神经网络）。对结果进行比较，并撰写一份 5 页的报告，对你的发现和经验进行总结。

8. 下载并安装 R（https://www.anaconda.com/）和 Orange（https://orangedatamining.com/）。从 Kaggle 中找到大型回归类型数据集（https://www.kaggle.com/datasets）。使用这两种分析工具开发两种不同类型的机器学习模型（如人工神经网络和支持向量机）。对结果进行比较，并撰写一份 5 页的报告，对你的发现和经验进行总结。

9. 访问 JMP.com。下载一份为期 30 天的 JMP 评估版本。从 Kaggle 中找到大型分类类型数据集（https://www.kaggle.com/datasets）。开发两种不同类型的机器学习模型（即人工神经网络和支持向量机）。撰写一份 5 页的报告，对你的发现和经验进行总结。

10. 访问 Alteryx.com。下载 Alteryx Designer 的 30 天评估版本。从 Kaggle 中找到大型分类类型数据集（https://www.kaggle.com/datasets）。开发两种不同类型的机器学习模型（如人工神经网络和支持向量机）。撰写一份 5 页的报告，对你的发现和经验进行总结。

11. 访问 TIBCO 下载网站（https://www.tibco.com/resources/product-download/tibco-statistica-trial-download-for-windows），下载并安装 statistica 的 30 天评估版本。从 Kaggle 中找到大型分类类型数据集（https://www.kaggle.com/datasets）。开发两种不同类型的机器学习模型（如人工神经网络和支持向量机）。撰写一份 5 页的报告，对你的发现和经验进行总结。

参考文献

Berthold, M. R., Borgelt, C., Höppner, F., Klawonn, F. and Silipo, R., 2020, "Guide to Intelligent Data Science: How to Intelligently Make Use of Real Data," New York: Springer International Publishing.

Delen, D. (2021, August). Better Practices for Teaching Business Analytics Taxonomy for academic institutions' program and course offerings. INFORMS OR/MS Today, August 2021, pp. 38-43.

Delen, D. (2020). Predictive Analytics: Data Mining, Machine Learning and Data Science for Practitioners. Upper Saddle River, NJ, USA: FT Press (A Pearson Compnay).

Delen, D. (2021, October). KNIME Analytics Platform: Opensource business analytics and data science tool provides comprehensive capabilities in the classroom. INFORMS OR/MS Today, October 2021, pp. 22-23.

Delen, D., Helfrich, S., & Silipo, R. (2021, March). KNIME Analytics Platform for Visual Data Science and Business Analytics Teaching. In Proceedings of the 52nd ACM Technical Symposium on Computer Science Education (pp. 1373-1373).

Silipo, R., (2020). Why KNIME? Medium, July 14, https://medium.com/swlh/why-knime-98c835afc186.

Kalgotra, P., Sharda, R., & Croff, J. M. (2017). Examining health disparities by gender: A multimorbidity network analysis of electronic medical record. International Journal of Medical Informatics, 108, 22-28.

CHAPTER 10

第 **10** 章

分析与数据科学中的 AI 趋势

学习目标

- 介绍云计算在商务分析中当前与未来的应用
- 描述地理空间和定位分析如何为组织提供帮助
- 描述图像分析和使用图像作为另类数据源的情况
- 描述物联网及其特点
- 讨论物联网的好处和驱动因素
- 介绍物联网在不同领域的典型应用
- 介绍智慧家电和智慧家居
- 了解智慧城市的概念、内容及其好处
- 了解在分析中使用网络属性的潜力
- 描述 AI 的其他新兴应用：基因组学、健康等

数据科学和 AI 都在快速发展。几乎每一天，人们都可以看到在不同学科、行业和地点出现的新应用。为了让读者更好地了解这些技术及其潜力，本章介绍了许多正在发生新变化的活跃领域。我们希望读者将这些内容作为基础进行复习，读者也可以了解自己感兴趣领域的其他类似应用。

10.1 开篇小插曲：Discover Foods 探索利用物联网和机器学习来确保食品质量

Discover Foods 是食品加工行业的市场领头羊。对于该公司来说，预测食物的温度对于保障食品安全非常重要。根据温度评估食物质量的一个重要因素在于食物本身的性质。如果一种食物必须保持在零度以下才能达到最佳质量，则当温度 – 时间序列图中温度上升或下降几倍时，食物的质量就会受到影响。超过食物最佳温度的任何时间段，都会影响食物的质量和安全。以汤品举例，如果一段时间内汤品的温度低于最佳热点温度，其质量都会

受到负面影响。遥感、**云计算**和**机器学习**的最新进展有可能彻底改变食品安全。现在比以往任何时候都更有可能实现实时自动保温、微生物生长、湿度和其他与食品标准维护相关的参数。在食品安全中采用**人工智能**能够提高食品质量，降低运营成本，将食品因变质造成的损失降至最低。Discover Foods 提出了一种算法，该算法可以从每个食品样本的历史温度波动中学习，并在指定的时间间隔内预测相同的温度波动，从而防止或至少将食品质量下降造成的损失降至最低。

公司使用物联网传感器收集持续三个月的连续温度读数。由于温度传感器读数是连续的，1 分钟温度读数平均值及其时间点数据被收集为单独的数据点，并以 .csv 格式保存。在餐厅的食品储藏室里，多个传感器被放置在不同的食物样本中。每个食物样本相互隔开，然而，这些食物都受到同一室温的影响。数据已转换为两列，分别为日期 – 时间列和温度列。这些数据都已做归一化处理。其中异常值没有处理，因为由于食品储藏室门的打开和关闭，温度的上升和下降是真实发生的，这可能会导致室温短暂变化。

Discover Foods 使用自回归差分滑动平均（Auto-Regressive Integrated Moving Average，ARIMA）、季节性差分自回归移动平均（Seasonal Auto-Regressive Integrated Moving Average，SARIMA）等统计模型，以及线性回归、基于树的模型、支持向量机（SVM）和神经网络模型等机器学习模型。利用自相关函数和偏自相关函数得到 ARIMA 模型的最优参数（$p=1$，$q=0$，$d=2$）。对于 ARIMA 模型，拟合值的平均绝对百分比误差（MAPE）为 0.87，而拟合值的均方误差（MSE）为 0.38。类似地，对于 SARIMA 模型，MAPE 为 0.726，MSE 为 0.776。下表显示了最优 ARIMA 性能的详细性能数据。

未来预测：分钟	测试 MSE	测试 RMSE	测试 MAPE
1	0.38	0.62	1.426 026 22
5	0.14	0.37	0.669 931 299
10	0.89	0.95	1.992 238 442
15	18.72	4.33	9.438 480 259
30	11.35	3.37	6.717 362 951
60	3.8	1.95	3.389 628 978
90	3.82	1.95	4.624 790 902
120	2.42	1.56	3.338 980 725
150	2.39	1.54	3.408 343 084
180	3.65	1.91	4.464 382 412

经典机器学习和深度学习模型

如表 10.1 所示，线性回归的性能与神经网络模型 LSTM 不相上下；但是 LSTM 更擅长同时预测异常值和中心值。这一点很重要，因为食品质量能否保持取决于能否预测出过热或过冷的次优异常温度值。因此，Discover Foods 选择解决这个问题的算法是 LSTM。表 10.2 显示了 LSTM 模型在更长时间窗口（600 分钟）的性能数据。这些模型在模型构建过程中计算量很大，因此研究几个可以在分布式系统上训练模型的超参数值和模型体系结构将是有用的。

从表 10.1 和表 10.2 中可以看出，机器学习和深度学习模型在预测精度和时间复杂性方面都优于基准 ARIMA 模型。在给定的算法中，SVM 在训练阶段花费了非常长的时间。SVM 需要很长时间来训练的原因是，核支持向量机需要计算数据集中每个点之间的距离函数，计算复杂度为 O（n 个特征乘以 n^2 个观测值）。虽然 CART 模型表现良好，但该模型很可能是过拟合的。因此，考虑到这些模型不能很好地泛化使用，因而没有采用。

表 10.1 60 分钟、120 分钟和 180 分钟时间窗口不同经典 ML 模型和 LSTM 模型的预测结果比较

时间窗口	模型	训练 MAE	测试 MAE	训练 MSE	测试 MSE	训练 RMSE	测试 RMSE	训练 R2 得分	测试 R2 得分
60	LR	0.056 2	0.049 4	0.014 3	0.008 8	0.119 5	0.093 6	0.987 8	0.985 3
60	KNN	0.047 5	0.110 3	0.011 9	0.028 9	0.109 1	0.170 1	0.989 8	0.951 6
60	SVM	0.051 5	0.048 5	0.012 5	0.008 2	0.111 8	0.090 8	0.989 3	0.986 2
60	DT	0.047	0.055 4	0.010 3	0.009 8	0.101 6	0.099 2	0.991 2	0.983 5
60	RF	0.045	0.053 6	0.009 8	0.009 3	0.098 8	0.096 2	0.991 7	0.984 5
60	LSTM	0.058 5	0.057 5	0.013 9	0.009 3	0.117 8	0.096 4	0.988 1	0.984 5
60	RNN	0.054 9	0.052 3	0.015	0.009 5	0.122 4	0.097 4	0.987 2	0.984 1
60	GRU	0.056 3	0.051 9	0.013 4	0.008 4	0.115 9	0.091 9	0.988 5	0.985 9
120	LR	0.056 2	0.049 5	0.014 3	0.008 8	0.119 4	0.093 6	0.987 8	0.985 3
120	KNN	0.048 2	0.145 1	0.011 5	0.048 9	0.107	0.221 1	0.990 2	0.918 2
120	SVM	0.052 7	0.050 4	0.012 8	0.008 9	0.113 2	0.094 2	0.989	0.985 2
120	DT	0.047 2	0.055 9	0.010 3	0.011 1	0.101 2	0.105 6	0.991 2	0.981 3
120	RF	0.044 5	0.053 3	0.009 3	0.009 1	0.096 4	0.095 4	0.992	0.984 8
120	LSTM	0.054 5	0.048 2	0.013 8	0.008 5	0.117 4	0.092 1	0.988 2	0.985 8
120	RNN	0.066 7	0.061	0.015 7	0.010 1	0.125 3	0.100 6	0.986 5	0.983 1
120	GRU	0.053 4	0.051 1	0.013 5	0.008 9	0.116 1	0.094 1	0.988 4	0.985 2
180	LR	0.056 2	0.049 5	0.014 2	0.008 8	0.119 3	0.093 6	0.987 8	0.985 3
180	KNN	0.047	0.169 3	0.010 7	0.067	0.103 4	0.258 8	0.990 8	0.887 9
180	SVM	N/A	N/A	N/A	N/A	N/A	N/A	N/A	N/A
180	DT	N/A	N/A	N/A	N/A	N/A	N/A	N/A	N/A
180	RF	0.044 5	0.053 3	0.009 2	0.009 1	0.096	0.095 5	0.992 1	0.984 7
180	LSTM	0.057 9	0.052 3	0.014	0.008 8	0.118 2	0.093 6	0.988	0.985 3
180	RNN	0.055 7	0.057 8	0.014 5	0.009 8	0.120 4	0.098 8	0.987 5	0.983 7
180	GRU	0.056	0.052 1	0.013 9	0.008 7	0.117 8	0.093 4	0.988 1	0.985 4

表 10.2 600 分钟时间窗口训练和测试的 LSTM 模型实际值与预测值

时间窗口	模型名称	训练 MAE	测试 MAE	训练 MSE	测试 MSE	训练 RMSE	测试 RMSE	训练 R2 得分	测试 R2 得分
600	LSTM	0.053 8	0.050 8	0.013 3	0.008 7	0.115 2	0.093	0.988 5	0.988 5

公司实时部署了该 AI 平台，以验证模型性能。温度预测能够最大限度地减少食物变质造成的损失。对高温异常值预测的优先级要高于对整体精度的预测。由于该模型旨在预测

和警示餐厅员工何时食物质量可能受到影响（即，当储存的食物变热时），因此必须特别重视高温异常值预测。

问题讨论：

1. 为什么温度检测在食品行业至关重要？

2. 回顾前几章中的一些算法名称，讨论为什么 LSTM 可能会做得更好，为什么 CART 可能会过拟合数据。

3. 你能想到其他传感器应用场景吗？

我们能从这个小插曲中学到什么？

通过将传感器的数据和机器学习算法相结合，我们可以从收集的数据中获得显著的价值，从而做出更优化的决策。作为数据科学/AI 的众多新兴趋势之一，物联网正在成为一个大产业。正如我们将在本章中看到的，物联网有许多不同的应用，还有更多的应用有待开发。你还将了解 AI/数据科学技术和应用的其他近期和新兴趋势。

供稿：Prajwal Shetty，Dhinakar ABN，D. Narayana and Anwesh Reddy of Great Learning，India.

10.2 基于云的分析

商务分析用户应该意识到的另一项新兴技术趋势是云计算。美国国家标准与技术研究所（The National Institute of Standards and Technology，NIST）将云计算定义为"一种对共享的可配置计算资源池（如网络、服务器、存储和服务）实现方便、按需网络访问的模型，这些资源可以以最少的管理工作量或服务提供商交互快速提供和发布。"维基百科将云计算定义为"一种基于互联网的计算方式，这种方式通过互联网提供动态可扩展且经常是虚拟化的资源，用户不需要知道如何管理支持云计算的这些基础设施。"这一定义广泛而全面。在某种意义上，云计算是许多以前相关趋势的新名称：效用计算、应用服务提供商网格计算、按需计算、软件即服务（SaaS），甚至是更古老的、带有哑终端的集中式计算。但云计算一词源于将互联网称为"云"，代表了以前所有共享/集中式计算趋势的演变。维基百科条目还认为云计算是许多 IT（信息技术）组件作为服务的组合。例如，基础设施即服务（Infrastructure as a Service，IaaS）是指提供计算平台即服务（Platforms as a Service，PaaS），以及所有基本的平台供应，如经营管理、安全等。它还包括 SaaS，其中包括通过 Web 浏览器交付的应用程序，而数据和应用程序在其他服务器上。

尽管我们通常不会将基于 Web 的电子邮件视为云计算的主要示例，但可以视其为一个基本的云应用程序。通常，电子邮件应用程序存储数据（电子邮件）和软件（用于处理和管理电子邮件的电子邮件程序）。电子邮件提供商还提供硬件/软件和整个基本基础设施。如果互联网可用，则可以从云中的任何位置访问电子邮件应用程序。当电子邮件提供商更新应用程序后（例如 Gmail 更新其电子邮件应用程序），所有客户都可以使用更新后的应用程序。Facebook、Twitter 和 LinkedIn 等社交网站也在应用云计算。因此，任何基于 Web 的应用程序在某种程度上都是云应用程序的示例。通用云应用程序的另一个例子是 Google Docs

和 Spreadsheets。该应用程序允许用户创建文本文档或电子表格，这些文档或表格存储在 Google 的服务器上，用户可以在任何可以访问互联网的地方使用。同样，无需安装任何程序，因为应用程序就在云中。存储空间也在云中。即使是微软流行的办公应用程序（Office 365）也在云中可用，用户无需下载任何软件。总的来说，随着公司业务转向订阅软件或服务，而不是销售软件，往云上迁移已成为常态。因此，本节的目标只是向读者介绍云的相关术语，当然也说明如何通过云提供分析/数据科学功能。

云计算的一个很好的常用商业应用例子是 Amazon.com 的 Web 服务。Amazon.com 为电子商务、BI、客户关系管理和供应链管理开发了令人印象深刻的技术基础设施。公司已经建立了主要的数据中心来管理自己的运营。通过 Amazon.com 的云服务，许多公司可以使用这些相同的设施以获取这些技术优势，而无需进行类似的投资。与其他云计算服务一样，用户可以按使用付费（pay-as-you-go）订阅任何技术设施。这种让他人拥有硬件和软件，但按使用付费的模式是云计算的基石。有很多公司（如 Salesforce、IBM、Microsoft、Google、Adobe 等）都提供云计算服务。

与许多其他 IT 趋势一样，云计算也带来了新的分析产品，允许组织扩展其数据仓库，并只为其使用的内容付费。基于云的分析服务的终端用户可以将一个组织用于分析应用程序，而分析应用程序又将另一家公司用作平台或基础设施。接下来的几段内容总结了云计算和 BI/业务分析接口的最新趋势。其中一些介绍改编自 Haluk Demirkan 和本书的合著者之一早期撰写的论文（Demirkan 和 Delen，2013）。

图 10.1 说明了面向服务的决策支持环境的概念架构，即基于云的分析系统。此图将基于云的服务叠加在前几章中介绍的通用分析架构上。

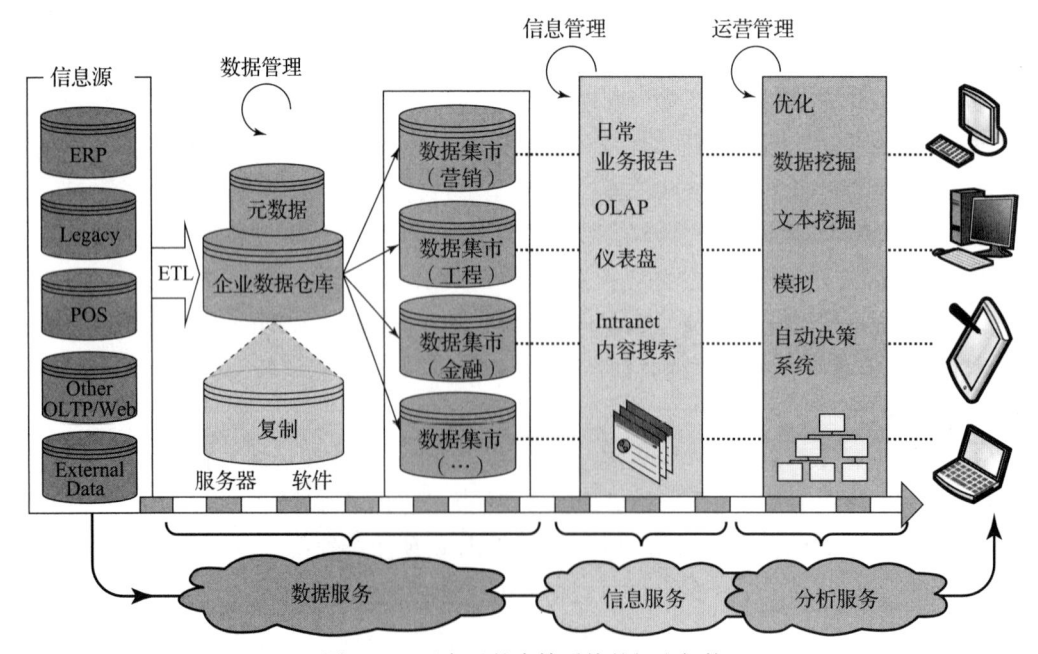

图 10.1 面向云的支持系统的概念架构

资料来源：Demirkan, H., & Delen, D. (2013, April). Leveraging the Capabilities of Service-Oriented Decision Support Systems: Putting Analytics and Big Data in Cloud. Decision Support Systems, 55 (1), 412-421。

在面向服务的决策支持解决方案中，操作系统、数据仓库、在线分析处理和终端用户组件可以单独或组合作为服务提供给用户。所有这些服务都可以通过云获取。由于云计算领域正在快速发展和增长，各种供应商和用户使用的术语存在很多混淆。标签五花八门，包括基础设施、平台、软件、数据、信息和分析即服务等。在下文中，我们对这些服务进行了定义，然后对当前的技术平台进行总结，并通过分析实操强调了每种技术平台的应用。

数据即服务

数据即服务（Data as a Service，DaaS）的概念主张"数据的位置"，即数据实际所处的平台并不重要。数据可以驻留在本地计算机中，也可以驻留在云计算环境内服务器群的服务器中。使用 DaaS，任何业务流程都可以访问数据所在的任何位置。数据即服务始于这样一种概念，即数据质量操作（清理和丰富数据，并将其提供给不同的系统、应用程序或用户）可以在某个集中的地方进行，无论其在组织、计算机或网络中的位置如何。现在，主数据管理和客户数据集成解决方案已经取代了这一点，其中客户（或产品、资产等）记录可以位于任何地方，并且可以作为服务提供给任何拥有允许访问该记录的服务的应用程序。通过对各种数据源应用一组标准转换（例如，以某一种格式存储日期/时间信息，但使其以应用程序所需的本地格式可用），使应用程序能够通过 SQL、XQuery 和 XML 等开放标准访问数据，服务请求者可以访问数据，不用理会具体的供应商或系统。

有了 DaaS，客户可以快速移动，这要归功于数据访问的简单性，他们也不需要对底层数据有广泛的了解。如果客户需要稍微不同的数据结构或对位置有特殊要求，因为改动很小（灵活性高），实施起来很容易。其次，服务提供商可以与数据专家构建基础，将分析或表示层外包（这可以产生性价比非常高的用户界面，并使表示层的更改请求更加可行），并通过数据服务控制对数据的访问。这往往会提高数据质量，因为更新点只有一个。

桌面即服务

顾名思义，在桌面即服务（Desktop as a Service，DaaS）中，服务提供商为用户提供执行任务所需的虚拟桌面和所有应用程序，用户不必担心桌面的软件、硬件和安全性。这也称为 PC 即服务（PC as a Service，PCaaS）。这项服务使用户能够在世界各地远程连接和工作。Amazon Workspaces（https://aws.amazon.com/workspaces/）是 Amazon Web Services（AWS）提供的 DaaS 服务。我们可以根据需要以可用的计算、内存和存储选项构建自己的虚拟桌面。这是一项按需服务，按使用收费。我们可以根据自身需求增加或减少资源（具有灵活性），因此只需要为我们使用的资源付费。使用 Amazon Workspaces 的公司有 Grubhub、Fox、Endemol 和 Maximus。还有许多其他第三方服务提供商提供类似 DaaS 的服务。如 Dell（https://www.dell.com/en-us/dt/services/pc-as-a-service.htm）声称可提供可预测且更灵活的月度定价。

软件即服务

该模型允许消费者使用在云基础设施中的远程计算机上运行的应用程序和软件。消费者不必担心要管理底层云基础设施，只需为要使用的软件付费。我们所需要的只是一个网络浏览器或移动设备上的应用程序来连接到云。Gmail 就是 SaaS 的一个例子。许多分析提供商正在转向这种模式。例如，SAS 提供 SAS Viya 使用服务。

平台即服务

使用这种模型，公司可以在云中部署它们的软件和应用程序，方便其客户使用。公司不必为了使用其应用程序而管理类似于云的网络、服务器、存储或操作系统等资源。这降低了为运行软件而维护底层基础架构的成本，并节省了设置此基础架构的时间。现在，用户可以专注于他们的业务，而不是专注于管理运行软件的基础设施。PaaS 的例子有微软 Azure、亚马逊的 EC2 和 Google App Engine。

基础设施即服务

在该模型中，基础设施资源（如网络、存储、服务器和其他计算资源）可以提供给客户公司。客户端可以在其中运行其应用程序，并具有使用这些资源的管理权限，但不用管理底层基础结构。客户需要为基础设施的使用付费。亚马逊的网络服务就是一个很好的例子。亚马逊开发了一个令人印象深刻的技术基础设施，其中包括数据中心。其他公司可以按次付费使用 Amazon.com 的云服务，而无需进行类似的投资。所有主要的云提供商都提供类似的服务，如 IBM、微软、Google 等。

我们应该注意到，在"云"这个术语的使用方面存在很多混乱和重叠。例如，一些供应商还添加了信息即服务（Information as a Service，IaaS），这是对 DaaS 的扩展。这种 IaaS 不同于前面介绍的作为服务的基础设施。我们的目标是要理解某个组织可以订阅不同程度的服务来管理其 IT 基础设施，尤其是分析应用。图 10.2 突出显示了客户端在三种主要类型的云产品中使用的服务订阅层次。SaaS 显然是客户端可能获得的最高级别的云服务。例如，在使用 Office 365 时，组织将该软件作为服务使用。客户端只负责引入数据。许多分析即服务应用也属于这一类。此外，一些分析即服务提供商可能反过来使用云向终端用户提供服务，如亚马逊的 AWS 或微软 Azure。我们很快就会看到此类服务的例子。

云计算基本技术

虚拟化。虚拟化是创建操作系统或服务器之类的虚拟版本。虚拟化的一个简单示例如对硬盘驱动器进行逻辑划分，以在计算机中创建两个独立的硬盘驱动器。虚拟化可以应用于以下三个计算领域。

- **网络虚拟化**。将可用带宽划分为多个通道，通过将网络划分为可管理的部分来掩盖网络的复杂性。然后，每个带宽都可以实时分配给特定的服务器或设备。

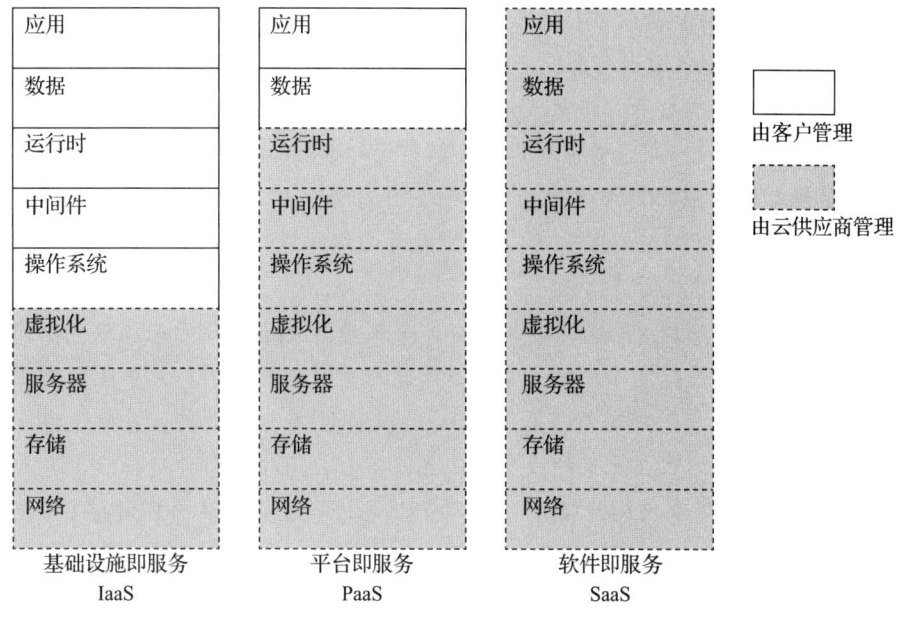

图 10.2 针对不同类型云产品的技术堆栈即服务

- **存储虚拟化**。将物理存储从多个网络存储设备集中到一个可以从中央控制台管理的存储设备中。
- **服务器虚拟化**。对服务器用户屏蔽物理服务器，用户不必管理实际的服务器，也不必了解服务器资源的复杂细节。

这种虚拟化程度的差异与使用哪种云服务有关。

分析实操 10.1 说明了云技术的应用，该技术支持移动应用并可以显著减少信息通信错误。

分析实操 10.1　West Coast 主要公用事业公司使用云移动技术提供实时事故报告

公用事业公司和急救人员之间以往的沟通方式一直是通过电话或双向无线电进行的。一些通信方是现场急救人员，还有一些通信方是急救组织的调度中心或其他单位。公众现场发现事故时，通常只需拨打 911，然后再转到急救人员。调度中心将安排离现场最近的急救人员赶到现场，然后现场急救人员再通过无线电或手机回电话给调度中心，让他们知道现场的实际情况。调度中心随后将事件通知给合适的公用事业公司，然后由其派遣自己的团队前往现场进行进一步处理。这也需要将确切的位置从现场传达给调度中心，并从现场传递给公用事业公司，如果事故地点不够具体（例如，沿着高速公路、穿过空地等），便更具挑战性。公用事业公司还需要让调度中心知道自己单位急救人员的状态。这些信息也必须转发给现场的急救人员。这一过程在很大程度上依赖于口头传达信息，然后转发给一个或多个接收者，信息也沿着同一条链来回传送。这些信息往返可能导致沟通混乱以及信息不完整，紧急情况下会消耗宝贵的几分钟甚至几个小时。

West Coast 是一家大型公用事业公司，它利用技术解决上述传统问题，该公司认为通过使用云移动技术以更及时的方式更好地共享信息，可以解决之前面临的许多问题。他们的服务范围包括人口稠密的城市和偏远的农村社区，其间有数英里的沙漠、国家公园等。

认识到大多数急救人员都有智能手机或平板电脑，该公司选择使用 Connixt 的 iMarqTM 移动套件，以提供简单易用的移动 App，使急救人员能够就现场发生的任何事件向该公司提供建议。该技术还帮助急救人员即时了解公司对事故的响应状态。

由于全国各地有 20 000 多名急救人员，因此降低使用门槛非常重要。Connixt 的联合创始人兼首席执行官 G.Satish 表示："以前改善与组织外部团队的沟通是困难的，对于这种部署，成功的关键是要简单化。"

公司请急救人员下载并自行注册该 App，一旦为该 App 授予访问权限，他们就可以使用自己的平板电脑或智能手机报告事故。急救人员只需使用下拉菜单从预先配置好的事件列表中进行选择，点击某个选项来指示他们是否会在现场等待，并附上带有注释的照片——所有这些都只需在他们的设备上轻点几下。公司接收事件通知后，查看时间和地理标记信息（不再有混淆的地址），并对响应信息进行更新。该响应信息（可能是前往现场）将发送至急救人员，并保留在 App 中。

该解决方案操作简单，急救人员能够轻松应用。他们使用自己的手机或平板电脑以自己习惯的方式进行交流，并简单有效地提供所需信息。他们可以看到公用事业公司更新信息（例如已出发车辆的状态）。尽量减少遗漏或混乱的电话信息。App 还提供录音备忘录、语音转文本等选项。

在这种情况下，云技术特别有用，其部署更快，不会遇到与硬件采购、安装和适当备份相关的问题。Connixt 基于云的移动扩展架构（Mobile eXtension Framework，MXF）是为快速配置和部署而设计的，所有配置在云中完成。一旦配置好，App 就可以下载和部署了。更重要的是，MXF 可以方便地修改表单和流程。例如，如果单位需要向事件下拉列表中添加其他选项，则只需在 MXF 中添加一次即可。几分钟后，所有用户都可以在现场使用该选项。图 10.3 说明了这种架构。

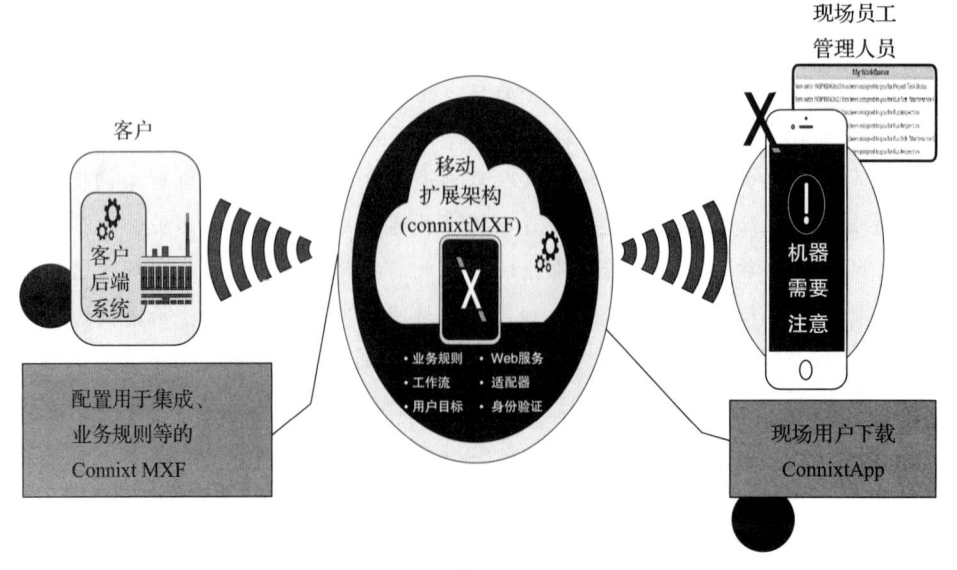

图 10.3　云分析应用程序中员工和技术之间的互连

利用无处不在的云和移动技术的系统还有其他好处。由于所有业务逻辑和配置都存储在云中，因此解决方案本身可以作为没有后端系统的客户的独立系统，这在中小型企业（Small and Medium Businesses，SMB）的环境中特别重要。对那些拥有后端系统的人来说，通过 Web 服务实现无缝连接，后端系统充当记录系统。这还帮助企业分阶段采用技术——从一个内部 IT 影响最小的非侵入性独立系统开始，同时自动化现场运营，然后转向后端系统集成。

另一方面，移动 App 本身与系统无关，App 使用标准的网络服务进行通信，终端设备可以是 Android 或 iOS，也可以是智能手机或平板电脑。因此，无论使用何种设备，所有通信、业务逻辑和算法都是标准化、跨平台/设备的。作为跨设备的原生 App，iMarq 利用了设备制造商和操作系统供应商提供的标准技术。例如，使用原生地图 App，可以让 App 受益于平台供应商的改进，随着地图变得更加准确，移动 App 的终端用户也能从这些进步中获益。

最后，要想成功部署，企业云移动技术必须高度以用户为中心。外观和感觉必须与用户的舒适度相适应，就像用户对其使用的任何移动 App 的期望一样。将业务用户视为 App 消费者符合他们对 App 简单直观的标准期望，这会节省他们的时间和精力。这种方法对于确保成功应用至关重要。

该公用事业公司现在从急救人员那里获得了更好的信息，因为信息是直接从现场共享的（而不是通过调度员或其他第三方），图片直接可用并带有地理和时间标记。同时避免出现混淆的电话信息。这大大改善了公用事业公司和现场急救人员之间的双向通信，事件的历史记录也得以保存。

公用事业公司和急救人员现在能够更加协调一致地对事故做出快速、完整的反应，改善了对公众的服务。通过加强与急救人员（警察和消防部门人员）的联系，急救人员可以对公众发现的事故做出更好的协调和更合理的反应。

问题讨论：
1. 云技术是如何影响中小企业的企业软件的？
2. 企业可以在哪些领域使用移动技术？
3. 哪些类型的业务可能是采用云移动技术的先驱？
4. 与传统的内部部署模式相比，基于云的企业软件有什么优势？
5. 与传统的本地应用程序相比，基于云的应用程序存在什么风险？

资料来源：经 G.Satish，Connixit 公司许可使用。

云部署模型

云服务可以通过多种方式获取，从构建完全私有的基础设施到与他人共享。有以下三种常见的云服务。

- **私有云**　私有云也可以称为内部云或企业云。它是一种比微软 Azure 和亚马逊 AWS 等公共云更安全的云服务形式。它只服务于承担关键任务并考虑到安全问题的单个组织，私有云提供了与公共云相同的好处，如服务、可扩展性、按需更改计算资源等。拥有私有云的公司可以直接控制其数据和应用程序。拥有私有云的缺点是需要付出维护和管理成本，因为它需要由内部 IT 人员负责管理。

- **公共云** 在这种模式下，用户使用服务提供商通过互联网提供的资源。云基础设施由服务提供商管理。这种公共云模型的主要优点是在设置运行业务所需的硬件和软件方面节省了时间和金钱。公共云的例子有微软 Azure、Google 云平台和亚马逊 AWS 等。
- **混合云** 混合云通过在私有云和公共云之间转移工作负载，为企业提供了极大的灵活性。例如，一家公司可以使用混合云存储来存储其销售和营销数据，然后使用亚马逊 Redshift 等公共云平台运行分析查询来分析其数据。对混合云的主要要求是要考虑私有云和公共云之间的网络连接和 API（应用程序接口）兼容性。

App 开发和部署中的主要云平台提供商

- **Amazon Elastic Beanstalk** Amazon Elastic Beanstalk 是 AWS 提供的一项服务。它可以部署、管理和扩展 Web 应用程序，支持的编程语言有：Java、Ruby、Python、PHP、Go、Docker 和在 Apache、Nginx、Passenger 和 IIS 等服务器上运行的 .NET 语言。用户必须上传应用程序的代码，Elastic Beanstalk 处理应用程序的部署、负载平衡和自动缩放，并监控应用程序的运行状况。因此，用户可以专注于构建网站、移动 App、API 后端、内容管理系统、SaaS 等，而管理它们的应用程序和基础设施则由 Elastic Beanstalk 负责。用户可以使用 AWS、Eclipse 或 Visual Studio 等集成开发环境来上传他们的应用程序。用户需要为存储和运行应用程序所需的 AWS 资源付费。
- **IBM Cloud** IBM Cloud 这个云平台允许用户使用许多开源计算机技术构建应用程序。用户也可以使用该软件部署和管理混合应用程序。有了 IBM Analytics Engine，其服务可在 IBM Cloud 上获得，用户现在可以创建下一代认知应用程序，这些应用程序可以发现、创新和做出决策。IBM Analytics Engine 服务可用于情感分析，并从文本中合成听起来自然的语音。它使用认知计算的概念来分析文本、视频和图像，支持许多编程语言，如 Java、Go、PHP、Ruby 和 Python 等。
- **Microsoft Azure** Azure 是微软创建的云平台，用于通过微软数据中心网络构建、部署和管理应用程序和服务。Azure 既是 PaaS 又是 IaaS，提供了许多解决方案，如分析、数据仓库、远程监控和预测性维护等。
- **Google App Engine** Google App Engine 是 Google 的云计算平台，用于开发和托管应用程序。它由 Google 的数据中心管理，支持用 Python、Java、Ruby 和 PHP 等编程语言开发应用程序，其大查询环境（big query environment）通过云提供数据仓库服务。
- **OpenShift** OpenShift 是 Red Hat 基于 PaaS 模型的云应用程序平台。利用该模型，应用程序开发人员可以在云上部署他们的应用程序。OpenShift 有两种不同的型号，一个充当公共 PaaS，另一个充当私有 PaaS。OpenShift Online 是 Red Hat 的公共 PaaS，提供云应用程序的开发、构建、托管和部署。OpenShift Enterprise 为私有 PaaS，允许在内部服务器或私有云平台上开发、构建和部署应用程序。RedHat 于 2019 年被 IBM 收购。

分析即服务

分析和基于数据的管理解决方案，即查询数据以用于业务规划、问题解决和决策支持的应用程序正在迅速发展，并被每个组织使用。企业正被信息淹没，从这些数据中获得见解对企业来说是一个巨大的挑战。除此之外，企业还面临着与数据安全、数据质量和合规等相关挑战。分析即服务（AaaS）是一个可扩展分析平台，使用基于云的交付模型，各种 BI 和数据分析工具可以帮助公司更好地决策，并从其海量数据中获得见解。该平台包括从物理设备收集数据到数据可视化的所有功能。AaaS 为企业提供了一个敏捷的报告和分析模型，使企业能够专注于自己做得最好的事情。客户可以在云中运行自己的分析应用程序，也可以将数据放在云中以获取有用的见解。

AaaS 将云计算的各个方面与大数据分析相结合，允许数据科学家和分析师访问集中管理的信息数据集，以增强其能力。他们现在可以对信息数据集进行更交互式的探索，更快地发现更丰富的见解，从而消除他们在发现数据趋势时可能面临的诸多延迟。例如，提供商可能提供对远程分析平台的收费访问，允许客户端在需要的时候使用分析软件。AaaS 是 SaaS、PaaS 和 IaaS 的一部分，从而帮助 IT 显著降低成本和合规风险，同时提高用户的生产力。

通过提供更多可扩展性和更便宜的虚拟分析应用程序，云中 AaaS 具有规模经济和范围经济。随着数据量的增长和数十个虚拟分析应用程序的出现，很可能会有更多的应用程序在不同的时间、使用模式和频率下可供使用。

数据和文本挖掘是 AaaS 的另一个非常有前途的应用。面向服务（以及云计算、资源池化和并行处理）为分析领域带来的功能也可用于大规模优化、复杂的多准则决策问题和分布式仿真模型。接下来我们了解一些代表性的基于云的分析产品。

代表性分析即服务产品

IBM Cloud。IBM 正在通过其云提供其所有分析产品。IBM Cloud 提供多种类别的分析和 AI。例如，IBM Analytics Engine 集成了大多数可以通过其云构建和部署的分析功能。此外，它在一个非常重要的层级上使用了文本挖掘和深度学习，它是早先在文本挖掘的背景下引入的。

Amazon QuickSight。Amazon QuickSight（https://aws.amazon.com/quicksight/）是一个基于云的商务智能工具，通过与数据源无缝集成，帮助我们分析、创建定制的可视化/仪表盘，并从我们的数据中获取见解。它还可以执行基于机器学习的高级分析，如自然语言处理（NLP）。

Google Data Studio。Google Data Studio（https://datastudio.google.com/）是 Google

的一个基于云的分析平台，我们可以使用该平台虚拟连接数据并对数据快速处理，以创建仪表盘和报告。它还通过实时共享见解，实现团队/个人之间的协作。Google 提供的其他分析产品有 Looker、Big Query。

MineMyText.com。文本挖掘是分析的主要发展领域之一。文本挖掘识别文档的高级主题，从评论中推断情感，并使文档或术语/概念关系可视化，如文本挖掘一章所述。一家名为 MineMyText.com 的初创公司通过其网站在云中提供这些功能。

SAS Viya。SAS 公司通过云提供随需应变的分析软件。目前，SAS Visual Statistics 仅作为云服务提供，是 Tableau 的竞争对手。

Tableau。Tableau 是在描述性分析的背景下引入的一个主要可视化软件，也可以通过云作为 Tableau Cloud 使用。

Snowflake。Snowflake 是一个基于云的数据仓库解决方案。用户可以将多个来源的数据合并为一个来源，并使用 Snowflake 进行分析。

分析实操 10.2　GO-JEK 采用 Google 云平台进行预测和定价

大多数印尼人都经历过汽车交通拥堵。该国的高速公路和基础设施难以为 2.6 亿人提供服务，首都雅加达居住约 1 000 万人。印尼人主要依靠摩托车和名为 ojek 的摩的来满足通勤或旅行需求。

GO-JEK 成立于 2010 年，其总部设在雅加达。它最初是一个用于 ojek 预订的电话公司。该公司因为社会对该业务的需要而成为东南亚为数不多的"独角兽"（估值超过 10 亿美元的私营初创公司）。

从 2010 年开始，GO-JEK 通过收集信息以了解消费者偏好，并于 2015 年发布了一款移动 App，将叫车、送餐和购物捆绑在一起。GO-JEK 数据科学平台负责人 Willem Pienaar 表示："对该应用的需求是无止境的，我们的业务很快就得到了快速发展。"

GO-JEK 在 Google 云平台上运行其应用程序和数据。GCP 在帮助 GO-JEK 深入了解约 167 个地点的 100 万名司机（约相当于特拉华州人口）的数据方面发挥着重要作用，涉及 250 万客户（约相当于夏威夷人口的两倍）。平均每天生成的数据量为 4 TB～5 TB。GO-JEK 使用的 GCP 技术包括 Cloud Dataflow、Cloud Bigtable、BigQuery、Cloud Pub/Sub 和 Cloud Storage。这些服务在推动移动应用程序的成功方面发挥了至关重要的作用。

GO-JEK 数据科学平台负责人 Pienaar 表示："我们选择 BigQuery 来存储我们的训练数据，因为它具有高可扩展性，而且它是一种完全基于云的服务，这意味着不必管理任何基础设施。"

总体而言，GCP 帮助 GO-JEK 移动应用程序实现了以下成就。
- 为 100 多万摩托车车主提供快速接触骑手以及导航的支持。
- 支持按需预测以及费率变化。
- 帮助 GO-JEK 实现快速发展和海外扩张。

问题讨论：

1. GCP 对 GO-JEK Mobile App 的成功发挥了什么重要作用？

2. GCP 如何通过管理底层基础设施而专注于探索数据和功能，从而为 GO-JEK 节省时间？

3. GO-JEK 使用哪些 GCP 服务来克服和管理客户日益增长的需求？

资料来源：编译自 GO-JEK Case Study | Google Cloud, https://cloud.google.com/customers/go-jek/。

使用云基础设施的图解分析应用

在本节中，我们重点介绍其他几个云分析应用。我们将它们单独作为一部分内容加以介绍，而不是放在单独的分析实操内容中。

使用 Azure IoT（物联网）、流分析和机器学习改进移动医疗服务

人们越来越多地使用移动 App 来跟踪他们每天的运动量，维护他们的健康记录。Zion China 是一家移动医疗服务提供商，该公司开发了一种创新的健康监测工具，可以用于收集用户的血糖水平、血压、饮食、药物和锻炼等健康问题的数据，并通过向他们提供健康管理和日常预防或治愈疾病的建议，帮助人们提高生活质量。

巨大的实时数据量带来了可扩展性和数据管理问题，因此该公司与微软合作，利用流分析（Stream Analytics）、机器学习、物联网解决方案和 Power BI，这也提高了数据安全性和分析能力。Zion China 完全依赖传统的 BI，数据从各种设备或云端收集。使用基于云的分析架构，Zion 能够添加多种功能，保证速度和安全性。他们在前端添加了一个物联网集线器，以便更好地将数据从设备传输到云。数据首先通过蓝牙从设备传输到移动 App，然后通过 HTTPS 和 AMQP 传输到物联网集线器。流分析有助于处理在物联网中心收集的实时数据，并生成见解和有用信息，这些信息将进一步以流式传输到 SQL 数据库。他们使用 Azure 机器学习生成糖尿病患者数据的预测模型，并提高分析和预测水平。Power BI 为用户提供了从分析中获得的数据见解的简单易行的可视化效果。

资料来源："Zion China Uses Azure IoT, Stream Analytics, and Machine Learning to Evolve Its Intelligent Diabetes Management Solution" at https://advocacypublic.clouddamppe.microsoft.com/en-au/story/zionchina and https://microsoft.github.io/techcasestudies/iot/2016/12/02/IoT-ZionChina.html (2022)。

Chime 使用 Snowflake 增强客户体验

Chime 用于银行业务，提供 Visa 借记卡、FDIC 保险的消费和储蓄账户，以及一款移动 App，让人们更容易处理银行业务。Chime 想了解他们的客户参与度。他们希望分析移动、Web 和后端平台上的数据，进而增强用户体验。然而，从多个来源（如 Facebook 和 Google 的广告服务）以及其他第三方分析工具（如 JSON 文档）中提取和聚合数据任务艰巨。他们想要一个能够聚合来自多个来源的数据，并分析数据集的解决方案。Chime 需要一个能够处理 JSON 数据源并使用标准 SQL 数据库表进行查询的解决方案。

> Chime 开始使用 Snowflake 弹性数据仓库解决方案。Snowflake 从 Chime 的所有 14 个数据源中提取数据，包括来自应用程序的 JSON 文档等数据。Snowflake 帮助 Chime 快速分析 JSON 数据，以增强会员服务，为客户提供更个性化的银行体验。
>
> 资料来源：基于 Snowflake.net. (n.d.). Chime Delivers Personalized Customer Experience Using Chime. http://www.snowflake.net/product。

我们正在进入"PB 字节时代"，传统的数据和分析方法开始显示出其局限性。云分析是一种新兴的大规模数据分析替代解决方案。面向数据的云系统包括分布式和虚拟化环境中的存储和计算。这些产品的主要优势之一是在用户中快速传播先进的分析工具，而无需在技术获取方面进行大量投资。这些解决方案也带来了许多挑战，如安全性、服务水平和数据治理。人们对云计算提出了一些令人担忧的问题，包括失控和隐私、法律责任、跨境政治问题等。根据云安全联盟（Cloud Security Alliance）的数据，云计算的三大安全威胁包括数据丢失和泄露、设备硬件故障和不安全的接口。云中的所有数据都可以由服务提供商访问，因此服务提供商可以在故意更改数据，或者可以出于法律目的在不知会公司的情况下将数据传递给第三方。这方面的研究仍然有限。因此，有许多机会将分析、计算和概念建模引入服务科学、面向服务和云智能的环境中。尽管如此，云计算仍是分析专业人士关注的一项重要举措，因为它是一个快速增长的领域。

▶ 10.2 节 习题

1. 给出云计算的定义。它与 PaaS、SaaS 和 IaaS 有何关联？
2. 举例说明提供云服务的公司。
3. 云计算如何影响 BI？
4. DaaS 如何改变数据处理方式？
5. 云平台有哪几种类型？
6. 为什么 AaaS 性价比高？
7. 列出至少三家主要的云服务提供商。
8. 至少举三个分析即服务提供商的例子。

10.3 定位分析

到目前为止，我们已经看到许多组织使用分析技术通过信息报告、预测分析、预报和优化技术深入了解其现有流程的例子。在本节中，我们将了解一个重要的新兴趋势——将位置数据纳入分析。图 10.4 给出了我们对定位分析应用的分类。我们首先回顾使用静态位置数据［通常称为地理空间数据（geospatial data）］的应用，然后对利用当代设备生成所有位置数据的应用呈现的爆炸性增长进行了分析。本节首先讨论组织正在开发的分析应用，以便在管理运营、定位客户、促销等方面做出更好的决策。然后，我们还将探讨正在开发的供消费者直接使用的分析应用，其中一些还利用到了位置数据。

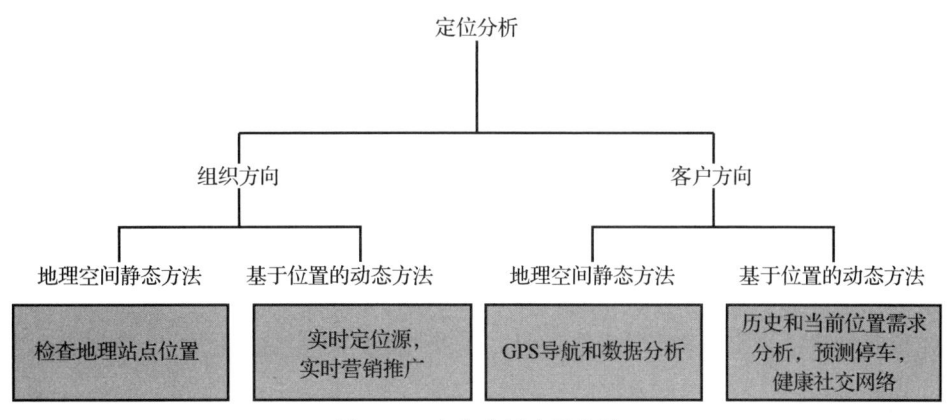

```
                        定位分析
                           │
              ┌────────────┴────────────┐
           组织方向                    客户方向
              │                         │
        ┌─────┴─────┐             ┌─────┴─────┐
    地理空间      基于位置的    地理空间      基于位置的
    静态方法      动态方法      静态方法      动态方法
        │            │            │            │
  ┌──────────┐ ┌──────────┐ ┌──────────┐ ┌──────────┐
  │检查地理站点│ │实时定位源，│ │GPS导航和 │ │历史和当前位置需求│
  │  位置    │ │实时营销推广│ │数据分析  │ │分析，预测停车，│
  │          │ │          │ │          │ │健康社交网络│
  └──────────┘ └──────────┘ └──────────┘ └──────────┘
```

图 10.4 定位分析应用分类

地理空间分析

组织整体绩效的综合视图通常通过提供可操作信息的可视化工具来表示。该信息可以包括各种业务因素和关键性能指标（Key Performance Indicator，KPI）的当前值和预测值。通过各种图表将 KPI 视为总体数量可能会对组织产生巨大影响。存在错失潜在增长机会或无法发现问题的巨大风险。作为简单查看报告的一种备选方案，组织使用基于传统位置数据（通常按邮政编码分组）的地理地图。这些基于地图的可视化已被组织用于查看聚合数据，以获得更有意义的基于位置的见解。传统的定位分析技术使用组织位置和消费者的地理编码，这阻碍了组织对"真正的基于位置"的影响的理解。基于邮政编码的位置提供的是一个大地理区域的聚合视图，这种糟糕的粒度可能无助于准确定位某一个地区内的增长机会，因为目标客户的位置可能会迅速变化。因此，如果某个组织的促销活动是基于邮政编码的，那么这种活动可能无法找到合适的客户。为了解决这些问题，各组织开始将分析扩展到位置和空间方向。在传统的分析技术中添加了基于经纬度属性的位置组件，使组织能够在其传统的业务分析中添加一个新的"位置"维度，该维度目前能对"谁""什么""何时"和"多少"的问题给出回答。

基于位置的数据现在很容易从**地理信息系统**（Geographic Information System，GIS）中获得。GIS 使用集成传感器技术、安装在智能手机中的全球定位系统或通过部署到零售和医疗保健行业的 RFID（射频识别），以获取、存储、分析和管理链接到某个位置的数据。

通过将有关位置的信息与其他关键业务数据集成，组织现在正在创建位置智能（Location Intelligence，LI）。位置智能使组织能够通过优化重要流程和应用程序来获得关键见解并做出更好的决策。组织现在创建交互式地图，深入研究任何地点的详细信息，使分析师能够调查最新趋势，并在多个 KPI 中关联特定地点的因素。分析师现在可以准确定位不同地理区域的收入、销售额及盈利能力的趋势和模式。

通过将人口统计细节纳入地点，零售商可以分析由于人口和位置与竞争对手邻近，销售额会发生什么变化，他们可以评估供应链运营的需求和效率。消费品公司可以识别客户的具体需求和客户投诉地点，并轻松追溯到产品。销售代表可以通过分析客户的地理位置来更好地定位潜在客户。

ESRI（esri.com）是提供 GIS 数据的市场领头羊。ESRI 将其 ArcGIS 软件授权给数千客户，包括商家、政府和军队。专门介绍 ESRI 的 GIS 数据库和软件的应用需要一整本书，甚至更多！另一家公司 grindgis.com 实现了 60 多种 GIS 应用（http://grindgis.com/blog/gis-applications-uses）。一些尚未提及的例子包括：

- **农业应用**：通过结合位置、天气、土壤和作物相关数据，可以对灌溉和施肥做出非常精确的规划。例子包括 proagrica.com 和 ageagle.com 等公司（它们综合应用了 GIS 和通过另一种新兴技术无人机收集的最新信息）。
- **犯罪分析**：将犯罪数据（包括日期、时间和犯罪类型）叠加到 GIS 数据上，可以对犯罪模式和警察人员配置提供重要见解。
- **疾病传播预测**：最早已知的描述性分析例子之一是对 1854 年伦敦霍乱爆发的分析。John Snow 博士在地图上绘制了霍乱病例，并驳斥了霍乱爆发是由于恶劣空气引起的谬论。这张地图帮助他将疫情精确定位到一口坏水井（Tulchinsky，2018）。我们早已不再需要手动绘制地图了，但能够使用 GIS 和其他数据跟踪并预测流感等疾病爆发的想法已经成为一个主要领域。

通过位置智能，组织可以快速分析天气和环境影响，并预测对关键业务运营的影响程度。随着技术的进步，地理空间数据现在正直接纳入企业数据仓库。基于位置的数据库内分析使组织能够以更高的效率进行复杂的计算，并获得所有面向空间数据的单一视图，从而揭示隐藏的趋势和新的机会。例如，Teradata 的数据仓库支持基于 SQL/MM 标准的地理空间数据功能。地理空间要素被捕获作为一种称为 ST_GEOMETRY 的新几何数据类型，该类型支持各种形状，从简单的点、线和曲线到表示地理区域的复杂多边形。他们正在通过合并纬度和经度坐标来转换其经营业务地点的非空间数据。NAVTEQ 和 Tele Atlas 等服务公司很容易支持这一地理编码过程，它们维护具有地理空间特征的全球地址数据库，并使用 Informatica 和 Trillium 等地址清理工具，这些工具支持将空间坐标映射到地址，作为提取、转换和加载功能的一部分。

各行各业的组织都在使用地理空间分析。接下来我们将回顾一些例子。分析实操 10.3 提供了一个示例，说明如何使用基于位置的信息帮助人们做出贷款审批决策。通过估计房产价值来做出贷款审批决策一直是分析的早期应用领域之一。以下案例说明如何利用商务智能架构和地理信息系统（GIS），通过实时分析与被评估财产相关的数据来帮助人们评估决策。

分析实操 10.3　使用 BI 和地理信息系统改进住房贷款评估流程

当前评估存在的问题

泰国 ABC 银行（化名）授权评估经理 Danuja 管理当前评估业务的职责。评估过程很耗时，Danuja 的团队每天只能处理两到三单应用，哪怕这些业务处于一个区域内时，最多也就可以处理四单。该银行平均每月收到 7 000 至 8 000 单申请。此外，外部评估人员和内部评估人员的评估结果也相差很远。例如，对于质量近乎相同的同类房屋，其评估值不一致结果高达 257%，这是不可取的。这影响了整个贷款审批流程。在评估该问题时，Danuja 与商务智能团队的高级认证分析专业人员 Jong 和 GIS 解决方案专家 Kampu 合作，为这一评估差异问题寻找解决方案。

解决方案

他们关注的重点是住房贷款服务，该服务约占银行提供贷款总额的 52%。他们意识到，将 GIS 与其他相关贷款信息相结合，可以为各组织提供更完整的见解，以便就具体地理区域做出更明确的决策。会后，他们决定研究对评估过程影响更大的两个最关键的因素，即房地产的涨价率和加权质量分数。

Kampu 分析了该银行提供的 30 000 单住房贷款数据点，并建立了机器学习模型来进行预测。机器学习模型由银行的 GIS 和 MIS 数据库提供数据。她应用了决策树、支持向量机、神经网络和回归分析等模型。模型中使用的变量是房屋总面积、所处地区、评估价格、预测涨价率和涨价后的评估价格。例如，具有所有相关因素和属性的模型显示，在房地产中，H10001 区域的涨价最快，预测涨价率为 9%。经过训练的模型现在可以用来评估团队评估的新住房贷款申请的价格。

以 H10001 情况为例，Danuja 可以坚持使用其评估人员向住房抵押贷款委员会建议的 700 万泰铢评估价格，并获得批准。此外，他们可以利用这种基于 GIS 的 BI 集成来收集房产的详细信息、更改详细信息，并在进行定价之前尝试各种场景。

问题讨论：

1. 房地产评估的具体组成部分是什么？
2. 将基于 GIS 的商务智能设计与房屋评估程序结合起来，并确定其要素及其相关特征。
3. 假设你是 H10001 申请评估小组的一员，你可以向住房贷款委员会建议哪些因素？

资料来源：Dr. Jongswas Chongwatpol, NIDA, Thailand。

分析实操 10.4　星巴克利用 GIS 和分析实现全球扩张

对于任何试图扩大业务的组织来说，关键挑战之一是确定下一家门店的位置。星巴克也面临着同样的问题。为了确定新店的位置，星巴克在 15 个国家的 700 多名员工（称为合作伙伴）使用了一项名为 Atlas 的基于 ArcGIS 的市场规划和 BI 解决方案。Atlas 为合作伙伴提供工作流、分析和绩效信息存储，以便本地合作伙伴能够在发现新商机时做出决策。

据多个来源报道，当地决策者使用 Atlas 来了解人口趋势和需求。例如，在中国，星巴克有 1 200 多家门店，并以每天开一家新店的速度增加。交易区域、零售集群和零售商、交通和人口统计等信息在决定下一家商店的位置时都很重要。例如，在对一个新市场和社区做出分析后，经理可以通过放大城市中的某一个区域，判断未来两个月内三座新办公楼可能在哪里完工,从而找到具体位置。在地图上查看该区域后,可以创建一个工作流窗口,帮助经理通过审批、许可、施工和最终开张来移动新站点。

通过集成天气和其他当地数据,还可以更好地管理需求和供应链运营。星巴克正在将其企业业务系统与 Web 服务中的 GIS 解决方案集成,以新的方式看待这个世界和业务。例如,星巴克整合了 AccuWeather 预测的真实温度数据。这些预测温度数据可以帮助本地化营销工作。如果 Memphis 即将迎来炎热的一周,星巴克分析人员可以选择一组咖啡馆,获得过去和未来天气模式以及门店特征的详细信息。这些知识可以用来为星冰乐咖啡设计一个本地化的营销活动,例如,帮助星巴克提前一周预测顾客的需求。

重大事件也会对咖啡馆产生影响。当 15 万人来到圣地亚哥参加骄傲游行(Pride Parade)时,当地的咖啡师要为很多顾客提供服务。为了确保尽可能提供最佳的客户体验,星巴克利用这些当地活动信息,对在游行附近地点的人员配置和库存进行规划。

问题讨论:

1. 什么类型的人口统计和 GIS 信息对决定商店位置很重要?

2. 有人提到,星巴克鼓励顾客使用其手机 App。该公司可以从 App 中收集什么类型的信息,以帮助其更好地规划运营?

3. 星巴克商店提供的免费 Wi-Fi 是否会为星巴克提供更好的分析信息?

资料来源:Digit.HBS.org. (2015). "Starbucks: Brewing up a Data Storm!" https://digit.hbs.org/submission/starbucks-brewing-up-a-data-storm/; Wheeler, C.(2014).Blogs.ESRI.com. "From Customers to CxOs, Starbucks Delivers World-Class Service." (2014). https://blogs.esri.com/esri/ucinsider/2014/07/29/starbucks/。

除了这里强调的零售交易分析应用之外,还有许多将地理信息与组织生成的其他数据相结合的应用。例如,网络运营和通信公司经常每天生成大量数据。具备对特定位置粒度更高水平快速分析数据的能力可以更好地识别客户流失,并有助于制定特定位置的战略,以提高运营效率、服务质量和收入。

使用地理空间分析,通信公司能够捕捉来自网络的日常传输,以识别经历多次语音、数据、文本或互联网连接尝试失败的地理区域。分析有助于根据位置找出确切的原因,并深入到具体客户,以提供更好的客户服务。通过完成以下多媒体分析练习,你可以领会这一点。

利用地理空间分析的多媒体分析练习

Teradata 大学提供了一段 BSI 视频,介绍了手机掉线的情况。请观看 YouTube 上的视频,链接如下:https://www.youtube.com/watch?v=4WJR_Z3exw4。

一家电信公司推出了一系列新的智能手机,但面临掉线问题。新手机的销售遇到了麻烦,公司比较了电话掉线对该地区利润的影响,东北地区是受影响最严重的地区。该公司聘请 BSI 团队来分析由于智能手机缺陷、发射塔覆盖和软件故障而产生的问题。整个东北地区的数据被划分为地理集群,公司通过识别个人客户数据来解决问题。BSI 团队利用地理空间分析确定网络覆盖导致掉线的位置,并建议在不满意的客户所在位置额外安装一些信号塔。

看完视频后，你可以在链接 slideshare.net/teradata/bsi-teradata-the-case-of-the-dropped-mobile-calls 中查看分析是如何准备的。

这一多媒体学习之旅提供了一个地理空间分析与大数据分析相结合的例子，有助于公司更好地做出决策。

实时智能定位

消费者和专业人士使用的许多设备都在不断地发送他们的位置信息。基于 GPS、Wi-Fi 和手机信号塔等网络连接定位技术，汽车、公交车、出租车、手机、摄像头和个人导航设备都可以传输自己的位置。数以百万计的消费者和企业使用定位设备来查找附近的服务、定位朋友和家人、导航、跟踪资产和宠物、调度以及参与体育运动、游戏和自己爱好的活动。定位服务的激增形成了历史和实时流媒体定位信息的庞大数据库。当然，这些数据是分散的，本身并不是特别有用。通过捕获手机和 Wi-Fi 热点接入点实现的自动数据收集为非侵入性市场研究、数据收集，当然还有对此类海量数据集的微观分析提供了一个有趣的新维度。

通过分析和学习这些大规模的运动模式，有可能在特定的环境中识别出不同的行为类别。这种方法使企业能够更好地了解其客户模式，并对促销、定价等做出更明智的决定。通过应用降低位置数据维度的算法，可以根据地点之间的活动和移动来表征地点。从大量的高维位置数据中，这些算法揭示了趋势、意义和关系，最终生成人类可以理解的表示。然后，就可以使用这些数据自动进行智能预测，并找到地点和人之间的重要匹配和相似之处。

定位分析在面向消费者的营销应用中得到了应用。许多公司现在都提供平台，根据从 GPS 获得的地理空间数据分析移动用户的位置轨迹，并在客户经过零售商店时用智能手机上出现的优惠券瞄准这些精通技术的客户。这描绘了零售领域的新趋势，在零售领域，公司希望提高营销活动的效率——不仅通过实时定位瞄准每一位客户，还通过对消费者行为档案进行更复杂的实时预测分析，为广告活动找到合适的消费者群体。

定位分析的另一个扩展是使用增强现实。2016 年，《精灵宝可梦 GO》(*Pokémon GO*) 在市场上引起轰动。这是一款基于位置感知增强现实的游戏，鼓励用户从选定的地理位置领取虚拟物品。用户可以从城市的任何地方开始，跟随应用程序上的标记到达指定地点捕捉宝可梦。当用户将手机的摄像头指向虚拟物品时，虚拟物品可以通过应用程序看到。然后，用户可以申领此物。这类技术的商业应用也在不断涌现。例如，一款名为 Candybar 的应用程序允许企业使用 Google 地图将这些虚拟物品放置在地图上。这个项目的位置可以使用 Google 的街景进行微调。一旦所有虚拟项目都配置了信息和位置，企业就可以发布项目，然后用户可以实时看到这些项目。Candybar 还为企业提供使用分析，以更好地定位虚拟物品。该 App 的虚拟现实特色改善了用户的体验，为用户提供了现实生活中的"游戏"环境。同时，该 App 为企业接触客户提供了一个强大的营销平台。

据报道，增强现实技术对微软和苹果都是一个巨大的推动。这些技术依赖于位置信息、通过相机拍摄的图像以及其他传感器，为用户提供身临其境的体验。

从本节中可以明显看出，定位分析及其应用程序将很快成为组织最重要的前沿。本节的一个共同主题是各组织对运营或营销数据的使用。接下来，我们将讨论直接针对用户的分析应用程序，这些应用程序有时会利用位置信息。

面向消费者的分析应用

智能手机平台（iOS、Android、Windows 等）App 产业的爆炸性增长和分析的使用为开发消费者无意识使用分析 App 创造了巨大的机会。这些 App 与前一类应用程序的不同之处在于，这些应用程序是供消费者直接使用的，而不是试图挖掘消费者的使用/购买数据以创建用于营销特定产品或服务的配置文件的组织。可以预见的是，这些 App 旨在通过使用特定的分析使消费者能够做出更好的决策。我们在下面的例子中重点介绍其中两个 App。

- Waze 是一款社交网络 App，可以帮助用户识别导航路径，根据其他用户的输入提醒用户可能会遇到的问题，如交通事故、警察检查站、限速器和建筑等，该 App 已成为一款非常受欢迎的导航 App。Google 几年前收购了这款 App 并对其进行了进一步的改进。该 App 是综合用户生成的信息并使其可供客户使用的一个示例。
- 另一款使用预测分析的交通相关 App 是 ParkPGH，自 2010 年左右开始在宾夕法尼亚州匹兹堡应用，与卡内基梅隆大学合作开发，该 App 具有预测停车位可用性的功能。ParkPGH 引导驾驶员前往可停车区域的停车场。该 App 计算匹兹堡文化艺术区几个车库的可用停车位数量，数据每 30 秒更新一次，使司机尽可能接近当前可用停车位。根据历史需求和当前事件，该 App 可以预测停车位是否可用，并提供驾驶员到达目的地时哪些停车场将有可用空车位的信息。该 App 的底层算法使用到该地区当前事件的数据，例如篮球比赛，来预测当天晚些时候停车位需求的增加情况，从而为通勤者节省在繁忙城市寻找停车位的宝贵时间。这款 App 的成功推动了停车 App 数量激增，这些 App 在许多大城市都能使用，用户可以提前预订停车位、充电表，甚至出价购买停车位等。iPhone App 商店和 Google Play 商店都包括许多此类 App。

最近的一篇博客介绍了一位数据科学专业人士如何通过收集一些本地数据来构建自己的停车预测 App。这是一个非常有用的博客，包含 GitHub 上代码的链接：https://towardsdatascience.com/how-i-build-my-own-real-time-parking-availability-prodictive-model-13132e1b7747。

基于分析的应用程序正在出现，不仅是为了娱乐和健康，也是为了提高生产力。例如，Google 的 Gmail App 分析数十亿的电子邮件交易，开发出电子邮件的自动回复功能。当用户收到电子邮件并在其 Gmail App 中阅读时，该 App 还建议用户对手头的电子邮件进行简短回复，用户可以选择并发送给原始发件人。

从这些以消费者为中心的 App 例子可以明显看出，预测分析开始推动开发消费者直接使用的软件。我们相信，面向消费者的分析应用程序的增长将持续下去，并为本书的读者创造许多创业机会。

使用这些技术的一个关键问题是泄露隐私。如果有人能跟踪手机的移动，那么该客户的隐私就是一个大问题。一些 App 开发人员声称，他们只需要收集汇总流量信息，不需要单独的可识别信息。但媒体报道了许多明显违反这一普遍原则的事件。此类 App 的用户和开发者都必须非常清楚泄露机密信息和收集此类信息的有害影响。我们将在第 11 章中进一步讨论这个问题。

问题讨论：
1. 传统分析如何利用定位数据？
2. 地理编码位置如何辅助人们更好地做出决策？
3. 地理空间分析有何价值？
4. 通过调查地理空间分析在政府人口普查跟踪、消费者营销等各个部门的使用情况，进一步探索地理空间分析的使用。
5. 在线搜索面向消费者的分析应用程序的其他应用程序。
6. 定位分析对个人消费者有何帮助？
7. 探索更多可能采用定位分析的交通应用程序。
8. 如果你能够访问手机位置数据，你还能想到其他什么应用程序？

10.4 图像分析 / 另类数据

如本节所示，许多不同的行业和数据正在应用分析技术。其中一个增长领域是视觉图像分析。由于高分辨率相机、存储能力和深度学习算法在进行图像捕获方面取得的进步，使得分析变得更加有趣。卫星数据经常在许多不同的领域证明了这些数据的实用性。高分辨率图像数据，以及囊括多光谱在内的多种图像形式的卫星数据，对需要定期研究全球变化、土地利用和天气的科学家来说意义重大。事实上，通过结合卫星图像和其他数据，包括社交媒体上的信息、政府文件等，人们可以推测商业规划活动、交通模式、停车场或空地的变化。公司、政府机构和非政府组织对卫星投资，试图每天对全球进行成像，以便在任意位置跟踪每日变化，并将获得的信息用于预测。过去的几个月里报告了许多有趣、更可靠和更先进的预测例子。事实上，这项活动由全球不同行业主导，并增加了一个大数据术语——**另类数据**（alternative data）。例如，以下数据属于另类数据。

- 世界银行的研究人员利用卫星数据为发展中国家的城市规划者和官员提出了战略建议。这一分析缘于塞拉利昂 Freetown 曾发生的至少 400 人死亡的自然灾害。研究人员清楚地证明，Freetown 和其他一些发展中城市缺乏基础设施方面的系统规划，因而导致了人员伤亡。该银行的研究人员现在正在使用卫星图像对容易发生风险的城市地区做出关键决策。
- EarthCast 根据从 60 颗政府运营的卫星网提取的数据，结合地面和飞行传感器，为美国一家大型商业航空公司提供正确的最新天气信息，跟踪从闪电到湍流的任何天气事件。EarthCast 甚至可以绘制飞行路线状况图，并为从热气球到无人机的所有飞行器提供专门预测。
- Imazon 开始使用卫星数据绘制亚马逊森林砍伐的最新实时信息图片。它使用先进的光学和红外图像,从而识别出非法伐木厂。Imazon 现在更专注于通过其"绿色城市"计划向地方政府提供数据,该计划旨在对官员发现并遏制森林砍伐进行培训。
- 国际非营利组织"全球渔业观察"(globalfishingwatch.org)处理卫星捕获的渔船移动信息,以发现渔船何时何地非法捕鱼。他们现在与许多国家合作,利用包括卫星数据在内的各种数据来源,检测和报告未经报告和无管制的捕鱼活动。

这些只是卫星数据与分析相结合以获取新见解的一些例子。在利用卫星对地球实现丰富观测的时代到来之际,科学家和普罗大众必须思考如何认识关键应用和关键科学问题,以改善社会。尽管政策制定者最终会解决这些担忧,但很明显,将卫星数据和许多其他数据源相结合这种新的有趣方式正在催生一批新的分析公司。

这种图像分析不限于卫星图像。安装在无人机上的摄像头和街道上的红绿灯都具备从几英尺高的地方拍摄图像的能力。对这些图像的分析与面部识别技术相结合,实现了从客户识别到政府跟踪所有感兴趣对象的各种新应用。这种类型的应用引发了许多关于隐私问题的讨论。在分析实操 10.5 中,我们会了解到图像分析的一个更好的应用,图像由手机捕获,移动 App 为 App 用户提供直接价值。

分析实操 10.5 图像分析用于估计植被覆盖率

在分析森林甚至农场时,对地面的植被覆盖率进行估计非常重要。就森林而言,这种分析有助于用户了解森林如何演化,它对周围区域甚至气候的影响。对于农场来说,类似的分析有助于了解植物生长,进而估计未来的作物产量。利用人工测量所有森林覆盖率显然是不可能的,这对农场来说也是一项挑战。常见的方法是记录森林/农场的图像,然后对这些图像进行分析,以估计地面覆盖率。这样的分析靠眼力是很难完成的,也容易出错。不同专家对地面植被覆盖率的估计结果也不同。因此,目前正在开发对这些图像进行分析并估计植被覆盖率的自动化方法。俄克拉何马州立大学植物与土壤科学系的研究人员与该大学的 App 中心和农业科学与自然资源部的信息技术小组合作,开发了一种通过手机实现的实用方法和 App。

Canopeo 是一款免费的桌面或移动 App,可以根据智能手机或数码相机拍摄的图像近乎实时地估计绿色树冠覆盖率。在玉米、小麦、油菜籽和其他作物的实验中,Canopeo 在不牺牲准确性的情况下,计算树冠覆盖率的速度是现有软件的几十到数千倍。俄克拉何马州立大学土壤物理学家 Tyson Ochsner 表示,与其他程序不同,该 App 可以获取和分析视频图像,这一功能可以减少与树冠覆盖估计相关的采样误差。Ochsner 说:"我们知道植被层和植被冠层在空间上可能会有很大的变化。"使用 Canopeo,你只需打开你的(视频)设备,在田地间走一走,Canopeo 就可以获得你录制的每一帧视频的结果。"通过使用智能手机或平板电脑的数码相机,田地里的 Canopeo 用户可以拍摄绿色植物的照片或视频,包括庄稼、牧草和草皮,并将其导入到 App,该 App 分析每个图像像素,基于其红-绿-蓝(RGB)颜色值对它们进行分类。Canopeo 基于红与绿、蓝与绿像素的比例以及超量的绿色指数来分析像素。结果是彩色像素被转换成黑白图像,其中白色像素对应于植被覆盖,黑色像素代表背景。对比测试表明,Canopeo 与其他两个可用的软件包一样，可以更快、更准确地分析图像。

Canopeo 的开发者希望该 App 能帮助生产商判断何时在"两用"系统中从麦田中赶走放牧的牛羊，在这种系统中，小麦也被收割作为谷物。俄勒冈州立大学其他人的研究发现，当至少 60% 的绿色植被覆盖率保持不变时，让牛羊离开田地可以确保良好的粮食产量。Patrignani 说："所以，Canopeo 对这个决策很有用。"他和 Ochsner 还认为该 App 可以用于草坪管理，评估天气或除草剂漂移对作物的损害，以及作为归一化植被指数（Normalized Difference Vegetation Index，NDVI）替代，甚至用于基于无人机的森林或水生系统照片识别。

图像分析是深度学习以及许多其他 AI 技术的一个日益增长的应用领域。

问题讨论：
1. 知道农场有多少地面被植被覆盖的目的是什么？森林呢？
2. 为什么通过 App 对植物进行图像分析比视觉检查效果更好？
3. 探索研究论文，以理解图像分析的基本算法逻辑。你能学到什么？
4. 你还能想到图像分析的其他应用程序吗？

资料来源：Patrignani, A., & Ochsner, T. E. (2015). "Canopeo: A Powerful New Tool for Measuring Fractional Green Canopy Cover." Agronomy Journal, 107(6), pp. 2312-2320; Lollato, R., Patrignani, A., Ochsner, T. E., Rocatelli, A., Tomlinson, P. & Edwards, J. T. (2015). Improving Grazing Management Using a Smartphone App. www.bookstore.ksre.ksu.edu/pubs/MF3304.pdf. http://canopeoapp.com/. 俄克拉何马州立大学新闻稿。

分析实操 10.6　联合利华如何在其供应链中使用图像分析技术来检查森林砍伐情况

联合利华使用卫星图像和地理空间位置数据来了解和获取其产品制造中所使用的原材料的来源地信息，例如 Axe 除臭剂。

首席供应链官 Marc Engel 表示，供应链通常很长，而且不透明。例如，棕榈油是从饼干到洗发水等许多日用产品的重要原材料，由于森林中越来越多的树木被砍伐，开辟为更多的棕榈种植园，生产棕榈油面临着森林砍伐的风险，因此备受关注。

联合利华与软件公司 Orbital Insight 合作，追踪这种作物从原产地到称为供应链"第一英里"的制造公司的历程。Orbital Insight 使用手机数据将轨迹从一个位置连接到另一个位置，以形成供应链地图。将这些数据与先进的卫星图像相结合，用来估计森林砍伐情况。这有助于联合利华提醒其供应商注意来源地或来源农场。

Orbital Insight 开发了算法并对其进行了训练，以获得更多有关森林管理和实际森林砍伐之间的差异信息。世界各地正在使用这项技术检查棕榈油种植园，如苏门答腊岛，以及巴西的大豆生产。

下述链接的故事还重点介绍了另一个技术平台——普罗旺。其首席执行官兼创始人 Jessi Baker 指出，现在许多品牌都希望与客户分享产品的原产地和供应链之旅。这可以帮助客户/利益相关者了解碳足迹和动物福利等方面的信息。

问题讨论：
1. 如何使用卫星图像来了解森林砍伐的威胁？
2. 访问 Orbitalinsights.com 网站，了解图像的其他类似应用。

资料来源：https://www.cnbc.com/2020/09/24/unilever-in-data-pilot-to-check-for-deforestation-in-its-supply-chain.html。

▶ 10.4 节　习题

1. 图像如何作为其他数据源的补充为决策者提供信息？
2. 试给出另类数据的定义。
3. 查找图像数据在决策应用方面的其他最新示例。
4. 在使用图像数据时会存在哪些问题？

10.5　物联网基础

物联网（Internet of Things，IoT）是一个不断演化的术语，其定义有很多。一般来说，物联网是指将许多物体（人、动物、设备、传感器、建筑物、物品等）与嵌入式微处理器连接起来的计算机化网络。这些物体大多以无线方式连接到互联网，从而形成物联网。物联网可以交换数据，并允许其中对象之间以及对象及其环境之间进行通信。也就是说，物联网允许人和物随时随地互联。用于收集和交换数据的嵌入式传感器构成了对象和物联网的主要部分。也就是说，物联网使用普适计算（ubiquitous computing）。分析人士预测，到 2025 年，将有超过 500 亿台设备（物体）连接到互联网，构成物联网应用的支柱。

将可以打开和关闭的计算机和其他设备嵌入任何位置的活动对象中，并将所有设备连接到互联网（彼此连接），允许用户和项目之间进行各种通信和协作。通过连接许多可以相互通信的设备，可以创建具有新功能的应用，提高现有系统的生产力，并带来好处，这些好处稍后将讨论到。这种交互为许多应用打开了大门。读者可以查看"Internet of Things Consortium"（iofthings.org）及其年度会议。有关信息图和指南，请参阅 intel.com/content/www/us/en/internet-of-things/infographics/guide-to-iot.html。

定义和特征

物联网有几种定义。Kevin Ashton 被认为是"物联网"一词的创造者，他给出了以下定义："物联网是指连接到互联网上的传感器，通过建立开放的即席连接、自由共享数据，允许意想不到的应用，以类似互联网的方式运行，使计算机能够了解周围的世界，并成为人类的神经系统。"（Kevin Ashton 在 1999 年一次口头陈述中首次提出这一术语。见 Ashton，2009）。

我们对物联网给出的工作定义是：物联网是一个连接的计算设备网络，其中包括不同类型的对象（例如，数字机器）。网络中的每个对象都有一个唯一标识符（UID），它能够在网络上自动收集和传输数据。所收集的数据在分析之前没有任何价值，如本章开篇小插曲所示。注意，物联网允许人们和事物在任何时间、任何地点就任何业务主题或服务进行互动和交流。

Miller（2015）认为，物联网是一个互联网络：
- 可以连接大量对象（事物）。
- 每个对象都有一个唯一的定义（IP 地址）。
- 每个对象都能自动接收、发送和存储数据。
- 每个对象大多通过无线互联网交付。
- 每个对象都建立在机器对机器（M2M）通信之上。

注意，与使用计算技术将人们相互连接的常规互联网相比，物联网将"事物"（物理设备和人）相互连接，并连接到收集数据的传感器。在后面的小节中，我们将解释物联网的运行过程。

简单示例。一个常见的物联网示例是自动驾驶汽车。要想自行驾驶，车辆需要有足够的传感器来自动监测汽车周围的情况，并在必要时采取适当的操作，以调整设置，包括汽车的速度、方向等。另一个说明物联网现象的例子是 Smartbin 公司。该公司开发了垃圾箱，其中包括传感器，以检测其中的垃圾填充水平。当传感器检测到垃圾箱中垃圾已达到填充位时，会自动通知垃圾收集公司前来清空垃圾箱。

人们常举一个例子来说明物联网，即冰箱在检测到食物用完时可以自动订购食物（例如牛奶）！Clorox 推出了一种新的 Brita 过滤器，支持 Wi-Fi，可以在检测到需要更换水过滤器时自行下订。在这些例子中，用户（人）不必与商家（人）通信，甚至不必与机器通信。

物联网正在改变一切。根据 McCafferty（2015）的说法，物联网正在改变一切。有关物联网如何彻底改变制造业的讨论，请参阅 Greengard（2016）。以下是提供的几个示例：
- 实时系统可以随时知道任何人在哪里，这有助于保护军事基地的安全，并寻求向消费者推广促销活动。
- 车队跟踪系统使物流和运输公司能够优化路线，跟踪车辆速度和位置，并分析驾驶员和路线效率。
- 喷气发动机、火车、工厂设备、桥梁、隧道等的所有者和运营商可以通过监测预防性维护的机器，提前进行维修。
- 食品、药品和其他产品的制造商监测温度、湿度和其他变量，以对质量控制进行管理，并在出现问题时即时收到警报。

AI 系统促进了上述变化，增强了分析能力，并自动化或支持决策。

物联网生态系统

当数十亿的东西通过所有的支持服务和连接的 IT 基础设施连接到互联网上时，这形成了一个巨大的综合体，该综合体可以被视为一个庞大的生态系统。物联网生态系统包括用户能够创建物联网应用的所有组件。这些组件包括网关、分析、AI 算法、服务器、数据存储、安全和连接设备等。图 10.5 显示了物联网生态系统示意图。该图的制作日期为 2016 年，但它仍然很好地概述了物联网中的一组技术和应用。本章开篇小插曲提供了一个物联网应用的示例。它展示了一组收集信息的传感器,这些信息被传输到一个中心位置进行处理,并最终用于决策支持。因此,物联网应用是物联网生态系统的子集。

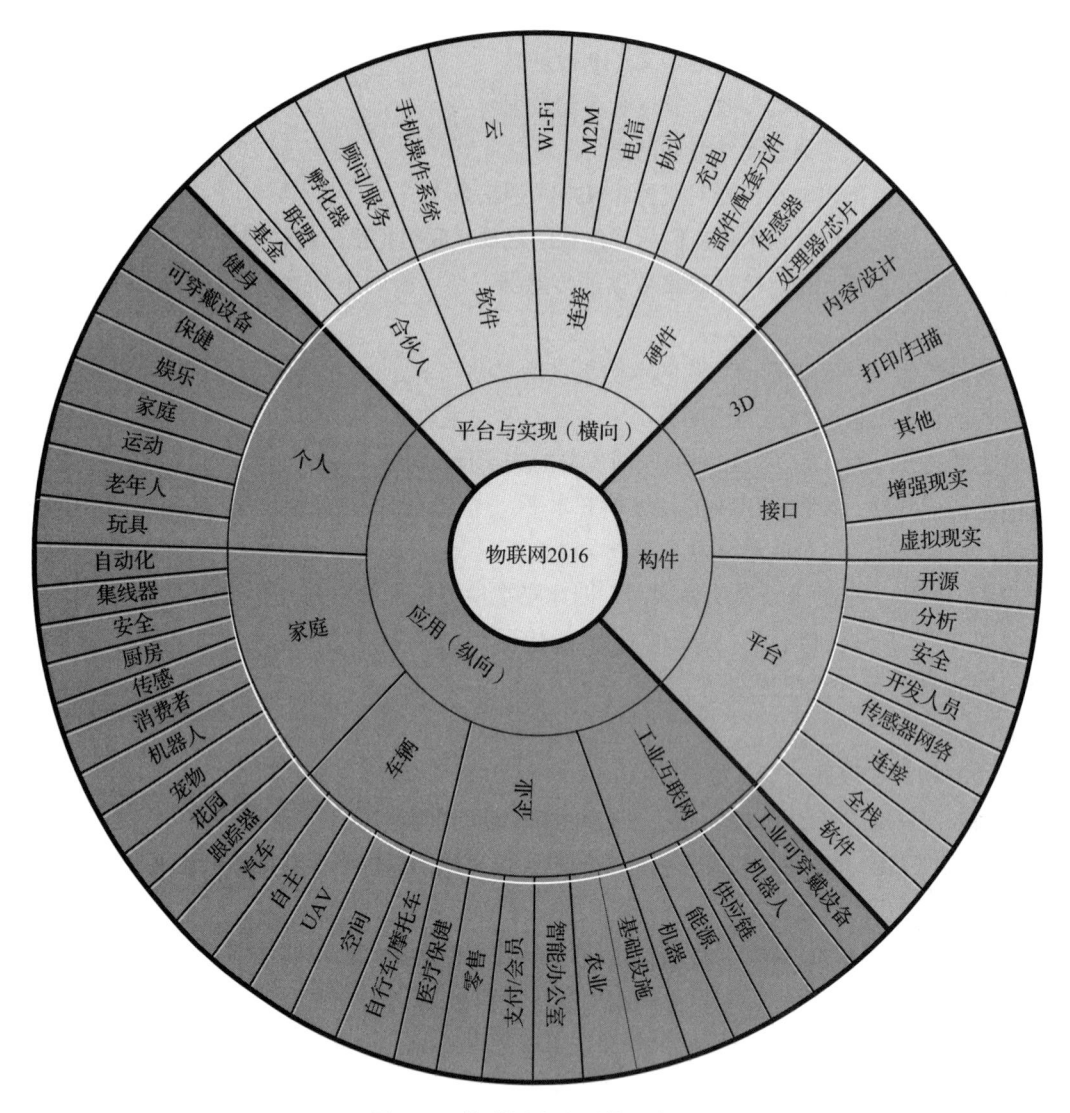

图 10.5 物联网生态系统示意图

物联网系统结构

物联网指的是各种物体和设备,从汽车和家用电器到医疗设备、计算机、健身追踪器、硬件、软件、数据、传感器等。连接这些对象并允许它们进行通信是物联网应用的必要能力。但对于更复杂的应用程序,我们还需要额外的组件:控制系统和业务模型。物联网使事物能够通过网络无线感知或被感知。一个非互联网的例子是房间里的温度控制系统。另一个非互联网的例子是道路交叉口的交通信号灯,其中摄像头传感器识别来自每个方向的汽车,控制系统根据编程规则调整信号灯变换时间。稍后,我们将向读者介绍许多基于互联网的应用。

物联网技术基础设施。从整体上看，物联网技术可分为四大块，图 10.6 对此进行了说明。

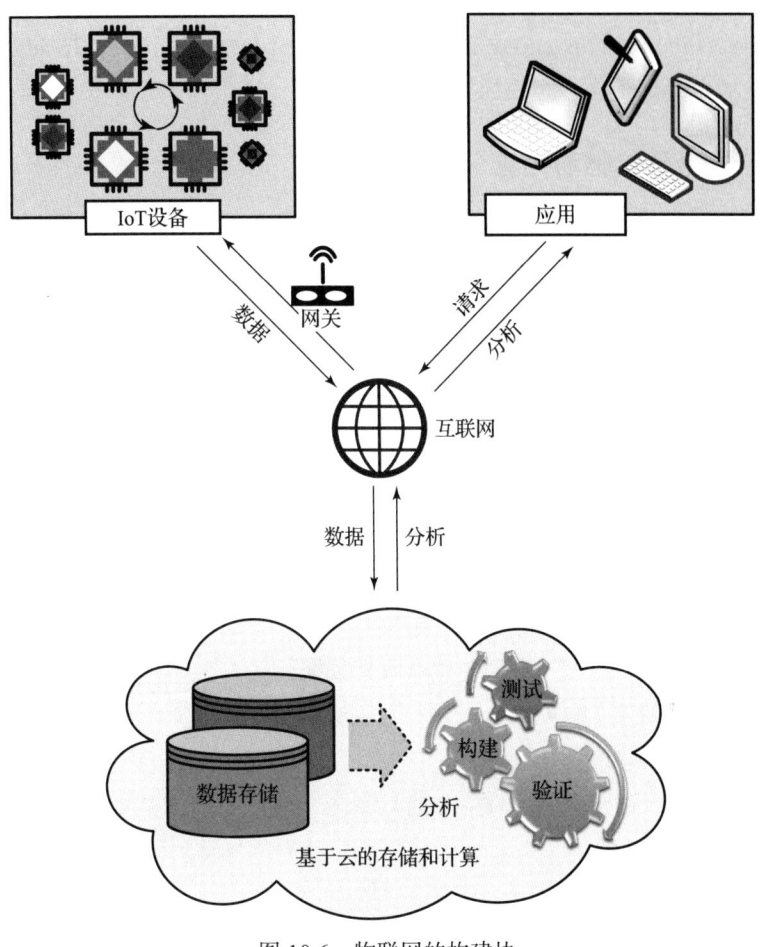

图 10.6 物联网的构建块

1. **硬件**。硬件包括产生和记录数据的物理设备、传感器和执行器。这些设备是需要控制、监控或跟踪的设备。物联网传感器设备可以包含处理器或任何解析传入数据的计算设备。

2. **连接**。通过基站或集线器，从负载传感器的物体上收集数据，并将这些数据发送到云端，以进行分析。设备连接到网络以实现与其他网络或其他应用的通信，这些设备可以直接连接到互联网。网关用于使未直接连接到互联网的设备能够访问云平台。

3. **软件后端**。在此层实现对收集的数据进行管理。软件后端管理连接的网络和设备，并提供数据集成，这部分可以放在云端。

4. **应用**。在物联网的这一部分，数据被转化为有意义的信息。许多应用可以在智能手机、平板电脑和 PC 上运行，并对数据进行有用的处理。其他应用可以在服务器上运行，并通过面板或消息向利益相关者提供结果或报警。

可以借助物联网平台来构建物联网系统。有关信息，请参阅 Meola（2018）。

物联网平台。由于物联网仍在发展,许多特定领域和应用技术平台也在发展。毫不奇怪,许多物联网平台的主要供应商也是为其他应用领域提供分析和数据存储服务的供应商。其中包括 Amazon AWS IoT、微软 Azure IoT 套件、通用电气的 Predix IoT 平台和 IBM Watson IoT 平台(ibm.com/us-en/marketplace/internet-of-things-cloud)。Teradata 统一数据架构在物联网领域也得到了许多客户的类似应用。

物联网的主要优势和驱动因素

物联网系统的主要目标是提高生产力、质量、速度和生活质量。物联网有一些潜在的主要好处,尤其是与 AI 相结合时。

物联网的主要优势包括:

- 通过自动化过程降低成本。
- 提高工人的生产力。
- 创造新的收入来源。
- 优化资产利用率(见本章开篇小插曲)。
- 提高可持续性。
- 改变、改进一切。
- 预测我们的需求。
- 能够深入了解各种环境(利用传感器收集数据)。
- 实现更明智的决策/购买。
- 提高预测准确性。
- 快速发现问题(甚至在问题发生之前)。
- 生成和传播即时信息。
- 快速、低廉地跟踪活动。
- 提高业务流程的效率。
- 实现消费者与金融机构之间的沟通。
- 利于制定增长战略。
- 从根本上改进分析(见本章开篇小插曲)。
- 能够根据实时信息做出更好的决策。
- 加速问题解决和故障恢复。
- 支持设施集成。
- 为个性化服务和营销提供更好的客户知识。

物联网的主要驱动因素包括:

- 2020 ~ 2025 年,估计会有 200 亿到 500 亿的事物可能会连接到互联网。
- 互联的自主"事物"/系统(如机器人、汽车)创造了新的物联网应用。
- 随着时间的推移,宽带互联网越来越普及。
- 设备和传感器的成本正在持续下降。
- 连接设备的成本不断降低。

- （通过创新）创建了其他设备，并且易于互连。
- 设备内置了更多传感器。
- 智能手机的普及率正在飙升。
- 可穿戴设备的可用性不断增加。
- 移动数据的速度已提高到 60 THz。
- 正在为物联网开发协议（例如 WiGig）。
- 客户期望值不断提高，创新的客户服务必不可少。
- 物联网工具和平台的可用性正在增加。
- 用于物联网的强大分析的可用性正在增加。

物联网的工作原理

物联网不是一个应用程序，它是用于支持应用程序的基础设施、平台或框架。以下是物联网应用的完整过程。许多情况下，物联网只遵循这一过程的一部分。

物联网应用过程如图 10.7 所示。互联网生态系统包含了大量的对象。传感器和其他设备从此生态系统中收集信息。收集的信息可以用于显示、存储和分析处理。分析操作将信息转化为知识和/或智力。专家系统或机器学习可以将知识转化为决策支持（由人和/或机器做出），这可以通过改进的行动和结果来证明。

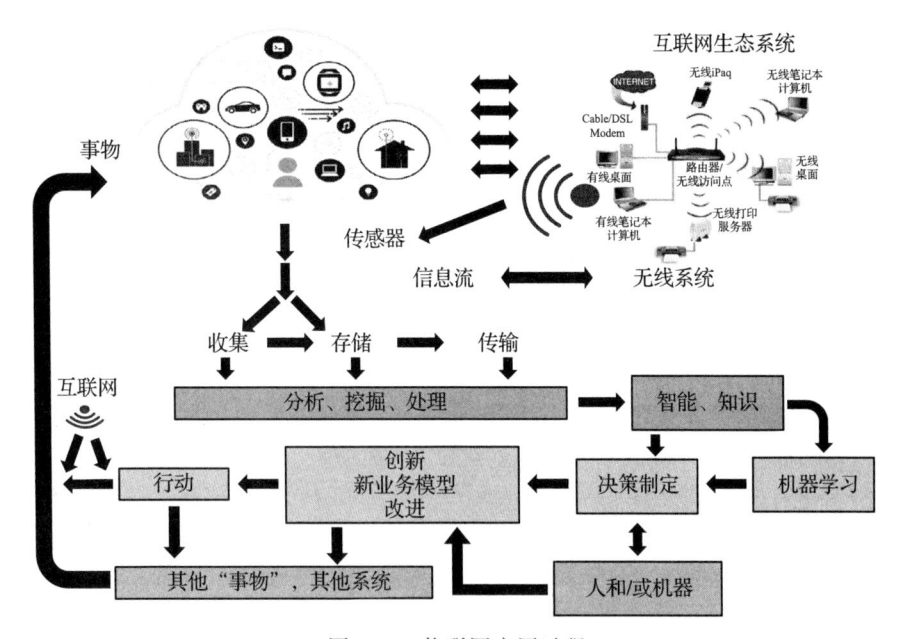

图 10.7　物联网应用过程

生成的决策可以帮助人们创建创新的应用、新的业务模型，改进业务流程。这些操作最终都会落实到"行动"，这可能会影响原始场景或其他事情。本章开篇小插曲说明了这个过程。

注意，大多数现有的应用都处于图 10.7 的上半部分，称为"从传感器到洞察力"，意味着直到创建知识或传递新信息。然而，现在焦点正在转移到整个周期（即从传感器到行动）。

物联网可能会产生大量数据（大数据），需要通过各种商务智能方法进行分析，包括深度学习或高级 AI 方法等。

物联网与决策支持

如前所述，物联网创建知识和/或智能，作为对决策者的支持或输入到自动化决策支持实体。从数据收集到决策支持的转变可能并不简单，因为数据量很大，其中一些数据无关紧要。大规模物联网通常需要对收集的数据进行过滤和清理，然后才能用于决策支持，特别是将这些数据用作自动化决策的基础时。

传感器及其在物联网中的作用

如本章开篇小插曲所述，传感器在物联网中发挥着重要作用，它收集与互联网连接的事物的性能数据，监测周围环境，必要时也从中收集数据。传感器可以传输数据，有时甚至在传输之前进行处理。

传感器技术简介

传感器是一种自动收集有关其环境中的事件或变化数据的电子设备。许多物联网应用都包括传感器（请参阅本章开篇小插曲），所收集的数据被发送到其他电子设备进行处理。有多种类型的传感器和多种收集数据的方法。传感器经常产生信号，这些信号被转换成人类可读的显示信息。除了在物联网中的应用外，传感器也是机器人和自动驾驶汽车的重要组成部分。对每种传感器，通常都有其最大可检测距离（标称范围）。接近传感器（proximity sensors）的感知距离非常短，比在较大范围内工作的传感器更可靠。每个物联网网络可能有数百万个传感器。

传感器如何与物联网协同工作

在大规模应用中，传感器收集数据，并将其传输到"云"中进行处理。分析实操 10.7 讨论了用于此过程的多个平台。

分析实操 10.7　罗克韦尔自动化监控昂贵的油气勘探资产以预测故障

罗克韦尔自动化（Rockwell Automation）是世界上最大的工业自动化和信息解决方案提供商之一。它的客户遍及全球 80 多个国家，员工达 22 500 余人。它的业务重点之一是协助石油和天然气公司进行勘探。比如其客户之一 Hilcorp Energy，是一家在阿拉斯加开采石油的客户公司。用于钻探、提取和提炼石油的设备非常昂贵。设备中的单个故障就可能会使该公司每天损失约 10 万至 30 万美元的产量。为了解决这个问题，它需要采用技术来远程监控这类设备的状态，并预测未来可能发生的故障。

罗克韦尔自动化公司考虑到扩大其在石油和天然气行业业务的机会，从勘探现场收集数据并进行分析，以改进关键设备的预防性维护决策，从而最大限度地减少停机时间，并提高性能。该公司利用其互联企业（Connected Enterprise）愿景和微软的软件来监控和支持偏远地区的石油和天然气设备。罗克韦尔目前正在提供解决方案，以预测整个石油供应链上的设备故障，实时监测设备的健康状况和性能，并防止设备发生故障。在以下领域提供了解决方案。

- **钻井**。Hilcorp Energy 的泵送设备驻扎在阿拉斯加，每天 24 小时执行钻井作业。设备的单次故障都可能会让 Hilcorp 损失一大笔钱。罗克韦尔连接了将在"云"端处理的泵送设备的电动可变驱动器，以控制其离俄亥俄州控制室数千英里外的机器。传感器对数据进行捕获，并通过罗克韦尔的控制网关将这些数据传递给 Microsoft Azure Cloud。Hilcorp 的工程师可以通过数字仪表盘获得解决方案，这些仪表盘提供有关压力、温度、流速和数十个其他参数的实时信息，帮助工程师监测设备的健康状况和性能。这些仪表盘还显示有关可能问题的警报。当 Hilcorp 的一台泵送设备发生故障时，该故障可在不到一个小时的时间内被识别、跟踪和修复，从而节省了六个小时的故障跟踪时间和大量的生产损失成本。
- **建造更智能的气泵**。如今，一些送货卡车使用液化天然气（LNG）作为燃料。石油公司正在更新其加油站，在油站安装液化天然气泵。罗克韦尔自动化公司在这些泵上安装了传感器和变频驱动器，以收集有关设备运行、燃料库存和消耗率的实时数据。这些数据被传输到罗克韦尔的云平台进行处理。罗克韦尔随后使用 Microsoft Azure（一个物联网平台）生成交互式仪表盘和报告。结果将转发给利益相关者，让他们对这些固定资产的健康状况有更好的了解。

罗克韦尔的互联企业解决方案将其运营数据带到云平台，帮助 Hilcorp Energy 等许多石油和天然气公司减少了昂贵的停机时间和维护工作，促进了公司业绩增长。这也为罗克韦尔自动化等工业时代的中坚力量带来了新的商机。

问题讨论：
1. 石油和天然气钻井平台可能会收集什么类型的信息？
2. 这个应用程序是否符合大数据的三个 V（容量、多样性、速度）？为什么？
3. 其他哪些行业（列出五个）可以使用类似的运营衡量标准和仪表盘？

资料来源：customers.microsoft.com (2015); Rockwell Automation: Fueling the Oil and Gas Industry with IoT; https://customers.microsoft.com/Pages/CustomerStory.aspx?recid=19922; Microsoft.com. (n.d.)." Customer Stories | Rockwell Automation," https://www.microsoft.com/en-us/cloud-platform/customer-stories-rockwell-automation。

传感器应用与射频识别传感器

传感器有多种类型，有些测量温度，有些测量湿度。许多传感器收集并传输信息。有文章列出了 50 个传感器应用场合，详情请参阅 https://www.libelium.com/libeliumworld/top_50_iot_sensor_applications_ranking/。

射频识别传感器是众所周知的在物联网中发挥重要作用的一种传感器。

RFID 传感器。射频识别（Radio-frequency identification，RFID）是更广泛的数据捕获技术生态系统的一部分。有多种形式的 RFID 与其他传感器相结合在物联网应用中发挥着重要作用。我们先来看看什么是 RFID，如技术洞察 10.1 所述。

技术洞察 10.1　RFID 传感器

RFID 是一种通用技术，指的是使用射频波来识别物体。从根本上讲，RFID 是一系列自动识别技术的其中一个例子，这些技术还包括各种条码和磁条。自 20 世纪 70 年代中期以来，零售供应链（以及许多其他领域）一直将条码作为自动识别的主要形式。RFID 可以存储比条码多得多的数据。此外，可以从更远的距离无线访问 RFID。RFID 的这些潜在优势促使许多公司（以沃尔玛和塔吉特等大型零售商为首）积极寻求将其作为改善供应链的一种方式，从而降低成本、增加销售额。

RFID 是如何工作的？最简单的方式是，RFID 系统由标签（附在待识别的产品上）、询问机（即 RFID 阅读器）、附在询问机上的一个或多个天线以及计算机程序（用于控制询问机并捕获数据）组成。目前，零售供应链主要对被动 RFID 标签的使用感兴趣。被动标签接收来自询问机（例如阅读器）产生的电磁场的能量，并仅在请求时反向散射信息。被动标签只有在询问机磁场内时才保持通电状态。

相比之下，主动标签需要配置电池来供电。因为主动标签有自己的电源，所以它们不需要询问机来对其供电；相反，可以自己启动数据传输过程。与被动标签相比，主动标签具有更长的读取范围、准确性更高、更复杂的可重写信息存储能力、更丰富的处理能力。缺点是，由于电池电量有限，因此主动标签的寿命有限，尺寸比被动标签大，而且更昂贵。目前，大多数零售应用都是用被动标签设计和操作的，每个标签只需几美分。主动标签最常见于国防和军事系统，但也出现在 EZ Pass 等技术中，EZ Pass 的标签（称为转发器）与预付费账户相连，例如，该账户使司机能够稍后支付通行费，只需开车经过读卡器，而不需在收费站停下来付款。此外，还有具有有限主动标签功能的半被动标签。

RFID 技术最常用的数据表示是电子产品代码（Electronic Product Code，EPC），许多业内人士将其视为下一代通用产品代码（Universal Product Code，UPC），通常由条码表示。与 UPC 一样，EPC 由一系列数字组成，用于识别整个供应链中的产品类型和制造商。EPC 还包括一组额外的数字，用于唯一标识项目。

RFID 和智能传感器在物联网中的应用

基本的 RFID 标签，无论是主动还是被动标签，都不是传感器。标签的目的是识别物体并确定其位置（例如，用于计数物体）。为了使其对大多数物联网应用有用，需要对标签升级（例如，通过添加板载传感器）。这些称为 RFID 传感器的 RFID 比 RFID 标签或基本传感器具有更多的功能。有关 RFID 在物联网中的作用的详细讨论，请参阅 Donaldson（2017）。

RFID 传感器是通过 mash 网络或传统 RFID 阅读器进行通信的无线传感器，它们包括可识别的 ID。RFID 阅读器将令牌信息发送到网关，如 AWS 物联网服务。处理此确认后，就可产生一些操作。

智能传感器和物联网。 集成到物联网中时，有几种类型的智能传感器具有不同级别的功能。智能传感器是一种通过使用其内置的计算能力（例如，微处理）来感知环境并处理其收集的输入信息的传感器。处理是预先编程的，结果会被传递。从内部计算质量来看，智能传感器可以比其他传感器更自动化、更准确，并且可以在发送数据之前过滤掉不需要的噪声并补偿错误。

智能传感器是物联网中至关重要的组成部分，可以包括特殊组件，如放大器、模拟滤波器和转换器等，以支持物联网。此外，物联网智能传感器可以包括用于数据转换、数字处理和与外部设备通信的特殊软件。

10.5 节 习题

1. 什么是物联网？
2. 列出物联网的主要特征。
3. 物联网技术由哪些主要组成部分组成？
4. 列出物联网的主要驱动因素。
5. 试解释物联网是如何按照图 10.7 所示的流程工作的。
6. 物联网如何支持决策？
7. 描述传感器在物联网中的作用。
8. 什么是 RFID？什么是 RFID 传感器？
9. RFID 在物联网中扮演什么角色？
10. 定义智能传感器并描述其在物联网中的作用。

10.6 物联网应用

我们从一个众所周知的例子开始：想象一下，你的冰箱可以感应到里面的食物量，当库存不足时，冰箱会向你发送短信（图 10.8 中示意的利用传感器产生洞察力）。未来冰箱还可以订购需要补充的物品，支付费用，并安排配送（从传感器到行动）。下面我们看看其他更现实可行的企业应用。

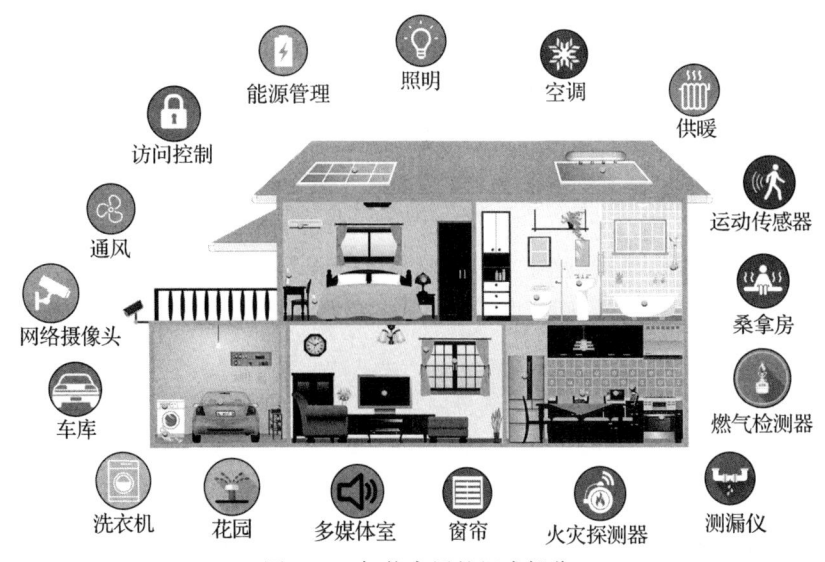

图 10.8 智能家居的组成部分

实例：法国国家铁路系统应用物联网

法国国家铁路系统（SNCF）使用物联网为其近1 400万乘客提供高质量、高可用性和安全的乘坐服务。sncf.com 公司利用物联网改善其运营（Estopace，2017）。管理 15 000 列火车和 30 000 公里的轨道并不简单，但 IBM Watson 利用物联网和分析技术帮公司做到了这一点。安装在火车、轨道和火车站上的数千个传感器收集 Watson 处理的数据。此外，所有业务流程操作都进行了数字化，以适应系统。有关可能的网络攻击信息也被编入该系统。所有收集到的大数据都已准备好用于支持决策。IBM Watson 的平台是可扩展的，可以处理未来的扩展。

为了了解这个物联网网络的规模，考虑一下仅巴黎的公共交通线路就需要 2 000 个传感器，每月要发送 7 000 多个数据点的信息。这些系统使工程师能够在列车运行时一次远程监控 200 列列车的任何机械及电气操作和故障。此外，通过使用预测分析模型，该公司可以安排预防性维护，以最大限度地减少故障。因此，如果你是火车旅行者之一，你可以放松并享受你的旅行。

在所有与消费者相关的物联网倡议中，有三种最为知名：智能家居和家电、智慧城市和自动驾驶汽车。下面我们简要介绍这三种。

智能家居和家电

智能家居的概念已经成为人们关注的焦点好几年了，时间甚至可以追溯到物联网的概念出现之前。智能家居是一种包含各种自动化组件的住所，这些组件相互连接（通常是无线的），如电器、安全、照明和娱乐等，并受到集中控制，彼此能够相互通信。有关智能家居的介绍，请参阅 technterms.com/definition/smart_home。

智能家居旨在让居住更舒适、更安全、能源成本更低、更便利。智能家居可以通过智能手机或互联网进行交流。对其控制可以是实时，也可以以任何期望的间隔时间进行。大多数现有的房子还不是智能的，但可以很轻松且廉价地加以改装，至少部分实现智能。有几种协议可以实现连接，著名的有 XIO、UPB、Z-Wave 和 EnOcean 等。这些产品提供了可扩展性，因此随着时间的推移，更多的设备可以连接到智能家居。在美国和其他国家，成千上万的家庭已经配备了这种系统。

智能家居的典型组件

以下是智能家居中的典型组件：
- **照明**。用户可以随时随地管理家庭照明。
- **电视**。这是最受欢迎的组件。
- **能源管理**。家庭供暖和制冷系统可以通过智能恒温器实施完全自动匹配和控制（例如 Nest Learning Thermostat，参阅 nestnest.com/works-with-nest）。
- **用水控制**。WaterCop（watercop.com）是一个通过传感器监测漏水情况以减少用水损失的系统，该系统可以向阀门发送信号，控制阀门关闭。

- **智能扬声器和聊天机器人**。最受欢迎的是 Echo 和 Alexa，以及 Google Assistant。
- **家庭娱乐**。可以对音频和视频设备编程，以响应遥控设备。例如，房间内立体声系统的基于 Wi-Fi 的遥控器可以命令系统在家里任何扬声器上播放音视频。所有家庭自动化设备都通过一个远程站点和一个按钮执行。
- **闹钟**。闹钟告诉住户要么回去睡觉，要么醒来。
- **真空吸尘器**。例如 iRobot Roomba 和 LG Roboking 真空吸尘器。
- **摄像头**。这让住户可以随时随地看到家里发生了什么。Nest Cam Indoor 是一款受欢迎的产品。一些智能摄像头甚至可以知道居民的感受。
- **冰箱**。LG 的 Instaview 就是一个例子，它由 Alexa 驱动。
- **家庭安保**。可以对这样的系统编程，提醒业主注意其财产安全。如前所述，一些安全措施可以由摄像头支持，用于实时远程查看房产。传感器可以在家里用来检测入侵者，监视工作设备，以及执行其他操作。

智能家居的组成部分如图 10.8 所示。注意，只有少数家庭拥有所有这些组件。最常见的组成部分是家庭安全、娱乐和能源管理。

智能家电

智能家电（smart appliance）包括可以基于用户偏好远程控制操作家电的功能。智能家电可以利用家庭网络或互联网与智能家居中的其他设备进行通信。

助力家庭成为智能家居的常见产品包括以下几种。

- **学习型恒温器**。该设备可以学习用户喜欢的温度和湿度水平，并相应地控制空调/供暖系统。Google 声称，其产品平均节能 13%，两年内省下来的钱足够支付购买该设备的费用。
- **烟雾探测器和报警器**。这款设备由智能手机控制，自动测试，使用寿命约十年。
- 基于网络摄像头的系统允许用户通过智能手机或台式机从任何位置查看家中发生的事情。无人在家时，这个系统可以自动开启。它可以监视宠物、婴儿等。其照片记录器可供回看。
- **三星智能冰箱**。冰箱里的摄像头可以对食物进行检查，内设传感器，可以检测温度和湿度。
- **10 合 1 厨房设备**。它可以搅拌食物，如炒鸡蛋，具备 10 种烹饪风格（如烘焙、酱汁制作）。
- **LG 的 Instaview 冰箱**。由 Alexa（通过语音启用）驱动，包括一个 29 英寸的 LCD 触摸屏显示屏。它提供了检测食物有效期并通知用户等功能。
- **惠而浦的智能上置滚筒式洗衣机**。这台全自动洗衣机具备智能控制装置，耗电低，甚至鼓励参与慈善事业，每次启动洗衣机时都会向"Habitat for Humanity"（仁爱之家）捐赠少量资金。
- 可以作为家用电器的智能集线器使用的电视。
- 自制家庭智能安全摄像头，在报警之前，能辨别入侵者是人，而不是猫。

- 可用的水龙头、洒水器和漏水探测器的水控制装置。此外，传感器可以检测漏水并提醒屋主。

家庭智能组件可在家居饰品店（如 Lowes）购买，也可直接从制造商（如 Nest）处购买。

智能家居是机器人的天下

我们在第 2 章中介绍的虚拟个人助理使人们能够通过语音与 Alexa/Echo 和 Google Assistant 等聊天机器人进行交谈。这样的助手可以用于管理智能家居中的电器。

在一个完善的智能家居中，家居设备不仅能够满足家庭需求，而且能够预测这些需求。据预测，在不久的将来，基于 AI 的智能家居将拥有智能协调的机器人生态系统，该生态系统将管理和执行家庭任务，甚至可能与人建立情感联系。智能家居还将配备智能机器人，可以为人们送餐食，为残疾人提供支持，甚至教孩子们不同的技能。

智能家居应用存在的障碍

智能家居非常有吸引力，但还需要一段时间才能出现，根据 Venkatakrishnan（2017）的分析，智能家居还存在一些限制性障碍。

- **兼容性问题**。有太多的产品和供应商可供选择，这让潜在消费者感到困惑。这些产品中许多产品彼此之间不能兼容，因此还需要制定更多的行业标准。此外，很难将产品与消费者的需求相匹配。
- **沟通问题**。不同消费者对智能家居应该是什么持有不同的想法。因此，需要向用户清楚地说明智能家居的功能和好处。
- **专注度问题**。品牌需要专注于对智能家居最感兴趣的人群。

此外，智能家居还存在成本是否合理，是否侵犯隐私、安全性和易用性等问题。

智能家居、智能家电和智能建筑是智慧城市的特色，这是我们下一节要介绍的主题。

智慧城市和智能工厂中的智能组件

智慧城市的主要目标是实现尽可能多的公共服务自动化，如交通、公用事业、社会服务、安全、医疗、教育和经济等。因此，在智慧城市总体项目中，人们可能会发现几个子项目，其中一些子项目独立于主项目。

香港有一个名为智能交通（smart mobility）的项目，旨在改善道路安全。一个由私人和公共组织组成的联盟引入了智能交通服务，包括碰撞预警机制和停车辅助控制。该系统还管理车速和车道违规以及交通拥堵。所有这些都提高了道路安全性和效率。

交通是分析和 AI 使城市变得更智能的一个主要应用领域。其他领域包括经济发展、打击犯罪和医疗保健等。

智慧城市组件的其他例子可以在智慧高效、智能医疗中心、智能电网以及机场、工厂、港口、运动场和智能工厂中找到。每一个这样的子项目都可以视为一个独立的物联网项目，或智慧城市整体项目的一部分。

智能（数字）工厂。生产自动化已经伴随我们好几代人了。机器人正在生产从汽车到手机的数千种产品。在亚马逊的配送中心可以找到数以万计的机器人。因此，随着 AI 技术和物联网应用的发展，工厂变得越来越智能也就不足为奇了。因此，智能工厂可以被视为智慧城市的一个组成部分，并可能与清洁空气和交通等其他组成部分相互关联。

根据德勤大学出版社（Deloitte University Press）的说法，**智能工厂**是一个灵活的系统，可以在更广泛的网络中自我优化性能，实时或近乎实时地自我适应和学习新条件，并自主运行整个生产过程。详细信息可参阅免费的德勤电子书 https://www2.deloitte.com/content/dam/insights/us/articles/4051_the-smart-factory/Dup_The-smart-factory.pdf。相关入门资料请参阅 https://www2.deloitte.com/insights/us/en/focus/internet-of-things/technical-primer.html。

Tomás（2016）提出了未来工业生产的愿景。未来工业生产基本上是完全数字化和连接的，快速且灵活。主要理念是在配备了 AI 技术的工厂中设立一个指挥中心。AI 与物联网传感器和信息流相结合，实现业务流程的优化组织和排序。从原材料供应商、物流、制造到销售的整个生产链都将连接到物联网系统，用于计划生产、协调和控制。计划生产将基于对需求的分析预测。

生产过程将尽可能自动化，并进行无线控制。物流将按需快速提供，质量控制将实现自动化。物联网与传感器相结合将用于预测性和预防性维护。这其中一些元素会出现在先进的工厂中，未来会有更多的工厂变得更智能。

改善智慧城市的交通

智慧城市的一个主要改进领域是交通。许多城市的一个主要问题是车辆数量的增加，城市无法有效容纳所有车辆。修建更多的道路则会增加更多的污染，并导致交通堵塞。公共交通可以帮助缓解这一问题，但可能需要数年时间才能完成。人们需要快速的解决方案。在一些智慧城市，创新者已经在自行车和汽车上安装了空气质量传感器。传感器还从道路上的汽车中获取数据，以帮助生成可以分析的数据，并将结果传输给驾驶员。下文提供了创新项目的示例。

示例 1

以色列初创企业 Valerann 开发了智能路钉，以取代采用当今技术的反光路钉。智能路钉可以传递他们对道路上发生的事情的感知信息。最终，这些智能路钉将与自动驾驶汽车相结合。智能路钉的价格高于反光路钉，但使用寿命更长。

示例 2

智慧出行联盟（香港）致力于香港智慧城市的出行。那里每天有 1 000 多万人使用公共和私人交通系统。该交通项目包括几个智能子系统，用于停车、碰撞预警以及对超速驾驶者和变道违规者的警告。

自动驾驶汽车

自动驾驶汽车也称为无人驾驶汽车、机器人汽车和自动汽车，已经在很多地方的道路上行驶。第一个商用自动驾驶汽车项目由 Google 发起。法国、新加坡、中国和其他几个国家的道路上已经有了这些汽车和公共汽车。这些汽车是电动的，它们可以通过减少排放、事故、死亡和交通堵塞来创造一场革命。自动驾驶发展迅速，这使得任何及时得到的统计数据很快就会过时，所以我们排除了大多数此类数据。

自动驾驶汽车的实施问题

汽车、卡车和公共汽车等自动驾驶汽车已经在全球多个城市的道路上行驶。然而，在我们看到数百万人上路之前，有必要处理一些实施问题。实现其全面商业化尚需时日的原因如下：

- 需要降低实时 3D 地图技术的成本并提高其质量。
- AI 软件必须敏捷，功能需要进一步增强。例如，AI 需要处理许多意想不到的情况，包括其他汽车驾驶员的行为。
- Bray（2016）提出了一个有趣的问题："客户、汽车制造商和保险公司真的为自动驾驶汽车做好了准备吗？"客户似乎承认这种汽车即将问世，但他们拒绝使用。然而，一些大胆的人希望这些汽车在驾驶方面比人类做得更好。
- 这项技术需要更多的研究，代价昂贵。原因之一是汽车和道路上的许多传感器都需要改进，并降低成本。
- 物联网正在连接自动驾驶汽车的许多对象，包括云中的对象。物联网系统本身需要改进。例如，必须消除数据传输延迟。

物联网的未来

随着时间的推移，我们看到越来越多的物联网应用，包括组织和企业的外部和内部应用。因为所有的物联网网络都连接到了互联网，所以可以将一些网络相互连接，从而创建更大的物联网。这将为许多组织创造增长和扩张机会。

AI 增强物联网。这方面有一些潜在的发展领域。AI 增强物联网的其中一个领域是其生态系统。许多物联网应用都很复杂，可以通过机器学习进行改进，从而提供对数据的见解。此外，AI 可以帮助人们创建能自我诊断甚至修复问题的设备（"物体"）。AI 与物联网相结合的另一个好处是"形成共生配对"（symbiotic pairing）（Hupfer, 2016）。这种配对可以创建能够处理和理解传统分析无法处理的数据的认知系统。AI 和物联网的结合可以创造具身认知（embodied cognition），将 AI 能力注入物体（如机器人和制造机器），使物体能够理解其环境，然后自我学习，并改进其操作。最后，AI 可用于集成物联网与其他 IT 系统。

▶ 10.6 节 习题

1. 给出智能家居的描述。
2. 智能家居的好处是什么？
3. 列出主要的智能家电。

4. 列出智慧城市对居民的一些好处。
5. 物联网在智慧城市倡议中的作用是什么？
6. 什么是智能工厂？
7. 什么是自动驾驶汽车？它们与物联网有何关系？
8. 为什么 Uber 和类似公司对自动驾驶汽车感兴趣？
9. 支持自动驾驶汽车需要哪些 AI 技术？

10.7 5G 技术及其对 AI 的影响

第五代（fifth-generation，5G）移动技术被誉为第四次工业革命的催化剂（Davis，2016）。5G 的超高网速和超低延迟可以为消费者和企业提供一系列突破性的应用，而这些应用在当前网络中是不可能实现的。5G 技术的主要优势和好处在于：①它提供了非常高速的接入，即使在人口稠密的地区也是如此；②它能连接一切，从而支持大规模的物联网和机器对机器（M2M）通信；③它提供实时响应，从而最大限度地减少网络响应时间的延迟，并为垂直行业提供全新的服务和应用；④它显著提高了安全性和隐私性；⑤它提供了一种基于服务的架构（Service-Based Architecture，SBA），更具灵活性和服务多样性。

5G 依赖于边缘计算（edge computing）——在边缘执行尽可能多的计算/分析，而不是回到中心云中。如果没有边缘计算，5G 应用和服务将依赖于通过核心网络连接到用于存储和计算的集中式云资源，从而失去其降低延迟的大部分积极影响。边缘计算背后的基本思想是，通过存储/访问数据并在更靠近网络边缘的地方（即在网络网关、用户驻地或边缘设备上）执行高需求处理任务，从而显著降低网络拥塞和延迟，这对于依赖于持续纠正行动的延迟关键型（latency-critical）应用至关重要。

边缘计算是对云计算的补充，而不是与之竞争。这样可以利用本地（在网络入口、客户驻地或边缘设备上）和云计算的优势。尽管边缘计算可以在 4G 环境中使用，但与 5G 的结合优化了其计算吞吐量和延迟（10 毫秒以内），从而为以前无法想象的延迟依赖型无线解决方案奠定了基础。

然而，5G 只是开启电信史上新篇章的其中一种技术（Fox 等人，2020）。5G、边缘计算和人工智能的融合将影响各行业，让许多新的企业和工业应用成为可能，如智能工厂、农业无人机、机器人手术、智能家居、AR/VR 购物、辅助机器人、协作游戏、智慧城市和自动驾驶汽车等。将人工智能定位在边缘位置对于需要优先考虑近实时反馈和优化型应用至关重要，这类应用如机器控制、设备监控和远程手术等。更快的基于人工智能的决策和边缘响应也会带来更好的用户体验，例如在人工智能辅助驾驶和高级虚拟现实应用领域（Snowdon 等人，2019）。此外，边缘计算支持提高安全性，因为敏感数据可以在边缘进行分析，不需要通过核心网络发送到中心云，从而限制了存储在任何一个位置的数据量。

5G、网络切片、边缘计算和人工智能的结合将成为工业 4.0 的主要驱动力，数十亿机器、设备和传感器正等待着无线连接。这将成为未来制造业和相关服务业的支柱。未来制造业和相关服务业将由机器人、人工智能、物联网、3D打印、增强现实（AR）/虚拟现实（VR）和云技术提供动力，所有这些技术都需要使用5G技术实现机器对机器的通信。

事实上，制造业有望成为5G服务的最大受益者（Partners，2019）。工业4.0正在彻底改变制造业的概念，从大规模生产转向大规模定制。具有一个基于高速、低延迟无线5G连接的灵活可编程环境，使用边缘计算和人工智能连接机器、流程、机器人和人。这种环境为更灵活和动态的生产能力提供了机会，以满足快速发展的市场需求和大规模定制需要。

Somisetty（2018）将这些应用分为四类：智慧城市、智慧医疗、联网汽车和工业4.0。由于其他章节已经讨论了前三类应用示例，我们只介绍工业4.0。通过使用从原材料到工厂系统再到物流供应链的整个供应链中嵌入的机器和传感器的数据，越来越可能最大化提高供应链的效率。在这一过程中使用的许多传感器可能只是包括基本识别数据的RFID标签，但通过监测这些标签及其在整个供应链中的移动，人们可以对供应过程中的问题和效率低下问题有深入的了解。这可能只需要对生成的数据进行描述性分析和映射。表示和分析高速生成的大量数据为描述性分析的开发人员提供了研究机会，以找出聚合数据可视化并向决策者呈现数据可视化的最佳方式。

使用工厂中应用到的机器物联网数据，通过应用预测分析，我们可以开发高效的预测性维护模型和程序（Yan等人，2017），以在部件将要发生故障且应在不良事件发生前进行维修时，用基于状态的维护代替定期设备维护。任何设备只有在必要时才离线进行维护，而不是无论机器的状况如何都要做定期维护。5G为几乎每一件需要定期维护的设备开发这种预测性应用程序提供了一个巨大的机会，使设备信息能够与决策者或模型近乎实时地共享，从而在项目出现故障之前启动及时的预测性维护程序。Pasqua（2019）阐述了物联网和5G在工厂自动化中的其他潜在应用。其中包括机器人远程控制（特别是危险情况下），针对危险情况下的工人操作培训，远程检查和应急操作的管理。如前所述，这些应用的开发需要三种关键技术的结合——传感器、5G和合适的分析模型。

微软、嘉士伯啤酒、奥胡斯大学和丹麦技术大学合作的一个名为"啤酒指纹追踪项目"（Beer Fingerprinting Project）的项目说明了传感器在5G和先进分析支持的制造过程中的应用。该项目每天开发许多啤酒样本，样本太多，人工无法完成采样和测试。相反，该项目使用传感器来捕捉样本的风味特征（即酿造此类啤酒时使用的酵母），并使用5G等快速技术将这些庞大的数据集传输到人工智能系统，在那里对这些数据进行分析。

在物联网、5G和人工智能相结合之前，一种用于分析已实现的数据流、分析数据并提出特定行动/响应过程的方法称为复杂事件处理（Complex Event Processing，CEP）。各个行业也开发并提出了许多类似应用。例如，Luckham（2012）认为20世纪90年代兴起的技术与当前的5G/IoT/AI技术的主要区别在于当今可能的应用规模，这也推动了新的预测和规范模型的研究类型的开发。此外，如前所述，数据在边缘和云中的分布也将导致生成新的预测（以及可能的预测）模型。

在5G和分析的接口上有两个广泛的机会。第一个机会是开发所有创新应用和技术，以构建一种由5G、物联网和人工智能相结合提供动力的新型应用。前面已经讨论了几个有趣的用例，但还会出现更多这样的用例。

人工智能在行业和消费者应用中的机会也将随着用户接受快速的信息生成而出现。下一章中讨论相关隐私问题。有机会开发新的方式来呈现快速变化的信息，以帮助决策者在不增加认知负荷的情况下掌握上下文中的情况。例如，智慧城市或智慧医疗应用中如此快速变化的信息需要多久为用户更新一次？应如何传达警报？还必须对信息进行定制，以便在不同的设备（如工业显示器、便携式计算机、平板电脑和移动设备等）上实现交付。人工智能可以帮助人们回答这些问题。

▶ 10.7 节　习题

1. 给出 5G 的定义。
2. 通信技术如何影响分析？
3. 我们所说的边缘计算是什么意思？
4. 查找最近部署的一些分析应用（5G 在这些应用中起着关键推动作用）。

10.8　其他新兴 AI 主题：机器人过程自动化

机器人过程自动化是这个数字转型时代的主要新兴趋势之一。根据 Nintex（www.nintex.com）的说法，机器人过程自动化（Robotic Process Automation，RPA）定义为"一种将任务重复、烦琐的步骤自动化，从而减少员工工作量的技术。"软件机器人或"机器人"复制人类工人的动作。通过处理人类的体力劳动，RPA 为人类将更多的时间用于其他重要活动争取了时间。RPA 可以帮助提高生产力，消除人为错误，降低运营成本，实现劳动密集型任务的自动化，更快地完成工作，从而节省时间和成本。

根据 Gartner 的一份报告，2021 年全球 RPA 收入增长 31%，达到 24 亿美元，比软件市场增长率高出 16%。Automation Now & Next 的研究（https://www.automationanywhere.com/now-and-next）显示自动化正在显著增长。据报道，与去年相比，有 77% 的企业领导人正在增加预算，90% 的企业领导人表示自动化帮助他们克服了供应链问题，解决了关键员工短缺问题。

虽然 RPA 仍处于起步阶段，但由于云平台应用的部署，市场需求正在增加。RPA 的增长可能会影响重复工种的未来就业，因为 RPA 可以处理这些任务。Piotrowicz（2020）表示，如果没有普遍的网络覆盖和云计算平台的增长，自动化增长是不可能的，因为云计算平台允许快速扩展、灵活的存储可用性和随需应变的计算能力。

> **分析实操 10.8　利用 Blue Prism 的数字劳动力，Walgreens 的 HR 共享服务效率提高了 73%**
>
> **业务挑战**
>
> Walgreens 一直在用基于云的替代软件对其主要的 HR 和工资发放方式进行变革，但这一大规模推广会使现有员工疲于奔命。该团队考虑使用机器人过程自动化（RPA），因

为他们无法雇用更多的人。RPA 将用于接管员工目前的劳动密集型处理任务，并因此调整数字员工的职责，为员工腾出带宽和时间。

Walgreens 的 HR Shared Systems 和服务副总裁 Curt Burghardt 领导了 RPA 改革，打消了他将减少员工人数的任何预期，并确保每个人都充分意识到这样做的重要意义。一开始与参与者的互动并让他们为 RPA 找到合格的任务，是第一步取得令人满意结果的关键所在，同时也是与 IT（信息技术）部门合作收集数据需求和安全的关键所在。

RPA 解决方案

早期的步骤表明，RPA 不仅仅是 Walgreens HR 小组的增效器。例如，在工作日 Walgreens 大约有平均 2 000 名工人休假。Blue Prism 会立即将所需信息加载到所有基本应用程序中，其中包括是否有补偿或无薪休假。数字工人在工人补偿程序中在 Walgreens 系统及其程序提供商之间传输信息。

Blue Prism 能使用各种方法，这有助于通过自动化交易节省宝贵的时间和成本，并向 Walgreens 证明 RPA 的能力。

Walgreens 的 HR 主管对 Blue Prism 的 OCR（光学字符识别）集成能力及其在各种系统之间推送扫描文档的潜力感到满意。

他举了一个例子。"Blue Prism 可以读取文档上的员工 ID 和商店编号，并知道两者之间的区别。你可以将区别编程为商店、配送编号或配送中心，或者是支持办公室的某个人。如果我们想对配送中心采取不同的做法，可以将其放到一个单独的队列中。然后创建要发送到正确的地址的电子邮件，发送电子邮件并保存到硬盘驱动器，以进行案例管理。这一切都只需一小部分人工执行相同任务所花的时间。"

业务影响

Blue Prism RPA 为 Walgreens 完成此额外工作提供了带宽支持，让员工能够改善客户体验，提高利润，同时将 HR 共享提供商团队的效率提高 73%。

资料来源：How Blue Prism's Digital Workforce is increasing Walgreens' HR shared ..., https://cdn2.assets-servd. host/lively-jackal/production/uploads/resources/case-studies/blue-prism-Walgreens-case-study.pdf。

▶ 10.8 节　习题

1. 什么是 RPA？
2. 举例说明 RPA 的作用。
3. 研究并找到一些 RPA 软件提供商的例子。

10.9　生物信息学与健康网络科学

生物信息学，尤其是健康分析，已成为人工智能的主要增长领域。在本节中，我们从一个应用案例开始，重点介绍分析在生物信息学领域的应用。然后介绍网络科学，这是一个应用先进分析技术的领域。

分析实操 10.9　分析基因组学数据以优化动物的肠道健康和表现

背景

人与动物的肠道都有一个由数万亿种不同微生物及其集体基因组组成的复杂生态系统,即肠道菌群。菌群由生活在宿主生物上或体内的所有微生物群落(细菌、病毒、原生动物和真菌)组成。这些微生物在体内形成了一个非常复杂的生态实体,在营养和健康多方面都发挥着重要作用。动物吃的食物会影响肠道微生物组。肠道中既有好细菌,也有坏细菌,它们是平衡微生物组的自然组成部分。然而,当坏细菌的数量超过好细菌时,就会出现健康和营养问题。因此,了解哪些食物可以改善肠道微生物组是一个重要问题。我们需要研究以下一些主要问题:

- 如何描述/识别一组细菌对动物是好是坏?
- 如何使用微生物组/基因组数据来预测动物的表现和健康属性?
- 如何根据从预测中学到的知识为生产商制定解决方案?

基础——Purina MQ 生物信息学平台

Purina 利用 Purina 新兴技术实验室的基因测序技术,分析从样本中产生的巨大测序数据(以 PB 为单位)。样本在 Illumina MiSeq(Illumina,San Diego,CA)机器上进行测序。基因测序技术使我们能够在尽可能低的物种/属水平上识别微生物种群成员。然而,我们必须完成许多复杂的处理,才能对不同样本的微生物种群加以比较。Purina 的数据智能团队开发了一个基于云的 Purina MQ(Microbiome Quotient)生物信息平台,该平台通过并行计算,使用名为 QIME2 的开源软件包自动分析测序数据。QIME2 可以帮助我们在物种水平上识别细菌,并将原始序列数据转化为有用的统计结果。

该团队的想法是利用微生物组测序管道,并开发成为一个综合动物系统生物学平台(Integrated Animal Systems Biology Platform),可以帮助团队处理、分析、存储和提取序列数据中的知识,并为所有动物物种提供经济高效、灵活和可扩展的解决方案。

开发该平台的主要目标是:

- 构建高性能、高通量的生物信息学平台
- 用于访问和编译数据集的中央数据存储库
- 实现微生物组数据管理和分析的标准化
- AI/ML 和高级统计分析

AI/ML 与数据分析的生物统计学方法

统计分析

对于每个元数据类别,使用多种不同的方法(如单向方差分析、PERMANOVA、ANCOM、Kruskal-Wallis 和 Wilcoxon 秩)来评估组内和组间的相对丰度。

监督学习

我们使用了多种不同的 AI/ML 模型[如逻辑回归(LR)、线性判别分析(LDA)、效应量（LEfSe）、随机森林（RF）、名为 Boruta 的随机森林包、长短期记忆（LSTM）、卷积神经网络（CNN）等］，以比较患有疾病和健康微生物群的动物/鸟类的估计进化型（phylotypes）。使用 HMP、微生物、微生物组 Bioconductor、LEfSe 和 mikroml 软件包，通过 R 中所有上述 ML 方法分析了每个聚类中门、类、目、科、属和种水平的组间差异。

LEfSe 使用双尾非参数 Kruskal-Wallis 检验来评估两组 OTU 差异的显著性。使用不成对的 Wilcoxon 检验在两组之间进行一组成对检验。最后，进行 LDA 以估计每个差异丰富的 OTU 的效应大小。结果表示为平均 ±SEM。与标准统计方法相比，LEfSe 方法的优势在于，除了提供 p 值外，它还估计了每个 OTU 与分组类别（如 Control 和 FUDS）之间的关联程度。就严格性而言，如果肠道微生物群的差异 p 值 <0.05，LDA 评分（log10）>2.5，则认为它们存在显著差异。Kruskal-Wallis 和 Cramer V 测试用于确定受试者群体和特征之间的关联。

无监督学习，Alpha 和 Beta 多样性

我们使用 Alpha 多样性（α 多样性）和 Beta 多样性（β 多样性）来了解动物样本的不同群落。Alpha 多样性被定义为当地范围内不同地点或栖息地物种的平均多样性。Beta 多样性衡量物种从一个环境到另一个环境的多样性变化。Alpha 多样性是适用于单个样本的微生物组多样性的衡量标准。Beta 多样性是两个群落相似性或相异性的衡量指标。Alpha 多样性有许多指标，每个指标都反映了群落异质性的不同方面。

简单地说，它计算在两种不同环境中不相同的物种数量。我们对 Bray-Curtis 相异距离使用主坐标分析，对每个样本使用 UniFrac 分析，对 β 多样性使用 Phyloseq 分析。通过分析 R 中 vegan 包 999 个排列的相异性（ADONIS），检验了分组在 PCoA 图中的重要性（Oksanen 等人，2013）。

成果与展望

Purina 研究团队在所有物种中启动了多个 MQ 研究项目，旨在了解正常、健康动物的微生物组。此外，我们正在研究健康动物和患病动物之间的微生物群落差异。我们也在检查服用抗生素和未服用抗生素的动物的微生物群的差异。我们的使命是创建涵盖牲畜和生活物种的最大数据库，并尽可能多地学习创新个性化营养、益生菌产品和专业饮食。

资料来源：Manohar Mohanlal Lahoti, Data Science and Digital Product Manager, Land O'Lakes Inc., Purina Animal Nutrition subsidiary。

网络分析

网络分析（Network Analysis，NA）是一种流行的分析复杂问题的方法，涉及特征或观测之间的相互作用（Chen 等人，2012）。虽然 NA 不是一种新技术，但由于其适用于分析大型数据集以及理解潜在关系或关联性的能力，近年来其发展势头强劲。生成网络类型数据的其中一个主要领域是社交媒体，其中明确蕴含着各种关系。然而，还有其他类型的具有隐含关系的网络，这些网络是通过一些底层交换来定义的。这类例子包括商品购买关系网络（Dhar 等人，2014）、成分网络（Teng 等人，2012）、共病网络（Hidalgo 等人，2009；Kalgotra，Sharda 和 Croff，2017）、文本网络（Celardo 和 Everett，2020）等。网络分析技术与深度学习或自然语言处理等其他方法结合使用，在信息传播等新的应用领域中，有助于推动科学进步。

网络科学已经被用作一种理解突发现象的理论和一种建模关系的方法，已用于创建描述性、预测性和规范性分析示例。使用网络分析开发的描述性分析应用的例子包括 Kalgotra、Sharda 和 Croff（2020）发表在《自然科学报告》杂志上的一项研究，在该研究中，作者通过比较使用数百万患者的电子健康记录创建的共病网络，找出了不同种族群体之间的健康差异。另一个例子是 Teng 等人（2012）创建的成分网络，其中作者利用同一配方中多种成分的共存来对网络进行分类，并识别成分簇，以提出新的配方。类似还有一些其他描述性分析应用，它们利用网络分析作为其核心方法，对业务和其他科学领域的大型数据集中的交互进行建模。

创建预测分析应用的传统网络分析研究侧重于预测网络中节点的属性。例如，Dhar 等人（2014）预测了使用 Amazon 网站上的推荐系统创建的图书联合采购网络中的图书销量。另一个典型的网络应用包括对网络中的链路进行预测。Lü 和 Zhou（2011）在他们的研究中重点分析了链接预测的不同方法和应用。最近，网络分析已被用于创建新的工具。使用网络分析创建的特征进一步用于开发机器学习模型，以预测网络外部的结果。例如，Kalgotra 和 Sharda（2021）使用共病网络的特性来预测患者的住院时间。我们将在下一节中对此应用进行总结。

最后，网络分析是规范性分析的一个流行研究领域。例如 Miao 和 Balasundaram（2017）讨论创建规范性模型来识别网络中的派系，以遍历网络并识别节点之间的最短路径（Selim 和 Zhan，2016）。

分析实操 10.10　预测建模的网络分析：使用共病网络预测住院时间

在这里，我们总结了 Kalgotra 和 Sharda（2021）的一个应用，其中网络分析被用于预测网络外生的结果。这篇论文发表在《管理信息系统杂志》上。具体而言，使用共病网络来预测住院时间（LOS）。对患者、医院和保险公司来说，早期预测住院时间是一个重要问题。准确的估计可以帮助医院管理和安排床位和工作人员等资源。根据美国医疗保健研究与质量署的数据，2020 年的平均住院费用约为 14 900 美元（https://datatools.ahrq.gov/hcupnet）。因此，保险公司需要尽早了解患者的服务水平，以便进行预算和收入管理。

在这篇论文中，作者使用了 Cerner 电子病历（EMR）数据仓库，其中包含 16 年（2000～2005 年）美国 662 家医院超 2 470 万患者的信息。EMR 包括每个患者多次就诊的相关信息。这项研究可用的变量包括年龄、性别、种族、入院日期、出院日期和诊断的疾病。此外，还提供了去医院就诊的主要原因。作者使用两步方法创建机器学习模型——第一步创建共病网络，第二步创建用于预测服务水平的机器学习模型。

首先，提取了大约 300 万患者的医疗记录，并用于为男性和女性创建单独的共病网络，因为这些群体表现出不同类型的疾病。在共病网络中，疾病是节点，如果两种疾病在同一次就诊期间出现在患者身上，则它们是相连的。使用 ICD-9-CM 编码系统重新记录每种疾病。在所有患者中，有15 584种独特的疾病。在男性网络中，有11 898种疾病通过249 902个连接相连，而在女性网络中，12 719种疾病通过267 170个连接相连。共病网络用于为未参与网络分析的其余患者创建新的变量。为了了解使用共病网络产生的新特征，考虑一名男性患者，他因假设的疾病A而就诊。因此，入院时唯一可用的疾病相关信息是疾病A。在这种情况下，在男性网络中搜索疾病A，并确定了前五大相关疾病。这些疾病被标记为可能的疾病，因为这些疾病很可能在住院期间被诊断出来。患者可能有系统疾病史，称为历史疾病。将可能的疾病和历史疾病统称为潜在合并症。潜在合并症的新结构被进一步用于预测入院时的服务水平。

LOS的预测模型是以患者人口统计学、入院时的已知疾病和潜在合并症为自变量创建的。潜在合并症以二维数组的形式输入，历史疾病作为第一维度，可能的疾病作为第二维度。由于输入变量包括二维结构，因此采用长短期记忆（LSTM），因为它可以处理多维变量。模型是在没有潜在合并症和有潜在合并症的情况下创建的，以计算所提出的变量增加的解释力和预测力。就解释的方差而言，新结构增加了3.6%，而就平均绝对百分比误差而言，潜在变量将数字提高了1.9%。尽管数字看起来很低，但这相当于预测提高了8.828亿美元。因此，收益实际上是显著的。

回顾使用网络分析的预测建模过程，作者使用共病网络推断了在医院就诊期间发生其他疾病的可能性。这些信息可以帮助医生制订更好的治疗计划。然后，使用有关患者的全面信息，包括入院时的已知疾病、历史疾病和可能的疾病以及人口统计数据，创建深度学习模型。

资料来源：Kalgotra, P. and R. Sharda. (2021). " When will I get out of the hospital? Modeling Length of Stay using Comorbidity Networks." Journal of Management Information Systems, Vol. 38, No. 4, pp. 1150-1184。

10.9 节　习题

1. 什么是基因组学数据？
2. Purina是如何分析基因组学数据以做出决策的？
3. 什么是网络科学？
4. 如何使用网络信息来预测其他感兴趣的变量？

10.10　其他最新进展

Web 3.0

另一个备受关注的话题是Web 3.0。学习Web 3.0的入门知识可参阅Murray等人（2022）对Web 3.0的介绍，以及各种杂志上的许多在线文章。互联网的第一个版本为Web 1.0，用户通过登录一个网站来查找内容或交换电子邮件。在Web 1.0中，少数实体创建了内容，但有数百万人能够使用。在Web 2.0中，内容的消费者也成为生产者。首先，YouTube、TikTok、Instagram等社交媒体公司，几乎都是允许用户分享评论/内容的网站，"消费者"都能够上传自己的内容，数百万其他用户都能看到其发布的内容。其次，每个用户都会产生有关其使用模式、兴趣等方面的数据，这些数据会被启用这些应用程序的公司收集起来，以便挖掘信息，发送有针对性的广告，并推荐让用户继续使用该平台的内容。因此，Web 2.0 成为每个用户生成和共享数据/内容的平台，但由 Google、Meta、Twitter 等公司和数百家其他参与者促成。在这一过程中，这些公司成为 Web 2.0 发挥功能和作用的核心支柱。Web 3.0 的理念是再次对 Web 去中心化。十年后这一切会如何发展，谁也说不准，但作为数据科学和人工智能相关专业的学生，你们应该关注这一领域的最新发展。

Web 3.0 被认为是去中心化的，因为它的基本构件是开放式区块链技术。区块链在很大程度上是一种数字分类账，记录实体上/与实体有关的所有活动。它是公开的，这样它的真实性就可以得到验证。然而，访问也通过唯一的数字钱包得以保护，该钱包可以被视为下一代认证机制以及此类机制的集合。因为所有活动都是公开的，所以不受任何一个组织的控制，不像当前内容，当前内容可能分布在任何特定的社交媒体平台上。

Web 3.0 还旨在使用加密货币，这是区块链驱动的金融交易机制，是 Web 3.0 的重要组成部分。另一个相关想法是不可替代代币（Non-Fungible Token，NFT），允许某人创建/拥有/传输特定的数字对象（图像、视频等），以确保其真实性。另一组支持 Web 3.0 的参与者是去中心化自治组织（Decentralized Autonomous Organization，DAO），它们允许对未来的协议和提案进行投票。

Web 3.0 的另一个组件是元宇宙（metaverse）。正如前面介绍的数字孪生所指出的，元宇宙只是真实或想象的物理环境的虚拟表示。这意味着需要使用到大量三维图形。Facebook 欣然接受了元宇宙的概念，甚至将其名称改为 Meta。元宇宙的许多最初应用都是通过虚拟游戏实现的。当用户付费玩游戏或获得奖金时，如果该机制是加密货币，你就可以看到 Web 3.0 的一些组件正结合在一起。

人工智能/数据科学在 Web 3.0 中的早期应用将通过开发更好的用户界面来访问支持区块链的 Web 3.0。任何熟悉区块链/加密货币技术的人都可以证明，目前这些技术并不十分便于使用。为了使这些技术得到发展，还需要做大量工作，使这些工具变得用户友好、直观，并利用人工智能的进步（用户界面、聊天机器人、深度学习等）。在这一点上，这无疑是一个开放的领域。

元宇宙与数字孪生

最近，关于下一波技术即元宇宙的讨论甚嚣尘上。元宇宙的主要思想是创建一个物理对象或系统的虚拟复制品——一个人、工厂城市等，其他虚拟对象在其中相互交互。对象可以是参与到元宇宙中的其他人。Facebook 在这一愿景上下了重注，并将公司名称改为 Meta。大多数其他大型科技公司也在这一领域进行投资。元宇宙的前身被称为虚拟现实、增强现实等。我们在这里的主要兴趣是认识到，这项技术的出现将对人工智能/数据科学的进一步发展以及当前人工智能模型在该领域的许多潜在应用产生重大影响。可以研究对象的行为以识别行为模式。更令人兴奋的前沿是实时数字孪生。通过实时整合物联网传感器、相机等的输入，数字孪生几乎可以成为物理对象的实时复制品。这种细节层次可以为人类决策者提供重要的决策支持能力，而无需在特定时刻身处物理环境中。日本播放了一段有趣的视频，解释了这种能力及其在工厂、城市等方面的一些实际应用，参阅 https://www3.nhk.or.jp/nhkworld/en/news/liveblog/4/。读者还可查阅网站：https://www.rtinsights.com/what-differentiates-real-time-digital-twins/。这是下一阶段现实虚拟化、实时数据收集，以及通过观察数字孪生世界中的情况对现实世界中发生的事情做出自动和手动决策的重要新兴机遇。

人工智能的其他一些最新进展与对话式人工智能或聊天机器人有关（见第 2 章）。我们重点介绍三个主要实例，读者应该继续关注它们的发展和新的有趣应用。

GPT-3/ChatGPT

许多新一代的自然语言处理系统都在不同层面上使用机器学习来预测对话的下一个内容。通过使用数十亿样本对模型进行训练，许多研究人员正试图在这一领域建立各种预测模型。这种系统的一个例子是 GPT-3，它是 OpenAI（OpenAI.com）的产品。（OpenAI 最初是由埃隆·马斯克等一些主要投资者创办的一家非营利公司。然而，它后来成为一家营利性公司的一部分，微软是这项技术商业应用的主要投资者。）GPT 代表生成式预训练 Transformer 模型（Generative Pre-trained Transformer）。Transformer 是一种神经网络架构，最适合序列数据的——自回归。例如，大多数文本都被认为是有一定顺序的。视觉也是如此。序号 3 只是表示该技术的当前版本。生成式预训练是指预测下一个标记是什么。通过在数十亿无需人工标记的样本上训练模型，该算法可以轻松扩展。例如，GPT-3 已被用于为一些应用程序构建聊天机器人，创作诗歌，翻译语言，从文本中开发图像，甚至撰写完整的散文，开发软件代码，解释生成代码的目的等。OpenAI 的网站（https://beta.openai.com/examples/）列出了迄今为止使用该技术生成的几个应用程序原型。我们在第 2 章和第 7 章中介绍了 ChatGPT。Manjoo（2020）和许多其他作者讨论了其应用以及对此类自动化技术的担忧。ChatGPT 最近向普通公众开放，并已成为一款广受欢迎的应用程序。众所周知，它几乎可以为任何主题创建内容，包括通过微软的 GitHub CoPilot 计划在应用程序中使用的代码。Terwiesch（2023）的一个研究项目指出，ChatGPT 提供的答案可以通过 MBA 考试。许多学者现在正在讨论在课堂上使用此类工具的影响，并要求学生自主学习。微软正在其搜索引擎 Bing 中嵌入 ChatGPT 功能，以增强其搜索结果，并为搜索查询提供连贯的答案，而不仅仅是 Google 搜索通常提供的链接列表（除了一些可以提供答案的查询，例如天气、运动成绩、航班信息）。这一事态发展使 Google 处于守势。随着主要的科技公司在其产品中使用人工智能，可能会出现令人兴奋的新进展，从而为消费者带来好处。

LaMDA

LaMDA 是对话应用语言模型（Language Model for Dialogue Applications）的缩写，是 Google 在开发聊天机器人时采用的类似于 GPT-3 的技术。LaMDA 能够管理从一个主题开始但转移到其他主题的对话，这在人类对话中很常见。与 ChatGPT 类似，LaMDA 也向公众开放。事实上，自 2023 年 2 月起，一款名为 Bard 的基于 LaMDA 的聊天机器人已经上市。LaMDA 最近也出现在新闻中，因为 Google 的一位软件工程师认为这种聊天机器人非常先进，可以被认为是像人一样有知觉的。这位工程师的说法遭到了 Google 其他领导的驳斥，并爆发了一场公开的争执。

Blenderbot

毫不奇怪，Meta 也一直在大力投资开发人工智能应用，并于 2022 年 8 月发布了名为 Blenderbot 3 的聊天机器人。用户可以在 https://blenderbot.ai/ 上与它聊天。根据 Meta AI 研究人员发布的一些初步结果，基于该聊天机器人早期用户的一些反馈（约 65 000 次对话），只有不到 3% 的对话被标记为不恰当、无意义或偏离主题。因此，对于这类技术来说，近 97% 的对话相关性已是一个很高的成就。

在这里，我们只是向读者介绍对话技术的最新进展，这些技术似乎使人机对话看起来几乎像人与人之间的对话。除了会话技术之外，这些被广泛使用的工具还可以根据用户的请求创建诗歌、图像和文本等内容。人工智能的这一分支被称为生成式人工智能（Genertative AI）。除了这里谈到的大型科技公司外，Stability Diffusion 也是这一领域的主要参与者，另外还有约 500 家其他初创企业。这是人工智能令人兴奋的新前沿。

▶ 10.10 节 习题

1. 什么是 Web 3.0？
2. 给出元宇宙的定义，哪些技术可能为元宇宙提供动力？
3. 进一步研究 Blenderbot 和其他聊天机器人，并找出最新进展。

本章重点

- 云计算是 21 世纪主要的新兴领域之一，为分析提供了巨大的机遇。
- 云计算提供共享的资源池，如存储、算力和网络等。
- 主要的云服务提供商有 Amazon Web Services（AWS）、Microsoft Azure、Google Cloud 和 IBM Cloud。
- 云计算提供"即用即付"的定价方式，这意味着我们只需为特定时间内使用的资源付费。
- 三种主要的云模式是软件即服务（SaaS）、平台即服务（PaaS）和基础设施即服务（IaaS）。
- 其他可用的云模式有数据即服务（DaaS）和桌面即服务（DaaS）。
- 云服务有三种不同的部署方式，即私有云、公共云和混合云。
- 地理空间分析可帮助企业获得更多基于位置的信息。
- 利用基于位置的数据将帮助企业在细分层面找到潜在的增长机会。
- 组织机构正在利用基于位置的数据来锁定正确的客户。
- 利用地理信息系统（GIS）和商务智能（BI）集成系统可以做出贷款审批决定。
- 星巴克利用 AccuWeather 的数据根据天气情况定制菜单。
- 通过 GPS、Wi-Fi 和基站三角测量等技术，可以从客户使用的许多设备中收集位置信息。
- 基于消费者的应用程序可充分利用位置分析来满足其营销需求。
- 组织正在使用基于分析的应用程序来获取消费者数据，如购买历史和服务使用情况。
- Gmail 分析了数十亿的电子邮件保护，并建议自动回复电子邮件。

- 城市规划者利用卫星数据进行基础设施规划，为应对自然灾害做好准备。
- EarthCast 利用从 60 颗卫星收集的数据为美国航空公司提供天气更新。
- Imazon 使用实时卫星数据追踪亚马逊的森林砍伐和非法活动。
- 印度尼西亚政府借助卫星数据监测非法船只移动情况。
- 图像分析有助于估计森林或农场区域的绿色覆盖率。
- 移动应用 Canopeo 根据智能手机或数码相机的图像估计实时绿色树冠覆盖率。
- 联合利华正与 Orbital Insight 合作，在其供应链中使用图像分析，通过卫星图像和地理空间数据检查森林砍伐情况。
- 物联网帮助人们和物体随时随地互联。
- 传感器是物联网的组成部分，它们与互联网相连。
- 传感器是一种自动从环境中收集数据的电子设备。
- 在物联网中，每个对象都通过无线互联网自动接收、发送和存储数据。
- 物联网的其中一个例子是 Clorox 推出的 Brita 过滤器，它通过检测更换过滤器的时间自动下订单。
- 法国国家铁路系统使用物联网，通过在列车和轨道上安装数千个传感器来收集信息，从而提高乘客的安全性。
- 智能家居是指各家居组成部分通过无线方式相互连接并集中控制，从而能够相互通信的住宅。
- 智能家居的组成部分包括照明、电视、能源管理、水控制、智能扬声器、冰箱和家庭安防等。
- 第五代（5G）移动技术具有超低延迟，即使在人口稠密地区也能提供高速接入。
- 工业革命 4.0 将由 5G、人工智能、网络切片和边缘计算驱动。
- 机器人过程自动化（RPA）是一个重要的新兴领域，它通过将耗时的重复性工作自动化来减少人类的工作量。
- 广泛的网络覆盖和云计算平台为机器人过程自动化的发展铺平了道路。
- RPA 帮助 Walgreens HR 共享服务将效率提高了 73%。
- 网络分析可用于分析大型数据集，社交媒体就是网络类型数据的一个例子。
- 网络分析可以帮助我们了解明确嵌入的潜在关系。
- Web 3.0 的理念是网络去中心化，其基本构件是开放式区块链技术。
- Web 3.0 的重要组成部分是元宇宙（metaverse），它是真实或想象物理环境的虚拟呈现。
- Web 3.0 将采用加密货币，即区块链驱动的金融交易机制。
- Blenderbot、GPT-3 和 LaMDA 是新兴对话式和生成式人工智能技术的典范。

问题讨论

1. 请比较物联网和普通互联网。
2. 讨论自动驾驶汽车对日常生活的潜在影响。
3. 为什么说物联网是一种颠覆性技术？
4. Alexa 通常与恒温器、电视和微波炉等智能家居设备相连。请查找与 Alexa 连接的其他电器的示例并撰写报告。
5. 讨论智慧城市保护地球有限资源的目标。
6. 物联网有哪些主要用途？

7. 涉及无人驾驶汽车的事故延缓了该技术的实施。然而，这项技术却能拯救成千上万人的生命。这种延缓是否合理？请加以讨论。
8. 在分析中使用地理空间数据有哪些潜在好处？请举例说明。
9. 实时了解用户的位置可以产生哪些类型的新应用？例如，如果你还知道他们的购物车里有什么，会怎么样？
10. 消费者如何从分析（尤其是基于位置信息的分析）中获益？
11. "基于位置跟踪的特征分析虽功能强大，但也会对隐私造成威胁"，请就这一观点给出你的评论。
12. 云计算是否"新瓶装旧酒"？它与其他技术有何相似之处？有何不同？
13. 研究并讨论 ChatGPT 等技术对你感兴趣的领域／行业（如体育、娱乐、教育、零售、游戏、农业、制造、金融等）的影响。
14. 研究并讨论区块链等技术对你感兴趣的领域／行业（如体育、娱乐、教育、零售、游戏、农业、制造、金融等）的影响。
15. 研究并讨论数字孪生等技术对你感兴趣的领域／行业（如体育、娱乐、教育、零售、游戏、农业、制造、金融等）的影响。

练 习

1. 请访问 Discover Food 网站，研究他们如何使用 ML 模型和算法来彻底改变食品安全。
2. 研究温度检测在食品工业中的重要性并撰写报告。
3. 在 Google Cloud Tech（https://www.youtube.com/watch?v=IeMYQ-qJeK4）上观看 Google Cloud 简介（22:24 分钟），并了解 GCP 的各种功能。写一份报告。
4. 访问国家标准与技术研究所的网站 https://www.nist.gov/，并了解他们的研究项目。
5. 访问 AWS 网站 https://aws.amazon.com/，并尝试使用他们的"免费试用分析服务"。
6. 访问 https://www.salesforce.com/ 和 https://www.ibm.com/cloud，并查找它们的功能。总结各种云产品。
7. 查找有关云开发的最新信息，并撰写一份报告。
8. 研究并撰写关于网络、存储和服务器等各种虚拟化技术的报告。
9. 使用云移动技术查找实时事件报告的最新信息。写一份报告。
10. 查找有关在移动 App 中使用云技术的信息。写一份报告。
11. 探索 Google Cloud 中与云相关的新产品和服务（https://cloud.google.com/），探索各种云产品。
12. 查找有关云对营销和广告影响的资料。写一份报告。
13. 除本章讨论的应用外，请指出哪些行业正在使用云技术。
14. 访问 MineMyText.com 网站，了解其文本挖掘功能，以便从客户评论中了解情感。
15. 访问 https://www.ptc.com/en/resource-center 或其他来源，选择三个物联网实施案例。写出每个案例的内容摘要。
16. 据说物联网将实现新的客户服务和 B2B 互动。请解释如何实现。
17. 访问 smartcitiescouncil.com。写出其中主要概念的内容摘要，并列出主要推动因素和可用资源类型。
18. 了解比尔·盖茨未来智慧城市的现状。它有哪些具体计划？
19. 城市大脑（City Brain）是阿里巴巴智慧城市平台的名称。有一个项目已在中国和马来西亚采用。查找相关资料并撰写报告。

20. 全球范围内创造和使用自动驾驶汽车的竞争正在加剧。请找出12家在这一领域进行竞争的公司。
21. 进入麦肯锡全球研究院网站 mckinsey. com/mgi/overview，查找最近关于物联网的研究，撰写一份内容摘要。
22. Alexa 已与恒温器和微波炉等智能家居设备连接。查找与 Alexa 连接的其他电器的示例并撰写一份报告。

参考文献

Murray, A., Kim, D., & Combs, J. "The promise of a decentralized Internet: What is Web 3.0 and HOW can firms prepare?," Business Horizons, 2022. https://doi. org/10.1016/j.bushor.2022.06.002 (accessed August 2022).

Ashton, Kevin. "That 'internet of things' thing." RFID journal 22.7 (2009): 97-114.

Bray, E. "Are consumers, automakers and insurers really for self-driving cars?" Tech Crunch, August 10, 2016.

Celardo, L., & Everett, M. G. (2020). Network text analysis: A two-way classification approach. International Journal of Information Management, 51, 102009., at https://doi. org/10.1016/j.ijinfomgt.2019.09.005.

Chen, H., Chiang, R. H., & Storey, V. C. (2012). Business intelligence and analytics: From big data to big impact. MIS Quarterly, 36(4), 1165-1188.

Demirkan, H., & Delen, D. (2013, April). Leveraging the capabilities of service-oriented decision support systems: Putting analytics and Big Data in cloud. Decision Support Systems, 55(1), 412-421.

Donaldson, J. "Is the role of RFID in the internet of things being underestimated?" Mojix, May 2, 2017.

Dhar, V., Geva, T., Oestreicher-Singer, G., & Sundararajan, A. (2014). Prediction in economic networks. Information Systems Research, 25(2), 264-284.

Davis, N. 2016. "What is the fourth industrial revolution?," World Economic Forum Geneva, January 19, 2016, Retrieved from: https://www.weforum.org/agenda/2016/01/what-is-thefourth-industrial-revolution/(accessed August 2022).

Estopace, E. "French national railway operator taps IoT for rail safety." eGov Innovation, February 21, 2017a.

Fox, B., Viveros, M., and Dam, R. v. d. "Telecom's 5G future." IBM Institute for Business Value. February 2020. Retrieved from https://www.ibm.com/thought-leadership/institutebusiness-value/report/5g-telecom# (accessed August 2022).

Greengard, S. "How AI will impact the global economy." CIO Insight, October 7, 2016.

Gartner Says Worldwide Robotic Process Automation Software Revenue to Reach Nearly $2 Billion in 2021. (2020). Gartner. https://www.gartner.com/en/newsroom/press-releases/2020-09-21-gartner-says-worldwiderobotic-process-automation-software-revenue-to-reachnearly-2-billion-in-2021 (Accessed August 2022).

Hupfer, S. "AI is the future of IoT." IBM Blog, December 15, 2016. ibm.com/blogs/internet-of-things/ai-future-iot/(accessed August 2022).

Hidalgo, C. A., Blumm, N., Barabási, A. L., & Christakis, N. A. (2009). A dynamic network approach for the study of human phenotypes. PLoS Computational Biology, 5(4), e1000353.

"How Blue Prism's Digital Workforce is increasing Walgreens' HR shared service efficiency by 73%."

Blueprism, 2022, https://cdn2.assets-servd.host/lively-jackal/production/uploads/resources/case-studies/blue-prism-Walgreenscase-study.pdf (accessed August 2022).

Kalgotra, P., Sharda, R., & Croff, J. M. (2017). Examining health disparities by gender: A multimorbidity network analysis of electronic medical record. International Journal of Medical Informatics, 108, 22-28.

Kalgotra, P., Sharda, R., & Croff, J. M. (2020). Examining multimorbidity differences across racial groups: a network analysis of electronic medical records. Scientific reports, 10(1), 1-9.

Kalgotra, P. & Sharda, R. (2021). "When will I get out of the hospital? Modeling length of stay using comorbidity networks." Journal of Management Information Systems. 38(4), pp. 1150-1184.

Lü, L., & Zhou, T. (2011). Link prediction in complex networks: A survey. Physica A: Statistical mechanics and its applications, 390(6), 1150-1170.

Luckham, D. C. 2012. Event Processing for Business: Organizing the Real-Time Enterprise. Hoboken, New Jersey: John Wiley & Sons, Inc. (accessed August 2022).

Manjoo, F. "How do you know a human wrote this?" New York Times, July 29, 2020. ISSN 0362-4331 (accessed August 2022).

Miao, Z., & Balasundaram, B. (2017). Approaches for finding cohesive subgroups in large-scale social networks via maximum k-plex detection. Networks, 69(4), 388-407.

McCafferty, D. "How the Internet of Things is changing everything." Baseline, June 16, 2015.

Meola, A. "What is the Internet of Things (IoT)? Meaning & definition." Business Insider, May 10, 2018.

Miller, M. The Internet of Things: How Smart TVs, Smart Cars, Smart Homes, and Smart Cities Are Changing the World. Indianapolis, IN: Que Publishing, 2015.

Oksanen, J., Blanchet, F. G., Kindt, K., Legendre, P., Minchin, P. R., O'Hara, R. B., Simpson, G. L., et al. "Package 'vegan'." Community ecology package, version 2, no. 9 (2013): 1-295.

Pasqua, E. "How 5G, AI and IoT enable "Intelligent Connectivity," IOT Analytics. February 27, 2019. Retrieved from https://iot-analytics.com/how-5g-ai-and-iot-enable-intelligent-connectivity/(accessed August 2022).

Piotrowicz, W. (2020) Digitization and technology in supply chain, during pandemics and beyond, https://www.linkedin. com/pulse/digitization-technology-supply-chain-duringpandemics-piotrowicz/?fbclid=IwAR0Kp04DbrFuDhPZN3hHoP0kq4PWYfvr5vVmEaVn0TBogxZ5ffAeeg3KxeM (accessed August 2022).

Selim, H., & Zhan, J. (2016). Towards shortest path identification on large networks. Journal of Big data, 3(1), 1-18.

Snowdon, J., Canepa, S., Fox, B., & Dam, R. v. d. "What consumers expect from 5G entertainment." IBM Institute for Business Value, September 2019. Retrieved from https://www.ibm.com/thought-leadership/institutebusiness-value/report/immersive-5g-entertainment (accessed August 2022).

Somisetty, M. 2018. "Big Data Analytics in 5G," IEEE. Retrieved from https://futurenetworks.ieee.org/images/files/pdf/applications/Data-Analytics-in-5G-Applications030518.pdf (accessed August 2022).

STL Partners. 5G's impact on manufacturing: $740Bn of benefits in 2030, October 2019. Retrieved from https://stlpartners. com/research/5gs-impact-on-manufacturing-740bn-of-benefits-in-2030/(accessed August 2022).

Teng, C. Y., Lin, Y. R., & Adamic, L. A. (2012, June). Recipe recommendation using ingredient networks. In Proceedings of the 4th Annual ACM Web Science Conference (pp. 298-307).

Terwiesch, C. "Would Chat GPT Get a Wharton MBA? A Prediction Based on Its Performance in the Operations Management Course", Mack Institute for Innovation Management at the Wharton School, University of Pennsylvania, 2023 (Available at https://mackinstitute.wharton.upenn.edu/wp-content/uploads/2023/01/Christian-Terwiesch-Chat-GTP-1.24.pdf, accessed Feb. 2023).

Tomás, J. "Smart factory tech defining the future of production processes." RCR Wireless News, March 28, 2016.

Tulchinsky TH, "John Snow, Cholera, the Broad Street Pump; Waterborne Diseases Then and Now." Case Studies in Public Health. 2018:77-99. doi: 10.1016/B978-0-12-804571-8.00017-2 Venkatakrishnan, K. "Are connected consumers driving smart homes?" Enterprise Innovation, May 31, 2017.

Yan, J., Meng, Y., Lu, L., & Li, L. 2017. "Industrial big data in an Industry 4.0 environment: Challenges, schemes, and applications for predictive maintenance." IEEE Access, 5, pp. 23484-23491.

CHAPTER 11

第 11 章

商务分析中的道德、隐私和管理思考

学习目标

- 描述智能技术的主要实施问题
- 讨论法律、隐私和道德问题
- 讨论合乎道德/负责任地使用智能技术的重要性
- 了解智能系统的部署问题
- 描述对组织和社会的主要影响
- 讨论对就业和工作的影响
- 在关于机器人和 AI 未来的辩论中讨论乌托邦和反乌托邦的论点
- 了解数据科学专业,特别是公民数据科学家在分析中的作用

在本书最后一章,我们将介绍与智能系统的实施和未来相关的各种问题。我们从安全和连接等技术问题开始讨论,之后讨论涉及合法性、隐私和道德的管理问题。接下来,我们将探讨 BI 对组织、社会、工作和就业的影响。最后,我们简要讨论数据科学专业,包括公民数据科学家这一新术语。

注意,在本章中,我们将本书中涵盖的所有技术称为智能技术或智能系统。

11.1 开篇小插曲:从组织的分析历程中汲取的经验教训

第 1 章和第 10 章重点介绍了 Land O'Lakes 开展的各种分析项目。如第 1 章所述,Land O'Lakes 是一个由数百名奶农组成的合作社,成立于 1921 年,是一家主要生产乳制品的厂商。普瑞纳动物营养公司(www.purinamills.com)是 Land O'Lakes 的子公司,是一个全国性组织,通过 4 700 多个当地合作社、独立经销商和美国各地的其他大型零售商为生产者、动物业主及其家庭提供服务。多年来,他们已经为 24 种动物开发了超过 235 种营养解决方案。他们拥有一批才华横溢的营养学家和兽医,在全国各领域进行了 24 000 多项研究,并注册了超过 125 项专利。到目前为止,他们的研究团队已经分析了 1 500 多种营养

组合，以推动新的饮食配方、创新的牛奶替代品和营养计划的产品开发及严格测试。第 1 章和第 10 章重点介绍了该组织开展的一些数据科学项目。Land O'Lakes 数据科学和数字产品经理 Manohar M. Lahoti 先生回顾了从各个项目中吸取的经验教训。下文对他的观点进行了总结。

提问

在项目规划之前，必须向业务用户 / 研究人员提出所有需要澄清的问题。问题起着非常重要的作用。很多时候，业务用户，尤其是从事农业生产的商业用户（许多其他行业也可能如此）在与数据科学团队沟通时并不完全清楚其需求。问答环节对业务和数据科学团队都有帮助。

根据与业务利益相关方的讨论，数据科学专业人士将对用户使用数据科学解决的问题类型有所了解。问题陈述可分为两类：

- **业务问题**。业务问题是指通过解决这些问题，能直接为企业、农民和牧场主增加价值的问题。这些问题都是相对短期的，要求数据科学团队负责优化关键的北极星指标（north star metrics），这将对收入或其他感兴趣的指标产生直接影响。
- **研究问题**。研究问题是指企业或研究团队愿意从数据中学习一些新知识的问题，并且通常需要通过一种新方法来解决这类问题。这些问题属于长期项目，通常需要学术界的帮助。最终，可能是在申请知识产权保护之后，这些解决方案才得以公布。

定义目标、价值和正确的业务 / 研究北极星指标

这一步可能看起来很简单，但这是最关键的一步，有时也是艰难的一步。这一步为数据科学团队选择解决问题的方法铺平了道路。数据科学团队往往看不到大局，而急于通过立即建模来解决问题。很多时候，一个全新的项目是在当前项目结束时开始的，因为它往往达不到业务预期。许多读者都在为企业工作，因此从业务指标的角度理解数据科学问题的范围很重要。业务 / 研究指标是企业用于跟踪、监控和评估各种业务 / 研究流程的成功或失败的可量化指标。使用业务 / 研究指标的要点是传达组织在实现长期和短期目标方面的进展。

识别数据源并检查数据质量

在应用数据科学技术之前，识别正确的数据源和稍后了解数据质量是两个非常重要的步骤。我们通常会问：

a. 我们能否访问组织内现有的数据以实现项目目标？这个问题有助于我们解决以下问题：

- 需要外部数据源。
- 数据源的格式——非结构化和结构化数据源，以及以统一的结构将所有数据汇集到一个地方所需的努力。

- 需要手动干预，例如标记数据并为分类数据提出不同的类别。
- 用于自动填充某些列的计算变量、查找和例程/函数。

b. 我们是否考虑过数据质量方面的数据治理问题？这个问题将决定：
- 数据缺失问题
- 数据的粒度和相关问题
- 杂乱数据
- 不正确的数据类型
- 错误值

预测与因果关系

这在数据科学领域是一个非常普遍的问题。从技术上讲，这就是所谓的偏差与方差的权衡。简单的预测模型可以更好地解释这一问题，可以用一些数学公式或决策树来定义关系。然而，大多数时候，这些模型都不够充分，也无法用于预测。

更复杂的 AI/ML 模型是黑箱，可以用启发式方法构建。我们无法理解数据与这些复杂模型之间的关系，因为在给出最终预测之前，它会迭代拟合并创建多个层。因此，如果目标是得到准确的预测，那么这种预测结果会更好。然而缺点是，这些模型是黑箱，不可能总是给出定义清晰的关系。

为数据科学问题创建正确的框架

数据科学问题的解决方案可以是以下内容的组合：
- 报告和仪表盘
- 探索性数据分析、数据可视化
- 统计分析、假设检验
- 简单预测模型
- 深度学习模型
- 因果模型

因此，根据需要解决的问题，对应有不同的方法。通常情况下，你必须使用多种不同的技术才能得出答案。

维护 AI/ML 模型

根据项目的范围，数据科学团队必须对部署在生产系统中的模型进行再训练，并评估结果。预测模型假设新数据（测试数据）与训练数据非常相似，并且这些数据来自相似的世界。然而，事实并非总是如此，因此在这种情况下，很多时候预测都会出现偏差。

向业务部门解释模型结果，并提供建议

业务利益相关者希望用业务指标来解释事情，因为归根结底，这才是最重要的。然而，我们无法从数据科学模型中获得业务指标方面的输出，而是得到一堆统计结果。解释与业

务相关的适当统计结果是重要的一步，而且往往非常困难。

时间表安排

时间表取决于数据的质量以及要解决的问题类型。因此，重要的是与业务团队一起设定切实可行的预期时间表，并让他们清楚地了解你将采取的所有中间步骤。

业务 / 产品团队的参与

在几乎每一个检查点，数据科学团队都需要向业务客户展示他们的发现，并获得他们的认可，以确定他们是否走在正确的道路上。保持在正确的道路上是非常重要的。否则，你很容易在解决数据科学问题的过程中迷失方向。

人才缺口

如今，每一个领域 / 垂直行业都需要数据科学。数据科学不仅仅是一门数学或科学，它同样需要商业和艺术专业知识。因此，在目前的市场上，找到合适的行业专门人才真的很困难，员工留任率也不高。

从这个小插曲中学到的经验教训

这个小插曲强化了前面章节提到的许多经验教训。数据科学家往往急于开展数据分析和建模。然而，了解业务问题并学习如何与业务团队合作解决真正的问题更重要。此外，能够用客户理解的语言讲述结果故事也非常重要。正如我们将在本章中看到的，数据科学专业人员需要注意许多"软"问题。这些都是我们将在以下章节中介绍的主题。

问题讨论：
1. 业务问题和研究问题之间的区别是什么？
2. 请解释因果关系和预测之间的区别。
3. 有哪些数据治理问题？

该开篇小插曲改编自 Land O'Lakes 公司普瑞纳动物营养子公司数据科学和数字产品经理 Manohar Mohanlal Lahoti 提供的材料。

11.2　实现智能系统：概述

既然你已经了解了分析、数据科学、AI 和决策支持活动的基本知识，你可能会问：在我的组织中，我能利用这些知识做些什么？你已经了解到了智能系统的巨大优势，也读到了许多使用智能系统的公司的报道。那么，下一步该怎么做呢？首先，阅读本书推荐的一些资源，以便更好地了解这些技术。接下来，阅读本章，了解在组织中实施智能系统所涉及的主要问题。

实施业务分析 /AI 系统可能是一项复杂的任务。除了在智能系统中发现的特定问题之外，还有许多其他基于计算机的信息系统所共有的问题。在本节中，我们将介绍主要类型的问题,其中一些问题将在本章中进行讨论。一项对 3 000 名高管的调查显示了几个成功实施 AI 的因素(详见 Bughin、McCarthy 和 Chui,2017)。

智能系统的实施过程

本章内容分为三个部分。在第一部分中,我们描述一些与管理相关的实施问题。在第二部分中,我们讨论智能技术对组织、管理、工作和就业的影响。最后一部分是对与这些技术实施相关的问题的探讨,特别是关于道德和偏见方面的问题。

智能系统的实施过程与其他信息系统的一般实施过程相似。因此,我们只简单介绍一下。该过程如图 11.1 所示。

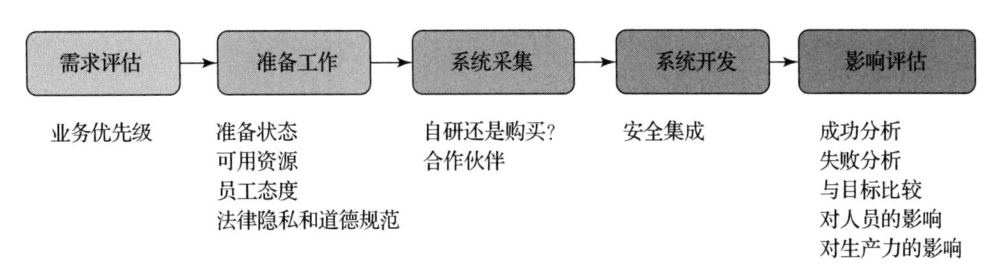

图 11.1 实施过程(E. Turban 绘制)

执行的主要步骤。主要步骤有:

步骤 1,需求评估。需求评估需要为智能系统提供业务案例,包括其主要部分。(这是一个通用的 IT 步骤,此处不再讨论。)

步骤 2,准备工作。在这一步中,应检查组织对分析和 AI 的准备情况,组织的可用资源、员工对变革的态度、项目优先级等。这里不讨论这种通用的 IT 步骤。然而,如 11.5 节所述,考虑与智能技术相关的法律、隐私和道德问题是有用的。

步骤 3,系统采集。组织需要决定自研或外包方式(自研或购买),或结合这两种方式,并可能与供应商或其他公司合作。顾问可能会在这一步提供帮助。这也是一个通用的 IT 步骤,这里也不讨论。

步骤 4,系统开发。无论谁将开发该系统,都需要完成某些活动。其中包括安全性、与其他系统的集成、项目管理准备和其他活动。同样,其中许多活动都是通用的,在此不再赘述。11.3 节仅对选定部分内容进行说明。

步骤 5,影响评估。有必要对照计划检查系统的性能。同样,这是一个一般性问题,此处不讨论。

▶ 11.2 节 习题

1. 指出智能系统实施过程中的主要步骤。
2. 为什么智能系统实施是一个重要的主题?
3. 描述智能系统的主要影响领域。

11.3 智能系统的成功部署

许多专家、顾问和研究人员都为智能系统的成功部署提出建议。鉴于该主题的重要性，公司显然需要为 AI 和其他智能技术的大规模到来做好准备。以下是一些与部署策略相关的主题：

- 何时开始智能项目以及如何对其进行优先级排序。
- 如何决定是自己做，还是靠合作伙伴，还是外包。
- 如何证明对智能项目的投资是合理的。
- 如何克服员工的抵触情绪（如担心失业）。
- 如何安排合适的人 – 机团队。
- 如何确定哪些决策要由 AI 完全自动化。
- 如何保护智能系统（安全）和隐私。
- 如何处理可能的失业和员工再培训。
- 如何判断你是否拥有必要的最新技术。
- 如何确定最高管理层应提供哪些支持。
- 如何将系统与业务流程集成。
- 如何找到合格的人员来构建和使用智能系统。

有关更多策略问题，请参见 Kiron（2017）。在本节中，我们只介绍了几个主题，并提供了更多参考。大多数实施主题本质上是通用的，此处不再讨论。

最高管理层和实施

按照麦肯锡公司 Chui 等人（2017）的说法，"高管们需要了解（AI）的战术和战略机遇，重新设计他们的组织，并致力于帮助塑造和讨论工作的未来。"具体而言，高管们需要计划将智能系统集成到他们的工作场所，承诺为变革提供参与环境，并提供足够的资源。许多高管可能意识到智能系统会改变他们的业务，但他们对此手足无措。有时如果事情看起来进展顺利，高级管理层不愿意投资于长期技术，因为将资金返还给股东更为有利。由于天气问题，美国一家主要航空公司不得不取消数千个航班，使用其较旧的技术系统无法提供时间表和运营决策，因此不得不面临大量批评。大部分责任都归咎于其较旧的技术系统。员工、客户和分析师指责高级管理层没有投资于有利于股票回购和其他奖励股东的技术。

毕马威（KPMG）是世界顶级的会计专业服务机构之一，毕马威从战略到执行的整体方法将帮助公司完成每个实施步骤，这些步骤包括：

- 确定技术创新的优先领域。
- 为员工制订战略和计划。
- 确定计划执行的供应商和合作伙伴。
- 制订一项战略和计划，以实现数字劳动力计划的效益。

Kiron（2017）提供了毕马威的完整指南，包括机器人过程自动化、增强过程自动化和认知自动化。

系统开发实施问题

由于 AI 和业务分析都是广义的术语，描述了成熟度不同的几种技术，因此实现问题可能会有很大差异。Shchutskaya 和 Zharovskikh（2020）确定了至少以下三个主要问题：

1. **开发方法**。业务分析和 AI 系统需要一种不同于其他 IT/ 计算机系统的方法。具体而言，有必要识别和处理不同的、经常较大的数据源。有必要对这些数据进行清理和整理。此外，如果涉及学习，则需要使用机器训练。因此，需要一些特殊的方法。

2. **从数据中学习**。许多 AI 和商务分析都涉及学习。输入数据的质量决定了应用的质量。此外，学习机制也很重要。因此，数据准确性至关重要。在学习中，系统必须能够应对不断变化的环境条件。数据应该组织在数据库中，而不是文件中。

3. **对于见解是如何产生的，目前还没有明确的看法**。AI、物联网和商务分析系统基于对收集的数据的分析生成见解、结论和建议。考虑到数据经常由传感器收集，并且有不同类型的传感器，我们可能无法清楚地了解所产生的见解。

相关的重要领域包括大数据问题、无效的信息访问和有限集成能力（接下来将加以讨论）。

连接和集成

作为开发过程的一部分，有必要将 AI 和分析应用连接到现有的 IT 系统，包括互联网和其他智能系统。

> **实例**
>
> 2017 年 8 月，澳大利亚政府委托微软建立超尺度云区域（hyperscale cloud regions），以释放智能技术的威力。该系统有望使政府处理数据和向公民提供服务的方式大幅现代化。该系统可以处理未分类和受保护的数据。基础设施建在政府数据中心内部或附近。该系统将使政府能够使用基于机器学习、机器人和语言翻译的创新应用，并改善医疗保健、教育、社会服务和其他政府运营。最后，该系统也能增强安全性和隐私保护。

几乎所有受到 AI 或业务分析影响的系统都需要进行集成。例如，有必要将智能应用程序与数字营销战略和营销实施相结合。此方面内容的讨论，请参阅 searchenginejournal.com/artificial-intelligence-marketing/200852/。

为了克服集成困难问题，华为正在其产品的芯片中安装一个 AI 系统，其知识库包含在芯片中。其他手机制造商依靠连接到"云"与 AI 知识进行交互。有关物联网连接的讨论，请参阅 Rainie 和 Anderson（2017）的文章，关于物联网连接提供商的讨论，请参阅 Baroudy 等人（2018）的文章。

安全保护

许多智能应用程序都在"云中"进行管理和更新，或连接到常规互联网。遗憾的是，添加互联网连接可能会产生新的漏洞。黑客可使用智能技术识别这些漏洞。有关罪犯如何使用 AI 及相关问题，请参见 Crosman（2017）的讨论。在 11.9 节中，我们将讨论机器人的潜在危险。自动驾驶汽车中乘客和其他可能与自动驾驶汽车发生碰撞的人的安全也是一个重要的安全问题。此外，人们在机器人附近工作的安全性已经研究了几十年。再者，黑客机器人、聊天机器人和其他智能系统也是需要关注的领域。最后，机器人在街上工作时自身的安全也是一个问题。例如，有些人可能会攻击他们，因为有人可能会对此感到不舒服或恐惧。

在业务中利用智能系统

根据应用性质，有许多方法可以利用智能系统。Catliff（2017）提出了以下方法，利用智能技术能力提高效率，提供更多的客户服务。具体而言，他建议：

1. 定制客户体验（例如，与客户互动）。
2. 提高客户参与度（例如，通过聊天机器人）。
3. 使用智能技术来检测数据中的问题和异常。

Singh（2017a）认为关键的成功因素包括：发现、预测、证明和从经验中学习。Ross（2018）提出了提高员工技能等级和建立一支精通 AI 的员工队伍的必要性问题。最重要的问题之一是如何处理员工对失业的恐惧，11.8 节对此问题进行了讨论。

智能系统应用

大多数与智能系统应用相关的问题与信息系统的问题相同或相似。例如，员工可能抵制变革，管理层可能无法提供足够的资源，可能缺乏规划和协调，等等。为了解决这些问题，摩根士丹利从与专家的数百次对话中得出了一些想法。重要的是制定一个适当的部署和应用战略，该战略应与所实施的技术和相关人员协调一致。一般来说，信息系统的普遍应用方法也应该在这里起作用。

▶ **11.3 节　习题**

1. 简述系统部署过程。
2. 讨论最高管理层在部署智能系统中的作用。
3. 为什么连通性是一个如此重要的问题？
4. 说明系统开发问题。
5. 讨论安全保障的重要性，以及如何对其进行保护。
6. 说明智能系统应用中的一些问题。

11.4　物联网实施及管理思考

在第 10 章中，我们介绍了几个成功的物联网应用。到目前为止，结果非常令人鼓舞，尤其是在监测设备性能以改善其运行和维护等领域。然而，这只是冰山一角。正如我们之前所指出的，物联网可以改变一切。在本节中，我们介绍与物联网成功实施相关的一些主要问题。尽管人们对物联网的增长和潜力感到相当兴奋，但有一些问题需要管理人员注意。

实施存在的主要问题

麦肯锡全球研究所（Bughin 等人，2015）编制了一份全面的物联网管理指南，该指南指出了以下一些问题：

- **组织整合**。尽管其他几项技术举措也是如此，但对于物联网，运营改进和创造新商机的机会意味着 IT 和运营人员必须协同工作，而不是各自为政。正如该指南作者所指出的，"物联网将挑战其他组织理念，首席财务、营销和运营官以及业务部门的领导者必须接受将其系统连接起来的要求。"
- **互操作性挑战**。到目前为止，互操作性（interoperability）是物联网应用发展的一大障碍。很少有物联网设备能够无缝连接。其次，在连接方面还存在许多技术问题。许多偏远地区还没有合适的 Wi-Fi 连接。与大数据处理相关的问题也是物联网应用进展缓慢的原因。公司正试图减少传感器级的数据，只让极少量的数据进入云中。目前的基础设施很难对物联网收集的大量数据形成支持。一个相关的问题是在设备上改装传感器，以便能够收集和传输数据以进行分析。此外，消费者用新的物联网数字智能产品取代他们的类似产品还需要时间。例如，人们更换手机比更换汽车、厨房电器和其他可以从传感器和物联网连接中受益的东西更容易，前提是他们买得起这些东西。
- **安全**。数据安全是一个普遍的问题，但在物联网背景下，这个问题更严重。每个与物联网连接的设备都能成为恶意黑客进入大型系统或至少操作或损坏特定设备的另一个切入点。黑客能够入侵和控制汽车的自动功能，或远程控制车库门遥控器的故事屡见不鲜。这些问题要求在大规模采用物联网前，从一开始就要考虑到安全问题。

鉴于互联网的安全性不高，应用物联网网络需要采取特殊的安全措施，尤其是在网络的无线部分。Perkins（2016）将这种情况总结为："物联网创造了一种无处不在的数字存在，将组织和整个社会联系在一起。新的参与者包括数据科学家、外部集成商和暴露的端点。安全决策者必须接受风险和恢复力的基本原则，以推动变革。"有关物联网的免费电子书，请参阅 McLellan（2017b）。

接下来还有其他问题。

- **隐私**。要确保隐私，需要一个良好的安全系统以及隐私保护系统和政策。由于网络规模庞大，且使用保护性较差的互联网，这两者都可能难以在物联网网络中构建。有关顶级安全专家的建议，请参见 Hu（2016）。
- **连接数据孤岛**。互联网上有数百万个数据孤岛，其中许多数据孤岛需要在特定的物联网应用中互连。这个问题被称为对"结构"和连接的需求。对于涉及属于不同组织的许多不同数据孤岛的应用来说，这可能是一个复杂的问题。机器与机器、人与人、人与机器以及人与服务和传感器之间都需要连接。有关讨论，请参见 Rainie 和 Anderson（2017）。

- **在许多组织中，为物联网准备现有的 IT 架构和运营模式可能是一个复杂的问题**。将物联网集成到 IT 中对于物联网所需的数据流以及物联网处理后的数据流回行动至关重要。
- **管理**。与引进任何新技术一样，最高管理层的支持是必要的。Bui（2016）建议，由于需要处理前文所述的数据孤岛问题，要想在物联网领域取得成功，必须聘用一名首席数据官。使用这样的高级管理者可以促进所有业务职能、角色和层级之间的信息共享。最后，它还能解决各部门在拥有和控制物联网方面的争斗。
- **连接客户**。有证据表明，物联网在营销和客户关系中的应用越来越多。此外，物联网还能提高客户参与度。根据 Park（2017）的说法，为客户成功部署物联网需要"连接客户"。连接需要针对与物联网和营销有关的任何联系人相关的数据、决策、结果和员工。蓝山（Blue Hill）研究机构就此问题提供了一份免费报告 Park（2017）。物联网能够与关键客户建立更好的联系，并改善客户服务。

将工业物联网转化为竞争优势的战略

面对如此多实施问题，有必要制定实施战略。

物联网收集了大量数据，可用于改善外部业务活动（如营销）和内部运营。SAS（2017）提出了一个战略周期，包括以下步骤：

1. **明确业务目标**。在制订这些计划时，应该考虑到预期的效益和成本，这样才能证明这些计划是合理的。这一步需要对资源进行高水平的规划和审查。建议进行初始投资回报率（ROI）分析。

2. **制定分析战略**。为了支持 ROI 并准备业务案例，有必要规划如何分析大数据。这涉及分析平台的选择，这是成功的关键因素。可以对新兴的 AI 技术（如深度学习）进行研究。适当的选择将确保强大的物联网解决方案。

3. **评估边缘分析的需求**。边缘分析是某些应用需要的技术，但并非所有应用都需要。它旨在为应用引入实时功能。它还能过滤数据，以实现自动决策，通常是实时决策，因为只有相关数据才会从过滤中产生。

4. **选择适当的分析解决方案**。市场上有许多供应商提供的分析解决方案。在将一个或多个方案用于物联网时，有必要考虑几个标准，如适用于物联网、易于部署、最大限度地降低项目风险的能力、工具的复杂性以及与现有 IT 系统的连接（例如，物联网网关的质量）等。有时我们也可以考虑由一组供应商提供组合产品（例如 SAS 和 Intel）。最后，需要检查适当的基础设施，如高性能云服务器和存储系统。这些设备必须作为一个可扩展、有效且高效的平台协同工作。

5. **持续改进，形成闭环**。与任何战略周期一样，应该对绩效进行监测，并考虑改进流程的各个步骤（尤其是在物联网正在快速发展和变化的形势下）。目标实现程度是一个重要标准，应该考虑提升目标。图 11.2 简要显示了该过程。

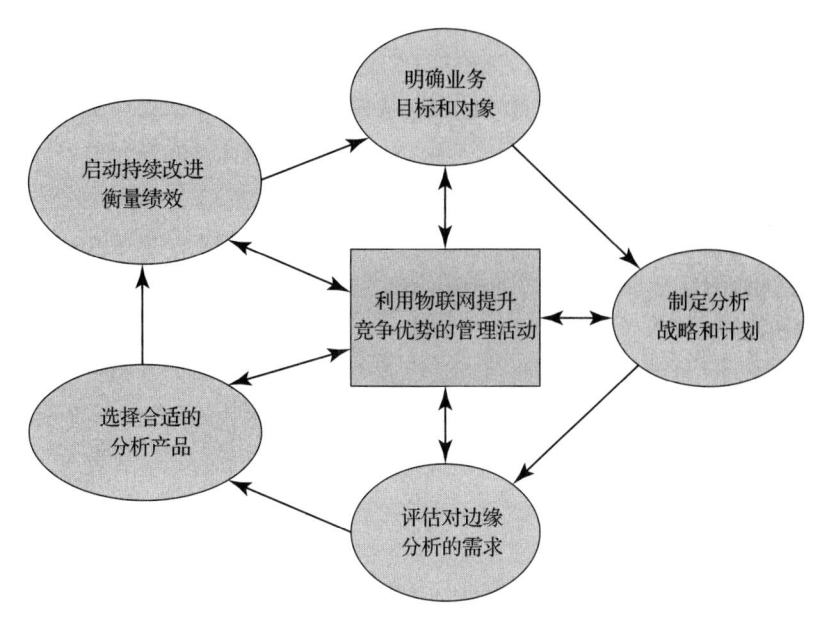

图 11.2 物联网战略周期

Weldon（2015）对物联网的成功实施提出了以下步骤。这些步骤与本节前面介绍的一般实施步骤没有太大区别：

- 制定一个业务案例，以证明物联网项目的合理性，包括成本效益分析和与其他项目的比较。
- 开发一个工作原型。进行实验，学习并对其进行改进。
- 在一个组织单位中安装物联网。进行实验，吸取经验教训。
- 如果试点成功，则计划在整个组织中进行部署，特别需要关注数据处理和传播。

11.4 节 习题

1. 与 11.3 节中的讨论相比，物联网实施过程中有哪些独特的注意事项？
2. 什么是边缘分析？
3. 在实施物联网应用时，有哪些独特的数据问题？

11.5 合法性、隐私和道德问题

随着数据科学、分析、认知计算和 AI 的普及，每个人都可能受到这些应用的影响。仅仅因为某件事可以通过技术实现，并不意味着这样做是合适、合法或合乎道德的。数据科学和 AI 专业人员和管理人员必须非常清楚这些问题。一些重要的法律、隐私和道德（伦理）问题与智能技术有关，并且相互关联。例如，一些隐私问题属于道德范畴，或涉及法律问题。在这里，我们只提供第一章中指出的具有代表性的例子和资料来源。我们的目标只是让读者了解这些问题。关于我们为什么要关注 AI 的法律、道德和隐私问题，请参阅 Krigsman（2017）和 11.6 节。

法律问题

智能技术的引入可能会加剧一系列已经与计算机系统相关的法律问题。例如，人们开始考虑智能机器所提供建议的行为责任问题。在本节中，我们将提供一个具有代表性的问题示例。

除了解决有关某些智能系统的意外结果和可能造成破坏结果的争议外，其他复杂问题也可能浮出水面。例如，如果一家企业因使用基于 AI 的应用程序的建议而破产，谁应承担责任？在委托企业处理敏感或不稳定的问题之前，企业是否会对未对系统进行同等测试负责？审计公司和会计师事务所是否要因未进行适当审计测试而共同承担责任？智能系统的软件开发商是否要连带承担责任？随着自动驾驶汽车越来越普遍，当汽车的传感器、网络或 AI 系统无法按计划运行时，谁应对任何损坏或伤害负责？

AI 潜在法律问题示例

- 当专业知识被编码在计算机中时，专家意见在法庭上的价值何在？
- 谁应对智能应用程序提供的错误建议（或信息）负责？例如，如果医生接受了计算机做出的错误诊断，并实施了导致患者死亡的手术，该如何处理？
- 如果经理在智能应用程序中输入了错误的判断值，导致灾难性后果，该如何处理？
- 管理层能否强迫专家为智能系统贡献他们的专业知识？他们将如何得到补偿？
- 新的 AI 系统（如 ChatGPT 和 Google 的 Bard）收集的知识被终端用户用于某些应用中，这些知识归谁所有？
- 车内配有后备司机的自动驾驶汽车可以在公共道路上行驶吗？（一些州已经允许上路行驶，但仍未成为全国性政策。）
- 无人驾驶汽车应由谁监管：城市、州还是联邦政府？
- 谁应对自动驾驶汽车造成的事故负责？
- 人行道上应该允许使用送货机器人吗？
- 机器人应该享有人权吗？如果机器人获得了权利，它们也应该承担法律责任吗？
- 公司是否会因其算法推荐的内容而被起诉？美国最高法院审查了一起重大案件（见：https://cacm.acm.org/magazines/2023/3/270203-a-legal-challenge-to-algorithmic-recommendations/）

示例：知识产权保护

知识产权的所有权和保护对技术公司非常重要。事实上，它是技术创新的关键推动因素。就智能技术而言，这些问题呈现出一些独特的层面。

智能技术的法律问题。后面描述的一些道德问题需要与法律问题结合起来。例如，以机器人的合法权利为例。我们需要这些权利吗？为了什么（一个道德问题）？然后，有必要制定法律权利。例如，Facebook 在人脸识别方面就存在法律问题。机器人的安全规则是很久以前制定的。目前，有关智能技术的法律很少。大多数法律都与安全有关。

AI 与法律。除了与机器人和 AI 相关的法律外，AI 还有一个子领域涉及 AI 在法律界的应用和一些法律问题的解决。根据 Donahue（2018）的说法，以下是一些主要主题：
- 分析法律相关数据（如监管冲突）以发现模式
- 为消费者提供法律咨询
- 文件审查
- 分析合同
- 支持法律研究
- 预测结果（如获胜的可能性）
- AI 对法律职业的影响

AI 可以执行日常的法律相关任务，如管理文件和起草合同。法律问题可能与我们的下一个主题"隐私"密切相关。

用于训练 AI 模型的内容所有权。正如我们在前面的多个章节中所指出的，读者可能已经意识到，目前人们对生成式 AI 的潜在应用非常热情，可以根据用户的请求创建新的内容。ChatGPT、Stability AI、Midjourney 公司和 DeviantArt 等公司都在宣传他们的系统，这些系统可以让用户根据用户指定的参数快速创建图像或文本。这些系统使用数千甚至数百万张图像和其他知识及参数进行了清晰的训练，以能够响应用户对图像的要求。这些公司通过从各种网站和在线档案中抓取和汇编这些图像来构建这样的语料库。各类艺术家和图像收集公司（如 Getty Images）已经提起了多起诉讼，要求他们在未经许可的情况下停止使用各类艺术家的作品，并赔偿他们的损失。例如，在 https://news.bloomberglaw.com/ip-law/first-ai-art-generator-lawsuits-threaten-future-of-emerging-tech 上阅读或收听这个故事。该报告还指出，针对 ChatGPT 和 GitHub 的 CoPilot 产品的相关诉讼已经在进行中，该产品是使用许多程序员向 GitHub 提交的代码而训练出来的。

隐私问题

隐私对不同的人有不同的含义。一般来说，隐私是指个人不受打扰的权利和免受不合理侵犯的权利。在许多国家，隐私一直与法律、道德和社会问题有关。如今，隐私权在美国各州和联邦政府都得到了法律或普通法的承认。隐私的定义可以有相当宽泛的解释。不过，在过去的法院判决中，以下两条规则得到了相当严格的遵守：①隐私权不是绝对的。隐私必须与社会需求相平衡；②公众的知情权高于个人的隐私权。这两条规则说明了为什么在某些情况下很难确定和执行隐私法规。网络隐私问题有其特殊性和政策性。接下来将讨论一个可能危及隐私的领域。随着互联网上产生的数据量呈指数级增加，隐私问题变得越来越重要，而在许多情况下，这些数据的安全性很低。有关 AI 隐私的概述，请参阅 Provazza（2017）。

收集个人信息。智能技术旨在为消费者提供有针对性的服务和营销；他们通过收集这些客户的信息来实现这一目标。过去，从众多政府机构和其他公共数据库手工收集、整理、归档和访问信息的复杂性，在许多情况下是防止滥用私人信息的内在保障。互联网与大规模数据库相结合，为访问和使用数据创造了一个全新的维度。智能系统的固有功能可以访问大量数据并对其进行解释，从而造福社会。例如，借助商务分析来对记录进行分析，可以消除或减少欺诈、犯罪、政府管理不善、逃税、骗取福利、骗取家庭补助、非法雇用劳工等现象。然而，为了让政府更好地抓捕罪犯，个人隐私方面要付出什么代价？企业层面也是如此。关于员工的私人信息可能有助于制定更好的企业决策，但员工的隐私可能会受到损害。

在法律法规的管理和执行中使用 AI 技术可能会增加公众对信息隐私的担忧。这些因 AI 感知能力而产生的担忧，几乎在任何 AI 开发工作的一开始就必须得到解决。

虚拟个人助理。Amazon 的 Echo/Alexa、Google Assistant、iPhone Siri 和其他类似设备可以监听正在发生的事情，它们还可以拍照。换句话说，你的语音助手正在监视你。

最先进的是 Echo/Alexa 对。如今，你可以要求 Alexa 和任何这些设备购买产品。隐私权倡导者并不高兴，但客户可能会高兴。例如，Alexa 可以通过风格检查功能担任时尚顾问。该系统结合了时尚专家的知识和 AI 知识。一条建议一次为你提供两张照片，告诉你该买哪一张（根据颜色、当前流行趋势等）。为了让它变得有用，Amazon 正在改进隐私保护。这可能并不容易，因为你的记录存储在 Amazon 的云中。Huff（2017）就虚拟个人助理的风险和 Amazon 提供的保护进行了论证。

移动用户隐私。许多用户并不知道能通过他们的智能手机跟踪其私人信息。许多应用程序收集用户数据，它们跟踪每次电话从一个信号塔移动到另一个信号塔时的过程，跟踪传输用户位置的 GPS 设备，以及手机在 Wi-Fi 热点传输信息的数据。主要应用程序开发商声称，他们非常小心地保护用户的隐私，但值得注意的是，通过使用一台设备可以获得多少信息，尤其是当智能手机包含越来越多的 AI 组件时。苹果声称试图限制这些应用程序的信息共享，但移动用户的隐私充其量只是一个不可靠的概念。

物联网中的隐私。关于物联网的隐私和安全，请参见 Hu（2016）。越来越多的数据通过物联网网络流动。注意，AI 数据隐私问题正在增加，尤其是当 AI 处理消费者数据时。例如，机器学习和聊天机器人收集的数据越来越多。此外，在企业中，雇主会收集和分析更多关于员工的数据。我们如何保护数据并防止其被滥用？

隐私和分析领域的最新技术问题。随着互联网用户，特别是移动设备用户的增长，许多公司已经开始使用智能技术，根据用户的设备使用情况、上网情况和联系人来建立用户档案。《华尔街日报》收录了题为"What They Know"的精彩文章（WallStreetJournal.com，2016）。这些文章是几年前汇编的，但仍然继续强调最新的技术和隐私/道德问题。该系列文章中提到一家名为 Rapleaf（现在是 Towerdata 的一部分）的公司。Rapleaf 的技术声称，只需知道用户的电子邮件地址，就可以提供用户的个人资料。显然，Rapleaf 的技术使其能够收集重要的相关信息。另一家旨在根据设备使用情况识别设备的公司是 BlueCava。BlueCava 技术附加了一个个人档案，即使用户可能使用多种移动设备和笔记本计算机，也能将用户识别为一个人或一个家庭。所有这些公司都采用聚类和关联挖掘等分析方法来建立用户档案。当然，这一领域的许多分析初创企业都声称尊重用户隐私，但违规行为也被经常报道。例如，Rapleaf 从 Facebook 用户那里收集未经授权的信息，随后被 Facebook 禁止。一位用户报告说，在他将自己的电子邮件地址提供给一家专门从事用户信息监控的公司（reputation.com）一个小时后，该公司就发现了他的社会安全号码。因此，侵犯隐私会引发人们对信息犯罪行为的担忧。这一领域总体上是一个大问题，需要仔细研究。这些例子不仅说明分析在了解更多目标客户方面的威力，同时也警示 AI 和分析专业人员要对隐私和道德问题保持敏感。

另一个涉及隐私的相关应用领域是根据员工佩戴的工作牌中的传感器所收集的数据来分析员工行为。一家名为 Humanyze 的公司已经报告了其嵌入了传感器的工作牌的几种应用。这些传感器跟踪员工的所有动作。事实上，这样的应用已经催生了另一个术语：工作场所分析。

示例：使用传感器和物联网观察 Barclays 银行的银行职员

Barclays 银行利用热感应器和运动传感器跟踪其银行职员在办公桌前的时间。该系统已安装在英国伦敦的分支机构。其正式的解释是找出银行各隔间的占用率，以优化办公空间分配，并在可能的情况下减少办公空间。物联网网络提供了仪表盘，显示哪些工作站（多维数据集）未得到充分利用，以及使用趋势如何。银行告知员工和工会，该项目不衡量生产力，只衡量空间利用率。结果可用于更好地管理办公隔间的能源消耗，并安排灵活的工作环境。因此，Barclays 银行能够节省办公空间，并以每年 4 500 万美元的价格将其出租。

该银行使用类似的跟踪系统来了解不同类型的员工与客户相处的时间。工会正在密切关注这一物联网应用，以确保它不会被用来监视员工。英格兰的其他银行也使用类似的系统。

当然，像上面描述的情况会引起很大的隐私问题。公司是否应该进行如此侵入式的监控？在这种情况下，如何保护员工的隐私权？

最后，还有可能出现勒索软件，即黑客对机器人的攻击，这些软件可能被用来对付员工使用此类机器人的企业。Smith（2018）报道了一项研究，该研究发现了机器人中的 50 个漏洞。勒索软件攻击可能会中断业务，迫使组织支付巨额赎金。

其他可能侵犯隐私的问题。 以下是智能技术领域可能侵犯隐私行为的更多例子：

- 特拉华州警方正在使用 AI 行车记录仪寻找过往汽车中的逃犯。拍摄的照片和视频被发送到云端，并在那里通过 AI 算法进行分析。
- Facebook 的人脸识别系统引起了人们对隐私保护的担忧。
- Epicenter 为其员工植入微芯片。它就像一张刷卡，可以开门，还可以在公司商店买食物等。但管理层也可以跟踪你，该芯片只给志愿者使用。

谁拥有我们的私有数据

随着最近我们使用技术所产生的数据以及公司获取和挖掘数据能力的增长，隐私权的争论也引出一个显而易见的问题，即用户的数据是谁的财产？以一辆相对较新的汽车为例。这辆车配备了许多传感器，从胎压传感器到 GPS 追踪器，这些传感器可以跟踪你去了哪里，车速有多快，何时变道等。这辆车甚至可以知道前排乘客的体重。正如 Welch 所指出的，一辆连接到互联网的汽车（大多数新车都已联网）对车主来说可能是隐私的噩梦，而对掌握或分析这些数据的人来说，则可能是一座数据"金矿"。汽车制造商和苹果（CarPlay）及 Google（Android Auto）等技术提供商之间正在酝酿一场争夺这些数据的所有权和访问权的大战。这一点变得越来越重要，因为随着汽车变得更智能并最终实现自动驾驶，车内的驾驶员/乘客可能成为营销人员服务的高度目标客户。例如，Google 的 Waze 应用程序从数百万用户那里收集 GPS 数据，以跟踪交通信息，帮助用户找到最佳路线；但它也会在用户的屏幕上显示弹出广告。Yelp、Spotify 和其他在汽车中广泛使用的应用程序也有类似的方法。

最重要的是，智能系统专业人员和用户必须意识到收集可能享有特权或受到保护的信息所涉及的法律和道德问题。在许多情况下，隐私问题被视为道德的重要组成部分。

道德问题

有一些道德问题与智能系统有关。个人价值观是道德决策问题的一个主要因素。道德问题的研究因其多面性而变得复杂。前段时间，Facebook 开展了一项实验，该实验让许多用户感到不安（尽管这并不违法），Facebook 向用户提供不同的新闻源，并通过回复、点赞、情感分析等方式监测他们的情绪反应。包括科技公司在内的大多数公司都会进行用户测试，以确定用户最喜欢或不喜欢的功能，并相应地对其产品进行微调。由于 Facebook 规模庞大，在未经用户知情同意的情况下进行这项实验被认为是不道德的。事实上，Facebook 承认了自己的错误，并通过内部审查委员会和其他合规机制为未来的测试进行了更正式的审查。

Morgan（2017）表示，有必要为 AI 为供应商和客户所做的工作打牢基础，以保持道德操守，并使每种情况都透明。通过这种方式，人们可以保持诚实，坚持 AI 的目标，让它在我们的生活和工作中发挥重要作用。

智能系统的道德问题

许多人对 AI、机器人和其他智能系统中的道德（伦理）问题提出了质疑。例如，Bossmann（2016）提出了以下问题：
- 它们对就业的影响是什么（见 11.8 节）？
- 机器（即机器人）如何影响我们的行为和互动？
- 智能机器创造的财富如何分配？
- 如何防范智能应用的失误？例如，机器学习的训练程序应该持续多久？
- 智能系统是否公平公正？如何消除 AI 系统的创建和运行中的偏见？
- 如何确保智能应用免受对手攻击？
- 如何保护系统免受意外后果（例如，机器人操作事故）的影响？例如，Facebook 的研究人员不得不关闭一个自创拙劣语言的 AI 系统。
- 我们如何控制复杂的智能系统？

- 我们应该发展机器人的法律权利吗？我们如何定义和规划人类对待智能机器的方式？
- 我们是否应该允许一个自治的机器人社会与我们的社会共存？
- 我们应该（甚至能够）在多大程度上影响意外机器人的行为？
- 我们将如何解决智能机器的所有权问题？

其他问题包括：
- 电子监控
- 商务智能（BI）和 AI 系统设计中的道德规范
- 软件盗版
- 侵犯个人隐私
- 使用专有数据库和知识库
- 使用知识和专长等个人知识产权为公司谋利，并向贡献值支付报酬
- 数据、信息和知识的准确性
- 保护用户的权利
- AI 用户可访问信息
- 委托给智能机器的决策量
- AI 如何因道德规范不当而失败
- 法律分析的伦理（Goldman，2018）

智能系统伦理的其他主题

- 机器伦理是 AI 伦理的一部分，涉及 AI 机器的道德行为。
- 机器人学关注机器人的设计者、建设者和用户的伦理行为。
- 微软的 Tay 聊天机器人由于无法理解许多不相关和冒犯性的评论而被关闭。
- 有些人担心，包括 AI 在内的基于算法的技术可能会成为种族主义者。我们将在下一节中讨论算法和偏见问题。
- 根据 Spangler（2017）的说法，自动驾驶汽车可能有一天会面临拯救谁和杀死谁的决定。
- 语音技术能够识别 AI 机器的呼叫者。这会引起隐私问题。
- 保健/医疗领域是一个存在大量伦理问题（通常与法律问题相结合）的领域。鉴于 Alphabet 和许多其他健康分析机构的不懈努力，这并不奇怪。

一般计算机伦理。计算机伦理学主要研究人们对信息系统和计算机的行为。智能系统中的伦理学研究与计算机与一般信息系统的道德学密切相关，以下是其中一些资源。

计算机伦理十诫。这一众所周知的文件由网络公民组织发布（cybercitizenship.org/ethicals/commandments.html）。

1. 不要使用计算机伤害他人。
2. 不要妨碍他人的计算机工作。
3. 不要窥探他人的文件。

4. 不要利用计算机进行偷窃。

5. 不要使用计算机作伪证。

6. 不要使用或复制未付费的软件。

7. 未经授权，不得使用他人的计算机资源。

8. 不要侵占他人的技术成果。

9. 要考虑自己编写的程序对社会的影响。

10. 要以能表现出体贴和尊重的方式使用计算机。

麻省理工学院媒体实验室和哈佛大学互联网与社会中心管理着一项研究 AI 伦理和治理主题的倡议。主要的分析和 AI 供应商 SAS 提出了 AI 伦理的三个基本步骤，如 sas.com/en_us/insights/articles/analytics/artificial-intelligence-ethics.html 所述。

11.5 节　习题

1. 列举智能系统的一些法律问题。
2. 简述智能系统中的隐私问题。
3. 在你看来，谁应该拥有你使用汽车的数据？为什么？
4. 列出智能系统中的伦理问题。
5. 计算机伦理十条戒律是什么？

11.6　道德/责任/可信赖 AI

我们在上一节开始讨论 AI 中的道德（伦理）问题，但我们将用另一整节来更详细地探讨这个问题。我们首先从媒体报道的几个故事开始。

BlenderBot 3.0 的奇妙案例

我们在第 2 章和第 10 章分别讨论了聊天机器人。Meta 推出的一款聊天机器人名为 BlenderBot 3.0。BlenderBot 3.0 可以浏览互联网，聊几乎任何话题。Meta 设计了 BlenderBot，使其学会如何通过自然对话和处于自然状态的人们的反馈来提高技能和安全性。（资料来源：https://ai.facebook.com/blog/blenderbot-3-a-175b-parameter-publicly-available-chatbot-that-improves-its-skills-and-safety-over-time/。）

Meta 于 2022 年 8 月初发布了 BlenderBot，供美国用户测试。虽然 BlenderBot 能够自主完成所有浏览和对话，看起来像是对话 AI 领域的一大进步，但一些测试用户的早期报告也令人担忧。许多用户报告说，BlenderBot 在与他们聊天时发表了反犹太主义和有偏见的言论。虽然我们似乎无法理解一台机器能复制人类的思维方式，但当我们意识到 BlenderBot 可能是根据互联网上公共活动产生的大量数据训练出来的，就不那么令人惊讶了。Meta 辩护说他们采取了多项措施来消除他们试图构建的模型中的这种偏见，但仍有少数偏见在其最终产品中被发现（Meyer 2022）。

聊天机器人在其发展的早期阶段发表攻击性言论可能不会敲响任何警钟。但想象一下，如果我们不能从医疗保健和司法系统等关键领域的关键任务和决策自动化的智能系统中消除这种人为偏见，情况会如何。关于智能系统因人类偏见而变坏的报道屡屡见诸报端，更有甚者，许多 AI 系统都是公众难以理解的黑箱模型。这导致人们对如今越来越多地使用智能机器产生了越来越多的怀疑。

在试图概括 AI 的道德含义之前，先看看 AI 的一些不道德使用案例。

亚马逊废除 AI 招聘工具

2018 年，路透社网站（Reuters.com）上发表的一篇报告揭示了亚马逊在招聘流程中引入自动化的尝试失败，亚马逊创建了一个 AI 工具来筛选求职者简历并挑选最匹配的名单。但在公司内部人士意识到这一工具对女性申请人有歧视后，亚马逊废除了这一工具。这一工具是根据申请人在一段时间内提交给公司的大量简历进行训练的，其中大多数是男性。因此，该工具背后的 AI 模型学会了惩罚任何带有"女性"字样的简历（Dastin 2018）。

COMPAS

替代性制裁为目标的惩教犯管理画像（Correctional Offender Management Profiling for Alternative Sanctions，COMPAS）是一种 AI 工具，用于美国多家法院决策。当被告入狱时，他们要回答 137 份调查问卷。这些答案被输入 COMPAS 软件，以预测其再犯的风险（一个人再次犯罪的概率）。法官可以将这一预测与手头的案件事实一起用于裁定囚犯的刑期。理想情况下，这款软件可以降低犯罪率。但总部位于纽约的非营利组织 ProPublica 发布的一份报告显示，该软件并非完美无瑕。该报告中发表的一项研究结果指出，在预测累犯方面存在种族偏见（Larson 等人，2016），参阅 https://www.propublica.org/article/how-we-analyzed-the-compas-recidivism-algorithm。

在亚马逊和 COMPAS 的案例中，工程师和开发人员设计这些工具不太可能基于性别和种族进行歧视。这只是使用不正确的采样数据来训练这些模型导致的可能结果。这表明，从 AI 模型的输入中筛选无意识和固有的偏见是多么重要。一个伦理 AI 系统应该没有这些偏见，并基于明确的道德和道德准则进行设计。

有几个术语被用来描述这种专注，即让 AI 更合乎道德、更公平，相对来说对公众无害。这些术语包括伦理 AI（ethical AI）、负责任的 AI（responsible AI）和可信赖 AI（trustworthy AI）。这三个术语之间可能有细微的区别，但重点基本相同。一个名为伦理 AI 的独立分支已经获得了一些关注，以解决公众对智能系统的担忧，并确保 AI 模型的公平性，因为 AI 可能会影响人类生活。一些人认为，伦理 AI 的范围比负责任的 AI 更广。根据维基百科的说法，伦理 AI 是专注于 AI 的技术伦理分支。伦理 AI 与机器人伦理和机器伦理等其他分支齐头并进，以解决智能机器的几个伦理问题。

另一方面，负责任的 AI 可以被视为公司为确保其智能系统符合伦理 AI 标准和要求而采用的实用指南。

负责任 AI 的原则

每家公司都有自己版本的负责任的 AI 指导方针和框架，与其核心价值观相匹配。但所有这些指导方针中包含的关键原则如下：

1. 公平
2. 可靠性和安全性
3. 隐私和安全
4. 包容性
5. 透明度
6. 问责制

参阅 https://learn.microsoft.com/en-us/training/modules/responsible-ai-principles/。

Cisco 版本的原则的版本可以参阅文档：https://www.cisco.com/c/dam/en_us/about/doing_business/trust-center/docs/cisco-responsible-artificial-intelligence-principles.pdf。

IBM 版本的**负责任** AI 原则与微软或思科的版本没有太大区别，参阅 https://www.ibm.com/artificial-intelligence/ethics。

两家主要的咨询公司德勤和普华永道已经为 AI 的公平性制定了自己的框架。虽然德勤使用了"可信赖 AI"（trustworthy AI）一词，但普华永道在其框架中使用了"负责任的 AI"（responsible AI）一词。图 11.3 显示了普华永道 AI 高级主管 Anand Rao 博士阐述的普华永道版本的 AI 伦理原则。他们提出了以下九个道德维度。

1. 可解释性（可解释性、透明度、可证明性）：模型决策应该是可解释的，并为特定的预测/决策提供理由。
2. 可靠性、稳健性、安全性：应能够在一段时间内使用不同的数据集进行操作。
3. 问责：一些实体应该对其使用的道德和法律后果承担明确责任。
4. 数据隐私：个人应该能够决定是否让他们的数据用于建模以及生产系统，特别是数据如何被其他方共享/重用。
5. 合法性和合规性：显然，每个人都应该在其所处环境的法律框架内开展工作。
6. 有益的 AI：这些系统应该旨在创造共同利益。
7. 人的能动性：人必须参与与风险程度相称的道德决策。

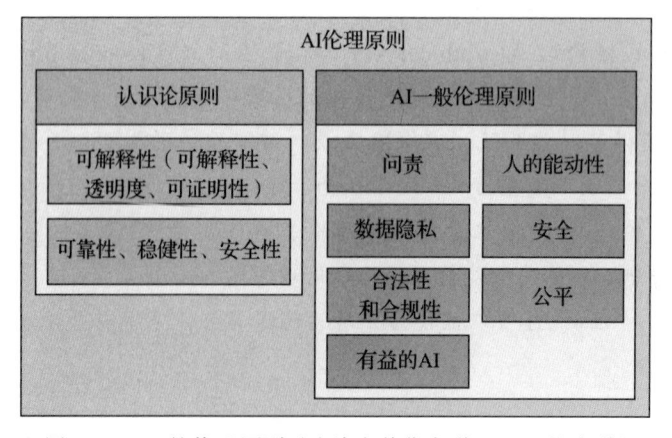

图 11.3　AI 的伦理原则（改编自普华永道 A.Rao 的演讲）

8. 安全：对所有利益相关者的身心健康必须都是安全的。

9. 公平：必须根据实体特征做出类似的决定，而不考虑性别、种族、宗教等。也就是说，用于此类模型的数据集不应该存在偏见。

为什么伦理 AI 对管理者很重要？

有关 AI 技术的成功应用，让我们来看看网飞（Netflix）的案例。自 1997 年成立以来，网飞主要从事 DVD 销售和租赁业务。后来，网飞取消了其商业模式的销售部分，只专注于租赁业务。1999 年，网飞首次接受了按月订阅的概念，这改变了游戏规则。2007 年，网飞将注意力转到推出流媒体服务，这成为该公司股价飙升的前兆。为了不断发展，网飞开始独立制作电影和电视节目，这也取得了巨大成功。

毫无疑问，网飞定期探索新的投资领域，展示了其商业智慧。不过，网飞的成功很大程度上要归功于它能够将创新技术与商业模式完美融合。2016 年，网飞时任产品创新副总裁 Carlos Gomez-Uribe（目前在苹果公司担任高级总监）和前首席产品官 Neil Hunt（现任 Vibrant Planet 首席产品官）共同撰写了一篇关于网飞著名推荐系统的技术论文（Gomez-Uribe 和 Hunt，2015）。他们在这篇论文中声称，网飞的推荐系统在减少用户流失方面至关重要，据估计，减少用户流失每年可节省近 10 亿美元。

推荐系统是使用 AI 算法构建的，该算法需要大量的用户观看习惯数据来预测这些用户感兴趣的下一个节目，并将这些节目推荐给用户。与任何其他 AI 模型一样，该系统也难免存在偏差，但网飞的这一案例显示了实施良好的 AI 的真正影响。

如果不像网飞那样采用最新技术，大型企业仅凭新的产品创意很难取得成功。发表在《财富商业洞察》上的一份报告指出，全球 AI 市场预计将从 2022 年的 3 874.5 亿美元增长到 2029 年的 13 943.0 亿美元。领先的专业服务公司 Accenture 对 12 个经济体进行了研究，预测到 2035 年，AI 有可能将平均利润率提高 38%。所有这些报告都指出了一个事实：AI 是科技行业的主导者，它将成为更多组织不可或缺的工具。

资料来源：https://www.fortunebusinessinsights.com/industry-reports/artificial-intelligence-market-100114. https://www.accenture.com/fr-fr/_acnmedia/36dc7f76eab444cab6a7f44017cc3997.pdf。

因此，这些组织中任何级别的管理人员都必须管理一个涉及 AI 实施或需要使用 AI 工具的项目，这并非完全不可预见的情况。

在这些项目处于开发阶段时，公司面临着很大的风险。以亚马逊废弃的招聘工具为例，该公司在构建这一工具方面投入了大量的资金和精力，但最终未能重见天日。如果在此类项目的各个阶段都不遵守适当的道德准则，就可能导致投资的浪费和不当的结果。此外，任何关于不道德 AI 的新闻都会在公众中引起轰动，危及公司的声誉。

此外，当 AI 驱动的产品在不考虑道德问题的情况下向公众发布时，这些产品很容易引发大量诉讼。这可能会迫使这些公司支付数十亿美元的赔偿金，这只会加剧已经对其声誉和商誉造成的无法弥补的损害。国际象棋棋手"Deep Blue"的母公司 IBM 在 2019 年因其一个子公司的原因不得不忍受洛杉矶市检察官办公室提起的此类诉讼。在这起诉讼中，据称 IBM 的天气频道移动 App 有权访问其用户的地理位置数据，并在用户不知情的情况下将其出售给第三方广告公司。

因此，除了确保正在构建的 AI 系统公平、没有固有偏见外，管理人员还有责任监督这些项目中使用数据的指导方针是否符合相应的数据隐私和保护法。

O'Neil 关于潜在分析风险的主张

管理者和数据科学专业人员应该意识到数学模型和算法的社会和长期影响。哈佛大学数学博士 Cathy O'Neil 曾在金融和数据科学行业工作，她在畅销书《算法霸权：数学杀伤性武器的威胁》中表达了自己的经历和观察。我们建议读者阅读这本书，或者至少访问作者的博客 mathbebe.org/。该博客强调了与分析相关的社会问题。这本书的总结/评论可以在 knowledge.wharton.upenn.edu/article/rogue-algorithms-dark-side-big-data/ 上找到。

O'Neil（2016）在她的书中认为，模型必须满足三个条件。首先，模型必须是透明的。也就是说，如果模型不可理解，那么它的应用可能会导致意想不到的后果。

其次，模型必须有明确的可量化目标。例如，在书和电影《魔球》中著名的分析应用包括一个旨在增加财务收益数量的模型。提出的投入措施是可以理解的。魔球的分析师没有使用更常见的衡量标准"打点"（Run Base In，RBI），而是提出并使用了上垒率和其他衡量标准（这些标准也很容易计算，任何有基本数学技能的人都能理解）。另一方面，当没有人完全理解抵押证券的基本假设，但金融交易员正在交易时，为评估抵押证券风险建立的模型被指责为 2008 年金融危机的罪魁祸首。

第三个要求是，模型必须有一个自我纠正机制和一个适当的流程，以便定期对其进行审计，并不断考虑新的投入和产出。第三个问题对在社会环境中应用模型时尤为关键。否则，模型会延续初始建模阶段固有的错误假设。O'Neil 讨论了几种情况。例如，她介绍了美国为识别表现不佳的教师和奖励表现更好的教师而建立的模型，其中一些模型利用学生的考试成绩来评估老师。O'Neil 举了几个例子，这些模型被用来解雇"表现不佳"的教师，尽管这些教师受到学生和家长的喜爱。类似地，在许多组织中，模型被用于优化工人的调度。这些时间表可能是为了满足季节性和日常需求的变化而制定的，但这些模型没有考虑到时间表的这种变化对这些通常收入较低的工人的家庭造成的有害影响。其他类似例子包括基于历史档案的信用评分评估模型，因此可能对训练数据中代表性不足的群体产生负面影响。如果没有对此类模型及其意外影响进行审计的机制，从长远来看，它们可能弊大于利。因此，模型构建者需要考虑这些问题。

评论：有证据表明，在某些情况下，O'Neil 的说法是有效的，因此模型构建者和实现者必须注意这些问题。然而，总的来说，分析设计得当，可为社会带来可观的效益。此外，分析模型提高了公司和国家的竞争力，创造了许多高薪工作岗位。在许多情况下，公司都制定了社会责任政策，最大限度地减少偏见和不公等。最后，一些人认为，算法和 AI 可以被视为伟大的均衡器，将传统上为少数特权群体提供的服务带给每个人。例如，世界各地的人都可以通过 AI 获得专家的医疗诊断服务。

11.6 节 习题

1. 亚马逊、COMPAS 和 BlenderBot 的故事有什么共同点?
2. 普华永道提出的负责任 AI 的九大原则是什么?

11.7 智能系统对组织的影响

智能系统是信息和知识革命的重要组成部分。与工业革命等过去较为缓慢的革命不同,这场革命来势迅猛,影响着我们工作和生活的方方面面。这种转变必然对组织、行业和管理者产生影响,本节将介绍其中一些影响。

将智能系统的影响与其他计算机化系统的影响区分开来是一项艰巨的任务,特别是因为智能系统与其他计算机化信息系统的整合,甚至嵌入的趋势。智能系统既有微观意义,也有宏观意义。这种系统可能会影响特定的个人和工作,以及组织内各部门和单位的工作和结构。它们还可能对整个组织结构、整个行业、社区和整个社会产生重大的长期影响。

分析、AI 和认知计算的爆炸性增长将对组织的未来产生重大影响。计算机和智能系统的影响可以分为三大类:组织、个人和社会。在每一种情况下,计算机都可能产生许多可能的影响。我们不可能在本书中讨论所有这些问题,因此在接下来的段落中,我们将讨论我们认为的与智能系统和组织最相关的话题。

新的组织单位及其管理

组织结构的一个变化是可能创建一个分析部门、BI 部门、数据科学部门和 / 或 AI 部门,分析在其中发挥主要作用。这种特殊单位 (任何类型) 可以与定量分析单位组合或取代定量分析单位,也可以是一个全新的实体。一些大公司有独立的决策支持单位或部门。例如,许多大银行的金融服务部门都有这样的部门。许多公司都有小型的数据科学或 BI/ 数据仓库部门。除了咨询和应用程序开发工作外,这种部门通常还参与培训。其他人则授权首席技术官管理 BI、智能系统和电子商务应用程序。塔吉特 (Target) 和沃尔玛 (Walmart)等公司对这些部门进行了重大投资,这些部门不断分析数据,通过了解客户和供应商的互动来提高营销和供应链管理的效率。另一方面,许多公司正在将分析 / 数据科学专业嵌入营销、金融和运营等职能领域。总的来说,这是目前存在大量就业机会的一个领域。许多组织都任命了首席数据官。一些公司还考虑增加其他高管职位,如首席 AI 官。

BI 和分析的增长也促使 IT 公司内部成立新的部门。例如,几年前,IBM 成立了一个专注于分析的新业务部门。该部门组包括 BI、优化模型、数据挖掘和业务绩效等单元。更重要的是,该集团不仅专注于软件,而且更专注于服务 / 咨询。

转变业务,增强竞争优势

智能系统的主要影响之一是企业向数字企业转型。这种转变在其他信息技术中已经持续了多年,智能技术 (主要是 AI) 的发展加速了这种转型。

在许多情况下，AI 只是人类的一种支持工具。然而，随着 AI 的能力越来越强，机器能够自己或与人一起执行更多任务。事实是，AI 已经在改变一些业务。如第 2 章所示，AI 已经在改变所有业务功能领域，尤其是营销和金融领域。其影响范围从任务（包括管理任务）的完全自动化，到人机协作的增加。Daugherty 和 Wilson（2018）对 AI 如何推动数字化转型进行了全面介绍，他们得出的结论是，错过 AI 驱动转型的企业将处于竞争劣势。Batra 等人（2018）指出了类似的现象，并敦促公司使用 AI 并将其用于创新。

使用智能系统获取竞争优势。智能技术，尤其是 AI 的使用在许多情况下都得到了证明。例如，亚马逊使用机器人降低了成本，并控制在线商务。总的来说，通过削减成本、提升客户体验、提高质量和加快交付，公司将获得竞争优势。Andronic（2017）指出了 AI 的竞争优势。其优势包括产生更多需求、销售自动化，以及发现销售机会。

最近的一个重要因素是，新公司和模糊的行业边界正在影响许多行业的竞争格局。例如，自动驾驶汽车正在影响汽车行业的竞争。

正如我们在整本书中所看到的，明智地使用分析技术可以带来最大的竞争优势。作者就企业如何从分析中充分获益提供了建议。分析实操 11.1 说明了 1-800-Flowers.com 如何使用分析、AI 和其他智能技术来获得竞争优势。读者已经在 11.6 节看到了关于网飞的故事。

分析实操 11.1　1-800-Flowers.com 如何利用智能系统获得竞争优势

1-800-Flowers.com 是一家领先的鲜花和礼品在线零售商。该公司在 20 世纪 90 年代中期从电话订购转向在线订购。自那以后，尽管竞争激烈，但该公司的收入已超过 10 亿美元，员工超过 4 000 人。在一个由亚马逊和沃尔玛等网络巨头以及数百家其他在线鲜花和礼品销售公司主导的世界里，生存并非易事。

该公司正在使用以下三个关键战略：
- 增强客户体验
- 更有效地推动需求
- 建立一支支持产品和技术创新的员工队伍（创新文化）

该公司一直在广泛使用智能技术来构建一流的供应链并促进合作。最近，它开始使用智能系统来增强其竞争战略。以下是本书中介绍的该公司使用的几种技术。

1. 最佳客户体验。零售商使用 SAS 营销自动化和数据管理产品，收集有关客户需求的信息并进行分析。这些信息使鲜花和礼物的发送者能够在任何场合找到完美的礼物。送礼者希望让收礼者满意，因此适当的推荐至关重要。该公司利用 SAS 的高级分析和数据挖掘来预测客户的需求。1-800-Flowers.com 营销人员可以更有效地与客户沟通。利用最新的工具，公司数据科学家和营销分析师可以更有效地挖掘数据。如今，客户的期望值比以往任何时候都高，因为客户更容易在网上比较供应商的产品。分析和 AI 使公司能够理解客户的情绪。现在，公司能够了解购买决策和客户忠诚度的情感推理行为。这一变化的结果是，客户获得了后面要介绍的产品建议。

2. **聊天机器人**。1-800-Flowers.com 在 Facebook Messenger 上有一个聊天机器人。这样的机器人可以作为信息来源和对话工具。该公司还在其网站上提供在线聊天和语音聊天。此外，手机购物者可以使用 Google 助手（Google Assistant）进行语音订购。该公司还提供语音支持的 Alexa，其"一次性意图"可以加快订单。

3. **客户服务**。公司提供类似于 Amazon.com 的一站式购物，并提供自助支付。在 Facebook Messenger 上使用该公司的机器人购物时，也可以使用相同的功能。客户无须离开 Facebook 即可完成订单。

4. **基于 AI 的推荐**。电子商务零售商（如亚马逊和网飞）擅长提供产品推荐。1-800-Flowers.com 也在做同样的事情，他们的品牌网站（如 Harry 和 David）提供关于礼物的推荐和建议。这些建议由 IBM 的 Watson 生成，并作为"认知礼宾服务"（cognitive concierge）提供，让购物者感觉网上购物就像在店内购物一样。这项基于 AI 的服务在 1-800-Flowers 被称为 GWYN（Gifts When You Need）。Watson 的自然语言处理（NLP）使购物者能够轻松地进行机器对话。

5. **个性化**。SAS 高级分析使公司的营销部门能够将客户细分为具有相似特征的群体。然后，公司可以针对每个细分群体的个人资料发送促销活动。除了电子邮件，还安排了特别活动。公司可以根据反馈计划和修订营销策略。SAS 还帮助公司分析客户的好恶。总之，智能系统有助于公司及其客户做出明智的决策。

问题讨论

1. 为什么今天有必要提供更好的客户体验？
2. 为什么数据需要复杂的分析工具？
3. 阅读"SAS 营销自动化的关键优势"。你认为 1-800-Flowers.com 使用了哪些优势，为什么？
4. 将 IBM Watson 与"个性化"联系起来。
5. 将"SAS 高级分析"功能与其在这种情况下的使用联系起来。
6. 用"SAS Enterprise Miner"进行数据挖掘，并解释挖掘的内容和方法。
7. SAS 有一个名为"企业指南"（Enterprise Guide）的产品，1-800-Flowers.com 使用该产品。根据工具的功能说明如何使用该工具。

资料来源：J. Keenan. (2018, February 13). "1-800-Flowers.com Using Technology to Win Customers' Hearts This Valentine's Day." Total Retail; S. Gaudin. (2016, October 26). "1-800-Flowers Wants to Transform Its Business with A.I." Computer World, SAS. (n.d.). "Customer Engagement Enhanced with Cloud-based Analytics and AI." SAS Publication, https://www.sas.com/en_us/customers/1800flowers.html。

通过使用分析重新设计组织

一个新兴的研究和实践领域是利用数据科学技术来研究组织动态和人员行为，并重新设计组织，以更好地实现其目标。事实上，这种分析应用称为人员分析。例如，人力资源部门使用分析技术，从向组织提交简历的人才库中，甚至从 LinkedIn 等更广泛的人才库中，找出理想的候选人。注意，有了 AI 和分析，管理者将拥有更大的控制范围，例如，管理者和员工可以从虚拟助理那里获得建议。控制范围的扩大可能导致组织结构的扁平化。此外,管理者的岗位职责说明可能改变。

一个更有趣和最新的应用领域涉及通过监控员工在组织内的行动来理解他们的行为,并利用这些信息重新设计布局或团队,以实现更好的绩效。一家名为 Humanyze(前身为 Sociometric Solutions)的公司拥有包括 GPS 和传感器在内的工作牌。当员工佩戴这些工作牌时,他们的所有行动都会被记录下来。据报道,Humanyze 能够帮助公司根据与其他员工的互动情况,预测哪些类型的员工可能会留在公司或离职。例如,人们普遍认为,与那些四处走动并与其他员工广泛互动的员工相比,那些待在自己小隔间里的员工不太可能在公司取得更大的发展。类似的数据收集和分析帮助其他公司确定所需会议室的大小,甚至办公室布局,以最大限度地提高效率。根据 Humanyze 网站介绍,一家公司希望更好地了解其领导者的特点。通过分析这些工作牌的数据,该公司认识到,成功的领导者确实拥有更大的互动网络,花更多的时间与他人互动,而且身体也很活跃。收集的团队领导者信息用于重新设计工作空间,并帮助提高其他领导的绩效。显然,这可能会引发隐私问题,但在组织内部,这样的研究可能是可以接受的。Humanyze 的网站上还有其他几个有趣的案例研究,这些案例提供了如何使用大数据技术来开发更高效的团队结构和组织设计的实例。

智能系统对管理者活动、绩效和工作满意度的影响

尽管许多工作可能因智能技术而大大丰富,但其他工作可能会变得更常规,更不令人满意。有些人声称,基于计算机的信息系统通常会减少管理者在决策中的自由裁量权,导致管理者不满。然而,对自动化决策系统的研究发现,使用此类系统的员工,尤其是那些被系统授权的员工,对自己的工作更满意。如果使用 AI 系统可以完成常规和琐碎的工作,那么它应该可以解放管理者和知识型员工,让他们能够去完成更具挑战性的任务。

管理者最重要的任务是做决策。智能技术可以改变许多决策的方式,从而改变管理者的工作职责。例如,一些研究人员发现,决策支持系统可以提高现有和新任管理人员以及其他员工的绩效。它帮助管理人员获得更多的知识、经验和专业知识,从而提高决策质量。许多管理人员报告说,智能系统终于让他们有时间走出办公室,到实地工作。他们还发现,他们可以花更多的时间来规划活动,而不是"灭火",因为得益于智能系统技术,他们可以提前收到潜在问题的预警。

管理挑战的另一个方面在于智能技术能否支持决策过程,特别是战略规划和控制决策。智能系统可以改变决策过程,甚至改变决策方式。例如,当使用算法时,用于决策的信息收集完成得更快。研究表明,大多数管理者倾向于同时处理大量问题,在等待有关当前问题的更多信息时,他们会从一个问题转向另一个问题。智能技术通过提供知识和信息,往往可以缩短完成决策过程中任务所需的时间,并消除一些非生产性的等待时间。

以下是智能系统对管理人员工作的一些潜在影响:
- 做出许多决策需要较少的专业知识(经验)。
- 由于信息的可用性和决策过程中某些阶段的自动化,可能可以做出更快的决策。

- 为高级管理人员和高管提供支持所需的对专家和分析师的依赖减少。如今,他们可以在智能系统的帮助下自行决定。
- 权力正在管理者之间重新分配。(他们拥有的信息和分析能力越多,他们拥有的权力就越大。)
- 对复杂决策的支持使解决方案的开发速度更快、质量更高。
- 高级别决策所需的信息可以快速生成甚至自行生成。
- 日常决策或决策过程中各阶段的自动化(如一线决策和使用自动化决策)可能会淘汰一些管理人员。

一般来说,中层管理人员的工作是最有可能实现自动化的。中层管理人员主要负责日常决策,这些决策可以完全自动化。较低级别的管理人员花在决策上的时间不多。相反,他们负责监督、培训和激励非管理人员。他们的一些常规决策,如日程安排,可以实现自动化;涉及认知方面的其他决策无法实现自动化。然而,即使管理人员的决策角色完全自动化,他们的许多其他活动也无法自动化,或者只能部分自动化。

对决策的影响

在整本书中,我们阐述了智能技术如何改进或使决策自动化。当然,这些技术将影响管理人员的工作。其中一个方面是"云"支持的智能技术的影响。它说明了数据从数据源和服务通过信息服务流到分析服务,用于分析支持的不同类型的决策。

Uzialko(2017)描述了人类如何使用 AI 来预测和分析不同潜在解决方案的后果,从而简化决策过程。此外,通过使用机器学习和深度学习,可以实现更多决策的自动化。

产业结构调整

一些作者对 AI、分析和认知计算对未来工业的影响进行了推测。一些值得参考的资源包括 Autor(2016)、《经济学人》的一份特别报告(Standage,2016)以及 Brynjolfsson 和 McAfee(2016)的著作。《经济学人》的报告相当全面,从多个方面分析了当前发展对工业和社会的影响。主要论点是,现在的技术让越来越多原本由人类完成的工作通过计算机得以实现。当然,自工业革命以来,自动化工作就已经发生过了。这一次的变化之所以意义更为深远,是因为这项技术使许多认知任务能够由机器完成。变革的速度如此之快,以至于对组织和社会可能产生非常重大的影响,有时甚至是不可预测的。当然,这些作者的预测并不一致。我们首先关注对组织的影响。Ransbotham(2016)认为,认知计算将把许多由人类完成的工作转化为由计算机完成,从而降低组织的成本。在认知工作中,产出的质量也可能会提高,这一点已经在几项将人类的表现与机器进行比较的研究中得到了证明。每个人都知道 IBM Watson 在 *Jeopardy!* 中获胜,Google 的系统在 GO 游戏中战胜了人类冠军。但是,在语音识别和医学图像解释等特定领域的许多其他研究也表明,当任务高度专业化但又是常规或重复任务,自动化系统也具有类似的优势。此外,由于机器往往在任何时间、任何地点可用,因此组织的覆盖范围可能会扩大,从而更容易扩展,进而加剧组织间的竞争。对这些组织的影响意味着,昨天的顶级组织可能不会永远保持领先地位,因为认知计算和自动化可能会挑战老牌企业。汽车行业就是这种情况。尽管传统汽车公司正在试图迎头赶上，但 Google、特斯拉和其他科技公司正在挑战汽车时代的领导者，颠覆行业结构。分析和 AI 正在推动其中的许多变革。

11.7 节 习题

1. 列出智能系统对管理任务的影响。
2. 描述由于智能系统而创建的新组织单位。
3. 举例说明用于重新设计工作空间或团队行为的分析和 AI 应用。
4. 认知计算如何影响产业结构和竞争？
5. 描述智能系统对竞争的影响。
6. 讨论智能系统对决策的影响。

11.8 智能系统对就业和工作的影响

在考虑智能系统的影响时，人们讨论和争论最多的话题之一是对就业和工作的影响。大多数人认为：

- 智能系统将一如既往地创造许多新的工作岗位。
- 需要对许多人进行再培训。
- 工作性质将发生变化。

许多研究人员都在讨论、争论和争执有关何时、在多大程度上以及如何处理这些现象的问题，这也是本节要讨论的话题。

概述

Ransbotham（2016）认为，财务咨询通常被认为是一项知识密集型任务。随着机器人顾问为个人提供个性化支持，此类服务的成本不断下降。这促使更多的人需要此类服务，最终，更多的人可以腾出手来解决高级财务问题。机器人顾问也可能导致一些人失业。

一些作者认为，与认知计算和 AI 相关的自动化领域将加速未来劳动力市场的两极分化。这意味着劳动力市场顶层和底层的就业岗位将大幅增长，但中间位置的就业岗位却在减少。个人护理等技能要求不高的工作在继续增长。同样，需要很高技能的工作，如图形设计等，也在增长。但是，那些需要"中等技能"的工作，比如需要反复应用并稍加调整的专业知识，其消失的风险最大。有时技术会自我脱媒！例如，IBM Watson Analytics 现在包括查询功能，可以开始提出智能系统专业人员以前提出的问题，显然，还可以提供答案。其他分析即服务提供类似的服务，因此，需要熟练使用分析软件的人越来越少。

《经济学人》的一份报告指出，即使 AI 不能直接取代工人，它也肯定会要求员工获得新的技能来保住工作。市场混乱总是令人不安。未来几年将为智能技术专业人士提供塑造未来的绝佳机会。

智能系统会抢走我的工作吗

特斯拉（Tesla）的埃隆·马斯克设想在 10 年内将基于 AI 的自动驾驶卡车推向全球。这些卡车将组成车队，每辆卡车都跟随一辆领头卡车。卡车将是电动、经济、无污染的。此外，事故会更少，这听起来很棒！但数以千计的司机将失业，他们怎么办？数以千计的卡车停靠站员工也将失业，他们该怎么办？同样的情况也可能发生在许多其他行业。亚马逊开设了第一家 Go，这是一家没有收银员的实体店。他们计划在几年内再增加 3 000 家。一些国家的邮局已经使用自动驾驶汽车分发邮件。简而言之，这有可能出现大规模失业。

示例：联邦快递的飞行员

联邦快递（FedEx）有近 1 000 架飞机在全球飞行。《机器人报告》的编辑兼出版商 Frank Tode 表示，联邦快递曾希望在 2020 年左右，拥有一个全球飞行员中心，由三到四名飞行员负责整个机队的运营。显然，这种情况还没有发生。富士康（Foxcom）曾计划用机器人取代所有员工（约 60 000 人）（Botton，2016）。该公司已经为此生产了 10 000 台机器人。然而，他们仍然雇用了数千名工人。

智能系统可能造成大量失业。自工业革命开始以来，有关技术夺走工作的争论就一直在进行。由于以下原因，有关智能系统的问题现在引起了激烈的争论：

- 它们移动得非常快。
- 它们可能从事各种各样的工作，包括许多办公室工作、行政工作和非体力工作。
- 与体力劳动相比，它们的比较优势非常大，而且增长迅速。
- 它们已经从财务顾问、律师助理和医学专家那抢走了一些专业工作。
- AI 的能力正在快速增长。
- 在俄罗斯，机器人已经在学校里教授数学（有些机器人比人类做得更好）。想想看，教师职业会发生什么变化吧。

AI 使许多工作岌岌可危

关于 AI 对工作的潜在影响，请参阅 Dormehl（2017），他探讨了创造性智能机器的可能性。例如，麦肯锡的研究估计，在不久的将来，AI 将取代银行 30% 以上的工作岗位。该研究还预测，到 2030 年，机器人将在全球范围内取代 8 亿个工作岗位。

为了研究失业的潜在危险，麦肯锡公司将工作细分为 2 000 项，如零售销售人员要做的接待顾客和回答有关产品的问题。麦肯锡公司的研究人员（Chui 等人，2015）发现，在所有 2 000 项工作中，45% 的工作可以在经济和物理上实现自动化。这些工作包括体力型、认知型和社交类型。

虽然自动驾驶汽车不会取代工作岗位，但它们将取代出租车司机、Uber 和类似公司的司机。此外，公交车司机可能会失业。分析实操 11.2 列出了其他已经被智能系统取代的工作。

分析实操 11.2　机器人已经取代的行政/办公室工作

Sherman（2015）指出，虽然联邦快递的无人驾驶飞机和学校的无人教师可能还需要一段时间才能实现，但有些工作已经被机器人取代。这些工作包括：

- **网络营销人员**。使用 NLP，公司正在自动开发影响人们购买的营销广告和电子邮件（机器人营销人员）。这些都是基于与潜在买家的对话和历史案例的自动数据库搜索。"谁会需要一个知识低劣、有偏见或不完整的网络营销人员？"
- **金融分析师和顾问**。如第 2 章所述，机器人顾问遍布各地。这些程序具备实时处理大数据和在数秒钟内进行预测分析的能力，深受投资者的青睐，他们支付的费用约为人工顾问的十分之一。此外，机器人顾问还能提供个性化推荐。
- **麻醉师、诊断医生和外科医生**。医学领域似乎与 AI 无关，但事实并非如此。诊断专家系统已经存在了大约 40 年。美国食品药品监督管理局（FDA）已经批准 J&J Sedasys 系统在结肠镜检查等手术中使用低浓度麻醉。最后，外科医生已经在某些侵入性手术中使用了自动化机器。
- **财经和体育记者**。这些工作包括收集信息、采访任务、回答问题、分析材料和撰写报告。美联社（AP）自 2014 年以来一直在尝试使用 AI 机器。到目前为止，实验结果几乎没有错误和偏见。（也没有假新闻！）像 ChatGPT 这样的工具威胁着更多此类工作。

Palmer（2017）报告称，还有五个工作面临危险，包括中层管理人员、商品销售人员、报告撰写人、会计和簿记员，以及某些类型的医生。

McFarland（2017b）将收银员、收费站操作员、快餐店员工和司机列为高风险工作。低风险工作包括护士、医生、牙医、青年体育教练和社会工作者等。

问题讨论：

1. 在 linkedin.com/pulse/5-jobs-robots-take-first-shelly-palmer/ 观看或收听时长 4 分钟 22 秒的视频，内容是对 Palmer 的采访。讨论有关医生的一些说法。
2. 讨论由机器人诊断医生进行检查的可能性。你会有什么感觉？
3. 在假新闻及其有偏见的创作者的狂轰滥炸下，用智能机器取代所有这些创作者或许是明智的，讨论这种可能性。
4. 你是一桩未曾犯下的罪行的被告。你更喜欢传统律师还是配备 AI 电子取证机器的律师？为什么？

资料来源：E. Sherman. (2015, February 25). "5 White-Collar Jobs Robots Already Have Taken." Fortune.com. fortune.com/2015/02/25/5-jobs-that-robots-already-are-taking , S. Palmer. (2017, February 26). "The 5 Jobs Robots Will Take First." Shelly Palmer。

我们看看其他一些研究。2016 年在英国进行的一项研究预测，到 2026 年，机器人将占据所有工作岗位的 50%。Egan（2015）报告称，机器人已经威胁到以下工作：营销人员、收费站操作员和收银员、客户服务人员、金融经纪人、记者、律师和话务员。注意，自动化可能会或多或少地影响几乎所有工作的一部分。专家估计，大约 80% 的 IT 工作可能会被 AI 淘汰。

鉴于此，你可能会怀疑你的工作是否会面临风险。

哪些职业最危险？哪些职业是安全的？

如果你想了解你的工作，这显然取决于你所从事的工作类型。英国牛津大学对 700 个工作岗位进行了调查，并将其从零（无自动化风险）到 1（自动化风险极高）进行了排名。Straus（2014）列出了前 100 个风险最高的工作（均高于 0.95）和 100 个风险最低的工作（0.02 或更低）。表 11.1 列出了"安全"职业和"风险"职业。

英格兰银行 2017 年进行的一项研究发现，近一半的英国工作岗位（3 370 万个工作岗位中的 1 500 万个）在 20 年内将面临失业风险。创造性机器人是最大的威胁，因为它们可以学习并提高自己的能力。虽然在过去，自动化可能不会减少工作岗位的总数，但这次的情况可能有所不同。

这种情况的一个副作用可能是，工人的收入会减少，而机器人所有者的收入会增加。（这就是比尔·盖茨建议对机器人及其主人征税的原因。）

表 11.1 "安全"职业和"风险"职业

失业概率
低风险职业
0.003 6 消防和预防工作一线主管
0.003 6 口腔颌面外科医生
0.003 5 保健社会工作者
0.003 5 矫正师和修复师
0.003 3 听力学家
0.003 1 心理健康和药物滥用社会工作者
0.003 0 应急管理负责人
0.003 0 机械师、安装工和维修工的一线主管
0.002 8 休闲理疗师
高风险职业
0.99 电话销售员
0.99 产权审查员、摘要员和检索员
0.99 下水道手工维修人员
0.99 数学技术人员
0.99 保险承保人
0.99 钟表维修工
0.99 货物和货运代理
0.99 报税员
0.99 摄影工艺人员和加工机器操作员
0.99 新会计职员

资料来源：Straus (2014) Straus, R.R. " Will You Be Replaced by a Robot? We Reveal the 100 Occupations Judged Most and Least at Risk of Automation." ThisisMoney.com, May 31, 2014.thisismoney.co.uk/money/news/article-2642880/Table-700-jobs-reveals-professions-likely-replaced-robots. html.

更多失业观察

- Kelly（2018）预测，机器人可能会减少拉斯维加斯的许多工作岗位。事实上，在世界各地的许多赌场，你都可以在机器上玩几种传统游戏。
- 拥有博士学位的人被机器人和 AI 取代的概率为 13%，而只有高中学历的人被取代的概率将高达 74%（Kelly，2018）。
- 女性可能比男性因自动化而失去更多的工作（Krauth，2018）。

可通过网站 https://willrobotstakemyjob.com/ 获取最新信息，了解哪些工作面临被自动化的风险。

智能系统实际上可能会增加就业机会

尽管失业带来了恐惧、不确定性和恐慌，但也有许多报道与此相反。以下是一些例子：de Vos（2018）报告称，AI 在淘汰 180 万就业岗位，同时也将创造 230 万个就业机会。此外，人们需要考虑 AI 带来的巨大好处，以及人类和机器智能在许多工作中相互补充的事实。此外，AI 将增加国际贸易，增加更多的就业机会。de Vos 还引用了一些研究，这些研究表明，由于设备维护和服务无法实现自动化，将创造就业机会。以下是对这一问题两个方面的预测：

- 普华永道（PwC）的一项研究预测，机器人将推动英国经济增长。因此，尽管机器人可能会摧毁英国约 700 万个工作岗位，但同时将创造至少 700 万个新的工作岗位，甚至可能在 20 年内创造更多岗位（Burden, 2018）。
- IBM 新的深度学习服务可能有助于节省 IT 工作岗位。
- 数百万熟练工人短缺（例如，美国约有 50 000 名卡车司机空缺），因此自动化将减少数百万个空缺职位。
- 另一方面，AI 创造了许多新的人类工作类型。
- 一些人认为，由于 AI 引发的创新，就业岗位将全面增加。
- Violino（2018）反驳了那些声称员工对失业存在巨大恐惧的人，称大多数员工将机器人视为他们工作的辅助。另见 Leggatt（2017）。

就业和工作性质将发生变化

虽然你可能不会失去工作，但智能应用可能会改变你的工作。这种变化的一个方面是，低技能工作将被机器取代，但高技能工作可能不会。因此，工作岗位可能被重新设计，要么是低技能工作，便于实现自动化；要么是高技能工作，完全由人类执行。此外，还有许多工作是人和机器作为一个团队协同工作。

工作和业务流程的变化将影响培训、创新、工资和工作本身的性质。麦肯锡公司的 Manyika（2017）分析了可能发生的根本性转变，并得出以下结论：

- 人类完成的许多活动都有可能实现自动化。
- 与 2015 年前相比，机器人、AI 和机器学习的生产力增长将增加两倍。
- AI 将创造许多高薪的新工作岗位。
- 由于全球一半以上的地区仍处于离线状态，因此变化不会太快。

示例：数据科学家的技能将发生变化

需要对科学家进行再培训或培训，使他们能够应对智能技术和数据科学的变化，并解决相关的实际问题。因此，必须发展适当的教育。数据科学家的工作要求已经在改变。科学家们需要知道如何应用机器学习和智能技术来构建物联网和其他有用的系统。新算法提高了操作和安全性，数据平台也在不断变化，以适应新的工作。我们将在本章的最后一节进一步讨论这一话题。

Snyder（2017）发现，85%的高管知道智能技术将在五年内影响他们的员工，79%的高管预计当前的技能组合将进行重组。他们还预计生产率将提高79%。员工们担心智能系统会取代他们的一些工作，但他们同时希望智能系统能帮助他们完成工作。

成功的秘诀。麦肯锡对3 000名高管的研究（Bughin、McCarthy和Chui，2017）报告了高管提供的以下实施AI的成功秘诀：

- 数字能力需要先于AI。
- 机器学习很强大，但它并不是所有问题的解决方案。
- 不要让技术团队单独负责智能技术。
- 添加业务合作伙伴可能有助于开展基于AI的项目。
- 优先考虑AI计划的投资组合方法。
- 最大的挑战将是人员和业务流程。
- 并非每个企业都在使用智能系统，但几乎所有使用智能系统的企业都能增加收入和利润。
- 向AI转型需要最高领导层的支持。

应对工作岗位和工作性质的变化。Manyika（2017）为政策制定者提出了以下建议：

1. 利用学习和教育促进变革。
2. 让私营部门参与加强培训和再培训。
3. 政府向私营部门提供激励措施，使员工能够投资于改善人力资本。
4. 鼓励私营和公共部门建立适当的数字基础设施。
5. 需要制订创新的收入和工资计划。
6. 仔细计划向新工作的过渡，妥善处理被解雇的员工。
7. 妥善处理新技术。
8. 关注创造新的就业机会，特别是数字就业机会。
9. 正确把握提高生产力的机会。

麦肯锡公司的Baird等人（2017）对行业专家进行了视频采访，讨论如何应对工作性质的变化。Chui等人（2015）研究了自动化对重新定义工作和业务流程的影响，包括对工资和未来创造力的影响。最后，West（2018）对机器人和AI驱动的自动化影响下的未来工作进行了全面研究。

结束语：我们要乐观一点！

假设这些灾难不会发生，那么和过去一样，人们对技术取代许多人类工作和降低工资的担忧可能被夸大了。相反，智能技术显然有助于缩短人类的工作时间。今天，大多数人长时间工作只是为了生存。

11.8节 习题

1. 总结为什么智能系统会夺走许多工作的论点。
2. 讨论为什么失业可能不是灾难性的。

3. 你的工作有多安全？请具体说明。
4. 智能系统如何改变工作？
5. 改变工作的方式有哪些？
6. 讨论应对智能系统带来的变化的一些措施。
7. 自动驾驶汽车是可能导致失业的领域之一。请讨论其中的逻辑。

11.9 AI 的潜在危险

在 2016 年至 2018 年期间，我们目睹了一场关于 AI 尤其是机器人未来的激烈辩论。Dickson（2017）将乐观的观点称为乌托邦（Utopia），将悲观的方法称为反乌托邦（Dystopia）。这场辩论始于工业革命时期的自动化，由于 AI 的快速技术创新，这场争论愈演愈烈。我们已经介绍了这场辩论的一个方面，即对就业的影响。这场争论的中心是预测 AI 的推理和决策能力何时会变得与人类相似甚至比人类更优越。此外，这样的发展对社会是有益还是有危险？

AI 反乌托邦的立场

支持这一预测的阵营包括知名科技高管，以下是其中三位：

- **埃隆·马斯克**："我们需要对 AI 格外小心。它可能比核武器更危险。"马斯克预言第三次世界大战将因 AI 而爆发。他在数次演讲中说："机器人总有一天会把我们都杀死。"
- **比尔·盖茨**："我所在的阵营都关注超级智能。马斯克和其他一些人都在关注这一问题，我不明白为什么有些人不关心。"（他多次在电视和采访中发表评论。）他还建议对机器人和其他 AI 机器的制造商和用户征税。
- **斯蒂芬·霍金**："任由 AI 无拘无束地发展，可能会招致人类的灭亡。"

许多人害怕 AI，因为他们相信计算机会变得比我们更聪明。

AI 乌托邦的立场

关于 AI 乌托邦的立场的其中一个例子是加利福尼亚州圣克鲁斯市的打击犯罪工作，AI 能够预测犯罪发生的地点和时间。根据这些预测，警察局一直在规划其工作策略。其结果是犯罪率降低了 20%。

第二个例子是预测某首歌成为热门歌曲的概率。这一预测有助于艺术家和经理人规划他们的活动。目前已经取得了巨大成功。据预测，未来 AI 将创作出顶级神曲。

最后，还有一个关于约会的故事。AI 的能力使科学家能够在 30 000 名潜在候选人中找到完美的匹配者。

乌托邦主义者在采访、电视讲座等场合表达的一个基本论点是，AI 将支持人类并实现创新。AI 也将与人类合作。乌托邦主义者认为，随着 AI 的发展，人类将变得更有生产力，并有时间完成更多创新任务。与此同时，更多的任务将完全自动化。产品和服务的价格将下降，生活质量将提高。

Meta 公司的马克·扎克伯格是 AI 优势的主要支持者。他与反乌托邦信徒阵营的非官方领导人埃隆·马斯克进行了激烈的辩论。扎克伯格批评了那些认为 AI 会导致"末日景象"的人们（见下一节）。马斯克声称扎克伯格对 AI 的理解"有限"，扎克伯格的回答则是他在"顶级计算机视觉会议"上发表的关于 AI 的论文。

与乌托邦有关的一些问题。有几个问题与乌托邦主义者的立场有关。这里有三个例子：

1. AI 将如此强大，以至于人们会为如何打发空闲时间而烦恼。如果你还没有看过迪士尼的电影《机器人总动员》，那就去看看吧。它展示了机器人是如何为人类服务的。Dennis Hassabis 是乌托邦的坚定支持者（来自 AI 公司 Deep Mind），他相信 AI 总有一天会通过了解人类的独特之处、心灵的奥秘以及如何享受创造力来帮助人们过上更好的生活。

2. 通往 AI 乌托邦的道路可能崎岖不平，例如，这将对就业和工作产生影响。使用机器人、聊天机器人和其他 AI 应用来稳定和调整工作及生活需要时间。

3. 总有一天我们可能不会再开车了，也可能没有人力财务顾问。一切都将变得不同，变化可能如此迅速而动荡，我们甚至可能面临灾难，正如反乌托邦阵营所预测的那样。

友好 AI。机器智能研究所的联合创始人 Eliezer Yudkowsky 提出了友好 AI 的理念，根据这一理念，AI 机器的设计应使其有益于人类，而不是伤害人类（即，在设计 AI 能力时要使用制衡系统）。

结论。很难知道未来会发生什么。但我们已经采取了一些行动来防止灾难的发生。例如，几家大公司已经宣布，他们不会生产或支持杀手机器人。

▶ 11.9 节 习题

1. 总结乌托邦阵营的主要论点。
2. 总结反乌托邦阵营的主要论点。
3. 什么是友好 AI？
4. 什么是开放式 AI？将其与反乌托邦愿景联系起来。
5. 使用建模和分析有哪些潜在风险？

11.10 公民科学与公民数据科学家

公民科学

公民数据科学家这一概念最近颇受欢迎。这一理念源于公民科学的概念。公民科学是指公众自愿帮助开展科学研究。这种对科学研究的参与可能处于科学过程的任何阶段——设计实验、收集数据、帮助分析数据、编写报告等。例如，美国国家公园管理局邀请公民科学家参与其科学研究。根据他们的网站（https://www.nps.gov/subjects/citizenscience/citizen-science.htm）介绍，"在国家公园，大多数公民科学家使用项目负责人提供的工具收集数据。这些数据有助于专业科学家和资源管理人员回答科学问题并解决重要问题。该活动有助于参与者与科学建立有意义的联系。"奥杜邦学会"（Audubon Society）开展了一个相关的类似项目，以帮助统计不同地区的冬季候鸟数量（https://www.audubon.org/conservation/science/christmas-bird-count）。通过这种众包方式收集的数据被用于更好地了解气候变化等对鸟类种群的影响。

美国政府有一个网站 https://www.citizenscience.gov/，帮助公民了解美国政府各部门正在进行的众多公民科学项目，2023年年初，网站上的此类项目清单非常广泛，从监测阿拉斯加科纳河（Kenai River）的水质到发现火星大气中的云，不一而足。

公民数据科学家

"公民数据科学家"一词有两种用法。首先，作为上文介绍的公民科学的延伸，任何公民参与数据科学，帮助收集数据或使用数据科学方法分析数据的任何项目都可以称为公民数据科学家。

公民数据科学家一词更常用的含义是由 Gartner 提出的，尤其被数据科学软件行业采用。从本质上讲，公民数据科学家是一个组织中的商业用户，他没有接受过数据科学的数学和统计学概念的充分培训，但已经学会了使用软件工具来为自己的业务构建模型。因此，该术语指的是任何特定领域的领域专家，他们在工作中部分使用数据科学，这与受雇为客户构建此类模型和应用的数据科学家形成鲜明对比。这些客户实际上是企业（营利或非营利）用户。公民数据科学家已经学会了使用通过点击界面轻松进行模型探索的工具。事实上，第9章中介绍的一些工具属于这一类易于使用的软件，它可以让数据科学技术的普通用户至少能对模型进行实验，看看是否有使用这种技术的价值。

公民数据科学家的想法是由数据科学行业推动的，以帮助缓解数据科学专业人员的短缺。现在，我们在世界各地都有许多数据科学项目，这个问题可能就不那么严重了。事实上，一些专家怀疑，公民数据科学家是否会因为缺乏专业培训而误用模型。也许在使用模型之前，应由公民数据科学家进行早期原型开发，然后由专业数据科学家参与，这样可以在可扩展性和质量之间取得良好的折中。

无论如何，这个词的首次使用仍然非常有意义，需要公民在更广泛的社会应用中做出更多贡献，以帮助标记可能用于机器学习模型、提供视觉效果、运行模型等的数据。

公民参与科学研究也会影响对此类研究建议的接受程度。在许多情况下，未来的行为变化需要社会接受和适应研究人员及政策制定者提出的变化。例如，世界上许多国家面临缺水问题，特别是地下水短缺。例如，任何减少地下水使用的建议都会被民众忽视，除非使用者能更好地了解这个问题。这就是公民科学，尤其是公民数据科学的用武之地。通过让公民参与数据收集工作，可以提高他们对此问题的认识。通过使用分析/数据科学来分享他们正在做什么、其他人正在做什么以及整体形势如何演变的信息，公民有可能成为决策过程的一部分，从而更容易地接受建议的干预措施。通过参与公民科学项目，参与者对自然世界及其社区更加感兴趣，了解更多，对自然世界更加敏感，从而更积极地为保护自然世界做出贡献（Santori 等人，2021）。例如，西悉尼大学的 Basant Maheshwari 博士与印度的几个团队合作发起了名为 MARVI 的项目，这是一个国际项目，该项目开发了一种参与模式，将村民培训为地下水公民科学家，并教育印度农村社区了解其地下水资源，特别是可持续水资源管理（Maheshwari 等人，2022）。该大学还在澳大利亚领导与公民科学相关的水文和湿地监测。霍克斯伯里河守护者流观测计划（Hawkesbury River Keepers Streamwatch program）是一项公民科学水监测计划，使社区团体能够监测当地水道的质量和健康状况。100 万海龟社区保护计划（1 million Turtles Community Conservation program）是 10 所大学、非政府保护组织和政府机构（以及 30 多个社区团体）之间的合作项目，包括一个澳大利亚范围内的湿地野生动物监测工具，该工具已被 5 000 多名公民科学家使用（参见 TurtleSAT.org.au）。这些数据输入澳大利亚首屈一指的保护数据库"澳大利亚生活地图集"（Atlas of Living Australia）。总的来说，公民科学家的作用和让公众更多地了解基于数据的决策，是扩大应用范围、实现重大行为改变，实现社会公益目标的令人兴奋的前沿领域。

结束语

分析 / 数据科学 /AI 领域的新课题层出不穷。有些可能只是流行趋势，而另一些则会给生活带来个性的变化。例如，当我们完成这份手稿时，生成式 AI 的话题已经引起了广泛关注。OpenAI 等公司对 AI 创造新内容的潜力感到非常兴奋。例如，Open AI 的 ChatGPT 被誉为能够以人类专家所应有的清晰度和效率回答许多主题的问题。Open AI 发布的早期产品 DALL-E，可以根据用户提供的简短描述，生成看起来非常真实的图像。OpenAI 的 CoPilot 产品可以与 GitHub 一起用于生成代码。这种生成新文本、图像、声音等的能力被称为生成式或再生式 AI。现在，微软和 Google 正在竞相将这些工具集成到它们的搜索引擎和其他产品中。该领域正在爆炸式增长，目前有 450 余家公司自称是该领域的初创公司。同样，对话式 AI 是这些技术的一个子集，可以理解和产生对话。这些发展为数据科学 /AI 领域的学生和专业人士提供了令人兴奋的机会和新的探索领域，同时也提出了未来值得关注的新课题。

本书仅仅触及了分析 / 数据科学 /AI 技术的应用和管理问题的表面。由于这些主题在不断演变，我们希望我们的读者不仅学到了一些概念，更重要的是学到为未来其他主题提供咨询的方式、方法和渠道。

本章重点

- 智能系统可以以多种方式对组织产生影响，可以是独立的系统，也可以是相互之间或与其他计算机信息系统的集成。
- 分析对个人的影响各不相同——可以是积极的、中立的，也可以是消极的。
- 随着智能系统的引入，可能会出现严重的法律问题；责任和隐私是主要的问题领域。
- 智能系统可以带来许多积极的社会影响。这些影响包括为人们提供领导反恐斗争的机会。这些技术的使用可能会提高工作和家庭的生活质量。当然，也有一些潜在的负面问题需要关注。
- 智能系统的发展将导致行业结构和未来就业的重大变化。
- 一场关于智能手机、汽车等使用过程中产生的用户数据归属的重大斗争正在酝酿之中。
- 在部署智能系统时，有必要考虑法律、隐私和道德（伦理）问题。

- 将机器人作为同事安置在工作场所会引发法律和道德问题。
- 智能技术可能会影响业务流程、组织结构和管理实践。
- 可能有必要创建独立的组织单位来部署和管理智能系统。
- 智能系统可以为用户提供相当大的竞争优势。
- 智能系统可能会造成大量失业,主要集中在日常工作和中层管理岗位。
- 最终,智能系统可能会导致失业,即使对技术工种也是如此。因此,可能需要进行再培训。
- 智能系统可能会导致许多工作岗位的重组,尤其是通过人机协作。
- 智能系统将创造许多需要专业培训的新工作岗位。
- 智能系统自动化的使用可能会缩短每周工作时间,并需要帮助那些将失去工作的人提供一些收入。
- 这些技术的快速发展使公民能够参与 AI 技术的开发。

问题讨论

1. 有人说,分析通常会使管理活动失去人性,也有人说事实并非如此。请讨论双方观点的论据。
2. 诊断感染和开药是许多执业医生的弱项。因此,如果更多的医生使用基于分析的诊断系统,似乎对社会更有利。请回答以下问题:
   a. 为什么医生很少使用这种系统?
   b. 假设你是一名医院管理人员,医院的医生都是拿工资的,并向你汇报工作。你将如何说服他们使用智能系统?
   c. 如果对社会的潜在好处如此之大,社会能做些什么来让医生更多地使用这种智能系统?
3. 在移动数据上使用智能系统时,主要的隐私问题是什么?
4. 从现有文献中找出一些侵犯用户隐私的案例及其对数据科学这一职业的影响。
5. 有些人担心机器人和 AI 会杀死我们所有人。另一些人则不同意这种观点。请就这个问题展开辩论。
6. 有些人认为 AI 被夸大了。请就这个问题展开辩论。在 Quora 上提出一个问题,分析五个回复。
7. 一些人声称 AI 可能会成为一个人权问题(搜索 Safiya Noble)。请讨论和辩论。
8. 讨论 GDPR 对隐私、安全和歧视的可能影响。
9. 讨论机器学习中的道德和公平问题。
10. 机器人应该像工人一样被征税吗?阅读 Morris(2017),并写下这个问题的利弊分析。

练 习

1. 确定与管理决策相关的道德问题。搜索互联网,加入讨论组/博客,阅读互联网上的文章。就你的发现撰写一份报告。
2. 在互联网上搜索智能系统如何促进授权、大规模定制和团队合作等活动的例子。
3. 调查美国律师协会的技术资源中心(americanbar.org/groups/departments_offices/legal_technology_resources.html)和 nolo.com。关于智能系统,主要的法律和社会问题是什么?如何解决这些问题?
4. 浏览几个与医疗保健相关的网站(例如,WebMD.com、who.int 等)。查找与 AI 和隐私相关的问题。撰写一份报告,说明这些网站如何建议改进隐私保护。
5. 访问 Humanyze.com。回顾各种案例研究,总结传感器在理解组织中的社会交流方面的一个有趣应用。

6. 研究语音助手和隐私保护问题。
7. 授予先进机器人权利是好主意还是坏主意？
8. 人脸和语音识别应用如雨后春笋般涌现。研究它们在你所在的国家的监管状况。如果你所在的国家没有进行监管，请以美国为例进行研究。
9. 研究自动驾驶汽车的伦理问题。
10. 你所在单位准备好迎接 AI 了吗？研究这个问题，找出它所包含的所有主要活动。
11. 研究物联网作为传感器和分析之间提供连接的工具的作用。撰写一份报告。
12. 有人说，机器人和聊天机器人可能会增加保险风险和费用。请对此进行研究并撰写一份报告。
13. 讨论机器人的潜在影响。
14. 研究两个问题——"机器人何时会造反"和"AI 会控制工厂吗"。
15. 研究在哪些领域机器可以取代人类，在哪些领域机器还不能取代人类。撰写一份报告。
16. 阅读 SAS 关于 AI 伦理的报告，网址为 sas.com/en_us/insights/articles/analytics/artificial-intelligence-ethics.html。对所建议的三个步骤逐一发表评论，并对问题解决中的人机协作发表评论。

参考文献

Andronic, S. (2017, September 18). "5 Ways to Use Artificial Intelligence as a Competitive Advantage." Moonoia.com.

Autor, D. H. (2016, August 15). "The Shifts—Great and Small—in Workplace Automation." MIT Sloan Review. Sloan review.mit.edu/article/the-shifts-great-and-small-inworkplace-automation/(accessed January 2023).

Baird, Z. et al. (2017, August). "The Evolution of Employment and Skills in the Age of AI." McKinsey Global Institute. Video at https://www.mckinsey.com/featured-insights/future-ofwork/the-evolution-of-employment-and-skills-in-the-ageof-ai#/(accessed March 2023).

Baroudy, K., et al. (2018, March). "Unlocking Value from IoT Connectivity: Six Considerations for Choosing a Provider." McKinsey & Company.

Batra, G., A. Queirolo, & N. Santhanam. (2018, January). "Artificial Intelligence: The Time to Act Is Now." McKinsey & Company.

Bossmann, J. (2016). "Top 9 Ethical Issues in Artificial Intelligence." World Economic Forum.

Botton, J. (2016, May 28). "Apple Supplier Foxconn Replaces 60,000 Humans with Robots in China." Market Watch.

Brynjolfsson, E., & A. McAfee. (2016). The Second Machine Age: Work, Progress, and Prosperity in a Time of Brilliant Technologies. Boston, MA: W.W. Norton.

Bughin, J., M. Chui, and J. Manyika. "An Executive's Guide to the Internet of Things." McKinsey Quarterly, August 2015.

Bughin, J., B. McCarthy, & M. Chui. (2017, August 28). "A Survey of 3,000 Executives Reveals How Businesses Succeed with AI." Harvard Business Review.

Bui, T. "To Succeed in IoT, Hire a Chief Data Officer." Tech Crunch, July 11, 2016.

Burden, E. (2018, July 16). "Robots Will Bolster U.K. Growth and Create New Jobs, PwC says."

Bloomberg News.

Catliff, C. (2017, August 15). "Three Ways Your Business Can Leverage Artificial Intelligence." The Globe and Mail.

Chui, M., J. Manyika, & M. Miremadi. (2015, November). "Four Fundamentals of Workplace Automation." McKinsey Quarterly. At https://www.mckinsey.com/capabilities/mckinsey-digital/our-insights/four-fundamentals-of-work place-automation (accessed March 2023).

Chui, M., J. Manyika, & M. Miremadi. (2016, July). "Where Machines Could Replace Humans—and Where They Can't (Yet)." McKinsey Quarterly. At https://www.mckinsey. com/capabilities/mckinsey-digital/our-insights/wheremachines-could-replace-humans-and-where-they-cant-yet (accessed March 2023).

Chui, M., K. George, & M. Miremadi. (2017, July). "ACEO Action Plan for Workplace Automation." McKinsey Quarterly. At https://www.mckinsey.com/featured-insights/digitaldisruption/a-ceo-action-plan-for-workplace-automation (accessed March 2023).

Crosman, P. (2017, August 17). "Why Cybercriminals Like AI As Much as Cyberdefenders Do." American Banker.

Dastin, J. (2018), "Amazon scraps secret AI recruiting tool that showed bias against women," at https://www.reuters. com/article/us-amazon-com-jobs-automation-insight/amazon-scraps-secret-ai-recruiting-tool-that-showedbias-against-women-idUSKCN1MK08G (accessed January 2023).

Daugherty, P. R., & J. Wilson. (2018). Human+Machine: Reimagining Work in the Age of AI. Boston, MA: Business Review Press.

de Vos, B. (2018, July 11). "Opinion: These 3 Business Functions Will Be the First to Benefit from Artificial Intelligence." Information Management.

Dickson, B. (2017, July 28). "What Is the Future of Artificial Intelligence?" Tech Talk.

Donahue, L. "A Primer on Using Artificial Intelligence in the Legal Profession." Jolt Digest, January 3, 2018.

Dormehl, L. (2017). Thinking Machines: The Quest for Artificial Intelligence—and Where It's Taking Us Next. New York, NY: TarcherPerigee.

Egan, M. (2015, May 13). "Robots Threaten These 8 Jobs." CNNMoney.com.

Gaudin, S. (2016, October 26). "1-800-Flowers Wants to Transform Its Business with A.I." Computer World.

Goldman, S. (2018, March 22). "The Ethics of Legal Analytics." Law.com.

Carlos A. Gomez-Uribe and Neil Hunt. 2015. The Netflix recommender system: Algorithms, business value, and innovation. ACM Trans. Manage. Inf. Syst. 6, 4, Article 13 (December 2015), 19 pages. DOI: http://dx.doi. org/10.1145/2843948.

Hu, F. Security and Privacy in Internet of Things (IoTs): Models, Algorithms, and Implementations. Boca Raton, FL: CRC Press, 2016.

Huff, E. (2017, January 17). "Proof That Amazon Devices Are Spies in Your Own Home: Alexa Automatically Orders Product after 'Hearing' Audio in Private Homes." Natural News.

Keenan, J. (2018, February 13). "1-800-Flowers.com Using Technology to Win Customers' Hearts This Valentine's Day." Total Retail.

Kelly, H. (2018, January 29). "Robots Could Kill Many Las Vegas Jobs." Money.CNN.com.

Kiron, D. (2017, January 25). "What Managers Need to Know about Artificial Intelligence." MIT Sloan Management Review.

Krauth, O. (2018, January 23). "Robot Gender Gap: Women Will Lose More Jobs Due to Automation Than Men, WEF Finds." Tech Republic.

Krigsman, M. (2017, January 30). "Artificial Intelligence: Legal, Ethical, and Policy Issues." ZDNet.

Larson J., Surya Mattu, Lauren Kirchner and Julia Angwin (2016). "How We Analyzed the COMPASRecidivism Algorithm," at https://www.propublica.org/article/how-weanalyzed-the-compas-recidivism-algorithm (accessed January 2023).

Leggatt, H. (2017, June 7). "Biggest Stressor in U.S. Workplace Is Fear of Losing Jobs to AI, New Tech." Biz Report.

Manyika, J. (2017, May). "Technology, Jobs, and the Future of Work." McKinsey Global Institute.

Maheshwari, B.; Varua, M.; Ward, J.; Packham, R.; Chinnasamy, P.; Dashora, Y.; Dave, S.; Soni, P.; Dillon, P.; Purohit, R.; et al. (2022). The role of transdisciplinary approach and community participation in village scale groundwater management: Insights from Gujarat and Rajasthan, India. Int. Open Access J. Water, 6, 3386–3408.

McFarland, M. (2017b, September 15). "Robots: Is Your Job at Risk?" CNN News.

McLellan, C. "Cybersecurity in an IoT and Mobile World." Special Report. ZDNet, June 1, 2017b.

Meyer, D. "'It is painful to see some of these offensive responses'—Meta defends its occasionally anti–Semitic BlenderBot 3 chatbot," at https://fortune.com/2022/08/09/ painful-offensive-responses-meta-blenderbot3-chatbot-tay/(accessed January 2023).

Morgan, B. (2017, June 13). "Ethics and Artificial Intelligence with IBM Watson's Rob High." Forbes.

Morris, D. (2017, February 18). "Bill Gates Says Robots Should Be Taxed Like Workers." Fortune.com.

O'Neil, C. (2016). Weapons of Math Destruction: How Big Data Increases Inequality and Threatens Democracy (Crown Publishing).

Park, H. "The Connected Customer: The Why behind the Internet of Things." Blue Hill Research. White Paper. January 2017.

Palmer, S. (2017, February 26). "The 5 Jobs Robots Will Take First." Shelly Palmer.

Perkins, E. "Securing the Internet of Things." Report G00300281. Gartner Inc., May 12, 2016.

Pham, S. (2018, February 21). "Control AI Now or Brace for Nightmare Future, Experts Warn." Money.cnn.com (News).

Provazza, A. (2017, May 26). "Artificial Intelligence Data Privacy Issues on the Rise." Tech Target (News).

Rainie, L., & J. Anderson. (2017, June 6). "The Internet of Things Connectivity Binge: What Are the Implications?" Pew Research Center.

Ransbotham, S. (2016). "How Will Cognitive Technologies Affect Your Organization?" https://sloanreview.mit.edu/article/how-will-cognitive-technologies-affect-your-organization/(accessed January 2023).

Ross, J. (2018, Winter). "The Fundamental Flaw in AI Implementation." MIT Sloan Management Review. https://sloanreview.mit.edu/article/the-fundamental-flaw-in-ai-implementation/(accessed January 2023).

Santori, C. Keith, R.J., Whittington, C.M., Thompson, M.B., Van Dyke, J.U., and Spencer, R.J. (2021). Changes in participant behaviour and attitudes are associated with knowledge and skills gained by using a turtle conservation citizen science app. People and Nature 3 (1), 66–76.

SAS. "5 Steps for Turning Industrial IoT Data into a Competitive Advantage." SAS White Paper 108670_G456z 0117. pdf, January 2017.

Setty, R. "First AI Art Generator Lawsuits Threaten Future of Emerging Tech," at https://news.bloomberglaw.com/ip-law/fir st-ai-art-generator-lawsuits-threaten-future-ofemerging-tech (accessed February 2023).

Shchutskaya, V. and A. Zharovskikh (2020). (2020). "Major Problems of Artificial Intelligence Implementation" InData Labs. https://indatalabs.com/blog/ problems-ofartificial-intelligence-implementation (accessed January 2023).

Sherman, E. (2015, February 25). "5 White-Collar Jobs Robots Already Have Taken." Fortune.com https://fortune. com/2015/02/25/5-jobs-that-r obots-alr eady-ar etaking/(accessed January 2023).

Singh, G. (2017a, September 20). "Opinion: 5 Components That Artificial Intelligence Must Have to Succeed." Health Data Management.

Smith, Ms. (2018, March 12). "Ransomware: Coming to a Robot near You Soon?" CSO, News.

Snyder, A. (2017, September 6). "Executives Say AI Will Change Business, But Aren't Doing Much About It." Axios.com.

Spangler, T. (2017, November 24). "Self-Driving Cars Programmed to Decide Who Dies in a Crash." USA Today.

Standage, T. (2016) "The Return of the Machinery Question." Special Report. The Economist. economist.com/sites/default/files/ai_mailout.pdf (accessed January 2023).

Straus, R. (2014, May 31). "Will You Be Replaced by a Robot? We Reveal the 100 Occupations Judged Most and Least at Risk of Automation." ThisisMoney.com. https://www. thisismoney.co.uk/money/news/article-2828370/The- robots-coming-One-three-UK-jobs-high-risk-replacedmachines-20-years.html (accessed January 2023).

Uzialko, A. (2017, October 13). "AI Comes to Work: How Artificial Intelligence Will Transform Business." Business News Daily.

Violino, B. (2018, February 21). "Most Workers See Smart Robots as Aid to Their Jobs, Not Threat." Information Management.

WallStreetJournal.com. (2016). "What They Know." wsj. com/public/page/what-they-know-digital-privacy.html (accessed Jan 2023).

Weldon, D. "Steps for Getting an IoT Implementation Right." Information Management, October 30, 2015.

West, D. (2018). The Future of Work: Robots, AI, and Automation. Washington, DC: Brooking Institute Press.

术语表

先验算法（a priori algorithm） 通过递归识别频繁项集来发现关联规则的最常用算法。

激活函数（activation function） 用于确定 PE 输出的数学推导，通常由求和后跟传递函数组成，产生 0 到 1 或 –1 到 1 之间的数值输出。

Alexa 由亚马逊开发的基于云的聊天机器人。

另类数据（alternative data） 新一代大数据扩展，即图像和卫星数据。

Anaconda 用于科学计算的 Python 和 R 编程语言的流行发行版，旨在简化包管理和部署。

分析即服务（analytics as a service） 分析由第三方提供服务，通常在云平台上。

分析准备（analytics ready） 分析项目的准备状态，尤其是与数据采集和准备相关的状态。

ArcGIS 由 ESRI 提供的一个基于云的地图和空间分析软件平台。

ROC 曲线下面积（area under the ROC curve） 用于二元分类模型的图形评估技术，其中真正类率绘制在 y 轴上，假正类率绘制于 x 轴上。

算术平均值（arithmetic mean） 一种描述性统计度量，表示给定数字数据点样本的简单平均值。

AI（artificial intelligence） 计算机科学中与符号推理和问题解决有关的子领域。

人工神经网络（Artificial Neural Network，ANN） 试图构建像人脑一样运行的计算机的计算机技术。这些机器拥有同时存储的内存，并处理不明确的信息。有时简称为神经网络。

关联（association） 一类数据挖掘算法，用于建立给定记录中一起出现的项目的关系。

增强智能（augmented intelligence） 增强计算机任务以扩展人类认知能力，从而获得高性能的 AI 技术。

权威页面（authoritative page） 基于其他网页和目录的链接，被识别为特别受欢迎的网页。

自动化（automation） 将分析解决方案开发过程中的部分或全部步骤自动化。

自动驾驶汽车（autonomous car） 一种传感器和 AI 增强型汽车，可以在没有驾驶员的情况下自行驾驶。

自主性（autonomy） 自给自足地执行任务，不需要人的帮助。

AWS（Amazon Web Services 公司） 亚马逊的子公司，向个人、公司和政府提供按需云计算平台和应用程序接口，采用计量、即用即付的方式。

反向传播（backpropagation） 用于训练 MLP 型神经网络的一种学习方法，其中误差被系统地反馈到神经网络中，以逐渐调整其权重。

大数据分析（big data analytics） 将分析方法和工具应用于大数据。

大数据（big data） 这种数据的特点是数量大、种类多、速度快，超出了常用硬件环境和/或软件工具的处理能力。

黑箱综合征（black-box syndrome） 复杂机器学习算法（如神经网络）的概念，过程不透明，无法解释其预测过程。

区块链（blockchain） 计算机网络节点之间共享的分布式数据库或账本。

bootstrapping 一种抽样技术，从原始数据中抽取固定数量的实例（替换）用于训练，其余数据集用于测试。

箱线图（box plot） 一种描述性统计工具，在图形说明中显示给定样本的数据点的中心趋势和分散度（四分位数）。

箱须图（box-and-whiskers plot） 显示数值变量的描述性统计（中心趋势和离散度）的图形方法。

气泡图（bubble chart） 一种散点图，其中气泡的大小可以用来显示额外的信息维度。

商务智能（Business Intelligence，BI） 管理决策支持的概念框架。它结合了架构、数据库（或数据仓库）、分析工具和应用。

业务报告（business report） 任何传播工具的制作都是为了将信息以可理解的形式传递给需要的人，无论何时何地。

Caffe 一个知名的、社区开发的深度学习框架。

Canopeo 一款免费的桌面或移动 App，可以根据智能手机或数码相机拍摄的图像近乎实时地估计绿色树冠覆盖率。

分类数据（categorical data） 表示用于将变量划分为特定组的多个类的标签的数据。

分类（categorical） 一种名义数据类型，其值包含两个或多个类别。

中心性（centrality） 一组指标，旨在量化网络中特定节点（或组）的重要性或影响。

确定性（certainty） 在这种业务环境中，决策者可以获得全面的知识，从而清楚地知道每项行动的结果。

聊天机器人（chatbot） 一种基于 AI 的计算机程序，模拟和处理人类对话。

公民数据科学家（citizen data scientist） 公民数据科学家是指为组织做一些数据科学工作，但没有数据科学家的头衔，也没有高级分析、统计学或相关学科的正式背景的个人。

分类（classification） 监督归纳法，用于分析存储在数据库中的历史数据，并自动生成可以预测未来行为的模型。

Clementine 早期为数据挖掘提供直观工作空间方法的软件工具之一。后来，该软件被 SPSS 收购，然后 SPSS 被 IBM 收购，将其名称改为 IBM SPSS Modeler。

点击流分析（clickstream analysis） 对 Web 环境中出现的数据进行分析。

闭源代码软件（closed-source software） 这与开源软件相反，在开源软件中，最终用户无法访问或重复使用源代码。

云计算（cloud computing） 信息技术基础设施（硬件、软件、应用程序和平台），可作为服务使用，通常作为虚拟化资源。

云安全联盟（Cloud Security Alliance，CSA） 是世界领先的组织，致力于定义和提高对最佳实践的认识，以帮助确保云计算环境的安全。

基于云的软件（cloud-based software） 基于服务器的软件，通常通过网络浏览器在云端运行，无需本地安装。

聚类（clustering） 将给定的数据集划分为段（自然分组），其中段的成员共享相似的质量。

认知分析（cognitive analytics） 是指认知计算品牌的技术平台，如 IBM Watson。

认知计算（cognitive computing） 使用计算机模型来模拟人类在复杂情况下的思维过程，其中答案可能是模糊和不确定的。

认知搜索（cognitive search） 新一代搜索方法，使用 AI（高级索引、NLP 和机器学习）返回与用户更相关的结果。

共病网络（comorbidity network） 显示不同诊断/共病之间的联系/相关性的网络图。

计算机视觉（computer vision） 一个跨学科的领域，研究计算机如何创建对数字图像或视频的高级理解。

置信度（confidence） 在关联规则中，在存在规则的 LHS 的事务列表中找到规则的 RHS 的条件概率。

连接权重（connection weight） 它们是神经网络中处理单元之间连接的相对强度。

常量错误木马（Constant Error Carousel，CEC） 在 LSTM 深度学习架构中，也称为状态单元，是门与其他层交互的集成机制。

卷积函数（convolution function） 在 CNN 中，它提取简单的模式，如图片不同部分是否存在水平或垂直线或边缘。

卷积神经网络（Convolutional Neural Network，CNN） 是深度 MLP 架构的变体，最初设计用于计算机视觉应用，但也适用于非图像数据集。

语料库（corpus） 在语言学中，为进行知识发现而准备的一组庞大而结构化的文本（通常以电子方式存储和处理）。

相关性（correlation） 一种统计指标，表明两个或多个变量一起变化/波动的程度。

CRISP-DM 一个跨行业的数据挖掘项目标准化流程，由六个步骤组成，从对业务和数据挖掘项目需求（即应用领域）的良好理解开始，到部署满足特定业务需求的解决方案结束。

立方体（cube） 在数据仓库中，它是进行高效数据分析的多维数据表示。

仪表盘（dashboard） 为管理人员提供关键数据的可视化展示。它能让管理人员在几秒钟内看到热点并探索情况。

数据集成（data integration） 包括三个主要过程的集成：数据访问、数据联合和变更捕获。当这三个过程得到正确实现时，数据可以被访问，并可被一系列 ETL、分析工具和数据仓库环境访问。

数据集市（Data Mart，DM） 只存储相关数据的部门数据仓库。

数据挖掘（data mining） 使用统计、数学、AI 和机器学习技术从大型数据库中提取和识别有用信息和后续知识的过程。

数据预处理（data preprocessing） 将原始数据转换为分析就绪状态的烦琐过程。

数据质量（data quality） 数据的整体质量，包括其准确性、精确度、完整性和相关性。

数据科学家（data scientist） 与大数据或数据科学相关的新角色/工作/头衔。

数据分类（data taxonomy） 数据的子组/子类型的结构化表示。

数据可视化（data visualization） 数据和数据分析结果的图形、动画或视频呈现。

数据仓库（Data Warehouse，DW） 一种物理存储库，专门组织关系数据，以标准化格式提供企业范围内的净化数据。

数据仓库管理员（Data Warehouse Administrator，DWA） 负责管理数据仓库的人员。

数据（datum） 一条信息/事实，数据的单一版本。

去中心化自治组织（Decentralized Autonomous Organization，DAO） 一组在 Web 3.0 上工作的参与者，允许对未来的协议和提案进行投票。

欺诈检测（deception detection） 一种识别人类语音、文字和/或肢体语言中欺骗行为（故意传播不真实的信念）的方法。

决策分析（decision analysis） 一种建模方法，用于处理涉及有限且通常不太多备选方案的决策情况。

决策或规范分析（decision or normative analytics） 也称为规范分析，是一种分析建模类型，旨在从一大组备选方案中确定尽可能好的决策。

决策表（decision table） 可能的情况组合和结果一览表。

决策树（decision tree） 在假定风险情况下，对一系列相关决策进行图形表示。该技术基于实体的特征，将特定实体分类为特定类别；一个根节点后面是内部节点，每个节点（包括根节点）都标有一个问题，与每个节点相关的弧涵盖所有可能的答案。

决策变量（decision variable） 感兴趣的变量。

深度信念网络（Deep Belief Networks，DBN） 被称为生成模型的一大类无监督深度神经网络的一种类型。

深度学习（deep learning） 一种基于人工神经网络的机器学习，其中使用多层处理从数据中逐步提取更高级的特征。

深度神经网络（deep neural network） 具有任意层数的神经网络，通常具有两个以上的隐藏层。

DeepQA 用于深度内容分析和循证推理的软件体系结构（例如 IBM Watson）。

森林砍伐（deforestation） 由于过度砍伐造成森林损失。

依赖数据集市（dependent data mart） 依赖于数据仓库的存在的数据集市。

描述性（或报告性）分析［descriptive（or reporting）analytics］ 分析连续体的早期阶段，涉及描述数据，回答"发生了什么"以及"为什么会发生"的问题。

描述性统计（descriptive statistics） 统计建模的一个分支，旨在描述给定的数据样本（另见推断性统计）。

数字孪生（digital twins） 一种旨在准确反映物理对象的虚拟模型。

维度表（dimension table） 在数据仓库中，围绕在中心事实表周围（并通过外键链接）。

维度建模（dimensional modeling） 一种基于检索的数据查询系统，支持对数据子集的高容量、高速访问。

降维（dimensional reduction） 将输入变量的数量减少到可管理数量的迭代/启发式过程——确定建模活动中最普遍/最重要/最有贡献的变量。

离散事件模拟（discrete event simulation） 模拟建模的一种，根据系统不同部分（实体/资源）之间的事件/交互来研究系统。

离散度（dispersion） 一种描述性统计测量方法，用于评估给定数字数据点样本的离散度。

距离度量（distance measure） 在大多数聚类分析方法中用于计算项目对之间的接近度的方法。常用的距离度量包括欧几里得距离（用尺子测量两点之间的普通距离）和曼哈顿（Manhattan）距离（也称为两点之间的直线距离或出租车距离）。

下钻（drill down） 搜索详细信息的调查（例如，不仅要找到总销售额，还要找到按地区、按产品或按销售人员的销售额）。寻找详细的信息来源。

无人驾驶汽车（driverless cars） 一种不用司机就能自行驾驶的汽车。

EarthCast 根据从不同来源获取的各种数据，为美国一家大型商业航空公司提供正确天气更新的 App。

Echo 由亚马逊开发的智能扬声器系统，用于 Alexa。

边缘计算（edge computing） 一种新兴的计算模式，在用户附近的设备上执行计算（而不是在服务器上）。

企业应用集成（Enterprise Application Integration，EAI） 一种提供将数据从源系统推送到数据仓库的工具的技术。

企业数据仓库（Enterprise Data Warehouse，EDW） 为分析目的而开发的组织级数据仓库。

企业信息集成（Enterprise Information Integration，EII） 一个不断发展的工具空间，它承诺从各种来源进行实时数据集成，如关系数据库、Web 服务和多维数据库。

熵（entropy） 一种度量数据集中不确定性或随机性程度的指标。如果一个子集中的所有数据只属于一类，那么该数据集中就不存在不确定性或随机性，因此熵为零。

环境扫描和分析（environmental scanning and analysis） 一个持续的情报建设过程——通过获取和分析数据/信息来确定问题和/或机遇。

伦理 AI（ethical AI） 伦理 AI 是指在基本价值观方面遵守明确道德准则的 AI，包括个人权利、隐私、不歧视和不操纵等。

提取、转换和加载（extraction, transformation, and load，ETL） 一种数据仓库过程，包括提取（即从数据库中读取数据）、转换（即将提取的数据从其以前的形式转换为所需的形式，以便将其放入数据仓库或其他数据库）和加载（即将数据放入数据仓库）。

第五代（Fifth generation，5G） 最新、最快的蜂窝数据传输技术（移动网络）。

预测（forecasting） 使用过去的数据来预测感兴趣的变量的未来值。

Forrester IT 和商业管理领域最受欢迎的咨询和广告公司之一，提供包括研究、咨询和活动在内的各种服务。

Forrester Wave Forrester 对某一细分市场评估的图形化表示，并通过详细的电子表格以图形方式呈现，其中包含暴露的分数、权重和评论。

第四次工业革命（fourth industrial revolution） 这次革命是物理、数字和生物领域协同发展的技术融合。

Gartner 一家技术研究和咨询公司，从事技术研究，并通过私人咨询以及执行前计划和会议分享这项研究。

遗传算法（genetic algorithm） 一种基于自然选择的（通过启发式搜索）优化问题的解决方法。

基因组学（genomics） 研究人类基因（基因组）。

地理信息系统（Geographical Information System，GIS） 一种能够集成、编辑、分析、共享和显示地理参考信息的信息系统。

地理空间分析（geospatial analytics） 在执行数据分析时使用定位数据（除传统类型的数据外）。

基尼指数（Gini index） 经济学中用来衡量人口多样性的指标。相同的概念可以用于确定特定类的纯度，这是沿着特定属性/变量进行分支的决定的结果。

目标搜索（goal seeking） 一种规范性分析方法，首先设定一个目标（目标/期望值），然后确定一组令人满意的输入变量值。

GO-JEK 采用 Google 云的预测和定价平台。

Google Colab 是一种数据分析和机器学习工具，允许最终用户将可执行的 Python 代码和各种数据组合到存储在 Google Drive 中的单个文档中。

Google Lens 一个用于真实世界视觉图像的搜索引擎。

Google 助手（Google's Assistant） 由 Google 开发的虚拟助手软件应用程序，主要在移动和家庭自动化设备上提供。

GoogLeNet 一种基于 Inception 架构的卷积神经网络。

图形处理单元（Graphics Processing Unit，GPU） 一种专门的处理器，最初设计用于加速图形渲染，但现在它也用于 AI 和深度学习。

Hadoop 分布式文件系统（Hadoop Distributed File System，HDFS） 一种分布式文件管理系统，非常适合处理大量非结构化数据（即大数据）。

Hadoop 一个用于处理、存储和分析大量分布式、非结构化数据的开源框架。

隐藏层（hidden layer） MLP 神经网络结构中存在于输入层和输出层之间的层。

高性能计算（high-performance computing） 处理大数据的大规模计算基础设施。
直方图（histogram） 一种统计图表，显示给定数字数据样本在若干个区间（称为箱）中出现的频率。
Hive 基于 Hadoop 的类似数据仓库的框架，最初由 Facebook 开发。
hub 提供指向权威页面的链接集合的一个或多个网页。
超链接诱导主题搜索（hyperlink-induced topic search，HITS） 是 Web 挖掘中最流行、最广为人知、最被引用的算法，用于发现 hub 和权威页面。
IBM SPSS Modeler 由 SPSS（前身为 Clementine）开发的一个流行的、商用的、全面的数据、文本和 Web 挖掘软件套件。
IBM Watson 一种基于认知分析的计算机体系结构，通过竞争并赢得电视游戏节目 *Jeopardy!* 而普及。
ImageNet 根据 WordNet 层次结构组织的图像数据库。
独立数据集市（independent data mart） 为战略业务部门或部门设计的小型数据仓库。
推断性统计（inferential statistics） 统计建模的一个分支，旨在根据给定的数据样本对人群的特征得出推论或结论（另见描述性统计）。
影响图（influence diagram） 给定数学模型的图形表示。
信息增益（information gain） ID3（一种流行的决策树算法）中使用的分裂机制。
智能代理（intelligent agent） 嵌入基于计算机的信息系统（或其组件）以使其更智能的专家系统或基于知识的系统。
中间结果（intermediate result） 数学模型中的中间结果。
物联网（Internet of Thing，IoT） 通过互联网将物理世界中的各种设备相互连接并连接到计算系统的技术现象。
区间数据（interval data） 可以在区间尺度上测量的变量。
JMP Pro SAS Institute 提供的一款基于菜单、直观、统计和预测分析的软件工具。
Jupyter Notebook 一个服务器客户端应用程序，允许编辑和运行笔记本文档，允许通过网络浏览器以 Python 和 R 等最流行的语言进行计算机编码。
KDnuggets 一个在线平台，用于传播商务分析、大数据、数据挖掘和数据科学方面的信息和资源。
Keras 旨在使用现有的深度学习库来执行深度学习任务的一款 API。
关键绩效指标（Key Performance Indicator，KPI） 根据战略目标和目的衡量绩效。
***k* 折交叉验证**（k-fold cross-validation） 一种流行的预测模型准确性的评估技术，其中完整的数据集被随机划分为大小大致相等的 *k* 个互斥子集。对分类模型进行 *k* 次训练和测试。每次都在除一个子集外的所有子集上进行训练，然后在剩余的单个子集上进行测试。模型总体精度的交叉验证估计是通过简单地对 *k* 个单独的精度测量进行平均来计算的。
KNIME 一个免费的开源分析软件平台（可以在 knime.com 上访问）。
KNIME Analytics Platform 一款直观、可视化、免费和开源的软件产品，允许用户访问、混合、分析和可视化数据，而无需任何编码。
KNIME Hub KNIME Hub 是 KNIME 社区成员可以搜索社区其他成员提供的节点、扩展、组件和工作流的地方。
数据库中的知识发现（Knowledge Discovery in Databases, KDD） 一种机器学习过程，执行规则归纳或相关过程以从大型数据库中建立知识。
知识（knowledge） 通过教育或经验获得的理解、意识或熟悉程度；学习、感知、发现、推断或理解的任何东西；使用信息的能力。在知识管理系统中，知识就是行动中的信息。

峰度（kurtosis） 一种统计度量，用于描述单正态分布的形状，描述分布的峰值/高度性质（另见偏度）。

KXEN 是一家分析软件公司，在 2013 年被 SAP AG 收购之前一直作为独立实体存在。

潜在狄利克雷分配（Latent Dirichlet Allocation，LDA） 是最流行的统计主题建模方法之一。

学习（learning） 一种自我完善的过程，通过使用已知知识的过程获得新知识。

lift 用于分类以及关联规则挖掘模型的拟合优度度量。

线性规划（Linear Programming，LP） 一种用于表示和解决约束优化问题的数学建模技术。

线性回归（linear regression） 一种相对简单的统计技术，用于对响应变量和一个或多个解释/输入变量之间的线性关系进行建模。

链接分析（link analysis） 自动发现许多相关对象之间的链接，如网页之间的链接和学术出版物作者群体之间的参考关系。

逻辑回归（logistic regression） 一种非常流行的、统计上可靠的、基于概率的分类算法，采用监督学习。

长短期记忆（Long Short-Term Memory，LSTM） 一种能够学习序列预测中的顺序依赖性的递归神经网络。

机器学习（machine learning） AI 的一个分支，专注于使用数据和算法来模仿人类的学习方式，逐渐提高其准确性。

机器视觉（machine vision） 计算机通过使用一个或多个摄像机进行观察的能力。

魔力象限（magic quadrant） Gartner 的魔力象限是对 IT 和业务相关细分市场进行深入分析和提供可行指导的直观快照。

MapReduce 一种在大型机器集群中对非常大的多结构数据文件进行分布处理的技术。

数学规划（mathematical programming） 一系列分析工具，用于帮助解决管理问题，在这些问题中，决策者必须在相互竞争的活动中分配稀缺资源，以优化可衡量的目标。

平均绝对偏差（mean absolute deviation） 通常用于回归型预测问题（如时间序列预测）的精度度量，其中误差计算为实际值和预测值之间的平均平方距离。

中位数（median） 统计学中的一种中心趋势度量，用于确定给定数字数据样本的简单平均值。

元数据（metadata） 关于数据的数据。在数据仓库中，元数据描述数据仓库的内容及其使用方式。

元宇宙（metaverse） 使用虚拟现实、增强现实和其他先进互联网技术的新兴三维数字空间。

Microbiome Quotient 一组复杂的微生物，其中大多数是细菌。

Microsoft Enterprise Consortium 为学术教学和研究目的访问微软 SQL Server 软件套件的全球资源。

Microsoft SQL Server 由 Microsoft 开发的一种流行的 RDBM 系统。

Miniconda Anaconda 的小型引导程序版本，仅包括 Conda、Python、它们所依赖的包以及少量其他有用的包。

移动扩展架构（mobile extension framework） 移动 iOS SDK 的新增功能，允许 App 在 App 扩展中保存事件。

模式（mode） 统计学中的一种中心趋势度量，用于确定第五十个百分位数的值。

蒙特卡罗模拟（Monte Carlo simulation） 一种依赖于变化/概率分布来表示决策问题建模中的不确定性的模拟技术。

多维（建模）分析 [multidimensional (modeling) analysis] 涉及多个维度的数据分析的建模方法。

多层感知器（multilayer perceptron，MLP） 一种由两个或多个连续层组成的神经网络结构。

多个目标（multiple goals） 在优化问题中要考虑的目标不止一个。

变异（mutation） 一种用于二进制数字随机切换的遗传算法运算符。

MYCIN　为诊断和治疗细菌感染而开发的专家系统。

自然语言处理（Natural Language Processing，NLP）　使用自然语言处理器与计算机系统连接。它是 AI 的一个分支，旨在赋予计算机理解和创造人类语言的能力。

网络分析（network analytics）　对网络数据进行分析，以确定趋势和模式。

网络结构（network structure）　不同神经网络架构中神经元和神经层的组织方式。

神经元（neuron）　一种生物神经细胞，或人工神经网络中处理单元的等效物。

名义数据（nominal data）　一种数据类型，包含作为标签指定给对象的简单代码的测量值，这些代码不是测量值。例如，表示婚姻状况的变量通常可分为单身、已婚和离婚三种值。

不可替代代币（Non-Fungible Token，NFT）　存在于区块链上且无法复制的唯一加密代币

NoSQL（Not only SQL）　存储和处理大量非结构化、半结构化和多结构化数据的新范式。

数值型数据（numeric data）　表示特定变量的数值的数据类型。数值变量的例子包括年龄、子女数量、家庭总收入（以美元计）、旅行距离（以英里计）和温度（以华氏度计）。

联机分析处理（Online Analytical Processing，OLAP）　一种信息系统，使用户能够在 PC 上查询系统、进行分析等。结果在几秒钟内生成。

在线事务处理（Online Transaction Processing，OLTP）　主要负责捕获和存储与日常业务功能相关的数据的事务系统。

开源软件（open-source software）　随源代码一起分发的软件，公众可以使用、修改和分发其原始权利。

操作集市（oper mart）　操作数据集市是一种小规模的数据集市，通常由企业中的单一部门或职能领域使用。

操作数据存储（Operational Data Store，ODS）　一种数据库，通常用作数据仓库的临时区域，尤其是客户信息文件。

光学字符识别（Optical Character Recognition, OCR）　将文本图像转换为机器可读文本格式的过程。

最优解（optimal solution）　问题的最佳可能解。

Orange　是一个开源、免费、工作流类型的分析软件工具。

Orbital Insight　是一种 AI 驱动的地理空间分析平台，旨在简化位置数据的使用。

序数数据（ordinal data）　包含作为标签分配给对象或事件的代码的数据，这些标签也表示对象或事件之间的排序顺序。例如，表示信用评分的变量通常可分为低、中等和高。

普通最小二乘法（Ordinary Least Squares，OLS）　一种在回归建模中依靠距离测度的平方来确定最佳填充线/平面/超平面的方法。

过拟合（overfitting）　机器学习模型的过度训练，其中不仅捕获了训练数据中的信号，还捕获了噪声。

参数（parameter）　数学建模中使用的数值常数。

词性标签［part-of-speech（POS）tagging］　根据单词的定义和使用上下文，将文本中的单词标记为与特定词性（如名词、动词、形容词、副词）相对应的过程。

感知器（perceptron）　一种使用阶跃函数作为激活函数的人工神经元。

性能函数（performance function）　用于测量网络性能的函数。

饼图（pie chart）　比例的图形说明。

Pig　一种开源的高级数据流架构，为查询和数据操作提供了一种简单的语言。

极性识别（polarity identification）　识别文本中消极或积极含义的过程。

多义词（polysemes）　也称为一词多义；它们在语法上是相同的单词（即拼写完全相同），但含义不同（例如，bow 可以表示"向前弯曲""船的前部""射箭的武器"或"一种系好的缎带"）。

池化（pooling） 深度学习中使用的一个层，用于合并输入矩阵中的元素，以便在保持重要特征的同时产生较小的输出矩阵。

PowerBI 是微软提供的一种流行的数据可视化和可视化分析软件工具和平台。

预测（prediction） 讲述未来的行为。

预测分析（predictive analytics） 用于预测（如需求、问题、机会）的商务分析方法，而不是简单地报告发生的数据。

规范性分析（prescriptive analytics） 商务分析的一个分支，致力于为给定的问题找到最佳的解决方案。

隐私问题（privacy concern） 隐私问题是指担心私人数据可能被他人以不可预测的方式使用。

处理单元（Processing Element，PE） 生物神经元的模拟，接收多个输入信号，并基于这些输入生成单个输出信号（激发）或不生成。

专有软件（proprietary software） 专有软件主要是商业软件，其权利归供应商/开发商所有，它可以从所有者那里购买、租赁或获得许可。

PyCharm PyCharm 是一个由 JetBrains 开发的混合平台，作为 Python 编码和应用程序开发的 IDE。

Python 一种具有动态语义的解释性、面向对象的高级编程语言，最近已成为开发分析和数据科学应用程序的最流行工具。

定量模型（quantitative model） 依赖于数字/可量化度量的数学模型。

四分位数（quartile） 排序的数字/顺序数据样本的四分之一。

R 一个免费的、社区支持的软件环境，用于统计和分析计算以及图形开发。

射频识别（radio-frequency identification，RFID） 一种通用技术，指的是使用射频波来识别物体。

范围（Range） 用于分布的统计度量，在数字数据点的给定样本中的最小值与最大值之间的距离。

RapidMiner 一款流行的开源免费数据挖掘软件套件，采用了图形增强的用户界面、大量算法和各种数据可视化功能。

比率数据（ratio data） 可解释差异和比率的连续数据。比率标度的显著特征是具有非轨道零值。

Rattle 为 R 开发的数据挖掘用户界面。

实时数据仓库（Real-time Data Warehousing，RDW） 在数据可用时通过数据仓库加载和提供数据的过程。

递归神经网络（Recurrent Neural Network，RNN） 一种利用序列数据或时间序列数据，在神经元和层之间进行双向连接的人工神经网络。

回归（regression） 一种用于真实世界预测问题的数据挖掘方法，其中预测值（即输出变量或因变量）是数字的（例如，预测明天的温度为 68°F）。

报表（report） 以可呈现的形式传达信息为特定目的而制作的任何交流工具。

表示学习（representation learning） 一类机器学习方法，允许系统发现特征空间所需的表示。

复制（reproduction） 遗传算法运算符，用于创造新的可能解决方案。

结果变量 [result（outcome）variable] 表示决策结果的变量（例如，关于利润的决策），通常是决策问题的目标之一。

风险分析（risk analysis） 使用数学建模来评估决策情况的风险性质（可变性）。

风险（risk） 一种概率或随机的决策情况。

机器人顾问（robo advisor） 一种在线应用程序，提供自动匹配的指导和服务。

机器人（robot） 在 AI 的配合下可以自主完成任务的机器、物理设备或软件。

机器人过程自动化（Robotic Process Automation，RPA） 一种旨在通过自动化过程中重复的、高容量的步骤来减少员工工作量的技术。

RStudio　R编程语言的集成开发环境。

SAS Enterprise Miner　由SAS研究所开发的一种全面的商业数据挖掘软件工具。

SAS Viya　由SAS研究所开发的基于云的分析平台。

散点图（scatter plot）　沿着两个轴绘制两个变量的值以说明它们之间的关系的图。

场景识别（scene recognition）　一种AI形式，使用深度神经网络识别图像和视频中的对象、人和场景。

搜索引擎（search engine）　一种程序，用于查找和列出与某些用户选择的条件相匹配的网站或页面（由URL指定）。

SEMMA　SAS研究所提出的数据挖掘项目的替代流程。缩写词"SEMMA"代表"采样、探索、修改、建模和评估"。

敏感性分析（sensitivity analysis）　研究一个或多个输入变量的变化对所提出的解决方案的影响。

传感器（sensor）　检测并响应来自物理环境的某种类型的输入的各种设备。

情感分析（sentiment analysis）　使用大量文本数据源（网络帖子形式的客户反馈）来检测对特定产品和服务的赞成和反对意见的技术。

SentiWordNet　用于情感识别的WordNet扩展。

序列挖掘（sequence mining）　一种模式发现方法，根据事物发生的顺序来检查事物之间的关系，以识别随时间的变化而产生的关联。

基于服务的架构（Service-Based Architecture，SBA）　一种模块化计算框架，可根据需要提供基于云的服务。

简单拆分（simple split）　数据被拆分为两个互斥的子集，称为训练集和测试集（或保持集）。通常将三分之二的数据指定为训练集，其余三分之一指定为测试集。

模拟（simulation）　模拟是在计算机上进行的数学建模过程，旨在预测真实世界或物理系统的行为或结果。

奇异值分解（Singular Value Decomposition，SVD）　与主成分分析密切相关，它将输入矩阵的总体维度（输入文档的数量乘以提取的项的数量）降低到较低的维度空间，其中每个连续维度表示最大程度的可变性（单词和文档之间）。

Siri　苹果基于AI的虚拟助手，适用于iOS和macOS设备，使用语音。

偏度（skewness）　表征单峰分布形状的统计度量，表征分布的不对称性（摇摆）。

Skype Translator　Skype开发的不同语言的语音到语音翻译应用程序，Skype自2018年以来一直作为微软的一个部门运营。

Smartbin　一种将废物容器与智能传感器集成在一起的高新技术，使用户能够跟踪废物管理过程。

智能传感器（smart sensor）　智能传感器是一种从物理环境中获取输入并使用内置智能执行预定义功能的设备。

雪花模式（snowflake schema）　多维数据库中表的逻辑排列，使实体关系图在形状上类似雪花。

社交媒体分析（social media analytics）　将分析工具应用于社交媒体和社交网络数据。

社交网络（social network）　社交互动和个人关系的网络。

社交机器人（social robot）　一种能够与人类和其他机器人互动的机器人。

软件即服务（Software as a Service，SaaS）　软件以租代售。

软件机器人（software robot）　设计用于执行特定操作的简单或复杂的计算机程序，如自动执行重复任务或模拟人类用户。

语音理解［speech（voice）understanding］　能够理解人类语音的计算机系统。

Spider 参阅网络爬虫（web crawler）。

Spyder 一个免费开源的科学环境，用 Python 编写，面向 Python，由科学家、工程师和数据分析师设计。

标准差（standard deviation） 离散度的描述性统计度量，是方差的平方根。

星形模式（star schema） 最常用也是最简单的维度建模方式。

Statistica 一款分析软件产品，提供数据分析、数据管理、统计、数据挖掘、机器学习、文本分析和数据可视化程序（现归 TIBCO 所有）。

统计（statistics） 用于描述和解释数据的一系列数学技术。

词干提取（stemming） 在文本挖掘中，将单词还原为各自的词根形式，以便更好地表达单词。

随机梯度下降（Stochastic Gradient Descent，SGD） 一种用于优化具有适当平滑特性的目标函数的迭代方法。

停用词（stop word） 在处理自然语言数据（即文本）之前或之后过滤掉的词语。

讲故事（storytelling） 具有丰富信息和情节的案例。在案例库中，可以从这类案例中吸取经验教训。

流分析（stream analytics） 通常用于从连续流动/流式数据源中提取可操作信息的术语。

结构化数据（structured data） 为便于计算机理解和处理而格式化（通常为带行和列的表）的数据。

求和函数（summation function） 将各种输入激活组合为单个输出激活的函数。

监督学习（supervised learning） 机器学习和 AI 的一个子类别，从标记数据中学习。

支持度（support） 度量产品和服务在同一事务中出现的频率，即数据集中包含特定规则中提到的所有产品和服务的事务的比例。

Tableau Tableau 是一个流行的用于数据分析和可视化的可视化分析平台。

Tensorflow 一个用于深度学习的端到端开源机器学习平台。

Teradata Vantage 一款用于企业分析的互联多云数据平台，它统一了数据湖、数据仓库、机器学习以及新的数据源和类型。

词项-文档矩阵（Term-Document Matrix，TDM） 从数字化和有组织的文档（语料库）中创建的频率矩阵，其中列表示词项，行表示单个文档。

文本挖掘（text mining） 数据挖掘在非结构化或非结构化文本文件中的应用。它需要从非结构化文本中生成有意义的数字索引，然后使用各种数据挖掘算法处理这些索引。

Theano 一个 Python 库，用于在深度学习应用程序中操作和评估数学表达式，尤其是矩阵值表达式。

阈值（threshold value） 在神经网络中，阈值是决定和激活函数二分结果的一个值。

TIBCO 是一家美国商务智能和数据分析软件公司，成立于 1997 年，位于加利福尼亚州帕洛阿托市。

时间序列预测（time series forecasting） 仅依靠感兴趣变量的过去发生/值来估计/计算预期未来值的预测模型。

词条化（tokenizing） 根据文本块（词条）执行的功能对其进行分类。

Torch 是一个开源的机器学习库，一个科学的计算框架，以及基于 Lua 的脚本语言。

传递函数（transfer function） 输入（来求和函数）到处理单元输出的数学转换。

趋势分析（trend analysis） 收集信息并试图发现信息中的模式或趋势。

图灵测试（turing test） 在计算机中进行的一种智力测试，要求人类不能通过使用对两个问题的回答来区分出是机器还是人。

普适计算（ubiquitous computing） 使用小型互联廉价计算机以自动化方式帮助人们实现日常功能。

不确定性（uncertainty） 完全缺乏关于参数值或未来自然状态的信息的决策情况。

不可控变量（uncontrollable variable） 一种数学建模变量，必须视为给定变量，不允许修改。

唯一标识符（unique identifier） 在用于这些对象的所有标识符中，为特定目的而保证唯一的标识符。

非结构化数据（unstructured data） 不具有预定格式并且以文本文档的形式存储的数据。

方差（variance） 离散度的描述性统计度量。它是标准偏差的平方。

虚拟个人助理（Virtual Personal Assistant，VPA） 一种理解自然语言语音命令并代表其人类用户完成任务的应用程序。

虚拟现实（virtual reality） 利用计算机技术创建模拟环境。

虚拟化（virtualization） 允许更高效地利用物理计算机硬件的过程，是云计算的基础。

可视化分析（visual analytics） 数据或信息可视化的扩展，不仅包括描述性分析，还包括预测性分析。

可视化交互式模拟（Visual Interactive Modeling，VIM） 一种允许用户和其他系统交互的可视化模型表示技术。

视觉交互模拟（Visual Interactive Simulation，VIS） 可视化/动画模拟环境，允许最终用户在模式运行时与模型参数进行交互。

可视化编程（visual programming） 可视化编程是一种编程语言，它允许使用图形说明（例如节点）来描述流程和工作流，作为语法驱动的文本代码或描述的操作。

客户之声（Voice Of the Customer，VOC） 一款应用程序，通过收集和报告网站访客的直接反馈、与其他网站和线下渠道进行基准比较以及支持对未来访客行为的预测建模，重点解决"谁来访问和如何访问"的问题。

Watson Analytics 由 IBM 开发的一款云 App，旨在为企业用户提供复杂的数据发现和预测分析功能。

Web 3.0 万维网的第三代，用户可以在互联网上拥有和控制其内容的使用。

Web 分析（Web analytics） 将商务分析活动应用于基于 Web 的流程，包括电子商务。

Web 内容挖掘（Web content mining） 从网页中提取有用信息。

网络爬虫（web crawler） 也称为 spider，是一种用于自动浏览网站内容的应用程序。

Web 挖掘（Web mining） 发现和分析来自网络、关于网络的有趣和有用的信息，通常通过网络工具实现。

Web 服务（Web service） 一种架构，该架构支持把软件服务组合为分布式应用程序。

Web 结构挖掘（Web structure mining） 从 Web 文档包含的链接中挖掘有用的信息。

Web 使用挖掘（Web usage mining） 从通过网页访问、事务等生成的数据中提取有用信息。

Weka 一款流行、免费、开源的机器学习软件套件，由怀卡托大学开发，用 Java 编写。

假设分析（what-if analysis） 这是一个实验过程，有助于确定如果输入变量、假设或参数值发生变化，解决方案/输出会发生什么变化。

单词嵌入（word embedding） 单词表示法的一种，它允许意义相近的词语具有相似的表示法。

word2vec 一种双层神经网络，通过"向量化"单词来处理文本。

WordNet 普林斯顿大学创建的一个流行的通用词典。

Zion China 一家为糖尿病患者提供生活管理解决方案的初创公司。